Locuciones latinas y razonamiento jurídico

Una revisión a la luz del derecho romano y del derecho actual

Locuciones latinas y razonamiento jurídico

Una revisión a la luz del derecho romano y del derecho actual

Pro iure romano et lingua latina

Juan Manuel Blanch Nougués

Universidad CEU San Pablo

Dykinson, S.L.

Colección "Monografías de Derecho Romano y Cultura Clásica"
Dirección del Prof. Dr. D. Antonio Fernández de Buján

Este libro ha sido sometido a evaluación por parte de nuestro Consejo Editorial
Para mayor información, véase *www.dykinson.com/quienes_somos*

Editorial DYKINSON, S.L. Meléndez Valdés, 61 – 28015 Madrid
Teléfono (+34) 91544 28 46 – (+34) 91544 28 69
e-mail: info@dykinson.com
http://www.dykinson.es
http://www.dykinson.com

ISBN: 978-84-9148-068-6
Depósito Legal: M-889-2017

Preimpresión:
Besing Servicios Gráficos, S.L.
besingsg@gmail.com

Impresión:
Safekat, S.L.
www.safekat.com

Angelae, dulcissimae uxori

Índice

B

C

D

E

F

G

H

I

L

M

N

O

S

T

U

V

Tabula gratulatoria

Este libro es el fruto de una idea que nació hace ocho años y cuyo avance, entorpecido por continuas interrupciones, y final conclusión no hubiera sido posible sin el ánimo y ayuda de personas que han confiado en una tarea que por momentos parecía interminable.

Deseo agradecer a mi maestro, el profesor Antonio Fernández de Buján, su permanente aliento y decisivo apoyo, no solo respecto de la presente obra, sino a lo largo de mi entero camino universitario. Su labor de defensa del derecho romano y de promoción de estudios romanísticos, en permanente dialógo con el derecho actual, ha sido y es ejemplar.

Este sentimiento de gratitud lo hago extensivo a quienes, amable y generosamente, han prestado su tiempo a leer, valorar y corregir ciertas partes de la obra: en particular, a la profesora Carmen Palomo Pinel, brillante romanista ya, al profesor Carlos Pérez Fernández-Turégano y a la profesora Lucana Estévez Mendoza; asimismo, a la profesora Ángela Pérez García por sus constantes ánimos y agudas observaciones lingüísticas.

Introducción

1. EL LATÍN Y EL DERECHO

Como islotes de granito, resistiendo el paso del tiempo, testigos de lo que fueron en una época pasada, así se nos antojan las locuciones latinas, de las que su uso moderno en el habla cotidiana, pero muy especialmente en el ámbito jurídico, sigue siendo muy frecuente y universal. No hay discurso o conferencia en aulas universitarias o fuera de ellas, intervención en una causa judicial, dictamen, sentencia o trabajo doctrinal en los que no hagan aparición.

Sin embargo, resulta sorprendente que los autores que se han ocupado de ellas no les suelan conceder el mismo tratamiento que el otorgado a las célebres máximas o aforismos jurídicos, y así, relegadas a un segundo plano, sean, por lo general, puestas en orden en escuálidas listas en las que, a la versión latina (no sin erratas a menudo), añaden su traducción (a veces también imprecisa) pero sin referencia alguna al contexto que les proporciona sentido y las hace útiles.

Convencidos de su importancia en derecho nos propusimos escribir esta obra dedicada a ellas. De hecho, desde hace años, incorporamos su estudio como parte de la docencia de la asignatura de Derecho Romano. Produce lástima y desasosiego comprobar su pésima utilización, no solo entre los alumnos sino incluso entre profesionales del derecho y, en general, entre no pocas personas cultas. Las vemos usadas en ocasiones de manera indiscriminada y sin ningún respeto hacia su forma. No hablemos ya de su pronunciación y acentuación. Y con todo, se siguen empleando; con mucha mayor frecuencia que una máxima o aforismo jurídico.

Del latín se dice a menudo que es lengua muerta[1]. No es verdad. Da testimonio de lo contrario la Iglesia Católica, que la ha adoptado como lengua oficial y se ocupa constantemente de actualizarla para aplicarla al momento presente.

1. Con ironía titula W. Stroh una obra suya en defensa del latín, bestseller en Alemania, "El latín ha muerto, ¡viva el latín! Breve historia de una gran lengua" (*Latein ist tot, es lebe latein! Kleine Geschichte einer grossen sprache*, List Taschenbuch, 2008 =trad. española de Fruela Fernández, prólogo de Joaquín Pascual Barea, ed. del subsuelo, Barcelona, 2012).

Sin embargo, para algunos las locuciones latinas no son más que el perfume que contiene aún hoy esta lengua clásica con el que se rocían decisiones, dictámenes, ensayos o artículos en señal de elegancia y distinción. Como veremos en esta obra, son mucho más que eso. La elegancia jurídica (*elegantia iuris*), por otro lado, tiene más relación históricamente con la pulcritud en el razonar jurídico y con el hallazgo de una solución satisfactoria a una cuestión dada. Con esto último también tienen que ver las locuciones latinas.

También se dice que es preciso estudiar otras lenguas modernas antes que esta otra de presunta inutilidad. No pondremos reparo alguno al aprendizaje de varios idiomas, viceversa, pero sin comenzar a edificar la casa por el tejado. De entrada, es más urgente que nuestros estudiantes se adiestren en el uso culto, hablado y escrito, de su lengua vernácula. Nos olvidamos a veces –tal es el furor por aprender otras lenguas modernas, cuya lista va en aumento u oscila según las tendencias económicas– de que su éxito profesional depende, en primer lugar, de cómo hablen y cómo escriban en lengua española. Los alumnos universitarios que circulaban por las universidades europeas en la Edad Media solo debían aprender un idioma: el latín. En latín se han escrito durante siglos hasta no hace mucho las ciencias y las letras. Por lo que a nosotros respecta, el latín y el derecho han sido elementos consustanciales. El argot jurídico del sistema de derecho civil, con frecuentes influjos en el sistema del *Common Law*, ha sido prácticamente pensado todo él en latín, vertido a modo de traducción, a las diferentes lenguas vigentes en Europa y, en especial, al español o castellano.

Cada vez resulta más difícil –decimos– encontrar estudiantes que ingresen en nuestra *alma mater* con suficiente capacidad de redacción y cualidades de oratoria como para abordar estudios universitarios. Olvidamos que lengua y pensamiento no son entes separados y que, por ese motivo, termina hablando mal el que es incapaz de concebir un juicio lógico correcto, y que razona mal el que no puede expresarse correctamente. Por otro lado, utilizar bien una lengua no constituye un esnobismo intelectual sino que es requisito *sine qua non* para profundizar en el saber de cualquier materia, pero muy especialmente en derecho. Pues bien, el latín junto con el griego (tristemente olvidado aún en mayor medida este último), constituyen herramientas imprescindibles para el dominio de la lengua propia. Nadie como el que conoce de dónde procede nuestro idioma puede dominarlo semántica, morfológica y sintácticamente con la precisión exigible en derecho, es decir, con la misma que necesita un cirujano en el uso de su instrumental para una intervención quirúrgica. Con los errores que en causas judiciales cometen los aún hoy llamados "letrados" (otro indicio terminológico de una época pretérita más florida) se podrían escribir –y de hecho se han escrito– libros de disparates, si no fuera porque más que a la risa nos moverían al llanto. Sobre todo a los que, por su incuria, han acabado siendo condenados por el juez o han perdido lo que legítimamente esperaban obtener.

La relación entre el español, el latín y el derecho no es de tipo externo u ornamental, por tanto, sino interna, esto es, concierne a la formación intelectual y, en definitiva, a la capacitación de los futuros juristas. Nos extraña que este vicio tan extendido –de alcance también internacional, no lo creamos exclusivamente patrio–, el de la pobreza lingüística de estudiantes y no pocos profesionales del derecho, no se denuncie más abiertamente ni se le busque urgente remedio. En derecho, en efecto, parece preocuparnos más el contenido, reducido a menudo al meramente positivo, que la forma. Craso error. Lo repetimos: no cabe escindir un aspecto del otro como si se tratara de fenómenos distintos. Algo sabemos de pruebas de acceso de jóvenes graduados a despachos de abogados o empresas. Acaban siendo seleccionados y obtienen incluso un contrato indefinido quienes, además de demostrar conocimientos jurídicos, redactan bien. No es infrecuente, por cierto, que se les propongan cuestiones que tienen que ver –directa o indirectamente– con no pocas de las locuciones latinas que analizamos en esta obra, pero en ocasiones con imperdonables erratas, lo que resulta aún más lacerante.

Que nadie nos acuse ahora de falta de vocación internacional. Dirigida a romanistas esa objeción cae por su propio peso, tanto por lo que respecta al necesario aprendizaje de lenguas clásicas y modernas como por lo relativo al impacto internacional de las publicaciones en esta materia o por la frecuencia con que se visitan instituciones de otros países en el marco de congresos o seminarios internacionales. Nos llamó la atención, por cierto, a nuestro paso por la Universidad de Heidelberg (Alemania), que allí se contemple la posibilidad en la Facultad de Derecho de que los alumnos demuestren previos conocimientos de nivel medio de latín para acceder al doctorado. También queremos recordar en este momento el Congreso internacional de la *Academia Latinitati Fouendae*, con sede en Roma, celebrado en nuestra Universidad en el año 2002 y organizado, con nuestra modesta ayuda, gracias al entonces Presidente de la citada institución, el prestigioso filólogo finlandés Tuomo Pekannen y al empuje e inquieta iniciativa de D. Antonio Capellán, ambos queridos amigos, y con el significativo apoyo de los más ilustres filólogos de todo el mundo: entre todos, permítasenos citar ahora, por su entusiasta participación, a Michael Von Albrecht y a Wilfried Stroh. En cuanto a Pekannen, era, y es, además, habitual colaborador de la Radio Nacional finlandesa, a cuyos dirigentes logró convencer de que emitiese para todo el mundo un programa de noticias enteramente en latín. Habida cuenta de la celebridad mundial del sistema educativo finlandés, no nos parece un dato irrelevante.

Dedicado al uso del llamado "latín vivo", es decir, hablado y escrito, el Congreso declaraba como ideal la senda emprendida por los humanistas en el cultivo de las lenguas clásicas, pero, sobre todo, defendía la necesidad de un conocimiento activo y creativo de la lengua latina (no solo el pasivo correspondiente a su lectura) como imprescindible vía para conocer "por dentro" el pensamiento clásico. Esto, a su vez, genera consecuencias directas en materia de investigación. No es lo mismo realizar exégesis de textos, no ya sirviéndose de traducciones, sino utilizando incluso la versión latina pero como si se tratara de un objeto observado a distancia, a hacerlo con la soltura e intimidad con la que uno habla y escribe en su lengua. Pensar "como uno de ellos" hace descubrir facetas nuevas, antes no exploradas en los textos[2].

Todavía hay alumnos que acceden a las aulas de Derecho con conocimientos de latín, aunque la mayoría no. A diferencia de otros países del centro y norte de Europa en que comienzan a estudiar esta lengua clásica desde los diez años, o antes, aquí hemos decretado su marginación. Solemos decirles a ellos, sobre todo para hacer desvanecer terrores iniciales, que no lo precisarán. No somos del todo sinceros. Quienes han estudiado previamente latín llevan ventaja. Pero, no solo para el estudio del Derecho Romano[3], sino, como defendemos en esta obra, para su ejercicio profesional. Por eso, en nuestra exposición de la asignatura, y pese a que la orientación hacia la que parecen soplar los vientos de la modernidad sea otra, no hemos renunciado tampoco a exponer los materiales docentes relativos a las fuentes jurídicas en latín además de en español; por desgracia, a diferencia de esta obra en que, por su longitud, hemos debido abandonar ese empeño proponiendo traducciones, pero insertando, no obstante, en ellas enteros incisos de la versión latina. Año tras año, constatamos con agradable sorpresa en las encuestas que les pedimos que hagan nuestros alumnos, que entre un ochenta y un noventa por cien de nuestros alumnos querrían iniciarse en el estudio de la lengua latina o profundizar en ella.

2. RAZÓN JURÍDICA (*RATIO IURIS*)

2.1. Razón y memoria

a) ***Un adecuado equilibrio***: el alumno que se inicia en el estudio de la asignatura de Derecho Romano debe saber que se trata de una disciplina ambivalen-

[2] Una sorprendente anécdota relata Mark Lilla, conocido profesor de Humanidades, especializado en Historia del Pensamiento, de la Universidad de Columbia, a propósito de una cierta charla tutorial que tuvo con un inteligente estudiante de nacionalidad china. Al término del primer año, Lilla llamó al citado alumno para tener una conversación con él acerca de las dificultades que el profesor norteamericano había advertido en el uso hablado y escrito de la lengua inglesa por parte de aquel. Su sugerencia acerca de la necesidad de un estudio más profundo de este idioma fue, con todo, respondida con un inesperado "¿por qué?", y un posterior "no estoy seguro". Una nueva pregunta de Lilla le hizo a aquel precisar más su propósito: "Deseo estudiar una lengua, pero el latín, no el inglés". "¿Por qué?", le volvió a inquirir Lilla. El estudiante chino, entonces, le repuso: "Considero muy importante estudiar a los romanos, no solo a los griegos. Los romanos construyeron un imperio durante siglos. Debemos aprender de ellos". Ante semejante declaración, confiesa Lilla que, al salir aquel de su despacho, pensó que el reconvenido no había sido el estudiante chino sino él mismo (*http://www.newrepublic.com/article/magazine/79747/reading-leo-strauss-in-beijing-china-marx*). Agradezco al profesor Elio Gallego, experto filósofo del derecho, la indicación de este valioso testimonio de la creciente relevancia de la lengua latina en relación con el estudio de la cultura universal en un mundo cada vez más interrelacionado.

[3] La expresión "derecho romano" la escribimos normalmente con minúscula. Solo cuando se trata de la asignatura de la carrera de Derecho aparecerá con mayúscula. Así también la voz "derecho" cuando se refiere a la carrera universitaria.

te. Por un lado, el conocimiento del derecho romano y de la tradición romanística posterior no solo contribuye a entender mejor el propio derecho vigente mediante el necesario aporte de la perspectiva histórica del derecho, sino que constituye además la base originaria del razonamiento jurídico en Occidente. Así lo afirma Antonio Fernández de Buján, al comienzo de su manual de Derecho Público Romano: «De manera directa, el Derecho Romano, sin duda, es el que ha alcanzado un mayor grado de perfección en la historia de la humanidad, tanto desde el punto de vista de la justicia de sus contenidos como desde la técnica y la lógica perenne de la argumentación jurídica; es derecho vigente, durante catorce siglos, en buena parte del territorio europeo»[4]. Esta última afirmación es de enorme interés por el hecho de que el pensamiento jurídico romano ha configurado la manera de pensar o *forma mentis* del jurista actual. No ha de olvidarse, sin embargo, que tiene un origen histórico, valor que destacamos en primer lugar. Historia y dogmática, memoria y razonamiento son factores fundamentales que integran el derecho occidental gracias al derecho romano. En relación con la argumentación jurídica y el derecho romano esto es lo que escribe, por su parte, Manuel Atienza[5]: «El estudio de las formas lógicas de los argumentos utilizados por los juristas ("a pari", "a fortiori", "a contrario" ...), se remonta por lo menos al Derecho romano».

El derecho romano se caracterizó precisamente por no concebir el derecho como una pura técnica al margen de la vida, consistente tan solo en aplicar mecánicamente el derecho a los supuestos de hecho. Lo característico de Roma que la hace verdaderamente original frente a cualquier otra cultura del mundo, incluida la griega, es que fue creado fundamentalmente por "juristas", no por legisladores. La figura del jurista es, por tanto, una creación exquisitamente romana. La diferencia entre el jurista y legislador es notable, porque frente a este no goza aquel de poder para imponer sus decisiones. Su fuerza radica en su capacidad de convencimiento en la comunidad de expertos de derecho, que juzga críticamente las opiniones emitidas individualmente por los juristas en las obras que estos publicaban. La "fuerza de la razón" (o *imperium rationis*) es lo que cuenta frente al criterio opuesto de la "razón de la fuerza" (*ratio imperii*). El derecho no es algo impuesto, algo imperativo o coactivamente establecido para obtener obediencia de súbditos (aunque estos se llamen ciudadanos). Es esta, idea muy afianzada aún hoy en la conciencia popular pero que choca contra los propios basamentos del derecho puestos por los romanos. El derecho es objeto de razonamiento no de imposición. El alumno de derecho debe tomar conciencia de este principio al que el derecho romano dio vida y que inspira el quehacer jurídico actual aunque a menudo lo olvidemos hoy.

El mero razonar sin memoria carece de sentido. De hecho, desde Roma el jurista destaca por esa aptitud. Así lo afirma Cicerón al referirse a las cualidades que

4. Fernández de Buján, Antonio, *Derecho Público Romano*, Civitas-Thomson Reuters, Cizur Menor (Navarra), 2015[18], 31.

5. *El Derecho como argumentación*, Cátedra Ernesto Garzón Valdés 2003, Distribuciones Fontamara, México, 2005 (reimp. de la ed. de 2004), 71.

debe poseer todo orador de entre las más sobresalientes que caracterizan diversas actividades profesionales relacionadas con la tarea de hablar en público, tan temida para muchos y tan poco cultivada en la enseñanza media y superior:

> Cic., *de orat.* 1.28.128: «En el orador [léase hoy abogado, pero puede aplicarse a cualquiera que defienda algo en público] se pide la agudeza de los dialécticos, las sentencias de los filósofos, el estilo de los poetas, la memoria de los jurisconsultos (*memoria iuris consultorum*), la voz de los trágicos y el gesto de los mejores actores. Por eso nada más raro y difícil de hallar en el género humano que un orador perfecto» [hoy ni siquiera parece importarnos su búsqueda].

Así pues, razón y memoria deben venir juntas, de la mano, en el estudio del derecho. El razonar jurídico en Occidente, plasmado en la universal *ratio iuris*, inequívoca seña de identidad, antes que la ley, del sistema de derecho civil actual no es el resultado histórico de una mera aplicación de la lógica griega operada en Roma por los juristas. Con ello no se quiere decir que la lógica de los juristas sea diferente de la lógica de los filósofos. Pero el derecho romano posee la peculiaridad de su íntima conexión con la vida, a través de los casos que la realidad plantea, de manera que, por ejemplo, la reflexión realizada por los jurisconsultos romanos, o la que hallamos presente en las demás fuentes del derecho romano y, muy en especial, en los célebres edictos emitidos por los magistrados para aplicar el derecho en pos de la equidad (*aequitas*), no pretenden llevar a cabo una aplicación sílogística en torno a cuestiones abstractas, sino que tienen en cuenta fundamentalmente al sujeto al que van destinadas.

b) ***Y el conocimiento de lo humano...***: por otro lado, lo característico del derecho a partir del derecho romano es que ha desarrollado una tupida red de conceptos, de reglas, principios y soluciones, en general, que son como vertidos de lógica jurídica sí, pero específicos del derecho y adaptados al modo peculiar suyo de contemplar las relaciones sociales destacando y desgajando de ellas el objeto de su interés. Desconocer este portentoso proceso mental que ha llevado a los juristas actuales a un propio modo del razonar que llamamos jurídico es hacer elucubraciones en el aire. En otras palabras, hablar de razonamiento jurídico sin incluir al derecho romano, junto con la retórica de Roma (a menudo no coincidente con la visión de los juristas), nos parece una grave laguna metodológica, si de lo que se está hablando es de derecho.

Por eso, constituye una enseñanza primaria para todo estudiante de derecho el estudio de la experiencia romana que enseña que el derecho debe servir al hombre ya que, de otro modo, no sirve para nada. El ser humano es la clave del derecho, el porqué y para qué del derecho. «Ya que todo el derecho ha sido establecido por causa de los hombres, ... (*Cum igitur hominum causa omne ius constitutum sit, ...*)» declara una famosa frase de un jurista del siglo IV d. C. (Hermogeniano 1 *iur. epit.* D. 1.5.2). El original enfoque que los juristas romanos han dado a los más diversos aspectos de la vida social es de tal agudeza y sensatez que no es extraño que haya resistido el paso de los tiempos y se haya convertido en un modelo clásico para el mundo actual. Uno de los fundamentos de la cultura occidental, junto con la filosofía griega y la tradición judeocristiana.

Lo interesante e insólito del derecho romano es que, quien pretenda conocerlo ignorando los casos, tan numerosos como las arenas del mar, que históricamente han dado lugar a la reflexión de los juristas y a los conceptos y principios que estos han ido elaborando para comprender esa parte de la realidad social que es el derecho, no llegaría a entender nada del moderno razonamiento jurídico ni de la dogmática jurídica actual. Solo tomando conciencia de la conexión entre el pasado y el presente se puede abordar además el futuro con ciertas esperanzas de superar sus dificultades. El derecho romano es, entonces, pasado, presente y futuro. No consiste en una experiencia clausurada en un periodo de tiempo de la historia de la humanidad sino que se hace presente en la mente del jurista actual como eficaz herramienta para la solución de conflictos de intereses entre partes enfrentadas.

Este enfoque es, a nuestro juicio, el que aparece en esta obra, dispuesto como una pieza, no poco importante, del pensamiento jurídico en Occidente. Desde el punto de vista didáctico, entendemos que el razonar jurídico en una Facultad de Derecho no deber ser abordado, al menos exclusivamente, en abstracto, o a través de ejemplos creados de modo artificial por los autores de manuales o libros de enseñanza del razonamiento y de la argumentación jurídica, o importando como novedad los procedentes de otras latitudes.

c) ***Teoría y práctica, derecho público y derecho privado***:

Por otra parte, nos parece un error pedagógico la estricta separación entre teoría y práctica, que se añade a la falacia de "lo que es verdad en teoría pero no en la práctica", y que conduce a posponer el ejercicio de resolución de cuestiones al momento final del curso, es decir, una vez que se considera que el alumno domina las instituciones jurídicas. Demasiado tarde. Hay que comenzar, casi desde el primer día, hablándoles de la interpretación jurídica, exponiéndoles los casos que han dado lugar históricamente a la tradicional tensión entre *uerba* y *uoluntas* (v. ***verba / voluntas***). Como declaró el retórico Quintiliano, *Institutio oratoria* 12.2.19 *in fine*: «¿Acaso no gira toda cuestión de derecho o acerca de la propiedad de los términos o en torno a la discusión relativa a lo justo o sobre una conjetura en cuanto a la intención, ...? (*non quaestio iuris omnis aut uerborum proprietate aut aequi disputatione aut uoluntatis coniectura continetur, ...?*)».

El viejo esquema del *ius ciuile* de Quinto Mucio Escévola, a saber, de herencias, personas, cosas y obligaciones, se ajusta muy bien a este nuevo método de enseñanza de la razón jurídica. Teoría y práctica, según hemos dicho, van unidas. Si verdaderamente lo pensamos así, caeremos en la cuenta, por ejemplo, de que no se puede explicar de un modo teórico y práctico la materia de personas sin la de sucesiones. ¿Cómo hacer entender a nadie la condición jurídica del concebido o las presunciones de conmoriencia o premoriencia sin mencionar una palabra de la cuestión sucesoria? Se dirá que el alumno carece de suficiente base para abordar el derecho de sucesiones de inmediato, pero esta observación no es del todo justa. En primer lugar, porque quienes tienen experiencia en la explicación de un programa de derecho saben que nunca pueden ajustarse a un orden perfecto e ideal de aprendizaje, y que siempre hay cuestiones cuya exposición se deja para más tarde pero que serían precisas para la recta explicación de la materia objeto de enseñanza. Pero, en segundo lugar, la imagen que se obtiene del derecho resulta demasiado estática, enclaustrada en compartimentos estancos, y, por qué no decirlo, tediosa y carente de vida.

Es preciso, a nuestro juicio, que recuperemos la vieja idea del derecho como lengua, más antigua que Savigny. Es verdad que se le objeta el hecho de que la lengua, según se dice, es forma y el derecho contenido. Esto sería verdad si no se percibiera, aún hoy, una base común entre los derechos nacionales del llamado sistema de derecho civil o romano germánico, e incluso no pudieran establecerse relaciones lógicas con el sistema del *Common Law*. Hay un poso común de enorme magnitud, sedimentado a partir del derecho romano y compactado por el derecho común europeo, que sigue operando de modo activo en la mente de los operadores del derecho quiérase o no reconocer. Con este fenómeno también tiene que ver la presente obra, como el lector irá comprobando en la lectura de las diferentes voces.

En nuestra batalla por eliminar las barreras doctrinales que han distanciado el mundo de los conceptos jurídicos del de su vida práctica, es el turno también de la distinción entre derecho público y derecho privado. Tradicionalmente el derecho romano se estudia de modo separado desde un punto de vista público y privado. Nosotros, por el contrario, creemos que hay que referirse a esos dos aspectos a la vez. La distinción –como todo jurista sabe– es una creación original de un jurista romano llamado Ulpiano a comienzos del siglo III d. C., que ha dejado una huella indeleble en el sistema jurídico de la Europa continental, también denominado "romano-germánico". Pero las cuestiones concretas, que tanto los romanos como hoy nosotros nos planteamos, aparecen a menudo impregnadas de los dos ámbitos jurídicos, que se dan cita en ellas de forma conjunta. El jurista tiene que razonar de acuerdo con ambos planteamientos, sin excluir ninguno de ellos ni tratarlos como si fueran mundos separados sin influjo mutuo. Grave error sería si lo hiciera así.

2.2. El derecho y la lengua, una controvertida comparación

Entre las facultades que todo buen jurista debe poseer se cuenta, sin duda, entre las primeras, junto con el razonamiento y la memoria, la de hablar y escribir correctamente.

Quien utiliza su lengua materna puede creer que se trata de tarea fácil, pero cuando se dispone a redactar un documento o intenta improvisar un discurso o intervención oral (mucho más si esta es ante un público numeroso o exigente) se da cuenta de que no es así.

Quien se inicia en los estudios de Derecho debe saber además que del empleo preciso de una terminología propia del argot jurídico depende su conocimiento real de esta disciplina y, a la larga, su futuro éxito profesional. Por tanto, debe dedicar máxima atención a esta faceta de estudio en el ámbito del derecho. Basta echar un vistazo a la relativamente reciente iniciativa del Ministerio de Justicia español sobre "Modernización del Lenguaje Jurídico", publicada en su web, o a las de algún Despacho de Abogados, Colegio de Abogados o particular en el mismo sentido (v. 3.2), para convencerse de la importancia de esta tarea. Un primer objetivo consiste en adquirir soltura en el manejo de textos jurídicos, una vez comprendido perfectamente su sentido y alcance, a través de la incorporación al propio acervo lingüístico de aquellos términos técnicos utilizados en ellos –incluidos los latinismos jurídicos y máximas más comunes y de su familiarización con su uso en frases en un determinado contexto jurídico.

Es ciertamente interesante la reflexión del jurista francés del s. XVI Donellus (*Comm.* I.1.12) –v. nuestro "Breve compendio de historia y fuentes del derecho romano y su Recepción en Europa" en esta obra– sobre la lengua como patrimonio del pueblo, que el príncipe no puede modificar:

> «A mí no me conmueve en absoluto ni la autoridad de Juliano ni incluso la del emperador Justiniano, por lo que Justiniano, aunque príncipe, no puede modificar las palabras genuinas y su significación, que valen por el uso que hace de ellas el pueblo y no por el capricho de cualquiera, ni la voluntad de nadie puede hacer que no opere el método seguro que prescriben la naturaleza misma y coherencia de las cosas. La autoridad del derecho procede de los príncipes; pero la vía y recta razón para mostrarlo es de los expertos que lo conocen (=*Nec me hic auctoritas aut Iuliani, aut adeo Iustiniani Imperatoris quidquam mouerit ut enim uerba bona eorumque significationem Iustinianus, quamuis Princeps, mutare non potuit, quae usu populi constant, non cuiusquam arbitrio, aut uoluntate sic nec efficere, ut non sit certa methodus ea, quam natura ipsa rerum et cohaerentia praescribit. A principibus est auctoritas iuris: a peritis et intelligentibus uia et recta ratio docendi*)».

Mientras que el príncipe goza de la autoridad de derecho, se entiende para poder legislar, es campo exclusivo de los juristas el método para acceder de un modo científico al derecho. Ese método lo prescribe, no el príncipe, sino la misma naturaleza y coherencia de las cosas.

La idea de que las palabras son bienes cuya significación no puede modificar el gobernante de un pueblo nos recuerda en concreto la anécdota (que seguramente conocía Donello) que relata Suetonio[6]: el orador M. Pomponio Marcelo, interviniente en una cierta causa procesal, hizo un comentario crítico sobre la utilización inapropiada de un término de la lengua latina por parte del emperador Tiberio. Le replicó la parte contraria, representada por el jurista Ateyo Capitón, con el argumento de que si esa palabra no era latina en adelante lo iba a ser (por utilizarla el príncipe). Pero su interlocutor no aceptó este aserto, y su argumentación fue elocuente e irónica la vez: «Pues tú, César, puedes dar la ciudadanía a los hombres pero no a una palabra» (*tu enim, Caesar, ciuitatem dare potes hominibus, uerbo non potes*).

La concepción de derecho como acervo cultural del pueblo similar a la lengua, no reducible a una ley o código evoca de inmediato, y no es mera casualidad, la teoría del *Volksgeist* (espíritu del pueblo) de Savigny. Incluso la propia cita del jurista Juliano[7], por otro lado uno de los más geniales juristas romanos pero cuya autoridad no desea Donello seguir sin más, pudo venir motivada por la doctrina de este jurista sobre la *consuetudo* y sobre la creación del derecho *rebus ipsis et factis*. No solo. La confrontación es recurrente en el pensamiento clásico:

> Gellio, de sus *Noctes Atticae*, 12.13.5: «Pues no solo el significado verdadero y propio de las palabras comunes se altera por su uso prolongado sino que también los preceptos de las propias leyes son derogados por el consentimiento tácito (*Non enim uerborum tantum communium uerae atque propriae significationes longiore usu mutantur, sed legum quoque ipsarum iussa consensu tacito oblitterantur*)».
>
> Horacio *ars.* v. 70-72: «Muchos vocablos que ya han caído renacerán, y caerán aquellos que están ahora en auge, si lo desea el uso al que corresponde el arbitrio, el derecho y la norma de la lengua (*Multa renascentur quae iam cecidere, cadentque / quae nunc sunt in honore uocabula, si uolet usus, / quem penes arbitrium est et ius et norma loquendi*)».

---

6. Sueton., *De grammaticis et rhetoribus* fr. 22: *M. Pomponius Marcellus sermonis Latini exactor molestissimus, in aduocatione quadam, nam interdum et causas agebat, soloecismum ab aduersario factum usque adeo arguere perseueravit quoad Cassius Seuerus, interpellatis iudicibus, dilationem petiit ut litigator suus alium grammaticum adhiberet 'quando non putat is cum aduersario de iure sibi sed de soloecismo controuersiam futuram.' hic idem (scil. M. Pomponius Marcellus) cum ex oratione Tiberii uerbum reprehendisset, adfirmante Ateio Capitone et esse illud Latinum et si non esset futurum certe iam inde, 'Mentitur,' inquit, Capito. tu enim, Caesar, ciuitatem dare potes hominibus, uerbo non potes.'*.

7. Iul. 94 *dig.* D. 1.3.32: «En aquellos casos en que no usamos de leyes escritas conviene se guarde lo que por el uso y la costumbre se ha introducido; y si esto faltare en algún caso, entonces lo que le sea análogo y consiguiente; y si en realidad tampoco apareciere esto, entonces debe observarse el derecho que se usa en Roma. 1. No sin razón se guarda como ley la costumbre inveterada (*inueterata consuetudo*), y este es el derecho que se dice establecido por la costumbre. Porque así como las mismas leyes por ninguna otra causa nos obligan, sino porque fueron admitidas por la voluntad del pueblo, así también con razón guardarán todos lo que sin estar escrito aprobó el pueblo; porque, ¿qué importa que el pueblo declare su voluntad con votos, o con las mismas cosas y con hechos (*rebus ipsis et factis*)? Por lo cual también está perfectísimamente admitido que las leyes se deroguen no solo por el voto del legislador, sino también por el tácito consentimiento de todos por medio del desuso».

Decíamos antes que la comparación del derecho con la lengua no es un descubrimiento del siglo XIX. A la vista de lo ya expuesto, resulta evidente. Que el derecho se alinee junto a la lengua como uno de los factores fundamentales que unifica y cohesiona a un pueblo, lo afirma expresamente Cicerón en un conocido texto:

> Cic. *Verr.* 2.5.167: «Los ciudadanos romanos, que se han vinculado entre sí por la participación de una lengua, un derecho y muchas cosas (*... ciues ... Romanos, qui et sermonis et iuris et multarum rerum societate iuncti sunt*)».

Es preciso que nuestros estudiantes aprendan, pues, el derecho de un modo dinámico. La mejor manera, según creemos, es hablando y razonando en torno a cuestiones jurídicas. Pero ¿qué cuestiones?

2.3. El texto, el caso y la ratio

Proclamamos que para razonar en derecho hay que aprender derecho. Y para aprender derecho hay que rehacer el *iter* mental que los juristas a lo largo de los siglos han recorrido a partir del casuismo romano, determinante para la construcción del imponente edificio jurídico en que consiste el sistema de derecho civil actual. Su rasgo más característico es el de la *ratio iuris.*

Nuestro problema ha sido que el olvido y desprecio de las lenguas clásicas y, en general, de la cultura clásica, así como todo lo que se ha interpretado como tradición, fenómeno perceptible de manera significativa tras la Segunda Guerra Mundial, junto con un utilitarismo galopante y ciego como ideología imperante en las universidades, ha provocado el distanciamiento, no ya con respecto a nuestras raíces, sino a las claves de nuestra propia cultura e identidad.

Hemos olvidado que el origen de nuestro derecho es casuístico (muchos creen que este rasgo procede del derecho inglés). Detrás de las disposiciones que integran nuestros códigos y leyes hubo casos originarios de las reglas que los encarnan. Recuperarlos significa poder llegar a captar con toda su profundidad el fenómeno jurídico en Occidente.

Pero los casos se hallan plasmados en textos. Es necesario traerlos a colación de nuevo, rescatarlos del olvido para aquilatar los conceptos, reglas y soluciones jurídicas presentes hoy. La lectura de los fragmentos, además, no debe ser meramente filológica, pues, aparte del contenido semántico que comunican, son testigos de aconteceres vitales, muchos de ellos sucedidos realmente a personas de carne y hueso, aún identificables con sus nombres y apellidos. Y durante siglos, los juristas de todos los tiempos se han referido continuamente a esos textos y a los casos contenidos en ellos como piedras de toque de su razonar jurídico. No es verdad, así, que, por el hecho de llamarse legistas, los juristas medievales dejaran de ser casuísticos. Su increíble asimilación de los textos romanos, su criba y selección en función de la cuestión jurídica planteada, su utilización como argumentos y contra argumentos, siempre tuvo presente los casos que latían detrás. Pero esto, *mutatis mutandis*, se advierte también entre los humanistas, los iusracionalistas (que criticaron el *mos Italicus* y no el derecho romano, como a menudo se dice) y, no digamos, los pandectistas del siglo XIX y codificadores del derecho civil. Sin el derecho romano su tarea habría sido imposible. Pretender borrar eso de la memoria de Europa es insensato.

La interpretación de un texto jurídico romano no consiste tan solo en desentrañar su sentido, como decimos, sino en advertir, en todos sus posibles aspectos, la profundidad de una sentencia o frase con la que los operadores del derecho en Roma hallaban, razonando, una determinada solución jurídica. Solo quien conoce el derecho desde su origen hasta nuestros días y viceversa, es decir, solo el que se sienta capacitado como jurista, es idóneo para captar toda la esencia y valorar la intensidad y originalidad de una determinada percepción jurídica:

Que, por ejemplo, Papiniano afirme que el precio es un elemento esencial en las compraventas (v. ***accidentalia negotii***) no es solo un sutil pensamiento, sino que posee una enorme trascendencia jurídica. Hoy en día, en el seno del comercio internacional, la discusión operada en este ámbito entre los autores del sistema del *Common Law* y del derecho civil refleja los conflictos que plantea el propio comercio, por ejemplo, entre países desarrollados y menos desarrollados. La afirmación de Papiniano no es una opinión aislada o fría, didáctica o meramente dogmática. Toca lo más íntimo del derecho entendido como un fragmento palpitante de la vida social. Debemos aprender, pues, a ver más allá del texto, a saborearlo con todos sus matices y a captar su última esencia que tiene que ver con la singular percepción que el jurista hace de la vida.

2.4. El Derecho Romano y la Declaración de Bolonia

De cuando en cuando surge en los últimos años una enojosa –y necia– pregunta acerca de la compatibilidad de la disciplina del Derecho Romano con la célebre declaración de Bolonia[8]. Con las premisas antes expuestas, resulta una verdad palmaria que el Derecho Romano constituye un factor fundamental en la formación del jurista. Poco más debería añadirse. Sin embargo, a fuerza de repetirla parece haber perdido fuelle. Así pues, sin excesivos ditirambos, que más parecen ensordecer los oídos de nuestros colegas, aunque sin excluir un tono en ocasiones encendido por su finalidad apologética, la presente obra se concibe

[8] V. una interesante reflexión en AA. VV., *Problemática del Derecho Romano ante la implantación de los nuevos planes de estudio*, Coord. Ramón Herrera Bravo y María Salazar Revuelta, Universidad de Jaén, 1999.

como una pieza más del género de los alegatos en favor del derecho romano (y de la lengua latina): fundamento del razonamiento jurídico, arsenal de términos jurídicos cuyo uso exacto solo es posible a través del conocimiento de su acuñación originaria, factor fundamental de Europa y de su derecho (y por extensión, de la civilización occidental).

De todo esto se habla aquí utilizando, casi como pretexto, el, en apariencia, modesto ámbito de las locuciones jurídicas. Puede llamarle la atención al lector de esta obra, eso sí, que nuestro interés se haya centrado en las locuciones latinas y no en las máximas o aforismos jurídicos, como sería esperable por ser estas últimas portadoras de soluciones jurídicas de aplicación cotidiana. Al comienzo de esta introducción dimos nuestras razones. Es nuestra intención, por un lado, contribuir en algo a acendrar el uso de la lengua o argot jurídico, o sea, a que se use con mayor precisión y, en segundo lugar, a razonar, es decir, a pensar mejor en derecho. Si estos dos objetivos no se consideran prácticos –como les gusta resaltar ahora a muchos, aunque ya hemos hablado de la falaz disociación entre teoría y práctica–, entonces no se nos antoja inteligible nada de lo que argumentan los utilitaristas en punto a las últimas tendencias de la enseñanza universitaria.

Lo decimos quienes hemos tenido la ocasión de ocupar cargos académicos de responsabilidad educativa en los tormentosos años de la adaptación de la universidad española a la Declaración de Bolonia (el famoso "plan Bolonia") y, por tanto, desde el pleno conocimiento de esta reforma educativa. No se nos tilde ahora de ridículos nostálgicos del pasado, habitantes de un mundo pretérito y alejado de la realidad, desconocedores del presente y del futuro de la universidad o de meros interesados en retener una determinada cuota de actividad didáctica o científica en la universidad, resistiendo "a la numantina" los embates del mundo moderno. Creemos en lo que hacemos, viviendo plenamente el presente, y nuestros alumnos lo perciben.

No es este el momento de realizar un examen crítico de lo que esa reforma ha supuesto y de sus fines, que nos llevaría muy lejos[9], pero debe reconocerse en todo modelo educativo que debe aspirar a obtener los mejores resultados formativos en los discentes, para los que está pensado. En este sentido, creemos –como venimos sosteniendo en esta introducción– que es tarea insoslayable y urgente de quienes tienen intención de dedicarse profesionalmente al derecho el dominio de la terminología jurídica, una óptima capacidad de expresión oral y escrita así como de razonamiento aplicado al derecho. El Derecho Romano, para

[9] Lo hemos hecho ya con espíritu constructivo: –*Derecho y cultura, una propuesta educativa irrenunciable en el ámbito del Espacio Europeo de Enseñanza Superior*, Stromata. Revista de Cultura 13, Dykinson, Madrid, 2012, 9-28. –*El futuro del Derecho en Europa: experiencias de equillibrio entre tradición e innovación en Alemania y España y propuestas educativas para un nuevo derecho*, CEU Ediciones, Madrid, 2011, 1-44 (Revista General de Derecho Romano Iustel. *Homenaje al profesor Juan Miquel: El futuro del Derecho en Europa: experiencias de equilibrio entre tradición e innovación en Alemania y España y propuestas educativas para un nuevo derecho* 16, 2011 (*www.iustel.com*).

el que proponemos la nueva perspectiva defendida aquí, admitiendo que pueda haber otras igualmente válidas, es imprescindible. Ignorarlo, por otro lado, es "acientífico".

Esto es lo que vamos a intentar demostrar en nuestra obra, pero añadiremos que lleva siendo ensayado por nosotros desde hace años con éxito entre los alumnos. No pocos de ellos, interesados en la Universidad por los clubs de debate, han obtenido ya premios nacionales en foros universitarios de discusión, a menudo organizados por empresas ansiosas por captar los alumnos más despiertos, los que mejor argumentan en discusiones y debates. Alguno, es más, tras recibir su correspondiente premio, ha reconocido en los medios de comunicación el influjo directo que el Derecho Romano ha operado en su intelecto para el desarrollo de su capacidad dialéctica. ¿Es que a nuestras autoridades universitarias no les interesa que nuestros alumnos sean más competitivos, tengan un mejor acceso al mercado laboral y puedan triunfar fuera de nuestras fronteras nacionales? Para eso sirve también el Derecho Romano.

2.5. El rancio prejuicio del esclavismo

a) Algunas puntualizaciones

Digámoslo *sine ira et studio* (Tác. *ann.* 1.1) pero sin ambages: afirmar del derecho romano, como no de modo infrecuente se sigue oyendo, que tiene que ver con el estudio de los esclavos y por tanto pertenece a otra época, es como pretender reducir el objeto del derecho penal, por ejemplo, a una cuestión relativa al grosor de los barrotes de una cárcel; del derecho mercantil, a la disposición de la balanza de un cambista o al maletín de un ejecutivo o de un banquero; o del derecho administrativo, a expedientes burocráticos propios del célebre "vuelva usted mañana" de D. Mariano José de Larra. Falacia *ex accidenti*: -Una sociedad de esclavos es propia de una época antigua y periclitada; -el derecho romano tiene que ver con esclavos; -en consecuencia (*ergo*), el derecho romano es antiguo y periclitado.

Al margen de este capcioso razonamiento está por ver que la sociedad (y la cultura correspondiente) romana pueda ser considerada en bloque como indigna de atención, como, de otro modo, le podría suceder, por cierto, a la actual en el futuro, liquidable de plano aludiendo simplemente a su demostrada imposibilidad de erradicar el hambre o las guerras en el mundo, o al ignominioso trafico masivo de blancas, de armas o de drogas.

Pero, reconozcámoslo, en los textos aparecen, como veremos en esta obra, los esclavos frecuentemente. Son parte también del razonar jurídico. No tratados como tales –no interesaba esa cuestión a los juristas–, sino en la medida de su participación en negocios jurídicos de muy diversa índole. Y es verdad: repugna verlos en los textos considerados como objetos patrimoniales. No obstante, habría que admitir que quizás seamos algo hipócritas, habida cuenta de otras formas sutiles de esclavitud que perviven hoy, cuando no la esclavitud misma en determinados países del mundo, que no hemos sido capaces de eliminar en pleno siglo XXI.

La verdad no es exactamente así, porque en el propio derecho romano se les reconoce su condición humana con reflejo directo en la resolución de casos: pensemos, por ejemplo, en las reflexiones de los juristas a propósito de la religión profesada por los esclavos o del parentesco entre ellos en relación con sus uniones cuasimatrimoniales, o la consideración jurisprudencial de su condición como surgida del derecho de gentes, no del derecho natural. Esto último, que no se sea libre o esclavo por naturaleza, no dejará de tener influjo por cierto en los autores de la Escuela de Salamanca, creadores de la doctrina moderna de los derechos humanos. (V., por ejemplo, ***contra naturam*** *in fine*).

Pero, por otra parte, debe reconocerse que su participación en los negocios jurídicos resulta extrañísima a los ojos de un jurista actual, en la medida en que poseen –dicho sea con términos imprecisos– capacidad de obrar sin tener capacidad jurídica, lo que no puede menos que ser visto hoy como una contradicción en sus propios términos. Esa circunstancia, sin embargo, complica extraordinariamente los casos y los hace más interesantes, como si tuvieran que ver con autómatas que opinan y deciden por sí mismos, salidos de novelas o películas de ciencia ficción. Pero el asunto es más profundo: instituciones modernas como el abuso de derecho, la herencia yacente, el fenómeno de separación de patrimonios a través de la figura romana del peculio, la evolución jurisprudencial del derecho de daños, el régimen de la condición en el negocio jurídico, la figura mercantil del factor, el enriquecimiento injusto a través de la *uersio in rem*, etc. no son, desde el punto de vista de la dogmática jurídica, explicables sin ellos.

b) Patrimonialidad de la prestación e interés: un ejemplo insigne

Veamos de qué estamos hablando hasta ahora. Proponemos un ejemplo extraído de un célebre texto que trata dos singulares casos y del que se ha obtenido una *ratio* valiosa para el derecho actual. La doctrina del derecho civil y la legislación civil acostumbran a distinguir en materia de obligaciones entre la patrimonialidad de la prestación como requisito de esta y el interés presente en la relación obligacional, del que se dice que no es necesario que sea patrimonial. Como decíamos, hemos olvidado completamente nuestros orígenes que dan explicación de quiénes somos y qué hacemos en el mundo del derecho. Nadie recuerda, en efecto, un célebre texto (que citaremos por todos) del jurista Papiniano –de nuevo– referente a un sorprendente caso, o mejor a dos casos, relativos a la compraventa de esclavos.

Volver en este punto la mirada hacia otro lado en señal de repugnancia o deslizar una mordaz crítica hacia el derecho romano no evitará ver la realidad del origen de esta idea presente hoy de manera viva en el derecho. Papiniano fue un jurista que obtuvo un gran reconocimiento en su época y, sobre todo, en las generaciones posteriores hasta Justiniano y, más tarde, en la Edad Media. No es extraño. A su laconismo un tanto hermético y oscuro que convierten sus decisiones en algo similar a un oráculo cuya *ratio decidendi* es preciso desentrañar, se une un profundo sentido de lo humano (aparte de su heroica muerte). De hecho, una frase casi incidental se convirtió en uno de los lemas de los humanistas del siglo XVI. También esto lo hemos olvidado: «beneficiar al ser humano es de interés humano (*beneficio ádfici hóminem intersit hómini*)».

El jurisconsulto trata dos casos en apariencia análogos pero en realidad contrarios y, por tanto, solucionados de forma inversa: el primero es el de un esclavo vendido con la cláusula de que se llevase fuera de Italia. El ex dueño quería vengarse de él. No hubo estipulación (*stipulatio*); es decir, ese típico negocio abstracto romano basado en una pregunta dirigida por el acreedor estipulante al deudor promitente para que este quedase obligado frente a aquel mediante su respuesta. De este negocio depende, por cierto, mucho de la doctrina actual sobre el derecho de obligaciones, y en especial, el régimen jurídico de los negocios abstractos. Pues bien, de haberse llevado a cabo en nuestro caso este acto jurídico, habría sido una estipulación penal (*stipulatio poénae*) que se habría aplicado con independencia del supuesto de base, esto es, al margen de la causa. Sin embargo, hubo un simple pacto entre las partes. Se pregunta el jurista si el ex dueño puede demandar al comprador en caso de que no cumpla con lo acordado. El segundo caso es, como decimos, el contrario: la venta del esclavo se hace con la cláusula de que el comprador no se lo lleve fuera de Italia, alejado de su familia. El ex dueño siente afecto por él y desea beneficiarlo.

Pues bien, el interés en juego en uno y otro caso (en el primero la venganza, en el segundo el afecto) no es evaluable económicamente; pero, mientras que en el caso de la venganza no se da pie a la posibilidad de demandar a la otra parte por su conducta contraria al pacto, en el supuesto del afecto sí: se obra aquí en beneficio del hombre y no en su perjuicio, y por eso es atendible el interés, aunque no sea patrimonial. Otra cosa es que se hubiera hecho estipulación penal, porque al tratarse de un negocio abstracto habría operado con independencia de la causa. Y, en fin, si el derecho no atiende a la pretensión del demandante en el primer caso, aun habiendo habido pacto entre las partes, es porque –como concluye Papiniano– «la indignación por un castigo que no se aplica solo es signo de crueldad». Veámoslo:

> Pap.10 *quaest.* D. 18.7.7: «Un esclavo fue vendido con esta cláusula, que no estuviera en Italia: si se obrara de otro modo, se convino, sin que mediase estipulación, que el comprador pagaría una cantidad en concepto de pena. Es difícil que actúe útilmente el vendedor que por este concepto pretenda ejercitar por razón de venganza (*uindíctae ratione*), cuando, no observada la cláusula, se haya incurrido en la pena prometida a otro. Es consecuente con esto el hecho de que pueda ejercitarse la acción solo en la medida en que se obligue a otro a prestar: pues aquello que sobra, es pena, no indemnización. Pero si se convino en que no se enviara fuera al esclavo como castigo a él, sí ejercitará la acción rectamente por razón de afecto (*affectionis ratione*). No

> parecen estos casos ser contrarios entre sí ya que beneficiar a un hombre interesa al hombre (*cum beneficio adfici hóminem intersit hóminis*): pues la indignación por un castigo que no se aplica solo es signo de crueldad (*enímuero poénae non irrogátae indignatio solam duritiam cóntinet*)».

La patrimonialidad de la prestación la encontramos, entre otros, en un célebre texto en el que se cita a un jurista romano relativamente poco conocido, Octaveno:

> Ulp. 28 *ad Sab.* D. 40.7.9.2: «Octaveno decía que en la obligación entre todo aquello que se puede pagar y prestar en dinero, pero la libertad no se puede pagar ni prestar en dinero; opinión esta que me parece acertada (*... Octauenus ... dicebat ... ea ... in obligatione consistere, quae pecunia lui praestarique possunt,libertas autem pecunia lui non potest nec reparari potest. Quae sententia mihi uidetur uera*). (V. ***pretium doloris***)».

Ahora comprobemos esta doctrina, surgida en el derecho romano del modo tan peculiar que hemos visto, plasmada, por ejemplo, en el Código Civil italiano:

> Artículo 1174 Carácter patrimonial de la prestación: «La prestación que constituye el objeto de la obligación debe ser susceptible de valoración económica y debe corresponder a un interés, aunque no sea patrimonial, del acreedor (1256 y siguientes, 1411 y siguientes)».

Somos libres de escoger la manera de aprender el derecho: o bien, de un modo memorístico, o incluso entendiéndolo, pero sin captar todos los factores de la realidad que le dieron vida (es decir, menospreciando con alegría el criterio de interpretación histórico, presente en todos los ordenamientos jurídicos y de obligada observancia por cualquier intérprete del derecho), o bien de un modo completo (y francamente mucho más científico, legítimo, fundamentado, sugestivo, interesante, y si se nos apura, ameno). Repárese en que si esta distinción no se encuentra en el código correspondiente al país que se tome como referencia, probablemente se hallará en su doctrina científica (*opinio iuris*). Por eso, el derecho romano es también factor clave para realizar un concienzudo ejercicio de comparación jurídica entre legislaciones nacionales y sistemas jurídicos.

Este ejemplo, en fin, es tan solo una gota en un océano de ideas romanas que inundan el pensamiento jurídico actual.

3. LOCUCIONES, *MARE AMPLISSIMUM*

3.1. El mundo de las locuciones latinas, en efecto, no tiene término. Piénsese en el derecho romano, en el derecho canónico o en la filosofía escolástica medieval, y bastará con ello para darse cuenta de que una tarea de análisis con pretensiones de exhaustividad carece de sentido. Esa es la razón por la que hemos seleccionado aquellas que, en primer lugar, tienen que ver con el uso del foro, es decir, son utilizadas en el ámbito jurídico, a las que hemos añadido otras pertenecientes a la actividad filosófica, o son frecuentes en la universidad; a ellas hemos decidido añadir algunas otras comunes que nos han parecido de interés. Aunque es inevitable que el lector eche de menos alguna o algunas de ellas por las que él sienta particular predilección, se ha procurado que la antología fuese lo suficientemente extensa como para que el resultado final pudiera parecer satisfactorio, sobre todo por lo que respecta a los objetivos últimos propuestos en esta obra. Entre ellos, desde luego, no se cuenta el de confeccionar un diccionario de derecho romano, canónico o filosófico, como a estas alturas de nuestra presentación es imaginable.

Tampoco se promueve el cultivo de una actitud esnob o pedante. Lo repetimos: las locuciones constituyen una pieza no poco importante de la lengua jurídica universal, que ayuda a aquilatar con precisión los conceptos jurídicos y a razonar mejor en derecho. Pedante era aquel joven que citaba Aulo Gelio en sus "Noches Áticas" (Gell. 1.10), cuyo gusto por utilizar voces arcaicas (*ueterum uerborum cupidissimus*, gran amante de las palabras antiguas) era exagerado, lo que motivó el justo reproche irónico del filósofo Favorino, al que añadió al final la cita de una opinión de Julio César al respecto contenida en una obra juvenil suya (*De analogia*):

> «huye como de un escollo de un término inaudito e insólito (*tamquam scopulum, sic fugias inauditum et insolens uerbum*)».

Afortunadamente, no es nuestro caso porque las expresiones latinas, familiares aún hoy (aunque pueden dejar de serlo), son idóneas por su concisión y síntesis para transmitir densa doctrina jurídica de manera expeditiva, casi como esos curiosos signos que utilizan los especialistas en lógica formal para desarrollar sus razonamientos[10].

---

[10] Arriba citábamos la loable iniciativa del Ministerio de Justicia español de modernización del lenguaje jurídico. La comisión creada *ad hoc* ha emitido un informe que puede leerse en la propia página web del Ministerio. Se aconseja allí que, en cuanto a expresiones latinas, se presente su versión traducida o, si se adjunta el original latino, se le una a él su traducción. A nuestro parecer, esto es, solo hasta cierto punto, razonable si lo que se desea es hacer comprensible el derecho a las personas que lo desconocen, como cuando un médico desea explicar a su paciente con palabras sencillas qué le ocurre. Pero si este mismo médico desea publicar un artículo o trabajo en una revista científica deberá hacerlo utilizando el argot técnico establecido por la comunidad científica, y no utilizando perífrasis explicativas que terminarán por hacer farragoso y equívoco su estudio. Por otra parte, el ideal de la sencillez en la redacción de leyes (extensible a otras manifestaciones escritas del derecho) es muy antiguo, y posee además su correspondiente expresión acuñada para ese fin: *simplicitas legum*. Las expresiones latinas son sencillas. Lo único que hace falta es aprenderlas y entender su uso. Es, sobre todo, una cuestión de cultura y de promoción educativa.

En este sentido, nos parece un grave error la reciente propuesta de la Cumbre Judicial Iberoamericana, en su XVIII Asamblea, que pretende que se elimine el latín de los autos y sentencias judiciales. ¿Creen realmente que, por ejemplo, sustituyendo *restitutio in integrum* por –imaginemos–"restitución integral", o por la versión admitida en nuestra lengua de "restitución *in integrum*", o incluso por "rescisión", que ni siquiera los prácticos utilizan a menudo correctamente, los ciudadanos van a comprender el profundo sentido jurídico de esa expresión con todos sus matices?

Hablábamos antes de los médicos y su labor científica. Pero, respecto de sus pacientes, ¿les exigiremos ahora que les comuniquen a estos que padecen "lobo"en vez de "lupus"? Se dirá que no porque es voz admitida en nuestra lengua. ¿Pero sería más claro así? No parece. En todo caso, no creemos que la familiaridad en la calle deba ser el criterio rector del uso profesional.

Lo decimos también por experiencia: de cuando en cuando, se nos ha pedido nuestra intervención para dictaminar acerca de la doctrina jurídica contenida en algunas de las locuciones que veremos en esta obra, relativas a asuntos jurídicos conflictivos debatidos entre bufetes internacionales de abogados. Hablemos, pues, de presente y de futuro, pero sin descuidar el pasado.

3.2. Lo que no nos parece fácil es la distinción entre locución y máxima. Un sinónimo de locución es "expresión", pero nos resulta de poca ayuda. Desde luego la diferencia no tiene que ver con la extensión del grupo de palabras que componen la locución. No es correcto tampoco que se identifique la locución allí donde no aparezca un verbo, resultado en realidad de una elipsis fácilmente integrable. *De facto* parece claro que es locución pero ¿por qué *caueat emptor* se cataloga como locución y *pacta sunt seruanda* como máxima? Tampoco se puede decir que una máxima contenga una regla y que una locución no. Véanse los dos ejemplos anteriores –ambos albergan reglas jurídicas– o este otro, el de la cláusula *rebus sic stantibus* que se cataloga como locución pero expresa, al mismo tiempo, un principio relativo a la interpretación de los contratos.

Por consiguiente, tras varios ensayos y tentativas, hemos adoptado el criterio convencional que identifica las expresiones latinas conforme a su usual aparición como tales en las obras que se han ocupado de ellas distinguiéndolas de las máximas o aforismos. Para esta específica tarea nos hemos servido, entre otras, de las siguientes obras:

- Roland, Henri; Boyer, Laurent, *Locutions latines du droit français*, Litec, Paris, 1998.
- de Morató, D. R., El derecho civil español con las correspondencias del romano. tomadas de los códigos de Justiniano y de las doctrinas de sus intérpretes, en especial de las Instituciones y del digesto romano hispano de D. Juan Sala, 2 vols., Valladolid, 1877[2].
- Gómez Font, A., Muñoz Guerrero, F, *Libro de estilo del Ilustre Colegio de Abogados de Madrid*, Marcial Pons, Madrid, 2007.
- Gutiérrez Alviz y Armario, F., *Diccionario de Derecho Romano*, Reus, Barcelona, 1975[2]
- VV. AA., *Libro de Estilo Garrigues*, Aranzadi, Cizur Menor (Navarra), 2014[2].
- Domingo Oslé, R.; Ortega, J.; Rodríguez-Antolín, B., Zambrana, N., *Principios de Derecho Global-1000 reglas y aforismos jurídicos comentados*, Thomson-Aranzadi, Cizur Menor (Navarra), 2014.

Lo que de verdad hace falta es que jueces y magistrados, y, con ellos, todos los operadores del derecho, incluidos los profesores de universidad, escribamos con claridad y precisión, pero sin renunciar a la técnica. El latín jurídico es exquisitamente técnico y preciso. No empobrezcamos nuestra cultura jurídica con maquillajes efectistas que no convencen más que a unos pocos. V. ahora la reacción de la Universidad de Alcalá de Henares: *http://derecho.uah.es/noticias/docs/declaración_en_defensa_del_patrimonio_cultural_de_occidente.pdf*

- Pereira Menaut, G.: *Topica. Principios de Derecho y Máximas Jurídicas Latinas*. De Rasche y Pereira Menaut, Madrid 2010.

4. MÉTODO EMPLEADO Y OBJETIVOS CONCRETOS

Una vez identificadas y seleccionadas las locuciones, las hemos rastreado, una a una, en las fuentes latinas, tanto literarias como jurídicas. A continuación, hemos procedido a seleccionar aquellos fragmentos que nos han parecido más relevantes. Algunos de ellos los hemos presentado traducidos, con frecuentes inserciones de texto latino, a los que hemos añadido su correspondiente explicación. Frente a la opción elegida por algunos autores de utilizar ejemplos extraídos de discursos de políticos o de obras literarias actuales, o de los medios de comunicación, nosotros hemos creído oportuno traer a colación las fuentes originales con los supuestos que les dieron vida.

Uno de los específicos objetivos perseguidos por nosotros era el de mostrar la densidad doctrinal que las expresiones latinas poseen, que contrasta con la escasa atención que se les presta, lo que a su vez se contradice con el extraordinario uso que se hace de ellas en el ámbito jurídico. Tanto ha sido así que el comentario dedicado a ellas no se ha planteado como exhaustivo en ningún caso. En efecto, hemos advertido que cabe incluso la posibilidad en torno a muchas de la futura realización de trabajos monográficos de investigación o tesis doctorales (algunas ya se han llevado a cabo tanto por investigadores españoles como extranjeros). Esta obra pretende también abrir nuevos cauces para la investigación en este terreno, sobre todo con respecto a las expresiones menos conocidas.

Otro de los objetivos que pretendíamos demostrar era el de la absoluta necesidad del conocimiento del derecho romano para el análisis de las expresiones latinas seleccionadas, sobre todo las más relacionadas con el derecho. Frente a la difusa opinión del carácter medieval de muchas de ellas, en esta obra queda demostrado que su origen, en la mayor parte de los casos, es romano, si bien no debe olvidarse que si han llegado hasta nosotros ha sido gracias a una tarea de transmisión en la que los juristas a partir de la Edad Media han desempeñado un papel muy relevante.

Uno y otro objetivo nos han llevado a una primera conclusión: que si las expresiones latinas de uso forense se han conservado a través del tiempo, ha sido gracias a su aptitud para decir mucho en pocas palabras. Si los juristas romanos las emplearon de modo usual fue por un principio de economía lingüística y por una necesidad de razonar con ellas. La constante repetición de cuestiones doctrinales, concretas y a la vez difíciles, obligó a acuñar agrupaciones reducidas de palabras con las que aquellas, por así decir, se etiquetaron para poder llevar a cabo razonamientos más complejos. Por eso, porque las cuestiones jurídicas identificadas por la Jurisprudencia romana siguen estando ahí, es preciso seguir estudiando las expresiones hoy, pero convenientemente explicadas para evitar su degradación o su desuso claudicante.

En cuanto al orden en que aparecen, se atiende más a cómo suenan al oído, o sea, al modo sucesivo de articulación de sonidos, que a cómo se ven escritas. De ahí, que no se distingan aparte las expresiones que comienzan con una preposición seguida de un nombre, y por eso, ***a quo***, por ejemplo, aparece casi al final de la letra "a".

Por otro lado, en ocasiones, se han aglutinado locuciones conexas en torno a una común y general en aras de una mayor eficacia didáctica que este libro persigue: así, por ejemplo, ***possessio***, ***pactum***, ***res***, ...

5. EL DERECHO ROMANO (Y EL LATÍN) *PER SE*

En todo este proceso hemos pretendido destacar el derecho romano, amén de las fuentes literarias latinas, como objeto digno de estudio *per se*. Pero no lo hemos hecho renunciando por completo a llevar a cabo su conexión con el derecho actual. No, sin embargo, para justificar su interés, sino para atraer la atención de los operadores del derecho positivo. El derecho romano no es un mero antecedente del derecho moderno cuyo estudio no deba pasar de la letra chica de un manual, o de un obligado, pero embarazoso, capítulo decorativo inicial de una tesis o de un tratado científico de derecho. En realidad, lo que hemos querido poner de relevancia a través de la insólita perspectiva de las locuciones latinas ha sido la cualidad "fundante" que el derecho romano posee en cuanto a su capacidad de crear pensamiento jurídico completamente en vigor hoy. También su capacidad para inspirar a los juristas de épocas posteriores (tanto del sistema de derecho civil como del *Common Law*) la creación de nuevas ideas y doctrinas puestas en continua relación con las fuentes que dieron pie a ellas: esto lo hicieron de manera admirable los juristas medievales (glosadores y comentaristas), pero también todos los demás: humanistas, iusracionalistas, pandectistas etc.

No es verdad que la contribución del derecho romano esté agotada. Sigue siendo matriz ubérrima de pensamiento jurídico que ayuda a crear nueva doctrina y a aquilatar la presente. En nuestra obra, el lector tendrá oportunidad en ocasiones de hacer autocrítica en torno a su dominio del derecho en relación con no pocos conceptos jurídicos que tradicionalmente se consideran afianzados y claros (cfr., por ejemplo, ***inter vivos / mortis causa***, ***pactum***, ***spes iuris***, etc.) u otros, viceversa, confusos (v. por todos ***causa***). Si esto es así, es porque el derecho romano –y en general la historia de la dogmática jurídica del derecho– no puede ser estimado como mero elemento externo del derecho, sino que es un imprescindible factor que configura la mente de un jurista y, por lo tanto, se encuentra íntimamente ligado a su formación intelectual.

6. *AD FONTES*!

Nuestra pretensión ha sido también –ojalá lo hayamos conseguido– que la redacción de esta obra fuera lo suficientemente amena como para permitir que personas ajenas al derecho pudieran acceder a ella. La literatura latina y el derecho romano son tan extraordinariamente vivaces, presentan situaciones tan increíblemente actuales y logran ahondar en el corazón humano con tal profundidad que no creemos que pueda haber nadie que se mantenga indiferente después de su lectura. Sin embargo, no podemos ocultar que las cuestiones jurídicas a las que afectan las expresiones latinas citadas son de carácter técnico, y como tales son tratadas en esta obra.

En nuestro análisis singular de las locuciones no hemos hecho más que bosquejarlas: ni se ha pretendido agotar todas las fuentes que las citan, salvo en casos concretos debido a su exigua aparición en ellas, ni se ha llevado a cabo un completo desarrollo de dogmática jurídica. Sin embargo, sí que se han rastreado previamente todas las citas latinas para su posterior ordenación y selección antes de proceder a la redacción definitiva.

Se ha preferido, por otra parte, hacer prevalecer la presencia de las fuentes sobre la de las opiniones doctrinales acerca de ellas o de las cuestiones pertinentes. Esta es la razón también por la que se ha renunciado a las notas a pie de página –salvo en esta introducción– y se han incluido, cuando lo hemos estimado necesario, las citas de autores de los que, puntualmente, nos hemos servido para su redacción. Hemos querido, por tanto, que el lector tuviera un contacto directo con las fuentes (*ad fontes!*), para que pudiera apreciarlas directamente. ¿Qué mejores ejemplos podemos ofrecer de las locuciones que los originales de los textos latinos?

La traducción de los textos del *Corpus iuris ciuilis* es la famosa de Ildefonso García del Corral[11], actualizada y corregida por nosotros allí donde lo hemos creído conveniente y que hemos escogido por su ajuste literal al modelo latino. Respecto de las fuentes literarias, hemos utilizado, por comodidad, traducciones autorizadas con la indicación de su procedencia al final. En otras ocasiones hemos aportado la nuestra. En los textos hemos insertado a menudo corchetes ([ ]) para insertar nuestras observaciones.

Para la lectura directa del original latino en internet recomendamos, entre otros muchos, los siguientes enlaces:

— *http://web.upmf-grenoble.fr/Haiti/Cours/Ak/index.htm* (Roman Law Library).
— *http://thelatinlibrary.com/* (The Latin Library).
— *http://www.perseus.tufts.edu/hopper/* (Perseus Digital Library).

Para su realización nos han sido de valiosa –si no imprescindible– ayuda los siguientes instrumentos y libros relacionados:

Respecto del rastreo de fuentes nos han sido especialmente útiles:

11. *Cuerpo del Derecho Civil Romano*, Barcelona, 1897 (reimp. Editorial Lex Nova, Valladolid).

Bases electrónicas:

- PHI Latin Texts - Word Search: *http://latin.packhum.org/search.*
- *FIURIS: Archivio Elettronico per L'interpretazione delle Fonti Giuridiche,* bajo la dirección científica de Pierangelo Catalano y Francisco Sitzia, Consiglio Nazionale delle Ricerche, 1994.
- *Thesaurus lingua latinae,* hercúleo proyecto de la *Bayerische Akademie der Wissenschaften* muy riguroso, inacabado aún. Véase en *http://www.thesaurus.badw.de/index.htm.*
- Perseus Collection: *http://www.perseus.tufts.edu/hopper/collection?collection=Perseus:corpus:perseus,Latin+Texts.*

Léxicos, diccionarios jurídicos y otras obras:

- Bouvier, J., *Law Dictionary and concise encyclopedia, 3 vols.,* Kansas City, Mo.: Vernon Law Book Co.; St. Paul, Minn.: West Publishing Co.1914, 3rd revision, Francis Rawle 8ª ed.
- Brisson, B., *De verborum quae ad ius pertinent significatione libri XIX. Parergon liber singularis,* Lugdunum, 1559.
- *Diccionario Jurídico,* coord. por Juan Manuel Fernández Martínez, Aranzadi, Elcano (Navarra), 2001.
- *Diccionario Espasa Jurídico,* coord. por Fundación Tomás Moro, Espasa Calpe. Madrid, 2001.
- *Diccionario trivium de Derecho y Economía,* Trivium, Madrid, 1998 (Giménez-Candela, M., Frases y locuciones latinas, 847 ss.).
- Dirksen, H. E., *Manuale latinitatis fontium Iuris Civilis Romanorum, Thesauri latinitatis epitome,* Berlin, 1837.
- García Garrido, J., *Diccionario de Jurisprudencia romana,* 3 ed., Dykinson, Madrid, 2002.
- Heumann, H. G., Seckel, E., *Handlexikon zu den Quellen des römischen Rechts,* Graz [10], 1958.
- Mühlenbruch, C. F., *Doctrina Pandectarum,* 1, Schwetschke et filium, Halis-Saxonum, 1838.

Para la consulta de las obras del *ius commune* europeo ha sido fundamental el uso, además de los fondos de la Universidad CEU San Pablo (*http://www.bibliotecaceu.es/*) –no pocos digitalizados y a disposición del público–, de aquellos que pueden hallarse en Internet a través de valiosas páginas como *http://www.europeana.eu/,* Google Books (*https://play.google.com/books*), la Biblioteca Virtual Miguel de Cervantes (*http://www.cervantesvirtual.com/*) o la Biblioteca Pública Bávara (*https://www.bsb-muenchen.de/index.php*).

La literatura en materia de máximas y aforismos jurídicos es interminable. Destacaremos a continuación aquellas obras que hemos consultado especialmente, además de las citadas más arriba:

- Alañón Otero, F.; Henríquez Salido, M. do C.; Otero Seivane, J., *El latín en la Jurisprudencia actual*, Civitas-Thomson Reuters, 2011.
- Albanese, U., *Il latino giuridico. Massime, Locuzioni e Formule giuridiche latine. Traduzione, commento, fonti e riferimenti sistematici alla legislazione italiana*, Edizioni Scientifiche Italiane, Napoli, 2005.
- Del Col, J. J., *Diccionario de locuciones latinas*, Instituto Superior "Juan XXIII", Fundación Universidad Salesiana, Bahía Blanca, 2013.
- Del Giudice, F., *Il latino in Tribunale. Dizionario dei Brocardi e termini latini in uso nella prassi forense*, Edizioni Giuridiche Simone, Napoli, 2004[3].
- Gómez Royo, E. y otros autores, *Fraseología jurídica latina*, 2ª. ed., Tirant Lo Blanch, Valencia, 2014.
- Henríquez Salido, M. do C.; de Alonso-Misol, E., *Historia del léxico Jurídico*, Civitas-Thomson Reuters, 2008.
- Herrero Llorente, R., *Diccionario de expresiones y frases latinas*, Gredos, Madrid, 2010[4].
- Liebs, D.; Strobel, G.; Lehmann, J.; Möhring, P., *Lateinische Rechtsregeln und Rechtssprichwörter*, Beck, München, 1998.
- Nicoliello, N., *Diccionario del latín jurídico*, Bosch, Barcelona, 1999.
- Reinoso Barbero, F., *Los principios generales del Derecho en la Jurisprudencia del Tribunal Supremo*, Madrid, 1987; v. también, *El Derecho romano como desideratum del Derecho del Tercer Milenio: los Principios Generales del Derecho*, en Roma e America. Diritto Romano Comune 3, 1997, 23-90; *El Derecho romano en la jurisprudencia del Tribunal de Justicia de la Unión Europea*, en Revista General de Derecho Romano-Iustel 10, 2008, 1-16 (*www.iustel.com*).
- Segura Munguía, S., *Frases y expresiones latinas de uso actual con un anexo sobre las instituciones jurídicas romanas*, Universidad de Deusto, Bilbao, 2006.
- Tosi, R., *Dizionario delle sentenze latine e greche. 10.000 citazioni dall'antichità al Rinascimento nell'originale e in traduzione. Con commento storico, letterario e filologico*, BUR, Milano, 2007[17].

No se ha juzgado necesario incluir una tabla inicial de abreviaturas porque las propias del derecho romano (D. = Digesto de Justiniano, C. = Código Justiniano, I. = Instituciones de Justiniano, ...) se explican en la introducción (*Breve compendio de historia*). Alguna, es verdad, no: por ejemplo, *h. t.* (= *hoc titulo*, en este título). En cuanto a las fuentes latinas, se aclaran en el índice de fuentes con referencias más completas a las obras. Otras son fáciles de entender: *Procedimiento civil, Procedimiento penal, Breve compendio de historia*, que remiten a los capítulos introductorios del derecho romano e *ius commune*. O comunes, como DRAE (Diccionario de la Real Academia Española).

7. PRONUNCIACIÓN Y ACENTUACIÓN

7.1. Hemos hablado al comienzo de esta introducción del degradante uso que se hace de las locuciones (y de las máximas) con su inadecuada pronunciación. Es, sin embargo, un escollo difícil de solventar sin el conocimiento de la lengua latina. Pero, aun habiéndolo sorteado, falta por enfrentarse al dilema del modelo que deba elegirse para observarlo hoy.

La pronunciación que seguimos es la proporcionada por el modelo que podríamos denominar "clásico": la "c" se pronuncia como "k" (*Cicero* es "Quíquero"); la "v" no existe (es "u"): *uiuit* (vive); el grupo consonántico "gn" se pronuncia tal cual, es decir, como en español distinguiendo las dos consonantes; la "ll" es "doble l" y no "elle". La "g" se pronuncia como la "gue" española de "gusto". La "y" suena como la u francesa (ü). La "z" se hace "ds". Por otro lado, los diptongos latinos "ae", "oe", "au", "eu", "ei", "ui" se pronuncian distinguiendo cada una de las letras, aunque los dos primeros de modo muy rápido. Los grupos consonánticos "ch", "th", "ph" se pronuncian como "k", "t" y "p" respectivamente junto con una ligera aspiración posterior. El grupo "qu" más a, e, i, o suena pronunciando todas las letras: *quaestio* ("cuaéstio"). Si se añade "u" suena como "cu".

Este es el patrón que seguiremos aquí en las transcripciones fonéticas que acompañarán a cada locución.

Sin embargo, entre nuestros colegas romanistas y filólogos italianos predomina la pronunciación que podríamos denominar *more Italico* ("a la italiana"), muy conocida y universal pues la utiliza además la Iglesia Católica. Básicamente las diferencias con el modelo anterior son estas: la "c" junto a "i" y a "e" es "che" ("Chíchero"); el grupo "gn" es "ñ" (*magnum* es "mañum"); distingue la doble ele; la "g", junto a "i" y a "e", es la de los términos italianos "giro" o "gente"; el grupo consonántico "sc" se pronuncia como el término italiano "scivolare". Los diptongos "ae" y "oe" (como en las voces latinas *praetor* o *poena*) se reducen a "e". El grupo "ph"se hace "f", igual que en la pronunciación española y francesa más abajo.

Podríamos añadir la pronunciación francesa (*more Gallico*, o sea, "a la francesa"), es decir, la que oímos con ocasión de las representaciones musicales de oratorios y óperas barrocas francesas. Presenta rasgos comunes con la pronunciación italiana. Lo que más llama la atención es la u francesa (ü). Y a menudo la "r" es restituida también al modo francés.

Por otro lado, la pronunciación más extendida en lengua española, y empleada de modo preferente en el foro y en las Facultades de Derecho españolas, –*more Hispanico* ("a la española")– es la siguiente: la "c" es la "c" española, con tendencia incluso a convertir la "t" latina en "c"; el grupo "gn" se mantiene como en el español; la "ll" es "elle"; la "g" del término latino "gens" se pronuncia como jota. Además, los diptongos "ae" "oe" se tienden a pronunciar como "e".

No diremos nada aquí de la pronunciación inglesa. Cfr. para ella y para las anteriores: Iosephus M. Mir-Conradus Calvano, *Via omnibus aperta*, vol. I, *Summa grammaticae Latinae*, Herder, Romae, MCMXCIII.

Preferimos, no obstante, –ya lo hemos dicho– la pronunciación clásica o *classica restituta*, como la llaman los autores anteriormente citados, es decir, la pronunciación que se ha restablecido como clásica. A menudo se considera pedante a quien habla en latín de ese modo. O tiquismiquis, para ser más exactos. Pero cosa diferente de lo propuesto aquí es lo que sucedía con el latín medieval por el estrafalario gusto de algunos latinoparlantes que les llevaba a pronunciar, por ejemplo, el pronombre "te" (en dativo "tibi") y "me" (en dativo "mihi") casi como "tiqui" y "miqui" respectivamente; de ahí el apodo, que ha llegado hasta hoy, que hacía burla de quienes incurrían en ese vicio.

Se suele aceptar de buen grado la pronunciación italiana, quizás por la autoridad de la Iglesia Católica y por tratarse de Italia, la cuna del latín; pero, en los demás países, causa sorpresa que se opte por la autóctona de su lengua. Por lo que respecta a España, se trata quizás de una cuestión de vergüenza o recato malentendido en la que no insistiremos aquí.

7.2. En cuanto a la acentuación, es preciso, para el uso correcto de las locuciones, que se haga de modo adecuado. Esta es la razón por la que hemos decidido, a lo largo de la obra, ofrecer una guía de acentuación entre paréntesis debajo de cada expresión, y poner tilde a todos aquellos términos sobre los que continuamente se cometen errores de esta naturaleza, aun a sabiendas de que tales acentos no existen en lengua latina, lo que debe tener en cuenta nuestro lector.

Dejamos deliberadamente a un lado la cuestión de la cantidad de las sílabas, aspecto este muy importante de la lengua latina pero que supera con mucho las aspiraciones de esta obra en cuanto al logro de una, si no pulcra, al menos decente restitución del latín hablado. En España, por ejemplo, solemos pronunciar los términos latinos haciendo sonar como breves todas sus sílabas.

Para la grafía de la locución en que aparezca una "v" hemos conservado así escrita esta letra para su inmediato reconocimiento por el lector. Sin embargo, en el texto correspondiente hemos optado por escribir con la letra "u" los textos latinos en que aparezcan. Por otro lado, las expresiones analizadas específicamente en este libro aparecen generalmente escritas en negrita, además de en la entrada correspondiente, en el resto de la obra respetando la particular redacción que les confiere la Real Academia a aquellas que han sido admitidas en nuestra lengua.

BREVE COMPENDIO DE HISTORIA Y FUENTES DEL DERECHO ROMANO Y SU RECEPCIÓN EN EUROPA[12]

Monarquía

A propósito de los orígenes de Roma, es conocida la leyenda de los hermanos Rómulo y Remo, descendientes del legendario héroe troyano Eneas. La Fundación de Roma, atribuida a Rómulo, se sitúa hacia el siglo VIII a.C. y se corresponde con la etapa de florecimiento del pueblo etrusco, situado en la parte noroccidental de la península itálica. El influjo etrusco fue notable en la idea de poder (*imperium*) con sus atributos exteriores (*fasces* o haces de varas y *segur* o hacha, la *sella curulis* o silla portátil ...), la concepción supersticiosa de la religión, etc.

El pueblo originario lo componían tres etnias diferentes: sabinos, latinos y etruscos. Latino procede de Lacio, que significa "tierra abierta". Característica del pueblo latino es la llamada Tríada capitolina (culto dedicado a los dioses Júpiter, Juno y Minerva). En segundo lugar, el idioma, destinado a ser universal y a dejar huella indeleble en muchos idiomas modernos: el latín.

La Monarquía se basa en la figura del rey. La tradición presenta la sucesión de siete reyes (los cuatro primeros latinos y los tres últimos etruscos). El odio al último de ellos (Tarquinio el Soberbio) perduró para siempre, asociándose el rechazo a la Monarquía con la dominación etrusca. El rey constituye una persona carismática ante su pueblo, es decir, este reconoce en aquel cualidades excepcionales como gobernante y jefe religioso (en esta época en la que la vida entera, tanto pública como privada, se impregna de manera confusa con la religión, una y otra faceta van unidas íntimamente). Incluso con la República pervive el nombre de rey aplicado a una figura religiosa. La sucesión no es hereditaria. El rey es vitalicio.

En esta época son de mucha importancia los colegios sacerdotales. Así, el Colegio de pontífices, reunido en el foro y presidido por el rey y, en su lugar, por el pontífice máximo, con competencias en materia de leyes ("leyes regias", es decir, fórmulas de alcance religioso y jurídico), en la confección de los Anales (o resúmenes anuales de los principales acontecimientos históricos) y de los Calendarios, fundamentales para determinar qué días eran idóneos para realizar actividades públicas (días fastos) y qué otros días no lo eran (días no fastos

[12] N.B: la intención de esta presentación histórica del derecho en Europa es ciertamente modesta, pues no ansía otra cosa que servir de apoyo a la comprensión del texto explicativo de cada una de las locuciones latinas tratadas en esta obra; lo que no obsta a que, en sus justos límites, se dé aquí y allá nuestra opinión. Por otra parte, la manualística española de Derecho Romano e Historia del Derecho español es excelente, y a ella nos remitimos para su cotejo más detallado. Recomendamos aquí, por todos, los siguientes manuales en la parte respectiva a lo aquí tratado:

- Fernández de Buján, Antonio, *Derecho Público Romano*, Civitas-Thomson Reuters, Cizur Menor (Navarra), 2015[18].
- Escudero López, José Antonio, *Curso de Historia del Derecho: Fuentes e Instituciones Político-Administrativas*, Autor-Editor, Madrid, 2011[4].

o nefastos). En segundo lugar, el Colegio de los augures: estos indagaban la voluntad divina y su juicio, favorable o desfavorable. Era considerado fundamental para iniciar actos públicos o empresas bélicas. En tercer lugar, el Colegio de los feciales cuyos ritos eran imprescindibles para la declaración de guerra, firma de la paz o de alianzas entre pueblos. Con el tiempo, los tres colegios se secularizan. Los magistrados, además, asumen muchas de sus funciones.

El Senado es órgano de mucho relieve (aunque lo va a ser mucho más durante la República). Su creación se atribuye también a Rómulo quien, según la tradición, eligió a 100 miembros de entre los de más edad y preeminente posición política (necesariamente patricios). Asesoraban al rey e incluso podrían considerarse como copartícipes de su poder en cuanto se ocupaban de llenar el vacío producido tras su fallecimiento hasta la designación del siguiente rey (*interregnum*).

El pueblo, por su parte, se reúne en asambleas. Las más antiguas son curiadas, esto es, se integran según una unidad llamada "curia" (reunión de varones). En total son 30 (agrupadas en tres "tribus" –en principio las tres etnias, luego meras demarcaciones geográficas o distritos de la ciudad de Roma–). De entre sus funciones destacan: la adrogación (especie de adopción de un ciudadano *sui iuris* por otro con efectos en el derecho de sucesiones), el otorgamiento de testamento ante el pueblo y la investidura del nuevo rey (a través de la llamada *lex curiata de imperio* o ley curiada del mando) que sería una especie de acto de aclamación popular del monarca. Más recientes son las llamadas asambleas centuriadas o Comicios centuriados, cuya creación se asigna al rey Servio Tulio sirviéndose de la unidad denominada centuria (100 hombres), con fines militares, pero progresivamente con mayor poder en la toma de decisiones políticas, elección de cargos políticos y votación de leyes.

Desde el punto de vista social, la organización cívica se basó originariamente en las llamadas *gentes*, que eran agrupaciones de familias a veces muy numerosas. Se trataba de clanes caracterizados por un nombre común (*nomen gentilicium*), capaces incluso de constituir un ejército y cuya pertenencia tenía incluso efectos jurídicos respecto de sus miembros (por ejemplo, de naturaleza sucesoria). Poco a poco las gentes desaparecen para dar paso a las familias al frente de cada una de las cuales se halla un jefe (el *paterfamilias*), ascendiente varón de mayor edad del grupo. Las familias se conciben como un ente de carácter político y la relación del parentesco que surge entre sus miembros es también de esta naturaleza política (se denomina "agnaticia" frente al parentesco de sangre o "cognaticio" que tendrá relevancia después hasta arrinconar el anterior).

El tránsito de la Monarquía la República nos lo representa la tradición de un modo abrupto en el año 509 a.C.: según ella, a la Monarquía (identificada como un régimen autoritario) le sucedió sin más la República, inspirada en principios netamente opuestos a aquella, esto es, basada en la idea del control del poder y de la libertad de los ciudadanos frente a la tiranía de un gobernante. Hoy sabemos, sin embargo, por los propios datos que nos ofrecen las fuentes, que entre la Monarquía y la República hubo un periodo largo (de varias decenas de años) caracterizado por una mezcla de ideas monárquicas y republicanas que, poco a poco, desaparecidas las primeras, abrió definitivamente los cauces para la consolidación del nuevo régimen denominado "República".

Este período se caracteriza, sobre todo al principio, por una lucha tenaz entre las dos clases sociales de patricios y plebeyos. Los primeros, integrantes de las familias nobiliarias de rancio abolengo, controlaban el poder económico (basado en los inmuebles que poseían) y el poder político y religioso (acaparando los cargos políticos –magistraturas– y sacerdotales). Los segundos, ciudadanos libres pero de inferior condición social aunque mucho más numerosos, hicieron valer progresivamente la necesaria participación que se requería de ellos para cualquier asunto (especialmente bélico) para lograr mayor poder. La ley de las XII Tablas significó un importante acuerdo entre las dos clases. El acceso a las magistraturas y al Senado se fue logrando a través de siglo IV a.C. El año 367 a.C. significó el histórico acceso de los plebeyos al consulado, magistratura del máximo poder político. La reforma de los Comicios centuriados a fines de siglo IV a. C. introduciendo la estimación de la riqueza de cada uno de los ciudadanos en función de su capital (y no de su riqueza inmobiliaria), riqueza mobiliaria que los plebeyos lograban a través del ejercicio lucrativo de sus profesiones, fue otro hito importante en el proceso de integración real de los plebeyos en la ciudadanía activa. Además, los plebeyos tenían sus propias cargos: tribunos de la plebe (surgidos para defender a cualquier ciudadano plebeyo de los abusos ejercidos por magistrados patricios y caracterizados por su inviolabilidad y por el inmenso poder de su veto o *intercessio*, es decir, de paralización de actuaciones patricias) y ediles, que, inicialmente al cuidado de los templos plebeyos, fueron adquiriendo funciones de carácter municipal (su nombre pervive hasta hoy con ese mismo carácter): juegos públicos, abastos y supervisión de mercados, vigilancia del orden público.

República

Se opone como régimen político a la Monarquía (como sucede hoy), aunque la expresión "*res publica*", que significa literalmente "cosa pública", es aplicable a cualquier forma de gobierno e incluso puede llegar a hacerse sinónimo de moderno término "Estado" (si bien esta cuestión ha sido objeto de polémica doctrinal en la medida en que este término aparece por primera vez en las obras de los tratadistas del siglo XVI). Lo característico del término "República", en sentido estricto, es decir, aplicado al sistema político que tuvo vigencia tras la caída de la Monarquía y hasta el comienzo del Principado, lo constituye, por un lado, la idea de "libertad" junto con la concepción de "ley pública" (que solo puede ser resultado de la voluntad popular expresada mediante votaciones en Comicios).

Polibio, un historiador griego del siglo II a. C. venido a Roma, definió la República como una simultánea conjunción de formas políticas: las descritas por Aristóteles como monarquía, aristocracia y democracia. El poder de las magistraturas, el Senado y las asambleas populares, respectivamente, en equilibrio entre ellos, impedía al historiador griego describir el régimen romano acudiendo a una sola categoría aisladamente.

Así pues, los tres pilares de la constitución republicana son: el Senado, las asambleas populares y las magistraturas.

- El Senado republicano es un órgano político que experimenta todo su esplendor en esta época (recuérdense las conocidas siglas S.P.Q.R. = *Senatus Populusque Romanus*, es decir, "El Senado y el Pueblo romano", que aparecían en murales y estandartes –y aún hoy en las alcantarillas de la actual Roma–). Encarna la autoridad o *auctoritas*, es decir, como lo define Álvaro d'Ors, el "saber –en este caso, de naturaleza política– socialmente reconocido". El Senado no tiene formalmente poder o '*potestas*' (el otro gran concepto del binomio romano '*auctoritas-potestas*'), pero su enorme autoridad hace que quienes deban tomar decisiones (por ejemplo, los magistrados) no se aparten jamás de sus consejos. El Senado lo integran en número variable (de 300, 600 incluso 900 senadores, según las épocas) personas de gran experiencia política y de gran capacidad en la toma de decisiones, demostrada durante un largo periodo de las vidas de cada uno de ellos. Elegidos por los censores, más tarde lo forman ex magistrados. La condición de senador es vitalicia y resulta incompatible, por ejemplo, con el ejercicio del comercio a gran escala (debido al uso que del conocimiento de los temas de Estado pudieran hacer los senadores para beneficio propio). Los plebeyos pudieron acceder al Senado en el siglo IV a.C. El lugar de reunión, la Curia, se hallaba en el foro (hoy en día todavía se encuentra allí). Los debates de Estado sobre las más importantes cuestiones públicas terminaban en votaciones, que tenían como finalidad expresar la opinión autorizada del órgano (órgano que contaba con las personas que más y mejor entendían de política y deseaban lo mejor para su pueblo).

Entre las funciones del Senado destacan la de prestar su autoridad para sancionar, es decir, respaldar las leyes votadas en asambleas populares (una especie de juicio de constitucionalidad de las leyes) que más tarde, sin embargo, se hizo antes de ser votada la ley y no después. En segundo lugar el interregno, que ahora pierde importancia. El Senado, en tercer lugar, es encargado de las relaciones internacionales de Roma (embajadas, declaraciones de guerra –junto con las asambleas populares–, etc.); de las finanzas públicas e impuestos. Asimismo, asigna las provincias a los gobernadores recién elegidos y emite instrucciones para la fundación de colonias y municipios. También controla el orden público (supervisando la creación de asociaciones –algunas de las cuales provocaron graves disturbios sociales– y emanando el célebre *senatus consultum ultimum* o senadoconsulto último, destinado a resolver cuestiones de extrema gravedad política que pudieran poner en peligro la propia existencia de Roma).

- Las Asambleas populares:

Son las siguientes: Comicios curiados (procedentes de la Monarquía y en esta época con un valor meramente testimonial con las funciones que desde antiguo tenían atribuidas), Comicios centuriados (también procedentes de época monárquica y en época republicana los más importantes. Dejan de tener una función exclusivamente militar), Comicios por tribus (o *tributa*) y *concilia plebis* (o Asambleas de la Plebe).

Los Comicios centuriados significan un importante avance democrático de la sociedad romana. No se distingue entre patricios y plebeyos. Aunque hay división en clases según un criterio económico (los más ricos en primer lugar y los más pobres en último), el criterio de adscripción de los ciudadanos a sus respectivas clases deja de tener exclusivamente en cuenta la riqueza inmobiliaria a partir del siglo IV a. C. Entre las decisiones más graves de estos comicios se halla la de la declaración de guerra (en coordinación con el Senado): los ciudadanos de las primeras clases eran los primeros en acudir a la guerra y obligados a aportar medios económicos por lo que la votación debía comenzar por ellos, ya que a ellos era a quienes más afectaba.

El pueblo se dividía en 193 centurias, de las cuales la de caballeros (18) y la primera clase (80 centurias) ya constituían la mayoría. Es lógico pensar que la mayor parte de las decisiones fueran tomadas por ellos.

No tenían iniciativa de convocatoria propia sino que eran los magistrados con potestad para hacerlo quienes los convocaban. Se reunían fuera del recinto amurallado en el lugar conocido como campo de Marte.

Sus competencias eran muy importantes: servían desde sus orígenes para reclutar el ejército; votaban proyectos de ley presentados por los magistrados (las más importantes leyes surgieron de estos comicios); elegían a los magistrados más importantes (los cónsules, los pretores y los censores); decidían en apelación sobre penas o multas graves que un magistrado pretendiese imponer a un ciudadano (medida muy popular y expresiva como ninguna de la libertad ciudadana frente a los abusos del poder, conocida con el nombre de *prouocatio ad populum*, es decir, invocación o apelación al pueblo por parte del ciudadano).

Los Comicios por tribus se basan en un criterio de adscripción territorial, es decir, los ciudadanos se asignan a los distritos en que se dividía la ciudad de Roma y el campo que la circunda. En total llegaron a ser 35 tribus de las cuales 31 eran rústicas y 4 urbanas. Progresivamente fueron adquiriendo mayor importancia, dada su mayor facilidad de convocatoria y reunión que los Comicios centuriados, aunque tampoco tenían iniciativa para convocarse a sí mismos. Tanto estos como los *concilia plebis* se reunían dentro de la ciudad. Su misión fundamental era la confección del censo (que al igual que hoy se realizaba con arreglo a distritos) con fines de reclutamiento e impositivos. Podían imponer multas. Elegían a los tribunos, ediles y cuestores.

Los *concilia plebis* eran las asambleas de la plebe en las que esta adoptaba acuerdos (llamados plebiscitos, término que pervive hoy en las constituciones modernas). A comienzos del siglo III a.C. los plebeyos obtienen la equiparación con respecto a las leyes de sus acuerdos legislativos (que en principio solo les vinculaban a ellos). Es en estos comicios donde, en principio, la plebe elegía a los tribunos y a los ediles. Más tarde, estas asambleas quedan absorbidas por los Comicios por tribus, asumiendo estos muchas de sus funciones.

- Las Magistraturas:

Son los cargos políticos, elegidos por el pueblo reunido en las correspondientes asambleas, con poder para tomar decisiones imperativas (es decir, de necesario cumplimiento). Se distingue entre magistrados mayores (cónsules, pretores y censores) y menores (tribunos, ediles y cuestores). Los magistrados tienen *potestas* (poder legítimamente obtenido del pueblo) pero solo algunos tienen máximo poder denominado *imperium* (imperio o mando; en origen, mando militar). Curiosamente entre los magistrados mayores no tienen este último poder los censores. En todos los casos, se trata de un poder controlado, no arbitrario. Así, *imperium* solo es ejercitable plenamente fuera de la ciudad. De este modo tan civilizado, se separa la actividad militar, que debe ser exterior, de las funciones cívicas que se desarrollan dentro de la ciudad (y con respecto a las cuales el militar debe comportarse como un ciudadano más). Además, el ciudadano sojuzgado por un magistrado puede invocar al pueblo y apelar a él antes de que se le imponga una pena.

Los rasgos que caracterizan las magistraturas se basan en la idea de control del poder y la libertad cívica. El poder, en efecto, se restringe temporalmente (reduciendo a un año el periodo de ejercicio de la magistratura, e incluso más –a seis meses– en el caso de la dictadura). En segundo lugar, las magistraturas suelen ser colegiadas (salvo la dictadura): la idea de "colegio" es romana. Para cada cargo suele haber varias personas desempeñándolo y controlándose mutuamente a través del veto (*intercessio*). En tercer lugar, las magistraturas son gratuitas (honores o cargos honoríficos) de manera que no cobraban dinero público por realizar su función. En cuarto lugar, son responsables al terminar el cargo de sus actuaciones (no eran, sin embargo, mandatarios, es decir, no actuaban por encargo de nadie sino siguiendo su propio criterio).

La cúspide del poder la representan los cónsules que, en número de dos, regían los destinos del pueblo romano. Casi siempre se hallaban fuera de la ciudad dirigiendo empresas bélicas. Su poder variaba mucho fuera de la ciudad y dentro de ella. El *imperium* dentro de la ciudad consistía en: convocar las asambleas populares, convocar el Senado, emitir edictos (anuncios de cuestiones de interés general), la potestad de imponer castigos (*coercitio*) limitada por la invocación al pueblo que podía realizar el ciudadano.

Los censores y el dictador se elegían entre ex cónsules (el dictador no se sometía a votación popular habida cuenta de la urgencia de su designación; era un cargo de mucho prestigio porque en sus manos se confiaba la supervivencia del pueblo entero en situaciones de extrema gravedad). Los censores, por su parte, aún no teniendo *imperium*, debían ser personas irreprochables porque su función, en buena medida, consistía en el control de la moralidad de los ciudadanos (de ahí, el término de "censura" que ha pasado hoy a ser peyorativo, pero que en Roma no lo era). La *nota censoria* (reproche, por escrito, del censor a una persona) respecto de algún ciudadano con aspiraciones políticas podía significar el fin de su carrera (la carrera política se denomina *cursus honorum* o carrera de honores o cargos). Los censores, además, realizaban el censo de los ciudadanos y de sus patrimonios. Cada cinco años ("lustro" procede de aquí) se llevaban a cabo las operaciones del censo. Asimismo, eran los censores quienes adjudicaban los arriendos públicos de explotaciones de tierras y otros negocios (como el muy lucrativo de la recaudación de impuestos a cargo de las sociedades de publicanos, muy potentes, que pujaban en subastas –del latín, '*sub hasta*', "bajo un hasta"– por conseguir la concesión del negocio).

El cargo de pretor es muy importante desde el punto de vista jurídico. Se distingue entre pretor urbano y el peregrino (aquel, del siglo IV a.C. y este del siglo III a.C.). A ambos se les asignó la función de llevar a cabo la jurisdicción (*iurisdictio*), es decir, de la administración de la justicia respecto de los ciudadanos (pretor urbano) y respecto de los ciudadanos en su relación con extranjeros o bien entre estos (pretor peregrino). Los edictos de ambos fueron conformando el llamado derecho honorario, muy importante porque supuso la permanente actualización del derecho civil a las nuevas necesidades.

Magistrados menores son los cuestores (con funciones de ayuda los cónsules, más tarde, encargados de la administración del Erario bajo la supervisión del Senado), tribunos y ediles, de los que ya se ha hablado.

Crisis de la República

Se produjo por la propia expansión de Roma que alcanzó proporciones inusitadas. El dominio de tan diferentes pueblos conquistados y tan grande extensión de terreno no podía realizarse desde una ciudad, a través de votaciones sometidas a asambleas populares que nada entendían de los asuntos públicos internacionales. Cierto es que el Senado cobró una relevancia especial por integrarlo personas de extraordinaria valía y conocimiento de los asuntos públicos, pero los magistrados tampoco podían llevar a cabo su labor, aunque atendieran a los consejos o dictámenes del Senado, en el breve plazo de tiempo –un año por lo general– en que les era concedido el ejercicio de su cargo.

Es verdad, sin embargo, que Roma no se limitó a conquistar sino que llevó a cabo una labor profunda de romanización que comenzó ahora: se llevó a cabo acudiendo fórmulas administrativas de propia invención. Nos referimos a los municipios y a las colonias. La palabra moderna "colonización" procede de aquí. Las colonias consistían en establecimientos de poblaciones en lugares estratégicos a las que se dotaba de una regulación específica. Fueron empleadas muy a menudo en Hispania, por ejemplo. Así, la célebre colonia de la actual ciudad andaluza de Osuna (*Urso*) llevada a cabo en el siglo I a.C. con ciudadanos romanos. Los municipios, por su parte, se fundaron sobre poblaciones ya organizadas. A su vez, ambos quedaban englobados en diferentes "provincias" (del latín *pro uíncere*, "para vencer": provincia significa el "encargo" militar que el Senado asignaba mediante sorteo a diferentes generales –cónsules, pretores– respecto de determinados territorios; al final, "provincia" pasó a significar, como hoy sucede, el territorio concreto).

Poco a poco el edificio constitucional republicano construido sobre los tres pilares citados se fue agrietando. Cuestiones como el reparto de tierras, injustamente detentadas por terratenientes de la clase nobiliaria, que fueron objeto de propuestas legislativas por parte de los Gracos, la Guerra social, que involucró a la península itálica o las frecuentes sediciones políticas y convulsiones sociales hicieron peligrar la propia consistencia de Roma durante el siglo I a.C. En el año 27 a.C. comienza un nuevo régimen: el Principado.

Principado

"Príncipe" significar primer ciudadano. La figura que caracteriza esta época es Octaviano, sobrino nieto de César, que, tras su victoria sobre Marco Antonio en el año 31 a.C., da por concluida la etapa de guerras civiles y convulsiones que durante el siglo y medio anterior había sufrido Roma. En el año 27 a.C. lleva a cabo un acto de formal de devolución de poderes al Senado. De este acto sale fortalecido, no obstante, y obtiene, además, los sobrenombres de "Padre de la patria", "Augusto" (que numerosos emperadores, reyes y particulares hasta nuestros días adoptan); "Emperador", que, en principio, no significa otra cosa que "general", es decir, jefe militar. Más tarde, en el año 23 a.C. recibe el poder de tribuno y un extraordinario mando militar.

La administración de las provincias se reparte entre el Príncipe y el Senado: las más pacificadas corresponden a este último (por ejemplo, en Hispania, la Bética es provincia senatorial).

Con Augusto se produce la quiebra de la distinción entre potestad y autoridad. En efecto, el Príncipe –denominado Augusto– pretende asumir no solo poder, sino también el monopolio del saber (es una tentación permanente del poder hasta nuestros días hacerse con el control del saber para dominar así plenamente a la sociedad). En el campo del derecho, esta aspiración del Príncipe tiene consecuencias, como veremos: el Príncipe señala a ciertos juristas y no a otros como los únicos capaces de dictaminar públicamente sobre asuntos jurídicos.

Los estudiosos de la historia de Roma han debatido a menudo acerca de la significación del cambio político que se opera en este momento: ¿fue una revolución o una reforma? Lo cierto es que Augusto (como se le conoce en la historia) fue un político hábil que supo ir alcanzando cada vez más cuotas de poder siendo al propio tiempo respetuoso con las formas republicanas. Hasta tal punto fue así que, por ejemplo, el gran historiador alemán Mommsen designa esta época como de "diarquía" (es decir, como de gobierno efectuado por el Príncipe y por el Senado). Realmente, sin embargo, el Príncipe se halla por encima del Senado en la práctica.

El grave problema al que se enfrenta este nuevo régimen es el de la sucesión. Al ser Augusto una figura carismática no cualquier persona podía valer para sucederle. Por otro lado, la sucesión dinástica, hereditaria, no se admitía en ningún caso, ni –como se recordará– en época monárquica. De hecho, se acudió a fórmulas más o menos improvisadas: a la adopción por parte del emperador de su sucesor, a la corregencia en vida del emperador o a la nefasta de la rebelión militar y propuesta de un candidato por parte de una facción del ejército (esta es una de las causas de la decadencia, aunque lenta, del Imperio Romano). Ciertamente hubo grandes emperadores, como los hispanos Trajano y Adriano, que han constituido el modelo del buen Príncipe que, en palabras de Plinio el Joven (siglo I d.C., en su célebre Panegírico de Trajano), no se debe colocar por encima de las leyes (es decir, por encima del derecho), sino por debajo de ellas, es decir, a su servicio: el Príncipe al servicio del derecho y no al revés. En las obras de los tratadistas políticos de los siglos posteriores se sigue hablando de "príncipe", no como "hijo del rey", sino como "gobernante" (según la acepción romana que surge en esta época).

Este período llega hasta mediados del siglo III d.C.

Dominado

Este período lo caracteriza la imponente figura del emperador Diocleciano que, tras una larga etapa conocida con el nombre de Anarquía militar, se propone una entera reorganización del Imperio. Desde el punto de vista administrativo, somete la administración imperial a una organización jerárquica y burocrática (los tratamientos a autoridades de ilustrísimo, excelentísimo o magnífico, que aún hoy se utilizan, proliferan en esta época). El año 395, el Emperador Teodosio reparte el imperio entre Oriente y Occidente y coloca al frente de cada una de las dos mitades, respectivamente, a Arcadio y Honorio.

El régimen se inspira en las monarquías orientales de corte absolutista. Por eso se le denomina a veces, aunque impropiamente, época de Monarquía absoluta. "Dominado" procede la palabra latina '*dominus*' que significa "señor". Sin embargo, ni siquiera en esta época el emperador fue considerado señor, es decir, propietario de bienes y personas (como en cambio les sucedía a los monarcas orientales).

Es una época de grave crisis económica en la que determinadas profesiones se hacen obligatorias y hereditarias y se agrupan en gremios. Todo el Imperio, incluida Italia, se somete a pesados impuestos.

El cristianismo penetra profundamente en las estructuras que la sociedad romana. Contribuye a la humanización del derecho, sobre todo en el ámbito del derecho de familia. En el año 313 los cristianos dejan de ser perseguidos.

FUENTES DEL DERECHO ROMANO

ADVERTENCIA PREVIA:

Somos conscientes de que quizás fuera conveniente incluir aquí, en un apartado genérico de fuentes latinas, una somera introducción relativa a las fuentes literarias, constantemente referidas en nuestro libro. Sin embargo, preferimos remitirnos a la amena obra de Stroh citada al principio (en nota 1).

Derecho arcaico y ley de las XII Tablas

Derecho fuertemente influido por la religión. Son los pontífices quienes se encargan de interpretar los *mores maiorum* y desarrollar el derecho a partir de ellos. Redactan los formularios y las llamadas *leges régiae.*

Los *mores maiorum* son producto de las ancestrales costumbres del pueblo romano, pero no se trata tan solo de ritos. Es mucho más que eso: es el propio genio o idiosincrasia del pueblo romano que hace concebir instituciones exclusivas (como, por ejemplo, la patria potestad).

Los *mores maiorum* no aparecen en los catálogos de fuentes de los juristas romanos (p. e. de Gayo al comienzo de sus Instituciones). Esto es quizás porque en esa época los juristas –ya no pontífices sino laicos– desarrollaban el derecho y no necesitaban referirse expresamente ya a las viejas tradiciones aunque las tuvieran siempre presentes (a veces para superarlas cuando parecían anacrónicas; p. e. la tutela de las mujeres que fue considerada sin sentido en época clásica).

De los *mores* hay que distinguir la *consuetudo* o costumbre local que en ocasiones es tenida en cuenta en defecto de ley para integrar la aplicación correcta del derecho (por ejemplo, para interpretar correctamente un contrato).

A lo largo de la época imperial la costumbre se configura como una segunda fuente del derecho (como sucede hoy) que no puede contradecir la ley (no se admite que sea *contra legem*) y que se caracteriza por la repetición por una determinada comunidad de una conducta determinada y por la convicción de su obligatoriedad (*opinio necessitatis*).

Las XII Tablas

Se trata de una ley del siglo V a. C., fruto del compromiso político entre patricios y plebeyos. No es un código pues no pretendió recoger todo el derecho en una obra legislativa. Contiene preceptos redactados de manera lapidaria (siguiendo el esquema sintáctico de una frase condicional: «si se hace tal cosa, el derecho será el siguiente para ese caso»). Las materias jurídicas tratadas eran: derecho procesal privado, derecho de negocios (la *sponsio* o promesa verbal de deuda, el *nexum* o garantía personal de deudas, la *mancipatio* o negocio formal de compraventa), la propiedad privada y relaciones de vecindad, instituciones de familia (tutela, curatela, ...), derecho penal privado (los delitos privados modernos tienen su origen aquí), preceptos sacrales...

No nos ha llegado una fuente directa, por lo que se ha procedido a reconstruirla a través de testimonios indirectos (obras de autores posteriores que aludían a ella). A fines del siglo XIX y principios del XX hubo autores que incluso dudaron de la verosimilitud de su existencia (o sea, pusieron en tela de juicio la autenticidad de las fuentes y sostuvieron que la ley era una invención). Es verdad que el relato de la redacción de las XII Tablas a cargo de los *decémuiri legibus scribundis* o comisión de "diez varones para la confección de las leyes" contiene datos fantasiosos pero no es del todo falso. Hoy, por tanto, estimamos exagerada aquella opinión hipercrítica: las XII Tablas existieron de verdad. Probablemente las XII Tablas fueron destruidas con la invasión de los Galos a comienzos del s. IV a. C. Sin embargo, siempre estuvieron en la mente de los juristas y en la conciencia del pueblo. Eran algo así como una de las señas de identidad del pueblo romano. Eso no significa que las siguieran al pie de la letra o que no las pudiesen corregir.

Los rasgos generales del derecho que establece esta ley son propios del tiempo en que surge: refleja, en efecto, una economía agraria y regula a través de negocios formales (aunque no solo) la adquisición de la propiedad. Es decir, pertenece a una época de escaso comercio y de predominante riqueza inmobiliaria. Sin embargo, junto a arcaísmos ineludibles, la ley contiene figuras jurídicas que nos sorprenden por su modernidad ya que han pervivido hasta hoy (con la lógica evolución de los tiempos).

Así, por ejemplo, la historia del concepto de "obligación" a partir de la *sponsio* (es decir, de la relación entre un deudor y un acreedor) parte de este momento, el derecho procesal con su distinción entre la actuación *in rem* (lit., dirigida "a una cosa") e *in personam* (lit. dirigida "a una persona"), los rituales garantistas de la persona del deudor (el acreedor no podía emprenderla por la fuerza con el deudor sin antes llevar a cabo determinados comportamientos no violentos para obtener el importe de la deuda), las formas que excluían el uso de la violencia, etc. nos llaman la atención porque significan el origen de una forma civilizada de concebir el derecho. El derecho penal sigue en esta época basado en el régimen de "venganza privada" (ojo por ojo o ley del talión) de los pueblos antiguos (algunos hoy todavía lo practican), pero las XII Tablas lo mitigan mucho. Así, en caso de injurias consistentes en lesiones muy graves se permite que las partes lleguen a un acuerdo (es la primera vez que aparece la palabra "pacto" en las fuentes) antes de que la familia del ofendido proceda a vengarse legítimamente del ofensor. En caso de lesiones menos graves, de hurto (sustracción no violenta) y daños diversos, la venganza queda completamente sustituida por penas pecuniarias fijadas por la ley. He aquí avances importantes que marcan un hito en la historia del derecho y por eso esta ley abre una nueva etapa del derecho romano que conocemos con el nombre de "preclásica".

Leyes y plebiscitos

Afirma Gayo que es ley "lo que el pueblo ordena y establece". Pero la ley es obra de dos partes: por un lado, en efecto, del pueblo reunido en asambleas populares, pero, por otro, la iniciativa no le corresponde a él sino a los magistrados que presentan los proyectos de ley para su votación. Por eso, la ley también se define siguiendo un esquema de pregunta que dirige el magistrado a la asamblea y respuesta por parte de esta.

Los plebiscitos son acuerdos de la plebe que, a partir de la ley Hortensia, reciben la equiparación legal con respecto a las leyes votadas en las demás asambleas. De hecho, las asambleas plebeyas fueron, a partir de entonces, mucho más utilizadas para la aprobación de leyes por su mayor facilidad de reunión.

Las leyes que se tratan aquí son las públicas, pues las llamadas "leyes privadas" se refieren a las cláusulas de los contratos privados que aún hoy se dice que son "ley entre las partes".

Las leyes públicas pueden ser "dadas", es decir, otorgadas unilateralmente por los magistrados (por ejemplo para la organización de una provincia a ellos asignada) o "rogadas", es decir, resultado de la interrogación que dirige el magistrado a la asamblea popular con respecto a un proyecto que le presenta para su votación.

Los nombres de las leyes llevaban el del magistrado que las propuso (o magistrados si fueron varios) y, a veces incluso, una breve descripción de la materia regulada.

Las leyes se dividen en tres partes: primera, encabezamiento o *praescriptio*; segunda, *rogatio*, texto de la ley dividido en capítulos; *sanctio* o sanción, es decir, respaldo de la ley a través de cláusulas de naturaleza diversa que el legislador incluía, por ejemplo, para conminar con penas a quienes la contraviniesen o para hacer respetar la ley frente a futuras posibles derogaciones (esta última cláusula de eficacia bastante limitada).

Cada asamblea tenía su lugar de reunión específico (así, por ejemplo, los comicios centuriados se reunían fuera de la ciudad en el llamado Campo de Marte). En principio, las votaciones eran orales hasta que pasaron a ser escritas, lo que constituyó un significativo avance en el proceso de democratización de las asambleas populares. Un aspecto muy importante de las leyes romanas es, desde la ley de las XII Tablas, el de la necesidad de su publicación para que la comunidad de ciudadanos pueda conocerlas, de manera que una ley no es válida si no ha sido correctamente publicada (otro legado fundamental al mundo moderno).

Los senadoconsultos

Se trata de dictámenes u opiniones del Senado a propósito de las cuestiones de interés público más diversas, muchas veces propuestas por los magistrados. Aun tratándose de recomendaciones, dado que el Senado no tenía poder sobre los magistrados para hacer ejecutar sus decisiones, tenía la suficiente autoridad como para que en la práctica se llevaran a cabo efectivamente.

Su consideración como fuente del derecho por parte de los juristas romanos se produce solo a partir de la época imperial, en la que los príncipes hacen uso del Senado para llevar allí sus propuestas (como si de magistrados se tratara aún).

No se publicaban (se archivaban en el edificio del Erario). Se dividían de modo parecido a las leyes, solo que adjuntando el nombre de los senadores que se habían encargado de velar por la fiel redacción del texto y finalizando con la voz "opinaron" (*censuerunt, censuere*, o similar), indicativa del parecer alcanzado por el Senado tras la deliberación del asunto y su votación por parte de los senadores.

El nombre de los senadoconsultos proviene en ocasiones del emperador o del magistrado que los proponía (por ejemplo, Sc. Neroniano, de Nerón) o, a veces, del sujeto que motivó el caso que, a su vez, dio pie a la regulación general (Sc. Macedoniano, de *Macedo*, un individuo que, al parecer, dio muerte a su padre para recibir la herencia y poder pagar a sus acreedores, aunque quizás se trate de un relato inventado: el senadoconsulto citado prohibió a los hijos de familia tomar dinero a préstamo sin la autorización de su *paterfamilias*).

Edictos

Se trata de anuncios que los magistrados realizaban al comienzo de sus cargos, en los que hacían públicas las directrices de su actuación a lo largo del periodo de ejercicio para el que habían sido elegidos (normalmente anual).

Los edictos del pretor urbano y del pretor peregrino, así como los de los ediles curules, cargos con competencias jurisdiccionales, esto es, de administración de la justicia, muy importantes, tuvieron una relevancia excepcional. Supusieron, en efecto, la renovación del derecho civil. Sin embargo, debe tenerse en cuenta que los edictos fueron en buena parte fruto de la labor asesora que los juristas prestaban a los magistrados. Así que la Jurisprudencia también está detrás de esta fuente.

De los edictos llamados "perpetuos" (porque duraban todo el año de desempeño del cargo) se distinguían los llamados edictos "repentinos" (emanados para resolver un problema concreto y extraordinario). Poco a poco, a lo largo de siglos, se va formando una masa de edictos que son aceptados por todos los magistrados y que van pasando de unos a otros (a esto se le llama edicto "traslaticio").

En el siglo II d.C., el emperador Adriano encargó al jurista Juliano la tarea de ordenar ese complejo de edictos que presentaba un aspecto confuso e incongruente. El resultado de esta obra adoptó también el nombre de *edictum perpetuum*. Tenemos una idea bastante aproximada de su contenido mediante las reconstrucciones modernas realizadas a partir de los comentarios de los juristas clásicos que dedicaron a esta importantísima fuente una atención especial en sus escritos. El orden de materias responde en buena medida al desarrollo de un proceso (desde la citación de las partes hasta la sentencia) pero no se puede decir que sea sistemático. Los diferentes edictos se agrupan bajo "títulos" (no en capítulos como las leyes) con su correspondiente rúbrica. Esta técnica de división del cuerpo normativo tanto de las leyes (capítulos) como de los edictos (títulos) pasa a nuestros días.

Los edictos son la fuente de lo que los juristas llamaban "derecho honorario" (*ius honorarium*), es decir, del derecho surgido de las magistraturas (*honores*).

Constituciones imperiales

Se trata de las nuevas disposiciones dadas por los príncipes, expresión de su voluntad. Al tratarse de una fuente nueva, no precisamente democrática, los juristas se vieron en la necesidad de justificarla; lo que hicieron aludiendo a la investidura de poder que los príncipes recibían por parte del pueblo (argumento bastante artificioso).

Para no colisionar con los ideales democráticos de la República, aún en vigor, los príncipes acudieron a fórmulas indirectas, basándose, por ejemplo, en su poder como magistrados para convocar al Senado o las Asambleas populares o utilizando su derecho a emitir anuncios (llamados edictos). En segundo lugar, la administración de la justicia se hizo piramidal, admitiéndose el derecho de los particulares a apelar las sentencias de tribunales inferiores ante el tribunal imperial; o también en primera instancia este resolvía casos difíciles (decretos). En tercer lugar, los príncipes, asesorados por los mejores juristas, contestaban a las dudas que particulares o funcionarios de cualquier parte del Imperio les dirigían sobre puntos jurídicos controvertidos (rescriptos y epístolas). En cuarto lugar, los príncipes emitían instrucciones para ser cumplidas por sus funcionarios subalternos (mandatos).

El prestigio alcanzado por el cultivo del derecho y la floreciente actividad de los juristas, principal fuente de derecho romano, impidió en todo momento que la actividad de creación del derecho ejercida por los príncipes (no de manera indiscriminada como acabamos tener) se apartase de la correcta técnica y del sentido humano del derecho. La famosa frase de Ulpiano «la voluntad del príncipe tiene carácter de ley» no debe interpretarse en sentido absoluto (como sucedió en época del Dominado) sino referida al caso concreto tratado por este jurista.

La Jurisprudencia

Es la principal fuente de derecho romano. En efecto, en la concepción de los juristas romanos el derecho civil se configura como un derecho no escrito (*sine scripto compositum*), en el sentido de que no se trata de un derecho legislado. Es un error, por tanto, concebir el derecho romano como un "conjunto de leyes". Es, por el contrario, un derecho doctrinal, es decir, surgido de la reflexión de aquellos que en Roma tuvieron la consideración de expertos en derecho por demostrarlo así en sus obras científicas.

Los juristas romanos tienen autoridad, expresada a través del reconocimiento social de sus obras, no potestad. Sus dictámenes son opiniones sobre la resolución de casos que los jueces (legos en derecho) y los magistrados seguían en la práctica.

La Jurisprudencia fue inicialmente un monopolio de pontífices, que redactaban los formularios de acciones y de negocios (que guardaban celosamente) y el calendario de días hábiles. Hacia el siglo IV a.C., Cneo Flavio los hace públicos. Comienza de este modo a abrirse la actividad jurídica a juristas laicos. A mediados del siglo III a.C. el jurista Tiberio Coruncanio se convierte en el primero en enseñar públicamente la profesión de jurista. Hacia el siglo II a. C. el jurista Sexto Elio publica sus *Tripertita* (obra en la que se agrupan preceptos de las XII Tablas, su interpretación y formularios de las acciones). En el siglo I a.C. dos importantes escuelas aparecen, al frente de las cuales surgen dos figuras importantes: Quinto Mucio Escévola (autor de una influyente obra de derecho civil en 18 libros; creador de la primera sistematización del derecho civil por lo que se le reconoce como uno de los "padres del derecho europeo") y Servio Sulpicio Rufo (conocido simplemente como Servio, con un nutrido grupo de discípulos).

La actividad de los juristas se resume en tres palabras latinas que nos son extraordinariamente familiares a los juristas modernos: *respondére* (es decir, dar solución a los casos planteados contestando a los clientes, dándoles su opinión o dictamen); *cauére* (es decir, prevenir a los clientes de futuros perjuicios eventuales en la realización de negocios jurídicos mediante la inclusión de cláusulas en tales negocios ideadas por los juristas); *ágere* (es decir, indicar al cliente el camino procesal más correcto, el ejercicio de la acción procesal más apropiada).

Los juristas romanos idearon los géneros literarios, de los que no pocos aún hoy se cultivan: así, los comentarios de leyes, las monografías (sobre temas específicos), los manuales u obras de enseñanza elemental (Instituciones). Dentro de las obras de carácter práctico destacan: las de *responsa* (es decir, respuestas o dictámenes sobre casos); *quaestiones* (es decir, obras sobre puntos controvertidos y controversias doctrinales); *digesta* (digestos, el género más difícil y comprometido, solo abordado por los más a importantes juristas porque comprendía de un modo práctico toda la materia jurídica siguiendo el orden del edicto perpetuo).

Los juristas escribían sus obras dividiéndolas en libros. Estos, a su vez, podían estar subdivididos en capítulos (*capita*). Según la técnica editorial del rollo de hoja de papiro en torno a un eje, cada libro corresponde a un rollo (similar en extensión a un capítulo moderno). Hacia el siglo III d. C., se introduce la nueva técnica del "código", que constituye una primera revolución editorial (la segunda es la invención de la imprenta mucho después) en la historia del libro.

Los juristas de la época del principado, época clásica, se agrupan en principio en torno a dos grandes escuelas, la de los Sabinianos (más amantes de la tradición) y la de los Proculeyanos (más innovadores).

Augusto concedió el "derecho a dictaminar públicamente como derivado de su autoridad" (*ius publice respondendi ex auctoritate sua*) a determinados juristas (los que él consideró mejores), actitud criticable por cuanto la autoridad se gana con el saber no con el poder, aunque es verdad que logró poner límite al caos por la multitud de opiniones que podían producirse respecto de un mismo caso. La selección de algunos juristas llevó a crear seguridad jurídica. En época de Adriano, por una decisión suya (rescripto) respecto de un caso concreto, se daba libertad al juez, en caso de disparidad de pareceres jurídicos, para optar libremente por el que más le convenciese; pero, si las opiniones concordaban, entonces debía seguirlas obligatoriamente.

A la primera escuela (la Sabiniana) pertenecieron juristas de la talla de Sabino (que da nombre a la escuela, autor de una importante obra de derecho civil), Casio (a la escuela se denomina también Casiana, autor de otra obra no menos importante derecho civil), Javoleno (autor de la célebre frase "toda definición es peligrosa"), Juliano (uno de los grandes juristas romanos de todas las épocas, autor de una obra de Digestos en 90 libros y ordenador del edicto perpetuo por encargo de Adriano) y Gayo (jurista del que solo conocemos su nombre, autor de la más célebre obra de enseñanza del derecho conocida como "Instituciones". La división de la materia jurídica en tres partes –personas, cosas y acciones– pasa, por ejemplo, a nuestro Código Civil). A la segunda escuela, la de los Proculeyanos, pertenecieron juristas como: Labeón (uno de los más geniales juristas romanos, perfeccionador del método casuístico), Nerva, Neracio, Celso (de gran brillantez, contemporáneo de Juliano, autor de la famosa definición de derecho como "arte de lo bueno y de lo justo" o de máximas como "a la imposible nadie está obligado"). Al siglo II d.C. pertenecen también juristas como Pomponio (autor de la única historia de la Jurisprudencia conocida, es decir, de historia de la vida y obra de los juristas) y Marcelo.

Del siglo III d.C. merecen ser destacados: Papiniano (jurista excepcional y con fama sobresaliente en épocas posteriores), Ulpiano y Paulo (juristas ambos insignes, autores de obras muy extensas de comentarios al edicto y otras). Merece ser recordado un discípulo de Ulpiano, Modestino, a quien pertenece la más célebre definición del matrimonio («unión de un hombre y una mujer, consorcio de toda una vida y comunicación de derecho humano y divino»).

En cuanto al método casuístico, se trata de un método de razonamiento inductivo (esto es, a partir del caso se induce la solución). Mediante la analogía, es decir, la similitud hallada entre ese caso y otros, la solución encontrada respecto del primero se aplica a los demás. Del entramado de soluciones a diferentes casos, los juristas elaboran reglas de carácter más abstracto, que son aplicadas a un mayor número de supuestos. *Ius* significa "solución justa al caso" (así se entendía por los romanos lo que nosotros denominamos "derecho aplicable"). La solución más correcta al caso era lo realmente importante para ellos y no tanto la elaboración de las reglas. Es decir, nunca se apartaron de la verdadera función del derecho: resolver problemas humanos concretos. Esta constituye una verdadera lección imperecedera para el derecho actual («la regla deriva de la solución justa al caso y no al revés», decían ellos). El moderno derecho angloamericano es también casuístico solo que basado en la doctrina de los jueces a través de sus sentencias. En Roma se basaba en la doctrina de juristas, no de jueces.

El derecho en época posclásica: *iura et leges*

Esta etapa del derecho coincide con la del Dominado. Se produce la disolución de la Jurisprudencia clásica: no es que no haya jurisprudencia ahora sino que se hace anónima al integrarse plenamente en la Cancillería imperial y asumir el emperador el papel principal de creación del derecho.

En realidad, en esta época se puede hablar de dos fuentes fundamentales: los escritos de los juristas clásicos (llamados ahora *iura*, es decir, literalmente "derechos"), o sea, la jurisprudencia clásica, cuyas obras se reeditan ahora para que jueces, funcionarios y abogados dispongan de ellas y las utilicen en el ejercicio cotidiano de la aplicación del derecho; las leyes (*leges*), es decir, la legislación imperial, producto de la voluntad del emperador a menudo como ley general (o sea, sin el respeto que los príncipes de la época clásica tuvieron con respecto a las formas republicanas).

Las reediciones de obras se realizan según la nueva técnica editorial del códice (*codex*), es decir, el formato de libro moderno con páginas en pergamino (no en papiro) unidas por uno de sus lados de manera que pueden ser consultadas sin esfuerzo desde la primera a la última de modo instantáneo (a diferencia del rollo en el que, para consultar la última parte, había que desenrollarlo por entero). Esta nueva técnica es muy apta para consultar obras jurídicas. De hecho, no pocas obras legislativas de emperadores a partir de este momento se denominan "códigos" (continuando con esta tradición hasta el momento actual). A través de las nuevas ediciones de obras de los juristas clásicos se pudo poner coto a la práctica muy extendida de citas falsas realizadas por los abogados ante los tribunales (es decir, de alegaciones de textos jurídicos que contenían opiniones de juristas, falsamente atribuidas a estos). Con tal de ganar un pleito, algunos abogados llegaban a inventarse el derecho y no había manera, salvo que se tuviera la obra a mano, de cotejar si lo que aducían era verdad o mentira. En estas reediciones se introdujeron alteraciones o modificaciones con respecto al texto original para adaptar las obras al momento de su publicación (es lo que conocemos con el nombre de "glosemas").

Esta época se caracteriza por el llamado vulgarismo jurídico, consistente en una actitud simplificadora y ruda de concebir el derecho, muy apartada de la brillantez y sutileza de la época anterior. Así, por ejemplo, categorías jurídicas creadas por la jurisprudencia clásica (como la distinción entre propiedad y posesión o entre acción real y personal) son confundidas ahora. El lenguaje jurídico, por tanto, se vuelve más tosco e impreciso. De esta época surge la denominación de "derecho" (expresiva de lo recto, frente a lo ilícito contemplado gráficamente como "torcido"), de contenido moralizante, que triunfa en la Edad Media hasta nuestros días como término que designa la actividad jurídica.

En esta época también se produce el siguiente fenómeno: el surgimiento de los derechos locales, especialmente en la parte oriental de tradición helenística (con rasgos a veces opuestos al derecho romano: por ejemplo, predominio de la forma escrita frente a la forma oral romana en los negocios).

El cristianismo, por otra parte, irrumpe con fuerza desde el siglo III d. C. y, sobre todo, a partir de su tolerancia, desde el siglo IV. Su influencia en la humanización del derecho romano es notable, particularmente sensible en el ámbito del derecho de familia.

Las fuentes se agrupan según que se trate de recopilaciones de *iura*, de *leges* o de una mezcla de las dos. Por ejemplo, muy utilizados ahora son los Comentarios Ulpiano al *edictum* (lo que le lleva a convertirse en el jurista más popular de los clásicos, cuya fama llega a los compiladores de Justiniano). No pocas adquieren nombres fantasiosos: las "Reglas de Oro de Gayo" (también conocida con el nombre de las "Cosas cotidianas"), las "Reglas de Ulpiano", las "Sentencias de Paulo", ... reelaboraciones posclásicas de obras anteriores de juristas clásicos. Conocida es la obra de Hermogeniano o Hermógenes, jurista de notable calidad, titulada *Epitome iuris* (o "Resumen de derecho").

En segundo lugar, se elaboraron códigos de leyes imperiales: los dos primeros códigos conocidos de esta época, el Gregoriano y el Hermogeniano, compilaciones privadas que llevaban los nombres de quienes las confeccionaron. Muy importante es el Código Teodosiano del año 438 d. C., que recibe el nombre del emperador que lo promulgó, Teodosio II. Recoge constituciones imperiales desde Constantino en adelante agrupadas en 16 libros, y estos, a su vez, subdivididos en títulos con su correspondiente rúbrica. Esta obra llega a regir en las dos partes del Imperio. Es el último código que rige en toda Europa (desde entonces los europeos ansiamos recuperar la unidad jurídica perdida). En él encontramos las famosas Leyes de Citas. En una de ellas se prohíbe alegar ante los tribunales doctrina que no sea de los siguientes juristas: Papiniano, Paulo, Ulpiano, Gayo y Modestino (el conocido como "tribunal de los muertos" porque ninguno de estos juristas vivía ya). Las opiniones de estos juristas eran alegadas ante un caso concreto. Si había desacuerdo entre ellos acerca de la solución de ese caso se daba la razón a la mayoría de opiniones en un sentido determinado; pero si había empate, la opinión de Papiniano resolvía el caso (habida cuenta de la fama de gran jurista, por encima de los demás, que poseía).

A fines del siglo V y comienzos del siglo VI d. C. se encuentran ya los códigos visigóticos: el Código de Eurico (475 d. C.), el Breviario de Alarico (506 d. C.) o *Lex Romana Visigothorum*.

Entre las obras mixtas destacan: los *Fragmenta Vaticana* (llamados así porque se descubrieron en el siglo XIX en la Biblioteca Vaticana), la *Consultatio ueteris cuiusdam iurisconsulti* (o "Dictamen de un antiguo jurisconsulto", descubierta en el siglo XVI), la *Collatio legum Mosaicarum et Romanarum* (o "Confrontación de leyes hebreas y romanas", probablemente obra de un autor que intentaba demostrar la armonía de uno y otro derecho).

La compilación justinianea

La parte oriental del Imperio se convierte entre los siglos IV y VI en la reserva del derecho romano, pues en sus universidades (Berito –la actual Beyrut– y Constantinopla) se sigue estudiando la Jurisprudencia clásica, además de las *leges* imperiales, de una forma culta.

En el siglo VI el emperador Justiniano concibe la idea de realizar una obra que resuma todo el derecho romano, que fuera clara, que no tuviera repeticiones ni antinomias o contradicciones en sus disposiciones (recuérdese que el derecho jurisprudencial era *ius controuersum* o derecho discutido). Esa obra debía recopilar lo mejor de la Jurisprudencia clásica (*Digesta*) y lo mejor de las constituciones imperiales (*Codex*). En realidad, hubo dos Códigos –el segundo, "refundido", esto es, rehecho totalmente, derogó al primero–. Además, Justiniano creyó oportuno realizar una obra de enseñanza elemental siguiendo el modelo de la Gayo (Instituciones). Las constituciones dadas por Justiniano después de la redacción y promulgación del Código fueron reunidas más tarde –junto con las de algunos de sus sucesores– como *Nouellae* (lit. "nuevas leyes").

Para esta labor contó con el jurista más importante de Bizancio: Triboniano. Otros juristas, profesores de derecho como el primero, colaboraron muy eficazmente: así, por ejemplo, Teófilo y Doroteo, quienes redactaron las Instituciones imperiales siguiendo las instrucciones de Triboniano. Además intervinieron en diversas partes otros profesores y abogados de prestigio.

Así pues, el llamado (a partir del siglo XVI) '*Corpus Iuris Ciuilis*' o Cuerpo de Derecho Civil se compone de las siguientes obras:

- *Codex Iustinianus* o Código de Justiniano (lit. "Código Justiniano"): el que ha pervivido es el segundo (llamado '*repetítae praelectiónis*' o refundido), redactado cuando se estaba confeccionando el Digesto, ya que el emperador emanó constituciones muy importantes ('*Quinquaginta decisiones*') en las que decidía acerca de antiguas disputas jurisprudenciales, que obligaron a recogerlas en un nuevo Código junto con otras constituciones nuevas.

Se divide en doce libros (el número evoca las XII Tablas) y estos en títulos (con su correspondiente rúbrica). En cada título se agrupan constituciones imperiales –desde una de Adriano– ordenadas cronológicamente (las últimas de cada título son lógicamente de Justiniano). La manera de citarlas es esta: C. (es decir, Código Justiniano; también se cita como CI. o CJ.), libro, título, constitución y a veces, si la constitución es larga, se han distinguido incluso páragrafos (como sucede con los versículos de la Biblia). Cada constitución viene encabezada ('*inscriptio*') por el nombre del emperador o emperadores que la emanan y el destinatario de las contestación y finalizada por la mención de la fecha y el lugar de su promulgación (al pie, de ahí el nombre de '*subscriptio*'). Es una obra que contiene derecho privado pero, en mayor medida, derecho público. Ha influido enormemente en el derecho actual.

- *Digesta Iustiniani* (El Digesto de Justiniano) o Pandectas de Justiniano: Digesto es el nombre latino y Pandectas el griego. Es una antología (es decir, una selección) de escritos de la Jurisprudencia clásica. Es la parte más importante, donde se encuentra la doctrina de los juristas (la fuente de mayor valor del derecho romano). Prácticamente todo nuestro conocimiento de la Jurisprudencia proviene de esta obra. Se trata de una de las obras cumbre del espíritu humano. Nuestro derecho actual no se entiende sin ella.

Se divide en 50 libros. Estos en títulos y, dentro de estos, los fragmentos (también llamados '*leges*' es decir, leyes) de las respectivas obras de los juristas. Cada fragmento va encabezado por una *inscriptio* en la que se conserva el nombre del jurista y de la obra de la que se extrae el texto.

Se llevó a cabo en solo tres años. El método de su confección que lo hizo posible se basó en el reparto de trabajo entre tres comisiones: 1ª Sabinianea, encargada de leer y extractar las obras de Sabino y, en general, de enseñanza elemental; 2ª Edictal, con respecto a las obras de Comentarios *ad edictum*; 3ª Papinianea, referente a las obras de este jurista y de otros agrupados junto a él. Es curioso observar (así lo hizo Bluhme, un romanista alemán del siglo XIX, su descubridor, discípulo de Savigny) cómo, en cada título, se repite el orden de fragmentos –sabinianeos, edictales y papinianeos–.

Se redujo a un vigésima parte (a partir de en torno a tres millones de líneas leídas). El jurista más empleado es Ulpiano. Nos hubiera gustado a los modernos estudiosos poseer más escritos de los mejores juristas –Quinto Mucio Escévola (que aparece citado como Mucio), Servio, Labeón, Juliano, Celso o Papiniano–, pero quizás la claridad expositiva de Ulpiano lo hizo atractivo a los compiladores. *Compilare* en latín significa "saquear", que fue en cierta medida lo que hicieron los redactores del Digesto: "llevarse" de las obras originarias los textos que interesaban para redactar los respectivos títulos. Por cierto, que en esa tarea, siguiendo instrucciones de Justiniano, realizaron numerosas alteraciones (se llaman "interpolaciones"). La labor del romanista pasa también por descubrirlas para desentrañar el pensamiento genuino del autor.

Esta obra ofrece la impresión de un gran mosaico de fragmentos, como un "collage" de objetos pegados en una pared. Una dificultad que ofrece, aparte de la del nivel técnico que exige, es que no es lineal: cada fragmento es como una isla con respecto a los demás de manera que la lectura se interrumpe continuamente. Se empleó para la enseñanza de los cinco cursos de la carrera organizada por una célebre constitución de Justiniano (la '*Omnem*' –las constituciones se citan con la primera o las primeras palabras con que comienza, costumbre adquirida por los papas posteriormente–). También es probable que se utilizara para la práctica.

Los textos del Digesto se citan así: D. libro, título, párrafo (el principio del texto se denomina 'pr.').

Se nos ha conservado un manuscrito genuino del s. VI, actualmente en Florencia: la *Littera florentina*. De ella derivan los demás ejemplares que circularon desde la Edad Media: los llamados *Vulgata* (lit. "Divulgados").

- *Institutiones Iustiniani* (Instituciones de Justiniano): obra de enseñanza de primer curso de derecho, dividida en 4 libros; estos en títulos, redactada en estilo lineal (sin distinguir los nombres de los autores del texto sino, como si hubiera sido escrita por Justiniano, atribuyéndola a él) para facilitar la lectura. Se basan en las de Gayo. Aparte de servir a la enseñanza adquirieron vigor normativo (eran vinculantes). Se cita así: I. o IJ. Nosotros adoptamos la primera.

- *Nouellae Iustiniani* (las Novelas de Justiniano –y de algunos de sus sucesores–) se redactaron después, es decir, la Compilación solo abarcaba originariamente las tres partes anteriores. Hay diversas ediciones: *Epitome Iuliani*, el *Authenticum* (como la llaman en la Edad Media) que ha tenido influjo en las legislaciones modernas, la Colección griega (que es la más completa). Se cita con la abreviatura Nov.

El derecho bizantino continúa hasta el siglo XV en que Bizancio cae en manos de los turcos. Los países de la llamada Europa oriental se han visto influidos por las obras en griego que resumieron hasta ese siglo la compilación de Justiniano. Aparte de los famosos "Basílicos" de comienzos del s. X que reunían los comentarios ("escolios") en griego que se habían realizado hasta la fecha respecto de la entera Compilación justinianea, debe ser citada además el *Hexabiblos* de Constantino Harmenopoulos del siglo XIV (obra aplicada en Grecia, por ejemplo, hasta el s. XX en que se sustituyó por un Código Civil, el de 1940).

La tradición romanística[13]

Renacimiento del derecho en la Edad Media

A través del descubrimiento de las diferentes partes de la compilación justinianea, se produce en Europa el fenómeno de la llamada Recepción del derecho romano, caracterizada por una concepción universalista del derecho, que se vinculará de manera interesada a la idea del Sacro Imperio Romano Germánico, y que coincide con el surgimiento de la universidad medieval (germen de la universidad moderna), cuyas similitudes y conexiones con las universidades bizantinas (Constantinopla y Berito) de los siglos IV y V d. C. no deben dejar de tenerse en cuenta. Particularmente interesante para el mundo jurídico es la Universidad de Bolonia (Italia) que, haciéndose eco de la distinción jurisprudencial romana entre el derecho y la retórica, así como del derecho y la moral o el derecho y la religión, comienza a cultivar de modo autónomo esta disciplina. No es de extrañar que el término "laico" surja precisamente en este momento histórico y con respecto a este ámbito.

Los Glosadores

Bolonia es desde el siglo XII la ciudad europea en la que se origina un acontecimiento de la máxima importancia en la historia del derecho europeo y que hemos denominado como de renacimiento o florecimiento del derecho. Es allí donde se fragua el fenómeno de formación de la ciencia europea del derecho a partir de la comprensión y asimilación científica de la compilación justinianea.

[13] Para la redacción de esta parte se han utilizado las siguientes obras: CALASSO, *Medio Evo del Diritto*, I-*Le fonti*, Milano, 1954. CANNATA, *Historia de la Ciencia jurídica europea*, trad. L. Gutiérrez Massón, Madrid, 1996. CAVANNA, *Storia del diritto moderno en Europa. Le fonti e il pensiero giuridico*, Milano, 1962. FERNÁNDEZ DE BUJÁN, ANTONIO, *Derecho Público Romano*, Civitas-Thomson Reuters, Cizur Menor (Navarra), 2015[18]. KOSCHAKER, *Europa und das römisches Recht*[4], München, 1966 [= *Europa y el Derecho romano*. Trad. J. Santa Cruz Teijeiro, Madrid, 1955, p. 101 ss.]).

Irnerio es el iniciador de la llamada Escuela de Glosadores si bien no es, al menos inicialmente, jurista sino gramático, pero dedica todo su esfuerzo de autodidacta al estudio de la Compilación de Justiniano. En 1113 funda un *Studium* para la enseñanza del derecho (de donde surgen los primeros juristas). La actividad que acometen estos estudiosos les otorga el nombre con el que han pasado a la historia, pues analizan los textos mediante la utilización de breves anotaciones marginales o interlineales que se llaman glosas.

Su principal mérito es haber hecho del derecho una ciencia. Esto no significa que elaboraran un conjunto de instituciones y dogmas que se hayan mantenido invariablemente hasta hoy, metahistóricamente. Pero sí que sentaron las bases para la posterior evolución científica del derecho en la Europa continental.

La etapa de los glosadores dura varios siglos desde el siglo XII (o fines del s. XI) hasta el s. XIII. Entre los innumerables nombres, pueden ser recordados ejemplificativamente: Irnerio, y los *quattuor* –cuatro– doctores: Búlgaro, Martín, Jacobo, Hugo; Rogerio; Piacentino; Azón (autor de la famosísima *Summa Codicis* de la que en Italia se decía «chi non à Azzo, non vada a Palazzo» (= "quien no tenga a Azón que no vaya a los tribunales") y su *Brocardica* (colección de brocardos, es decir, máximas jurídicas); Accursio (el más conocido por su *Glossa ordinaria* o *Glossa Magna*, que reúne más de ochenta mil glosas convenientemente depuradas, que rodean de forma ordenada el texto de la compilación interpretando casi palabra a palabra) etc.

Los instrumentos de trabajo de la Glosa son los siguientes:

- Glosa: podía ser interlineal o marginal (indicio evidente del respeto al texto comentado que se dejaba intacto). Por la función, la glosa podía ser o gramatical (aclaratoria del sentido de una palabra, por ejemplo) o interpretativa (de exégesis jurídica; por tanto de índole más constructiva).
- *Apparatus* (reticulado complejo de glosas que expone un razonamiento complejo).

Los glosadores cultivaron los siguientes géneros, donde de nuevo advertimos el influjo del derecho romano, concretamente de la jurisprudencia:

— *Distinctiones*: basadas en el análisis de un punto o materia concreta.

— *Casus*: relación de supuestos prácticos, reales o doctrinales, material de base para otros tipos de obras.

— *Quaestiones*: problemas jurídicos sobre casos según el esquema de argumentos en pro, en contra y solución.

— *Dissenssiones*: opiniones a favor o contra doctrinales sobre diversos temas de entre los más importantes y conocidos.

— *Súmmae:* descripciones del contenido de un título, libro o conjunto de libros. Entre las que recordábamos antes, la *Summa Codicis* de Azón (tenida en cuenta para la práctica jurídica hasta el s. XVII).

En cuanto al método que emplean, es el mismo que el de los teólogos, el aristotélico tomista (a Irnerio se le denomina precisamente el "Aristóteles jurista") de distinción de géneros y especies.

Un hecho de singular importancia constituye el descubrimiento de la compilación de Justiniano y muy especialmente de su parte más importante y original, el Digesto: los célebres *quinque uolumina* se distribuyen de la siguiente manera: *Digestum uetus* (1-24.2); *Digestum infortiatum* (*'ius nostrum infortiatum est'* = "Nuestro derecho ha sido fortalecido" se dice que exclamó Irnerio tras su hallazgo) (24.3-38); *Digestum nouum* (39-50); Código (1-9); 5º volumen (*uolumen paruum*) (Instituciones de Justiniano - 3 libros restantes del Código -*Authenticum* repartidas en 9 *collationes*) y *libri Feudorum* (costumbres feudales del s. XII sobre todo) y *Lombarda* (leyes longobardo-francas del s. XI recopiladas por Carlo di Tocco).

La vía política por la que se legitima el cultivo del derecho romano como derecho vigente se resume en dos palabras: *ratio imperii* ("la razón del poder", es decir, se impone un determinado derecho porque lo determina quien tiene reconocido el poder con independencia de lo razonable que sea ese derecho). El Digesto es ley divina por boca del emperador. Es el derecho imperial. Los glosadores no se colocan al servicio del emperador, pero en verdad le prestan a este un gran servicio ofreciéndole un derecho de óptima factura que puede servir de instrumento legitimador del poder imperial. De ahí la vinculación interesada al Sacro Imperio Romano Germánico.

Otro factor básico para entender este fenómeno cultural es la universidad, sobre todo si partimos de la concepción de Europa como fruto de un proceso cultural, pues la cultura prende por cierto en las universidades y se impulsa a través de ellas.

Bolonia ve nacer la primera universidad en Europa (rivalizando con ella en antigüedad se halla París y a muy corta distancia, Salamanca y Oxford). Del carácter europeo dan testimonio los miles de estudiantes que afluyen a ella, los llamados "ultramontani".

Los Comentaristas

Pertenecen a la etapa sucesiva a la de los glosadores. Su actividad recibe universalmente el nombre de *mos Italicus* –enseñanza de derecho "al modo italiano"– en honor de nuevo a Italia donde se practicó y desde donde se difundió al resto de Europa. Ese método fue el utilizado para la formación del denominado Derecho

Común (*ius commune*). En realidad, entre los glosadores y los comentaristas no se produjo una fractura en el tiempo. Más bien hay que hablar de progreso y de perfeccionamiento de método. No obstante no parece apropiada la denominación de "postglosadores" (de Savigny) porque la actitud de unos y otros ante los problemas de la vida es diversa: en efecto, los comentaristas hacen más hincapié en la práctica (como lo demuestra el problema de la relación con los demás derechos: por un lado, con el derecho estatutario italiano, de gran fuerza, y, por otro, el derecho canónico, que se abre como una segunda rama del *ius*).

Aparte de los géneros de los glosadores, que siguen ellos cultivando, hay que citar los que les hicieron famosos:

- *Commentaria* (Comentarios): no son meras aclaraciones; son exégesis orgánicas de los títulos haciendo uso de la casuística –muy atractivos para la práctica– y de las fuentes locales.
- *Tractatus*: monografías de carácter docto o científico en las que sistematizaban un sector del derecho.

En relación con el periodo tardío de los glosadores también aquí el *Corpus Iuris* pasa a ocupar un papel secundario. Pero ahora se aprecia una mayor libertad de los intérpretes para atender a las necesidades que plantea la vida social. Pero a diferencia de los glosadores que partían del texto y se inspiraban en él para realizar una construcción con fines prácticos, los comentaristas operan a la inversa: atienden primeramente a la práctica y a continuación se dirigen al texto de autoridad.

En esta época, se advierte un grave problema relativo a la seguridad jurídica que a los estudiosos del derecho romano resulta muy familiar: la existencia de zonas del derecho calificables como de *ius controuersum* –derecho controvertido, no pacífico–, frente a las de *communis opinio* u "opinión común" de la doctrina, hace que la certidumbre del derecho se pueda poner en peligro. La causa de esta situación es paradójicamente la propia grandeza del derecho entendido como "jurisprudencial", es decir, un derecho que los expertos discuten y que consiste precisamente en esa actividad de reflexión científica. En la práctica las opiniones más autorizadas (Bártolo, Baldo, ...) son seguidas en caso de duda. Y si hay acuerdo es temerario apartarse de ese dictamen. El problema se acentúa por la ausencia de una jurisdicción central: esto hace que se dé más importancia a los *consilia* (dictámenes o consejos) que llenan el vacío de la práctica de los tribunales. Sin embargo hay tribunales que empiezan a adquirir relieve y cuya práctica comienza a asentarse en sus propias resoluciones que se denominan también jurisprudencia. La Sacra Rota romana, por ejemplo, no acepta sin más el argumento de autoridad de un jurista consiliario.

Entre los juristas, merecen ser citados Cino de Pistoya, que abre la época. Bártolo, quien pronto obtuvo la *licentia docendi*, cuasidivino entre los juristas (*nullus bonus iurista, nisi bartolista*, = «no se puede ser buen jurista si no se es bartolista»). En España, en 1449 la Prágmática de los Reyes Católicos estableció que en caso de silencio debía regir la opinión de Bártolo y de Baldo. Ya en 1427 Juan II prohibió citar ante los tribunales a otros juristas que no fuesen Juan De Andrés y Bártolo (igual en Portugal).

Otros, aparte de Baldo degli Ubaldi, el discípulo de Bártolo, Pablo de Castro, Rafael Fulgosio, Juan d'Andrea (Juan Andrés), Alejandro Tartagna, Felipe Decio, Jasón del Maino, Nicolás Tedeschi (más conocido como el Abad Panormitano).

El Derecho Común (*ius commune*: derecho romano-canónico)

Se trata de un proceso cultural de primer orden en el que durante el s. XII la cultura medieval transforma en ideal de unidad jurídica el de cohesión político-religiosa europea que el *Sacrum Imperium* representaba formalmente desde el s. IX.

El dogma universalístico del derecho y la relación con la idea de imperio había sido posible gracias a la escuela de Bolonia. La normativa justinianea es oficial derecho vigente (*communis lex*), como hemos visto.

Nada habría parado la fuerza de estas nuevas fuentes de producción. Inicialmente algunos glosadores mostraron reluctancia por el *ius* (*asininum*, ="de asnos") pero esto fue superado porque, de no haber sido así, habría quedado aislado el movimento científico de Bolonia: la idea matriz fue la del *ius commune* como derecho romano imperial en el marco de un cuadro de fuentes jurídicas coexistentes con él. Como derecho general y universal, se coordina según ciertas reglas con los derechos locales y particulares. Sobre esta idea se funda todo el sistema de derechos europeos del s. XII hasta las codificaciones. El sistema de fuentes normativas está sujeto a una única *ratio iuris communis* (="razón de derecho común") en la que el derecho común es un *prius* lógico, preeminente jerárquicamente. Esta es la primera formulacion del derecho común, pero luego cambiará para hacerse supletivo de los *iura propria* (= "derechos propios") con el surgimento de los Estados nacionales. Además, a las normas romanas se incorporarán las canónicas. El carácter supletorio del derecho común se debe a la extensión insuficiente de los demás derechos. El derecho común no es que sea completo pero sus principios generales y sus categorías abstractas son aptas para comprender jurídicamente un número indefinible de hechos de la experiencia; desde este punto de vista el derecho común no tiene rivales (*Ubi cessat statutum,ibi regit ius*: lit. «Adonde no llega el estatuto –la ley local– allí se aplica el derecho romano»).

El Derecho Canónico

La idea de la concepción unitaria de los dos derechos (*utrumque ius*) armoniza a su vez con la misma mentalidad cristiana (como el alma y el cuerpo). Los dos derechos se enriquecen. El derecho romano aporta la técnica. El derecho canónico desarrolla el derecho procesal a partir del derecho romano e impulsa con fuerza la idea de la equidad canónica. El método es el mismo de los glosadores, utilizado aquí en conciliación con la teología.

El material normativo tras la reforma gregoriana de la Iglesia recibe sistematización a partir del s. XII con el *Decretum* (*Concordia discordantium canonum* ="Armonización de cánones discordantes") de Graciano, que le da un puesto autónomo con respecto a la teología. Graciano es considerado con justicia el padre del derecho canónico. Se propuso la racionalización normativa de textos bíblicos litúrgicos, patrísticos, de las colecciones de cánones conciliares, epístolas pontificias, penitenciales y textos romanos y romano-bárbaros, es decir, *auctoritates*, uniendo los propios comentarios de Graciano (*dicta*). En total 3283 textos. No fue obra oficial pero sí constituyó objeto de enseñanza universitaria de gran autoridad.

En perfecta correspondencia con el *Corpus Iuris Ciuilis*, el derecho canónico se encerró en las *Quinque compilationes antiquae*:

1. Decretales de Gregorio IX en 5 libros (*Liber extrauagantium*, fuera del Decretum). Obra de Raimundo de Peñafort, capellán del pontífice. Es quien ha pasado a ser el Santo Patrono de los juristas. Con fuerza de ley.
2. *Liber Sextus* de Bonifacio VIII en 1298, en 5 libros.
3. *Constitutiones Clementinae*: Clemente V y Juan XXII: oficial como la anterior.
4. *Extrauagantes Iohannis XXII* no oficial.
5. *Extrauagantes communes* no oficial hasta 1484 En total, 3 oficiales y 3 privadas.

A Chappuis se debe la famosa edición de todo este cuerpo de leyes de París en 1500 llamada *Corpus iuris canonici*. Este título también lo lleva la edición romana de 1582 hasta 1918 en que el *Codex iuris canonici* sustituye a este cuerpo legal (reemplazado a su vez por el actual de 1983).

En ese periodo destaca la importante labor doctrinal de los juristas llamados decretistas (y luego decretalistas cuando su atención se centró más en las decretales). Paucapalea, discípulo de Graciano, Bandinelli (papa Alejandro III), Papiense, Uguccione de Pisa, Sinibaldo di Fieschi (papa Inocencio IV) –considerado como padre de la doctrina de la persona jurídica–, Enrique de Susa y entre los comentaristas: Juan de Andrés, Nicolás Tedeschi, Pedro de Ancarano, ...

Llegada a España del Derecho Común

Dediquemos algunas palabras a la recepción del derecho común en España, fénomeno que se produce de manera desigual.

Un primer factor de penetración en la península tiene lugar a inicios del s. XII a través de la gran afluencia de estudiantes españoles a las universidades italianas y principalmente a las de Bolonia, Padua y Perusa, enviados por sus respectivas familias para, de regreso, pasar a ocupar puestos claves de la administración pública y judicial (jueces, oficiales, escribanos etc.). Un segundo factor es el de la temprana fundación de universidades de gran prestigio en España (a la cabeza Salamanca).

Naturalmente hablamos de la Recepción del derecho común para distinguirla de la vigencia del derecho romano en la península, no solo durante los siglos de dominación romana, sino también los de la visigoda, dedicando aquí una especial mención a la más importante obra jurídica, en vigor en España, de Occidente durante el siglo VI: el Breviario de Alarico o *Lex romana Visigothorum* (a. 506 d. C.). Tras ella, el *Liber iudiciorum*, un compendio de preceptos de diverso origen, pero en todo caso de fuerte raigambre iusromanística, bajo los auspicios de Recesvinto, del s. VII (654 d.C.) constituye uno de los primeros hitos históricos del derecho español.

Esta pervivencia del derecho romano sobre suelo hispano no garantizó, sin embargo, una permeabilidad completa y uniforme geográficamente al derecho común. Así, mientras se podría hablar de una recepción en sentido técnico en zonas como Cataluña y Mallorca, en otras, como Navarra y Aragón, hubo por el contrario una reacción de oposición. En fin, en Castilla y León se puede decir que la penetración fue intensa. La resistencia al derecho común se debía al apego de las comunidades locales a sus fueros y la desconfianza conservadora de las clases nobiliarias. También latía detrás un sentimiento de recelo respecto de la idea del imperio. Esto último se puede aplicar a Castilla en donde los reyes desarrollaron una política de unificación juridica (Fuero Real), por un lado, y por otro, favorecieron al igual que los reyes franceses el ideal anti-imperial del *rex imperat in regno suo* ("el rey manda en su reino"). No es otra motivación la que llevó al rey Alfonso X el Sabio a su magna obra jurídica la Ley de las Siete Partidas (s. XIII).

En Navarra, en verdad la hostilidad fue menor que en Aragón como lo demuestra que en 1576 las Cortes de Pamplona solicitaron la recepción del *ius commune* como derecho subsidiario. Mucho antes en Cataluña (1409), en las Cortes de Barcelona, Martín I el Humano hizo pública la oficial recepción del *ius commune* también como derecho subsidiario. En Mallorca, esta recepción se produjo en el s. XV. Finalmente en Castilla y León, como decimos la recepción se produjo a través de la confección de una obra propia que constituye no solo un hito legislativo básico del derecho castellano sino un monumento histórico-legislativo del derecho europeo de primer orden. Realizada a través de varias redacciones sucesivas, a partir de la tercera, se distribuye en siete partes (como el Digesto de Justiniano) conteniendo cada una extractos del Digesto, del Código, de las Instituciones, de las Novelas, del Decreto de Graciano y de las Decretales. También se utilizaron obras de Azón, Accursio, Durante, Da Susa, Raimundo de

Peñafort, fuentes bíblicas y patrísticas, preceptos de derecho nacional y escritos de juristas patrios.

Meritoriamente recibió en Italia el sobrenombre de "Las Pandectas castellanas" procedente del cardenal e insigne jurista italiano De Luca del s. XVII, en testimonio de la enorme utilidad prestada para la resolución de las más diversas cuestiones jurídicas.

Aun de gran influencia entre los juristas y aplicadores del derecho, debió esperar para alcanzar la oficialidad al Ordenamiento de Alcalá (1348) de Alfonso XI de Castilla en cuyo sistema de fuentes y en tercer lugar (en defecto de leyes municipales y fueros) se aplicaban las Partidas (como derecho común subsidario).

En definitiva, el código Alfonsino supuso el trunfo del derecho común en España. Así es como se introduce en la tradición histórica del derecho castellano el derecho común. Omitimos la evolución posterior del derecho español. Bástenos aludir a la Novísima Recopilación (1805) que enumera entre sus fines el de aspirar a ser un cuerpo metódico de legislación que, unido a las Partidas, sirvan para la administración. de justicia; y finalmente a la adscripción iusromanística –como no podía ser de otra manera– del Código Civil español (1889), que pasa, por cierto, a integrar el derecho común con respecto a la persistente tradición jurídica foral recogiendo la tradición jurídica de las Siete Partidas (Compilaciones de Derecho Foral del País Vasco (1959), Cataluña (1960), Baleares (1961), Galicia (1963), Aragón (1967); Navarra –en el Fuero Nuevo de Navarra de 1973, el derecho común rige como derecho positivo subsidario–).

Los Humanistas (la "Jurisprudencia elegante" o el *mos Gallicus* = enseñanza "al modo francés")

Al *mos Italicus* le sucede históricamente el llamado *mos Gallicus* coincidente con el surgimiento del Humanismo del que podemos identificar como principios rectores de su actividad:

- El ideal intelectual de la vuelta a la Antigüedad clásica. En el ámbito jurídico, este sentimiento de admiración de lo antiguo estimula la apasionada búsqueda en bibliotecas de obras jurídicas perdidas u olvidadas que obtuvo la recompensa de importantes descubrimientos de fuentes jurídicas (p. e. fragmentos del Código Teodosiano, etc.) cuyos manuscritos por desgracia en no pocas ocasiones se volvieron a perder después para la posteridad. Su aprecio y conocimiento de la Antigüedad se oponen en buena medida al latín poco culto de los comentaristas.
- El hombre es colocado en el cosmos como primer centro de atención y como medida de todo. La imagen gráfica de esta idea es la famosa representación que hizo de él Leonardo da Vinci. En el ámbito jurídico deter-

mina un cambio de actitud fundamental: el *Corpus Iuris* ya no es considerado como ley divina por boca del emperador, sino como obra humana que los humanistas respetan pero que contemplan como monumento jurídico cuyo estudio debe abordarse críticamente y con sentido histórico.

Una segunda corriente de gran trascendencia para el desarrollo ulterior de la ciencia del derecho es la sistemática (de ordenación dogmática en un sistema jurídico de instituciones y conceptos jurídicos). Los humanistas se plantean por primera vez la oportunidad y bondad de la división edictal del Digesto de Justiniano, observada sin discusión por los autores del *mos Italicus*. Las opiniones se dividen: algunos autores prefieren la ordenación gayana, que precisamente además sitúa al hombre en primer lugar como centro de imputación de derechos. Por encima de todos, destaca la autoridad del francés Doneau/Donellus con su obra fundamental los *Commentarii iuris ciuilis* ("Comentarios de Derecho Civil"), citado en nuestra introducción a esta obra.

Los humanistas se contraponen acerbamente a los comentaristas: frente a ellos se llaman "elegantes" porque dominan el latín culto e investigan científicamente las fuentes. Sus críticas son atroces.

No se produce, sin embargo, un completo predominio metodológico de los humanistas en el cultivo del derecho, pues incluso entre los propios juristas elegantes se advierten inquietudes humanísticas y prácticas a la par (por ejemplo, en los humanistas españoles –no suficientemente reconocidos en los tratados de ciencia jurídica europea– como Diego de Covarrubias). Pero en general el movimiento humanista se desvincula de la práctica y logra incluso expulsar a esta de la universidad (aunque no completamente) contribuyendo negativamente a la separación entre la práctica y la ciencia jurídica, mal que llega hasta nuestros días.

Donde se desarrolla el movimiento humanista, sobre todo desde el punto de vista jurídico, es en Francia con importantes contribuciones de España, Holanda (donde huyen a mediados del s. XVI numerosos humanistas franceses) y algo menos en Alemania (Alemania y sobre todo Italia quedan prácticamente al margen del *mos Gallicus*; quizás en el caso de Alemania por el proceso de recepción que por entonces se estaba llevando a cabo y que se consolidará como *Usus modernus Pandectarum* = "Uso moderno de las Pandectas").

Bourges es la escuela francesa que comienza con el *mos Gallicus docendi* –"enseñanza al modo francés"– gracias sobre todo a su principales exponentes Cuyacio y Doneau.

Entre los juristas de esta etapa, debemos destacar en primer lugar a Cuyacio (cuyos comentarios al *Corpus* no dejan casi resquicio alguno de la Compilación sin explicar), Doneau (destacable por su método sistemático que influyó notablemente en el pensamiento de Savigny; adopta la misma sistemática que utiliza Gayo en sus Instituciones –personas, cosas y acciones–), Faber (Favre; uno de los primeros y renombrados "cazadores" de interpolaciones en la Compilación de

Justiniano), Dionisio Gothofredus (cuya espléndida edición del *Corpus Iuris* aun hoy utilizamos con fines de investigación), Jacobo Gothofredus (cuyos afamados Comentarios al Código Teodosiano siguen actualmente siendo insuperables); Hotomanus (Hotman, acerbo crítico de Justiniano y sobre todo de su principal comisionario Triboniano en su obra *Antitribonianus*).

De los españoles, destaca Antonio Agustín, introductor de la jurisprudencia elegante en España. De Thou decía de él que era *Magnum Hispaniae lumen* (="gran luz de España"), y Cuyacio afirmaba de él que era *uir nec satis laudatus* (="hombre no lo bastante elogiado"). Muy apreciado en Holanda. De especial valor su tesis acerca del origen del Digesto y los distintos manuscritos donde aparece reproducido (basta con constatar las veces que le cita Mommsen en su *Editio maior* del Digesto). Otros son Diego de Covarrubias, Vázquez de Menchaca...

De los italianos, sobresale Alciatus, maestro de Agustín. Enseñó en Bourges. En Alemania, merece una mención especial Zasio ("inventor", por cierto del término "fungible" aplicado a cosas *quae póndere número mensuráue consístunt* (="que consisten en un peso, número o medida"; p. e. el dinero). Fue profesor de la Universidad del Friburgo alemán. En Holanda la corriente humanista prendió con mucha fuerza, unida desde Grocio a la iusnaturalista, en autores como Vinnius, Huber, Voet, Noodt, Schulting.

La Escuela del Derecho Natural

El iusnaturalismo de los siglos XVII y XVIII, impregnado del racionalismo iluminista de la nueva época, adopta en el ámbito jurídico la vía sistematicista trazada por Donello un siglo antes. La razón empleada según el método cartesiano es el único instrumento válido para la realización de la ciencia jurídica (*imperium rationis* = "poder de la razón"). Aspira a extraer del derecho romano justinianeo principios racionales abstractos con pretensiones de validez universal.

La Escuela del derecho natural no se remonta a Hugo Grocio (1583-1645) como suelen enseñar las obras de autores extranjeros con contadas excepciones. La doctrina del ilustre pensador holandés se ve notablemente influida –como ya el propio autor reconocía– por la Escuela de Salamanca, verdadero puente entre la metafísica jurídica medieval y el individualismo iusnaturalista (Francisco de Vitoria, Domingo de Soto, Luis de Molina, Fernando Vázquez de Menchaca, Francisco Suárez ...). Así, por ejemplo, la afirmación del carácter internacional (es decir, sin atender a credos ni a naciones) del derecho natural.

Característico de los autores del derecho natural es la búsqueda de principios primigenios de la conducta y actuar humano justificativos a la postre de la sociedad y del derecho. En Grocio (con su llamativa premisa '*etsi daremus Deum non esse* ...' = "incluso si admitiéramos que Dios no existe"): abstenerse de apropiar lo ajeno y deber de restituir lo ya apropiado; fidelidad a los pactos; deber de reparación de los daños.

El nuevo movimiento toma su definitivo impulso en Alemania. Se debe citar en primer lugar a Pufendorf (1632-1694), profesor en Heidelberg de derecho natural y de gentes (la primera cátedra de derecho natural creada en una universidad europea).

En segundo lugar, Thomasius, profesor en Lipsia y Halle. Autor de los *Fundamenta iuris naturae et gentium* ("Fundamentos del derecho natural y de gentes"). Concibe la libertad plena del individuo en la moral y religión bajo los patrones de conducta del *honestum, decorum et iustum* (obrar "honrado, decoroso y justo") de resonancias ulpianeas.

Leibniz (1646-1716), verdadero sabio de su época, autor de la '*Nova methódus discéndae docendaéque jurisprudéntiae*'(= "Nuevo método de aprender y enseñar derecho") (1667). A diferencia de Pufendorf no es voluntarista. No excluye el estudio de la moral del campo del derecho. Se propone reducir a unidad el derecho positivo alemán. Plantea la necesidad de redactar un código claro y breve, acudiendo al material del derecho romano como *ratio scripta* (razón escrita) y siguiendo el modelo de la *aequitas* del pretor (en la que asombrosamente él reconoce la actuación de aquella *more geometrico* –al modo de la geometría–).

Sucesor suyo es Wolff (1679-1754) que escribe las *Institutiones iuris naturae et gentium* ("Instituciones de derecho natural y de gentes") (1754). Destaca en su pensamiento la importancia que concede al "sujeto de derecho" entendido como individuo-sujeto de derechos naturales. Dedica una parte al derecho privado.

Un discípulo suyo es Nettelbladt (1719-91), célebre por su parte general del derecho. Opera una radical escisión entre el derecho público y el derecho privado. Autor prolífico.

A Cocceius se le recuerda como padre del Código de Federico II de Prusia (1751-1752).

Un autor famoso por su erudición es Johann Gottlieb Heineccius (1681-1741), conocido en España. Otro autor que merece ser recordado es Glück (1755-1831), célebre por su comentario de derecho civil que aún hoy se utiliza por civilistas y romanistas.

De esta época en Francia han de ser citados: Domat (1625-1696), que se enmarca de lleno en la línea trazada por Donello. Su obra fundamental es '*Les lois civiles dans leur ordre naturel*' («Las leyes civiles según su orden natural»)

(1689-1697). Pothier (1669-1772), el jurista francés más importante del siglo XVIII. En su obra *Pandectae Iustinianeae in novum ordinem redactae* (= "Las Pandectas de Justiniano confeccionadas según un nuevo orden") (1748-1752) destaca la actualidad y carácter fundamental del derecho romano. Sigue el orden del Digesto aunque advirtiendo las contradicciones existentes en sus textos y la falta de hilazón lógica entre los fragmentos de cada título.

La Escuela Histórica y la Pandectística

Mucho se ha escrito sobre F. C. de Savigny (1779-1861) y la Escuela Histórica del Derecho alemán. Estamos ante un movimiento intelectual de carácter regeneracionista que arranca con G. Hugo, maestro de Savigny.

Se orienta hacia el rechazo de una codificación del Derecho civil de Alemania siguiendo el patrón del Código de Napoleón: fruto de ello será, sin duda, su reivindicación del carácter histórico del Derecho, la constatación de que este nace en el fondo como un producto del espíritu del pueblo (*Volksgeist*) y su rechazo a la visión de una codificación alemana no realizada por verdaderos juristas. Ahora bien, junto a esto debe añadirse que Savigny propugna frente a los germanistas el estudio del derecho romano como base de un Sistema de Derecho civil alemán; y ello no solo porque el derecho romano podía entenderse perfectamente como un verdadero derecho alemán, o bien por la evidente superioridad técnica del derecho romano frente al antiguo derecho germánico. Además estaba presente en Savigny la idea del Sacro Imperio Romano Germánico para entender que el derecho alemán debía huir de particularismos o provincianismos, propugnando que se tomase como base del mismo al derecho romano.

Para Savigny aún no era el tiempo de la codificación en Alemania y así la misión de los juristas alemanes de entonces sería la de la creación de una ciencia jurídica nacional a imagen de aquellos juristas romanos que dieron origen al *ius ciuile* romano. En esta labor científica Savigny aceptó y acogió en su Sistema los planes sistemáticos de exposición del derecho civil producto del iusnaturalismo racionalista del siglo anterior.

En la Pandectística alemana, heredera de la Escuela histórica de Savigny destacan las figuras de Puchta (1798-1846) y, sobre todo, de Windscheid (1817-1892).

Ahora bien, frente a ella (en concreto, frente a sus excesos formalistas) se alzó desde mediados del siglo pasado la llamada "Jurisprudencia de intereses", cuyo precursor y virtual iniciador fue Ihering (1818-1892), caracterizada por preguntarse respecto de cada norma por los intereses presentes en el conflicto afectado y no tanto por aplicar el derecho sin más, de forma mecánica.

Movimiento codificador

El deseo de reunir en una sola obra todo el derecho es una idea antigua. En el fondo es similar a la de Justiniano, el célebre emperador bizantino, con respecto al derecho romano. Pero desde el siglo XVIII es el iusnaturalismo, con su demostrada capacidad de abstracción y de síntesis, la corriente de pensamiento que en derecho sentó las bases para que se pudieran llevar a cabo ambiciosos proyectos de confección de códigos ordenados, esto es, que no consistieran en una mera recopilación de leyes.

Los primeros intentos, aun no carentes de sistematización, adolecían de excesiva prolijidad y detallismo absurdo, cuando no de abusivo intervencionismo en la esfera de lo particular. Es antológico el ejemplo del ALGR (Derecho Territorial General Prusiano) de 1791, obra de cuya autoría hay que citar sobre todo a la personalidad del jurista Carl Gottlieb Suárez (o Schwarz); en Baviera, el Código Civil de 1756 (*Codex Maximilianus Bavaricus Ciuilis*), obra de Von Kreittmayr; en Austria, el Código Civil de von Martini y von Zeiller (1811) bajo el reinado de María Teresa.

Pero, sin duda, el impulso decisivo a la codificación de diversas ramas del derecho ha sido, en la historia del derecho europeo, el famoso Código Napoleón de 1804, es decir, el Código Civil francés, enérgicamente promovido por Napoleón Bonaparte, que influyó mucho en los códigos civiles de otros países: Holanda, Portugal, varios Estados italianos y después de la unificación Italia entera (1865), Suiza (cuyo código es de 1881), España (1889, y a través de ella todos los países iberoamericanos de habla hispana) ... Surge así dentro de la familia romano-germánica una línea o rama característica de raigambre francesa y de alto contenido romanístico.

Alemania, por su parte, se mantuvo al margen por la aversión a este movimiento manifestada por su más brillante jurista, Savigny, en abierta controversia con Thibaut, partidario de la redacción de un código civil para Alemania. El Código Civil alemán llegó solo en 1900, año de su entrada en vigor. Windscheid, el último pandectista alemán, es considerado el padre de este código. La rama germánica de la familia romano-germánica antes citada es la otra gran línea del derecho de la Europa continental con directo influjo en países tan distantes como Japón.

BREVE REFERENCIA AL PROCEDIMIENTO CIVIL ROMANO[14]

Ideas generales

Concepto: el derecho procesal es modernamente aquella parte del ordenamiento jurídico que se ocupa de tutelar efectivamente los derechos subjetivos e intereses jurídicamente protegibles a través de los órganos legalmente competentes.

En la época más antigua del derecho romano, era la víctima, ofendido o acreedor quien realizaba en la práctica su derecho por sus propios medios (autotutela). Poco a poco el Estado romano desplaza este régimen por otro en el que la jurisdicción o administración de justicia se confía a los poderes públicos sin que los particulares puedan ejercitar la violencia o venganza privada. Sin embargo, la autotutela sigue presente no solo en el derecho romano sino en el derecho moderno para algunos casos específicos: estado de necesidad, legítima defensa.

Tradicionalmente se suele distinguir entre derecho material y derecho formal. Se ocupa el primero de las normas sustantivas, materiales o primarias, que son las que regulan las conductas de los particulares. El segundo, también llamado adjetivo (frente al anterior llamado "sustantivo"), se ocupa de las llamadas normas adjetivas, procesales o secundarias, cuya función consiste en garantizar el cumplimiento de las normas primarias. Aunque esta distinción debe conocerse, olvida que unas y otras normas están íntimamente relacionadas entre sí y sitúa injustamente en un plano inferior a las normas procesales. El derecho romano nunca realizó tal distinción con buen sentido.

Se llama "procedimiento" al cauce procesal legalmente previsto para la resolución de litigios. Puede ser público o privado según que prevalezca el interés público o el de los particulares. La distinción romana entre procedimiento criminal y civil llega hasta nuestros días. En los temas siguientes se estudiará solo el procedimiento civil, que constituye la base del moderno procedimiento civil. El término "proceso" alude al camino, marcha o avance de los litigantes a medida que llevan a cabo los pasos o actuaciones sucesivas previstas por ley. Fue el derecho canónico el que desarrolló la idea del proceso creando el llamado "proceso romano-canónico", que es uno de los conceptos fundamentales del derecho común europeo.

El concepto de "acción" (v. ***actio***) es básico para el derecho procesal romano y moderno. Modernamente se distinguen dos acepciones: –"formal", es decir,

---

[14] N. B.: muchas de las locuciones que aparecen en esta obra son propias del derecho procesal. Utilizadas primeramente por el derecho romano continúan en vigor hoy. Para comprender el contexto originario, son precisas algunas nociones del derecho procesal romano. Se ofrecen aquí de un modo básico. Distinguiremos entre el procedimiento civil y el procedimiento penal.

Para una información más detallada, véase especialmente: Fernández de Buján, Antonio, *Derecho Privado Romano*, Iustel, Madrid, 2016^9,49-167.

la acción, según este sentido, se configura como un remedio jurídico por el que el particular tiene derecho a que los jueces y tribunales atiendan al supuesto que plantea. –"Material", es decir, según el cual, la acción es un remedio jurídico puesto a disposición del particular para la satisfacción de su derecho en la práctica. A este concepto parece aludir el jurista romano Celso cuando dice que la acción es «el derecho a perseguir lo que se le debe a uno mediante un juicio».

El derecho romano constituye un sistema típico de acciones, es decir, prevé para cada supuesto una acción concreta, de manera que se aprecia en él una relación íntima entre la acción, por un lado, y el derecho subjetivo, por otro. Los juristas romanos, eminentemente pragmáticos, no concebían un derechos subjetivo sin una acción que los tutelase. El derecho angloamericano siguió esta vía abierta por el derecho romano (*ubi remedium ibi ius* es citado a menudo allí). También se muestra próxima esta idea la moderna Ley de Enjuiciamiento Civil española.

Se entiende por "jurisdicción" modernamente la función de la administración de justicia reservada al Estado a través de los órganos legalmente competentes (jueces y tribunales). De nuevo, el concepto es de raíz romana, si bien inicialmente en el derecho romano se distinguía entre dos fases del procedimiento: en la primera llamada *in iure* (ante el magistrado), el magistrado (cargo elegido por el pueblo) canalizaba el litigio planteado por las partes ante él dándole un cauce apropiado. A esta función del magistrado se llamaba "jurisdicción". En una segunda fase, llamada *apud iúdicem* (ante el juez), un juez o varios jueces dictaban sentencia, una vez valoradas las pruebas que presentaban las partes a través de sus abogados. En el derecho romano posterior las dos fases se reunieron en una sola, comprendiendo la jurisdicción también la sentencia y no distinguiendo ya entre juez y magistrado. Así pasa a nuestros días. Recordemos que hoy en día se dice juez cuando se trata de un órgano unipersonal y magistrado cuando el órgano judicial se integra por varios jueces.

La distinción moderna entre jurisdicción contenciosa y voluntaria se debe también a los juristas romanos. Es la primera la que se refiere a un verdadero conflicto de intereses entre las partes. En cambio la segunda toma como base el consentimiento voluntariamente prestado por las dos partes a la realización de una determinada actuación ante el órgano jurisdiccional competente. Es decir, en ella no hay propiamente conflicto de intereses. Por ejemplo, la realización de una adopción o una emancipación ante el juez por los particulares afectados y puestos previamente de acuerdo.

La palabra latina *lis* significa litigio, que es el conflicto de intereses que las partes plantean procesalmente. Al demandante se le llama también *actor* y a la parte contra la que se dirige la acción es el demandado (*reus*; de *res*, cosa, pues el demandado es el que la tiene y el demandante el que la persigue). Varias personas pueden ser parte demandante o demandada, que es a lo que se llama "litisconsorcio" activo y pasivo respectivamente. Al igual que hoy, las partes estaban representadas procesalmente a través de sus procuradores (*procuratores* y *cognitores*) y asistidas legalmente a través de sus abogados (*oratores, patroni, aduocati, ...*).

El término latino *forum* se refiere al lugar donde el magistrado ejercía la jurisdicción. En Roma, el pretor urbano, magistrado encargado de la jurisdicción por excelencia, la ejercía precisamente en el foro en un espacio al nordeste conocido con el nombre de *comitium*. De él deriva el concepto de idéntico nombre (en castellano "fuero") referido a los criterios de competencia del órgano jurisdiccional con respecto a la controversia o litigio de las partes. Así pues, la competencia se determina, por ejemplo, según lo acordado por las partes (*forum prorogatum*); según donde esté situada la cosa litigiosa (*f. rei sitae*); según el lugar donde se cometió el delito (*f. delicti commissi*); según el lugar donde se celebró el contrato (*forum contractus*); según el lugar de cumplimiento de la obligación (*f. solutionis*) etc.

Etapas históricas del derecho procesal romano

A lo largo del derecho romano se dieron históricamente tres tipos de procedimiento de manera sucesivas, aunque yuxtaponiéndose la última parte del primero con el inicio del segundo y la última parte del segundo con el inicio del tercero. Esto da idea de la relación entre los tres que obliga a estudiar el primero para entender los dos siguientes y el segundo para entender el tercero. Finalmente, se debe estudiar el tercero para entender el derecho moderno.

Los tres procedimientos aludidos son los siguientes:

1. Procedimiento de las "acciones de la ley" (*legis actiones*).
2. Procedimiento formulario (*per formulas*).
3. Procedimiento de cognición extraordinaria (*cognitio extra ordinem*).

Los dos primeros presentan las características comunes siguientes:

- En primer lugar, ambos distinguían dos fases, una ante el magistrado y otra ante el juez.
- En segundo lugar, los dos se desarrollaban fundamentalmente de manera oral (aunque en el segundo la llamada fórmula era un escrito).
- En tercer lugar, el momento central de los dos procedimientos era la llamada contestación o atestiguamiento de la *lis* o *litis contestatio*, que se producía al final de la primera fase.
- En cuarto lugar, el juez –o jueces (jurado)– no tenía por qué conocer el derecho. Era tan solo un ciudadano –o ciudadanos– sin más, elegido por las partes en presencia del magistrado para emitir sentencia respecto

de su caso. Según esto último, la naturaleza del procedimiento civil romano se asemeja bastante a la de un procedimiento de arbitraje (procedimiento este que también es una creación romana legada al mundo moderno).

El tercero, por el contrario se desarrolla en una sola fase ante el juez que es un funcionario de carrera y el procedimiento es fundamentalmente escrito. Resulta curioso comprobar cómo modernamente en la Ley de Enjuiciamiento Civil española actualmente vigente el legislador ha deseado que el procedimiento civil, hasta el año 2000 desarrollado de forma escrita, pasase a ser, a partir de ese año, predominantemente oral.

Desarrollo de las diferentes etapas

1. Etapa de las acciones de la ley: su origen se remonta a tiempos inmemoriales. Se plasma por primera vez en la ley de las XII Tablas. Probablemente en su origen el magistrado dictaba también sentencia y algo más tarde se distinguieron las dos fases citadas más arriba. El jurista romano Gayo, nuestra principal fuente de información, afirma en sus Instituciones que "acciones de la ley" significaba, o que se trataba de acciones reguladas por ley (es decir por la ley de las XII Tablas), o que las acciones se ajustaban en su formulación a determinadas palabras legales, cuya pronunciación se consideraba preceptiva so pena de perder el litigio, como sucedía en el ejemplo de las vides y los árboles al que Gayo alude.

2. Etapa del procedimiento formulario: probablemente tuvo su origen en la jurisdicción del pretor peregrino, que creó la fórmula o breve escrito como medio para dar claridad al litigio entablado entre ciudadanos de diferentes nacionalidades y lenguas. De ahí también su mayor flexibilidad con respecto al anterior procedimiento. La ley Ebucia (*Aebutia*) del último tercio del siglo II a. C. introdujo el procedimiento formulario, aunque al parecer restringido a un supuesto concreto (el de la *condictio* o reclamación por un enriquecimiento injusto). Las leyes Julias de Augusto, que distinguieron entre juicios públicos y privados, consagraron este procedimiento como el "ordinario" y derogaron el de las acciones de la ley, salvo para algunos supuestos marginales.

3. Etapa del procedimiento de cognición extraordinaria: es el procedimiento que inicia Augusto y que desarrollan los emperadores sucesivos. Se llama "extraordinaria" esta vía procesal por contraposición a la ordinaria del procedimiento formulario. Es decir, estaba prevista inicialmente para supuestos no contemplados por el procedimiento ordinario. En época postclásica se convierte en el procedimiento normal u ordinario, cayendo en desuso el procedimiento formulario. En el año 342 d. C. se produce la derogación formal del procedimiento formulario.

El procedimiento de las *legis actiones* o acciones de la ley

Gayo en sus Instituciones cita cinco acciones de la ley, que son en realidad cinco modos de actuar procesales. Tres de ellas poseen naturaleza declarativa, es decir, sirven para determinar la existencia del derecho controvertido entre las partes y su atribución a una de estas.

Son las siguientes:

1. Acción de ley por apuesta juramentada (*legis actio sacramento*);
2. Acción de ley por petición de juez o de árbitro (*legis actio per iúdicis arbitríue postulatiónem*);
3. Acción de ley por condicción (*legis actio per condictiónem*).

Las dos restantes acciones de la ley tenían naturaleza ejecutiva, es decir, sirven para hacer cumplir de hecho la sentencia del juez o, en general, para que el titular del derecho controvertido lo vea satisfecho en la práctica.

Son las siguientes:

4. Acción de la ley por aprehensión corporal (*legis actio per manus iniectiónem*);
5. Acción de la ley por apoderamiento de prenda (*legis actio per pígnoris capiónem*).

Breve descripción de cada uno de los modos procesales o acciones de la ley

1. Por apuesta juramentada: se trata de un modo general, es decir, no previsto para un supuesto específico, en el que las partes pronunciaban determinadas palabras solemnes y realizaban gestos rituales predeterminados. Ambas llevaban a cabo una apuesta juramentada cifrada en una determinada cantidad de dinero que se comprometían a pagar en caso de perder el litigio. El juez determinaba esto último señalando quién era el perdedor de la apuesta. Existían dos modalidades: una, para reclamaciones de cosas (*in rem*) y otra, para la reclamación de un determinado comportamiento o responsabilidad de una persona (*in personam*).

2. Por petición de juez o de árbitro: es una acción de la ley más moderna que la anterior y menos arriesgada por cuanto la apuesta desaparece. Se aplicaba a deudas nacidas de una promesa verbal o *sponsio* y a supuestos de división de herencia (para el primer supuesto se preveía la actuación de un juez y para el segundo la de un árbitro. Este último siempre goza de más libertad que la anterior y posee mayores poderes).

3. Por condicción: este término significa "emplazamiento", es decir, la convocatoria que hace el demandante al demandado para presentarse de nuevo en el plazo de treinta días para designar conjuntamente a un juez. Se trata de un acción de la ley muy flexible, prevista inicialmente para controversias acerca de deudas ciertas de dinero (a través de la ley Silia –s. II a.c.–, más tarde extendida a la reclamación de objetos ciertos por otra ley, Calpurnia, algo posterior). Era abstracta, esto es, en ella no se reflejaba la causa de la deuda sino tan solo la obligación de cumplirla. Constituye uno de los conceptos capitales en torno al cual se configura la moderna figura del "enriquecimiento injusto".

4. Por aprehensión corporal: se aplica generalmente para llevar a cabo la ejecución forzosa de la sentencia a cargo de quien ha sido condenado por esta. La ejecución se concebía inicialmente de forma personal de manera que, por ejemplo, el acreedor aprehendía materialmente al deudor y lo llevaba al magistrado. El deudor podía negar la sentencia argumentando algún defecto de esta o del procedimiento. Intervenía entonces por él un representante llamado *uindex*, quien si, a pesar de todo, resultaba condenado debía pagar el doble de lo inicialmente determinado por la sentencia. Un paso decisivo en la historia del derecho fue el abandono del régimen de ejecución personal y su sustitución por la ejecución patrimonial que se produce ya durante siglo IV a.C. (por la ley *Poetelia Papiria*, que derogó la prisión por deudas) y que llega hasta nuestros días.

5. Por apoderamiento de prenda: con este modo procesal el acreedor se apodera de determinadas cosas pertenecientes al deudor con la sola finalidad de forzar a este al cumplimiento de su obligación. Se realizaba sin la presencia del magistrado. Por su naturaleza extraordinaria, solo se aplicaba a créditos especiales: por ejemplo, a los del Estado frente a los contribuyentes, préstamos de dinero destinados a rituales sagrados, etcétera.

El procedimiento formulario

Origen y carácter

Probablemente introducido por la jurisdicción del pretor peregrino. La ley Ebucia (de la segunda mitad del siglo II a. C, quizá del último tercio) se refirió a él: bien permitiendo a las partes elegir este procedimiento (como se ha creído tradicionalmente), bien previéndolo en sustitución de una de las acciones (la *condictio*), como algún autor ha opinado recientemente. Más tarde las leyes judiciales de Augusto le otorgan el carácter de "ordinario" y derogan las acciones de la ley (con alguna excepción).

Frente a la rigidez de las acciones de la ley, el nuevo procedimiento se caracteriza por su mayor flexibilidad, habida cuenta de su utilización por extranjeros que no tenían por qué conocer el idioma ni las formalidades del *ius ciuile*. Se trata de un procedimiento oral en el que las partes se expresan libremente ante el magistrado, aunque recogiendo los términos del litigio en un breve escrito llamado "fórmula", de ahí el nombre del procedimiento.

La parte demandante (*Aulus Agerius*) impulsa el procedimiento, pero necesita de la colaboración del demandado (*Numerius Negidius*). El magistrado asume un papel fundamental de dirección del entero procedimiento en dos fases, aunque interviniendo solo en la primera de ellas. El juez, que es un particular, está obligado por el magistrado a seguir las instrucciones contenidas en la fórmula.

Es el procedimiento clásico por excelencia, al que los juristas prestaron más atención y en torno al cual, el magistrado desarrolló su edicto perpetuo. El derecho romano se concibe como un sistema típico de acciones.

La fórmula: estructura y partes

Se estructura como un juicio lógico: si resulta probado lo que alega el demandante, el juez condenará al demandado a pagar una suma de dinero; si no resulta probado, deberá absolverlo. No se admite término medio (que se condene a las dos partes, por ejemplo).

Se distingue entre partes ordinarias –las que aparecen en la fórmula conforme a la estructura de esta– y extraordinarias, introducidas expresamente por las partes.

Las primeras son:

1. *Intentio*: en ella el demandante introduce su pretensión, aquello que pide (*petitum*).
2. *Demonstratio*: en las acciones cuya *intentio* es incierta (*incerta*), se precisa de una cláusula previa –la *demonstratio*– que explique el supuesto de hecho de que se trata.

   (Si la *intentio* expresa el fundamento jurídico, la *demonstratio* declara los hechos sobre los que se apoya aquel).
3. *Condemnatio*: es la cláusula en la que se expresa la orden al juez de condenar a una suma de dinero al demandado si se prueba que el demandante tiene razón y absolverlo en caso contrario.

   Es siempre valorada en dinero porque el juez no tiene *imperium* para obligar al demandado a un determinado comportamiento. Aquí se observa la libertad con la que se configura el procedimiento. No obstante en las acciones dirigidas a reclamar una cosa se introducía una cláusula (llamada *arbitraria*) por la que al juez se le permitía que antes de condenar al demandado, le ofreciese la posibilidad de devolver la cosa para obtener la absolución. Si el demandado hacía caso omiso al juez, se arriesgaba a una condena por un valor cuya estimación dejaba el juez a la parte demandante.

4. La *adiudicatio*: es una cláusula que aparece en los juicios de división y otorga poderes discrecionales amplios al juez para realizar la división de una herencia o de una cosa común.

Partes extraordinarias:

1. *Exceptio* (excepción): introducida por el demandado en beneficio suyo entre la *intentio* y la *condemnatio*, redactada en sentido negativo.

   Ej.: «Si resulta que N. N. debe dar diez mil sextercios a A. A., si no se convino entre A. A. y N. N. que ese dinero no se pediría, juez, condena o en caso contrario absuélvelo».

   Excepciones perentorias y dilatorias: las primeras basadas en un hecho cuya alegación no depende del transcurso del tiempo (ej. dolo); viceversa las segundas.

2. *Praescriptio* (prescripción): puede beneficiar al demandante (*pro actore*) o al demandado (*pro reo*). Esta última prevaleció y acabó confundiéndose con la excepción.

Diferentes tipos de fórmulas (V. ***actio****)*

El magistrado da formas diversas a las acciones para amoldarlas a los diferentes supuestos de hecho que se le plantean superando la rigidez de las poco numerosas acciones del *ius ciuile* (derivadas del procedimiento de las acciones de la ley).

1) Crea las llamadas acciones '*in factum*', "por el hecho", con las que el magistrado se compromete a tutelar casos no contemplados por el *ius ciuile*.
2) Crea las acciones "ficticias" por las que ordena al juez que dé como sucedido un hecho o producida una circunstancia que en realidad no se da en el caso (ej. la usucapión de la acción Publiciana) o viceversa (ej. la *restitutio in integrum* o rescisión de un negocio válidamente celebrado). La ficción sirve para hacer encajar el supuesto entre los que contempla el *ius ciuile*. Se trata de un ajuste que se realiza sobre una acción civil que por eso se denomina "útil".
3) Acciones con transposición de personas: se aplica a supuestos en que, por ejemplo, el demandado no coincide con el finalmente condenado.

Esto sucede por la representación procesal en que la demanda (*intentio*) se interpone contra una persona, pero la condena se impone a quien ha estado presente en juicio (el representante).

4) Acciones *in rem* e *in personam*: las primeras se caracterizan por que en su *intentio* solo aparece la descripción de la cosa que se reclama (no el nombre del demandado que se sobreentiende que será quien la posea). Las acciones *in personam* contienen en la *intentio* necesariamente la designación del demandado, porque se dirigen precisamente contra una persona concreta. En este último caso la presencia del demandado es fundamental para que el juicio pueda seguir. Las acciones reales se dicen ejercitables *erga omnes* (frente a todos).
5) Acciones penales y reipersecutorias: las primeras persiguen la imposición de una pena o castigo; las segundas en cambio la devolución del objeto litigioso o la indemnización de un perjuicio. Una categoría intermedia son las acciones "mixtas".
6) Acciones de derecho estricto y de buena fe: en las primeras el juez no puede apreciar más circunstancias que las alegadas por las partes, a diferencia de las segundas en que la lealtad entre las partes que impone la buena fe permite al juez valorar, por ejemplo, el dolo de una de ellas por iniciativa propia.
7) Acciones populares: en virtud de la naturaleza del interés lesionado, relativo a la comunidad, las puede ejercitar cualquier ciudadano.

La marcha del procedimiento

Se da en dos fases:

Primera: ante el magistrado (in iure)

1º Citación a juicio (*in ius uocatio*). El demandado solía prestar garantía de comparecencia para un determinado día a través de terceros (*uades*): esto se denominaba *uadimonium*.

2º Edición y postulación de la acción: es el anuncio que el demandante realiza de la acción que va a ejercitar. A continuación pide su concesión al magistrado. Este la puede conceder o denegar. En este último caso, el procedimiento termina aquí.

Para ejercitar correctamente la acción, sin errores, al demandante se le permite realizar preguntas al demandado, como por ejemplo, si es heredero y de qué cuota de la herencia (*interrogatio in iure*).

El demandado puede allanarse a la pretensión del demandante: es la confesión (‘*confessus pro iudicato habetur*’: el confeso se tiene por juzgado).

El demandante puede realizar una transacción (*transactio*) con el demandado: renuncia a ejercitar la acción a cambio de algo. El procedimiento no continúa.

En casos extremos de dificultad de prueba, por ejemplo, para determinar si un deudor debe o no devolver una suma de dinero, se recurre a juramentos. También termina aquí el procedimiento.

3º La *litis contestatio*: atestiguamiento del litigio. Es el momento en que se redacta la fórmula.

Produce importantes efectos:

a) Prohibición de enajenación de cosa litigiosa.
b) Efecto consuntivo de la acción (non bis in idem): la acción no se va a poder volver a interponer. «El asunto o cosa ha quedado deducido en juicio».
c) Efecto creativo: la relación sustantiva (por ejemplo entre un presunto deudor y acreedor) pasa a convertirse en una relación procesal por la que el demandado queda sujeto a lo que determine el juez.
d) Efecto conservador: una vez determinadas las circunstancias del caso, han quedado fijadas procesalmente sin importar que desaparezcan de hecho (por ejemplo, se extingue la cosa objeto de la obligación).

Las partes eligen al juez. Su nombre encabeza la fórmula.

Segunda fase: ante el juez (apud iudicem)

En esta fase las partes, asistidas por sus abogados, aducen las pruebas en las que se apoyan las alegaciones de cada una.

Rige, por lo general, el principio de la “carga de la prueba” (*onus probandi*) en virtud del cual quien alega algo, debe probarlo.

Rige también el principio dispositivo por el que el juez no puede estimar otras pruebas que las presentadas por las partes ni otras circunstancias que las alegadas por ellos y transcritas en la fórmula. Las partes son, por tanto, –y sobre todo el demandante–las que impulsan el procedimiento.

Una vez valoradas las pruebas, el juez emite su parecer o sentencia (*sententia*), que, a diferencia de las primeras opiniones o dictámenes, tiene fuerza ejecutiva y valor de cosa juzgada. Por lo primero, la sentencia del juez se impone de manera que exige una modificación en el mundo de los hechos (aunque en este procedimiento esa modificación consista siempre en el pago de una suma de dinero por causa de la condición de mero particular que tiene el juez; recuérdese no obstante lo dicho respecto de las acciones arbitrarias). Por lo segundo, la sentencia determina que no pueda volverse por segunda vez a tratar ese mismo asunto ante el juez.

La ejecución forzosa de la sentencia se realiza mediante el ejercicio por parte del demandante victorioso de la llamada acción ejecutiva (*actio iudicati*). Si el demandado no se allana a la pretensión del demandante cumpliendo lo que la sentencia le ordena, se establece un nuevo procedimiento que, a diferencia del antiguo "por aprehensión corporal", es de ejecución patrimonial, no personal. Ya muy riguroso porque se realizaba sobre todo el patrimonio del deudor demandado (ejecución universal). Transcurrido el plazo de treinta días, que se reducía a quince si el deudor había fallecido, se designaba una persona (*magister bonorum* o síndico) encargada de realizar la venta en bloque de ese patrimonio, subastándolo. El comprador del patrimonio (*bonorum emptor*) se subrogaba en la posición jurídica del causante, es decir, del deudor concursado, haciéndose titular de los derechos de este y, en cuanto sus obligaciones frente a los acreedores, asumiendo el deber de pagar una parte proporcional de los créditos de estos. Para evitar la situación de infamia que produce este procedimiento, el deudor, sabedor de su insolvencia, se adelanta cediendo sus bienes a los acreedores (*cessio bonorum* o cesión de bienes).

Se abre paso una forma más mitigada de ejecución no universal sino particular, es decir, sobre determinados bienes del deudor para pagar a sus acreedores. Es la llamada *bonorum distractio* o venta de bienes. Inicialmente estaba prevista respecto de supuestos concretos (enajenados mentales, senadores). Poco a poco se fue generalizando como la solución común a todos los casos.

En este ámbito sufrió el concepto de "fraude de acreedores" (*fraus creditorum*). Se trata de una conducta que realiza el deudor antes de iniciarse el procedimiento de ejecución forzosa contra él, consistente en despojarse de cuantos bienes pueda, bien a través de transmisiones onerosas o bien lucrativas, para disminuir el valor del patrimonio sobre el que se va a efectuar la ejecución forzosa. Este supuesto de actuación fraudulenta del deudor demandado recibió del derecho romano la tutela de la llamada acción Pauliana.

Recursos complementarios de la jurisdicción pretoria

Se trata de remedios que el magistrado posee en virtud de su imperio, dirigidos a encauzar correctamente el procedimiento o a tutelar situaciones de hecho sin que intervenga el juez. Son los siguientes:

1. Interdictos (*interdicta*): son órdenes del magistrado en virtud de las cuales se protegen situaciones de apariencia jurídica para garantizar la paz pública. Son de tres clases: –exhibitorios, por los que ordena que se exhiba algo; –prohibitorios, por los que prohíbe el ejercicio de la violencia; –restitutorios, por los que exige la restablecimiento de una situación a su estado anterior.

   La orden no entra a valorar el fondo del asunto. Por lo tanto, si el destinatario de la misma se niega a cumplirla, se instaura un procedimiento para averiguar si esa negativa es justificada o no, con lo que se da entrada a la valoración de la cuestión de fondo.
2. Estipulaciones pretorias (*stipulationes praetóriae*): por las que el magistrado ordena a una de las partes que realice una promesa solemne con garantes (*cautio*) para, por ejemplo, asegurar el resultado de un juicio. Así, por ejemplo, el demandado debe prestar la caución de pagar la eventual condena, en caso de que el juez así lo decida.
3. *Restitutio in integrum* o rescisión: se trata de un remedio muy drástico por el que el magistrado ordena al juez que considere como no existente un negocio válidamente celebrado. La rescisión se aplica como remedio extraordinario, es decir, para casos determinados y justificados (negocios realizados por menores de veinticinco años, dolo, violencia ...) y subsidiario, es decir, en defecto de otro existente. Su concesión se valora en función de la lesión que recibe la parte afectada por la realización del negocio.
4. Embargo (*missio in possessionem*): en virtud de este remedio, el magistrado puede poner a alguien en posesión de un bien de otro o de todo su patrimonio. Puede servir a fines cautelares (por ejemplo para evitar un daño que pueda producir un bien), fines de conservación (como sucede cuando se está a la espera del nacimiento de un concebido) o fines de ejecución forzosa. La llamada herencia pretoria o *bonorum possessio*, muy importante para la evolución del derecho sucesorio, se basa en esta institución.

La *cognitio extra ordinem*

Se trata del procedimiento imperial que se abre paso desde Augusto de forma extraordinaria, es decir, al margen del orden procesal (*ordo*) correspondiente a los juicios privados (*ordo iudiciorum priuatorum* u orden de los juicios privados), que sigue el cauce del procedimiento formulario. Hoy en día se conserva esta terminología referida al cauce normal de resolución de litigios (ordinario) o a los especiales (extraordinario), respectivamente. El término *cognitio* significa "examen", y procede del lenguaje de los magistrados con jurisdicción, que podían realizar un "examen de causa" (*cáusae cognitio*), es decir, una valoración previa del litigio, que podría terminar en una resolución suya ("decreto").

El nuevo procedimiento imperial implica un cambio profundo en la concepción de la jurisdicción y le sirve a los emperadores para tutelar innovaciones jurídicas de gran importancia introducidas por ellos (*ius nouum* o "derecho nuevo"). La administración de la justicia se realiza en nombre del emperador. Esto comienza a ser así con respecto a materias nuevas o aquellas cuya tutela procesal, en todo caso, se confía al nuevo cauce: fideicomisos, herencias no adquiridas por diversas causas y reclamadas por el Fisco imperial (institución esta que surge ahora precisamente), deudas de alimentos entre parientes, honorarios de las profesiones liberales (abogados), en materia de tutela, de petición de herencia, promesas unilaterales (*pollicitationes*) ...

Hacia la segunda mitad del siglo II d. C., el procedimiento, inicialmente extraordinario, desplaza en la práctica al procedimiento formulario. En el siglo IV d. C., este último es expresamente derogado por una célebre constitución de los emperadores Constancio y Constante.

El nuevo procedimiento se encomienda a funcionarios de carrera, que cobran dinero público por su función y que ejercen su jurisdicción desde el principio de la causa hasta su finalización con la sentencia. Esto supone el fin de las dos fases presentes en los dos procedimientos anteriores en el derecho romano, el más antiguo de las acciones de la ley y el procedimiento formulario.

El procedimiento deja de basarse en un sistema procesal de acciones típicas, esto es, pensadas cada una de ellas para un supuesto concreto y diferente de las otras. La acción pasa a ser considerada como un instrumento jurídico genérico para pedir justicia.

La marcha del procedimiento es bastante diversa a la de los dos procedimientos anteriores: en general, se aprecia una tendencia dirigida a oficializar el cauce procesal desde la misma citación a juicio (*litis denuntiatio* o, ya en época de Justiniano, *libellus conuentionis* –del demandante– y *contradictionis* –del demandado–) hasta la propia sentencia (leída en audiencia pública). El procedimiento se hace escrito (frente a la oralidad predominante en los dos anteriores) y en sala cerrada: en las denominadas "basílicas" (que más tarde los cristianos tomarán para realizar sus celebraciones eucarísticas). El procedimiento puede ser impulsado aunque se halle ausente el demandado ("contumacia") con más libertad que en el procedimiento formulario. La *litis contestatio* pierde importancia: sus efectos, como el relevante de la consunción de la acción, pasan a referirse a la cosa juzgada que fija la sentencia.

En cuanto a las pruebas, rige el principio inquisitivo, por el cual el juez puede indagar la verdad del caso con independencia de las pruebas que le presenten las partes, es decir, puede exigir y dar valor a otras diferentes que a su juicio sean necesarias para esclarecer los hechos. Pero, por otra parte, todas ellas se ven sujetas al "principio de prueba legal", que somete al juez a determinados criterios de valoración fijados legalmente: como, por ejemplo, que un documento valga más que el testimonio prestado por testigos; o que la declaración de un solo testigo no deba ser tenida en cuenta ('*unus testis nullus testis*', "un solo testigo no es ningún testigo"). También comienzan a tener relevancia las llamadas "presunciones" que consisten en operaciones jurídicas por las que el derecho "anticipa" una determinada solución en previsión de falta de pruebas para un caso concreto.

La sentencia no tiene por qué ser en dinero, y puede ser parcial con respecto a la cantidad pedida o también puede afectar a ambas partes, demandante y demandado.

Aparece por primera vez la llamada "apelación" que se basa en la jerarquización de tribunales, es decir, en la distinción entre inferiores y superiores, en el seno de la Cancillería imperial. La apelación supone la repetición de un juicio ante el tribunal superior y –como dice Ulpiano– esto puede servir para corregir las iniquidades de una sentencia injusta, aunque exista también el riesgo de que la nueva sentencia sea aún peor que la primera (lo que Ulpiano enuncia, en términos muy conocidos, como *reformatio in peius* o "reforma para peor").

La ejecución de la sentencia puede recaer sobre cosas concretas y puede llevarse a cabo de manera forzosa: lo que se conoce desde entonces como ejecución *manu militari*, literalmente, por mano militar, esto es, forzosa. Por otra parte, el procedimiento genera las llamadas "costas procesales", que en el procedimiento formulario no se daban porque no se llevaba a través de funcionarios sino de magistrados que, por definición, eran cargos gratuitos u honoríficos, y los jueces eran particulares. En una conocida constitución del emperador Zenón del siglo V d. C. se estableció que las costas procesales las pagase en principio el que perdía el litigio.

Un procedimiento regular que se afianza con el cristianismo a partir de la época postclásica es el denominado de '*episcopalis audientia*' o de audiencia episcopal: los cristianos antes de confiar en jueces paganos, encomiendan sus asuntos a la autoridad moral de un obispo que resuelve entre ellos sus disputas. El obispo actúa en este ámbito como árbitro, más que como juez.

El procedimiento de *cognitio extra ordinem* ha influido notablemente en el derecho procesal actual. El derecho canónico lo asumió y creó la idea del "proceso" (que se basa en la imagen de la marcha procesal de las partes mediante pasos predeterminados legalmente desde su inicio hasta la finalización con la sentencia). El moderno procedimiento instaurado por la vigente Ley de Enjuiciamiento Civil prevé, sin embargo, la oralidad como principio rector de los procedimientos civiles.

BREVE REFERENCIA AL PROCEDIMIENTO PENAL ROMANO

Una adecuada comprensión del procedimiento penal romano nos parece necesaria para entender no pocas locuciones latinas analizadas en esta obra que lo contemplan como telón de fondo (*aberratio ictus, in flagranti delicto, tempus delicti, non liquet*...).

Se trata de la otra vía del actuar procesal, junto a la civil. Es romana la innovadora intuición de los dos procedimientos fundamentales: el civil y el penal (*ágere ciuíliter uel crimináliter*, actuar civil o criminalmente; p. ej., en Ulp. 38 *ed.* D. 47.2.93 [92]).

Se inscribe dentro del denominado derecho penal romano. Mucho se ha discutido en torno a la naturaleza, bondad, e incluso a su existencia en sentido propio. Sin embargo, nos parece que el empeño de muchos en buscar un conjunto normativo que pueda calificarse de tal oscurece la cuestión, pues de lo que no cabe dudar es de la presencia de una reflexión jurídica en torno al fenómeno penal, no solo no despreciable sino atendible por los cultores de esta rama del derecho en cuanto germen de la futura ciencia del derecho penal. Dígase esto sin vanas pretensiones que idealicen falsamente la realidad, y añádase cuanto se quiera de la crueldad del mundo antiguo y de falta de unidad en el tratamiento científico de la cuestión. El proceso intelectual por el que los juristas han ido construyendo a través de los siglos el derecho penal parte del derecho romano.

Una de las primeras grandes ideas de base que presta el derecho romano es la de la distinción entre delitos privados y públicos (*delicta* y *crímina*).

La categoría de los delitos privados se inicia con la ley de las XII Tablas. Se trata de actos ilícitos que acaban contemplándose por la Jurisprudencia clásica como fuente de obligaciones (*ex delicto*) junto al contrato (*ex contractu*). Se distinguen de los crímenes (*crímina*) en que en ellos el interés lesionado es fundamentalmente privado, propio de los particulares, mientras que en el segundo caso es predominantemente público, esto es, afecta a la entera comunidad cívica. Los delitos privados del derecho civil romano son los siguientes: hurto (*furtum*), daño injustamente causado (*damnum iniuria datum*), injuria (*iniuria*) y rapiña (es decir, daños y sustracciones violentamente causados; en latín, *rapina*). En su configuración todavía se halla presente la venganza privada como defensa o, más bien, reacción del ofendido o de su familia o de su *gens*. Pero ya en la citada ley se aprecian signos evidentes de su progresiva marginación y de una mayor intervención estatal en su lugar. Para la posteridad quedan, sin embargo, como ámbitos de autotutela el llamado estado de necesidad y la legítima defensa, conceptos estos para cuya acuñación el derecho romano presta el material de base que será desarrollado por los juristas del *ius commune*.

El elenco era más amplio que el presente hoy en día. A partir del derecho imperial, no obstante, algunos de estos delitos en sus formas más graves se criminalizaron; fenómeno que se denomina de "trasvase de los delitos a los crímenes". Así ocurrió con el hurto, desde luego con la *rapina* (identificable *grosso modo* con el robo) o con las injurias o daños más severos. Esto contribuyó a que la distinción terminológica entre delitos y crímenes se difuminase.

Hoy en día el derecho penal se ocupa del estudio de los delitos o crímenes (por ejemplo, del daño doloso, del robo, que es sustracción violenta, y del hurto, que a diferencia del robo, se realiza sin violencia), aunque el moderno delito de injurias, encuadrado en el derecho penal, sigue presentando los rasgos procedentes del derecho romano del delito de idéntico nombre (en concreto, hoy es todavía perseguible a instancia de parte a través de querella). Es allí donde hay que buscar el origen de su peculiar fisonomía actual. Por su parte, el actual derecho civil se ocupa del daño negligentemente causado y, en concreto, de la obligación de repararlo (v. artículos 1902 y siguientes del CC. español).

En el derecho romano, la obligación de pagar la pena consistente siempre en dinero (pena pecuniaria) que genera la comisión del delito privado se llega a equiparar prácticamente a la obligación surgida de un contrato: por eso, contrato y delito son las dos fuentes principales de obligaciones. Sin embargo, hay que advertir que lo que surge de haber cometido un hecho delictivo se denomina propiamente "responsabilidad", lo que resulta aún más obvio en los crímenes, que pueden generar incluso como consecuencia jurídica una sujeción física de la persona del ofensor (privación de libertad). Esta consecuencia no entra dentro del campo de las obligaciones del que estamos hablando, sino que se inscribe en la llamada responsabilidad penal y es ajena al mundo del derecho civil.

En este otro ámbito, en cambio, la obligación, por ejemplo, de reparar el daño causado, aun siendo propiamente responsabilidad, se asemeja mucho a la obligación de un deudor en virtud de contrato, como sucede también con la suma de dinero a la que es condenado alguien por injuriar a otra persona: aunque se trate un supuesto delictivo, el ofensor se parece a un deudor, que en definitiva debe pagar dinero para liberarse de su obligación.

En el derecho romano, la obligación nacida de un delito privado, así como la acción dirigida a reclamarla, presentaba rasgos diferentes a los de la obligación contractual, que se entienden por su naturaleza originariamente penal: así, por ejemplo, el hecho realizado por varias personas genera sendas obligaciones íntegras para cada una de ellas (carácter cumulativo de las acciones penales: si, por ejemplo, dos personas hurtan una viga, cada una se obliga a pagar una pena pecuniaria en función del valor de la entera viga y no de la mitad de esta); la obligación es pasivamente intransmisible (es decir, los herederos del ofensor no tienen por qué asumir la pena por un hecho que su causante cometió, salvo en cuanto deben devolver aquello en que se enriquecieron) ...

En cuanto al procedimiento, en realidad hubo varios a lo largo del derecho romano. Sorprende, por su respeto hacia el ciudadano, el más antiguo, denominado comicial (o *iudicium populi*, juicio del pueblo) porque se realizaba ante los comicios o asambleas populares. Cualquier ciudadano que pudiera verse amenazado por una arbitraria imposición de un alto magistrado, bien de la pena capital o de una pesada multa podría invocar al pueblo para que deliberase sobre su asunto (*prouocatio ad populum*). No es extraño que, después de siglos de la historia de Europa, esta institución despertara envidia en quienes ansiaban la libertad y la seguridad cívica frente al omnímodo y tiránico poder de reyes y príncipes. Probablemente a ella se refería el antiguo precepto de la ley de las XII Tablas, verdadero hito legislativo de la historia del derecho romano y, por extensión, europeo en relación con la pena capital: *de capite ciuis nisi per maximum comitiatum ... ne ferunto* (tab. IX.1, no se decida sobre la pena de muerte de un ciudadano si no es a través del comiciado máximo [esto es, los *comicios centuriados*]).

El procedimiento comicial resultó inservible sobre todo a partir de la segunda guerra púnica por las dificultades de convocar al pueblo con todas las formalidades exigidas y por el desconocimiento de este de las entretelas políticas de los asuntos que allí se presentaban. En el año 149 a. C. aparece una nueva institución creada por ley (*lex Calpurnia repetundarum*), que instituyó un primer tribunal permanente (*quaestio perpetua*; *quaestio* pasó a denominarse en el derecho romano tanto el tribunal como el cauce procesal) orientado a esclarecer los casos, a veces muy graves, de extorsiones llevadas a cabo por los magistrados romanos en el gobierno de las provincias. Se dirigía a la restitución de las cosas arrebatadas por estos a los provinciales o, en su caso, de su importe: supuesto matriz del enriquecimiento injusto, demandable a través de la *condictio*; *repétere* –del que nuestro término jurídico "repetir"– significa reclamar la devolución de lo entregado, es decir, de lo arrebatado por el gobernante. La dirección del procedimiento se encomendaba al pretor peregrino y la ley exigía que se confeccionase una lista de jueces, que se exponía durante el año en el que desempeñaba su cargo el magistrado competente. Más tarde, la *lex Acilia repetundarum* del año 123 a. C. introdujo modificaciones al régimen inicial. Acusador y acusado debían intervenir para proceder a la elección, de entre los designados en la lista, de los jueces presentes finalmente en la causa.

Sila llevó a cabo una reestructuración completa de estos tribunales permanentes que pasaron a ser por ley los siguientes: –*Quaestio repetundarum*, que acabamos de ver. –*Quaestio maiestatis* (o *laesae o imminutae maiestatis*): delitos de alta traición; *maiestas* ("estar por encima") significa "soberanía". Consistía en un abuso de autoridad magistratual que "lesionaba", "se colocaba por encima de" o "empequeñecía" la soberanía del pueblo romano. –*Quaestio peculatus* y *crimen sacrilegii* (apropiación ilícita de dinero o bienes públicos, o dinero sagrado y objetos de culto). –*Quaestio ambitus* (corrupción electoral). –*Quaestio de sicariis et ueneficiis* (homicidios y envenenamientos). –*Quaestio de falsis* (falsificaciones y otros actos ilícitos en relación con testamentos, moneda, suposición de parto, soborno de testigos); –*Quaestio de iniuriis* (supuestos encuadrados en un concepto muy amplio de injurias, que incluían la lesión corporal, difamaciones, la corrupción de menores o las violaciones del domicilio). A ellos se añadió después: –*Quaestio de ui publica et priuata* (supuestos diversos de violencia grave). –Quizás no sea de Sila tampoco la *Quaestio de adulteriis* (sobre los adulterios). Sila modificó también el modo de elegir a los jueces que se hizo mediante sorteo *(sortitio)* a partir de él. No muy claras son las noticias relativas al *plagium* (secuestro de hombre libre) y a la *calumnia*, regulada por una ley *Remmia* de antes del año 80 a. C.

El procedimiento era de tipo acusatorio (*anquisitio*). Se exigía, por tanto, la intervención de un acusador que llevaba a cabo toda la labor de indagación previa del hecho criminoso (instrucción) y posteriormente, ante los jueces, era él mismo quien dirigía la acusación pública. Se daba inicio con su denuncia (*nominis delatio*). Era de carácter de garantista. En primer lugar, el procedimiento era de carácter oral y público. Además, las intervenciones se sucedían de modo contradictorio: los abogados de las dos partes presentaban a sus respectivos testigos que eran interrogados por aquellos. Este es el procedimiento al que alude Cicerón en sus discursos forenses en los que intervino, casi siempre, salvo en las Verrinas (relativas al proceso contra Verres, el despótico gobernador de Sicilia), como defensor del acusado. El tiempo que se concedía al abogado (o abogados, hasta seis, que se permitía tener al acusado) era muy amplio. Esto permitió a oradores como Cicerón la posibilidad de explayarse con gran brillantez y facundia, con referencias constantes a los jueces, a la vista de ellos. En cuanto a la acusación, podría ser efectuada por cualquier ciudadano, pero en ocasiones, como en las Verrinas, era preciso un trámite previo, denominado *diuinatio*, para la deliberación acerca del acusador idóneo.

Los estudiantes de derecho, y en general todo aquel deseoso de hablar correctamente público, deberían leer, por lo menos, algunos de sus discursos más famosos. Constatamos por nuestra experiencia su utilidad para la instrucción en el arte de la oratoria.

El procedimiento, impulsado por el acusador pero con la necesaria intervención a cada paso del acusado, tenía un cierto aire privatístico a pesar de su concepción en defensa del interés público. De hecho el magistrado solo intervenía para mantener el orden. Las intervenciones de los defensores de cada parte eran medidas con reloj (de agua). Los jueces se mantenían en silencio, escuchaban con atención a los abogados y escudriñaban desde sus asientos al acusado. Al final, decidían acerca de la culpabilidad de este mediante una votación secreta de sus respectivos pareceres en urna dispuesta al efecto. Los jueces podían no tenerlo claro (V. ***non liquet!***) de manera que debía procederse a una nueva discusión del asunto. El magistrado anunciaba entonces el veredicto del jurado o *consilium* que indicaba si a su juicio se entendía verificado el hecho delictivo (*fecisse uidetur*, parece que se ha hecho) o no. La pena era la establecida por ley.

Como muy bien habrá advertido a estas alturas nuestro lector, la familiaridad actual con este civilizado modo de actuación procesal es evidentísima. Condenar al olvido el derecho penal romano por su rudeza y tosquedad, a la vista de lo expuesto hasta ahora, no parece tan claro. De hecho, en cuanto a la vía procesal, es este procedimiento el que debe considerarse como clásico e inspirador del derecho actual. Su debilidad consistió en su excesiva prolijidad.

El príncipe Augusto intentó salir al paso de esta dificultad en su ley de los juicios públicos (*lex iudiciorum publicorum*). Los tribunales permanentes constituyeron el orden (*ordo*) o procedimiento ordinario (término este de la ciencia del derecho procesal proveniente del derecho romano), pero junto a ellos apareció el nuevo procedimiento (extraordinario o *extra ordinem*) de cognición oficial basado en el principio inquisitivo (*inquisitio*), opuesto al acusatorio del ordinario. Al frente, era colocado un magistrado de gran experiencia y conocimiento jurídico. Su consejo de jueces era más reducido y compuesto por personas competentes. Funcionó al parecer con mayor eficacia que el ordinario, pero a costa de renunciar a los acendrados principios establecidos por el procedimiento anterior.

Las penas dejaron de tener sujeción a leyes concretas, de manera que se hicieron arbitrarias. De ahí, que se diga –observación no del todo precisa– que el derecho romano en bloque no admitió el principio del *nullum crimen nulla poena sine lege*. No es del todo verdad, pues se ignora la instructiva experiencia romana de los tribunales permanentes fijados por ley. Por eso también, los regímenes de épocas futuras, anteriores al moderno Estado de Derecho, tomaron su inspiración de este procedimiento imperial, que, sin embargo, paradójicamente funcionó con relativa seguridad para los ciudadanos, al decir de Kunkel. La Jurisprudencia romana se interesó entonces por este sector del derecho. Su fino sentido de la justicia, aplicado al derecho privado de forma predominante, se dejó traslucir también en este ámbito del derecho público. No podía ser de otra manera. Como aparecerá en el análisis de las locuciones latinas, aspectos tan importantes en la ciencia del derecho penal como la impunibilidad de las intenciones delictivas, el análisis de la complicidad o de la tentativa punible, los delitos culposos, el célebre principio *in dubio pro reo* (Ulp. 7 *de off. procon.* D. 48.19.5 pr.) etc., no pasaron desapercibidos a los autores del derecho penal de los siglos subsiguientes. Con los textos del derecho romano contenidos en la compilación justinianea, particularmente con el Digesto, se halla muy unida la célebre *Constitutio Carolina* del siglo XVI, verdadero hito legislativo y obligada referencia de la ciencia del derecho penal moderno. Con sus luces y sus sombras –pocos como el romanista Mommsen, con todos los defectos de su exposición, las han denunciado–, la ciencia del derecho penal (o criminal, como algunos prefieren denominarlo) romano no merece el desprecio que algunos, que quizás ignoran lo que aquí sucintamente se ha expuesto, le otorgan. Reconforta verlo justamente apreciado en no pocos manuales de prestigiosos penalistas actuales.

(Para más información, entre los manuales de lengua española véanse especialmente: –Fernández de Buján, Antonio, *Derecho Público Romano*, Civitas-Thomson Reuters, Cizur Menor (Navarra), 2015[18], 227-235. –Arangio-Ruiz, Vincenzo *Historia del Derecho Romano*, (Traducción de F. de Pelsmaeker), Reus, Madrid[4], 1980, 90-99, 207-221, 305-316. –Kunkel, Wolfgang, *Historia del Derecho Romano*, Ariel, Barcelona, 1999).

Locuciones latinas

A

Ab absurdo

(Ab absúrdo)
Lit. *desde lo absurdo, absurdamente.*

Significado y contexto: Se trata de un modo de enjuiciar algo que advierte de la conclusión equivocada obtenida «a partir de una premisa o hipótesis absurda». Nótese que la preposición "ab" indica aquí "derivación de". Se aplica, por ejemplo, respecto de una medida legislativa o disposición en general aparentemente incongruente, para argumentar viceversa que algún sentido cabal debe tener y así debe hallarlo el intérprete u operador del derecho. Conecta con el argumento del "carácter completo y coherente del ordenamiento jurídico". También con el argumento de *reductio ad absurdum*. V. un conocido ejemplo romano relativo al derecho creado por los ediles en materia de compraventa en *ad absurdum in fine*.

Aberratio causae

(Aberrátio cáusae)
Lit. *desvío de la causa.*

(*V.* ***aberratio ictus***).

Aberratio delicti

(Aberrátio delícti)
Lit. *desvío del delito.*

(*V.* ***aberratio ictus***).

Aberratio ictus

(Aberrátio íctus)
Lit. *desvío del golpe.*

Significado y contexto: Su ámbito es el derecho penal y se refiere, desde muy antiguo, a un caso conocido y frecuente: una persona dispara su arma contra otra con ánimo de causarle la muerte, pero un hecho fortuito provoca que el proyectil se desvíe y alcance a otra persona. Así, cuando Cicerón en sus *Topica* (64) se refiere a los hechos causados por el azar, que pueden ser voluntarios o involuntarios, pasa revista al viejo precepto de las XII Tablas (8 24. a.) alusivo a quien dispara un dardo que más bien se le escapa, es decir, que no arroja adrede contra nadie en concreto: *si telum manu fugit magis quam iecit*, lit. si el dardo no se arroja sino que se escapa de las manos. Comenta el Arpinate: «lanzar el dardo es un hecho de la voluntad, herir a quien no deseas, del azar (*nam iácere* *telum uoluntatis est, ferire quem nolúeris fortúnae*)»; o, lo que es lo mismo, el sujeto desea disparar pero no de ese modo ni en esa dirección. En la ley de las XII Tablas la sanción consistía en que el ofensor hiciese un sacrificio ritual expiatorio (ofrézcase un carnero, *aries subiacitur*).

Los autores del derecho común más relevantes, basándose en elocuentes textos romanos, discutieron en torno a este supuesto y, en concreto, a la pena que debía imponérsele al autor. De la *aberratio ictus* se distingue la *aberratio delicti* (cuando el delito cometido es diferente del que se propuso realizar el sujeto) y de la *aberratio cáusae* (desviación de la serie o proceso causal previsto por el sujeto; por ejemplo, una persona empuja a otra para arrojarlo por un barranco, pero esta última no llega a precipitarse sino que sufre un traspié que le hace caer al suelo y golpearse mortalmente la cabeza).

Así ocurre en el caso que a continuación expone uno de los textos romanos que han dado pie a la figura, en el que se cita el supuesto de uno que arroja una piedra contra su adversario que acaba dando a un transeúnte. El fragmento, en el contexto del daño extracontractual o aquiliano, es interesante además porque es uno de los que sienta las bases del concepto moderno de la legítima defensa. Pero tiene además interés porque los casos de legítima defensa tienen una relación directa con la *aberratio ictus*, como la moderna jurisprudencia en materia penal, prácticamente de todos los países, no deja de advertir:

> Paul. 10 *Sab.* D. 9.2.45. 4: «Los que no pudiéndose defender de otro modo hubieren contraído la culpa de un daño son irresponsables; porque todas las leyes y todos los derechos permiten repeler la fuerza con la fuerza. Pero si por defenderme hubiere yo tirado una piedra a mi adversario, pero hubiere yo herido no a este, sino a un transeúnte, quedaré obligado por la ley Aquilia; porque se concede herir solo a aquel que emplea la fuerza, y esto, si se hubiera hecho tan solo por causa de defensa, no también por la de venganza».

Benedicto Carpzov (1595-1666), sin duda el penalista alemán de mayor renombre en su época, en su conocida obra *Practicae novae Imperialis Saxonicae rerum criminalium*, (Francofurti, Typis B. C. Wustli, 1684) plantea este supuesto distinguiéndolo de otro muy próximo, al que luego aludiremos, y citando amplia doctrina de los siglos anteriores así como los textos romanos que prestaban base a la cuestión aquí debatida. Así describe él el caso: «Si alguien tiene intención de ofender o de matar a Ticio al que conoce bien y no se equivoca respecto de su persona sino que por un hecho fortuito ofende o mata a Seyo que estaba próximo o pasaba por allí» (*Pars.* I, *Quaestio* V, 17). La doctrina, a lo largo de siglos, se halla dividida en torno a la aplicación de una pena más o menos severa según la calificación del hecho delictivo. El autor citado acoge la primera solución apoyándose en juristas de la talla de Bártolo, Saliceto o del español Antonio Gómez. Esta cuestión sigue abierta hoy en la ciencia del derecho penal. La doctrina moderna debate, en efecto, acerca de si se plantea aquí la presencia de un único delito o de un doble delito (tentativa de homicidio y homicidio consumado), poniendo en relación, además, este caso con el siguiente que vamos a ver más abajo.

Entre los textos romanos continuamente citados se halla este, por ejemplo, de alcance general, en el que vemos aparecer nuestro caso *in fine*:

> Marcian. 2 *pub. iud.* D. 48.19.11.2: «Pero se delinque o de propósito, o por impetuosidad, por casualidad; delinquen de propósito los ladrones, que forman cuadrilla; pero por ímpetu, cuando por embriaguez se llega a las manos, o a las armas; pero por casualidad, cuando cazando mató a un hombre el dardo dirigido a un animal».

La referencia a la casualidad nos hace recordar ese dicho popular que advierte del negligente manejo de las armas porque "las carga el diablo". Que sea casual el resultado producido, es decir, que no responda a la representación mental que el autor se ha hecho del proceso causal producido por su acto delictivo, no significa, como hemos visto, que deba exonerarse a este, por fuerza, de su responsabilidad.

Distinguía Carpzov el supuesto típico de la *a. i.* de otro caso, similar a él, que propiamente consistía en un error: «Cuando se comete un error en la persona (*error in persona*). Por ejemplo, si uno queriendo matar a Ticio, de noche o en otro momento, al que por ser de noche o perturbado por la ira no puede reconocer bien, o no lo conoce en absoluto, mate a Seyo al que cree Ticio» (*Pars* I, *Quaestio* V, 12). A este caso puede añadirse el conocido doctrinalmente como de *error in objecto* (error en el objeto), cuando queriendo destruir un objeto se acaba alcanzando otro. El célebre penalista Edmund Mezger – (Mezger 1958) 240 ss.– lo explica así:

> «Cuando el hecho se dirige efectivamente contra un objeto o una persona distintos de los que el autor se proponía atacar. Si son "equivalentes", el autor no sacará ningún provecho de su error y seguirá siendo punible por un hecho consumado. Tal ocurre si mata a "un hombre" (§ 211): el autor da muerte a Y en la creencia errónea de que se trata de X (asesinato consumado). Pero si la diferencia es "esencial", el autor se beneficiará con el error: quien se adueña de una cosa propia creyendo que pertenece a otro, no comete un hurto consumado con arreglo al § 242; quien castiga a un niño pensando erróneamente que se trata del niño que está sometido al poder de corrección que ejerce, no comete una lesión corporal punible en el sentido del § 223».

El último supuesto citado por Mezger debe su explicación a un caso de derecho romano constantemente citado por la doctrina del derecho común a propósito de la acción de injurias:

> Ulp. 56 *ed.* D. 47.10.3.4: «Si alguno hubiere herido a un hombre libre, creyéndolo esclavo suyo, está en el caso de no hallarse sujeto a la acción de injurias».

Por otra parte, el caso al que aludía Carpzov está inspirado, entre otros textos, en el anterior y en este que exponemos a continuación:

> Paul. 55 *ed.* D. 47.10.18.3: «Si se me hiciera injuria por uno para quien yo fuera desconocido, o si alguno creyera que yo era Lucio Ticio, siendo Cayo Seyo, prevalece lo que es lo principal, que él quiere inferirme injuria (*praeualet, quod principale est, iniuriam eum mihi facere uelle*); porque yo soy persona cierta, aunque él crea que soy otro que el que soy, y por ello tengo la acción de injurias».

Sobre si se trata de casos diferentes o en realidad análogos, el primero y el segundo expuestos, a efectos de aplicación de la pena correspondiente, es algo que discute la doctrina penal moderna. Pero la referencia de Mezger a hechos "equivalentes" y a la diferencia que él denomina "esencial" nos remite al anterior texto del jurista Paulo, de nuevo permanentemente citado a este propósito por los juristas del derecho común, del cual se extrajo una regla jurídica: «prevalece lo principal, a saber, que él quiere inferirme injuria (*praeualet, quod principale est, iniuriam eum mihi facere uelle*)». Dicho de otro modo, el hecho delictivo, voluntariamente querido, no cambia sustancialmente por el desvío del disparo o por la falsa identificación de la persona.

Ab extrinseco

(Ab extrínseco)
Lit. *desde fuera.*

Significado y contexto: En el derecho canónico se refiere a las causas por las que una ley puede ser "abrogada" (esto es derogada totalmente) o "derogada" (parcialmente)

–conforme a la terminología romana de la derogación total o parcial– que consiste en un hecho o circunstancia extraño a ellas: por ejemplo, una nueva ley que presenta un contenido diferente e incompatible con la anterior. Por lógica, *ab intrínseco* se refiere por el contrario a causas internas, esto es, que pueden atribuirse a la propia ley o a su vida: por ejemplo, la falta de observancia o *desuetudo* o la privación de sentido de su aplicación en un momento histórico diferente y respecto de una realidad ajena por completo a la finalidad perseguida por la ley.

Ab initio

(Ab inítio)
Lit. *desde el inicio.*

Significado y contexto: Se admite en nuestra lengua. El inicio de una actividad cualquiera o, en derecho, de un acto jurídico constituye un momento fundamental para que aquella o este resulten idóneos al fin propuesto por el sujeto agente y no se acaben frustrando. La Jurisprudencia romana utiliza esta expresión muy a menudo. Habla con frecuencia del *initium* o inicio, por ejemplo, a propósito del otorgamiento de testamento: la institución de heredero es parte fundamental (*caput testamenti* o cabeza del testamento) sin la cual este no adquiere validez. Por eso, «quien hace testamento, generalmente debe darle inicio por la institución de heredero» (Ulp. 1 *Sab.* D. 28.5.1pr.). Paulo 9 *quae.* D. 28.6.43.2 plantea el siguiente caso: el testador había dejado heredera a su mujer y había nombrado sustitutos de esta a los hijos. Es evidente que en este caso no había sido realizado el testamento conforme a derecho, pero a pesar de eso, «se consideraba que los hijos quedaron siendo herederos en virtud del testamento porque ellos no invalidan todo el testamento, sino solamente el grado que desde un principio –*ab i.*– no fue válido». (V. ***ad conservandum, tabula rasa***).

En materia de legados, el jurista Juliano (61 *dig.* D. 35.2.51) equipara, con respecto a la denegación de acción para reclamar un legado, la nulidad inicial (*ab i.*) a la sobrevenida posteriormente ***ex accidenti***.

Sin duda, nuestra expresión es sobre todo conocida en derecho por la famosa regla enunciada por el jurista Paulo (8 *Sab.* D. 50.17.29), de aplicación actual: «No puede convalidarse por el transcurso del tiempo lo que es defectuoso desde un principio (*Quod initio uitiosum est non potest tractu temporis conualescere*). Se habla aquí de una nulidad radical (no de anulabilidad, en términos modernos, que exija para la invalidez del negocio jurídico un acto de impugnación por parte del afectado por ese vicio o defecto negocial). Véase también D. 50.17.210, en materia de testamentos, del jurista Licinio Rufo (2 *reg.*): "La institución de heredero que es ineficaz desde un principio no puede convalidarse por un evento posterior" (*Quae ab initio inutilis fuit institutio, ex postfacto conualescere non potest*). De nuevo en materia de testamentos encontramos la siguiente regla formulada por el jurista Javoleno 10 *epist.* (D. 50.17.201): «Todas las cosas que provienen de un testamento adquieren estado en lo sucesivo si también hubieren tenido comienzo sin vicio» (*Omnia, quae ex testamento proficiscuntur, ita statum euentus capiunt, si initium quoque sine uitio ceperint*).

Aunque los juristas romanos emplean términos muy diversos para aludir a la invalidez de un negocio jurídico, de imprecisa significación jurídica, como *inutile* (inútil) para referirse a la nulidad, hay una expresión, utilizada por ellos, que es particularmente elocuente con respecto a la invalidez de raíz: *nullíus momenti esse* (carecer de un solo instante <de vida>) que parece aludir propiamente a la inexistencia del acto viciado.

En materia de contratos, en el conocido texto de Papiniano 9 *quaes.* D. 16.3.24, donde se plantea la conocida cuestión, en torno al depósito de dinero con ulterior permiso de disposición, acerca de si su naturaleza es de depósito (irregular) o de préstamo, se lee *in fine* (quizás interpolado) que «si desde el inicio se convino que habían de darse intereses, se mantendrá la ley del contrato (*lex contractus*)», es decir, lo convenido por las partes. La regla jurídica *initium contractus spectandum* («se ha de estimar el inicio del contrato») para identificar correctamente el tipo de contrato realizado entre las partes la hallamos en diversos textos, aparte del ya citado: Ulp. 31 *ed.* D. 17.1.8 pr. (a propósito del mandato), *idem* D. 17.2.58.2 (a propósito de la sociedad). Un caso muy interesante plantea D. 14.6.12 (Paulo 30 *ed.*): como es sabido, el senadoconsulto Macedoniano, de época imperial, prohibía tomar dinero a préstamo a los hijos de familia sin la autorización del jefe de familia (cfr. *mutatis mutandis* el art. 323 del Código Civil español, que se relaciona histórica y dogmáticamente con aquella disposición romana). Paulo plantea aquí el caso de un préstamo tomado por el hijo de familia sabiéndolo el padre. En este caso cesa la aplicación de senadoconsulto. Pero, incluso si el padre lo hubiese autorizado y después, ignorándolo el acreedor, hubiese cambiado su voluntad, tampoco tendrá lugar la aplicación del senadoconsulto «ya que ha de considerarse el inicio del contrato (*quoniam initium contractus spectandum est*)». V. también C. 4.54.5.

El *iustum initium* tiene relevancia también en materia de usucapión (v. C. 7.22.2): D. 41.3.4.18 (Paulo 54 *ed.*) menciona la necesidad de "contemplar el inicio de la posesión, como se ha considerado correcto hacer con respecto a las cosas compradas". Como es sabido, la buena fe se exige al comienzo de la usucapión sin que tenga relevancia el conocimiento posterior de la pertenencia a otra persona de la cosa en cuestión (*mala fides superueniens non nocet*).

En alguna ocasión, *ab i.* tiene el sentido de "volver a comenzar desde el principio" como en Mod. *de enucle.* D. 49.1.19 respecto de una apelación de una sentencia manifiestamente contraria a derecho. En este caso, aunque el plazo para apelar ya hubiese ya prescrito, la solución procesal adecuada consiste en comenzar *ab i.* la causa.

(V. también, distinguiendo sus diferentes matices, ***ab origine***, ***ab ouo***).

Ab intestato

(Ab intestáto)
Lit. *de uno <que ha fallecido> intestado.*

Significado y contexto: La expresión significa "de uno (que ha fallecido) intestado", es decir, sin haber dejado testamento (manifestación de su última voluntad). Expresión genuina romana que hoy en día, quizás por su extraordinaria frecuencia, la vemos escrita a menudo con la unión de las dos palabras en una sola, lo que en correcto latín no es admisible: abintestato. El DRAE la recoge y reserva para ella el siguiente significa técnico: «Procedimiento judicial sobre herencia y adjudicación de bienes de quien muere sin testar».

Se trata de un tipo de sucesión llamada legítima (por proceder de acuerdo con la ley). La ley a la que se refiere inicialmente el derecho romano es la de las XII Tablas de donde procede la primera previsión legal de llamamientos para suceder. Los testimonios de esta expresión son innumerables en el derecho romano.

No era deseada. Es más, fallecer intestado era temido como una maldición:¡que mueras intestado! era sentido así, e ¡intestado! constituía un insulto. Pero en realidad era fruto del descuido o negligencia. Este último matiz pasa a nuestro idioma que traduce la expresión como «descuidada, abandonadamente» (DRAE).

Ab irato

(Ab iráto)
Lit. *(de uno movido) por la ira.*

Significado y contexto: Se admite en nuestra lengua. Se predica de un hecho o acción proveniente "de quien está fuera de sí". Se refiere a aquellos actos que se realizan en momentos de extrema cólera, que son propios de quien parece haber perdido la razón, al menos momentáneamente.

En la literatura latina se encuentra la expresión en contadas veces: Cicerón (*Cael.* 30.17 la emplea referida a un acusador: *ab irato accusatore*. En *epist.* 6.6.9.3 declara: *quae est igitur, inquies, spes ab irato?*(¿Qué esperanza hay frente al airado, afirmas?). Tito Livio (1.7.2.4) emplea la expresión en el célebre episodio del homicidio de Remo *ab irato Romulo*. En 21.12.4.4 aparece referida al vencedor: *ab irato uictore*. La expresión en Servio se refiere a Júpiter –es célebre la cólera divina– *Aen.* 6.601.4: *ab irato Ioue*; o a los elementos naturales divinizados (Bóreas): *ab irato Borea* (*in Vergilii Bucolicon* Lib. 6 poema 3 v. 63.5). Pomponius Porphyrius en su *Commentum Horatii sermonum* (*Hor. sat.* 1.10.76-77) atribuye la ira al pueblo, que en efecto puede enardecerse cuando forma una masa incontrolable: *ab irato populo*.

En derecho penal, el arrebato, la obcecación o impulso de cólera son contemplados como circunstancias atenuantes de la responsabilidad penal.

Un curioso caso del derecho matrimonial romano también tiene que ver con esta expresión a propósito de las declaraciones realizadas en momentos de ira:

D. 50.17.48 (Paulus 35 ad ed.):

> «Lo que se dice o se hace en un momento acalorado de ira (*in calore iracundiae*) no tiene validez más que cuando por la persistencia <en esa declaración o acto> resulta evidente que se ha madurado la decisión tomada. Por tanto, si la mujer casada ha vuelto a su hogar después de un breve periodo de tiempo no parece que se haya divorciado».

Abolitio criminis

(Abolítio críminis)
Lit. *abolición del crimen o delito.*

Significado y contexto: El verbo latino *abolére* significa destruir, eliminar, derogar o dejar sin vigencia una costumbre, uso, ley o precepto. Es célebre en la historia la abolición de la esclavitud o de los privilegios tradicionales de determinados sujetos. Precisamente se denominaba abolicionista al partidario de abolir o derogar la odiosa y persistente institución de la esclavitud, arraigada en la costumbre de los pueblos antiguos hasta fechas muy recientes, o más bien todavía presente hoy, ya sea tal cual en determinados países, ya bajo otras formas (por ejemplo, trata de blancas, redes ilícitas de tráfico con inmigrantes, ...). Aplicado al delito se refiere a que este deja de ser considerado por el Estado como un tipo penal y, por tanto, sujeto a pena, por estimar, por ejemplo, que ya no lesiona los intereses de la comunidad.

La expresión procede del derecho romano; concretamente de un curioso supuesto: del delito denominado *tergiuersatio*, inscrito en la regulación de un senadoconsulto de época imperial denominado Turpiliano (a. 61 d. C.) que amplió el tratamiento penal de la calumnia agrupando tres hechos delictivos: la calumnia propiamente dicha (consistente en acusar falsamente a alguien de delitos no cometidos por él), la prevaricación (*praeuaricatio* o connivencia entre los intervinientes en una causa penal para ocultar delitos) y la tergiversación (*tergiuersatio*), es decir, el abandono injustificado de la causa por parte del acusador. Es respecto de este último delito de donde surge la expresión.

La encontramos como rúbrica del título 16º del libro 48 del Digesto de Justiniano («Al senadoconsulto Turpiliano y sobre las aboliciones de crímenes» *Ad senatus consultum Turpillianum et de abolitionibus criminum*), y también en diversos textos dentro de ese título así como en alguna que otra constitución del Código de Justiniano. En su comentario a este título, el humanista Cuyacio (s. XVI) anota en sus *Paratitla in libros Quinquaginta Digestorum seu Pandectarum imperatoris Iustiniani, Coloniae*, 1570, 341-342) que, en sentido etimológico, tergiversación alude a un "volver la espalda al enemigo", es decir, huir (*uersa fuga uictus tergum dat*, "dispuesta la fuga, el vencido da la espalda").

(V. opinión de Cuyacio en: *http://digi.ub.uni-heidelberg.de/diglit/justinian1627bd3/0772*).

Esto tiene que ver con una cierta concepción del proceso o causa judicial que los romanos tenían: para ellos, una contienda judicial era similar a una contienda bélica –como apunta Mommsen – (Mommsen 1905, 473-475)– así que la acción de desistir (*desístere*) de la prosecución de una causa procesal se entendía comparable a la de una deserción. Para renunciar a continuar la causa sin incurrir en la pena prevista por el citado senadoconsulto el acusador debía solicitar de la instancia jurisdiccional superior una abolición (*abolitio*), que se denominaba entonces "privada", y que se concedía si se consideraba justificada una vez examinada la causa. Pero podía suceder también que la abolición fuera pública, esto es, espontáneamente otorgada por los poderes públicos en atención a la producción de determinados hechos o acontecimientos de relevancia social.

De entre todos los textos en que se cita esta última escogemos D. 48.16.12 (Ulp. 2 *adult.*):

> «Si mediando pública abolición por virtud de un senadoconsulto, como suele suceder o por algún regocijo o en honor de la divina casa o por alguna causa por la que el Senado dispuso que se hiciera abolición de los reos, no hubiere uno vuelto a acusar al reo dentro del término prefijado, se ha de decir que deja de tener lugar el senadoconsulto Turpiliano porque no se considera que desiste el que no delata al reo que fue eximido, y se exime mediando la abolición de reos».

A través de este texto observamos uno de los característicos efectos de la abolición de un delito, a saber, su esencial retroactividad con respecto a la condena o incluso a la aplicación de la pena aún no efectivamente impuesta. En el texto, una vez producida la abolición pública, el acusador quedaba eximido de continuar con la causa emprendida por haberse producido la "abolición de los reos" (*abolitio reorum*).

Ab origine

(Ab orígine)
Lit. *desde el origen.*

Significado y contexto: Se admite en nuestra lengua. Es usual en las fuentes de la literatura latina. Al igual que *ab ovo*, en el discurso adquiere a veces un tono de disculpa por parte del que habla, que no tiene intención de remontarse al principio de los hechos de su narración porque la harían excesivamente prolija y tediosa. Así comienza Eneas el triste relato de su expulsión de Troya en la celebérrima epopeya virgiliana: la Eneida. Respetemos por una vez el original latino anteponiéndolo a la traducción.

> *Aen.* 1.372:
>
> *'O dea, si prima repetens ab origine pergam*
> *et uacet annalis nostrorum audire laborum,*
> *ante diem clauso componet Vesper Olympo.'*

> «¡Oh, diosa! Si hubiera de empezar desde el principio / y tiempo tuvieras de escuchar los anales de nuestras fatigas, / antes encerraría Véspero al día en el Olimpo» (Virgilio, Eneida 1990).

En el texto, la idea antes citada se subraya mediante la inserción de un adjetivo (*prima*) que intensifica aún más el sentido de origen: *ab origine prima*.

Recuérdese, por otra parte, que los llamados "aborígenes" son los originarios habitantes de un determinado lugar.

(V. ***ab initio***, ***ab ovo***).

Ab ovo

(Ab óvo)
Lit. *desde el huevo.*

Significado y contexto: Se admite en nuestra lengua. La forma completa es "*Ab ouo usque ad mala*" ("desde el huevo hasta las manzanas").

Quiere decir "desde el origen". Se aplica al conocimiento de cualquier cosa o situación en el transcurso del tiempo de su existencia. Al igual que ocurre con la expresión ***ab origine*** alude al principio de un relato. En nuestra expresión, sin embargo, la duda corriente acerca de la prioridad del huevo o la gallina no pertenece exactamente a esta cuestión, aunque suene familiar y cercana.

Horacio, tanto en su obra *De arte poetica* (147) como en sus Sátiras (poema 3 v. 6), la utiliza y consagra. La primera de las dos se refiere a las vicisitudes de griegos y troyanos, curiosamente alusiva también a Troya, como en la cita que hacíamos de *ab origine*, en tono excusatorio por no remontarse el autor a la célebre guerra entre ambos pueblos: Helena nace, junto con Clitemnestra, *ab ouo*, es decir, de un huevo; su padre es Zeus transformado en cisne para atraer a Leda; de otro huevo, por cierto, nacieron los gemelos Cástor y Póllux.

Respecto de la cita en las Sátiras, Pomponio Porfirio la comenta de la siguiente manera (*Hor. sat.* 1.3.6-7):

> «Esto es, desde el inicio de la cena hasta su fin, pues el huevo es actualmente el primer plato de la cena como lo prueba el hecho de que los balnearios lo ofrecen en seguida para degustación. En cambio las manzanas entre otras cosas se ofrecían entre los antiguos como postre».

Es curioso el texto de M. Cornelio Frontón (*Ad Verum Imp.* 2.6.5ss.) en el que se afirma que, de la misma manera que los atributos y facultades de los gallos (cresta, plumas canto y vigilia) se hallan presentes *ab ouo* en ellos, cuando aún son pollos, así la suma potestad se asigna a los hijos de los reyes ya en el útero de su madre, y el mando o *imperium* lo adquieren de manos de la comadrona (*...haud secus quam pullis, quibus omnia generis insignia ab ouo iam insita sunt: crista et pluma et cantus et uigiliae; regum liberis in utero matris summa iam potestas destinata est; obstetricis manu imperium adipiscuntur*).

Ab utraque parte

(Ab utráque párte)
Lit. de una y otra parte.

Significado y contexto: Esta expresión es el comienzo de una conocida regla romana que reza así: *ab utraque parte dolus compensandus* (se debe compensar el dolo de una parte con el de la otra). Se encuentra en el siguiente texto del jurisconsulto Juliano 2 dig. D. 2.10.3.3:

> «Si se hubieren visto impedidos de presentarse a juicio, así el estipulante (*stipulator*) por dolo del promitente (*prómissor*), como el promitente por dolo del estipulante, el Pretor no deberá auxiliar a ninguno de ellos, compensando el dolo de una y de otra parte (*ab utraque parte dolo compensando*)».

Es decir, cuando las dos partes han empleado dolo, la regla impide que cualquiera de las dos impugne el negocio o acto jurídico, o se vea defendida de algún modo, aduciendo el dolo de la otra parte. Presupone, por consiguiente, que el derecho no tiene por qué proteger el interés concreto de la parte que invoca el dolo de la otra cuando ella misma ha obrado dolosamente. Como se ve, la regla se aparta aquí de la consideración de la efectiva presencia de un vicio del consentimiento, como es el dolo, por no justificarse en este caso la tutela jurídica de las partes. El artículo 1270 del Código Civil español la acepta cuando declara en su primer párrafo: «Para que el dolo produzca la nulidad de los contratos, deberá ser grave y no haber sido empleado por las dos partes contratantes».

Absente reo

(Absénte réo)
Lit. *estando ausente el reo; en ausencia del reo.*

Significado y contexto: Principio procesal que impide al actor o demandante impulsar el procedimiento contra el reo o demandado si este no está presente. Ya desde antiguo (ley de las XII Tablas s. V a. C.), no obstante, si se halla en juicio la cosa litigiosa, se le adjudica a la parte que la reclama y que está presente. En el procedimiento formulario, el magistrado prevé diversos recursos indirectos para que el demandado comparezca ante él, porque su presencia es fundamental para que el demandante pueda continuar "llevando" el procedimiento adelante, que es lo que significa *ágere*, y a lo que como *áctor* (actor o demandante) le permite el ejercicio de su acción (*actio*).

Pero el procedimiento civil es cosa de dos: actor y reo (*reus*, de *res*, al que le afecta la cosa, el que la tiene). Es verdad que el magistrado dirige, pero sobre todo canaliza el desenvolvimiento del procedimiento. Esta concepción romana que ve en las partes los impulsores de la causa ha dejado una huella indeleble en el procedimiento civil actual que, informado por el principio dispositivo (es decir, de disposición de las partes), considera el desarrollo de aquella como una sucesión de pasos (he aquí la idea de "proceso", elaborada más tarde por los canonistas sobre todo, que significa en latín "marcha" o "avance") que las dos partes deben dar en plena libertad y garantía de sus derechos. De ahí también, por desgracia, el efecto pernicioso de la dilatación temporal de las causas, aún hoy, aunque el legislador moderno intente resolverlo: este ha sido uno de los propósitos de la moderna Ley de Enjuiciamiento Civil (2000) que "vuelve" a la oralidad del procedimiento formulario romano. (V *Procedimiento civil*).

En el cauce procesal imperial conocido como de *cognitio extra ordinem* (cognición, es decir, examen, extra ordinaria) surge el procedimiento contumacial, es decir, que permite continuar la causa aun ausente el reo. El reo contumaz (*cóntumax*) es aquel que sin causa justificada se niega a presentarse para obstaculizar la causa.

(V. ***ficta confessio***).

Accessio possessionis

(Accéssio possessiónis)
Lit. *accesión de la posesión.*

Significado y contexto: Tiene que ver con la usucapión, modo de adquirir la propiedad consistente en la posesión continuada durante un cierto tiempo junto con otros requisitos exigidos por el derecho (buena fe, justo título, cosa idónea para ser usucapida). Se refiere a que quien había recibido una cosa, por ejemplo, a través de la compraventa, es decir, a título particular, podía añadir (de ahí accesión) el tiempo de posesión de su causante al suyo propio, y así concluir antes con el periodo exigido legalmente para usucapir.

Probablemente, tuvo su origen en el derecho clásico a través del llamado interdicto *utrubi* (lit. cuál de los dos) con el que se resolvían los conflictos posesorios de cosas muebles mediante el otorgamiento de la posesión a aquel de los litigantes que demostraba haber poseído la cosa durante más tiempo en el año anterior. Gayo 4.151, refiriéndose a este interdicto, afirma que «no sirve solo la posesión de cada uno, sino también la de otro, cuando sea justo que se le añada (*ei accédere*): por ejemplo, la de aquel del que se es heredero [es lo que se denomina *successio possessionis*], o la del vendedor del que se ha comprado o de aquel de quien se haya recibido la cosa a título de donación o en concepto de dote. Por lo tanto, si unida nuestra posesión a la justa posesión de otro, exceden ambas a la del adversario, resultamos vencedores con ese interdicto ...».

Esta posibilidad fue extendida en el Imperio a la prescripción de largo tiempo (*praescriptio longi temporis*; v. I. 2.6.13). Como es sabido, la originaria usucapión y la prescripción del derecho imperial se van fundiendo progresivamente en una sola institución, cosa que acontecerá finalmente en el derecho justinianeo.

Su generalización se produce en el derecho justinianeo, o quizás antes en el derecho postclásico. Modernamente, el artículo 1960, 1º del Código Civil español la acepta: «el poseedor actual puede completar el tiempo necesario para la prescripción, uniendo al suyo el de su causante». (V. ***sucessio possessionis***).

Accidentalia negotii

(Accidentália negótii)
Lit. *las cosas accidentales del negocio, elementos accidentales del negocio jurídico.*

Significado y contexto: La distinción entre elementos esenciales (o substanciales), naturales y accidentales en el negocio jurídico, consagrada por la Pandectística del siglo XIX, hunde sus raíces en la doctrina jurídica medieval, a propósito de las obligaciones, que aplicaba categorías aristotélicas para identificar la distinta entidad de los elementos que las configuran.

Se dice de los elementos accidentales que son aquellos que precisan de la voluntad de las partes para su inclusión en el negocio jurídico. Si no lo hacen así, no formarán parte en ningún caso de negocio jurídico. Su introducción, por otra parte, modifica el contenido del negocio jurídico. Como se aprecia en las fuentes romanas, su efecto es el de añadir o quitar algo de la relación obligatoria para alterarla y adecuarla a la voluntad de los intervinientes. Que la obligación sea modificada por las partes, introduciendo o eliminando algo, es decir, que dependa de su voluntad y no del derecho objetivo, preludia ya su consideración como accidental.

Uno de los textos fundamentales de nuestro sistema jurídico, objeto de intensa atención por parte de los juristas medievales, ha sido:

> Paul. 74 *ed.* D.44.7.44 pr.: «De ordinario son cuatro las causas (*causae obligationum*) de las obligaciones; porque en ellas hay o término (*dies*) o condición (*condicio*) o modo (*modus*) o accesión (*accessio*)».

El texto se halla en uno de los títulos más importantes del Digesto de Justiniano ("de las obligaciones y de las acciones"), que encierra numerosas claves para entender los principios informadores del derecho de obligaciones romano, base de nuestro derecho patrimonial actual. En el fragmento vemos citados los típicos elementos accidentales: condición, término y modo, al que se añade un cuarto, menos típico en los manuales modernos al uso, que merece una explicación. Se trata de la accesión, es decir, la adición de un elemento nuevo a la obligación que podía aparecer de dos maneras (*h. t.* 44.4): o personal o real. La primera se entiende con un ejemplo: en la estipulación "¿prometes darme a mí o a Ticio una cierta cantidad?", el añadido "o a Ticio" representa la accesión en este caso. La segunda, con el siguiente ejemplo: en la estipulación "¿prometes dar una cantidad de dinero o tu casa?", el añadido "o tu casa" altera igualmente contenido de la obligación mediante la adición de este elemento.

La crítica que puede hacerse a esta categoría dogmática es que los elementos accidentales, una vez incorporados al negocio jurídico, son tan esenciales como los demás, tal y como comprobamos en el siguiente texto, inserto en otro título fundamental ("De las obligaciones verbales") alusivo al requisito formal de la congruencia entre la pregunta y la respuesta en las estipulaciones:

> Ulp. 58 Sab. D. 45.1.1.3: «Si alguien, interrogado simplemente, hubiere respondido "daré, si se hubiere hecho aquello", consta que él no se obliga. O si interrogado así: "¿dentro del quinto día de las calendas?" hubiere respondido: "daré en los idus", igualmente tampoco se obliga; porque no respondió como fue interrogado. Y viceversa, si hubiere sido interrogado bajo condición, y respondiere puramente, se habrá de decir que él no se obliga. Cuando se añade, o se quita alguna cosa a la obligación, se ha de admitir siempre, que se vicie la obligación, a no ser que al estipulante le hubiere complacido inmediatamente la diversidad de la respuesta; porque se considera que en este caso se celebró otra estipulación». (V. ***inter absentes***).

En este otro texto, se aprecia la diferencia entre las estipulaciones pretorias, que no admiten adición o declaración alguna por voluntad de las partes, y las convencionales; y respecto de estas últimas, destaca la autonomía o capacidad para dar contenido al contrato que se otorga a los particulares. La libre disposición de las partes puede verse, pues, limitada por las prescripciones del derecho imperativo, algo que debe tenerse muy en cuenta por las partes so pena de invalidez del negocio jurídico:

> Ulp. 7 *disput.* D. 45.1.52 pr.: «En las estipulaciones convencionales los contratantes dan la forma al contrato (*contractui formam contrahentes dant*); porque las estipulaciones pretorias reciben su ley según la intención del Pretor (*de mente praetoris*), que las propuso. Finalmente, en las estipulaciones pretorias no es lícito alterar, ni añadir, ni quitar nada». (V. ***ius cogens***).

Seleccionamos, en fin, este último texto, fundamental en la historia de los elementos del negocio jurídico, situado en el título del Digesto 18.1 ("De la contratación de la compra, de los pactos concertados entre el comprador y el vendedor, y de las cosas que no pueden ser vendidas"); concretamente, el fragmento 72 del libro 10º de las *Cuestiones* de Papiniano:

> «Los pactos convenidos, que, hechos después, quitan alguna cosa a la compra, se considera que se contienen en el contrato, pero los que la añaden, creemos que no se comprenden. Lo cual tiene lugar respecto de las cosas que son accesorias de la compra (*adminícula emptionis*), por ejemplo, que no se preste la caución del duplo o que con fiador se preste la caución del duplo; pero en el caso en que demandando el comprador no es válido el pacto, tendrá el mismo su fuerza por derecho de excepción, demandando el vendedor. No sin razón se preguntó, si podría decirse lo mismo, habiéndose aumentado o disminuido después el precio, porque en el precio consiste la esencia de la compra (*quoniam emptionis substantia constiti ex pretio*). Paulo observa: si estando todo íntegro se convino de nuevo en aumentar o dismi-

> nuir el precio, se considera que hubo separación del primer contrato, y que medió nueva compra».

En la Edad Media, Acursio (siglo XIII), autor de la Glosa magna u ordinaria, en su glosa '*adminicula*' (es decir, respecto del significativo término que utiliza Papiniano en el texto citado) explicó precisamente esta voz como referente a los *accidentalia siue naturalia contractus: non autem substantialia* (elementos accidentales o naturales del contrato: no en cambio los sustanciales). En el siglo XIV, Bártolo y Baldo expresaron la siguiente regla con ocasión de la interpretación de este fragmento: «Los pactos sobre elementos accidentales o naturales añadidos a los contratos después de su celebración sirven solo para <oponer> una excepción; si son acerca de elementos sustanciales, sirven <para ejercitar> una acción (*Pacta super accidentalibus, uel naturalibus contractibus ex interuallo apposita, ad exceptionem tantum prosunt. Si apponantur super substantialibus ad actionem prosunt*)».

Accipiens

(Accípiens)
Lit. *el que recibe.*

Significado y contexto: Aparece característicamente en la *traditio* (modo de adquirir) y se refiere al que recibe la posesión de la cosa de aquel que la entrega (*trádens*). A propósito del cumplimiento de las obligaciones, el accípiens es el que recibe el pago, es decir, el acreedor, mientras que el *sóluens* (V. ***solvens***) es el que paga, o sea, el deudor. (V. ***traditio***).

A contrario (sensu)

(A contrário sénsu)
Lit. *de lo contrario, en sentido contrario.*
Formas: *a sensu contrario; sensu contrario.*

Significado y contexto: Se admite en nuestra lengua, también como *a sensu contrario.* Procede del latín escolástico. El *topos* o argumento se hace derivar, emana "del" sentido (de ahí el añadido de *sensus* en algunas formas usuales) contrario al manifestado en la sentencia o aserto considerados (*a sensu contrario*): "a partir del sentido contrario" es decir, "en sentido contrario"; o aparece reflejado lingüísticamente como instrumento para alcanzar el resultado propuesto, es decir, utilizando un ablativo instrumental: *sensu contrario* significa entonces "mediante el sentido contrario". En la tópica romana aparece también como *e contrario* o *ex contrario* aunque con un sentido más amplio, no exclusivo de este tipo de razonamiento.

Es un tipo de argumentación muy utilizada en derecho que produce un razonamiento a partir de la hipótesis contraria a la declarada. Por eso, el hecho del que parte la argumentación debe considerarse de modo restrictivo por parte del derecho, lo que se infiere de la propia redacción dada por el legislador que utiliza ciertos términos ("solo", "a excepción de", ...) para evidenciar este carácter taxativo del supuesto de hecho, configurado como condición *sine qua non* o necesaria de la conclusión que se pretende extraer. Se denomina también a veces "argumento *e silentio*" (desde el silencio) porque, en las condiciones antes citadas, procede a partir del silencio del legislador respecto de los supuestos a los que no se refiere expresamente pero que resultan excluidos por la argumentación *a contrario*. V. (Mirete Navarro 2009, 54 ss.).

Cicerón proporciona el siguiente ejemplo, extraído del derecho, de argumentación *ex contrario*, como la denomina él en sus *Topica* (3.17):

> «No debe la mujer a la que su marido le legó el usufructo de sus bienes creer que las bodegas de vino y aceite dejadas llenas eran suyas, pues es el uso y no el consumo lo que se ha legado (*usus enim, non abusus, legatus est*)».

Aquí, uso se contrapone claramente a abuso, este último en el sentido de consumo (disposición física total o parcial de la cosa), o de enajenación o gravamen de la cosa (disposición jurídica). O sea, que si se lega –exclusivamente– el uso, *sensu contrario* no se lega su disposición, que puede llevar a consumir la cosa o enajenarla, por cuanto la mujer tiene la obligación de conservar íntegra la sustancia de la cosa legada en usufructo para, por ejemplo, dejarla luego a los hijos, legítimos propietarios de ella. (V. ***uti sed non abuti***)

Actio

(Áctio)
Lit. *acción (procesal).*

Significado y contexto: El término latino *actio* es femenino, como en español o castellano lo es "acción". Por eso, debe decirse "la, esta *actio*" (no "el, este *actio*") y, en plural, "las, estas *actiones*" (no "los, estos *actiones*"). Entiéndase además que el término *actio* es extraño a nuestra lengua, de ahí también que se mantenga la forma femenina de los determinativos. El concepto de acción es básico para el derecho procesal romano y moderno. Hoy en día, se distinguen dos acepciones:-"Formal", es decir, la acción, según este sentido, se configura como un remedio jurídico por el que el particular tiene derecho a que los jueces y tribunales atiendan al supuesto que plantea.-"Material", es decir, según el cual, la acción es un remedio jurídico puesto a disposición del particular para la satisfacción de su derecho en la práctica. A este concepto parece aludir el jurista romano Celso cuando dice que la acción es «el derecho a perseguir lo que se le debe a uno mediante un juicio» (*ius quod sibi debeatur, iudicio persequendi* Cels. 3 *dig.* D. 44.7.51; cfr. I. 4.6 pr.). Se trata de una célebre definición que, sin embargo, lo era solo respecto de la acción *in personam* o acción personal.

El derecho romano constituye –se dice comúnmente– un "sistema típico de acciones", es decir, prevé para cada supuesto una acción concreta, de manera que se aprecia en él una relación íntima entre la acción, por un lado, y el derecho subjetivo, por otro. La expresión con que se suele caracterizar el derecho procesal romano es, no obstante, un tanto reduccionista porque no solo son acciones los remedios que este prevé: hay también excepciones, estipulaciones, restituciones *in integrum*, etc. En el derecho inglés es célebre la expresión latina informadora de uno de sus principios básicos: *ubi remedium ibi ius* (donde hay un remedio procesal allí hay un derecho; se entiende, no viceversa). Cuando, por ejemplo, el jurisconsulto romano, en la definición antes citada, habla de "juicio" (*iudicium*) se refiere a una acción entendida como un expediente procesal, de manera que este y el derecho concreto del acreedor a obtener satisfacción de su deuda van de la mano. Los juristas romanos, eminentemente pragmáticos, no concebían un derecho subjetivo sin una acción que los tutelase. También se muestra próxima a esta idea la moderna Ley de Enjuiciamiento Civil española del año 2000.

En la época más antigua del derecho romano, era la víctima, ofendido o acreedor quien realizaba en la práctica su derecho por sus propios medios (autotutela). Poco a poco el Estado romano desplaza este régimen por otro en el que la jurisdicción o administración de justicia se confía a los poderes públicos sin que los particulares puedan ejercitar la violencia o venganza privada. Sin embargo, la autotutela sigue presente no solo en el derecho romano sino en el derecho moderno para algunos casos específicos: estado de necesidad, legítima defensa.

Tradicionalmente se suele distinguir entre derecho material y derecho formal. Se ocupa el primero de las normas sustantivas, materiales o primarias, que son las que regulan las conductas de los particulares. El segundo, también llamado "adjetivo" (frente al anterior llamado "sustantivo"), se ocupa de las llamadas normas adjetivas, procesales o secundarias, cuya función consiste en garantizar el cumplimiento de las normas primarias. Aunque esta distinción debe conocerse, olvida que unas y otras normas están íntimamente relacionadas entre sí y sitúa injustamente en un plano inferior a las normas procesales. El derecho romano nunca realizó tal distinción, a nuestro juicio con buen sentido.

En el procedimiento formulario, el segundo de los tres que conoció Roma, denominado también "clásico", coincidente con la Jurisprudencia clásica que le prestó mucha atención, el magistrado da formas diversas a las acciones para amoldarlas a los diferentes supuestos de hecho que se le plantean superando la rigidez de las poco numerosas acciones del *ius ciuile* (derivadas del procedimiento de las acciones de la ley, el primero y más antiguo).

1) Crea las llamadas acciones "por el hecho" (*in factum*), con las que el magistrado se compromete a tutelar casos no contemplados por el *ius ciuile*.

2) Crea las acciones "ficticias" por las que ordena al juez que dé como sucedido un hecho o producida una circunstancia que en realidad no se da en el caso (ej. la usucapión de la acción Publiciana) o viceversa (ej. la *restitutio in integrum* o rescisión de un negocio válidamente celebrado). La ficción (*fictio*) sirve para hacer encajar el supuesto entre los que contempla el *ius ciuile*. Se trata de un ajuste que se realiza sobre una acción civil que por eso se denomina "útil" (*útilis*).

3) Acciones con transposición de personas: se aplica a supuestos en que, por ejemplo, el demandado no coincide con el finalmente condenado. Esto sucede por la representación procesal en que la demanda (*intentio*) se interpone contra una persona, pero la condena se impone a quien ha estado presente en juicio (el representante).

4) Acciones *in rem* e *in personam*: las primeras se caracterizan por que en su *intentio* solo aparece la descripción de la cosa que se reclama (no el nombre del demandado que se sobreentiende que será quien la posea). Las acciones *in personam* contienen en la *intentio* necesariamente la designación del demandado, porque se dirigen precisamente contra una persona concreta. En este último caso la presencia del demandado es fundamental para que el juicio pueda seguir. Las acciones reales se dicen ejercitables '***erga omnes***' (frente a todos). Al menos esto se dice hoy de ellas, aunque en el derecho romano, germen de esta doctrina, habría que matizar esta afirmación según el derecho de que se trate.

Constituyen el prototipo o la matriz de la moderna distinción entre derechos reales y derechos personales u obligaciones. Son, por tanto, de una gran relevancia en la historia, no solo del sistema de derecho civil o romano germánico, sino del sistema angloamericano que se acabó viendo influido, sobre todo por el derecho de obligaciones de origen romano.

> Gayo 1.2: «Es acción personal aquella con la que demandamos al que nos está obligado por contrato o por delito, es decir, cuando pretendemos que nos debe dar hacer o prestar (*dare facere praestare oportere*)».
>
> 1.3: «Es real cuando pretendemos que una cosa corpórea es nuestra o que un derecho nos compete, como, por ejemplo, el de uso o el usufructo o una servidumbre de paso, de vereda, de acueducto, de edificar más alto o de vistas, o cuando, por otro lado, el adversario tiene una acción negativa».

5) Acciones penales y reipersecutorias: las primeras persiguen la imposición de una pena o castigo; las segundas en cambio la devolución del objeto litigioso o la indemnización de un perjuicio. Una categoría intermedia son las acciones "mixtas".

6) Acciones de derecho estricto (*stricti iuris*) y de buena fe (*bónae fídei*): en las primeras el juez no puede apreciar más circunstancias que las alegadas por las partes, a

diferencia de las segundas en que la lealtad entre las partes que impone la buena fe permite al juez valorar, por ejemplo, el dolo de una de ellas por iniciativa propia.

7) Acciones populares (*populares*): en virtud de la naturaleza del interés lesionado, relativo a la comunidad, las puede ejercitar cualquier ciudadano.

8) *Iudicia legítima* (juicios legítimos) / *iudicia imperio continentia* (juicios que se contienen por el imperio): los primeros se daban entre ciudadanos romanos, bajo un solo juez (*sub uno iudice* –v. ***sub iudice***– es decir, *iudex unus*) en el radio de una milla desde los muros de la ciudad. Si los litigios iniciados con dichas acciones no se ventilaban en 18 meses, se producía el efecto de la llamada "muerte del litigio" (***mors litis***). Los segundos recibían esa denominación porque dependían del periodo temporal en que el magistrado estuviese en el desempeño de su cargo, es decir, un año. Es como la contra imagen de los anteriores: o bien se celebraban ante un juez pero entre extranjeros, o a distancia de Roma, o bien con intervención de varios jueces (llamados *recuperatores*).

9) Acciones arbitrarias (*arbitráriae*): en la fórmula de una acción la parte denominada *condemnatio* es la cláusula en la que se expresa la orden al juez de condenar a una suma de dinero al demandado si se prueba que el demandante tiene razón, y absolverlo en caso contrario.

Es siempre valorada en dinero porque el juez no tiene *imperium* para obligar al demandado a un determinado comportamiento. Aquí se observa el respeto a la libertad individual –en esto recuerda de nuevo el derecho inglés– con el que se configura el procedimiento romano. No obstante en las acciones dirigidas a reclamar una cosa se introducía una cláusula (llamada *arbitraria*) por la que al juez se le permitía que antes de condenar al demandado, le ofreciese la posibilidad de devolver la cosa para obtener la absolución. Si el demandado hacía caso omiso al juez, se arriesgaba a una condena por un valor cuya estimación dejaba el juez a la parte demandante.

Son innumerables las denominaciones de las acciones romanas, pues como se ha dicho se ajustan a los diferentes casos y adoptan entonces un nombre particular, con el que suele encontrarse correspondencia casi exacta con la denominación actual: así, *actio ad exhibendum* (acción exhibitoria), *actio uénditi* (acción de venta), *actio empti* (acción de compra), *actio mandati* (acción de mandato), *actio de in rem uerso* (acción de lo invertido en la cosa; v. ***versio in rem***), ...

En el tercero de los procedimientos, el de cognición imperial, se produce un curioso fenómeno de abstracción del concepto de acción, que empieza a ser entendida como el recurso para reclamar la tutela de los tribunales sin vinculación ya al asunto material concreto. Esta pérdida de la tipicidad del derecho procesal romano, que es característica del derecho procesal moderno (con los debidos matices antes apuntados que vuelve a introducir la Ley de Enjuiciamiento Civil actual), es poco conocida, en general, por los procesalistas modernos que tienden a contraponer la antedicha imagen casuística y de derecho material de la acción romana, propia del procedimiento clásico, a la del derecho actual, sin advertir que esta última es también fruto de la evolución posterior del propio derecho romano.

Actio libera in causa

(Áctio líbera in cáusa)
Lit. acción libre en la causa.

Significado y contexto: Es expresión propia del derecho penal. Se aplica a aquellos casos en los que el sujeto, aun habiendo cometido un hecho ilícito con sus facultades mentales o volitivas completamente anuladas (por ejemplo, por efecto del alcohol o drogas), con carácter previo a ese hecho, se dispuso él libremente en situación de actuar bajo sus efectos mediante su ingestión anterior con vistas a su perpetración. De ahí que resulte evidente que las especiales circunstancias en que se cometió el hecho ilícito, normalmente excluyentes de la responsabilidad, en este caso no lo sean.

No es casualidad que uno de los textos de la compilación justinianea más tratados por los juristas del *ius commune* europeo en materia de derecho penal –hoy tristemente olvidado– se refiera a una parecida cuestión: la simulación de locura para cometer un crimen. El fragmento, por cierto, versa sobre el correcto ejercicio del cargo de gobernador provincial (es decir, en el seno de una especie de "Consejos de buen gobierno" de la Jurisprudencia romana, a la que interesaba también lo público y la aplicación del derecho por parte de los órganos políticos):

> Ulp. 7 *off. procon.* D. 1.18.13.1: «Respecto a los locos (*furiosi*), si no pudieran ser contenidos por sus parientes, debe darse remedio por los gobernadores de manera que sean reducidos a encierro; y así lo decidió por rescripto el Divino Pío [Antonino Pío]. Y en verdad que los Divinos Hermanos [Marco Aurelio y Lucio Vero] juzgaron que debía investigarse en la persona del que había cometido un parricido si acaso había perpetrado el crimen con locura simulada (*utrum simulato furore fácinus admisisset*), o si en realidad no estaba en su cabal juicio (*an uero re uera compos mentis non esset*), para que, si hubiese fingido (*si simulasset*), se le castigue (*plecteretur*), y si estuviere loco, sea reducido a encierro».

El caso no es el mismo, aunque podría coincidir si la persona ingirió alguna sustancia para aparentar locura. De este fragmento proviene la regla medieval '*ficta dementia non excusat a poena et tutela*' («la demencia fingida no excusa de la pena ni de la tutela»; respecto de la simulación de locura a propósito de la curatela v. Ulp. 1 *omnib. trib.* D. 17.10.6).

Actus legitimi

(Áctus legítimi)
Lit. *actos legítimos.*

Significado y contexto: Se trata de negocios jurídicos que, por la trascendencia de sus efectos, no admitían que se introdujeran en ellos los elementos accidentales de condición o término. Entre esos negocios del derecho romano pueden citarse: la *mancipatio* y los negocios *per aes et libram* (por el bronce y la balanza, salvo el testamento), la *emancipatio* (emancipación), la *in iure cessio* (o cesión ante el magistrado, es decir, un modo formal de adquirir la propiedad basado en un proceso ficticio entre adquirente y transmitente ante un magistrado), la *acceptilatio* (modo formal de extinción de la obligación contraída a través de estipulación, que operaba con independencia del pago efectivo), la *optio serui* (lit. opción de esclavo; se refiere al legado de opción, es decir, con la facultad deferida al legatario o a un tercero de escoger el objeto de que se trate entre varios alternativos o de concretarlo a partir de un género), la *expensilatio* (tipo de anotación contable propia de los contratos literales), el matrimonio o *núptiae*, la *aditio hereditatis* (adición o aceptación de herencia), el nombramiento de tutor (*datio tutoris*), el nombramiento formal de representante procesal (*cognitoris datio*), la institución de heredero (*heredis institutio*) que, sin embargo, admitía el juego de la condición aunque no del término.

Pensemos en que hoy en día algunos de los actos citados anteriormente de vigencia actual participan, por idénticas razones, de la misma condición de "legítimos" invocada por la expresión. De su importancia, da fe la inclusión de un fragmento referido a estos actos en el último título del Digesto de Justiniano (50. 17). Se trata del fragmento 77 de Papiniano 28 *quaest.*:

«Los actos legítimos, que no admiten día (*dies*), o condición (*condicio*), como la emancipación, la aceptilación, la adición de herencia, la opción de esclavo, la dación de tutor, se vician por completo con la adición de tiempo o de condición. Pero a veces los susodichos actos admiten tácitamente circunstancias, que expresadas terminantemente producen vicio; porque si se le diera por recibido al que prometió bajo condición, se entiende que la aceptilación produjo algún efecto, solamente si se hubiera cumplido la condición de la obligación; la cual, si fuera comprendida determinadamente en las palabras de la aceptilación, hará de ningún valor el acto».

En el derecho canónico, la regla L del *Liber sextus* de Bonifacio VIII los prevé en su Apéndice dedicado a las reglas del derecho: «Los actos legítimos no admiten ni condición ni término».

Ad absurdum

(Ad absúrdum)
Lit. *a lo absurdo (reducción).*

Significado y contexto: La expresión completa es *reductio ad absurdum* (reducción al absurdo). La preposición "ad" "dirección hacia". Es expresión extraída del latín medieval; más exactamente, de la lógica que, siguiendo el modelo aristotélico, la escolástica difundió.

Muy utilizada en el ámbito jurídico, expresa un tipo de argumentación consistente en demostrar un determinado aserto haciendo ver las consecuencias absurdas a las que conduciría la hipótesis contraria a él. Denominado también argumento o prueba apagógica se aplica en derecho muy a menudo para excluir interpretaciones que contradicen lo que razonablemente el legislador ha querido establecer. Su relación con el espíritu del derecho o *mens legis*, y, por tanto, con la llamada interpretación teleológica o finalista es evidente. La *aéquitas* retórica es también invocada por el argumento.

En el célebre discurso *Pro Caecina*, Cicerón plantea el siguiente caso: hubo una discusión en torno a la propiedad de una finca entre su patrocinado, Cecina, y su administrador Ebucio. Para reclamar la posesión, aquel debía ejercitar el interdicto *unde ui* (que literalmente significa "de donde con violencia "). De hecho se utilizaba con mayor frecuencia que el interdicto *uti possidetis* ("como poseéis") por lo complicado de su tramitación; así que se fingía una expulsión (*uis ex conuentu*, violencia de acuerdo) como mera forma previa a la interposición de aquel otro remedio, mucho más sencillo. Ebucio, sin embargo, no le permitió el ingreso apostando hombres armados a la entrada. Cicerón intentó entonces el ejercicio del interdicto *unde ui armata* ("de donde con violencia armada") y defendió que tanto valía una expulsión violenta de la finca como no permitir su acceso a ella con hombres armados.

Oigámosle:

34: «Es como si el demandado dijese: "Sí, he hecho todas estas cosas, pero no tienes medio de proceder contra mí mediante una acción civil ante el Pretor".(...) Nuestros antepasados eran hombres diligentes y prudentes, y establecieron todas las leyes necesarias no solo para casos importantes como este, sino también para cuestiones mucho más triviales; ¿creéis que iban a pasar por alto esta clase de casos, los más importantes de todos, de tal modo que si alguien me obliga a abandonar mi casa por la fuerza de las armas tengo derecho a una acción, pero no lo tengo si lo que ha hecho es impedirme entrar en ella?

38 *in fine*: «(...)¿Va a ganar su causa ante este tribunal un hombre que se defiende diciendo: "Te he hecho irte con ayuda de hombres armados, pero no te he expulsado"?».

Y en otro lugar añade:

> 49: «Si hubiese estado allí y si, bajo la influencia del miedo, hubiese huido del lugar al ver a los hombres armados, ¿diríais que había sido expulsado? Creo que sí. ¿Diréis vosotros, jueces, que con tanto cuidado y tanta sutileza decidís los pleitos por las expresiones y no por la equidad, vosotros que interpretáis las leyes ... por su letra, vais a poder decir que sea expulsado un hombre al que no se ha llegado a tocar? ¿Qué? ¿Vais a decir que se le ha echado de su lugar? Porque tal era la expresión que usaban antaño los Pretores en sus interdictos. ¿Puede echarse a alguien sin tocarle? ¿No estamos obligados, si nos atenemos estrictamente a la letra, a entender que solo se echa al hombre sobre quien se pone la mano?».
>
> 51: «(...) ¿Qué ley, qué senadoconsulto, qué tratado no es posible anular y deshacer si decidimos ligar los hechos a las palabras y dejar fuera de consideración el problema de la intención, la finalidad y la autoridad de quienes los escribieron?».

Tomamos los fragmentos escogidos (34 y siguientes) de una sugestiva obra de introducción al derecho de Vinogradoff (Vinogradoff 1967, 3ª ed., 150 ss. ed. original inglesa 1913), utilizados por el autor en el capítulo que dedica precisamente a la equidad.

Cicerón utiliza aquí varios argumentos: el teleológico como principal, un *a minore ad maius* en el primer párrafo (si el derecho se ocupa de lo menos importante, también lo hará de lo más importante), combinado en el último con una *reductio ad absurdum* de efecto irónico, además de un argumento *ab auctoritate* (de autoridad, a menudo presente en la *reductio ad absurdum*) justo al final: si nos atenemos a la letra exclusivamente, una buena parte del derecho romano perdería sentido y vigencia, lo que es absurdo (*ab absurdo*). (V. ***solo animo***).

Otro ejemplo, esta vez de la Jurisprudencia romana, extraído del derecho de obligaciones, concretamente de la compraventa de esclavos:

> Ulp. 42 *Sab.* D. 21.2.31: «Si alguien promete al estipulante así, "que goza de buena salud", "que no es ladrón", "que no es enterrador (o violador de sepulcros)" etc., si no es inútil lo que promete será entonces imposible. Pero yo opino más bien que tal estipulación es útil, pues se refiere al interés por que sea o no alguna de esas cosas; pero que incluso vale más si a alguna se les añade "que se prestará", pues de otro modo la estipulación que es propuesta por los ediles será ineficaz, lo que nadie en su sano juicio admitirá».

Es conocido el principio del jurista Celso, vigente hoy, según el cual "no cabe obligación respecto de cosas imposibles" (*Impossibilium nulla obligatio est*, Cels. 8 *dig.* D. 50.17.85). Así pues, un sector de la doctrina jurisprudencial romana pensaba que declarar en la compraventa una cualidad del objeto patrimonial que se pretendía vender, cuya efectiva existencia no dependiese de la voluntad del vendedor, carecía de sentido. Sin embargo, Ulpiano sale al paso del dilema planteado (si no es inútil, entonces es imposible) aduciendo una tercera solución interpretativa: de los tres verbos que expresan el contenido de la obligación –dar, hacer, prestar–, una estipulación que tenga por objeto lograr que sea existente o inexistente una circunstancia de aquellas antes citadas en realidad debe considerarse como un modo de garantizarlas, de manera que si no se cumple lo esperado por el comprador, este pueda obtener una indemnización. Este significado –garantizar, responder en caso contrario al previsto– es el genuino del verbo *praestare*, llevado hoy a la terminología jurídica moderna a la voz genérica de "prestar" o, sustantivado, "prestación". El fragmento es, pues, relevante también respecto de la historia de este último término jurídico.

El inciso final alude a los magistrados creadores del derecho criticado por aquel otro sector doctrinal, es decir, los ediles, cuya competencia y conocimiento directo de las ventas de animales y esclavos estaba fuera de toda duda, lo que le sirve al jurista Ulpiano para replicar así a los detractores de estas disposiciones de los mercados. Con alusión incluida al sentido común de cualquiera que se aproxime al estudio de las disposiciones de aquellos magistrados y lo ilógico que sería interpretar de manera absurda y carente de sentido sus disposiciones (***ab absurdo***. V. otro ejempo en ***alma mater*** *in fine*).

Ad abundantiam

(Ad abundántiam)
Lit. *a abundancia, a mayor abundamiento.*

Significado y contexto: La utiliza, por ejemplo en un debate, quien defiende una determinada tesis, afirmación o aserto para aducir tras ella argumentos no esenciales, accesorios o secundarios a los esenciales ya empleados, cuya función consiste en servir de apoyo a estos últimos. No son, por tanto, básicos pero ayudan a consolidar la posición mantenida en una discusión. Puede sonar en el discurso más o menos así: «Además de las razones de peso apuntadas, yo añadiría *ad abundantiam* las siguientes: ...».

Ad adiuvandum

(Ad adiuvándum)
Lit. *para ayudar.*

Significado y contexto: También *ad coadiuuandum*. Es expresión del derecho procesal, concretamente del proceso civil, y se refiere a la intervención (*interuentio*) que un tercero puede realizar en él, por un interés concreto suyo, para apoyar la razón sostenida por una de las partes. Eso es lo que significa el término comúnmente utilizado en el argot procesalístico actual, a saber, coadyuvar.

El derecho español no parece admitir en el proceso civil este modo de intervención que se denomina "adhesiva simple". Los artículos 13 y 14 de la Ley de Enjuiciamiento Civil, que tratan de la intervención, no son del todo claros al respecto. Admiten dos clases respectivamente. El primero de ellos habla de una «intervención de sujetos originariamente no demandantes ni demandados» y el segundo de una «intervención provocada».

El artículo 13.1 declara:

> «Mientras se encuentre pendiente un proceso, podrá ser admitido como demandante o demandado, quien acredite tener interés directo y legítimo en el resultado del pleito.
>
> En particular, cualquier consumidor o usuario podrá intervenir en los procesos instados por las entidades legalmente reconocidas para la defensa de los intereses de aquellos».

Por su parte, el artículo 14.1 afirma:

> «En caso de que la ley permita que el demandante llame a un tercero para que intervenga en el proceso sin la cualidad de demandado, la solicitud de intervención deberá realizarse en la demanda, salvo que la ley disponga expresamente otra cosa. Admitida por cl tribunal la entrada en el proceso del tercero, este dispondrá de las mismas facultades de actuación que la ley concede a las partes».

(cfr. ***ad excludendum***)

Ad aedificandum

(Ad aedificándum)
Lit. *para edificar.*

Significado y contexto: Se refiere al derecho a edificar (*ius aedificandi*) que concede el propietario de una finca a otro. Cuando es sobre la finca propia, el derecho real que surge en favor del tercero constructor se denomina, desde el derecho romano, de superficie; esto es, no se trata de un derecho de propiedad sobre el edificio, porque lo impide el juego del principio *superficies solo cedit* (lo construido sobre suelo ajeno accede al suelo y se hace de propiedad de su dueño; o, más sintéticamente, el vuelo accede al suelo) sino de un derecho real sobre cosa ajena con un contenido similar al de la propiedad, pero con una vigencia no ilimitada aunque de muy larga duración.

El citado derecho se aplica, sin embargo, a otras situaciones. Así, lo encontramos en el siguiente texto referido al siguiente caso:

> Pomp. 33 *Sab.* D. 8.2.27.1: «Si quisieras edificar en un solar común, el socio tiene el derecho de impedírtelo (*ius prohibendi*), aunque tengas concedido por el vecino derecho de edificar (*ius aedificandi*), porque contra la voluntad de un socio no tienes derecho de edificar en la propiedad común».

En este texto, el propietario del fundo vecino permite a uno de los dos socios realizar una edificación (que, por ejemplo, empeore las vistas desde su finca u otra servidumbre urbana en su perjuicio) en el fundo de propiedad común de ellos. Aun así, si el otro socio interpone el veto no podrá el que tiene el derecho a edificar satisfacer su propósito.

Otro texto, similar al anterior, de interés es:

> Marcell. 6 *dig.* D. 8.5.11: «Se pregunta si uno de los socios podrá edificar con derecho en un lugar común contra la voluntad de los demás, esto es, si, impidiéndosele por los socios, podrá litigar con ellos sosteniendo que tiene el derecho a edificar (*ius aedificandi*); y si los socios podrán reclamar contra él, diciendo que ellos tienen el derecho de impedírselo, o que él no tiene el derecho de edificar (*i. aed.*); y si ya se hubiese edificado, si podrán litigar con él diciendo de este modo, no tienes derecho para tener lo así edificado. Y con más razón puede decirse que el socio tiene derecho más bien para impedirlo que para hacerlo, porque, como he dicho, es lo más cierto que el que intenta hacerlo se apropia en cierto modo un derecho también ajeno, si como único dueño quisiera usar a su arbitrio de un derecho común».

A propósito de la llamada denuncia de obra nueva se plantea también este derecho:

> Ulp. 71 *ed.* D. 39.1.20.11-13: «Y no importa nada que uno edifique con derecho, o que edifique sin él, estando seguro el que denunció la obra nueva, después que se le dio caución. 12. Pero este interdicto le compete al que dio fianza. 13. Se añade también esto: "O de ti depende que no se dé fianza"; por lo cual, si no se dio fianza sino que se hizo promesa, no habrá lugar a este interdicto; porque no se ha de permitir que edifique en sitio público antes que aparezca con qué derecho edifica uno».

Como se ve por estos textos, el derecho *ad aedificandum* o *ius aedificandi* se encuentra con el obstáculo del *ius prohibendi* que otros sujetos pueden oponerle para evitar que realice la edificación que se propone. En el caso de la denuncia de obra nueva, se trata –como su nombre indica– de una obra que se está iniciando (*opus nouum*) y que se pretende paralizar por parte del propietario del fundo vecino que teme un perjuicio para una servidumbre respecto de la cual su finca es dominante y la del que edifica sirviente. El constructor podía solicitar del Pretor un decreto de *remissio* o remisión para poder continuar con la obra. Para ello, debía prestar una caución de indemnizar al denunciante en caso de ser vencido por este en la acción declarativa de la servidumbre que arguía (*uindicatio seruitutis*). Si no lo hacía así, el denunciante podía solicitar un *interdictum demolitorium* –esta conocida denominación es posterior– para exigir la destrucción de lo ya construido. Esta institución romana es muy antigua pues arranca nada menos que de la ley de las XII Tablas.

Ad agendum

(Ad agéndum)
Lit. *para actuar, para actuar procesalmente.*

Significado y contexto: Esta expresión ha dejado una huella en el argot del derecho procesal moderno aplicado a los representantes procesales, esto es, a los procuradores, a los que se concede poder "para actuar" procesalmente. Se trata del poder que da una parte procesal (demandante o demandado) a alguien para que le represente en juicio.

Su origen se encuentra, sin duda, en el derecho romano. La locución aparece en los textos con el significado de "para demandar", es decir, para ejercitar la acción. Se contrapone, entonces, a la expresión '*ad defendendum*', para defenderse, es decir para oponerse a la demanda. Pero también posee el significado más genérico de "actuar procesalmente".

Escojamos unos cuantos textos ilustrativos de su significado:

A propósito del anuncio o edición de la acción (*editio actionis*, expresión esta aún recogida en los viejos, y no tan viejos, manuales de derecho procesal) que, al comienzo del procedimiento, debe hacer el demandante al demandado, Ulpiano 4 *ed.* D. 2.13.1 pr. escribe:

> «El que quiera ejercitar una acción debe manifestarla (*édere debet*); porque parece muy justo que el que ha de demandar anuncie la acción para que de este modo sepa el reo si debe ceder o seguir contendiendo, y, si juzga que debe litigar, comparezca instruido para actuar (*instructus ad agendum*), con conocimiento de la acción por que sea demandado».

En este texto, el conocimiento o instrucción que recibe el demandado de la acción que pretende ejercitar el demandante le sirve para discernir si está dispuesto a actuar procesalmente oponiéndose a la demanda del modo que juzgue oportuno. Como se ve, aquí *ad agendum* no significa "para demandar" sino "para actuar" que, en su caso, consiste en defenderse de la demanda.

Veamos este otro texto:

> Ulp. 8 *ed.* D. 2.3.8 pr.: «El hijo de familias puede nombrar procurador incluso para demandar (*et ad agendum*), si hubiera alguna acción por la cual él mismo pudo pedir, no solo si tuviera peculio castrense, sino también cualquier otro hijo de familia; por ejemplo, habiendo sufrido una injuria, lo nombrará para la acción de injurias, si acaso ni su padre estuviera presente, ni quisiera ejercitar la acción el procurador de su padre y será legítimamente nombrado el procurador por el mismo hijo de familia ...»

Recordemos que el hijo de familia carecía de capacidad jurídica, aunque paradójicamente obtuviese capacidad de obrar, dicho sea en términos modernos. El hijo de familia con mayor independencia era aquel que había servido en el ejército; de ahí la referencia al peculio castrense.

Ad calendas graecas

(Ad caléndas graécas)
Lit. *hasta (o para) las calendas griegas.*

Significado y contexto: Se admite en nuestra lengua. Normalmente se ve escrita así en latín: '*ad kalendas graecas*'. Es expresión de uso común de empleo bastante frecuente en un ámbito culto y, aunque no estrictamente jurídico, Suetonio (*Aug.* 87) la pone en boca de Augusto para referirla a los deudores insolventes que no piensan pagar nunca. Esto es porque pagar *ad kalendas graecas* significa pagar sin fecha (ya que en el calendario griego no existe este momento –día primero de cada mes– que, junto con el *idus* y las *nonas*, servía para calcular cada día del mes romano numerándolo por la distancia con una de esas fechas).

Se utiliza para expresar todo lo que se pospone de forma tan indeterminada que no se cree que se vaya a llevar a cabo finalmente. '*Sine die*', sin fecha, es expresión sinónima.

Ad cautelam

(Ad cautélam)
Lit. *para cautela.*

Significado y contexto: Se admite en nuestra lengua. 1. El verbo latino *cauére* significa cuidar de, precaverse, asegurar, garantizar, ... Precisamente, una buena parte de la doctrina romanística moderna califica a la Jurisprudencia romana de la época republicana, sobre todo a la anterior al siglo I antes de Cristo, como "cautelar". Este apelativo tiene que ver con una de las tres funciones a ella atribuidas (Cic. *de orat.* 1.48.212) que son, a saber, dictaminar (*respondére*), redactar cláusulas negociales y procesales (*cauére*) e indicar al consultante la oportuna acción procesal con la que demandar a la parte contraria (*ágere*). La expresión se relaciona con la segunda tarea, que a su vez evoca un mundo jurídico en el que la letra de la ley era considerada aún fundamental. Así, por ejemplo, el jurista Manio Manilio (siglo II a. C.), uno de los "fundadores del *ius ciuile*", alcanzó celebridad por la redacción de formularios de la compraventa (*uenalium uendendorum leges*), una obra que compendiaba cláusulas (es decir, *leges* o cautelas) para que el contrato alcanzara los fines perseguidos por las partes y evitar a estas eventuales perjuicios por una defectuosa redacción – (Kunkel 1985, 107-108)–.

En la lengua de los juristas romanos, "cautela" es cláusula pero también caución (por ejemplo, Pomp. 35 Sab. D. 13.7.6 pr.). No es extraño en el propio derecho romano que el asesoramiento jurídico que entraña la voz *cauere* acabara comprendiendo también la actividad consistente en la correcta redacción de documentos. Así, la estipulación, el negocio prototipo de asumir obligaciones en Roma (que deja una huella indeleble en la lengua jurídica actual), aun configurándose como negocio verbal, necesitó del respaldo de un documento escrito que contuviera todas las cláusulas que constituían el contenido de las obligaciones entre las partes. A ese documento se le denominó también *cautio*. Si la función de la estipulación consiste en "asegurar" jurídicamente una obligación, el término caución se utiliza a menudo como sinónimo. Afirma Ulpiano (70 edicto D. 46.5.1.4) que «todas las estipulaciones por su propia naturaleza son "caucionales": pues en las estipulaciones se trata de que uno esté más protegido y seguro (*cautior et securior*) con la estipulación interpuesta».

Así pues, las cauciones, como instrumentos de aseguramiento, podían ser: en primer lugar, interpuestas por las partes (a menudo por consejo de los juristas), en segundo lugar, ordenadas por el magistrado (para obtener diversas finalidades, a menudo procesales) o, en tercer lugar, por el juez. Pero, por su parte, Ulpiano (eod. pár. 2) declara, siguiendo una clasificación diferente, que son "caucionales" (*cautionales*) las estipulaciones «que tienen semejanza de acción –*actionis instar*–, y se interponen para que haya una nueva acción, como las de legados (*de legatis*), de tutela (*de tutela*), la de que se considere ratificado el asunto (*rem ratam haberi*) y la de daño temido (*damni infecti*)».

En efecto, la labor de previsión de la Jurisprudencia romana señala uno de los caminos por los que la actividad de los futuros juristas hasta nuestros días discurre cotidianamente. Pensemos en innumerables casos de cauciones, ideadas por aquella, no pocas vigentes aún hoy: la célebre caución Muciana (del jurista Quinto Mucio Escévola, s. I a C.) pensada para los casos de atribuciones patrimoniales bajo condición resolutoria potestativa negativa (del tipo de "si no asciendes jamás al Capitolio, se te entregará una cierta suma de dinero"), la caución usufructuaria (para hacer surgir la obligación de llevar a cabo un uso y disfrute diligente de la cosa usufructuada, conforme a su destinación económica, a cargo del usufructuario), la caución prestada por el tutor al comienzo del desempeño de su cargo "para mantener a salvo el patrimonio del pupilo", es decir, asumiendo la obligación de administrarlo conforme a la buena fe (*rem pupilli saluam fore*), la caución de conservar los legados a cargo del heredero en favor del legatario (*legatorum seruandorum causa*), la caución de indemnizar por el eventual daño que produzca la cosa, situada en fundo propio, a la finca vecina (*cautio damni infecti*), etc.

Las obligaciones surgidas a través de cauciones podían garantizarse mediante fiadores (*satisdationes*) o no (*repromissiones*).

2. No es extraño, andando el tiempo, que particularmente con relación a los notarios (en Roma *tabelliones*), habituados a enfrentarse cotidianamente a problemas de redacción de escritos jurídicos, se haya empleado en las obras de arte notarial (*ars notariae* o *ars notariatus*) la expresión *ad cautelam* comúnmente. Al comienzo del *Tractatus clausularum* (Tratado de las cláusulas) de Celso Hugón (s. XVI) vemos propuesta, por ejemplo, como primera cuestión la consistente en saber cuándo una cláusula ha de ser redactada por escrito *ad cautelam* y cuándo por "necesidad jurídica" (es decir, por exigirlo el derecho). El matiz estriba en que en el primer caso se trata de algo conveniente desde el punto de vista jurídico, en el segundo obligatorio.

A propósito de la revocabilidad de los testamentos, la ley 22, título I de la Partida Sexta (de *Las Siete Partidas* del rey Alfonso X el Sabio, siglo XIII) admitía el principio contrario (es decir, de irrevocabilidad) cuando el testador se expresase así con relación a su última voluntad: el testamento «que agora fago, quiero que vala para siempre, e non quiero que vala otro testamento que fuesse fallado, que ouisse ant deste, nin después», dejando a salvo que él «dixesse en el postrimero testamento señaladamente que reuocava el otro...». Esta cláusula testamentaria, muy conocida en el derecho histórico español, denominada precisamente así, *ad c.*, exigía, pues, que para la posterior revocación del testamento realizado se empleasen ciertas palabras o signos. Sin embargo, el vigente Código Civil español en su artículo 737. 2º no la admite porque la considera contraria a la esencial revocabilidad de los actos de última voluntad, y la declara como no puesta:

> «Se tendrán por no puestas las cláusulas derogatorias de las disposiciones futuras, y aquellas en que ordene el testador que no valga la revocación del testamento si no la hiciere con ciertas palabras o señales».

3. En el derecho canónico, se encuentra nuestra expresión a propósito de los juicios de excomunión, y se refiere a la absolución cautelar (*ad c.*) al sujeto afectado para que este pueda llevar a cabo la apelación.

Ad coadiuvandum

(Ad coadiuvándum)
Lit. *para coadyuvar, para ayudar.*

(V. **Ad adiuvandum**)

Ad conservandum

(Ad conservándum)
Lit. *para conservar.*

Significado y contexto: Se utiliza cuando el derecho salvaguarda una determinada situación por causa de un interés superior que reconoce digno de tutela, aun a costa de no ser aplicado rigurosamente.

Es conocida la sentencia de Ulpiano (2 *inst.* D. 1.3.41) según la cual todo el derecho consiste en adquirir (*in adquirendo*), en conservar (*in conseruando*) o en disminuir (*in minuendo*). Un ejemplo de esto ofrece Paulo (14 *quaest.* D. 44.4.13) que expone el caso de unos hijos desheredados por su padre a los que se debe conservar su derecho (*ius conseruandum est*) una vez invalidado el testamento (*testamento rupto*).

Otro ejemplo es la denuncia de obra nueva por la que el propietario de un fundo vecino en el que se está iniciando una obra puede solicitar su paralización, si con ella se vulnera de algún modo un derecho que el reclamante tenga sobre esa finca (p. e. una servidumbre de paso). La denuncia se hace –dice Ulpiano 52 *ed.* D. 39.1.1.16– o para conservar nuestro derecho (*iuris nostri conseruandi gratia*) o para evitar un daño (*aut damni depellendi gratia*) o por un interés público (*aut publici iuris tuendi gratia*).

En Paul. 74 *ed.* D. 46.7.11 se habla de la conservación de la acción para reclamar un objeto (se trataba de un esclavo) que tras el inicio y contestación de la *lis* había perecido. Paulo, en contra de la opinión de algunos, responde que la cuestión sigue abierta (y por tanto la acción aún ejercitable) por los problemas derivados de la posible evicción y reclamación de los frutos. Es decir, a pesar de no existir el objeto reclamado, no por ello se extingue la causa y esta, a través de la acción, se conserva (*actionis conseruándae causa*).

En Scaeu. 32 *dig.* D. 42.8.23 los herederos, temiendo que el patrimonio del difunto no llegue a cubrir la cuarta parte de las deudas y para mantener el buen nombre del causante (*famae defuncti conseruándae gratia*), se ponen de acuerdo con los acreedores de la herencia para pagar solo una parte.

A los juristas romanos, en diversos textos, les preocupa la conservación de los frutos (para su eventual devolución), de la porción de herencia que, salvadas dificultades técnicas, deberá corresponder a un determinad individuo, a las libertades (manumisiones) previstas por los dueños en sus testamentos (*conseruandarum libertatium causa*) o mediante fideicomisos o a los legados (cuya validez depende de la del testamento). Ejemplo antológico (que trasciende las fronteras del *ius commune* europeo para ser objeto de análisis por los autores del *Common Law*) lo presenta Marcell. 29 *dig.* D. 28.4.3, donde se refiere un caso en el que el testador había borrado el nombre de los herederos pero en el que, frente a los intereses del Fisco, se defendía que la voluntad de aquel no había afectado ni a las manumisiones ni a los legados. El emperador se decidió finalmente en favor de la validez de unas y otros conforme a una interpretación más humana del derecho (*humanior interpretatio*):

> Marcelo D. 28.4.3: «Hace poco, en audiencia del príncipe, respecto de un caso en el que uno había borrado los nombres de los herederos y sus bienes eran reclamados por el Fisco por no pertenecer a nadie, se ha debatido mucho acerca de unos legados, y sobre todo de los legados que se habían dispuesto a cargo de aquellos cuya institución como herederos se había borrado. No pocos estimaban que había que excluir a los legatarios, lo que yo afirmaba que debía seguirse sin duda en caso de que todo el testamento hubiese sido cancelado. Algunos opinaban que se extinguía automáticamente lo que había sido borrado pero que lo demás valía. ¿Cuál es la solución pues? ¿Acaso no puede estimarse también que aquel que ha borrado los nombres de los herederos ha sido consciente de que lo que iba a obtener como consecuencia era la de quedar intestado? Pero en caso de duda es tan justo como prudente que ha de seguirse la interpretación más benigna (*Sed in re dubia benigniorem interpretationem sequi non minus iustius est quam tutius*). He aquí la sentencia del emperador Antonino Augusto siendo cónsules Pudente y Polión [año 166 d. Cr.]: "Como, habiendo cambiado su voluntad, Valerio Nepote ha abierto su testamento y ha borrado los nombres de los herederos, su herencia, según constitución de mi divino padre, no parece que corresponda a aquellos que han sido instituidos". Y entonces dijo a los abogados del Fisco: "Vosotros tenéis vuestros jueces". Vibio Zenón dijo: "Te ruego, señor Emperador, ten-

gas la paciencia de escucharme: ¿que opinas acerca de los legados?". Antonino César dijo: "¿Te parece a ti que ha querido que valga el testamento aquel que ha borrado los nombres de los herederos?". Cornelio Prisciano, abogado de León, dijo: "solo borró los nombres de los herederos". Calpurnio Longino, abogado del Fisco, dijo: "No puede valer el testamento que no tiene heredero". Prisciano dijo: "Hizo algunas manumisiones y dio algunos legados". Antonino César, retirados todos y después de deliberar y llamarlos de nuevo ante él, dijo: "La presente causa parece admitir la interpretación más humana (*humanior interpretatio*) de manera que estimemos que Nepote tan solo quiso que fuera ineficaz lo que borró". Borró el nombre de un esclavo cuya libertad se había ordenado por él. Antonino respondió que aquel hombre debía quedar libre, lo que determinaba por esta razón, a saber, en favor de la libertad (*fauore libertatis*)».

Cfr. el artículo 764 del CC. español:

> «El testamento será válido aunque no contenga institución de heredero, o esta no comprenda la totalidad de los bienes, y aunque el nombrado no acepte la herencia, o sea incapaz de heredar.
>
> En estos casos se cumplirán las disposiciones testamentarias hechas con arreglo a las leyes, y el remanente de los bienes pasará a los herederos legítimos».

(V. ***ab initio***, ***tabula rasa***).

Ad corpus

(Ad córpus)
Lit. *a cuerpo, a objeto cierto.*

Significado y contexto: La expresión se refiere a la venta de inmuebles a un precio único o alzado y con la sola expresión de sus linderos, es decir, sin referirse a sus medidas exactas. La locución contrapuesta a esta es ***ad mensuram*** que, también referida a la venta de inmuebles, consiste en lo contrario: en expresar la medida del terreno.

El jurista español Antonio Gómez del siglo XVI en sus *Variae Resolutiones Iuris Civilis et Communis et Regii* (Matriti, 1780, Tomo II, cap. 2, 16), citado por García Goyena (García Goyena 1852, 384), resuelve con gran acierto la controvertida cuestión del régimen jurídico aplicable a este supuesto concreto:

> «La intención de las partes fue referirse a cierta especie o cuerpo (*ad certam speciem uel corpus*) no a la medida expresada (*non ad illam mensuram*), y todo lo que se contiene y encierra dentro de aquel cuerpo parece vendido, porque la tal aserción o demostración falsa [se refiere a la *falsa demonstratio* romana consistente aquí en una errónea declaración indicativa del objeto del negocio jurídico] no se considera determinante entre los contrayentes de manera que vicie la disposición».

García Goyena añade:

> «pero el artículo debe entenderse no habiendo mentira o dolo de parte del vendedor. Lo cierto es que un precio solo y único o alzado hace una sola venta, bien se refiera a una sola cosa o cuerpo, bien a distintas; ...».

Cuando se trate de dos o más fincas, siguiendo el derecho romano, se estima que hay una sola compra (*una emptio*; en Afric. 6 *quaest.* D. 21.1.34.1).

De entre todos los textos romanos en torno a esta cuestión, que han provocado no poca controversia doctrinal entre los autores del derecho común europeo y profundas diferencias entre los códigos civiles modernos, destacamos uno, que cita *in fine* precisamente García Goyena, en página 385, de extraordinario interés para comprender la solución dada por el Código Civil español en su artículo 1471. Se trata de D. 21.2.45 (Alfenus 4 *dig. a Paulo epit.*):

> «Uno que había hecho entrega de un fundo de cien yugadas, había señalado al comprador límites mucho más extensos; si se hiciera evicción de algo dentro de estos límites, dice que se ha de responder al comprador con arreglo a la bondad de aquello, aun cuando lo que se dejase tuviera las cien yugadas».

Es un caso en el que además de los linderos se expresa la cabida, aunque sin más detalles. La errónea indicación hecha por el vendedor de una extensión superior a la que realmente tiene la finca, que es en realidad de 100 yugadas, hace que, si el comprador sufre una evicción (pierde el juicio por la posesión, iniciado por un tercero respecto del terreno controvertido), el vendedor deba responder, aunque al final obtenga el comprador las 100 yugadas en que propiamente consistía la extensión del terreno.

Afirma sobre este particular García Goyena:

> «La designación de los linderos es la que determina el cuerpo cierto, objeto o materia del contrato; debe, pues, entregarse todo lo contenido en ellos, haya más, o menos, de la cabida expresada, que no fue la causa final de los contrayentes.
>
> Pero si hubiere padecido error en la misma designación de los linderos, parece justo ... que se reforme en favor del perjudicado».

Compárese ahora con la redacción del artículo 1471 del Código Civil español:

> «En la venta de un inmueble, hecha por precio alzado y no a razón de un tanto por unidad de medida o número, no tendrá lugar el aumento o disminución del mismo, aunque resulte mayor o menor cabida o número de los expresados en el contrato.
>
> Esto mismo tendrá lugar cuando sean dos o más fincas las vendidas por un solo precio pero, si, además de expresarse los linderos, indispensables en toda enajenación de inmuebles, se designaren en el contrato su cabida o número, el vendedor estará obligado a entregar todo lo que se comprenda dentro de los mismos linderos, aun cuando exceda de la cabida o número expresados en el contrato; y, si no pudiere, sufrirá una disminución en el precio, proporcional a lo que falte de cabida o número, a no ser que el contrato quede anulado por no conformarse el comprador con que se deje de entregar lo que se estipuló».

Ad diem

(Ad díem)
Lit. *hasta un día; en el día fijado.*

Significado y contexto: *Dies* significa día o fecha. Es expresión muy frecuente en las fuentes literarias latinas para referirse al "día fijado" para algo (una cita, una reunión, el día fijado para pagar etc.; v. gr. Caes. *Gall.* 5.1.8 y 9; Paul. 3 *quaest.* D. 12.1.40 *in fine*). También se emplea como término final. Véase este texto de Ulpiano acerca del nombramiento de procuradores:

> Ulp. 9 *ed.* D. 3.3.3: «igualmente puede también nombrarse para un pleito futuro (*ad litem futuram*), así como desde cierto día (*in diem*), bajo condición (*sub condicione*), y hasta día fijo (*ad diem*);»
>
> D. Paul. *ed.* D. 3.3.4: «y para siempre (*in perpetuum*)».

Uno de los textos jurídicos más importantes a propósito de nuestra expresión es Paul. 74 *ad ed. praet.* D. 44.7.44.1:

> «Respecto al día se han de mirar dos cosas, porque o la obligación comienza desde un día (*ex die*), o es referida a un día (*in diem*); desde un día, como "¿prometes dar en las calendas de Marzo?" cuya naturaleza es que no se exija antes del día (*ante diem*); pero a día (*ad diem*), "¿prometes dar hasta las calendas?" Está también de-

terminado que no se puede constituir obligación a tiempo (*ad tempus*), no de otra suerte que un legado; porque lo que se le comenzó a deber a alguno se deja de deber por ciertos modos; y ciertamente después del tiempo podrá ser repelido el estipulante o con la excepción de pacto convenido, o con la de dolo malo. Así, también al hacer la entrega, si alguno hubiere dicho que él entregaba el suelo sin la superficie, de nada le aprovecha para que no pase al otro también la superficie, que por naturaleza es inherente al suelo (*quae natura solo cohaeret*; es el principio *superfices solo cedit*, el vuelo accede al suelo)».

El derecho se ocupa de lo que suele suceder si en el día fijado no se paga el dinero debido: la frase '*si ad diem pecunia soluta non esset*', típica de los contratos, "si para el día establecido no se hubiese pagado la suma (estipulada) de dinero", suena casi como una cantinela en las fuentes jurídicas romanas.

Muy conocido también en materia de derecho de sucesiones es el siguiente texto de Papiniano:

Pap. 1 *def.* D. 28.5.34: «No se da válidamente una herencia desde cierto día (*ex die*), o hasta un día (*ad diem*), pero quitado el vicio del tiempo subsiste la institución».

(cfr. artículo 805 del Código Civil español: «Será válida la designación de día o de tiempo en que debe comenzar o cesar el efecto de la institución de heredero o del legado»).

Otros muchos textos se dan en otros ámbitos, particularmente en materia de compraventa, pactos adjuntos a ella, acerca de la rescisión de la venta y de cuándo es lícito que el comprador puede apartarse de la compra acordada. Pongamos por todos como ejemplo el siguiente fragmento del jurisconsulto Quinto Cervidio Escevola:

Scaeu. 7 *dig.* D. 18.5.10 pr.: «Seyo compró de Lucio Ticio un fundo habiendo expresado el pacto de que, si hasta cierto día (*ad diem*) no hubiese pagado el precio, se tuviese la cosa por no comprada. Seyo, habiendo pagado al contado parte del precio, fallecido el vendedor, y habiendo sido nombrado él mismo tutor de los hijos de este, de edad pupilar, junto con otros, no entregó a los cotutores el precio conforme al pacto, ni lo puso en las cuentas de la tutela; se preguntó, ¿se habría anulado la compra? Respondió que, según lo que se proponía, se considera como no comprada la cosa».

(V. ***dies ad quem*, *dies a quo***).

Ad dies

(Ad díes)
Lit. *por días.*

Significado y contexto: Se refiere al cómputo civil de tiempo ideado por los romanos y vigente hoy en día. El tiempo es un hecho de suma relevancia para el derecho. Los derechos pueden adquirirse, conservarse o perderse en función de él. Por ejemplo, para reclamar la realización de un derecho debo ejercitar una acción procesal que puede tener fijado un determinado plazo. La institución romana (y moderna) de la usucapión (a la que más tarde se unió la prescripción y se confundió con ella) está basada en el tiempo.

En derecho, una manera de contar el tiempo es hacerlo por días, que es la que refleja la expresión. Otra, *de momento ad momentum* (desde un instante determinado de tiempo a otro instante): por ejemplo, desde las trece horas del día 27 de marzo a las 13 horas del día 27 de abril.

En la Jurisprudencia romana encontramos los citados criterios de cómputo de tiempo que el derecho moderno ha tenido muy en cuenta. Paulo (2 *ad legem Iul. et Pap.*

D. 50.16.134), en su comentario al término legal '*anniculus*' (de un año) referido a la vida de un bebé, afirma que ha de entenderse el año civilmente (*ciuíliter*), esto es, no referido a instantes temporales determinados sino a los días que integran los trescientos sesenta y cinco del año (*quia annum ciuiliter non ad momenta temporum sed ad dies numeramus*, puesto que computamos el año civilmente, no por momentos de tiempo sino por días). En el supuesto planteado por él, el día último (365º) no se cuenta hasta su última hora para entenderlo realizado y dar por cumplido el año, sino que basta con que dé comienzo (*die incipiente*, iniciándose el día).

> Paul 2 *ad l. Iul.* D. 50.16.134: «Se dice que uno es "de un año" no inmediatamente que nació, sino al trecentésimo sexagésimo quinto día, ciertamente comenzado pero no transcurrido este día, porque el año lo contamos civilmente (*ciuíliter*), no por momentos de tiempo (*ad momenta temporum*, es decir, de un instante o momento temporal concreto a otro: *a momento ad momentum*), sino por días (*ad dies*)».

Por la eficacia práctica del cómputo civil, este ha prevalecido en el derecho actual.

Ad excludendum

(Ad excludéndum)
Lit. *para excluir.*

Significado y contexto: La expresión sobreentiende la voz *interuentio* (intervención). Se refiere a la situación en que un tercero puede acceder a una causa judicial entre dos partes aduciendo argumentos para excluir a una de ellas del derecho que pretende obtener por considerar mejor su pretensión.

Se remonta quizás al derecho medieval: Baldus, *libri feudorum, de pace tenenda*, 27.7: '*interuentio ad infringendum iura utriusque competitoris*'= intervención para quebrar los derechos de ambos contendientes (Albanese 2005, 347).

Modernamente se la denomina "intervención principal" pero, a diferencia de otros derechos, no es admitida por el derecho español, aunque el supuesto de tercería (de dominio o de mejor derecho) se le parezca, si bien esta se desarrolla en un ámbito más limitado (proceso de ejecución) y respecto de derechos también muy específicos. Aparte de la duración limitada de las tercerías, cabe añadir que lo que el tercerista pretende no es poner en duda el derecho del acreedor ejecutante acerca de la ejecución, sino que se le reintegre en su derecho o en su preferencia (Rifá Soler 2011, 387).

Ad exemplum

(Ad exémplum)
Lit. *a ejemplo (de).*

Significado y contexto: *Exemplum* significa ejemplo, modelo o, referido a documentos, copia; de ahí que se hable de un "ejemplar" de una obra o de un documento. En la retórica clásica entronca con el razonamiento basado en la analogía, de carácter inductivo, no deductivo, que, tomando "como modelo" (en griego "paradigma") un supuesto concreto, aplica lo referido a este a otro diferente en el que se aprecia una similitud sustancial. Determinar qué sea sustancial, es decir, cuáles sean los rasgos esenciales comunes que justifican que se extienda a otro caso la solución previamente dada a uno anterior, constituye el *quid* de la cuestión. El dictamen de un jurista (*responsum*), las decisiones de los jueces (v. ***stare decisis***), los rescriptos imperiales (es decir, las respuestas imperiales a concretas cuestiones jurídicas controvertidas) podían servir de modelo o precedente para la resolución de casos futuros análogos. Decidir respecto de estos últimos cuáles de los rescriptos atendían a razones generales y objetivas, y cuáles no debían pasar del restringido ámbito subjetivo para el que fueron emanados (personales) constituyó una preocupación constante por parte de las diversas cancillerías imperiales: así, Ulpiano 1 inst. D. 1.4.1.2, después de otorgar valor vinculante a las constituciones de los príncipes (a través de su famosa y controvertida frase: *quod príncipi plácuit, legis habet uigórem*, lo que place al príncipe tiene vigor de ley), reclama de aquellas que responden a motivos personales que no "sirvan de modelo" (*ad exemplum trahi*), o lo que es lo mismo, que no se utilicen de precedente para la resolución de supuestos que pudieran parecer análogos.

En el procedimiento formulario romano, gracias al recurso de una acción preexistente, se pudo aplicar por analogía una solución prevista para un caso previo pero en el fondo no diverso del nuevo que se plantea. Así, por ejemplo, en materia de daños aquilianos (que da lugar a lo que hoy denominamos responsabilidad extra contractual o aquiliana), la legitimación para demandar al propietario de la cosa, inicialmente solo prevista al dueño de la cosa, se extendió *ad exemplum legis Aquíliae* al usufructuario para reclamar los daños que a la cosa usufructuada hubiese inferido el propietario (Paulo 10 *Sab.* D. 9.2.12). También se utilizó para extender el ejercicio de la acción de la ley Aquilia cuando un caso no se ajustaba exactamente a lo dispuesto por la ley pero era justo que se regulara por ella. Así, si uno ha hecho pasar a unos bueyes por un lugar estrecho y estos se han precipitado por un barranco y han muerto es claro que no ha habido contacto físico entre el agente productor del daño y el resultado ocasionado (no ha habido un *damnum córpore córpori datum*, daño dado por un cuerpo a otro), pero resultaría injusto dejar impune al autor de ese hecho (Neracio 1 *memb.* D. 9.2.53). Por eso las fuentes hablan aquí también de la concesión de la acción al dueño de los bueyes *ad exemplum legis Aquiliae in factum* (por el hecho).

En otro ámbito jurídico, un paso muy cercano al reconocimiento de la representación en el derecho romano se dio cuando se creó una acción *ad exemplum* de aquellas otras previstas para casos en los que un empresario de una actividad mercantil terrestre o marítima (en este caso, un naviero) ponía al frente de su negocio a una persona dependiente de él (acciones *institoria* y *exercitoria* respectivamente). El momento decisivo –como decimos– fue el de designar como director a un extraño y permitir el ejercicio de acciones *ad exemplum* de las anteriormente citadas.

En los registros o archivos imperiales se guardaban documentos relativos prácticamente a todo acto o declaración con eficacia jurídica que pudiera resultar vinculante a los poderes públicos romanos con respecto a los particulares o viceversa. Para garantizar el derecho de estos frente a posibles abusos o actuaciones exorbitantes de aquellos, y concretamente del Fisco romano, se exigía de este último que demostrase la deuda contraída por la otra parte contratante alegando no una mera copia (*exemplum*) o un sumario o resumen del acto (*per indicem*) sino un modelo auténtico (*authenticum*) que probase fehacientemente el acto jurídico realizado (v. Paulo 5 *sent.* D. 22.4.2 =PS. 5.12.11). (V. ***nervus probandi***).

Ad experimentum

(Ad experiméntum)
Lit. *para experimento, a ensayo.*

Significado y contexto: La expresión aparece desde el derecho romano, bajo diversas formas que utilizan el verbo latino *experiri* (experimentar) o el sustantivo *experimentum*, en el ámbito de la compraventa y del arrendamiento, en relación con cuestiones complejas relativas a los tratos preliminares de los contratos y a los contratos innominados o atípicos (es decir, supuestos de difícil encaje en una figura predeterminada por el derecho). Un denso pensamiento jurídico romano se halla detrás de la historia del artículo

1453 del Código Civil español (y de tantos otros códigos modernos de los más diversos países), que declara: «La venta hecha a calidad de ensayo o prueba de la cosa vendida, y la venta de las cosas que es costumbre gustar o probar antes de recibirlas, se prescribirán hechas siempre bajo condición suspensiva». (v. ***ad gustum***).

En su redacción aparecen traducidas dos expresiones latinas: *ad experimentum* (a prueba o ensayo) y *ad gustum* (a gusto). Para su recto entendimiento proponemos, entre innumerables textos de la Jurisprudencia romana, este fragmento de Ulpiano (32 ed. D. 19.5.20 pr.-1, de particular importancia:

> «Se pregunta Labeón, si yo te hubiere dado para probarlos caballos que tenía en venta (*equi uenales experiendi*), de suerte que me los devolvieras si dentro de tres días no te hubiesen gustado (*si in triduo displicuissent*), y tú como artista ecuestre [una especie de jinete acróbata] hubieres corrido en ellos, y hubieres vencido, y después no quisieres comprarlos, ¿habrá contra ti la acción de venta? Y opino que es más verdadero que se ha de ejercitar la acción *praescriptis uerbis* [por las palabras prescritas, es decir, la acción que se proponía para casos de contratos atípicos], porque entre nosotros se trató esto, que hicieras experimento gratuito (*experimentum gratuitum*), no también que tomases parte en un certamen. 1. Asimismo se pregunta Mela, si yo te hubiere dado mulas para que las experimentases (*ut experiaris*), y las compraras, si te hubiesen gustado (*si placuissent*), y para que si no te hubieran agradado (*si displicuissent*) me pagases alguna cosa por cada día; y después hubieren sido robadas las mulas por cuatreros en los días de la prueba, ¿de qué se habría de responder, acaso del precio y de la retribución, o solamente de la retribución? Y dice Mela, que importa saber si se había ya contratado la venta o si se había de contratar, para que si se había hecho se pida el precio y si se había de hacer se reclame la retribución. Pero no dice nada de las acciones; no obstante, creo que, si verdaderamente se hubo perfeccionado la venta, compete la acción de venta, y que si no se hubiese perfeccionado, la misma acción que se da contra el artista ecuestre».

En el primer caso, un posible comprador, que, según parece, se dedicaba la ejercicio acrobático en la monta de caballos, había acordado con el vendedor que si en el plazo de tres días los caballos no eran de su agrado podía devolverlos. Sin embargo, aprovechó ese tiempo para participar en un certamen con ellos (desde luego, no tuvo mejor manera de probarlos). No solo, sino que ganó un premio y acto seguido los devolvió sin comprarlos. Aparte de la valoración de la conducta del jinete que, desde un punto de vista ético dista mucho de ser correcta, el caso plantea la cuestión de con qué remedio procesal podía demandarse al jinete, dado que la compraventa solo podía considerarse perfeccionada si se cumpliera la condición de la compra a gusto del comprador. El caso es interesante porque la devolución por parte de este resulta caprichosa e interesada, y además pretende ocultar lo que sería un enriquecimiento injusto (el premio del certamen). La reflexión, como siempre escueta de la Jurisprudencia romana, concuerda con la de la doctrina moderna que viene a exigir en la compra a gusto, aquí combinada con la de "a ensayo", la prueba del hecho consistente en que las cosas no respondan a las cualidades que se preveían de ellas. Como el contrato de compraventa no parece que se haya perfeccionado es por lo que la Jurisprudencia romana aconsejaba la acción de los contratos innominados.

El segundo supuesto es aún más complicado porque aquí parece que el contrato se califica como compraventa en el caso de que se perfeccione una vez cumplida la condición de agradar al comprador después de haber hecho la prueba, y como arrendamiento conforme a los días de realización de la prueba en el caso en que no le haya satisfecho. El asunto gira también en torno a la atribución del riesgo porque en el ínterin unos ladrones (cuatreros –*grassatores*– más exactamente) se han llevado el objeto de venta (¿hurto o robo? no lo aclara el texto) antes de que se pudiera concluir el experimento o ensayo.

Recordemos que si el contrato se califica como de compraventa, el riesgo lo asume el comprador y viceversa si se califica como arrendamiento: el riesgo lo asume el arrendador, aunque, si se trata de un hurto, el *conductor* o arrendatario es quien debería responder, no así si se trata de robo (que es con violencia).

En otros casos, las fuentes hablan de entregas preliminares de cosas *ad inspiciendum*, es decir, a examen: por ejemplo, para comprobar la calidad del objeto (piezas de artesanía, joyas, etc.) por el que se interesa al comprador (Ulpiano 28 *ed.* D. 19.5.17.1; *h. t.* 17.2; *h. t.* 17.4, ...).

Ad gustum

(Ad gústum)
Lit. *a gusto (del comprador, normalmente).*

Significado y contexto: Esta expresión aparece, en efecto, en el ámbito de las compraventas. Su entorno característico se refiere, más exactamente, a un objeto de singular aprecio en las civilizaciones mediterráneas: el vino. El jurista Paulo (D. 18.1.34.5) distingue entre gustar y mensurar, pues al posible comprador que degusta el vino le es lícito no aprobarlo (y por tanto puede rechazarlo finalmente), pero la medición sirve solo para saber cuánto se ha comprado, para concretar el objeto de la prestación mediante su cuantificación. Lo normal en las compraventas de vino era que las partes fijaran un día para la degustación. Esta prueba beneficiaba al comprador porque se le daba la posibilidad de comprobar que el vino no estuviese ácido o mohoso. Ese momento marcaba lo que en derecho se denomina traspaso del riesgo (riesgo de acidez o mohosidad) del vendedor al comprador. A partir de él, como dice Gayo (2 cott. rer. D. 18.6.16), si el comprador no degustó o lo hizo mal y aprobó el vino, debe quejarse de sí mismo (*de se queri debet*).

> D. 18.1.34.5: «Una es la causa de gustar (*causa degustandi*), y otra la de medir (*metiendi*); porque el gusto (*gustus*) aprovecha para esto, para que se pueda desaprobar, pero la medida no aprovecha para esto, para que se venda más o menos, sino para que aparezca cuánto se compra».

> D. 18.6.16: «Si se hubieren vendido los vinos que hubiere en las tinajas, y antes de que se sacasen por el comprador se hubieren corrompido por su propia naturaleza, si ciertamente el vendedor hizo afirmaciones respecto a la bondad de los mismos, estará obligado al comprador; pero si no afirmó nada, el riesgo será del comprador, porque, ya si no los probó, ya si al probarlos los cató mal, debe quejarse de sí mismo. Pero si conociendo el vendedor que no había de durar la bondad de los mismos hasta el día en que debieran sacarse, no advirtió al comprador, le quedará obligado por cuanto le importase (*quanti eius interesset*) haber sido advertido».

El llamado *pactum displicéntiae* (o pacto de no aprobar el comprador el objeto en venta) o *de retrouendendo* (de devolución de la mercancía) tiene que ver en efecto con esta cuestión. Resultan curiosos los casos, no fácilmente enmarcables en una figura contractual tipificada de ventas de, por ejemplo, animales, sometidas a un periodo de prueba. Aquí no hay propiamente *degustatio*, pero se le parece. Así, el jurista Labeón (D. 19.5.20 pr.) trató un caso de uno que le dio a otro unos caballos de carreras para que los probara y de no ser de su agrado, poder devolverlos en tres días. Pero los caballos en ese periodo se utilizaron para una carrera (no cualquiera sino una de esas en las que los jinetes –*desultores*– saltaban de un caballo a otro en su transcurso) que acabaron ganando. Pues, a pesar de eso, el comprador, poco fiable sin duda, se negó a pagar por ellos. (v ***ad experimentum***).

En estos casos, se reconoce uno de los problemas jurídicos que laten detrás: el de si el rechazo por parte del comprador debe basarse en una razón justificada o no.

El artículo 1453 del Código Civil español declara: "La venta hecha a calidad de ensayo o prueba de la cosa vendida, y la venta de las cosas que es costumbre gustar o probar antes de recibirlas, se presumirán hechas siempre bajo condición suspensiva". (cfr. arts. 327 y 328 del Código de Comercio).

(V. ***ad libitum***).

Ad hoc

(Ad hóc)
Lit. *para esto; para un fin específico.*

Significado y contexto: Se admite en nuestra lengua. Los juristas romanos emplean esta expresión a menudo con un sentido de finalidad. Por eso suele ir acompañada de una frase subordinada que inicia la conjunción '*ut*': *ad hoc ut* ... En ocasiones la finalidad se omite por sobreentendida y hace aparecer la expresión de un modo similar a aquel en que hoy la utilizamos.

Veamos algunos ejemplos: en Ulp. 17 *Sab.* D. 7.1.12.1 se pregunta el jurista si cabe pensar en el usufructo de una nave por el riesgo del naufragio (que en la Antigüedad era mucho mayor que hoy). En efecto, el uso de la nave acarrea un peligro tan evidente para su subsistencia que alguien podría pensar que el supuesto, más que de un uso, trata de la propia disposición de la nave. La respuesta del jurista, no obstante, es afirmativa porque «la nave está hecha para navegar» (*nauis etenim ad hoc paratur, ut nauiget*). Es decir, ese es su uso, aunque sea arriesgado.

Comentando también Ulpiano (13 *ed.* D. 4.8.11.2) la pena derivada del incumplimiento del compromiso arbitral por cualquiera de las partes, si desobedecen lo establecido por el laudo del árbitro, añade el supuesto de si queda obligado el árbitro a emitir su sentencia o laudo cuando se le depositan cosas para que las entregue al vencedor del litigio o en caso de que una de las partes desobedezca su laudo. El jurista responde que así es y lo extiende al supuesto en que se le deposita una cantidad cierta de dinero *ad hoc* (es decir, para esto, con este fin): *tantundem et si quantitas certa ad hoc apud eum deponatur.*

Veámoslo:

> Ulpiano 13 *ed.* D. 4.8.11.2: «Lo que dice el Pretor, que se haya fijado una cantidad como pena (*pecunia compromissa*)», debemos entenderlo no si por una y otra parte se hubiese prometido una pena pecuniaria, sino también si otra cosa en lugar de pena, si alguno no hubiere estado a la sentencia del árbitro; y así lo escribe Pomponio. ¿Qué se hará, pues, si las cosas hubiesen sido depositadas en poder del árbitro con el pacto de que las diera al que hubiere vencido, o de que entregase aquella cosa, si no se obedeciese la sentencia; habrá de ser obligado a pronunciar sentencia? Y yo opino que ha de ser obligado, y otro tanto también si se depositase para esto (*ad hoc*) en su poder una cantidad cierta. Por lo tanto, también si el uno hubiere prometido al estipulante una cosa, y el otro dinero, el compromiso es perfecto (*plenum compromissum est*), y se obligará a pronunciar sentencia».

La expresión, muy usual, da idea de algo (*hoc*) hacia lo que (*ad*) se dirige una cosa. Se emplea en derecho aplicado a leyes, sentencias ... dictadas o emanadas para una finalidad específica. En un ámbito más general, a la creación de comisiones destinadas a satisfacer un encargo concreto.

Ad hominem

(Ad hóminem)
Lit. *al hombre.*

Significado y contexto: Se admite en nuestra lengua. *Ad hominem* es un tipo de falacia que pretende reducir o paralizar la fuerza de los argumentos esgrimidos por el adversario, aludiendo a ciertas circunstancias subjetivas suyas de carácter negativo que pueden mover al auditorio en su contra como si tuvieran relación lógica con el objeto de la discusión.

Ad honorem

(Ad honórem)
Lit. *para honor, honorífico.*

(V. ***honoris causa***).

Ad instar

(Ad ínstar)
Lit. *a semejanza de.*

(V. una aplicación de genitiv. + *instar* s. v. ***ad cautelam***).

Ad interim

(Ad ínterim)
Lit. *entre tanto, interinamente, provisionalmente.*

Significado y contexto: Se admite en nuestra lengua. Se refiere a situaciones provisionales a la espera de una decisión o resolución determinada. (V. ***interim***).

Ad ipsam rem

(Ad ípsam rem)
Lit. *a la misma cosa.*

Significado y contexto: En el derecho clásico romano todas las condenas judiciales eran pecuniarias, lo cual era sorprendente porque si uno reclamaba una cosa (por ejemplo una finca) como suya, el juez solo podía recurrir a medios indirectos, nunca violentos, para forzar al demandado, poseedor sin derecho sobre la cosa, a entregar la finca y no una suma de dinero por ella.

En este sentido, el jurista Gayo (s. II d. C.), después de afirmar en su manual (4.48)) el principio de estimación pecuniaria de las condenas, añade que si lo que se pide es un objeto singular, el juez no condena a la *ipsa res*, es decir, a restituir esa misma cosa, como –dice él– se hacía antiguamente (en el procedimiento de las acciones de la ley anterior al formulario), sino que, una vez estimada la cosa, condena al demandado a una suma de dinero.

> Gai. 4.48: «Pero la condena de todas las fórmulas que la prevén se configura como estimación pecuniaria (*ad pecuniariam aestimationem concepta est*). Por consiguiente, cuando reclamamos algún objeto, como un fundo, un esclavo, un vestido, una suma de oro o de plata, el juez no condena al demandado a la propia cosa (*iudex non ipsam rem condemnat* ...), como solía hacerse antiguamente, sino que, una vez estimada la cosa, le condena al importe pecuniario (*aestimata re pecuniam eum condemnat*).»

Fue el tercer orden procesal romano (el de cognición imperial) el que estableció con carácter general la ejecución específica de la sentencia. Los derechos modernos lo siguen. (V. *Procedimiento civil*).

El art. 1096 del CC declara en sus dos primeros párrafos:

> «Cuando lo que deba entregarse sea una cosa determinada, el acreedor, independientemente del derecho que le otorga el artículo 1101, puede compeler al deudor a que realice la entrega.
>
> Si la cosa fuere indeterminada o genérica, podrá pedir que se cumpla la obligación a expensas del deudor».

Poco proclive al cumplimiento específico de las obligaciones se ha manifestado tradicionalmente el *Common Law*, a diferencia de derecho civil de la Europa continental que adoptó la tendencia contraria del derecho romano postclásico y justinianeo (v. ***manu militari*, *solvens***). El punto de contacto entre ambas tradiciones se halla en el procedimiento romano clásico, en el que –como decimos– la condena era siempre pecuniaria.

Adiectus solutionis gratia

(Adiéctus solutiónis grátia)
Lit. *puesto al lado para el pago, adjunto al pago, autorizado para cobrar.*

Significado y contexto: Esta expresión surge en el ámbito de las estipulaciones (*stipulationes*) romanas. Por principio estas son inválidas si no se refieren a las partes (estipulante y promitente) participantes en el acto, salvo, por ejemplo, si se enuncian alternativamente dos personas para recibir el pago del deudor: el estipulante y otro: ¿Prometes pagarme a mí o a Ticio? (*mihi aut Titio dari spondes?*). Este último es solo una persona autorizada para cobrar (no para exigir), y permite que el pago del deudor sea válido (es decir, que se libere correctamente de su obligación), aunque no sea realizado al estipulante.

El art. 1062 del CC español, por cierto, planteando en su redacción también dos alternativas, dice que el pago deberá hacerse a la persona en cuyo favor estuviese constituida la obligación o a otra autorizada para recibirla en su nombre.

A divinis

(A divínis)
Lit. *de los divinos, separado de los (oficios) divinos.*

Significado y contexto: Se admite en nuestra lengua. La expresión latina se construye con la preposición *a* + ablativo con el sentido de separación o remoción. El adjetivo *diuinus -a -um* (divino) necesita de un nombre que se sobreentiende (*officia*, oficios, ritos): a *diuinis officiis*. El antiguo pueblo romano era profundamente religioso. De hecho, era su sentido religioso, su obediencia a la voluntad divina expresada a través de un riguroso cumplimiento de los ritos religiosos para complacer a los dioses (*pietas*) –virtud esta encarnada como paradigma de la literatura latina en el héroe Eneas– lo que realmente les hacía sentirse superiores a los demás pueblos: verdadera lección para las futuras naciones y pueblos con ánimo de liderazgo.

Res diuina (en singular) o *res diuínae* (en plural), esta última forma menos frecuente, significa, entre otras cosas, la práctica de sacrificios y ritos religiosos. Encontramos las dos en el siguiente texto de Cicerón de su obra *De diuinatione* (Sobre la adivinación):

> Cic. *div.* 2.10: «Cuando <los adivinos> han anunciado que ocurrirán horribles catástrofes, añaden al final que se podrán aliviar si se procuran sacrificios divinos (*rebus diuinis procuratis*). Pues si no hay nada que pueda contrariar el destino, nada entonces puede aligerar un sacrificio divino (*nihil leuari re diuina potest*)».

La expresión, de raíces lingüísticas y culturales romanas, pertenece al derecho canónico. Se trata de una pena prevista por el derecho canónico, la "suspensión *a diuinis*", que se impone a los sacerdotes que hayan incurrido en faltas graves (por sospecha de herejía, violación del celibato, ...). Consiste en su exclusión de la práctica de los oficios o ritos divinos, esto es, celebración de la misa, confesión, administración de los sacramentos.

Si el sacerdote ha incurrido en faltas muy graves puede incluso ser privado jurídicamente de su condición clerical, aunque teológicamente no deje nunca de poseerla ("imprime carácter"). Esto último significa que en caso necesario podría él administrar sacramentos. Una expresión del derecho canónico en relación con esta es *a sacris* (apartado de las cosas sagradas).

Ad libitum

(Ad líbitum)
Lit. *a voluntad, a discreción.*

Significado y contexto: *Líbitus -a -um* es el participio del verbo *libet* (o *lubet*) que significa "gusta", "agrada". Es común hoy utilizar la expresión en su forma en singular (*ad líbitum* + genitivo), aunque en las fuentes latinas se encuentra en ocasiones en plural (*ad líbita*). En singular, junto con *ad libitus*, se halla tardíamente en Cassiod. *uar.* 3.17.4 y en Pelagio (*In defensione trium capitolorum* 2.3.3; (Tosi 2007)).

Líbita, en plural, se hace sustantivo, que significa «las cosas que gustan o agradan». *Ad líbita Caésarum* (a gusto de los Cesares) dice Tácito en *ann.*12.6; o *ad libita Pallantis* (a gusto de Palante) *eod.* 14.2, en ambos casos con el mismo sentido peyorativo de arbitraria apetencia sexual que posee la voz "libidinoso" de la misma raíz. (V. ***pro lege***).

Realizar algo *ad libitum* significa llevarlo a cabo con libertad, sin sujeción a criterios predeterminados. Cuando, por ejemplo, aparece escrita en una partitura musical, significa que el compositor permite al músico interpretar ese pasaje a su discreción.

(En relación con el derecho v. ***ad gustum*** y ***ad experimentum***).

Ad limina Apostolorum

(Ad límina Apostolórum)
Lit. *a los umbrales los apóstoles; a los sepulcros de los apóstoles.*

Significado y contexto: Esta expresión, admitida en nuestra lengua como *ad limina*, tiene su ámbito en el derecho canónico, y alude a una cierta obligación de visitar Roma, dirigida a los obispos diocesanos, que fue instituida por primera vez por el papa Sixto V. Según el canon 400 del Código de Derecho Canónico, el Obispo diocesano tiene obligación de realizar una visita a Roma (cada cinco años según el c. 399) para venerar los sepulcros de Pedro y Pablo (*Beatorum Apostolorum Petri et Pauli sepulcra ueneraturus*) y de presentarse al Sumo Pontífice y, junto con el testimonio de su fidelidad y obediencia a él, proporcionarle información de lo relativo a su Diócesis.

(V. ***in limine***).

Ad litem

(Ad lítem)
Lit. *para el litigio.*

Significado y contexto: La expresión posee un evidente sentido final y alude, por tanto, a todo aquello que se utiliza o que es necesario para un proceso. Puede referirse, por ejemplo, a una provisión de fondos para subvenir a los gastos del proceso. Sin embargo, es característico su empleo con respecto a la representación procesal que las partes otorgan a determinadas personas, llamadas desde el derecho romano hasta nuestros días "procuradores" (*procuratores*; en Roma también *cognitores* con un sentido más pleno que aquellos), para que lleven a cabo actuaciones en su nombre.

No son muchos los textos jurídicos romanos que se ocupan de esta expresión, pero no hay duda de que su origen se encuentra en el derecho romano y que se relaciona con la figura del procurador: así, en este texto de Ulpiano acerca del nombramiento de procuradores, que citábamos también a propósito de la expresión *ad diem*:

> Ulp. 9 *ed.* D. 3.3.3: «Igualmente puede también nombrarse para un pleito futuro (*ad litem futuram*), así como desde cierto día (*in diem*), bajo condición (*sub condicione*), y hasta día fijo (*ad diem*);»
>
> Paul. *ed.* D. 3.3.4: «y para siempre (*in perpetuum*)».

Hemos escogido también, entre todos, este segundo texto:

> Ulp. 8 *ed.* D. 3.3.8.3: «"Al procurador nombrado para encargarse de un pleito (*ad litem suscipiendam*), por el cual, consintiéndolo él, manifestó el titular que pagará lo juzgado –dice el Pretor– le obligaré a aceptar el juicio". Pero, habiendo causa, no deberá ser compelido; por ejemplo, si medió enemistad capital (*inimícitiae capitales*) entre el mismo procurador y su principal, escribe Juliano que debe denegarse la acción contra el procurador...».

La figura del procurador se corresponde con la de un mandatario que recibe un poder para actuar (*ad agendum*) del titular o *dominus*. Aquí se alude a un supuesto en el que el procurador haya sido designado para un pleito y por el que el titular, consintiéndolo aquel, haya manifestado que pagaría la eventual condena. Recordemos que, al no configurarse el procurador técnicamente como representante procesal "directo", el que resultaba condenado era él, es decir, la persona visible en la causa procesal. Para evitar este resultado injusto, el titular se obligaba a pagar la eventual condena. En el caso que plantea el fragmento, el procurador rechaza injustificadamente asumir el litigio, una vez que el titular ha manifestado asumir la condena, y, de ahí, la reacción del magistrado en su edicto frente a él. No obstante, pueden advertirse otras causas, como la enemistad manifiesta grave (cuestión muy relevante en el moderno derecho procesal) entre los dos, que se reconocerían como idóneas para que el procurador no asumiese finalmente el litigio.

(V. también ***ad agendum***).

Ad litteram

(Ad lítteram)
Lit. *a la letra.*

Significado y contexto: *Ad litteram*, así escrita en nuestra lengua que la admite, tiene que ver con la transcripción de documentos que constituyen copias de un original. Al expresar que se han realizado *ad lítteram* se declara que el copista se ha atenido estrictamente al texto respetándolo íntegramente. Viene, entonces, a significar algo parecido a: "conforme al documento original". El término '*littera*' lo podemos ver escrito, incluso más frecuentemente entre los autores del derecho común, también con una sola "t": *litera*.

"Atenerse a la letra" es un giro lingüístico usado en derecho que calca en su inciso final la locución latina. Aparece en el ámbito de la interpretación de las normas jurídicas. Con respecto a esta tarea jurídica, la actividad del jurista romano conocida con ese nombre poseía un alcance mucho mayor que la actual porque a través de la *interpretatio* romana se creaba derecho. No solo, sino que el derecho romano se configura como de naturaleza doctrinal o jurisprudencial (es decir, no legislado) en su mayor parte. Hoy en día, aun siendo más restrictiva la extensión del término, se refiere a la labor fundamental de atribuir sentido a las normas para poder aplicarlas. En este sentido, esta expresión recuerda la vieja antítesis entre *uerba* (palabras) y *uoluntas* (intención o espíritu; v. ***verba / voluntas***) y se relaciona con numerosos aforismos y reglas del derecho romano.

Por todos, citamos a Celso (D.1.3.17) que declara que aprender leyes no consiste en atenerse a sus palabras (es decir, a la literalidad del texto; *tenére uerba*, que también puede tener el sentido de "retener", próximo al de memorizar, como hacen los indolentes estudiantes de derecho cuando no entienden lo que aprenden) sino a su espíritu (*uis ac potestas*, expresión esta que también tiene sentido de "vigor del derecho"). Con ella tienen relación las célebres palabras de san Pablo (2 *Cor* 3,6), naturalmente referidas a otro contexto: «la letra mata, el espíritu vivifica». También, el conocido dicho al que alude Cicerón como vulgar o trillado en su tiempo de '*summum ius, summa iniuria*' (un derecho rigorista es rigor de injusticia, es decir, el derecho rígidamente considerado es radicalmente injusto; v. ***aequitas***, ***crux iuris***, ***stricto iure***, ***varitas nominis***).

La cuestión de la interpretación es complicada –y constituye un brillante capítulo del derecho romano legado al mundo moderno–. En materia de actos ***inter vivos*** parece preferir la declaración a la intención mientras que en los actos ***mortis causa*** sucede a la inversa. No obstante, los juristas romanos evitan plantear así las cosas y ponen en juego una expresión un tanto hermética que se refiere a ambos factores –palabras e intención– a la vez: *id quod actum* (es decir, lo actuado, todo lo que las partes hicieron, y lo que también tuvieron en mente cuando celebraron el negocio).

Aún más estricta suena *ad pédem lítterae*, al pie de la letra. Justiniano quiso evitar que a través de la interpretación se falseara su magna obra y prohibió cualquier interpretación que pusiera en riesgo su genuino sentido (lo que no dejó de ser una vana ilusión por su parte). Tan solo permitió a los futuros comentaristas que hicieran listas de pasajes paralelos (*paratitla*) y comentarios al pie de la letra (*kata podá*). De este modo, fomentó una actitud de servilismo a la ley –inaceptable desde el punto de vista de la ciencia del derecho–, de consecuencias negativas para la tradición jurídica de la Europa continental.

(V. ***stricto iure***, ***verba / voluntas***).

Ad mensuram

(Ad mensúram)
Lit. *a medida, conforme a la medida.*

Significado y contexto: En las ventas de inmuebles la expresión se opone a *ad corpus* (v. ***ad corpus***). Tiene relación también con la especificación de la cosas genéricas, que según la Jurisprudencia consisten en un peso, número o medida (*póndere, número, mensúra*). (V. ***ad gustum***).

Veamos algunos textos de los que procede, en sentido jurídico, en relación con la venta de vinos, que presenta algunas particularidades con respecto al riesgo de la cosa comprada:

> Ulp. 28 *Sab.* D. 18.6.1.1: «Pero el vendedor debe responder también de la custodia hasta el día de la medida (*ad diem mensurae*; v. ***ad diem***); porque antes que se mida el vino, casi que aún no se ha vendido, y después de hecha la medida deja de ser del vendedor el riesgo; y también se libra del riesgo antes de la medida (*ante mensuram*), si no lo vendió a medida (*ad mensuram*), sino acaso por ánforas, o también por cada tinaja».

Ulp. 23 *Sab.* D. 33.6.3: «Si se hubiera legado vino, veamos si se deberá con los envases. Y dijo Celso, que, legado el vino, aunque no haya sido legado con los envases, se consideran legados también los envases no porque los envases forman parte del vino, como los adornos de plata la forman, por ejemplo, de las tazas o de un espejo, sino porque es de creer que la intención del testador fue que quiso que las ánforas fuesen accesión del vino; y así, dice, hablamos de que tenemos mil ánforas, refiriéndonos a la medida del vino (*ad mensuram uini*). Respecto de las tinajas no considero verdad que, legado el vino, se deban también las tinajas, sobre todo si estuvieren empotradas en la bodega, o son tales que por su magnitud se muevan difícilmente. Pero en cuanto a las cubas o a los barriles opino que se ha de admitir que también se deben estos, a no ser que de igual modo estuvieran inmóviles en el campo, o como enseres del campo. Legado el vino no se deberán los odres; y digo que tampoco se deberán ciertamente los sacos».

Este último texto contiene, además de nuestra expresión, reflexiones muy interesantes en materia de accesión como modo de adquirir la propiedad, que serán tenidas en cuenta más adelante con la futura formulación de la regla medieval '*accesórium séquitur principali*' (lo accesorio sigue a lo principal).

Ad nutum

(Ad nútum)
Lit. *a una señal, a voluntad.*

Significado y contexto: Permitida en nuestra lengua. Tiene que ver con la declaración de la voluntad en el negocio jurídico. *Nutus* alude a una señal realizada con la cabeza (por ejemplo, de afirmación a algo propuesto). Así, respecto de algo tan flexible y poco exigente de formas como es un fideicomiso (encargo de confianza encomendado por el disponente a alguien –fiduciario–, para después de la muerte de aquel, a favor de un tercero –fideicomisario–), Paulo lo admite (4 *sent.* D. 32.21 pr.), con tal de que pueda hablar el que hace esa declaración. Por otra parte, la enorme fuerza del consensualismo en materia de obligaciones, que predica a su vez la libertad de formas, consiente decir a Modestino, en un pasaje célebre del Digesto (2 *reg.* D. 44.7.52, en su § 10), que aquello a lo que las partes se obligan surge en gran medida del mero *nutus* (*nuto solo*). También la delegación del deudor de uno (*delegare debitorem suum*) a un tercero al que se cede el crédito puede realizarse así. Ulpiano (8 ed. D. 46.2.17) declara que se puede hacer por escrito (*scriptura*) o por una señal (*nutu*) cuando no puede articularse palabra (*ubi fari non potest*).

Un signo diferente, pero en relación con el que comentamos, es el del señalamiento con el dedo (*dígito osténdere*) de una cosa (para especificar, por ejemplo, una cosa genérica, como afirma Paulo en 28 *ed.* D. 12.1.6), o el *manum osténdere* propio de las subastas. A la abertura de la boca (o boca abierta), sobre todo para expresar risa, alude, por cierto, el conocido término *rictus, -us* (o *rictum, -i*), que a veces también se refiere a los ojos.

Esa libertad que presupone el signo o la señal realizados como expresión de la voluntad se relaciona, a su vez, con la facultad que puede corresponder a las partes de resolver de manera unilateral el contrato libremente o a placer. Esto último es lo que ha pasado a significar la expresión: una resolución *ad nutum* es a voluntad, a puro requerimiento, o lo que es lo mismo, resulta tan fácil como realizar cualquier gesto o una sencilla señal. El ejercicio de la facultad consistente en que una de las partes da por concluida una relación jurídica es propio de ciertas figuras jurídicas: por ejemplo, del precario (en el que el precarista ha obtenido la tenencia de la cosa "a ruegos" (de *preces*, ruegos) de manos del concedente, y en consecuencia este puede exigirle la restitución de la cosa en cualquier momento), del depósito (en el que el depositario deberá devolver la cosa, no pasado un plazo fijado, sino cuando se la pida el depositante), etc.

A domino / a non domino

(A dómino / a non dómino)
Lit. *de un dueño / de un no dueño.*

Significado y contexto: Se refiere a la transmisión de la propiedad de una cosa. La adquisición de la propiedad de algo, cuando el que lo transmite no es su dueño (salvo que posea autorización para realizar el traspaso de propiedad, es decir, el poder de disposición, que es en realidad lo importante), hace que el efecto de la constitución como propietario del adquirente no se dé. Con esta corrección ha de entenderse la conocida máxima romana, según la cual «nadie puede tranferir más derecho que el que tiene» *nemo plus iuris transferre potest quam ipse habet*). El artículo 1950 del Código Civil español es, desde este punto de vista, inexacto: "La buena fe del poseedor consiste en la creencia de que la persona de quien recibió la cosa era dueño de ella, y podía transmitir su dominio". Lo importante, como decimos, es esto último. Se puede ser dueño y no tener el poder de disposición. Así, por ejemplo, un enajenado mental o un pródigo. Y se puede tener el poder de disposición sin ser dueño: así, por ejemplo, un representante o el acreedor pignoraticio. (V. ***mala fides***, ***traditio***).

En los manuales de derecho romano se habla de un tipo de propiedad denominado "bonitaria" (por la expresión romana «tener la cosa *in bonis*», es decir, en los bienes) o "pretoria", que, en realidad, no es otra cosa que una situación concreta que el magistrado protegía, a pesar de no hacerlo el *ius ciuile*, por entender que era razonable su tutela. La propiedad civil, como sabemos, era la antigua del *ius ciuile* romano, prevista para ciudadanos romanos y protegida a través de la acción reivindicatoria.

Para adquirir la llamada propiedad civil o dominio de derecho Quiritario (*ex iure Quiritium*) se requería que se hubiere constituido de unos ciertos modos. Esta manera de ver la adquisición de la propiedad (es decir, a través de modos concretos fijados por el derecho) ha pasado, por cierto, a nuestros días. El derecho romano distinguía, desde muy antiguo, entre *res mancipi* y *res nec mancipi* (cosas mancipables y no mancipables), coincidentes *grosso modo* las primeras con aquellos bienes de mayor importancia desde un punto de vista de una economía agraria, y viceversa los segundos. Para unos y otros, los modos concretos eran los reflejados en el siguiente esquema:

Mancipatio..........*Res mancipi*	}	*Usucapio*
Traditio..........*Res nec mancipi*	}	*In iure cessio*

Imaginemos que alguien quisiera hacer a otro propietario de un inmueble situado en suelo italiano (es decir, una *res mancipi*) a través de una simple entrega o *traditio*, o lo que es lo mismo, sin recurrir al modo previsto legalmente que es, característicamente, la *mancipatio*.

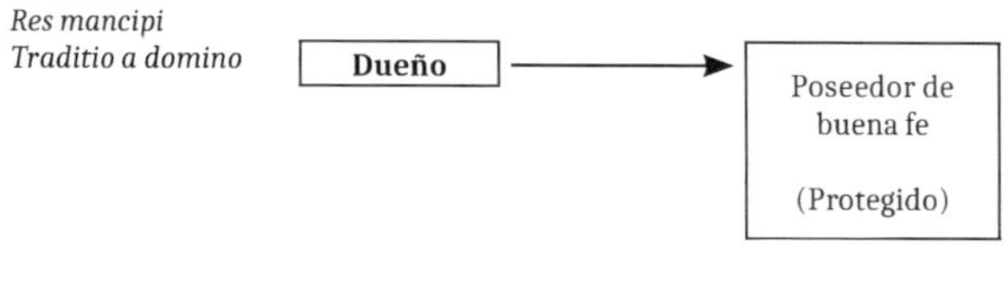

Sigamos los pasos de un modo lógico y sucesivo: el magistrado se decide por la defensa del poseedor (que es de buena fe, porque confía en quien le entrega la cosa)

a pesar de que, a los ojos del derecho civil, sigue siendo propietario el transmitente. -El dueño sigue teniendo, pues, la acción reivindicatoria. Pero si reclama la cosa lo haría dolosamente (*a fortiori* si el comprador ya ha pagado el precio). -Al poseedor se le concede una excepción ("de cosa vendida y entregada", *rei uénditae et tráditae*). El dueño, aunque sea considerado como propietario civil, carece de protección frente al poseedor, que mantiene la posesión de la cosa incluso frente al propietario. -Si el poseedor perdiese la posesión, tendría la acción Publiciana (*actio Publiciana*) que opera con la ficción (*fictio*) de haber cumplido el plazo para usucapir. Así, se considera que el poseedor ha usucapido y se ha hecho propietario civil (aunque no haya sido de este modo en verdad). -En consecuencia, el magistrado trata en este caso al poseedor como propietario.

Veamos ahora este segundo caso, muy diferente al anterior:

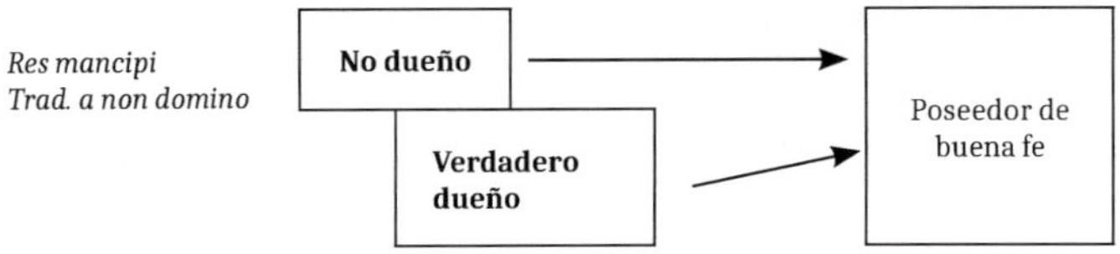

Aquí el poseedor de buena fe no queda protegido frente al verdadero dueño, ni con la excepción "de cosa vendida y entregada" ni con la acción Publiciana. En consecuencia, el poseedor de buena fe no es considerado como propietario.

En materia de compraventa, la adquisición *a non domino* puede acarrear al comprador el inconveniente de la "evicción" que se corresponde con el segundo de los diagramas diseñados. En ese esquema, como hemos visto, el poseedor de buena fe no puede servirse ni de excepción ni de acción alguna contra el verdadero dueño. Pero sí podrá reclamar frente al vendedor por su responsabilidad, asumida naturalmente en el contrato de compraventa, por el hecho de haber sido vencido el comprador en un juicio (de ahí el curioso término de evicción, *e- uictus*, vencido) con un tercero acerca de la propiedad de la cosa y haber sido despojado por este de su posesión.

Ad pedem litterae

Lit. *al pie de la letra.*

(V. ***ad litteram***). Se admite en nuestra lengua.

Ad personam

(Ad persónam)
Lit. *a la persona, con referencia a la persona, a título personal.*

Significado y contexto: Se admite en nuestra lengua. Se trata de una expresión no excesivamente frecuente en las fuentes latinas, tanto literarias como jurídicas. Veamos el siguiente testimonio de Cicerón de sus *Disputationes Tusculánae* (3.79):

> «Aunque se use mucho y a menudo ayude, ni siquiera es muy eficaz esa consolación que se resume en: "Esto no te pasa a ti solo". Es cierto que ayuda, como he dicho, pero no siempre ni a todos; hay quienes la rechazan, pero importa mucho el modo en que se aplique. (...) No tiene nada de extraño, pues, que, del mismo modo que en los procesos no adoptamos siempre el mismo punto de vista (así es como llamamos en realidad a las formas de argumentar en los litigios), sino que nos acomodamos a las circunstancias, a la naturaleza del litigio y a la persona (*ad personam*), así tam-

> bién, cuando se trata de aliviar la aflicción, hay que considerar qué tipo de cura puede admitir cada uno» (Cicerón 2005).

En este texto adquiere relevancia la alusión a las circunstancias personales, es decir, subjetivas a las que la expresión se remite para su toma en consideración respecto de un objetivo concreto: aquí, la consolación del dolor ajeno.

En los textos jurídicos, nuestra expresión va unida a menudo a una parte negocial. Así, por ejemplo, "a la persona del comprador" (*ad personam emptoris*) significa "con referencia al comprador" (v. gr. Paul 2 *resp*. D. 8.3.36). (V. ***ius ad personam***).

Ad pompam vel ostentationem

(Ad pómpam vel ostentatiónem)
Lit. *para pompa u ostentación, para su exhibición o muestra.*

Significado y contexto: La expresión tiene que ver con el comodato o préstamo de uso. Objeto de este negocio jurídico solo pueden serlo las cosas no consumibles (porque respecto de ellas no cabe uso sino "abuso", es decir, consumo), pero se exceptúa el caso en que estas cosas reciban un uso concreto que no las extingue: el de su exposición para ser admiradas por terceros. Es característico el supuesto de las monedas, que son cosas consumibles pero que, por formar parte de una valiosa colección, por ejemplo, pueden ser solicitadas para aquella finalidad. Se halla en el siguiente texto de Ulpiano 28 ed. D.13.6.3.6:

> «No puede darse en comodato lo que se consume por el uso, a no ser acaso que alguno lo reciba para pompa u ostentación».

(V. ***error***, **pro forma**).

Ad quem

(Idem)
Lit. *hasta el cual.*

(V. ***dies ad quem***). Se admite en nuestra lengua.

Ad probationem

(Ad probatiónem)
Lit. *para la prueba.*

Significado y contexto: Para determinados asuntos el derecho puede exigir que se realice una forma determinada, pero a los solos efectos de la prueba del acto o negocio llevado a cabo, no de la validez. Así, por ejemplo, la correcta intimación del deudor al pago (*interpellatio*) para constituirlo en mora (y situarlo en situación agravada de responsabilidad por el incumplimiento de su obligación) se fue afianzando en el derecho romano como modo a través del cual el acreedor podía demostrar fehacientemente que el deudor conocía su deuda (*ad probationem mórae*, Marciano D. 22.1.31.1). Se trataba de una *quaestio facti* o cuestión de hecho sobre la que era difícil teorizar, y quienes aplicaban el derecho tan solo podían llegar a rechazar ciertos requerimientos al pago por defectuosos o a considerar otras situaciones en las que la mora se producía *ex re*, es decir, derivada de un hecho: por cumplimiento de una fecha señalada o término –de donde la famosa frase de *díes interpéllat pro hómine* –lit. el término o plazo reclama en vez del hombre; es decir, no hace falta la reclamación del acreedor– o la comisión de un hecho ilícito, que produce automáticamente la situación de mora del deudor). (V. ***mora***).

En cierto modo, se opone a las expresiones ***ad validitatem*** y ***ad solemnitatem*** o ***ad substantiam*** (V. s. v.).

Ad referendum

(Ad referéndum)
Lit. *para refrendo, para que se apruebe.*

Significado y contexto: Tiene que ver con la gestión de actos pendientes de ratificación o refrendo por parte del *dominus negotii*. En general, se refiere a todo acto que se halla a la espera de ser respaldado por quien tiene legitimidad para hacerlo. Puede tratarse de un acuerdo de la junta directiva de una empresa, pendiente de ratificación por la asamblea general, de la consulta al pueblo sobre una decisión política de grave trascendencia (v. ***vox populi***), de una decisión de un órgano jerárquicamente inferior que depende de ser ratificada por el órgano superior competente, etc.

Ad solemnitatem

(ad solemnitátem)
Lit. *a solemnidad, para la validez.*

Significado y contexto: Los términos "solemne" (*sollemnis*) o "solemnidad" (*sollémnitas*), o el adverbio "solemnemente" (*sollémniter*) que, fuera del ámbito jurídico, se relacionan comúnmente con actos vistosos o aparatosos por la forma ampulosa o pomposa con que se realizan, adquieren en derecho un matiz distintivo característico: además de referirse a una forma, esta es considerada necesaria o esencial desde el punto de vista jurídico. Las formas, entendidas como requisitos de realización de un acto jurídico e incluso identificadas con él, son garantía de la seguridad jurídica; de ahí su trascendental importancia en el derecho. Lo solemne tiene que ver también con lo acostumbrado, lo que es conforme a la costumbre, lo que se arraiga desde antiguo y sigue presente hoy. Precisamente el *ius ciuile* se denomina *ius solemne* (Pomp. 16 Sab. D. 50.17.27 en contraposición al derecho pretorio):

> «No se ha de alterar cosa alguna por convención de los particulares ni en el derecho pretorio ni en el solemne (*nec ex praetorio nex sollemni iure priuatorum conuentione quicquam immutandum est*), aunque las causas de las obligaciones se puedan alterar por pacto y de derecho, y por medio de la excepción de pacto convenido, porque el modo de las acciones introducido en la ley, o por el Pretor no es invalidado por pactos de los particulares, a no ser que se haya convenido entre ellos al incoarse la acción». (v. ***ius cogens***).

A propósito de un acto solemne (*actus sollemnis*) como es la adopción o la arrogación declara Ulpiano 5 *opin.* D. 1.7.25:

> «Ningún ausente puede ni adoptar, ni arrogar, ni cumplir por medio de otro semejante solemnidad (*sollémnitas*)».

> C. 8.48.4 8 (Diocl. y Max. a. 290): «La adopción se suele hacer no en escritura, aunque esta se haya de extender por notario, sino ante el gobernador con la solemne formalidad del derecho (*sollemnis iuris ordo*)».

O veamos estos otros elocuentes fragmentos:

> Paul. 9 *resp.* D. 26.8.19: «También se le puede dar curador al impúbero, pero para hacer las cosas que requieren la solemnidad del derecho (*sollemnitas iuris*), es necesaria la autoridad del tutor».

Pap. 1 *def.* D. 28.3.1: «Se dice que un testamento o no fue hecho con arreglo a derecho (*non iure factum*), cuando faltaron las solemnidades de derecho (*sollemnia iuris*), o no es de valor alguno, cuando fue preterido el hijo que estaba bajo la potestad del padre, o se rompe por otro testamento, en virtud del cual podrá haber heredero, o por la agnación de un heredero suyo, o se hace írrito no habiendo sido adida la herencia».

C. 6.23.3 (Alex. a. 232): «Muchas veces se estableció, que en virtud de un testamento imperfecto ni el emperador reivindica una herencia. Porque, aunque la ley del imperio haya eximido al emperador de las solemnidades del derecho (*sollemnia iuris*) [este es el sentido, por cierto, del principio de *légibus solútus*], nada, sin embargo, es tan propio del imperio como vivir con arreglo a las leyes».

C. 6.30.4 (Decio a. 250): «Muchas veces se respondió por rescripto, que, deferida la herencia a un hijo de familia, si el padre obró como heredero con la voluntad del hijo, se considera que se dio cumplimiento a la solemnidad del derecho (*solemnitas iuris*)» (muy interesante por el sentido de requisito legal que tiene aquí la expresión).

En el Epítome (o resumen) de las Instituciones de Gayo (2.9.13) se alude a la cuestión de la forma en relación con los contratos consensuales. Respecto de ellos es «el consentimiento lo que se exige más que documento alguno o forma –*solemnitas*–» (*consensus magis quam scriptura aliqua aut solemnitas quaeritur*).

El negocio formal de la estipulación romana fue experimentando una progresiva decadencia en cuanto a la exigencia de la forma oral en favor del consentimiento otorgado por las partes, sobre todo durante la última etapa del imperio romano. El emperador León I en una célebre constitución del año 472 declaró como innecesarios los *sollemnia uerba uel directa* (palabras solemnes o directas):

C. 8.37 (38).10: «Tengan su validez todas las estipulaciones reconocidas por las leyes, aunque no hayan sido hechas con palabras solemnes o directas, sino con otras cualesquiera con el consentimiento de los contratantes».

En no pocas ocasiones la exigencia de palabras concretas o términos específicos se convierten en trampas para los litigantes: a eso precisamente aludían los emperadores Constancio y Constante en el año 342 cuando derogaron el procedimiento formulario:

C. 2.58.1: «Queden suprimidas por completo en todos los actos las fórmulas del derecho que ponían acechanzas en la caza de sílabas (*insidiantes aucupatione syllabarum*)». (V. ***pro actione***).

Resulta curioso pensar esa misma fue la razón por la que el procedimiento formulario sustituyó al anterior de las acciones de la ley.

La expresión es sinónima de ***ad validitatem***, en la que se apunta la finalidad para la que es requerida la forma: la validez del acto o negocio. Sin ella el negocio no es válido. (V. también ***ad substantiam***).

Ad substantiam

(ad substántiam)
Lit. *para la substancia.*

Significado y contexto: La expresión es sinónima de *ad sollemnitatem*. El término "sustancia", de naturaleza filosófica, alude a su carácter esencial,

Por ejemplo, en este sentido de elemento esencial del negocio, el jurista Papiniano (10 *quaest.* D. 18.1.72) emplea el término "sustancia" refiriéndose al precio en las compraventas: «la sustancia de la compraventa se establece con el precio» (*emptionis substantia constitit ex pretio.* V. ***accidentalia negotii***). Hacia esta interpretación amplia de la sustancia, como todo lo que las partes consideran esencial en el negocio que han concluido, ha tendido el derecho moderno a partir del romano con respecto al error *in substantia*, referido en principio al objeto del negocio jurídico (v. el célebre caso del vino avinagrado –Ulpiano 28 *Sab.* D. 18.1.9.2–); o, en cuanto a la interpretación, respecto de la obligación de restituir una cosa, de qué se considera correctamente devuelto, v. la opinión de los juristas romanos acerca de las obras de arte, cuyo precio lo fija más el arte que su sustancia, es decir, su valor artístico más que aquello de que están hechas, Paulo 7 *ed.* D. 50.16.14). (V. ***error***)

Las obligaciones tienen una determinada sustancia que las distingue de los derechos reales, como afirma Paulo en un celebérrimo texto (Paul 2 *inst.* D. 44.7.3): «La substancia de las obligaciones no consiste en hacer nuestro un objeto o hacer nuestra una servidumbre, sino en compeler a otro a que nos dé, nos haga o nos preste algo (*Obligationum substantia non in eo consistit, ut aliquod corpus nostrum aut seruitutem nostram faciat, sed ut alium nobis obstringat ad dandum aliquid uel faciendum uel praestandum*)». Por eso también, la *solutio*, aunque signifique "pago" (por tanto, referido a deudas de dinero), se convierte en el modo más usual de extinción de las obligaciones, y pasa a significar "cumplimiento" de la obligación. Paulo, de nuevo, afirma que la *solutio* así entendida (y no como pago de monedas) forma parte de la esencia de las obligaciones (56 *ed.* D.46.3.54).

Ad summum

(ad súmmum)
Lit. *a lo sumo, a lo máximo.*

Significado y contexto: Es expresión relativamente usual en las fuentes literarias latinas. Va acompañada del sustantivo al que se refiere, aunque a veces se sobreentiende.

Entre los textos que la testimonian, citaremos uno muy significativo de las *Disputationes Tusculánae* (2.5.1-4) de Cicerón a propósito del cultivo de la filosofía y de la elocuencia en Grecia y en Roma:

> «Por esta razón exhorto a todos los que pueden hacerlo a arrancar a Grecia, que está ya en declive, la gloria también en este campo [se refiere a la filosofía] y transferirla a nuestra ciudad, del mismo modo que nuestros antepasados, con empeño y con celo, nos transfirieron todas las demás cosas que merecían su desvelo. Y no cabe la menor duda de que la gloria de la elocuencia, desde un origen humilde, ha alcanzado su punto dominante (*ab humili uenit ad summum*), de manera que ahora como sucede por ley natural en casi todas las cosas, envejece y da la sensación de que, en breve espacio de tiempo, se reducirá a la nada, mientras que la filosofía en lengua latina está viendo la luz en estos tiempos y yo estoy dispuesto a contribuir a ella y a soportar que se me refute y contradiga (Cicerón 2005, 209).

En su tratado "De las leyes" (*leg.* 1.25) se pregunta el Arpinate por el significado de la virtud (*uirtus*): "No es otra cosa que la naturaleza perfecta y llevada al máximo" (*Est autem uirtus nihil aliud, nisi perfecta et ad summum perducta natura*).

En el género de la oratoria, un conocido recurso para captar la atención del auditorio y persuadirlo es el conocido con el nombre de "amplificación" (*amplificatio*). Una de sus clases se denomina "incremento" (*incrementum*). Quintiliano (*inst.* 8.4.3-4) lo describe así: «Se articula sobre un escalón o varios escalones, y llega no solo al escalón más alto (*ad summum* –se sobreentiende "escalón" o *gradus*–) sino, en determinados casos, incluso por encima de este (*supra summum*)». Y expone el siguiente ejemplo extraído de Cicerón: «Es una desvergüenza hacer arrestar a un ciudadano romano, es un crimen hacerlo azotar, es casi un parricidio hacerlo matar; ¿y qué se diría entonces si se le crucifica?». (V. ***in crescendo***).

Ad tempus

(Ad témpus)
Lit. *por un tiempo; temporalmente.*

Significado y contexto: Se admite en nuestra lengua. Es muy utilizado desde su origen en el derecho romano (y también, aunque quizás en menor medida, se encuentra en la literatura latina). Tiene relación con la expresión medieval de *ad diem* a través del fragmento romano Paul. 74 *ed.* D. 44.7.44 (v. ***ad diem***), que es clave para entender ambas expresiones: declara Paulo aquí que no cabe crear una obligación *ad tempus*, porque ese no es modo de extinguir una obligación (aunque añade que, pasado ese tiempo, el acreedor que pretende hacerla valer pueda ser rechazado por una excepción de pacto convenido o por la excepción de dolo).

La expresión tiene que ver con temas tan diversos y de tanto interés para el derecho como, entre otros, las excepciones procesales, los arrendamientos a largo plazo (*uectígal*, superficie), las servidumbres, el contrato de sociedad, el testamento del soldado, la concesión de libertad, las crecidas de los ríos y la determinación de sus riberas, el precario, las partes de un edificio comprado, los fideicomisos, las penas imponibles (y, en especial, la del destierro sin pérdida de ciudadanía o *relegatio*), el nombramiento de tutor o de juez, los abogados en general o los abogados del Fisco en particular, los decuriones o los servicios obligatorios de los ciudadanos (*munera*) ... En su origen se advierte una contraposición entre *ad tempus* y *in perpetuum* (o *perpetuo*), es decir, entre temporal y a perpetuidad o perpetuo. Veámoslo:

El jurista Gayo en sus Instituciones 4.122 distingue entre las excepciones que son dilatorias (porque retrasan el ejercicio de la acción por un tiempo determinado) y las perentorias (que no dependen de un plazo y por lo tanto valen siempre –*perpetuo ualent*–), distinción que pasa a la doctrina moderna. Así, por ejemplo, la excepción que se basa en un pacto de no pedir o reclamar una deuda en cinco años vale temporalmente (*ad tempus ualet*).

Un factor fundamental para que un arrendamiento empiece a ser considerado como generador de un derecho real (y no como mero derecho personal) es el plazo de tiempo de su duración. Esto vale tanto para el vectigalista (precedente de la enfiteusis –Paul 21 *ed.* D. 6.3.3–) como para el derecho de superficie (Ulp. 70 *ed.* D. 43.18.1.3). La concesión de la acción real se da cuando el derecho no se concibe *ad tempus*.

Las servidumbres no pueden constiuirse *a. t.* por su propia naturaleza de derecho real duradero (Pap. 7 *quaest.* D. 8.1.4 pr.), pero al revés sucede con el usufructo (Ulp. 17 *Sab.* D. 7.4.3 pr. *in fine*), aunque los bizantinos intentaran aproximarlo a aquellas con la denominación de "servidumbres personales". La razón de esto radica en el especial rigor oneroso de este gravamen para el propietario de la cosa frente al de aquellas, que lo hace particularmente insoportable; de ahí su necesaria temporalidad. El matrimonio no se puede contraer *a. t.* (iría contra su misma esencia; aunque existió en la Antigüedad y haya habido modernamente absurdas propuestas *de lege ferenda* en ese sentido), pero la sociedad sí (Paul. 32 *ed.* D. 17.2.1).

El soldado puede instituir heredero *a. t.* a una persona, para que después de un tiempo sea otro el heredero (Ulp. 45 *ed.* D. 29.1.15.4 y Ulp. 4 *disput.* h. t. 19.2). Esto es consecuencia de estimar el testamento del soldado como correspondiente a un derecho singular. Pero la libertad de una persona no puede concederse *a. t.* (Paul. 12 *quaest.* D. 40.4.33).

¿Cuáles son las riberas de los ríos cuando estos experimentan una crecida? Acaso el Nilo, si inunda Egipto –se pregunta Ulpiano 78 *ed.* D. 43.12.1.5–, ¿se entenderá que ocupa todo el país? La clave de nuevo está en que la crecida sea *a. t.* o permanente. Si vuelve a bajar el nivel hasta su estado usual, las riberas no habrán cambiado.

Quien pide algo en precario *a. t.* (Ulp. 71 *ed.* D. 43.26.4.4) puede entender que, finalizado el plazo, se le tolera seguir en él como concedido de nuevo por voluntad del otorgante.

Las vidrieras (*specularia*) y los aparatos para retratos (*pegmata*) fijados en una casa, aunque separados *a. t.*, acceden a ella, son partes de la casa (Ulp. 20 *Sab.* D. 33.7.12.25).

Si se concede un fideicomiso de una cantidad anual a una ciudad para organizar espectáculos públicos precisando que los herederos los presidan, puede preguntarse si los sucesivos herederos podrán negarse a pagar a la ciudad, y afirmar que al vincularse el fideicomiso por el testador a que los herederos presidieran los juegos, si estos deciden no seguir presidiéndolos, ya no hay fideicomiso, porque el testador lo ha configurado *a. t.* La respuesta es negativa (Modestino 11 *resp.* D. 33.1.6).

Un destierro sin pérdida de ciudadanía o *relegatio* puede ser *a. t.* o perpetuo (Ulp. 10 *de off. proc.* D. 48.22.7.3). También el nombramiento de un tutor (Ulp. 37 *ed.* D. 26.1.14.3) o de un juez (con posibilidad de prórroga si los litigantes lo consienten Ulp. 3 *ed.* D. 5.1.2.2). O las justificaciones de no asumir esas funciones pueden ser *a. t.* (una enfermedad por ejemplo) –Ulp. 23 *ed.* D. 50.5.13.3–.

El prefecto de la urbe o los gobernadores tienen potestad para prohibir el ejercicio de la abogacía *a. t.* o perpetuamente en su esfera de competencia (Ulp. *lib. sing. de off. praef. Urbi* D. 1.12.1.13 y Ulp. 10 *de off. proc.* D. 48.19.9 pr.). Los abogados del Fisco que han recibido una tarea *ad tempus*, ya que no reciben salario, pueden actuar contra el propio Fisco (*Fragmenta de iure fisci* 17). Por otra parte, la remoción del decurión de su orden puede ser también *a. t.* (Ulp. 3. *de off. proc.* D. 50.2.3.1 y Pap. 2 *quaest.* h.t. 5).

En fin, un ciudadano se puede liberar *a. t.* de la realización de ciertos servicios públicos (Iav. 6 *ex Cas.* D. 50.4.12).

Adversus bonos mores

(Advérsus bónos móres)
Lit. *contra las buenas costumbres.*

Significado y contexto: A menudo aparece en su lugar la expresión sinónima *contra bonos mores*. Las buenas costumbres de una sociedad o de un pueblo influyen en el modo de entender y aplicar el derecho. Consisten en criterios o reglas de moralidad pública y privada, imperantes en la sociedad, a las que cualquier ciudadano, al frente de un cargo o no, debe ajustar su actuación. Así, por ejemplo, lo que distingue a una *mater familias* no es su *status* civil, si está casada o es viuda, si es libre de nacimiento o manumitida, pues lo que la hace digna son las buenas costumbres (Ulpiano 59 *ed.* D. 50.16.46.1). La expresión no debe ser entendida en sentido subjetivo. A propósito del delito de injurias, donde aparece reflejada en el edicto del Pretor, la Jurisprudencia, al comentarla, la refiere a las buenas costumbres de la ciudad en que el hecho delictivo se produjo (Ulp. 77 *ed.* D. 47.10.15.6). Este criterio se utiliza para determinar conductas lesivas de la estimación social de una persona, tales como el griterío dirigido a una persona con finalidad de ultraje o escarnio público y otras conductas menospreciativas de la persona.

Señala Ulpiano (11 *ed.* D. 4.2.3.1) que la *vis* o violencia ejercida por alguien para arrancar de otro su consentimiento, para ser apreciada como relevante a efectos de la acción penal de intimidación (*actio metus*), debía ser atroz (desmedida) y contraria a las buenas costumbres. Incluso un magistrado podía incurrir en ella si no ejercitaba su poder correctamente. (V. ***vis metusve***).

Más utilizada parece la expresión sinónima '*contra bonos mores*', aplicada para determinar la invalidez por inmoralidad de pactos (p.e. el del marido que pacta renunciar al derecho a no ser demandado por su mujer por encima de sus posibilidades económicas –D. 24.3.14.1–); de cláusulas testamentarias que tienen que ver con la institución de heredero (p. e. "si no me haces heredero, ¿prometes que se me dará una cierta cantidad de dinero? Juliano 2 *ad Urs. Feroc.* D. 45.1.61) o sobre todo de condiciones (hechos futuros e inciertos de los que se hace depender la eficacia del negocio jurídico o, en derecho romano, el surgimiento de la obligación) inmorales, por las que la obligación de realizar una prestación se hace depender, por ejemplo, de "si alguien no rescata a su padre de manos de los enemigos", "si no presta alimentos a sus padres o a su patrono" (Paul. 45 *ad ed.* D. 28.7.9). Estas condiciones –dice Marciano 4 *inst.* D. 28.7.14– se tienen por no escritas (*pro non scriptis*), y Papiniano, célebre entre otras cosas por su rectitud moral, en el texto siguiente (l. 15) del libro 16 de sus *Quaestiones* lleva a cabo una decisiva equiparación de las condiciones inmorales y las imposibles («no se puede pensar que seamos capaces de llevarlas a cabo» dice él, aunque en realidad, por desgracia, sí que son posibles), que ha dejado huella en los códigos civiles modernos.

En la historia se comprueba que un pueblo que no conserva sus buenas costumbres acaba degradándose y disolviéndose, porque el cumplimiento de los *boni mores* –como dice el Pseud. Quintiliano *decl.* 268.7– es cuestión de voluntad (*boni mores constant uoluntate*), de esfuerzo y, por eso también Tácito (*Germ.*19 *in fine*), admirado de las recias costumbres de los germanos, declara: «allí valen más las buenas costumbres que en otra parte las buenas leyes (*plus ibi boni mores ualent quam álibi bónae leges*)».

Aequitas

(Aéquitas)
Lit. *equidad.*

Significado y contexto: En la definición de Celso, contenida en el Digesto justo al comienzo (Ulp. 1 *inst.* D. 1.1.1.1), el *ius* aparece referido inmediatamente a lo bueno y a lo justo, en latín '*bonum et aequum*'. El segundo término expresa gráficamente el ideal de la justicia objetiva que es "llana" (*aequa*) es decir, igual para todos. Lo contrario es "inicuo". La equidad así entendida se logra superando en pocas ocasiones la letra de la ley. De nuevo Celso (26 dig. D. 1.3.17) declara que «aprender las leyes no es retener sus palabras sino su espíritu».

De esta acepción de equidad hay que distinguir aquella otra que se refiere a la benevolencia en la aplicación del derecho, es decir, a la mitigación del rigor del derecho conforme a las circunstancias especiales del caso. Cicerón, haciéndose eco de un viejo aforismo, escribe en su tratado *De officiis* (De los deberes) el famoso '*summum ius, summa iniuria*' (1.33) que tiene que ver tanto con esta acepción como con la primera. (V. ***stricto iure***, ***tabula rasa***).

La equidad, solo ella, ha hecho famoso al derecho romano por su infatigable esfuerzo por intentar alcanzarla. La Jurisprudencia, por un lado, realiza cotidianamente esa labor de búsqueda (*constare non potest ius, nisi sit aliquis iuris peritus, per quem possit cottidie in melius produci*, no cabe que haya solución justa al caso si no hay algún jurista por el que pueda ser mejorada día a día, Pomp. *l. sing. enchirid.* D. 1.2.2.13); el magistrado, por excelencia el Pretor, ayuda, suple y corrige el viejo *ius ciuile* –al decir de Papiniano 2 *defin.* D.1.1.7.1– con la constante referencia a lo justo y a lo inicuo. No es extraño, por tanto, que ese impulso por la justicia de verdad (no la formal o aparente), que es el fondo del asunto que preocupa a los ciudadanos de a pie, se haya tomado como modelo a lo largo de la historia. Cuando el derecho inglés incorpora el nuevo modelo que denomina

Equity para flexibilizar el excesivo rigor de su *Common law* está introduciendo una idea, llevada a una de sus más altas cotas por el derecho canónico en Edad Media, de profunda raigambre romana.

A lo largo de la historia del derecho, el enorme acervo jurídico que constituyen las llamadas "reglas de equidad", de origen romano, y que hoy, lo queramos o no reconocer, están presentes en innumerables leyes-modelo o de unificación del derecho privado (no pocas de ellas pensadas y diseñadas por romanistas, como, por ejemplo, E. Rabel o V. Scialoja), representa un tesoro jurídico de inmenso valor y utilidad práctica, así como un inapreciable arsenal presto al razonamiento jurídico.

En un viaje a vuela pluma por los hechos extraordinarios que provoca la *uis attractiva* de la justicia romana y de la fama de la equidad que rebasa incluso fronteras ideológicas, no cabría entender de otro modo que un personaje como Lenin, que debería haber simpatizado poco con un derecho caracterizado como burgués, individualista y base del capitalismo actual, como se antoja que es el derecho romano, realizara su tesis precisamente sobre la figura del pretor urbano. (V. ***ex bono et aequo***, ***vinculum aequitatis***).

Affectio

(Afféctio)
Lit. *afecto o afección, voluntad duradera.*

Significado y contexto: Es una disposición de ánimo consistente en querer algo y con la intención de seguir queriéndolo. Aunque pueda ser identificado con la voluntad, no se reduce a un consentimiento inicial. Se refiere a un estado, es decir, a una voluntad duradera que exige una determinada inclinación o afición a algo.

En el derecho romano se aplica a dos situaciones entre las que hay relación: el matrimonio y el contrato de sociedad. En cuanto a este último, como dice Ulpiano (30 *Sab.* D. 17.2.31), la *affectio societatis* es lo que distingue la sociedad de la mera comunidad de bienes, como cuando se hace un legado de una cosa a dos personas, ya que es claro que ninguno de estos destinatarios quiso constituir una sociedad, no albergó esa voluntad. Respecto del matrimonio, la alusión a la *affectio* es fundamental: no solo por la distinta configuración de la voluntad (permanente, no solo inicial) en relación con el matrimonio, que hoy nos resulta sorprendente, sino porque, como voluntad o consentimiento, la *affectio* ayuda a entenderlo como una institución más elevada que la mera relación sexual. Sin tapujos (los romanos hablan claro, utilizando un estilo a veces descarnado) declara Ulpiano (33 *Sab.* D. 24.1.32.13), y casi no necesita traducción: *non enim coitus matrimonium facit, sed maritalis affectio* (pues no es el coito o relación sexual lo que constituye el matrimonio sino el afecto marital). En la sociedad moderna quizás hayamos hecho oídos sordos a esta sabia enseñanza que vincula rectamente el derecho con la vida. (V. ***in fieri***, ***pretium affectionis***).

Affidavit

(Affidávit)
Lit. *declaró bajo juramento.*

Significado y contexto: Declaración escrita jurada a efectos de prueba, propia del derecho anglosajón, llamada así porque se hacía destinataria de ella al órgano o poder competente para recibirla.

El DRAE lo define así: "Documento legal que sirve como testimonio o declaración jurada ante un tribunal, o como garantía o aval en otros casos".

A fortiori

(A fortiόri)
Lit. *de una más fuerte (razón); es decir, a mayor razón, con mayor razón. (En México es "por la fuerza").*

Significado y contexto: Se admite en nuestra lengua. La expresión sobreentiende '*ratio*' o razón. Es acuñada por la escolástica medieval e indica gráficamente, a través de la preposición '*a*', de dónde deriva el argumento a favor de una aseveración: "de una razón más fuerte". La forma del adjetivo comparativo correspondiente a *fortis* es *fortior* y contribuye a plasmar la idea de que el *topos* o argumento utilizado refuerza, por comparación con una afirmación o tesis probada, otra que se desprende aún más sólida: "si esto es así, *a fortiori* esto otro será también así (o de la manera que señale el argumento)". En latín clásico sería más correcto decir '*a fortiore*', pero el uso de la "i" final para el ablativo se divulgó en la Edad Media, que es donde encontramos la expresión.

Es muy utilizada en derecho. Por ejemplo, si existe un impedimento para contraer matrimonio entre primos, *a fortiori* tendrá que haberlo con respecto a hermanos. Es decir, si la razón del impedimento radica en la proximidad de parentesco, y se comprueba que hay impedimento legal con respecto a un determinado grado (primos), no hace falta que el derecho declare lo mismo con referencia a un grado más próximo. Basta con interpretarlo correctamente.

Con este argumento están relacionados los denominados vulgarmente –haciendo uso de un latín medieval– *a maiori ad minus* y *a minori ad maius*; es más correcta, no obstante, la versión *a maiore ad minus, a minore ad maius*: de una razón mayor a una menor y de una menor a una mayor, respectivamente, de nuevo con elipsis de "*ratione*". Con el primero coincide la formulación de Ulpiano en 27 *Sab.* D. 50.17.21 de «a quien se le permite lo más no debe no permitírsele lo menos» ('*Non debet, cui plus licet, quod minus est non licere*'), o la de Paulo en 6 *ed.* D. 50.17.110 pr. «en lo más se incluye siempre lo menos» ('*in eo, quod plus sit, semper inest et minus*'), con significativas repercusiones prácticas desde el punto de vista de la invalidez de los negocios jurídicos.

Así, si un deudor se cree obligado a lo más también se entenderá obligado a lo menos. La fuerza del consensualismo en el derecho romano marca tanto su evolución en el derecho de obligaciones como la del derecho posterior a él. En un contrato consensual como el arrendamiento opera la regla de '*a maiore ad minus*': si el arrendatario (*conductor*) se cree obligado a pagar una renta de diez y el arrendador (*locator*) de cinco, el contrato es válido (Pomponio 31 *Q. Muc.* D. 19.2.52), pero no a la inversa. En el primer caso se puede considerar un acuerdo de cinco; en el segundo no hay acuerdo. Si el deudor consiente en obligarse a diez, se entiende también que consiente a cinco (pero no a la inversa). En ambos casos se observa también el juego del principio del favorecimiento del deudor o ***favor debitoris***. Esta conclusión no se aplica a los actos formales generadores de obligaciones, como las estipulaciones, por la propia rigidez de su forma (v. Gayo 3.102, aunque Ulpiano dice lo contrario en D. 45.1.1.4, quizás interpolado en su inciso «a no ser en diez», *nisi in decem*, o bien se trata de una línea doctrinal clásica más evolucionada que la de Gayo). (V. ***inter absentes***).

'*A minore*' sería por ejemplo el caso siguiente: si se comprueba que, por la naturaleza de un sendero, no es apto para que pase un hombre o un caballo, aún menos será posible que transite un vehículo más voluminoso o pesado. Nótese que en este caso el efecto que posee el argumento es –como dirían los escolásticos– destructivo (si no puede lo menos, tampoco lo más), mientras que en el caso anterior es constructivo (si puede lo más, puede lo menos).

Pedro Hispano, en su "Breve Suma" de Lógica (*Summulae logicales*, 5.32), utiliza el argumento con efectos contrarios a los dos anteriores: *a maiori* destructivo ("si un general no puede expugnar una ciudadela tampoco el soldado") y *a minori* constructivo ("si un soldado puede, también el general").

A latere

(A látere)
Lit. *al lado.*

Significado y contexto: Se admite en nuestra lengua. *A látere* es expresión referida a los magistrados que forman un tribunal "al lado de" su presidente. Es también el legado pontificio que hace las veces del papa en actos especialmente solemnes o en asuntos de particular gravedad que el sumo pontífice le encomiende. Se denomina precisamente "legado *a latere*".

Esta idea de "lateralidad" se aprecia en las fuentes, por ejemplo, a propósito del cómputo del parentesco. Así Gayo (8 *ed. prou.* D.38.10.1 pr.) describe los dos modos de hallar el parentesco entre personas de una familia: el que se sirve de una línea recta y el de líneas colaterales. Es decir, mediante una línea vertical (en sentido ascendente o descendente) se une a ascendientes y descendientes, y mediante las colaterales (que Gayo denomina *a latere* o *ex transuerso*) a hermanos, primos, etc.

Alibi

(Álibi)
Lit. *en otro lugar.*

Significado y contexto: Se utiliza en derecho penal para referirse a una "coartada" y consiste en afirmar la imposibilidad de la comisión de un delito por encontrarse el sujeto sospechoso en otro lugar en ese momento. La voz se contrapone a la de *ubique*, por todas partes, con la que se caracteriza a algunos que, por su extraordinaria movilidad, parecen dotados del don de la "ubicuidad".

Es expresión muy popular en el derecho anglosajón. Por cierto, pronunciada a la inglesa es casi irreconocible: ['a la e βaj]. El juez Bracton (siglo XIII) la utilizó en su conocida obra *De legibus et consuetudinibus Angliae*, donde se halla a propósito de los denominados *Placita Coronae* o Decisiones de la Corona, en torno a los supuestos de derecho criminal que los jueces itinerantes (*in itínere*) en nombre del Rey, o este mismo en persona, debían resolver. En el folio 140 encontramos el término precisamente en el contexto antes indicado: (... si el apelado puede demostrar por ciertos indicios a través del testimonio de hombres honrados que en aquel día [se refiere al día del crimen] hubiese estado en otro lugar, ... = ... *si appellatus docere poterit per certa indicia per proborum hominum testificationem sea die fuisse alibi, ...*) Cfr. (Bouvier 1914, 3rd revision, Francis Rawle 8ª ed.).

(V. otros ejemplos de utilización en este libro en índice final).

Alieni iuris

(Aliéni iuris)
Lit. *de derecho ajeno.*

Significado y contexto: Se utiliza en derecho romano para aludir a aquellos que en el ámbito familiar estaban sometidos a la patria potestad del *paterfamilias*: *filius familias* (hijo de familia), *filia familias* (hija de familia); en plural, *filii familias* (hijos de familia). Curiosamente, poseían capacidad de obrar, en términos modernos, sin tener la capacidad jurídica. Esto puede ser así en el derecho romano, porque tanto el concepto de capacidad jurídica como el de capacidad de obrar no encajaban entonces como hoy. Lo interesante es que la actuación negocial de estos hijos de familia hizo razonar a la Jurisprudencia romana en torno a casos con los que se fueron formando conceptos jurídicos de gran relevancia actual: enriquecimiento justo (a través de la *uersio in rem* –v. s. v–), el peculio y con él el análisis de las facultades de administración y disposición de un patrimonio separado, la prohibición de tomar dinero a préstamo sin la autorización del "potestad-habiente", ... Hoy se emplea, figuradamente, con el análogo sentido de persona que depende de otra.

(V. ***sui iuris***).

Alieno nomine

(Aliéno nómine)
Lit. *en nombre ajeno.*

Significado y contexto: Se utiliza para referirse a la representación. El representante obra en nombre ajeno (no solo por cuenta ajena, que alude al interés de quien se realiza una gestión). Por no entender esta distinción, el Código Civil español confunde el mandato con la representación siguiendo al francés. El derecho romano era poco proclive a la representación, en parte porque no la necesitaba en el seno de la familia y en parte porque utilizó el mandato con tanta frecuencia que lo acuñó para la posteridad. El legislador francés, que lo siguió con asiduidad aquí, quedó como enredado en él (y con él el nuestro).

(V. ***cessio crediti***, ***dominus litis***, ***dominus negotii***).

Aliquid novi

(Áliquid novi)
Lit. *algo nuevo; elemento nuevo.*

Significado y contexto: El ámbito jurídico en el que esta expresión aparece es el de la novación, modo de extinción de las obligaciones, que en la conocida definición de Ulpiano (46 Sab. D. 46.2.1 pr.) se enuncia así: '*Nouatio est prioris debiti in aliam obligationem uel ciuilem uel naturalem transfusio atque translatio, hoc est cum ex praecedenti causa ita noua constituatur, ut prior perematur*' (es novación la transformación y traslado de una deuda previa en otra obligación, civil o natural, es decir, a partir de una precedente causa se establece una nueva de forma que la anterior se extinga). Se trata, por tanto, de sustituir una obligación existente por otra que presenta alguna novedad con respecto a la primera, es decir, que modifica alguno de sus elementos constitutivos.

Para que haya novación, por tanto, se exige que se introduzca un elemento nuevo (*áliquid noui*): un cambio en los sujetos de la obligación, la inserción de un elemento accidental (p. e. una condición o término), ...

(V. ***cessio crediti***, ***veritas nominis***).

Aliter

(Áliter)
Lit. *de otro modo.*

Significado y contexto: *Áliter* es expresión que se utiliza en dictámenes o en resoluciones cuando, a la solución dada a un supuesto concreto, se afirma, por ejemplo, que se resuelve de otro modo (*aliter*) respecto de otro supuesto similar, o que algún jurista o un cierto sector doctrinal lo ha resuelto de manera diversa, o que otro país, en el ámbito del derecho comparado, ha preferido resolverlo de otro modo.

Aliud pro alio

(Áliud pro álio)
Lit. *una cosa por otra.*

Significado y contexto: Se aplica a la dación en pago (*datio in solutum*) como modo de extinción de las obligaciones y consiste en que el deudor se libera de su obligación mediante la realización de una prestación diferente a la prevista *ab initio* como objeto de aquella, siempre que el acreedor lo consienta: "No puede pagarse una cosa por otra contra la voluntad del acreedor" ('*aliud pro alio inuíto creditori solui non potest*'), declara Paulo 28 *ed.* D. 12.1.2.1 *in fine*. La expresión la utiliza también Gayo (3.168) en este contexto y se refiere a una interesante disputa doctrinal acerca de su efecto extintivo. Según la escuela de Gayo (la de los Sabinianos) la extinción de la obligación es automática, con lo que no están de acuerdo los proculeyanos. Estos exigen que a la reclamación posterior del acreedor el deudor le oponga la excepción de dolo malo. Por eso en la doctrina romanística se habla de una extinción por obra de excepción (*ope exceptionis*). Hay que tener en cuenta que el término "dación" (*datio*) implica algo más que la mera entrega de una cosa. Exige el efecto constitutivo de la propiedad a favor del acreedor (como corresponde a una obligación consistente en un "*dare*", la más característica de todas). De ahí el problema que surge cuando el acreedor sufre la evicción de la cosa que le ha sido entregada. Marciano –3 reg. D. 46.3.46– afirma que en este caso debe subsistir la primitiva obligación (*manet prístina obligatio*). Según esto, la extinción no debería operar *ipso iure*. Sin embargo acabó prevaleciendo la opinión de los Sabinianos.

Aliunde

(Aliúnde)
Lit. *en otra parte.*

Significado y contexto: Esta expresión aparece cuando una declaración de voluntad, por ejemplo, de un testador es ambigua pero su determinación puede producirse desde fuera de ella.

En un dictamen, o en general en un escrito jurídico, cuando se aduce un razonamiento pero sin necesidad de dar su prueba. El emisor se remite con ella a otro ámbito donde se encuentra su constatación o el argumento jurídico al que se recurre. Es preferible este término latino a la expresión frecuente de '*in aliunde*' que pretende enfatizar la idea de su localización o posición en algún lugar no determinado.

(V. la célebre interpretación de Baldus sobre la causa de los contratos en ***causa*** (1C): '*contractus aliunde causandus*').

Alma mater

(Álma máter)
Lit. *madre nutricia.*

Significado y contexto: Se admite en nuestra lengua. 1. Con esta expresión debemos reclamar del lector máxima cautela si no desea incurrir en uno de esos falsos amigos de los idiomas que acechan insidiosos en las traducciones. En efecto, la que nos ocupa se aparta bastante de lo que el normal sentido de la comparación entre idiomas podría sugerir. Esto es así porque '*alma*' no es nombre sino adjetivo y significa "que nutre", "feraz". Los romanos, por cierto, invocaban con ella a las divinidades de la fecundidad.

De modo preferente se utiliza en el ámbito universitario. No es correcto aplicarlo a personas –como a veces se oye– de las que se elogia su cualidad de auspiciadoras de un cierto proyecto. Se refiere –como decimos–, en primer lugar, a la universidad que alimenta con su ciencia a los estudiantes; esos que, en cuanto a derecho, Justiniano designaba como «juventud deseosa de aprender leyes» (*cúpida legum iuuéntus*).

Justiniano, en la constitución *Omnem* (del a. 533), habla de Constantinopla como de '*alma urbs*', ciudad nutricia (§ 10). Y de Berito (§ 7), que califica de ciudad hermosísima (*pulchérrima cíuitas*), dice que, por su prestigio en derecho, hay quien la llama "nutricia de leyes" (*legum nutrix*). Es curioso porque se trata de un documento excepcional de política universitaria. Con esa constitución el emperador bizantino no solo reforma los planes de estudio de Derecho, sino que ofrece a la posteridad todo un ideal de vida universitaria. De esto saben mucho las ciudades de Constantinopla y Berito (hoy Beirut), cuyas universidades, a través del régimen del que les dotó Justiniano, sirvieron de modelo a las futuras de Bolonia, Salamanca, Oxford y Sorbona. El desarrollo de los planes de estudio en cinco años de Derecho, las denominaciones de los estudiantes en cada uno de los cursos, la prohibición de las novatadas (*indigni et pessimi ludi*, bromas indignas y pésimas) por derivar a menudo en actos criminales, la institución de la fiesta universitaria –*dies festus*– en honor de Papiniano (primer patrono de Derecho), la reprobación de las malas universidades (citadas por sus nombres), la adecuación del precio de los libros para que sean asequibles por los estudiantes universitarios con independencia de sus recursos económicos, y tantas y tantas otras manifestaciones universitarias son fruto de una época, la bizantina, anterior en siglos a la medieval, que comúnmente se considera primigenia pero que se inspiró en aquella.

2. De todos modos, no se le puede pedir a la universidad más de lo que puede dar. Como reza un conocido aforismo de la Universidad de Salamanca, *quod natura non dat, Salamantica non praestat* (lo que no da la naturaleza, Salamanca no lo presta). Es decir, la universidad puede que nutra el ávido deseo de conocer –ojalá fuese así siempre– de los alumnos, pero no hará inteligente al que no lo es.

Un mensaje de ánimo, no obstante, parece querer transmitir el genial glosador Azón a los estudiosos del derecho al comienzo de su monumental obra *Summa Codicis* (o *Summa* del Código de Justiniano). En efecto, tomando como referencia un curioso texto del jurisconsulto Marciano 7 *inst.* D. 32.65.3, proclama: «Todo oficio es susceptible de mejora» (*omne artificium súscipit incrementum*). Por lo sorprendente del caso relatado por el jurista Marciano, que atrajo la atención de Azón, lo exponemos: se trataba de un legado de unas esclavas especialistas en adornos (*ornatrices*), esto es, peinadoras, o lo que es lo mismo, con conocimientos de lo que llamaríamos modernamente peluquería o estilismo. La duda consistía en saber si resultaban comprendidas en la voluntad del causante aquellas todavía bisoñas, es decir, que llevaban poco tiempo aprendiendo el oficio. Celso lo negaba y, al parecer, hubo discusión entre juristas. Marciano era del parecer contrario. Veamos el texto:

> «Legadas las dedicadas a adornos (*ornatrices*), escribió Celso que no se comprenden en el legado las que estuvieron solamente dos meses con maestro (*apud magistrum*), pero otros dicen que también estas se incluyen a fin de que no sea necesario que ninguna sea incluida, porque todas podrían aprender todavía, y todo oficio admite mejora, lo cual debe más bien prevalecer porque es conforme a la naturaleza humana (*humánae natura congruum*)».

Resulta interesante el razonamiento que, en primer lugar, desarrolla una reducción al absurdo (*reductio ad absurdum*): de seguirse la opinión contraria podría suceder que, a la postre, el legado no fuera válido por el hecho de que ninguna estilista se considerase realmente experta, lo cual sería contrario a la voluntad del testador. Pero, en segundo lugar, se afirma que es conforme a la naturaleza humana. Esta última reflexión es, junto con la citada *supra* de la posibilidad de mejora en toda actividad discible, la que probablemente le persuadió finalmente al jurista boloñés del siglo XIII para colocar esta máxima justo al comienzo de su más conocida y afamada obra, y una y otra las que deben animar a todos los jóvenes, y menos jóvenes, a dedicar todas sus fuerzas en aprender y dominar al máximo posible una profesión, arte u oficio.

Alter ego

(Álter ego)
Lit. *otro yo.*

Significado y contexto: Se refiere a la representación plena de una persona por otra que hace sus veces. Posee un sentido de secundariedad, es decir, alude a alguien como persona no principal con respecto a otro, pero que ocupa su lugar y realiza su misma actividad. En el DRAE aparecen estas dos acepciones: «1. m. Persona en quien otra tiene absoluta confianza, o que puede hacer sus veces sin restricción alguna. 2. m. Persona real o ficticia en quien se reconoce, identifica o ve un trasunto de otra».

Se encuentra esta expresión en las fuentes latinas y en las griegas. En latín aparece también con forma similares: *alterum se, alter idem* ... Cicerón la emplea en varias ocasiones: *epist.* 7.5.1; *Att.*, 3.15.4; 4.7.1; *Lael.* 21.80; Plinio el joven en *epist.* 2.9.1. Relacionada con la amistad, en la Edad Media se prodigan aforismos, utilizando nuestra expresión, del estilo de este: *alter ego est amicus: cuncta mecum habet communia* (un amigo es otro yo mismo: tiene todo en común conmigo). (Tosi 2007, 602 y 607).

El Fisco romano se contempló como un *alter ego* del príncipe (*prínceps*). Esta genial creación romana logró un propósito que las legislaciones modernas han conseguido gracias a la construcción jurídica, presente a lo largo de la historia del derecho europeo, denominada "doctrina del Fisco". Gracias a ella, la Administración ha podido ser responsable frente a los ciudadanos por los perjuicios inferidos a estos; y así hablamos hoy de responsabilidad patrimonial de la Administración. No de otro modo se habría conseguido en Inglaterra donde rige el principio según el cual "la corona no puede equivocarse". La corona puede que no –dicen ellos–, pero la Administración sí.

En Roma, el Fisco ganaba y perdía en los litigios con los ciudadanos a propósito de los casos más variados. La proverbial voracidad fiscal se veía frenada, no de modo infrecuente, por la justicia del caso concreto y la protección jurídica de los contribuyentes.

Veamos el siguiente ejemplo de una venta fiscal de una cosa, realizada de modo precipitado por un menor que fue engañado por un funcionario del Fisco:

> C. 2.36 (37).1 (Seu. et Anton. a. 200): «Si siendo Probo menor de edad, se apresuró, engañado por Rufino, nuestro administrador, a contratar sin reflexión la venta de una cosa por un precio mucho menor, nuestro Fisco se atendrá a la autoridad del derecho público respecto al derecho de la restitución».
>
> (V. ***ultra dimium***).

Alterum non laedere

(Álterum non laédere)
Lit. *no dañar a otro; no hacer daño al prójimo.*

Significado y contexto: La encontramos al comienzo del Digesto de Justiniano (y también en sus Instituciones 1.1.3) en boca de Ulpiano –1 reg. D.1.1.10 pr.–, como uno de sus famosos "tres preceptos del derecho" (*tria praecepta iuris*): vivir honradamente, no dañar a nadie, dar a cada uno lo suyo (*honeste uíuere, álterum non laédere, súum cuíque tribúere*). Con independencia de si corresponde o no al genuino pensamiento de Ulpiano por reflejar un mero tópico retórico, el texto ha tenido una gran trascendencia en el desarrollo ulterior del derecho en la tradición de la Europa continental y, en general, del sistema de derecho civil, sobre todo a partir de los iusracionalistas (s. XVII) –Grocio en adelante–, que tomaron principios generales como este para construir deductivamente el derecho. Véase que no dañar al prójimo no es tan exigente como el precepto evangélico de amar al prójimo, que implica, no solo no querer dañarlo sino hacerle el bien que uno quisiera para sí, como afirma Graciano padre del derecho canónico, en su célebre *Decretum*, concretamente en su distinción (o *distinctio*) I. Aun así, aquel es principio sobre el que, por ejemplo, se sustenta toda la normativa referida a daños (lo que en el sistema angloamericano denomina "torts") y, por supuesto, es aplicable al derecho penal.

A minima

(A mínima)
Lit. *de la mínima (pena).*

Significado y contexto: La expresión sobreentiende el término '*poena*'. Para concordar con ella, '*minimus, -a, -um*', adjetivo superlativo, adopta la forma correspondiente al género femenino.

Se refiere a la apelación a partir de una pena más leve dirigida a obtener otra más grave. *A maxima* es al revés.

No debe confundirse con la conocida sentencia '*a minimis non curat praetor*' (De las cosas ínfimas no se ocupa el Pretor) que expresa, con gran sabiduría, que el derecho no se debe ocupar de las cuestiones de poca importancia o que no afectan a la generalidad de los destinatarios de las normas jurídicas o que son tan extraordinarias que no suceden comúnmente. El Pretor es en Roma el más representativo órgano jurisdiccional aplicador del derecho –aunque también creador de derecho–, que se toma aquí para encarnar el propio derecho. (V. ***apices iuris***).

A maiore ad minus

(A maióre ad mínus)

(V. ***a fortiori***).

A minore ad maius

(A minóre ad máius)

(V. ***a fortiori***).

An et quantum debeatur

(An et quántum debeátur)
Lit. *si se debe y cuánto se debe.*

Significado y contexto: La expresión que se encuentra en la Jurisprudencia romana es la de *an debeatur* en diferentes contextos jurídicos (testamento que se impugna como falso Ulp. D. 5.3.6, juramento o *iusiurandum* Ulp. 22 *ed*. D. 12.2.5.2, codicilos Ulp. 15 *Sab*. D. 28.4.1.5, fideicomiso Iul. 39 *dig*. D. 30.96 pr., etc.), pero todos ellos referidos a la función judicial de determinar la existencia de una deuda a cargo de alguien y, en caso afirmativo, de estimar su cuantía a efectos de la condena. Se plantea como una pregunta, por eso va normalmente unida al verbo *quaérere* o al sustantivo *quaestio*. A propósito de la jurisdicción, dice Ulpiano 6 *fideicom*. D. 2.1.19.1 que, cada vez que se plantee la cuestión de la cuantía con respecto a ella, debe atenderse (*quaerendum est*) en todo caso a la cantidad que se reclama, no a la que se debe (*non quantum debeatur*).

Animus

(Ánimus)
Lit. *espíritu, intención.*

Significado y contexto: Aparece en muy diversos ámbitos del derecho privado: -En materia de posesión –distinta de la propiedad–, la doctrina de Paulo sobre su adquisición exige la tenencia (*corpus*) y la intención de tener la cosa para sí (*ánimus*). Si la intención es de tener la cosa como dueño (*animus domini*), el poseedor puede llegar a ser propietario con ciertos requisitos que el derecho exige (usucapión). -Desde el derecho romano, no es animal salvaje el que conserva la costumbre en de regresar a casa (*animus reuertendi* o intención de volver).

El *animus* lo vemos aplicado a las donaciones (*a. donandi*); se habla de una intención de lesionar (*animus laedendi*) o de perjudicar (*animus nocendi*); se aplica a las novaciones de obligaciones (*a. nouandi*), a los contratos (*a. contrahendi*), a los otorgamientos de testamento (*a. testandi*), a la posesión (*animus possidendi* o intención de poseer). En derecho penal se habla de intención de matar (*animus necandi*), de intención de injuriar (*animus iniuriandi*) o de vejar (*animus uexandi*), intención de despojar de la posesión a otro (*animus spoliandi*)...

En el derecho postclásico y justinianeo se tiende a poner de relevancia el elemento subjetivo o *animus* como elemento exigible en cualesquiera actos o negocios jurídicos.

(V. ***verba /voluntas***).

Ante factum

(Ante fáctum)
Lit. *antes del hecho.*

Significado y contexto: Se refiere a la misión "cautelar" que lleva a cabo el derecho en numerosas ocasiones, anticipándose a los hechos que puedan ser perjudiciales para alguno. Esta actividad previsora, fundamental en derecho, definió a la Jurisprudencia romana del s. II a. C., que se caracterizó precisamente por adelantarse, con la adecuada redacción de formularios negociales o procesales, a posibles consecuencias nocivas para quienes emprendían ese tipo de actuaciones.

El término romano *cautio*, que en el mundo actual lo vemos referido frecuentemente a las fianzas, responde a esa finalidad: que el arrendatario que la presta no pueda abandonar un inmueble sin pagar los desperfectos o sin pagar la renta de ese mes, que el demandado no acabe pagando la condena judicial por ser insolvente etc. También alude al inventario que la Jurisprudencia romana aconsejaba exigir al comienzo (y que nosotros exigimos hoy), por ejemplo, del usufructuario para que no deje que los bienes usufructuados se degraden por falta de cuidado o del tutor para que no lleve a cabo una administración negligente del patrimonio de su pupilo. (V. ***ad cautelam***, ***post factum***).

Ante nuptias

(Ante núptias)
Lit. *antes de las nupcias o matrimonio.*

Significado y contexto: Se aplica a las donaciones antenupciales, es decir, antes de la celebración del matrimonio. En el derecho romano tardío, mientras que la mujer aportaba la dote para contribuir al sostenimiento de las cargas matrimoniales, el marido realizaba donaciones que se configuraron como una contradote. También las donaciones pueden ser de terceros para ayudar económicamente a los novios a su futuro matrimonio. Justiniano ordena sustituir la expresión *ante nuptias* por la de *propter nuptias* para dar a entender que las donaciones se realizan en consideración al matrimonio (al margen del momento en que se realicen). Hay que notar que si el matrimonio finalmente no tiene existencia, la falta de causa de las donaciones las hace inválidas.

Se aplica también a los hijos concebidos antes del matrimonio, a los que se aplica la regla romana, vigente hoy, consistente en presumir que el padre es el que ha contraído justas nupcias con la madre (porque la madre siempre es cierta siempre se puede saber quién es por el hecho del alumbramiento *–mater semper certa est–*). El derecho imperial prevé procedimientos de legitimación de los hijos naturales, por ejemplo, *per súbsequens matrimonium* (por el matrimonio de sus padres posterior a su nacimiento), que tratan de favorecer el matrimonio legítimo.

A pari

(A pári)
Lit. *de igual (razón); por analogía.*

Significado y contexto: La expresión, de origen escolástico y admitida en nuestra lengua, da por sobreentendida la *voz ratio*. Se trata de la interpretación analógica. Tiene relación con el argumento *a simili* (de razón similar). En efecto, *a pari* alude a una operación jurídica interpretativa y aplicativa del derecho por la que, una vez apreciada, por parte del juzgador o intérprete, identidad de razón entre dos casos similares, la solución que se aplica a uno de ellos vale también para el otro. (V. ***ad exemplum***).

Analicemos los fragmentos fundamentales a este propósito del derecho romano y, con él, del sistema europeo de derecho civil:

El jurista Juliano (15 *dig.* D. 1.3.12 afirma que, dado que el derecho no puede referirse a todo, o sea –diríamos–, no puede albergar la vana pretensión de prever todos los casos que la vida pueda plantear, quien esté al frente de la jurisdicción, si halla la *sententia* o idea directriz de la causa concreta, debe aplicarla a los casos similares (*ad similia*).

> «No pueden comprenderse en las leyes o en los senadoconsultos determinadamente todos los casos (*omnes artículi*); pero cuando en alguna ocasión está manifiesto su sentido, debe el que ejerce jurisdicción proceder por analogía (*ad similia procédere*), y de este modo proferir sentencia (*ius dícere*)».

Y Ulpiano en el fragmento siguiente (1 *ad ed. aedil. cur.* l. 13), citando al jurista Pedio, afirma que cuando una ley ha introducido algo en derecho, es buena ocasión para que se suplan todas las cosas que conduzcan a ese mismo interés o finalidad (*ad eandem utilitatem*) de la ley, mediante de la interpretación de los juristas o de la jurisdicción.

> «Pues, como dice Pedio, siempre que por la ley se ha introducido una u otra disposición, es buena ocasión para que o por la interpretación, o ciertamente por la jurisdicción, se suplan las demás que tienden a la misma utilidad (*ad eundem utilitatem*)».

En el siguiente -14º- Paulo (54 *ed.*) introduce una expresión muy conocida en materia de analogía en relación con la materia de la que debe excluirse (aquella que no responde al tenor de la razón): nos referimos al '*prodúcere consequentias*', es decir, al hecho de que la analogía, prolífica, hace producir consecuencias jurídicas.

> «Pero lo que está recibido contra la razón del derecho, no debe ampliarse a las consecuencias».

Pero este efecto no debe darse, como antes se recordaba, por ejemplo, con respecto al derecho singular (que, como dice Paulo, se configura contra el tenor de la razón *contra tenorem rationis*, l. 16). Otro ejemplo de no aplicación de la analogía es el derecho penal o el derecho consuetudinario fundado en algo erróneo, no introducido por la razón (Modestino 1 *reg.* D. 1.3.40). Respecto del derecho penal cabría discutir si se admite la llamada *analogia in bonam partem*, es decir, la que resulta favorable al imputado. Desde luego, queda absolutamente excluida la contraria: *analogia in malam partem*.

Y en el fragmento 32 Juliano de nuevo (44 *dig.*) declara que si no se aplican las leyes escritas habrá que acudir a las costumbres, y, en su defecto, a lo que le es próximo y consecuente (*quod proximum et cónsequens ei est*), y si esto no resulta evidente, entonces se aplicará el derecho de la ciudad de Roma.

En realidad, el método de la Jurisprudencia romana está en buena medida basado en la analogía, practicada con respecto a los casos analizados por ella. Recordemos a este respecto que el derecho romano es de índole casuística. Los ejemplos de analogía son innumerables porque la *interpretatio* romana la utilizaba profusamente y por eso era, además, de mucho mayor alcance que la moderna. Las numerosas acciones útiles y por el hecho (*in factum*) responden a este procedimiento lógico. Por ejemplo, en materia de daños, la célebre ley Aquilia (s. III a. C.) prescribía en su capítulo tercero que el objeto, propiedad de alguien, fuera dañado o destruido por otro. Pero ¿qué sucede cuando alguien se come la comida de otro o se bebe el vino ajeno? ¿Qué deterioro o destrucción se ha provocado si lo que ha sucedido es que el objeto en cuestión ha sido en realidad correctamente destinado al consumo? Propiamente no hay daño al modo que lo entendía la ley pero hay razón para entender que ha habido una injusta pérdida patrimonial de su dueño. Paulo 22 *ed.* D. 9.2.30.2 ve aquí base para conceder una acción útil.

La actividad jurisprudencial abarcaba la creación del derecho, no solo la función de atribuir sentido a normas jurídicas. Es decir, si en sentido estricto, interpretar (*interpretári*) era para los romanos identificar el significado de una determinada disposición, no podían no responder a la pregunta ulterior, antes citada, de las consecuencias extraíbles (del *prodúcere consequentias*), que va más allá de la propia disposición.

Se distingue hoy entre analogía de derecho (*analogia iuris*) y analogía de ley (*analogia legis*). En este último caso, si una concreta ley no ha previsto un supuesto determinado, pero entre la figura descrita o tipificada por la ley y el nuevo caso se aprecia una similitud sustancial suficiente, por el recurso de esta operación jurídica se le aplica a este último caso la solución prevista por la ley para el otro. Se recurre a la analogía de derecho cuando no hay ley aplicable y se colma la laguna del derecho (*uacuum iuris* o vacío jurídico) mediante la identificación de un principio general del derecho relacionado del que puede extraerse la solución al caso concreto.

Apertis verbis

(Apértis vérbis)
Lit. *con palabras abiertas, con palabras claras y manifiestas.*

(V. ***expressis verbis***).

Apices iuris

(*Ápices iúris*)
Lit. *minuciosidades jurídicas, nimias sutilezas jurídicas.*

Significado y contexto: *Apex* es ápice, extremo, detalle, minuciosidad. La expresión aparece únicamente en un texto del Digesto de Justiniano: Ulp. 7 *disput.* D. 17.1.29.4. El entero fragmento 29 analiza, desde el punto de vista de la buena fe, las conductas del fiador y del deudor con respecto al acreedor. Para entender el párrafo número cuatro partiremos del anterior:

> «3. Esto mismo puede discutirse también respecto al fiador, si cuando hubiese pagado no lo hizo saber al deudor, y de este modo pagó después el deudor lo que él no debía pagar; y creo que si pudiendo hacérselo saber, no lo hizo, debe ser repelido el fiador que ejercite la acción de mandato. Porque es próximo al dolo (*dolo proximum*), si después del pago no se lo hubiere hecho saber al deudor; pero el deudor debe ceder al fiador la acción de lo no debido para que el acreedor no consiga el duplo.
>
> 4. Pero, aunque a sabiendas omita el fiador algunas cosas, está exento de fraude, como si a sabiendas o ignorándolo omitió la excepción procuratoria; porque se trata de buena fe, a la cual no es consiguiente disputar minuciosidades del derecho (*de apícibus iuris disputare*), sino solamente sobre esto, si fuere o no deudor».

En derecho la discusión sobre aspectos excesivamente minuciosos o sutiles puede hacer apartar la atención del intérprete o aplicador del derecho de lo nuclear del caso, esto es, de la cuestión de fondo o de justicia que debe ser zanjada, lo que a su vez tiene que ver con la buena fe de los intervinientes. En este caso, el remedio procesal denominado "excepción procuratoria" servía a quien lo oponía para que se negara legitimidad al que demandaba como representante procesal de la otra parte. En el caso del párrafo cuarto, el procurador discutía, no obstante, acerca de si se debía pagar o no, que era la auténtica cuestión. El comentarista Bártolo resume de este modo la idea principal de este párrafo (*Commentaria in secundam Digesti veteris, tit. Mandati vel contra, apud 'quaedam'*): «No es reprochable la conducta del fiador si ha discutido acerca de la verdad del asunto, aunque haya omitido las excepciones, que se refieren a sutilezas jurídicas (*Non imputatur fideiussori, si omisit exceptiones, quae sunt de apicibus iuris, si de ueritate negotii disputauit*)».

Para comprenderlo aún más podemos confrontar este fragmento con Paul 32 *ed.* D. 17.1.26.5, donde no se produce una discusión previa de la excepción procuratoria, ni siquiera acerca si se debía o no pagar, pero se resuelve acudiendo a la verdad del asunto:

> «Por mandato tuyo fui fiador por diez, y los pagué al procurador del acreedor; si este fue verdadero procurador, ejercitaré desde luego la acción de mandato, pero si no es procurador, los reclamaré de él».

La glosa medieval pone en relación el fragmento de nuestro giro lingüístico con aquellos otros donde los jurisconsultos romanos o la cancillería imperial deciden resolver la cuestión sin dejarse llevar por inútiles tecnicismos. Veamos un ejemplo conocido y de no difícil comprensión a propósito de la ley Aquilia, un fragmento de uno de los más geniales jurisconsultos romanos: Iul. 86 *dig.* D. 9.2.51.2 *in fine*:

> «...Pero puede probarse con innumerables casos, que por la común utilidad se han admitido por derecho civil muchas cosas contra lo razonable de una discusión (*multa autem iure ciuili contra rationem disputandi pro utilitate communi recepta esse*); me contentaré con haber expuesto entretanto un solo caso. Cuando, para hur-

> tarla, hubiesen cogido varios una viga ajena que cada uno por sí mismo no podría llevarse, se estima que todos responden por la acción de hurto, aunque apurando el razonamiento –lit. con un razonamiento quisquilloso (*subtili ratione*)– pueda decirse que ninguno de ellos queda obligado porque es verdad que ninguno se la llevó».

Juliano ensaya aquí un curioso ejercicio de lógica jurídica: si varias personas se llevan una viga que cada uno por sí solo no podía ni levantar por su elevado peso, alguien podría argumentar jurídicamente que ninguno debe ser responsable penalmente del hurto de la viga entera porque no era físicamente posible que se la llevara. Pero esto no es admisible, aunque sea lógico estrictamente hablando. Ocurre, además, que las acciones penales romanas, como las modernas, no responden a un criterio reipersecutorio (de reintegración de la cosa hurtada o, en su caso, de indemnización o reparación) sino punitivo. Por eso son cumulativas, lo que significa que por un mismo hecho ilícito responden íntegra o solidariamente los que lo llevaron a cabo por un múltiplo de su entero valor. (V. ***a minima***).

A posteriori

(A posterióri)
Lit. *a partir de una posterior (razón); argumento inductivo.*

Significado y contexto: Se admite en nuestra lengua. Argumento de origen escolástico que parte de la experiencia para ascender a las causas o de las propiedades de una cosa a su esencia. Se sobreentiende '*ratione*' (*a posteriori ratione*). Opera en sentido inverso al argumento *a priori*. A propósito de la terminación en *-i*, v. consideraciones en ***a fortiori***.

Se emplea muy a menudo con sentido de posterioridad, aunque no sea ese exactamente su significado. Habría que utilizar, a nuestro juicio, otra expresión para describir correctamente esto, tal como *ex post* (v. expresión). Esta acepción derivada aparece probablemente porque el argumento procede de los efectos a las causas (es decir, demuestra estas a través de aquellos) –p. e., el humo prueba el incendio– lo que facilita que se le dé al supuesto un sentido de sucesión temporal. Nos parece abusivo, en todo caso, su empleo cuando se enjuicia retrospectivamente un hecho después de producido, como cuando se oye decir: «es fácil juzgar *a posteriori*, ahora que se han conocido los hechos». (V. ***post factum***).

El DRAE admite, sin embargo, la cuestionada acepción: «Después de examinar el asunto de que se trata».

A priori

(A prióri)
Lit. *a partir de una anterior (razón); argumento deductivo.*

Significado y contexto: Se admite en nuestra lengua. Proviene de la lógica escolástica. Elide "razón" ('*a priori ratione*'). A propósito de la terminación en *-i*, v. consideraciones en ***a fortiori*** (aunque la terminación del ablativo en -i de *prior* se rastrea ya en el latín clásico). Se refiere propiamente al argumento filosófico que parte de algo que es anterior a la experiencia. En derecho y en el habla común se usa de modo frecuente, aunque a menudo sin conocimiento de su verdadero sentido.

Se utiliza como sinónimo de expresiones como "de antemano" o "en principio", a menudo en sentido temporal. Es tan frecuente que el DRAE ha terminado por admitir la siguiente acepción: «loc. adv. Antes de examinar el asunto de que se trata. U. t. c. loc. adj.»; pero propiamente se refiere a lo que se puede llegar a conocer sin necesidad de experimentarlo: por ejemplo, que lo que es no puede no ser. O que si un todo consiste en varias partes, cada una de las partes no es el todo (v. '*pars in toto*' en ***pro indiviso***). Es decir, no hace falta contrastar ese tipo de cosas con la experiencia concreta y sensible. En todo caso, el argumento *a priori*, al tratar de los principios a partir de los cuales pueden deducirse, "hacia abajo" otros sucesivamente, hasta llegar a lo concreto, es de naturaleza deductiva; o como afirma el DRAE procede «descendiendo de la causa al efecto o de la esencia de una cosa a sus propiedades».

Como argumento que procede de las causas de las cosas para descender a los efectos se comprende el sentido de anterioridad que tan a menudo toma la expresión: p. e., conocida una ley física –pensemos en la de la gravedad– se sabe lo que le sucederá a un objeto si es sometido a ella.

Apud acta

(Apud ácta)

Lit. *en actas; declaración ante funcionario; inscripción en registro público.*

Significado y contexto: En el derecho imperial romano se inicia la práctica de realizar declaraciones por escrito que se inscribían en registros públicos. Augusto creó los primeros registros de nacimientos con efecto meramente probatorio pero su inscripción no fue obligatoria hasta Marco Aurelio. En Egipto había un "archivo de transmisiones" que tenía alguna similitud con los modernos Registros de la Propiedad.

La expresión tiene que ver con el derecho procesal. Parte del derecho romano, en el que lo encontramos con respecto a la declaración que, por ejemplo, se podía realizar con carácter cautelar (es decir, sin que fuera necesaria garantía) respecto del deber de exhibir algo (Paul. 1 *sent.* D. 2.4.17), o la consistente en realizar una apelación (Macer 1 *appell.* D. 49.1.2) o para que un padre pudiera expresar la prohibición a que su hijo se hiciera decurión (es decir, a que pasara a formar parte de la curia municipal y asumiera por ello gravosas cargas) (Paul. 1 *sent.* D. 50.2.7).

Veamos los ejemplos citados:

> Paul. 1 *sent.* D. 2.4.17: «El que ante oficial público (*apud officium*) dio caución por otro, está obligado a presentarlo. Y de la misma manera, el que *apud acta* prometió que presentaría a uno, aunque no dé caución a oficial público (*officio*), está, sin embargo, obligado a presentarlo».

El fragmento distingue dos supuestos: en el primero alguien ha dado garantía de presentar a otro ante un oficial público. En el segundo, se ha hecho una declaración formal *apud acta* que no precisa de ulterior garantía.

El segundo fragmento en materia de apelaciones también da valor y eficacia procesal práctica a la declaración *apud acta* en ese ámbito:

> Macer 1 *appell.* D. 49.1.2: «Pero si alguno hubiere apelado *apud acta*, será bastante si dijera: "apelo"».

En fin, el tercero citado reza así:

> Paul. 1 *sent.* D. 50.2.7: «El padre no presta su consentimiento para el decurionato de su hijo, solamente si hubiera hecho constar su voluntad contraria o *apud acta* del gobernador, o ante el mismo orden, o de algún otro modo».

Se aplica hoy característicamente a una forma de otorgar poderes válidamente en favor de los procuradores (comúnmente denominados "poderes para pleitos") que se realiza ante el secretario de una oficina judicial. Hoy en día se denomina así –el artículo 24 de la Ley de Enjuiciamiento Civil conserva incluso la denominación latina– para distinguirla de la notarial, más frecuente, llevada a cabo a través de escritura pública.

Apud iudicem

(Apud iúdicem)
Lit. *ante el juez.*

Significado y contexto: Se designa con esta expresión la segunda fase del procedimiento antiguo (o de las acciones de la ley) y del procedimiento clásico (o formulario). Era ante el juez o jueces (que no eran expertos sino legos en derecho) y en él las partes, a través de sus abogados (*oratores*), se esforzaban en aportar cuantas pruebas estimaran convenientes para demostrar lo alegado en la primera fase ante el magistrado (*in iure*). (V. *Procedimiento civil*).

A quo

(A quó)
Lit. *desde el cual.*

(V. **ad diem, dies**).

Significado y contexto: Se admite en nuestra lengua. 1. Se refiere a la fecha o término establecido por las partes, al que supeditan la eficacia de un negocio jurídico. Por ser iniciativa de las partes se denominan elementos accidentales (aunque una vez fijados en el negocio sean tan imprescindibles como cualquier otro de los llamados esenciales). Se trata de hechos futuros y ciertos (esto es, que se cumplirán a ciencia cierta; por ejemplo, una fecha futura). En el primer caso, el término (*a quo*) opera como momento inicial de los efectos (término inicial) y en el segundo (*ad quem*) como de finalización (término final). Ambas expresiones (*ad quem, a quo*), que sobreentienden la voz '*dies*', son ininteligibles sin esta. En los textos romanos hallamos *ex die* y *ad diem.*

El texto más importante relativo a esta distinción –y del que arranca sin duda el posterior tratamiento doctrinal hasta nuestros días– es de Paulo (74 *ed. praet.* D. 44.7.44.1; v. **ad diem**).

Es una pena que hoy tendamos a olvidar estas expresiones que constituyen parte de nuestro acervo cultural y las sustituyamos por barbarismos como "deadline". Una expresión, muy propia de nuestro sistema, que refleja como ninguna la angustia de los litigantes ante la posibilidad de pérdida del plazo legalmente establecido para el ejercicio de la acción es *dies fatalis* o "fecha fatal" –es decir, relativa al hado– o "fatídica)"; aunque resulta de sonoridad negativa, quizás podría traducirse mejor como "fecha decisiva". (V. ***salvo errore calculi*** *in fine*)). Lamentablemente, tampoco la recordamos.

2. *A quo* se utiliza también para aludir al tribunal cuya sentencia o resolución es apelada (lit. es "desde el cual" se apela) ante el jerárquicamente superior y *ad quem* (al cual) el órgano jurisdiccional superior al que se acude para recurrir la sentencia del tribunal inferior. En el derecho del *Common Law* se ha empleado históricamente una curiosa expresión latina para aludir al órgano jurisdiccional encargado en origen de ventilar el asunto: *at Nisi Prius* (lit. ante el <órgano> "a no ser primero").

La doble expresión procede del derecho romano y se halla en materia de apelaciones: *iudex a quo appellatum est* (el juez desde el que se ha apelado) y *ad quem –ad eum qui– de appellatione cogniturus est* (al que debe conocer de la apelación) en Marcian. 2 *appel.* D. 49.6.1 pr. (v. también Ulp. 4 *appel.* D. 49.5.5.2).

Arbitrio boni viri

(Arbítrio bóni víri)
Lit. *a arbitrio de hombre bueno.*

Significado y contexto: La expresión aparece a veces de este otro modo: *arbitratus boni uiri*. A arbitrio de hombre bueno o recto o a juicio de persona de bien es un criterio muy útil en derecho, aunque sea indeterminado en su formulación, creado por el derecho romano para exigir una determinada conducta a un sujeto en relación con otro u otros. El *bonus uir*, hombre bueno, es un típico concepto indeterminado proveniente de aquel derecho basado en el alto sentido del civismo y deber que se inculcaba a toda persona desde su infancia mediante una educación en virtudes (*uirtutes*). La fortaleza de ánimo, impertérrita ante presiones externas, y la ecuanimidad de juicio constituyen aspectos básicos que componen su figura. Por eso, la tendencia general del derecho es la de confiar una decisión o una conducta, no a un juicio libre y sin escrúpulos éticos, sino al orientado según las cualidades antes citadas. Y de ahí también que la regla que alberga nuestra expresión se acabe asentando especialmente respecto de las acciones de buena fe, incluso a través de su aceptación tácita:

> D. 50.17.22.1 (Ulp. 28 *Sab.*: «En general se ha de aprobar que siempre que en los juicios de buena fe (*in bónae fídei iudíciis*) se deja al arbitrio del principal o de su procurador la condición, esto ha de ser entendido a arbitrio de hombre bueno».

La expresión tiene que ver con la determinación de la prestación en el ámbito del derecho de obligaciones. Sin duda, entre los textos romanos más importantes y que han dejado una profunda huella en la legislación moderna están estos a continuación en materia de contrato de sociedad, dispuestos por los compiladores sucesivamente:

> D. 17.2.76 (Próculo 5 *epist.*): «Constituiste sociedad conmigo con esta condición, que Nerva, amigo común, determinara la participación de la sociedad; Nerva determinó que tú fueses socio por una tercera parte y yo por dos terceras partes. Preguntas: ¿será acaso válido esto por derecho de sociedad o somos, no obstante, socios por partes iguales? Pero opino que mejor habrías preguntado si seríamos acaso socios por las partes que él hubiese establecido o por las que hubiese debido establecer un buen varón (*uir bonus*). Porque hay dos géneros de árbitros: uno, de tal suerte, que ya sea lo justo o lo injusto, debamos obedecerlo, lo que se observa cuando en virtud de compromiso se recurrió a un árbitro; otro, de tal naturaleza, que deba sujetarse al arbitrio de buen varón (*a. b. u.*), aunque expresamente haya sido comprendida la persona por cuyo arbitrio se haga,»
>
> l. 77. (Paulo 4 *quaest.*): «(como cuando en el pacto de mi arrendamiento se consignó que la obra se haga al arbitrio del arrendador):»
>
> l. 78. (Próculo 5 *epist.*): «pero en la cuestión propuesta opino que se ha de seguir el arbitrio de buen varón (*a.b.u*) sobre todo por esto, porque el juicio de sociedad es de buena fe (*quod iudicium pro socio bonae fidei est*)».
>
> l. 79. (Paulo 4 *quaest.*): «Por lo cual, si el arbitrio de Nerva es tan infame que aparezca manifiesta su iniquidad, puede ser corregido por el juicio de buena fe (*per iudicium bonae fidei*)».

En el caso planteado, referente a un contrato de sociedad, destaca la distinción entre arbitrio libre (*arbitrium merum*), es decir, de acuerdo con el leal saber y entender del árbitro, y el arbitrio de hombre recto (*a. b. uiri*), y la discusión, respecto de este último, en torno a la equidad que plantea la decisión inicua del árbitro. En este segundo caso, si la resolución del árbitro resulta claramente injusta, las partes pueden solicitar la intervención judicial. En el primero, el recurso al juez procedería por la mala fe del árbitro. Si confrontamos estos fragmentos con el artículo 1690 del Código Civil español nos daremos cuenta de inmediato de dónde procede este último:

> «Si los socios se han convenido en confiar a un tercero la designación de la parte de cada uno en las ganancias y pérdidas, solamente podrá ser impugnada la designación hecha por él cuando evidentemente haya faltado a la equidad. En ningún caso podrá reclamar el socio que haya principiado a ejecutar la decisión del tercero, o que no la haya impugnado el término de tres meses, contados desde que fue conocida.
>
> La designación de pérdidas y ganancias no puede ser encomendada a uno de los socios».

En relación al último inciso de este artículo, el derecho muestra en general recelo con respecto a que la determinación de la prestación se deje a cargo de una de las partes intervinientes en el contrato, aunque veíamos en los textos antes citados cómo se salvaba este obstáculo recurriendo al arbitrio de hombre bueno. Así también en este otro relativo a un arrendamiento de obra (*locatio conductio operis*):

> Paul. 34 *ed.* D. 19.2.24.1: «Si en una cláusula de la locación se hubiera expresado que se apruebe la obra a arbitrio del dueño (*arbitratu dómini*), se considera lo mismo que si se hubiese expresado el arbitrio de buen varón (*uiri b. a.*). Y lo mismo se observa si se hubiera consignado el arbitrio de otro cualquiera; porque la buena fe exige que se dé el arbitraje conforme a un buen varón, y este arbitraje se refiere a la calidad de la obra, no a la prórroga del tiempo que se haya delimitado en una cláusula contractual, si esto mismo no se hubiera comprendido en una cláusula contractual. A esto es consecuente que sea nula la aprobación hecha con dolo del arrendatario (*conductor*), para que pueda ejercitarse la acción de locación».

En materia de compraventa, declara el artículo 1449 del Código Civil español: «El señalamiento del precio no podrá nunca dejarse al arbitrio de uno de los contratantes». Recordemos que, por su parte, el artículo 1447 admite «que se deje su señalamiento [del precio] al arbitrio de persona determinada». Pero añade: «Si esta no pudiere o no quisiere señalarlo, quedará ineficaz el contrato». Lo que establece el primero de los dos artículos citados nos recuerda a otro conocido texto romano, también en materia de compraventa, en el que se da razón de la grave inconveniencia que presenta un contrato de estas características. Es como si «alguno hubiese vendido así, "si él quisiese", o prometiera de este modo al que estipula, "si yo quisiere, daré diez"; porque no debe dejarse al arbitrio del deudor el hecho de resultar obligado» (Ulp. 28 *Sab.* D. 18.1.7 pr.).

Mediante la famosa caución usufructuaria, hoy impuesta por ley (cfr. art. 491 del Código Civil español), la Jurisprudencia romana salió al paso de la conducta de aquellos usufructuarios que, al no ser suya la cosa, hacían un uso negligente de ella y la devolvían en peor estado. Ulpiano (79 *ed.* D. 7.9.1 pr.) especifica que mediante la caución el usufructuario se obligaba a usar la cosa de acuerdo con el arbitrio de hombre bueno (*boni uiri arbitratu*) y a restituirla al término del usufructo. En otro interesante texto de Ulpiano (80 *ed.*), situado en el célebre título «Sobre la significación de las palabras» (D. 50. 16), a propósito del inciso contenido en una estipulación (negocio típico de los denominados de derecho estricto, no de buena fe) «que se restituya la cosa correctamente (*eam rem recte restitui*)», se exige interpretar el término *recte* (correctamente) como relativo al arbitrio de hombre recto.

De entre otros muchos textos, en fin, escogemos este: Ulp. 9 *Sab.* D. 31.1.1; en él se expone un interesante caso:

> «Pero cuando así se hubiera hecho un legado a un pupilo o a una pupila, "al arbitrio de los tutores", no hay en el legado ni condición ni mora, puesto que está determina-

do que el legado dejado en los testamentos al arbitrio de otro se entienda conforme al arbitrio de buen varón (*u. b. a.*); porque, ¿qué morosidad hay en el arbitrio de buen varón (*u. b. a.*), el cual agregado al legado expresa como cierta cantidad, a saber, con arreglo a la capacidad del patrimonio?»

Lo singular de este texto es el esfuerzo de reflexión del jurista en torno a la conservación del legado en favor del pupilo o de la pupila mediante su determinación con arreglo al criterio del arbitrio de hombre bueno, por un lado, y la concreción del *quantum*, por otro, en cuanto conforme a la capacidad patrimonial de la herencia. Este último problema, la determinación final de la cantidad que deba satisfacerse, está muy presente hoy en la doctrina jurisprudencial moderna, y es de nuevo heredero del ya intuido por los juristas romanos. (V. ***modus vivendi*** en ***modus***).

V. (Fernández de Buján, Jurisdicción y arbitraje en derecho romano 2006).

Assumpsit

(Assúmpsit)
Lit. *asumió.*

Significado y contexto: Literalmente significa "asumió" (una obligación, se sobreentiende). Se trata de un expediente jurídico del derecho inglés, surgido hacia el siglo XIV a partir de supuestos hechos ilícitos (en el ámbito de *trespass* o, en latín, *transgressio*), por el que a los deudores comenzó a hacérseles responsables no solo de lo estrictamente convenido con la otra parte sino de todo lo que implícitamente se entendiera incluido en su obligación. Gracias a él, comenzó a contemplarse jurídicamente la negligencia, imprudencia e impericia como atinentes a un comportamiento reprochable del deudor, resultado este que el derecho romano, y a través de él el derecho medieval, había alcanzado muchos siglos atrás mediante el diseño del concepto de culpa, primero en el ámbito extracontractual o aquiliano y después en el contractual. Así, por ejemplo, el médico que había realizado una negligente operación ocular empezó a poder ser demandado en Inglaterra por su negligencia profesional; o la falta de diligencia en la entrega de vehículos (carros), cuya realización se había contratado, para el transporte de suministros al otro lado del mar, que provoca la pérdida de bienes y cosas muebles por parte del que los encargó. Veamos los supuestos en su redacción latina originaria:

Trespass on the Case in Assumpsit:

Rex uic. sal. &c. as in Trespass ostensurus: quare [e.g.: for misfeasance] cum idem X ad dextrum oculum ipsius A casualiter laesum bene et competenter curandum apud Trumpingtone pro quadam pecuniae summa prae manibus soluta assumpsisset, idem X curam suam circa oculum praedictum tam negligenter et improuide apposuit, quod idem A defectu ipsius X uisum oculi praedicti totaliter amisit, ad damnum ipsius A uiginti librarum ut dicit et habeas ibi &c.

quare [e.g.: for non-feasance] cum idem X tres currus pro uictualibus ipsius A ad partes transmarinas ducendis pro certa pecuniae summa prae manibus soluta infra certum terminum inter eos concordatum facere et fabricare apud Trumpingtone assumpsisset, idem X currus praedictos infra terminum praedictum facere et fabricare non curauit per quod A diuersa bona et catalla sua ad ualentiam centum marcarum, quae in curribus praedictus duci debuissent, pro defectu curruum praedictorum totaliter amisit ad graue damnum ipsius A ut dicit et habeas &c.

«El rey al *sheriff*: saludos etc. para mostrar como en *Trespass*:

> Por el hecho de que [por ejemplo, por negligencia] habiendo asumido el citado X. curar bien y competentemente en Trumpington el ojo derecho del citado A, accidentalmente lesionado, por una cierta suma de dinero recibida con antelación, el citado X. ha aplicado su cura al antedicho ojo de forma tan descuidada y negligente que el citado A, por falta <de cuidado> del dicho X., ha perdido totalmente la visión del ojo antedicho, para daño del mencionado A de veinte libras, como afirma, y ten allí etc.
>
> Por el hecho de que [por ejemplo, por omisión] habiendo el mencionado X. asumido hacer y construir tres carros en Trumpington para transportar suministros del mencionado A al otro lado del mar por una cierta cantidad cierta de dinero entregada de antemano dentro de un cierto plazo por ellos acordado, el mencionado X. no se preocupó de hacer y construir los mencionados carros dentro del plazo antedicho, por lo que el antes mencionado A ha perdido totalmente varios de sus bienes y cosas muebles por valor de cien marcos que debieron haber sido transportados en los carros antes citados, en grave detrimento para el mencionado A debido a la falta de los citados carros, como afirma, y ten allí etc.». V. (Maitland 2005, 205).

A la lastimosa etapa de desaparición del latín y de la cultura latina en *Britannia* motivada por las invasiones de hordas de anglos, sajones y hutos producidas desde la segunda mitad del siglo VI d. C. pusieron fin los normandos a partir del siglo XI, quienes –como acabamos de ver– introdujeron allí de nuevo el uso de la lengua jurídica por antonomasia y dotaron de seguridad jurídica las decisiones de sus tribunales centralizados.

Una modalidad posterior, la *indebitatus assumpsit* (lit. asumió como debido), sirvió para poder demandar más fácilmente al deudor de pagos de dinero si de algún modo asumía, o se fingía que asumía, esa obligación. Resultó mucho más práctica que los anticuados y ceremoniosos, cuando no inseguros, *writ of debt* (lit. fórmula o modelo de deuda) y *writ of account* (lit. fórmula o modelo de cuenta). Fue el comienzo de la lenta aunque progresiva aceptación del principio de enriquecimiento sin causa, de raíz exquisitamente romana, por parte del *Common Law*. Varias especies del *indebitatus assumpsit* desarrollaron esta figura: –la de *money had and received* (dinero tenido y recibido) supuestos de pago realizado por error, intimidación y en caso de invalidez contractual. –*Quantum meruit* (lit. cuanto mereció) o *quantum ualebat* (lit. cuanto valía), referida a la aceptación de bienes o de servicios por parte del demandado sin que se hubiese fijado por las partes un precio cierto. –*Money paid* (dinero pagado), cuando el demandante hubiese pagado dinero a un tercero en beneficio del demandado. V. (Zweigert 1998, 551-552).

Auctoritatis interpositio

(Auctoritátis interposítio)
Lit. *interposición de autoridad, autorización.*

Significado y contexto: Es frecuente el error de transcripción '*auctori**tas** interpositio*', que debe evitarse. Se habla eso sí de '*auctoritas tutoris*' o autoridad del tutor y quizás haya sido la causa de esa confusión.

En el derecho romano se refiere a la autorización interpuesta por el tutor con respecto a un acto del pupilo que el derecho le permite hacer por haber alcanzado una cierta edad (*infantia maior*, es decir, que ha superado la infancia), pero que no ha de realizar solo (es decir, sin el tutor) porque compromete su patrimonio (p. e. tomar dinero a préstamo, enajenación de bienes de su propiedad, ...). Ha pasado al argot jurídico actual.

B

Beati possidentes

(Beáti possidéntes)
Lit. *felices los que poseen.*

Significado y contexto: Se trata de una traducción al latín de la expresión griega extraída de un conocido verso de Eurípides, *Dánae* 326.8: «"Felices los que poseen" se contrapone al "mísero que no posee"». El poeta Horacio (*carm.* 4.9.45-49) la hizo famosa: «no es justo que llames feliz al que posee muchas cosas: es digno más bien de obtener el título de feliz quien sabe usar sabiamente de los dones divinos y soportar la dura pobreza». V. (Tosi 2007, 796-797).

En derecho, se relaciona esta expresión, junto con la similar de *beati possessores*, con la ventaja procesal que obtiene el poseedor frente al propietario que reclama mediante la acción reivindicatoria y debe demostrar su condición de dueño (V. ***probatio diabólica***). De ahí el conocido aforismo jurídico '*melior condicio possidentis*' (lit. mejor es la condición del poseedor). (V. ***commoda possessionis***, ***possessio***).

(V. Up. 59 *ed.* D. 50.16.49 en ***res***).

Beneficium

(Benefícium)
Lit. *beneficio.*

Significado y contexto: En el ámbito del derecho romano, esta expresión se aplica al llamado "derecho singular" (*ius singulare*), aquel que definió Paulo como el que va contra el tenor de la razón y ha sido introducido por quienes tienen autoridad para ello por una razón justificada (*quod contra tenorem rationis propter aliquam utilitatem auctoritate constituentium introductum est*; Paul l. *sing. de iure sing.* D. 1.3.16). Por su rigor, su definición puede considerarse plenamente vigente hoy, y de hecho así aparece en la doctrina jurídica actual. Este alejamiento del derecho común no implica una vulneración del principio de igualdad cuya aplicación, en el fondo, no consiste en que deban ser considerados todos los casos de la misma forma, sino, conforme al ideal de justicia aristotélico, en tratar igual lo que es igual y desigual lo que es desigual.

1. En el derecho romano, el magistrado introdujo el llamado beneficio de abstención (*beneficium abstinendi*) por el cual a los herederos necesarios (esto es, aquellos que no necesitaban de adición o aceptación para adquirir la herencia) no les afectaba una herencia gravosa procedente de su *paterfamilias* con tal de que no se inmiscuyeran en ella;

es decir, siempre que no realizasen actos que supusiesen implícitamente la aceptación de la condición de heredero: por ejemplo, vendiesen algo de la herencia.

2. Respecto de las garantías personales de las obligaciones, para mejorar la situación de los fiadores y favorecer la concurrencia de deudores subsidiarios que prestasen más firmes garantías a las obligaciones, se introdujeron tres beneficios a su favor:

1º El beneficio de división (*beneficium diuisionis*): este beneficio, introducido por un rescripto de Adriano, procedía cuando concurrían varios fiadores. Consistía en permitir al cofiador a quien exclusivamente se hubiere demandado que obligase al acreedor a dirigir a la vez su acción contra él y los demás cofiadores que se hallasen en condición de solvencia en el momento de la *litis contestatio*. Cfr. Gai. 3.121; I. 3.20.4; Gai. 8 *ed. prov.* D. 46.1.26.

2º El beneficio de cesión de acciones (*beneficium cedendárum actiónum*): consistía en el derecho de que gozaba el fiador de obligar al acreedor a cederle las acciones que le competían contra el deudor principal y contra los restantes cofiadores. Cfr. Iul. 89 *dig.* D. 46.1.17:

> «Se les suele auxiliar a los fiadores para que el estipulante sea compelido a vender los créditos de los demás al que esté dispuesto a pagar la totalidad».

3º El beneficio de orden o de excusión (*beneficium órdinis, excussiónis*): este beneficio consistía en que el fiador a quien el acreedor se dirigía podía evadir los efectos de la reclamación remitiéndole a la excusión previa del deudor principal, es decir, urgiéndole a que averiguase si este poseía los bienes suficientes para el pago de la deuda. Si el deudor la pagaba íntegramente, quedaba el fiador liberado; si pagaba solo una parte, venía a cargo del fiador el pago de lo restante. El beneficio de excusión no se concedía jamás a los banqueros (*argentarii*). Cfr. la Novela 4ª cap. primero de Justiniano (del año 535 d. C.):

> «Así, pues, si alguno hubiere dado a crédito, y hubiere recibido fiador o mandante o prometedor, no se dirija él primeramente contra el mandante o el fiador o el prometedor, ni prescindiendo del deudor sea molesto para los fiadores, sino diríjase primero contra el que recibió el dinero y contrajo la deuda. (...)».

De "Las Siete Partidas" del rey Alfonso X el Sabio, hito fundamental de la tradición jurídica española y americana, véase la ley IX, tít. XII, Partida Quinta: «En el lugar seyendo aquel que fuesse principal debdor, primeramente a el deven demandar que pague, lo que deve e non a los que entraron fiadores por el, e si por aventura no ouiesse el de que lo pagar, deven demandar a los fiadores ... (sic)».

Según Koops (Koops 2012, 282 nota 12), el término *excussio* lo utiliza ya el glosador Placentino (s. XII) en su *Summa Codicis* sobre C. 8.13.14; la expresión *beneficium ordinis* en Butrigarius (ss. XIII-XIV), *Lectura super Codice*, sobre C. 8.40 (41).3. Y la expresión concomitante *beneficium discussionis* en Baldus (s. XIV), en *Commentaria in IV et V Codicis libros*, sobre C. 4.10.14.

3. El beneficio de competencia o *beneficium competéntiae* (así denominado desde el siglo XVI) se concedía a ciertos sujetos con una relación entre sí de especial confianza o intimidad, y consistía en que la condena procesal se redujese al límite de las posibilidades económicas del sujeto (lo que, en términos clásicos, se denominaba así: *in id quod fácere potest*, lit. en lo que puede hacer). Son característicos los casos del marido y la mujer o, en derecho justinianeo, el de los socios entre sí. Se estimaba, no obstante, que

aunque la condena quedase limitada de ese modo, la obligación persistiese y, por tanto, fuese susceptible de ser satisfecha con las adquisiciones futuras que el sujeto realizase. (V. ***cessio bonorum***, ***se defendendo***, ***ultra petita***).

Uno de los textos básicos de nuestro sistema jurídico en este punto se encuentra situado por los compiladores justinianeos en el último libro y título –"Sobre las diversas reglas del derecho" (*De diuersis regulis iuris antiqui*)– del Digesto de Justiniano(D. 50.17):

> Paul. 6 *ad Plaut.* D. 50.17.173 pr.: «En la condenación de las personas, que son condenadas a lo que pueden hacer (*in id quod fácere possunt damnantur*), no se les ha de quitar todo lo que tienen (*non totum quod habent extorquendum est*), sino que se ha de tener cuenta también de las mismas para que no queden en la indigencia (*ne égeant*).

Las Siete Partidas se hacen eco de este expediente jurídico en el Título XV de la V Partida (sobre todo Ley I y III) cuando en la ley I declara que «el judgador debe dexar ... tanta parte de sus bienes, de que puedan bibir (sic) guisadamente». Respecto de la Ley III el glosador Gregorio López alude a la circunstancia de la protección que recibe el que cede los bienes frente a futuras reclamaciones a no ser que se enriquezca posteriormente, «pues entonces se le exige según sus posibilidades económicas (*in quantum fácere potest*) deducido, no obstante, lo necesario para vivir (*deducto tamen unde uiuat*)».

4. El beneficio de inventario (*beneficium inuentarii*), creado por Justiniano, consiste en permitir a los llamados a heredar que, en un plazo determinado, soliciten la realización notarial de un inventario del caudal relicto para facilitarles la posibilidad de aceptar únicamente en el caso en que el activo fuese superior al pasivo.

> C. 6.30.22.2 (Iust. a. 531): «Mas si dudase si haya de ser o no admitida la herencia del difunto, no piense que le es necesaria la deliberación, sino ada [es decir, acepte] la herencia o inmiscúyase, pero hágase de todos modos inventario por él mismo, ...».

> I. 2.19.6: «Pero nuestra benevolencia [es decir, la expresada en la constitución justo antes referida] hizo este beneficio común (*commune beneficium*) a todos los súbditos de nuestro imperio, y redactó una constitución tan justísima como noble, a tenor de la que, si la hubieren observado los hombres, les es lícito así adir la herencia como obligarse en solo tanto cuanto acontece que valen los bienes de la herencia, para que por esta causa ni el auxilio de la deliberación se les haga necesario, a no ser que, descuidada la observancia de nuestra constitución, hubieren estimado que debían deliberar y preferido someterse al antiguo gravamen de la adición [es decir, aceptación]».

Resulta curioso comprobar que el título de la sección quinta (del libro III, título III, capítulo V) del Código Civil español ("Del beneficio de inventario y del derecho de deliberar") se enmarque bajo rúbrica análoga a la del correspondiente título XXX del libro sexto del Código de Justiniano ("Del derecho de deliberar y de la adición o de la adquisición de la herencia"). No es casualidad.

5. El beneficio de separación (*beneficium separationis*), en el ámbito de las sucesiones, permitía a los acreedores del causante solicitar que se separase el patrimonio hereditario del que era propio del heredero para evitar la confusión de ambos patrimonios y que la eventual insolvencia del heredero (asediado por sus propios acreedores) perjudicara a los acreedores del fallecido en sus cobros regulares con el patrimonio de este. (V. ***separatio bonorum***).

(V. también ***bona fides***).

Bona fides

(Bóna fídes)
Lit. *buena fe.*

Significado y contexto: En un pueblo como el romano habituado a hablar de las virtudes y a tratar de los deberes y responsabilidades (a diferencia del mundo actual en el que son los derechos los que parecen ser objeto predominante en los debates públicos), esta expresión constituye un pilar de la sociedad romana y de la convivencia cívica, que sigue además en pie y sirve aún de sostenimiento de la cultura occidental y, como se verá, particularmente del derecho. Es una lástima que la oigamos casi siempre en otros idiomas diferentes del latín, olvidando su origen, y que no sea inusual que se piense incluso que procede, o de la cultura dominante hoy (la angloamericana) y se diga en inglés (*good faith*) estimando que ahí se encuentra el modelo (craso error). O, creyéndose exquisito, de la francesa, surgida como por influjo del Código Civil Napoleónico, y la enuncie en francés (*bonne foi*). Tampoco es así.

1. La expresión ha acabado refiriéndose a un patrón ético de comportamiento del individuo con respecto al prójimo (que, desde el punto de vista del derecho, hace recordar el vivir honradamente u *honeste uíuere* de Ulpiano). Seguimos hoy diciendo "obrar de buena fe" para aludir a las acciones dirigidas por una intención sana y recta. Si estamos imbuidos de buena fe, mejor, si somos de buena fe (*si sumus bona fide*) –dice L. Anneo Séneca en sus *Epístolas Morales a Lucilio* (*epist.* 56.11), a propósito del ruido del mundo y la actitud frente a él del sabio– nada nos distraerá, ningún reclamo voluptuoso o vano podrá apartarnos de nuestros buenos y sólidos pensamientos. En otra obra, el tratado *De beneficiis* (5.10 y ss.), define este mismo autor el *beneficium* como un haber realizado algo útilmente <en favor de alguien> (*praestitisse aliquid utíliter*), es decir, algo ventajoso. El hecho de hacer algo bueno, de obrar el bien, se debe referir necesariamente al prójimo (*beneficium sine altero non est*, no hay beneficio o buena obra sin el otro). Pues bien, la buena fe es, con respecto al beneficio, objeto de máxima consideración y práctica por los hombres (*inter maxima humani generis bona fides*, entre las las cosas más importantes del género humano la buena fe). ¿De qué vale prestarse esa corrección ética en el obrar (*fides*) a favor de sí mismo?, se pregunta el escritor romano.

Valerio Máximo en sus *Hechos y Dichos memorables* (9.6) contrapone la *b. f.* a la perfidia, ese mal oculto e insidioso que tanto de perjuicio aporta al género humano como de saludable trae aquella. Por su parte, el comediógrafo Plauto (s. III-II a. C.), en *La Aulularia* (vv. 773 y ss.), presenta a Euclión, el viejo avaro que ha encontrado una olla llena de oro y, con espíritu contrario al que Séneca en el pasaje antes citado aconsejaba tener, lo muestra intentando enterrar su tesoro en el templo de la *Bona Fides*. Después, lo esconde en el bosque de Silvano donde el esclavo Licónides lo encuentra y se lo lleva. Plauto plantea un divertido diálogo entre Euclión y Licónides:

> «–Euc.: dime de buena fe (*Dic bona fide*): ¿te has llevado tú el oro?, a lo que le responde Licónides: '*bona*' (De buena [fe te digo que no]). –Euc.: pero ¿no sabes quién se lo ha llevado? –Licón.: esto también de buena [fe que no] (*istud quoque bona*)».

2. Basten estos ejemplos de la literatura latina no referidos estrictamente al derecho. Incomparablemente superior en atención a la *b. f.* se revela la literatura que alude a la justicia y al *ius*, extraordinariamente técnica por lo demás. La *fides* es virtud que a juicio de Cicerón (*offic.* 1.23) constituye el fundamento de la justicia y consiste en la firmeza y verdad de las declaraciones y acuerdos (*dictorum conuentorumque constantia et ueritas*). Más adelante, en esta misma obra (3.70 ss.) pone en boca del gran jurista de

comienzos del s. I a. C., Quinto Mucio Escévola, la referencia a la *b. f.* como a un "dimanar abundantísimo" (*manare latissime*) de efectos, es decir, como una fuente de innumerables consecuencias jurídicas, que él veía a propósito de las tutelas, de los contratos de sociedad, fiducias, mandatos, compraventas, arrendamientos, en los que se involucra la sociedad de la vida (*idque uersari in tutelis, societatibus, fiduciis, mandatis, rebus emptis, uenditis, conductis, locatis, quibus uitae societas contineretur*).

> 3.70: «¡Cuánto valor tienen esas palabras: "¡Para que ni por ti ni por tu lealtad haya sido yo sorprendido o engañado!" (*UTI NE PROPTER TE FIDEMVE TUAM CAPTUS FRAUDATUSVE SIM!*) De oro son aquellas otras: "¡Conviene obrar bien, como entre buenas personas, y sin engaño!" (*UT INTER BONOS BENE AGIER OPORTET ET SINE FRAUDATIONE!*). Pero, quiénes sean "buenos" (*boni*) y qué sea "obrar bien" (*bene agi*)? es una gran cuestión. Así, Quinto Escévola, el pontífice máximo, decía que aquellos juicios en los que se añadía "conforme a la buena fe" (EX FIDE BONA) poseían máximo efecto, y consideraba que la expresión de buena fe producía innumerables consecuencias (*fideique bonae nomen existimabat manare latissime*) y debía aplicarse en las tutelas, en las sociedades, en los depósitos, en los mandatos, en las compras, en las ventas, en los arriendos y locaciones, en los que se albergaba la sociedad de la vida. Que era propio de un juez sublime determinar, respecto de estos supuestos, qué y quién debía prestar a cada uno, sobre todo porque en muchos casos hay acciones contrarias».

El testimonio de Quinto Mucio Escévola ofrecido por Cicerón es de gran valor, porque la buena fe aparece descrita por el jurisconsulto romano como criterio que posibilita una apreciación judicial de efectos jurídicos múltiples, no encorsetados por una fórmula concebida en términos estrictos (v. *Procedimiento civil*), y no tanto como una exigencia de comportamiento leal entre las partes, aunque en relación con ella.

Esta última versión aparecerá en el postrero estadio de la evolución del derecho romano y dejará una huella indeleble en la tradición de la Europa continental, pero, a la vez, un visceral recelo en los países del *Common Law*. ¿Qué aplicación puede tener la buena fe –objetan estos últimos– entre partes contractuales cuyo negocio consiste en lograr su objetivo mercantil al menor costo? Un posible punto de contacto entre ambas tradiciones puede hallarse, sin embargo, en el derecho romano, idóneo para tender puentes y salvar seculares incomprensiones entre juristas y prácticos de uno y otro sistema. Así se comprueba en esta conocida sucesión de fragmentos jurisprudenciales romanos que no distan mucho en su pensamiento del *Common Law* actual:

> 1. Paul. 34 *ad ed.* D. 19.2.22.3: «Así como en el comprar y vender está naturalmente permitido comprar por menos lo que valga más, y vender por más lo que valga menos (*naturaliter concessum est quod pluris sit minoris emere, quod minoris sit pluris uendere*), y de este modo engañarse mutuamente (*et ita ínuicem se circumscríbere*), así también es de derecho en las locaciones y conducciones:»
>
> *h. t.* 23. Hermogeniano (2 *epítome del derecho*): «y por esto, no puede rescindirse (*rescindi non potest*) la locación so pretexto de haberse hecho la locación por menos pensión, si no pudiera probarse dolo alguno del adversario (*si nullus dolus aduersarii probari possit*)».

En concreto, la licitud del engaño (entendido en sus justos términos casuísticos, no de modo general ni de modo ilimitado, ni redundante en dolo) parece, en efecto, evocar el principio del *caueat emptor!* (v. voz) seguido por el derecho inglés.

Resulta curiosa, sin embargo, la asunción progresiva del principio de buena fe en el *Common Law* a partir de su tímida aceptación en el ámbito de ciertos contratos (por ejemplo, de seguro) que denominan *ubérrimae fidei* (de úberrima fe), expresión esta que evoca de inmediato su remota raíz muciana (*manare latissime*). También la gradual aceptación en diversos instrumentos internacionales del derecho contractual, aunque en la versión "ética" del principio, esto es, como patrón de conducta leal entre las partes: art. 7.1 de la Convención de las Naciones Unidas sobre los Contratos de Compraventa Internacional de Mercaderías (Viena, 1980); art. 1.7 de los Principios Unidroit 2010; 1:201 de los Principios de Derecho Contractual Europeo, ... Llamativa es la aceptación norteamericana en el *Restatement (Second) of Contracts* (§ 205).

Entre los códigos civiles es paradigmático el § 242 del BGB (Código Civil alemán), aunque también formulado en su modalidad ética. En este sentido, el art. 1134 del Código civil francés, el 1375 del Código civil italiano, ... Muy expresivo del *manare latissime* de la buena fe es el Código Civil español, cuyo artículo 1258 reza así:

> «Los contratos se perfeccionan por el mero consentimiento, y desde entonces obligan, no solo al cumplimiento de lo expresamente pactado, sino también a todas las consecuencias que, según su naturaleza, sean conformes a la buena fe, al uso y a la ley».

3. En efecto, en este terreno de la buena fe se comprueba el formidable legado del derecho romano. Es imposible reflejar en esta sede los diversos matices que el concepto de *fides*, con todas sus variantes, posee en el derecho romano (v. también ***fides***). Con respecto a los derechos reales, y más exactamente con respecto a la adquisición de la propiedad mediante usucapión, la *b. f.* se refiere al desconocimiento por parte del usucapiente de actuar lesionando el derecho de otro sobre la cosa. Es una buena fe de tipo "subjetivo". Gayo (2.43) lo expresa diciendo que, cuando recibimos algo de quien no es dueño (*non a domino*), procede la usucapión cuando obramos de buena fe (*bona fide*), es decir, en la creencia de que aquel de quien nos ha sido entregada la cosa es el dueño (*cum crederemus eum, qui traderet, dominum esse*). En este mismo sentido, es frecuente en los escritos de juristas encontrar al "comprador de buena fe" (*emptor bona fide*) que obra con esa confianza puesta en el vendedor. Por otro lado, Paulo (54 *ed.* D. 41.2.3.22) expone la doctrina según la cual el género de la posesión puede dividirse en dos: de buena fe y no de buena fe (*bona fide – non bona fide*).

En el ámbito de las acciones de *b. f.* aparece unida a una suerte de reciprocidad entre los contratantes que exige de estos un deber de lealtad que va más allá de lo declarado o lo formalmente llevado a cabo. Se trata de una buena fe de tipo "objetivo" (*fides bona*) porque el juez valora la conducta de las partes en función de diversos criterios fijados por el derecho que van más allá de lo alegado por ellas, relativos, por ejemplo, a la compensación de deudas recíprocas y al equilibrio entre sus prestaciones, a la observancia de la diligencia debida (aunque no se haya especificado en el contrato), a la atención de la voluntad real de los contratantes, a la medida del interés respecto de la indemnización basada en el incumplimiento contratual de una de la partes ...

El lector jurista comprenderá fácilmente que nos hallamos ante uno de esos criterios jurídicos que rebasan las fronteras temporales del derecho romano y las territoriales de un país concreto para instalarse en el mundo moderno como uno de los llamados principios "globales" (es decir, mundiales) del derecho, de universal aceptación. Quinto Mucio Escévola, considerado por muchas razones padre de la ciencia jurídica europea, ya lo había expresado con nitidez utilizando la expresión *ex fide bona* para referirse a este tipo de acciones (v. ***ex fide bona***). Principio de consecuencias en el ámbito de los contratos y en el de su interpretación y aplicación judicial también en relación con la materia de pago de intereses. Así, Marcian. 4 *reg.* D. 22.1.32.2: «En los contratos de buena fe se deben intereses por la mora» (*In bonae fidei contractibus ex mora usúrae debentur*).

La *b. f.* se contrapone en el argot de la Jurisprudencia romana al dolo y al fraude (*b. f. / dolus et fraus*), o al fraude (*b. f. / in fraudem*) y a la mala fe (*b. f. / mala fides*). (v. ***mala fides***). Es frecuente encontrarla como criterio rector de soluciones en expresiones del estilo de las siguientes: "la buena fe no tolera" (*bona fides non patitur*. D. 19.1.50), la buena fe exige (*bona fides exigit* D. 19.2.21). Que la buena fe es fuente de efectos jurídicos lo vemos expresado así: «de la buena fe surge ... (*ex bona fide oritur*)».

En el famoso caso de los dos fundos, Geroniano y Botriano (Ulp. 6 *opin.* D. 8.4.13), el propietario de ambos vende el primero, pero se reserva respecto del segundo, cuya propiedad retiene, el derecho a que no se practique desde el otro la pesca de atún que perjudique al fundo con el que se queda (aunque el mar sea libre para todos por naturaleza). Declara el jurista que aunque sea irregular el modo de constitución de esta servidumbre (la servidumbre no puede imponerse a través de ley privada, es decir a través de una cláusula del contrato de compraventa), la *b. f.* del contrato exige que se respete esta declaración contractual (*bona fides contractus legem seruari uenditionis exposcit*), que conduce a que no solo los actuales poseedores, sino los sucesivos que haya en ambas fincas, queden vinculados por esta prescripición en sus respectivos contratos o estipulaciones que realicen. Se trata de un curioso efecto real creado a partir de una figura meramente obligacional. La causa de este prodigio jurídico se halla en la buena fe. Veamos el fragmento:

> «El vendedor del fundo Geroniano había establecido, a favor del fundo Botriano que retenía, la cláusula de que frente a él no se ejerciera la pesca de atún (*piscatio thynnaria*). Aunque por cláusula privada (*priuata lege*) no puede imponerse servidumbre al mar, que por naturaleza está expedito a todos (*quod natura omnibus patet*), sin embargo, como la buena fe del contrato exige que se observe la cláusula de la venta (*quia tamen bona fides contractus legem seruari uenditionis exposcit*), las personas de los que poseen o de los que les suceden en su derecho están obligadas por la cláusula de la estipulación o de la venta».

El jurista Trifonino (9 *disput.* D. 16.3.31 pr.) declara lo siguiente en un singular caso de depósito (el de una cantidad de dinero entregada por alguien que ha cometido un crimen por el que resulta condenado a deportación): «La buena fe que se exige en los contratos precisa de una equidad extrema» (*Bona fides quae in contractibus exígitur aequitatem summam desíderat*). En efecto, atendiendo a ella, la suma no ha de devolverse al depositante (como exigiría el derecho natural y de gentes, dice el jurista) sino que ha de ser conferida *in publicum* (como exige el derecho civil y el orden legal), con una función ejemplarizante respecto a los demás e inhibitoria en relación a la comisión de delitos.

Con respecto al tutor, Paulo (38 *ed.* D. 26.7.12.1 refleja el criterio siguiente, confirmado por rescriptos imperiales de Trajano y Adriano: que se considere válido lo que el tutor haya hecho de buena fe (*quae bona fide a tutore gesta sunt, rata habentur*).

Por otra parte, la *b. f.* es criterio para resolver los casos de ambigüedad en la interpretación de los actos jurídicos (Paulo 14 *ad Plaut.* D. 34.5.21).

La *b. f.* aparece, como colofón del Digesto de Justiniano en su último libro (50º), entre las reglas jurídicas: D. 50.17.57 –exigir dos veces algo es contrario a la buena fe–, D. *h. t.* 136 –la buena fe vale como verdad al poseedor en la medida en que la ley no dice lo contrario– y 152.3 – responsabilidad solidaria del heredero en contratos en los que se exige la buena fe–.

(V. también ***ex fide bona*, *bonus paterfamilias*, *fides***).

Boni mores

(Bóni móres)
Lit. *buenas costumbres.*
(Es masculino plural: "Los boni mores...").

(V. ***adversus bonos mores***).

Bonitas nominis

(Bónitas nóminis)
Lit. *bondad del crédito.*

(V. ***veritas nominis***).

Bonus paterfamilias

(Bónus páter famílias)
Lit. *buen cabeza de familia; persona diligente.*

Significado y contexto: *Pater familias* o paterfamilias (*familias* es un genitivo arcaico; v. M. Seruius Honoratus en *Seru. Aen.* 11.801), –se admite en nuestro idioma escrito junto, pero no en cursiva–, es una expresión equívoca, porque no se refiere en el derecho romano a un "padre", es decir, a quien se atribuye descendencia, sino a aquel varón que no depende de la potestad de un ascendiente también varón, es decir, que no se halla sometido a la patria potestad de nadie, sino que es independiente (*sui iuris*). El ciudadano *pater familias* es sujeto con capacidad jurídica y, por tanto, es titular de derechos y deberes y actúa válidamente en el tráfico jurídico (aunque esto último también lo puede hacer un *filiusfamilias* o incluso un *seruus*, sujetos sin capacidad jurídica ¡pero –en términos modernos– con capacidad de obrar!). Un ejemplo típico de su actuación es el otorgamiento de testamento (v. Cicerón, *inv.* 2.116; 2.122; 2.148 este en relación con las XII Tablas; *de orat.* 1.241), que exige un especial celo o cuidado en prever el futuro destino de personas y bienes a su cargo. Relata Plutarco que Catón –prototipo de hombre escrupuloso y austero– se reprochaba a sí mismo haber dejado pasar un día sin hacer testamento, es decir, intestado (Cat. *Ma.* 9.6). (v. ***testamenti factio***).

Otro aspecto de la conducta de un *p. f.* es el deber de un buen romano de llevar a cabo una ordenada contabilidad de sus ingresos y gastos. Del emperador Adriano se dice que estaba tan al tanto de las cuentas públicas (enormes y complejísimas) como ningún *p. f. díligens* (diligente) podría con respecto a las suyas domésticas (*omnes publicas rationes ita complexus est, ut domum priuatam quiuis paterfamilias díligens non satis nóuerit*; texto de Spartianus, s. IV d. C.: Spart. *Hadr.* 20.12).

En tercer lugar, para un pueblo tan dedicado inicialmente a la agricultura (más tarde, sin embargo, también a los grandes negocios), aquella era vista como el ideal de actividad de una persona honrada. Por eso, cuando fue preguntado Catón acerca de qué entendía por *p. f.*, respondió que era el que apacentaba bien el ganado y araba bien los campos (*qui bene pascit et bene arat*; Seru. *Aen.* 7.539). Al buen agricultor también se refiere el gaditano Columela (s. I d. C.) en su tratado de la agricultura (*De re rustica*): Colum. 3.4.3.

El contexto jurídico al que pasa la expresión alude, pues, a la diligencia empleada por un sujeto como medida para determinar su responsabilidad. Así, en el derecho romano se define la culpa como «lo que, pudiendo ser previsto por una persona diligente, no lo ha sido» (*cum quod a diligente prouideri potuerit non esset prouisum* Paul. 10 *Sab.* D. 9.2.31). En Gai. 9 *ed.* D. 13.6.18 pr. –fragmento con sospechas de alteración–, a propósito del comodato, se habla de la diligencia que un sujeto muy cuidadoso emplea en sus propios asuntos (*diligentia ... qualem quisque diligentissimus p. f. suis rebus adhibet*) de manera que únicamente deja de responder por hechos irresistibles, por tanto subsumibles en la llamada *uis maior* o fuerza mayor (incursiones de bandidos o enemigos, asalto de piratas, naufragio, incendio y –añade el texto un tanto enigmáticamente para nosotros– las fugas de esclavos que no suelen custodiarse). En el derecho clásico, el comodatario asume un tipo de responsabilidad objetiva llamada responsabilidad por custodia. También del acreedor pignoraticio se dice que, con respecto a la cosa pignorada, se le exigirá aquello que una diligente persona suele prestar en sus cosas (*ea quae díligens pater familias in suis rebus praestare solet*, Paul. 29 *ed.* D. 13.7.14). (V. ***culpa***, ***vis maior***).

Todo este patrimonio lingüístico y esta experiencia jurídica han permanecido vivos en nuestros códigos modernos y en la doctrina actual, que suelen aún hoy referirse a la "diligencia de un buen padre de familia". Esto, por cierto, motivó que Gierke se preguntara irónicamente cómo una bailarina de un teatro de ópera debía aplicar el criterio de la diligencia de un buen padre de familia a su modo de danzar exigible por contrato.

Brevi manu

(Bréui mánu)
Lit. *con mano corta, sin entrega material.*

Significado y contexto: Alude a una de las formas espiritualizadas de *traditio* (entrega) que constituye el modo más normal de adquirir cosas, tanto en el derecho romano –de donde procede– como hoy en día. Se refiere al supuesto en el que el adquirente ya tenía de hecho la cosa por algún otro concepto diferente al que justificase ser propietario (como depositario, comodatario o arrendatario), así que solo le faltaba un acto por el cual el enajenante le reconociese como dueño. Escogeremos a continuación algunos de los textos fundamentales:

La *nuda uoluntas* (voluntad desnuda o simple) basta para traspasar la propiedad –aunque se discuta modernamente que esta idea de transferencia de propiedad sea clásica– dice Gayo 2 *rerum cott. siue aureor.* D. 41.1.9.5; es decir, el contrato de compraventa es suficiente, aunque no haya *traditio*, porque en cierto modo esta ya se ha hecho:

> «A veces basta para transferir una cosa la nuda voluntad del dueño aun sin la entrega (*sine traditione*); por ejemplo, si yo te hubiere vendido la cosa que te di en comodato o en arrendamiento, o que deposité en tu poder, porque aunque yo no te la hubiere entregado por virtud de esta causa, sin embargo, por lo mismo que consiento que esté en tu poder por causa de compra, la hago tuya».
>
> Cfr. I. 2.1.44: «A veces también la sola voluntad del dueño, sin la entrega (*sine traditione*), basta para transferir la cosa, como si alguno hubiere vendido o donado la cosa que te prestó, o arrendó, o depositó en tu poder. Pues aunque por esta causa no te la hubiere entregado, por lo mismo, sin embargo, que se consiente que sea tuya, se adquiere inmediatamente para ti la propiedad, de igual modo que si con este título hubiese sido entregada».

Ulpiano 26 *ed.* D. 12.1.9.9, en el caso de un depósito de dinero en el que, "antes de que las monedas se muevan" (*antequam moueantur*), es decir, antes de que se disponga de ellas, el depositante concede al depositario permiso de uso (o sea, de consumo jurídico), estima que puede demandarse al destinatario como prestatario del dinero. Es decir, Ulpiano en este texto no contempla el caso ya como un depósito (irregular) sino como un préstamo (lo que significa que el destinatario se ha hecho con la propiedad de las monedas) y afirma que la posesión –necesaria para la *traditio*– la ha adquirido aquel con su sola intención de poseer (*ánimo enim íncipit possidére*, pues con la intención comienza a poseer):

«Deposité diez monedas en tu poder, y después te permití usar de ellas; Nerva y Próculo dicen que también antes de que sean utilizadas puedo reclamártelas por la condicción (*condictio*) como dadas a ti en mutuo; y es verdad, como también le parece a Marcelo, porque empezó a poseer con la intención, y por consiguiente pasó el riesgo al que solicité el dinero en mutuo, y podrá reclamársele por la condicción». (V. ***tantundem***, ***terminus***).

Véase este otro texto de Celso 27 *dig.* D. 21.2.62 pr.:

«Si yo te hubiese vendido la cosa, que estuviese en tu poder (*apud te esset*), como quiera que se tiene por entregada (*pro trádita habetur*), se establece que me obligo por razón de evicción».

Los medievales acuñaron la expresión *breui manu* para aludir a esta singular forma de *traditio*. Pero la encontramos en realidad en un texto romano (Ulp. 3 *disput.* D. 23.3.43.1) referido a una *acceptilatio*, es decir, a un acto formal de extinción de una deuda, realizado por un tercero extraño a la familia con fines dotales (es decir, para constituir una dote de parte de la mujer a favor del marido a través de la ventaja patrimonial consistente en extinguir una deuda de este), pero que no ha venido seguido de las efectivas nupcias. La extinción no se produce salvo que se entienda que el tercero haya querido hacer una donación a la mujer y entonces que, *b. m.*, esta haya recibido lo donado y se lo haya dado al marido:

«Pero siempre que un extraño da por pagado a un deudor por causa de constituir dote, si verdaderamente no se hubieren verificado las nupcias, no se verificará la liberación, a no ser acaso que lo haya dado como pagado de tal manera, que quiera que en absoluto se haya hecho donación a la mujer; porque entonces se ha de creer que la cosa se recibió por la mujer *breui manu*, y que se la dio al marido; de otro modo no puede adquirirse para la mujer la condicción por medio de persona libre...»

(V. ***traditio***).

C

Capacitas

(Capácitas)
Lit. *capacidad.*

Significado y contexto: 1. Este término latino ha tenido mucha fortuna en la historia del derecho pues hoy resulta clave para distinguir entre la aptitud o idoneidad para ser titular de derechos y deberes (capacidad jurídica) y la relativa al ejercicio de sus derechos (capacidad de obrar).

Se encuentra sin embargo muy pocas veces en las fuentes romanas. Parece esta palabra fue un invento de Cicerón –(*Tusc.* 1.25.61); cfr. A. d'Ors, (d'Ors 2008)§ 279 nota1)– que la refirió a la capacidad intelectual (*capácitas ánimi*; lit. capacidad del alma):

> «¿Debemos pensar que en el alma hay una especie de receptáculo, en el que, como si de una vasija se tratara, se pueden verter las cosas que recordamos? Es una idea absurda, sin duda. ¿Cómo es posible imaginar en realidad un fondo o una figura semejante del alma o una capacidad tan grande? ...» (Cicerón 2005).

En las fuentes jurídicas la encontramos en el siguiente texto del jurista Gayo que se plantea el problema de la adquisición de un legado hecho a un esclavo hereditario, es decir, un esclavo perteneciente a una herencia, que no puede ser adquirida por el llamado a heredar por afectarle una causa de incapacidad. Precisemos que los juristas romanos vincularon el término de capacidad a la aptitud para adquirir un patrimonio hereditario (*ius capiendi*) con respecto a ciertas circunstancias limitativas de adquirir por esta vía indicadas por las leyes matrimoniales de Augusto y correspondientes, en general, a personas no casadas, o casadas sin hijos, ya que, conforme a esa legislación, los hombres entre los 25 y 60 años y las mujeres entre los 20 y 50 tenían obligación de contraer matrimonio y de tener un número determinado de hijos. Veamos el texto que también tiene importancia desde el punto de vista de la configuración de la llamada "herencia yacente":

> Gai. 12 *ad leg. Iul. et Pap.* D. 31.55.1: «Si habiendo sido instituido heredero el que no puede adquirir nada o la totalidad, se le hubiere hecho un legado a un esclavo de la herencia, al tratar nosotros de la capacidad (*de capacitate*), se ha de ver si se deberá atender a la persona del heredero, o a la del difunto, o a la de ninguno de los dos; y después de muchas divergencias está determinado que como no hay dueño alguno respecto a cuya persona se pueda hacer investigación sobre la capacidad (*de capacitate*), se adquiera sin ningún impedimento el legado para la herencia, y le pertenezca por esto de todos modos a cualquiera que después quedare heredero, conforme a lo que puede adquirir; pero que la otra parte les corresponda a los que son llamados por derecho».

Respecto de la capacidad humana para realizar una empresa de gran envergadura es célebre el texto por el que se ordena la confección del Digesto de los juicios Justiniano, correspondiente a la constitución *Deo Auctore* en su párrafo primero:

> «Y pues entre todas las cosas no se halla ninguna tan digna de atención como la autoridad de las leyes, la cual dispone acertadamente las cosas divinas y las humanas, y excluye toda iniquidad; como reparásemos que todo el cúmulo de leyes, que trae su origen desde la fundación de Roma y desde los tiempos de Rómulo, era de tal modo confuso que se extendía a lo infinito (*in infinitum*), y no era abarcable por humana capacidad (*nullíus humánae natúrae capacitate*, lit. por capacidad de naturaleza humana alguna), fue nuestro primer cuidado comenzar por la obra de los antepasados sacratísimos príncipes, y enmendar y aclarar sus constituciones, para que, reunidas en un Código y purgadas de toda superflua analogía y de toda injustísima discordancia, ofrezcan a todos los hombres pronta y eficaz defensa de su sinceridad».

Otro testimonio interesante es el siguiente: *sólidi capácitas* (*Tituli ex corpore Ulpiani*. 16) referida a la capacidad sucesoria no restringida (íntegra) entre cónyuges.

2. El adjetivo *cápax* significa "capaz", esto es, idóneo para una determinada función. Se habla en los textos jurídicos de embarcaciones idóneas para navegar por río pero no por mar (*fluuii capaces*, lit. capaces de río). En relación con la madurez intelectual y volitiva, que a su vez suele conectar el derecho con el cumplimiento de una determinada edad, los juristas hablan de un sujeto *capax consílii* (capaz de decidir, o sea, de obrar), *capax doli* (capaz de intención malévola), *capax cúlpae* (capaz de culpa), *capax iniúriae faciéndae* (capaz de cometer una injuria), *capax furandi* (capaz de hurtar). También se utiliza este adjetivo para referirse a la capacidad para adquirir algo y, muy en especial, para adquirir por vía testamentaria.

Veamos algunos textos:

> Ulp. 7 *Sab.* D. 29.2.8.1: «Si el impúbero, que está bajo la potestad de otro, hubiere adido la herencia por mandato de este, aunque no hubiere sido capaz de obrar (*capax consilii*), adquiere para él la herencia».

> Ulp. 41 *Sab.* D. 47.2.23: «Escribió Juliano en el libro vigésimo segundo de sus digestos que el impúbero puede cometer hurto si ya fuera capaz de dolo (*capax doli*). Asimismo, se puede ejercitar contra el impúbero la acción de daño con injuria, porque también por el impúbero se comete hurto; pero dice que se ha de poner limitación, porque esto no es aplicable a los que aún no hablan; nosotros creemos que se puede ejercitar la acción de la ley Aquilia contra el impúbero capaz de culpa (*capax cúlpae*). También es verdad lo que dice Labeón, que por el hurto hecho con ayuda de un impúbero (*ope impúberis*) no está este obligado».

> Ulp. 18 *ed.* D. 9.2.5.2: «Y por esto preguntamos, si un enajenado mental grave (*furiosus*) hubiere causado el daño, ¿habrá la acción de la ley Aquilia? Y Pegaso dijo que no; porque ¿qué culpa habría en él, no estando en su juicio? Y esto es muy verdadero; cesará, pues, la acción de la ley Aquilia, así como no es aplicable la ley Aquilia si un cuadrúpedo hubiere causado el daño, o si hubiere caído una teja. Pero también si un infante [niño de corta edad] hubiere causado el daño, deberá decirse lo mismo. Pero si lo hubiere hecho un impúbero, dice Labeón que, puesto que se obliga por el hurto, queda él obligado también por la ley Aquilia; y opino que esto es verdad, si ya fuera capaz de injuria (*capax iniuriae*)».

> Gai. 2 *ed. prov.* D. 50.17.111: «El pupilo que esté próximo a la libertad (*pupillus proximus pubertati*) es capaz de hurtar y de inferir injuria (*capax furandi et iniuriae faciendae*)».

El problema de fondo que se ve planteado en los escritos de los juristas de época imperial avanzada (siglos II y III d. C.) es en realidad muy moderno: se trataba de determinar qué edad debía considerarse desde el punto de vista del derecho penal como idónea para advertir en el sujeto suficiente madurez mental con respecto a la comisión de un hecho ilícito. Las dos expresiones que utilizan el término "capaz" se refieren a esa cuestión, como se aprecia en el penúltimo texto cuando compara al impúber con el enajenado mental o con el infante. Se aplicaba a los delitos privados del *ius ciuile*, más numerosos que en el derecho actual, al menos hasta la definitiva criminalización en el propio derecho romano de los supuestos más graves: hurto, injurias, daño, robo y daños violentos. También, ocasionalmente, a los llamados delitos pretorios. Los jurisconsultos hablaban de estos sujetos como *pupilli pubertati próximi* (pupilos próximos a la pubertad, es decir, según el criterio proculeyano, que no hubieran cumplido las mujeres 12 años aún y 14 los varones). Es verdad que desde muy antiguo las XII Tablas (8.14) castigaban al impúber sin aludir a este criterio; pero, probablemente, se debiese a una menor finura jurídica de aquella ley que no entraba en la consideración de la madurez mental del sujeto.

Con relación a la capacidad testamentaria de las leyes matrimoniales de Augusto que la restringieron con arreglo a las circunstancias previstas por ellas, veamos, a título de ejemplo, el siguiente texto:

> D. 28.5.80: «Pero si Mevio no tuviera capacidad para recibir cosa alguna (lit. no fuera capaz de <recibir> nada, *nullíus cápax*), el sustituto es admitido a la totalidad».

Capax doli

(Cápax dóli)
Lit. *capaz de dolo.*

(V. ***capacitas***).

Capitis deminutio

(Cápitis deminútio)
Lit. *disminución de la cabeza; capitisdisminución o pérdida de capacidad.*

Significado y contexto: El jurista Gayo (1.159 ss.) habla de la *c. d.* como una alteración en el estado de la persona (***prioris status permutatio*** o cambio con respecto a un estado anterior) referida a su situación de libertad (***status libertatis***), ciudadanía (***status ciuitatis***) o familia (***status famíliae***). En el primer caso (pérdida de libertad y de ciudadanía según Gayo, pero –como dice Paulo 2 Sab. D. 4.5.11 con razón– también de familia), la *c. d.* es maxima, en el segundo (pérdida de ciudadanía conservando la libertad) *minor* o media, y en el tercero (alteración de la situación familiar, p. e. por adopción) *minima*.

> Paul. 2 *Sab.* D. 4.5.11: «Hay tres especies de disminución de cabeza: máxima, media y mínima; porque tres son las cosas que tenemos: libertad, ciudadanía y familia. Así pues, es sabido que cuando perdemos todas estas cosas, esto es, la libertad, la ciudadanía y la familia, es máxima la disminución de cabeza; pero que cuando perdemos la ciudadanía, y retenemos la libertad, es media la disminución de cabeza; y que cuando se retiene la libertad y la ciudadania, y tan sólo se muda de familia, la diminución de cabeza es mínima».

En el Digesto de Justiniano se dedica por entero un título (el quinto del libro cuarto) a la *c. d.* Por él se comprueba que Ulpiano comentó un curioso edicto del Pretor con el que el magistrado prometía dar acción para reclamar las deudas contraídas por alguien antes de sufrir *c. d.*, como si esta (extintiva de la capacidad del sujeto deudor) no hubiera tenido lugar. Lo que se plantea por el Pretor es una ficción, es decir, una operación jurídica empleada por el magistrado para resolver de un modo drástico (gracias a su *imperium*) situaciones injustas, por la que obliga al juez a que finja (es decir, a que dé por existente o inexistente) una circunstancia o hecho: en este caso, que la *c. d.* no se ha producido. Constituye la ficción un sorprendente modo de no hacer caso a la realidad de los hechos para alcanzar la justicia a su pesar. La razón de este edicto, en efecto, es clara porque de otro modo los acreedores se quedarían, sorprendentemente, sin cobrar sus créditos. (V. ***fictio***, ***fraus creditorum***, ***scientia fraudis***).

La expresión se usa en lenguaje culto para expresar la pérdida de estatus social o la restricción de actividades que sufre alguien por alguna razón. Curiosamente, hacía referencia en su origen a la comunidad política que, por un determinado hecho (p. e. cautividad de guerra de un individuo), experimentaba la "pérdida de una cabeza" (*caput* es sinécdoque de persona –como en "renta per cápita"–) en su seno. Se admite en nuestra lengua vertida en "capitidisminución". (V. ***caput***).

Captatio benevolentiae

(Captátio beneuoléntiae)
Lit. *captación de la benevolencia.*

Significado y contexto: Es expresión propia de la retórica clásica y se refiere a un modo usual con el que el orador abordaba la parte inicial de su discurso denominada *exordium* (exordio). R. Barthes (Barthes 1982 –sobre la edición francesa de 1966–, 68-69) dice de ella que es un «intento de seducción del auditorio al que inmediatamente se trata de captar con una prueba de complicidad». Su planteamiento es diverso según las diferentes causas judiciales en relación con la opinión vulgar o *doxa* que sobre ellas se vierta. Así, en primer lugar, si es coincidente la causa con la opinión vulgar, el juez no debe ser presionado por la *captatio* para ganarse su favor (género *endoxon, honestum*). En segundo lugar, si no hay coincidencia entre causa y *doxa*, estamos ante el género *adoxon* o *húmile*, en el que el orador debe esforzarse por atraer la atención del juez. En tercer lugar, si existen opiniones contrapuestas es preciso, aún más, llevar al juez razón del interés del orador captando su benevolencia (género *anfidoxon* o *ambiguum*). En cuarto lugar, puede tratarse de una causa oscura, de donde el nombre del género (*dysparakolutheton* u *obscurum*) en el que el orador debe lograr que el juez permita ser guiado por él. En quinto y último lugar, la causa resulta muy distante, remota con respecto a la opinión vulgar. Barthes cita aquí como ejemplo el hecho de querellarse contra el padre o contra un viejo, un niño o un ciego. La *captatio* utiliza aquí un recurso que elude el enfrentamiento directo con el juez: la *insinuatio*. Consiste, por ejemplo, en fingir haberse impresionado por la parte contraria.

Caput

(Caput)
Lit. *cabeza.*

Significado y contexto: Es un sustantivo neutro. En plural, *cápita*. Adopta diversos significados en derecho. Constituye la parte más representativa del ser humano, por lo que no es inusual que el término aluda a la persona entera. Así, en la conocida definición de la tutela del jurista Servio (Paul. 38 *ed.* D. 26.1.1 pr.), consiste esta en una potestad sobre persona libre (*uis ac potestas in capite libero*). Pero también cabe hablar de un *caput seruile* para referirse a un sujeto de condición servil. En materia de sucesiones, la distribución de la herencia puede hacerse *in cápita* (por cabezas; v. Nov. 118) o *in stirpes* (por estirpes o linajes admitiendo el derecho de representación –*ius representationis*– de los ulteriores descendientes de su progenitor premuerto): I. 3.1.16, 3.2.4 *in fine*. Respecto de *capitis deminutio* (lit. disminución de una cabeza) v. la voz ***capitis deminutio***.

Como sinónimo de capacidad aparece en I. 1.16.4, a propósito del esclavo, del que se dice que *nullum caput habet*. Como es sabido, se trata de una interpolación justinianea de un texto de Paulo –11 *ed.* D. 4.5.3.1– en el que el jurista romano afirmaba una cosa bien diferente: que la persona del esclavo no tiene ningún derecho (*seruile caput nullum ius habet*), evidentemente por su consideración de objeto patrimonial (¡con capacidad de obrar, no obstante!).

Caput también aparece como sinónimo de fundamento, como cuando se dice que la institución de heredero es *caput atque fundamentum totíus testamenti* (lit. cabeza y fundamento del testamento), porque sin ella el testamento es nulo (I. 2.20.34). O como sinónimo de origen, por ejemplo en materia de aguas, el manantial del que brota el agua luego convertida en río (v. gr. Proc. 1 *epist.* D. 8.6.16, donde la expresión "traer agua *a capite*", es decir, desde donde brota).

En materia de impuestos se habla de un *tributum cápitis* o tributo de la cabeza estimado siempre en la Antigüedad como odioso y no tolerable en una sociedad de ciudadanos libres.

En materia de derecho penal, da origen a la llamada pena capital (*poena capitalis*), es decir, la pena máxima que consiste en privar de la vida a una persona. Por otro lado, las acciones penales romanas se caracterizan por el llamado régimen de noxalidad, plasmado en un viejo principio: *noxa caput séquitur* (la culpa sigue a la cabeza; v. gr. Paul 6 *ed.* D. 2.9.2 pr.). Si un sujeto dependiente (*alieni iuris*) realizaba un hecho ilícito su potestad-habiente se hacía responsable, bien mediante el pago de la suma de la condena, bien entregando al culpable al ofendido o perjudicado. Una vez que se hacía *sui iuris*, es decir, independiente del sujeto la acción penal se dirigía contra él, porque "la culpa le seguía", frase esta de sonoridad hoy casi novelesca.

En *cápita* o capítulos se dividían las leyes. Esta técnica legislativa, junto con la de los títulos de los edictos, ha pasado a las disposiciones legislativas actuales, incluidas las de más alto rango, a saber, las constituciones o *chartae magnae* (*charta magna* en sing.) de los modernos Estados.

Casus belli

(Cásus bélli)
Lit. *caso u ocasión de guerra.*

Significado y contexto: Expresión muy utilizada y no solo en el ámbito jurídico. Se admite en nuestra lengua. Se refiere a los hechos que dan origen a una guerra o, en general a un conflicto. Conviene, en efecto, a quien no desea involucrarse en una guerra no dar ocasión a ella (aunque el enemigo suela entonces buscarla).

El término '*casus*' alude a un hecho fatal, es decir, negativo, surgido de manera inevitable o irresistible. Cicerón en su largo discurso contra Verres (*Verr.* 5.132) no permite que el despótico gobernador de Sicilia se escude en su mala suerte diciendo de su acusador que le reprueba u objeta circunstancias fatales de guerra (*casus bellici*). También el escritor de época imperial Silio Itálico (1.596) emplea la expresión *c. b.* en sentido análogo refiréndose a las fatalidades de la guerra y del mar (*casus bellique marisque*). Asimismo, Tito Livio alude en este sentido a las circunstancias de guerra adversas que curten el espíritu (Liv. 42.50).

Esta expresión aparece en el ámbito de la discusión de la denominada "guerra justa" (*bellum iustum*). Tratada en la Antigüedad por pensadores griegos y romanos, su doctrina así como la de la *causa iusta belli* (causa justa de guerra), que no simplemente *casus*, es decir, hecho fatal u ocasión desencadenante de un conflicto bélico, fue consagrada sobre todo por el teólogo español Francisco de Vitoria en el siglo XVI. Un poco más adelante, siguiendo su huella, la desarrolló el jurista holandés Hugo Grocio.

En Roma, recibió una atención especial por parte de Cicerón quien en su tratado *De republica* afirma (*rep.* 3.34-35): «son injustas aquellas guerras que se emprenden sin causa (*illa bella iniusta sunt, quae sunt sine causa suscepta*); pues si no es por vengar una injuria o para rechazar una invasión enemiga no es posible llevar a cabo una guerra justa ... no se considera justa una guerra si esta no ha sido anunciada, formalmente declarada, y con motivo de una reclamación» (V. **ultimátum** a propósito de la fórmula que utilizaban los sacerdotes llamados "feciales" para la declaración formal de la guerra a un pueblo considerado enemigo). En su tratado *De legibus* exhorta a que «las magistraturas con poder supremo ... lleven a cabo las guerras legítimas con justicia; que respeten a los aliados; que contengan los suyos y a sí mismos; que aumente la gloria de su pueblo, que regresen a casa con honor» (*leg.* 3.9).

Un autor latino posterior, citado a menudo por los tratadistas de la guerra justa, es san Agustín. Aparte de la famosa frase «sin justicia qué son los reinos sino bandas immanes de ladrones» de su *De ciuitate Dei* (*civ.* 4.4), aduce el obispo de Hipona en la misma obra: «la iniquidad del contrario ocasiona guerras justas» (*Iníquitas partis aduérsae iusta bella íngerit*). Respecto de este pasaje, anota Grocio (*De iure belli ac pacis* l. II, c. I: «por iniquidad se debe entender injuria».

Sin duda, quien con mayor fundamento ha disertado acerca de la guerra justa y de la causa justa de guerra ha sido el antes citado profesor de la Universidad de Salamanca Francisco de Vitoria. En su obra *De iure belli*, concretamente en la *Quaestio tertia* (Cuestión Tercera), que lleva por título «Qué puede ser razón y causa de la guerra», afirma en primer lugar que «la diferencia de religión no es causa de guerra justa» (apoyándose en Santo Tomás IIa IIae, LXVI, 8); tampoco lo es –confróntese con el segundo texto de Cicerón– la ampliación del dominio político de un reino o la gloria personal del príncipe u otra ventaja que este pueda obtener. «Tan solo una es la causa de una guerra justa: haber recibido una ofensa», pero «no una ofensa cualquiera, ni de cualquier entidad».

Casus fortuitus

(Cásus fortuítus)
Lit. *caso fortuito.*

Significado y contexto: Se refiere a un hecho imprevisible, que no puede ser evitado. Exonera por lo general al deudor de cumplir su obligación (salvo cuando le antecede un acto o conducta reprochable). Se aproxima en su significación a *uis maior* o fuerza mayor, aunque esta expresión posee una acepción de irresistibilidad más acentuada.

Encontramos muy a menudo el término *casus* en las fuentes, pero es mucho más infrecuente el que nos ocupa. En las fuentes literarias, la emplea Apuleyo (s. II d. C.) en su *Metamorfosis* o *El Asno de Oro* (9.42) a propósito del episodio en que unos soldados se fijan *casu fortuito* en la sombra del asno para realizar un descubrimiento.

Quintiliano (o más bien el Pseudo Quintiliano de las *Declamationes maiores*) afirma –*decl.* 4.13– de los casos fortuitos que los rige la providencia divina y que escapan al conocimiento humano (*decúrrere, modo, etiam ut prouidentia regantur, non posse tamen humana scientia deprehendi*).

Respecto del daño temido (*damnum infectum*) por una obra en el fundo vecino o un objeto que amenaza con causar un daño (p. e. por su desplome) en el propio, se pone en boca del jurista Labeón (en Ulp. 81 *ed.* D. 39.2.24.3) que la estipulación que se exija en previsión de este evento no puede cubrir el daño ocasionado por terremoto (*terrae motu*) o por el ímpetu del caudal desbordado de un río (*ui flúminis*) o por cualquier otro caso fortuito (*casu fortuito*).

Es muy probable que los textos jurídicos que aluden al *c. f.* no sean clásicos sino de una época posterior (postclásica o justinianea) menos propensa al casuismo.

(V. ***vis maior***).

Causa

(Idem)
Lit. *causa.*

Significado y contexto: 1. A) Se relaciona con el negocio jurídico en general y con los diversos negocios en particular. Es extraordinariamente difícil de definir. Se suele decir que la causa es un fin (aunque causa propiamente se refiere a lo que justifica, con carácter previo, no final) empírico, objetivo y lícito perseguido por las partes en un negocio jurídico, que no debe ser confundido con los motivos subjetivos de los intervinientes en él. En una compraventa, por ejemplo, la causa sería, desde este punto de vista, el intercambio de una cosa por un precio a que se obligan las partes. Pero esto, a su vez, implicaría confundir la causa del negocio con su función económico-social, que es –como decimos– más bien el fin objetivo y lícito que persigue, que la causa propiamente dicha, o también diluirla en "lo que quieren las partes", es decir, en su consentimiento o voluntad: la cosa, por un lado, y el precio, por otro.

Para entender que el propósito empírico no tiene que identificarse necesariamente con una causa en sentido objetivo, hay que partir del hecho, muy relevante en el pensamiento jurídico, de que en las fuentes romanas el término *causa* tiene también el sentido de "motivo". Como decimos, este no suele ser relevante, por ejemplo, con respecto al error como vicio del consentimiento. Pero cuando el motivo se convierte en lo que hoy denominamos "base del negocio", configura, entonces, la finalidad empírica perseguida por las partes de modo esencial. Los juristas romanos suelen hablar de *causa falsa*, es decir, causa errónea, para referirse a estos casos. Veamos el caso y el texto, muy importante en nuestra tradición y, concretamente, a propósito de la configuración dogmática de la causa en el negocio jurídico. Primero el caso:

Pactumeyo Andróstenes había dispuesto en su testamento que Pactumeya Magna fuera su heredera, y, en caso de que no pudiera serlo, que lo fuera el padre de esta (Pactumeyo Magno). (El caso presenta como hecho curioso que los intervinientes poseían un nombre común). Este murió en circunstancias tales que se empezó a pensar que su hija había sufrido esa misma suerte. Por eso, Pactumeyo Andróstenes decidió cambiar su testamento y nombró heredero a Novio Rufo manifestando por escrito en él que la razón de este cambio de voluntad había sido la imposibilidad de poder designar a ninguno de los dos antes citados. Después de fallecido Pactumeyo Magno, aparece Pactumeya Magna, su hija, y reclama su derecho a la herencia. La regla según la cual *causa falsa non nocet*, o lo que es lo mismo, la expresión errónea de una circunstancia del caso no invalida el acto o negocio jurídico realizado, aquí no rige. La razón estriba en que el motivo del testador, declarado y conocido de todos, forma parte imprescindible de su declaración de voluntad dirigida a producir efectos jurídicos.

Ahora veamos el texto:

> Paul. *imper. sent. in cogn. prolat. ex libris sex I seu decret. l. II* D. 28.5.93 (92): «Pactumeyo Andróstenes había instituido heredera por el as a Pactumeya Magna, hija de Pactumeyo Magno, y había nombrado sustituto de ella al padre de la misma.

> Habiendo sido muerto Pactumeyo Magno, y habiéndose esparcido el rumor, como si también hubiese muerto su hija, cambió el testamento, e instituyó heredero a Novio Rufo con esta declaración: "como no he podido conservar para mí los herederos que quise tener, sea heredero Novio Rufo". Pactumeya Magna suplicó a nuestros Emperadores, y habiéndose conocido del asunto, aunque en la institución se contenía un modo (*modus*), como el falso no suele perjudicar, creyó no obstante el Emperador que se le debía auxiliar en virtud de la voluntad del testador; en su consecuencia declaró que la herencia pertenecía a Magna, pero que esta debía pagar los legados del testamento posterior, lo mismo que si ella hubiese sido instituida heredera en el testamento posterior».

Andando los siglos, resulta hasta cierto punto sorprendente que el caso planteado por el pandectista francés Pothier en su célebre Tratado de obligaciones (Pothier, *Traitè des Obligations selon les regles tant du for de la conscience que du for extérieure*. Tome premier 1805, 30-31) para explicar concepto de causa tenga que ver también con la *causa falsa*:

> «Si creyendo lúcidamente deberos 10.000 libras, que nos habían sido legadas en el testamento de mi padre, pero que habían sido revocadas en un codicilo del que yo no tenía conocimiento, me he comprometido a daros una heredad en pago de dicho suma, ese contrato es nulo, por cuanto que la causa de mi compromiso, que era el saldo de dicha deuda, es una causa que ha resultado falsa; y por eso mismo, una vez acreditada la falsedad de la causa, no solo no podéis tener acción alguna para haceros entregar la heredad, sino que, si os la hubiese ya entregado, tendría entonces acción para hacérosla devolverá esa acción se llama *condictio sine causa*».

El ámbito de aplicación de la causa se amplía aún más admitiendo, de nuevo por influjo del derecho romano, el juego de la denominada causa ilícita o deshonesta, por cuya presencia se invalida el negocio jurídico. Veamos este par de textos, básicos en la historia del concepto jurídico:

> Papiniano l. 1 def. D. 45.1.123: «Si por causa de un delito que se ha de cometer o se ha cometido, se ha realizado una estipulación, esta no es válida de raíz».
>
> Ulpiano l. 4 ad ed. D. 2.14.7.3: «Si se ha llevado a cabo una promesa para que no se cometa un delito, ninguna obligación surge de esta convención».

El segundo texto plantea una situación más sutil: que no se cometa un delito, lo que, a simple vista es lícito; pero depende de una obligación cívica previa e indisponible por las partes de no cometer delito alguno, y esta última base es la que permite establecer la ilicitud de la causa. Este modo lato de entender la causa llega a comprender también el motivo razonable por el que se lleva a cabo una prestación (lo que conecta con la doctrina inglesa de la *consideration*), es decir, la llamada *causa impulsiua*.

B) Desde el punto de vista escolástico de fuerte influjo aristotélico, se habla de diversos tipos de causas:

- *Causa*: principio que concurre de manera positiva en la realización de un ser.
- *C. efficiens*: principio determinante de que una cosa nueva exista. P. e. el artífice de una obra.
- *C. finalis*: aquello en función de lo cual algo es hecho.
- *C. formalis*: es un tipo de causa llamada intrínseca y alude a la forma como principio que influye en su producción para constituirlo.
- *C. materialis*: principio también intrínseco que alude a la materia de que está constituida la cosa.

En un caso típico del derecho romano como es la especificación, el escultor que trabaja con su escoplo sería la *causa efficiens*; la realización de la escultura la *causa finalis*; el bloque de mármol, la materia (*causa materialis*) y, gracias a la forma dada (*causa formalis*), se obtiene el resultado.

Esta doctrina se aplicó en la Edad Media al derecho romano de obligaciones y contratos. De ahí que la traigamos a colación. Se podría decir que es causa eficiente la causa de la obligación (*causa obligationis*). Por causa de obligación hay que entender la fuente de la obligación tal y como sugería el jurista Gayo:

> Gai. *l. secundo aur.* D. 44.7.1: «Las obligaciones nacen o de contrato o de delito o, por un cierto derecho propio, de diversas figuras de causas (*ex uariis causarum figuris*)».

Si cotejamos los dos autores franceses que han sido determinantes en la historia del concepto de causa el derecho de obligaciones y contratos, Domat (siglo XVII) y Pothier (siglo XVIII), hallamos la correcta opinión en el último. En efecto, el primero confunde la causa de la obligación (*causa obligatiónis*) con la causa del contrato (*causa contractus*); el segundo no:

> Domat (*Les loix civiles*, 1.1.4-6): «4. *Cuatro clases de convenciones, por cuatro combinaciones de utilización de personas y cosas.* Los tratos y las transacciones, para la utilización de personas y cosas, son de cuatro clases, que producen cuatro especies de convenciones. Porque los que tratan juntos, o se dan recíprocamente una cosa por otra, como en una venta y en un trueque, o hacen algo el uno por el otro, como cuando se encargan de gestiones recíprocas; o bien el uno hace y el otro da, como cuando un trabajador da su trabajo por un cierto precio, o, en fin, uno solo hace o da algo, sin que el otro dé o haga nada, como cuando una persona se encarga gratuitamente de un asunto de otra; o cuando se hace una donación por pura liberalidad.
>
> 5. *Ninguna convención obliga sin una causa.* En las tres primeras clases de convenciones, se hace un intercambio no gratuito, y el compromiso de uno es el fundamento del del otro. Y en las convenciones incluso donde uno solo aparece obligado, como en el préstamo de dinero, la obligación de quien toma prestado viene precedida, de la parte del otro, de lo que este debió dar para formar la convención. De este modo, la obligación que se forma en estas clases de convenciones, para beneficio de uno de los contratantes, halla siempre su causa en la parte del otro: y la obligación sería nula si realmente fuera sin causa.
>
> 6. *Las donaciones tienen su causa.* En las donaciones, y en los otros contratos donde uno solo hace o da y el otro no hace ni da nada, es la aceptación la que forma la convención. Y el compromiso del que da tiene su fundamento en algún motivo razonable y justo, como un servicio prestado, o algún otro mérito del donatario, o el mero placer de hacerle un bien. Y este motivo hace las veces de causa de la parte del que recibe sin dar nada». (Domat 1745)

Una curiosa interpretación integradora de este conocido pasaje del tratado de las leyes civiles, de donde arranca la discusión moderna del concepto de causa en las obligaciones, la ofrecen Buckland y McNair (Buckland 1994, 222-223) haciendo prácticamente coincidir las diferentes especies de causas con la doctrina inglesa de la *consideration*. Al margen de esto, es digno de cita su penetrante observación crítica a propósito de la causa en las donaciones, pues, en efecto, el autor francés no dice que la liberalidad sea la causa, como acostumbra a afirmar la doctrina civilista moderna como reproche hacia el autor francés, sino que "ocupa su lugar", "hace las veces" de causa. Y al precisar el autor que la causa debería considerarse desde la perspectiva del que recibe la donación no hace sino expresar algo parecido a la *consideration*.

> Pothier, *Traitè des Obligations*: «Es de esencia en las obligaciones: primero, que exista una causa de donde nazca la obligación. Las causas de las obligaciones son los contratos, los *quasi* contratos, los delitos, los *quasi* delitos y algunas veces la ley o la simple equidad'. Nosotros trataremos: primero de los contratos que son la causa más frecuente de donde nacen las obligaciones; segundo, las otras causas de obligaciones; tercero, las personas que contratan entre sí, y cuarto, las cosas que pueden ser objeto de contrato». (Pothier, *Traitè des Obligations selon les regles tant du for de la conscience que du for extérieure*. Tome premier 1805, 3)

En cuanto a la causa entendida como causa final, la vemos reflejada en el ámbito jurídico relativo a las *condictiones*, que tienen a su vez que ver con el concepto jurídico de enriquecimiento injusto, otro de los grandes filones con los que se construyó el concepto de causa y el más seguro hoy en día. Así, expresan claramente este tipo de causa las siguientes *condictiones*: *condictio ob rem* (lit. por un asunto o cosa) o la *causa data causa non secuta* (lit. causa dada, causa no seguida). Ej.: promesa de donación a los novios por causa de matrimonio. La donación nupcial se realiza por un hecho que se espera que se produzca: el matrimonio de los novios. Si finalmente no se da, la donación resulta inválida.

Es digno de reseñar que el Código Civil alemán (BGB), que evita hablar de la causa por entenderla perturbadora del concepto de negocio jurídico, la cita sin embargo como *causa iuris* en materia de enriquecimiento injusto: así, el §. 812: «Quien por prestación de otro o de cualquier otra manera a costa de este obtiene algo sin causa jurídica está obligado a la restitución frente a él. (...)».

C) Entre los textos romanos fundamentales sobre los que la doctrina medieval construyó el concepto de causa y lo legó al mundo moderno hay que citar especialmente dos, que son –como afirma Zimmerman (Zimmermann 1996, 549)– como ladrillos con los que se construye el edificio del derecho común europeo en esta materia:

> Ulp. 4 *ed.* D. 2.14.7.3: «Algunas de las convenciones de derecho de gentes engendran acciones y otras excepciones. 1 Las que engendran acciones no permanecen en su nombre sino que pasan a un propio nombre de contrato: como por ejemplo, compraventa, arrendamiento, sociedad, comodato, depósito y otros contratos similares. 2. Pero aunque no pasa la convención a otro contrato, si subyace no obstante una causa, respondió elegantemente Aristón a Celso que había obligación; como por ejemplo "te di una cosa para que tú me dieras otra o "te di para que hicieras algo" y que esto es el sinalagma, y que nace de aquí una obligación civil ... 3. Si se ha prometido que no se cometería un delito, no surge obligación alguna de esta convención. 4. Pero cuando no subyace alguna causa, consta, por razón de la convención, que no puede crearse ninguna obligación sino una excepción».

> Ulpiano 76 *ed.* D. 44.4.2.3: «... si alguien ha estipulado de otro sin causa y ejercitase después la acción de estipulación, ciertamente resultará perjudicado por la excepción de dolo malo. Pues aunque en el tiempo en que estipulaba no incurrió en dolo malo, sin embargo, ha de decirse que, al momento de la contestación de la *lis*, comete dolo quien persevera en reclamar conforme a la estipulación: también si cuando se interpuso tuvo justa causa pero ahora no parece tener ninguna causa idónea. Por consiguiente, si queriendo alguien prestar una suma de dinero ha realizado una estipulación de prestar pero luego no prestó, aunque fuera cierta la causa de la estipulación, por no haberla continuado ni concluido en su ejecución, se ha de decir que le perjudicará la excepción».

La idea, en el primer texto del jurista Aristón, sobre qué sea el sinalagma en las obligaciones resulta muy próxima a una de las formas de la *consideration* (propósito serio y lícito de realizar algo con una prestación) inglesa.

El segundo texto alude a otro de los pilares de la configuración del concepto de causa: los negocios abstractos; aquellos en los que no emerge la causa sino que subyace latente. El caso que plantea, muy común, es el siguiente: el estipulante o acreedor reclama la devolución de una cantidad, adeudada por estipulación del deudor promitente a su favor y que supuestamente el estipulante le había entregado en préstamo al deudor. En realidad, sin embargo, el estipulante no había entregado ninguna suma de dinero en préstamo y el promitente había realizado la estipulación ingenuamente, comprometiéndose a entregar una suma antes incluso de recibirla él. La estipulación es válida: en ella no se refleja ninguna causa (es abstracta), sino tan solo la obligación de pagar algo a cargo del promitente. Como cuando hoy extendemos un cheque a favor de alguien, pues debemos antes cerciorarnos de por qué lo hacemos –por ejemplo, porque hemos comprado una cosa y pagamos el precio, porque hacemos una donación, porque hacemos un préstamo ...–, ya que en el cheque no aparece la causa y sin embargo nos obliga.

Sobre esta clase de negocios el célebre jurista medieval Baldus, en su comentario a C. 4.30.13 (bajo el título '*De non numerata pecunia*'; *Super quarto et quinto Codicis, apud* '*Generaliter*', '*Quinto quaero*'), afirma que «la estipulación es un contrato cuya causa se ha de hallar en otro lugar [o, "fuera de él", es decir, en el negocio subyacente]; lo que no sucede con los contratos "especificados" [es decir, causales], como en el arrendamiento, compraventa etc. que son la causa de sí mismo, es decir, del propio contrato» (*...stipulatio est contractus aliunde tamen causandus quod non est in aliis contractibus specificatis, ut in locatione, emptione et uenditione etc., qui sunt causa sui ipsius*). Cfr. con el fragmento anteriormente citado de Ulpiano D. 2.14.7.3. (V. ***aliunde***).

El argumento de la causa próxima (*causa proxima*) y de la causa remota (*causa remota*), atribuido tan frecuentemente a los juristas medievales, en realidad fue una construcción obtenida a partir de textos romanos, como el muy ilustrativo siguiente en materia de *condictiones* (acciones típicas de derecho romano para exigir aquello en que alguien se haya enriquecido injustamente a costa del reclamante):

> Paul. 3 *quaest.* D. 12.5.8: «Si tú hubieras prometido por estipulación a Ticio a consecuencia de una causa inmoral, aunque, si reclama, puedas rechazarle con excepción de dolo malo o con la excepción por el hecho, sin embargo, si hubieras pagado, no puedes repetir, pues, una vez eliminada la causa próxima que es la estipulación, la cual resulta nula en virtud de la excepción, queda la causa primera que es la inmoralidad. En efecto: si la causa es inmoral para el que da y para el que recibe, tiene preferencia el poseedor y cesa consecuentemente la repetición, aunque se haya pagado a causa de la estipulación».

(El caso está relacionado con la conocida regla '*In pari causa turpitudinis, melior condicio possidentis*' –a igual situación de moralidad es mejor la condición del poseedor–).

Veamos finalmente algunos de los artículos del Código Civil español en que la cita de la causa, transmitida a través del derecho francés (que ahora, sin embargo, parece despedirse de ella), pasa al español. Examínelos críticamente el lector a la luz de lo expuesto:

> Art. 1261 del Código Civil español: «No hay contrato sino cuando concurren los requisitos siguientes: 1º Consentimiento de los contratantes. 2º Objeto cierto que sea materia del contrato. 3º Causa de obligación que se establezca».

> Art. 1274: «En los contratos onerosos se entiende por causa, para cada parte contratante, la prestación o promesa de una cosa o servicio por la otra parte; en los remuneratorios, el servicio o beneficio que se remunera, y en los de pura beneficencia, la mera liberalidad del bienhechor».

2. La causa es contemplada como fundamento de adquisición de la propiedad de las cosas (*iusta causa* o título). Hay *causa donandi* o causa de donar; *c. soluendi*, o de pagar o cumplir con una obligación; *c. credendi*, o de dar algo en préstamo. Desde esta perspectiva, la causa del comprador es la de tener la cosa por haberla comprado (*émere*), de ahí, la obligación del vendedor de entregársela, y la del vendedor, la de recibir el pago del precio como cumplimiento de la obligación contraída por el comprador (*sóluere*).

3. La causa también aparece como referida a una causa procesal o litigio, y en este sentido se aproxima a la idea de "caso". Es, por tanto, el litigio ventilado ante los tribunales mediante un procedimiento, pero también el caso o supuesto (v. ***species facti***), como en el conocido giro '*ius in causa positum esse*' (la solución jurídica depende del caso; Alf. 2 *dig*. D. 9.2.52.2), origen de otro aforismo célebre: *ex facto oritur ius* (del hecho surge el derecho).

4. También en materia de servidumbres, se habla del requisito de la *causa perpetua*, entendida como la disposición objetiva del fundo dominante que justifique la constitución de la servidumbre. Por ejemplo, un fundo o finca destinada al cultivo de hortalizas –porque ese es el régimen de su suelo– necesita agua para el regadío. Eso justifica objetivamente la construcción la servidumbre de conducción de agua, si no hay otra manera de acceder al agua que esa.

Causa cognita

(Cáusa cógnita)
Lit. *conocida la causa; previo examen de causa.*

Significado y contexto: Se refiere en derecho procesal al conocimiento que el magistrado hacía del supuesto con carácter previo a la concesión o denegación de la acción por su parte. (V. *Procedimiento civil*).

Causam dans; causam habens

(Cáusam dans; cáusam hábens)
Lit. *el que da causa.; el que tiene causa.*

Significado y contexto: Se refieren respectivamente al causante y al causahabiente, es decir, al que presta justificación objetiva a otro, p. e. para adquirir una cosa, y al que, fundado en ella, adquiere la cosa. Así, en una compraventa, el vendedor es causante y el comprador causahabiente. En sucesiones, el finado es el *c. d.* y el destinatario el *c. h.*

Causa petendi

(Cáusa peténdi)
Lit. *causa de la demanda.*

Significado y contexto: Muy rara en la literatura latina (en Ovidio un par de veces y en alguna otra sede), la vemos citada, en su adecuado contexto jurídico, por Paulo (70 *ed*. D. 44.2.14) en relación con la excepción de cosa juzgada para determinar si el asunto (*res*) es el mismo que se ha juzgado ya en una anterior ocasión (en cuyo caso se haría valer el citado remedio) o no (*alia res*, asunto diverso). Se trata de uno de los textos que presta base a la configuración dogmática del concepto procesal de cosa juzgada (*res iudicata*). Para entender el texto hay que partir de los dos anteriores:

> Paul. 70 *ed.* D. 44.2.12: «Cuando se pregunta si perjudicará o no esta excepción, se ha de ver si el objeto es el mismo,
>
> Ulp. *ed.* 75 *h. t.* 13: »si es la misma la cantidad, el mismo derecho,
>
> Paul. 70 *ed. h. t.* 14: »y la misma la causa de pedir (*causa petendi*), y la misma la condición de las personas; y si todas estas circunstancias no concurren, la cosa es distinta. En esta excepción se entiende que hay un mismo objeto, no por el hecho de haberse conservado toda su primitiva calidad o cantidad sin haber experimentado agregación o disminución alguna, sino más ampliamente en cuanto a la utilidad común (*pro communi utilitate*)».

Para oponer la excepción de cosa juzgada a la otra parte aduciendo la coincidencia en el asunto con otro deducido en juicio anteriormente (principio romano y actual de '*ne bis de eadem re agatur*', que no se ejercite acción dos veces sobre el mismo asunto, o, más sucintamente, de "non bis in idem", lit. no dos veces sobre lo mismo).

Resulta también llamativa la alusión a los tres típicos elementos de las acciones, tal y como nos refleja la moderna doctrina del derecho procesal: la condición de las personas (actor y demandante), es decir, los sujetos; el objeto, la cantidad o el derecho cuya declaración se reclama (este es el *petitum* propiamente dicho) y, finalmente, la *causa petendi* (la suma de hechos y la alegación del derecho que le asiste al actor sobre los que se fundamenta su pretensión).

En el procedimiento formulario, caracterizado por su elevado nivel técnico, se procedía en su fase central, es decir, la de la *litis contestatio*, a la redacción de la fórmula. De su trascendencia en la historia del derecho procesal, queda huella en la terminología procesalística moderna: "se contesta" a una demanda, no "se responde". Pues bien, en la parte inicial o *intentio*, el actor o demandante expresaba su propósito (*desiderium* lo llama Gayo –4.41–) y el fundamento jurídico que lo sustentaba. Cuando esta parte contenía un objeto incierto iba antecedida de otra, denominada *demonstratio*, en la que se indicaban los hechos sobre los que se fundamentaba la *intentio*. Así pues, la distinción de "fundamentos de hecho" y "fundamentos de derecho" está hondamente enraizada en la cultura jurídica occidental a través del procedimiento formulario, que es el clásico en el derecho romano. Veamos un ejemplo, a saber, el de la acción del contrato de sociedad o *actio pro socio*:

> «Ticio sé juez. Puesto que entre Aulo Agerio [el demandante] y Numerio Negidio [el demandado] se ha contraído sociedad de todos los bienes, de cuyo asunto se trata, a todo lo que por tal causa deba Numerio Negidio dar o hacer a favor de Aulo Agerio conforme a la buena fe, condena juez a Numerio Negidio con respecto a Aulo Agerio hasta el límite de lo que aquel pueda hacer frente a este.; si no resulta, absuélvelo».

Tras la designación del juez, aparece la demostración de los hechos sobre los que se fundamenta la pretensión: se trata de una sociedad universal. La intención del demandante es incierta (*incerta*), esto es, no determinada: «a todo lo que N. N. por tal causa –es decir, a los hechos que fundamentan la demanda– deba dar o hacer a A. A. conforme a la buena fe». Esta referencia a la buena fe es técnica y expresa el fundamento jurídico sobre el que se sustenta la acción del demandante: la buena fe contractual entendida como criterio judicial valorativo de la conducta contractual de las partes intervinientes. Como se ve, hechos y derecho quedan admirablemente resumidos en la fórmula. (Cfr. art. 399 de la LEC).

Otra parte de la fórmula, comúnmente denominada "extraordinaria", de gran interés a propósito de la causa de pedir es la denominada "prescripción" (*praescriptio*); y, concretamente, la que se hacía "en favor del actor" (*pro actore*). La cuestión acerca de la delimitación correcta de la demanda con respecto a la causa de pedir, tan actual, se ve claramente reflejada en ella. Veamos este fragmento de las Instituciones de Gayo 4. 131:

> «A menudo, de una misma obligación una parte ya se debe cumplir y otra se deberá en un momento posterior, como, por ejemplo, cuando hemos estipulado que se ha de pagar cierta suma de dinero cada año o cada mes, porque, una vez vencidos estos plazos, es evidente que se debe satisfacer la cuantía correspondiente a cada mes o año; pero también lo es que, aunque contraída ya la obligación respecto de los no vencidos, no cabe, sin embargo, exigir la prestación aún. En este supuesto, si queremos pedir y deducir en juicio lo que ya se nos debe, dejando a salvo la prestación futura, es preciso que ejercitemos la acción con la siguiente prescripción: "Se trata del asunto cuyo plazo está vencido"; porque si omitiendo esta prescripción usáramos de la fórmula que nos sirve para reclamar una cosa incierta, fórmula cuya pretensión es así: "Todo lo que resulta que tenga obligación de dar o hacer Numerio Negidio en favor de Aulo Agerio", resultaría que deducimos en este juicio toda la obligación, es decir, incluso la futura, y <una vez deducido en juicio> una obligación antes del tiempo <fijado, no puede haber una condena ni volver a ejercitarse de nuevo la acción>».

Se trata de las deudas periódicas para cuya reclamación concreta el actor debe precisar cuál es la anualidad o mensualidad que reclama so pena de "deducir en juicio" –esta expresión también es romana– la entera deuda y dar al traste con futuras reclamaciones que serían paralizadas por el principio "non bis in idem" antes enunciado. En el presente caso, la moderna teoría de la individualización de la *causa petendi*, consistente en expresar el derecho sustentador de la causa, encuentra en casos como este un escollo difícil de superar. En efecto, solo la correcta identificación de los hechos, tal y como pretende la llamada teoría de la sustanciación, puede salvar el obstáculo de la imprecisa fijación de la *causa petendi*.

Alude en derecho procesal al fundamento sobre el que se apoya la demanda. El objeto de la demanda, es decir, aquello que se reclama, se denomina, en cambio, *petitum*.

Cautio damni infecti

(Cáutio dámni infécti)
Lit. *caución de daño no hecho (aún), caución de daño temido.*

Significado y contexto: Es la garantía que debe prestar el propietario de un fundo en el que una cosa (una edificación o un árbol, por ejemplo) amenaza ruina, lo que significa que puede desplomarse y ocasionar un daño al propietario del fundo vecino. Es este último el que se dirige al magistrado para que le exija al otro titular que preste la caución.

Veamos un texto que plantea un supuesto singular:

> D. 39.2.13.2: «Cuando entre mi casa y la tuya hubiere otra casa no ruinosa, se ha de ver si tú solo me deberás dar caución, o si también aquel cuyas casas no son ruinosas, o si solo él, o ambos; y es más cierto que ambos deben dar caución, porque puede suceder que la casa ruinosa al caer sobre la casa no ruinosa me cause daño, por más que alguno pueda decir que no fue causado por vicio de la casa no ruinosa, si cayendo otra sobre ella dio causa para el daño; pero si pudiendo mirar por sí con la caución del daño temido (*cautio damni infecti*), no hubiere mirado, con razón será demandado».

El artículo 250.1.6 de la vigente Ley de Enjuiciamiento Civil enumera entre las demandas que se deciden en juicio verbal, independientemente de su cuantía: «Las que pretendan que el tribunal resuelva, con carácter sumario, la demolición o derribo de obra, edificio, árbol, columna o cualquier otro objeto análogo en estado de ruina y que amenace causar daños a quien demande». Este es el supuesto que la Ley de Enjuiciamiento Civil de 1881, conforme al derecho romano y común europeo, lo refería al "interdicto de obra ruinosa".

Caveat emptor

(Cáueat émptor)
Lit. *¡Que el comprador tenga cuidado!*

Significado y contexto: Se refiere a la atención que el comprador debe prestar para evitar ser engañado en una compraventa. Esto significa que si, al momento de la celebración del contrato, llegó a saber de defectos habidos en la cosa, o estos eran fácilmente reconocibles por cualquiera, no puede esgrimir luego su existencia como argumento para reclamar tutela judicial.

Esta solución no se extiende a los llamados "vicios ocultos", defectos (*uitia*) que no son fácilmente detectables exteriormente. En el derecho romano, base del derecho actual en este punto, hallamos la protección básica, mínima, si se quiere, del comprador: cuando las características de la cosa no corresponden con las afirmadas por el vendedor, el comprador dispone de dos acciones: la *actio quanti minoris* o *aestimatoria* (que persigue la rebaja del precio en función del defecto que sufre la cosa) y la *redhibitoria* (que busca la resolución del contrato, anulando sus efectos, es decir, restituyendo las partes la cosa y el precio con la indemnización de los posibles daños y perjuicios). Estos remedios tienen su origen en el edicto de los ediles curules referidos a la compraventa de esclavos y animales. Más tarde, la "acción de compra" (*actio empti*) del comprador, que es de buena fe (y por tanto contempla todo supuesto de deslealtad del vendedor hacia él) tutela al comprador frente a estos casos. Se aplica hoy a la normativa jurídica que se desarrolla en torno a la llamada protección del consumidor.

Por el contrario, el principio del *caueat emptor!* se orienta a hacer responsable al comprador por haber asumido, o debido asumir, los defectos del objeto comprado por él. El artículo 1491.1 del Código Civil italiano es muy expresivo a este respecto:

> «No se debe la garantía si al momento del contrato el comprador conocía los vicios de la cosa; asimismo no se debe si los vicios eran fácilmente reconocibles, salvo, en este caso, que el vendedor haya declarado que la cosa carecía de vicios».

El principio, respetando su formulación latina, recibe general aplicación en el *Common Law* hasta el punto de contraponerse al principio de buena fe, no aceptado de inicio por esa tradición jurídica (v. ***bona fides*** y ***mala fides***). Así, por ejemplo, el derecho inglés no admite ese supuesto deber de las partes de revelar, la una a la otra, todas las circunstancias que puedan afectar a la celebración del contrato que pretenden llevar a cabo. Solo recientemente, a propósito de la protección del consumidor, el *Common Law* ha ido corrigiendo su rigorismo en torno a esta materia por la creciente inquietud legislativa en torno a la protección del consumidor engañado: así, sobre las cláusulas contractuales abusivas, *The Unfair Terms in Consumer Contract Regulations* de 1999; o, sobre la compraventa de bienes, la conocida *Sale of Goods Act* (1979), por citar un par de relevantes ejemplos normativos del derecho inglés.

A ese deber se refirió elocuentemente Cicerón en su tratado *De los Deberes*. Veamos, entre otros los siguientes fragmentos:

> Cic. *off.* 3.16.65: «En cuanto concierne a la venta de los bienes inmuebles, establecen nuestras leyes que el vendedor declare al comprador los defectos que él conozca de lo que se vende. Porque, según las prescripciones de las XII Tablas, era suficiente cumplir lo que se hubiera declarado abiertamente. Quien hubiera dado una falsa información caía en la pena de una reparación del doble; los jurisconsultos han establecido una pena incluso por el silencio. Establecieron que el vendedor es responsable de todos los defectos que tenga el fundo y que él conozca y no los haya expresamente declarado». Traducción basada en (Cicerón, Sobre los deberes 1989).

Un poco más adelante (72), en tono enfático, añade la siguiente reflexión, con una frase conclusiva de desgraciada actualidad:

> «De aquí se comprende, puesto que la naturaleza es la fuente del derecho, que es conforme a la naturaleza el que nadie obre aprovechándose de la ignorancia ajena. No hay mayor azote de la vida que hacer pasar la malicia por prudencia, de donde proceden estos innumerables casos en que parece que lo útil está en pugna con lo honrado. ¡Qué pocos se encontrarán que, si tienen asegurada la impunidad y el secreto general, puedan abstenerse de la injusticia!». Traducción basada en (Cicerón, Sobre los deberes 1989).

En fin, sirva de ejemplo de maniobras fraudulentas en la compraventa de inmuebles el del curioso engaño que el Arpinate relata en 3.14.58-60. Al final del texto es relevante la cita del famoso jurista Aquilio Galo, amigo suyo, que podría ser considerado como el padre de la ciencia jurídica europea en materia de dolo (es decir, engaño):

> 58 «Y si hay que censurar a los que callaron, ¿qué habrá que pensar de los que exageran el valor de las cosas mintiendo? Cayo Canio, caballero romano, hombre divertido y bastante culto, habiendo ido a Siracusa, como él decía, a disfrutar del ocio, no a preocuparse del negocio, hacía correr la voz de que quería comprar alguna villa para invitar allí a los amigos y para retirarse sin que nadie le molestara. Divulgada la noticia por todas partes, un tal Picio, que ejercía en Siracusa la profesión de banquero, le dijo que villas en venta no tenía, pero que, si Canio lo deseaba, podía usar de una como si fuera suya, y al mismo tiempo lo invita a cenar en la misma villa al día siguiente. Habiendo aceptado este, Picio, que como banquero era bien visto por toda clase de personas, reunió a los pescadores y les pidió que por favor fueran a pescar al día siguiente todos ellos delante de su villa y les dijo lo que deseaba que hicieran luego. Llegó Canio a la cena a la hora señalada. Picio había preparado un convite opíparo, una multitud de barcas de pescadores cubrían la mar; los pescadores en larga fila presentaban a Picio lo que cada cual había pescado y lo ponía sus pies.
>
> 59 Entonces preguntó Canio: -por favor, Picio, ¿qué es esto? ¿Tanta cantidad de peces y tantas barcas? -¿De qué te extrañas?, le respondió. En esta zona se reconcentra todo el pescado que hay en Siracusa. Aquí es donde vienen a proveerse de agua dulce. Los pescadores no pueden prescindir de esta villa. Impulsado ardientemente Canio por la avaricia, ruega con toda insistencia a Picio que se la venda. Este empezó negándose. En pocas palabras: lo consigue. Canio, ambicioso y rico, pagó por ella todo lo que le pidió el banquero; y la compró con todo su menaje. Firma su pagaré y concluye la operación.
>
> Al día siguiente Canio invita a sus amigos a la villa, llegando él muy temprano. Dirige su vista al mar; no hay ni rastro de barcas. Pregunta a un vecino próximo por qué no se veía ninguna barca, si es que guardaban alguna fiesta los pescadores. -No, que yo sepa -le respondió-. Nadie viene a pescar por aquí; por eso ayer me preguntaba sorprendido qué podría pasar.
>
> 60 Canio montó en cólera, pero ¿qué iba a hacer? Aún no había publicado Cayo Aquilio, mi colega y amigo, sus fórmulas [v. *Procedimiento civil*] sobre el dolo malo (*de dolo malo fórmulae*). Y, preguntándole yo a propósito de ellas qué era el dolo malo, respondía: "simular una cosa y hacer otra distinta" (*cum esset aliud simulatum, aliud actum*). Respuesta llena de claridad la de este hombre experto en dar definiciones. Luego Picio y todos los que simulan una cosa y hacen otra son pérfidos, ímprobos, maliciosos. Ningún acto suyo puede ser útil, al estar manchados por tantos vicios». Traducción basada en (Cicerón, Sobre los deberes 1989).

Certiorari

(Certiorári)
Lit. *comprobar, determinar.*

Significado y contexto: Pertenece al derecho anglosajón y se refiere a la reclamación que realiza un tribunal jerárquicamente superior de lo actuado por uno inferior, aún pendiente de resolución, para "determinar" la corrección de lo llevado a cabo por este.

Certum

(Cértum)
Lit. *cierto o determinado.*

Significado y contexto: Se trata de un término muy útil y cuyo conocimiento preciso en derecho, y no solo en este ámbito, es de todo punto necesario para evitar equivocidades. Un objeto cierto, por ejemplo, en el ámbito procesal, en relación con el *petitum* de la demanda, o en el derecho de obligaciones, es una cosa determinada: no lo es, en el primer caso, reclamar del demandado "todo lo que deba dar de acuerdo con la buena fe"; tampoco lo es, en el segundo, que el deudor se obligue a pagar al acreedor con los "frutos de la cosecha del año siguiente". La imprecisión de los contornos de uno y otro supuesto no obstaculiza, sin embargo, su validez. En el primer caso, el criterio de la buena fe le sirve al juez como rector de la estimación del asunto litigioso. En el segundo, la determinación no se produce en el momento presente pero sí es objetivamente posible en un momento futuro preciso.

No tiene, pues, nada que ver cierto e incierto con verdadero y falso, respectivamente. Debe rehuirse, por tanto, su incorrecta identificación, tan frecuente en el habla coloquial e, incluso, culta. Cuando alguien, por ejemplo, en los medios de comunicación pretende negar ciertas acusaciones sobre su persona diciendo que son "inciertas", realmente declara una cosa bien diferente de la que él considera.

Cessio bonorum

(Céssio bonórum)
Lit. *cesión de bienes.*

Significado y contexto: El deudor que no era capaz de pagar sus deudas podía declarar su situación de insolvencia (mediante un juramento presente ya en el siglo I antes de Cristo: *bonam copiam iurare*) y ceder su patrimonio (de ahí el nombre) a los acreedores para que estos procediesen a su venta y al cobro de sus créditos. Este procedimiento, originado a partir de una ley, probablemente de Julio César, la *lex Iulia de bonis cedendis*, era provechoso para el cedente pues le excluía de la ejecución personal, no acarreaba para él un efecto infamante (como sí sucedía en cambio con la *proscriptio* o proscripción; de ahí la mala prensa de los proscritos), y le concedía el beneficio de competencia (***beneficium competentiae***; v. voz), tal y como se denomina a partir del siglo XVI a la ventaja que singularmente recibe este deudor de ver limitada la ejecución a las posibilidades económicas actuales de su patrimonio. En las fuentes, no queda claro si lo que justificaba esta posibilidad para el cedente consistía en no haber ocasionado de modo culpable su situación de insolvencia o, más bien, en no haberla ocultado maliciosamente. Esta última conducta es propia del denominado *decoctor*, término este que posee una sonoridad culinaria: el que "cuece" en secreto su activo y lo evapora.

(V. ***venditio bonorum***).

Cessio crediti

(Céssio créditi)
Lit. *cesión de crédito.*

Significado y contexto: La obligación romana tenía carácter personal por lo que en principio no estaba prevista su transmisión, del lado activo (crédito) o pasivo (deuda). Para lograr ese resultado, el derecho romano utilizó los instrumentos disponibles, adaptándolos a la finalidad deseada.

Para la transmisión o cesión del crédito (*cessio créditi*; desde el punto de vista activo, por lo tanto), el derecho se sirve de la denominada "delegación" (*delegatio*), con el fin de que un nuevo acreedor (delegatario) se haga cargo del crédito (*vid.* esquema infra). No obstante, era esta una delegación imperfecta ya que es necesario el consentimiento del deudor y exige la extinción de la obligación anterior con todos sus derechos accesorios (hipotecas, fianzas ...).

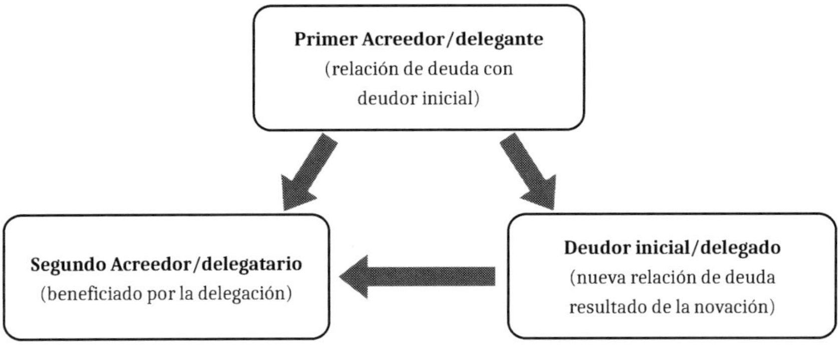

Como vemos en el esquema, la delegación presta base a una novación de la obligación originaria, que es un modo de extinción de las obligaciones. La novación –figura presente en nuestro derecho actual– consiste en la creación de una obligación a partir de otra previa que se extingue. El derecho clásico, muy riguroso, exigía la identidad del objeto (es decir que se tratase de la misma deuda más un elemento diverso) y un elemento nuevo (*áliquid noui*), añadido a la deuda originaria.

El elemento nuevo puede ser subjetivo (cuando cambian las partes) u objetivo (cuando, por ejemplo, una obligación pura es convertida en una obligación a término o condicional). En este caso es subjetivo: un acreedor, delegante, autoriza a su deudor, delegado, para que en adelante realice su prestación frente a un nuevo acreedor, delegatario. Este acto libera al deudor frente al anterior acreedor, y se extingue así la antigua obligación; no obstante, es siempre necesario el consentimiento del deudor. No nos hallamos ante un *adiectus* (persona autorizada para cobrar; v. ***adiectus solutionis causa***) sino ante un nuevo acreedor.

Otro instrumento es el de la *procuratio in rem suam*. Con él, los efectos recaen sobre el representante procesal –el tercero cesionario– que se ve facultado para demandar en juicio al deudor y recibir del deudor lo reclamado, pero reteniendo como suyo lo obtenido. Es una forma imperfecta ya que el deudor se liberaba pagando a cualquiera de los dos (representante o representado); además, el representado podía revocar la representación en cualquier momento. En el derecho imperial, a través de una célebre constitución de Antonino Pío (Ulp. 4 *ed.* D. 2.14.16 pr.), se estableció ya, primero respecto de la compraventa de herencia, que el nuevo acreedor dispusiese de una acción útil, siendo necesario además notificar al deudor la cesión (no liberándose entonces pagando al deudor originario y quedando obligado respecto del nuevo acreedor). Por otro lado, se admitió que la cesión se hiciese de forma directa, sin que hubiese que acudir a soluciones inconvenientes como la delegación o la representación.

Este es el origen de todas las disposiciones de nuestro Código Civil sobre transmisión de créditos (art. 1526 y sigs.), que impiden, por ejemplo, la extinción de los derechos accesorios.

Cuando la causa de la cesión era la compraventa, el cedente tenía la obligación de garantizar la existencia del crédito (*nomen uerum* o crédito verdadero; v. ***veritas nominis***) y se hablaba de una *cessio pro soluto*. Quedaba, pues, fuera de su obligación garantizar el buen cumplimiento por parte del deudor (*nomen bonum* o crédito bueno). Esto último es lo que se denominaba *cessio pro soluendo*. (V. ***veritas nominis***).

Para la cesión y transmisión de las deudas (*cessio débiti*) solo era posible acudir, en principio, a la novación (a través de un acto concreto llamado *expromissio*). Más tarde, se conseguía llegar también a este mismo resultado mediante la *procuratio in rem suam*, es decir, "para asunto propio" (el nuevo deudor se constituía en mandatario en su propio perjuicio). No obstante, tenía el inconveniente de que legitimado pasivamente lo seguía siendo tan solo el antiguo deudor, por lo que el acreedor podía no aceptar en juicio al cesionario de la deuda (nuevo deudor).

Ceteris paribus

(Céteris páribus)
Lit. *(dejando) igual el resto; bajo las mismas circunstancias.*

Significado y contexto: Se aplica para indicar que el examen de algo –característicamente, de una determinada variable en economía– se realizará con la premisa de que las demás circunstancias o variables no cambien.

Recuerda en derecho al principio de ***rebus sic stantibus*** (v. voz) y a la expresión ***mutatis mutandis***, aunque su aplicación varíe.

A propósito del principio de *par condicio creditorum* v. la fórmula '*exaequandum ceteris creditoribus*' (es preciso igualar a los demás acreedores) que se parece mucho incluso en el esquema de base planteado.

Citra petita

(Cítra petíta)
Lit. *menos de lo pedido.*

(V. **petitum** y **ultra petita**).

Clam

(Idem)
Lit. *clandestinamente.*

Significado y contexto: 1. Tiene que ver en derecho con la posesión. Aparece en la conocida expresión de la llamada cláusula de posesión viciosa: *nec ui, nec clam nec precario* (lit. ni con violencia, ni clandestinamente, ni en precario) de la que los códigos civiles se hacen eco. Así el Código Civil español en su artículo 444 declara: «Los actos meramente tolerados [es decir, en precario], y los ejecutados clandestinamente y sin conocimiento del poseedor de una cosa, o con violencia, no afectan a la posesión».

Por ser muy ilustrativo del sentido de este término escogemos el siguiente fragmento, a saber, Ulp. *ed.* 70 D. 41.2.6:

> «Decimos que posee clandestinamente el que entró furtivamente en posesión ignorándolo aquel que él sospechaba que le había de promover controversia, y que él

temía que se la promoviese. Pero el que poseyendo no clandestinamente se ocultó, está en el caso de que no se considere que posee clandestinamente (*clam possidére*); porque se ha de investigar no la razón de haber obtenido la posesión, sino el origen de haberla alcanzado; y no empieza a poseer clandestinamente nadie que sabiéndolo o queriéndolo aquel a quien la cosa pertenece, o por alguna razón, adquiere la posesión de buena fe. Y así, dice Pomponio, adquiere clandestinamente la posesión el que, temiendo una futura controversia, entra furtivamente en posesión, ignorándolo aquel a quien temió. Si habiendo ido uno a las ferias no hubiere dejado a nadie, y mientras él vuelve de las ferias otro hubiere ocupado su posesión, escribe Labeón que se considera que este posee clandestinamente; luego retiene la posesión el que fue a las ferias. Pero si no admitiere al dueño que regresaba, se entiende que posee más bien por fuerza que no clandestinamente;» (cfr. el célebre caso del discurso de Cicerón *Pro Caecina* tratado en ***ad absurdum***).

2. Aparece también, con respecto a la defensa del derecho de propiedad, en el siguiente remedio procesal: el interdicto "de lo realizado con violencia o clandestinamente" (*quod ui aut clam*; D. 43.24) para obtener del magistrado el permiso para demoler una obra realizada por un tercero de forma violenta clandestina en su casa o finca. Resulta sorprendente que, aun en este caso, se exija del propietario de la finca acudir al derecho para resolver este singular caso.

(V. ***vim fieri veto***).

Color insaniae

(Cólor insániae)
Lit. *apariencia de locura.*

Significado y contexto: En el derecho de sucesiones, la historia de la legítima o porción debida a los herederos llamados forzosos o legitimarios tiene que ver con la denominada *querella inofficiosi testamenti* o querella de testamento inoficioso (es decir, de aquel testamento que ofende la piedad paternofilial). Tuvo lugar a partir del siglo I antes de Cristo y se ejercitaba ante un tribunal de cien hombres o centunviros. El supuesto del que se partía era la desheredación sin causa a los hijos en testamento de modo que se juzgaba incompatible con la piedad debida por el testador a ellos. Por eso, aquellos (se incluían también los hijos póstumos), sobre el argumento retórico, o sea, aparente, de la locura del padre, impugnaban el testamento y recibían al menos la cuarta parte de lo que habrían heredado ab intestato.

Veamos este elocuente fragmento:

Marcian. 4 *inst.* D. 5.2.2: «Se demanda por testamento inoficioso con este argumento (*hoc colore*), a saber, como que no estuvieron en su sano juicio (*quasi non sánae mentis fuérunt*) al disponer el testamento. Y se dice esto, no como si verdaderamente un furioso o un demente haya testado, sino porque en realidad hizo uno legalmente testamento, pero no conforme a los deberes de piedad (*non ex officio pietatis*); porque si verdaderamente estuviese furioso o demente, es nulo el testamento».

(V. ***sub colore iuris***).

Commoda possessionis

(Cómmoda possessiónis)
Lit. *ventajas de la posesión.*

Significado y contexto: Esta expresión la vemos en las fuentes jurídicas también escrita en singular y con un tenor algo diferente: *cómmodum possessoris* (ventaja del poseedor). Tiene relación con el juicio posesorio en el que el poseedor demandado cuenta con la ventaja de mantener la posesión sobre la cosa. El demandante, por el contrario, debe asumir la carga de la prueba consistente en demostrar su condición de dueño. (V. ***beati possidentes***, ***possessio***, ***probatio diabolica***).

Veamos los siguientes textos:

> Ulp. 39 *ed.* D. 5.1.62: «No puede tramitarse entre los litigantes un pleito de otro modo que siendo uno demandante y otro poseedor; porque debe haber quien sostenga las obligaciones del demandante, y quien disfrute de la ventaja del poseedor (*cómmodum possessoris*)».

A propósito del interdicto '*uti possidetis*' (como poseéis):

> Ulp. 69 *ed.* D. 43.17.1.3: «Luego siempre que entre los litigantes hay controversia sobre la propiedad, o se conviene, o no se conviene, entre los litigantes cuál de los dos sea poseedor, y cuál demandante. Si se conviene, la cuestión está resuelta; disfrutará de la ventaja de poseedor (*cómmodum possessoris*) el que se convino que poseyera, y el otro tendrá la carga del demandante. Pero si se contendiese entre los mismos sobre cuál de los dos poseerá, porque el uno o el otro afirma que posee con mejor derecho, en este caso, si fuera inmueble la cosa, sobre cuya posesión se contiende, serán remitidos a este interdicto».

Interesante también es el siguiente fragmento a propósito de la propiedad sobre un hombre que se pretendía de condición servil, siendo en realidad libre:

> Iul. 43 *dig.* D. 22.3.20: «Si por la fuerza se hubiere alguien apoderado de un hombre libre, o si lo hubiere tenido preso, muy indignamente conseguiría la ventaja de poseedor (*cómmodum possessoris*), porque no pudiere probarse que aquel hombre estuvo en libertad al tiempo en que se incoase el litigio». (V. ***habeas corpus***).

Commodum

(Cómmodum)
Lit. *ventaja.*

Significado y contexto: Para valorar la equidad de la posición de las partes en una relación jurídica, el derecho toma en consideración el equilibrio entre ventajas y desventajas que cada una de ellas haya asumido. Los juristas romanos, en materia de obligaciones y contratos, acuñaron la expresión *utílitas contrahentium* o utilidad de los contrayentes para aludir a las ventajas que cada uno podía obtener, y valorar a la vez, en materia de responsabilidad, aquello que por contrapartida debía asumir. Así, por ejemplo, el depositario que asume la obligación de guardar y custodiar la cosa gratuitamente y devolverla cuando se reclame el depositante carece de ventaja alguna. Por eso, responde solo por dolo (que es lo mínimo). Frente a él, el comodatario, que recibe la ventaja del uso de la cosa prestada, responde por dolo, por culpa y además por custodia (es decir, se hace cargo del riesgo o perículum de la pérdida de la cosa, por ejemplo, por hurto sufrido). El término "comodato", por cierto, deriva precisamente del que nos ocupa. (V. ***stare conventus***).

Una regla directamente relacionada con nuestra expresión es: *ubi cómmodum, ibi incómmodum* (lit. donde una ventaja, allí una desventaja), que se comprende fácilmente a la luz de lo expuesto. La moderna teoría del riesgo, que llega a responsabilizar de modo objetivo a quien, movido por un interés de lucro, crea una situación de grave riesgo o peligro, por ejemplo, de sufrir accidentes de gran envergadura, en el desenvolvimiento de su actividad (pensemos en las compañías de transporte terrestre, aéreo o marítimo), está sustentada sobre este razonable principio. (V. ***sine onere***).

Communi consensu

(Commúni consénsu)
Lit. *de común acuerdo.*

(V. **consensus**).

Communio incidens

(Commúnio íncidens)
Lit. *comunidad incidental.*

Significado y contexto: Se trata de la situación de copropiedad originada de modo ajeno a la voluntad de los comuneros. El supuesto más antiguo es el del consorcio entre hermanos de propiedad indivisa (*consortium ercto non cito*) en el que cada uno de ellos tenía una especie de propiedad común solidaria sobre el patrimonio heredado del paterfamilias, aún lejos de la idea clásica de la cuota ideal.

La confrontación con el contrato de sociedad es palmaria: en este, la voluntad de los socios es fundamental para constituir la sociedad (*societatem coire*); por eso en la última fase del derecho romano, el supuesto de la comunidad incidental se configura como un supuesto creador de obligaciones nacidas como de contrato, y así aparece en no pocos códigos civiles actuales.

Así la vemos en las Instituciones de Justiniano 3.27.3:

> «Del mismo modo, si una cosa fuere común a varios sin haber entre ellos sociedad, como porque se les hubiese legado o donado conjuntamente, y uno de ellos esté por lo tanto obligado al otro por la acción *communi diuidundo* (para dividir lo común), porque solo él hubiere percibido los frutos de aquella cosa, o porque únicamente su socio hubiere hecho en ella gastos necesarios, no se entiende obligado propiamente por un contrato (pues nada contrataron entre sí); pero como no está obligado por un delito, se reputa que está obligado como por un contrato (*quasi ex contractu*)».

Communio pro indiviso

(Commúnio pro indiuíso)
Lit. *comunidad indivisa, comunidad en régimen de indivisión.*

(V. **pro indiviso**)

Communis opinio

(Commúnis opínio)
Lit. *opinión común.*

Significado y contexto: Se refiere a la opinión doctrinal (*opinio iuris*) con respecto al derecho, y, concretamente, a aquella que es prevalente en la doctrina a propósito de un punto o materia jurídica determinada. El derecho romano es jurisprudencial, entendiendo por jurisprudencia ciencia del derecho. La *interpretatio* romana consistía en una actividad creativa del derecho, no simplemente esclarecedora del sentido de normas jurídicas. Esa misma concepción del derecho pasa al denominado derecho común europeo (*ius commune europaeum*): las sucesivas escuelas de glosadores, comentaristas, humanistas, iusracionalistas o pandectistas conservan el ideal jurisprudencial como seña de identidad del derecho europeo a lo largo de su historia. Solo con la aparición en Europa, durante los siglos XV y XVI, de los altos tribunales, compuestos por magistrados de reconocida autoridad, comenzará a hablarse de jurisprudencia como de doctrina de los tribunales; acepción que pasa a nuestros días sin desplazar por completo a la anterior y genuina.

A partir de la codificación, la ley se convierte en la fuente del derecho, si no exclusiva, predominante. La doctrina científica pierde su carácter de fuente del derecho, aunque su influjo en el legislador y en los aplicadores e intérpretes del derecho sigue siendo grande.

En el derecho romano, la voz *opinio* alude, en efecto, también al parecer del jurisconsulto sobre una cuestión jurídica concreta. En el derecho postclásico, las opiniones de los juristas Papiniano, Paulo, Ulpiano Gayo y Modestino se erigen en fuente del derecho aducible por los abogados y aplicable por los jueces.

Veámoslo:

> Código Teodosiano 1.4.3 = Brev. 1.4.1 (Emperadores Teodosio y Valentiniano Augustos al Senado de la ciudad de Roma, año 426 d.d.C.): «Confirmamos todos los escritos de Papiniano, Paulo, Gayo, Ulpiano y Modestino, de forma que a Gayo se le dé la misma autoridad que a Paulo, Ulpiano y los demás y se citen los textos de toda su obra. 2. También decretamos sea válido el saber de aquellos cuyos tratados y sentencias se han mezclado con las obras de todos los citados, como Escévola, Sabino, Juliano, Marcelo y todos los que ellos citan, con tal que si por su antigüedad fuese dudoso el códice de sus libros se confirme mediante su cotejo. 3. Pero ahí donde se pronuncien diversas sentencias, prevalezca la de mayor número de autores; y si el número fuese igual, preceda la autoridad de aquella parte en la que destaca Papiniano, varón de excelente ingenio, que si vence a cada uno, cede ante dos. 4. Las notas de Paulo y de Ulpiano puestas en las obras de Papiniano, como hace tiempo está establecido, mandamos que carezcan de valor. 5. Donde se alegue el mismo número de opiniones cuya autoridad se considere igual, deberá seguirse aquella que elija la sabiduría del juez. 6. En cuanto a la sentencias de Paulo, mandamos que valgan siempre».
>
> Interpretación: «7. Esta ley muestra qué sentencias valen de los que han establecido derecho, esto es, las de Papiniano, Paulo, Gayo, Ulpiano, Modestino, Escévola, Sabino, Juliano y Marcelo, 8. de los cuales, si se presentaren varias sentencias, venza aquella en la que a una coincidiere mayor número. Y si acaso hubiere un número igual en cada parte, prevalezca la autoridad de aquella parte en la que a igual número opina Papiniano, pues Papiniano vence a cada uno, aunque cede ante dos. 9. Escévola, Sabino, Juliano y Marcelo no se encuentran en sus obras, pero se contienen insertos en las obras ya citadas. 10. Respecto del Gregoriano y del Hermogeniano, esta ley los silencia porque sus autoridades se confirman por la otra ley anterior con el título "De las constituciones de los príncipes y los edictos" (1.1.5). 11. Pero de todos estos consultores del derecho, del Gregoriano, del Hermogeniano, de Gayo, de Papiniano y de Paulo, elegimos aquello que ha parecido necesario para los pleitos de los tiempos presentes».

Varios siglos antes, el jurista Gayo informa de un célebre rescripto imperial por el que el juez debía regirse a la hora de aplicar el derecho. El criterio seguido era, sin embargo, el de la opinión unánime:

> Gayo 1.7: «Las respuestas de jurisprudentes (*responsa prudentium*) son los pareceres y opiniones (*senténtiae et opiniones*) de los que han obtenido licencia para crear derecho. Si la opinión de todos ellos coincide (*Quorum omnium si in unum senténtiae concurrunt*), lo que determinan obtiene vigor de ley; pero si entre ellos disienten, se permite al juez seguir la opinión (*sententia*) que desee: esto es lo que se describe en un rescripto del divino Adriano».

Esta experiencia jurídica influye de modo decisivo en el derecho medieval que tiene en cuenta el mayor valor de las opiniones de ciertos juristas. Así, por ejemplo, las de Bártolo, Baldo o Juan de Andrés.

Que la opinión sea mayoritaria quiere decir algo. Eso es indudable. Pero no necesariamente que en todo caso sea la más correcta. En materia de caza, que es un modo de adquirir denominado, desde el derecho romano, "ocupación", la opinión prevalente de la doctrina romana estimaba que adquiría el animal (es decir, se cobraba la pieza) quien se apoderaba de él. Sin embargo, un jurista, Trebacio, se atrevió a opinar de modo diferente al resto. Él creía que debía tener derecho a la pieza quien hubiese herido primero al animal y no dejase de perseguirle. Curiosamente, andando los siglos, la moderna Ley de Caza española de 1970 le dio la razón.

> Gai. 2 *rer. cott. sive aur.* D. 41.1.5.1: «Se dudó si se entiende que un animal salvaje, que esté herido de modo que pueda ser cogido, es nuestro desde ese momento. A Trebacio le pareció que desde ese momento era nuestro, y que se considera que es nuestro mientras lo perseguimos; pero que si dejáramos de perseguirlo dejaba de ser nuestro, y se hacía a su vez del que lo ocupaba. Y así, si durante el tiempo en que lo perseguimos otro lo hubiere cogido con ánimo de lucrarse él, se considera que nos hizo un hurto. Pero los más (*plérique*) opinaron, que no era nuestro de otro modo sino si lo hubiéremos cogido, porque pueden acontecer muchas cosas para que no lo capturemos; lo que es más verdadero».

Justiniano se inclinó también a favor de esta opinión mayoritaria en Inst. 2.1.13. Aquella ley de caza dio paso a una multitud de leyes que las Comunidades Autónomas han ido promulgando, por lo que respecto de esta materia se puede decir que el panorama normativo actual es, si no selvático, cuando menos boscoso (una ordenación sistemática en la edición electrónica, que puede hallarse en la web del B.O.E., del *Código de Caza* de J. M. de la Cuesta Sáenz y J. M. Caballero Lozano). Pero, por lo que a nuestro punto concierne, las diferentes disposiciones han recogido, en mayor o menor medida, la solución dada por aquella ley. Véanse especialmente los números dos, cuatro, cinco y seis *in fine* y compárense con el número 1:

> «Artículo 22 Propiedad de las piezas de caza
>
> 1. Cuando la acción de cazar se ajuste a las prescripciones de esta Ley, el cazador adquiere la propiedad de las piezas de caza mediante la ocupación. Se entenderán ocupadas las piezas de caza desde el momento de su muerte o captura.
> 2. El cazador que hiera a una pieza en terreno donde le sea permitido cazar, tiene derecho a cobrarla, aunque entre en propiedad ajena. Cuando el predio ajeno estuviere cercado, o sometido a régimen cinegético especial, necesitará permiso del dueño de la finca, del titular del aprovechamiento o de la persona que los represente. El que se negare a conceder el permiso de acceso estará obligado a entregar la pieza, herida o muerta, siempre que fuere hallada y pudiera ser aprehendida.
> 3. En los terrenos abiertos sometidos a régimen cinegético especial, y para piezas de caza menor, no será necesario el permiso a que se refiere el apartado anterior cuando el cazador entre a cobrar la pieza solo, sin armas ni perro, y aquellas se encuentren en lugar visible desde la linde.
> 4. Cuando en terrenos de aprovechamiento cinegético común uno o varios cazadores levantaren y persiguieren una pieza de caza cualquier otro cazador deberá abstenerse, en tanto dure la persecución, de abatir o intentar abatir dicha pieza.
> 5. Se entenderá que una pieza de caza es perseguida cuando el cazador que la levantó, con o sin ayuda de perro u otros medios, vaya en su seguimiento y tenga una razonable posibilidad de cobrarla.

6. Cuando haya duda respecto a la propiedad de las piezas de caza, se aplicarán los usos y costumbres del lugar. En su defecto, la propiedad corresponderá al cazador que le hubiere dado muerte cuando se trate de caza menor, y al autor de la primera sangre cuando se trate de caza mayor».

(V. ***opinio iuris***).

Compensatio lucri cum damno

(Compensátio lúcri cum dámno)
Lit. *compensación del lucro con el daño.*

Significado y contexto: Para el cálculo del daño derivado de la actuación de un determinado sujeto, la expresión enuncia una regla, proveniente del derecho romano, que obliga a considerar no solo el montante del daño producido sino las ventajas o ganancias originadas.

Así, en materia de gestión de negocios ajenos, la responsabilidad del gestor alcanza el dolo, la culpa e incluso el caso fortuito cuando este ha emprendido un negocio novedoso o insólito para el sujeto cuyos asuntos ha gestionado aquel. Identifiquemos el texto que está detrás del artículo 1891 del Código Civil español:

> «El gestor de negocios responderá del caso fortuito cuando acometa operaciones arriesgadas que el dueño no tuviese costumbre de hacer, o cuando hubiese pospuesto interés de este al suyo propio».

Helo aquí. Después de afirmar el jurista que las ganancias son para el dueño y las pérdidas para el gestor añade *in fine* que si en unos asuntos ha obtenido ganancia y en otros pérdida, se compensen entre sí. Veámoslo:

> Pomp. 21 *ad Q. Muc.* D. 3.5.10 (11): «Si administraras los negocios de un ausente, y este lo ignorase, debes responder de la culpa y del dolo. Pero Próculo dice que a veces debes responder también del caso fortuito, por ejemplo, si a nombre del ausente hicieras un negocio nuevo que él no hubiere acostumbrado a hacer, como comprando esclavos noveles, o emprendiendo alguna negociación. Porque si de esto hubiere resultado pérdida, será de tu cuenta, pero la ganancia para el ausente; pero si en unas cosas se hubiere realizado ganancia, y en otras pérdida, el ausente debe compensar el beneficio con el daño (*pensare lucrum cum damno*)».

El artículo 1893 declara en su párrafo primero:

> «Aunque no hubiese ratificado expresamente la gestión ajena, el dueño de bienes o negocios que aproveche las ventajas de la misma será responsable de las obligaciones contraídas en su interés, e indemnizará al gestor los gastos necesarios y útiles que hubiese hecho y los perjuicios que hubiese sufrido en el desempeño de su cargo».

Se discutió si esta regla debería valer en materia de contrato de sociedad, como vemos en el siguiente texto:

> Ulp. 30 *Sab.* D. 17.2.23.3: «Pregunta el mismo si deberá compensarse con el daño, que por su culpa causó, la utilidad que se adquirió por causa del socio admitido (*cómmodum cum damno compensari*); y dice, que se ha de compensar. Lo que no es verdad, porque también escribe Marcelo, en el libro sexto del Digesto, que si el esclavo de uno solo de los socios, puesto por su señor al frente de la sociedad, se hubiera conducido con negligencia, responderá a la sociedad el señor, que lo hubiere puesto al frente, y que no se ha de compensar con el daño la utilidad que por el esclavo se adquirió para la sociedad; y que así lo determinó el Divino Marco, y que no puede decirse a un socio: "abstente de la utilidad que por el esclavo se adquirió, si pides el daño"».

Finalmente, leamos un texto muy denso del jurista Paulo, relativo al caso de un vendedor que ha vendido dos fundos y en el que ha expresado una cabida menor en uno y mayor en otro en relación con la acción de compra que puede ejercitar contra él el comprador y la posibilidad por parte del vendedor de ejercitar una excepción de dolo. En la segunda mitad del fragmento aparece un segundo caso con el que se compara el primero. En él encontramos *in fine* la expresión de esta regla, aunque quizás fruto de una interpolación:

> Paul. 2 *quaest.* D. 19.1.42: «Si el vendedor de dos fundos hubiere hecho manifestación por separado sobre la cabida de cada uno, y así los hubiere entregado ambos por un solo precio, y a uno le faltara algo, aunque en el otro sobrase, por ejemplo, si dijo que uno tenía cien yugadas, y el otro doscientas, no le aprovechará que en uno se hallen doscientas diez, si en otro faltaran diez; y así se dijo por Labeón respecto de esto. Pero puede dudarse si le habrá de aprovechar al vendedor la excepción de dolo malo. A la verdad, si le faltara en el bosque alguna exigua porción de la medida, y tuviera en las viñas más de lo que se prometió, ¿acaso no obra con dolo el que usa de un derecho perpetuo? Porque en este caso, lo que en la medida se encuentra de más que lo que de otro modo se dijo, no pertenece a la utilidad del vendedor, sino a la del comprador, y el vendedor se obliga solamente cuando se halla menor medida. Pero veamos si no haya querella alguna del comprador, respecto del mismo fundo, si encontrara más en la viña, que en el prado, cuando se halla toda la cabida. Análoga cuestión a la que se ha discutido respecto de dos fundos puede haber también si alguien vendiera por un solo precio dos esclavos instituidos libres bajo condición, y dijera, que se mandó que diera diez uno que debía dar quince; porque también este se obligará por la acción de compra, aunque el comprador haya de recibir veinte de los dos. Pero es más conforme a razón que en todos estos casos expresados se compense el lucro con la pérdida (*lucrum cum damno compensari*), y que si falta alguna cosa al comprador, ya sea por la medida, ya por la cualidad del terreno, se le resarza».

Concepturus

(Conceptúrus)
Lit. *El que va a ser concebido.*

Significado y contexto: En materia de concepción de un ser humano es muy conocido el término *nasciturus*, que curiosamente no se encuentra en las fuentes romanas, pero es bastante menos usual el presente que nos ocupa. Se trata de alguien que no existía al momento de la realización de un determinado acto o negocio jurídico. A diferencia del anterior, que se haya concebido en el seno materno, en este segundo caso ni siquiera posee realidad física.

En el siguiente fragmento, vemos ejemplos de casos a los que debían enfrentarse los juristas relacionados con nuestra expresión. Todos ellos parten de una premisa común: el testador, al momento de confección del testamento, realiza una previsión referida a un eventual hijo que le nazca en el futuro como fruto de una relación matrimonial aún no existente por diversas circunstancias impeditivas. La inexistencia en ese momento del concebido, es decir, la incertidumbre de su propia existencia (persona incierta, cfr. art. 750 del CC español), no obstaculiza la validez de su institución como heredero:

> Tryph. 20 *disput.* D. 28.2.28.3: «Si algún testador instituyó heredero al que naciera de aquella a la cual en aquel tiempo aún no podría ser su mujer, se pregunta si el nacido después de contraído lícito matrimonio no puede ser heredero en virtud de testamento, como, por ejemplo, si hoy instituyeras heredero al que te naciere de Ticia, siendo esclava Ticia, o siendo menor de veinticinco años

> aquella, cuya tutela administró tu padre, o habiendo sido tú mismo su tutor, y después Ticia hubiere sido tu mujer legítima, o hubiere conseguido la libertad, o hubiere cumplido los veinticinco años, y transcurrió el tiempo del año útil, y se hizo la rendición de cuentas, ¿podría ser heredero el que nació? Ciertamente que nadie dudará de que el nacido de Ticia, la cual entonces, cuando se hacía el testamento, no pudo ser tomada por mujer por razón de su edad, puede ser heredero, habiendo nacido después de haber sido tomada ella por mujer. Y en general, habiendo nacido después del testamento el heredero instituido, hay ingreso a la herencia, cualquiera que sea el estado en que estuvo al tiempo de hacerse el testamento la que después se casó civilmente con el testador».

En el derecho romano, el nacimiento de un póstumo (es decir, nacido después de la muerte de su padre), heredero de propio derecho o *suus*, no previsto en el testamento suponía la invalidez por entero de este complejo negocio jurídico. Las fuentes hablan literalmente de "testamento roto" (*testamentum ruptum*). Pero la prudente previsión del testador debía alcanzar más allá de los hijos, es decir, también a los nietos (nacidos de hijos premuertos) que pudieran nacer tras el fallecimiento del causante. Lo que sucedía era que quienes heredaban en principio eran los hijos, pero al morir antes que su causante, los nietos pasaban a ser herederos de propio derecho (*sui*). En el momento de redactar el testamento era muy posible que no los hubiera tenido en cuenta, pensando razonablemente que sus herederos serían sus hijos y no sus nietos. Pero la frecuencia de este caso hizo pensar a los juristas republicanos en la posibilidad de mencionar en testamento también a los nietos. A partir este supuesto (de los llamados *póstumi legitimi*), por vía legal o jurisprudencial se previeron otros casos de concebidos nacidos después de la muerte del testador a los que se les dio el nombre de su autor o fuente creadora: *postumi Iuliani, Aquiliani, Vellaeani*, ...

El artículo 462, párrafo tercero del Código Civil italiano ofrece un valioso testimonio de esta cuestión jurídica:

> «Pueden además recibir por testamento los hijos de una determinada persona viva al momento de la muerte del testador, aunque no concebidos aún».

Condicio iuris

(Condício iúris)
Lit. *condición de derecho; requisito de derecho o legal.*

Significado y contexto: En el latín de los juristas romanos, que acuñaron esta expresión, el término *condicio* se escribe con "c" y no con "t", es decir, *conditio*, de origen medieval. En el ámbito del negocio jurídico se habla de *c. i.* para aludir a una condición impropia. La condición es un elemento accidental del negocio jurídico, es decir, que las partes expresamente deben prever para que forme parte del negocio jurídico. Los requisitos que el derecho exige para que se dé el negocio no son propiamente condiciones. Se habla en este sentido de "condiciones impropias".

Aparte de otros textos como D. 21.1.43.10 y C. 8.40.3.2, es fundamental el siguiente texto de Juliano:

> Iul. 31 *dig.*D. 35.1.21: «Hay mucha diferencia entre que la condición sea de hecho, o de derecho (*condicio facti an iuris esset*); porque las condiciones de este género: "si la nave hubiere venido de Asia", "si Ticio hubiere sido hecho cónsul", aunque hayan sido cumplidas, le impedirán al heredero adir la herencia mientras ignore que se cumplieron. Pero en las que provinieren del derecho no se ha de exigir nada más sino que hayan sido cumplidas, por ejemplo, si alguno se cree que es hijo de familia, siendo padre de familia, podrá adquirir la herencia; por lo cual, también podrá adir la herencia el heredero instituido en una parte, que ignora si se abrieron las tablas del testamento».

Su formulación encuentra apoyo en otros textos del derecho romano que expresan la misma idea con otras palabras, como Pap. 10 *quaest.* D. 23.3.68, en el que el jurista Papiniano, en un caso de promesa de dote, afirma que ese tipo de actos reciben una "condición tácita" (*tácita condicio*), la del futuro matrimonio: "toda promesa de dote contiene la condición tácita de futuro matrimonio". En efecto, el matrimonio es aquí un hecho futuro e incierto y además depende de él la eficacia de la promesa de dote (porque esta se lleva a cabo con vistas al matrimonio). Pero a pesar de esa apariencia de condición, el hecho del futuro matrimonio no es algo cuya inclusión en el negocio de promesa de dote dependa de la voluntad de las partes, porque todo lo referente a la dote gira en torno al matrimonio. Es la propia configuración del negocio jurídico, es decir, tal y como la prevé el derecho, la que pone en juego ese hecho.

Condicio sine qua non

(Condício sine quá non)
Lit. *condición sine qua non, sin la cual no; requisito necesario.*

(V. ***sine qua non***).

Condictio indebiti

(Condíctio indébiti)
Lit. *condicción de lo indebido, reclamación del pago de lo indebido.*

Significado y contexto: Este supuesto atiende a uno de los típicos casos del llamado enriquecimiento injusto: el del pago o cobro de lo indebido por error. Ya el jurista Gayo en sus Instituciones, después de afirmar que las dos fuentes de las obligaciones son el contrato y delito, se da cuenta de que existe un caso, parecido al préstamo, pero en el que no existe un previo acuerdo de voluntades. En una obra posterior, incluirá este otros supuestos en una tercera categoría de fuentes de obligaciones denominada genéricamente "otras figuras de causas".

> Gai. 3.91: «También se obliga por la cosa el que aceptó lo no debido por aquel que le pagó por error, pues se puede entablar contra él una *condictio* con las palabras "si resulta que debe dar", como si se hubiese recibido un mutuo».

En el primero de los procedimiento romanos, el de las acciones de la ley (*legis actiones*) aparece un remedio procesal más moderno que los otros que se denomina "por condicción" (*per condictionem*): este término, que no debe confundirse con *condicio* (condición, esto es, un elemento accidental del negocio jurídico) significa "emplazamiento". Se refería a la convocatoria que hacía el demandante al demandado para comparecer de nuevo en el plazo de 30 días para designar conjuntamente a un juez. Se trata de un acción de la ley muy flexible, prevista inicialmente para controversias acerca de deudas ciertas de dinero (a través de la ley Silia (s. II a.c.), más tarde extendida a la reclamación de objetos ciertos por otra ley algo posterior (Calpurnia). Era abstracta, esto es, en ella no se reflejaba la causa de la deuda sino tan solo la obligación de cumplirla. Constituye –como decimos– uno de los conceptos capitales en torno al cual se configura la moderna figura del "enriquecimiento injusto". Reclamar la devolución de lo pagado se denomina técnicamente desde el derecho romano "repetir" (*repétere*). (V. *Procedimiento civil*).

Veamos algunos textos:

> Pomp. 22 *Sab.* D. 12.6.19.3: «Si me creyera deudor de Estico o Pánfilo cuando en realidad debía pagar solo Estico y pago Pánfilo, podré repetir como pago de lo indebido, pues no se entiende que he pagado lo que debo».

Ulp. 26 *ed.* D. 12.6.26.3: «Entendemos por cantidad indebida no solo si no se debe en absoluto, sino también si no podía reclamar impedido por una excepción perpetua, por lo que también esto podrá repetirse, a no ser que pagase a sabiendas de que estaba protegido por la excepción».

Ulp. 26 *ed.*D. 12.6.1 pr.-1: «Veamos ahora lo relativo al pago de lo indebido. Si una persona, en efecto, pagó por error lo que no debía, puede reclamar mediante esta acción; pero si pagó a sabiendas de que no debía, cesa la repetición».

En el título XVI "De las obligaciones que se contraen sin convenio", capítulo primero "De los cuasi contratos", sección segunda se encuentra nuestra figura: "Del cobro de lo indebido". De ella se ocupan los artículos 1895 a 1901. El artículo 1825 reza así:

«Cuando se recibe alguna cosa que no había derecho a cobrar, y que por error ha sido indebidamente entregada, surge la obligación de restituirla».

(V. ***versio in rem***).

Conscientia sceleris

(Consciéntia scéleris)
Lit. *conciencia del crimen.*

Significado y contexto: Alude al conocimiento que el autor de un delito tiene del acto cometido que representa un obrar gravemente contrario al derecho. Aparece en las fuentes literarias latinas, en los retóricos Cicerón y Quintiliano, y en algunos otros autores.

Escojamos algunos textos del primero. Así se dirige Cicerón contra Catilina (*Cat.* 1.17):

«Y tú, que por la conciencia de tus maldades (*conscientia scélerum*) sabes el justo odio que a todos inspiras, muy merecido desde hace tiempo, ¿vacilas en huir de la vista y presencia de aquellos cuyas ideas y sentimientos ofendes?» (Cicerón, Catilinarias 1994).

Y en el proceso contra Verres, el tiránico gobernador de Sicilia, a propósito del delito de concusión exclama el Arpinate (3.56-57.130):

«...Grave es esta acusación y dura y, desde que los hombres recuerdan y se establecieron los procesos por concusión, la más fuerte: que el pretor tenga a recaudadores como socios.

No escucha esto de labios de un enemigo ahora por primera vez ni, como reo, de labios de su acusador. Ya antes, sentado en el tribunal como pretor, cuando ocupaba la provincia de Sicilia, aunque todos le temían, no solo por su poder supremo, que es lo común, sino por su crueldad, que es lo peculiar de ese, lo oyó mil veces, cuando no entorpecía la negligencia su ánimo persecutorio, sino que lo refrenaba la conciencia de su crimen y de su avaricia (*conscientia sceleris auaritiaque*)...». (Cicerón, Verrinas. Segunda sesión (Discursos III-V) II 1990).

Ante un hecho relativo a la ejecución de un ciudadano romano en vez de un jefe pirata declara con ardor (5.29.73-74):

«... saltó excitado por la conciencia de su crimen y por la locura nacida de sus maldades: dijo que él, al saber que se le iba a imputar la acusación de haber recibido dinero y no haber sometido a suplicio al auténtico jefe pirata, no lo había ajusticiado por ese motivo con el hacha. Añadió que había con él en su casa dos jefes piratas. ¡Oh clemencia del pueblo romano, oh, más bien, paciencia asombrosa y singular! El caballero romano Marco Anio dice que un ciudadano romano ha sido muerto con el hacha. Callas. Dice que el jefe pirata no. Lo reconoces. Se levantó la protesta y un clamor general, cuando, sin embargo, el pueblo romano se contuvo y reprimió de tu suplicio inmediato y reservó el modo de su salvación a la severidad de los jueces». (Cicerón, Verrinas. Segunda sesión (Discursos III-V) II 1990).

Consensus

(Consénsus)
Lit. *consenso; consentimiento, acuerdo.*

Significado y contexto: Es término clave para entender, no solo el derecho sino la convivencia cívica en el seno de una comunidad. Expresa en el ámbito político romano (y desde él llega hasta nosotros) la idea de consenso (en no pocos textos de Cicerón, pero también de Quintiliano, Valero Máximo, Séneca, ...), es decir, de acuerdo social, como cuando la vemos empleada en expresiones tales como *c. omnium* (acuerdo de todos. es decir, del pueblo), *c. omnium ordinum* (consenso de todos los órdenes o clases sociales), ...

En derecho es básica: Modestino (1 *reg.* D. 1.3.40) afirma que todo el derecho o lo ha creado el consenso o la necesidad o lo ha establecido la costumbre:

> «Luego todo derecho o lo creó el consentimiento, o lo constituyó la necesidad, o lo afirmó la costumbre».

El *consensus* aparece vinculado en su origen a materias tan familiares a nosotros modernos como: el concepto de pacto, jurisdicción, esponsales y matrimonio, o las obligaciones contractuales. Veamos algunos ejemplos:

Respecto del pacto (v. **pactum**), se define este como el acuerdo de dos o más personas sobre una cosa convenida (*est pactio duorum pluriumue in idem placitum <et> consensus*, Ulp. 4 *ed.* D. 2.14.1.2). En este sentido, se contrapone el *pactum* a la promesa unilateral llamada *pollicitatio*. Texto este clave para la edificación de la teoría del contrato en el derecho común europeo. Leámoslo desde el principio hasta el párrafo 4:

> «Es natural la equidad de este edicto. Porque ¿qué cosa hay tan conforme a la lealtad humana como cumplir los hombres lo que entre sí pactaron? 1. Pero se dice pacto de pacción; de donde también se denomina el término "paz". 2. Y es pacto el consentimiento de dos o más sobre una misma cosa convenida. 3. La palabra convención es genérica, perteneciendo a todo aquello sobre que, para celebrar o transigir un negocio, consienten los que entre sí lo tratan; porque así como se dice que convienen los que de diversos puntos se reúnen y van a un mismo lugar, así también los que por diversos movimientos del ánimo consienten en una misma cosa, esto es, se encaminan a un mismo parecer. Pero de tal modo es genérica la palabra convención, que, como discretamente dice Pedio, no hay ningún contrato, ninguna obligación, que en sí no contenga convención, ya se haga de obra, ya de palabra; porque aun la estipulación, que se hace de palabra, es nula, si no tuviera el consentimiento. 4. No obstante, la mayor parte de las convenciones reciben otro nombre, como el de compra, arrendamiento, prenda, o estipulación».

Resulta curioso pensar que la moderna teoría del contrato fue, en época medieval, elaborada por los glosadores utilizando el material jurisprudencial romano, y que, concretamente, se edificó a partir de la idea romana de pacto como concurrencia de consentimientos. Todos los tratadistas posteriores del derecho de obligaciones y contratos se hicieron eco de ella. Confróntese, por ejemplo, cómo comienza Pothier (siglo XVIII) su famoso "Tratado de obligaciones" (Pothier, *Traitè des Obligations selon les regles tant du for de la conscience que du for extérieure.* Tome premier 1805).

Veamos ahora este texto: Ulp. 3 *ed.* D. 5.1.2.1. No hace falta el *c.* del Pretor para establecer la jurisdicción con respecto a las partes litigantes porque basta el *consensus* de los particulares (*c. priuatorum*). Si yerran no hay jurisdicción porque falta el *c.*

> «Pero basta acaso convenir entre particulares, o es quizá también necesario el consentimiento del mismo Pretor? La ley Julia de los juicios dice: "que no se convenga entre particulares"; luego basta el consentimiento de los particulares. Por tanto, si los particulares consintieran, pero el Pretor ignorase que consienten, y juzgara suya la jurisdicción, se ha de ver si se habrá cumplido con la ley; y opino que puede defenderse que es de él la jurisdicción». (Pero v. ***fórum***).

Si se lega una misma cosa a dos personas, la sociedad que se da entre ellos no la constituye el *c.* sino la situación (*non consensus sed res*) Paul. 23 *ed.* D. 10.2.25.16. (V. ***communio incidens***).

En un caso de tácita reconducción (o prórroga del contrato de arrendamiento sin necesidad de renovación del *c.* de las partes), se pregunta si las prendas constituidas anteriormente prolongan también su vigencia (Ulp. 32 *ed.*D. 19.2.13.11):

> «No solamente parecerá que el que, cumplido el tiempo del arrendamiento, permaneció en la cosa arrendada volvió a tomarla en arriendo, sino que también se considera que subsisten obligadas las prendas. Pero esto es verdad de este modo, si otro no había obligado por él una cosa en el primer arrendamiento; porque será necesario nuevo consentimiento de aquel. Lo mismo será también si se hubieren dado en arriendo predios de la república. Pero lo que hemos dicho, que por el silencio de una y de otra parte (*taciturnitate utriusque partis*) se considera que el colono volvió a tomar en arrendamiento, se ha de entender de modo que se considere que renovaron la misma locación por aquel mismo año, que callaron, no también por los siguientes años, aún si desde un principio se había señalado acaso un lustro para el arrendamiento. Pero si tampoco en el segundo año después de acabado el lustro se hubiere tratado nada en contrario, también se considera que subsistió la misma locación para aquel año; porque por lo mismo, que callaron, se considera que consintieron (*hoc enim ipso, quo tacuerunt, consensisse uidentur*), y esto mismo se ha de observar después en cada año. Pero en los predios urbanos usamos de otro derecho, que cada uno se obligue por el tiempo que los hubiere habitado, si en escritura no se consignó tiempo cierto para el arrendamiento». (A propósito del silencio v. ***ficta confessio***).

Los esponsales (promesas de futuro matrimonio) no necesitan para su constitución más que del nudo consentimiento de todos los intervinientes (Ulp. 35 *Sab.* D. 23.1.4 pr. y Paul. 35 *ed.* D. 23.1.7.1). Con mayor razón, el matrimonio. La institución del matrimonio romano adopta como base el consentimiento. El influjo de esta idea en el matrimonio llamado canónico y en el civil es evidente. Ulpiano afirma que el matrimonio no lo constituye el hecho de yacer juntos dos personas (*concúbitus*) sino el *c.* (Ulp. 35 *Sab.* D. 35.1.15 y Ulp. 36 *Sab.* D. 50.17.30 *nuptias non concubitus sed consensus facit*). Se trata de una piedra basilar tanto del matrimonio civil como del matrimonio canónico: el consentimiento de los contrayentes. (V. ***in fieri***).

Los contratos consensuales, prototipo de los contratos romanos y modernos, se basan en el consentimiento (no requieren de una forma especial de perfeccionarse: ni un pronunciamiento de palabras concretas, ni un redacción por escrito, ni la entrega de una cosa). Las obligaciones nacen *ex consensu.* Modestino (2 *reg.* D. 44.7.52.9) habla del *nudus c.* como de una de las fuentes de las obligaciones.

Si por el *c.* se contrae una obligación también, por pura simetría, se puede disolver de la misma manera (Ulp. 48 *Sab.* D. 50.17.35 pr.), es decir, por *contrarius consensus*, que es el disentimiento común:

> «Nada es tan natural como que cada cosa se disuelva de la manera como se ligó; y por lo tanto la obligación verbal se disuelve con palabras, y la obligación de nudo consentimiento se disuelve por el consentimiento contrario (*contrario consensu*)».

V. también los siguientes textos: Paul 33 *ed.* D. 18.5.3; Pomponio 9 *Sab.* D. 18.1.6.2; Pomp. 24 *Sab.* D. 18.5.2; Pomp. 4 *ad Quint. Muc.* D. 46.3.80; C. 4.45.1; Instituciones de Justiniano 3.29.4 (Albanese 2005).

Consilium fraudis

(Consílium fráudis)
Lit. *intención de fraude o fraudulenta.*

Significado y contexto: La expresión tiene que ver con el llamado "fraude de acreedores", que se refiere a todos aquellos actos de enajenación de bienes que el deudor insolvente realiza con la finalidad de que los acreedores no se dirijan contra ellos para cobrar sus créditos (es decir, para perjudicarles).

Del derecho romano proviene la famosa acción Pauliana (el nombre proviene de D. 22.1.38.4), un remedio del que se discute quizás su origen justinianeo, antecedido por el precedente de un interdicto fraudatorio clásico. Gracias a este expediente o remedio, los terceros adquirentes que hubiesen conocido esta circunstancia fraudulenta (*scientia fraudis* o conocimiento del fraude) deberían devolver la cosa. En caso de tratarse de una adquisición lucrativa (p. e. una donación) no hacía falta demostrar ese conocimiento del tercero.

(V. ***scientia fraudis***).

Consuetudo

(Consuetúdo)
Lit. *costumbre.*

Significado y contexto: Modernamente consideramos la costumbre en las clasificaciones de las fuentes del derecho como jerárquicamente inferiores a la ley, operantes en defecto de esta. En el derecho romano, los *mores maiorum* poseían una entidad muy superior a las que hoy denominamos costumbres. Conforme a ellos, se fue consagrando un modo de ver la vida del pueblo romano a través de sus instituciones básicas, algunas tan peculiares como la patria potestad. Constituyen una especie de constitución no escrita en la que se ve reflejada la propia idiosincrasia del pueblo romano.

En el derecho imperial, irrumpe con fuerza la costumbre entendida como usos normativos locales, comarcales o regionales. En las fuentes se intercambian las expresiones *mores* y *consuetudo*, lo que hace difícil entender a qué se refiere una y otra. El llamado *ius non scriptum* o derecho no escrito tiende a identificarse con la costumbre. En el Digesto de Justiniano encontramos textos muy relevantes en cuanto a esta nueva moda de concebir la costumbre. El más interesante es uno del jurisconsulto Juliano, una auténtica cruz de la doctrina romanística por las sospechas de alteración que no pocos autores ven en él, pero no sin debate intenso con los defensores de su genuinidad. Por el interés jurídico que presenta la sucesión de textos del título tercero del libro primero del Digesto de Justiniano referidos a la costumbre, los reproducimos íntegramente. En ellos se verán identificadas no pocas expresiones conocidas de la doctrina actual:

> Iul. 84 *dig. h. t.* 32: «En aquellos casos que no usamos de leyes escritas, conviene se guarde lo que por el uso y la costumbre se ha introducido (*quod moribus et consuetudine introductum est*); y si esto faltare en algún caso, entonces lo que le sea análogo y consiguiente; y si en realidad tampoco apareciere esto, entonces debe observarse el derecho que se usa en Roma. 1. No sin razón se guarda como ley la costumbre inveterada (*inueterata consuetudo pro lege*), y este es el derecho que se dice establecido por la costumbre. Porque así como las mismas leyes por ninguna otra causa nos obligan, sino porque fueron admitidas por la voluntad del

pueblo, así también con razón guardarán todo lo que sin estar escrito aprobó el pueblo porque, ¿qué importa que el pueblo declare su voluntad con votos (*suffragio*), o con las mismas cosas y con hechos (*rebus ipsis et factis*)? Por lo cual también está perfectísimamente admitido que las leyes se deroguen no solo por el voto del legislador, sino también por el tácito consentimiento de todos por medio del desuso (*tacito consensu ómnium per desuetúdinem abrogentur*)».

Ulp. 1 *de off. proc. h. t.* 33: «La costumbre inveterada suele observarse como derecho y ley (*Diuturna consuetudo pro iure et lege obseruari solet*), en aquellos casos que no provienen de derecho escrito».

Ulp. 4 *de off. proc. h. t.* 34: «Cuando alguno parece apoyarse en la costumbre de una ciudad o de una provincia (*consuetudo cuitatis uel prouínciae*), juzgo que ciertamente ha de investigarse primero si alguna vez ha sido también confirmada la costumbre en juicio contradictorio».

Hermog. 1 *epit. h. t.* 35: «Pero también aquello que se ha comprobado por larga costumbre (*longa consuetudo*) y observado por muchísimos años, como tácito convenio de los ciudadanos (*tacita ciuium conuentio*), se guarda no menos que las leyes que están escritas».

Paul 7 *Sab. h. t.* 36: «Antes bien se reputa de tan grande autoridad este derecho, porque fue aprobado en tanto grado que no fue necesario comprenderlo en el escrito».

Paul. 1 *quaest.* 37: «Si se tratara de la interpretación de la ley, ha de investigarse primero, de qué derecho había usado antes la ciudad en semejantes casos; porque la costumbre es el mejor intérprete de las leyes (*optima est legum interpres consuetudo*)».

Calist. 1 *quaest. h. t.* 38: «Pues nuestro emperador Severo resolvió por rescripto, que en las ambigüedades que nacen de las leyes, debe tener fuerza de ley la costumbre, o la autoridad de las cosas juzgadas [v. ***stare decisis***] perpetuamente de análoga manera».

Cels. 23 *dig. h. t.* 39: «Lo que se introdujo no con razón, sino que se observó al principio por error después por la costumbre, no tiene fuerza de ley en otros casos semejantes».

C. 8.52 (53).2 (Constantino a. 319): «No es despreciable la autoridad de la costumbre y del uso de largo tiempo, pero no ha de ser válida hasta el punto de que prevalezca o sobre la razón o sobre la ley».

Resulta muy llamativo que ley y costumbre aparezcan en esos textos sin que se destaque la preferencia de la primera con respecto a la segunda. Es más, esta última puede derogar la ley. Será el derecho postclásico, a través de la conocida constitución imperial de Constantino reseñada en último lugar, donde esta posibilidad se excluya expresamente. Es esta, por cierto, la constitución sobre la que se asienta la doctrina actual de la preferencia jerárquica de la ley sobre la costumbre, tal y como la reflejan los códigos civiles modernos.

(V. ***contra legem***).

Contradictio in terminis

(Contradíctio in términis)
Lit. *contradicción en los términos.*

Significado y contexto: Se admite en nuestra lengua. Es expresión tomada de la lógica que tiene que ver, en primer lugar, con el principio de no contradicción que consiste en que una cosa no puede ser y no ser al mismo tiempo. De ahí que al utilizar dos términos contradictorios entre sí, la afirmación resultante sea ilógica: por ejemplo, decir del cielo que es sereno y atronador a la vez no es lógico; de los propios términos empleados se infiere una contradicción.

Paulo, en el texto citado a propósito de la posesión (55 ed. D. 41.2.3.5) en la voz ***contra naturam*** que a continuación se expone, defiende que la posesión, como hecho, solo puede ser de una persona no de varias, o sea, que la posesión de una cosa es por definición atribuible tan solo a un sujeto. Decir, por tanto, que cabe que dos personas posean de hecho una misma cosa es una contradicción en los propios términos: «... la misma posesión no pueden tenerla dos, no de otra suerte que si se considerase que tú estás en el mismo lugar en que yo estoy, o se considerase que yo estoy sentado en el que tú estás sentado». La doctrina de Paulo –el jurisconsulto romano de mayor autoridad en materia de posesión– triunfa en el artículo 445 del Código Civil español, que proclama:

> «La posesión, como hecho, no puede reconocerse en dos personalidades distintas, fuera de los casos de indivisión. (...)».

(V. ***possessio***).

Contra legem

(Cóntra légem)
Lit. *contra la ley, contrario a la ley.*

Significado y contexto: 1. En el derecho romano, texto fundamental de nuestra tradición jurídica es D.1.3.29 (*l. sing. ad legem Cinciam*), en el que el jurisconsulto Paulo declara: «obra contra la ley quien hace lo que la ley prohíbe ('*Contra legem facit, qui id facit quod lex prohibet*')». Contrapone el jurista esta conducta a la del que obra '*in fraudem*', quien elude el espíritu de la ley respetando formalmente su tenor ('*qui saluis uerbis legis sententiam eius circumuenit*').

La expresión se utiliza característicamente para aludir a la cuestión de la posible derogación de una ley por la costumbre. Para entender la moderna jerarquización de fuentes del derecho según la cual, la costumbre ocupa un segundo lugar con respecto a la ley, es básica la constitución de Constantino del año 319 (C J. 8.52 (53).3) en la que se niega que la costumbre (aunque sea inmemorial) pueda "vencer" a la ley («no puede valer hasta el punto de prevalecer sobre la razón o sobre la ley»).

> «No es despreciable la autoridad de la costumbre y del uso de largo tiempo (*auctóritas consuetúdinis ususque longaeui*), pero no ha de ser válida hasta el punto de que prevalezca o sobre la razón o sobre la ley (*ut aut rationem uincat aut legem*)».

En relación con esta materia se hallan las expresiones: ***praeter legem*** y ***secundum legem***.

'***Praeter legem***': en defecto de ley.

Se dice de la costumbre que colma lagunas legales.

'***Secundum legem***', conforme a la ley.

Se dice de la costumbre a la que la ley se remite, por ejemplo, para interpretar un contrato.

(V. ***consuetudo***, ***ultra legem***).

2. Un interesante caso plantea el jurista republicano Alfeno Varo a propósito de un contrato público de arriendo de una determinada actividad, a saber, la extracción y transporte de piedra de afilar de la isla de Creta. Una de las cláusulas o *leges* exigía que ninguno, salvo el adjudicatario (*redemptor*), extrajese ni se llevase cantidad alguna de esa materia a partir de

una determinada fecha. Sucedió, sin embargo, que la nave de uno que había partido antes fue empujada por el viento de nuevo al puerto y solo pudo salir después de esa fecha. Se preguntaba, por el hecho de haber partido con posterioridad al día indicado, si podía considerarse como un acto *contra legem*. En el razonamiento del caso entran en juego, aunque sobreentendidos, los criterios de interpretación literal y teleológica en pugna, con victoria de este último.

Veamos el texto:

> Alf. V. 7 *dig*. D. 39.4.15: «César, al dar en arrendamiento en la isla de Creta canteras de piedras de afilar (*cotóriae*), había establecido esta ley: "ninguno, salvo el arrendatario, arranque, ni extraiga, ni transporte piedras de afilar de la isla de Creta después de los Idus de marzo"; la nave de uno, que cargada de piedras de afilar había salido del puerto de Creta antes de los Idus de marzo, había sido vuelta por el viento al puerto; luego había partido otra vez después de los Idus de marzo; se consultaba si se consideraría ahora que las piedras de afilar habían salido de la isla de Creta después de los Idus de marzo. Respondió que, aunque se considerase que también todos los puertos que hubiese en la isla eran de esta isla, sin embargo, no parece que obró contra la ley (*contra legem*) el que hubiese salido de un puerto antes de los Idus de marzo, y rechazado por una tempestad hubiese sido llevado a la isla, si de ella hubiese salido, porque ya desde un principio se considerarían transportadas las piedras de afilar cuando la nave hubiese salido del puerto».

Contra naturam

(Contra natúram)
Lit. *en contra de la naturaleza, contrario a la naturaleza.*

Significado y contexto: En primer lugar, hay que poner atención en su uso porque, si se desea expresar en latín, se dice correctamente '*contra naturam*' y no "contra natura"; esta última expresión, no obstante, es correcta en lengua española, y así aparece en el DRAE, pues nuestro idioma admite la voz "natura" como "naturaleza".

La expresión es bastante usual en las fuentes literarias. Comparativamente lo es más en las obras de Cicerón. Hay que recordar que el concepto de naturaleza es en este autor muy relevante. En el derecho romano la encontramos en relación con cuestiones jurídicas de gran calado. El jurista Gayo informa –Gai. 3.149– de una "gran controversia" (*magna quaestio*) entre dos juristas republicanos de primera talla, Quinto Mucio Escévola y Servio, a propósito de si se podía constituir una sociedad (*societatem coiri*) de forma que uno de los socios participase más de las ganancias que de las pérdidas:

> «Quinto Mucio estimó que era contrario a la naturaleza de la sociedad (*contra naturam societatis*), pero prevaleció la opinión de Servio conforme a la cual podía constituirse de este modo una sociedad incluso en el caso en que uno no respondiese en absoluto de las pérdidas y participase en las ganancias, pero cuyo trabajo se considerase tan valioso que fuese justo que se le admitiera a la sociedad con un pacto como este ...». (V. ***vexata quaestio***).

Es característico el uso de esta expresión en el conocido fragmento del Digesto de Justiniano (Ulp. 25 ed.D. 50.16.38) en donde el jurista Labeón, de época augustea, afirma que '*ostentum*' (monstruo) es "todo lo engendrado y creado de cualquier cosa en contra de la naturaleza" ('*omne contra naturam cuiusque rei genitum factumque*'). El jurista severiano Paulo niega que puedan ser considerados hijos «los engendrados anómalamente careciendo de figura humana –lit. en contra de la forma del género humano» ('*qui contra formam humani generis conuerso more procreantur*'). Este requisito, muy discutido, pasó al Código Civil español (art. 30) hasta su supresión en el año 2012.

> Ulp. 25 *ed*. D. 50.16.38: «Labeón define "prodigioso" como todo lo que fue generado y hecho contra la naturaleza de cualquiera cosa. Pero hay dos

géneros de prodigios: uno, siempre que nace alguna cosa contra la naturaleza (*contra naturam*), por ejemplo, con tres manos o pies, o con alguna otra parte de cuerpo que es contraria a la naturaleza (*quae natúrae contraria est*); otro, cuando alguna cosa parece prodigiosa, que los griegos llaman "fantásmata"». (V. ***vitae habilis***).

Otro ilustrativo ejemplo se encuentra a propósito de la posesión. No es concebible que la posesión de una misma cosa pueda corresponder a más de una persona. Paulo 55 ed. D. 41.2.3.5 lo afirma expresamente: "Varias personas no pueden poseer enteramente una misma cosa" ('*plures eandem rem in solidum possidere non possunt*'), y añade: "pues es contrario a la naturaleza que, teniendo yo una cosa, se considere que tú también la tengas" ('*contra naturam quippe est, ut cum ego aliquid teneam, tu quoque id tenere uidearis*'):

D. 41.2.3.5: «Por el contrario, muchos no pueden poseer solidariamente [es decir, por entero] la misma cosa; porque es contra naturaleza (*contra naturam*) que, cuando yo tenga alguna cosa, se considere que tú también la tienes. Pero escribe Sabino que cuando uno hubiere dado una cosa en precario, la poseen él mismo y el que la hubiere recibido en precario. Lo mismo aprobaba Trebacio, estimando que uno podía poseer justamente y otro injustamente; pero que dos no podían poseer injustamente o justamente; a él le censuró Labeón, porque para el resultado de la posesión no importa mucho que uno posea justa o injustamente; lo que es más verdadero, porque la misma posesión no pueden tenerla dos, no de otra suerte que si se considerase que tú estás en el mismo lugar en que yo estoy, o se considerase que yo estoy sentado en el que tú estás sentado».

A los juristas romanos les interesó el concepto de "enfermedad" (*morbus*), como algo contrario a la natural disposición del cuerpo, es decir, saludable, a propósito, por ejemplo, del célebre edicto de mercados de los ediles curules donde se aludía a este término (junto con el de *uitium* o vicio, es decir, defecto). Es sugestivo también un curioso fragmento del jurista Juliano relativo al desarrollo de una causa procesal y la indisposición de una de las partes por su estado febril. Leamos los respectivos textos:

D. 21.1.1.7: «Pero se ha de saber que en Sabino se halla definida así la "enfermedad": hábito de algún cuerpo contra lo natural (*contra nautram*), el cual hace su uso menos apto para aquello para lo que la naturaleza nos dio la salud de aquel cuerpo. Pero esto puede acontecer unas veces en todo el cuerpo, otras en parte de él –porque es enfermedad de todo el cuerpo, por ejemplo, la tisis, la fiebre, y de una parte, como la ceguera, aunque el esclavo haya nacido así–, y el vicio difiere mucho de la enfermedad, como si alguno fuera tartamudo, porque este más bien es defectuoso, que no está enfermo. Yo opino que los ediles para quitar dudas dijeron dos veces lo mismo respecto de la misma cosa para que no quedase duda alguna». (Cfr. Gell. 4.2).

Iul 5 *dig.* D. 42.1.60: «Se preguntó, si, habiéndose retirado uno de los litigantes por sentirse con fiebre, y habiendo fallado el juez estando aquel ausente, se consideraría que falló conforme a derecho. Respondió que una enfermedad grave difiere el término aun contra la voluntad de los litigantes y del juez. Pero se ha de considerar enfermedad grave la que sirve de impedimento para hacer una cosa cualquiera; y a la verdad, ¿qué mayor impedimento hay para un litigante que esa revolución del cuerpo contra lo natural (*contra naturam*) que llaman fiebre? Así, pues, si al tiempo de juzgarse el negocio se sintió con fiebre uno de los litigantes, no se considera juzgado el negocio. Pero se puede decir que hay también alguna diferencia de fiebre; porque si alguno, que por lo demás estaba sano y robusto, hubiere sido presa de levísima fiebre al tiempo de juzgarse el negocio, o si alguno tuviera cuartanas tan inveteradas que con ellas suela bastarse para todos los negocios, se podrá decir que no tiene enfermedad grave».

Llamativo, en fin, el siguiente texto del jurista Florentino por la reflexión que realiza acerca de la esclavitud como algo contrario a la naturaleza humana: este texto junto con otros constituyeron la base de un pensamiento de los autores de la Escuela de Salamanca del siglo XVI, para los que no pasaron desapercibidos:

> Flor. 9 *inst.* D. 1.5.4.1: «La esclavitud es una constitución del derecho de gentes, por la que alguno está sujeto contra la naturaleza (*contra naturam*) al dominio ajeno».

Contrarius consensus

(Contrárius consénsus)
Lit. *consentimiento contrario.*

(V. **consensus**).

Coram populo

(Córam pópulo)
Lit. *ante el pueblo; a la vista de todos, ante todo el mundo.*

Significado y contexto: Es expresión muy usual y de empleo en circunstancias comunes. Está admitida en nuestra lengua. Se refiere a aquellas situaciones o declaraciones que se realizan en presencia de todos. La popularizó Horacio refiriéndose en su *De arte poetica* a Medea, la mujer que ayudó a Jasón a hacerse con el vellocino de oro y que se fugó con él, pero que al ver que este la dejaba por otra se vengó con la muerte de, entre otros, sus propios hijos habidos con él. Esto lo refleja el poeta en el conocido verso 185:

> «Que Medea no degüelle a sus hijos ante todo el mundo (*ne pueros coram populo Medea trucidet*)».

Una expresión análoga es '*in conspectu + genit.*' ("a la vista de..."). Las contrataciones públicas en Roma se diseñaron con el máximo rigor para evitar fraudes en las adjudicaciones. Se hacían a través de los censores (magistrados del máximo prestigio por su probidady experiencia), mediante subastas (llamadas así por el hasta o lanza que se clavaba en el Foro, símbolo del poder y seguridad del Estado romano), periódicamente (cada cinco años, es decir, un *lustrum*), anunciadas previamente por heraldos para conocimiento de los interesados, en un lugar accesible y determinado (en Roma, el Foro), públicas (a la vista de todos) y registradas luego en los archivos estatales (*tábulae censóriae*, archivos censorios). Cómo no reconocer aquí el influjo en nuestro actual derecho a través de la tradición jurídica que llega hasta los modernos contratos públicos y que se confirma en las modernas leyes de contratos administrativos.

En cuanto al carácter público de las subastas comenta esto Cicerón:

> Cic. *leg. agr.* 1.7: No les es lícito a los censores adjudicar los arriendos públicos si no es a la vista del pueblo romano (*Censoribus uectigalia locare nisi in conspectu populi Romani non licet*).

(V. **passim** y ejemplos de aplicación jurídica en este libro).

Corpus delicti

(Córpus delícti)
Lit. *cuerpo del delito.*

Significado y contexto: El contexto de esta expresión es, naturalmente, el derecho penal. Se trata del objeto del delito, que puede ser tanto la persona como una cosa. Asimismo, cuerpo del delito son las armas y demás instrumentos que se han utilizado para su comisión. Resulta casi espontáneo, no obstante, pensar a este propósito en el delito de homicidio e identificar nuestra expresión con el propio cuerpo de la víctima. La razón es histórica: la expresión la hallamos en el derecho común europeo, concretamente en los autores especializados en el derecho penal antes del advenimiento de la figura indiscutible de Cesare Beccaria. Con toda la mala prensa, no injustificada en su mayor parte, que este autor propagó con respecto a la doctrina anterior a él, existía ya un *quid* de ciencia jurídica muy denso del que la moderna doctrina del derecho penal no puede prescindir.

Las obras de Farinaccio o de Carpzov en materia de investigación judicial (*inquisitio*) de delitos y crímenes se abren precisamente con la declaración de un requisito que hunde sus raíces en el derecho romano al cual acudían constantemente: que no cabe abrir una investigación judicial acerca de un hecho delictivo si no consta fehacientemente el cuerpo del delito. En efecto, hoy hemos olvidado ya la expresión, frecuente en los textos de los juristas romanos, que estos autores tenían en mente para afirmar, como requisito de la investigación, la constancia de que alguien había sido muerto. El texto probablemente más citado a este respecto ha sido Ulp. 50 *ed.* D. 29.5.1.24 donde aparece el famoso inciso que da pie a nuestra expresión: «..., a no ser que conste que ha sido muerto, ... (*nisi constet aliquis esse occisum*)». También Ulp. 50 *ed.* D. 29.5.5.2, que afirma que no se podrá realizar la venta pública de bienes «más que cuando conste que ha sido muerto el jefe de familia ... (*si constabit esse occisum patrem familias*)».

Cuando se producía una muerte en una casa (*domus*), los romanos, al igual que hoy en las novelas policiacas, desconfiaban de inmediato de los sirvientes. La sospecha que se cernía sobre estos acerca de su probable conocimiento o implicación en los hechos condujo a una regulación durísima e inhumana –alcemos en este punto nuestra voz crítica para unirla a la de Beccaria– a través de diversos senadoconsultos para obtener, como fuese, su declaración. Sin embargo, eran conscientes de que una confesión no era suficiente. No solo eso, sino que a menudo las confesiones eran falsas por diversos motivos (por ejemplo, por temor a represalias). A estos casos aluden varios textos, muy conocidos por los autores del derecho común: D. 9.2.23.11 (Ulpiano 18 *ed.*) y D. 48.18.1.27 (Ulpiano 8 *de off. procon.*). Un caso diferente y muy citado por los autores del derecho común es el que refleja el texto de Paulo (5 *sent.*) D. 48.8.17 a propósito de un hombre que había muerto como resultado de diversos golpes inferidos en una riña. En este supuesto, el jurista afirma que deben examinarse las heridas de cada uno de los implicados en la pelea:

> «Si herido en riña hubiere perecido un hombre, es conveniente que se examinen las heridas de cada uno de los reunidos en aquella».

Por otro lado, el derecho moderno contempla también como cuerpo del delito, además de las armas, todo aquello que pueda ayudar a esclarecer el hecho delictivo (Vid. artículos 334 y siguientes de la Ley de Enjuiciamiento Criminal española). Es lo que se denomina "piezas de convicción" que nos hace recordar el tópico retórico *ab adiunctis* (por los adjuntos) que conduce al abogado, ante un determinado hecho, a preguntarse qué ha sucedido antes (*ante rem*), qué de manera simultánea (*cum re*) y qué después (*post rem*). Oigamos a Cicerón (*Topica* 12.51-52), que ciertamente pensaba en un delito cruento:

> «"Antes del hecho" se consideran los preparativos, las conversaciones, el lugar, el banquete, etc.; "con el hecho", el ruido de los pies, el estrépito de los hombres, las sombras que proyectan sus cuerpos, y demás cosas por el estilo; "después del hecho", la palidez, el sonrojo, el titubeo y demás signos de perturbación anímica y que denotan el conocimiento del hecho; el apagar el fuego, la espada manchada de sangre y todas las demás circunstancias que pueden mover a sospecha».

Crux iuris

(Crux iúris)
Lit. *cruz de derecho; tormento jurídico.*

Significado y contexto: La cruz, horrenda pena capital romana de origen cartaginés, era probablemente la forma más ignominiosa de morir, y se reservaba a personas de condición ínfima (p. e. esclavos). Por eso dice Cicerón (*De finibus*, 5.84) que el que es conducido a la cruz no puede ser feliz (*in crucem qui agitur, beatus esse non potest*). De ahí que resulte más llamativo que entre los cristianos se asuma voluntariamente "llevar la cruz" de cada uno, siguiendo el modelo de Cristo, no solo con resignación (propia de los estoicos, aunque también cristiana) sino como camino de redención y, en definitiva, de felicidad en el propio mundo.

El comediógrafo Plauto emplea el término, coloquial y groseramente, en expresiones tales como *in malam crucem* o *in maximam malam crucem* para referirse a algo malo (como entre nosotros el demonio o la peste) de lo que se huye o adonde se envía lo que nos disgusta.

La cruz pasa a la cultura occidental como prototipo de tormento, que, además de doloroso en extremo, es duradero, no instantáneo. Una cruz para un intelectual es un problema insoluble. Para el intérprete del derecho, un texto o cuestión incomprensible. El jurista Juliano afirmaba, quizás con resignación, que no todo lo que han establecido como derecho los antepasados es comprensible racionalmente (55 *dig.* D. 1.3.20) y que muchas cosas que se han recibido son contrarias a la razón pero que se admiten en favor de una utilidad o interés común (*pro utilitate communi*) –86 *dig.* D. 9.2.51.2–; lo que no debe interpretarse como una exhortación a adoptar una actitud de desidia intelectual. Aparte, hay en derecho "aporías" (cuestiones sin solución) dogmáticas. Un ejemplo insigne es el de la donación (¿es una justa causa de la *traditio* o entrega?, ¿es un negocio autónomo?) que llega hasta nuestros días bajo la pregunta de si la donación es o no un contrato (v. ***vexata quaestio***).

Es curioso que el viejo aforismo que Cicerón (*offic.* 1.10.33) repite como trillado en su tiempo de '*summum ius, summa iniuria*' (un derecho rigorista es rigor de injusticia), Columela (*de re rustica* 1.7.2) lo formule así: '*summum ius, summa crux*'.

El símbolo de la cruz se suele colocar, en una obra donde se citen nombres de diversos autores, junto a los de quienes han fallecido ya.

(V. ***stricto iure***, ***veritas nominis***).

Culpa

(Cúlpa)
Lit. *culpa.*

Significado y contexto: Consiste en una "falta de diligencia exigible" o negligencia. Se trata de un concepto que la Jurisprudencia romana adopta para valorar supuestos de conductas reprochables jurídicamente pero que no encajan en los más graves de dolo por no ser intencionadas.

Esta idea penetra en materia de delitos a través del daño injusto (*damnum iniuria datum*), lo que hoy denominamos responsabilidad por daños o aquiliana (en recuerdo de la ley Aquilia –s. III a. C.– del derecho romano que reguló por primera vez esta materia de modo general). Fue, por cierto, mediante una laboriosa interpretación del término '*iniuria*' como la jurisprudencia romana la fue introduciendo. Después la aplicó al ámbito de los contratos (responsabilidad contractual).

Próculo (6 *epist.* D. 18.1.68) afirma en un caso de compraventa que la parte contractual no solo debe prestar su buena fe sino la diligencia, de manera que, además de por dolo, debe responder por culpa. Del texto se deduce un emparejamiento de ideas contrapuestas: *bona fides* / *dolus*; *diligentia* / *culpa*. Es razonable pensar que la Jurisprudencia se sirve del segundo par de ideas para superar la rigidez del primero (y apreciar mejor la lealtad recíproca de los contratantes que propugna la *bona fides*).

La culpa va ganando terreno en el derecho romano hasta que en el derecho postclásico y justinianeo desplaza a los criterios de responsabilidad objetiva manejados por los clásicos (*custodia*; asunción de riesgo o *periculum*). La responsabilidad subjetiva se convierte en hegemónica en el derecho justinianeo (no hay responsabilidad sin culpa, entendiendo esta aquí de un modo muy amplio como un criterio de reprochabilidad subjetivo), lo que señala -pero también lastra- el futuro desarrollo del derecho relativo a la responsabilidad en Europa.

En D. 9.2.31, en un pasaje sospechoso de haber sufrido alteraciones, encontramos la atribución a Quinto Mucio Escévola de la definición de culpa como «lo que, pudiendo ser previsto por una persona diligente, no lo ha sido» (*cum quod a diligente prouideri potuerit non esset prouisum*). El criterio de medida es el de la diligencia de un buen padre de familia, criterio abstracto, que deja al juez la tarea de su valoración en el caso (es lo que denominamos un concepto, aquí expresión, jurídicamente indeterminado).

En el derecho postclásico y justinianeo proliferan los diversos tipos de culpa: *lata, leuis leuissima*. La primera es una negligencia atroz (*nimia negligentia* Ulp. 1 *reg.* D. 50.16.213.2). En ese mismo texto y en las Sentencias de Paulo (D. 50.16.223 pr.) se asimila a no entender lo que todos entienden. Se aproxima al dolo (*culpa lata dolo aequiparetur*) por su gravedad. La *c. leuis* corresponde a la media, y es evaluada con la diligencia antes referida, que, a su vez, puede considerarse *in abstracto* (del modo antes citado) e *in concreto* (la propia, empleada para sus asuntos, del sujeto en cuestión; es la diligencia que aún denominamos *quam suis*, lit. "la que en sus cosas [aplica]"). La *c. leuissima* lleva aparejada como conducta contrapuesta la de la *diligentia exactissima* que se avecina al criterio de responsabilidad objetiva -por hechos ajenos- en sus dos versiones: *in eligendo* (en la elección de las personas dependientes, que se juzga incorrecta) o *in uigilando* (por no haber vigilado adecuadamente la actividad de aquellos).

Algunas expresiones posteriores como *c. in contrahendo* o *in omittendo* encuentran enganche doctrinal en textos romanos. La paternidad de la primera se atribuye a Jhering (*Culpa in contrahendo, oder Schadensersatz bei nichtigen oder nicht zur Perfecktion gelangten Vertragen*, 1861). En realidad se encuentra en textos romanos pero Jhering le dio el espesor doctrinal del que carecía. En Pomp. 27 *Sab.* D. 12.1.3 se afirma que aunque al momento de celebrarse el negocio (*in contrahendo*) no se hubiese especificado en la caución que por el vino prestado se devolviese otro de la misma buena calidad (y no un vino nuevo por uno añejo), esto debía estimarse *pro cauto* (como previsto por la caución). Jhering utiliza la expresión para aludir a la responsabilidad que contraen las partes, no solo por lo que declaran al momento de la celebración del negocio jurídico sino por aquello a lo que implícitamente se obligan: uno de los textos fundamentales es a este respecto Modestino 5 *reg.* D. 18.1.62.1. En él se expone el caso de uno que ignoraba que le estaban vendiendo terrenos de naturaleza incomerciable (sagrados, religiosos o públicos), y al que el jurista creía justo conceder una acción de compra (¡a pesar de no ser válida la compraventa!) para reclamar su interés de no haber sido engañado.

> «El que con ignorancia compró como privados lugares sagrados o religiosos o públicos, aunque no sea válida la compra (*licet emptio non téneat*), ejercitará sin embargo contra el vendedor la acción de compra, para que consiga lo que le importó que no fuese engañado (*quod interfuit eius, no deciperetur*)».

La culpa *in omittendo* o por omisión tiene engarce en la tradición jurídica europea continental en textos como Ulp. 18 *ed.* D. 9.2.27.9 en el que se expone el caso del sirviente de un arrendatario rústico (*colonus*) al cuidado de un horno (*seruus fornacarius*) que se quedó dormido y, como consecuencia de su conducta, se produjo un incendio devastador. El jurista se pregunta (imaginando un caso en el que uno ha encendido el fuego y otro lo ha custodiado) si el que vigila el fuego obra mal por dormirse. Es sintomática su respuesta: "quien cuida de él, nada hizo" (es decir, el que se duerme no ha hecho ninguna acción –sino una "no acción" u omisión– en relación con el fuego).

> «Si el esclavo hornero de un colono se hubiese dormido junto al horno, y se hubiere quemado la casa de campo, escribe Neracio, que, demandado en virtud del arrendamiento, debe responder de ello, si fue negligente al elegir sus operarios; pero si uno hubiere puesto fuego al horno, y otro lo hubiere cuidado con negligencia, ¿quedará acaso responsable el que lo hubiere encendido? Porque el que cuidó de él nada hizo (*qui custodit, nihil fecit*), y el que convenientemente puso el fuego no cometió falta; ¿qué se dirá, pues? Opino, que compete la acción útil tanto contra el que se durmió junto al horno como contra el que cuidó de él con negligencia. Y que nadie diga respecto del que se durmió que padeció cosa humana y natural, puesto que debía o extinguir el fuego, o prepararlo de modo que no se extendiera».

Otro ejemplo clásico de conducta asimilable a la de omisión es la que consiste en "dejar morir de hambre" (*Si quis hóminem fame necáuerit...*, «Si alguien ha dejado morir de hambre a un esclavo...», Ulp. 18 *ed.* D. 9.2.9.2). La Jurisprudencia romana reacciona frente a estos supuestos que no entran en el "tipo" penal de daño injusto, que precisa de un contacto corporal entre el agente dañoso y el objeto dañado: el *damnum córpore córpori dátum*, lit. daño dado por un objeto a otro objeto, del que hablan los medievales, que exige daño físico o material. Lo hace admitiéndolos incluidos mediante la previsión de acciones útiles e *in factum* para ellos (V. *Procedimiento civil*).

(V. ***sine qua non***; para la impericia v. ***lex artis***). Para el *Common Law* al respecto v. ***assumpsit***.

Cui prodest

(Cúi pródest)
Lit. *¿a quién beneficia?*

Significado y contexto: La expresión procede de una tragedia de Séneca (*Medea*, 500) y en su versión completa dice así: «Ha cometido delito el que se ha beneficiado de él ('*Cui prodest scelus, is fecit*')». Se aplica por tanto al ámbito penal.

En el ámbito negocial recuerda este criterio al posclásico de la *utílitas contrahentium*, o interés de los contrayentes, por el que el derecho hace recaer la mayor o menor responsabilidad de las partes en función de lo que obtienen del negocio. Así, por ejemplo, un depositario responde en principio por dolo solamente, porque el interés corresponde al depositante (recuérdese que el depósito es gratuito, y en consecuencia el depositario no recibe por la guarda del objeto depositado ninguna ventaja o contraprestación del depositante). Una expresión relacionada es la de '*cuius cómmoda eius et incómmoda*' (quien adquiere ventajas, también debe asumir las desventajas; es decir, quien se aprovecha de algo debe cargar también con sus inconveniencias). (V. ***cómmodum***).

(V. también ***quid pro quo***, ***sine onere***).

Cum laude

(Cum láude)
Lit. *con alabanza o elogio.*

Significado y contexto: Admitida en nuestro idioma. En el ámbito universitario, según una tradición secular, la calificación de una tesis a la que se le añade la observación de *cum laude* es indicativa de que, además de estimarse sobresaliente la labor realizada por el doctorando, resulta merecedora del elogio, es decir, de un plus de consideración, de la comisión juzgadora. De ahí, una de las expresiones completas más usuales: *meritissimus cum laude* (de mucho mérito con elogio).

En la Antigüedad, el elogio es considerado como una recompensa de la virtud. El principio del mérito y de su reconocimiento es, en efecto, pieza fundamental de estructuración de la comunidad cívica. Debe serlo hoy también. Una conocida aplicación la encontramos, por ejemplo, en el artículo 103.3 de la Constitución española que declara: «La ley regulará el estatuto de funcionarios públicos, el acceso a la función pública de acuerdo con los principios de mérito y capacidad, ...». La expresión que comentamos no habla, sin embargo, del mérito sino más bien de su apreciación o reconocimiento. Pero ¿hacia dónde debe ir orientado ese reconocimiento, se plantea Platón en *La República* –8.551ª–:

> «... cuando en una ciudad son honrados la riqueza y los ricos, se aprecia menos a la virtud y a los virtuosos ... Ahora bien, se practica siempre lo que es apreciado y se descuida lo que es menospreciado ... y así aquellas personas ambiciosas y amigas de honores pasan por fin a ser amantes del negocio y la riqueza; y al rico le alaban y admiran y le llevan a los cargos, mientras al pobre lo desprecian» (Platón 1993).

El elogio debe ir, pues, encaminado a su recto fin: la virtud, no la riqueza. La habilidad en un arte, la cualificación profesional o, en suma, la sabiduría y la experiencia no se obtienen con dinero, ni se debe permitir que eso suceda. Tampoco debe serlo la interferencia de una amistad malentendida, es decir, el amiguismo. Conforme a esto debe entenderse el elocuente aforismo atribuido a Bión: «el honor engrandece las acciones». Y ¿qué es lo loable (*laudabile*)? se pregunta el autor de *Rhetorica ad Herennium* (3.4):

> «Es –dice él– lo que hace que recordemos una acción como digna, en el momento del suceso y después de él ... Y en verdad no conviene seguir lo recto solo por la alabanza. Pero si la alabanza le sigue, se duplica el deseo de aspirar a lo recto» (Auctor 1991).

Más adelante, en esa misma obra, aparece descrito, en relación con el discurso, el género demostrativo subdividido a su vez en alabanza (*laus*) y vituperación o reprobación (*uituperatio*). Así pues, lo contrario de *cum laude* resulta ser *cum uituperatione* (cfr. 3.6: ... *nobis narrandum sit cum laude aut uituperatione*).

En la literatura latina, por otra parte, es célebre el pasaje de Cicerón (*Disput. Tusc.* 1.2.4) en el que se habla del honor, es decir, de la estima o reconocimiento social, de la aprobación y elogio, como elemento nutricio de las artes (*honos alit artes*):

> «El reconocimiento alimenta las artes y la gloria enciende en todos la afición por las mismas, mientras que las actividades que gozan de un descrédito general caen siempre en el olvido» (Cicerón 2005).

En Séneca (*epist.* 102.16) aparece ese mismo dicho algo modificado: *laus alit artes* (el elogio alimenta las artes). (Tosi 2007).

Junto a la expresión completa citada al inicio, aparece la siguiente, muy usual también en el ámbito universitario: *summa cum laude* (con sumo elogio). Nos hace recordar la célebre anécdota relatada por Julio César en la Guerra de las Galias (5.44) de los dos valerosos y audaces centuriones, *Titus Pullo* y *Lucius Vorenus* (personajes de probable inspiración del genial novelista Tolkien y de una conocida serie televisiva reciente), que pugnaban por que se les reconociese su mayor valor en las operaciones bélicas en que participaban. Cuando, tras las increíbles heroicidades realizadas por ellos en una cierta ocasión en que se abalanzaron hacia sus feroces enemigos saltando desde la empalizada que los protegía, lograron regresar ambos vivos al campamento, lo hicieron además –a decir de Julio César– '*summa cum laude*', es decir, con el máximo reconocimiento suyo y de los conmilitones que presenciaron esos hechos.

Curriculum vitae

(Currículum vítae)
Lit. *carrera de la vida, currículo.*

Significado y contexto: Expresión admitida en nuestro idioma. El término "currículum" significa en latín carrera, disputa o liza de una carrera (especialmente de caballos o carros), el lugar de la carrera, es decir, el hipódromo y el carro con el que se realiza la carrera. En plural se dice "currículos" (pero no **currículums*), o se emplea la misma expresión latina, escrita en cursiva, que se considera invariable: «los *curriculum vitae*». En latín, se diría '*currícula*', pero su uso en lengua española no se admite por la Real Academia.

La expresión *currículum uítae* aparece en Cicerón *Rab. perd.* 30:

> «Pues, oh ciudadanos, la naturaleza nos ha prefijado una breve carrera de vida, aunque inmensa de gloria (*...etenim, Quirites, exiguum nobis uitae curriculum natura circumscripsit, immensum glóriae*)».

También presente en: *Arch.* 11.28; *Ac.* 1.12.44, Frontón *epist.* 2.7.19; Apuleyo, *met.* 11.6, *Socr.* 15.153; San Ambrosio *Noe* 33.123; San Jerónimo *epist.* 8.25; *in psalm.*: 138 (Tosi 2007). Cicerón, en su *Timeo* 45, emplea la similar expresión *currículum uiuendi.*

En cuanto al ejercicio intelectual, converge aquí la expresión latina *currículum mentis.* He aquí el consejo que a las personas mayores da Cicerón en su tratado *De senectute* ("Sobre la vejez") para mantenerse bien (*Cato.* 38):

> «La ancianidad es llevadera si se defiende a sí misma, si conserva su derecho, si no está sometida a nadie, si hasta su último momento el anciano es respetado entre los suyos. Como en el adolescente hay algo de senil, también en el anciano hay algo de adolescente, lo reconozco. Quien siga esta norma podrá ser anciano de cuerpo pero no de espíritu. Tengo ahora entre mis manos el libro "Los Orígenes" donde recopilo todos los recuerdos de la Antigüedad. Precisamente ahora acabo de reunir los discursos más importantes de los asuntos judiciales que yo defendí. Ahora me ocupo del derecho de los augures, pontificio y civil, pero todavía estudio con mucho interés la literatura griega. Y, a la manera de los pitagóricos, recuerdo por la noche todas las acciones realizadas a lo largo del día para ejercitar la memoria. Estos son los ejercicios del ingenio (*exercitationis ingenii*), los ejercicios de la mente (*currícula mentis*). Trabajando con el máximo esfuerzo en estos asuntos, no echo de menos las fuerzas físicas. También estoy siempre a disposición de los amigos, voy con frecuencia al Senado y, de vez en cuando, aporto propuestas muy meditadas y largo tiempo observadas, no con las fuerzas corporales, sino con las del espíritu. Si yo no estuviera en situación de poder realizar estas cosas, desde mi lecho me recrearía pensando en lo que no podría ejecutar. Pero, según la conducta observada a lo largo de mi vida, puedo llevarlas a cabo. Quien vive en medio de estos afanes y trabajos, no sabe en qué momento le puede sorprender la vejez. La vida va transcurriendo sin darse uno cuenta, no se quiebra de repente, la lámpara de la vida se va extinguiendo poco a poco, día y noche»; traducción basada en: (Cicerón, Sobre la vejez 2005).

Nuestra expresión se refiere a la carrera profesional de una persona. En efecto, esta acepción metafórica se relaciona con las carreras de caballos que tenían lugar en los circos de las ciudades, cuya forma era oblonga, muy distinta, por consiguiente, a la de los anfiteatros, de aspecto circular, dedicados a luchas de gladiadores y a otros espectáculos. En los circos perdió, por cierto, la vida la mayor parte de los cristianos que sufrieron las consecuencias de las persecuciones promovidas contra ellos por algunos emperadores.

Las carreras ecuestres hicieron las delicias y provocaron las mayores pasiones entre los romanos (y, si cabe más, entre los bizantinos). Como aquellos aurigas –algunos de celebridad popular y hasta mundial– nos imaginamos a nosotros mismos como guías de nuestra vida profesional. Y como ellos, aspiramos a dejar constancia escrita de nuestras victorias, a veces con desaforada pasión. (V. ***cursus honorum***).

Otra carrera, muy diferente, propone Pablo de Tarso, a quien la imagen del atleta corriendo hacia la meta, aplicada a la vida del cristiano hacia la resurrección, le resultaba también grata. Así en *Filipenses* 3:

> «... tratando de llegar a la resurrección de entre los muertos. No que lo tenga ya conseguido o que sea ya perfecto, sino que continúo mi carrera para alcanzarlo (*διώκω δὲ εἰ καταλάβω*, lit. la persigo [la resurrección] por si la alcanzo), como Cristo Jesús me alcanzó a mí. Yo, hermanos, no creo haberlo ya conseguido. Pero una cosa hago: olvido lo que dejé atrás y me lanzo a lo que está por delante, corriendo hacia la meta (*κατὰ σκοπὸν*), al premio (*ἐπὶ τὸ βραγεῖον*) a que Dios me llama desde lo alto en Cristo Jesús» (Biblia de Jerusalén 2006).

Cursus honorum

(Cúrsus honórum)
Lit. *carrera de honores o cargos; carrera política.*

Significado y contexto: Se refiere a la Roma republicana en la que los ciudadanos con aspiraciones de poder podían decidirse por iniciar su carrera política mediante su presentación como candidato (nombre que proviene de la vestimenta de color blanco que adoptaban) a los comicios. Existía un orden preestablecido que, partiendo de las magistraturas o cargos inferiores iba ascendiendo a las más altas: por ejemplo, una vía ortodoxa de acceso desde la cuestura (con una edad exigible al aspirante de 30 años) a la censura (con no menos de 50 años) era pasar por la edilidad curul (37 años), pretura (40 años) y consulado (47 años). Aparte de la sucesión ordenada de cargos en la vida política de un ciudadano con pretensiones de esa naturaleza, el régimen constitucional romano limitaba la reelección del candidato y prohibía, en general, la acumulación de cargos. Estos, como su nombre indica (*honores*) eran no remunerables. (V. *Breve compendio historia*).

Hoy se utiliza la expresión, ciertamente culta, para aludir a la carrera política.

D

Damnum emergens

(Dámnum emérgens)
Lit. *daño emergente.*

Significado y contexto: Esta expresión aparece en la Edad Media, en torno a ciertos textos romanos, referida a la responsabilidad generada por el incumplimiento contractual del deudor de una prestación, y responde a la valoración amplia del perjuicio sufrido por la otra parte (*id quod eius interest*, lo que le importa o interesa). Esto implica que el deudor no debe responder solo de la prestación no realizada sino de las consecuencias nocivas que directamente ha ocasionado a la otra parte.

Así, por ejemplo, en Ulp. 32 *ed.* D. 19.1.13, texto fundamental de nuestro sistema jurídico en este punto, quien ha vendido conscientemente una viga defectuosa (*tignum uitiosum*) o ganado enfermo (*pecus morbosum*) responde, además del menor valor de lo vendido, de todos los daños ocasionados (*omnia detrimenta*): por ejemplo, la casa construida se derrumbó por su causa (*aedes uitio tigni corruerunt*) o el ganado entregado contagió a otros animales de propiedad del comprador, que perecieron (*pecora contagione morbosi pecoris perierunt*).

> «Juliano, 15 digestos, hace una distinción, entre aquel que vende una cosa conscientemente y el que lo hace con ignorancia, en la condena por acción de compra; pues dice que aquel que me vendió ganado enfermo o una viga defectuosa, si lo hizo sin saberlo, habrá de responder por la acción de compra solamente de aquella cantidad en que lo habría comprado de menos de haber conocido yo que se hallaba así; pero si se calló a sabiendas y engañó al comprador, habrá de responder al comprador de todos los daños que de aquella compra se derivasen para él. Así pues, si la casa se derrumbó por defecto de la viga, el valor de la casa; si perecieron los ganados por contagio del enfermo, habrá de responder del interés del comprador en que se vendiesen cosas idóneas».

En Ulp. 32 *ed.* D. 19.2.19.1, otro texto básico, se contemplan dos supuestos interesantes: arrendamiento de tinajas de vino defectuosas que provocan la pérdida del vino y el de un terreno para pastar el ganado en el que crece un tipo de hierba tóxica (*herba mala*) que perjudica o mata al ganado. La solución es la misma que en el texto anterior en este último caso (siempre que el arrendador conociera esta circunstancia; si la ignoraba no podrá pedir la renta). Pero en el caso primero de las tinajas el jurista aboga por aplicar el criterio del *id quod interest*, o daño emergente en terminología medieval, aunque ignore el defecto de las tinajas.

> «Si alguno hubiese arrendado unas tinajas defectuosas sin saberlo, y luego se hubiera derramado el vino, quedará obligado en la medida del interés (*in id quod interest*), y no habrá de ser excusada su ignorancia; también así escribió Casio; de otro modo será si diste en arriendo una dehesa para pasto en el que nacía hierba mala: pues, en este caso, si el ganado murió o bien se deterioró, se responderá en la medida del interés; esto, si lo sabías, pero si lo ignorabas, no pedirás la renta; y así lo admiten también Servio, Labeón y Sabino».

De esta doctrina se hacen eco los códigos civiles modernos, que la fijan como derecho vigente. Así, el artículo 1101 del Código Civil español establece:

> «Quedan sujetos a la indemnización de los daños y perjuicios causados los que en el cumplimiento de sus obligaciones incurrieren en dolo, negligencia o morosidad, y los que de cualquier modo contravinieren al tenor de aquellas».

Y el artículo 1106 sanciona el daño emergente y el lucro cesante:

> «La indemnización de daños y perjuicios comprende, no solo el valor de la pérdida que hayan sufrido, sino también el de la ganancia que haya dejado de obtener el acreedor, salvas las disposiciones contenidas en los artículos siguientes».

El casuismo romano ayuda a entender con más claridad estas disposiciones. A los casos antes citados, así como a otros reflejados en las fuentes romanas no reseñados aquí, se han referido durante siglos los juristas: pensemos, por ejemplo, en Pothier (siglo XVIII) quien en su Tratado de Obligaciones se ocupó particularmente de estos fragmentos (Pothier, *Traitè des Obligations selon les regles tant du for de la conscience que du for extérieure*. Tome premier 1805).

(V. ***lucrum cessans, id quod interest***).

Datio in solutum

(Dátio in solútum)
Lit. *Dación en pago.*

(V. ***aliud pro alio***).

De auditu

(De audítu)
Lit. *de oídas.*

Significado y contexto: Tiene que ver con la prestación de testimonio. No es lo mismo ser testigo directo de un hecho que referir lo que se ha oído. Cierta relación tiene la expresión '*relata refero*' (pronunc. reláta réfero; lit. refiero lo que me ha sido referido, es decir, me limito a contar lo que me han contado), con un matiz diferente: no hay valoración por parte del que declara, e incluso hay una intención de exoneración de responsabilidad del mensajero.

Se contrapone a *de uisu* (lit. de lo presenciado), que alude a un testigo presencial de un hecho.

(V. ***de visu, nervus probandi***).

De cuius

(De cúius)
Lit. *«relativo a <aquel> del cual»; <aquel> de cuyos <bienes se trata>, es decir, el causante difunto.*

Significado y contexto: Es expresión abreviada de la siguiente (que puede presentar algunas variantes): *is de cuius bonis* (o *bonorum possessione*) *ágitur* (o *quaéritur*). O sea, «aquel de cuyo patrimonio se trata» (se entiende que cuando se discute acerca del destino que recibirá una vez fallecido el causante). Se utiliza a menudo por la Jurisprudencia romana (que la trasplanta a la lengua jurídica imperial) y, así, no es extraño que haya pervivido hasta nuestros días, pero reducida por comodidad a dos términos sin sentido en latín. Esta apariencia extraña y arcana parece haber destinado la expresión, conservada a través de los siglos, a engrosar el acervo técnico de términos jurídicos de difícil comprensión para los legos en derecho.

Como testimonio de la utilización imperial de la expresión hallamos el célebre mandato de Trajano relativo a la liberación de formas al testamento del soldado (*testamentum mílitis*) contenido en Florent. 10 *inst.* D. 29.1.24 pr.: '*miles de cuius bonis apud te quaeritur*" (el soldado de cuyo patrimonio se trata ante tu jurisdicción).

En realidad los juristas utilizaban ese giro '*is de cuius ... agitur*' para todo tipo de cuestiones: el parentesco entre dos personas (*cognatio*), la muerte de una persona, los gastos de entierro (*fúnera*) que se han hecho sin estar obligado, peculio del *filius familias*, ...

Cicerón une las dos cuestiones, la de la sucesión hereditaria y la de la muerte de una persona, en un pasaje de su discurso *Pro Roscio Amerino* (103.9), y habla de uno «que es a la vez comprador y poseedor de esos mismos bienes hereditarios y que se cuidó de que fuera asesinado aquel cuya muerte se investiga (*qui et illorum ipsorum bonorum de quibus ágitur emptor atque possessor est et eum hominem occidendum curauit de cuius morte quaeritur*)».

De facto

(De fácto)
Lit. *de hecho.*

Significado y contexto: Es expresión muy frecuente en la literatura latina (y, si cabe más, *de iure* a la que se contrapone) y es admitida en nuestra lengua. La Jurisprudencia romana percibe nítidamente la distinción entre el derecho y el hecho (*ius* y *factum*), aunque es consciente de que no hay separación radical entre ambos. Esto se observa incluso en los propios oficios de jurista y abogado: el primero se ocupa de la *quaestio iuris* (o cuestión de derecho, con independencia de las pruebas), y el segundo de la *quaestio facti* (demostración de hechos). (V. ***quaestio facti*** y ***quaestio iuris***). Cicerón, que, como *orator*, pertenece a esta segunda categoría de personas, lo refleja muy bien en sus *Topica* (12.51) cuando alude a la contestación que el jurista Aquilio Galo dio a un consultante que le proponía discutir sobre hechos (*nihil hoc ad ius, ad Ciceronem!*, ¡nada de esto <que se me consulta> atañe al derecho sino a Cicerón!). Por eso Quinto Mucio Escévola se quejaba ante el que después fue un gran jurista, Servio (espoleado quizás por la humillación inferida por aquel), de lo indecente que era para un patricio, noble y defensor de causas desconocer el *ius* (Pomp. enchirid. D. 1.2.2.43).

La expresión *de facto* se utiliza para aludir a lo fáctico, a los hechos acaecidos. No es infrecuente leer que los hechos de un caso son ciertos o viceversa (*de facto ambigitur o haud ambigitur*). A veces, incluso, el hecho se contrapone a la intención (*ánimus*). La expresión *de iure* se utiliza, por consiguiente, para aludir al derecho con independencia de la efectiva demostración o prueba de los hechos (aunque es bien sabido lo mucho que esta puede condicionar la solución de un caso).

Veamos algunos ejemplos de la distinción *de facto / de iure*, en fragmentos donde encontramos las dos expresiones: Ulpiano 5 *de offic. procons.* D. 5.1.79.1 habla de la tarea que los gobernadores provinciales suelen hacer de responder (dar su opinión fundada en derecho) a los jueces dubitativos acerca del derecho en una causa (*iudicibus de iure dubitantibus*), pero no extensible a los hechos sobre los que pretendan consultarles (*de facto consulentibus*). Otro ejemplo lo ofrece también Ulpiano (17 ed. D. 8.5.2.3) a propósito del paso a través de un terreno ajeno que puede ser defendido desde el punto de vista fáctico por un interdicto (*de itínere*, de paso), cuando ese paso se ha realizado durante ese año. Pero, como dice el jurista, en otra parte (*álibi*) se discutirá la cuestión de derecho (*de iure*), es decir, en la acción confesoria (a través de la cual se dilucidará la existencia de la servidumbre).

De iure condendo

(De iúre condéndo)
Lit. *del derecho que ha de establecerse, de derecho futuro.*

(V. **de lege ferenda**).

De iure condito

(De iúre cóndito)
Lit. *de derecho establecido, de derecho vigente.*

(V. **de lege lata**).

De lege

(De lége)
Lit. *de ley; conforme a la ley.*

(V. **ex lege**).

De lege lata / de lege ferenda

(De lége láta – de lége feréndа)
Lit. *«conforme a una (o a la) ley llevada» / «conforme a una (o a la) ley que ha de ser llevada»; es decir, según el derecho vigente / según el derecho que podría estar en vigor en el futuro; de derecho vigente / de derecho futuro.*

Significado y contexto: Estas expresiones se utilizan cuando, por ejemplo, quien interpreta el derecho (una ley, una cuestión jurídica, etc.) se refiere al derecho válido en ese momento (*de lege lata*) y referido a la materia que está tratando, o bien se plantea la posibilidad de que el legislador introduzca en el futuro un nuevo derecho (*de lege ferenda*). Así, el propio intérprete o aplicador del derecho puede decir de sus reflexiones o consideraciones que son de uno o de otro carácter (*d. l. l. / d. l. f.*) para distinguir la exégesis del derecho actual de sus observaciones de política legislativa, respectivamente.

Para entender ambas expresiones hay que partir del derecho romano, y concretamente del procedimiento de aprobación de las leyes en Roma. Un indudable componente democrático que integra las leyes romanas exige para su validez la correspondiente aprobación por el pueblo reunido en comicios. Pero es el magistrado el que posee iniciativa legislativa y quien "lleva" a las asambleas populares el texto del proyecto para lograr su aprobación. De ahí, que una ley llevada (y aprobada) sea derecho vinculante para todo el pueblo romano y una ley que no lo ha sido sea una posible futura ley.

En parecido sentido se emplea la expresión '*ante litteram*' (antes de ponerse por escrito (V. citas de ***ius scriptum*** y ***non scriptum***) para referirse a algo en proyecto, una primicia en sus albores, un movimiento cultural o de otro tipo que empieza a marcar una nueva tendencia y que todavía no ha recibido sanción escrita, es decir, que aún no ha recibido su consagración definitiva.

Otra expresión relacionada es *pro manuscripto* que se aplica a las citas doctrinales de trabajos u obras que aún no han sido publicadas pero que se conocen por el ejemplar privado (en otro tiempo normalmente manuscrito) que el autor permite amablemente que lo conozca quien desea aludir a él.

Delirium tremens

(Delírium trémens)
Lit. *delirio con temblor, enajenación mental consistente en la experimentación de delirios.*

Significado y contexto: Expresión admitida en nuestra lengua. En latín, *lera* es el surco que va dejando el arado a su paso en el campo. La preposición de añadida a esa raíz, hace que el verbo correspondiente *de-lerare* signifique «realizar un surco irregular con el arado». Una persona que delira es una persona cuya mente está desorientada y, por eso, no es capaz de captar lo que de verdad sucede a su alrededor (Hendrickson 2008). En 1813 el Dr. Sutton inventó esta expresión para aludir a un estado de enajenación, producido por el alcohol en altas dosis, consistente en visiones o ilusiones ópticas que el sujeto experimenta en su mente pero que no responden a la realidad (Herrero Llorente 2010).

De plano

(De pláno)
Lit. *"desde llano", desde el suelo; expeditivamente, sin formalidades.*

Significado y contexto: Expresión admitida en nuestro idioma. En el derecho romano, el magistrado con jurisdicción podía a veces tomar sus decisiones sin subirse a un estrado (*pro tribunali*, donde *tribúnal* significa estrado) sino situado al mismo nivel de los solicitantes (de ahí la expresión). Este modo de actuar es singular porque se le exime de las formas requeridas de ordinario y resuelve o zanja ágilmente una cuestión.

Modestino (4 *excus.* D. 27.1.13.10), que escribió en griego una obra sobre las excusas en la tutela, habla de diferentes procedimientos o modos admisibles jurídicamente para obtener la prueba de las causas de las excusas: ante el tribunal (*pro bématos* = *pro tribunali*), en declaración ante un registro oficial (*epi hypomnemátōn* = *apud acta*) y a través de libelos emitidos expeditivamente (*chamáthen* = *de plano*).

La vemos empleada a propósito de la abolición de las acusaciones criminales (V. ***abolitio criminis***) en Marcian. *l. sing. ad Sc. Turpilianum* D. 48.16.1.8, donde se aprecia la diferencia entre la actuación sin formalidades o *de plano*, que en este caso no se admite, y la más formal de *pro tribunali*:

> «La abolición suele ser pedida e impetrada privadamente de los gobernadores de las provincias; asimismo ante el tribunal, no fuera de él (*pro tribunali, non de plano*); y el gobernador de la provincia no puede encomendar a otro este conocimiento».

En Ulp. 2 *de offic. procons.* D. 48.2.6 se establece que sean los procónsules los que decidan *de plano* acerca de los delitos leves.

De profundis

(De profúndis)
Lit. *desde las profundidades; desde lo hondo.*

Significado y contexto: Es expresión admitida en nuestra lengua. Se trata de las palabras iniciales del Salmo 130 (129) "Desde lo hondo a ti grito, Señor" (*De profundis cla-*

maui ad te, Domine), que reflejan la abismal prosternación del ser humano, sumido en sus miserias, y la necesidad que este tiene de invocar la venida y redención misericordiosa del Señor.

A menudo se encuentra la expresión sustantivada, como cuando se dice «rezar un *de profundis* por alguien» (es frecuente su recitación para pedir por el alma de un difunto).

De quota litis

(De quóta lítis)

Lit. *"de cuota del litigio"; relativo a una porción de la suma de la condena judicial.*

Significado y contexto: Se refiere a un tipo de pacto que el abogado puede acordar con su cliente en virtud del cual este deberá abonarle, en caso de vencer en juicio, una fracción de la suma fijada en la sentencia que la otra parte, condenada, le deberá pagar.

En el derecho romano no se permitía inicialmente la retribución de los defensores de causas o patronos, como consecuencia de un deber derivado de una especial relación de alcance personal y moral con respecto a sus clientes. De ahí, que modernamente sigamos hablando de algunas profesiones –por ejemplo, de la de los abogados– como "liberales" y que a su retribución la llamemos "honorarios" (que da idea más bien de gratificación que de remuneración). Fue a partir de Augusto cuando se autorizó a los abogados a reclamar sus honorarios, pero al tiempo se consideró la necesidad de regularlos –como sucede hoy– para evitar abusos.

Ulpiano (4 *opin*. D. 2.14.53) afirma que es correcto moralmente el pacto con el litigante de restitución de los gastos del litigio junto con los intereses legales, pero no lo es el de que se le dé la mitad (*dimidia pars*) de lo que consiga por un litigio determinado. Este mismo jurista (8 *de omn. tribun*. D. 50.13.1.12) se plantea si el pacto sobre el litigio (*de lite*) puede ser reclamable, y trae a colación un rescripto o contestación imperial a una consulta de los emperadores Marco Aurelio y Cómodo. En él, se distinguen dos situaciones: una primera, cuando el litigio está pendiente de solución y el abogado con su cliente establecen una caución de sociedad de futura ganancia (*socíetas futúri emoluménti*). El juicio moral y de derecho respecto de este pacto es negativo; y otra, una vez concluida la causa, se fija en la caución la retribución (*summa honoraria*). Aquí la valoración es diferente: los honorarios serán reclamables hasta alcanzar una cantidad legalmente admisible (*ad probabilem quantitatem*) aunque se haya convenido en caso de vencer (*palmarii nomine*, en el caso de victoria). En consecuencia, se computará lo que se ha obtenido por vencer en el litigio con lo que se le debe al abogado sin exceder de la cantidad lícita.

> D. 2.14.53: «Es ciertamente lícito prorrogar al litigante el pago de los gastos; pero no es lícito pactar que no se restituya con los intereses permitidos la cantidad gastada con tal motivo, sino la mitad (*pars dimidia*) de lo que se hubiere entregado a consecuencia de aquel pleito».

> D. 50.13.1.12: «Si se dio caución por los honorarios, o si alguno pacto sobre un litigio, veamos si podrá reclamar. Y ciertamente que en cuanto a los pactos se resolvió así en rescripto por nuestro Emperador y por su Divino padre: "Tú mismo confiesas que por mala costumbre se te prometió dinero por causa de un litigio, pero esto es así si, estando pendiente el litigio, una caución promete participación en el emolumento futuro (*socíetas futuri emolumenti*); pero si después de defen-

dida la causa (*post causam actam*) se dio caución por la suma de honorarios, se podrá pedir hasta la cantidad lícita (*ad probábilem quantitatem*), aunque se haya dado la caución en el caso de victoria (*palmarii nómine*), pero de suerte que se compute lo que se dio con lo que se debe, y que ni lo uno ni lo otro reunido exceda de la cantidad lícita. Pero se entiende por cantidad lícita hasta cien áureos por cada causa"».

De residuo

(De resíduo)
Lit. *de residuo; de lo que sobre.*

Significado y contexto: Se aplica en el derecho romano a los fideicomisos llamados así, en los que el heredero fiduciario deberá, normalmente a su muerte, restituir al fideicomisario "lo que quede" (*quod supérerit*) del patrimonio hereditario. Para compatibilizar este régimen con los intereses del fideicomisario, se exige que el heredero fiduciario no disminuya la herencia de manera desleal con respecto al fideicomisario: en todo caso, no se entiende que lo ha hecho si ha vendido algunas cosas y con el precio ha comprado otras, porque estas se subrogan en el puesto de aquellas, como afirma Papiniano (20 *quaest.* D. 31.70.3). Justiniano en su Novela 138.3 establece que al menos una cuarta parte de la herencia deberá corresponder al fideicomisario (por influjo de la cuarta Falcidia reservada a los herederos y destinada a moverles a la aceptación de la herencia).

Desiderátum

(Idem)
Lit. *lo deseado(en plural,* desiderata*), pretensión aún no cumplida.*

(Admitida en nuestra lengua. V. *Procedimiento civil*: *intentio*; ***petitum***).

Deus ex machina

(Déus ex máchina)
Lit. *"Dios desde una máquina"; Dios descendido de una máquina.*

Significado y contexto: Expresión admitida en nuestro idioma. Se refiere a la última escena de una obra teatral en la que intervienen personajes mitológicos. En ella, tras las muchas vicisitudes sufridas por los personajes, aparece desde el cielo (es decir, modernamente desde la parte superior de la escena, subido a una plataforma manejada por tramoyistas) un personaje divino (a menudo Júpiter) que resuelve todo, establece la concordia en el mundo y regresa después a sus olímpicos lares.

Se dice de toda persona que actúa así (o lo pretende) respecto de un problema dado que suscita gran discusión. A menudo se utiliza irónicamente.

De visu

(De vísu)
Lit. *"de vista", con sus propios ojos; visual.*

Significado y contexto: Expresión admitida nuestro idioma. Se refiere al ámbito de la prueba en derecho. El testimonio de los hechos acaecidos relativos a una causa determinado son visuales. El testigo los ha visto él mismo.

Se relaciona con la expresión *de audítu*, de oídas. En relación con la Historia, Luciano de Samosata en su tratado de "Cómo debe escribirse la Historia", escrito en griego, afirma esto a propósito de la campaña de Marco Aurelio en Mesopotamia: «los oídos son más falaces que los ojos, por eso solo escribo lo que he visto, no lo que he oído» (Cap. 29). El comediógrafo Plauto en *Truculentus* (489) hace decir a Estratofón que «un solo testigo ocular vale más que diez testigos de oído: los que se sirven del oído relatan lo que oyeron; los que ven con sus ojos, esos sí que saben».

(V. ***corpus delicti*, *de auditu*, *nervus probandi***).

Dies

(Díes)
Lit. *día; fecha.*

Significado y contexto: Este término es ampliamente empleado por la Jurisprudencia romana para referirse a diversas situaciones.

1. Se trata de lo que denominamos un elemento accidental del negocio jurídico consistente en un hecho futuro y cierto (esto es, determinado) del que las partes hacen depender sus efectos. A diferencia de la condición, el término se cumplirá. Por eso se dice que es cierto, aunque sea incierto cuándo: por ejemplo la muerte de una persona. Por consiguiente, la condición es *dies incertus* y el término *dies certus*. Los efectos pueden iniciarse a partir de él o llegar hasta él (*a quo*, *ad quem*, respectivamente. V. ***a quo*, *ad quem***). Un significativo efecto práctico consiste en que, si el deudor paga antes de tiempo, no puede repetir del acreedor, esto es, pedir la devolución de lo pagado, porque la deuda existía ya. Esto es lo que recoge, siguiendo al derecho romano, el artículo 1126 del Código Civil español en su párrafo primero: «Lo que anticipadamente se hubiese pagado en las obligaciones a plazo, no se podrá repetir». Por su parte, el artículo 1121 en su párrafo primero alberga, lógicamente, la solución contraria. Obsérvese que el Código Civil habla, no por casualidad, de "repetir". Se trata de un verbo latino (*repétere*), traducido en derecho literalmente, que significa «pedir (o reclamar) la devolución de lo pagado».

2. La Jurisprudencia romana habla también de *dies cedens* y *dies ueniens*. El día cede cuando comienza a correr el día en que se debe algo (surge la obligación, es válida; momento de devengo de la deuda); el día viene o llega cuando el cumplimiento de la deuda puede ser reclamado (momento en que la deuda es exigible). En el primer caso, el plazo "corre"; en el segundo, "se cumple".

> Ulp. 1 *reg.* D. 50.16.213 pr.: «"Ceder el día" significa que comienza a deberse el dinero; "venir el día" significa que ha venido el día en que puede exigirse el dinero. Cuando alguien haya estipulado puramente, cede y viene el día; cuando haya sido a término, cede el día pero aún no viene; cuando bajo condición, pendiente aún la condición ni cede ni viene el día». (v. ***tempus solutionis***).

Se suele decir de la muerte que es un hecho que opera como término porque aunque es incierto cuándo se va producir, es cierto que se va producir: la incertidumbre no consiste en el *an* (si sí o si no se va a dar el hecho) sino en el *quando*. Véase, sin embargo, este curioso caso:

> D.35.1.1.2 (*Pomponius* 3 *ad Q. Mucium*): «Es fecha incierta (*dies incertus*) cuando así se escribe "dará mi heredero diez cuando se muera": pues su muerte tiene fecha incierta. Y por ello si el legatario fallece antes, no pasa el legado al heredero del legatario, pues no cedió el día cuando él estaba vivo, aunque haya sido cierto que iba a morir el heredero».

Lo que sucede en este caso es que para que el legatario reciba sus diez debe fallecer después que el heredero. Así, aunque sea cierto que el heredero vaya a fallecer, no lo es que el legatario fallezca después de él. Si no ocurre así, el heredero del legatario no recibirá el legado porque este último no lo llegó a adquirir.

Fijémonos en cómo esta terminología ha pasado a nuestro derecho vigente con el siguiente ejemplo:

> Art. 1125 del Código Civil español: «Las obligaciones para cuyo cumplimiento se haya señalado un día cierto solo serán exigibles cuando el día llegue».
>
> Entiéndese por día cierto aquel que necesariamente ha de venir, aunque se ignore cuándo.
>
> Si la incertidumbre consiste en si ha de llegar o no el día, la obligación es condicional, y se regirá por las reglas de la sección precedente».

3. También se habla de *dies festus* para referirse a un día en el que se celebra algo (día festivo). También se le denomina "día señalado" (*dies insignis*), como en Pap. D. 48.16.8 pr. (V. ***abolitio criminis*** *in fine*, ***alma mater***).
4. En materia de *mora debitoris* o retraso culpable del deudor, en ocasiones no hace falta la intimación al deudor a pagar, realizada por parte del acreedor ya que el propio *d.* se entiende que hace las veces: *díes interpéllat pro hómine* (lit. el día reclama por, es decir,en vez de, la persona V. ***mora*** y ***ad probationem***).
5. Respecto del cómputo de tiempo, v. ***ad dies***.

Diligentia

(Diligéntia)
Lit. *diligencia.*

(V. ***bonus paterfamilias***).

Dixit

(Díxit)
Lit. *dijo.*

Significado y contexto: Pertenece a la terminología escolástica. Se sobreentiende el sujeto, que es '*magister*'. Así pues la expresión completa es *magister dixit* (el maestro dijo). Con estas palabras se concluía una lección. Es sabido el peso que en la doctrina medieval tuvieron los argumentos de autoridad, es decir, los extraídos de la opinión de personas autorizadas. Actualmente tampoco carece de importancia el argumento de autoridad en materia de investigación. Sin embargo, nunca ha de seguirse sin más. Una falacia muy común hoy en día, por ejemplo, es la utilizada en medios publicitarios para afirmar la bondad de la mercancía o producto que se anuncia haciéndola fundar en supuestos estudios científicos de los que jamás se da cuenta. En la Edad Media al menos se sabía el maestro casi siempre aludido, que no era otro que Aristóteles.

Dolus

(Dólus)
Lit. *dolo.*

Significado y contexto: Procede del derecho romano. En principio, hay dos clases fundamentales: el *dolus bonus* y el *malus*. Cuando aparece sin adjetivo, normalmente se refiere al segundo. Se trata de la deliberada intención de engañar a otro. En un conocido fragmento de Ulpiano (11 ed. D. 4.3.1.2) se atribuye al jurista republicano Servio la definición del dolo malo como de una cierta maquinación engañosa basada en la simulación, es decir, en fingir una cosa que no es; por ejemplo, en vender una pulsera de latón dorado como de oro (v. ***sub colore iuris***). La autoría de esta definición es disputada: Cicerón en su tratado *De officiis* (3.60) afirma que fue Aquilio Galo, otro gran jurista republicano, el que la acuñó. Este jurisprudente introdujo en el *edictum* la acción de dolo (*actio de dolo*), muy importante porque obraba –como diríamos hoy– como acción de cierre del sistema, es decir, como acción que cubría una gran cantidad de supuestos no recogidos de otro modo por el derecho. En otro fragmento a propósito de los pactos (4 *ed.* D. 2.14.7.9–10), Ulpiano invoca la autoridad de un jurista del Principado, Pedio, para declarar que un pacto doloso se hace con fingimiento.

Sin embargo, la autoridad que se va a afianzar en materia de dolo es Labeón (gran jurista de la época augustea) que supera la anterior doctrina para incluir todo supuesto de malicia, falacia o maquinación dirigida a engañar a otro (*dolum malum esse omnem calliditatem fallaciam machinationem ad circumueniendum fallendum decipiendum álterum adhíbitam*), esto es, aunque sea sin simulación. Este mayor peso de su saber se advierte en que Ulpiano lo cita de modo concluyente en los dos fragmentos citados antes. La definición de Labeón es verdadera (*Labeonis definitio uera est*) dice *in fine* de D. 4.3.1.2. Adviértase que los modernos derechos se han inspirado en ella –basta con rastrear los propios términos usados por el legislador actual–, pero de modo más restrictivo.

> Ulp. D. 4.3.1.2: «Servio definió así ciertamente el dolo malo: cierta maquinación para engañar a otro, cuando se simula una cosa, y se hace otra. Pero Labeón dice que también sin simulación puede obrarse de modo que se engañe a alguien, y que también sin dolo malo puede hacerse una cosa y simularse otra, como hacen los que con disimulación de esta naturaleza cuidan y defienden o sus propios intereses, o los ajenos. Y por esto lo definió él así: dolo malo es toda astucia, falacia, o maquinación empleada para sorprender, engañar, o defraudar a otro. La definición de Labeón es verdadera».

Los códigos civiles modernos, como el español, no han podido desprenderse –como decíamos– de ese aroma labeoniano que conservan en sus respectivas definiciones del dolo. Así el español en su artículo 1269 que declara:

> «Hay dolo cuando, con palabras o maquinaciones insidiosas de parte de uno de los contratantes, es inducido el otro a celebrar un contrato que, sin ellas, no hubiera hecho».

Entre el fundamental texto del derecho romano y esta redacción del código civil hay una diferencia, no obstante, de relevancia, a saber, que el dolo en este último debe proceder de la otra parte y no de un tercero. Es decir, el derecho romano admite con mayor amplitud el dolo con respecto a su procedencia, que puede ser extraña a las partes intervinientes en un contrato.

En D. 4.3.1.3, Ulpiano (11 *ed.*) continúa diciendo que el Pretor no se contentó con decir "dolo" sino que le añadió "malo" para distinguirlo del que los antiguos (*uéteres*, juristas republicanos) denominaban "bueno". Este último lo consideraban habilidad o ingenio (*pro sollertia*), y un ejemplo característico de él era el dolo utilizado contra el enemigo o el bandido. Otro, que ha pasado a hoy, lo expone Ulpiano en 44 *Sab.* D. 4.3.37, y se refiere al vendedor que ensalza la mercancía (*quod uénditor ut commendet dicit*, lo que el vendedor declara para elogiar la mercancía), que, a juicio del jurista, se debe considerar como no declarado ni prometido (es decir, de lo que no cabe responsabilizar al vendedor). Esta materia está hoy sujeta a un control cada vez mayor porque la frontera entre el dolo malo y el dolo bueno no está clara en muchas ocasiones. Hablamos de la publicidad engañosa. Veamos a este propósito este texto del jurista Florentino:

> Flor. 8 *inst.* D. 18.1.43 pr.: «Lo que se dice en las ventas por vía de recomendación, si apareciera manifiesto, no obliga al vendedor, como si dijera que el esclavo es hermoso, o

que la casa está bien edificada; pero si hubiere dicho que el esclavo es literato, o artífice, debe responder de ello, porque por esto mismo lo vendió en más». (v. ***laudatio***).

Se distingue también entre el dolo causante (***dolus causam dans***, dolo que da causa) y el dolo incidental (***dolus incidens***), el primero (de terminología no romana) es el que recae sobre un circunstancia esencial que vicia el negocio jurídico; viceversa el segundo, que sin embargo da origen a la posibilidad de reclamar una indemnización de daños y perjuicios. Se debe al genial glosador Azón en su obra *Summa Codicis* (*apud 'de dolo malo'*). (Zimmermann 1996, 670-672)

En el párrafo segundo del mismo texto antes citado del jurista Florentino se lee: «El vendedor debe responder de que no hay en él dolo malo; el cual se halla no solamente en aquel que para engañar habla con oscuridad, sino también en el que insidiosamente y con oscuridad disimula». La cuestión que preocupa al jurista es la determinación de conductas que causan el dolo como factor esencial para la celebración del negocio jurídico.

Los remedios que el derecho romano dispone para combatir el dolo en los negocios jurídicos (acción de dolo, excepción de dolo, *restitutio in integrum* o rescisión –este controvertido en la doctrina–), a pesar de su heterogeneidad, preparan el terreno, sobre todo al final de su evolución, para la concepción unitaria moderna de la impugnación y de la anulabilidad del negocio jurídico.

(V. ***cum laude***, ***bona fides***, ***mala fides***, ***caveat emptor***).

Dolus causam dans

(Dólus cáusam dans)

(V. **dolus**).

Dolus incidens

(Dólus íncidens)

(V. **dolus**).

Dominus litis, dominus negotii

(Dóminus lítis, dóminus negótii)
Lit. *dueño del litigio, dueño del negocio.*

Significado y contexto: Con estas expresiones se alude al representado en un proceso o en un negocio jurídico. Es sabido que el derecho romano no es proclive a la representación, como se deduce de la regla «no puede adquirirse nada a través de tercero» ('*per extraneam personam nihil nobis acquiri potest*'), o bien, en materia de estipulaciones, de la regla «nadie puede estipular para otro (a favor de tercero)» ('*álteri stipulári nemo potest*'), que ha supuesto hasta hoy un gran inconveniente en el desarrollo del concepto y aplicación de la representación. No obstante, hay que decir que el propio derecho romano, por un lado, erosionó esta vieja rigidez y proporcionó a los juristas futuros materia suficiente para encontrar soluciones jurídicas a la cuestión. Por otro, es verdad que en principio no la necesitaba por la propia concepción orgánica de la familia que permitía, por ejemplo, que lo que adquiriese un *filius familias* repercutiese directamente a favor del patrimonio del *paterfamilias*.

Al no admitirse la representación directa, la figura jurídica que se destaca en el derecho romano es la del contrato de mandato, y en el ámbito procesal, las de los representantes procesales llamados *cógnitor* y *procurátor* (esta última prevalece), que son también representantes indirectos. Pero en el mandato subyace la idea de una actuación en interés o por cuenta de otro, no en su nombre. Por eso, es un error de aquellos códigos civiles –como el español siguiendo al francés– identificar mandato con representación. El *dominus* es aquel al que le afecta el negocio, su titular, o quien resulta destinatario final de la sentencia del juez. (V. ejemplos de uso en índice final de voces).

Donationis causa

(Donatiónis cáusa)
Lit. por causa de donación.

(V. ***causa***).

Do ut des

(Idem)
Lit. *doy para que des.*

Significado y contexto: Esta expresión, muy usual no solo en el ámbito jurídico, admitida en nuestra lengua, tiene su origen en los contratos innominados del derecho romano. Se trata de un tipo de contratos cuya perfección se produce cuando una de las partes realiza una prestación consistente en un *dare*, que opera como causa para recibir de la otra parte una prestación también de dar. En un conocido fragmento (Ulp. 4 *ed.* D. 2.14.7.2) –muy importante en la historia del concepto de contrato– se cita al jurista Aristón que, en respuesta a Celso, afirma que un supuesto generador de acciones se subsume en el concepto de contrato si subyace en él una causa. Esto sucede cuando, por ejemplo, alguien da a otro para que este le dé algo o para que haga algo a favor suyo. A esto lo llama "synállagma" (en relación con nuestro concepto de sinalagmaticidad en los contratos, aunque propiamente toma su origen en el fragmento más adelante citado).

Este texto, muy controvertido en la doctrina romanística debe unirse a otro no menos significativo –Ulp. 11 *ed.* D. 50.16.19– en el que se describe la doctrina de Labeón en materia de contratos. En él encontramos la definición de contrato (*contractus*) como "obligación recíproca" (*ultro citroque obligatio*), de la que se desprende la particular visión de Labeón en torno a esta figura. En efecto, este jurista únicamente reconocía como contrato allí donde existía reciprocidad de obligaciones. Esto es lo que, según él, los griegos denominaban sinalagma (*quod Graeci synállagma uocant*, lo que los griegos denominan sinalagma). Nótese que esta acepción de sinalagmaticidad no coincide exactamente con la anterior. Uno y otro texto son los fundamentales en la historia del derecho privado para la construcción de este concepto moderno.

> «Labeón define en el libro primero del pretor urbano, que unas cosas se hacen, otras se gestionan, y otras se contratan. Y ciertamente que la palabra "acto" es general, ya sea que alguna cosa se haga de palabra, ya sea que realmente, como en la estipulación, o en la entrega de cantidad; pero "contrato" significa obligación de una y de otra parte (*ultro citroque obligatio*), lo que los griegos llaman *synállagma* como la compraventa, locación-conducción y sociedad; "gestionado" significa cosa hecha con palabras». (v. ***ultro citroque***, ***pactum***, ***utiliter coeptum***).

En materia de contratos innominados es básico el fragmento Paul. 5 *quaest.* D. 19.5.5 en el que aparecen las cuatro posibilidades: *do ut des, do ut facias, facio ut des, facio ut facias* (doy para que des, doy para que hagas, hago para que des, hago para que hagas). En él se aprecia la mano bizantina, que antecede en su afán clasificatorio a la escolástica medieval.

El prototipo de contrato sobre el modelo del "doy para que des" es la permuta (del latín, *permutatio*) que, a pesar de ser innominado o atípico, acabó –como se ve– recibiendo un nombre. Esta figura no debe ser confundida con la compraventa. La Jurisprudencia romana discutió precisamente sobre este punto. Somos destinatarios de la lección extraída de aquellas controversias doctrinales. La exposición que realiza Paulo de la cuestión parece, inicialmente, el fragmento de un tratado moderno de economía que percibe, con criterio jurídico no obstante, la diferencia esencial que existe entre ambos negocios, a saber, el precio en dinero como elemento esencial de la compraventa:

> Paul. 33 *ed.* D. 18.1.1 pr.: «El origen de la compraventa está en las permutas, porque antiguamente no existía el dinero, ni se denominaba a una cosa mercancía y a la otra precio, sino que cada uno permutaba las cosas inútiles por otras útiles según las necesidades de los tiempos, porque acontece frecuentemente que le sobra a uno lo que le falta a otro. Pero como no siempre ni con facilidad sucedía que teniendo tú lo que yo deseaba, tuviese yo a mi vez lo que a ti te interesaba recibir, se eligió una materia cuya valoración pública y perpetua evitase, mediante la igualdad de cuantía, las dificultades de las permutas. Y esta materia, marcada con un signo público, implica un uso y dominio que no se basa tanto en la entidad específica como en la cuantía; desde entonces no constituyen ambas cosas mercancías, sino que una de ellas se denomina precio. 1. Pero se duda si hoy puede darse una venta sin monedas como cuando doy una toga para recibir una túnica. Sabino y Casio opinan que hay una compraventa en este caso: Nerva y Próculo lo consideran permuta y no compra. (...) Pero es más verdadera la opinión de Nerva y Próculo, porque así como una cosa es vender y otra comprar, uno el comprador y otro el vendedor, así también, una cosa es el precio y otra la mercancía. Y en la permuta no puede distinguirse cuál es el comprador y cuál el vendedor».

Este texto es históricamente básico en el sistema de derecho civil para distinguir ambos contratos, pero al mismo tiempo para advertir también su similitud. Por eso, no es extraño que, desde un punto de vista de sistemática externa u ordenación formal de la materia jurídica, la permuta siga a la compraventa en el orden de exposición de la materia jurídica por parte de los códigos civiles modernos. Adviértase, sin embargo, que los Sabinianos (Sabino y Casio), que defendían la identidad esencial de ambos contratos han acabado prevaleciendo modernamente en un aspecto jurídico: en que la permuta sea hoy un contrato consensual, como ellos defendían, y no un contrato real (cfr. art. 1538 del Código Civil español).

Hoy en día la expresión se utiliza a menudo para aludir a la falta de gratuidad de los comportamientos humanos. Declara, pues, que todo se hace o por dinero o por obtener algo de los demás. Nada, entonces, parece que se logra gratis en un mundo radicalmente egoísta. Para combatir esta mentalidad se esgrime la exigencia de caridad o, como se dice corrientemente, de solidaridad para con el prójimo (solidaridad que, rectamente entendida, no significa simplemente ayudar a los demás, sino "hacerse uno" –de *sólidum*–, sin fisuras, con ellos). (V. ***in solidum***).

Dura lex

(Dúra lex)
Lit. *dura ley.*

Significado y contexto: La expresión completa es '*dura lex, sed lex*', que significa que aunque la ley sea dura, es ley. O sea, que el derecho vigente, aunque sea considerado riguroso, debe ser aplicado. Se contrapone en cierto sentido al *summum ius, summa iniuria ciceroniano* (v. también ***crux iuris***).

El origen lo encontramos de manera sorprendente en Ulp. 4 *adult.* D. 40.9.12.1, en el que el jurista afirma *in fine* respecto de la ley que comenta –acerca de los adulterios– que aunque sea duro lo que establece, así se ha redactado (*quod quidem perquam durum est, sed ita lex scripta est*, por muy duro que resulte, así se ha redactado la ley).

> «Así, pues, a la que se divorció se prohíbe que manumita o enajene a ningún esclavo suyo, porque la letra dice así (*quia ita uerba faciunt*), que no puede manumitir o enajenar ni aun ciertamente al esclavo que estuvo fuera del servicio de esta mujer (*extra ministerium eius mulíeris*), o en el campo, o en una provincia (*in agro uel in prouincia*); lo que ciertamente es muy duro, pero así esta escrita la ley (*quod quidem perquam durum est, sed ita lex scripta est*)».

(v. ***separatio bonorum***).

E

Erga omnes

(Érga ómnes)
Lit. *frente a todos.*

Significado y contexto: Se aplica esta expresión a los llamados derechos absolutos, aquellos que exigen en todo caso ser respetados por parte de los demás. Su eficacia se da por tanto frente a todos ellos (*erga omnes*). Se trata, en el ámbito del derecho privado, de los derechos concernientes a la persona, de los correspondientes al derecho de familia y de los derechos reales. Se distinguen netamente de los derechos personales (que no deben ser confundidos con los anteriores) o también denominados obligaciones. En estos últimos se precisa la colaboración de una persona para su realización. Es en función de esa persona cómo el derecho adquiere sentido. (Pero V. ***bona fides*** *in fine*).

Por ejemplo, con respecto al derecho de propiedad (que es real), el propietario de una cosa debe ser respetado en su ejercicio por los demás, que no deben interferir en él; pero si alguien desea comprar una cosa, pretende de la persona del vendedor (pues no afecta a otro su derecho) que le entregue la cosa, y, por tanto, se la reclamará a él y no a ningún otro. Por eso, su acción es personal. En la época postclásica del derecho romano se confundió la naturaleza de la acción de compra para reclamar el objeto comprado, que es personal, con el hecho de reclamar una cosa (que parecía convertirla en real). No es difícil que hoy cometamos el mismo error al estudiar el derecho sin comprenderlo.

La distinción romana de acciones *in rem* e *in personam* ayuda a vislumbrar el origen de la moderna, demasiado rígida, de acciones o derechos reales y personales u obligaciones. Esta expresión tiene que ver con el efecto de las sentencias judiciales, que únicamente repercute sobre las partes litigantes, en principio. Para un tercero, la sentencia es *res inter alios acta*, cosa efectuada entre otros, es decir, cosa que afecta solo a las partes. Un pacto o una declaración contractual o un contrato es *lex priuata*, ley privada entre los contratantes: uno de los textos fundamentales para el desarrollo de esta idea en la historia del derecho europeo es Ulp. 29 *Sab.* D. 50.17.23, en su inciso *legem enim contractus dedit*, pues dio la ley del contrato. (V. *Procedimiento civil*, ***stare conventis***).

Error

(Érror)
Lit. *error.*

Significado y contexto: Consiste en aquella representación falsa de la realidad que induce a obrar de una determinada manera. Se aplica en los negocios jurídicos al hecho de su celebración por parte del que lo sufre. Para su apreciación exige que no haya dolo, porque este excluye a aquel. En una venta de un objeto defectuoso, por ejemplo, puede haber error por las dos partes (vendedor y comprador). No necesariamente hay que pensar en un dolo del vendedor (que, en el análisis de ese caso, es, por cierto, equivocación común entre los estudiantes de derecho). No obstante, si existe, ya no hablamos de error del comprador, aunque haya, sino de dolo del vendedor. La elaboración jurídica de este concepto, que es básico hoy en día, se halla en el derecho romano. En él, se incluye la ignorancia (*ignorantia*), quizás porque detrás de todo error haya casi siempre algo de ignorancia (aunque no siempre la ignorancia conduzca al error, *O beati ignorantes!*, salvo los casos de distracción, que también son de error).

La Jurisprudencia romana lleva a cabo una significativa labor de delimitación del concepto jurídico: –el error debe ser de hecho (no de derecho –con algunas excepciones en el derecho romano–: la ignorancia de derecho perjudica al que la sufre; '*ignorantia iuris nocet*'), –esencial (sobre un elemento fundamental del negocio), –excusable (es inexcusable ignorar lo que todos saben).

A propósito del carácter esencial del error, el casuismo romano lleva a plantear una multiplicidad de supuestos luego sistematizados en torno a determinadas categorías: *in córpore*, sobre la identidad del objeto; *in nómine*, sobre la designación del objeto. Como uno o como otro, puede apreciarse en el siguiente caso que expone estos dos famosos textos. Téngase en cuenta que un error en la designación puede conducir a un error en la identificación del objeto, por lo que se consideraría relevante para la invalidez del negocio jurídico:

> D. 30.4 pr. (Ulp. 5 *ad Sab.*): «Si uno se equivocó en el nombre del fundo (*in uocabulo*) y lo llamó Corneliano en vez de Semproniano se deberá el Semproniano: si se equivocó en cambio en la identidad del objeto (*in córpore*) no se deberá».

> D. 18.1.9 (Ulp. 28 *ad Sab.*): «... Si yo creyese que compraba el fundo Corneliano y tú que me vendías el Semproniano, puesto que no nos pusimos de acuerdo en el objeto, la compraventa es nula ...».

In negotio (falsa representación del negocio realmente realizado; el texto fundamental es Ulp. 7 *disput.* D. 12.1.18). Se aprecia en este fragmento que el jurista Ulpiano (siglo III d. C.) no estaba de acuerdo con el parecer de Juliano (siglo II d. C.). El texto es de mucha trascendencia para la configuración del sistema de derecho civil o romano-germánico, porque fue uno de los que inspiró a Savigny su célebre teoría sobre la *traditio* como negocio abstracto idóneo para adquirir la propiedad, que constituye el derecho actualmente vigente en Alemania con respecto a esta materia. Savigny dio la razón a Juliano. Para entender el texto, debemos razonar los casos que plantea aplicando el tópico retórico de "en lo más se incluye lo menos" (cfr., por ejemplo, Ulp. 27 *Sab.* D. 50.17.21: «A quien le es lícito lo más no debe prohibírsele lo menos» *Non debet, cui plus licet, quod minus est non licére.* V. ***a fortiori***). Esa voluntad mínima, en la que parece apoyarse Juliano, que basta para adquirir la propiedad una cosa con independencia de la causa, fue la que inspiró a Savigny, como decimos, para formular la antedicha teoría:

> «Si yo te hubiese dado una cantidad con intención de donarla, y tú la recibes como mutuada, escribe Juliano que no hay donación, pero que hay que ver si no resulta mutuada. Y opino que tampoco está mutuada, y que las monedas no se transmiten al que las recibe, toda vez que recibió con otra intención. Por lo que, si las hubiese consumido, aunque esté obligado por la condicción, sin embargo, podrá usar de la excepción de dolo, ya que las monedas fueron consumidas con el consentimiento del que las dio. 1. Si yo te hubiese dado una cantidad en depósito y tú la recibes

como mutuada, no hay depósito ni mutuo. Lo mismo ocurre si tú hubieses dado una cantidad como mutuada y yo la recibí como dada en comodato con el fin de exhibirla (*ostendendi gratia*; v. ***ad pompam vel ostentationem, pro forma***). Pero en ambos casos, una vez consumidas las monedas, tendrá lugar la condicción sin excepción de dolo».

De este supuesto hay que distinguir el error en los motivos, que en principio no es tenido en cuenta (lo que expresa por ejemplo la regla '*falsa causa legatum non peremit*, el erróneo motivo no extingue el legado; v. ***causa***). *In persona* (o error en la persona interviniente en un negocio; pensemos en un matrimonio). *In substantia* (en la sustancia de una cosa, no de lo que está hecha la cosa que sería ***in qualitate***, sino lo que es, su esencia o materia): p. e. no es lo mismo vino que vinagre o madera que mármol (la sustancia es diversa), pero la madera puede ser de diferentes tipos de árbol o el mármol de diversas canteras (y su calidad, por tanto, diferente). El texto fundamental, de influjo en el derecho moderno, es D. 18.1.9.2, que expone el célebre caso de la venta de vino por vinagre. El primer tipo de error (en la sustancia) es relevante, es decir, puede ser considerado como invalidante del negocio; el segundo es discutible que lo sea.

Ulp. 28 *ad Sab* D. 18.1.9 pr. y 2: «Es manifiesto que en las compras y en las ventas debe interceder el consentimiento. Por lo demás, si se disiente en la compra misma, ya en el precio ya en otra cosa, la compra es imperfecta ... 2. De ahí que se pregunte si hay error en la compraventa cuando no se yerra en el objeto mismo sino en la substancia; por ejemplo, si se vendiese vinagre en lugar de vino, bronce por oro, o plomo por plata u otro objeto que parezca de plata. Marcelo 6 *dig*. escribió que hay compraventa porque se consintió en el objeto, aunque se haya errado en la materia. Estoy de acuerdo en el caso del vino pues la "ousía" (substancia) es la misma si el vino se agrió; si el vino no se agrió, sino que fue vinagre desde un principio, a modo de un aderezo parece que se ha vendido una cosa por otra; en los demás casos toda vez que hay error en la materia creo que no hay venta».

La filiación del artículo 1266 párrafo 1º del Código Civil español con este texto es evidentísima: «Para que el error invalide el consentimiento, deberá recaer sobre la sustancia de la cosa que fuere objeto del contrato, o sobre aquellas condiciones de la misma que principalmente hubiesen dado motivo a celebrarlo». Los códigos y leyes modernas recogen reglas abstractas que derivan de soluciones casuísticas romanas. La pérdida del nexo histórico-dogmático entre los textos y casos y las reglas y soluciones modernas a las que han dado lugar es una de las causas que ha contribuido a un aprendizaje meramente memorístico del derecho, es decir, a un estudio falto de crítica y ayuno de conocimiento profundo del sentido y finalidad del derecho. La regla o norma abstracta debe servir a la vida, y la vida tiene que ver con casos, y estos, en muy alta proporción, se encuentran en los textos del derecho romano. Dedúzcanse las oportunas consecuencias de este sencillo razonamiento.

También puede existir un error *in quantitate* (en la cantidad) que puede ser relevante (v. ***a fortiori***); ***error calculi***, de cálculo, que exige tan solo su corrección (V. ***salvo errore cálculi***).

El ámbito del derecho procesal, se distingue entre errores *in iudicando* y errores *in procedendo* referidos a la actividad judicial con referencia a una causa procesal. En el primer caso afecta a la justicia del caso. Se trata de un vicio de juicio o de aplicación del derecho material que conduce a una resolución judicial injusta. En el segundo caso, se trata de un vicio de actividad o de aplicación del derecho formal o procedimental que puede haber acabado produciendo una injusticia en el asunto de fondo.

Essentialia delicti

(Essentiália delícti)
Lit. *elementos esenciales del delito.*

(V. ***essentialia negotii***).

Essentialia negotii

(Essentiália negótii)
Lit. *elementos esenciales del negocio.*

Significado y contexto: Los llamados *essentialia* o *substantialia* son aquellos elementos sin los cuales el negocio jurídico no puede surgir. No solo no es válido sino que es inexistente. El negocio jurídico es un acto lícito. La expresión también se aplica a los delitos o hechos ilícitos, y así se habla de *essentialia delicti*. El texto fundamental en la tradición jurídica europea de este concepto es D. 18.1.72 del jurista Papiniano (10 *quaest.*) en el que aparece el ejemplo típico del precio en la compraventa como elemento esencial de este contrato. (V. ***accidentalia negotii***).

Eventus damni

(Evéntus dámni)
Lit. *evento del daño.*

Significado y contexto: El término '*euentus*' significa acontecimiento, en ocasiones referido a un hecho negativo que causa un perjuicio. En el derecho romano es característico el perjuicio producido a los acreedores por el deudor insolvente. La expresión tiene que ver en su origen, pues, con el fraude de acreedores. Los acreedores de un deudor insolvente es claro que resultan perjudicados si este enajena los bienes con los que podrían cobrarse, ya que el deudor no tiene líquido para pagarles (eso es la insolvencia). En consecuencia, es justo que puedan reclamar (en el derecho romano clásico, en virtud del interdicto fraudatorio) la restitución de los bienes del deudor que este haya enajenado para disminuir el patrimonio concursado.

El término '*euentus*' lo hallamos con esta significación en textos como Ulp. 1 *opin.* D. 1.18.6.7, referido a la responsabilidad de los médicos, donde se afirma que la eventualidad de la muerte de una persona (*euentus mortalitatis*) ocasionada por la impericia médica le es imputable al médico. No puede este excusarse en la fragilidad humana (*praetextu humánae fragilitatis*), porque comete delito de engaño a costa de los hombres (*delictum decipiéntis in perículo hómines*).

> «Así como no debe imputarse al médico la eventualidad de la muerte (*euentus mortalitatis*), así debe imputársele lo que por impericia cometió; no debe quedar impune, so pretexto de la fragilidad humana (*praetextu humánae fragilitatis*), el delito del que engaña en el peligro a los hombres (*delictum decipiéntis in perículo hómines*)». (V. ***lex artis***).

Ese mismo *euentus mortis* o evento de muerte, probablemente interpolado por los bizantinos, lo encontramos en un texto (Ulp. 33 *ed.* D. 24.3.22.8) referido a una mujer casada que sufre una enajenación grave pero que no es atendida debidamente por el marido, quien por el contrario se aprovecha de la dote en beneficio propio. El curador o los familiares deben poner el caso en conocimiento del juez competente, y si se prevé la disipación de la dote por el comportamiento inhumano de aquel, se dispone el secuestro de ese patrimonio para mantenerlo cautelarmente a salvo, respetando los pactos dotales y, como dice *in fine* el texto, «a la espera de la curación o del evento de muerte».

«Pero si, poseída la mujer de frenética locura, el marido no quiere, ciertamente por malicia, disolver el matrimonio, pero desprecia la infelicidad de su mujer y no se compadece de ella, y es evidente que no le presta ningún auxilio conveniente sino que abusa de la dote, en este caso tengan facultad o el curador de la enajenada o sus cognados para presentarse al juez competente (*adíre iúdicem competentem*) a fin de que se imponga al marido la necesidad de proveer a todo este sustento de la mujer (*sustentatiónem suffèrre*), de prestarle alimentos (*alimenta praestare*), de atender a las medicinas de la misma (*medicínae eius succúrrere*), y de no olvidar nada de lo que es decoroso que el marido preste a su mujer conforme a la cuantía de la dote (*nihil praetermíttere eorum quae maritum uxori adferre decet, secundum dotis quantitatem*). Pero si es evidente que ha de disipar la dote, de modo que no conviene a hombre moderado, en este caso se secuestra la dote (*dotem sequestrari*), a fin de que con ella tenga la mujer juntamente con su familia los competentes recursos (*cómpetens solacium*), permaneciendo por supuesto en su propio estado los pactos dotales que entre ellos se hubieren hecho al principio (*pactis dotalibus ... in suo statu durantibus*), y esperando la curación o la muerte de uno (*et alterius exspectantibus sanitatem et mortis euentum*)».

La expresión la encontramos en Ulp. 11 *ed.* D. 4.4.11.4. El texto se refiere a los menores de edad y a la concesión de la restitución *in integrum* del negocio llevado a cabo por ellos, fundada en la falta de madurez de juicio que provoca su excesiva juventud. En el caso, se deniega por no tratarse de ese supuesto sino de un *e. damni* producido por la fatalidad:

«Asimismo, no será restituido el que administrando con rectitud sus bienes quisiera ser restituido con ocasión de un daño sobrevenido (*occasione damni*) no por falta de previsión del accidente sino por fatalidad (*fato*), porque la restitución no la concede el acaecimiento de un daño (*euentus damni*) sino la celeridad irreflexiva; y así lo escribió también Pomponio en su libro vigésimo octavo. Por esto observa Marcelo, en sus notas a Juliano, que, si un menor hubiere comprado para sí un esclavo necesario y luego hubiere este fallecido, no debía obtener restitución, porque no fue engañado al comprar una cosa para él muy necesaria, aunque mortal».

Se comprende fácilmente que el temor a sufrir un *euentus damni* haya motivado en las sociedades modernas un enorme auge de los contratos de seguros, cuya finalidad consiste precisamente en paliar la incertidumbre, que provoca a su vez angustia y zozobra vitales, del ser humano ante el futuro.

(V. ***ex post facto***).

Ex abrupto

(Ex abrúpto)
Lit. *de improviso, con brusquedad.*

Significado y contexto: Expresión utilizada en la retórica romana (u otra forma similar. Por ejemplo: '*abrupte*', Quintiliano *inst.* (3.8.6 y 4.1.79), para aludir a un discurso realizado bruscamente, iniciado sin introducción, que aborda de lleno un tema determinado con vivacidad o incluso violencia. En este sentido posee un significado análogo a la expresión '*in medias res*', que se utiliza precisamente cuando se trata la cuestión yendo directamente al meollo o núcleo central. A menudo consiste en la inserción de un comentario y observación sorprendente, inesperada y brusca. '*Abrumpere sermonem*' (Virgilio *aen.* 4.388) significa "interrumpir la conversación". En nuestro idioma se ha asimilado la expresión como propia, como locución adverbial o, como nombre, escrita con las dos palabras juntas (exabrupto) con el significado de "salida de tono".

Ex aequo

(Ex aéquo)
Lit. *por igual.*

Significado y contexto: Se admite en nuestra lengua. '*Aequum*' es un término latino que da idea de lo llano, sin aristas ni desniveles. Es la imagen gráfica de la justicia o *aéquitas* (V. ***aequitas***). La expresión que analizamos, que parece presuponer '*loco*' (lugar), o término similar, se emplea a menudo en la concesión de premios o distinciones a varias personas o instituciones a las que valora por igual (*ex aequo*) en función de sus méritos. Es relativamente frecuente en la literatura latina, y de forma más escasa aparece en las fuentes jurídicas; en ocasiones, como *ex aequo et bono.*

Nos evoca esta expresión el famoso pasaje de la regata vívidamente descrita por Virgilio en la Eneida (5.105 y siguientes), donde encontramos una expresión similar:

> «Empiezan por poner a la vista de todos, en el centro del ruedo, los premios, sacros trípodes, verdes coronas, palmas, el galardón de la victoria, / y armaduras y vestes recamadas de púrpura y talentos de plata y oro». (vv. 110-112). «Mnesteo manda el Dragón de valiosos remeros, ...» (vv.116-117). «Gías, la ingente mole de la ingente Quimera,» (v.118). «Sergesto, el que da nombre a la familia Sergia, pilota el gran Centauro. / Y Cloanto la Escila verdiazul, ...» (v. 121).

Y casi al final de la extraordinaria carrera se lee esto en el v. 229 y siguientes:

> «Va resonando el cielo con su estruendo. Les indigna a los unos /no lograr el triunfo que ya es suyo y el honor que ya tienen ganado, /y darían la vida por el lauro. / A Mnesteo y los suyos el éxito les da ánimos /y pueden porque creen que pueden (*possunt quia posse uidentur*). / Y acaso emparejadas las proas, una y otra consiguieron el premio (*et fors* ***aequatis*** *cepissent* ***praemia rostris***) / si Cloanto tendiendo las dos palmas hacia el mar /no hubiera dado suelta a sus plegarias / (...)». (Virgilio, Eneida 1992). [Repárese en el verso 233, en el que se recuerda que, en el deporte como en la vida o en una gran empresa, "creer poder" hacer una cosa de mérito –lograr un triunfo, por ejemplo– equivale a "poder" obtenerlo].

En efecto, Cloanto vence y así lo declara Eneas. Después de hacer entrega de los premios correspondientes, Virgilio añade (v. 258): «Al que próximo en méritos ganó el segundo puesto le hace dueño, / (...)». Así es: claramente hubo un ganador y otro que obtuvo un segundo puesto. De no haber sido así, es decir, de haber llegado a la meta con las proas empatadas (*aequata rostra*), o lo que es lo mismo, con igual mérito, Eneas habría tenido que conceder a los capitanes de sendas embarcaciones un primer premio *ex aequo.*

(V. ***ex bono et aequo***).

Ex ante

(Ex ánte)
Lit. *<a partir> de antes.*

(V. ***ex post***).

Ex bono et aequo

(Ex bóno et aéquo)
Lit. *conforme a lo bueno y a lo equitativo, conforme a lo bueno y a lo justo.*

Significado y contexto: Expresión de fama jurídica universal. Es célebre la definición de Celso del *ius*, contenida al comienzo del Digesto: el derecho es el arte de lo bueno y de lo justo (*ars boni et aequi*). En el derecho romano, la expresión se refiere a un tipo de acciones que preveían una condena judicial basada en ese criterio, que proporcionaba al juez emplear modos más amplios de valoración. En alguna ocasión (por ejemplo en la acción de dote), no es a la condena sino a la propia *intentio*, es decir, a aquella parte de la fórmula de acción referida al propósito del actor en la que se encuentra referido el citado criterio (*quod eius aequius melius erit*, lo que más justo y mejor sea). Esto la aproxima a las acciones de buena fe (v. *Procedimiento civil*, ***ex fide bona***).

Característico de esta expresión es el fragmento siguiente de las Instituciones de Justiniano (4.6.30), donde aparece una importante innovación justinianea a propósito de la compensación como modo de extinción de las obligaciones:

> «Pero en las acciones de buena fe se entiende que se atribuye al juez libre facultad para estimar, según lo bueno y lo equitativo (*ex bono et aequo*), cuanto deba restituirse al actor. En lo que se comprende también, que si a su vez debiere el actor pagar alguna cosa, hecha la compensación, deba ser condenado por el resto aquel contra quien se reclamó. Pero también se admitía la compensación en las acciones de estricto derecho en virtud de un rescripto del divino Marco, una vez opuesta la excepción de dolo malo. Pero una constitución nuestra atribuyó mayor amplitud a las compensaciones que se fundan en un derecho evidente, para que de pleno derecho disminuyan las acciones, ya reales, ya personales, ya otras cualesquiera; excepto solo la acción de depósito, a la que creímos que era muy odioso se opusiera nada a título de compensación, para que nadie fuere defraudado en la exacción de las cosas depositadas so pretexto de compensación».

Al derecho posterior ha pasado la expresión a aludir a aquellos juicios en los que el juez puede valorar los supuestos libremente. Se llaman juicios de equidad. El riesgo de arbitrariedad, y a veces el recelo de los legisladores, hace que se limite modernamente. El célebre juez inglés Lord Mansfield la utilizó en un conocido caso –Moses v. Macferlan [1760], 97 Eng. Rep. 676 (2 Burr. 1005)– para aceptar el principio de enriquecimiento sin causa en el *Common Law*. Fue luego muy criticado, por las razones que hemos apuntado aquí mismo, hasta que, en fechas más recientes, el citado principio ha sido definitivamente admitido por el derecho inglés (*Lipkin Gorman v Karpnale Ltd* [1991] 2 AC 548).

(V. ***arbitrio boni viri***, ***ex pari causa***, ***ob causam***).

Ex cathedra

(Ex cáthedra)
Lit. *desde la cátedra.*

Significado y contexto: Expresión admitida en nuestro idioma escrita de estas dos maneras: "ex cátedra" o "*ex cathedra*". La voz "cáthedra" (emparentada con su homónima griega) significa asiento (así en Juvenal *sat.* 6.91), pero más exactamente sillón (Horacio *sat.* 1.10.91). No es por tanto una simple silla, sino una robusta y con brazos, donde toman asiento las autoridades superiores: el rey en su trono, pero especialmente aquellas con preeminencia en el saber (el papa y los obispos; también los profesores universitarios que, en principio, han demostrado mayor conocimiento de una materia dada, ...).

Marcial se refiere a ella como el lugar desde donde enseña el maestro. En el ámbito de la Iglesia, es la silla episcopal y por eso su Iglesia se denomina "Iglesia catedral" o "catedral" a secas. La doctrina del sumo pontífice, merced a su infalibilidad, se dice precisamente que emana ex cátedra.

La expresión puede fácilmente adquirir un matiz peyorativo. A menudo, al socaire de una supuesta sabiduría, la doctrina enseñada carece de vida o de verdad. El abuso de las lecciones magistrales (monólogos del profesor universitario en clase), necesarias pero en su justa medida, puede convertir la docencia universitaria en una actividad meramente pasiva de toma de apuntes sin ejercitación del sentido crítico por parte de los alumnos.

Por otro lado, la doctrina emanada de la universidad precisa de su contraste con la realidad, si no desea llevar una vida aparte que le conduzca a un aislamiento social. Sidonio (*epist.* 4.3.10) llama *oratores cathedrarii* a quienes se limitan a enseñar por no atreverse a defender causas en juicio. Esto último no es verdad o, como mucho, puede serlo en algún caso, pues hace falta verdadero valor para decidirse a publicar cualquier trabajo, tras un largo período de investigación, a riesgo de sufrir acerbas, e incluso malintencionadas, recensiones. Lo que se precisa –por decirlo con Juv. *sat.* 7.203– es que las cátedras no sean ni vanas ni estériles (*uánae sterilisque cáthedrae*) como las que condujeron a una triste muerte a los rétores Trasímaco y Segundo Carrinate.

La voz "catedrático" evidentemente deriva de cátedra. En latín, por cierto, '*cathedram usurpare*' significa «llevar a cabo las tareas propias del profesor» (Ausonio *prof.* 5.9).

Exceptio

(Excéptio)
Lit. *excepción.*

Significado y contexto: Se trata de un remedio procesal que tiene su origen en el derecho romano. Como afirma Gayo en sus Instituciones (4.116 y ss.), su finalidad consiste en proporcionar un medio de defensa a los demandados en juicio (*defendendorum eorum gratia, cum quibus ágitur*, para defender a aquellos contra los que se ejercita una acción, o sea, los demandados). Puede ocurrir –como continúa diciendo– que a alguien se le exija algo de acuerdo con el derecho civil por lo cual sea injusto condenarle. Expone el caso de una estipulación de devolver un dinero que aún no se ha prestado efectivamente. El promitente o deudor puede verse demandado por un estipulante sin escrúpulos, que le exige la devolución de un préstamo que en realidad no concedió. Para protegerlo de esta maniobra dolosa del acreedor, el magistrado le otorga una excepción (*exceptio doli*¸ excepción de dolo).

Se trata de un remedio profusamente empleado por el Pretor para corregir las rigideces e iniquidades del *ius ciuile*. Así, por ejemplo, se fueron tutelando los casos afectados por vicios del consentimiento, aparte de otros recursos.

En el derecho clásico consistía en una cláusula de la fórmula de la acción, redactada negativamente («en caso de que no haya dolo del actor...»), por la que el demandado alegaba un hecho que, sin negar lo aducido por el actor en su *intentio* (lo que pretende el actor, su propósito o *petítum*), lo neutralizaba. En el caso propuesto anteriormente, el promitente no podía negar que había realizado la estipulación, y por lo tanto que debía esa cantidad por el *ius ciuile*, pero afirmaba que el estipulante acreedor obraba dolosamente porque pretendía que se le devolviese una cantidad que en ningún momento le había sido entregada.

Gayo habla de ***exceptiones dilatóriae*** y ***perentóriae***, las primeras de validez temporal (*ad tempus ualent* v. ***ad tempus***) como la derivada de un pacto de no pedir en cinco años. Se entiende que, pasado ese periodo de tiempo, la deuda podrá ser reclamada. También –añade Gayo– puede ser dilatoria por una razón personal, como por ejemplo cuando una persona no está legitimada para nombrar un representante procesal (*cógnitor*) y lo designa a pesar de esa prohibición. La excepción de la otra parte es dilatoria, porque al actor siempre le queda la posibilidad de ejercitar personalmente la acción.

En época justinianea, la excepción tiende a considerarse como medio genérico de defensa del demandado.

Entre la multiplicidad de excepciones, pueden destacarse las siguientes: ***exceptio rei iudicátae*** (excepción de cosa juzgada) por la que el demandado objeta al demandante que pretende ejercitar un acción contra él sobre un asunto anteriormente juzgado. Su fundamento radica en el principio romano *bis de eadem re ne sit actio*, que no se ejercite acción dos veces sobre el mismo asunto: regla luego resumida así, "non bis in idem", no dos veces sobre lo mismo; de muy frecuente cita en el derecho penal moderno; ***exceptio non adimpleti contractus***, excepción de incumplimiento de contrato: en los contratos bilaterales perfectos o sinalagmáticos, la obligación de una de las partes se corresponde genéticamente con la de la otra. No se entiende una obligación sin la otra. Por ejemplo, la obligación de pagar el precio del comprador se halla ligada íntimamente a la del vendedor de entregar la cosa. Desde el punto de vista de la realización de las prestaciones, esto es, funcionalmente, ninguna de las partes puede exigir de la otra que cumpla si no lo hace previamente o, al menos, se dispone a cumplir.

Tiene su origen en la doctrina de los comentaristas medievales a partir de textos romanos. Concretamente, procede de Bártolo a partir de Ulp. 32 *ed.* D. 19.1.13.8 donde se describe la situación de un comprador que pretende exigir del vendedor la entrega sin ofrecerle el pago entero del precio. Con este recurso tiene que ver la regla del derecho canónico '*fidem frangenti fides frangitur*' (lit. la lealtad del que quiebra la lealtad se quiebra);

Veamos el texto:

> «Debe ofrecerse por el comprador el precio cuando se ejercita la acción de compra, y, por esto, también si se ofreciera parte del precio subsiste todavía la acción de compra, porque el vendedor puede retener como en prenda la cosa que vendió».

De este fragmento, en realidad derivan dos especies de excepciones relativas a contrato incumplido: la que hemos enunciado en primer lugar, es decir, la de incumplimiento del contrato (**exceptio inadimpleti contractus**). Y, en segundo lugar, la del contrato cumplido de manera no adecuada: ***exceptio non rite adimpleti contractus***. En este último caso, la prestación se ha llevado a cabo por una de las partes pero tardíamente o de modo parcial; este es precisamente el supuesto al que alude el fragmento antes citado.

A estas dos situaciones, en el mismo contexto de las obligaciones recíprocas, alude el artículo 1100, en su último párrafo, del Código Civil español:

> «En las obligaciones recíprocas ninguno de los obligados incurre en mora si el otro no cumple [*inadimpletus contractus*] o no se allana a cumplir debidamente [*non rite adimpletus*] lo que le incumbe. Desde que uno de los obligados cumple su obligación, empieza la mora para el otro».

También tiene relación, entre otros fragmentos, con este de Juliano (54 *dig.* D. 19. 1.25):

> «El que compró la vendimia pendiente, si por el vendedor se le prohibiera recoger la uva, podrá usar contra él, si le pide el precio, de esta excepción: "si el dinero de que se trata no se pide por la cosa que se vendió y que no se entregó". Pero después de la entrega, si se le impidiera o pisar la uva cogida, o llevarse el mosto, podrá ejercitar la acción de exhibición, o la de injuria, a la manera que si se le prohibiera llevarse otra cualquier cosa suya».

Exceptio veritatis, excepción de verdad. No es romana. Tiene que ver con la acusación de difamación (esto sí es romano) en la que alguien puede verse envuelto, y de la que se libera oponiendo, mediante la excepción, la veracidad de lo denunciado por él, es decir, su correspondencia con la verdad, que deberá demostrar.

(V. **ope exceptionis**).

Exceptiones dilatoriae *(Exceptiónes dilatóriae)*

(V. **exceptio**).

Exceptio doli *(Excéptio dóli)*

(V. **exceptio**).

Exceptio inadimpleti contractus *(Excéptio indimpléti contráctus)*

(V. **exceptio**).

Exceptio non rite adimpleti contractus *(Excéptio non ríte adimpléti contráctus)*

(V. **exceptio**).

Exceptiones perentoriae *(Exceptiónes perentóriae)*

(V. **exceptio**).

Exceptio rei iudicatae *(Excéptio réi iudicátae)*

(V. **exceptio**).

Exceptio veritatis *(Excéptio veritátis)*

(V. **exceptio**).

Ex contractu *(Ex contráctu)*
Lit. *<a partir> de contrato.*

Significado y contexto: Se refiere a las fuentes de las obligaciones. Estas nacen o de contrato o de delito. El sentido que posee la expresión es derivativo, de procedencia y origen. Se trata de una célebre enseñanza del jurista Gayo (Gai. 3.88) que habla de una división principal (*summa diuisio*) de las obligaciones: «pues toda obligación o nace de contrato o de delito» (*omnis enim obligatio uel ex contractu náscitur uel ex delicto*). Un poco más adelante sin embargo (Gai. 3.91) informa de un caso que no se ajusta a la clasificación (el pago de lo indebido o *solútio indébiti*), que abre una brecha para futuras ampliaciones de la clasificación inicialmente diseñada.

En efecto, en D. 44.7.1, un texto de Gayo (2 *aur.*), se expone una tripartición de las fuentes: «las obligaciones o nacen de un contrato (*ex contractu*) o de un delito (*ex delicto*) o, por una especie de derecho propio, de diversas figuras de causas (*ex uariis causarum figuris*)». Fijémonos en que el pago de lo indebido se parece a un préstamo o mutuo, y la gestión de negocios ajenos, a un mandato, aunque falte en estos casos el consentimiento. De aquí que los compiladores justinianeos crearan un nuevo sistema de fuentes a partir de obligaciones nacidas como de contrato (*quasi ex contractu*) y obligaciones nacidas como de delito (*quasi ex delicto* o *quasi ex maleficio*), agrupando simétricamente en cuatro categorías los supuestos de obligaciones. Esto se llevó a cabo por efecto de un cambio de lugar de la preposición, operado por un cierto intérprete bizantino (por el que '*quasi ex contractu*' pasó a ser '*ex quasi contractu*'; *idem* respecto del delito), que condujo a una sustantivación de situaciones diversas (así, "lo que era parecido a un contrato" se convirtió en un "cuasicontrato", y "lo que era parecido a un delito" se convirtió en un "cuasidelito"). Como resultado de este proceso, la bipartición inicial de Gayo se convirtió en una cuatripartición, que ha pasado a numerosos códigos modernos: contratos, delitos, cuasicontratos, cuasidelitos.

Téngase en cuenta que hoy en día, siguiendo la estela romana, *mutatis mutandis*, seguimos hablando de responsabilidad contractual y extracontractual, como las dos vías de abordar, civil y procesalmente, los casos de incumplimiento de las obligaciones.

(V. ***ex lege***).

Ex delicto

(Ex delícto)
Lit. *<a partir> de delito.*

(V. ***ex contractu***).

Ex dispari causa

(Ex dispári cáusa)
Lit. *<a partir> de causa desigual.*

(V. ***ex pari causa***).

Exeat

(Éxeat)
Lit. *que salga.*

Significado y contexto: Del verbo '*exire*', salir. De ahí el "exit" inglés, salida, que en latín significa lit. "sale", tercera persona del singular del verbo citado. Se utiliza también por los autores de obras teatrales para indicar la salida a escena de un personaje.

Expresión utilizada en el derecho canónico y referida a la autorización concedida por un obispo a uno de los sacerdotes de su diócesis para poder desempeñar su ministerio en otra. En los colegios ingleses se mantiene la tradición de designar así el permiso temporal de ausencia de sus alumnos.

La expresión *exeant omnes!*, ¡que salgan todos!, es utilizada por el cardenal decano, que la pronuncia en voz alta, para llamar al cónclave a los participantes en él y preservarlos de toda comunicación con el mundo exterior. Se trata de una exhortación, dirigida a ajenos, a abandonar la sala. En relación con ella, la aún más famosa expresión '*extra omnes!*', ¡fuera todos!, se pronuncia al comienzo del cónclave para la elección de un nuevo papa.

Exequatur

(*Exequátur*)
Lit. *ejecute; haga valer, pueda cumplir.*

Significado y contexto: Expresión que procede del verbo deponente '*éxsequi*' (o *éxequi*). Significa "seguir", "perseguir", "cumplir", "ejecutar". También, "hacer valer", por ejemplo, en la conocida expresión de César (*Gall.* 1.4.3) '*armis ius suum e.*' (hacer valer su derecho por las armas); '*imperium exequi*', ejecutar una orden (Terencio, *Haut.* 4.1.22); '*e. delicta*', castigar los delitos (Suet. Iul. 67); '*uiolata iura*', vengar los derechos violados (Liv. 3.25.8), '*mandata e.*' (Cicerón *Phil.* 9.4.9) ...

Respecto del sentido del verbo en materia procesal v. ***manu militari***, ***ad ipsam rem***, ***solvens***.

El DRAE recoge estas tres acepciones: «1. m. Autorización que otorga el jefe de un Estado a los agentes extranjeros para que en su territorio puedan ejercer las funciones propias de sus cargos. 2. m. Voz con que se designaba el pase que daba la autoridad civil de un Estado a las bulas y rescriptos pontificios para su observancia. 3. m. Der. Reconocimiento en un país de las sentencias dictadas por tribunales de otro Estado».

En el ámbito de las relaciones entre dos países, pasa, por tanto, a significar el reconocimiento del cónsul de un país por un gobierno extranjero. En el del derecho internacional privado, es el reconocimiento por parte de un órgano jurisdiccional nacional de sentencias extranjeras. También afecta al reconocimiento de sentencias de particulares o laudos arbitrales. En la terminología eclesial esta voz se emplea para aludir a la autorización de soberanía temporal de un obispo bajo la autoridad papal o de la publicación de las bulas papales. En el derecho canónico, es el reconocimiento de la sentencia de un tribunal eclesiástico por parte del órgano jurisdiccional civil.

Ex fide bona

(*Ex fíde bóna*)
Lit. *conforme a la buena fe.*

Significado y contexto: Se refiere en el derecho romano a las acciones de buena fe (*ex fide bona*). En ellas el juez enjuicia de acuerdo con criterios amplios, pero objetivos, el entero supuesto planteado, con independencia de las alegaciones de las partes (v. ***bona fides***). Por ejemplo, puede llegar a reconocer una conducta dolosa aunque no haya sido denunciada por la parte que la sufrió. La expresión se contrapone a la de acciones de derecho estricto (*stricti iuris*), que es expresión justinianea.

Su importancia en el derecho romano y en la posterior evolución del derecho privado europeo es excepcional. Así lo destaca Cicerón en sus "Tópicos" desde el punto de vista de la argumentación jurídica, justo después de haber analizado "el lugar de las causas" (*locus causarum*), a propósito de los acciones (o juicios) privadas (*iudicia priuata*)¨:

> *Top.* 65-66: «65. Analizado por tanto el "lugar de las causas" por entero, de la diferencia entre ellas se suministran abundantes argumentos a las grandes causas de oradores y filósofos; a su vez, a las vuestras [las de los juristas], si no en tanta cantidad, sí quizás de manera más sutil. Pues las acciones privadas de las cosas de mayor relevancia parecen fundarse en la prudencia de los jurisconsultos. En efecto, ayudan mucho y se aplican a las consultas y suministran armas (*hastas ministrant*) a los abogados que se refugian con celo en su saber (*patronis diligentibus ad eorum prudentiam confugientibus*). 66. Por consiguiente, deben instruirse respecto de todas las acciones en que se añade "de buena fe" (*ex fide bona*), en las que <se expresa> "como debe ser el buen comportamiento entre personas rectas" ('*ut inter bonos bene agier oportet*'), y en primer lugar, en la acción ("arbitrio") de dote en la que <se

añade> “lo que mejor y más justo” (‘*quod melius aequius*’). Fueron ellos [los juristas] quienes nos dieron a conocer qué era el dolo malo, qué la buena fe (*fides bona*), qué lo justo y bueno (*aequum bonum*), qué <debía hacer> el socio respecto del socio, qué el que se ocupaba de negocios ajenos respecto de aquel a quien competían, qué debían prestarse recíprocamente el mandante y el mandatario, qué el marido a su mujer, y la mujer a su marido. En fin, conocidos los lugares de los argumentos con esmero, les será lícito, no solo a los oradores y filósofos sino también a los juristas, tratar sus consultas con riqueza de recursos».

El jurista Gayo las enumera (Gai. 4.62):

> «Son acciones de buena fe (*bónae fídei iudícia*, lit. juicios de buena fe) las siguientes: las de compraventa, de arrendamiento, de gestión de negocios, de mandato, de depósito, de *fiducia*, de sociedad, de tutela, de dote». (Pero v. ***stricti iuris***).
>
> (V. ***bona fides***).

Ex iure

(Ex iúre)
Lit. *conforme a derecho.*

(V. ***ex lege***).

Ex lege

(Ex lége)
Lit. *conforme a la ley.*

Significado y contexto: Expresión muy usual en el derecho para aludir, por ejemplo, en un comentario realizado a una ley, a todo lo que es acorde con ella (un comportamiento, una determinada interpretación, ...) o lo que dimana de ella (consecuencias o efectos).

1. En los textos de los juristas romanos es muy frecuente el uso de esta locución referido a leyes concretas (característicamente, la ley de las XII Tablas o la ley Aquilia) o también a las cláusulas de un contrato (denominadas igualmente *leges*; v. ***lex***). Pero quizás la cita más importante que puede hacerse de esta expresión sea la que tiene que ver con el origen de la ley como fuente de las obligaciones en los códigos civiles modernos, que no es otro que un curioso fragmento del Digesto de Justiniano contenido bajo un título que alberga solo un texto. El título se denomina «De la condicción conforme a la ley» *(De condictione ex lege)* y el fragmento es como sigue:

> Paul. 2 *ad Plaut.* D. 13.2.1: «Si una obligación ha sido creada por una nueva ley y no se ha previsto en esa misma ley qué tipo de acción ejercitaremos, ha de demandarse conforme a la ley (*ex lege*)».

Recordemos que el remedio procesal denominado *condictio* está detrás del principio de enriquecimiento injusto conforme al cual nadie puede experimentar un incremento patrimonial sin causa (*sine causa*) a costa de otro. En el sistema de derecho civil, el enriquecimiento injusto junto con, por ejemplo, la obligación de procurarse alimentos entre parientes y otros supuestos, se dice que tienen su origen en la ley. En realidad, el derecho romano, que fue el causante de la categoría de *obligatio ex lege*, parte de la necesidad de tutelar una obligación con una acción *in personam* (aquí *condictio*). Si no existe esta, como mucho puede hablarse de una obligación natural, que es de mero hecho (aunque luego obtuviera también determinados efectos jurídicos). Paulo, en este texto fundamental de nuestra tradición jurídica, crea lo que llamaríamos hoy un supuesto de cierre del sistema: la ley. Si la ley de que se trate no prevé una acción con la que reclamar la obligación, no por eso esta debe quedar desprotegida; en todo caso cuenta con el apoyo de la ley. Nótese que se trata en todo caso de una ley concreta.

Típicamente romanística es la redacción del artículo 1089 del Código Civil español, en el que vemos inicialmente la cita de la ley:

> «Las obligaciones nacen de la ley, de los contratos y cuasi contratos, y de los actos y omisiones ilícitos o en que intervenga cualquier género de culpa o negligencia».

La pregunta que deberíamos hacernos ahora es si no se ha comprendido por entero la enseñanza proporcionada por el derecho romano con respecto al proceso legislativo de creación de esta nueva categoría. Allí, en el ámbito de aquel derecho, el problema era de tipo procesal–material: si no hay acción no hay derecho del acreedor (*ubi remedium ibi ius*). En la evolución posterior del derecho y la ciencia jurídica correspondiente se advierten, sin embargo, dos inexactitudes en su diseño: la primera es la errónea identificación del ordenamiento jurídico con la ley, lo que responde a una ingenua actitud ante el derecho, que prácticamente lo reduce a esta fuente normativa como si fuera exclusiva. Sería más correcto hablar de una obligación que surge del derecho (***ex iure***); la segunda consiste en atribuir a la ley el efecto creativo de la obligación sin ninguna referencia al supuesto de base que le da origen: así, por ejemplo, sin tener en cuenta que la piedad debida entre parientes, en el caso de la obligación legal de procurarse alimentos, es el factor vital que justifica e impulsa la actuación del legislador; o la razonabilidad de la restitución de aquello en que uno se haya enriquecido sin causa a costa de otro en el de enriquecimiento injusto.

No debe pasarse por alto la circunstancia de que ambas inexactitudes, en realidad enfoques jurídicos erróneos, han contribuido a crear en la mente del jurista poco avezado una concepción miope del derecho y, a la postre, leguleyesca.

2. En materia de tributos, el derecho romano aporta no poco a la dogmática jurídica actual. Con insistencia, juristas y príncipes declaran y afirman el principio de legalidad en el ámbito tributario, que pasa al mundo moderno: las contribuciones (*collationes*) han de ser impuestas (*indíctae*) por ley (‘*e lege*’), proclama Papiniano en 1 *resp.*D. 50.5.8.3.

Ex more

(Ex móre)
Lit. *conforme a la costumbre o uso.*

Significado y contexto: En derecho se refiere a que la interpretación de un acto o negocio jurídico y la determinación del derecho aplicable debe hacerse en ocasiones teniendo en cuenta los usos del lugar de celebración.

Papiniano (2 *quaest.* D. 22.1.1 pr.) lo afirma a propósito de las acciones de buena fe con respecto al arbitrio del juez (v. ***ex officio***) para moderar los intereses exigibles conforme a los usos de la región (*ex more regiónis*) donde se celebró, sin que resulte vulnerada por ello la ley:

> «Cuando se litiga en juicio de buena fe, se establece al arbitrio del juez la cuantía de los intereses según la costumbre de la región (*ex more regionis*) en que se contrató, pero de modo que no se falte a la ley».

Por su parte, el artículo 1287 del Código Civil español declara:

> «El uso o la costumbre del país se tendrán en cuenta para interpretar las ambigüedades de los contratos, supliendo en estos la omisión de cláusulas que de ordinario suelen establecerse».

Interesante es el caso que presenta Quinto Cervidio Escévola, jurista imperial que no debe ser confundido con el famoso Quinto Mucio Escévola, jurista republicano.

> Scaev. 1 *resp.* D. 22.1.13 pr.: «Uno que prometió intereses del seis por ciento, los pagó menores durante muchos años; el heredero del acreedor pidió los del seis, no habiendo dependido del deudor el hecho de pagar otros menores; pregunto, ¿obstará la excepción de dolo o la del pacto? Respondí, que si en la prestación durante tanto tiempo de los intereses acostumbrados (*ex more*) no consistió la mora en el deudor, podía, según lo que se proponía, obstar la excepción».

En efecto, aquí los intereses que deudor y acreedor habían acordado no se correspondían con los que durante mucho tiempo se pagaron por costumbre (*ex more*), sin que pueda imputársele al deudor el pago de intereses menores y sin que el acreedor hubiere constituido en mora al deudor por su pago indebido. No parece justo que ahora el heredero del acreedor solicite los intereses inicialmente pactados. Pero, propiamente, una rebaja a través de pacto no hubo. De ahí la duda del jurista acerca de la oportunidad de la excepción de pacto convenido o la de dolo (v. ***exceptio***). Puede, por un lado, considerarse el pacto como tácitamente convenido. Por otro lado, que el heredero del acreedor reclame ahora intereses mayores, aunque sean los inicialmente convenidos, parece contrario a la buena fe.

Este texto y este caso, así como al anterior de Papiniano y los dos que citamos *in fine*, forman parte de la historia dogmática del artículo 1258 del Código Civil español:

> «Los contratos se perfeccionan por el mero consentimiento, y desde entonces obligan no solo el cumplimiento de la expresamente pactado, sino también a todas las consecuencias que, según su naturaleza, sean conformes a la buena fe, al uso y a la ley».

Intégrese la segunda parte del texto (a partir de «y desde ...») con el supuesto de hecho o *species facti* que acabamos de ver. Otros artículos del Código Civil español: 1555.2; 1574; 1750.

Textos fundamentales, relativos a este punto, de nuestra tradición jurídica son, entre otros, también los siguientes:

> Ulp. 45 *Sab.* D. 50.17.34: «En las estipulaciones y en los demás contratos, nos atenemos siempre a lo que se trató (*id quod actum est*); o, si no apareciera lo que se trató, será consiguiente que nos atengamos a lo que es frecuente en la región en que se trató (*ut id sequamur, quod in regione, in qua actum est, frequentatur*). Luego ¿qué se dirá, si no apareciera costumbre de la región (*mos regiónis*), porque hubo diversidad? La suma ha de ser reducida al que sea su menor importe».

> Ulpiano D. 21.1.31.20: «Como es usual la estipulación del duplo, se determinó por ello que también pudiera ejercitarse la acción de compra, si el vendedor del esclavo no diera caución del duplo; porque lo que es de uso y costumbre (*ea enim, quae sunt moris et consuetúdinis*) debe venir comprendido en los juicios de buena fe».

Ex natura

(Ex natúra)
Lit. *conforme a la naturaleza.*

Significado y contexto: El concepto de naturaleza que a menudo manejan los juristas romanos en sus expresiones alude a la realidad, a lo fáctico. Así, cuando dicen que un concebido está *in rerum natura* (en la naturaleza de las cosas) aunque no esté aún *in rebus humanis* (en las cosas del mundo). O cuando hablan de posesión natural (de mero hecho) o de obligación natural (no civil, sin tutela de acción, de hecho). Cuando afirman que hay cosas indivisibles, lo son, no porque no puedan físicamente ser divididas, sino porque la división acarrearía un perjuicio (*sine interitu diuidi non possunt*, no pueden dividirse sin daño). Lo contrario es *contra naturam*. (V. también ***ex necessitate***).

Ex necessitate

(Ex necessitáte)
Lit. *conforme a la necesidad.*

Significado y contexto: En latín '*necéssitas*' o necesidad alude a aquello que es indispensable, ineludible, urgente, a menudo en sentido negativo. '*Necessarius et fatalis casus*' (Cicerón *Phil.* 10.19) es desgracia inevitable. Tácito (An. 15.61) y Séneca (*epist.* 70.5) llaman '*necessitas suprema*' a la muerte. '*Natúrae necéssitas*' equivale a las leyes de la naturaleza en Cicerón (*Cato.* 4). La necesidad presupone a veces una conexión entre sujetos diversos que se traduce por ejemplo en el parentesco, en una amistad íntima o en las obligaciones interpersonales. *Necessitas* o necesidad es un concepto utilizado por la Jurisprudencia romana. Así, Modestino (1 *reg.* D. 1.3.40) afirma que todo el derecho lo ha hecho el consenso (v. ***consensus***), lo ha establecido la necesidad o lo ha afirmado la costumbre. Es decir, según este jurista, la necesidad es fuente del derecho o criterio inspirador del derecho en todas sus manifestaciones, alusivo a la lógica perentoria de las instituciones, a la finalidad última de las disposiciones legislativas, etc. El intérprete debe, pues, tenerlo en cuenta.

Marciano en 1 *inst.* D. 1.1.12 afirma que en ocasiones se dice derecho por necesidad como cuando se alude a que se tiene derecho de parentesco o de afinidad. La palabra latina '*Necessitudines*' significa precisamente "parientes". El vínculo de parentesco une a los miembros de la familia sin más.

> «En esto –dice Cicerón, *Lael.*, 5.19 *in fine*– supera la amistad a la familia: en que en esta el afecto se puede eliminar, en aquella no» (*ex propinquitate beneuolentia tolli potest, ex amicitia non potest*')». (Lo que recuerda a aquello de «la familia la elige Dios, los amigos yo»).

En materia de obligaciones, es célebre la definición de obligación como «vínculo jurídico por el cual necesariamente se nos compele a realizar una prestación –lit. a pagar algo– conforme al derecho de nuestra comunidad» (*Iuris uínculum quó necessitáte adstríngimur alicúius soluéndae rei secundum nóstrae ciuitátis iura*, de las Instituciones de Justiniano 3.13 pr. V. ***vinculum iuris***). En efecto, la necesidad plasma el carácter del propio vínculo existente entre dos sujetos, acreedor y deudor, y se pone en práctica a través de la *actio* (acción) para reclamar su cumplimiento. El ordenamiento jurídico prevé una acción para cada supuesto de obligación. En caso contrario se habla de obligaciones naturales (v. ***ex natura***). Modestino, de nuevo, es autor de una clasificación de las fuentes de obligaciones en la que la *necéssitas* es citada como una de ellas para explicar los supuestos de sujetos obligados a hacer lo preceptuado por el derecho. Pone como ejemplo el heredero necesario (que adquiere la herencia sin aceptación; es decir, se ve abocado a ella quiéralo o no). Para evitar el efecto pernicioso de la confusión patrimonial que tendría como consecuencia que su responsabilidad fuera *ultra uires hereditatis* (v. ***ultra vires***), es decir, más allá del activo de la herencia, se le permitió el *beneficium abstinendi* o beneficio de abstención por el que el heredero necesario no quedaba afectado por las deudas de la herencia siempre y cuando no se inmiscuyera en ella con la realización de actos que supusieran la implícita aceptación de la herencia. Así, por ejemplo, la venta de alguna cosa de la herencia.

Mod. 2 *reg.* D. 44.7.52.7: «Se obligan por necesidad (*necessitate obligantur*) aquellos a quienes no se permite hacer otra cosa que la que se ha ordenado; lo cual sucede con respecto al heredero necesario».

El moderno "estado de necesidad", como causa de justificación de un ilícito, tiene evidente relación en este contexto (v. ***lucrum cessans***).

Ex nihilo

(Ex níhilo)
Lit. *de la nada.*

Significado y contexto: *Ex níhilo* o *de níhilo* significa tomado "de la nada". La expresión latina completa que populariza el pensamiento del filósofo Epicuro es esta: *ex nihilo nihilum*, de la nada no puede salir nada (idea evidentemente materialista). En Persio (3.24) encontramos *de nihilo nihil*. Con ironía comenta Juvenal (5.134) a propósito de un tal Virrón que, en caso de que un dios –u hombrecillo con forma de dios– le proporcionara a cualquiera la suma de cuatrocientos mil sextercios (cantidad más que estimable, si se piensa que era el requisito *sine qua non* para acceder a la prestigiosa clase ecuestre), ese sujeto pasaría de no ser nadie (*ex nihilo*) a ser considerado por personas interesadas como amigo o hermano.

Ex novo

(Ex nóvo)
Lit. *de nuevo; de nueva planta; novedosamente.*

Significado y contexto: Se admite en nuestra lengua. Muy usual no solo en derecho. Alude a todo lo que se introduce como novedad. La expresión latina '*Res nóuae*', por ejemplo, significa "cambios políticos" y posee a menudo un matiz revolucionario (por ejemplo, cfr. Cicerón *Catil.* 1.3). Las *tábulae nóuae* eran los nuevos registros de deudas (que recogían su disminución o eliminación; Cic. off., 2.84); un '*crimen nouum*' (Cic. *Lig.* 1) es un crimen inaudito.

Se dice del examen o revisión enteramente nueva de una cuestión jurídica o de la presentación de una innovación. El concepto jurídico de novación de las obligaciones, por ejemplo, se basa precisamente en la introducción de algo nuevo (*áliquid noui*) en una obligación anterior para crear otra nueva.

Ex nunc

(Idem)
Lit. *desde ahora.*

Significado y contexto: 1. Tiene que ver con los efectos de un negocio jurídico sometido a condición (hecho futuro e incierto). Se debe poner en relación con la expresión '*ex tunc*' (desde entonces). Por ejemplo, en una estipulación el promitente puede obligarse a pagar una suma de dinero en caso de que la nave que ha partido de Asia llegue a las costas romanas (ejemplo típico del jurista Gayo en sus Instituciones). El cálculo de la suma efectiva puede hacerse atendiendo a las circunstancias producidas a lo largo del tiempo desde un momento anterior, el de la celebración del negocio (*ex tunc*), o posterior, desde que llega la nave –en caso de que llegue–, que es el momento posterior a aquel, que las partes sitúan como presente (*ex nunc*).

Así, por ejemplo, el artículo 1120 del Código Civil español afirma:

«Los efectos de la obligación condicional de dar, una vez cumplida la condición, se retrotraen al día de la constitución de aquella. (...)».

Es decir, los efectos se retrotraen *ex tunc*, dejando a salvo lo que después establece en su primer párrafo. En el segundo párrafo, sin embargo, añade:

> «En las obligaciones de hacer y no hacer los Tribunales determinarán, en cada caso, el efecto retroactivo de la condición cumplida».

El criterio '*ex nunc*' de valoración del alcance de los efectos, extensible también a los producidos por una ley, es sobre el que se asienta el principio de irretroactividad (o de no aplicación a un momento anterior).

2. Con respecto a las leyes rige el principio de que la ley posterior deroga la anterior (*lex postérior anterióri dérogat*), por el que se excluye la retroactividad (especialmente aplicable con respecto a las disposiciones desfavorables que se introduzcan por la nueva ley). Modestino 2 *excus.* D. 1.4.4 afirma que las constituciones imperiales poseen más fuerza que las anteriores. Pero la unidad del ordenamiento jurídico exige del intérprete un esfuerzo por integrar armónicamente todas las disposiciones que lo integran.

El título tercero del libro primero del Digesto se ocupa en buena parte de este tema. Así, Ulpiano afirma en la ley 22 que cuando la ley perdona algo para el pasado la prohíbe para el futuro. En l. 23, Paulo sostiene que de ninguna manera deben alterarse las cosas que siempre tuvieron interpretación cierta. La conocida l. 23 de Celso habla de lo incivil que es juzgar o responder considerando una parte pequeña de la ley sin haberla examinado por entero. Modestino (8 *resp.* ley 25) afirma que ninguna razón de derecho, ni la benignidad de la equidad tolera que las cosas que se han introducido saludablemente por la utilidad de los hombres las hagamos severas en perjuicio de ellos mediante una interpretación más dura. En el siguiente fragmento, Paulo 4 *quaest.* afirma que no es cosa nueva que las leyes anteriores se interpreten por las posteriores. En l. 27 Tertuliano apoya esta última idea y en ley 28 Paulo (*ad leg. Iul. et Pap.)* añade que también las posteriores se interpretan por las anteriores, salvo si fueran contrarias. Son todos textos básicos de nuestra tradición en esta materia. (v. ***lex***).

Ex officio

(Ex offício)
Lit. *de oficio.*

Significado y contexto: *Officium* significa "deber", pero, aplicado a una función pública, adquiere el significado de "cargo". Por eso, en el derecho moderno se piensa en primer lugar en el oficio de juez o magistrado y, en segundo lugar, en el de los demás funcionarios competentes en aspectos diversos del derecho.

Obra de oficio el que, al desempeñar su cargo, opera con independencia de las partes, por iniciativa propia, para no dejar aspectos sin resolver o para avanzar en una causa o cuestión.

Expresión conexa con la presente, muy utilizada en derecho romano y en el actual es la de '*offício iúdicis*' (por ministerio u oficio del juez). El juez, que era un particular en el procedimiento formulario del derecho clásico, actuaba en la segunda fase del procedimiento (la primera era ante el magistrado) y asumía la tarea de dictar sentencia. (V. *Procedimiento civil*). Pero para realizar con justicia esta función se le dotaba de un mayor margen de actuación que la Jurisprudencia romana fue aquilatando caso a caso. Se aprecia por ejemplo con respecto a las acciones de buena fe. Aquí el juez podía reconocer la compensación de deudas entre las partes o las excepciones que beneficiasen a cada una de ellas aunque no las hubiesen alegado antes ante el magistrado. (v. ***bona fides***).

Veamos algunos ejemplos:

Gayo (4.114) se plantea el caso del cumplimiento por parte del demandado con respecto al demandante antes de juzgado el asunto, pero después de que el demandado hubiese aceptado el juicio (es decir, tras la *litis contestatio*). Conforme al *officium iudicis*, puede el juez absolver al demandado o no. Afirma Gayo la primera opción, que se corresponde con el parecer de los juristas de la escuela sabiniana a la que él dice pertenecer. No importa qué tipo de acción o *iudicium* sea (de buena fe o de derecho estricto). Según él, esto se solía expresar diciendo que para Sabino y Casio todos los juicios eran absolutorios (*omnia iudicia absolutoria esse*).

Un caso algo diferente presenta Paulo *de off. ads.* D. 3.1.73: es el de un procurador (representante procesal) que ejercita la demanda, pero el demandado está dispuesto a pagar antes de la litiscontestación. La pregunta que surge es si este debe ser obligado a aceptar el juicio. La solución está en que el gobernador dé orden de que se deposite la cantidad debida en un templo. Pero si ya ha tenido lugar la litiscontestación, el asunto se resuelve –como en el caso anterior– por ministerio del juez u *officio iudicis*.

Cuando se reclama una herencia, dice Gayo 6 *ed. prov.* D. 5.3.10 que quien es heredero de toda la herencia o de parte de ella puede pretender que la herencia sea suya en todo o en parte, pero *o. i.* se le entrega lo que posee el adversario: si es heredero de todo, todo; si de parte, la que le corresponda.

Ulp. 15 *ed.* D. 5.3.16 pr. plantea el caso de uno que es demandado por la petición de herencia pero es deudor a término o bajo condición. En tal situación no debe ser condenado, pero *o. i.* debe darse una caución de restituir el importe de la deuda cuando se cumpla el plazo o término o la condición.

Si el condenado a restituir una cosa no obedece al juez, este *o. i.* puede ordenar *manu militari* (V. ***manu militari***) que se lleve a efecto el traspaso de posesión (Ulp. 51 *Sab.* D. 6.1.68).

Ulp. 18 *Sab.* D. 7.1.13, con respecto al usufructo, expone la exigencia de la caución usufructuaria llevada a cabo *o. i.* que el dueño reclama de parte de aquel al que se le ha legado el usufructo. Si no lo hiciera, es decir, si no prestara fianza de que ejercitará su derecho según el arbitrio de un hombre recto (*arbitrium boni uiri* V. voz) no se le concederá la acción de usufructo. Según Ulpiano, Juliano aprobaba esta solución para cualquier clase de usufructo.

En el caso de convenirse en un comodato la restitución en determinado lugar y tiempo (Ulp. 28 *ed.* D. 13.6.5 pr.), se han de tener en cuenta estas circunstancias *o. i.*

Hermogeniano 2 *iur. epit.* D. 19.1.49.1 afirma que no pueden exigirse los intereses del precio en una compraventa, aun cuando se pague en mora, porque no entran en el objeto de la obligación (*in obligatione*), sino que deben entregarse *o. i.*

Paulo 6 *resp.* D. 19.1.47 expone el siguiente caso: Lucio Ticio había recibido un cantidad del comprador para venderle materiales de construcción, y se había sometido a una cláusula penal por la que si no los entregaba en su totalidad antes de un plazo pagase una cantidad en concepto de pena. Sin embargo, falleció antes de que pudiera cumplir por entero con su prestación. Se preguntaba si el heredero, que ni siquiera había exhibido el resto de materiales, podía ser demandado por la pena y los intereses, ya que incluso el comprador había tenido que tomar dinero a préstamo a muy alto interés. Paulo responde afirmativamente y añade que en la acción de compra después de haberse incurrido en mora, deben ser tenidos en cuenta *o. i.* los intereses del precio.

Afirma Ulpiano 36 *ed.* D. 27.2.2 pr. que corresponde al ministerio del juez (*o. i.*) que juzga sobre una tutela aceptar los reembolsos no desmedidos del tutor; por ejemplo, lo que dice que gastó en alimentación y educación del pupilo.

Papiniano, en un fragmento referido a las obligaciones pero de contexto incierto (27 *quaest.* D. 44.7.27), afirma que las obligaciones "que carecen de propias fuerzas" (inanes o inválidas) no se confirman ni *o. i.* ni por el imperio del Pretor, ni por la potestad de la ley.

Ex pari causa

(Ex pári cáusa)
Lit. *desde (o <a partir de>) igual causa.*

Significado y contexto: La expresión tiene que ver con la compensación de deudas como modo de extinción de las obligaciones.

Se parte de una situación sencilla en apariencia: que dos personas son a la vez deudor y acreedor de la otra, por lo que mediante una simple operación aritmética las deudas recíprocas podrían simplificarse en una suma de la que, finalmente, una parte sería deudora y otra acreedora. A esto se refiere la definición clásica de la compensación (Mod. 6 *pandec.* D. 16.2.1) de '*debiti et crediti inter se contributio*' (el saldo de una deuda y un crédito recíproco).

Pero no es tan fácil. Cuando las deudas nacen del mismo contrato (ambas partes se han comprado cosas la una a la otra) hay menos problema. Pero si son de contratos o de diferentes actos jurídicos no contractuales, con características, cláusulas o elementos diversos, plantea dificultades de orden jurídico. Justiniano, sin embargo, adopta para estos casos la solución de la compensación con respecto a todas las deudas nacidas del mismo género.

C. 4.31.14 (Iust. a. 531): «Mandamos, que por el mismo derecho (*ipso iure*) se hagan las compensaciones en todas las acciones, sin que se haya de observar diferencia alguna entre ellas respecto a las acciones reales (*in rem*) o a las acciones personales. 1. Pero mandamos que se opongan así las compensaciones, si fuera líquida la causa por la que se compensa (*si causa, ex qua compensatur, liquida sit*), y no fuera intrincada con muchas confusiones, sino que pudiera suministrarle al juez fácil resolución. Porque es bastante digno de lástima, que acaso después de muchos y diversos debates, cuando ya la cosa hubiere sido probada, entonces se oponga por la otra parte, que ya casi está convicta, la compensación a una deuda ya cierta e indudable (*iam certo et indubitato debito*), y que se excluya la esperanza de la condena con rodeos dilatorios. Así, pues, observen esto los jueces, y no se sientan más inclinados a admitir las compensaciones, ni las admitan con fácil disposición, sino que usando del estricto derecho las reserven ciertamente para otro juicio, si hallaren que ellas requieren mayor y más amplia investigación, y resuelvan con sentencia definitiva el primitivo litigio ya casi terminado; exceptuándose según nuestra sanción la acción de depósito, de la que hemos dispuesto no haya lugar a la compensación. 2. Pero no se les da la compensación a los que malamente ocupan una posesión ajena».

(Cfr. también Ant. C. 4.31.4 del año 229 d. C.: «Si consta que recíprocamente se debe dinero (*Si constat pecuniam inuicem deberi*), procede que de derecho se haga la compensación en pago (*ipso jure pro soluto compensationem haberi oportet*) desde el día en que por una y otra parte se debe (*ex eo tempore, ex quo ab utraque parte debetur*), ciertamente hasta las cantidades concurrentes (*utique quoad concurrentes quantitates*), y se deben intereses de aquello solo que además acredita una de las partes, si aún subsiste la petición de los mismos»).

(V. ***ex bono et aequo***).

Con estas constituciones, amén de otros fragmentos jurisprudenciales romanos, conecta la tradición jurídica que desemboca en el artículo 1196 del Código Civil español relativo a los requisitos exigibles para la compensación:

> «Para que proceda la compensación, es preciso:
>
> 1.º Que cada uno de los obligados lo esté principalmente, y sea a la vez acreedor principal del otro.
>
> 2.º Que ambas deudas consistan en una cantidad de dinero, o, siendo fungibles las cosas debidas, sean de la misma especie y también de la misma calidad, si esta se hubiese designado.
>
> 3.º Que las dos deudas estén vencidas.
>
> 4.º Que sean líquidas y exigibles.
>
> 5.º Que sobre ninguna de ellas haya retención o contienda promovida por terceras personas y notificada oportunamente al deudor».

Ex post

(Idem)
Lit. *desde (o <a partir> de) después.*

Significado y contexto: Se refiere a la valoración o juicio acerca de un hecho una vez producido este. Por ejemplo, en materia penal, tras la comisión de un hecho ilícito. Cuando el hecho se valora en su momento inicial y versa sobre su posible realización o consumación, se habla de un juicio *ex ante*. (V. ***ex post facto***).

Ex post facto

(Ex post fácto)
Lit. *desde (o <a partir> de) después de lo hecho, desde un hecho posterior.*

Significado y contexto: Esta expresión parte del siguiente supuesto: un hecho ha acaecido con posterioridad a un determinado acto jurídico e influye en la valoración jurídica de este último. El derecho ha de pronunciarse sobre si esa nueva circunstancia modifica o no la consideración jurídica inicial del acto o negocio jurídico.

La utiliza con cierta frecuencia la Jurisprudencia romana. Veamos algunos casos:

> Paulo 3 *ed.* D. 2.14.17.4 se pregunta si el pacto por el que pretendo que no se me reclame a mí ni a Ticio (un tercero) puede acabar beneficiándole a este por el hecho posterior de resultar heredero mío. Aquí, como se ve, el hecho posterior (ser designado heredero) no influye en el hecho de que no se puede pactar más que en favor de uno mismo.
>
> Pomponio (6 *ex Plaut.* D. 12.1.8) expone los casos, primero, del que da unas monedas que le han sido prestadas a otro para que, si se cumple una determinada condición, se hagan de este y entonces resulte deudor de él, y, segundo, del heredero que presta una cantidad de dinero legada a otro, pero este después no acepta el legado. Aquí, dice el jurista, al fin y al cabo las monedas eran del heredero desde que aceptó la herencia, y por eso se podrá reclamar el préstamo realizado.
>
> Marciano 2 *reg.* D. 34.5.15 pr. expone el mismo caso anterior y lo antecede de estas palabras: "hay cosas en las que se da una situación dudosa, pero que se reconduce atrás *ex post facto* y resulta evidente qué negocio se ha realizado". En efecto, –afirma el jurista– si el legatario acepta el legado, la entrega de la cosa es nula; si lo repudia,

es válida. Al final del texto aparece la expresión '*ex euentu*' (v. ***eventus damni***), que da idea de ese hecho posterior con influjo en el acto anterior.

Papiniano 12 *resp.* D. 39.5.31.2 expone el caso de un padre que hizo una donación a su hija cuando estaba bajo su potestad, pero a la que, al emanciparla, no le quitó su peculio. Aquí de nuevo *e. p. f.* parece haberse perfeccionado la donación.

En Ulp. 71 *ed.* D. 43.24.7.4 se refiere el caso de uno que ha ocasionado daños en la casa del vecino para que un incendio no llegara a la propia. El texto refleja una interesante discusión jurisprudencial acerca de si esto puede hacerlo un particular o debe hacerlo un magistrado o –este es el caso– si se ha ocasionado el daño antes de que se declarara un incendio y luego este se originó. Aquí las cosas cambian con respecto al supueso inicial porque el daño se ha ocasionado *e. p. f.* (que en el texto se contrapone a la expresión '*ex praesenti statu*', de la situación presente).

Con respecto a los préstamos que se perfeccionan con posterioridad, la doctrina medieval acuñó la expresión de la '*reconciliatio mutui*' (reconciliación del préstamo). Un sector doctrinal habla de estos casos como de dación perfeccionada *a posteriori*. Por las razones que apuntamos con respecto a esta segunda expresión (que, a nuestro juicio, desaconsejan su utilización en sentido temporal), no nos parece técnicamente afortunado su uso. (V. ***a posteriori***).

Expressis verbis

(Expréssis vérbis)
Lit. *con palabras expresas; explícitamente.*

Significado y contexto: La expresión se corresponde jurídicamente con lo que se denomina "declaración expresa" de voluntad, y aparece contrapuesta a la declaración tácita. Tiene también relación con ella la locución '*apertis uerbis*' (lit. con palabras abiertas, es decir, claras y manifiestas).

En Paul. 3 *ed.* D. 2.14.2 el jurista Labeón afirma que se puede llegar a un acuerdo por un hecho (*re*), por carta (*per epistulam*) –declaración expresa por escrito– o por mensajero entre ausentes (*inter absentes*). Pero –añade– también se puede convenir tácitamente (*tácite*), y expone el caso del que devuelve al deudor el documento que prueba la deuda (quirógrafo), lo que equivale –según él– a haber convenido entre ellos que el acreedor no reclamaría la deuda.

A la contraposición de expreso / tácito se refieren las palabras *uerbis / re*: así en Paul. 4 *sent.* D. 29.2.95 se alude a la repudiación de la herencia realizada *uerbis* (expresa) o *re* (tácita), y de nuevo las encontramos en Scaev. 13 *quaest.* D. 46.8.5 (aquí expresada así: *uerbis / actu*), a propósito de un caso de ratificación tácita de la gestión realizada por un procurador procesal por el hecho de continuar el representado o *dominus litis* con el litigio iniciado por aquel.

(V. ***facta concludentia***).

Ex professo

(Ex profésso)
Lit. *a propósito.*

Significado y contexto: Se utiliza muy a menudo para aludir al tratamiento específico de una materia o cuestión. La expresión tiene, pues, también un sentido doctrinal. Se admite en nuestra lengua como "ex profeso" o "exprofeso".

No es demasiado frecuente en las fuentes latinas. La encontramos por ejemplo utilizada por Séneca *epist.* 14.8 cuando habla de la conducta propia del sabio, que consiste, no en huir de los peligros, sino –dice él– en no buscarlos *ex professo*. En esa misma obra más adelante (*epist.* 100.9) se refiere a Tito Livio, que –dice– escribió libros *e. p.* de filosofía, aunque su más alta estima le corresponda en su faceta de historiador.

Exstante condicione

(Exstánte condicióne)
Lit. *con la condición existente, al cumplirse la condición.*

Significado y contexto: Se refiere a la condición (hecho futuro e incierto), elemento accidental de un negocio jurídico, en el momento en que se produce y hace que el negocio jurídico produzca sus efectos. En materia de obligaciones, al cumplirse la condición, la obligación surge.

(V. ***pendente condicione***).

Extra commercium

(Éxtra commércium)
Lit. *fuera del comercio o no comerciable.*

Significado y contexto: Se refiere a la exigencia indispensable de una cosa consistente en ser susceptible de constituir posible objeto del tráfico jurídico, esto es, de ser comerciable. Por eso no es, en sentido propiamente jurídico, cosa la que está fuera del comercio (*extra commercium*) y sí lo es la que está dentro (*in commercio*).

Gayo al comienzo del libro II de sus Instituciones se refiere a cosas que están en nuestro patrimonio (*quae in nostro patrimonio sunt*) y a cosas que no lo están (*extra nostrum patrimonium*). La clasificación es algo diferente a la aquí analizada, aunque se parezca. El criterio de Gayo se basa en el hecho de que haya cosas que estén y cosas que no estén en nuestro patrimonio. Una de las razones por las que no están ciertas cosas en el patrimonio de nadie es su imposibilidad de formar parte de él. El jurista habla de una segunda clasificación de las cosas: cosas de derecho divino y cosas de derecho humano. Respecto de las primeras (cosas sagradas, religiosas y santas) no cabe decir que sea objetivamente posible que constituyan objeto de tráfico o que integren el patrimonio de nadie (y por lo tanto tampoco del nuestro). Entonces, con razón puede identificarse estas cosas con las que después se llamarán *res extra commercium*. Pero respecto de las cosas humanas la situación es diversa: puede suceder que algunas estén y otras no, pero el criterio respecto de estas últimas no es exactamente el de su no comerciabilidad. En efecto, determinadas *res nullíus* (o cosas que no pertenecen a nadie: las cosas abandonadas [*res derelíctae*] –salvando la discusión jurisprudencial sobre su carácter–, los productos del mar encontrados en una playa, ...) pueden ser susceptibles de apropiación, pero no están en el patrimonio de nadie (*extra patrimonium*).

Gai. 2.1-11:

> «En el anterior Comentario hablamos del derecho relativo las personas; ahora tratemos acerca de las cosas, es decir, las que tenemos en nuestro patrimonio o las que están fuera de nuestro patrimonio (*quae uel in nostro patrimonio sunt uel extra nostrum patrimonium habentur*). 2. Por consiguiente, la división capital de las cosas se realiza en dos ramas, dado que unas cosas son de derecho divino y otras de derecho humano (*Summa itaque rerum diuisio in duos articulos diducitur: nam aliae sunt diuini iuris, aliae humani*). 3. Son de derecho divino, por ejemplo, las cosas sagradas y religiosas (*Diuini iuris sunt ueluti res sácrae et religiósae*). 4. Son sagradas las que se han consagrado a los dioses superiores; religiosas las que se han dejado a los dioses Manes. 5. Pero se considera sagrado tan solo lo que se ha consagrado conforme

a la autoridad del pueblo romano, por ejemplo, por ley votada sobre ese asunto o por senadoconsulto (*Sed sacrum quidem hoc solum existimatur, quod ex auctoritate populi Romani consecratum est, ueluti lege de ea re lata aut senatus consulto facto*). 6. Religioso sin embargo el que hacemos por nuestra voluntad inhumando a alguien que ha fallecido en un lugar nuestro, con tal de que las exequias del muerto nos correspondan. 7. Pero muchos opinan que sobre suelo provincial no se hace religioso el suelo, porque en ese suelo el dominio es del pueblo romano o del César y parece que nosotros solo tengamos la posesión y el usufructo; si bien se consideran ciertamente como religiosos aunque no lo sea. De igual modo, lo que no se ha consagrado conforme a la autoridad del pueblo romano, propiamente no es sagrado, aunque se tiene como sagrado. 8. También las cosas santas, como los muros y puertas, son en cierto modo de derecho divino. 9. Lo que es de derecho divino no pertenece a nadie; en cambio lo que es de derecho humano, generalmente es de alguien; pero puede no pertenecer a nadie: así, las cosas de una herencia, antes de que surja un heredero, no son de nadie ... (palabras sueltas). 10. Las cosas que son de derecho humano o son públicas o son privadas. 11. Las que son públicas, no parece que pertenezcan a nadie; se estima, en efecto, que son de una colectividad. Las privadas son de particulares». (Cfr. I. 2.1.1-11).

(V. ***res***).

Extra muros

(Éxtra múros)
Lit. *fuera de los muros; extralimitado.*

Significado y contexto: Una expresión similar a esta es *extra moénia* (=fuera de las murallas o fortificaciones). Los muros o murallas de las antiguas ciudades protegían de los peligros de ataques contra ellas o invasiones violentas y repentinas. Simbolizan en la conciencia histórica de los pueblos, por su firmeza y altura, la seguridad y tranquilidad de ánimo de los habitantes guarecidos a su amparo. ¡Ay del general envalentonado o de los descuidados habitantes que haciendo caso omiso del refugio de este propugnáculo fuesen sorprendidos por el enemigo *extra muros*!

En el interior de las ciudades, se crea un espacio idóneo para el surgimiento de una auténtica comunidad cívica y para el ejercicio de la libertad del individuo frente a la arbitrariedad del poder. El rigor del *imperium* (que significa, en primero término, mando militar) de los magistrados mayores romanos se dulcifica y civiliza en la ciudad: su *imperium* deja de ser militar (*milítiae*) para pasar a ser *domi* (doméstico, es decir, se domestica). La expresión '*intra pomerium*' que es el recinto amurallado tiene también cabida en este contexto. Las asambleas de carácter militar deben situarse fuera de la ciudad, como los *comitia centuriata* que se reúnen en el Campo de Marte. Dentro, uno de los poderes civilizados que ejercita el magistrado (y que desde el año 367 a. C. se encomienda al Pretor urbano) es el de la *iurisdictio* o jurisdicción (administración de justicia).

Paulo 1 *ed.* D. 50.16.2 afirma que en la designación que hace el *edictum* de la "ciudad" ('*Urbs*') de Roma ('*Roma*') la integran los edificios que encierran sus muros (*muris continentibus aedificiis finitur*). La idea del poder de un magistrado limitado a un territorio la vemos, por ejemplo, de nuevo en Paulo (1 *ed.* D. 2.1.20) cuando afirma que fuera del territorio (*extra territorium*) el que desempeña la jurisdicción no puede ser obedecido impunemente, es decir, no puede pretender obediencia sin que sea reprendido por su extralimitación.

Es sabido que la voz provincia significa "encargo", pero por analogía con el territorio asignado acabó identificándose con este. En un célebre texto de Marciano (1 *inst.* D.

1.16.2) se dice que todos los procónsules, en cuanto salen de la ciudad tienen juridicción, aunque no contenciosa sino voluntaria. Se trata del fragmento que da origen a la conocida distinción actual entre jurisdicción voluntaria y contenciosa (tan precisa y extensamente tratada en nuestra doctrina, tanto desde el punto de vista del derecho romano como del derecho actual, por Antonio Fernández de Buján). En el anterior, de Ulpiano (1 *disput.*), se afirma del procónsul que cuando sale de la ciudad lleva los estandartes proconsulares, pero que la potestad no la ejerce sino en la provincia que le ha sido asignada.

Las murallas del mundo (*moenia mundi*) son entendidas poéticamente por Lucrecio (2.1045) como los límites de la realidad física, que le hacen preguntarse por el espacio infinito alojado más allá de aquellas.

Al mundo actual se transmite la idea de que la función desempeñada en un territorio concreto por aquel al que se le encomienda un determinado poder o competencia, si se ejerce *e. m.*, se considera que se extralimita.

(V. ***in limine***). (Fernández de Buján, La jurisdicción voluntaria en derecho romano 1986). (Fernández de Buján, Hacia una teoria general de la jurisdicción voluntaria (I) 2007) (Fernández de Buján, Hacia una teoría general de la jurisdicción voluntaria (II): La jurisdicción voluntaria en las Cortes Generales 2008)

Extra patrimonium

(Éxtra patrimónium)
Lit. *fuera del patrimonio (no patrimonial).*
*(Se contrapone a **in patrimonio**).*

(V. ***extra commercium***).

Extra ordinem

(Éxtra órdinem)
Lit. *fuera del orden; extraordinario.*

Significado y contexto: Expresión latina usual en las fuentes literarias (Cicerón *Mil.* 14; prov. 19) que significa "de manera extraordinaria".

En el derecho romano, tiene que ver con el tercero de los procedimientos ideados para resolver conforme a derecho los conflictos entre las partes, que se denomina '*cognitio extra ordinem*' (lit. cognición o examen <de causa> fuera del orden <procesal>). Su origen arranca del Principado de Augusto, a quien se debe la iniciativa de reordenación de los procesos a través de las *leges Iúliae iudiciórum priuatórum*. A partir de entonces, los dos anteriores cauces procesales (el de las acciones de la ley o *legis actiones*, que apenas subsisten con Augusto, y el formulario o *per formulas*) pasan a entenderse –sobre todo el último– como el *ordo* o procedimiento regular. El de cognición imperial, que discurre al margen del orden procesal normal (*extra ordinem*), se comienza a aplicar de manera cada vez más generalizada en provincias por parte de los gobernadores, pero incluso en Roma se admite para determinados supuestos: reclamación de deudas de alimentos entre parientes, honorarios de abogados, promesas incumplidas hechas por políticos elegidos por sus munícipes, litigios de libertad, impugnación de testamento inoficioso (*querella testamenti inofficiosi*), reclamaciones del Fisco, ...

Esta expresión constituye una parte del ingente acervo de términos del derecho romano legado al moderno derecho procesal, tanto por lo que se refiere al "examen de causa", que es la *cognitio*, como por la distinción entre cauces procesales "ordinarios" y "extraordinarios" o especiales. (V. *Procedimiento civil*).

Extra petitum

(Éxtra petítum)
Lit. *fuera o al margen de lo pedido.*

(V. ***ultra petitum***).

Ex tunc

(Idem)
Lit. *desde entonces.*

(V. ***ex nunc***).

F

Facio ut des; facio ut facias

(Fácio ut des; fácio ut fácias)
Lit. *hago para que des; hago para que hagas.*

(V. ***do ut des***).

Facta concludentia

(Fácta concludéntia)
Lit. *hechos concluyentes, comportamientos inequívocos.*

Significado y contexto: La expresión no es romana sino propia del derecho común europeo (*ius commune*), aunque basada, como casi siempre, en textos romanos. Tiene que ver con la declaración de voluntad en un negocio jurídico realizada a través de hechos que la expresan de forma indirecta. La distinción entre declaración expresa y tácita de la voluntad hunde sus raíces en las fuentes romanas. La línea divisoria, sin embargo, entre una y otra dista mucho de ser definida y clara. El estudio de las fuentes romanas ayuda a aquilatar su desarrollo dogmático. Parte de la distinción entre hechos (*res, facta, actus*) y otros modos de manifestar la voluntad que se consideran explícitos: la palabra, la escritura e incluso signos (p.e. una señal hecha con la cabeza o *nutus*). En la tradición jurídica de la Europa continental es célebre a este respecto el texto de Juliano D. 1.3.32 (94 *dig.*) en el que se contrapone la voluntad expresa del pueblo a través de la ley a la del la voluntad del pueblo expresada a través de la costumbre:

> «Porque así como las mismas leyes por ninguna otra causa nos obligan, sino porque fueron admitidas por la voluntad del pueblo, así también con razón guardarán todos lo que sin estar escrito aprobó el pueblo; porque, ¿qué importa que el pueblo declare su voluntad con votos o con las mismas cosas y con hechos? (*rebus ipsis et factis*)».

Pero, en relación con el ámbito en el que se desenvuelve la expresión objeto de análisis, es básico el texto de Florentino *inst.* D. 2.14.57 pr. que dice así:

> «El que había recibido del deudor intereses por adelantado, se entiende que pactó tácitamente –*tacite pactus uidetur*– no pedir el capital durante aquel tiempo».

Este es, en efecto, uno de los textos romanos en el que aparece la expresión "tácita" de la que se ha hecho eco la moderna doctrina civilista andando los siglos. Vemos en él cómo una determinada conducta o acto alberga en el fondo una intención que se infiere de él. Esto es lo que se denomina "declaración implícita". De tácita también se califica la "reconducción" de la relación arrendaticia por el hecho de que el arrendatario continúe en la finca una vez finalizado el plazo del contrato sin que el arrendador le objete nada por ello. (Ulp. 32 *ed.* D. 19.2.13.11; cfr. 1566 CC español). Su denominación como tácito alude al propio carácter "mudo", es decir, silencioso o callado de todo hecho, idea reflejada en el texto de Juliano antes citado, pero a la vez expresivo de una intención concreta.

Dos textos jurídicos romanos con los que nuestra expresión se conecta de una manera evidente en la tradición jurídica europea son, por un lado, D. 29.2.95 (Paulo 4 *sent.*), que dice así:

> «Se puede rehusar la herencia no solamente con palabras, sino también con un acto y con otro cualquier indicio de la voluntad».

Por otro lado, el no menos célebre texto de Quinto Cervidio Escévola (5 *resp.*) –D. 46.8.5– cuyo tenor es el siguiente:

> «Se puede hacer la ratificación no solamente con palabras sino también con un acto; finalmente, si el litigio, que un procurador hubiese incoado, lo prosiguiese su principal o representado aprobándolo, no tiene efecto la estipulación».

Se refiere el texto a la implícita ratificación que hace el representado prosiguiendo él personalmente el proceso que con anterioridad ha incoado su procurador (cfr. arts 1710, 1735 CC español). Este texto nos ofrece una pista sobre la utilización de la locución objeto de análisis por parte de los autores del *ius commune* y su contexto jurídico: así, en la conocida obra de Giacomo Menochio acerca de las presunciones y otros signos en derecho (*De praesumptionibus, coniecturiis, signis et indiciis, liber III, Praesumptio II*, 40, Venetiis, 1587), a propósito de la prueba de la existencia del matrimonio, vemos cómo aparece reconocido el valor, que perdura en el tiempo, del texto romano en cuanto que el autor se apoya precisamente en él para afirmar la virtud interpretativa de ciertos hechos que operan como reflejo de una voluntad no explícita: *cum facta sint ualde efficacia ad declarandam hominis uoluntatem ut probat l. Paulus ff. rem ratam haberi...* (=Puesto que los hechos son de sobra eficaces para declarar la voluntad humana como lo demuestra la l. *Paulus ff. rem ratam haberi* –es decir, nuestro texto que en algunas ediciones medievales comenzaba por la voz *Paulus*, pero que en su restitución final se integra con el término inicial *Respondit* –...). En definitiva, los hechos como declarativos de una voluntad presunta se entiende que operan racionalmente como base de presunciones jurídicas, utilizadas con finalidad probatoria en el ámbito del derecho procesal. Se considera, pues, que las presunciones hacen las veces de prueba concluyente –*pro concludenti probatione* (expresión que leemos en P. Farinaccio *Repertorium judiciale, cum fragmentis, Quaestio* XV, 27, 30 etc., 1649)–. *Cóncludens* significa, por tanto, para estos autores que la prueba es "evidente" (*éuidens*), "clara" (*líquida*).

Junto a ellos, otro texto básico es D. 36.1.37 pr. (Ulpiano 16 *ed.*), en torno a la restitución de la herencia al fideicomisario universal realizada por el heredero fiduciario:

> «La herencia se considera restituida *re* (por la cosa, es decir, por un hecho o acto), si acaso consintió el heredero que se posean los bienes de la herencia, o todos, o algunos de ellos, con la intención de querer él restituirla, y de recibirla el otro, no si él creyó que tú poseías en virtud de otra causa; pero también si él lo ratificó después, se habrá de decir lo mismo. Pero también será oído si dijo de palabra que él restituiría o si restituyera por medio de carta con el mensajero...».

A propósito de la condonación de deuda, debe citarse otro ejemplo característico de *f. c.* del derecho romano que es adoptado por el derecho actual. Diocl. et Maximian. C. 8.26.7 (a. 287):

«Es manifiesto que la acreedora de tu tío paterno, por la garantía de un fundo sobre el que se había constituido un derecho de prenda –o hipoteca– a su favor por medio de un quirógafo [documento de reconocimiento de deuda], parece, al mandar que se devuelva la misma escritura (*cautio*), que remitió también el derecho de la prenda».

Es decir, el acto de devolución del documento que probaba el derecho real de garantía sobre el fundo por parte de su titular (la acreedora del tío paterno del consultante) se interpreta realizado con la intención de extinguir el derecho real de prenda o hipoteca que pesa sobre la finca.

V. también Paulo 3 *ed*.D. 2.14.2.1 la misma hipótesis; en el mismo fragmento el *pr.* es célebre:

«Dice Labeón que se puede convenir o con la cosa (*re*), o por carta (*per epistulam*), o por mensajero (*per nuntium*); también se puede entre ausentes (*inter absentes*). Pero tambien se entiende que se conviene tácitamente con el consentimiento (*sed etiam tacite consensu conuenire intellegitur*)». Cfr. arts. 1118, 1189 y 1191 CC español.

El silencio, en sentido estricto, se contempla en las fuentes romanas en negocios jurídicos tan característicos como el de la cesión ante el magistrado (*in iure cessio*): negocio jurídico consistente en la ficción de un litigio que en realidad carece de fondo contencioso, en virtud del cual el demandado (propietario o titular de un derecho real sobre cosa ajena) se allana ante la acción del demandante (adquirente del derecho de dominio o derecho real).

No deben confundirse las declaraciones tácitas con las denominadas "de voluntad presunta". Se refiere esta categoría a las inferidas por ley a partir de la realización de un determinado acto jurídico sin que constituyan un hecho concluyente. Aunque los juristas romanos no introdujeron este modo de configurar determinadas declaraciones de voluntad, en cierto modo fueron quienes dieron pie a ellas a través de textos relativos a la constitución de la prenda o hipoteca donde de nuevo aparece plasmado como adjetivo o como adverbio el término "tácito": "prenda contraída tácitamente" (*pignus tacite contractum*), "convención tácita" (*tacita conuentio*). En estos casos era la ley y no una voluntad implícita –como parecería desprenderse engañosamente de su lectura– la que los juristas romanos reconocían como constitutiva del derecho real de prenda o hipoteca. Veamos algunos ejemplos:

Ulp. 73 *ed.* D. 20.2.3: «Si se tomó en arrendamiento un almacén (*horreum*) o un albergue (*deuorsorium*) o un solar (*area*), opina Neracio que también tiene lugar respecto de ellos la tácita convención sobre las cosas llevadas e introducidas (*tacita conuentio de inuectis illatis*); lo que es verdad».

C. 8.14.3 (*Pars ex rescr. Imp. Alex.* a. 223 d. C): «Aunque se crea que los frutos de los predios dados en prenda pertenecen también por pacto tácito (*tacita pactione*) a la misma prenda, aun cuando esto no se haya expresado claramente, sin embargo, a ningún jurisconsulto le pareció bien que los predios, que se compran con el precio de los frutos, se comprendan en la misma condición».

Un ejemplo antológico del derecho romano es el de la aceptación como heredero a través de actos que manifiestan un comportamiento como tal (*pro herede gérere*, comportarse como heredero): por ejemplo, el sujeto vende cosas de la herencia sin que la haya aceptado expresamente, lo cual implica inequívocamente su aceptación de la herencia (cfr. art. 999 CC español). También lo son el abandono de cosa por parte de su propietario (*derelictio*), la gestión de negocios ajenos (*negotiorum gestio*)...

Para evitar la conclusión lógica a partir de un hecho concluyente es necesario que el sujeto que lo realiza lleve a cabo una declaración en contra o *protestatio*: el ejemplo característico del derecho romano, muy gráfico, es el de los hijos que pagaban los gastos de entierro de sus padres (o el de otros sujetos ajenos a la familia designados como herederos) y que declaraban al tiempo que lo hacían *pietátis causa*, por piedad filial o humana. Esto lo hacían –aunque no fuera precisa tal declaración por ser redundante en semejante supuesto– para que no se interpretara el acto piadoso como un inmiscuirse en la herencia que produciría su adquisición automática, y de los extraños como una aceptación indirecta de la herencia. Como es imaginable, el temor de unos y otros era el de acabar haciéndose cargo de una herencia gravosa.

Veámoslo:

> Ulp. 25 *ed.* D. 11.7.14.7-8: «Pero a veces el que hizo los gastos de un funeral no recobra tales gastos, si los hizo por causa de piedad, no con el ánimo de haber de recobrar el gasto que hizo; y así lo respondió por rescripto nuestro Emperador. Por consiguiente, se habrá de estimar y de examinar por un árbitro con qué ánimo se haya hecho el gasto, si siendo acaso alguien gestor de un negocio o del difunto, o del heredero, o de su propia humanidad, o si rindiendo tributo a la misericordia, a la piedad, o al afecto. Pero puede distinguirse también el modo de la misericordia, de suerte que el que lo enterró haya sido misericordioso o piadoso en esto, en enterrarlo para que no yaciese insepulto, no también para haberlo enterrado a su costa; porque si esto constara al juez, no debe absolver al que es demandado; porque ¿quién entierra el cadáver de un extraño sin intención piadosa? Será, pues, conveniente que uno atestigüe con qué ánimo hace el entierro para que después no sufra la cuestión. 8. La mayoría de los hijos, cuando entierran a sus padres, u otros que pueden llegar a ser herederos, aunque por esto mismo no se presume ni su gestión, ni su adición como herederos, sin embargo, para que no parezca o que se inmiscuyeron los necesarios, o que los demás obraron como herederos, (*licet ex hoc ipso neque pro herede gestio, neque aditio praesúmitur, tamen, ne uel miscuisse necessarii, uel ceteri pro herede gessisse uideantur*) suelen atestiguar que ellos dan sepultura por causa de piedad. Mas ¿qué, si esto se hubiere hecho superfluamente? Se entiende que se previenen para esto, para que no se crea que se inmiscuyeron en la herencia, no para recobrar el gasto, puesto que protestan (*protestantur*) que hicieron aquello por causa de piedad; conviene, pues, que atestigüen más plenamente, para que también puedan recobrar lo gastado».
>
> (Cfr. (Ferrini 1904) § 112).
>
> (V. ***expressis verbis***, ***ficta confessio***, ***ad nutum***).

Facta praeterita

(Fácta praetérita)
Lit. *hechos pasados, hechos cumplidos.*

Significado y contexto: La expresión tiene que ver con el principio general de irretroactividad de las leyes, establecido por el derecho romano, de plena actualidad hoy. La cuestión, no obstante, del efecto que deban tener las leyes en el tiempo es aún muy oscura. Las claves básicas de la discusión las proporciona el pensamiento jurídico romano. No es extraño que la primera formulación general del problema y su propuesta de solución se deba modernamente a un romanista: Savigny. Su teoría, puesta posteriormente en tela de juicio, sirvió de punto de partida para un debate doctrinal que llega hasta nuestros días y del que no se puede decir que se haya pronunciado aún la última palabra. Experto conocedor del derecho romano, Savigny identifica los fragmentos jurídicos básicos de nuestra tradición. El texto más influyente, según él (Savigny, *Sistema de Derecho Romano Actual* 1879, 356), en cuanto a formación de la doctrina jurídica acerca de la irretroactividad de las leyes, es una célebre constitución de los emperadores Teodosio y Valentiniano del año 440 d. C. (1.14.7), donde nuestra expresión aparece:

> «Es cierto que las leyes y las constituciones regulan los actos jurídicos (*negotia*) futuros y que no se retrotraen a los hechos pasados (*facta praetérita*), a menos que expresamente se haya determinado, tanto respecto del tiempo pasado (*tempus praetéritum*), como de los actos jurídicos todavía pendientes (*negotiis pendentibus*)».

El texto alude a *facta* o *negotia praetérita*. Partiendo del principio de irretroactividad de las leyes, la constitución, sin embargo, permite al legislador la posibilidad de que, a su arbitrio, confiera efecto retroactivo a una ley emanada por él. Uno de los fundamentos más evidentes de la justificación de este principio lo estableció ya el derecho romano: la legítima confianza de los sujetos en el régimen jurídico establecido por la ley reguladora del acto realizado. Así, por ejemplo, se observa en C. 6.23.29 (Justiniano, a. 531 d. C.):

> «¿En que obró mal la antigüedad que, ignorante de la presente ley, siguió las antiguas prácticas?».

La cuestión se mezcla con la conocida del derecho adquirido (*ius quaésitum*), que debe distinguirse de la simple expectativa. Savigny propone el siguiente ejemplo para esclarecer la diferencia entre estos dos conceptos: el de aquel que confía en heredar de una persona rica, porque esta así se lo ha manifestado en diversas ocasiones, cuando, o se produce un cambio de voluntad del testador en un momento posterior o una nueva ley prohíbe los testamentos. De nada puede quejarse, porque lo único que poseía era una expectativa de heredar, no un derecho.

Lo sorprendente de la constitución primeramente citada, si se lee con detenimiento, es que propiamente no habla de derechos adquiridos sino de hechos cumplidos o no. No es casualidad que esta sea la base fundamental de la refutación que la célebre teoría de Ferrara, que se denomina propiamente con la expresión objeto de nuestro análisis ("teoría de los hechos jurídicos cumplidos"), realiza respecto de la teoría del derecho adquirido (Ferrara 1921 –reimp. 1987–). Un hecho pasado o cumplido no puede ser regulado por una ley nueva, diferente de la que lo contempló: Nov. 98.1, 99.1 (Ferrini 1904, 43 y nota 1). Esto no es sino la formulación de la conocida regla '*tempus regit actum*' (lit. el tiempo rige el acto), de la que se hace eco el autor moderno.

Esta teoría no es irreprochable, sin embargo. Una objeción de peso que se le hace es la de su inmovilismo. Ya Savigny distinguía entre dos cuestiones en cuanto a sucesión temporal de leyes respecta: una la relativa a las reglas sobre la adquisición de derechos y otra la referente a las reglas sobre la existencia de derechos. El ejemplo que proponía Savigny con respecto a la primera era el del cambio de la regulación en materia de adquisición de la propiedad de una cosa, materia esta de la que, por cierto, era un consumado maestro: el caso se da cuando la ley anterior exige tan solo que haya un contrato para entender adquirida la propiedad de la cosa y que la ley posterior añadiese el ulterior requisito de la entrega o tradición. Ejemplo de la segunda es el de la abolición de la esclavitud por la ley nueva. El primero –dice él– debe regirse por el principio de irretroactividad de las leyes; el segundo por el de retroactividad.

Un curioso caso en materia de adquisición de derechos es el que Savigny plantea, inspirado en la legislación de Justiniano, a saber, de la rebaja por este emperador del interés legal anual al 6% con respecto al anterior 12%. La constitución que lo estableció era del año 528, pero hizo falta otra del año 529 en la que se determinó una regla de derecho transitorio en virtud de la cual los intereses vencidos antes del 528 se regirían por el derecho anterior, y viceversa los vencidos con posterioridad a esa fecha. Se trata de un supuesto de lo que Savigny denomina "primer grado de retroactividad" de la ley (el "segundo grado" alcanzaría incluso a los intereses vencidos). Veámosla. Se trata de C. 4.32.27 pr.:

> «Rechazando en absoluto la mala interpretación (*praua interpretatio*) de algunos sobre los intereses cuya tasa hemos establecido ya, mandamos que también los que antes de esta misma ley estipularon intereses mayores que los que se fijaron ajusten sus acciones a la cuantía tasada en la misma ley desde el tiempo de su promulgación, habiendo de exigir, por supuesto, los intereses del tiempo que transcurrió antes de la misma ley conforme al tenor de su estipulación».

Testimonios anteriores de la vigencia del principio de irretroactividad de las leyes los hallamos, por ejemplo, en la conocida cláusula contenida en las leyes romanas por la que sus efectos se disponían para después de su aprobación '*post hanc legem rogatam*' (lit. después de esta ley rogada). Cicerón *Verr.* 2.1.42 enuncia a este propósito el principio que, a juzgar por la manera sentenciosa con que lo expresa, es razonable considerarlo aprobado por los juristas romanos, aunque no encontremos huella de él en sus escritos, y por tanto consagrado en el derecho clásico romano:

> «Quien establece algo nuevo en materia de derecho civil, asume que se confirma todo lo actuado con anterioridad» (*de iure ciuili si quis quid noui instituit, is omnia quae ante acta sunt rata esse patitur*). Cfr. (Ferrini 1904, 42).

Interesante también, entre otros textos, es la constitución *Tanta* de Justiniano (§ 23) por la que se establece que las causas judiciales cerradas, es decir, resueltas de manera definitiva, no son susceptibles de la aplicación de una ley nueva en cuanto que los hechos enjuiciados por la sentencia u objeto de un trato amistoso (*amicale pactum*) «no pueden ser resucitados»:

> «Y mandamos que las leyes nuestras que en estos códigos, a saber, de las Instituciones o Elementos, y del Digesto o Pandectas, pusimos, entren en vigor desde nuestro tercer felicísimo consulado de la presente duodécima indicción, a tres de las calendas de enero, debiendo ser valederas en todo tiempo, y tener autoridad juntamente con nuestras constituciones, y mostrar en juicio su fuerza en todas las causas, ya las que después hubieren surgido, ya las que aún penden de sentencia, y a las que ni resolución alguna judicial amigable les puso término. Pues en manera alguna queremos que se resuciten aquellas que ya o han sido terminadas por sentencia judicial o resueltas por amigable convenio».

El entero inciso espaciado es, en cambio, una cláusula de retroactividad que se repite en diversas constituciones imperiales. No contradice a esto la solución jurídica, aparentemente diversa, dada al caso de una nueva ley surgida en el transcurso de la apelación de una determinada sentencia. Como afirma Ferrini (Ferrini 1904, 46), la valoración de la sentencia apelada debía realizarse aquí conforme a las normas que fueron tenidas en cuenta por ella (así, la Nov. 115 pr. y c. 1).

Factum principis

(Fáctum príncipis)
Lit. *hecho del príncipe; hecho de la Administración.*

Significado y contexto: Con esta expresión se da nombre en el Derecho Administrativo a una conocida teoría que tiene que ver con la emanación de relevantes fallos (*Arrêts*) del Consejo de Estado francés de principios del siglo XX en torno a casos relativos a contratos celebrados entre entidades de carácter público y particulares. De ahí que se la designe también en francés: "fait du prince". Su formulación no es del todo precisa porque tiende a confundirse en la práctica con los supuestos de fuerza mayor o con la aplicación de la cláusula *rebus sic stantibus*, o se la identifica con la teoría de la imprevisión.

Para entenderla hay que partir del principio del derecho común, de base romana, que se aplica tanto al moderno derecho civil como al derecho administrativo de contratos, a saber, de *pacta sunt seruanda* (lit. los pactos han de ser cumplidos; v. ***pactum***), referido a la obligatoriedad de lo convenido entre las partes, o, dicho de otro modo, del contrato como *lex inter partes* (es decir, como "ley entre las partes"). Esta concepción de base, aceptada también por el Derecho Administrativo, se matiza, en aras del preponderante interés público de los contratos administrativos, por la potestad reconocida a la Administración de modificación contractual unilateral o *ius uariandi* (lit. derecho a variar o modificar; v. voz).

El legislador suele decir que el contratista (es decir, el particular que se vincula contractualmente con la Administración) lo hace a su riesgo y ventura, o sea, soportando los perjuicios que su gestión le pueda ocasionar a él. Eso sí, excluyendo los supuestos de fuerza mayor, de los que, por cierto, las leyes administrativas se suelen ocupar enunciándolos de manera taxativa. Pero, aparte de estos casos, la idea de que el contratista colabora con la Administración ha permitido que se abrieran paso teorías diversas, apoyadas en la equidad contractual, que corrigieran situaciones injustas motivadas por un excesivo desequilibrio económico de la relación en perjuicio del contratista. La aproximación en el tratamiento jurídico de este último a la figura de un mandatario que actúa por cuenta del *dóminus negótii* (en nuestro caso, la Administración; v. voz), y que, por tanto, debe quedar exento de daños y perjuicios en su gestión, se ha hecho evidente. Esta solución es perfectamente comprensible cuando los daños se producen por hechos o actos propios de la Administración con la que el particular ha contratado, pero incluso llega a hacerse extensible a supuestos más difusos referidos a hechos (por ejemplo, cambios de legislación) en los que interviene la Administración en general que no tienen, sin embargo, relación directa con el contrato en cuestión, aunque terminen afectándolo de manera grave.

Como decíamos, determinados textos de la literatura romana que han tenido un cierto influjo en la configuración de la doctrina conocida como *rebus sic stantibus* (v. voz) pueden considerarse como interrelacionados con la del "hecho de la Administración".

Así Senéca (*De beneficiis* 4.35):

> «Prometí hacer algún beneficio; se entiende que lo he de hacer, no presentándose ningún accidente que me impida hacerlo: porque en caso de que la patria demande que le dé a ella lo que a otro tenía prometido, ¿qué puedo hacer? Y si sucede que se promulga una ley que prohíbe lo que yo prometí a mi amigo, ¿cómo lo podré cumplir? ...».

Un observador de excepción de la República romana, el griego Polibio (*Historia Universal bajo la República romana*, 6.17.2-5), describe de manera muy elocuente en sus Historias, a mediados del siglo II a. C., la pujanza y la extraordinaria participación de los ciudadanos en la vida económica del pueblo romano, que contrasta con el acostumbrado tópico agrario con el que se etiqueta el propio derecho romano:

> «En efecto, son muchas las obras que los censores adjudican en toda Italia para dotar y restaurar los edificios públicos. La enumeración no es fácil: ¡son tantos los ríos, puertos, jardines, minas, campos, en resumen, todo lo que ha pasado a la dominación romana! Todo lo administra el pueblo y se podía decir que prácticamente todo

> el mundo depende del trabajo y de lo que se gana en esto: unos adquieren en persona las adjudicaciones a través del censor; otros son socios de los primeros; otros salen como garantes, y otros aun, en nombre de estos, depositan su patrimonio en el Tesoro público. Todo lo que se ha dicho cae bajo la incumbencia del Senado, porque puede conceder una prórroga; si ocurre algún accidente, puede aligerar al deudor, y si pasa algo irremediable, puede resolver el contrato ...».

La frase última destaca el poder unilateral del pueblo romano, cuyos asuntos gestiona el Senado, de llevar a cabo modificaciones contractuales, en este caso referidas a evitar los supuestos antes referidos. Las medidas aludidas por el texto son tres: prórroga para el contratista, aligeramiento de su deuda y, «si pasa algo irremediable» (alusión inequívoca a la fuerza mayor), resolución del contrato.

En el curso de la guerra emprendida por Cartago contra Roma en Hispania, no menos expresivo es el episodio que relata Tito Livio a propósito del suministro del ejército y de la armada romana a cargo de empresarios privados, exhaustas como estaban las arcas del pueblo romano por las dolorosas y dispendiosas derrotas inferidas por el cartaginés. De extraordinaria relevancia son los pactos que los particulares imponen a la Administración romana, uno de ellos referido expresamente a la exoneración de supuestos de fuerza mayor.

El texto en cuestión (23.49) dice así:

> «En la fecha señalada habían acudido al concurso tres sociedades de diecinueve hombres, cuyas condiciones fueron dos: una, que estuvieran eximidos del servicio militar mientras estuvieran dedicados a aquella empresa pública, y la otra, que el cargamento que embarcaran fuera asegurado por el Estado ante el riesgo de un ataque de los enemigos o de una tempestad. Con la aceptación de ambas lograron la adjudicación y la república fue administrada con dinero privado».

Llamativo aquí también el inciso final: la economía del pueblo romano, las finanzas públicas, fueron puestas enteramente en manos de particulares.

Un texto jurídico que conjeturamos en relación directa con la expresión aquí comentada es el que a continuación exponemos, que sin embargo hace referencia a un supuesto de contrato entre particulares. Es sorprendentemente similar a nuestra expresión la que el jurista utiliza aquí: *principale praeceptum* (orden o mandato del príncipe). El caso conecta además, igual que hoy cuando se debate acerca del *factum p.*, con la debatida cuestión de la expropiación forzosa en el derecho romano. Veámoslo:

> Paul. 6 *resp.* D. 21.2.11: «Lucio Ticio compró en Germania, al otro lado del Rin, unos predios, y entregó parte del precio; siendo demandado el heredero del comprador por la restante cantidad, suscitó controversia diciendo que aquellas posesiones, por orden del príncipe (*ex praecepto principali*), habían sido en parte vendidas y en parte asignadas en premio a los veteranos; pregunto, ¿podría corresponder al vendedor este quebranto? Paulo respondió, que no pertenecen al vendedor los casos de evicción que puedan ocurrir después de celebrada la compra, y que por lo tanto, según lo que se propone puede pedirse el precio de los predios».

La regla enunciada por Paulo es la conocida como *res perit emptori* (la cosa perece para el comprador; o sea, el comprador soporta el riesgo del perecimiento de la cosa por caso fortuito o fuerza mayor). Es más, es este uno de los textos clave de la tradición jurídica en relación con esa regla. Destacable en este caso es que el comprador no pagó por una finca de la que se le hizo entrega del precio entero. Aunque no lo dice el texto, quizás hubo una mora o retraso en el cumplimiento de su deuda. La doble circunstancia referida, a saber, la entrega efectuada y la mora, probablemente influyen decisivamente en que el heredero del comprador deba satisfacer la suma restante del precio. El supuesto podría calificarse, no tanto de fuerza mayor como de "hecho de la Administración", ajena por completo a la voluntad de las partes.

El interés público de esta decisión es claro: por un lado, respecto de la venta por los ingresos obtenidos para el Fisco y por otro, al tratarse de terrenos situados "al otro lado del Rhin", es decir, en zona no segura de la Germania, por el interés estratégico en su repoblación por parte de veteranos de la milicia, como premio a estos por sus servicios y como garantía de seguridad de la zona conquistada. En las traducciones usuales de este fragmento, la orden del príncipe se refiere solo a la venta, pero la asignación de las tierras a veteranos era una decisión que incumbía al príncipe en época imperial, por lo que nos parece que debe entenderse referido a aquella también este segundo supuesto. Ya con Julio César debe recordarse su célebre *iussum* (orden) referido a la asignación de tierras respecto de la colonia de *Urso* (Osuna) en Hispania. (Cfr., además por parecer contradecir esta solución el conocido texto Afric. 8 *quaest.* D. 19.2.33).

Los juristas medievales detectaron la inmediata relación de este texto con Ulp. 16 *ed.* D. 6.1.15.2, fragmento este nuclear en nuestra tradición en materia de expropiación forzosa. Se trata del caso de un poseedor al que el reivindicante le reclamaba un terreno que, sin embargo, había resultado asignado (comúnmente por el príncipe, como acabamos de ver) a unos soldados. Por consiguiente, no podía ya el demandado hacer entrega de él pero sí de la cantidad que había recibido como módica compensación. Veámoslo:

> «Asimismo, si fue quizás un terreno el que se pidió, y fue asignado a los militares habiéndose dado al poseedor una módica cantidad por consideración (*módicum honoris gratia*), ¿deberá quizá restituirla? Y yo opino que debe restituirla».
>
> (V. ***lucrum cessans***).

Facultas agendi

(Facúltas agéndi)
Lit. *facultad de obrar; facultad, derecho subjetivo.*

Significado y contexto: Expresión frecuente en el derecho actual para referirse al derecho subjetivo o a la facultad como una de las posibilidades de actuación del titular. En este sentido, se habla del derecho subjetivo como un haz de facultades. Por ejemplo, el derecho de propiedad integra las facultades de disponer de la cosa (enajenar, gravar, destruir o alterar la cosa), de usar, de disfrutar (adquirir los frutos) y de poseer. Es lo que en las fuentes encontramos como *habére*, *uti*, *frui* y *possidére* respectivamente.

La aplicación del concepto de derecho subjetivo al derecho romano es tema controvertido en la romanística y sobre el que habría que hablar en derecho moderno con más detenimiento del que a menudo se hace. Especialmente inadecuada puede ser la distinción actual entre derecho objetivo y derecho subjetivo, que aparta el derecho del hombre y tiende a situarlo como algo ajeno a él –como producto de una voluntad extraña– e indiscutible. (v. ***ius***).

La expresión es infrecuente en las fuentes latinas. '*Facultas*' significa posibilidad, facultad, capacidad o facilidad, y '*ágere*' (de donde *agendi*) significa llevar o conducir. Aparece en los textos como posibilidad, facilidad o capacidad (probada) de llevar una causa procesal. Así la encontramos en Cicerón *div. in Caec.* 35.9, discurso con el que el célebre orador romano se interroga críticamente por las razones que puedan fundar la designación de Quinto Cecilio, su rival, como acusador de la causa contra Verres, el despótico gobernador de Sicilia:

> «¿Te parece despreciable, Cecilio, aquello sin lo cual una causa no puede llevarse en absoluto, sobre todo una como esta: ¿alguna capacidad probada de llevar la causa

> (*facultas agendi*), alguna costumbre de hablar, algún discernimiento teórico o ejercicio práctico relativos al foro, a los juicios o a las leyes?».

Ulpiano 74 *ed.* D. 44.3.1 se pregunta por el significado y alcance del poder consistente en ejercitar una acción (*potestas experiundi*) y comienza con la exigencia de la *f. a.*, esto es, de la posibilidad de su ejercicio por parte del actor que no solo depende de la condición del demandado sino de las circunstancias en que se halle el demandante: es claro que no dispondrá de esa *facultas* si en la práctica se encuentra preso del enemigo o ausente por causa de la república, ...:

> «Como quiera que frecuentemente se trata de los días útiles (*de utílibus diebus*), veamos qué sea tener facultad de litigar (*quid sit, experiundi potestatem habere*). Y en primer lugar se ha de exigir ciertamente que haya facultad de ejercitar una acción (*facultas agendi*); y no le basta al reo dar facultad de litigar consigo, o que él tenga quien se defienda idóneamente, sino si tampoco al actor se le impidiera por alguna causa abonada litigar. Por consiguiente, ya si estuviera en poder de los enemigos, ya si estuviera ausente por causa de la república, ya si estuviera en prisión, o si por tempestad estuviera detenido en algún lugar, o en una región, de modo que ni pudiera litigar, ni dar mandato, no tiene facultad para litigar. Y a la verdad, el que por enfermedad está impedido, pero puede dar mandato, está en condición tal que tiene facultad para litigar. A nadie ciertamente se escapa que no tiene facultad para litigar el que no contó con la presencia del Pretor; por consiguiente, corren los días en que el Pretor administra justicia».

En la lengua o argot jurídico se suele contraponer a la expresión *regula agendi* (lit. regla de obrar, derecho objetivo).

Falsa demonstratio

(Fálsa demonstrátio)
Lit. *falsa demostración, designación errónea.*

Significado y contexto: La *demonstratio* era una cláusula que se colocaba en las fórmulas con *intentio* incierta (por ejemplo, «todo lo que deba dar el demandado de acuerdo con la buena fe» lo es, pues no se pide nada concreto a través de ella). (V. *Procedimiento civil*). La expresión que se analiza aquí, sin embargo, tiene que ver con el proceso de formación de la voluntad, necesario para la obtención de un consentimiento adecuado al objeto del negocio jurídico. Se trata de una indicación adicional realizada en el marco del negocio jurídico que describe alguna circunstancia relativa al objeto que no responde a la realidad, pero que, por resultar redundante e inocua respecto de su identificación, no se considera invalidante. La encontramos en el derecho romano como parte de una conocida regla jurídica que recibe diversas formulaciones: *falsa demonstratio non nocet* (la designación errónea no perjudica), *falsa demonstratione legatum non peremi* (el legado no se extingue por una errónea indicación), legato *falsa causa non nocet* (una errónea motivación no perjudica al legado; repárese en que aquí causa significa “motivo”), ...

Entre todos los textos que mencionan la expresión, a menudo a propósito de legados, y se ocupan, consecuentemente, de la regla jurídica enunciada escogemos el siguiente:

> Gai. 2 *de legat. ad ed. prae.* D. 35.1.17: «Es errónea la demostración (*demonstratio falsa*), por ejemplo, si se hubiera escrito así: “el esclavo Estico, que compré a Ticio; el fundo Tusculano, que me fue donado por Seyo”; porque si consta de qué esclavo, de qué fundo haya entendido hablar el testador, no hace al caso si hubiese sido donado el que indicó haber comprado, o si hubiere comprado el que había indicado que le había sido donado. 1. Por lo tanto, si se lega un esclavo diciendo “lego a Ticio

> el cocinero Estico" o "el zapatero Estico", aunque no sea ni cocinero ni zapatero, pertenecerá al legatario, si resulta que el testador había pensado en él; porque también si hubo algún error en la designación del legatario, pero consta a quién se quiso hacer el legado, vale el legado como si no hubiera intervenido error alguno. 2. Lo que vale para la determinación errónea, vale también y aún con más razón en la motivación errónea (*Quod autem iuris est in falsa demonstratione, hoc uel magis est in falsa causa*); por ejemplo, "doy el fundo tal a Ticio porque se cuidó de mis asuntos", o "que mi hijo Ticio tome en prelegado el fundo tal porque su hermano tomó de la caja tantos áureos": aunque el hermano no haya tomado de la caja tal cantidad, el legado es eficaz. 3. Pero cuando se indica la causa condicionalmente, por ejemplo, "doy tal fundo a Ticio si es que cuidó de mis asuntos", "que mi hijo Ticio tome en prelegado el fundo tal, si es que tu hermano tomó de la caja cien mil sestercios", entonces el legado será eficaz si efectivamente cuidó de los asuntos o su hermano tomó cien mil sestercios da la caja. 4. Pero si se le dejó el legado para que hiciera algo a costa del mismo, como una sepultura para el testador, o una obra pública o un banquete para los munícipes, o para que restituyera parte del legado a otra persona, se entiende hecho un legado modal».

En los casos mencionados en el principio del fragmento, el hecho de haber indicado erróneamente que el objeto –un esclavo– se comprara de Ticio o que fuera donado por Seyo, o que fuera cocinero o zapatero o que hubiera un error en su designación, no impide su correcta identificación por lo que el consentimiento –como decíamos– queda adecuadamente formado. Esto mismo ocurre cuando se produce una errónea motivación (*falsa causa*) –§ 2–, salvo cuando se configurara en la mente del testador –§ 3– como una condición. Si se trata de una cláusula modal o modo –§ 4– este deberá cumplirse, aunque no suspenda el legado, que es la principal diferencia entre una condición y un modo: aquella suspende los efectos del negocio jurídico; este no. (Cfr. I. 2.20.30-31).

Favor

(Fáuor)
Lit. *favor, protección, ventaja.*

Significado y contexto: Como sinónimo de "beneficio" asume el significado de "ventaja" que el derecho puede atribuir a un cierto sujeto en virtud de determinadas circunstancias justificativas. También se emplea este término, en un sentido más general, como principio interpretativo en materia de actos jurídicos que resuelve dudas o ambigüedades en la declaración de voluntad de las partes en virtud de un criterio que tiene en cuenta, no tanto el sentir de ellas, como un interés objetivo perseguido por el derecho.

Así pues, se utiliza en diversos ámbitos y alude, como decimos, a principios jurídicos que promueven el favorecimiento de un determinado fin perseguido por el ordenamiento jurídico, y que, en consecuencia, vertebran la interpretación y aplicación del derecho afectado por ellos. De muy amplia aplicación en el derecho romano y, a través de él, en el moderno. Así sucede con los siguientes: ***favor testamenti*** (principio favorecedor de la voluntad del testador y, por consiguiente, de la validez de los testamentos); ***favor negotii*** (principio favorecedor de la validez de un negocio jurídico a través de los expedientes jurídicos disponibles por el derecho: convalidación, ratificación, conversión negocial, ...); ***favor debitoris*** (principio que promueve el aligeramiento de la condición del deudor frente al acreedor; por ejemplo, interpretando de modo general su responsabilidad como parciaria y no como solidaria, es decir, siempre que la ley no disponga lo contrario); ***favor libertatis*** (principio humanizador del derecho, que promueve la interpretación más amplia y generosa de las disposiciones de otorgamiento de libertad a las personas), ...

Veámoslos con un poco más de detalle:

- ***Favor creditoris*** (favor del acreedor, o sea, interpretación favorable al acreedor): v. ***favor debitoris***.

- ***Favor debitoris*** (favor del deudor, es decir, interpretación favorable al deudor –valga en adelante este inciso aclaratorio para las demás expresiones–): en materia de obligaciones y contratos, el legislador puede optar por afirmar el principio de interpretación favorable al deudor o viceversa. La voz "deudor" la encontramos en las fuentes jurídicas latinas expresada de diversas maneras: *débitor*, *prómittens*, *prómissor*. Todas ellas han pasado al argot jurídico actual en su versión original latina, y las traducimos como "deudor" o "promitente". El derecho romano eligió considerar de modo favorable al deudor en punto a interpretar jurídicamente cuestiones diversas. Así, en relación con una declaración ambigua del acreedor (esta solución hoy aceptada universalmente), o con el lugar de cumplimiento de la obligación (si nada se especifica lo será el domicilio del deudor), o con el derecho de elección en las obligaciones alternativas (normalmente correspondiente al deudor) ... El derecho justinianeo vino a mostrar su completa preferencia por este principio consagrándolo a propósito de la no presunción del régimen de solidaridad en materia de obligaciones (vigente hoy en día en el derecho español).

La formulación más próxima en las fuentes jurídicas la encontramos en el siguiente texto del jurista Celso: 38 *dig.*D. 45.1.99:

> «Todo lo que tiene por objeto endurecer la obligación se ha de considerar que se omitió si no se expresa claramente con las palabras; y casi siempre lo interpretamos a favor del promitente (*ac fere secundum promissorem interpretamur*), porque el estipulante fue libre de emplear con latitud las palabras....»

En otro texto del mismo autor se enuncia el principio de un modo similar (pero al revés, es decir, desde la perspectiva del estipulante o acreedor): 26 *dig.* D. 34.5.26: «Cuando en una estipulación se duda cual sea el objeto de lo hecho, la ambigüedad va contra el que estipula (*contra stipulatórem*)». Esta solución encuentra consenso doctrinal entre los juristas romanos, tanto respecto de acciones de derecho estricto como de acciones de buena fe: -Paulo 5 *ad Plaut.* D. 50.17.172: «En la contratación de una venta el pacto ambiguo ha de ser interpretado contra el vendedor». -Ulp. 49 *ad Sab.*D. 45.1.38.18: «Cuando en las estipulaciones se duda qué es lo que se haya hecho, las palabras han de ser interpretadas en contra del estipulante (*contra stipulatorem*)».

De un modo más general se concibe la siguiente regla de Gayo recogida en el último título del Digesto Gai. 5 *ad ed. prou.* D. 50.17.125: «Los reos son considerados más favorablemente que los actores (*Fauorabiliores rei potius quam actores habentur*)», entendiendo por "reos" los deudores demandados y por "actores" los acreedores demandantes. Se trata del principio procesal del ***favor rei***. Una aplicación de esta regla la encontramos en el siguiente texto de Ulpiano donde se contempla un trato de favor al deudor demandado respecto al derecho a ser oído y al plazo, en todo caso módico, para pagar la suma de la condena sin incurrir en mora: Ulp. 70 *ad ed.* D. 5.1.21:

> «Si yo quisiera manifestar a mi deudor mi acción, habrá de aprobar, si confesara que debe y dijera que está dispuesto a pagar, que haya de ser oído; y que se le haya de dar plazo, con la correspondiente caución, para pagar la cantidad; porque no hay grande perjuicio en la demora de corto tiempo. Pero se ha de entender aquí por corto tiempo el que se le ha concedido a los reos después de la condena».

- ***Favor iuris*** (favor del derecho) o también ***favor legis*** (favor de la ley):

Se refiere al principio o tendencia favorecedora del derecho o de la ley de que se beneficia una institución o un sujeto. Se trata de un principio general de interpretación y aplicación del derecho. De ahí que se pueda decir que instituciones como el matrimonio, el testamento o un negocio jurídico, por un lado, disfruten de la tendencia general del derecho o de la ley a favorecer su validez; o que un deudor, o un empleado en el marco de una relación laboral por cuenta ajena, se beneficien de la protección general que les otorga el derecho o la ley en virtud del favor que les dispensa.

La primera expresión la encontramos en una constitución de los emperadores Valentiniano y Marciano dada en Constantinopla el año 451 d. C., y que se halla contenida en el Código de Justiniano (11.70.5), integrada bajo el título general «De los diversos predios urbanos y rústicos de templos y de ciudades, y de toda renta civil»:

> «Si algunos recibieron desde el consulado de Ausonio y de Olibrio por título de donación o de compra, o por otro cualquier título, con supresión del cánon civil, posesiones o casas o talleres, solamente de derecho civil, que se prueba que verdaderamente son de esta condición de derecho, pertenecientes a una ciudad cualquiera, y principalmente posesiones de esta eterna ciudad, a la que debemos mayor favor tanto de derecho civil, según se ha dicho, [=*cui maiorem debemus fauorem, tam ciuilis (ut dictum est) iuris*], como también de rentas destinadas a certámenes...»

- ***Favor innocentiae*** (favor de la inocencia):

Principio que inspira el moderno derecho penal, enunciado través de la célebre regla *in dubio pro reo* cuya formulación procede del derecho romano y se encuentra, entre otros textos, en el célebre de Ulpiano 7 *de off. proc.* D. 48.19.5pr., que merece ser recordado aquí, y en el que se plantea además la interesante cuestión de la contumacia (o ausencia en rebeldía) procesal:

> «El divino Trajano respondió por rescripto a Julio Frontón que tratándose de delitos no debía ser condenado un ausente. Pero el divino Trajano respondió por rescripto a Asiduo Severo que tampoco debía ser condenado alguien por sospechas, porque es mejor que se deje impune el delito de un culpable, que condenar a un inocente (*satius enim esse, impunitum relinqui facinus nocentis, quam innocentem damnare*). Pero contra los contumaces que no hubiesen obedecido ni a las denuncias, ni a los edictos de los gobernadores provinciales se debe fallar, aunque estén ausentes, según se acostumbra en los juicios privados. Cualquiera puede defender que estas cosas no son contrarias; luego ¿qué se dira? Más bien se determinará que contra los ausentes se pueden imponer penas ciertamente pecuniarias o las que se refieren a la estimación, y se puede llegar hasta la relegación [*mutatis mutandis* similar a un destierro], si, prevenidos muchas veces, dejaran de comparecer por contumacia; pero si se hubiese de imponer alguna pena más grave, por ejemplo la condena a las minas, o la pena capital, no se ha de imponer a los ausentes».

- ***Favor libertatis*** (favor de la libertad):

Es, en el derecho romano, un principio general consistente en favorecer la libertad del sujeto o sujetos afectados cuando se plantea duda acerca de la declaración de la voluntad en un acto jurídico o de una ambigüedad jurídica. Dentro del grupo de expresiones relativas a '*fauor*' esta es sin duda la que más se repite en las fuentes jurídicas. Este mismo dato revela una inquietud por el ser humano y su suerte, expresada constantemente por juristas y príncipes, que se traduce en una tendencia general de humanización del derecho. Inspira el principio homónimo del derecho penal moderno por el que se mitiga la severidad de la pena que correspondería al autor de un delito según la ley relativa al momento de su realización mediante la aplicación de la ley más suave sucesiva, aunque anterior en todo caso a la sentencia (F. d. Giudice 2004) s. v.

Recordemos por todas la vieja cuestión de la condición del nacido de madre esclava cuando esta se hacía libre en algún momento de su gestación. El hijo se entendía libre en virtud del principio citado.

No es extraño que, por su relevancia, acabara siendo recogido entre las célebres reglas jurídicas contenidas en el último título del Digesto de Justiniano (50.17). Así:

> Pomp. 7 *Sab.* D. 50.17.20: «Siempre que es dudosa la interpretación relativa a la libertad se habrá de responder a favor de la libertad (*Quotiens dubia interpretatio libertatis est, secundum libertatem respondendum erit*)».
>
> Gai. 5 *ed. prou.* D. 50.17.122: «La libertad es más favorable que todas las cosas (*Libertas omnibus rebus fauorabilior est*)».
>
> Paul 16 *Plaut.* D. 50.17.179: «Siendo oscura la voluntad del manumisor, se ha de favorecer la libertad (*In obscura uoluntate manumittentis fauendum est libertati*)». (V. ***ad conservandum*** texto *in fine*).

- ***Favor matrimonii*** (favor del matrimonio):

También denominado en las fuentes jurídicas romanas ***favor nuptiarum***. Se trata del principio jurídico que tiende, en caso de duda, a dar validez al matrimonio. Aparece enunciado en el derecho romano como ***favor nuptiarum*** (así en Marcian. 4 *reg.* D. 11.3.17). La encontramos también en un interesante caso en el que el principio que nos ocupa colisiona con el de la prohibición de estipular en favor de un tercero (*álteri stipulári nemo potest*), propio del derecho de obligaciones, al que acaba venciendo después de un razonamiento algo tortuoso. Veámoslo:

> Paul. 6 *quaest.* D. 24.3.45: «Cayo Seyo, abuelo materno de su nieta Seya, que estaba bajo la potestad de su padre, dio al marido de ella, Lucio Ticio, cierta cantidad de dinero a título de dote, y en el instrumento dotal comprendió un pacto y una estipulación de esta naturaleza, que si entre el marido Lucio Ticio y Seya se hubiese hecho divorcio sin culpa de la mujer, toda la dote fuese devuelta y restituida a Seya, la mujer, o a Cayo Seyo, su abuelo materno. Pregunto, habiendo muerto inmediatamente el abuelo materno Seyo, y habiéndose divorciado después, sin culpa suya, Seya en vida de su padre, bajo cuya potestad está, ¿competerá la acción de este pacto de la estipulación, y a quién?, ¿acaso al heredero del abuelo materno en virtud de lo estipulado, o a la nieta? Respondí que ciertamente en cuanto a la persona de la nieta se consideraba que inútilmente se había formulado la estipulación, porque se propone que el abuelo materno estipuló a favor de ella [he aquí la alusión al principio *alteri stipulari nemo potest*]; lo que siendo así, parece que la acción compete al heredero del estipulador, cuando quiera que se hubiere divorciado la mujer. Pero se ha de decir que se le puede pagar a Seya la dote, aunque no le competa directamente la acción, lo mismo que si el abuelo hubiese estipulado que se le diese a él o a ella; pero se le ha de permitir a la nieta, para que no sea defraudada en el beneficio de la dote, que tenga la acción útil derivada de esta convención del abuelo; porque se ha de recurrir esto por favor de las nupcias, y principalmente por consideración al afecto de las personas (*fauore enim nuptiarum et maxime propter affectionem personarum ad hoc decurrendum est*)».

- ***Favor minorum*** (favor de los menores):

En las fuentes jurídicas romanas encontramos muy a menudo la expresión *fauor pupillorum*, es decir, referida al trato de favor que los pupilos, o sea, los sometidos a tutela, recibían del derecho para su protección. Con respecto a los menores de edad –en Roma, que acuña por cierto la expresión '*mínor aetátis*' o menor de edad, eran quienes no habían alcanzado los 25 años– hubo de reaccionar contra los frecuentes engaños que sufrían en el tráfico jurídico mediante la concesión de diversos remedios procesales que velaban por sus intereses. Resulta sorprendente, desde nuestra perspectiva actual, comprobar que un menor de edad en Roma tuviera plena capacidad de obrar.

Uno de los recursos procesales más efectivos para su defensa fue sin duda el de la *restitutio in integrum*, es decir, la rescisión de un negocio jurídico válidamente contraído por el menor. En una célebre constitución de Justiniano del año 531 d. C. (C. 2.40.5) aparece nuestra expresión con una perífrasis referida al menor. En ella, se refleja el principio que analizamos, referido a una práctica viciosa: la de las estipulaciones de avispados prestamistas que no eran acompañadas de la inmediata entrega del dinero prestado a sus deudores o promitentes, para luego reclamarles a estos esa misma suma que jamás se les llegó a prestar:

> «El Emperador Justiniano, Augusto, a Juan, Prefecto del pretorio: mandamos en favor de la edad no perfecta (*fauóre imperféctae aetátis*), que la prescripción de la excepción del dinero no percibido no corra desde luego para los menores, a fin de que, mientras esperamos la restitución por entero, no surja algún obstáculo por el que no pueda el menor usar de este beneficio, para que no sean arruinados sus bienes. Pero es más humano dar mayor latitud a esta misma interpretación de la ley en todos los casos en que los antiguos permitieron que las prescripciones temporales corriesen ciertamente contra los menores, y les auxiliaban con la restitución por entero, y que de derecho no corran ellas. Porque es mejor conservar intactos los derechos de aquellos, que buscar remedio después de perjudicada su causa; quedando, por supuesto, en su propio estado las prescripciones de treinta o de cuarenta años».

En el inciso final, la constitución razona a propósito del fundamento del trato de favor al menor que propone la medida legislativa y que hace extensivo a los casos para los que los juristas de épocas anteriores admitían, no obstante, que corriese, en perjuicio del menor, el plazo para que este pudiera oponer la excepción de dinero no percibido.

Otro ejemplo paradigmático de alusión expresa al trato de favor al menor lo encontramos en la siguiente constitución imperial (C. 4.49.5) del año 290 d. C. (de Diocleciano y Maximiano) respecto de un caso de compraventa celebrado con un menor de edad como vendedor, del que el comprador había recibido ya la posesión del objeto y disfrutaba de él sin entregar a cambio el entero precio:

> «El gobernador provincial cuidará de compeler al comprador, que, habiendo obtenido la posesión, percibió los frutos, a restituir la parte del precio que tiene en su poder con los intereses que tanto la cuenta de los frutos percibidos como el favor debido a la menor edad (*minoris aetatis fáuor*) produjo, aunque por parte suya no haya habido ninguna mora».
>
> Cfr. (Albanese 2005) s. v.

- ***Favor negotii*** (favor del negocio):

Principio denominado "de conservación negocial". Antes de de que el negocio o alguno de los elementos integrantes de su contenido resulten ineficaces, el derecho, a través de este principio, procura por vía interpretativa darles efecto.

Lo encontramos en el famoso texto de Juliano 50 *dig.* D. 34.5.12:

> «Siempre que en las acciones o en las excepciones es ambigua una oración, es lo más conveniente que el caso se entienda de modo que más bien sea válida, que no que perezca la cosa de que se trata». (V. ***pro actione***).

- ***Favor testamenti*** (favor del testamento):

Se trata del principio interpretativo de general aplicación en materia de sucesión testamentaria que tiende a dar validez al testamento, en caso de confección defectuosa, por constituir la expresión de la voluntad de quien ha dispuesto de lo suyo para después de la muerte. Así, en D. 34.5.24, el jurista clásico Marcelo (11 *dig.*) lo afirma:

> «Cuando en un testamento se escribió con ambigüedad, o incluso incorrectamente, se ha de considerar que se interpreta benignamente (*benigne interpretari*), y en conformidad a lo que se pensó que es creíble».

En este sentido, resulta oportuno recordar que fue este mismo jurista quien consagró una célebre regla para la interpretación de los testamentos que los códigos civiles actuales, por ejemplo, el español, acogen sin más:

> Marcelo *lib. sing. respon.* D. 32.69 pr.: «No debemos apartarnos de la significación de las palabras más que si resulta manifiesto que fue otra la voluntad del testador».
>
> Cfr. art. 675 pár. 1 CC español: «Toda disposición testamentaria deberá entenderse en el sentido literal de sus palabras, a no ser que aparezca claramente que fue otra la voluntad del testador. En caso de duda se observará lo que aparezca más conforme a la intención del testador, según el tenor del mismo testamento». (V. ***verba / voluntas***).

Para comprobar la peculiaridad de este ámbito en materia de interpretación, basta con echar un vistazo al artículo 3 del Código Civil español en materia de interpretación de las normas jurídicas que habla, refiriéndose al criterio gramatical, del "sentido propio de las palabras", es decir, de la acepción objetiva determinada por el uso común de estas, que contrasta con la subjetiva de la regla de Marcelo. Detrás de ambos artículos del código civil hay una enjundiosa casuística romana cuya memoria para la cabal inteligencia del moderno derecho civil español sería muy útil.

Otro conocido texto que plasma de modo lapidario el principio que analizamos es Paulo 3 *ad Sab.* D. 50.17.12:

> «En los testamentos se interpretan más plenamente las voluntades de los testadores» (*In testamentis plenius uoluntates testantium interpretantur*).

Otras expresiones construidas con '*fauor*' que se utilizan hoy en análogo sentido son: ***favor praestatoris*** (o principio de interpretación favorable al empleado que presta su trabajo por cuenta ajena, fundamental en el moderno Derecho del Trabajo y de la Seguridad Social; v. ***pro operario***), ***favor legitimatis*** (favor de la legitimación) con respecto a la legitimación de los hijos, ***favor religionis*** (favor de la religión; v. Pap. D. 11.7.43 en v. ***stricto iure***), ...

Favor creditoris *(Fáuor creditóris)*

(V. ***favor***).

Favor debitoris *(Fáuor debitóris)*

(V. ***favor***).

Favor innocentiae *(Fáuor innocéntiae)*

(V. ***favor***).

Favor iuris *(Fáuor iúris)*

(V. ***favor***).

Favor legis *(Fáuor légis)*

(V. ***favor***).

Favor legitimatis *(Fáuor legitimátis)*

(V. ***favor***).

Favor libertatis *(Fáuor libertátis)*

(V. ***favor***).

Favor matrimonii *(Fáuor matrimónii)*

(V. ***favor***).

Favor minorum *(Fáuor minórum)*

(V. ***favor***).

Favor negotii *(Fáuor negótii)*

(V. ***favor***).

Favor nuptiarum *(Fáuor nuptiárum)*

(V. ***favor***).

Favor praestatoris *(Fáuor praestatóris)*

(V. ***favor***).

Favor religionis *(Fáuor religiónis)*

(V. ***favor***).

Favor testamenti

(Fáuor testaménti)

(V. ***favor***).

Ficta confessio

(Fícta conféssio)
Lit. *confesión ficticia.*

Significado y contexto: 1. También denominada *quasi confessio* (cuasiconfesión). Pertenece al derecho procesal y más en concreto al ámbito jurídico relativo a la prueba. La confesión es considerada la reina de las pruebas (*regína probatórum*) en el derecho procesal a lo largo de la historia. La discusión acerca de su naturaleza y efectos es compleja, y parte científicamente del derecho romano. En el procedimiento clásico (v. *Procedimiento civil*), la confesión *in iure* significaba el allanamiento del demandado y, con él, la finalización de los trámites procesales de esa fase. En este sentido opera la siguiente regla acuñada por el derecho romano: "el confeso se tiene como juzgado" (*confessus pro iudicato habetur*. C. 7.59.1 [Antonin. a. 211; ley única]; Paul. 56 *ed.* D. 42.2.1; Ulp. 5 *omn. trib.* D. 42.2.6 pr. y 2; Ulp. 27 ed. D. 42.1.56). Diferente efecto tenía cuando la confesión de hechos se realizaba ante el juez en la segunda fase, porque este era libre para apreciar su valor. En cambio sí le vinculaba cuando la confesión tenía por objeto el derecho del actor.

Wolfgang Adam Lauterbach, célebre jurista alemán del siglo XVII, define la *confessio ficta* en su famosa obra *Collegium theoreticum-practicum* (*Pars Tertia a Libro Trigesimo nono Pandectarum usque ad finem, sumptibus Georgii Cottae*, Tubinga, 1711, 352) como aquella confesión «que es fingida por ley, o que se deduce de un cierto hecho (*quae a lege fíngitur, uel ex facto quodam elícitur*)». Entre los textos clave del derecho romano que la han dado origen, conocidos y tratados a este respecto ininterrumpidamente por la ciencia del derecho en Europa, y con los que, además, se logra comprender cabalmente el sentido de la expresión, destacamos los siguientes:

> Ulp. 6 *ed.* D. 3.2.4.5: «Asimismo, "si alguno en su propio nombre hubiere sido condenado o hubiere pactado sobre hurto, robo con violencia, injuria, o dolo malo", es del mismo modo infame;»

> Paul. 5 *ed.* D. 3.2.5: «porque se entiende que el que pacta confiesa el delito (*quoniam intellégitur confiteri crimen qui pacíscitur*)».

En los dos fragmentos anteriores, la nota de infamia –efecto jurídico que incidía negativamente en la estimación social (*publica aestimatio*) de la persona, y que iba acompañado de ciertas restricciones procesales–, que recaía sobre las personas que habían cometido ciertos delitos enumerados en el edicto pretorio, se imponía por la condena judicial o –y este es nuestro caso– por el propio hecho de haber pactado, pues ese acto se interpretaba como una implícita confesión.

Es evidente el origen de la expresión en este otro texto que habla de uno que apeló la sentencia del tribunal *a quo* ante el órgano jurisdiccional superior, pero, en contradicción con esto último, convino en pagar la suma de la condena judicial en caso de no satisfacer la cantidad a la que se había comprometido mediante una transacción con la otra parte. El juez de la apelación, en opinión del jurista, no podía en este caso sino dar valor de confesión a ese pacto realizado por el apelante con la otra parte.

> Pap. 1 *resp.* D. 2.14.40.1: «El que apeló (*qui prouocauit*), pactó que no habiendo pagado (*non soluta*) dentro de cierto día (*intra diem certum*) la cantidad que había

transigido (*pecunia, qua transégerat*), había de satisfacer lo juzgado (*iudicatis se satisfacturum*); el juez de la apelación (*iudex appellationis*), sin ninguna otra discusión sobre la causa principal, se atendrá a la justa convención, como de cosa confesada (*ueluti confessi*)».

Muy claro es también el siguiente fragmento a propósito del crimen de adulterio:

> C. 9.9.10 (Alex. a. 225 d. C.): «No es lícito pactar sobre el crimen de adulterio, e igual delito es el del acusador prevaricador y el del que rehuye la investigación de la verdad (*ueritátis inquisitio*). Pero el que recibió precio por el estupro descubierto está sujeto a la pena de la ley Julia sobre los adulterios».

También este otro relativo a la prevaricación Ulp. 4 *cens.* D. 47.15.7:

> «En todas las causas, excepto en las de sangre, el que corrompió al delator es considerado en virtud del senadoconsulto como vencido (*ex senatus consulto pro uicto habetur*)».

2. En materia procesal, por otro lado, la figura analizada tiene que ver con el momento relativo a las *interrogationes in iure*, e históricamente aparece muy vinculada con la figura del juramento. Por eso, no es extraño que en la ciencia del derecho procesal histórica, e incluso en la legislación procesal española más próxima, no haya sido infrecuente la perniciosa confusión entre ambas figuras, confesión y juramento (Prieto-Castro y Ferrándiz 1989, 5ª ed., 157 ss.).

Veamos algunos textos básicos de nuestro sistema jurídico. Los dos primeros que citaremos, pertenecientes a un mismo fragmento, son interesantes, además, porque aluden, como hoy hacen los modernos manuales de derecho procesal, a las consecuencias negativas del silencio ante un pregunta de la otra parte o, en general, a la conducta displicente observada por el interrogado en el procedimiento, no solo calificable de desleal sino incluso de desacato al magistrado. La pregunta o *positio* en el caso que reflejan es acerca de si el interrogado es heredero y en qué parte. En qué consista aquí la confesión ficticia se lee sin dificultad:

> Ulp. 22 *ed.* D. 11.1.11.4: «El que también calló ante el Pretor (*qui tácuit quoque apud praetorem*), se halla en el caso de que sea demandado intentada la acción por el todo (*in sólidum*), como si hubiere negado que es heredero (*quasi negáuerit se heredem esse*); porque el que no respondió en manera alguna, es contumaz (*cóntumax est*), y debe por su contumacia sufrir esta pena, que sea demandado por el todo, del mismo modo que si hubiese negado (*quemádmodum si negasset*), porque parece que desacata al Pretor (*quia praetorem contémnere uidetur*)».
>
> § 7: «No hay diferencia alguna entre que, interrogado alguien, niegue o calle, o responda con oscuridad, de suerte que deje en incertidumbre al interrogante».

A estos textos podría añadirse el elocuente fragmento Paul. 37 *ed.* D. 12.2.38, situado precisamente por los compiladores en sede de juramento (tít. II de D. 12: '*De iureiurando siue uoluntario siue necessario siue iudiciali*', Sobre el juramento, ya voluntario, ya necesario, ya judicial):

> «Es prueba de ilicitud manifiesta y de confesión (*manifestae turpitudinis et confessionis est*) no querer ni jurar, ni contradeferir el juramento».

3. El silencio se halla entre el afirmar y el negar: no significa ni una cosa ni otra (Lauterbach *eod.*). El texto jurídico que da pie a esta aseveración es el siguiente, muy conocido en nuestra tradición jurídica:

Paul. 56 *ed.* D. 50.17.142: «Quien calla no es verdad que otorgue, pero sí que no niega» (*Qui tacet, non utique fatetur: sed tamen uerum est eum non negare*).

En efecto, la regla «el que calla otorga» es solo válida cuando el que guarda silencio debe hablar, normalmente porque lo exija la ley, como en los casos, antes aludidos, de interrogationes *in iure*.

En los textos expuestos *supra* aparecen mezcladas las causas civiles con las criminales. En materia penal, sin embargo, la doctrina del derecho común no consideró que el silencio del reo ausente fuera interpretable como confesión del delito cometido (cfr. Lauterbach *eod.*).

En este contexto, las cuestiones que atañen a nuestra expresión aparecen tratadas en la ciencia procesal en lugar no muy distante de las relativas a la contumacia procesal. Esa concomitancia se debe al derecho romano. Por otro lado, la historia dogmática del procedimiento en rebeldía parte de nuevo de Roma. En el procedimiento de cognición imperial, la no comparecencia del reo no impedía la apertura del procedimiento, efectuado en rebeldía o contumacia. La pena podía consistir en la propia condena judicial. Justiniano, en su conocida ley *Properandum*, introduce importantes innovaciones. Entre ellas, la aplicación del efecto de rebeldía al actor o demandante. Leamos algunos relevantes párrafos de esta ley:

C. 3.1.13.2-3 (Iust. a. 530): «Y si la parte actora dejare de estar presente, para que el reo se fatigue con tantas dilaciones, y llegue ya casi a su fin el término de los tres años después de contestada la demanda, de suerte que tan solo le queden seis meses de tiempo, acusando por una parte la ausencia del actor el demandado, y prestando de todos modos oído los jueces a esta querella, tendrá facultad el juez para buscar al actor por medio de los ejecutores del negocio (*per exsecutores negotii*); y si esto se hubiere hecho tres veces, habiéndose señalado el espacio de diez días para cada comparecencia, y ni aun así se hubiere hallado a la parte actora, y ni por sí, ni por medio de procurador nombrado se presentare, mandamos que en este caso examine el juez las actuaciones del negocio practicadas ante él (*acta apud se confecta*). (2a) Y si verdaderamente no se hubiere actuado nada que sea suficiente, por lo que se pueda hacer conjetura cierta para el término de la causa, queremos que no solamente dispense de la observancia del juicio a la parte demandada, sino que condene además a aquel a todas las costas que en la cuantía acostumbrada se gastan en los litigios (*in omnes expensas, quae consueto modo circa lites expenduntur, eum condemnare*), debiéndose manifestar la verdadera cuantía de ellas con juramento del demandado, y habiéndose de devolver toda caución que sobre el pleito prestó el demandado; la cual, aunque subsistiere, quedará privada de fuerza (*uíribus euacuábitur*). (2b) Pero si por lo actuado ante él, no habiendo sido hallada la parte actora, pudiera hallar camino por el que se le haga evidente lo que se deba decidir, aunque el actor esté ausente, si conociere que él tiene mejor causa, no retarde pronunciar sentencia en su favor, y condenar al demandado presente a favor del actor ausente, debiendo exceptuar en la condenación tan solo las costas del litigio, que jurare el demandado haber pagado legítimamente, porque esta pena la imponemos al actor, aun teniendo mejor causa, por la sola contumacia de la ausencia (*propter solam abséntiae contumaciam*), (2c) sin que se le haya de reservar absolutamente ningún derecho para volver al mismo pleito; pero el actor contumaz pierda completamente el litigio, si fuera absuelto el demandado. Pero si en favor del actor ausente se profiriese contra el reo una condena, que tal vez la parte actora ausente no la juzgare suficiente para ella, de ningún modo permitimos que suscite de nuevo el mismo pleito. E impóngasele ciertamente esta pena al actor. (3) Pero si estuviere ausente el demandado, y se hubiere hecho igual indagación, según hemos dispuesto respecto a la per-

> sona del actor, incúrrase en rebeldía (*eremodicium contrahatur*) también estando él ausente, y examine la causa con toda escrupulosidad el juez respecto a una sola parte, según lo que se dispuso en has antiguas leyes, y si fuere hallado culpable, no deje tampoco de proferir condena contra el ausente, la cual se lleve a efecto, y satisfágase al vencedor con los bienes y facultades del ausente, ya si el mismo juez puede hacer esto por su propia jurisdicción, ya si por relación (*per relatiónem*) sea remitido a un juez superior (*ad maiorem iúdicem*), y ábrase por ello la vía de la ley (*legítima uia*) contra los bienes dei contumaz sin que deba concedérsele a él o a otro que pretenda ostentar la sola personalidad del mismo, facultad alguna para oponerse, cuando por semejante causa es puesto el actor en posesión; y no se le oiga, si hubiere regresado, y quisiere dar fiadores, y recuperar la posesión; porque en casos de esta naturaleza le negamos toda contradicción».

Un ejemplo moderno, que reúne las características dogmáticas descritas, es el conocido de la injustificada negativa a la realización de pruebas de paternidad, que se interpreta, conforme a las circunstancias concurrentes, como de implícito reconocimiento de la filiación atribuida (Gómez Royo 2010).

(V. ***facta concludentia*, *ad nutum***).

Fictio iuris

(Fíctio iúris)
Lit. *ficción de derecho.*

Significado y contexto: Se trata de una operación jurídica relativa a la interpretación y aplicación del derecho por la que, de modo imperativo, ante un supuesto concreto se considera realizado un hecho o una circunstancia que en realidad no se produce o, viceversa, se da como no realizado un hecho o una circunstancia existente. El supuesto, que presenta realmente un determinado aspecto, se "modela" por el derecho –*fingit* tiene que ver con la labor del alfarero– para configurarlo como otro parcialmente distinto y poder así aplicar la misma solución dada para este último. Como afirma Larenz, «la ficción jurídica consiste en la equiparación voluntaria de algo que se sabe que es desigual» (Larenz 1994, 255).

El derecho romano, que acuña con este sentido el término de *fictio* y el verbo *fingere*, emplea la expresión '*fictio legis*' para referirse a la ordenada por una ley (a la que se asimila la producida por una fuente equiparada a esta, por ejemplo, un senadoconsulto).

Tiene que ver, en primer lugar, con el procedimiento romano clásico y con el particular modo de perseguir la justicia puesto en práctica por el Pretor. La llamada *formula ficticia* consistía en introducir en la *intentio* una cláusula por la que el magistrado ordenaba al juez, como decíamos antes, que fingiera la existencia o la inexistencia de un hecho o circunstancia correspondiente al supuesto que tenía ante él. Una de las primeras ficciones quizás fuera aquella que permitió a un extranjero ser juzgado en condiciones de igualdad con respecto a un ciudadano romano: '*si ciuis esset*' ("si fuera ciudadano romano", es decir, "juez, actúa fingiendo que la persona que tienes delante posee la ciudadanía romana").

Otro ejemplo: la equiparación jurídica entre el *bonorum possessor* (para entendernos, el heredero pretorio) y el heredero civil, la logró el magistrado a través de la concesión a aquel de acciones ficticias, como recuerdan las Reglas de Ulpiano (o *Tituli ex corpore Ulpiani*) 28.12:

> «Estos, a quienes se da la posesión de los bienes conforme al edicto sucesorio, no son ciertamente herederos sino que se erigen en posición de heredero conforme a la venia del Pretor. En consecuencia, tanto si actúan ellos mismos como demandan-

tes como si son demandados, se precisa de acciones ficticias respecto de quienes se fingen herederos (*Hi, quibus ex successorio edicto bonorum possessio datur, heredes quidem non sunt, sed heredis loco constituuntur beneficio praetoris. Ideoque seu ipsi agant, seu cum his agatur, ficticiis actionibus opus est, in quibus heredes esse finguntur*)».

Pensemos también en la célebre acción Publiciana (introducida por el Pretor Publicio), de prolija vida en el tiempo hasta nuestros días, por la que se otorga tutela a aquel que ha adquirido una *res mancipi* por mera *traditio* (por tanto, no ha llegado a adquirir la propiedad civil; v. ***traditio***) y ha sido despojado de su posesión, mediante la ficción de haber usucapido la cosa. Aún más importante, si cabe, es el remedio de la *restitutio in integrum*, que da lugar a las llamadas acciones rescisorias dirigidas a eliminar la eficacia jurídica de un acto válidamente celebrado (como si no se hubiera llevado a cabo).

A menudo se las reconoce por una estructura sintáctica característica: o una oración condicional; o por expresiones como *heredis loco* (haciendo las veces de heredero), como hemos visto; o por la utilización de características partículas adverbiales como, por ejemplo, *ac si*, *perinde ac si*, *quasi*, ... Así ocurre con la famosa *fictio* de la ley Cornelia (ejemplo paradigmático de ***fictio legis***) que en los textos romanos es presentada comúnmente de la siguiente manera: ... *propter legem Corneliam, quae testamentum sic confirmat atque si in ciuitate decesserit* ("...por razón de la ley Cornelia que confirma la validez del testamento como si hubiese muerto como ciudadano" Paulo 42 *ed.* D. 38.2.4.1; en términos análogos, Paul. *ad legem Falc.* D. 35.2.1.1).

No es exactamente una ficción, sin embargo, la equiparación del concebido no nacido al ya nacido, aunque la Jurisprudencia utilice aquí también este tipo de circunloquios. La constancia de su existencia en el seno materno pertenece a la realidad de los hechos y no a ficciones (v. ***spes vítae***).

Como ejemplo de ficción a través de senadoconsulto es conocida la que operó el senadoconsulto Trebeliano del año 56 o 57 d. C. por el que se asimiló a la condición de heredero al fideicomisario universal.

La ficción, en cuanto modo jurídico de aplicar el derecho, se parece, al menos por lo que respecta a su efecto práctico, al de la presunción *iuris et de iure* (que no admite prueba en contrario), pero se diferencia de ella en que opera al margen de cualquier probabilidad de acaecimiento del hecho que se finge. Si bien se mira, a pesar de su carácter autoritativo, no deja de ser un modo, por sorprendente que parezca, de alcanzar la justicia material, pues presupone la efectiva existencia de una situación fáctica o fundamento de hecho sobre la que se apoya la razón jurídica que la hace merecedora de tutela.

Un último ejemplo romano y moderno: el de la regla contenida en D. 50.17.161 (cfr. D. 35.1.24) en materia de condición (elemento accidental del negocio jurídico):

> «Se admitió en derecho civil que siempre que por aquel a quien le interesa que no se cumpla la condición se hiciera de modo que no se cumpliese, se considera lo mismo que si la condición hubiese sido cumplida; lo que se extiende a la libertad, y a los legados, y a las instituciones de heredero; en cuyos casos se incurre también en las estipulaciones, cuando por el promitente se hubiese hecho de modo que el estipulante no cumpliese la condición».

No cabe mejor comentario que el del propio tenor del artículo 1119 del Código Civil español:

> «Se tendrá por cumplida la condición cuando el obligado impidiese voluntariamente su cumplimiento». (V. también artículo 798 Código Civil español).

(Cfr. ***iuris tantum***).

Fides

(Fídes)
Lit. *fe, confianza, seguridad, lealtad.*

Significado y contexto: Dejando a un lado la enorme trascendencia del término en su dimensión teológica, es básico en derecho, no solo en Roma sino en la actualidad, y sobre él se asientan aspectos basilares de la vida social como la propia convivencia cívica o las relaciones entre ciudadanos y pueblos de diferentes culturas. A partir de su raíz básica, y conexa con ella, muestra una variedad muy rica de acepciones con múltiples matices jurídicos. «¿De dónde [procede] la justicia, la lealtad y la equidad?» (*Unde iustitia, fides et aequitas?*), se pregunta Cicerón en su *De republica* (1.2). Lo dice de seguido: «de quienes, por un lado, convierten en hábito lo aprendido en teoría (es decir, quienes llevan las palabras a los hechos, y no proclaman lo que luego no hacen en la práctica) y, por otro, de quienes las sancionan en leyes» (leyes que son respetadas y aplicadas, se entiende).

Este mismo autor, después de afirmar que la *fides* es "fundamento de la justicia" (*fundaméntum iustítiae*), la define en su tratado *De los Deberes* (*off.* 1. 23) como «la lealtad y verdad de lo dicho y de lo acordado» (*fides, id est dictorum conuentorumque constantia et uéritas*). Es, pues, el respeto a la palabra dada, que en el derecho es principio de validez de las obligaciones carentes de forma. De ahí, que constituya el pilar básico de las obligaciones surgidas en el ámbito del derecho de gentes (*ius gentium*). Así, por ejemplo, una institución como la *sponsio*, garantía personal de las obligaciones, diseñada por entero para su utilización por ciudadanos romanos, dejaba fuera a los extranjeros. Hacía falta una nueva para su empleo por ellos. De ahí la *fidepromissio* o promesa conforme a la *fides*, que es accesible a todos. *Fides* es también la propia promesa, o la palabra dada. Por eso, '*fidem datam fállere*' significa "faltar a la palabra dada" o '*fidem interpónere*' comprometer la palabra.

Fides es seguridad, firmeza, protección: *in fide alicuius esse* significa "colocarse bajo la protección de alguien". Los clientes, a cambio de sus servicios, se situaban bajo el patronazgo de personas relevantes (*patroni*) que se obligaban a su vez con un deber sagrado a la tutela de aquellos (como atestigua la expresión '*in fidem et clientelam alicuius se conferre*', lit. ponerse bajo la protección y clientela de alguien). Por otro lado, es a quienes tienen poder a los que diversas fórmulas juramentales, que en realidad son exclamaciones, se dirigen para expresar sorpresa, indignación, ...: *di uostram fidem* (¡por la protección de los dioses! o ¡los dioses me asistan!), *pro deum* (*deorum*) *atque hominum fidem* (¡por la protección de dioses y hombres!), que equivalen a nuestro "¡santo Dios!", "¡Dios mío!", ...

Fides tiene también que ver con "autenticidad" o "veracidad" de cosas o de hechos. Así, la *tabularum fides* es la autenticidad de los registros. No es extraño reconocer como conexa a la *fides* la fundamental tarea que realizan hoy los notarios (los *tabelliones* romanos). '*Nihil prius fide*' (lit. nada antes que la fe, nada es preferible a la fe) es su lema.

En el ámbito del comercio la confianza juega un papel básico. *Fides* significa aquí "crédito". Un comerciante insolvente lo pierde y con él su negocio.

También la buena fe (*fides bona*) sirve de fundamento de negocios del *ius gentium* no formales como la compraventa, arrendamiento, sociedad o el mandato, pero también está detrás de instituciones como la *tutela* o la *fiducia*. Las acciones de buena fe se caracterizan por albergar en su *intentio* un *oportére ex fide bona* que, a diferencia de las acciones de derecho estricto, permite al juez valorar con amplia discrecionalidad las conductas de las partes negociales y averiguar si su comportamiento se ajusta a la lealtad recíproca que en sus relaciones les es exigible. Diferente es la *bona fides* en materia de derechos reales que significa desconocimiento de que la cosa sea ajena y, por tanto, no intención de lesionar los derechos de otros (v. ***bona fides***, ***ex fide bona***).

Fiducia

(Fidúcia)
Lit. *confianza.*

Significado y contexto: La voz se integra en el vocabulario de la lengua española, de ahí que no vaya escrita en cursiva. Aparte del significado genérico del término, es en el derecho romano un negocio jurídico que tuvo una singular trascendencia. Se trataba de un acto jurídico formal por el que una persona (fiduciante) daba la propiedad de una cosa suya a otra (fiduciario) para garantizar una deuda o para otras finalidades que pasarían más tarde a ser objeto de figuras jurídicas específicas (comodato, depósito, mandato, donación *mortis causa*, ...). El efecto constitutivo de la propiedad se lograba a través de una forma negocial solemne (*mancipatio*, *in iure cessio*) que se decía realizada *fidúciae causa* (por causa de fiducia). Este negocio de efectos reales no bastaba para alcanzar las finalidades propuestas. De ahí surgía la acción (*actio fidúciae*) por la que el fiduciante reclamaba el reintegro de la cosa una vez satisfecho el fin establecido.

Para que el negocio fuera completo, no obstante, era necesario que se le añadiera un pacto (el así llamado *pactum fidúciae*) de efectos obligacionales, es decir, un acuerdo de voluntades por el que se especificaba la finalidad precisa a la que servía la enajenación realizada. Este pacto no solo delimitaba el contenido del negocio sino que era de utilidad para el fiduciario pues determinaba cuándo era exigible la obligación de este último relativa a la devolución de la cosa al fiduciante (o a quien este determinase). El pacto era de dos tipos: si se trataba de garantizar una deuda (el supuesto más usual de la *fiducia*) se hablaba de una ***fiducia cum creditore*** (f. con el acreedor). La desproporción entre el medio empleado y la finalidad buscada era evidente. El acreedor recibía, no la simple posesión de la cosa (como sucederá luego a través de la prenda o *pignus*), sino la propiedad. Para que pudiera enajenar la cosa, el fiduciante solía permitir al fiduciario hacerlo de una forma indirecta: reclamando solo la cantidad sobrante o *superfluum*, es decir, aquello que sobrara después de vendida la cosa y cobrada la deuda por el fiduciario. Por otro lado, el fiduciante que, una vez cumplida la deuda, no viera satisfecha su pretensión de reintegro de la cosa, solo podía exigir responsabilidad del fiduciario, habida cuenta de que su acción era meramente personal, no real (un nuevo signo de la desproporción entre fines y medios antes citada). Por este rasgo negocial, se comprende el propio nombre de *fiducia*, que va unida a la *fides* del fiduciario: el fiduciante deposita su confianza (*fiducia*), que es en efecto muy grande, sobre el fiduciario, fundamentada en la *fides* (lealtad o seguridad) que le merece este último. Hay una cierta reciprocidad en la posición de ambas partes (*fides fiducia*).

Cuando la finalidad era alguna de las antes citadas, diferente de la de garantía, se hablaba entonces de ***fiducia cum amico*** (f. con un amigo).

En definitiva, se trataba de un negocio solemne de difícil encaje en el esquema de fuentes de las obligaciones. Por un lado, resultaba cercano a los contratos reales, pero, por otro, a los formales, aunque no podía ser considerado ni verbal ni escrito. El jurista Gayo, aunque no lo desconoce en sus célebres Instituciones, no parece darle demasiada relevancia en su época. Con el tiempo, fue sustituido, en materia de garantía, por el *pignus* (prenda) y, en cuanto a las otras finalidades, por instituciones jurídicas específicas que surgieron a continuación (comodato, depósito, mandato, etc.).

Aparte del indudable interés que su estudio posee en el derecho romano, se trata de una figura jurídica que ha experimentado una insospechada vida ulterior que llega incluso a nuestros días. Es uno de los ejemplos característicos de lo que podríamos denominar fenómeno de "eterno retorno de las figuras jurídicas". En el derecho histórico francés –como recuerda Coing (Coing 1996, II, 525 ss.)– experimentó una singular trayectoria por su consideración como modalidad especial de sustitución fideicomisaria a partir, sobre todo, del desarrollo dogmático realizado por la doctrina sobre la base de un célebre texto jurídico romano, Iav. 11 *epist.* D. 36.1.48 (46) y la autoridad de Peregrinus, un conocido jurista del *ius commune*. Veamos el fragmento, que es ciertamente curioso:

> «Seyo Saturnino, primer piloto de la armada británica (*archigubernus ex classe Britannica*), dejó en su testamento heredero fiduciario a Valerio Máximo, capitán de una trirreme (*fiduciarium réliquit heredem Valerium Maximum trierarchum*), a quien le pidió que restituyese la herencia a su propio hijo Seyo Océano, cuando este hubiese llegado a los dieciséis años. Seyo Océano falleció antes que cumpliese los dieciséis años. Ahora Manlio Séneca, que se dice tío materno de Seyo Océano, pide estos bienes a título de parentesco, pero Máximo, capitán de la trirreme, los reivindica para sí por esto, porque falleció aquel a quien se le había mandado que los restituyera. En consecuencia, pregunto si estos bienes le pertenecerán a Valerio Máximo, capitán de la trirreme, heredero fiduciario, o a Manlio Séneca, que dice que es tío materno del joven fallecido. Respondí: si Seyo Océano, a quien se le debía restituir por Valerio Máximo, heredero fiduciario, la herencia dejada por fideicomiso en virtud del testamento de Seyo Saturnino, cuando tuviese dieciséis años, falleció antes de cumplir la edad prefijada, la herencia fiduciaria pertenece a aquel a quien hubieren pertenecido los demás bienes de Océano, porque el término del fideicomiso (*dies fideicommissi*) corrió viviendo Océano; por supuesto, si pareciera que prorrogando el tiempo de la entrega más bien le permitió al heredero fiduciario la tutela, que no que fijó término incierto para el fideicomiso».

La finalidad determinada por la especialidad de la figura jurídica inspirada en este texto, que perseguía el derecho francés era, por ejemplo, la de asegurar la educación del final destinatario de los bienes por parte del heredero fiduciario.

Pero ha sido en el derecho alemán donde esta institución jurídica ha experimentado una suerte de resurrección a través de la doctrina ideada por un conocido autor, Ferdinand Regelsberger, que la rescató del olvido en su célebre obra: *Zwei Beiträge zur Lehre von der Cession* (1880). De hecho, uno de los rasgos más característicos, antes mencionado, del "negocio fiduciario", como ahora se le conoce, el de la desproporción entre el fin práctico y el medio jurídico utilizado, es precisamente formulado en estos términos por él. La doctrina alemana, encabezada por el autor citado, llevó a cabo un completo diseño enteramente inspirado en la figura romana: así, el llamado "doble efecto" (real, producido por la enajenación de la cosa, y obligacional, fruto del *pactum fidúciae*). Su configuración negocial se entendía conforme al principio –también romano y actual– de la autonomía privada. No le han faltado, sin embargo, críticas, por las sospechas que se ciernen sobre él de su aptitud para servir, de manera fraudulenta, a fines prohibidos por la ley.

Hoy en día, esta antigua figura romana goza de extraordinaria buena salud en las legislaciones modernas.

Flatus vocis

(Flátus vócis)
Lit. *soplido de voz; palabras huecas o vanas.*

Significado y contexto: Pertenece a la filosofía y, más en concreto, hace alusión a la controversia medieval en torno a la existencia de los llamados conceptos "universales":

así, por ejemplo, un género o una especie. Nominalistas y realistas polemizaron en torno a esta cuestión. Para los primeros, la existencia de esos conceptos no iba más allá del sonido que se emitía al pronunciarlos. A pesar de que la expresión es propiamente medieval, puede enraizarse con el pensamiento del filósofo Boecio, que utilizó la perífrasis similar de *sonus et percussio aeris sensibilis* (sonido y percusión sensible del aire). (Ferrater Mora, Diccionario de Filosofía 2005 –reimp. de la ed. de 1994–); s. v. *nominalismo*.

En sentido amplio y vulgar, es expresión que se utiliza para aludir a algo que se dice pero que carece de consistencia, sin entidad o importancia, palabras al viento.

Fórum

(Idem)
Lit. *foro*.

Significado y contexto: Es término asimilado por nuestra lengua. El foro romano, además de ser centro de operaciones mercantiles (en griego, "emporion", es decir, emporio), es lugar donde el derecho se discute (*disputatio fori* o disputación del foro, Pomp. *encheir*. D. 1.2.2.5) y aplica. Allí, en la zona conocida como *comitium*, situaba su sede el pretor urbano, prototipo de magistrado con función jurisdiccional y cuyo edicto (junto con el del pretor peregrino y el de algunos otros magistrados), unido a los comentarios y demás obras de la Jurisprudencia, constituye la espina dorsal del derecho romano clásico. Es voz, por tanto, propia del mundo del derecho, exportada modernamente a cualquier ámbito en el que se discuta o hable de algo (frecuentemente por vía virtual). Como centro de los negocios recordemos dos expresiones latinas muy gráficas, *in foro uersari* (dedicarse a los negocios; Cic. Flacc. 70) y *foro cédere* (caer en bancarrota, quebrar; Sen. *benef.* 4.39.2; Cic. *Rab. Post.* 41), frecuentes por cierto en las obras de los autores del derecho mercantil del *ius commune* europeo.

Respecto del derecho, con nuestro término conecta la expresión "derecho foral" (y la voz medieval "fuero"), propia de la secular tradición jurídica hispana, que hace referencia al derecho que se aplica de modo preferente con respecto al derecho común, al que desplaza, en razón de la especialidad del lugar, comarca o región históricamente diferenciada. Con este carácter de especialidad se utiliza también el término "foro" para aludir a una jurisdicción diferente de la ordinaria referida a una cierta clase de personas, "aforados", que se someten a ella. En Roma, por ejemplo, los soldados o los diplomáticos venidos de las provincias a la metrópoli gozaban del llamado *priuilegium fori*, privilegio del foro, por el que podían exigir ser demandados en su provincia de origen (*ius domum reuocandi*).

En el ámbito del derecho procesal se emplean diversos criterios para determinar la competencia jurisdiccional (que adopta el nombre de "foro"). Así, el *forum oríginis* o lugar de origen del demandado; el *forum domicílii* o lugar del domicilio del demandado; *forum prorogatum*, expresión no latina que alude al foro pactado por las partes, por el que estas determinan *ab initio* cuál será el órgano jurisdiccional competente para resolver un posible conflicto surgido entre ellas (*ex* Ulp. 3 *ed.* D. 5.1.2.2, referido a un *iudex ad tempus*, donde el verbo '*prorogare*' está correctamente empleado como diferir o prolongar. V. ***ad tempus***); *forum rei sítae* o foro del lugar donde se halle la cosa (en caso de acciones reales, aunque su aplicación no es propia del derecho romano clásico); *forum delicti* (foro del lugar donde se ha cometido el delito); *forum contractus*, o lugar de celebración del contrato; *forum solutiónis* o lugar de cumplimiento de la obligación.

Examinémoslas algo más minuciosamente:

En la doctrina procesal moderna, en el marco de los llamados "presupuestos procesales", los términos "foro" y "competencia" aluden, como decimos, a la determinación del órgano jurisdiccional con potestad para resolver un determinado litigio. Para ello se atiende a ciertos criterios de atribución cuyo hallazgo –hay que recordarlo– fue realizado por el derecho romano clásico y constituye una de tantas valiosas aportaciones suyas a nuestras actuales leyes procesales.

La voz '*competentia*' no es romana pero sí lo son las expresiones *iudex cómpetens* (juez competente, Ulp. 6 *fideic.* D. 2.1.19 pr., Paul. 1 *ed.* D. 2.5.2.1, Paul. 75 *ed.* D. 2.8.10 pr., ...) o *cómpetens tribúnal* (tribunal competente, Ulp. 9 *ed.* D. 3.3.35.2), de las que aquella deriva; cfr. (Kaser 1996, 245 nota 28). El vocablo "foro" con este sentido técnico lo encontramos también en las fuentes jurídicas romanas (así, por ejemplo, Ulp. 7 *ed.* D. 5.1.7, Ulp. 14 *ed.* D. 2.8.7 pr., ...). Como decimos, foro y derecho van unidos en las fuentes latinas: lo atestigua la expresión ciceroniana (*Brut.* 119) '*iudicia et forum*', es decir, "los tribunales y el derecho". El conocido giro latino '*in alieno foro litigare*' (Mart. *epigr.*12) significa actuar procesalmente ante un tribunal del que se desconoce el procedimiento; o lo que es lo mismo: hallarse perdido.

Una vez determinado el juez o tribunal con competencia objetiva, resulta preciso designar el concreto juez o tribunal de acuerdo con criterios de competencia territorial. No es casualidad que el criterio general en materia de jurisdicción civil siga siendo hoy el del domicilio (*domicilium*) del demandado. La pregunta clave es, en efecto, ¿dónde debe ser defendido el demandado? (cfr. art. 50 de la Ley de Enjuiciamiento Civil vigente expresivo del llamado fuero general). A él alude la conocida regla romana: *áctor rei fórum séquitur* (el demandante sigue el fuero del reo o demandado): FV. 325, 326; C. 3.13.2, 3.19.3.

En los textos romanos se aprecia bien la cuestión de partida, que no es otra que la de la indagar acerca de la atribución de competencia al órgano jurisdiccional de aquel territorio con el que el asunto litigioso posea mayores conexiones. Escogemos, por todos, un fragmento romano en el que se aprecia, con todo su dinamismo, la necesidad de esta operación jurídica. Uno tras otro, se van desgranando en él supuestos diversos seguidos de la designación de un criterio concreto de competencia jurisdiccional. Destaca en el texto el ejercicio de la actividad empresarial a través de negocios por mar y por tierra, así como el negocio bancario, amén de otros supuestos que hoy también preocupan a nuestro moderno legislador, como el relativo a cuestiones de sucesión hereditaria o el de la administración del patrimonio de personas incapaces. Su concepción en el texto como actividades usuales e incluso no de pequeña entidad, nos hace, de paso, poner en tela de juicio la acostumbrada afirmación de la aparición del derecho mercantil en la época medieval, como si no hubiera habido antes un comercio plenamente desarrollado que exigiera una regulación jurídica específica que estuviera a la altura de sus necesidades. Aquí la hallamos, plasmada con extraordinaria nitidez, en relación con el órgano jurisdiccional competente.

Veamos el fragmento. Se trata de Ulp. 60 *ed.* D. 5.1.19 pr.-4:

> «El heredero ausente ha de ser defendido allí donde debió serlo el difunto, y ser demandado, si allí se encontrara y no se excusase por algún privilegio propio. 1. Si alguno administró en cierto lugar una tutela, o una curatela, o negocios, o un banco, o alguna otra cosa, de donde nace una obligación (*Si quis tutelam uel curam uel negotia uel argentariam uel quid aliud, unde obligatio oritur, certo loci administrauit: etsi ibi domicilium non habuit, ibi se debebit defendere*), y si allí no tuvo su domicilio, deberá defenderse allí, y si no se defendiera ni tuviera allí su domicilio, sufrirá que sus bienes sean poseídos. 2. Por tanto, también si en cierto lugar vendió o expuso o compró mercancías (*si merces uéndidit certo loci uel disposuit vel comparauit*), si no convino en que se defendería en otro lugar (*nisi alio loci ut defenderet co-*

> *nuenit*), se entiende que se defiende allí mismo (*ibi se debebit defendere*). ¿Decimos acaso que el que compró alguna cosa a un mercader ambulante, o se la vendió a quien sabe que al punto ha de partir de allí, no conviene que posea allí los bienes, sino que siga al domicilio de este? (*eum, qui a mercatore quid comparauit áduena, uel ei uendidit quem scit inde confestim profecturum, non oportet ibi bona possideri, sed domicilium sequi eius?*) Pero si alguno compró al que tuvo tomada en arrendamiento en cierto lugar una tienda u oficina (*ab eo qui tabernam uel officinam certo loci conductam habuit*), ¿se halla en el caso de que allí sea demandado? Esto es más razonable. Porque cuando vino uno con el propósito de marcharse en seguida, habiendo sido como compradas las cosas a un viajero, o las compró uno del que era transportado, o del que pasa navegando, es durísimo que cualquiera se defienda en tantos lugares por cuantos sea llevado navegando o caminando. Pero si se detuvo en alguno, no digo por derecho de domicilio (*non dico iure domicilii*), sino porque tomó arrendada una tiendecilla, un mostrador, un almacén, una anaquelería o un taller, y allí vendió, y habitó, deberá defenderse en aquel lugar (*sed tabernulam pergulam horreum armarium officinam conduxit ibique distraxit egit: deféndere se eo loci debebit*). 3. Se pregunta Labeón que si un hombre de una provincia tuviera en Roma de factor un esclavo para vender sus mercancías (*si homo prouincialis seruum institorem uendendarum mercium gratia Rómae hábeat*), lo que con este esclavo se contrató se ha de considerar como si se hubiera contratado con su señor (*quod cum eo seruo contractum est, ita habendum atque si cum domino contractum sit*); por lo que allí deberá defenderse. 4. Ha de saberse, que el que se obligó en estos términos, que pagaría en Italia, si tuvo su domicilio en una provincia, puede ser demandado en una y otra parte, tanto aquí como allí (*qui ita fuit obligatus ut in Italia sólueret, si in prouincia habuit domicilium, utrubique posse conueniri et hic et ibi*); y así les parece también a Juliano y a otros muchos».

Los supuestos aquí enunciados son los siguientes: heredero ausente del difunto deudor; administrador del patrimonio de incapaces; comerciantes y banqueros; negocios contraídos por gestor autorizado (*ínstitor*) de una empresa con sede en una determinada ciudad; obligaciones con especificación del lugar para efectuar el pago, con posibilidad para el actor de elegir aquí entre el foro del domicilio del deudor y el del lugar de pago (***forum solutiónis***). No es extraño que hoy en día se denominen estos supuestos "fueros especiales" para contraponerlos al "fuero general" antes citado, pues lo matizan.

Una somera confrontación con la ley moderna nos bastará para demostrar lo que decimos:

Así, el artículo 50.2 LEC declara: «Los empresarios y profesionales, en los litigios derivados de su actividad empresarial o profesional, también podrán ser demandados en el lugar donde se desarrolle dicha actividad y, si tuvieren establecimientos a su cargo en diferentes lugares, en cualquiera de ellos a elección del actor». El art. 51.1 de LEC afirma por su parte: «podrán ser demandadas en el lugar donde la situación o relación jurídica a que se refiera el litigio haya nacido o deba surtir efectos, siempre que en dicho lugar tengan establecimiento abierto al público o representante autorizado para actuar en nombre de la entidad». Por otro lado, el artículo 52 de la LEC determina ciertos "fueros imperativos", algunos de los cuales coinciden con supuestos que aparecen en este fragmento: así, el relativo a la sucesión hereditaria y el de la asistencia o representación de incapaces, incapacitados o declarados pródigos.

Además, hay una referencia incidental en el parágrafo segundo a la posibilidad de que las partes acuerden someterse a un determinado órgano jurisdiccional: "si no convino en que se defendería en otro lugar" (*nisi alio loci ut deféndere conuenit*). Es lo que se denomina ***forum prorogatum*** (foro prorrogado). El nombre es un tanto extraño y no se entendería si no se partiera del texto romano de referencia que le da vida: Ulp. 3 *ed.*

D. 5.1.2.2, que más arriba citábamos. Pertenece a un fragmento más amplio donde se plantea la cuestión aquí enunciada, que a su vez sigue a otro anterior sobre el mismo tema:

> Ulp. 2 *ed.* D. 5.1.1: «Si algunos se sometiesen a una jurisdicción y la consintieran, entre los que la consienten hay la jurisdicción de un juez cualquiera que preside un tribunal o que tiene otra jurisdicción (*Si se subiciant aliqui iurisdictioni et consentiant, inter consentientes cuiusuis iudicis, qui tribunali praeest uel aliam iurisdictionem habet, est iurisdictio*)».
>
> Ulp. 3 *ed.* D. 5.1.2: «Pero se entiende que han consentido los que sepan que no están sujetos a la jurisdicción de aquel y consintieran en él. Pero si juzgan que son de su jurisdicción, no existirá la jurisdicción de él; porque el error de los litigantes, como escribe también Juliano en el libro primero de sus digestos, no lleva consentimiento; o si creyeron que uno era el Pretor en vez de otro, del mismo modo este error tampoco dio jurisdicción; o si, habiéndolo resistido alguno de los litigantes, fue compelido por fuerzas de la Pretura, no hay jurisdicción alguna. 1. Pero ¿basta acaso convenir entre particulares, o es quizá también necesario el consentimiento del mismo Pretor? (*Conuenire autem utrum inter priuatos súfficit an uero etiam ipsius praetoris consensus necessarius est?*) La ley Julia de los juicios dice: "que no se convenga entre particulares"; luego basta el consentimiento de los particulares. Por tanto, si los particulares consintieran, pero el Pretor ignorase que consienten, y juzgara suya la jurisdicción, se ha de ver si se habrá cumplido con la ley; y opino que puede defenderse que es de él la jurisdicción. 2. Para el caso de un juez nombrado para cierto tiempo en que todos los litigantes consintieran, pueden prorrogarse los términos dentro de los que se le mandó a aquel dirimir el pleito, a no ser que por mandato del Príncipe se hubiere prohibido especialmente la prórroga (*Si et iudex ad tempus datus et omnes litigatores consentiant: nisi specialiter principali iussione prorogatio fuerit inhíbita, possunt tempora, intra quae iussus est litem dirímere, prorogari*)».

Los fragmentos uno y dos hasta el párrafo segundo del segundo de ellos hablan de una jurisdicción convenida por las partes. Se exige, en todo caso, que las partes conozcan la falta de competencia del órgano que eligen por acuerdo entre ellas. Parece decir que basta el consentimiento de las partes litigantes, aunque luego matiza algo la afirmación inicial. Sin embargo, otros textos no se muestran tan favorables a este ejercicio de la autonomía privada. Así, Diocl. et Maximian, C. 3.13.3 (a. 287-304 d. C.) declara:

> «El consentimiento de los particulares no hace juez al que no tiene jurisdicción alguna, y lo que este decidió no tiene autoridad de cosa juzgada».

No deja de resultar curioso que haya pervivido en el derecho la denominación de "foro prorrogado" para el foro acordado por las partes, por causa de la referencia que en el texto romano se hace de la prórroga temporal concedida para la actividad de juzgar a un juez, designado para un tiempo determinado (***ad tempus***), conforme al acuerdo entre los litigantes. Lo explica quizás la autoridad de los textos romanos, esa *ratio scripta* (razón escrita) que llega, como aquí, a acuñar expresiones integrantes de un imperecedero vocabulario jurídico, aunque surgidas de insospechados vericuetos.

Las partes, por otro lado, podían convenir expresa (mediante *uadimonium*) o tácitamente a un determinado foro. En este último caso, como sucede hoy, la sumisión consiste en un acto del demandante o del demandado, como, por ejemplo, el de comparecer sin oponer objeción alguna ante el juez indicado por el foro, respecto del cual no ha habido acuerdo expreso.

Se habla, también con expresión no romana, de ***forum contractus***. Lo vemos plasmado en el primer fragmento antes citado, parágrafo último (D. 5.1.19.4), alusivo al lugar de pago o cumplimiento de la obligación por parte del deudor. La razón de este criterio puede hallarse en la propia naturaleza de la obligación o en que así lo han convenido las partes (lo que propiamente se denomina ***forum destinátae solutiónis***). La solución contraria la ofrece la regla *ibi dari debétur ubi pétitur* (debe darse allí donde se reclama; Lic. Ruf. D. 5.1.38 y otros). En el título «De las cosas que se han de poseer o vender con autoridad del juez» (D. 42.5) se hallan tres fragmentos –los primeros que aparecen en él– que suministran, en una sucesión muy rápida entre ellos, diversos criterios. En el tercero aparecen el de competencia por razón de la celebración del contrato y el del lugar destinado para el pago. Veámoslos: 1. Gai. 23 *ad ed.*: «Es necesario que los bienes se vendan allí donde cada cual debe ser defendido, esto es,» 2. Paul. 54 *ad ed.*, «donde tiene su domicilio» (*ubi domicilium habet*, es decir, ***forum domicilii***), 3. Gai. 23*ad ed.*: «o donde cada cual hubiere contratado (*ubi quisque contráxerit*, ***f. cont.***). Pero no se entiende ciertamente que se contrató en el lugar en que se hizo el negocio (*quo negotium gestum sit*, ***f. cont.***), sino en el que se ha de pagar el dinero (*quo soluenda est pecunia*, ***f. d. solut.***)».

Se habla hoy también del ***forum rei sítae***, referido a la competencia atribuida al órgano jurisdiccional en cuyo territorio se halla situado el inmueble objeto de contienda. La encontramos planteada en una constitución de los emperadores Valentiniano, Teodosio y Arcadio del año 385 d. C. (C. 3.19.3) *in fine*:

> «El actor sigue el fuero del reo (*rei forum*, es decir, del demandado), ya sea real la acción, ya sea personal. Pero mandamos, que la acción real se promueva contra el poseedor también en los lugares en que se hallan los bienes por que se litiga (*in locis, in quibus res, propter quas contenditur, constitútae sunt*)». (Cfr. también FV. 326 y Nov. 69.1).

En fin, el ***forum delicti commissi***: alude a la competencia jurisdiccional en razón del lugar donde se cometió el delito. La expresión no es romana, aunque debe conectarse en nuestra tradición jurídica con fragmentos de la compilación justinianea que la evocan: así en Pomp. 7 *epist.* D. 9.4.43 (*ibi defendendi sunt, ubi deliquisse arguentur*; deben defenderse procesalmente –los delincuentes– allí donde se sostuviese que han cometido el delito; similar, Ulp. 7 *de off. procon.* D. 48.2.7.4; referidos ambos a los delitos cometidos por esclavos).

Declara Papiniano (16 *resp.* D. 48.2.22) también:

> «El reo de una provincia es acusado y condenado ante aquellos ante quienes se prueba que se cometió el delito; lo que en general resolvieron por rescripto nuestros óptimos Príncipes que se debía observar también tratándose de militares».

En este mismo sentido Paul 17 *ad Plaut.* D. 5.1.24.1, que habla de la responsabilidad de los legados –diplomáticos– en Roma:

> «Los legados están obligados a soportar en Roma el juicio por los delitos cometidos en la legación, ya si los cometieron ellos mismos, ya si sus criados».

A propósito de conflictos en torno al deslinde entre fincas, Paulo (23 *ed.* D. 10.1.4.4) se refiere a la competencia del juez:

> «Si se dijera que los mojones fueron derribados o arrancados con el arado, el juez que conoce del delito, puede conocer también de los linderos» (v. ***terminus***).

Muy ilustrativas son las constituciones imperiales encuadradas bajo el expresivo título «Dónde debe ejercitarse la acción por crímenes» (*Ubi de criminibus agi oportet*); en particular la primera de los emperadores Severo y Antonino del año 196 d. C. (C. 3.15.1), donde ya se comienza a perfilar la expresión:

«Es suficientemente sabido que las causas por crímenes (*quaestiones críminum*) que son penados por las leyes o extraordinariamente deben llevarse a cabo donde aquellos se cometieron (*ubi commissa*) o se empezaron, o donde son hallados aquellos a quienes se les acusa de ser reos del crimen».

N.B.: los acentos de las expresiones en negrita en el cuerpo del texto (salvo fórum) sirven a su correcta pronunciación, pero no deben transcribirse en la redacción de textos.

Forma mentis

(Fórma méntis)
Lit. *forma de la mente, configuración o estructura mental.*

Significado y contexto: El término latino '*forma*' posee diversas acepciones: imagen, aspecto corporal, belleza; diseño o plan; tipo, sello, molde o modelo; carácter, modo o manera; en filosofía, especie (en que se divide el género); constitución, organización; en derecho, regulación (*forma iuris* –jurídica–, *forma edicti* –del edicto–, etc.), rescripto; también tiene que ver con la exigencia de determinados requisitos, llamados "formales", que determinados negocios precisan para su validez (v. ***ad validitatem***, ***ad solemnitatem***) o solo para prueba (v. ***ad probationem***).

A nuestra expresión se aproxima la que Cicerón utiliza en su *Brutus* (85.294), '*forma ingenii*', para elogiar la capacidad intelectual de Catón, aunque no tanto la elegancia de sus discursos. Se suele emplear hoy, particularmente en el ámbito jurídico, para aludir, no al ingente material normativo –imposible de memorizar– del que se sirve el jurista en su tarea cotidiana de aplicación del derecho, sino al particular enfoque del problema planteado y al instrumental preciso con el que procede a la búsqueda de la solución jurídica (es lo que se denomina propiamente "invención", de *inueníre*, hallar; de ahí "fallo" judicial). El estudio del derecho romano y del derecho común europeo –así como del derecho actual– no consiste en el mero aprendizaje de un cierto contenido. Tiene que ver más bien con el dominio, teórico y práctico, de una tupida red de términos y soluciones jurídicas, principios y reglas que han configurado durante siglos hasta nuestros días la mente del jurista actual. Pretender enseñar a razonar en derecho sin abordarlo de este modo dinámico es tarea ineficaz.

A Savigny se le ha criticado por comparar el derecho con la lengua. El derecho es contenido, se ha dicho. No es del todo exacta esta apreciación, a nuestro juicio. Hoy, en un mundo de continuas interrelaciones entre grandes sistemas jurídicos, deberíamos recordar que el derecho romano junto con el derecho común europeo constituye en realidad un formidable engranaje mental que, independientemente de la solución finalmente alcanzada para cada caso, es decir, al margen del contenido que se establezca para cada momento histórico respecto de una situación dada, la prefigura o proyecta en el marco de nuestra tradición jurídica. Sin embargo, al ser esta mucho más rica que los textos legislativos en que se acabó reflejando, da pie a un margen mucho más amplio de posibilidades de entablar diálogo con otros modos de entender el derecho. Así, por ejemplo, se reconocerá que esa estructura o disposición mental del jurista educado en el sistema de derecho civil no es tan diversa, como a menudo se oye decir, de la del llamado sistema del *Common Law*. Concretamente el derecho romano es, en buena medida, muy similar al *Common Law* en su modo de enfocar cuestiones jurídicas y en sus rasgos esenciales. El conocimiento del derecho romano y del derecho común europeo ayudará, pues, a superar esta empobrecedora visión del derecho, centrada en su contenido normativo, que, por atender solo a la plasmación procedente de las concretas legislaciones vigentes, acaba siendo estática e inmovilista. Es este uno de sus principales cometidos hoy en día, no de nimio alcance.

Hasta cierto punto, en conclusión, es verdad el dicho '*forma est quae dat esse rei*' (es la forma la que da el ser a la cosa), aforismo medieval basado en un fragmento romano relativo a la acción exhibitoria expuesto en Ulp. 24 *ad ed.* D. 10.9.4.3, que declara, a propósito de la fundición de un objeto reclamado, lo siguiente:

> «Pero si alguno hubiere exhibido deteriorada la cosa, dice Sabino que igualmente está él obligado a la exhibición. Pero en tal caso esto es realmente verdad si con dolo malo la cosa hubiera sido convertida en otro objeto, por ejemplo, si de una taza se hubiera hecho una masa; porque aunque exhiba la masa, estará obligado a la exhibición, porque, mudada, la forma casi destruye la esencia de la cosa (*nam mutata forma prope interimit substantiam rei*)».

Fraus creditorum

(Fráus creditórum)
Lit. *fraude de acreedores.*

(V. ***scientia fraudis***).

Fraus legis (legi)

(Fráus légis [légi])
Lit. *fraude de ley, fraude a la ley.*

Significado y contexto: Incurren en fraude de ley todos aquellos actos o negocios jurídicos que, sin vulnerar directamente lo dispuesto por ella, es decir, amparándose en una apariencia de conformidad con el derecho, alcanzan en la práctica un fin ilícito o prohibido.

La expresión la encontramos acuñada en D. 1.3.29 y 30, dos textos, respectivamente de Paulo (*l. sing. ad legem Cinciam*) y Ulpiano (4 *ed.*). Respecto del primero v. ***contra legem***. Ulpiano, en el segundo, afirma que se hace fraude a la ley (*fraus legi fit*) cuando se hace algo que no se quiere pero que la ley no prohibe (alusión a la apariencia creada), y añade que el *fraus* dista de lo que se hace *contra legem* lo mismo que la palabra del pensamiento. Veámoslos:

> Paul. *l. sing. ad l. Cinc.* D. 1.3.29: «Obra contra la ley el que hace lo que la ley prohíbe; y en fraude, el que salvadas las palabras de la ley elude su sentido.

> Ulp. 4 *ed.* D. 1.3.30: «Se comete, pues, fraude contra la ley, cuando se hace aquello que no quiso que se hiciera, pero que no prohibió que se ejecutura; y lo que dista el dicho del sentido, esto dista el fraude de lo que se hace contra la ley».

La expresión tiene que ver con los negocios de simulación. Modestino (5 *reg.*D. 44.7.54) afirma que los contratos imaginarios (*contractus imaginarii*), incluso las compraventas, no crean un vínculo jurídico (obligación) porque en ellos se disimula (*simulatur*) la fiabilidad del hecho (*fides facti*) sin que interceda la verdad. La sanción es, pues, la invalidez del negocio. Ulpiano 43 *ed.* D. 18.1.36 expone el caso de uno que fija un precio en la venta de una cosa con la intención de no exigirlo: no parece que venda, dice el jurista. Se trata de un caso de simulación relativa, porque se desea concluir un negocio, aunque sea diferente del aparente; probablemente eso sí con fines ilícitos (por ejemplo, para eludir la prohibición de donación entre cónyuges del derecho romano clásico). Este caso se distingue, por ejemplo, del del matrimonio simulado que presenta Gai. 2 *ad legem Pap.* D. 23.2.30, detrás del cual no hay otro negocio, aunque sí un ánimo torcido de sacar provecho de la situación (simulación absoluta). No tiene ninguna validez: '*simulátae núptiae nullíus momenti sunt* (el matrimonio simulado es inexistente)'.

Los negocios imaginarios no tenían por qué ser fraudulentos en el derecho romano. Se trataba en algunos casos de puras formas (negocios abstractos) para alcanzar fines diversos pero lícitos. Gayo 1.119 llama por ejemplo a la *mancipatio* (negocio abstracto del *ius ciuile*) '*imaginaria uenditio*'. (V. ***actus legitimi***, ***sub colore iuris***).

Fumus boni iuris

(Fúmus bóni iúris)
Lit. *humo de buen derecho; apariencia de buen derecho.*

Significado y contexto: El humo, en principio, no produce en nuestra cultura buenas resonancias. Tampoco en la latina de la que procedemos. Así, la conocida expresión '*fumum* –o *fumos*– *uéndere*' (Apuleyo *apol.* 60; Marcial *epigr.* 4.5.7) significa "vender humo"; en definitiva, lo mismo para ellos que para nosotros: realizar falsas promesas. La conexión causal (de efecto a causa) del humo con la llama es a menudo puesta de manifiesto. La expresión de Plauto *Curc.* 53 "la llama está próxima al humo" ('*flamma fumo est proxima*') expresa la sucesión inevitable de un hecho menos grave a otro que lo es más. Y '*de fumo in flammam*' (lit. del humo a la llama, *Amm.* 28.1.26) es salir de Scila para dar con Caribdis –los famosos escollos de la navegación situados en la costa del sur de Italia– (ir de mal en peor).

Por eso sorprende que se haya elegido precisamente el humo para aludir a algo positivo. Pero también es característico el ejemplo del humo como indicio causalmente inequívoco de la presencia del fuego. Cicerón, por ejemplo, alude –como decíamos antes– a la relación causal entre uno y otro (*part.* 34.8) sin matiz peyorativo. Y, desde este punto de vista, el humo entendido como perfume o aroma (emparentado etimológicamente con la voz griega "thúo", perfumar) indica la cosa misma. Esta acepción pudo ser empleada para formular esta expresión que muestra algo (por ejemplo, la presentación de la demanda del actor) que, sin ser examinado en sus detalles, "huele bien", produce una buena impresión, es aprobada inicialmente por el fino olfato jurídico de los intérpretes u órganos aplicadores del derecho. En resumen, significa que, por la apariencia de la causa, se adivina la efectiva existencia del derecho alegado aun antes de su prueba.

La expresión, en el ámbito procesal, tiene que ver con la conveniencia, sometida a la valoración del juez, de tutelar cautelarmente, esto es de modo preventivo, una situación dada, pues, de no hacerlo, podría ponerse en riesgo el propio resultado del juicio. De ahí también su relación con el llamado "riesgo por la mora o retraso" (*periculum in mora*).

Fumus persecutionis

(Fúmus persecutiónis)
Lit. *humo de persecución; apariencia de persecución.*

Significado y contexto: Expresión con la que se pretende la denuncia de hechos que revelan la intención de perseguir, por razones de índole política, a un miembro parlamentario. El sentido al que se orienta es a garantizar su inmunidad.

G

Gaudeamus

(Gaudeámus)
Lit. *alegrémonos.*

Significado y contexto: Se admite en nuestra lengua. Es la primera palabra de un verso cantado en la conmemoración de diversos santos de la Iglesia católica: «Alegrémonos todos en el Señor» (*Gaudeamus omnes in Domino*). El carácter alegre de las fiestas religiosas pudo haber influido en la elección del inicio de una burlesca cancioncilla estudiantil alemana, procedente de la Edad Media, que se ha hecho famosa en todas las universidades del mundo. En ellas, en efecto, se entona con formal seriedad en los actos académicos, si bien debe admitirse que es un tanto irrespetuosa y desde luego nada caritativa con la senectud. No obstante, aun siendo esto verdad, no se puede dejar de reconocer su desbordante vitalidad y su invitación a los miembros integrantes de una comunidad universitaria a abandonar hipócritas poses académicas.

Gradatim

(Gradátim)
Lit. *por grados; gradualmente.*

Significado y contexto: Expresión que se aplica en derecho romano de modo preferente al derecho de sucesiones. Por ejemplo, Paulo 57 *ed.* D. 29.2.70 afirma que en una sucesión hereditaria se procede primero llamando a los herederos designados testamentariamente (sucesión testamentaria) y solo después se da paso a los que les corresponde la herencia legítima (sucesión legal). Aunque por uno y por otro cauce coincidan las personas con derecho sobre la herencia se ha de proceder por grados (*gradatim*): primero se ha de repudiar la herencia deferida *ex testamento* (por testamento) y después la *ab intestato*.

Gratis

(Idem)
Lit. *graciosamente, gratis.*

Significado y contexto: Alude a lo que se concede como una gracia; por tanto, sin obtener nada a cambio, que es a lo que finalmente se aplica hoy. Tiene que ver con los actos gratuitos, en los que a la ventaja de una parte no le corresponde otra en sentido inverso. Gratuito se contrapone entonces a oneroso. Cuando la ventaja es definitiva (la obtenida por ejemplo en una donación), los actos se denominan propiamente lucrativos (no simplemente gratuitos).

Gratis et amore Dei (graciosamente y por el amor de Dios) es expresión usual. *Gratia* significa agradecimiento.

En la terminología de la Jurisprudencia romana aparece la voz de manera frecuente referida al derecho real de habitación. En uno de ellos, Pomponio 33 *Sab.* D. 39.5.9 pr. afirma que habitar *gratis* en una casa ajena parece donación (ya que no paga merced). En otro (Gai 2 *rer. cottid.* D. 7.8.11) se dice que al que se le permite morar en un fundo se le exige que no perturbe al dueño del fundo ni a los que hacen en él obras rústicas. Tampoco se le permite vender, arrendar o conceder *gratis* el derecho que tiene.

Ulpiano 23 *Sab.* D. 30.49.8 recuerda que el heredero que resulta obligado por el testamento (legado obligacional) a vender un fundo no ha de venderlo *gratis* sino por su precio verdadero (*uero praetio*). "Precio verdadero" se contrapone a "ficticio". Para que sea tal no debe ser irrisorio de manera que el negocio deje de considerarse como de compraventa. Se trataría, por el contrario, de una *imaginaria uenditio*, venta imaginaria, que ocultaría bajo su apariencia una causa de donar. (v. ***fraus legis***).

Gayo (10 *ed. prov.* D. 19.5.22) propone el siguiente caso: si yo acepto limpiar y arreglar unas prendas de vestir *gratis* mi obligación surge de un mandato. Si lo hago por una merced, arrendamiento. Pero si no hago ni una cosa ni otra, sino que gestiono el negocio (es decir, sin previo acuerdo entre las partes) con la intención de que luego se me pague según lo que se haya establecido, surge un negocio diferente (*nouum negotium*, negocio atípico) cuya reclamación será por acción *in factum* (*praescriptis uerbis*, por las palabras prescritas):

> «Si yo te hubiere dado vestidos para lavarlos o arreglarlos, si verdaderamente te encargas de este trabajo gratuitamente (*gratis*), hay obligación de mandato; pero si habiéndose dado o señalado retribución, se hace un negocio de locación y conducción (*locationis conductionisque negotium*). Pero si ni hubieres tomado este trabajo gratuitamente (*gratis*), ni se hubiera dado desde luego –o señalado– retribución, sino que se hubiere hecho el negocio con la intención de que después se daría a título de retribución tanto cuanto entre nosotros se hubiera fijado, parece bien que como por un negocio nuevo se ha de dar la acción por el hecho, esto es, la *de praescriptis uerbis* (por las palabras prescritas)».

Quinto Cervidio Escévola 17 *dig.* D. 32.35.3 expone el caso de uno (sin duda un generoso y acaudalado prohombre) que dispuso en codicilos la prestación de servicios *gratis* del balneario Julio (junto a su casa) durante diez meses, a cargo de sus herederos, en favor de sus queridísimos munícipes de Tíbur. Se preguntaba si también se incluían los gastos necesarios de reparación. El jurista responde afirmativamente. Veámoslo:

> «Uno dispuso así en codicilos confirmados: "A los Tiburtinos, mis conciudadanos de municipio, y muy amados. Sabed que os dejo el baño (*bálneus*) Juliano, adosado a mi casa; y esto, para que públicamente se os facilite gratis (*gratis*) a costa y por diligencia de mis herederos durante diez meses de todo el año". Se preguntó si deberán pagar también los herederos los gastos necesarios para las reparaciones. Respondió, que, según lo que se exponía, se consideraba que el testador se refirió, además de a la carga de la calefacción y del suministro (*calefactionis et praebitionis onus*), también a los gastos que correspondan al cuidado diario, con los que o se proveen los baños, o finalmente se suelen preparar y limpiar durante los acostumbrados períodos de vacaciones (*inter sólitas cessationum uices*), para que estén a punto para lavarse (*ad lauandum*)».

Grosso modo

(Idem)
Lit. *de manera grosera o aproximada; aproximadamente.*

Significado y contexto: Expresión extraída del latín tardío muy usual. Se admite en nuestra lengua. Se utiliza erróneamente cuando se dice *a grosso modo.

(V. ***modus***).

H

Habeas corpus

(Hábeas córpus)
Lit. *«que tengas el cuerpo»; derecho a la libertad personal.*

Significado y contexto: Se admite en nuestra lengua. La expresión completa es '*hábeas corpus ad subiciendum*' (lit. "que tengas el cuerpo para su presentación"). Es figura de la tradición constitucional inglesa. Procede de la Carta Magna (*Magna Charta*) de 1215 (aunque su formulación se debe a la célebre disposición o *Bill* de 1679, reinando Carlos II de Inglaterra). Observemos, no obstante, que la cuna del parlamentarismo en Occidente no ha sido Inglaterra sino España, y, más en concreto, León, como ha sostenido más recientemente John Keane (Keane 2009)–. Allí en 1188, bajo el reinado de Alfonso IX, se reunieron las primeras Cortes que abrieron paso a un régimen de libertades que nada tenía que ver con el sistema feudal vigente en aquel tiempo prácticamente en toda Europa.

La figura que comentamos es considerada un feliz hallazgo de la civilización occidental, cuya función consiste en poner freno al poder arbitrariamente ejercido contra los indefensos ciudadanos. Se plasma en nuestros días en las Cartas constitucionales y de derechos humanos de los países regidos por el Estado de Derecho e instituciones internacionales democráticas. El derecho inglés, en su primitiva versión del *Common Law*, se basaba en *writs* (*breuia*, en latín), instrucciones escritas de diversos tipos de procedimientos (muy parecidas, por cierto, en su configuración y función a las fórmulas romanas del procedimiento clásico). El idioma utilizado para su redacción era el latín, latín medieval de no muy buena factura, aunque al menos, por fortuna, recuperado por los normandos para la tradición británica, después de haber sido aniquilado por las hordas sajonas hasta la llegada de aquellos. Uno de esos expedientes, que pasó a denominarse así ('*H. c. ad subiciendum*') exigía del que había detenido a una persona que lo presentase ante el órgano jurisdiccional competente para que se determinara la conformidad a la ley de ese arresto o detención.

El derecho romano conoció figuras garantizadoras de la libertad ciudadana, tan relevantes y significativas en la historia del derecho como la célebre '*prouocatio ad populum*' (de época republicana), con la que un ciudadano (*ciuis*), antes de que un magistrado *cum imperio* (con imperio, manifestación máxima de poder) le pudiera imponerle unilateralmente una pena grave, podía invocar al pueblo reunido en comicios para que deliberara sobre su caso. Pero el supuesto que se señala como inspirador del inglés es el del llamado interdicto de exhibición de un hombre libre ('*de homine libero exhibendo*') por el que se propone la exhibición de un hombre libre que alguien retiene con dolo malo.

El edicto del Pretor decía así: «Exhibe al hombre libre que con dolo malo retienes» (*'Quem líberum dolo malo rétines, exhíbeas'*, Ulp. 71 *ed.* D. 43.29.1). Su función –añade el jurista– es proteger la libertad (*libertátis tuéndae causa*), «esto es, para que los hombres libres no sean retenidos por nadie» (*'uidelicet ne homines liberi retineantur a quoque'*). Lo podía ejercitar cualquiera (era un interdicto popular): de nuevo es Ulpiano 71 *ed.* D. 43.29.3.9 quien afirma que «este interdicto compete a todos, pues a nadie se le debe prohibir que promueva la libertad»: *Hoc interdictum ómnibus cómpetit; nemo enim prohibendus est libertati fauére.* (v. ***favor libertatis***).

> «Dice el Pretor: "Exhibe el hombre libre que con dolo malo retienes". (1) Se propone este interdicto para amparar la libertad, esto es, para que los hombres libres no sean retenidos por nadie;»

Añade el jurista Venuleyo 4 *interd.* (*h. t.* l. 2) en el siguiente fragmento, unido al anterior sin solución de continuidad:

> «porque no se diferencian mucho de una especie de siervos aquellos a quienes no se les da facultad para marcharse (*facultas recedendi*).»

Debe recordarse además que los interdictos romanos se designaban por algunas de las palabras empleadas en él (*unde ui, quod ui aut clam, ...*), igual que harán los *writs* ingleses.

> (V. ***venditio bonorum***).

Hic

(Idem)
Lit. *aquí.*

Significado y contexto: La expresión completa es *'hic est quaestio'* (lit. aquí está la cuestión). Se emplea para anunciar, en el curso de la dilucidación de una cuestión jurídica, la exposición del núcleo central del problema, el quid.

Expresión similar es *'hic iacet lepus'* (lit. aquí yace la liebre).

Hic et nunc

(Idem)
Lit. *aquí y ahora.*

Significado y contexto: Expresión que se utiliza para dar idea de la inmediatez de una situación o hecho a través de las coordenadas de lugar y de tiempo.

En realidad habría bastado con la primera (*hic*) para formular lo que dice, porque en latín el adverbio *'hic'* expresa tanto lugar (acepción denotativa) como tiempo (acepción figurada), es decir, "en este lugar", pero también "en este momento". La utilización, no procedente del latín clásico, de este binomio refleja con insistencia lo presente desde todo punto de vista, a menudo para evitar utopismos o idealismos etéreos.

Honoris causa

(Idem)
Lit. *por causa de honor.*

Significado y contexto: Se admite en nuestra lengua. *Honos* significa honor, testimonio de estima; se aplica también a los cargos políticos elegibles en los comicios (v. *cursus honorum*). En las fuentes latinas, la expresión *'honoris causa (gratia)'* se encuentra en expresiones como estas: "nombrar a alguien para dejar constancia de su consideración" (*honoris causa nominare aliquem*, Cicerón *Phil.* 2.30) o *honoris tui habendi causa*" (en consideración a ti, *Gell.* 14.1.11).

Los cargos o distinciones honoríficas, que diversas instituciones conceden (por ejemplo, los doctorados *h. c.* de las universidades) a determinadas personas en virtud de sus méritos, constituyen una forma de reconocerlos, aunque, como en Roma las magistraturas, son por principio gratuitos.

La Jurisprdencia romana se muestra interesada por la expresión a propósito del llamado *tutor honorarius* (o *tutor h. c.*) que era el que se designaba por honor sin asumir la carga de la administración. A ellos sin embargo Justiniano les hizo responsables subsidiariamente del desempeño de la tutela (como se aprecia en Paul. *liber. sing. ad orat. divi Anton. et Comm.* D. 23.2.60.2; Ulp. 9 *ed.* D. 26.7.3.2; Ulp. 30 *Sab.* D. 46.3.14.1).

Gayo 11 *ed. prov.* D. 24.1.42 habla de una nueva causa de donación (*causa donationis*) debida a la indulgencia del príncipe Antonino y que –según él– ha pasado ha llamarse '*h. c.*', como cuando la mujer hace una donación al marido para que obtenga el acceso a la clase senatorial o ecuestre, o para los juegos públicos. Recuérdese que las donaciones entre cónyuges están prohibidas en el derecho clásico romano. He aquí una excepción: la mujer ayuda a su marido a elevar su *status* social y político, lo que repercute también en ella. Helo aquí:

> «Recientemente, por indulgencia del príncipe Antonino fue admitida otra causa de donación (*alia causa donationis*), que llamamos por causa de honor (*honoris causa*), como esta: si la mujer hiciese donación al marido para que pidiese la laticlavia, o para que fuese hecho del orden ecuestre, o por causa de los juegos (*ludorum gratia*)».

En Roma, las promesas de los políticos realizadas en las campañas electorales eran exigibles judicialmente una vez que resultaban elegidos. Se llamaban *pollicitationes* (policitaciones), institución esta que ha tenido una vida ulterior sinuosa, apareciendo y reapareciendo en la historia del derecho hasta nuestros días. Las actuales promesas públicas de recompensa que recogen los códigos civiles avanzados están emparentadas con ellas. Pomponio 6 *epist. et uar. lect.* D. 50.12.14 afirma que si alguien, por causa de un honor suyo o ajeno (*sui alieniue honoris causa*) –se refiere a un cargo municipal– ha prometido que iba a realizar una obra, resultaba obligado tanto él como su heredero a acabarla en virtud de una constitución de Trajano. Pero si moría antes de terminar la obra acometida *ob honorem* (en consideración a un cargo), y su heredero era extraño (no perteneciente a la familia), este debía o concluirla o entregar a la ciudad en cuestión la quinta parte del patrimonio heredado por él; una décima parte, si el heredero era descendiente del causante. Esto fue determinado –según Pomponio– por una constitución de Antonino.

> «Si alguno hubiere prometido por causa de cargo honorífico (*honoris causa*), suyo o de otro, que él hará una obra en alguna ciudad, ha de ser obligado a ejecutarla tanto él mismo como su heredero, en virtud de constitución del Divino Trajano. Pero si alguno hubiere prometido por causa de un honor (*ob honorem*) que él hará una obra en alguna ciudad y la hubiere comenzado, y antes que la acabase falleciere, su heredero extraño tiene ciertamente obligación o de acabarla, o de darle, si así lo prefiriera, a la ciudad en que esta obra se comenzó a hacer, la quinta parte del patrimonio que se le dejó por el que había determinado hacer esta obra; pero, si es uno de sus hijos el que se hizo heredero, es sometido a la obligación de ceder no la quinta parte, sino la décima; y esto estableció el Divino Antonino».

Honor matrimonii

(Hónor matrimónii)
Lit. *honor del matrimonio, honorabilidad matrimonial.*

(V. ***in fieri***).

I

Ibidem

(Ibídem)
Lit. *allí mismo.*

Significado y contexto: Admitida en nuestra lengua. Se utiliza en las citas o referencias cuando se acaba de transcribir la indicación, por ejemplo de una obra y su autor, y un poco después se vuelve de inmediato a aludir a ella. El término latino ahorra el esfuerzo al escritor de tener que expresar una y otro de nuevo con detalle. Su función, pues, es la de reenviar al lector a la referencia anterior, para especificar solo lo distinto (por ejemplo, una página diferente) en la nueva.

Id est

(Idem)
Lit. *esto es, o sea.*

Significado y contexto: Expresión muy frecuente en la actualidad (especialmente en los escritores de lengua inglesa que la transcriben abreviada '*i. e.*'). Sirve para anticipar la explicación de un modo más claro lo dicho anteriormente.

Id quod interest

(Id quod ínterest)
Lit. *lo que importa, el interés.*

Significado y contexto: No es pacífica la traducción de *id quod interest*. Literalmente significa «lo que se encuentra en medio» (*quod inter est*). En sentido impersonal, *interest* unido al genitivo de la persona a la que hace referencia y a los pronombres *mea, tua, nostra, uestra*, así como a la tercera persona *eius, eorum, earum*, significa propiamente "interesa", "importa". La usual presencia en los textos jurídicos romanos de estos últimos parece aludir a un "interés"–término este actual precisamente derivado de nuestra expresión– de una persona concreta: así, por ejemplo, *id quod eius interest* (lo que le interesa a él). Podría traducirse también en ocasiones como "lo que hay de diferencia", aunque casi siempre, como decimos, "para alguien".

En un célebre texto de Paulo, 1 *ed.* D. 44.7.35, al hablar de la función de las acciones reipersecutorias, es decir, aquellas que «contienen la persecución de la cosa» (*rei persecutionem continent*) se dice que a través de ellas, «perseguimos lo que nos falta del patrimonio» (*quibus persequimur, quod ex patrimonio nobis abeat*).

En otro texto del mismo jurisconsulto, constantemente citado en nuestra tradición jurídica en materia de cuantificación de daños, aparece descrita la finalidad de nuestra expresión a propósito de la estipulación relativa a la ratificación, por parte del representado o *dominus negotii*, de un negocio llevado a cabo por su representante. Es un fragmento clave para entender el origen de los conceptos de "daño emergente" (*dámnum emérgens*) y "lucro cesante" (*lúcrum céssans*):

> Paul. 76 ed. D. 46.8.13: «Si tuvo efecto la estipulación de que el principal ratificará el negocio, compete por tanto cuanto me importó, esto es, por tanto cuanto me falta, y cuanto pude lucrar (*in tantum competit, in quantum mea interfuit, id est, quantum mihi abeat, quantumque lucrari potui*)». (V. ***damnum emergens, lucrum cessans***).

Fundamental en materia de cálculo y limitación de los daños es la célebre constitución imperial de Justiniano, objeto de constante atención por parte de los juristas de todas las épocas:

> C 7.47.1 8 (Justiniano a. 531): «Ya que por razón del interés ha habido antiguamente infinitas dudas, nos ha parecido conveniente reducir en lo posible este exceso. 1. Así pues sancionamos para todos los casos que contengan una cantidad cierta u objeto, como en las ventas y arrendamientos y en todos los contratos, que este interés no sobrepase la cantidad del doble (*hoc quod interest dupli quantitatem mínime excédere*). En los demás casos que se consideren inciertos, los jueces que asuman la solución de los casos exijan diligentemente que se obtenga el daño que realmente se ha ocasionado y que <la valoración> no se embrolle a través de maquinaciones y de inmódicas malicias para que no resulte excesiva de manera que se haga imposible; bien sabemos que es conforme a la naturaleza exigir tan solo aquellas penas emitidas de manera atemperada o establecidas por las leyes de acuerdo con un cierto fin. 2. Nuestra constitución no solo abarca esto con respecto al daño sino también con respecto al lucro (*Et hoc non solum in damno, sed etiam in lucro nostra amplectitur constitutio*), ya que, con relación a esto último, también los antiguos determinaron el interés: y para todo, conforme a lo dicho, ponga la alegación de esta constitución fin al antiguo exceso».

El nexo de unión entre estos y otros muchos textos romanos con el Código Civil español, por ejemplo, es más que evidente:

> Artículo 1106: «La indemnización de daños y perjuicios comprende, no solo el valor de la pérdida que hayan sufrido, sino también el de la ganancia que haya dejado de obtener el acreedor, salvas las disposiciones contenidas en los artículos siguientes».
>
> Artículo 1107: «Los daños y perjuicios de que responde el deudor de buena fe son los previstos o que se hayan podido prever al tiempo de constituirse la obligación y que sean consecuencia necesaria de su falta de cumplimiento».

En caso de dolo responderá el deudor de todos los que conocidamente se deriven de la falta de cumplimiento de la obligación.

Un texto básico para entender el sentido de este último artículo es, por ejemplo, este:

> Ulp. 32 *ed.* D. 19.2.19.1: «Si alguno hubiese arrendado unas tinajas defectuosas sin saberlo, y luego se hubiera derramado el vino, quedará obligado en la medida del interés, y no habrá de ser excusada su ignorancia (*tenebitur in id quod interest nec ignorantia eius erit excusata*); también así escribió Casio; de otro modo será si diste en arriendo una dehesa para pasto en el que nacía hierba mala: pues, en este caso, si el ganado murió o bien se deterioró, se responderá en la medida del interés (*quod*

> *interest praestabitur*); esto, si lo sabías, pero si lo ignorabas, no pedirás la renta; y así lo admiten también Servio, Labeón y Sabino».

Qué decir del famosísimo texto que a continuación exponemos, base del concepto actual de daño:

> Ulp. 32 *ed.* D. 19.1.13 pr-1: «Juliano, 15 digestos, hace una distinción, entre aquel que vende una cosa conscientemente y el que lo hace con ignorancia, en la condena por acción de compra; pues dice que aquel que me vendió ganado enfermo o una viga defectuosa, si lo hizo sin saberlo, habrá de responder por la acción de compra solamente de aquella cantidad en que lo habría comprado de menos de haber conocido yo que se hallaba así; pero si se calló a sabiendas y engañó al comprador, habrá de responder al comprador de todos los daños que de aquella compra se derivasen para él (*omnia detrimenta, quae ex ea emptione emptor traxerit, praestaturum ei*). Así, pues, si la casa se derrumbó por defecto de la viga, el valor de la casa; si perecieron los ganados por contagio del enfermo, habrá de responder del interés del comprador en que se vendiesen cosas idóneas (*quod interfuit idonea uenisse erit praestandum*). 1. Igualmente el que vendió un esclavo ladrón o fugitivo, si lo hizo a sabiendas, deberá responder en la medida del interés del comprador en no ser engañado (*quanti emptoris interfuit non decipi*); pero si hubiese vendido sin saberlo, en el caso del fugitivo, está obligado, en cuanto si hubiese comprado de menos al saber que era fugitivo; en el caso del ladrón no está obligado. La razón de esta diferencia es que respecto al fugitivo no se da la situación de tenencia pacífica y el vendedor se obliga como si fuera por evicción; en cambio, podemos tener la pacífica posesión del esclavo ladrón».

La exigencia de la limitación del daño vuelve a conectar al sistema de derecho civil con el del *Common Law*, como se aprecia por la relevante declaración que a continuación exponemos:

> Lord Atkinson en *Addis v. Gramophone Co. Ltd.* (1909): «Siempre he creído que los daños por incumplimiento de contrato tenían naturaleza compensatoria no punitiva (*I have always understood that damages for breach of contract were in the nature of compensation, not punishment*)».

Un sentido innovador de interés ensayó Jhering, experto conocedor del derecho romano, en su célebre obra sobre el nuevo concepto, creado por él a partir de textos jurídicos romanos, de *culpa in contrahendo* (*Culpa in contrahendo oder Schadenersatz bei nichtigen oder nicht zur Perfection gelangten Vertragen*, Jahrbuch für Dogmatik IV, 1860), mediante la distinción entre interés positivo y negativo, el primero consistente en lo que importaba a la parte damnificada que el negocio se hubiese realizado de manera correcta e íntegra, como hubiera sido su deseo; el segundo, en lo que le importa no haber sufrido los perjuicios por el negocio realizado, esto es, el interés en la no conclusión del negocio que fatalmente se llevó a cabo.

Curiosamente, este segundo sentido, diferente del clásico, pero con evidentes raíces comunes (comenzando por el propio término de "interés"), es el que ha conectado con la tradición angloamericana, como puede apreciarse, por ejemplo, en la formulación del moderno *Restatement of contracts* norteamericano a propósito de la distinción entre el interés de expectativa (*expectation interest*) y el interés de confianza (*reliance interest*), respectivamente concordantes con el interés positivo y negativo. Junto a ellos aparece un tercer tipo de interés (el de restitución o *restitution interest*) que se dirige a reclamar todo beneficio que, proveniente de la parte damnificada, le haya aprovechado a la parte incumplidora:

> *Restatement of contracts* §344. Fines de los remedios: «Los remedios procesales correspondientes a las reglas declaradas en este *Restatement* sirven para tutelar uno o más de los siguientes intereses de un acreedor: (a) su interés de expectativa

(“expectation interest”), que es su interés en obtener el beneficio del acuerdo poniéndole en la misma posición que tendría de haberse realizado el contrato, (b) su interés de confianza (“reliance interest”), que es el interés en ser indemnizado por la pérdida causada por su confianza en el contrato poniéndole en la misma posición que habría tenido de no haberse hecho el contrato, o (c) su interés de restitución (“restitution interest”), que es su interés en que se le reintegre cualquier beneficio que le hubiese conferido a la otra parte ».

Id quod plerumque accidit

(Id quod plerúmque áccidit)
Lit. *lo que ordinariamente sucede.*

(V. ***in casu*** *in fine*).

Ignorantia

(Ignorántia)
Lit. *ignorancia.*

Significado y contexto: La ignorancia en la que se puede incurrir en el ámbito del derecho puede afectar a los hechos (*ignorantia facti*, ignorancia de hecho) o al derecho mismo (*ignorantia iuris*), como la Jurisprudencia romana descubre. La presente voz se relaciona con la de *érror* (v. ***error***), aunque no sean una misma cosa. La ignorancia no tiene por qué conducir a error necesariamente. Sin embargo, en el tratamiento que recibe este se incluye a aquella.

Tanto el Digesto (D. 22.6) como el Código de Justiniano (C. 1.18) dedican sendos títulos a la ignorancia con sus dos clases (‘*De iuris et facti ignorantia*, Ignorancia de derecho y de hecho). Paulo *l. sing. de iur. et fact. ignor.* D. 22.6.9 pr. afirma la regla según la cual la ignorancia de derecho perjudica a cualquiera <que la sufra>, pero la de hecho no (‘*Regula est iuris quidem ignorantiam cuique nocére, facti uero ignorantiam non nocére*’). Por diversas circunstancias relacionadas con la protección que se consideraba que el derecho debía otorgar a ciertas personas, se exceptuaban de la regla los menores de veinticinco años, los *rústici* (personas analfabetas procedentes del mundo agrario) y las mujeres (estas últimas más por un afán proteccionista del derecho romano; v. ***pro forma***), a los que no perjudicaba la ignorancia de derecho. Veamos el entero fragmento:

«Es una regla que la ignorancia de derecho perjudica, y la de hecho no perjudica (*Régula est iuris quidem ignorantiam cuique nocére, facti uero ignorantiam non nocére*). Veamos, pues, en qué casos puede tener lugar, dejando dicho previamente que se permite a los menores de veinticinco años la ignorancia del derecho; lo que también se dice en algunos casos de las mujeres, a causa de la debilidad de su sexo [*propter sexus infirmitatem*, medida proteccionista esta no basada en la concepción de su naturaleza como inferior, sino en la necesidad de igualar su situación con respecto a la de los varones asimétricamente], y así, donde no hay delito, no quedan perjudicadas por la ignorancia de derecho; por esta razón, si un menor de veinticinco años hubiera prestado una cantidad a un hijo de familia, se le remedia de forma que no parezca haber prestado a un hijo de familia. 1. Si un militar hijo de familia que un camarada ha instituido heredero ignora que puede, en virtud de las constituciones imperiales, adir la herencia incluso sin autorización paterna, ignora el derecho y por ello no deja de correr para él el plazo de hacer la adición de la herencia. 2. La ignorancia de hecho, sin embargo, únicamente deja de perjudicar cuando no pueda objetarse una negligencia extremada, pues ¿qué diremos si todo el mundo en la ciudad lo sabe y solo uno lo ignora? Justamente define Labeón que el conocimiento no debe ser ni el de una persona muy cuidadosa ni el de una muy descuidada, sino el de aquel que tiene cuidado de enterarse preguntando con dili-

> gencia. 3. Labeón entiende que la ignorancia de derecho no favorece en el caso de que uno tenga a su disposición jurisconsultos a quienes consultar o esté instruido por su propia prudencia, de modo que a quien no resulte fácil saber, no le sea perjudicial la ignorancia de derecho, lo que ocurrirá pocas veces. 4. Cuando se ignora que el vendedor era propietario de la cosa, se tiene en cuenta más la realidad que la representación mental del comprador (*plus in re est, quam in existimatione <e>mentis*), y por ello, aunque se crea comprar de uno que no es propietario, sin embargo, si el propietario le entrega la cosa, él se hace propietario. 5. Cuando alguno deja de hacer valer la ley Falcidia por ignorancia del derecho, dice una epístola de Antonino Pío que esto le perjudica, y los emperadores Septimio Severo y Antonino Caracala dieron un rescripto en los siguientes términos: "Lo que se ha dado indebidamente a causa de fideicomiso, si no se pagó por error, no puede reclamarse que se devuelva, por lo que los herederos de Gargiliano, que, al pagar la cantidad dejada en el testamento de aquel para construir un acueducto en la ciudad de Cirta, no solo dejaron de exigir las cauciones que suelen interponerse para que devolvieran los munícipes lo que hubiesen recibido en exceso de lo que permite la ley Falcidia, sino que incluso estipularon que aquella cantidad no se invirtiera en otros usos y consintieron a ciencia y conciencia que aquella suma se gastara en la construcción del acueducto, reclaman en vano que les haga una restitución la ciudad de Cirta como si hubiesen dado más de lo que se debía; en efecto, es injusto tanto el reclamar la cantidad que se dio para la construcción del acueducto, como que la ciudad gaste de lo suyo en una obra que expresa toda ella una liberalidad ajena. Por lo tanto, si creen tener derecho a la reclamación porque, llevados por su inexperiencia, dejaron de usar el beneficio de la ley Falcidia, que sepan que la ignorancia que vale es la de hecho y no la de derecho, y que no suele ayudarse a los necios, sino a los que se equivocan". 6. Aunque en esta epístola se haga mención de los munícipes, sin embargo, se observará lo mismo con cualquier otra persona, y tampoco porque se trata de una cantidad dejada para la construcción de un acueducto habrá que decir que cesa la reclamación tan solo en este caso; pues el comienzo de la constitución es general: en efecto, se refiere a que no puede reclamarse la devolución cuando se pagó sin error un fideicomiso indebido. También es general aquella parte de la epístola donde se dice que los que no hicieron uso del beneficio de la ley Falcidia por ignorancia de derecho, no pueden reclamar la devolución; de modo que de conformidad con esto puede decirse también que, si se paga una cantidad dejada por fideicomiso, pero no para hacer algo, y aunque no se haya consumido sino que siga íntegra en poder del que la recibió, cesa la repetición de lo indebido».

El caso de los herederos de Gargiliano que relata el párrafo 5 es de gran interés. Permitieron estos, en efecto, que el fideicomiso otorgado por Gargiliano, hombre principal de la ciudad de Cirta (en el norte de África), para la construcción del acueducto con cargo a su fortuna, prácticamente la agotara sin exigir las debidas garantías o cauciones con las que podrían haberse reservado la cuarta parte de la herencia (la llamada cuarta Falcidia) que les correspondía por ley (ley Falcidia). Se trataba de un error de derecho flagrante. De ahí la rigurosa, e incluso inmisericorde, respuesta de la constitución imperial *in fine* que resaltamos en el texto.

El fragmento habla de la tutela jurídica a las mujeres que sufren error de derecho "en algunos casos". Característico ejemplo es el de aquella que llevaba casada cuarenta años con su tío materno, ignorando la prohibición legal de contraer matrimonio entre parientes de ese grado (Marc. 2 *de adult.* D. 23.2.57a). Habría sido conforme a la ley el matrimonio entre tío paterno y sobrina. Del desconocimiento de tales sutilezas legales, basadas además en el capricho de un emperador (concretamente de Claudio para poder contraer nupcias con su sobrina Agripina), se excusó, no obstante, a la mujer.

La ignorancia de derecho adquiere relevancia en materia de enriquecimiento injusto o sin causa (*sine causa*). Un caso muy similar al anterior plantea el jurista Papiniano (11 *quaest.* D. 12.7.5):

> «Una mujer que quería casarse ilícitamente con su tío materno, le dio en dote una cantidad; no hubo unión. Se preguntó si puede repetirla [reclamar la devolución de lo pagado]. Dije: cuando se da una cantidad con causa inmoral para el que da y para el que recibe, cesa la condicción [acción para reclamar el enriquecimiento injusto o sin causa], y en un delito para los dos es preferido el poseedor (***in delicto pari*** *potiórem esse possessórem*); quizá alguno se deje llevar de esto para decir que la mujer no tendrá condicción; pero creo que en este caso que se propone puede defenderse en justicia que no hay tanto una causa inmoral como falta de causa (*non turpem causam in proposito quam nullam fuisse*), ya que la cantidad que se diera no podría quedar como dote; no se dio con fin de estupro, sino de matrimonio. 1 Una madrastra dio en razón de dote una cantidad a un hijastro, o una nuera a su suegro, y no hubo unión. A primera vista, parece que cesa la condicción, porque se comete un incesto de derecho de gentes, pero es que en ese caso no hubo causa de dar la dote, y consecuentemente compete la condicción».

El razonamiento de Papiniano es el siguiente: desde luego la unión es ilícita y, por tanto, a primera vista se ve afectada por una apariencia de inmoralidad respecto de las dos partes que haría no reclamable la cantidad dada por la mujer como dote (en virtud de la regla ***in pari causa*** *turpitúdinis mélior condício possidéntis*, a igual situación de inmoralidad la mejor condición es la del poseedor, en este caso, de su tío, enunciada de un modo algo más conciso por el jurisconsulto). No obstante, no había intención de cometer un estupro sino de dar vida a una relación matrimonial lícita y honorable, en la convicción por parte de ambos de que su unión era permitida. En definitiva, sufrieron un error de derecho que el jurista considera relevante. Véanse también los casos del párrafo uno.

Sin duda, entre las virtudes que hicieron famoso al jurista Papiniano en épocas sucesivas fueron, aparte del laconismo un tanto hermético de sus decisiones, su sensibilidad por los problemas humanos a caballo entre el derecho y la moral, resueltos sin emotivismos, es decir, con técnica y humanidad. Es destacable que la admisión por parte de algunos códigos modernos del error de derecho se constate también en el ámbito del enriquecimiento sin causa: así, el vigente código civil colombiano en su artículo 2315 (pago por error de derecho de obligacion sin fundamento): «Se podrá repetir aun lo que se ha pagado por error de derecho, cuando el pago no tenía por fundamento ni aun una obligación puramente natural». Son los casos del derecho romano los que, a través de un arrastre doctrinal secular, dan explicación a este artículo.

Para distinguir la ignorancia de hecho de la de derecho, tarea no fácil a menudo, Paulo 44 *ed.* D. 22.6.1.1 expone el siguiente ejemplo:

> «Porque si alguno ignorase que falleció aquel cuya posesión de bienes se le defiere, no corre para él el tiempo. Pero si verdaderamente supiera que el difunto era su cognado, pero ignorase que se le defiere a él la posesión de los bienes por razón de proximidad, o si supiera que él fue instituido heredero, pero ignorase que el Pretor promete la posesión de los bienes a los herederos instituidos, corre para él el tiempo, porque yerra en cuanto al derecho. Lo mismo es, si el hermano consanguineo del difunto creyera que la madre era de mejor derecho».

Es decir, no corre el plazo de aceptación como heredero para el que ignora que ha muerto aquel con respecto al cual es llamado a poseer sus bienes. Pero si lo que ignora es que, por ser pariente, puede ser llamado; o, si ha sido instituido heredero, desconoce que el magistrado concede la posesión de los bienes a tales herederos, entonces –dice Paulo– yerra en cuanto al derecho (*in iure errat*).

En realidad habría que distinguir la ***ignorantia iuris*** de la ***ignorantia legis***. La primera se refiere al derecho (que no es escrito, por tanto no público, consistente en la actividad elucubrativa casuística de los juristas) y la segunda a la ley (que en el derecho romano sí es pública; Theod. a. 424 C. 7.39.3.3). Sabedor de esto, el jurista Labeón (citado por Paulo en D. 22.6.9.3) era partidario de que la ignorancia de derecho perjudicase al que la sufría solo en el caso de que pudiese consultar a un jurista, o al menos informarse, y no lo hiciese (*si iuris consulti copiam haberet uel sua prudentia instructus sit*, si tuviera acceso a un jurista o resultase instruido de su saber). Pero –como dice Paulo– esto es raramente admisible. Por el contrario, si alguien ignoraba una circunstancia de hecho que todos en su ciudad (*omnes in ciuitate*) sabían, Labeón opinaba que ese error de hecho debía perjudicarle.

A propósito de esto último, con respecto a la compraventa, Paulo 5 *Sab.* D. 18.1.15.1 afirma que la ignorancia beneficia al comprador siempre que no recaiga en un hombre supino. Y refiriéndose al vendedor y al edicto de los ediles en el que se propone el remedio de la redhibición de las cosas defectuosas vendidas, Ulpiano 1 *ad ed. aed. cur.* D. 21.1.1.2 afirma que aquel responde aunque ignore lo que los ediles le obligan a prestar al comprador: «Poco importa al comprador por qué causa resulta engañado, si por ignorancia del vendedor o por su malicia».

En C. Th 1.1.2, constitución de los emperadores Valentiniano, Teodosio y Arcadio del año 391, se declara el deber de conocer las constituciones imperiales o leyes: «No toleramos que nadie ignore o burle las constituciones sopesadas por la madura reflexión de nuestra Serenidad» (*Perpensas serenitatis nostrae longa deliberatione constitutiones nec ignorare quemquam, nec dissimulare permíttimus*). La interpretación visigótica simplifica aún más el texto y lo hace todavía más claro: «No se permita a nadie ignorar las leyes o despreciar las que hayan sido establecidas» (*Interpretatio: leges nescíre nulli líceat, aut quae sunt statuta contémnere*).

Al derecho canónico se traslada la regla en Bonifacio VIII, *Liber sextus decretalium*, tít. *«De regulis iuris»*, 5.13.13: *ignorantia facti, non iuris excusat* (excusa la ignorancia de hecho, no la de derecho). También en el Fuero Juzgo visigótico (2.1.3), hito del derecho histórico español. Cuando modernamente nuestros códigos y la doctrina proclaman que la ignorancia del derecho no excusa de su cumplimiento, no hacen sino aceptar la razonabilidad de esta rica experiencia jurídica romana. Así lo hace el artículo 6.1 del Código Civil español: «La ignorancia de las leyes no excusa de su cumplimiento. El error de derecho producirá únicamente aquellos efectos que las leyes determinen». Los matices de este último inciso a propósito del error de derecho deben entenderse a través de la tradición romana, aquí simplemente apuntada.

Ignorantia iuris *(Ignorántia iúris)*

(V. **ignorantia**).

Ignorantia facti *(Ignorántia fácti)*

(V. **ignorantia**).

Ignorantia legis

(Ignorántia légis)

(V. ***ignorantia***).

Immissio in alienum

(Immíssio in aliénum)
Lit. *intromisión en lo ajeno.*

Significado y contexto: Al tratar el derecho de propiedad, los manuales de derecho actual a menudo comienzan con un apartado introductorio reservado para lo que denominan "concepción absolutista del derecho de propiedad del derecho romano". Con independencia de si semejante visión procede del derecho romano o más bien de los juristas medievales (v. también ***usque ad coelum***), a menudo se ignora que también fueron los juristas romanos quienes proporcionaron las claves fundamentales para la construcción dogmática de las llamadas "limitaciones del derecho de propiedad", es decir, para delimitar el contenido de su ejercicio. No solo, sino –como sucede con la presente expresión– suministraron términos básicos, usados hoy por los tratadistas del derecho medio ambiental, como, por ejemplo, el de *immissio* (inmisión, intromisión o interferencia) que procede del célebre texto que aparece más abajo.

El caso que presenta, sucedido realmente –como se aprecia por la segunda mitad del fragmento–, es verdaderamente singular e interesante según lo expuesto: las molestias producidas por los humos procedentes de un fundo vecino no dan derecho a impedir las que son consecuencia de un uso normal (como resulta de lo extraordinario del propio caso; v. también inciso resaltado *in fine* que responde al criterio general) o, en caso contrario, tampoco si son consecuencia del ejercicio de una servidumbre. Los humos y olores de una fábrica de quesos (*taberna casiaria*) superan, desde luego, el límite de lo razonablemente tolerable. El texto, por cierto, también habla de agua y piedra como elementos invasores de la propiedad ajena.

La teoría del "uso normal del derecho" y el concepto de "intromisión" contaminante tienen origen en este supuesto y en la doctrina a que dio pie. Veámoslo:

> Ulp. 17 *ed.* D. 8.7.8.5: «Respondió Aristón a Cerelio Vital que él no creía que hubiese derecho a echar el humo de una fábrica de quesos (*taberna casiaria*) a los edificios superiores, a no ser que existiese tal servidumbre. Y dice él mismo que tampoco es lícito echar agua, ni cualquier otra cosa, de un fundo superior a los inferiores, porque solamente le es lícito a uno hacer alguna cosa en su propiedad en tanto no se entrometa en lo ajeno(*in suo enim álii háctenus fácere licet, quátenus nihil in alienum immittat*),y la del humo, como la del agua, es una intromisión (*esse immissionem*): por consiguiente, que puede demandar el dueño del fundo superior al del inferior alegando que este no tiene derecho para hacer tal cosa. Finalmente, según refiere Aristón, escribe Alfeno que igualmente se puede demandar alegando que el otro no tiene derecho a extraer piedra en su propiedad de tal forma que los fragmentos caigan en mi fundo. Dice, pues, Aristón que al que tomó en arrendamiento de la ciudad de Minturno una fábrica de quesos, se le puede prohibir por el dueño del predio superior que le eche el humo, pero que el arrendatatio puede dirigirse contra los Minturnenses mediante al acción de conducción y dice que podrá demandarse al que introduce el humo, alegando que no tiene derecho para introducirlo: por el contrario, podrá demandarse también, en su caso, alegando que hay derecho a echar el humo. Lo que parece aprobar el mismo Aristón. También podrá tener lugar el interdicto "como poseéis" si se le prohibiera a alguno usar de lo suyo del modo que quiera».

En la tradición jurídica de la Europa continental, se ha puesto en relación el fragmento anterior con el siguiente, que relata sin tanto detalle, con ciertas variantes, un supuesto análogo, aunque la perspectiva sea diferente, a saber, si es ejercitable aquí la acción de injurias contra el que ocasiona la intromisión. La inexistencia de *animus iniuriandi* parece excluirla. Esto nos hace recordar la célebre máxima del jurista Gayo –«no parece que obra con dolo quien usa de su derecho» (*nullus uidetur dolo fácere qui suo iure útitur*) 2 *de testam. ad ed. urbicum* D. 50.17.55–, a la que usualmente se le ha dado una interpretación poco o nada solidaria con los propietarios vecinos.

> Javoleno *ex posterior. Lab.* D. 47.10.44: «Si el dueño de una casa inferior hiciera humo para ahumar (*fumigandi causa*) la casa del vecino que está más alto, o si el vecino superior echare o vertiere alguna cosa sobre la casa que está más baja, dice Labeón que se puede ejercitar la acción de injurias; lo que opino que es falso, a no ser que se haya hecho para inferir injuria (*si tamen iniúriae faciéndae causa immittitur*)».

Tanto en este texto como en el anterior se advierte que la cuestión, por la controversia que suscitó, inquietaba a la Jurisprudencia romana. ¿Cómo no recordar el artículo 7 del Código Civil español, que consagra la doctrina del abuso del derecho, cuya historia dogmática toma origen en estos textos y en otros muchos del derecho romano?:

> Artículo 7:
>
> «1. Los derechos deberán ejercitarse conforme a las exigencias de la buena fe.
>
> 2. La Ley no ampara el abuso del derecho o el ejercicio antisocial del mismo. Todo acto u omisión que por la intención de su autor, por su objeto o por las circunstancias en que se realice sobrepase manifiestamente los límites normales del ejercicio de un derecho, con daño para tercero, dará lugar a la correspondiente indemnización y a la adopción de las medidas judiciales o administrativas que impidan la persistencia en el abuso».

Imperium

(Impérium)
Lit. *imperio.*

Significado y contexto: Es expresión romana cuya acuñación originaria hunde sus raíces en la concepción etrusca del poder, concretamente visible en su formas de manifestación: acompañantes o lictores, haz de varas *–fasces–* y la *segur* (tantas veces tomada prestada por instituciones modernas o por diversas corrientes ideológicas), cetro, capa roja, silla.

Significa mando militar. Es la manifestación máxima de poder que corresponde a los magistrados mayores (cónsules, pretores, dictadores, ..., y en época del principado los príncipes, que reciben el sobrenombre de "emperadores", es decir, generales), al que se contrapone la *potestas* (potestad), que carece de matiz militar. El *imperium* se ejerce de diferente manera dentro o fuera de la ciudad: fuera se manifiesta con toda su potencia en el poder de reclutar soldados, de castigar la desobediencia a sus órdenes (*coercitio*) ... Dentro de la ciudad (*imperium domi*) su poder presenta un haz de posibilidades cívicas: poder de convocar al pueblo (*ius agendi cum populo*), de convocar al Senado (*ius agendi cum patribus*; lit. de actuar con los padres, es decir, los senadores); su *coercitio* se ve limitada por la *prouocatio ad populum* (o invocación al pueblo de los ciudadanos. V. ***habeas corpus***).

Ulpiano 2 *de off. quaest.* D. 2.1.3 afirma que el *imperium* es simple (*merum*) o mixto (*mixtum*). El primero lleva consigo el *ius gladii* (lit. derecho o potestad de espada), es decir, es el poder de represión criminal que pueda alcanzar la pena de muerte, expresión esta común en la ciencia del derecho penal moderno. El segundo, en cambio, es más amplio porque abarca la *iurisdictio* o jurisdicción (administración de justicia):

> «El imperio, o es mero, o es mixto. Mero imperio es tener potestad de espada para castigar a los hombres facinerosos, el cual también se llama potestad (*habere gladii potestatem ad animaduertendum facinorosos homines, quod etiam potestas appellatur*). Es mixto imperio, al cual está también aneja la jurisdicción (*iurisdictio*), el que consiste en dar la posesión de bienes. La jurisdicción es también facultad de dar juez (*Iurisdictio est etiam iudicis dandi licentia*)».

Esta voz es a menudo utilizada modernamente. Sirve para caracterizar toda una época de Roma (que comprende el Principado y el Dominado). Continuó siendo usada en Europa con el surgimiento del llamado Sacro Imperio Romano Germánico. El término "imperialismo" fue empleado, a su vez, en época de Napoleón por los partidarios de su vuelta del destierro, curiosamente con una resonancia positiva. Más tarde hasta hoy, viceversa.

Imprimátur

(Idem)
Lit. *imprímase.*

Significado y contexto: Voz aceptada en nuestra lengua. Es término extraído del lenguaje de la Iglesia católica, coincidiendo con la invención de la imprenta por Gutenberg, y se refiere a la autorización que la autoridad superior eclesiástica concede al autor, subordinado jerárquicamente, para dar a la imprenta, es decir, para publicar su obra, una vez que se ha juzgado que el contenido de esta no vulnera su doctrina. Esto último es apreciado por un censor que, en caso de informar positivamente, permite a la autoridad emitir el célebre *nihil obstat* (nada se opone, ninguna objeción) que da paso al imprimátur.

In abstracto

(In abstrácto)
Lit. *en abstracto.*

Significado y contexto: *Abstráhere* significa "apartar", "quitar", "sustraer", "separar algo de una cosa"; por ejemplo, en el derecho romano, una parte de una herencia a alguien (*partem hereditatis aliquo abstráhere* ex I. 3.3.5). En términos filosóficos, considerar algo *in abstracto* se opone a hacerlo *in concreto*: por el procedimiento racional de abstracción «se separa –dice Ferrater Mora (Ferrater Mora, Diccionario de Filosofía 2005 –reimp. de la ed. de 1994–), s. v. *abstracción* y *abstracto*– lo que se estima general, universal, necesario o esencial de lo individual, casual y contingente».

Los escolásticos medievales desarrollaron esta idea con precisión. Así, Santo Tomás (*S. theol.*, I q. XL a. 3) –continúa más adelante Ferrater Mora– distingue, por un lado, aquella abstracción por la que «se separa lo general de lo particular. Ejemplo: *animal* se separa de *hombre*. Esta abstracción "destruye" los objetos separados, como ocurre cuando se separa del hombre su racionalidad. Con respecto a Dios, se deja subsistir la idea de esencia común, pero se destruye la idea de hipóstasis». Y, por otro lado, aquella otra abstracción «por medio de la cual se separa la forma de la materia. Ejemplo: *círculo* se separa de *todo cuerpo sensible circular*. Esta abstracción no "destruye" ninguno de los dos objetos sobre los cuales opera, como ocurre cuando se separa *círculo* de *materia cir-*

cular y se conservan ambas ideas. Con respecto a Dios, aunque se separan las propiedades no personales, el espíritu sigue conservando la idea de las hipótasis».

La Jurisprudencia romana opera con un razonamiento de tipo inductivo, esto es, a partir de casos análogos identifica los rasgos comunes. Progresivamente generaliza el supuesto de base aplicándolo a un mayor número de sujetos y abstrae las acciones realizadas reduciéndolas a un verbo común a todas ellas, pero sin que el resultado más abstracto posible constituya el fin perseguido a toda costa por ella. De hecho, es casi proverbial su natural repugnancia a la abstracción: *omnis definitio in iure ciuili periculosa est: parum est enim, ut non subuerti possit* ("En el derecho civil toda definición es peligrosa; porque es difícil que no pueda ser alterada", Javoleno 11 *epist.* D. 50.17.202).

Continúa siendo un clásico de la lectura romanística el capítulo dedicado a la abstracción de F. Schulz (Schulz 1990, 61 ss.), cuyo inicio reproducimos por su interés aquí:

> «En el principio estaba el "caso". Cada solución de un caso práctico se daba, sin embargo, en el convencimiento y con la voluntad de que, produciéndose luego el mismo caso, debía tener lugar la misma solución. Pero, puesto que el caso jamás puede reproducirse en todos sus detalles, cada decisión casuística contiene algo más que la solución de un caso individual: una norma jurídica que prescinde y se abstrae de algunas circunstancias del caso, en resumen, una norma jurídica abstracta. Es necesario, sin embargo, un paso posterior, más bien frecuentes pasos similares posteriores, para formular en palabras esta abstracción. Si el comprador de un determinado caballo pretende de su vendedor el resarcimiento del daño causado por el retraso, y el juez le concede este resarcimiento, son posibles en principio los siguientes pasos de abstracción:
>
> > el vendedor de un caballo debe resarcir al comprador el daño procedente de retraso;
> >
> > el vendedor de un animal debe resarcir al comprador el daño procedente del retraso;
> >
> > el vendedor de una cosa debe resarcir al comprador el daño procedente del retraso;
> >
> > el deudor debe resarcir a su acreedor el daño procedente del retraso;
> >
> > el deudor debe resarcir a su acreedor el daño procedente de la violación del derecho de crédito.»
>
> (V. también a propósito de los diferentes tipos de culpa creados por el derecho romano y aplicados hoy: ***culpa***: ***in abstracto***, ***in concreto***).

In actu

(In áctu)
Lit. *en acto, en el acto.*

Significado y contexto: *Actus, -us* posee, entre otras acepciones, la de movimiento o realización de una acción; gesto (en contraposición a palabra); también es el papel que debe interpretar un actor y la división de una obra dramatúrgica (acepción que pasa al teatro moderno).

Desde el punto de vista filosófico, la expresión adquiere un sentido profundo. Aristóteles distinguía entre el ser en potencia (*dúnamis* =potencia) y en acto (*enérgueia*= acto). Así, declara en su fundamental obra *Metafísica* (9.6.30-35):

> «El acto es, pues, que la cosa exista, pero no como decimos que existe en potencia. Decimos que existe en potencia, por ejemplo, el Hermes en la madera, y la semirrecta en la recta entera, ya que podría ser extraída de ella, y el que sabe, pero no está ejercitando su saber, si es capaz de ejercitarlo. Lo otro, por su parte, <decimos que está> en acto». (Aristóteles 1994).

La expresión latina *in actu* la encontramos en diversas fuentes, aunque no profusamente empleada. Uno de sus usos más relevantes lo hallamos en Quintiliano. Este autor, sin duda influido por el Estagirita, sigue de cerca su clasificación de las artes en los siguientes tres tipos: primero, el de las que consisten en la contemplación de la realidad (por ejemplo, la astronomía –*astrologia*–, que es *theoretiké*, es decir, teórica); segundo, en la realización de una acción (por ejemplo, la danza –*saltatio*–, que es *praktiké*, práctica, es decir, no deja producto alguno; es pura acción); y, tercero, en la obtención de un resultado o producto (por ejemplo, la pintura –*pictura*–, que es *poetiké*, productiva). La retórica pertenece a las segundas (*in actu pósita, non in effectu*, consiste en la acción, no en la realización de algo; *Institutio oratoria* 2.17.25); o como dice en 2.18.2: «debe estimarse que generalmente la retórica consiste en la acción (*fere iudicandum est rhetoricen in actu consistere*), puesto que gracias a ella cumple su función; esto lo han afirmado todos». El rétor hispano matiza luego, no obstante, algo esta aseveración inicial (2.18.3-5).

En derecho, decimos del derecho de propiedad o dominio que su titular puede serlo de las cuatro típicas facultades (disponer –*abuti*–, usar –*uti*–, disfrutar –*frui*– y poseer –*possidére*–) en acto o en potencia. En este útlimo caso un usufructuario puede temporalmente ser titular *in actu* del uso y disfrute de la cosa, pero en potencia no los ha perdido el dueño. Cuando el usufructo se extinga, los volverá a tener en acto este último. En realidad, el usufructuario no ha despojado de esas facultades al propietario. Si no, no se entendería su recuperación automática por parte del dueño una vez cesado el usufructo.

In albis

(In álbis)
Lit. *en blancas (vestimentas), en blanco.*

Significado y contexto: Expresión admitida por nuestra lengua. Se sobreentiende en latín '*uestibus*'o '*uestimentis*' (vestimentas, en ablativo). De uso común, relacionada en origen con el rito del bautismo que el papa llevaba a cabo antiguamente en la basílica de San Juan de Letrán. Los que iban a ser bautizados se revestían precisamente de una túnica blanca. Aparece en varias ocasiones en el Nuevo Testamento: Evangelio de San Juan (20.12), Hechos de los apóstoles (1.10), el Apocalipsis de San Juan (3.4, 3.5, 3.18, 4.4; cfr. 7.13 *hi qui amicti sunt stolis albis*..., estos que están vestidos de ropas blancas...).

El color blanco es símbolo de ingenuidad, candidez y pureza. Por eso, adquiere el sentido derivado de "vacío", que se produce cuando no se cumple lo que uno espera o no logra retener nada de lo que debe decir o de lo que otro le ha dicho de modo ininteligible o inaudible (de ahí, "quedarse *in albis*").

In articulo mortis

(In artículo mórtis)
Lit. *en el instante (decisivo) de la muerte.*

Significado y contexto: Expresión empleada por la Iglesia para referirse al momento que las personas se disponen a atravesar el límite entre la vida y la muerte. En esa situación, quienes poseen sentido religioso reclaman de los sacerdotes la administración de aquello necesario (sacramento de la unción de enfermos, confesión) para preparar su alma a la vida ulterior.

Artículus significa también extremo. Los modernos códigos son, así, concebibles como cuerpos normativos compuestos de extremos unidos entre sí. Recuérdese también que, como parte de obra, es utilizado en la Suma Teológica de santo Tomás (v. ***sedes***).

Resulta jurídicamente discutible si el último instante de la vida de una persona, su extremo vital por así decir, es atribuible a la vida o a la muerte. Una célebre ficción de la ley Cornelia (de época de Sila) establecía que quien caía cautivo del enemigo se consideraba fallecido un instante antes de ser hecho prisionero. Esto se hacía para poder estimar que el sujeto había mantenido su capacidad testamentaria hasta el final de su vida y, por tanto, que su testamento era válido. El problema se complicaba si se repartía la herencia y el cautivo conseguía volver a su casa, porque recuperaba automáticamente todos sus derechos (derecho de postliminio o regreso).

Otra cuestión que recuerda el último instante de vida aparece en materia de obligaciones con respecto a determinadas estipulaciones que podían entenderse que vulneraban el principio de vinculación exclusivamente personal del deudor y del acreedor. Solo hoy, por cierto, hemos logrado vencer la regla *alteri stipulari nemo potest* (no cabe estipular a favor de un tercero) pero sin renunciar a la naturaleza personal de la obligación. Aún mayor adhesión al citado principio ha manifestado tradicionalmente el *Common Law* a través de su teoría de la *privity of contract*. La Jurisprudencia clásica intenta salvar la validez de determinadas cláusulas, porque no acaba de comprender el juego del principio antiguo según el cual no puede surgir una obligación en la persona del heredero. Para eludirlo ensayan una solución –como vemos en Gayo 3.100– acudiendo a la idea de que el último instante de una persona es de vida, no de muerte:

> «Finalmente, es ineficaz [es decir, inválida] la estipulación en la que se estipula de esta manera, "¿prometes que se me dará después de mi muerte?"; vale en cambio aquella en la que se estipula "¿prometes que se me dará cuando yo muera?" o esta, "¿prometes que se me dará cuando tú mueras?", es decir, de manera que en el ultimísimo instante de vida (*nouíssimum uítae tempus*) del estipulante o del promitente la obligación es conferida; pues no ha parecido elegante que la obligación surja de la persona del heredero (*ab heredis persona incipere obligationem*). No podemos además estipular así "antes que yo muera" o "antes que tú mueras ¿prometes que se me dará?", ya que no puede de otro modo entenderse lo de "antes de que alguien muera" más que si la muerte se ha producido; y acontecida la muerte la estipulación se reconduce atrás en el tiempo, y resulta ser como la de ¿prometes que se me dará a mi heredero?, que es claramente ineficaz [inválida]».

La confesión de los pecados de una persona, la prestación del consentimiento para un matrimonio o el reconocimiento de paternidad, el arreglo de los deudores insolventes con sus acreedores, la donación *mortis causa* de una porción de bienes para causas pías, ... constituyen actos típicos del obrar humano realizados en conciencia durante ese crítico trance. (V. ***in extremis***).

Inaudita altera pars

(Inaudíta áltera pars)
Lit. *sin ser oída la otra parte.*

Significado y contexto: La expresión formula de otro modo la conocida regla jurídica '*Et audiátur áltera pars*' (que la otra parte también sea oída), principio básico no solo del derecho procesal sino de la justicia en general. En su tragedia *Medea* (199-200), Séneca lo consagró para la posteridad: «no ha sido justo quien decide algo sin oír a la otra parte, aunque decida con justicia » (*qui státuit áliquid parte inaudíta áltera, aequum licet statúerit, haud aéquus fuit*). De cuando en cuando estas prudentes palabras se dejan ver también en los manuales de derecho procesal actual.

En términos análogos, aunque referido más exactamente a la condena penal, también aparece recogido en un conocido texto del jurista Marciano 2 *public.* D. 48.17.1 pr.:

> «Hay un rescripto del Divino Severo y Antonino Magno para que no sea castigado ningún ausente; y observamos este derecho, que los ausentes no sean condenados; porque la razón de equidad no consiente que alguien sea condenado sin haber sido oída su causa (*neque enim inaudíta causa quemquam damnári aequitátis ratio pátitur*)».

Se encuentra también en dos textos evangélicos: *San Juan* 7.50-51 («Nicodemo, uno de ellos, que había ido antes a ver a Jesús, les dijo: "¿Acaso nuestra Ley permite juzgar a un hombre sin escucharlo antes para saber lo que hizo?"») y *Hechos de los apóstoles* 25.16 («Yo les respondí que los romanos no tienen la costumbre de entregar a un hombre antes de enfrentarlo con sus acusadores y darle la oportunidad de defenderse»).

Aparte de su presencia en los principales documentos internacionales y las normas de derecho interno procesal, la Constitución española lo refleja en artículo 24.1:

> "Todas las personas tienen derecho a obtener la tutela efectiva de los jueces y tribunales en el ejercicio de sus derechos e intereses legítimos, sin que, en ningún caso, pueda producirse indefensión".

Cfr. (Domingo Oslé 2014) s. vv. 66, 303 y 445.

In bonam partem

(In bónam pártem)
Lit. *en la parte buena o favorable.*

Significado y contexto: La expresión latina completa es '*in optimam partem accípere*' (aceptar algo interpretándolo por su lado –o en su sentido– más favorable). Procede de Cicerón. En el año 49 a. C., desde la finca de Arx, escribe el Arpinate una impaciente carta a su amigo Ático (*Att.* 10.3.2). En ella le relata que César le ha perdonado por su ausencia y "que se lo ha tomado por el lado bueno", es decir, que no se lo ha tomado a mal. Con un sentido similar en *fam.* 11.2 y en *Phil.* 7.5.

En su tratado *De los deberes* (*off.* 2.11.46) utiliza la expresión de un modo algo diferente. Dice de los adolescentes que buscan la proximidad de hombres ilustres para seguir su ejemplo que se les conoce así "del modo más favorable", porque dan la imagen al pueblo de querer asemejarse a aquellos que han sobresalido por sus méritos en pro de la república.

Una expresión, emparentada con esta, muy utilizada en el derecho histórico inglés es *in mitiori sensu*. En los casos de ofensas dirigidas a la persona, para evitar que la acusación prosiguiese, se llegaba al extremo ingenuo de admitir que si alguien había llamado a otro "ladrón" no se interpretara este término en su sentido más pleno y duro, sino en el más suave y metafórico de, por ejemplo, "ladrón del corazón de una mujer". En adelante, la expresión aludió, sin embargo, a la regla según la cual las palabras se emplean para ser tomadas en su sentido usual V. (Bouvier 1914, 3rd revision, Francis Rawle 8ª ed.). Su modelo latino es de nuevo ciceroniano. En su discurso *Pro Murena* (31.64), el célebre orador lanza un reproche contra Catón por su acre hostilidad, manifestada verbalmente, contra su patrocinado: «de haber sido tú más propenso a la suavidad (*ad lenitatem propensior*) –declara un poco antes el Arpinate– lo que con suma dureza dijiste en el Senado, o no lo habrías dicho o, si hubieras podido, lo habrías interpretado en una forma más suave (*mitiorem in partem interpretare*)».

A esta expresión se contrapone lógicamente la de '*in malam partem*' que se aplica a aquellas normas de cuya interpretación se infiere un sentido restrictivo de derechos, peyorativo para la condición de un sujeto (por ejemplo, un delincuente), o, en general, desfavorable. Ese tipo de normas se ven afectadas por el principio de irretroactividad y por la exclusión, en materia de interpretación, de la analogía con respecto a otros supuestos.

In casu

(Idem)
Lit. *en el caso, en este caso.*

Significado y contexto: La voz '*casus, -us*' (m) aparece en el derecho romano a menudo con el significado de azar (*casu*, por azar) y en relación con hechos sobrevenidos y cuyo acontecer resulta imprevisible o irresistible (*casus fortuitus*). También se emplea, no obstante, con referencia a un caso como tal, es decir, a un supuesto de hecho cuyas circunstancias son relevantes para el derecho. Por eso los juristas se plantean si el caso producido se ajusta o no a una determinada previsión jurídica (*casum ad ius aptare*, ajustar el caso al derecho D. 28.3.29.7). Utilizan a menudo expresiones tales como: "para este caso" ('*in eum casum...*', que en la versión del editor Haloander aparece a menudo como '*in eo casu*', es decir, "en este caso"; también es constatable "para estos casos..." –'*in his casibus...*'–).

Recordemos por todos el célebre texto que recoge la opinión sapiencial del jurista Juliano (59 *dig.* D. 1.3.10) –tantas veces repetida hoy sin recordar ya su origen– acerca de la imposibilidad por parte de las leyes de prever de antemano todos los casos a los que se puedan aplicar y de la conveniencia de amoldar su previsión a lo que sucede generalmente, no de modo raro u ocasional. La conocida expresión '***id quod plerumque accidit***' (lo que ordinariamente sucede) encuentra acomodo, por cierto, en este texto.

> «Ni las leyes, ni los senadoconsultos pueden escribirse de modo que se comprendan todos los casos (*omnes casus*) que de vez en cuando ocurren, sino que basta que se contengan los que ordinariamente acontecen (*ea, quae plerumque accidunt, contineri*)».

In concreto

(In concréto)
Lit. *en concreto.*

(V. ***in abstracto***)

In corpore

(In córpore)
Lit. *en el cuerpo, con respecto al objeto, en cuanto cuerpo.*

Significado y contexto: El sustantivo *corpus, -oris* (n.), que se traduce como "cuerpo", posee diversas acepciones todas ellas relacionadas entre sí: organismo físico de un sujeto contrapuesto a su espíritu o mente, cosa material contrapuesta a derecho, el propio objeto identificado como tal frente a otros, sujeto con identidad propia diferente de la de los miembros que lo integran...

1. Como organismo físico, se recordará la conocida máxima de Juvenal (*Sat.* 10, l. 356) *mens sana in córpore sano* (una mente sana en un cuerpo sano), constantemente repetida hoy por quienes propugnan un equilibrio entre el cuidado del cuerpo y del es-

píritu para garantizar una salud integral. Viceversa, la corrupción de un individuo puede ser hecha tanto en el cuerpo como en su alma (*in córpore uel in ánimo* arg. *ex* Ulp. 23 *ed.* D. 11.3.9.3).

En la *Epitome Gai*, el resumen postclásico (s. V d. C.) de las Instituciones de Gayo, al comienzo del libro II, aparece la famosa distinción entre cosas corpóreas e incorpóreas (*res corporales - incorporales*), pero con un significativo añadido con respecto a aquellas (2.1.2): de las segundas, las incorpóreas, se dice expresamente que no consisten *in córpore sed in iure*; es decir, no poseen una realidad material o física tangible, sino que consisten en un derecho. Una similar contraposición encontramos en Ulpiano 53 *ed.* D. 39.3.8 donde, a propósito de la concesión del derecho a conducir el agua, afirma que debe tenerse en cuenta la voluntad de todos aquellos que tienen un previo derecho sobre ella, tanto los que tienen un derecho *in corpore*, como los que lo tienen *in iure loci*, como concluye: «Y en general, ya si uno tuviera derecho sobre el fundo (*in corpore*) o sobre un derecho del lugar (*in iure loci*) donde nace el agua, ya si sobre la misma agua, está determinado que se haya de atender a su voluntad». (V. ***nomen iuris***).

Celso (18 *dig.* D. 7.1.2) dice del derecho de usufructo que se apoya *in corpore*, en un objeto material, hasta el punto de que, perecido este, se extingue también el derecho: «Es en realidad el usufructo un derecho sobre cosa corpórea, suprimida la cual, es necesario que se extinga también el usufructo» (*Est enim usus fructus ius in corpore, quo sublato et ipsum tolli necesse est*).

2. En cuanto a la identificación de una cosa como objeto de un negocio jurídico, es característico el empleo de nuestra expresión a propósito del error *-érror in córpore* (v. ***error***)- que determina la radical invalidez del negocio (es decir, dicho en términos actuales, nulidad, no anulabilidad): 28 *Sab.* D. 18.1.9 pr.; Paul 33 *ed.* D. 19.1.21.2; Ulp. 2 *Sab.* D. 28.1.21.1; Ulp. 5 *Sab.* D. 28.5.9 pr. y 2; Ulp. 5 *Sab.* D. 30.1.4 pr., Ulp. 7 *disput.* D. 41.2.34 pr.; Paul. 60 *Sab.* D. 45.1.22 pr. ...

3. En cuanto al *corpus* como elemento que sustenta una realidad diferente de la de los miembros que la integran, resulta de ineludible referencia el título cuarto del libro tercero del Digesto de Justiniano, no muy extenso, que contiene una sucesión de fragmentos jurisprudenciales básicos para entender el origen y desarrollo posterior de la teoría de la persona jurídica. Como es sabido, el derecho canónico hizo uso de ellos y de otros para formular esta fundamental construcción del derecho. La expresión romana *corpus habére*, con todas sus dificultades interpretativas, la preludia. Para aludir jurídicamente a una colectividad los juristas utilizaban la palabra '*uniuérsitas*'. En época postclásica, colegios y agrupaciones profesionales reciben la denominación de *córpora* (de ahí, las "corporaciones" modernas). Así, Callist. 1 *cognit.* D. 50.6.6.6: «Aunque alguno esté en el gremio de los patrones de naves *-in corpore nauiculariorum-* ...», comienza diciendo el texto.

Veamos el inicial texto de Gayo del citado título (3 *ed. prou.* D. 3.4.1 pr.-1):

> «No se concede indistintamente a todos que se constituya sociedad, ni colegio, ni otra corporación semejante (*Neque socíetas neque collégium, neque huiúsmodi corpus passim ómnibus habéri concéditur*); porque esto está restringido por leyes, senadoconsultos y constituciones de los Príncipes. Para muy pocas cosas se han permitido semejantes corporaciones (*Paucis admodum in causis concessa sunt huiusmodi córpora*), como por ejemplo, se permitió formar cuerpo a los consocios arrendatarios de las contribuciones públicas, o de minas de oro, o de plata, y de salinas. También existen en Roma ciertos colegios, cuya corporación fue confirmada por senadoconsultos y constituciones de los Príncipes, como el de los panaderos y

> otros varios, y los de navieros que hay también en las provincias. 1. Pero a los que se permitió tener corporación de colegio, sociedad o de otra cosa cualquiera con este nombre (*Quibus autem permissum est corpus habere collegii, societatis, siue cuiusque alterius eorum nomine*), les es propio tener, a ejemplo de la república, bienes comunes, caja común, y apoderado o síndico, por medio de quien, como en la república, se trate y haga lo que deba tratarse y hacerse en comunidad (*communiter*)».

El inciso final nos proporciona una pista acerca de la utilización de nuestra expresión ***in corpore*** en cuanto alusiva a la corporación en sí ("en cuanto tal corporación").

También hagamos mención del siguiente y no menos importante fragmento de Ulpiano situado en el propio título del Digesto (8 *ed.* D. 3.4.2):

> «Si los individuos de un municipio o alguna corporación nombrasen representante para ejercitar una acción (*Si municipes uel aliqua uniuersitas ad agendum det actorem*), no se habrá de decir que sea considerado lo mismo que nombrado por muchas personas; porque este interviene por la república o la corporación (*pro re publica uel uniuersitate*), no por cada uno en particular (*non pro síngulis*)».

(V. ***universitas***).

In crescendo

(In crescéndo)
Lit. *en crecimiento, en aumento progresivo.*

Significado y contexto: Se admite en nuestra lengua. En las fuentes latinas encontramos, de modo aislado, la expresión en Varrón (*rust.* 1.47): dice el célebre autor de este tratado de agricultura que «la palmera, el ciprés y el olivo son lentos en su crecimiento», es decir, tardan en crecer (*palma et cupressus et olea in crescendo tarda*).

En el sentido metafórico de aumentar la dignidad, el honor o la distinción personal se comprueba utilizado a menudo el verbo *créscere*: así, en la época monárquica –según relata Tito Livio 1.47– Lucio Tarquinio, en su lucha por adquirir el poder regio frente a Servio, buscó la ocasión de aumentar su reputación ante el Senado romano. Ese es el sentido de la frase que utiliza el Patavino: '*crescendi in curia occasio*'.

Pero quien sigue adelante en un proceso negando lo que pretende el demandante se arriesga a una condena mayor (que se ve aumentada). De un cierto número de acciones del derecho romano clásico, herederas de la originaria *manus iniectio*, se decía a propósito de su condena que la acción *in infitiando crescit* (lit. en el negar, crece). Gayo, en sus Instituciones (4.171), lo relaciona con el "litigar temerario" (*témere litigare*):

> «Ahora debemos saber que para que las personas no litiguen fácilmente (*ne fácile homines ad litigandum procedant*), se coarta la temeridad tanto de los demandantes como de los demandados, bien a través de una pena pecuniaria, bien a través del escrúpulo del juramento, bien mediante el temor de la infamia; el Pretor también vela por esas cosas. Por eso, en su edicto establece contra los que niegan (*aduersus infitiantes*), en virtud de ciertas causas, la acción por el doble; por ejemplo, en las acciones llamadas de lo juzgado (*iudicati*), de lo gastado (*depensi*), de daño injustamente causado (*damni iniuria*), o cuando se reclama un legado hecho por condenación (*per damnationem*). Se permite hacer uso de la estipulacion judicial en ciertas causas, como cuando se trata de préstamo de cantidad cierta, o de dinero cuyo pago se ha fijado para cierto día (*pecunia constituta*); pero de la tercera parte del préstamo del dinero prestado y de la mitad del dinero de la *pecunia constituta*».

(V. ***ad summum***).

In dubiis causis

(In dúbiis cáusis)
Lit. *en las causas dudosas.*

Significado y contexto: La expresión, propia del derecho procesal, toma origen de un conocido texto en la tradición jurídica europea –Gai 30 *ed. prou.* D. 12.2.31– colocado bajo el título "Del juramento voluntario, necesario o judicial" (*De iureiurando siue uoluntario, siue necessario, siue iudiciali*). Entre paréntesis, aparece en el fragmento el siguiente inciso: «porque con frecuencia suelen los jueces en las causas dudosas, prestado el juramento, fallar a favor del que hubiere jurado» (*solent enim sáepe iúdices in dubiis causis exacto iureiurando secundum eum iudicare, qui iuráuerit*).

El texto completo reza así:

> «Hemos de tener presente que a veces, aun después del juramento prestado, se permite por las constituciones de los Príncipes incoar de nuevo la causa, si alguno dijera que había encontrado nuevos instrumentos (*noua instrumenta*), de los que solamente haya de usar ahora. Pero estas constituciones parece que tienen aplicación cuando alguno hubiere sido absuelto por el juez; (porque con frecuencia suelen los jueces en las causas dudosas –*in dubiis causis*–, prestado el juramento, fallar a favor del que hubiere jurado). Pero, de otra suerte, si el negocio se hubiere transigido entre ellos mismos con juramento, no se concede volver a litigar sobre la misma causa."

La referencia a los *noua instrumenta* nos recuerda la raíz de la moderna locución procesalística *noua reperta* (lit. los "nuevos <instrumentos o medios de prueba> descubiertos").

El contexto más concreto de la expresión es el del juramento judicial (*iusiurandum iudiciale*). El fragmento se vincula en la tradición jurídica europea a otro del Código de Justiniano (4.1.3, Diocleciano y Maximiano a. 286) cuyo tenor es el siguiente:

> «Conviene que en los contratos de buena fe, así como también en los demás negocios, se decida la cuestión, a falta de pruebas (*inopia probationum*), mediante juramento deferido por el juez con conocimiento de causa (*causa cognita*)».

El célebre pandectísta francés Pothier (s. XVIII), en su "Tratado de las obligaciones" (Cuarta parte, capítulo III, sección IV, Artículo III) (Pothier, *Traitè des Obligations selon les regles tant du for de la conscience que du for extérieure.* Tome premier 1805) observaba, conforme a la redacción de los dos mencionados textos romanos, la exigencia de tres requisitos:

1. La no plena justificación de la demanda o de las excepciones (este es el sentido de *inopia probationum*).
2. En la demanda o en las excepciones se debe advertir un principio de prueba aunque no conduzca a una completa certidumbre (este es el sentido de *in causis dubiis*).
3. El juez debe hacer examen de causa para decidir si defiere o no el juramento a una de las partes y a cuál de ellas (he aquí la exigencia de *causa cógnita*).

Entre los ejemplos de los autores del derecho común europeo, cita Pothier el que suministraba Dumoulin (s. XVI) relativo a una confesión extrajudicial del deudor no estando presente el acreedor o, aun estando presente, sin circunstanciarse y sin expresión de la causa de la deuda. O también –añade Pothier– el de los libros de mercaderes respecto de los créditos de su comercio.

Recordemos que hasta la nueva Ley de Enjuiciamiento Civil, se permitía al juez español recurrir a la llamada "confesión supletoria", de indudable relación con la figura analizada, para resolver supuestos de prueba incompleta.

In extenso

(In exténso)
Lit. *por extenso, en detalle.*

Significado y contexto: Expresión admitida en nuestra lengua. Se utiliza para anunciar que algo (una declaración por ejemplo) se expone en toda su extensión. Para un mismo asunto puede haber dos tipos de informes: el que recoge un resumen de la cuestión y el que la expone en toda su extensión. De hecho, es frecuente en el ámbito de la investigación exigir que los trabajos o contribuciones científicas presenten a menudo una síntesis o resumen (*abstract*, en inglés) a modo de encabezamiento, a la que sigue el texto completo. Esto mismo se advierte con respecto a las sentencias de los tribunales (especialmente las más importantes) según las recogen las principales bases de datos jurisprudenciales, que contienen un resumen de la sentencia y la sentencia *in extenso*.

La expresión no se encuentra en el derecho romano, pero nos sugiere las siguientes aplicaciones, trasladables al derecho actual. Por ejemplo, en cuanto a la estipulación romana, esta se basaba en un pregunta oral que dirigía el estipulante–acreedor al promitente-deudor por la que este resultaba obligado cuando respondía de modo oral, inmediato y congruente: «¿Prometes darme diez mil? Sí, prometo». Era la forma más normal de obligarse. Prueba de ello es el recuerdo que ha quedado de ella en la terminología jurídica a propósito de las obligaciones, tanto en la esfera del derecho público como en la del derecho privado: "estipulaciones de las partes", "estipulante" y "promitente", el verbo "estipular", ... La estipulación no tenía por qué ser tan sencilla como la expresada arriba. A menudo, las partes incluían una multiplicidad de cláusulas con las que regulaban el contenido de ese negocio jurídico. La dificultad de memorizarlas por parte de ellas y de los testigos se salvó con la práctica de documentarlas con todo detalle (*i. e.*) a efectos de prueba.

Esto también ocurría con respecto al testamento. Por eso, se admitió que fuera tanto oral como escrito. Este último podía ser cerrado o abierto: en el primero el testador declaraba ante testigos que su voluntad se reflejaba en el documento que presentaba pero que no leía; en el segundo, el documento sí se leía.

In extremis

(In extrémis)
Lit. *en el último momento; en situación extrema.*

Significado y contexto: Se admite en nuestra lengua. *Extremum*, superlativo de *exter* (*exterus*), se refiere a lo último de algo o a lo más extremo o exterior, es decir, lo que está al borde de algo. Así pues, hallarse *in extremis* es estar en una situación límite. César (G. 2.25.3) lo utiliza como sinónimo de peligro extremo (*in extremis rebus*); extrema puede ser, según el, la esperanza de salvación (*in extrema spe salutis*, César *G.* 2.27.3, 2.33.4); a una situación extrema se puede ser conducido (*ad extremum casum perduci*, César, *G.* 3.5.1). Tácito *Ann.* 14.61 también se sirve de este sentido en la frase "vida puesta en peligro extremo" (*uita in extremum adducta*). Pero, sin duda, el texto literario más conocido es el de Salustio *Cat.* 52.11: «la república ha sido puesta en un extremo», o más bien, «la república ha sido puesta al borde de un precipicio» (*res publica in extremo sita est*).

In extremis es la expresión elegida en latín por la versión *uulgata* (lit. divulgada o corriente) de la Biblia para describir la crítica situación de la hija de Jairo (Mc. 5.23): «*Filiola mea in extremis est; ueni, impone manus super eam, ut salua sit et uiuat* » («Mi hijita está en las últimas. Ven y pon las manos sobre ella para que se cure y conserve la vida», le suplica insistentemente Jairo, un jefe de la sinagoga, a Jesús arrojándose a sus pies). En este caso, sin embargo, cuando llegaron a ver a la muchacha, ya había muerto. El asunto, pues, no consistía entonces en curar a un enfermo *in extremis* sino en resucitar a un muerto.

El sentido de la expresión une, sin embargo, a esta inmediatez de la muerte (v. ***in articulo mortis***) o del desastre inminente la posibilidad de salvación o salida del peligro producida en el último momento.

Juliano 42 *dig.* D. 40.5.47.4 expone el caso de una mujer que, en sus últimos instantes de vida (*in extrema ualetúdine*, en la fase final de su enfermedad), declara ante testigos (entre ellos su madre) su voluntad de dar la libertad a Mevia y a Seya y, después de decir esto, fallece sin haber hecho testamento. En el caso, la madre que tenía derecho a heredar no reclamó la herencia y se preguntaba si el pariente, al que entonces le correpondía, le incumbiría la obligación de liberar a esas dos mujeres citadas *in extremis* por la agonizante en virtud de un fideicomiso (fideicomiso de libertad). La respuesta es afirmativa. La mujer, auñ en las últimas, logró, sin embargo, lo que se propuso, incluso sin haber dejado su voluntad en testamento: liberar a dos mujeres, esclavas suyas, por las que seguramente sentía un sincero afecto.

Q. Cervidio Escévola 20 *dig.* D. 34.4.30.4 relata el siguiente caso: una madre, sabiendo que su hijo Prisciliano se hallaba a punto de morir (*i. ex.*), dispuso en un codicilo el legado de la porción de herencia que le correspondería a su hijo en favor de otras personas (su hermano y su marido por partes iguales). Esto le parecía justísimo y piadosísimo (*iustissimum et piissimum*) hacerlo así. No solo; si algo más le legare a su hijo, esto también se les daría a esas personas en caso de que muriera Prisciliano. Sucedió, sin embargo, que Prisciliano no se murió, o al menos no inmediatamente, porque sobrevivió a la apertura del testamento, aunque un tiempo después falleció de la misma enfermedad que padecía.

El jurista confirma la validez del legado, basado en el hecho de que Prisciliano murió de la misma dolencia. O lo que es lo mismo: la previsión de la madre no era desacertada aunque se equivocara por poco. Aquí el que estaba *i. e.* era el hijo, pero en cierto modo también la madre, que sin embargo se adelantó en exceso, y esto estuvo a punto de costarle caro al codicilo que se dispuso por ella con la premisa de que el hijo fallecería antes que la madre. Ella velaba por su hermano y su marido, ya que había perdido toda esperanza con respecto a su hijo. De ahí su referencia a la justicia y a la piedad.

Papiniano 13 *resp.* D. 39.6.42.1 habla de un padre que en los últimos momentos de su vida (*in extremis uítae constitutus*) hizo una donación a un hijo emancipado sin fijarle condición alguna de restitución. Se preguntaba si no debía someterse como las demás donaciones al régimen de reducción de disposiciones inoficiosas para no perjudicar a los hermanos y coherederos. Aquí la previsión del padre no surte el efecto deseado por él, ya que, por mucho cariño que sintiese por su hijo emancipado, no se ve el motivo para considerar la donación como *mortis causa* y quedar fuera de la herencia y como reservada para aquel en exclusiva.

In fieri

(In fieri)
Lit. *"haciéndose"; en proceso de formación (no hecho del todo aún).*

Significado y contexto: Admitida en nuestra lengua. Se contrapone a '*in factum*' y alude a cualquier proyecto, empresa, o en general a todo proceso de creación de algo, mientras está aún inconcluso. Es conocido el dicho «Roma no se hizo en un día», que nos evoca el célebre verso virgiliano (*Aen.* 1.33) '*tantae molis erat romanam cóndere gentem*' (¡cuán gran esfuerzo costaba fundar la nación -gente- romana!).

La unión matrimonial del derecho romano clásico (pagano) se entendía sostenida por una voluntad continuada de los dos cónyuges de vivir juntos acompañada de una apariencia de honorabilidad (*hónor matrimónii*) que excluía las relaciones esporádicas o a escondidas, es decir, sin verdadera intención matrimonial. A aquel consentimiento duradero lo llamaban *affectio maritalis*. Aun no siendo simplemente inicial (como lo será después por influjo del cristianismo), les bastó para superar la idea errónea de que el mero hecho de la cohabitación (*concúbitus*) o, más explícitamente, de la relación sexual (*coitus*, Ulp. 33 *Sab.* D. 24.1.32.13) se equiparara al matrimonio. Sobre el consentimiento de los cónyuges, como pilar o principio básico, -es preciso recordarlo- se afirma la entera tradición jurídica occidental en materia de matrimonio.

Veamos algunos textos romanos fundamentales de nuestro sistema jurídico en materia de matrimonio:

> Ulp. 36 *Sab.* D. 50.17.30: «El matrimonio no lo hace la cohabitación -lit."el hecho de yacer juntos"- sino el consentimiento (*Nuptias non concubitus sed consensus facit*)».
>
> Modestinus 1 *reg.* D. 23.2.1:«El matrimonio es la unión de un hombre y una mujer, comunidad de vida integral, comunicación de derecho divino y humano (*Núptiae sunt coniunctio maris et féminae et consortium omnis uítae, diuini et humani iuris communicatio*)».
>
> Paul. 35 *ed.* D. 23.2.2: «No puede haber matrimonio si no prestan todos su consentimiento, esto es, los que se casan y aquellos bajo cuya potestad se encuentran (*Núptiae consístere non possunt nisi consentiant omnes, id est qui coeunt quorumque in potestate sunt*)».

El influjo de la doctrina romana en el derecho canónico -básicamente a través de los dos primeros textos expuestos- fue decisivo para la consagración del matrimonio como contrato. Aunque en el tercer texto se alude también al consentimiento de las personas bajo cuya potestad podían encontrarse los novios, no fue infrecuente que los magistrados romanos intervinieran para impedir arbitrarias obstrucciones o coacciones de aquellas.

Así, por ejemplo, el c. 1055 del Código de Derecho Canónico concibe el matrimonio como *foedus* -alianza- en el § 1 y como *contractus* en el § 2. Y el c. 1057 declara:

> «§ 1. El matrimonio produce el consentimiento de las partes legítimamente manifestado entre personas jurídicamente hábiles, consentimiento que ningún poder humano puede suplir. § 2. El consentimiento matrimonial es el acto de la voluntad por el cual el varón y la mujer se entregan y aceptan mutuamente en alianza irrevocable para constituir el matrimonio».

Como se aprecia también, no obstante, las diferencias son asimismo notables. En el derecho canónico se distingue, además, entre el proceso de formación del matrimonio, es decir, por el que se gesta y finalmente se constituye (matrimonio *in fieri*) y el estado resultante, es decir, la relación constituida entre los cónyuges (matrimonio *in facto esse*). En cuanto al primer aspecto, es el consentimiento libremente expresado por los novios el que perfecciona el acuerdo matrimonial. En cuanto al segundo, se trata del vínculo indisoluble.

La huella del consensualismo romano en el matrimonio civil moderno también resulta evidente de la simple lectura de los códigos civiles actuales. Así, el artículo 45 del Código Civil español declara con una rotunda redacción que recuerda, por cierto, a la romana: «No hay matrimonio sin consentimiento matrimonial».

In fine

(In fíne)
Lit. *en el fin (de un texto); en resumen.*

Significado y contexto: Se utiliza esta expresión cuando, al considerar un cierto fragmento de una obra, se exhorta al lector a fijar la atención en su última frase o inciso mediante una remisión a ese texto *in fine* (en su parte final). No es inusual, porque las partes finales de los textos se reservan a menudo para concluir una idea o juicio, de manera que, tanto desde el punto de vista formal como material, acostumbran a exigir del autor un esfuerzo adicional de síntesis y capacidad persuasiva. Así, entre los consejos a oradores que daba el hispano Quintiliano en su *Institutio oratoria* hallamos este: que al final de las causas judiciales (*in fine causarum*), generalmente se hable de la justicia (*aéquitas*), porque no hay nada que oigan con más agrado los jueces (*quia nihil libentius iudices audiunt*) (7.1.63).

Con el '*in fine*' se relaciona nuestro "en fin", que se utiliza para concluir y resumir algo expuesto previamente. V. ejemplos de uso en índice final de voces.

In flagranti delicto

(In flagránti delícto)
Lit. *en flagrante delito.*

Significado y contexto: Vulgarmente la vemos citada como "in fraganti" (también "in-fraganti"), o como "in fragranti", correcta esta última también (de *fragro, -as, -are*, perfumar, oler), pero que significaría algo así como "en delito que huele".

El verbo latino empleado en ella es, en realidad, *flagro, aui, atum, are*, que significa "arder". Figuradamente se vincula con términos como deseo, pasión o amor. Por eso se habla, por ejemplo, de un deseo o de una pasión ardiente. También aparece asociado en las fuentes latinas a la guerra. Así, cuando esta estalla se habla de una "conflagración" (en contraposición a la llamada "guerra fría").

La expresión que comentamos la vemos citada como *in flagranti crimine* (*repertus*), es decir, lit. "descubierto en flagrante crimen" en autores del derecho común como, por ejemplo, en Próspero Farinaccio, conocido por sus obras de derecho penal. Así, en sus *Variae quaestiones et communes opiniones criminales* (Venetiis 1589), *De delictis et poenis, Quaestio* XXI núms.133 ss. Hoy, sin embargo, la encontramos a menudo utilizada de este modo: *in flagrante delicto*. El participio presente de cualquier verbo hace el ablativo en -i, salvo en los casos en que el término cumpla la función de verbo o de nombre. Por ejemplo, *sapiente* ("sabiendo él") o *cum sapiente* ("con el que sabe", "con el sabio"). En nuestra expresión, sin embargo, hace las veces de adjetivo, de ahí su versión en "i" de Farinaccio y los demás autores.

Entre los testimonios literarios latinos, algunos de ellos se aproximan mucho a nuestra expresión: Cic. *Verr.* 4.71 alude en su discurso contra Verres, el corrupto Pretor de Sicilia, a un cierto candelabro de Júpiter hecho con piedras preciosas y oro que este había sustraído aprovechándose de su cargo. El Arpinate se pregunta: «¿Se colocará en unos banquetes de ese, que arderán con sus deshonestidades domésticas y sus infamias, el objeto que con su luz debía alumbrar y dar fulgor al templo de Júpiter Óptimo Máximo?» (*conuiuia, quae flagittis flagrabunt*; (Cicerón, Verrinas. Segunda sesión (Discursos III-V) II 1990)); o del mismo autor *Cael.* 12, que se refiere a que los «vicios del libertinaje tenían en él el ardor de la llama» (*flagrabant uitia libidinis apud illum*). Aún más oportuna es la cita de Tácito *Annales*, 14,51. A la muerte de un personaje famoso en época de Nerón, *Burrus*, consejero personal del príncipe caído en desgracia, probablemente a instigación de aquel, el historiador romano relata la «viva memoria de las virtudes de este en la ciudad, mientras que de uno de sus sucesores se recordaba su indolente inocencia y del otro sus ardientes fechorías (*ciuitati grande desiderium eius mansit per memoriam uirtutis et successorum alterius segnem innocentiam, alterius flagrantissima flagitia*», donde la contraposición entre "indolente" y "ardiente" busca producir un efecto dramático en el ánimo del lector).

Con estos precedentes, no es extraño que en derecho se haya buscado el origen de esta expresión en el delito del incendiario, es decir, el que deliberadamente provoca incendios a menudo por puro placer. Es curioso, sin embargo, que cuando se habla de sorprender a alguien realizando una mala acción, el verbo, "sorprender", lo vemos expresado, en las fuentes jurídicas, como *deprehéndere*, y más exactamente en su participio pasivo *deprehensus -a*, es decir, en sus formas de masculino y femenino, tanto en singular como en plural. En el derecho común, como acabamos de ver, es frecuente encontrar el verbo *reperire* (descubrir). En relación con aquel otro lo vemos utilizado, casi como un modo de decir o frase hecha, con respecto a dos de los delitos más característicos de la flagrancia, el hurto y el adulterio: por ejemplo, "sorprendido en hurto, adulterio u otro delito" ('*in furto uel adulterio uel alio flagitio deprehensus*') Ulp. 11 *ed.* D. 4.2.7.1.

La expresión tiene que ver, pues, con el derecho penal. Más en concreto, con dos cuestiones prácticas: la primera, con la evidencia del crimen o delito perpetrado, que despeja cualquier duda acerca de su autor (como el que enciende un fuego en la noche sabe que, de ese modo, indica su localización de forma inequívoca). La segunda, con la previsible iracunda reacción, es decir, fogosa o ardiente, en el afectado, que descubre la escena del crimen en el momento de su comisión.

Centrémonos en el hurto. Las dos razones indicadas son las que previsiblemente hicieron que el antiguo derecho romano distinguiera entre el hurto manifiesto (*furtum manifestum*) y el hurto no manifiesto (*furtum non manifestum*). El primero castigado de la forma más severa, es decir, con pena capital, no se entiende si no se parte de las dos observaciones anteriormente citadas. La ley de las XII Tablas que lo contemplaba establecía ciertas condiciones para la reacción del ofendido: si el hurto era de día, la víctima debía llevar al ladrón ante el magistrado para que pronunciase la *addictio* o adjudicación de la persona del ladrón al ofendido. Si el hurto se cometió de noche, el ofendido podía llegar a matar al ladrón llamando previamente a los vecinos para hacerlos testigos de lo sucedido, o bien si el ladrón se defendía con un arma (*si se telo defendit*). Con el tiempo, el Pretor mitigó la aspereza de esta pena limitándola al cuádruple del valor de la cosa cada, es decir, convirtiéndola en una sanción penal pecuniaria. Esto, unido a la exigida iniciativa privada de persecución a cargo del que sufre el delito, hizo del hurto una de las figuras de los delitos privados, categoría dogmática que llega hasta nuestros días a través de otros dos delitos privados romanos: injurias y daño extra contractual (este último no como delito sino como ilícito civil).

Es curiosa la diferencia de la cuantía de la pena entre el hurto manifiesto y el hurto no manifiesto: del cuádruple, como hemos visto, en el primero y del doble en el segundo. Si no atendiéramos para su explicación a las dos observaciones antes realizadas, no encontraríamos una razón justificada para hallar tal diferencia. Parecería como si al ladrón sorprendido en flagrante delito se le castigara más gravemente por su torpeza y resultara en cierto modo premiado el ladrón listo, lo que no deja de ser absurdo desde un coherente discurrir de política legislativa.

Es sorprendente que el delito de hurto manifiesto y su distinción del hurto no manifiesto perviviera, no solo a través del derecho romano sino mucho después. Justiniano admite la distinción, que era estudiada por los alumnos de primero de derecho en su manual de Instituciones. Mucho después, en la *Constitutio Criminalis Carolina* (de Carlos I de España y V de Alemania) se conserva aún. Recordemos que esta obra legislativa se mantuvo vigente en Alemania hasta el siglo XIX. Bien es verdad, que el famoso tratadista del derecho penal Carpzov (siglo XVII) –*Practicae novae Imperialis Saxonicae rerum criminalium, Pars II, Quaestio LXXVIII*, núm 3 ss.– aun reconociendo lo excelente y común de la división en su tiempo (*potissima atque communissima diuisio*), observaba que ya no tenía aplicación en los tribunales sajones, y que tampoco se distinguía ya entre ladrón nocturno y diurno.

Aún hoy, sin embargo, –apunta (Zimmermann 1996, 939)– podría advertirse una huella en la moderna ciencia del derecho penal y en los códigos penales actuales con respecto a la distinción entre tentativa de hurto y hurto consumado. No es extraño, pues, que la Jurisprudencia romana discutiera intensamente acerca de qué era lo que significaba hurto flagrante.

Había diversas opciones doctrinales de interpretación: primera, ¿se trataba del sorprendido en el propio acto?; segunda ¿bastaba con que se le sorprendiera al ladrón en el lugar aunque no fuera en el acto? (ἐπ᾽ ἀὐτοφώρῳ, es decir, en el mismo hurto –Ulp. D. 47.2.3 pr. –; *Auf frischer That*, lit. en el acto fresco, es decir, "en el acto recién realizado", como informa Carpzov que lo denominaban en su época en Alemania); tercera ¿de camino al lugar donde tenía el ladrón intención de ocultar el objeto?; cuarta ¿en cualquier momento y lugar donde se le viera con el objeto hurtado? De esa discusión entre juristas Gayo se hace eco en sus Instituciones (3.184). Al final, la Jurisprudencia clásica optó por el tercer criterio, intermedio en laxitud respecto de la apreciación de la flagrancia (cfr. D. 47.2.3-8).

El escritor imperial Aulo Gelio (11.18.2), leyendo al jurista Masurio Sabino, deja precisa constancia de su definición del hurto manifiesto: «Es hurto manifiesto el sorprendido mientras se hace. El hurto se concluye cuando el objeto sustraído es llevado a su lugar de destino» ('*Manifestum ... furtum est ... quod deprehénditur dum fit. Faciendi finis est, cum perlatum est, quo ferri coeperat*').

Infra

(Idem)
Lit. *abajo, más abajo.*

Significado y contexto: Se contrapone a *supra* (más arriba). Se trata de un adverbio latino que se utiliza para remitir al lector a una parte o lugar posterior de una determinada obra. Así, por ejemplo, Cicerón (*Att.* 8.6.2) dice que ha escrito más abajo ('*infra scripsi*').

El jurista Gayo, después de exponer el contenido del capítulo primero de la célebre ley Aquilia para castigar daños injustamente causados, afirma que "más abajo" se dispone en esa ley que contra el que niega, la acción será del doble (*et infra deinde cauetur, ut aduersus infitiantem in duplum actio esset*).

Los juristas romanos se distinguen por escribir obras de derecho, y en ellas es usual encontrar referencias localizadoras de lo escrito o aducido por ellos. Una expresión frecuente es '*ut infra scriptum est*' (como se ha escrito más abajo). Con ella se introducen a menudo en la discusión de documentos que prueban actos diversos: contratos, testamentos...

Sin duda, es propio de persona prudente leer con diligencia y atención todo lo que se declara en un documento que refleja un determinado acto jurídico. Para un intérprete del derecho es tarea ineludible:

- Pomponio 3 *Sab.* D. 30.12.3 dice que en relación con los legados son válidas las últimas disposiciones escritas (*nouíssimae scriptúrae*), pero a veces –añade el jurista– sucede a la inversa. Pues, si se escribe en un testamento "lo que he legado más abajo –*infra*– ni lo doy ni lo lego", resulta que lo que he legado *infra* no vale. Es decir, lo escrito *infra* es posterior, pero no prevalece frente a lo escrito antes en este caso.

- En otro supuesto que menciona Juliano (*ad Urs. Feroc.* D. 30.104 pr.), se había hecho un legado consistente en que todos los herederos darían cien mil sextercios a Ticio, pero *infra* se había excluido a uno de ellos. La duda estribaba en si los demás darían cien mil o algo menos (es decir, restada la parte del excluido). La respuesta es la primera, pues esa era la voluntad del disponente: liberar a uno de ellos sin que el legatario perdiera sus cien mil.
- Muy interesante también es el caso que expone Javoleno (2 *ex post. Labeonis* D. 35.1.40.2) de uno que había legado a Ticio cien mil sextercios pero luego había dispuesto *infra* así: que el dinero legado lo daría su heredero en caso de fallecimiento de la madre. Resultó que Ticio sobrevivió al disponente pero no a la madre, que falleció después de él. ¿Cómo se interpretaba entonces la cláusula escrita *infra* en relación con lo establecido antes? Ofilio no consideró que había que interpretar conjuntamente una y otra disposición. Para él, el legado no había sido hecho *sub condicione* sino que era un legado puro al que se le había unido una disposición que fijaba un día para el pago (*dies solutionis*): el día en que la madre falleciese. Esto, sin embargo, no convenció a Labeón que opinaba lo contrario. Su dictamen mereció la aprobación de Javoleno.

En conclusión, leamos con detenimiento y por entero todo documento que transcriba el contenido de un acto que pueda afectarnos jurídicamente, sea cual sea la posición que ocupe cualquier cláusula en él, porque puede suceder que lo que creíamos como firme incialmente se transforme en lo contrario o en algo muy diverso a su conclusión.

In fraganti

(In fragánti)
Lit. *en flagrante (delito).*

(También "infraganti";V. ***in flagranti delicto***).

In genere

(In génere)
Lit. *en el género.*

Significado y contexto: 1. La distinción alude, en primer lugar, a la conocida clasificación romana de las cosas en genéricas y específicas. Uno de los textos clave para entenderla es el de Paulo 28 ed. D. 12.1.2.1 en el que se plantea qué cosas pueden ser objeto del mutuo o préstamo de consumo: aquellas que se determinan por su peso, número o medida (*quae póndere, número mensúra consistunt*). Poseen la virtud de que cuando se pagan (*per solutionem*, mediante el pago), valen (*functionem recipiunt*, reciben su función; de aquí procede, por cierto, la denominación moderna de "fungibles") en cuanto a su género (*in génere suo*) más que en cuanto a su especie (quam specie). Es decir, no importa que sean identificables individualmente, sino que pertenezcan a un género. El dinero es ejemplo típico, aunque, por ser objetivamente genérico y escapar entonces de la voluntad de las partes, es propiamente designado como cosa fungible.

> D. 12.1.2.1: «La dación en mutuo se produce respecto de aquellas cosas que consisten en un peso, un número o una medida (*quae pondere numero mensura consistunt*), ya que con su dación podemos hacer surgir un crédito (*in creditum ire*), por-

> que se caracterizan por su naturaleza genérica como medio de pago y no tanto por su singularidad como cosas (*quia in genere suo functionem recipiunt per solutionem quam specie*): pues, en efecto, respecto de las demás cosas no podemos hacer surgir un crédito, dado que no puede pagarse una cosa por otra (*áliud pro álio*) contra la voluntad del acreedor (*inuíto creditóri*)».

Hay ciertamente diferencia entre obligarse a entregar una suma de dinero o tantos litros de vino de Falerno o del aromático de Massilia (Marsella). En este último caso, las partes deben representarse la mercancía como un género en el negocio concluido por ellas. No se trata de obligarse a entregar unos objetos determinados (p. e., ciertas ánforas señaladas específicamente por las partes) sino de una cantidad de vino *in genere* considerado. El género además puede ser limitado o ilimitado: en este último caso, el deudor se obliga a entregar el vino que él tenga, p. e. en sus bodegas, de la procedencia requerida. La diferencia de régimen es significativa.

Con respecto a las obligaciones genéricas, en caso de imposibilidad de la prestación por parte del deudor (p. e. ha sufrido una inundación en sus bodegas, no imputable a él, que ha destruido el vino), rige el principio "el género nunca perece" (*genus períre non potest* o *génera non péreunt*), que le impide liberarse del cumplimiento de su obligación, porque al consistir el objeto en una cosa genérica, su prestación continúa siendo posible. Ahora bien si el género aparece limitado, el perecimiento del objeto se produce, y con él la posibilidad de liberarse el deudor de su obligación. El conocido principio apuntado deriva de la glosa medieval a partir de textos romanos: sobre todo de Papiniano 16 *quaest.* D. 31.65.1 (un caso de legado de una cuadriga de caballos en que el caballo principal –*qui demonstrabat*, el que guiaba– había perecido), Pomponio 9 *Sab.* D. 45.1.23 (en el que se señala cuál es el régimen de responsabilidad del deudor en caso de incumplimiento de una prestación específica) y C. 8.37.8 (una constitución de Diocleciano y Maximiano del año 294 d. C.): es imposible la prestación de un esclavo "que no va a morir", pero después de muerto es correcta su reclamación).

La determinación concreta de la obligación se realiza en el acto del cumplimiento. En el derecho clásico el deudor se consideraba liberado prestando una cualquiera de las cosas comprendidas en el género. El derecho justinianeo, por el contrario, puso las bases del principio general por el que el acreedor no puede pretender una cosa de la mejor calidad, ni el deudor se libera prestando una cosa de la peor calidad, sino que se debe prestar una de "calidad media".

2. La contraposición *genus–species* se utiliza también en otro contexto, a saber, para señalar la derogación de una ley general a través de una ley especial. La frase que le da origen, '*semper enim species géneri dérogat*' (pues siempre la especie deroga al género) la encontramos en un curioso caso (Paul. *libro singulari de instrumenti significatione* D. 32.1.99.5) que presenta dos legados otorgados a favor de diferentes personas, relativos a los criados del disponente, distinguidos según que fueran esclavos nacidos en la casa o *uérnae*, correspondientes entonces a uno de los legatarios, o *cursores* (los mozos de a pie, caracterizados por ser enviados aquí y allá para enviar cosas o hacer recados), que se destinaban al otro legatario. En el supuesto concreto, se daba la situación de que algunos *vérnae* eran además *cursores*. La especificidad de esta función, frente a la circunstancia más genérica de su nacimiento en la casa, hacía prevalecer la pretensión del segundo legatario sobre la del primero.

> «Si a uno se le legaron los esclavos nacidos en la casa (*uérnae*), y a otro los mozos de a pie (*cursores*), si algunos fueran nacidos en la casa y mozos de a pie, formarán parte de los mozos de a pie; porque siempre la especie deroga al género. Si unos y otros estuvieran en una especie o en un género, de ordinario se harán comunes».

En otro relevante texto referido a las leyes que imponen penas a los que las infrinjan, Papiniano 2 *def.* D. 48.19.41 expone que una pena impuesta por una ley no se debe aplicar a aquellos casos en que la misma ley imponga una pena especialmente. En apoyo de esto afirma que no hay duda de que en el resto del derecho la especie se impone al género ('*nec ambígitur in caétero omni iure spéciem géneri derogáre*') y que no es verosímil que un mismo delito esté castigado por la misma ley de diferentes formas.

> D. 48.19.41: «La sanción de las leyes, que últimamente impone cierta pena a los que no se hubieren atemperado a los preceptos de la ley, no parece que se refiere a aquellos casos en que por la misma se añadió especialmente pena; y no se duda que en todo otro derecho la especie deroga al género; y no es ciertamente verosímil que un solo delito sea castigado por la misma ley de varios modos (*delictum unum eadem lege uariis aestimationibus coerceri*».

De Papiniano también es la afirmación genérica contenida en 33 *quaest.* D. 50.17.80: «En todo el derecho, el género es derogado por la especie y lo que se refiere a la especie se considera principalmente» (*in toto iure generi per speciem derogatur et illud potissimum habetur, quod ad speciem derectum est*').

In integrum (restitutio)

(In íntegrum)
Lit. *por entero (restitución).*

(Admitida en nuestra lengua escrita de esa manera o "restitución *in integrum*". V. ***restitutio in integrum***).

In ipsam rem

(In ípsam rem)
Lit. *a la misma cosa.*

(V. ***manu militari***, ***ad ipsam rem***, ***solvens***).

In itinere

(In itínere)
Lit. *en el camino, de camino.*

Significado y contexto: Admitida en nuestra lengua. Se relaciona en el ámbito del derecho laboral con los accidentes que un trabajador puede sufrir en el camino (*in itinere*) de su casa al lugar de trabajo o viceversa.

Resulta curioso el empleo por parte de la Jurisprudencia romana de esta expresión en torno a casos en los que determinados sujetos sufren diversas vicisitudes de viaje que son valoradas jurídicamente. Por ejemplo, Papiniano 1 *quaest.* D. 1.16.5 afirma que a veces el procónsul puede encargar a otro la jurisdicción, aunque no haya llegado aún a la provincia, y propone el siguiente supuesto: cuando el procónsul sufra un retraso ineludible en el camino (*i. i.*), pero el legado ha de llegar rapidísimo a la provincia.

Ulpiano 2 *disput.* D. 12.4.5.4 se plantea el caso de uno que recibe a un esclavo para manumitirlo, pero este fallece antes de poder hacerlo. Si ha habido retraso en su liberación es responsable el que lo recibe, pero no, si lo que ocurrió es que el pobre esclavo falleció *i. i.*, esto es, de camino al gobernador o la casa del que lo iba a liberar.

Otro caso interesante es el que expone Ulpiano en 32 *Sab.* D. 24.1.21 pr.: se trata de un marido que paga a la mujer el canon o *uectigal* que esta suele abonar en el camino (*i. i.*) –algo así como el coste del transporte– que le conduce hasta su marido. Como en el derecho romano rige la prohibición de donación entre cónyuges, se plantea si esto es una especie de donación del marido. El jurista romano responde que no es así y aduce la autoridad de Papiniano para confirmar su parecer. No dona sino que ayuda en los gastos necesarios a su mujer cuando esta se tiene que desplazar por razón de necesidad.

En Ulp. 55 *ed.* D. 29.5.1.31 el dueño ha sido asesinado *i. i.* y los esclavos que viajaban con él, en vez de defenderlo, huyeron despavoridos. La suerte de esos esclavos no es envidiable (*supplicium sumendum est*).

Finalmente, Ulpiano de nuevo en 25 *ad ed. praet.* D. 47.12.3.4 afirma que, es lícito transportar los cuerpos de fallecidos a los que no se ha dado perpetua sepultura, según un edicto del emperador Severo en el que se ordenaba que no se detuviese, vejase o impidese que se llevaran a través del territorio de varias poblaciones. También cita el jurista un rescripto del emperador Marco Aurelio en el que se declaraba que no recibieran castigo los que transportaban el cuerpo de un difunto de camino (*i. i.*) a través de diversos pueblos (*per uicos aut oppidum*), aunque no deberían hacerlo sin permiso de los que tienen competencia para darlo.

(V. otros ejemplos de uso en índice final de voces).

In limine

(In límine)
Lit. *en el umbral.*

Significado y contexto: El término latino '*limen*' (*limen, -ina*, n.) significa en primer lugar "umbral": una franja de espacio que señala el límite entre lo de fuera y lo de dentro, en especial de una casa u hogar, o también de una habitación. Con el espacio interior acaba asimilándose incluso. Por eso *limen*, en el latín medieval, se identifica con la propia iglesia (*ecclesia*); cfr. ***ad limina Apostolorum***. En la fantasmagórica historia que relata Plinio el joven (*Ep.* 7.27.8), el filósofo Atenodoro oye en la noche un estrépito que se le aproxima cada vez más: primero, *in limine* y luego *intra limen* (dentro del umbral, es decir, lo ha sobrepasado y está en su habitación). Desde este punto de vista, se advierte que lo importante, por tanto, no es salir de un lugar sino entrar en él, porque lo que está dentro es lo deseado. Así se entiende la acepción figurada de limen como de "comienzo" o "inicio".

En la literatura latina, las aplicaciones de esta voz nos resultan muy familiares. En la Eneida, en el umbral (*ad limen*) de la cueva de las cien bocas se detuvo el héroe troyano junto con la sibila esperando el hado de Febo (*Aen.* 6.45). Cruzar el umbral y bajar al Averno no era lo difícil, le dijo la sibila (vv. 126-129), sino volver atrás y escapar a las aulas celestes, «esta es la tarea, esta es la fatiga» (*hoc opus, hic labor est*); episodio, por cierto, que inspirará a Dante el descenso a los infiernos, guiado por Virgilio, en su obra maestra *La Divina Comedia* ("¡Oh vosotros los que entráis, abandonad toda esperanza!" [*Lasciate ogni speranza, voi ch'entrate*] –palabras escritas en negro en el dintel de la puerta de acceso al infierno de Dante, al comienzo del Canto tercero–). Un poco más adelante, vv. 426-429, se describe el encuentro con las almas de los niños *in límine primo* (lit. en el primer umbral; cfr. la misma expresión referida a una cobarde retirada en 11.423 ss.) que "excluidos de la dulce vida y arrebatados del pecho <materno>, un negro día robó y sepultó en aciaga tumba", es decir, muertos prematuramente. Se emplea también a veces para aludir a la barrera que se usa en las carreras de caballos (Virg. *Aen.* 5.316). Como inicio de la vida, o de la muerte, en Lucrecio (3.68, 6.1156 ss.).

«Estaba de pie en el umbral de la puerta» ('*stabat portae in limine*', dice Fedro de un borriquillo *Fab. Appen.*, 16.12). Las puertas y sus umbrales han sido considerados desde muy antiguo sedes apropiadas para la celebración de actos jurídicos y procesales. Ya en el Antiguo Testamento se contempla la costumbre de realizar juicios en la puerta de las ciudades (*Am.* 5.15, *Ruth.* 4, *2Sa.* 15.2-6). Este uso se observa en la Alta Edad Media, pues la entrada la Iglesia se consideraba como el acceso a la Jerusalén Celeste y, por tanto, en relación con la puerta de la ciudad bíblica –como recuerda Deimling (Deimling 2004) 324-327–. Esta es la razón por la que las portadas de iglesias y catedrales constituían un lugar idóneo para la celebración de juicios, de contratos, de bodas (seguidos luego de misa en el interior de la iglesia) o actos de penitencia, prestación de juramentos o, incluso, para refugio de perseguidos (a los que bastaba para su protección con poder agarrar la argolla de la puerta).

Era usual que se destinara a la función judicial aquella puerta que contenía una imagen del rey Salomón, prototipo del juez ecuánime, representado a menudo entre los leones (*inter duos leones*) en una escalinata, que custodian y representan a la vez el poder supremo e independiente de los jueces. Por eso es frecuente verlos hoy también a la entrada de los Parlamentos modernos. En la catedral de León, puede leerse aún la inscripción *locus appellacionis* (sic) (lugar de apelación) junto con los escudos de Castilla y León. Aún en nuestros días también, se celebran en Valencia los juicios del famoso Tribunal de Aguas en la puerta de su catedral. Desde el siglo VIII d. C., se documenta la prestación de juramentos "en el umbral" o "junto a las puertas de la Iglesia".

La expresión se utiliza en el derecho moderno (no así en el derecho romano, aunque el supuesto al que se aplica es rastreable en él). En efecto, puede encontrarse escrita como tal, o verla acompañada del sustantivo *lis* (litigio) en genitivo (*in limine litis*), en textos jurídicos actuales (manuales de derecho procesal, sentencias, dictámenes, ...). Alude al límite legalmente marcado, esto es los primeros o preliminares actos procesales, para poder oponer una excepción (V. ***exceptio***), por ejemplo, de incompetencia del órgano jurisdiccional.

Debe recordarse que en el procedimiento formulario romano, el demandado debía introducirla en la fórmula, redactada al final de la primera fase (*in iure*, ante el magistrado, en el momento central denominado *litis contestatio*). Si no, ante el juez en la segunda fase (*apud iudicem*), no podría alegarla, salvo que se tratase de acciones de buena fe, pues en ellas el juez, de oficio (v. ***ex officio***), podía reconocer determinados hechos o conductas de las partes aunque no se hubieran aducido antes. Con el nuevo procedimiento imperial de *cognitio* y la pérdida de importancia de la *litis contestatio* (verdadero umbral del procedimiento formulario clásico) los efectos procesales (conservador, innovador de la relación procesal, extintivo –non bis in idem–, prohibición de enajenación de la cosa litigiosa) tienden a referirse ahora al momento inicial, y así se transmite al derecho procesal moderno. (V. *Procedimiento civil*).

En ocasiones se ve escrita como ***a limine*** (lit. del o desde el umbral). (Cfr. *postliminium* en ***iuris tantum***).

In medias res

(In médias res)
Lit. *en el medio de la cosa (o del asunto), en el núcleo.*

Significado y contexto: Admitida en nuestra lengua. Expresión usual proveniente de Horacio (*Ars.*147) –un pasaje citado ya por nosotros a propósito de la expresión *ab ovo*– con la que se exhorta a quien refiere una historia –Horacio perfila el modelo de poeta– a que no la comience desde un punto tan innecesariamente lejano que la haga farragosa. Resulta, pues, preciso por mor de la elegancia poética, extensible a otros ámbitos, centrar el relato en su asunto central, es decir, en lo que de verdad le es pertinente, sin demasiados ambages previos.

In memoriam

(In memóriam)
Lit. *en recuerdo.*

Significado y contexto: 1. Es una expresión de uso común, admitida en nuestra lengua, utilizada para evocar la memoria o recuerdo de un difunto. Los romanos creían que la vida de ultratumba dependía del recuerdo que de ellos quedaba entre los vivos. De ahí los magníficos mausoleos erigidos para perpetuar la memoria de personalidades famosas.

Este es el significado de *monumentum* (recuerdo). En el siguiente texto aparece junto con una expresión similar a la aquí analizada (*memóriae causa*):

> Florent. 7 *inst.* D. 11.7.42 pr.: «En general, monumento es una cosa legada a la posteridad para memoria (*memóriae causa*); en la que se enterrase un cadáver o restos humanos, se hará sepulcro, pero si nada de esto se pusiera en ella, será monumento hecho para memoria (*memóriae causa*) al que los griegos llaman "cenotafio" (sepulcro vacío)».

La expresión la encontramos en el siguiente fragmento, que plantea un caso singular:

> Sceu. 19 *dig.* D. 34.1.17: «Uno había dejado esclavos para custodia de un templo, y les había hecho un legado a cargo del heredero en estos términos: "pido, y encomiendo a tu fidelidad, que des y prestes en memoria mía (*in memoriam meam*) a cada uno de mis pajes (*pedisequis meis*) que dejé para cuidado del templo alimentos mensuales y ciertos vestidos al año"; se preguntó, si, no estando todavia construido el templo, deberán percibir los esclavos el legado desde el día de la muerte o desde el tiempo en que se hubiere concluido el templo. Respondió que el heredero había de ser compelido por ministerio del juez a darles a los esclavos lo que se les dejó, hasta que se edifique el templo».

También en este otro texto, donde se aprecia que la expresión alberga en su significado el matiz de señal de respeto que le da el que declara algo. Tanto en este como en el siguiente fragmento la expresión podría traducirse como "en consideración a" o "en atención a". Se explica en el primero que un esclavo no debe ser interrogado para dar testimonio contra su anterior dueño:

> Paul 5 *sent.* D. 48.18.18.7: «El esclavo no puede ser interrogado contra la persona del señor, por quien fue enajenado, y al cual sirvió alguna vez, en memoria del anterior dominio (*in memoriam prioris dominii*)».

O este: Paul. 1 *quaest.* D. 50.12.14 referido a los decuriones (miembros de la curia o senado municipal):

> «El Divino Pío resolvió por rescripto que no se debía someter al tormento al decurión que fue condenado; por lo cual también si hubiere dejado de ser decurión, y después fuera condenado, está determinado que no haya de ser sometido al tormento en memoria de su dignidad anterior (*in memoriam prioris dignitatis*)».

2. En el ritual de la misa católica en que se conmemora la última cena de Jesucristo con sus discípulos, el sacerdote reproduce las siguientes palabras que el propio Jesús pronunció: *Hoc fácite in meam commemoratiónem* ("haced esto en conmemoración mía").

In natura rerum

(In natúra rérum)
Lit. *en la naturaleza de las cosas; existentes.*

Significado y contexto: En el ámbito del derecho de obligaciones, uno de los requisitos indispensables de la prestación (consistente esta en que el deudor debe dar, hacer o no hacer algo) es que sea posible desde el punto de vista fáctico y jurídico. Una cosa que no existe –un hipocentauro en el ejemplo clásico de Gayo (3.97)– no está *in rerum natura*, y, por tanto, una estipulación que lo adopte como objeto será nula. La expresión tiene relación con la famosa regla (Celso 8 *dig.* D. 50.17.185) '*impossibilium nulla obligatio est*' (no existe obligación de cosas imposibles o a lo imposible nadie está obligado). También con la que encontramos en Cels. 17 *dig.* D. 50.17.188: '*Quae rerum natura prohibentur, nulla lege confirmata sunt*': aquellas cosas que impide la naturaleza de las cosas, no pueden ser confirmadas por ninguna ley. En los actos *mortis causa* no se tienen por lo general en cuenta para salvar la voluntad del testador. Ulpiano 23 *ed.* D. 50.17.135 afirma que se tienen por no puestas (*pro non adiectis*) aquellas cosas que o son imposibles o no están *in rerum natura*.

Javoleno (2 *ex post. Lab.* D. 35.1.40.4) expone el caso de uno que hizo un legado de un fundo calificado por él como dado en concepto de dote, pero en realidad no era así: "Dé mi heredero el fundo Corneliano que aquella [su mujer] me dio en dote". Javoleno dice que Labeón, Ofilio y Trebacio estaban de acuerdo en que el legado era válido porque el fundo Corneliano estaba *i. r. n.*, aunque la declaración añadida acerca del origen de la adquisición no fuese veraz (aplicación de la conocida regla «la errónea demostración no hace perecer la cosa», aquí referida al legado *falsa demonstratio legatum non peremit*).

Paulo (24 *ed.* D. 45.1.73) afirma que, a veces, una estipulación pura (no sometida a condición o a término) puede verse diferida por la propia situación (*ex re ipsa*). Pone como ejemplo la estipulación de dar lo que esté en el útero <de una esclava> (*id quod in utero est*), los frutos futuros o la construcción de una casa <que aún no está hecha>. La acción tiene lugar en estos casos cuando esas cosas estén *i. r. n.* Lo mismo que si se estipula pagar en Cartago, estando en Roma: se entiende que tácitamente (*tacite*) se incluye el tiempo que se tarda en llegar hasta esa ciudad del norte de África. Por eso, dice Celso (12 *dig.* D. 50.17.186) que «nada se puede reclamar antes del tiempo en que se pueda pagar *per rerum naturam* (por la naturaleza de las cosas)».

A propósito de los hijos de esclavas, que antes veíamos en Paulo como ejemplo de cosa futura, encontramos en Gayo 2 *rer. cott.* D. 22.1.28.1 un muy relevante testimonio en torno a la consideración de qué cosas pueden ser considerados frutos y qué no: «El parto de una esclava no se incluye como fruto, pues parecía absurdo que un ser humano se tomara como tal, ya que la naturaleza (*rerum natura*) ha dispuesto todos los frutos para el hombre». Esta conclusión produce consecuencias prácticas con respecto a la adquisición de cosas por parte del usufructuario: el hijo de la esclava no es fruto, luego no le pertenece a él sino al dueño.

En cuanto a la compraventa, si la cosa existe cuando se llegó al acuerdo, pero antes de la venta deja de existir, no hay compra (*in rerum natura desisse*, dejar de existir, es una expresión jursprudencial típica). También una herencia (que no es cosa singular sino un patrimonio complejo) puede ser vendida, pero si el causante está vivo o no existe tampoco la herencia (*quia in rerum natura non sit quod ueníerit*, ya que lo que se vende no existe). Precisamente a propósito de las herencias y del famoso senadoconsulto Juvenciano (de época de Adriano, a. 129 d. C.), explica Gayo 6 *ed. prov.* D. 5.3.21 qué significa el término '*depérditum*' (perdido) –lo que deja de existir (*quod i. r. n esse desiit*)–, frente a '*demínútum*' (disminuido) –lo que ha sido usucapido y por esa razón sale de la herencia–.

La expresión se utiliza en textos muy relevantes referidos a los concebidos (los llamados en la tradición romanística posterior '*nascitúri*'). Así Juliano 69 *dig.* D. 1.5.26 pr. dice que «los que [no dice: "lo que..."] se hallan en el útero se considera que están *in r. n.* con respecto a casi todo el derecho civil» ('*Qui in útero sunt, in toto paene iure ciuili intelleguntur in rerum natura esse*'). En otro, también célebre, dice Celso que el concebido de algún modo se considera que está *i. r. n.* (*conceptus quodámmodo i. r. n. esse existimátur*).

Discutible es que en estos textos el derecho opere una ficción con respecto al concebido; es decir, según la siguiente operación intelectual: “el derecho, por diversas razones, lo considera como sujeto de derecho, aunque en realidad no lo sea”) como creía Savigny, inspirado por ellos.

(V. ***in utero***, ***spes hominis***, ***nequaquam***, ***vitae habilis***).

In nuce

(In núce)
Lit. *en una nuez, de manera concisa, en embrión.*

Significado y contexto: Se encuentra en la conocida obra *Naturalis historia* de Plinio el Viejo (7.34), un sorprendente tratado científico romano. Aquí, a propósito de la agudeza visual, relata el autor, entre otras cosas, que Cicerón (en una obra perdida para nosotros) hablaba de la existencia de un ejemplar de la Ilíada de Homero introducido “en una nuez”, es decir, materialmente incrustado en su cáscara; en definitiva, diminuto, extraordinariamente difícil de confeccionar y de leer: *in nuce inclusam Iliadem Homeri carmen in membrana scriptum tradit Cicero.*

También aparece esta locución en las *Epístolas* de Horacio (2.1.3), inserta en un dicho latino corriente cuyo fin argumentativo no tiene nada que ver con el uso analizado aquí: ‘*nil intra est olea, nil extra est in nuce duri*’ (ni la aceituna es dura por dentro, ni la nuez lo es por fuera; lit. ni nada de duro hay en la aceituna por dentro ni en la nuez por fuera). Mediante una negación de lo evidente se objetaba al oponente retórico, como por reducción al absurdo, la palmaria inconsistencia de una afirmación suya.

La expresión, de uso frecuente hoy, se utiliza cuando deseamos referirnos a algo explicándolo o describiéndolo de modo conciso, lo que nos exige un considerable esfuerzo de síntesis (“ir al grano”, decimos), o también para aludir a lo que se encuentra en sus inicios.

In pari causa

(In pári cáusa)
Lit. *en igual causa, a igual situación.*

(V. ***ignorantia*** y cfr. Pap. 11 *quaest.* D. 12.7.5)

In pari delicto

(In pári delícto)
Lit. *en igual delito.*

(V. ***ignorantia*** y cfr. Pap. 11 *quaest.* D. 12.7.5)

In partem

(In pártem)
Lit. *en parte.*

(V. ***in solidum***).

In partibus (infidelium)

(In pártibus infidélium)
Lit. *en tierras de infieles; sin jurisdicción.*

Significado y contexto: Nuestra lengua la admite. Esta era la denominación que el derecho canónico reservaba a los obispos designados sin jurisdicción por referirse esta a tierras o pueblos no propicios a admitir la difusión de la fe católica, aquellos donde había habido presencia de la Iglesia en otro tiempo, pero ya no por haber sido violentamente expulsada. La expresión mostraba la voluntad de la Iglesia, fiel a su vocación universal, de no renunciar a su deber de comunicar a todo el mundo la Buena Noticia de Jesús. A partir de un Decreto de la Congregación *de propaganda fide* (sobre la divulgación de la fe) de 1882 la denominación se abolió. La expresión, sin embargo, sigue recordándose.

El Diccionario de la Real Academia recoge una acepción derivada de ***in partibus***: «Dicho de una persona: condecorada con el título de un cargo que realmente no ejerce».

In pectore

(Idem)
Lit. *en el pecho, de modo no revelado.*

Significado y contexto: Admitida en nuestra lengua. El término latino *pectus, -oris* (n.), es decir, "pecho" (tanto de seres humanos como de animales), se refiere en sentido espiritual a la esfera íntima del corazón humano, o también de su conciencia, donde las opiniones o las decisiones aún no comunicadas a nadie se albergan. Se hallan todavía "en el pecho".

Un personaje como el príncipe Tiberio, de hermético y callado talante, tal y como lo describe Tácito en sus Anales (4.52), solo de cuando en cuando dejaba entrever su verdadero parecer acerca de las cosas: *rara occulti péctoris uox* (lit. insólita voz de su oculto pecho).

Lo que emana del pecho puede ser incluso resultado de un impulso irreflexivo, como revela la expresión '*de summo pectore*' (es decir, sin pensar) que utiliza Aulo Gelio (17.13). Por otra parte, '*toto péctore*', en análogo sentido a la más conocida '*toto corde*', significa "de todo corazón", "con toda el alma", y se emplea cuando algo que se tiene en mente es deseado de ese modo.

La expresión procede propiamente del ámbito de la Iglesia católica y se refiere al nombramiento de cardenales que lleva a cabo el sumo pontífice; en concreto, al momento en que su intención no ha sido revelada aún.

In perpetuum

(In perpétuum)
Lit. *a perpetuidad, perpetuamente.*

(admitida en nuestra lengua. V. ***ad tempus***).

In personam

(In persónam)
Lit. *(dirigida) a la persona.*

Significado y contexto: Se refiere en el derecho romano a la conocida distinción entre acciones personales y acciones reales, matriz de la futura entre derechos personales u obligaciones y derechos reales. Así la formula Gayo (4.2) en sus Instituciones:

> «Es acción personal aquella con la que demandamos al que nos está obligado por contrato o por delito, es decir, cuando pretendemos que nos debe dar hacer o prestar (*In personam actio est, qua ágimus cum áliquo qui nobis uel ex contractu vel ex delicto obligatus est, id est cum inténdimus dare fácere praestáre oportére*)».

En un célebre texto, Paulo (2 *inst.* D. 44.7.3 pr.) afirma:

> «La substancia de las obligaciones no consiste en hacer nuestro un objeto o hacer nuestra una servidumbre, sino en compeler a otro a que nos dé, nos haga o nos preste algo» («*Obligatiónum substantia non in eo consistit, ut áliquod corpus nos-*

trum aut seruitutem nostram fáciat, sed ut alium nobis obstríngat ad dandum áliquid uel faciéndum uel praestándum»). (V. ***d substantiam***).

Por último, en un fragmento de las Instituciones de Justiniano (3.13 pr.) no menos conocido que los dos anteriores, hallamos la famosa definición de obligación como vínculo jurídico personal:

> «La obligación es un vínculo jurídico por el cual somos necesariamente compelidos a cumplir alguna cosa –lit. a disolver, liquidar o pagar algo– según el derecho de nuestra comunidad (*Obligatio est iuris uínculum, quo necessitáte adstríngimur, alicúius soluéndae rei secundum nóstrae ciuitátis iura*)». (V. ***vinculum iuris***).

In primis

(In primis)
Lit. *ante todo, principalmente, especialmente.*

Significado y contexto: Adverbio latino de uso común que se puede ver vulgarmente escrito también así: *imprimis* o *inprimis*. Veamos un par de ejemplos seleccionados de las fuentes jurídicas:

Sobre la acción de compra y su naturaleza de buena fe, comenta el jurista Ulpiano lo siguiente:

> Ulp. 32 *ed.* D. 19.1.11 pr.-1: «Ejercita la acción de compra el que compra. 1. Y ante todo (*in primis*) se ha de saber que se comprende en este juicio solamente lo que se convino que se entregue; porque, siendo juicio de buena fe, nada es más conforme a la buena fe que el que se cumpla lo que se convino entre los contratantes (*nihil magis bónae fidei congruit, quam id praestari, quod inter contrahentes actum est*); pero si nada se convino, entonces se harán las prestaciones que naturalmente se contienen en la naturaleza de este contrato».

O este de Gayo a propósito de la validez de los testamentos:

> Gai. 2 *inst.* D. 28.1.4: «Si investigamos si es válido un testamento, debemos observar ante todo (*in primis*) si tuvo facultad de hacer testamento (*testamenti factio*) el que haya hecho el testamento, y después, si la hubiere tenido, investigaremos si testó según las reglas del derecho civil».

In principio

(In princípio)
Lit. *en el principio.*

(V. ***ab initio***).

In púribus

(Idem)
Lit. *en cueros, desnudo.*

Significado y contexto: De uso común, admitida en nuestra lengua. La expresión correcta es *in puris naturálibus* (lit. en los puros naturales), pero se ha contraído, en su forma vulgar, en la corriente "in púribus". En esa condición se hallaban Adán y Eva antes de comer del fruto del árbol prohibido. Lo mismo se podría decir del propietario cuyo derecho sobre la cosa se halla limitado por el derecho de uso y disfrute correspondiente a un usufructuario: se dice, en efecto, de su propiedad que es "desnuda" (*nuda propríetas*). Resulta curioso que el término *propríetas* (propiedad) surja en las fuentes en relación con este supuesto. O el llamado *nudum pactum* (pacto desnudo), por carecer de acción que lo tutele y solo originar una excepción en su defensa: *nudum pactum obligationem non parit* (un pacto desnudo no engendra obligación). También se habla de *consensus nudus* (v. ***consensus***).

Una cierta analogía guarda también el caso con determinadas situaciones jurídicas a propósito del uso romano y moderno del término "natural" que significa en ocasiones "de hecho": así, por ejemplo, la posesión natural (*naturalis possessio*), esto es, sin protección jurídica; la obligación natural (*obligatio naturalis*), es decir, sin la acción personal que tutele el supuesto.

Cuando en la Roma arcaica un ciudadano sospechaba que el objeto que le había sido sustraído estaba en casa de otro, podía llevar a cabo una curiosa especie de registro domiciliario para dar con la cosa. Gayo, que lo relata en sus Instituciones, se muestra irónico con algunos de los extremos de este sorprendente ritual que se remontaba a una época muy antigua. Entre otras cosas, se exigía del indagador que entrase en casa ajena prácticamente desnudo, o sea, *in púribus*, o, más exactamente, con una especie de tela para cubrir sus partes pudendas, y con un plato en la mano, se supone que para llevarse el objeto encontrado: *lance licioque* (con un plato y con un paño). En muchas ediciones, en vez de *licium* aparece la voz *línteum* (tela o paño). Contra el que se oponía a que se realizara la búsqueda en su casa se daba una acción por el cuádruple valor de la cosa (*actio prohibiti furti*, lit. acción del hurto impedido).

> Gai. 3.192: «La acción del cuádruple del valor de lo impedido ha sido introducida por el edicto del Pretor. La ley [de las XII Tablas], en cambio, no estableció ninguna pena por ese concepto; prescribió tan solo esto, a saber, que quien desee realizar una búsqueda, lo haga desnudo (*nudus*), ceñido con un *licium*, portando un plato; si hallase algo, la ley establece que el hurto sea manifiesto. 193. Se ha discutido acerca de qué sea *licium*; lo más verosímil es que se trate de un género de tejido cosido con el que cubrir las partes pudendas (*necessáriae partes*). 193ª. Esto es totalmente ridículo ["Esta disposición es totalmente ridícula", es una lectura sobre texto alterado en el que aparece *lex*, ley o disposición, en vez de *res*, asunto] pues el que impide la búsqueda al que está vestido también la impedirá al desnudo, tanto más cuanto que, así buscada y hallada la cosa, se expone a una pena mayor. En segundo lugar, que tenga un plato, tanto si lo establezca para que nada se oculte teniendo las manos ocupadas, como si para que lo que encuentre lo ponga ahí, en ningún caso tiene sentido si lo que se busca es de tal tamaño o naturaleza que ni puede ocultarse ni ponerse ahí. Eso sí, no hay duda de que a la ley le baste con un plato de la materia que sea».

¡Tal era la distancia de tiempo que los romanos de épocas avanzadas no entendían ni el latín ni el derecho de sus remotos antepasados! Así sucedió en otras ocasiones (v., por ejemplo, ***venditio bonorum*** donde se discute el alcance de la enigmática expresión *partis secanto*).

Un interesante aspecto de este supuesto es el rechazo, desde tiempos muy antiguos, del ejercicio de la violencia para satisfacer un derecho. El propio término *ius* tiene que ver, en origen, con un modo ritualizado de invadir la esfera de lo ajeno para resolver un conflicto de intereses. Este comportamiento pacífico, pero expeditivo, dirigido a alcanzar una solución jurídica sin utilizar medios violentos está en la base, no solo del derecho romano, sino, a través de él, del modo de entender el derecho en la civilización occidental.

In rem

(Idem)
Lit. *a la cosa.*

(V. ***in personam***, ***ius***).

In situ

(In sítu)
Lit. *en el lugar; en el lugar mismo donde algo se halla.*

Significado y contexto: Expresión admitida en nuestra lengua. El término latino '*situs*' (*situs*, *-us*, m.) significa situación o lugar. Veamos dos ejemplos latinos: César (G. 7.83) relata cómo los galos, en el famoso sitio de Alesia, averiguan el lugar donde se hallaba emplazado el campamento romano a través de gente conocedora de la tierra ('*castrorum situs cognoscunt*, conocen el emplazamiento del campamento). Cicerón (*In Verrem, Actio Secunda*, 5.26) alaba el emplazamiento o *situs* de Siracusa, una ciudad en la que las condiciones del clima, por muy adversas que fuesen, no eran nunca tan malas como para que sus habitantes no pudiesen ver el sol al menos una vez al día.

La expresión '*in situ*' se utiliza modernamente en derecho para aludir a las diligencias que en la instrucción de un proceso se practican judicialmente en el lugar (*in situ*), por ejemplo, donde se ha cometido un delito. En general, para todas aquellas operaciones que exigen del que las realiza un desplazamiento a un lugar determinado.

In specie

(In spécie)
Lit. *en especie.*

(V. ***in genere***).

In solidum

(In sólidum)
Lit. *por entero; íntegramente, solidariamente.*

Significado y contexto: Admitida en nuestra lengua. El adjetivo '*solidus*, *-a*, *-um*' posee entre otras acepciones la de "entero", "íntegro". '*In solidum*' significa, entonces, "por entero" y se contrapone en la terminología jurídica romana a '*in partem*' o '*pro parte*' (parciario). La expresión típica completa es '*singuli in solidum obligari*' (o *teneri*) –obligarse cada uno por entero–. Es muy frecuente en el derecho romano y va referida en el derecho de las obligaciones a aquellas con pluralidad de sujetos (deudores, acreedores o ambos) y una sola prestación. En el primer caso (de solidaridad pasiva), el acreedor puede exigir de cualquiera de los deudores el cumplimiento de la deuda por entero (*in solidum*). En el segundo (de solidaridad activa), cualquiera de los acreedores puede exigir la entera deuda del deudor. También puede darse la solidaridad mixta, en la que cualquiera de los acreedores puede exigir de cualquiera de los deudores el cumplimiento de su obligación íntegra. En todo caso la obligación es única y, por eso, este tipo de obligaciones poseen un carácter electivo. La extinción de la obligación se produce en relación con todos los sujetos, no solo con respecto al que ha cumplido en la solidaridad pasiva o solo respecto del que ha exigido la deuda en la solidaridad activa.

Como este régimen beneficia en general a los acreedores y es exigente con respecto a los deudores, se contempla con recelo por el legislador desde que en la época justinianea se instaurara el principio del ***favor debitoris*** (v. ***favor***), presente en las legislaciones modernas (y en no pocas ocasiones no del todo justificado). Como consecuencia, el derecho justinianeo reconoce con carácter general el "derecho de regreso" del deudor que pagó todo para reclamar la parte de cada uno de los demás deudores (por ejemplo del coheredero que pagó frente al resto de los coherederos).

En la solidaridad activa los acreedores son designados como *rei stipulandi* y los deudores *rei promittendi* o *rei debendi*. De ahí que a veces se designe a estas obligaciones como "correales". El Digesto y el Código de Justiniano así como sus Instituciones prevén sendos títulos dedicados a esta materia: D. 45.2: C. 8.39 y I. 3.16.

Entre los numerosos textos relativos a esta cuestión, destacamos los siguientes: Javoleno 3 *Plaut.* D. 45.2.2 que describe con nitidez el régimen de solidaridad: «Cuando dos personas prometieran a la vez la misma cantidad o la estipularan se debe por el propio derecho (*ipso iure*) a cada una o debe cada una íntegramente (*in solidum*). De ahí que la obligación entera se extinga por la demanda o la aceptilación de una de ellas». Ulpiano 47 *Sab.* D. 45.2.3.1 se expresa en términos parecidos utilizando el mismo giro (*i. s.*).

Un texto de interés es el Ulpiano 28 *ed.* D. 13.6.5.15 que habla del comodato o arriendo de un vehículo a dos personas conjuntamente, respecto del cual Celso se preguntaba si cada una de llas se obligaba *i. s.* o *pro parte*. El fragmento es doblemente atractivo porque en él vemos reflejada, casi como en ningún otro texto, la concepción clásica de la copropiedad (de la que deriva la nuestra actual) cuando el jurisconsulto afirma que no puede darse la propiedad o la posesión *i. s.* respecto de cada uno de los los dos, y además ningún copropietario puede ser propietario de una parte material de una cosa, sino que tiene la propiedad en una parte (*pro parte*) indivisa (*pro indiuiso*) de la cosa entera (*totius corporis*). La conclusión es que los comodatarios son responsables solidariamente (solución que conserva nuestro derecho actual).

> «Si a dos se les hubiera dado en comodato un vehículo, o en arrendamiento juntamente, escribió Celso, el hijo, en el libro sexto de sus digestos, que podía preguntarse, ¿quedará acaso cada uno de ellos obligado por el todo (*in solidum*), o por su parte (*pro parte*)? Y dice, que ciertamente no puede ser de dos íntegro el dominio o la posesión, ni cualquiera ser señor de parte de la cosa, sino que tiene en parte (*pro parte*) el dominio de toda la cosa (*totíus córporis*) sin dividir (*pro indiuiso*). Pero que, a la verdad, el uso de un baño, o del pórtico, o de un campo, es enteramente de cada uno –porque yo no uso menos de lo que también el otro usaría–, pero que en cuanto al vehículo dado en comodato o en arrendamiento, tengo yo ciertamente, en efecto, el uso parcialmente, porque no ocupo todos los sitios del vehículo; pero dice que es más verdadero que debo prestar por el todo (*in totum*) el dolo, la culpa, la diligencia y la custodia. Por lo cual se tendrán en cierto modo dos obligados, y si demandado uno hubiere satisfecho, librará al otro, y a ambos compete la acción de hurto,»

Es curiosa la deformación que este término ha sufrido hoy en día. En las obligaciones solidarias clásicas, el deudor elegido para cumplir la deuda debe pagarla toda él (sin que los demás se "solidaricen" con él). La cosa cambió con el derecho de regreso, admitido generalmente con Justiniano, para hacer pagar al resto de codeudores. Esto es porque solidario no significa caritativo sino –como decimos– íntegro. Habría que decir propiamente, por tanto, que "ser solidario" no significa "ayudar a los demás" –como se cree– sino "hacerse uno con el prójimo".

(V. ***intuitu personae***).

Inter absentes

(Inter abséntes)
Lit. *entre ausentes.*

Significado y contexto: 1. La expresión es hoy frecuentemente utilizada a propósito de la doctrina de la oferta y de la aceptación en materia de formación del contrato, tema nuclear del derecho contractual moderno y del derecho del comercio internacional.

El contrato –se suele decir– se forma con el concurso de la oferta y de la aceptación de las partes intervinientes. Lo que parece en principio sencillo se complica extraordinariamente cuando estas no se hallan presentes en un mismo lugar y la declaración de una de ellas no va seguida de una inmediata respuesta. Los problemas que se plantean (falta de unidad de acto, incongruencia entre oferta y aceptación, uso de idiomas diferentes, ...) fueron conocidos en el derecho romano y desarrollados a través, sobre todo, de esa forma de obligarse tan común entre ellos que fue la estipulación (*stipulatio*). Veamos algunos textos significativos (con nuestras acotaciones entre corchetes):

> Gai. 3.102: «Incluso es inválida la estipulación si uno no responde a lo que se le ha preguntado, como por ejemplo si estipulo de ti que me des diez (mil) sextercios y tu me prometes cinco (mil), o si yo estipulo puramente y tu prometes bajo condición. Además es inválida la estipulación por la que estipulamos que se dé a alguien de quien no estamos sometidos (un tercero) [Esto es así por la regla *alteri stipulari nemo potest*, no cabe estipular a favor de un tercero]. De ahí que se haya discutido en cuánto vale la estipulación por la que uno estipula que se le dé en parte a él y en parte a otro de quien no está sometido. Nuestros maestros [Escuela de Sabinianos] opinan que vale por completo, y que se le debe íntegramente a aquel que ha estipulado como si no hubiese añadido el nombre del tercero. Pero autores de diferente escuela [Proculeyanos] consideran que se le debe a él la mitad y que en cuanto a la otra parte la estipulación es inválida».

> Ulp. D. 45.1.1: «(...) 1. Quien estando presente hizo la pregunta, si se marchó antes de recibir la respuesta, hace inválida la estipulación. Pero obliga si estando presente hizo la pregunta, después se marchó y una vez que regresó recibió la respuesta. El intervalo intermedio no vició la obligación [principio de *unitas actus*]. 2. Si alguien preguntara "¿darás?" y el otro respondiera "¿por qué no?", también este está en situación de obligarse, pero no si hubiese asentido sin palabras. Quien asiente de este modo no solo no se obliga civilmente sino tampoco naturalmente, y por ello se dice con razón que por él no queda obligado ni siquiera un fiador [fundamental aportación del derecho romano: el silencio no constituye declaración alguna. El *Common Law* inglés sigue también esta regla]. 3. Si interrogado alguien de forma simple haya respondido "daré si tal cosa ha sido hecha", es claro que no se obliga. O si interrogado así, "antes de las calendas quintas", haya respondido "daré en los idus", igualmente no se obliga; pues no responde como se le pregunta. Y, viceversa, si hecha la pregunta bajo condición, haya respondido puramente, ha de decirse que él no se obliga. Cuando <el promitente> añade o quita algo a la obligación, ha de decidirse siempre que la obligación queda viciada salvo que la diferencia de respuesta le plazca al punto al estipulante. Parece entonces que se ha realizado otra estipulación. [En efecto, en estos casos lo que hay es una contraoferta que impide la concurrencia entre oferta y aceptación; en el *Common Law* se emplea la denominada regla de *mirror image* o imagen de espejo, es decir, de necesaria coincidencia entre la oferta y aceptación, para comprobar que ha surgido el contrato] 4. Si habiendo estipulado yo "diez (mil)", tú me respondes "veinte (mil)", consta que no se contrae la obligación a no ser por diez (mil): pues aunque debe la suma coincidir, resulta sin embargo muy claro que diez (mil) está comprendido en veinte. [Por efecto del consentimiento alcanzado. No hay, en realidad, contraoferta, por lo que el acuerdo se ha formado válidamente]. 5. Pero si estipulando yo a Pánfilo tú hayas prometido a Pánfilo o a Estico [interesante ejemplo de obligación con prestaciones alternativas], opino que la adición de Estico ha de considerarse como superflua: pues si hay tantas estipulaciones como objetos, dos son en cierto modo las estipulaciones, una válida y la otra inválida: por esta inútil no queda viciada la útil [principio de conservación negocial]. 6. Lo mismo da que se responda en otro idioma. Por ello si alguien ha hecho la pregunta en latín y se le responde en griego, con tal que la respuesta sea congruente, la obligación queda constituida, y viceversa. Pero puede dudarse si debemos referir esto tan solo al griego o por ejemplo, al fenicio o al asirio o a

cualquier otro idioma. Pero según escribe Sabino también resulta patentemente cierto que cualquier idioma puede encerrar una obligación verbal, a condición no obstante, que cada uno entienda el idioma del otro, bien por sí mismo bien a través de intérprete [fundamental hoy en el comercio internacional].

Gai. 3 *inst.* D. 44.7.2: «Por el consentimiento se hacen las obligaciones en las compras, ventas, locaciones, conducciones, sociedades y mandatos. 1. Pero decimos que de estos modos se contrae obligación con el consentimiento (*consensu*), porque no se requiere ninguna formalidad de palabras, ni de escritura, sino que basta que consientan los que hacen el negocio (*sed súfficit, eos, qui negotia gerunt, consentíre*). 2. Por lo cual, tales negocios se contraen también entre ausentes (*inter absentes*), por ejemplo, por carta (*per epistolam*), o por mensajero (*per nuntium*). 3. Asimismo en estos contratos uno se obliga al otro respecto a lo que uno debe dar al otro según lo bueno y lo equitativo (*ex bono et aequo*)».

Este último fragmento de Gayo es el elocuente texto de referencia de nuestra expresión. Es sorprendente que la veamos muy a menudo en los escritos de los autores del *Common Law* y del derecho norteamericano. Modernamente, se han formulado diversas teorías explicativas del proceso de formación contractual: teoría de la emisión (alusiva al momento en que el aceptante realiza su declaración de voluntad coincidente con la oferta), de la expedición (cuando la declaración es enviada al oferente), de la recepción (cuando la declaración llega o alcanza el círculo o esfera de actuación del oferente –domicilio o lugar de trabajo–), de la cognición (cuando la declaración del aceptante es finalmente conocida por el oferente). La histórica diversidad de soluciones a este respecto entre el sistema del derecho civil y el sistema del Common Law está empezando a ser reducida en las últimas décadas a través de los progresivos esfuerzos de unificación llevados a cabo mediante instrumentos internacionales de diversa índole (Convención de Viena de 1980, principios Unidroit, etc.).

2. La expresión también tiene que ver con el período de veinte años que exige la prescripción de largo tiempo (*praescriptio longi temporis*) para la adquisición de la propiedad de un bien inmueble entre personas que no residan en la misma provincia (*inter absentes*), frente al inferior de diez años entre presentes. Estos plazos continúan vigentes hoy, como se aprecia en el art. 1957 del Código Civil español:

«El dominio y demás derechos reales sobre bienes inmuebles se prescriben por la posesión durante diez años entre presentes y veinte entre ausentes, con buena fe y justo título».

Inter alia

(Inter ália)
Lit. *entre otras cosas.*

Significado y contexto: Aparece en las fuentes latinas, por ejemplo, en alguna que otra obra de retórica. Así, en las *Declamationes minores*, comúnmente, aunque quizás por error, atribuidas a Quintiliano (319.8, 379 pr.). El giro característico en el que se incluye es '*inter alia dícere*' (decir entre otras cosas). En la argumentación retórica, propia del estilo forense, se refiere a un alegato que el defensor de una de las partes realiza en una cierta causa del que se toma, extrayéndola de aquella, una declaración relevante que se destaca del resto. V. también Séneca *benef.* 3.37.4 (aunque aquí en *inter alia* se sobreentiende *crimina*).

Muy utilizada la expresión por la doctrina del *Common Law*, aunque también usada por los autores del sistema de derecho civil, para referirla a los argumentos vertidos por un juez o tribunal en su sentencia, extraídos de esta.

Inter alios

(Inter álios)
Lit. *entre unos (en contraposición a otros), entre otros.*

Significado y contexto: La expresión '*inter alios*' se utiliza para aludir a que un acto o negocio jurídico solo produce efectos con respecto a las partes intervinientes (*inter partes*). Toda persona ajena a esa relación, es decir, un tercero, la considera como entablada *inter alios* y, por tanto, ni le atañe, ni repercute sobre ella. Paulo 18 ed. D. 12.2.10, a propósito del juramento (*iusiurandum*) dice '...*quia non deberet alii nocére quod inter alios actum esset*' (ya que, lo que entre unos se hubiese realizado, no debería perjudicar a otro –a un tercero–). Los compiladores unieron esta afirmación al caso descrito por Ulpiano en el fragmento anterior (22 *ed.* D. 12.2.9.7): se trataba de uno que demandaba con una acción real y que juró (ya que el poseedor le ofreció que jurara) que la cosa era de su propiedad. La acción obtenida por el demandante se daba contra ese poseedor y cuantos se subrogaron en su lugar, pero no contra un tercero.

> «Si defiriéndolo el poseedor, juró el demandante que es suya la cosa, se dará la acción al actor; pero esto solamente contra aquel que defirió el juramento y contra aquellos que le sucedieron en su lugar; pero si quisiera usar contra otro (*aduersus álium*) de la prerrogativa del juramento, en nada le aprovechará (*nihil ei próderit*),
>
> Paul. D. 12.2.10: porque no debería perjudicar a tercero lo que se hubiese tratado entre otros (*quia non deberet alii nocére quod inter alios actum esset*)».

En términos similares se expresa Ulpiano 34 *ed.* D. 25.6.1 pr. en torno al juramento de la mujer de hallarse encinta, que excluye que se considere que toma posesión de los bienes hereditarios con la intención de vejar a alguien (*calumniandi causa*). Una vez que dé a luz deberá investigarse si en verdad estaba embarazada de quien ella decía. '*álteri enim nec prodest nec nocet iusiurandum inter alios factum, nec partui igitur nocebit*' (pues el juramento que ha tenido lugar entre unos no puede favorecer ni perjudicar a un tercero, ni perjudicará, por tanto, al feto).

> «Si se cuestionase sobre la posesión a nombre del vientre (*de possessione uentris nomine*), y defiriéndolo el heredero hubiere jurado la mujer que ella estaba embarazada (*mulier iuráuerit praegnantem se esse*), se ha de estar al juramento, y no se obligará la mujer como si hubiere sido puesta en posesión por causa de calumnia (*calumniandi causa*), ni se le ha de hacer fuerza después del juramento; pero si diere a luz, se investigará la verdad sobre si estuvo embarazada de él (*quaeretur uéritas an ex eo praegnans fuerit*); porque a un tercero ni le aprovecha, ni le perjudica el juramento prestado entre otros, ni tampoco por consiguiente le perjudicará al parto (*alteri enim nec prodest, nec nocet iusiurandum inter alios factum, neo partui igitur nocebit*)».

Javoleno 2 *post. Labeo.* D. 33.2.31 relata el siguiente caso: uno –llamémoslo "A"– tenía un fundo en copropiedad con otro ("B"). Este último legó el usufructo a su mujer y el heredero de "B" reclamó la división de la cosa común frente a "A". Como el árbitro había dividido la finca en regiones determinadas se decía que la mujer tendría el usufructo sobre la parte adjudicada al heredero (de "B"). Sin embargo, Javoleno llega a la conclusión de lo incorrecto de esta decisión: «no ha podido el árbitro alterar el derecho de otro (de la mujer usufructuaria) al juzgar entre otras personas (*non potuisse arbitrum inter alios iudicando alterius ius mutare*)» sin tener en cuenta a la mujer.

> «Uno que tenía un fundo en común contigo, le había legado a su mujer el usufructo del fundo, y después de su muerte el heredero había pedido árbitro para

> dividir contigo la cosa común; dice Bleso que Trebacio respondió que si el árbitro hubiese dividido el fundo en ciertas porciones, de ningún modo se le debe a la mujer el usufructo de la parte que te hubiere correspondido, pero que ella habrá de tener el usufructo de todo lo que le hubiese tocado al heredero. Yo opino que esto es erróneo, porque habiendo sido de la mujer, antes de la sentencia arbitral de la división de cosa común, conjunto sin dividir el usufructo de la mitad de todo el fundo, no pudo el árbitro, juzgando entre otros, cambiar el derecho de tercero (*non potuisse arbitrum inter alios iudicando alterius ius mutare*); lo que también se admitió ».

Vemos la locución aplicada a la cosa juzgada. Los textos más importantes son los siguientes: Modestino 12 *resp.* D. 44.1.10 '*res inter alios iudicata áliis non obest*' (la cosa juzgada entre unos no perjudica a otros). Macro, 2 *apell.* D. 42.1.63 '*res inter alios iudicátae aliis non praeiudicari*' (la cosa juzgada respecto a unos no perjudica a otros); Ulpiano *de off. procon.* D. 48.2.7.2 *res inter alios iudicatae alii non praeiudicant* (la cosa juzgada entre unos no perjudica a otro); Ulpiano 2 *ed.* D. 44.2.1 '*res inter alios iudicatae nullum aliis praeiudicium faciant*'(la cosa juzgada entre unos en nada perjudica a otros). En un complicado caso de determinación del rango hipotecario Paulo (3 *quaest.* D. 20.4.16) afirma: '*nec inter alios res iudicata alii prodesse aut nocere solet*' (la cosa juzgada entre unas determinadas personas no suele beneficiar ni perjudicar a un tercero).

Interim

(*Ínterim*)
Lit. *provisionalmente, entre tanto.*

Significado y contexto: Nuestra lengua la admite algo alterada en su redacción –ínterin– en expresiones como "en el, en este, en aquel ínterin". El término latino se utiliza jurídicamente para aludir a toda situación de transitoriedad (o interinidad) que exige del derecho la adopción de una solución provisional.

En la historia de Roma es conocido el llamado '*interregnum*', término que hoy forma parte de nuestro acervo lingüístico (interregno) y que designaba el periodo de tiempo que discurría entre el fallecimiento de un rey y la designación del siguiente. Para evitar el vacío de poder que se producía, un senador llamado *interrex* lo desempeñaba interinamente durante cinco días para traspasarlo a otro por el mismo tiempo, y así sucesivamente hasta contar con un nuevo rey. Durante la República se siguió utilizando para aludir al hecho de hallarse fuera de Roma los dos cónsules o cuando se producía una vacante en la magistratura que era cubierta provisionalmente por una persona hasta la designación del magistrado. Por eso, con respecto a los cargos políticos o funcionariales, ha pasado al mundo moderno la distinción de su desempeño, por un lado, como interino y, por otro, como titular.

Pero la exigencia de provisionalidad en el mundo del derecho puede ser muy diversa. Veamos dos ejemplos, de los innumerables que presenta el derecho romano, extraídos de las Instituciones de Gayo: en 2.200 plantea la cuestión de la propiedad del objeto que ha sido legado *per uindicationem* (es decir, legado con efectos reales, que atribuye directamente al legatario el derecho real concedido) cuando el legado es *sub condicione* (sometido a condición) y la condición está en situación de pendencia (*pendente condicione*). Así, el legado está sometido a la condición de que suceda algo (que es incierto que se produzca): por ejemplo, que llegue una determinada nave procedente de Asia (aún no ha llegado y no se sabe si lo hará). ¿De quién es la cosa legada *interim*? Gayo contesta con la Escuela Sabiniana, a la que dice pertenecer, que en ese intervalo es del heredero, pero aduce la opinión de la escuela contraria (la de los Proculeyanos) que afirma que la cosa es *nullíus* (de nadie).

El segundo ejemplo gayano se refiere al procedimiento (Gai. 4.16). Cuando el pleito recaía sobre una cosa u objeto litigioso, desde antiguo el magistrado concedía interinamente su posesión a una de las partes a la espera de su resolución: «*secundum alterum eorum uindicias dícere* (lit. a favor de uno de ellos pronunciaba "vindicias") *id est,* –aclara Gayo– *interim aliquem possessorem constituebat* (hacía a uno poseedor provisionalmente). Aunque no sin más. En efecto, le exigía a la parte receptora que diera fiadores a su adversario para responder de la *lis* (de lo que resulte del litigio) y de las *uindíciae* (que Gayo traduce como «de la cosa y de los frutos»).

Inter nos

(Ínter nos)
Lit. *entre nosotros.*

Significado y contexto: Expresión de uso común, admitida en nuestra lengua, empleada cuando alguien revela una opinión confidencial a otro. En las fuentes jurídicas romanas, se refiere muy a menudo, por ejemplo, a la relación jurídica contraída entre las partes (entre tú y yo, a modo de ejemplo), y a la posibilidad de ejercitar una acción el uno contra el otro recíprocamente.

Veamos algún ejemplo de la acepción con que es conocida corrientemente: esto le confiesa Cicerón a su amigo Ático al comienzo de una de sus cartas (2.4): «He recibido de ti con sumo agrado el libro de Serapión, del que –déjame que te diga entre nosotros (*quod inter nos líceat dícere*)– apenas he entendido la milésima parte». Otro ejemplo del Arpinate, usando el mismo giro, en *De natura deorum* (1.26.74).

Con el sentido de reserva, traducible como "quede entre nosotros", en Séneca *epist.* 12.2: *quod inter nos sit.*

Inter partes

(Inter pártes)
Lit. *entre las partes.*

(V. **inter alios**)

Inter vivos /(mortis causa)

(Ínter vívos)
Lit. *entre vivos.*

Significado y contexto: Expresión admitida en nuestra lengua, como también su opuesta, *mortis causa*. Se refieren ambas a dos tipos de actos o negocios jurídicos. La mayoría de los negocios se celebran para que tengan efectos en vida de las partes (o del que lo haya originado en caso de ser negocio unilateral), y tanto la presente denominación (como su contraria), por consiguiente, parecen deberse a esta circunstancia, según opinión generalizada. Se contrapone así –como decimos– a la de *mortis causa*, reservada a negocios cuyos efectos –según se suele decir un tanto imprecisamente también– se producen cuando fallece el que los otorga.

En realidad, *mortis causa* –como afirma Ferrini (Ferrini 1904, 163)– se refiere a «aquel negocio que regula el destino del patrimonio para después de la muerte (institución de heredero, legado, fideicomiso, *donatio mortis causa*) o bien a aquel negocio según el cual alguien, por efecto secundario o indirecto de tales disposiciones, obtiene un beneficio patrimonial (*capio mortis causa*)». Un ejemplo de esta última figura se da con respecto a aquel que recibe una suma de dinero de manos del heredero precisamente instituido bajo condición de pagarle esa cantidad.

Es característico el supuesto del testamento, que es un acto complejo, pues a través de él se llevan a cabo en realidad diversas disposiciones (institución de heredero, legados ...), si bien es cierto que algunos de los negocios jurídicos de análoga naturaleza operan al margen de él (fideicomiso, donación *mortis causa*). La muerte no es una especie de término añadido a un cierto negocio, ya que este está conformado de tal manera que las disposiciones que prevé no se entienden sin tenerla en cuenta, o sea, están ligadas a ella causalmente. De ahí, que pueda haber un negocio *mortis causa* cuyos efectos se produzcan en vida de las partes. El ejemplo de Ferrini es ilustrativo: el de una donación en previsión de la muerte pero cuyos efectos son inmediatos con respecto al donatario, aunque solo se confirmarán con la premoriencia o conmoriencia del donante. En efecto, en una donación *mortis causa* el donatario debe sobrevivir al donante, o al menos entenderse que ha muerto a la vez que él. Si sucede de otro modo, el derecho considera razonable que el donante prefiere que lo donado vuelva a él. O lo que es lo mismo, el donatario es preferido antes que él, y él antes que todos los demás. Cfr. el art. 620 del Código Civil español:

> «Las donaciones que hayan de producir sus efectos por muerte del donante participan de la naturaleza de las disposiciones de última voluntad, y se regirán por las reglas establecidas en el capítulo de la sucesión testamentaria».

Examinemos ahora este célebre texto a propósito de las donaciones *mortis causa*:

> Ulp. *Sab.* 32 D. 39.6.2: «Juliano dice en el libro décimo séptimo de sus digestos que hay tres especies de donaciones por causa de muerte; una, cuando uno dona no aterrado por temor alguno de presente peligro, sino por la sola consideración de la muerte (*cogitatione mortalitatis*); dice que hay otra especie de donación por causa de muerte, cuando alguno impresionado por inminente peligro dona de suerte que la cosa se haga inmediatamente del que la recibe; y dice que la tercera especie de donación es cuando alguno impulsado por un peligro no la da de modo que al punto se haga del que la recibe, sino solamente cuando se hubiere seguido la muerte».

Y viceversa: un acto puede ser *inter vivos* aunque los efectos jurídicos se prevean realizados para después de la muerte. Así, por ejemplo, la estipulación, lícita según el derecho justinianeo, consistente en dar una suma de dinero *post mortem tuam* (para después de tu muerte). Al contrario de lo que veíamos antes, aquí la muerte no opera como causa, sino como mero término o *dies*.

Un ejemplo del derecho romano que debe hacernos reflexionar acerca de la utilidad de estas disquisiciones a propósito de la distinción analizada es el que relata Papiniano 10 *quaest.* D. 24.1.52.1:

> «Una mujer dispuso que por su heredero se le diesen a su marido los frutos de un fundo, y que, si no se le hubiesen dado, se le prometiese cierta cantidad por causa de muerte (*mortis causa*); fallecido el marido viviendo la mujer, se disuelve la estipulación, así como la entrega que por mandato de la mujer se hizo por causa de muerte (*mortis causa*); porque en el mismo caso en que nace entre extraños la condicción, nada se hace entre los cónyuges».

El afecto de la mujer por su marido parece evidente por el modo de disponer a favor de él. En efecto, no solo vela por la futura subsistencia de su marido sino que lo hace procurando asegurar el resultado a través del expediente de una obligación con prestaciones alternativas (este caso es, por cierto, un buen ejemplo de la utilidad práctica de las obligaciones alternativas, presentes hoy en día), previendo que los frutos de la cosecha del año en que ella muera puedan probablemente ser exiguos. Pero analicemos la cuestión propuesta: ¿qué naturaleza posee la estipulación prevista por la mujer a favor de su marido? ¿se trata de un negocio *inter vivos* o *mortis causa*?

Veamos. La mujer exige de su heredero que haga una estipulación a favor de su marido prometiéndole una cierta cantidad en caso de no hacerle entrega de los frutos de la finca. Ese negocio, la estipulación, debía hacerse, pues, en vida de las partes (heredero y marido), o sea, *inter vivos*, pero en consideración a la muerte de la mujer, es decir, *mortis causa*. En efecto, siempre y cuando la mujer falleciera antes que el marido, el heredero –promitente o deudor–, tras celebrar la estipulación a la que aquella le había obligado, debía pagar una suma de dinero al marido –estipulante o acreedor–. Negocio concluido entre vivos y con efectos en vida de los dos. Pero esa no es la clave fundamental del caso, sino la muerte de la mujer. En efecto, viceversa, en caso de fallecer el marido antes que la mujer, falta la causa y, por eso, tanto la entrega como la propia estipulación "se disuelven" (*stipulatio sóluitur ut traditio*, la estipulación se disuelve lo mismo que la entrega). Es decir, lo que ocurre entonces es que el heredero se "desliga" de su obligación de entregar los frutos de la finca o de prometer una suma de dinero. Esto es así porque la muerte de la mujer es causa de una y otra, como Papiniano repite una y otra vez en el texto utilizando la expresión *mortis causa*.

La distinción entre actos *inter vivos* y *mortis causa* es, pues, de relevancia práctica. De ahí, su consideración típica y autónoma por parte del derecho.Veamos un ejemplo expuesto por Gayo a propósito de las llamadas condiciones imposibles:

> Gai. 3.98: «Asimismo si alguien estipula bajo una condición que no puede producirse, como por ejemplo "si él tocara con el dedo el cielo", la estipulación es inútil. Pero opinan nuestros maestros [Sabinianos] que el legado dejado bajo condición imposible debería ser como si hubiera sido dejado sin condición. Los autores de la escuela opuesta [Proculeyanos] consideran que en todo caso el legado es igual de inútil que la estipulación. Y es verdad que apenas puede encontrarse una razón para resolver de manera diferente uno y otro caso».

Los Sabinianos –a diferencia de los Proculeyanos– reconocen una diferencia de régimen entre las estipulaciones (actos *inter vivos*) y los legados (*mortis causa*). Para los primeros, una condición imposible anula la estipulación, pero se tiene por no puesta con respecto a los legados. Para los segundos, tanto las estipulaciones como los legados son igualmente nulos.

Basta con echar un vistazo a las legislaciones modernas para descubrir lo viva que puede estar aún hoy esta discusión. ¿Cuál de las dos escuelas de juristas romanos ha "seguido" el Código Civil español? Para responder a esta pregunta es preciso fijarse en la naturaleza del negocio jurídico:

> Artículo 1116: «Las condiciones imposibles, las contrarias a las buenas costumbres y las prohibidas por la ley anularán la obligación que de ellas dependa.
>
> La condición de no hacer una cosa imposible se tiene por no puesta». [Respecto de actos *inter vivos*].
>
> Artículo 792: «Condiciones imposibles y las contrarias a las leyes o a las buenas costumbres se tendrán por no puestas y en nada perjudicarán al heredero o legatario, aun cuando el testador disponga otra cosa». [Respecto de actos *mortis causa*].
>
> (Cfr. caso *in fine* de ***iocandi causa***).

Intra muros

(Intra múros)
Lit. *dentro de los muros.*

(V. ***extra muros***). Se admite en nuestra lengua vertida en "intramuros".

Intra vires

(Intra víres)
Lit. *En el límite de la capacidad; sin sobrepasar los bienes de un patrimonio (p. e. de una herencia).*

Significado y contexto: La expresión no es romana, pero es tomada a partir del derecho romano; concretamente de su derecho de sucesiones: así, hallamos '*pro uíribus hereditatis*' en Papiniano 9 *resp.* D. 34.1.10.2. Se trataba de un legado de alimentos a arbitrio de hombre recto, dejado a cargo de un hijo heredero para una hija en la medida de la dote legada. Su padre, que la había desheredado, dispuso que fuese eso lo único que recibiese cuando se casase. El jurista respondió que había de mantenerse a la hija más en función del avance de su edad que de los bienes de la herencia.

Se contrapone a '*ultra uires hereditatis*', es decir, más allá de los bienes de una herencia. La responsabilidad por las deudas de la herencia alcanza en este caso a los propios bienes del heredero, no solo a los bienes hereditarios.

(V. ***ultra vires***).

Intuitu personae

(Intúitu persónae)
Lit. *en atención a una persona.*

Significado y contexto: El verbo latino '*intueri*' (deponente) significa "mirar atentamente". Cicerón en *Brutus* 331 exclama: "Pero cuando me fijo en ti, Bruto, siento dolor..." ('*Sed in te íntuens, Brute, dóleo...*'). En nuestra lengua se admite la expresión "por intuito" (en atención, en consideración, por razón).

La locución se emplea en derecho con referencia a aquella clase de prestaciones que las partes se representan en un contrato como realizables por una persona concreta en virtud de sus singulares cualidades técnicas, profesionales o artísticas. No es lo mismo, desde este punto de vista, contratar que se pinte una pared (que puede hacerlo cualquier pintor) que la realización de un cuadro por un artista famoso. El error *in persona* es en este caso relevante.

Se encuentra, en forma verbal diferente, en Marcelo 6 *dig.* D. 19.2.47 que plantea un caso de una venta o arrendamiento realizado a varias personas en consideración a la persona de cada una de ellas (*intuitum personam singulórum*) en relación con la obligación por el todo (*in solidum*, por entero. V. ***in solidum***). Es decir, era en atención a las cualidades solventes de cada una de ellas por lo que se obligaron solidariamente. En el texto se discute, si todos son solventes (*soluendo*), que deba exigírsele a cada uno solo una parte de la prestación (régimen de las obligaciones parciarias) o si el actor puede ejercitar su derecho a elegir el que desee para cumplir con la entera prestación, lo que le parece más justo al jurista romano.

> «Cuando apareciere que un comprador o un arrendatario, que vende o da en arrendamiento a muchos, atendió a la persona de cada uno para la obligación por el todo (*singulorum in solidum intuitum personam*), solamente ha de ser compelido cada uno a la prestación de su parte (*ad praestationem partis*), si

constare que todos son solventes (*si constabit esse omnes soluendo*); aunque tal vez sea más justo, que aunque todos fueran solventes, no se deba quitar al actor la elección de demandar a quien quiera, si no rehusara ceder sus acciones contra los demás».

In utero

(In útero)
Lit. *en el útero.*

Significado y contexto: Se refiere al concebido (*conceptus*), también denominado en expresión no romana '*nasciturus*' (el que va a nacer). El derecho romano pone su atención en el concebido y vela por ampararle respecto de las consecuencias jurídicas favorables a él que se deducen de su esperanza de nacer (*spes nascendi*).

Aulo Gelio (3.10.7) se sirve de la autoridad de Varrón para aludir al influjo del número siete en el nacimiento del hombre: «cuando el semen genital llega al útero de la mujer, en los primeros siete días se aglutina, se coagula y se hace susceptible de asumir una forma ('*ad capiendam figuram idoneum*'). Después de la cuarta semana, en el feto de sexo masculino se forman la cabeza y la espina dorsal. Hacia la séptima semana, en el 49º día, el ser humano está completo en el útero ('*homo in utero absóluitur*')». Un poco más adelante (3.10.8), Gelio cita de nuevo a Varrón, en torno al número siete, para afirmar «que antes del séptimo mes ni el varón ni la hembra puede nacer vital y conforme a la naturaleza, y que los que permanecen en el útero correctamente, nacen pasados los doscientos setenta días desde la concepción, es decir, iniciada la 40ª semana».

En 3.16.6 vuelve a citar a Varrón que sostenía que, a veces, el parto podía darse al octavo mes o, en el otro extremo, al undécimo mes según la autoridad de Aristóteles. Gelio se remite a Hipócrates, en cuanto a la referencia al octavo mes, que decía enigmáticamente: «hay nacidos y no nacidos a los ocho meses». En 3.20 Hipócrates vuelve a ser aludido: «Hipócrates, ..., después de haber mencionado el número de días durante los cuales lo concebido –el embrión– toma forma en el útero (*conceptum in utero coagulum conformatur*) y de haber limitado el tiempo de la gestación al noveno o décimo mes, y de haber añadido que, sin embargo, no es siempre esa la duración sino que a veces puede ser menor o mayor, se expresa así al final: «se nace en estos caos en un tiempo más largo o más breve, o enteramente o en parte, pero el término más largo no lo es en mucho y el más corto no es en mucho más corto».

Esto último evoca un conocido texto de Paulo: D. 1.5.12 pr. (19 *respons.*):

> «Por la autoridad del doctísimo varón Hipócrates se admite ya que el que nace al séptimo mes es maduro; por consiguiente, hay que creer que el nacido de justas nupcias en el séptimo mes es hijo legítimo (*Septimo mense nasci perfectum partum iam receptum est propter auctoritatem doctissimi uiri Hippocratis: et ideo credendum est eum, qui ex iustis nuptiis septimo mense natus est, iustum filium esse*)».

De entre los textos más importantes de la protección del concebido que recogen la expresión *in utero* son:

> D. 1.5.26 (Iul. 69 *dig.*): «Quienes están en el útero, se considera que están en la naturaleza de las cosas a los efectos de casi todo el derecho civil (*Qui in utero sunt, in toto paene iure ciuili intelleguntur in rerum natura ese*)».
>
> D. 1.5.7 (Paul *l. sing. de port.*): «Quien está en el útero, es protegido como si estuviera en este mundo –lit. entre los hombres– en la medida en que se trata de los efectos favorables del propio feto (*Qui in utero est, perinde ac si in rebus humanis esset, custoditur, quótiens de cómmodis ipsíus partus quaéritur*)».

D. 37.9.7 pr. (Ulp. 47 *ed.*): «En los mismos supuestos en los que se admite a alguien a la posesión *ab intestato*, se admite igualmente al vientre, es decir, siempre que el que va a nacer –el que está en el útero–, si ya estuviera en este mundo, pudiera pedir él la posesión de los bienes; de manera que el concebido –el que está en el útero– se tiene por nacido respecto de todas las partes del edicto (*Ubicumque ab intestato admittitur quis, illic et uenter admittitur, scilicet si talis fuerit is qui in utero est, ut, si in rebus humanis esset, bonorum possessionem petere posset: ut in omnibus partibus edicti pro superstite habeatur is qui in utero est*)».

D. 37.11.3 (Paul. 41 *ed.*): «Es verdad que todo póstumo ya concebido en el momento de morir el testador, si llega a nacer, puede pedir la posesión de los bienes (*Verum est omnem póstumum, qui moriente testatore in utero fuerit, si natus sit, bonorum possessionem pétere posse*)».

El derecho romano previno la designación de un curador (*curator uentris* o curador del vientre) encargado de cuidar que los intereses del concebido no se viesen perjudicados por conductas que los pusieran en peligro (que el Digesto de Justiniano trata en 37.9). Se velaba por que el parto fuera regularmente llevado a cabo. Así, en un célebre edicto del Pretor que recoge D. 25.4., conductas fraudulentas de la madre podían ser las de suposición o supresión de parto.

(V. ***nequaquam***, ***spes hominis***, ***vexata quaestio***, ***vitae habilis***).

In utroque iure

(In utróque iúre)
Lit. *en ambos derechos.*

Significado y contexto: Expresión muy utilizada en las universidades europeas desde la Edad Media con la que se describía a quien culminaba sus estudios universitarios de derecho como doctor (*dóctor*) con respecto al derecho romano y al derecho canónico. (V. ***utrumque ius***).

In vitro

(In vítro)
Lit. *en el vidrio (de una probeta), artificialmente.*

Significado y contexto: La expresión, admitida en nuestra lengua, no es en absoluto frecuente en la literatura latina. A. Cornelio Celso la utiliza en su tratado de medicina (7.18) a propósito de la enfermedad de hidroceles y se refiere a cómo se ve el líquido o humor que lo causa al hacer presión en un lado del escroto: «como en un vidrio o cuerno» (*tamquam in uitro cornuue*).

Se refiere a algo que sucede fuera del organismo, y en este sentido se contrapone a *in vivo* que es lo contrario. Se utiliza para referirse a lo que se estudia o crea artificialmente frente a lo analizado o establecido en contacto con la realidad.

Como consecuencia de las nuevas técnicas de fecundación surgidas a fines del s. XX, se opone al modo natural de engendrar un ser humano, que es –como hemos visto– *in utero.*

Invitus

(Invítus)
Lit. *contra la voluntad (de alguien).*

Significado y contexto: Este término es frecuente en las fuentes latinas. Es relevante en el ámbito jurídico. Veamos algunos ejemplos:

Esto afirma Ulpiano a propósito del nombramiento de un procurador (*procurator*, es decir, un representante procesal):

Ulp. 8 ed. D. 3.3.8.1: «No es costumbre que sea uno nombrado procurador contra su voluntad (*inuítus*); debemos entender que lo es contra su voluntad (*inuitum*), no tan solo el que se opone, sino también aquel que no se prueba que haya consentido».

En materia de pago o cumplimiento de obligaciones, continúa vigente hoy, en virtud de su razonabilidad, el principio romano expresado en el siguiente fragmento: Gai. *de uerb. oblig.* D. 3.5.39 («Pagando uno por otro, aunque sea contra su voluntad e ignorándolo (*inuíto et ignorante*), le libra de la obligación, ...»). Esto es así siempre que la obligación contraída no sea *intúitu persónae* (v. voz).

Igual de razonable es este otro principio (del exacto cumplimiento de la obligación por parte del deudor), que atiende al interés del acreedor: Paul. 28 *ed.* D. 12.1.2.1 *in fine* («...ya que no se puede pagar una cosa –*aliud pro alio*– por otra contra la voluntad del acreedor –*inuíto creditori*–»). Cfr. art. 1166 párrafo 1º del Código Civil español: «El deudor de una cosa no puede obligar a su acreedor a que reciba otra diferente, aun cuando fuere de igual o mayor valor que la debida».

Relación con el principio general según el cual "nadie se enriquece si no quiere" tiene la regla jurídica del siguiente fragmento:

Paul. *l. sing. de assign. libert.* D. 50.17.69: «No se le da a uno beneficio contra su voluntad (*Inuíto beneficium non datur*)».

In vivo

(In vívo)
Lit. *en vivo.*

(V. ***in vitro***).

Iocandi causa

(Iocándi cáusa)
Lit. *por causa de juego; de broma.*

Significado y contexto: La expresión se refiere a aquellas declaraciones que no se realizan en serio y que, por lo tanto, no deben ser tenidas en cuenta por el derecho. Esto es así en principio, porque si dan lugar a equívoco en el receptor de la declaración y le ocasionan daños, entonces podrá este exigir del emisor su correspondiente indemnización. Esto último tiene que ver con la llamada *culpa in contrahendo* (V. **culpa**).

La expresión se encuentra en Varrón (*ling.* 6.72) a propósito de una promesa verbal de deuda o *sponsio*. No responde a la pregunta de la *sponsio* –dice el gramático– quien, a lo que se le formula, nada dice o si contesta *iocandi causa*. Por su parte, dice Paulo 2 *inst.* D. 44.7.3.2 que la obligación verbal (*uerbis*) surge cuando así se efectúa por las partes, pero no cuando es por broma (*per iocum*) o para poner un ejemplo (*demonstrandi intellectus causa*).

El emperador Trajano, en un conocido rescripto (Florentino 10 *inst.* D. 29.1.24 = I. 2.11.1), aclaró cómo debía entenderse correctamente realizada la libertad de testar de los soldados para evitar que ese privilegio diera pie a declaraciones no serias y fuera fuente de equívocos y falsas pretensiones de heredar entre los soldados.

D. 29.1.24: «El Divino Trajano respondió así por rescripto a Estatilio Severo: este privilegio (*id pruilegium*), que se les dio a los militares (*quod militántibus datum est*), para que sean válidos los testamentos de cualquier modo hechos por ellos, se debe entender de suerte que ciertamente deba constar primero que se hizo testamento, el cual se puede hacer también sin escritura, y por los que no son militares. Así pues, si el militar, sobre cuyos bienes se cuestiona ante ti, habiendo convocado hombres para esto, para que se atestiguase su voluntad, habló de modo que decla-

> rase a quién quería él tener por heredero, y a quién concederle la libertad, se puede considerar que de este modo testó sin escritura, y ha de ser tenida como válida su voluntad. Pero si, como se suele hacer muchas veces en las conversaciones, dijo a alguno: "yo te hago heredero", o, "te dejo mis bienes", no conviene que esto se observe como testamento. Y a nadie le interesa más que a los mismos a quienes se les dio este privilegio que no se admita semejante forma; porque de otra suerte, no sería difícil que después de la muerte de cualquier militar hubiese testigos que afirmasen que ellos oyeron que uno decía que dejaba sus bienes a quien le hubiera parecido; y de este modo se subvierten las verdaderas últimas voluntades».

Un caso singular de declaración de broma, aunque ejemplo de un sentido del humor cruel, era aquella manifestada con ocasión de otorgar la libertad a un hombre si se cumplía una condición ("estadolibre", *statuliber*), y que consistía en exigir algo imposible de cumplir, absurdo o muy difícil: que ese hombre pagara una suma ingente de dinero (un millón de sestercios) o que, cuando se muriese, alcanzaría la libertad (un sarcasmo). Paulo que expone este supuesto (5 *Sab.* D. 40.7.4.1) afirma que la libertad así concedida es inválida, y aduce la opinión de Juliano que sostiene que no hay voluntad de conceder la libertad (*quia nec ánimus dándae libertatis est*).

> «No es *statuliber* aquel a quien se le confirió la libertad para un tiempo tan remoto, que en él no pueda vivir el que fue manumitido; o si uno le hubiere impuesto una condición tan difícil, aún más, casi imposible, que no pueda obtener de algún modo esta libertad, por ejemplo, si le hubiese dado mil al heredero, o si hubiese dispuesto que sea libre cuando muera; porque así se da inútilmente la libertad; y así lo escribe Juliano, porque no hay ni la intención de dar la libertad (*quia nec ánimus dándae libertatis est*)».

Ipso facto

(Ípso fácto)
Lit. *por el mismo hecho.*

(V. ***ipso iure***).

Ipso iure

(Ípso iúre)
Lit. *por el derecho mismo; por efecto jurídico automático.*

Significado y contexto: Se admiten en nuestra lengua estas dos formas: *ipso iure* o *ipso jure*: Es muy frecuente en el lenguaje de la Jurisprudencia romana y de las constituciones imperiales. Pasa al derecho actual que la emplea a menudo. Se refiere a los efectos jurídicos que el derecho produce en determinadas circunstancias sin necesidad de que nadie los alegue o haga valer.

Así por ejemplo: –La aceptación de herencia o adición no es necesaria en el derecho romano con respecto a los herederos *sui* (de propio derecho) porque la adquisición de la herencia se produce automáticamente (*ipso iure*); Gai. 13 *ad leg. Iul. et Pap.* D. 38.16.14. –A propósito de las obligaciones solidarias, Javoleno 3 *Plaut.* D. 45.2.2 declara que cuando dos personas prometieran a la vez la misma cantidad o la estipularan, se debe *ipso i.* a cada una o la debe cada una por entero (v. ***in solidum***). –En relación con la fianza, Gayo 8 *ed. prov.* D. 46.1.26 cita una epístola de Adriano según la cual la obligación no se divide *ipso i.* entre los fiadores. Si uno de ellos moría sin dejar herederos o se arruinaba antes de que se le exigiera su parte, se debía esta cargar sobre los demás fiadores. –Con respecto al Fisco, se pregunta Calístrato 1 *de iure fisci* D. 49.14.1.1 si los bienes hereditarios insolventes no son *ipso i.* del Fisco. Esto es lo que creía Labeón aunque el *edictum perpetuum* se expresara en contra de este sentir al prever que los bienes se pudiesen vender cuando el Fisco no tuviera qué cobrarse con ellos.

Tiene que ver también con los negocios nulos y, en general, con disposiciones negociales inválidas. Veamos algunos ejemplos: –Paulo 32 *ed.* D. 17.2.3.2 *in fine* afirma que el contrato de sociedad que se lleva a cabo con dolo malo o para defraudar es nulo *ipso i.* porque la buena fe es incompatible con el fraude y el dolo. –Ulpiano 1 *Sab.* D. 28.1.18 pr., a propósito del pródigo, dice que no puede hacer testamento y que si lo hace es nulo *ipso i.* –Paulo 1 *Sab.* D. 28.2.9.1 dice que si se instituyese al hijo póstumo de la que está casada con otro, la institución es nula *ipso i.* por inmoral. –Terencio Clemente *ad legem Iuliam et Papiam* D. 35.1.64.1 se pregunta si hay *fraus legi* en un legado con la condición "si no se casara en Aricia", porque en el caso concreto la mujer afectada tenía dificultades para casarse en otro lugar. El jurista opina que la condición se anula *ipso i.* por su carácter fraudatorio «pues la interpretación debe ser favorable a una ley útil a la república, es decir, dada para la procreación de prole» (*Reipublicae, sobolis scilicet procreándae causa latam, adiuuandam interpretatione*). –La reducción de los legados inoficiosos para mantener a salvo la cuarta parte de la herencia para el heredero (cuarta Falcidia) se produce *ipso i.* (Gai. 18 *ed. prov.* D. 35.2.73.5). –Pomponio 10 *Sab.* D. 45.1.18 afirma que el que promete dos veces lo mismo, *ipso i.* no se obliga más que una vez. –Respecto de un tutor que no había prestado caución respecto de su oficio como tutor (*pro tutelari officio*), Diocleciano y Maximiano, en una constitución del año 294, responden a Estratónica, la pupila consultante, que no se inquiete, porque ni la sentencia judicial que le era desfavorable le afecta ni las gestiones realizadas por su pretendido tutor son válidas; al contrario son nulas (írritas) *ipso i.*, y no hace falta que solicite el remedio de la *restitutio in integrum* para hacer valer sus razones (C. 2.3.4). –Justiniano (C. 2.40.5.1 a. 531) establece que los plazos de prescripción de remedios procesales para la defensa de intereses patrimoniales de los menores de edad no transcurran para ellos *ipso i.*, ya que pueden resultar perjudicados por el mero hecho de no haber llevado a cabo su oportuno ejercicio.

La expresión tiene también relación con los modos de extinguirse las obligaciones, que se agrupan en dos categorías: *ipso iure / ope exceptionis* (automáticamente o mediante excepción). –Paulo 8 *ed.* D. 50.17.112 declara que no hay diferencia entre que uno no tenga acción *ipso i.* o que esta quede neutralizada por medio de una excepción. –En un texto muy significativo de Pomponio en relación con la distinción entre derecho imperativo y dispositivo (16 *Sab.* D. 50.17.27), se lee que el convenio de los particulares no puede alterar en nada el derecho pretorio ni el civil, aunque las causas de las obligaciones sí pueden modificarse por el pacto, sea *ipso i.* sea mediante la excepción de pacto convenido. –Paulo 3 *ed.* D. 2.14.17.1 afirma que determinadas acciones pueden ser extinguidas *ipso i.* por pacto (cita la de injurias y la de hurto). –Gayo (*inst.* 3.168), después de afirmar que la principal modo de extinción de las obligaciones es el pago de lo debido, expone la *datio in solutum* (dación en pago, es decir, pago de otra cosa de la debida con consentimiento del acreedor): según los Sabinianos, la liberación del deudor es *ipso i.*; según los Proculeyanos, el deudor debe defenderse de la eventual reclamación del acreedor en virtud de la excepción de dolo malo. La expresión se aplica con este sentido a propósito de la compensación (*'ipso iure compensatur'* cfr. Paul. 3 *Sab.* D. 16.2.4; Paul. 1 *quaest.* D. 16.2.21...).

Otra aplicación frecuente de '*ipso iure*' es en torno al principio del "non bis in idem"' como afirma Gayo (4.106 y 4.108): «Por el derecho mismo no se puede ejercitar una acción sobre un mismo asunto ('*ipso iure de eadem re agi non potest*')».

'*Ipso facto*' hace referencia a un efecto inmediato que un hecho produce. Se podría relacionar esta expresión con la de *facta concludentia*, que alude a hechos cuya simple realización genera consecuencias jurídicas. Trifonino 1 *disput.* D. 50.16.225 analiza qué es un "esclavo fugitivo". No es –dice él– el que concibió la idea de escapar de su dueño, aunque se jactara de que lo iba a hacer, sino el que empezó a poner en práctica *ipso facto* su intención de fugarse (*ipso facto fúgae initium mente deduxerit*, a través del propio hecho ha puesto en acto el inicio de la fuga que tenía en mente –lit. lo ha sacado de su mente–).

También ciertos comportamientos o actividades (el arte escénica o gladiatoria, la prostitución, ...) generaban por ese mismo hecho infamia para quienes los practicaban.

Ítem

(Idem)
Lit. *asimismo, igualmente.*

Significado y contexto: Adverbio profusamente utilizado en las fuentes latinas y admitido en nuestra lengua, además de la expresión "ítem más". Se emplea en enumeraciones de cosas, por ejemplo, en la redacción de un testamento o en la confección del inventario de un cierto patrimonio, para evitar repeticiones inútiles. A través del inglés (que lo ha tomado del latín) hemos importado el término sustantivado con el sentido de cuestión o tema concreto de un programa de cosas o conjunto de preguntas (se utiliza, por ejemplo, para señalar cada una de las cuestiones de un examen tipo test). V. diferentes acepciones en el DRAE.

Iter criminis

(Íter críminis)
Lit. *camino del crimen.*

Significado y contexto: Se utiliza en derecho penal para aludir al proceso que conduce a la realización de un hecho delictivo desde su inicio con los actos preparatorios hasta el logro de la finalidad última proyectada por su autor. (V. ***tempus delicti***).

Iudex ad quem

(Iúdex ad quem)
Lit. *juez al cual, el juez ante al que se recurre la resolución que otro juez ha emitido por considerar el recurrente que es incorrecta esta última (que es a quo, expresión admitida en nuestra lengua).*

(V. ***ad quem***).

Iudex a quo

(Iúdex a quó)
Lit. *juez desde el cual; juez cuya resolución es recurrida frente a otro (juez ad quem, expresión esta última admitida en nuestra lengua, lo mismo que a quo).*

(V. ***a quo***).

Iure

(Iúre)
Lit. *conforme a derecho.*

Significado y contexto: Es una expresión muy frecuente en el derecho romano que expresa la adecuación a derecho de una conducta o disposición.

Un ejemplo de esta utilización lo hallamos en Ulpiano 18 *ed.* D. 9.2.5.1 a propósito del daño injusto (*damnum iniuria datum*), y más exactamente de la interpretación del término '*iniuria*': «Debemos entender aquí –dice el jurista– "injusticia", no como cualquier ofensa de las de la acción de injurias, sino como lo que no se ha hecho conforme al derecho (*quod non iure factum est*), es decir, contra el derecho (*contra ius*); o sea, si alguien hubiese matado con culpa...».

Gayo (3.211) afirma que «se mata injustamente (*iniuria*, aquí este término está en ablativo) cuando eso sucede por dolo o culpa, ya que el daño ocasionado sin injusticia (*sine iniuria*) no es reprendido por ley alguna. Por tanto, el que comete el año sin culpa ni dolo, sino por accidente, queda impune».

En las Instituciones de Justiniano (4.3.2-3) vemos retomado este tema desde una doble perspectiva que sienta las bases de la distinción moderna entre antijuricidad y culpabilidad: «2. Se entiende que mata injustamente el que mata sin ningún derecho (*nullo iure*). Así, quien mata a un bandido no es responsable siempre que no pueda eludir el peligro de otro modo. 3. Pero tampoco responde por esta ley [ley Aquilia] quien mata accidentalmente, con tal de que no se halle en él culpa alguna. Responde en caso diverso por esta ley tanto por dolo como por culpa». Aquí se observa el doble sentido, amplio y estricto, del término '*culpa*'.

Iure dominii

(Iúre domínii)
Lit. *con (o por) derecho de dominio (o de propiedad).*

Significado y contexto: Se utiliza esta expresión en el derecho romano, por ejemplo, con referencia al título con que se posee una cosa: «poseer con derecho de dominio» (*iure dominii possidére*). Así en Ulp 53 ed. D. 39.2.15.33: «Pero después que se mandó por el Pretor que alguno poseyera con derecho de dominio, ...» (*Posteaquam autem quis possidére iure dominii a praetore iussus est, ...*).

O como título que legítima el ejercicio de una acción. Así, respecto de la acción de hurto (*actio furti*): D. 47.2.81.1 («Pero como la acción de hurto se defiere por derecho del dominio...», *Cum autem iure dominii defertur furti actio...*).

En un conocido fragmento se discute acerca del significado del término "pertenecer" (*pertinére*):

> Pomp. 35 *Sab.* D. 50.16.181: «Esta palabra, "pertenecer" tiene significación muy lata, porque es apta para pedir tanto las cosas que son de nuestro dominio (*dominii nostri*), como las que poseemos con algún derecho (*iure aliquo*), aunque no sean de nuestro dominio; decimos que nos pertenecen también las cosas que no están en ninguna de estas condiciones, pero que pueden estar».

Iure imperii

(Iúre impérii)
Lit. *con o por derecho de poder.*

(V. ***imperium***).

Iuris et de iure

(Iúris et de iúre)
Lit. *de derecho y sobre derecho, presunción "fuerte", que no admite prueba en contrario.*

(V. ***iuris tantum***). Se admite en nuestra lengua.

Iuris tantum

(*Iúris tántum*)
Lit. *de derecho tan solo, presunción "débil", que admite prueba en contrario.*

Significado y contexto: Se entiende por presunción una determinada operación lógica que se ordena realizar al intérprete y aplicador del derecho en casos de muy difícil prueba. El ordenamiento jurídico anticipa una solución (*prae – sumitur*, es adelantada, tomada delante), dependiente de un hecho o circunstancia probada que guarda con aquella alguna relación de probabilidad (aunque a veces parece más bien arbitraria o remota). Lo que se pretende con las presunciones es, en definitiva, que asuntos jurídicos de urgente solución no queden sin resolver.

1. El derecho romano clásico no conoce las presunciones legales que, sin embargo, se afianzan en su desarrollo postclásico y justinianeo a partir de precedentes clásicos. Se dice que son *iuris tantum* aquellas presunciones que admiten prueba en contrario (p. débiles) y *iuris et de iure* viceversa (p. fuertes). La terminología es medieval. De estas últimas se suele aseverar que no las reconoce el derecho romano. Quizás no sea del todo exacta esta afirmación. En efecto, en su obra fundamental, la *Summa Codicis*, Azón, a propósito del título relativo a las pruebas (*De probationibus*) del libro cuarto del Código de Justiniano, trata unas y otras. Respecto de la presunción *iuris et de iure*, considera el modo de denominarla como usual en su época ('*ut dicunt*', como la llaman), pero resulta sorprendente, además, que el glosador boloñés proporcione ejemplos de ellas extrayéndolos del derecho romano: así –dice Azón– «si un tutor realiza una confesión acerca del patrimonio del pupilo en su inventario, ... luego no podrá probar lo contrario». Veamos el texto:

> C. 5.51.1 (Iustinian. a. 530): «Pero si habiendo hecho públicamente inventario (*inuentario publico facto*) hubiere consignado los bienes del pupilo o del adulto, y él mismo hubiere confesado por medio de semejante escritura mayor cantidad de bienes, no se habrá de atender a otra cosa sino a lo que escribió, y reclámese el patrimonio del pupilo o del adulto con arreglo a la cuantía de la misma escritura; porque no hay hombre tan simple, es más, tan necio, que consienta que en un inventario público se escriba contra él alguna cosa».

Es decir, según el razonamiento de Azón, la ley presume que lo declarado por el tutor en inventario hecho públicamente no admite prueba en contrario (o –como dice él– *contrarium non probatur*, lo contrario no se prueba).

Aduce un segundo ejemplo interesante: «si el hijo de familia soldado recibe una cantidad de dinero en préstamo se presume que lo recibe *in causas castrenses* (lit. para causas castrenses, es decir, para atender a necesidades propias de la milicia), y por tanto cesa el Macedoniano». Se refiere a Azón al senadoconsulto Macedoniano, de época imperial, por el que se prohibía a los hijos de familia tomar dinero prestado sin la autorización de su *paterfamilias*, que aquí no tiene aplicación:

> C. 4.28.7.1 (Iustinian. a. 530): «Pero si hubiere recibido dinero prestado un militar, hijo de familia, ya sin mandato, ya sin consentimiento, ya sin la voluntad, ya sin la ratificación de su padre, debe subsistir válido el contrato sin que se haya de introducir diferencia ninguna por razón de la causa por la que se haya prestado el dinero o del objeto en que se haya consumido. Porque en muchos puntos del derecho los hijos de familia, militares, no son considerados diferentes de los individuos que son de propio derecho, y por presunción (*ex praesumptione*) se cree que todo militar recibe y gasta el dinero no en otra cosa cualquiera, sino en atenciones castrenses (*in causas castrenses*)».

Es digno de mención aquí que se utilice expresamente el término *praesumptio*. La rotundidad con que se formulan los términos del supuesto excluye la admisión de prueba en contrario.

Entre los demás ejemplos aducidos por Azón, escogemos este último: «Si en su última voluntad una madre había instituido a los herederos ya nacidos y la mujer murió en el momento de dar a luz a uno de ellos, se presume que ha instituido a este en cuyo parto ella falleció, y, por consiguiente, su testamento no se invalida por querella [de testamento inoficioso]». Veamos el texto:

> C. 3.28.3 (Sev. a. 197): «Si una madre, habiendo instituido herederos a sus dos hijos, y tenido un tercero después de hecho el testamento, hubiese descuidado variar el testamento, pudiendo hacerlo, con razón podía aquel, como preterido por causas no justas, entablar la querella de inoficioso. Pero como alegues que ella falleció en el momento de dar a luz, la iniquidad causada por este accidente imprevisto debe ser corregida por conjetura de la piedad materna (*per coniecturam maternae pietatis*). Por esto creemos que a tu hijo, a quien nada puede imputársele sino la desgracia de su madre, debe dársele una porción viril (*uirilis portio*), lo mismo que si todos los hermanos hubiesen sido instituidos herederos. Pero si habían sido instituidos herederos los extraños, entonces no se prohibirá intentar la acción de testamento inoficioso».

El caso al que alude a Azón comienza propiamente desde la cuarta línea («Pero como alegues ...»). La constitución indaga *per coniecturam*, esto es, aventura cuál puede ser la voluntad de la madre atendiendo a la genérica piedad materna. En toda presunción, con independencia de que este caso se configure técnicamente como tal, se deduce un resultado incierto (aquí, la voluntad de la madre de instituir heredero al hijo nacido en el parto, aunque no lo hiciera en su testamento) de la probabilidad de que así ocurra por conexión con un hecho o circunstancia comprobable, al menos de modo general, (el amor piadoso de una madre por sus hijos). En este caso –no así en el de los extraños relatado *in fine*– no se admite prueba en contrario.

Precisamente, en esto se distingue la presunción *iuris et de iure* de una ficción (v. ***fictio***), a saber, en que en esta última no hay relación de probabilidad o conexión verídica alguna entre el hecho propuesto por la ley y el hecho efectivo de la realidad. Azón también se refiere a esto un poco más adelante utilizando precisamente el verbo '*fingere*' en su explicación:

> «Si un hecho es cierto para la ley, pero ella misma finja (*fingat*) haber sido otro, no cabe que se pruebe frente a ella lo contrario, como cuando se finge (*fingitur*) que no ha sido capturado el que ha regresado de su cautiverio en poder de los enemigos».

Este último caso al que alude el glosador es el conocido del *ius postliminii* (o derecho de regreso) por el que el cautivo recupera automáticamente sus derechos con su retorno. Se trata de un expediente jurídico con el que se logra salvar la validez de todos los actos jurídicos llevados a cabo por el sujeto, y su propia condición jurídica, antes de caer cautivo, quedando como en suspenso hasta su regreso. De no operar la ficción, serían inválidos sin más por la pérdida total de capacidad del cautivo, y exigiría constituir de nuevo los derechos originados por ellos a su vuelta, lo que no parece ni justo ni práctico. Ni que decir tiene que esta institución romana ha dejado una huella reconocible en el moderno derecho internacional público, entendido en su perspectiva de derecho de la guerra y la paz. El efecto de la exclusión de la prueba en contrario aproxima este supuesto al anterior de la presunción *iuris et de iure*. Sin embargo, su configuración, como vemos, es diversa. Veamos el entero fragmento de las Instituciones de Justiniano en el que se inspira (Cfr. ***in limine***):

> I. 1.12.5: «Si un ascendiente hubiere sido hecho prisionero por los enemigos, aunque se haga esclavo de estos, subsiste, sin embargo, en suspenso su autoridad sobre los hijos por el derecho de postliminio, porque los que son hechos prisioneros por los enemigos, si hubieren vuelto, recobran todos sus antiguos derechos. Por esto, el que ha vuelto tendrá a sus hijos bajo su potestad, porque el postliminio supone que el que fue hecho prisionero permaneció siempre con la ciudadanía: pero si hubiere muerto en la esclavitud, se reputa que el hijo fue *sui iuris* desde que su padre fue hecho prisionero. Y por analogía decimos que, si el hijo mismo o el nieto hubiese sido hecho prisionero por los enemigos, también por el derecho de postliminio queda en suspenso el de la potestad de su ascendiente. Pero se llamó *postliminium* de *límine* (frontera) y *post* (después); de donde a aquel, que cogido por los enemigos llegó después a nuestras fronteras, lo llamamos con razón "vuelto *postliminio* (después a la frontera)". Pues como las fronteras ponen cierto confín a las casas, así también quisieron los antiguos que la frontera fuese el confín del imperio: de aquí que también se llamase *limes* (límite), como significando cierto fin y término. Por esto se dijo *postliminium* (postliminio), porque volvía a la misma frontera en que había sido perdido. Pero también el prisionero que es recobrado de los enemigos vencidos, se reputa que ha vuelto *postliminio*».

V. a propósito de la argumentación *ex notatione* (por denotación) la enjundiosa disquisición ciceroniana sobre el término *postliminium* en sus *Topica* (36-37).

2. Uno de los casos más conocidos del derecho romano, que da lugar en derecho moderno a una conocida presunción, es el de la paternidad del marido: Paulo 4 *ed.* D. 2.4.5 afirma respecto de la madre que es siempre cierta (*mater semper certa est*), aunque haya concebido de no se sabe quién (*etiam si uulgo concéperit*); el padre es el que las nupcias señalan (*pater uero is est quem núptiae demónstrant*), es decir, el que se halla legítimamente casado con la madre. Este mismo jurista (19 *resp.* D. 1.5.12) afirma que es perfecto el feto nacido después de siete meses de maduración en el claustro materno según confirma la autoridad de Hipócrates (v. ***in utero***). Por tanto, para Paulo "ha de considerarse" (*credendum est*) hijo legítimo (*iustus filius*) el que ha nacido al séptimo mes de una relación matrimonial legítima (*ex iustis nuptiis*). Sin embargo, veamos este interesante texto de Ulpiano 9 *Sab.* D. 1.6.6 a propósito de la prueba en contrario:

> «Definimos que es hijo aquel que nace del marido y de su mujer. Pero suponiendo que el marido estuvo ausente, por ejemplo, diez años y que a su vuelta encontró en su casa a un niño de un año, nos convence la opinión de Juliano, a saber, que este no es hijo del marido. No obstante, dice Juliano que no ha de consentirse que aquel que convivió asiduamente con su mujer no quiera reconocer al hijo como si no fuera suyo. Pero me parece –como lo aprueba también Escévola– que, si consta que el marido no ha yacido por algún tiempo con su mujer por razón de enfermedad o por otra causa, o que si el cabeza de familia tuvo tal enfermedad que no pudiera engendrar, este que nació en su casa, aunque lo sepan los vecinos de él, no es hijo suyo».

Otro ejemplo antológico es el del fallecimiento conjunto de dos personas entre las que se produce una transmisión de derechos para el caso en que una sobreviva a la otra o el derecho es de un tercero en caso de fallecer una determinada antes que otra:

En uno caso solucionado por Adriano de un padre y un hijo que habían muerto en la guerra se optó por que el primero había fallecido antes. Este fue el precedente de la futura solución justinianea de premoriencia del padre si el hijo fuera púber, y al contrario si fuera impúber. En el texto se reconocen fácilmente los intereses contrapuestos en el caso planteado (Trifonino 21 *dispu.* D. 34.5.9.1):

> «Al morir en la guerra un padre juntamente con su hijo, y reclamar la madre los bienes de su hijo como si hubiese muerto después de su padre, y los agnados, en cambio, los del padre como si el hijo hubiese muerto antes, Adriano estimó que el padre había muerto antes».

En el § 4 vemos ya la solución generalizada:

> «Si Lucio Ticio hubiera muerto juntamente con su hijo púbero al que había instituido heredero único en su testamento, se entiende que el hijo sobrevivió a su padre y fue su heredero por testamento, y la herencia del hijo se defiere a sus sucesores, a no ser que se pruebe que sobrevivió el padre; pero si un hijo impúbero hubiera muerto juntamente con su padre, se cree que sobrevivió el padre, a no ser que se pruebe que sobrevivió el hijo».

Un caso catalogable modernamente de presunción de conmoriencia lo encontramos en Paulo 2 *sentent.* D. 34.5.8: se trata de un supuesto de donación entre cónyuges (prohibidas en el derecho romano clásico para evitar la confusión de patrimonios entre ellos), pero que se convalidaba por la muerte del donante sin haber contradicho su voluntad de donar en vida. Aquí de nuevo es básico saber quién había fallecido antes, sobre todo porque en las donaciones *mortis causa* se precisa con mayor razón que el donatario sobreviva al donante para que lo donado no vuelva a este:

> «Si se hubiera hecho una donación entre cónyuges, al morir primero el donatario, la cosa vuelve al donante, pero si mueren conjuntamente el donatario y el donante, se admitió que era mejor, para resolver la cuestión, que valiera la donación, tanto más cuanto no sobrevive el donante que era quien podía reclamar lo donado mediante la condicción».

Ius

(Iús)
Lit. *derecho, solución justa.*

Significado y contexto: Es el término con el que los romanos designan el derecho. Por tratarse de un derecho casuístico el *ius* se identifica con la solución justa de un caso. Es célebre la definición que de él da el jurista Celso: "arte de lo bueno y de lo justo" (*ars boni et aequi*).

En los primeros títulos del Digesto de Justiniano, pero sobre todo en el título '*De iustitia et iure*' (= en Instituciones de Justiniano) se encuentran recogidas las principales divisiones del *ius* en boca de los juristas clásicos:

* ***Ius civile / ius gentium; ius civile / ius honorarium***: del primero –del que deriva la expresión moderna de "derecho civil" y que en su versión originaria recibe el nombre de *ius Quiritium* o derecho de los quirites o ciudadanos romanos– dice Gayo (1 *Gai.* =D. 1.1.9, =I. 1.2.1) que «todos los pueblos que se gobiernan por leyes y costumbres, usan en parte su derecho peculiar, en parte el común a todos los hombres». El de cada pueblo es el derecho civil; «en cambio el que la razón natural establece entre todos los hombres, es observado por todos los pueblos» es el derecho de gentes. Dice Hermogeniano (1 *iur. epit.* D. 1.1.5) de este último: «Por este derecho de gentes se introdujeron las guerras, se separaron los pueblos, se fundaron los reinos, se distinguieron las propiedades, se pusieron lindes a los campos, se elevaron edificios, se instituyeron el comercio, las compraventas, los arrendamientos y las obligaciones, con excepción de algunas introducidas por el derecho civil». A partir de esta consideración del derecho postclásico, el derecho de gentes o *ius gentium* pasa a

ser entendido como *ius belli* o derecho de la guerra, aspecto fundamental del moderno derecho internacional público. Sin embargo, en el derecho romano servía para identificar un núcleo integrado por instituciones comunes a todos los pueblos, basadas en el principio de la lealtad a la palabra dada (*fides*). Este derecho, así entendido, se confunde con el derecho natural (con significativos desvíos como el mencionado *infra* en *ius naturale*).

Dice Ulpiano (1 *inst.* l.6) que «es derecho civil el que ni se aparta en todo del natural o de gentes ni se conforma totalmente a él. Así pues, cuando añadimos o sustraemos algo al derecho común, lo hacemos derecho propio, es decir, civil. Y este derecho es en parte escrito y en parte no escrito (*ex scripto aut sine scripto*) como entre los griegos». Entendido como derecho no legislado (es este uno de los rasgos fundamentales del derecho romano), define Pomponio (*enchir. sing.* D. 1.2.2.5) el *ius ciuile* como el que sin ser escrito (sin ser establecido por ley) lo crean los prudentes (*quod sine scripto uenit compósitum a prudentibus*). La función de los juristas es indispensable, como refleja un poco más adelante (§ 13): no cabe derecho sin jurista; a través de su servicio se opera la tarea de procurar constantemente alcanzar la mejor solución <a un caso> (*constare non potest ius, nisi sit aliquis iuris peritus, per quem possit cottidie in melius produci*). Papiniano (2 *def.* D. 1.1.7) ofrece una clasificación de fuentes del *ius civile*: «Es el que procede de las leyes, de los plebiscitos, los senadoconsultos, los decretos de los príncipes y la autoridad de los prudentes».

Del derecho honorario dice Papiniano (que opta por hablar inicialmente de él como "derecho pretorio") «el que por utilidad pública introdujeron los Pretores con el propósito de ayudar, suplir o corregir el derecho civil» (2 *def.* l. 7.1). Marciano lo describe como "la viva voz del derecho civil" (1 *inst.* l.8). En él, a través del derecho canónico, se inspirará el derecho inglés para edificar su *Equity Law*, y corregir, suplir y reforzar el *Common Law*.

* ***Ius naturale*** –dice Ulpiano en § 3– es el que la naturaleza enseñó a todos los animales (doctrina esta tomada de una corriente neopitagórica en boga en su época), que hoy hace las delicias de los que aproximan el mundo animal al humano. Es la versión biologicista del derecho natural. Un poco más adelante –1 *inst.*l. 4 (cfr. I. 1.1.2)– afirma que todos los hombres son libres por nacimiento y que la esclavitud no es institución que corresponda a la naturaleza. Surge por la guerra y pertenece al derecho de gentes. Se trata de una relevante declaración que contrasta con el pensamiento griego sobre este tema (aunque también este se haya interpretado superficialmente).

Paulo, 14 *Sab.* l. 11 afirma que la palabra *ius* se emplea en varios sentidos. El primero de ellos es el de «lo que es siempre bueno y justo» (*id quod semper bonum et aequum est*), que parece preludiar la concepción iusnaturalista del derecho como de un ideal jurídico inalcanzable por el hombre, pero también inviolable. Esta concepción es la que más contrasta con la de derecho positivo. El derecho "puesto" por el legislador se diferencia así del que rige eternamente y no tiene necesidad de que ninguna voluntad humana lo establezca.

Una tercera versión del derecho natural es la comentada antes de Gayo, a propósito del derecho de gentes, como fruto de la razón natural y común entre todos los pueblos (v. también ***ratio***).

Frente al *ius naturale* se sitúa el llamado ***ius positivum*** (derecho positivo). La expresión, de gran fortuna por su largo uso posterior hasta nuestros días, da idea del derecho '*pósitum*' –es curiosa la deformación de *posit<iv>um*–, lit. "puesto" o creado (v. en índice final de voces *ius in causa positum esse*), y, por tanto, eventualmente sujeto a la arbitrariedad de la voluntad humana. Por su parte, el derecho natural se presenta como intocable, bien por existir desde siempre y por siempre, bien porque solo la razón natural, y no la voluntad, pueda acceder a él.

Parece que –como comenta Fassò– nuestra locución fue por primera vez utilizada por el filósofo Pedro Abelardo (ss. XI-XII) en su obra *Dialogus inter philosophum, judaeum et christianum*. Al decir del jurista Odofredo, (en su Glosa a C. 3.5.39) Abelardo se jactaba de poder resolver cualquier pasaje del *Corpus Iuris Ciuilis* con la sola lógica. Para nosotros, esta anécdota constituye un valioso testimonio de lo que venimos defendiendo aquí, pero tomado a la inversa de como pretendía Abelardo (pues él lo hacía para burla de los juristas). En efecto, la compilación de Justiniano es insustituible en materia de razonamiento y argumentación jurídica. Quien desee aprender a razonar en derecho debería empezar por adiestrarse con ella como han hecho incontables generaciones de juristas a lo largo de siglos (de atrás adelante, y no comenzando desde el momento presente como si fuera correcto hacerlo así). La sola lógica abstracta no basta para afianzar una correcta formación jurídica, pero, a la vez, el mero aprendizaje, aunque razonado, del derecho eventualmente positivo resulta torpe y ciego.

Pues bien, Abelardo definió el derecho positivo como el establecido por los hombres, mientras que el derecho natural era el producido por la razón (es decir, de un modo bastante próximo a la noción gayana comentada). Abelardo se inspiró a su vez en un comentario de Calcidio al *Timeo* de Platón en el que aparecían enfrentados la *iustitia positiua* (*thései dikaion*) y la *iustitia naturalis* (*physei dikaion*). (Fassò 1980, 172-173).

* ***Ius publicum / ius privatum***, distinción ulpianea 1 *inst.* D. 1.1.1.2 (= I. 1.1.4) de gran trascendencia en la evolución del derecho de la Europa continental: el primero "mira al estado de la cosa romana" (*quod ad statum rei romanae spectat*), es decir, afecta a la ordenación de la república; el privado respecta a la utilidad de los particulares (*ad singulorum utilitatem*). Primera distinción relevante en el pensamiento jurídico de ambas esferas por razón de la materia (sirviéndose del concepto de interés como criterio discriminador), no de la fuente de la que procede el derecho. No la sigue el *Common Law*.

* ***Ius singulare / ius commune***:

En una definición clásica Paulo (*sing. de iure sing.* D. 1.3.16) afirma que «es derecho singular el que contra el tenor de la razón ha sido introducido por la autoridad de los que lo establecen por causa de alguna utilidad» (*quod contra rationem iuris propter aliquam utilitatem auctoritate constituentium introductum est*). Una consecuencia práctica es que no puede aplicarse por analogía a casos similares (*non est producendum ad consequentias* Paul. 54 *ed.* D. 1.3.14).

* *Ius* también es, según Paulo (14 *Sab.* D. 1.1.11), el lugar donde el Pretor aplica el derecho.

* Expresión omnicomprensiva del derecho es '*ius et lex*' (o '*ius lexque*').

(V. **lex**.)

Aparte de estas distinciones iniciales, son frecuentes hoy otras expresiones referidas a diferentes tipos de derecho:

* ***Ius aequum / ius strictum***, derecho basado en la equidad frente a derecho estricto o rígido, que es aquel que no permite flexibilización alguna al juez, en virtud de la apreciación de la equidad o de la buena fe, con respecto, por ejemplo, a su interpretación y aplicación a lo llevado a cabo por las partes en un negocio. La *aéquitas*, no obstante, puede ser interpretada de dos maneras: la primera en el sentido aquí indicado; la segunda como criterio elemental de justicia, como expresión fundamental de esta, que debe regir toda operación de interpretación y aplicación del derecho, no para hacerlo más benévolo o humano sino para alcanzar la solución más justa. Respecto del *ius aéquum* (o

más bien de la valoración del *ius* según la *aequitas*), v. Ulpiano D. 2.2.1 pr.; Paulo D. 2.7.2; Papiniano D. 6.1.48; Papiniano D. 17.2.81; C. 3.36.11 ... Respecto del segundo, Gai. 3.18; Paulo 2 *sent*. D. 13.5.30. (V. ***stricto iure***).

* ***Ius cogens / ius dispositivum***: derecho imperativo / derecho dispositivo. El primero –designado como '*ius publicum*', en una de sus acepciones, por el derecho romano– no puede ser alterado por convenio de los particulares; el segundo sí.

La expresión *ius cógens* surge en el ámbito del derecho internacional público. El verbo latino *cógere* significa aquí "obligar" o "coercer". Los tratadistas del incipiente derecho público se hacen eco de la clásica contraposición entre *suadére* (persuadir o convencer) y *cógere* (obligar). El teólogo español Francisco de Vitoria (siglo XVI) utiliza este término en alguna ocasión con este sentido, pero sobre todo Grocio en su obra "Del Derecho de la Guerra y de la Paz" (*De iure belli ac pacis*, a. 1646), aunque a menudo empleando el término *ius* en sentido subjetivo, es decir, como facultad por la que alguien obliga a otro a hacer una cosa (*ius cogendi*), y no objetivo. También habla de la *uis cogendi* (fuerza coercitiva) de las leyes, como en II.14.

Así, respecto de los actos de los reyes realizados como particulares y no en cuanto tales reyes, se pregunta el célebre jurista holandés si podrá rescindirlos –habla literalmente de la institución romana de la *restitutio in integrum* (V. ***restitutio in integrum***)– por causas justificadas al igual que los particulares, a lo que responde afirmativamente. Los reyes pueden preservarse de la usura a través de remedios jurídicos y pueden hacer que tanto sus actos como los de otros queden exonerados de las leyes a propósito. Pero, a diferencia de los particulares, si una ley «anula un acto, no en favor del que lo lleva a cabo, sino en su castigo, no tendrá aplicación respecto de los actos de los reyes (como tampoco otras leyes penales) y lo que en ella hay de fuerza coercitiva (*et quidquid uim habet cogendi*). Pues el castigo y la coerción (*punitio et coactio*) no pueden proceder sino de voluntades distintas; así, pues, el que hace coerción y el que la sufre (*cogens et coactum*) exigen personas diferentes, y no bastan distintos respectos».

Respecto del ***ius publicum***: D. 2.14.38 ('*ius publicum priuatorum pactis mutari non potest*', el derecho público no puede ser alterado por pactos de los particulares; Ulpiano 25 *ed*. D. 11.7.20 pr. (*pacto hoc publicum ius infringi non posse*, con este pacto no puede infringirse el derecho público); Ulpiano 35 *ed*. D. 26.7.5.7 (*nemo ius publicum remíttere potest huiusmodi cautionibus*, porque nadie puede dispensar con semejantes disposiciones el derecho público); Ulpiano 36 *ed*. D. 27.8.1.9 (*conuentione duumuirorum ius publicum mutari non potest*, por acuerdo de los duunviros no puede alterarse el derecho público); Papiniano 13 *resp*. D. 35.2.15.1 (*priuatorum cautione legibus non esse refragandum*, no se debe contrariar a las leyes por convenio de los particulares,); Papiniano 9 *resp*. D. 38.1.42 (*iuri publico derogare non potuit, qui fideicommissariam libertatem dedit*, porque no pudo derogar el derecho público el que dio la libertad por fideimiso); Pomponio 16 *Sab*. D. 50.17.27 (*quia actionum modus uel lege uel per praetorem introductus priuatorum pactionibus non infirmatur*..., porque el modo de las acciones introducido en la ley, por el Pretor no es invalidado por pactos de los particulares).

El *ius* puede ser entendido también como facultad. En realidad, es discutible en el derecho romano la distinción entre derecho objetivo y derecho subjetivo (experiencia que nos sirve, por cierto, para criticar la rigidez de ese binomio actual). *Ius* es ambivalente a menudo (como en la expresión *ita ius esto*, lit. «así debe ser derecho», de no pocos preceptos de la ley de las XII Tablas).

La más conocida definición moderna de derecho subjetivo, admitida en Europa durante siglos, procede del teólogo y jurista español del s. XVI Luis de Molina (*De iustitia et iure opera omnia*, Venetiis, 1611-14, tract. II, disp. 1). Es *ius* –decía él– «la facultad de llevar a cabo o de obtener una cosa, o de mantenerse en ella, o de tenerla de un cierto modo, de manera que, si se contraviene sin legítima causa, se hace injusticia a su titular (*facúltas áliquid faciéndi, siue obtinéndi aut in eo insisténdi uel áliquo modo habéndi, cui si sine legítima causa contraueniátur, iniúria fit eam habénti*). Sorprende, por un lado, su extraordinaria amplitud en el primer inciso de la definición, pero, por otro, su rigor jurídico expresado en el segundo: para que pueda hablarse de derecho (en su dimensión subjetiva) debe reconocerse responsabilidad por parte del que lo transgrede. Cfr. (Coing 1996, 225 ss.). (V. ***solo animo***).

Entre las expresiones más usuales modernamente destacamos las siguientes:

Ius abstinendi o ***beneficium abstinendi***, derecho de abstención que tenían los herederos necesarios para no adquirir automáticamente herencias que podían ser gravosas. Meciano 7 *fideicom.* D. 28.5.87.1.

Ius abutendi, derecho de disponer de la cosa, física (destruyendo o alterándola) o jurídicamente (enajenándola o gravándola), que tiene el propietario. El ***ius disponendi*** o derecho de disposición es expresión no romana. Ulpiano 15 *ed.* D. 5.3.25.11.

Ius adcrescendi, derecho de acrecer característico de los coherederos o colegatarios para aumentar proporcionalmente su parte con la de aquel o aquellos que no han adquirido la suya por la razón que sea. Gai 2.124; 2.199; Ulpiano 17 *Sab.* D. 7.4.3.1; I. 2.7.4; C. 3.28.36.1b (Justiniano a. 531)...

Ius ad rem, derecho a la cosa que, por ejemplo, tiene el comprador en virtud de su derecho, que es personal, emanado del contrato de compraventa. El comprador tiene un derecho personal a reclamar del vendedor la cosa comprada que todavía no le ha sido entregada. En el derecho vulgar se malinterpretó esta supuesto entendiéndolo como correspondiente a un derecho real. Con posterioridad, en el derecho intermedio, pasa a constituir una categoría jurídica mixta, situada entre los derechos reales y los derechos personales, una especie de "derecho real en formación" o expectativa de derecho (Coing 1996, 229).

La expresión es romanística, no romana. Molina (*ibidem*) lo define, por oposición al ***ius in re***, como el «derecho sobre una cierta cosa al que la propia cosa aún no está ligada (*ius circa rem áliquam, ad quod res ipsa nondum est deuincta*» (V. ***nomen iuris***).

Ius connubii, derecho de contraer matrimonio legítimamente.

Ius crediti, derecho de crédito. V. a este propósito, en la v. ***sponte***, el célebre texto allí citado: Callist. 5 *cognit.* D. 4.2.13.

Ius in re (***aliena***), derecho sobre la cosa que tiene el titular de un derecho real. La expresión puede especificar que se trata de un derecho real sobre cosa ajena, pero su campo semántico se amplió extraordinariamente en el derecho intermedio (v. ***nomen iuris***). Se puede reconocer en Gayo *ad edictum praet. urb. tit. de damno infecto* D. 39.2.19 pr. Molina (*ibidem*) lo define como «el derecho sobre una cierta cosa al que está ligada la propia cosa (*ius circa rem áliquam, ad quod res ipsa deuincta est*)».

Ius deliberandi, derecho a deliberar concedido en principio al tutor para decidir si aceptaba o no la herencia, extendido luego al heredero. Gai. 2.167; sendos títulos dedica el Código de Justiniano (6.30) y el Digesto (28.8).

Ius distrahendi o ***vendendi***, o facultad de vender la cosa que tiene el titular de un derecho de prenda o hipoteca para satisfacer su crédito a través del precio obtenido (devolviendo lo que sobra al deudor), cuando el deudor pignoraticio o hipotecario no cumple con su obligación. Al principio configurado como convenido expresamente por las partes, luego como elemento natural del negocio jurídico (si las partes no decían nada, se entendía incluida en él). Gai. 2.64; Ulpiano 41 *Sab.* D. 13.7.4; Pomponio 35 *Sab.* D. 13.7.8.4; Papiniano 11 *resp.* D. 20.5.4; Javoleno 15 *ex Cassio* D. 47.2.74; C. 4.24.4...

Ius eligendi: en las obligaciones alternativas, la facultad de elegir una entre las prestaciones alternativas. Iul 10 *dig.* D. 12.6.32 pr; Paulo 33 *ed.* D. 18.1.34.6; Africano 8 *quaest.* D. 23.5.9; Pomponio 6 *Sab.* D. 45.1.16 pr.; Papiniano 28 *quaest.* D. 46.3.95...

Ius exigendi, o derecho de exigir el pago del deudor. C. 8.16.4 (Alex. Sev. a 225 d. C.); C. 11.40.1 (Alex. Sev. s. d.).

Ius fruendi, o derecho de disfrutar (adquirir los frutos) que tiene el propietario y algunos otros titulares de derechos reales (p. e. el usufructuario).

Ius obligationis, derecho de obligación. Se contrapone a *ius in re*.

Ius offerendi et succedendi, en la situación de pluralidad de hipotecas, es la facultad consistente en ofrecer el pago de la deuda al primer acreedor (de rango hipotecario preferente) y subrogarse en su lugar.

Ius possessionis, o derecho de posesión que tiene el titular de un derecho real como una de las facultades integrantes de su derecho (C. 7.16.5.2 Alejandro Severo); C. 7.32.10 (Constantino a. 314); C. 9.12.7.1 (Constantino a. 319; '*iura possessionis*'); C. 11.59.8 (Valentiniano, Teodosio y Arcadio, a. 388-392). No debe ser confundido con la *possessio iuris*, que es la posesión de un derecho (o *res incorporalis*, cosa incorpórea), ni con el *ius possidendi* o derecho a poseer –de formulación romanística– que tiene todo aquel que, en virtud de su derecho, reclame poder ejercerlo en la práctica. (v. ***possessio***).

Ius prohibendi, o derecho de veto que tiene cada uno de los copropietarios y que lo ejercitan entre sí para impedir la realización de obras o cualesquiera actos que alguno o algunos pretendan llevar a cabo y con los que no estén de acuerdo. (Marcelo 6 *dig.* D. 8.5.11; Papiniano 7 *quaest.* D. 10.3.28; Pomponio 33 *Sab.* D. 8.2.27).

Ius representationis, el derecho que tienen los descendientes de grado más remoto de ocupar el lugar de los ascendientes de grado más próximo (descendientes de hijos o de hermanos del causante muertos ante que él –premuertos– o que no han podido heredar) que, de haber vivido o haber podido o querido heredar, habrían heredado. Gai. 2.156; 3.7; 3.8; I. 1.25 pr.; Ulpiano 12 *Sab.*D. 38.16.1.6 pr. etc.

Ius retentionis, facultad de retener determinadas cosas ajenas para garantizar el futuro cumplimiento de una obligación.

Ius suffragii, derecho de voto en los comicios. Este es el modo de sufragio entendido como activo, para distinguirlo del pasivo, que es el derecho a ser elegido en ellos (*ius honorum*).

Ius tollendi, o facultad de levantar o retirar los objetos plantados, ensamblados o edificados en suelo ajeno antes de abandonar la posesión del lugar donde se hallaban, en los casos en que el derecho la reconoce.

Ius utendi, o derecho de usar la cosa que tiene el propietario y algunos otros titulares de derechos reales (p. e. de usufructo, uso y habitación, enfiteusis, ...).

Ius variandi, en las obligaciones alternativas es la facultad de modificar la elección de la prestación. Venuleyo 4 *stip.* D. 45.1.138.1.

Como potestad de los poderes públicos no es difícil hallar estas expresiones:

Ius coercitionis, facultad (o más bien poder) de imponer castigos que en Roma tenían determinados magistrados (con *imperium*).

Con el se relaciona el conocido modernamente en el derecho penal como ***ius puniendi*** o poder de castigar o, en el derecho romano, el llamado ***ius gladii*** (derecho de espada) que es el poder de imponer castigos físicos que puede llegar a la pena de muerte (Ulpiano 2 *de off. quaest.* D. 2.1.3).

Una distinción singular es la de ***ius sanguinis / ius soli*** (lit. derecho de sangre –derecho de suelo) que se da modernamente en el ámbito de la nacionalidad. Esta se adquiere por nacer de progenitores que la poseen. Se contrapone al *ius soli* (derecho del suelo o territorio donde se nace), que en las legislaciones es tenido también en cuenta como criterio determinante de la adquisición de la nacionalidad.

En el derecho romano hallamos '*iura sanguinis*' (derechos de sangre, por los que deben equipararse hombres y mujeres) en una constitución de Justiniano relativa al derecho de sucesiones (C. 6.58.14.5 a. 531). Respecto de los emolumentos de las *annónae* o suministros anuales transferidos a los herederos propios *i. s.*, se ocupa una constitución de Teodosio, Arcadio y Honorio del a. 392 (C. 11.25.1.1, '*iure sanguinis*').

Ius abstinendi

(Iús abstinéndi)

(V. **ius**).

Ius abutendi

(Iús abuténdi)

(V. **ius**).

Ius adcrescendi

(Iús adcrescéndi)

(V. **ius**).

Ius ad rem

(Iús ad rem)

(V. **ius**).

Ius aequum

(Iús aéquum)

(V. **ius**).

Ius civile *(Iús civíle)*

(V. **ius**).

Ius coercitionis *(Iús coercitiónis)*

(V. **ius**).

Ius cogens *(Iús cógens)*

(V. **ius**).

Ius commune *(Iús commúne)*

(V. **ius**).

Ius connubii *(Iús connúbii)*

(V. **ius**).

Ius crediti *(Iús créditi)*

(V. **ius**).

Ius deliberandi *(Iús deliberándi)*

(V. **ius**).

Ius dispositivum *(Iús dispositívum)*

(V. **ius**).

Ius distrahendi o vendendi *(Iús distrahéndi o vendéndi)*

(V. **ius**).

Ius eligendi *(Iús eligéndi)*

(V. **ius**).

Ius exigendi *(Iús exigéndi)*

(V. **ius**).

Ius fruendi *(Iús fruéndi)*

(V. **ius**).

Ius gentium *(Iús géntium)*

(V. **ius**).

Ius gladii *(Iús gládii)*

(V. **ius**).

Ius honorarium *(Iús honorárium)*

(V. **ius**).

Ius in re (aliena) *(Iús in re aliéna)*

(V. **ius**).

Ius naturale *(Iús naturále)*

(V. **ius**).

Ius obligationis *(Iús obligatiónis)*

(V. **ius**).

Ius offerendi et succedendi *(Iús offeréndi et succedéndi*

(V. **ius**).

Ius positivum *(Iús positívum)*

(v. **ius**)

Ius possessionis *(Iús possessiónis)*

(V. ***ius***).

Ius privatum *(Iús privátum)*

(V. ***ius***).

Ius prohibendi *(Iús prohibéndi)*

(V. ***ius***).

Ius publicum *(Iús públicum)*

(V. ***ius***).

Ius puniendi *(Iús puniéndi)*

(V. ***ius***).

Ius representationis *(Ius representatiónis)*

(V. ***ius***).

Ius retentionis *(Iús retentiónis)*

(V. ***ius***).

Ius sanguinis *(Iús sánguinis)*

(V. ***ius***).

Ius singulare *(Iús singuláre)*

(V. ***ius***).

Ius soli *(Iús sóli)*

(V. ***ius***).

Ius strictum *(Iús stríctum)*

(V. ***ius***).

Ius suffragii *(Iús suffrágii)*

(V. ***ius***).

Iusta causa *(Iústa cáusa)*
Lit. *justa causa*

(V. ***causa***).

Ius tollendi *(Iús tolléndi)*

(V. ***ius***).

Ius utendi *(Iús uténdi)*

(V. ***ius***).

Ius variandi *(Iús variándi)*

(V. ***ius***).

L

Laesio enormis

(Laésio enórmis)
Lit. *lesión enorme.*

(V. ***ultra dimidium***). Se admite en nuestra lengua.

Lapsus calami

(Lápsus cálami)
Lit. *desliz de pluma, error al escribir.*

(V. ***lapsus linguae***).

Lapsus linguae

(Lápsus línguae)
Lit. *desliz de lengua, error al hablar.*

Significado y contexto: Expresión admitida en nuestra lengua al igual que *lapsus calami*. Tiene que ver en derecho con el amplio tema del error. Se trata de una especie de error que los juristas del s. XIX (Savigny por todos) hacían recaer sobre la declaración de la voluntad, no sobre la voluntad interna, aunque haya que decir que esta disociación entre una y otra, no solo no es propia del derecho romano, sino que es perturbadora. Sin embargo, ha influido notablemente en el modo de concebir este vicio del negocio jurídico en la legislación y jurisprudencia modernas.

Los jurisconsultos romanos llamaban *érror in nómine* al error que recaía sobre la designación de un objeto: p. e. el fundo que se llamaba en realidad Semproniano era denominado erróneamente como Corneliano. Este tipo de error no tenía trascendencia cuando, a pesar de la inadecuada indicación del nombre, el objeto había sido correctamente identificado. Lo que nos interesa aquí destacar es que la errónea designación de una cosa puede producirse de dos maneras: o bien por una equivocada representación mental de la correspondencia del nombre con el objeto, o bien por un error en el momento de expresar el nombre verbalmente o por escrito. Es a este último supuesto al que propiamente se refieren las dos expresiones aquí tratadas, porque en el primer caso no hay desliz en la declaración. En efecto, cuantas veces fuera preguntado el declarante del primer supuesto, convencido de que una cierta cosa se llamaba de una determinada manera, no se habría retractado de lo dicho. Al contrario sucede cuando uno se expresa mal, porque, instantáneamente o tan pronto como advierte su equivocación, la enmienda. La distinción entre una y otra hipotesis no se presenta a veces de manera nítida.

Como *lapsus calami*, expresión también recogida por nuestro idioma, se puede considerar el caso tratado por Quinto Cervidio Escévola 4 *resp.* D. 40.4.54 pr. de uno que dispuso en testamento su voluntad de dar la libertad a su esclavo "Cratino", cuando no tenía ninguno que se llamara de esa manera aunque sí uno con el nombre de "Cratisto". Parecía claro que el testador se refería a este pero se había equivocado en una sílaba (*in syllaba*). La conclusión jurídica es evidente: el error de escritura no invalida la disposición realizada.

> «Uno, que tenía un esclavo llamado Cratisto, dispuso así en su testamento: "sea libre mi esclavo Cratino"; pregunto, si podría llegar a la libertad al esclavo Cratisto, no teniendo el testador esclavo llamado Cratino, sino este solo Cratisto. Respondió, que nada obstaba que hubiese errado en una sílaba (*nihil obesse, quod in syllaba errasset*)».

También podía serlo el caso de error del fundo, citado al principio, que Ulpiano 5 *Sab.* D. 30.4 pr. denomina '*in uocabulo*'.

> «Si alguno erró en el nombre del fundo (*in fundi uocabulo*), y nombró el Corneliano por el Semproniano, se deberá el Semproniano; pero si erró en la cosa (*in córpore*), no se deberá. Pero si alguien, queriendo legar un vestido, escribió ajuar, creyendo que con la denominación de ajuar se comprendía el vestido, escribió Pomponio que no se debe el vestido, del mismo modo que si uno creyera que con la denominación de oro se comprendía el ámbar o el auricalco, o, lo que es más necio, que con la denominación de vestido se comprende también la plata. Porque los nombres de las cosas son inmutables, y variables los de los hombres (*rerum uocábula immutabília sunt, hóminum mutabília*)».

El jurista se refiere a un legado que el testador dispone en su testamento por escrito. Si el testador se equivocó al escribir sería un *l. c.* Ulpiano no lo designa así porque no describe el supuesto como de divergencia entre la voluntad y la declaración de la voluntad, como antes dijimos, sino de *error in nomine*, que en la medida en que puede producir una equivocada identificación del objeto (es decir, en tanto puede llevar a un error *in corpore*) invalida el negocio. Más adelante analiza el caso de uno que quiere legar un vestido pero escribe ajuar, porque creía que con la denominación de ajuar se incluía el vestido. Como se puede ver, se trata de un típico supuesto de defectuosa representación mental subjetiva de una palabra (ajuar, en latín *suppellex*), no de error en la escritura. La distinción es irrelevante para la Jurisprudencia romana. Ulpiano se apoya en Pomponio para afirmar con él que la disposición es inválida. Como concluye más abajo con el supuesto absurdo de uno que creyese que en la denominación de vestido se incluyese también la plata, "los nombres de las cosas son inmutables, y variables los de los hombres" («*rerum uocabula immutabilia sunt, hominum mutabilia*»).

Un supuesto especial es el del llamado *error calculi* o error de cálculo. Macro 2 *appell.* D. 49.8.1.1 lo trata a propósito de las apelaciones. Propone el caso de un juez que ha dado su sentencia en estos términos: «constando que Ticio le debe a Seyo cincuenta por este concepto y además veinticinco por aquel otro, condeno, por consiguiente, en cien a Lucio Ticio a favor de Seyo». El jurista afirma que no es necesario apelar en este caso, ya que sin necesidad de esta se corrige (*citra prouocationem corrígitur*), ni siquiera si el juez hubiera confirmado la sentencia con el convencimiento de que cincuenta y veinticinco hacen cien (la mala fama de la ineptitud con respecto a los números del hombre de derecho parece venir de lejos). Aun aquí –dice el jurista– hay error de computación (*error computationis*) que no precisa de apelación.

> «Asimismo, si se dijera que en la sentencia hay error de cálculo (*cálculi érror*), no hay necesidad de apelar; por ejemplo, si el juez hubiere fallado así: "constando que

> Ticio le debe a Seyo cincuenta por tal concepto, y además veinticinco por tal otro concepto, condeno por lo tanto en ciento a Lucio Ticio a favor de Seyo"; porque como hay error de computación (*érror computatiónis*), no es necesario apelar, y se corrige sin la apelación (*citra prouocationem corrígitur*). Pero aun si el juez de esta cuestión hubiere confirmado la sentencia de los ciento, si verdaderamente porque creyere que con cincuenta y veinticinco se hacen ciento, hay todavía el mismo error de computación, y no es necesario apelar; pero si por esto, porque dijere que hubo otra partida de veinticinco, ha lugar a la apelación».

El Código de Justiniano dedica un título al error de cálculo (2.5) que alberga una única constitución. Constituye un hito en la tradición jurídica en esta materia. En ella, de los emperadores Diocleciano y Maximiano (a. 293), se confirma la práctica imperial de considerar que el error de cálculo no prejuzga la verdad de un asunto, ya surja de uno o varios contratos. En todo momento pueden corregirse (*retractari posse*) las cuentas (*rationes*) realizadas, mientras no se hayan juzgado ya los asuntos o haya habido transacción. Pero, aun así, si se prometió una cantidad como debida, siendo indebida, por error de cálculo, la parte afectada debe quedar amparada por el derecho: la constitución alude al remedio de una *condictio liberatiónis* o reclamación de liberación de deuda a su favor.

> «Muchas veces se ha declarado, que el error de cálculo, ya naciese de un solo contrato, ya de muchos, en nada perjudica a la verdad, por lo que es de derecho reconocido que pueden rectificarse de nuevo aún las cuentas ya muchas veces ajustadas, si el asunto no ha sido juzgado, o si no intervino transacción. Pero también si por error de cálculo prometiste como debida una cantidad que no fuese debida, te compete la condicción para la liberación».

Modestino 8 *reg.* D. 50.8.10 pr. declara que el error de cálculo debe admitirse aun después de transcurrir 10 o 20 años.

Justiniano (C. 7.63.5.1c a. 529) estableció un nuevo cómputo, más flexible, de los plazos para realizar apelaciones. Con él pretendía evitar que estas se vieran afectadas por el error de cálculo en el que la propia administración de justicia incurría con respecto a la apreciación del día de la apelación (que era hasta entonces uno solo, día fatal –*dies fatalis*–).

Las legislaciones modernas se han hecho eco de esta experiencia jurídica romana a propósito del error de cálculo y la han asumido. En términos latinos coloquiales los supuestos analizados aquí son, por lo general, faltas sin trascendencia o irrelevantes, o sea, *peccata minuta* (pecadillos).

Lato sensu

(Láto sénsu)
Lit. *en sentido amplio.*

Significado y contexto: Los términos de los que el derecho se sirve pueden ser utilizados en sentido amplio o estricto (*lato sensu / stricto sensu*, respectivamente). Al aumentarse el campo semántico por vía de la interpretación, la aplicación del derecho puede alcanzar a más supuestos de los inicialmente comprendidos por ellas. Por el contrario, a veces se requiere que una voz se sujete a lo que estrictamente significa para no extender el derecho más allá del supuesto contemplado.

Las dos expresiones latinas antes citadas, admitidas en nuestra lengua, tienen que ver, pues, con la interpretación extensiva y restrictiva, respectivamente. La primera no debe confundirse con la analogía, aunque una y otra busquen adecuar el derecho a su finalidad (criterio teleológico de interpretación). En la interpretación extensiva, el intérprete no abandona el ámbito semántico de un término dado. Quizás lo fuerce para admitir una mayor amplitud de significado, pero no para comprender situaciones que nada tengan que ver pero entre las que se aprecie identidad de razón (que sería analogía).

El título '*De uerborum significatione*' (De la significación de las palabras) del Digesto es prolífico en ejemplos.Veamos algunos:

Los juristas romanos se esfuerzan en mostrar que, aunque el *edictum* o una ley utilice el género masculino, se aplica tanto a hombres como a mujeres. Ulpiano 1 *ed.* D. 50.16.1 (a propósito de la interpretación del sintagma edictal '*si quis*' –si alguno–). También Ulpiano 61 *ed. h. t.* 33 afirma que en la denominación de "patrono" se entiende también incluida la patrona. Gayo 10 *leg. Iul. et Pap. h. t.* 152 declara que no hay duda de que en la palabra "hombre" (*homo*) se incluye al hombre y a la mujer. Paulo 2 *Sab. h. t.* 163 afirma:

> «Con la palabra "niño" se quiere decir también "niña", porque también llaman mujeres puérperas a las que han dado a luz recientemente, y en griego se dice en común (*commúniter*) "niño" (páidion)».

A propósito del término '*arma*' ("armas"), Gayo 21 *ed. prov. h. t.* 41 lo extiende para abarcar, no solo los escudos, espadas y yelmos, sino también los palos y las piedras. En 26 *ed. prov. h. t.* 62, Gayo comenta la voz '*tignum*' (viga o madero) que aparece en la ley de las XII Tablas en relación con la acción *de tigno iuncto*. En virtud de este remedio procesal, el propietario de la viga que otro ha utilizado para integrarla en una edificación podía reclamar el doble de su valor, no la viga que formaba parte ya de una cosa diferente (p. e. una casa). Pues bien, el jurista ve justificado ampliar el ámbito estricto del término empleado por la ley para incluir «todo género de materiales de que constan los edificios».

Sin embargo, a propósito del término "enemigos" (*hostes*), Pomponio 2 *Q. Muc. h. t.* 118 se atiene a un concepto estricto: «son los que públicamente nos declararon la guerra o a los que nosotros se la declaramos. Los demás son bandidos o depredadores». (v. **ultimátum**).

Laudatio

(Laudátio)
Lit. *alabanza, elogio.*

Significado y contexto: El término latino *laudatio -nis* (f.) significa, en general, alabanza, ensalzamiento, elogio. No está admitido en nuestra lengua. El plural en **laudatios* se está imponiendo en el uso universitario –aunque no nos sea grato–, como ha sucedido con el plural de *ratio* entre los economistas, cambiando incluso el género de femenino a masculino en este último caso ("los ratios"; v. **ratio**). Dado que sigue siendo palabra latina se podría declinar (*laudationes*), o bien mantener invariable (como sucede con *curriculum vitae*), aunque la solución tampoco resulta eufónica (*las *laudatio*), quizás porque, a diferencia de *curr. v.*, no se acaba de ver como término enteramente ajeno a nuestro idioma y porque no está compuesto a su vez de dos voces, lo que acentúa la apariencia de cuerpo extraño. En plural podría también –a nuestro juicio– utilizarse el término "laudatorias".

Cicerón en una carta escrita a Marco Catón (*epist.* 15.6) agradeciendo el elogio recibido de este último, comienza citando las palabras del héroe Héctor pronunciadas en una tragedia, que él suponía escrita por Nevio, para sopesar después la entidad del elogio o *laudatio* por la persona de quien procedía:

> «Marco Cicerón saluda a Marco Catón. "Siento una gran alegría al ser ensalzado" dice Héctor, creo, en una obra de Nevio, "y al serlo además por ti, padre, un varón que ya ha sido merecedor de alabanza" (*'laetus sum laudari me,' inquit Hector, opi-*

> *nor, apud Naeuium 'abs te, pater, a laudato uiro.'*). En efecto, no hay, desde luego, elogio más satisfactorio que el que procede de aquellos cuya existencia misma ha transcurrido en permanente elogio (*ea est enim profecto iucunda laus, quae ab iis proficiscitur qui ipsi in laude uixerunt*). Por mi parte, no creo que me quede nada por alcanzar tras la felicitación de tu carta (*gratulatione litterarum tuarum*) o tras el testimonio de tu intervención en el Senado, pero lo que para mí resulta más importante a la par que más agradecido es que hayas ofrecido de buen grado a la amistad lo que sueles ofrecer incondicionalmente a la verdad. Y si hubiera no digo ya solo Catones sino un buen número de ellos en nuestra ciudad –en la que ya es extraordinario que exista uno solo–, ¿con qué carro de triunfo o con qué corona de laurel podría equiparar tu elogio? (*quem ego currum aut quam lauream cum tua laudatione conferrem?*) Pues conforme a mi parecer y al de esos de juicio puro y agudo [los filósofos] no puede haber alabanza mayor que ese discurso tuyo del que los míos me han hecho llegar una copia». (Cicerón, Cartas. Vol. III. Familiares I 2008).

Un elogio característico en la Antigüedad es el fúnebre (*laudatio funebris* o *mortuorum*, de los muertos) en memoria de personas fallecidas (*in memoriam*) para ensalzar sus virtudes demostradas en vida. Pero el elogio no solo tiene a las personas como destinatarios. La Jurisprudencia romana, al comentar el *edictum* pretorio, suele hacerlo con una introducción laudatoria (*laudatio edicti*) de las causas que lo motivaron y los fines que persigue: así presenta Ulpiano el edicto por el que el Pretor se proponía refrenar los engaños y extorsiones de los recaudadores de impuestos o publicanos (*publicani*):

> Ulp. 38 *ed.* D. 39.4.12 pr.:
>
> «No hay nadie que no sepa de cuánta audacia, de cuánta temeridad (*quanta audáciae, quanta temeritate*) son las maneras de los publicanos (*publicanorum factiones*); y por esto publicó (*propósuit*) el Pretor este edicto para refrenar la audacia de los mismos (*ad compescendam eorum audaciam*)».

O, respecto del edicto *de pactis*, es célebre el elogio dedicado a él por este mismo jurista:

> Ulp. 4 *ed.* D. 2.14.1: «Es natural la equidad de este edicto. Porque ¿qué cosa hay tan conforme a la fe humana como que los hombres cumplan lo que pactaron entre sí?».

Un elocuente, pero matizado, elogio a la labor del Pretor dedica Justiniano en sus Instituciones (3.2.3). Este emperador, conocido corrientemente como "el legislador de la mujer" por su constante búsqueda de una mayor eficacia en la salvaguarda de su posición ante el derecho, aún reconociendo y alabando los méritos de los magistrados en esta tarea, proclama su deber de completarla por parecerle insuficiente. El ámbito en el que la encontramos es el de derecho de sucesiones, de cuya versión justinianea, colofón del derecho de sucesiones romano, el derecho actual es heredero directo:

> «...hasta que los Pretores, corrigiendo paulatinamente la aspereza del derecho civil (*paulatim asperitatem iuris ciuilis corrigentes*), o llenando sus lagunas (*siue quod deerat adimplentes*), añadieron con humanitario propósito (*humano proposito*) otro orden en sus edictos, o introducida la línea de la cognación con el título de proximidad, las auxiliaban con la posesión de bienes, y les prometían la posesión de bienes que se llama *Unde cognati* [de donde los parientes cognados]. Pero nosotros, siguiendo la ley de las Doce Tablas y conservando en esta parte sus vestigios, alabamos ciertamente a los Pretores por su humanidad (*laudamus quidem praetores súae humanitátis*), pero no juzgamos que remediaran por completo el mal. ¿Por qué, en efecto, concurriendo uno y el mismo grado natural, y constituidos con igual fuerza los títulos de la agnación así en los hombres como en las mujeres, era dado ciertamente a los hombres acudir a la sucesión de todos los agnados, y sin embargo

absolutamente a ninguna de las mujeres agnadas, salvo solo a la hermana, quedaba franca la entrada a la sucesión de los agnados? Por ello, completando todo esto e igualando dicha disposición al derecho de las Doce Tablas, sancionamos en una constitución nuestra que todas las personas legitimas, esto es, descendientes por sexo viril, ya sean del género masculino ya del femenino, sean de igual modo llamadas, según la prerrogativa de su grado, a los derechos de la sucesión legítima *ab intestato*, sin que deban ser excluidas porque no tengan, como las hermanas, los derechos de consanguinidad».

El retórico Quintiliano (*inst.* 7.1.47) habla de una *laudatio legis* o elogio de una ley en el caso de un hijo que ha procedido en su vida de forma más que desconsiderada con respecto a su padre, y luego reclama su parte de la herencia: el orador, dice él, puede replicar así:

> «"Hay una ley que deshereda a la persona que deja de presentarse en defensa de su padre cuando este es acusado de traición, y tú has dejado de presentarte". Esta declaración irá seguida del necesario elogio de la ley (*legis laudatio*) y la reprobación (*uituperatio*) de la persona que ha dejado de presentarse».

2. El término también es utilizado en las fuentes latinas como sinónimo de testimonio favorable en un juicio (*laudatio iudicialis*, testimonio judicial favorable, Suet. *Aug.* 56): cuenta Suetonio de Augusto que ayudaba a sus amigos y familiares presentándose en juicio como testigo, soportando durante horas la espera sentado en el banco de testigos, o respondiendo, como cualquier otro, a las preguntas dirigidas a él por los abogados intervinientes en una causa. Sin embargo, en una de ellas, a propósito de una acusación de envenenamiento contra una persona estrechamente ligada a él, temía que su presencia pudiera presionar a los jueces respecto de su absolución. Por eso, decidió asistir pero sin pronunciar palabra ni testimonio en su favor (*uerum tácitus et ne laudatióne quidem iudiciali data*).

3. *Laudare* significa también citar o nombrar. De hecho, tanto Aulo Gelio (2.6.16) como el gramático Festo (118) atestiguan esta acepción como la usada en la antigua lengua latina. De ahí, la expresión del derecho procesal *laudatio actoris* (cita del actor o demandante) y, en relación con ella, la de *laudatio auctoris* (cita del vendedor) que tiene que ver con la responsabilidad del vendedor cuando el comprador sufre una evicción, o sea, es vencido en juicio por un tercero que demuestra tener mejor derecho sobre la cosa que él. Veamos el siguiente caso de una reclamación del Fisco contra el comprador de un fundo, de la que resultó aquel victorioso, y de la responsabilidad del vendedor. En el fragmento aparece nuestra expresión en forma de oración (*auctorem laudare*):

> Cel. 27 *dig.* D. 21.2.63.1-2: «Caya Seya había comprado un fundo a Lucio Ticio, y promovida cuestión a nombre del Fisco (*quaestione mota nomine fisci*), lo había hecho saber al vendedor (*auctorem laudáuerat*), y habiendo seguido la evicción (*euictione secuta*), se le quitó el fundo y fue adjudicado al Fisco, estando presente el vendedor; se pregunta, ¿no habiendo apelado la compradora, podrá demandar al vendedor? Herennio Modestino respondió, que, ya porque fue de otro cuando se vendiese, ya porque se hizo su evicción estando entonces obligado, nada se proponía para que no competa la acción a la compradora contra el vendedor. 2. Herennio Modestino respondió: si el comprador apeló, y por culpa suya perdió por la prescripción una buena causa, no puede repetir contra el vendedor».

El comprador debe citar al vendedor para que comparezca y le asista en juicio, como en el siguiente caso resuelto por la cancillería imperial. Tanto este texto como el anterior y algún otro son básicos en la tradición jurídica europea en materia de evicción en la compraventa. Veámoslo:

> Alex. a. 222 C. 8.45.7: «El comprador de un fundo no tiene, habiéndose hecho evicción de un predio (*euicto praedio*), ni la acción por lo estipulado, ni la del duplo, ni la de compra contra el vendedor o contra el fiador de este, si no lo hubiere hecho saber al vendedor o al heredero de este (*nisi auctori aut heredi eius denuntiáuerit*). Pero si el comprador no compareció en el juicio, o si estando presente fue vencido por injusticia del juez, estando ausente el vendedor o el fiador, tampoco tiene acción para repetir contra él».
>
> Cfr. C. 8.45.14 (*auctor laudari potest*, puede ser citado como vendedor) y Pomp. 9 *Sab.* D. 19.1.6.5 (*ita demum auctorem me laudare póteris*, solamente me podrás considerar como vendedor).

4. El elogio que se hace de algo o de alguien tiene que ver con su "recomendación" (*commendatio*) a un tercero. De ahí, la acepción que va a tener éxito en la Edad Media: la de consejo o dictamen (que caracteriza la sentencia de los árbitros (*árbitri*): laudo –*laudum, laudamentum*–) y también como aprobación, voluntad o consentimiento (como en el "laudemio" –*laudemium*– de los censos enfitéuticos, según aduce Du Cange –(Du Cange 1883-1887)– con un testimonio del año 1315). Un ejemplo del uso del término "laudo" aplicable a los árbitros lo encuentra Du Cange en Nico. Trivetius del año 1293:

> «El rey de Inglaterra se someterá, según cierta obligación, a lo declarado por los árbitros y a su laudo» (*Rex Ángliae dicto eorum (arbitrorum) et laudo sub certa obligatione se submittet*).

Dice de nuevo Suetonio de Augusto (*eodem*) que cuando recomendaba públicamente a sus hijos –en realidad nietos, pero hijos por adopción– lo hacía añadiendo las siguientes palabras: «si lo merecieran (*si merebuntur*)».

A propósito de la acción de dolo, el Pretor Cecidiano, según refiere el jurista Pomponio, tuvo que decidir sobre uno que había recomendado a otro prestar dinero a un tercero que le parecía solvente (interpolado quizás el inciso final):

> D. 4.3.7.10: «Refiere el mismo Pomponio, que el pretor Cecidiano no dio la acción de dolo contra uno que había afirmado que era solvente (*idóneum*) otro a quien se daba dinero prestado. Lo que es verdad, porque la acción de dolo no debe darse sino por grande y evidente engaño (*nam nisi ex magna et euidenti calliditate, non debet de dolo actio dari*)».

Sin embargo, los compiladores justinianeos añadieron, a continuación de este fragmento, otro en el que el jurista Gayo refería un supuesto considerablemente diverso, aunque en apariencia análogo al anterior:

> Gai. 4 *ed. prou.* D. 4.3.8: «Pero si sabiendo tú que él carecía de bienes, por lucro tuyo me afirmaste que era solvente, con razón se ha de dar contra ti la acción de dolo, porque para engañarme recomendaste falsamente a otro (*cum mei decipiendi gratia, alium falso laudasti*)».

Cuántas instituciones, hoy, que emiten para terceros informes imprecisos o erróneos sobre la solvencia de ciertos sujetos con los que aquellos entran en relación, pueden incurrir en responsabilidad cuando la verdad de su falta de idoneidad emerge.

Tiene también que ver con el elogio el que realizan cotidianamente los comerciantes para ensalzar la bondad de la mercancía que venden. A veces, como sucede hoy con la publicidad engañosa, la frontera entre el dolo malo (*dolus malus*) y lo que se conocía como dolo bueno (*dolus bonus*) es difusa. (V. ***dolus***). Esta percepción jurídica es muy antigua:

> D. 4.3.37 (Ulp. 44 ad Sab.): «Lo que el vendedor declara para ensalzar (*Quod uenditor ut commendet dicit*) ha de considerarse como si no hubiese sido declarado o prometido; pero si lo ha hecho para engañar al comprador, ha de considerarse por lo mismo que no nazca otra acción contra lo declarado o prometido que la acción de dolo».

Un delito curioso, en fin, era el de la corrupción de esclavos. El siguiente fragmento, aun aplicable a ellos, podemos extraerlo de su contexto e interpretarlo en clave de actualidad respecto, por ejemplo, de los menores, o respecto de los actos de exaltación de crímenes cometidos por otros. Préstese atención al conocido argumento que exhibe aquí el jurista:

> Ulp. 23 *ed.* D. 11.3.1.4: «¿Pero se obligará acaso únicamente si impulsó a delinquir a un esclavo de buenas costumbres, o si también al malo le aconsejó una cosa mala, o le enseñó cómo la haría? Y es más cierto que queda obligado también, si al malo le enseñó de qué modo delinquiría; aun más, si de todos modos había de fugarse el esclavo, o había de cometer un hurto, pero uno alabó su propósito, queda obligado (*hic uero laudator huius propositi extitit, tenetur*); porque no debe aumentarse la malicia con alabanzas (*non enim oportet laudando augéri malitiam*). Por consiguiente, se entenderá que lo corrompió, tanto si hubiere hecho malo al esclavo bueno, como si al malo lo hubiere hecho peor (*Siue ergo bonum seruum fécerit malum, siue malum fecerit deteriorem, corrupisse uidébitur*).

5. La expresión se utiliza hoy en el ámbito universitario o en general en el de toda corporación con ocasión de la admisión a ella de un nuevo miembro. El introductor, normalmente perteneciente a esa colectividad, suele realizar un discurso previo llamado así, *laudatio*, en el que expone los méritos que justifican su incorporación y le hacen digno de aquella.

Obsérvese que, junto al sujeto digno de elogio –*laudatus*–, puede darse el caso contrario, como recuerda Gelio (2.6.10): el de aquel del que se estime que «en ninguna de sus acciones o en momento alguno sea merecedor de encomio» (*qui in re atque in omni tempore laude omni uacat*). La historia conoce no pocos ejemplos ajustados a esa descripción. Son los *inlaudati* (indignos de alabanza).

(V. **cum laude**).

Legatum

(Legátum)
Lit. *legado.*

Significado y contexto: El legado es una detracción que realiza el testador de la herencia (*delibato hereditatis*), de algo que correspondería por entero a los herederos, para conferirlo a un tercero, el legatario (Florent. 11 *inst.* D. 30.116 pr.). Se parece a una donación *mortis causa* pero exigía siempre –a diferencia de la donación– ser hecha a través del testamento.

Existían básicamente dos clases:

- Damnatorio u obligacional (*legatum per damnationem*): aquel que genera una obligación para el heredero de realizar un determinado comportamiento o prestación a favor del legatario.

- Vindicatorio o real (*legatum per uindicationem*): aquel que atribuía inmediatamente la propiedad de un bien de la herencia o un derecho real a favor del legatario ("te lego mi casa de campo").

Respecto del ejemplo "te lego la casa de mi vecino", si se interpretara como legado real sería nulo. Para salvar su validez, un senadoconsulto neroniano (de época de Nerón) estableció que se considerara como legado obligacional. De este modo, se impone al heredero la obligación de adquirir la casa del vecino y transmitírsela al legatario o su estimación pecuniaria.

Los legados pueden plantear problemas en relación con el heredero puesto que pueden ser tan gravosos, numerosos o cuantiosos que al heredero no le interese aceptar la herencia. Por ello, una ley -*lex Falcidia*- del s. I a.C. determinó que al menos un cuarto (1/4) de la herencia debía quedar reservada al heredero (no podía ser objeto de legado, por tanto). Los que superasen ese límite debían reducirse como inoficiosos (por "faltar a la piedad u *officium*" que debe observar el testador con sus herederos). Este límite de la famosa "cuarta Falcidia" no ha pasado a nuestro derecho pero sí a otros ordenamientos. Con este supuesto empieza a vislumbrarse el problema de la legítima o porción que en todo caso habrá que reservar al heredero.

Legibus salvis

(Légibus sálvis)
Lit. *salvas las leyes, quedando a salvo las leyes, conforme a las leyes.*

(V. **salvis legibus**).

Legitimatio ad causam

(Legitimátio ad cáusam)
Lit. *legitimación para la causa.*

Significado y contexto: En el derecho común se distingue entre la capacidad genérica del sujeto en relación con el proceso (*legitimatio ad processum*) y otra más específica, esto es, en relación con el asunto litigioso, denominada *legitimatio ad causam*. La distinción pervive hoy. Así la Ley de Enjuiciamiento Civil española habla, por un lado, de la capacidad para ser parte (artículo 6) y la capacidad procesal (para comparecer en juicio y llevar a cabo, de manera válida y eficaz, actos procesales; artículo 7) y, por otro, de la que propiamente se denomina "legitimación" que se determina por la relación del sujeto con el asunto sustancial deducido en juicio (artículo 10).

En el derecho romano, la concepción sustancial de la acción es proclive al concepto de legitimación. Más tarde, sin embargo, en el derecho imperial avanzado, el procedimiento romano evoluciona hacia una concepción formal o no típica de la acción (no es preciso esperar siglos para constatar una experiencia cercana a la formulación de la teoría germánica de la acción como abstracta).

Recuérdese la célebre definición del jurista Celso (3 *dig.* D. 44.7.51), que propiamente se refería a las acciones *in personam* más que a la acción en general: «No es otra cosa la acción que el derecho a perseguir con un juicio lo que a uno se le debe» (*Nihil áliud est actio, quam ius, quod sibi debeátur, iudício persequéndi*). El precedente romano del concepto de legitimación procesal lo encontramos en las conocidas *interrogationes in iure* (lit. preguntas ante el magistrado) del procedimiento formulario o clásico, que más tarde cayeron en desuso en el propio derecho romano, por las que se fijaban las *positiónes* o posiciones de las partes (demandante y demandado) en cuanto al asunto o *res* antes de que este se "dedujera en juicio" (expresión típicamente romana alusiva al paso por la *litis contestatio*, que es el momento central del procedimiento en cuanto a la producción de efectos procesales –conservativos, creativos y extintivos–). Así, por ejemplo, si el demandante pretendía ejercitar una acción para reclamar una deuda del heredero de su deudor le preguntaba a este previamente "si era heredero y de qué porción" ('*an heres sit et ex qua parte*'). O, para ejercitar la acción reivindicatoria, el demandante debía afirmar que era propietario (que luego pudiera demostrarlo o no era cuestión propia del juicio) y el demandado debía ser el poseedor actual del objeto reclamado. O, en el caso del que ha sufrido un daño por parte de alguien que está sometido a la potestad de otro, como demandante pregunta a este último, que es quien tiene capacidad procesal (*legitimatio ad processum*), si efectivamente tiene la potestad sobre el sujeto agente del daño (que es lo que determina su *legitimatio ad causam* como demandado).

El interrogatorio precedía al momento de súplica de la acción, el llamado técnicamente en el derecho romano "postulación de la acción" (*postulatio actionis*), expresión actual también, para evitar los inconvenientes de una petición excesiva (*pluris petitio*) de no escoger el instrumento procesal adecuado.

Veamos ahora el fragmento jurisprudencial elegido por los compiladores bizantinos para dar comienzo al título del Digesto relativo a las *interrogationes in iure* ('*De interrogationibus in iure faciendis et interrogatoriis actionibus*', De las preguntas que han de hacerse ante el magistrado y de las acciones interrogatorias; 11.1), que en cierto modo compendia lo aquí explicado:

> Callist. 11 *ed. mon.* D. 11.1.1: «El heredero ha de ser interrogado en derecho de qué parte sea heredero siempre que se intenta acción contra él y duda el actor de qué parte sea heredero aquel contra quienquiera ejercitarla. Pero es necesaria la interrogación cuando la acción sea personal y así, si se pidiere cosa cierta, para que, por ignorar el actor de qué parte haya sido el adversario heredero del difunto, no experimente a veces algún daño pidiendo más (*dum plus petendo aliquid damni sentiat*). 1 Pero hoy no usamos de las acciones interrogatorias (*interrogatoriis actionibus*), porque nadie es obligado antes del juicio (*ante iudicium*) a responder cosa alguna sobre su derecho; y por esto se utilizan menos, y cayeron en desuso; pero a los litigantes les basta para las pruebas solamente lo que por la parte contraria se hubiere manifestado ante los jueces, ya sobre herencias, ya sobre otras cosas, que se controvierten en los pleitos».

Legitimatio ad processum

(Legitimátio ad procéssum)
Lit. *legitimación para el proceso.*

(V. ***legitimatio ad causam***).

Leonina societas

(Leonína sociétas)
Lit. *sociedad leonina.*

(V. ***societas leonina***).

Lex

(Idem)
Lit. *ley*

Significado y contexto: I. Este término, ley, es el núcleo matriz de numerosas expresiones latinas y máximas que tienen que ver con el concepto al que alude. Hoy en día, constituye la principal fuente del derecho. De su aparente exclusividad deriva el prejuicio que contempla el derecho reducido a la ley o a las leyes. La raíz de la que procede etimológicamente el término *lex* quizás sea la que indique el sentido de "declarar" antes que aquella otra con el sentido de "poner", "establecer".

1. Si esto no puede sostenerse hoy, mucho menos respecto del derecho romano en el que la ley ocupa, como fuente del derecho, una posición secundaria frente a la labor de la Jurisprudencia a partir del primigenio acervo jurídico de los *mores maiorum*. Así, decir del derecho romano que es un "conjunto de leyes" constituye un craso error. Que el origen de la ciencia del derecho no tenga que ver con una "declaración estatal", como la denomina en sentido muy amplio F. Schulz en una célebre obra de la literatura romanística, *Principios del Derecho Romano* (Schulz 1990, 27 ss.), sirve al estudioso del derecho en general de eficaz elemento de contraste con respecto al modo legalista de concebir y aprender el derecho, preponderante en nuestros días. Schulz incluía dentro de la declaración estatal, la ley, los senadoconsultos, los edictos de los magistrados y las constituciones imperiales: «Si se echa una mirada al material jurídico que fue creado en Roma a través de estas declaraciones estatales, enseguida se ve que tienen una extensión impresionantemente pequeña» (p. 27). Más adelante añade: «... los grandes territorios centrales del derecho privado, como la materia de los contratos, de la propiedad, de las servidumbres de la prenda, el matrimonio y de la filiación, y de la herencia, permanecen casi cerrados a la legislación ...».

Aunque la afirmación de Schulz referida a la escasez de las leyes parezca refutada por el propio testimonio de autores romanos que hablan de lo contrario (por ejemplo, Tac. *Ann.* 3.25: *multitudo infinita ac uarietas legum*, una infinita multitud y variedad de leyes), y dejando a un lado la revisión que la doctrina actual está realizando de esta afirmación, el panorama legislativo romano comparado con el moderno no resiste la confrontación: la infinidad de leyes de la que habla Tácito es muy inferior a la "elefantíasis legislativa" o "legislación motorizada" actual. Es tal el número de nuevas disposiciones legislativas emanadas anualmente en un determinado país que se hace imposible su aprendizaje memorístico por mente humana alguna por muy privilegiada que sea. Es más, se se está produciendo un fenómeno de *desuetudo*, esto es, de no aplicación de leyes en la práctica por su falta de conocimiento por parte de los operadores del derecho. Por eso, quien pretenda reducir el estudio del derecho al conocimiento de leyes, aparte de llevar al alumno a un ejercicio de intolerable empobrecimiento intelectual, muestra desconocer la diferencia entre ciencia del derecho (o jurisprudencia en sentido propio) y ley. La primera mucho más rica y fértil de pensamiento que la segunda.

Por eso, hoy más que nunca tiene vigor la célebre máxima de Celso según la cual «conocer las leyes no significa retener sus palabras sino su fuerza y poder» (es decir, su espíritu y su carácter imperativo). Y también es oportuno recordar aquí aquella otra máxima de experiencia de Tácito (*Ann.* 3.27) referida a los perjuicios que produce el excesivo número de leyes: «Muchas leyes, máxima corrupción de la cosa pública (*plúrimae leges, corruptíssima re publica*)». Con esto no pretendemos realizar una crítica de derecho actual que, con los incesantes cambios, de todo tipo, de la vida moderna, lleva a la necesidad de realizar continuas adaptaciones legislativas. Sin embargo, debe servir de admonición frente a un indiscriminado uso para intentar resolver problemas, aparentemente de modo y rápido, pero causante de incoherencias y, a la postre, de confusión y caos en el ordenamiento jurídico.

Uno de los valiosos legados del derecho romano al derecho actual ha sido la expresión *ius lexque*, una probable hendíadis (esto es, una idea expresada a través de dos términos): "El derecho y la ley". Hoy la vemos grabada en las paredes de salas judiciales de todo el mundo. En esta expresión –como ha afirmado Wieacker (Wieacker 1988, 269 ss.)– se plasma el entero derecho, pero sin que a la vez se haga evidente la distinción entre derecho objetivo y derecho subjetivo, a diferencia de lo que sucede en la tradición anglosajona que distingue lingüísticamente, de partida, entre *law* (derecho objetivo) y *right* (derecho subjetivo). La doctrina romanística ha hablado aquí de "preeminencia" o de "impermeabilidad" del *ius* frente a la *lex*. La segunda afirmación de Schulz parece apuntar algo de eso. Afirma este autor, además, que el uso de la ley en Roma tiene que ver con aspectos externos con respecto al propio derecho o, al menos, de carácter instrumental. A través de ellas se fijaban tan solo "normas de organización o de carácter económico y social" (página 30). Al *ius* pertenece toda una esfera de derecho que podríamos calificar de "derecho no escrito", no solo basado en costumbres o *mores maiorum* y más tarde integrado por la *consuetudo* (la costumbre local), sino, sobre todo, por la doctrina de los juristas romanos consistente en la búsqueda de la solución más justa a cada caso planteado.

En el Digesto de Justiniano encontramos al principio –no es casual que esté allí, como no es casual que se encuentre también en los códigos modernos inicialmente– textos relativos a las fuentes del derecho así como a la interpretación del derecho y de las leyes y demás fuentes del derecho. El influjo del pensamiento contenido en ellas en los títulos preliminares de nuestros modernos códigos sigue siendo enorme. Pensemos que en estos últimos se contienen auténticos compendios de teoría del derecho cuya aplicación por parte de los prácticos del derecho en los diferentes casos planteados es cotidiana. Llama la atención, en relación con lo anteriormente expuesto, que los juristas en sus elencos de fuentes coloquen la ley en primer lugar, cuando –como hemos dicho– no se trata de la fuente más importante.

Así, por ejemplo, Gayo, en sus Instituciones, instaura una costumbre seguida en muchos códigos civiles modernos, de anteceder la enumeración de las fuentes del derecho a la exposición de la materia jurídica correspondiente (1.2): «Integran el derecho del pueblo romano las leyes, los plebiscitos, los senadoconsultos, las constituciones de los príncipes, los edictos de quienes tienen derecho a emitirlos y las respuestas de los juristas». Quizás aquí el influjo griego perceptible en Roma a finales de la República se haya hecho sentir en el pensamiento de los juristas romanos. Se hace eco de ella Cicerón, por ejemplo, cuando contrapone las leyes (como representativas del derecho) a las armas (como representativas de la violencia de la guerra), triste claudicación de la vía de pacífica solución de conflictos ante la fuerza de aquellas (*Pro Milo.* 4.10: *silent leges inter arma*: lit. callan las leyes entre las armas). Máxima esta que se contrapone en cierto modo a la otra, muy conocida, del propio Cicerón y que encarna el ideal del derecho: *cedant arma tógae* (lit. cedan las armas a la toga; *Pis.* 72-73; *off.* 1.77).

Por eso, quizás también, influidos por el prestigio que en Grecia poseía la ley, no llegaban a entender cómo el derecho anterior y más antiguo concebía la existencia de leyes que no sancionaban con la nulidad los actos que las contravenían, ni preveían ningún mecanismo de defensa procesal por parte de los afectados o pena imponible a los infractores. A ellas, con perplejidad, reservaron la denominación de *leges imperféctae* (leyes imperfectas), y las distinguieron de otras en las que que sí se preveían sanciones contra los infractores pero sin anular los actos realizados por ellos (*leges minus quam perféctae*, leyes no del todo perfectas). Finalmente, las *leges perféctae* (leyes perfectas) eran las que cumplían todos los requisitos que para los juristas de esta época –y para nosotros en la actualidad– debían reunir de modo inexcusable. La explicación de este extraño fenómeno, incomprensible para los juristas romanos de una época más avanzada, puede proceder de las reflexiones que hacíamos antes a propósito de la elevada concepción del *ius* en relación con la ley.

A propósito de la deficiente técnica legislativa de la que se puede reprochar a los legisladores de todos los tiempos, un tipo de leyes, muy prácticas para los legisladores pero fuente de numerosas confusiones, y que el propio derecho romano acabó viendo con recelo y trató de excluir son las llamadas *leges sáturae*, que hoy podríamos denominar con el ejemplo moderno correspondiente, leyes *ómnibus*. Se trata de leyes que mezclan materias jurídicas diversas aprovechando el expediente de un único instrumento legislativo que sirve "para todo". Toman el nombre, como también el célebre género literario denominado "satírico", de un conocido plato culinario romano en el que se entremezclaban viandas muy diversas.

2. Otra cuestión debatida por los romanistas en torno a la ley es la relativa a su naturaleza. Define Papiniano la ley como una promesa común de la cosa pública:

> Pap. 1 *def.* D. 1.3.1: «La ley es precepto común, decreto de hombres prudentes, corrección de los delitos que por voluntad o ignorancia se cometen, y promesa común de la cosa pública».

El término latino *sponsio* (promesa) hace referencia a un antiguo negocio verbal en el que el acreedor formula una pregunta, que implica la asunción de una deuda, al que va a ser el deudor, y este responde afirmativamente, de manera que resulta obligado. En este tipo de actos verbales –la *sponsio* citada o la célebre *stipulatio*– la posición del acreedor es de superioridad con respecto al deudor. El que pregunta fija una reglamentación, por así decir, de todo lo que constituye su interés, y el que responde se limita a asumirlo. El primero adopta, pues, un comportamiento activo y el segundo pasivo. Esto es lo que pretende reflejar Papiniano sin que haya en sus palabras atisbo alguno de una concepción de la ley como resultado de un compromiso mutuo o contrato. A simple vista, la ley romana parece un acto en el que intervienen dos partes: por un lado el magistrado que presenta (*legem ferre*, llevar la ley <al pueblo>) para su votación un proyecto de ley y por otro, el pueblo que lo acepta o lo rechaza. No cabía, por parte de este, presentar enmiendas. Cuando Gayo en sus Instituciones dice que la ley es «lo que el pueblo ordena y autoriza» parece ensalzar a este último como sujeto que tiene "la última palabra". Esta visión parece conectar con una concepción democrática de la ley que, como se dirá siglos después, es "expresión de la soberanía popular". Su origen se encuentra, según algunos autores, en las célebres reformas de los hermanos Graco (siglo II a. C.), o, según otros, en la introducción de la estructura hoplítica en el ejército romano y creación de los comicios centuriados cuya autoría se atribuye al uno de los últimos reyes de Roma (siglo VI a. C.). Para otros autores –A. d'Ors (D'Ors 1980)– la ley es fundamentalmente un acto del magistrado, como la propia definición de Papiniano evoca. La autorización del pueblo se refiere entonces al puro hecho de la actuación del magistrado ante él. Sea como fuere, las expresiones ***de lege lata*** y ***de lege ferenda***, de frecuente uso posterior sobre todo doctrinal, tienen que ver con esta experiencia.

3. Las leyes de las que acabamos de hablar son leyes públicas (*leges públicae*), calificadas así por su fuente de procedencia. Frente a ellas, las leyes privadas (*leges priuátae*) son aquellas que las partes establecen entre sí conforme a sus acuerdos, convenciones, contratos o en general negocios contraídos por ellas. De ahí por ejemplo la máxima, que los códigos civiles modernos recogen, según la cual «el contrato es ley entre las partes». A las leyes, en este sentido, se les denomina las cláusulas por las que un negocio (típicamente un contrato) se reglamenta, y así hablamos de "ley del contrato" (*lex contractus*) como de la regulación contractual establecida por las partes, o también como la ley aplicable al contrato (en el marco del confiicto de leyes del derecho internacional privado). A cada cláusula se le denomina también *lex dicta* o ley declarada, es decir, una cláusula concreta expresada en el contrato. (v. ***stare conuentis***).

Una reglamentación también podían darse las asociaciones que en Roma adquirieron mucha relevancia para el cultivo o defensa de fines e intereses religiosos, culturales o profesionales. El término moderno "colegio" deriva de una extendida práctica asociacionista en Roma, que, por cierto, pone en cuestión el pretendido carácter individualista de los países de cultura latina. *Lex collégii* o ley del colegio, es decir, el estatuto de la asociación, recogía todas aquellas normas por las que esta se regulaba.

Es curioso el paralelismo entre las asociaciones a las que se les concede "tener cuerpo" (*habére corpus*, de ahí, el término "corporación"; v. ***in corpore***) con las repúblicas, esto es, con las ciudades y municipios, a quienes, en virtud de ese reconocimiento, se admite la posibilidad de tener un actor o síndico para actuar y obrar en nombre de la comunidad (Gai. 3 *ed. prov.* D. 3.4.1.1). Así, quienes integraban el colegio se denominaban *plebs collegii* (plebe del colegio), que se distinguía de quienes tenían encomendada una función y constituían el *ordo*. Uno y otro –*ordo* y *plebs*– formaban el denominado *populus collegii* (pueblo del colegio). Que el derecho romano requiriera de tres miembros para formar un colegio (*tres faciunt collegium*) tiene que ver lógicamente con la adopción de acuerdos por mayoría, aunque resulte curioso que la asociación como *uniuérsitas* (colectividad) permanece, aunque solo quede uno de ellos, por la posibilidad práctica de una eventual integración futura de otros que la "repueblen" y renueven: dice sagazmente la Jurisprudencia romana que en este caso "sigue en pie el nombre de la colectividad" (*nomen uniuersitatis stare*; cfr. Ulp. 10 *ed.* D. 3.4.7.2 *in fine*).

Sin embargo, no se puede decir que las asociaciones tengan voluntad como tales. Lo que tienen es un interés común y de ahí, bienes comunes, una caja común y actores que obran en su defensa. Por esa falta de voluntad apreciable en la colectividad como tal, se dice que esta no puede obrar con dolo (cfr. Ulp. 11 *ed.* D. 4.3.15.1 a propósito de la curia o senado municipal y de los integrantes de ella, es decir, los decuriones con relación a los munícipes o personas integrantes de un municipio, representados por aquellos: «¿qué, pues, pueden hacer con dolo los munícipes? ... Por el dolo de los decuriones, en cambio, se dará la acción del dolo contra los mismos decuriones») y de ahí la conocida máxima máxima *societas delínquere non potest*, "la sociedad no puede delinquir" sometida hoy a revisión justamente –V. (Ferrini 1904, 98 ss.)–.

El reconocimiento de los colegios varió a lo largo de la historia según la mayor o menor intervención de los poderes públicos e interés por parte de estos en que su constitución no pusiera en peligro el propio Estado romano. La ley de las XII Tablas, por ejemplo, concedía gran libertad de creación con el solo límite del respeto a la ley pública (*dum ne quid ex lege publica corrumpant*, «con tal de que no alteren nada de una ley pública»), pero una ley de Augusto (*lex Iulis de collegiis*) disolvió las asociaciones salvo las más antiguas y de mayor prestigio. Exigió asimismo que las nuevas obtuvieran una autorización del Senado. La cuestión apuntada –¿creación o mero reconocimiento de las asociaciones por el Estado?– es tema recurrente a largo de la historia de la cultura occidental y ha dejado huella en las constituciones modernas.

4. A las leyes, se equipararon, a través de una ley llamada Hortensia (de comienzos del siglo III a. C.), los plebiscitos (*plebiscita*), literalmente "decisiones de la plebe" reunida en asamblea (*concilium plebis* o reunión de la plebe). El efecto de equiparar los plebiscitos a las leyes (*exaequatio legis* o equiparación legal) consistía en que aquellos vincularan a todos los ciudadanos, no solo a los plebeyos: una vieja reivindicación de los plebeyos que lograron finalmente. De hecho, a partir de cierto momento histórico (avanzada la República), la mayor parte de las leyes fueron plebiscitos. Hoy en día, se utiliza el término como sinónimo de referéndum, es decir, como consulta al pueblo realizada por sus gobernantes respecto de una determinada cuestión de especial importancia de natu-

raleza política. A menudo, sin embargo, plebiscito aparece cargado por un tinte populista y mesiánico, que no posee referéndum, y ha sido empleado, a través de la historia, como instrumento demagógico por el gobernante–líder. (v. ***vox populi***).

5. Se habla también de ley en el sentido de "ley aplicable" a un caso o conflicto de intereses determinado. Por ejemplo, en materia de derechos reales rige el principio de la "ley de ubicación de la cosa" (*lex rei sítae*), "ley del domicilio" (*lex domicilii*), "ley del foro o ley del tribunal con jurisdicción en el caso" (*lex fori*), "ley del lugar de celebración del acto" (*lex loci celebratiónis*), "ley del lugar donde se celebró el contrato" (*lex loci contractus*). En materia penal, rige el principio del lugar donde se cometió el delito (*lex loci delicti*). (V. **fórum**).

Como recuerda Savigny (Savigny, *Sistema de Derecho Romano Actual* 1879) –el romanista que dio el revolucionario giro jurídico hacia la creación del moderno derecho internacional privado– los juristas romanos eran conscientes del problema que representaba la diversidad de leyes, consistente, por un lado, en el derecho romano y, por otro, en los diferentes derechos de los pueblos originarios, que fueron respetados en una buena parte.

La antigua contraposición entre el derecho común y el derecho civil o propio de cada comunidad cívica así lo refleja en el siguiente texto, matriz del *ius commune europaeum*:

> Gai. 1 *inst.* D.1.1.9: «Todos los pueblos que se rigen por leyes y costumbres, usan en parte del suyo propio y en parte del derecho común (*ius commune*) todos los hombres. Porque el derecho que cada pueblo constituyó él mismo para sí es propio de la misma ciudad, y se llama derecho civil (*ius ciuile*), como derecho peculiar de aquella misma ciudad; pero el que la razón natural (*naturalis ratio*) establece entre todos los hombres (*inter omnes gentes*), es observado igualmente por todos, y se llama derecho de gentes (*ius gentium*), como derecho de que se valen todos los pueblos».

Fue la glosa medieval la que, a partir de textos concretos de la compilación justinianea, planteó la cuestión de la diversidad de leyes. Con respecto a la pluralidad de jurisdicciones en torno a las relaciones jurídicas dispuestas en un caso entre las partes v. **fórum**. Uno de sus fragmentos, fundamentales en el desarrollo de la historia del derecho europeo, fue la célebre constitución *Cunctos populos*, de los emperadores Graciano, Valentiniano y Teodosio del año 380 d. C., con la que se abre el Código de Justiniano (1.1.1):

> «Queremos que todos los pueblos (*Cunctos pópulos*) que rige el imperio de nuestra clemencia profesen aquella religión que enseñó a los romanos el divino apóstol Pedro, según declara hasta hoy la propia religión por él mismo predicada, y que es manifiesto que siguen el Pontífice Dámaso, y Pedro, obispo de Alejandría, varón de apostólica santidad, esto es, que creamos conforme a la disciplina apostólica y a la doctrina evangélica en la sola deidad del Padre y del Hijo y del Espíritu Santo, con igual majestad y en piadosa Trinidad. 1. Mandamos que los que observen esta ley abracen el nombre de cristianos católicos, y que los demás locos e insensatos que estimen sustentar la infamia del dogma herético deberán ser castigados primeramente por la venganza divina, y después también con la pena de nuestra resolución, que por celestial arbitrio tomemos».

La relevancia de la constitución es de sobra conocida, pues, a través de ella, se impuso la religión católica como oficial y, por consiguiente, el deber de los súbditos de profesar la misma fe que su príncipe. Andando los siglos, con la quiebra de la unidad de la fe en Europa con el protestantismo, surge el principio «de quien es la región –o territorio–, de él la religión (*cuius regio, eius religio*)» que presenta evidente analogía en varios extremos (incluido el de la violencia) con esta constitución.

La glosa '*Quos*', perteneciente a la Glosa Magna del célebre jurista boloñés Acursio, plantea un caso que constituye una sorprendente invención jurídica a partir de un texto que a simple vista no tiene ninguna relación con él (salvo por la citada circunstancia del sometimiento del súbdito a la religión –y al derecho– de los gobernantes de su pueblo o comunidad cívica): «si un ciudadano de Bolonia es demandado en Módena no debe ser juzgado según la ley (los estatutos) de Módena, a la que no esta sometido (*Quod si bononiensis conueniatur Mutinae, non debet iudicari secundum statuta Mutinae, quibus non subest*)». El supuesto que plantea inicialmente Savigny (134) es similar:

> «En un lugar determinado se suscita un litigio sobre la ejecución de un contrato o sobre la propiedad una cosa. Pero el contrato se ha verificado, la cosa litigiosa se encuentra en un lugar distinto de aquel donde reside el tribunal, y estas dos localidades tienen un derecho territorial diferente. Las partes, además, pueden estar personalmente sometidas a la jurisdicción de este tribunal o a una misma jurisdicción extraña o bien a los jurisdicciones extrañas y diferentes. Encontrándose la relación del derecho litigiosa en contacto con todos estos derechos locales, ¿con arreglo a cual de ellos debe ser juzgado litigio? Tal es el sentido del asunto de la colisión en su aplicación a los derechos territoriales».

Prácticamente al mismo tiempo, las Partidas del rey Alfonso X el Sabio, de manera independiente, realizaron un planteamiento original de la cuestión (ley 15, título I, Partida I; ley 15, título XIV, Partida III) que, sin embargo, no tuvo continuidad posterior por el preeminente influjo de la glosa boloñesa.

Savigny identificó el objeto posible de las reglas del derecho como base de su enfoque de la cuestión (130-131):

> «I) Las personas en sí mismas, su capacidad de derecho y su capacidad de obrar, o las condiciones bajo las cuales poseen o adquieren derechos. Esta es la clase de reglas de que nos hemos ocupado al principio del presente párrafo.
>
> II) Las relaciones de derecho.
>
> 1) Derechos sobre cosas determinadas.
>
> 2) Obligaciones.
>
> 3) Derechos sobre un patrimonio entero considerado como unidad ideal y de una extension indeterminada (derecho de sucesión).
>
> 4) Derecho de familia.
>
> De esta revista sumaria resulta que el objeto directo e inmediato regido por la regla jurídica es la persona; y ante todo la persona en su existencia general como sujeto de todos los derechos; después la persona en cuanto por sus actos libres constituye en la mayor parte de los casos las relaciones de derecho o contribuye a formarlas. Pero la persona tiene además sus extensiones artificiales. Pretende dominar las cosas, y al penetrar en el círculo ocupado por estas cosas, se expone a entrar bajo el dominio de un derecho extraño. Este hecho, evidente respecto a los inmuebles que ocupan en el espacio un lugar necesario e invariable, no es menos real para las cosas muebles. Tiende, además, por medio de las obligaciones, a dominar los actos de otro o someter sus propios actos a una voluntad extraña. En cuanto a familia presenta diferentes formas de vida y por lo mismo sale unas veces voluntariamente, otras involuntariamente del dominio de su derecho primitivo y puramente personal».

Si bien –continúa Savigny, 131–:

> «...la regla aplicable aparece principalmente como la sumisión de la persona de que se trata al imperio de un derecho determinado, las modificaciones más importantes

y más variadas pueden provenir además de la relación que cosas, actos o relaciones de familia determinadas establecen con otros derechos positivos».

Las causas de sumisión de una persona a un derecho determinado son para Savigny dos: la nacionalidad (*orígo*) –y junto a ella, el domicilio (*domicílium*)– y el territorio (*territórium*) o, en ocasiones también denominado, *régio* (región, de ahí el adagio arriba citado). Merece la pena releer las enjundiosas páginas que dedica al derecho romano, cuya información le servirá de valiosa ayuda para construir su nueva teoría. Él observa que enteros títulos de la compilación justinianea están dedicados a esos conceptos, desgranados en torno a la compleja realidad de los municipios romanos que hacían de Roma una especie de constelación descentralizada de ciudades con su propio derecho, que debía conjugarse con el derecho común, como Gayo reflejaba en el texto antes citado. La analogía con la posterior realidad de los estatutos municipales y del derecho común europeo durante la Edad Media resulta evidente, como así se lo pareció a Savigny: D. 50.1 (*Ad municipalem et de íncolis*, Sobre la ley municipal y los habitantes) y 50.4 (*De munéribus et honóribus*, De los cargos y honores); C. 10.38 (*De municipiis et originariis*, De los naturales y de los oriundos de un municipio) y 10.39 (*De íncolis, et ubi quis domicilium habere uidetur, et de his qui studiorum causa in alia ciuitate degunt*, De los habitantes y de dónde se considera que cada cual tiene su domicilio, y de los que viven en otra ciudad por causa de estudios).

Veamos algunos textos:

> Ulpiano 2 *ed.* D. 50.1.1: «Constituye al munícipe o el nacimiento (*natíuitas*), o la manumisión (*manumissio*), o la adopción (*adoptio*)».

En el número dos del mismo texto encontramos este interesante testimonio de lo expuesto:

> «Así, pues, el que nació de dos padres Campanos es Campano. Pero si de padre Campano y de madre Puteolana, es igualmente munícipe Campano, a no ser acaso que por algún privilegio se atienda al origen materno, porque entonces será munícipe de donde es originaria la madre. Por ejemplo, se les concedió a los Troyanos que el que es de madre troyana sea munícipe de aquellos. También a los de Delfos se les concedió y conservó esto mismo. También refiere Celso que a los Pónticos les compete por beneficio de Pompeyo Magno que sea Póntico el que hubiese nacido de madre Póntica. Este beneficio opinan algunos que pertenece solamente a los habidos del vulgo [hijos sin padre reconocido]; opinión esta que no aprueba Celso; pues no se debió disponer que el habido del vulgo siguiese la condición de la madre, porque ¿qué otro origen tiene este? sino a aquellos que nacieran de padres de diversas ciudades».

Un texto básico de la tradición jurídica europea: C. 10.39.7 (Diocleciano y Maximiano:

> «Ciertamente que el origen, la manumisión, la elección o la adopción hace los ciudadanos, y el domicilio los habitantes, según también declaró muy manifiestamente el divino Adriano en su edicto (*Ciues quidem origo, manumissio, allectio uel adoptio, íncolas uero, sicut et diuus Hadrianus edicto suo manifestissime declarauit, domicilium facit*). Y no se duda que cada uno tiene su domicilio en el mismo lugar donde cada cual constituyó sus *lares y* el conjunto de sus cosas y de su fortuna, y de donde no haya de alejarse otra vez, si nada le obliga, y de donde cuando partió se considera que está en viaje, y cuando volvió, que dejó ya de viajar». (V. ***sedes***).

Así define el jurista Pomponio el territorio:

Pomp. *lib sing. enchir.* D. 50.16.239.8: «Es "territorio" (*territorium*) la universalidad de los campos dentro del término de cualquiera ciudad; algunos dicen que fue llamado así porque el magistrado de este lugar tiene dentro de tales términos el derecho de "aterrar", esto es, de desterrar».

En D. 2.1.20 Paulo se acerca mucho a la cuestión analizada aquí en torno a la jurisdicción y el territorio:

Paul. 1 *ed.* D. 2.1.20: «Se desobedece impunemente al que administra justicia fuera de su territorio (*extra territorium*). Y lo mismo sucede si quisiera administrarla excediéndose de su jurisdicción (*supra iurisdictionem suam*)».

Hay muchos más textos fundamentales –no solo para el derecho romano sino para la construcción del derecho actual– pero baste con estos para hacernos una idea del grado de complejidad y de finura técnica que alcanzó el planteamiento y la solución de este problema en el derecho romano.

La determinación del derecho aplicable es una cuestión espinosa no pocas veces, para la que el derecho establece las llamadas "normas de conflicto" que son a las que aluden las expresiones latinas antes citadas. El Código Civil español las fija al comienzo de su regulación. Veamos algunos ejemplos:

Artículo 8: «Las leyes penales, las de policía y las de seguridad pública obligan a todos los que se hallen en territorio español» (= *Lex loci delicti*; Principio de territorialidad).

Artículo 9.1: «La ley personal correspondiente a las personas físicas es la determinada por su nacionalidad. Dicha ley regirá la capacidad y el estado civil, los derechos y deberes de familia y la sucesión por causa de muerte» (Principio de personalidad).

Artículo 10.1: «La posesión, la propiedad, y los demás derechos sobre bienes inmuebles, así como su publicidad, se regirán por la ley del lugar donde se hallen. La misma ley será aplicable a los bienes muebles» (= *Lex rei sítae*).

II. Veamos ahora de manera sucinta algunas de las expresiones y máximas más célebres contenidos al comienzo del Digesto de Justiniano (D. 1.3), indicando brevemente la cuestión jurídica afectada. Piénsese por un momento en que en ellas se contiene una buena porción de materia jurídica albergada hoy en los códigos y leyes casi de cualquier país, generalmente en su "parte general" o introductoria, en los tratados de ciencia política, ensayos, artículos, ..., y que constituyen su inexcusable origen:

Cels. 5 *dig. h. t.* 4: «Sobre lo que por casualidad puede acontecer en algún que otro caso (*quae forte uno áliquo casu accídere possunt*) no se establecen leyes». (Los hechos generales y frecuentes justifican la creación de leyes; v. ***id quod plerumque accidit***).

Modestino 1 *reg. h. t.* 7: «La virtud de la ley es esta: mandar, prohibir, permitir, castigar» (*Legis uirtus haec est imperare uetare permítttere puníre*). (Finalidades de la ley).

Ulp. 3 *Sab. h. t.* 8: «No se establece el derecho para cada persona en particular, sino para todas en general» (*Iura non in síngulas personas, sed generáliter constituúntur*). (Generalidad de las leyes. Principio de igualdad, prohibición de privilegios).

Juliano 15 *dig. h. t.* 12: «No pueden comprenderse en las leyes o en los senadoconsultos determinadamente todos los casos (*omnes artículi*); pero cuando en alguna ocasión es manifiesto su sentido, debe el que ejerce jurisdicción proceder por analogía (*ad similia procédere*), y de este modo declarar el derecho (*ius dicere*)». (Analogía como procedimiento para colmar lagunas legales).

Ulpiano 1 *ed. curul. h. t.* 13: «Pues, como dice Pedio, siempre que por la ley se ha introducido una u otra disposición es buena ocasión (*bona occasio*) para que o por la interpretación (*uel interpretatióne*), o ciertamente por la jurisdicción (*uel certe iurisdictióne*), se suplan las demás que tienden a la misma utilidad (*quae tendunt ad eandem utilitatem*)». (Analogía).

Paulo 54 *ed. h. t.* 14: «Pero lo que está recibido contra la razón del derecho (*contra ratiónem iuris*), no debe ampliarse a las consecuencias (*non est producendum ad consequentias*)». (Exclusión de la analogía respecto del derecho singular).

Juliano 27 *dig. h. t.* 15: «En aquello que está constituido contra la razón del derecho no podemos seguir la regla del derecho». (Continuación del anterior).

Paulo *lib. sing. de iure sing. h. t.* 16: «Derecho singular es aquel, que contra el tenor de la razón ha sido introducido con autoridad de los que lo establecen por causa de alguna utilidad particular» (*Ius singulare est, quod contra tenórem ratiónis propter áliquam utilitatem auctoritate constituéntium introductum est*). (Definición de derecho singular actualmente vigente en la doctrina).

Celso 26 *dig.* 17: «Saber las leyes no es esto, conocer sus palabras, sino su fuerza y su poder» (*Scire leges non hoc est, uerba earum tenére, sed uim ac potestatem*) (Criterio teleológico de interpretación y carácter imperativo de las leyes).

Celso 29 *dig. h. t.* 18: «Las leyes se han de interpretar en el sentido más benigno (*Benignius lege interpretandum est*), donde se conserve su disposición». (Interpretación favorable de las leyes).

Celso 33 *dig. h. t.* 19: «En una palabra ambigua de la ley (*in ambigua uoce legis*) se ha de admitir preferentemente aquella significación que carece de defecto, principalmente cuando también pueda colegirse por este medio la disposición de la ley». (Interpretación favorable de las leyes).

Juliano 55 *dig. h. t.* 20: «No puede darse la razón de todas las disposiciones que fueron establecidas por nuestros mayores». (Sobre la falta de racionalidad del derecho a pesar de su vigencia).

Neracio 6 *memb. h. t.* 21: «Y por lo tanto, no conviene que se inquieran los fundamentos de lo que se constituye; de otro modo, se subvierten muchas cosas de las que son ciertas». (Continuación del anterior).

Celso 9 *dig. h. t.* 24: «Es contra derecho (*Inciuile est*) juzgar o responder en vista de alguna parte pequeña de la ley, sin haber examinado atentamente toda la ley (*tota lege perspecta*)». (Criterio sistemático de interpretación).

Modestino 8 *resp. h. t.* 25: «Ninguna razón de derecho (*iuris ratio*), ni la benignidad de la equidad (*aequitatis benígnitas*) permite que las cosas que se introducen saludablemente (*salúbriter*) por la utilidad de los hombres (*pro utilitate hóminum*) las llevemos a la severidad (*ad seueritatem*) con una interpretación más dura (*duriore interpretatione*) contra el bienestar de los mismos (*contra ipsorum cómmodum*)». (Racionalidad, equidad y trato favorable de los destinatarios de la ley).

Paulo 4 *quaest. h. t.* 26: «No es cosa nueva que las leyes anteriores se interpreten por las posteriores» (*Non est nouumm, ut priores leges ad posteriores trahantur*). (Sobre la retroactividad de las leyes).

Tertuliano 1 *quaest. h. t.* 27: «Y por tanto, como es uso que se interpreten las leyes más antiguas por las posteriores (*quia antiquióres leges ad posteriores trahi usitatum est*), conviene también que se crea que siempre está como contenido en las leyes esto, que se extiendan además a aquellas personas y cosas que en cualquier tiempo fueren semejantes». (Continuación del anterior).

Paulo 5 *l. Jul. et Pap. h. t.* 28: «Pero también las leyes posteriores se interpretan por las anteriores, salvo si fueran contrarias (*Sed et posteriores leges ad priores pértinent*); y esto se prueba con muchos argumentos». (Continuación del anterior).

Paulo *l. sing. ad leg. Cinc. h. t.* 29: «Obra contra la ley el que hace lo que la ley prohibe; y en fraude, el que salvadas las palabras de la ley elude su sentido» (*Contra legem facit, qui id facit quod lex prohibet, in fraudem uero, quis saluis uerbis legis sententiam circumuénit*). (Actos en contra y en fraude de la ley).

Ulpiano 4 *ed. h. t.* 30: «Se comete, pues, fraude contra la ley cuando se hace aquello que no quiso que se hiciera, pero que no prohibió que se ejecutura; y lo que dista lo dicho de lo que se piensa, esto dista el fraude de lo que se hace contra la ley». (Fraude de ley).

Ulpiano 13 *l. Jul. et Pap. h. t.* 31: «El Príncipe está desligado de las leyes (*Princeps légibus solutus est*); pero aunque la Augusta no está desligada de las leyes, le conceden, sin embargo, los Príncipes los mismos privilegios que ellos tienen». (El poder frente a la ley).

Juliano 94 *dig.* 32: «En aquellos casos que no usamos de leyes escritas, conviene se guarde lo que por el uso y la costumbre se ha introducido (*quod móribus et consuetúdine inductum est*); y si esto faltare en algún caso, entonces lo que le sea análogo y consecuente (*quod proximus et cónsequens ei est*); y si en realidad tampoco apareciere esto, entonces debe observarse el derecho que se usa en Roma (*tunc ius, quo urbs Roma útitur*). (1) No sin razón se guarda como ley la costumbre inveterada (*Inueterata consuetudo pro lege non inmérito custóditur*), y este es el derecho que se dice establecido por la costumbre. Porque así como las mismas leyes por ninguna otra causa nos obligan, sino porque fueron admitidas por la voluntad del pueblo (*quod iudicio pópuli recéptae sunt*), así también con razón guardarán todos lo que sin estar escrito (*sine ullo scripto*) aprobó el pueblo (*pópulus probauit*); porque, ¿qué importa que el pueblo declare su voluntad con votos (*suffragio populus uoluntatem suam declaret*), o con las mismas cosas y con hechos (*rebus ipsis et factis*)? Por lo cual también está perfectísimamente admitido que las leyes se deroguen no solo por el voto del legislador (*suffragio legis latoris*), sino también por el tácito consentimiento de todos por medio del desuso (*tácito consensu omnium per desuetúdinem*)». (La ley y la costumbre).

Paulo 1 *quaest. h. t.* 37: «Si se tratara de la interpretación de la ley, ha de investigarse primero de qué derecho había usado antes la ciudad en semejantes casos (*in eiusmodi casibus*); porque la costumbre es el mejor intérprete de las leyes (*optima enim est legum interpres consuetudo*)». (Continuación del anterior).

Calístrato 1 *quaest. h. t.* 38: «Pues nuestro Emperador Severo resolvió por rescripto que en las ambigüedades que nacen de las leyes (*in ambiguitátibus quae ex légibus proficiscuntur*) debe tener fuerza de ley la costumbre o la autoridad de las cosas juzgadas perpetuamente de análoga manera (*consuetúdinem aut rerum perpetuo similiter iudicatárum auctoritatem uim legis optinére debére*)». (Continuación del anterior y valor del precedente judicial).

Lex artis

(Lex ártis)
Lit. *ley del arte, profesión u oficio.*

Significado y contexto: Se refiere a las reglas de una determinada profesión, es decir, aquellas por las que debe regir su comportamiento el que la ejerce para un adecuado desenvolvimiento de su actividad de acuerdo con los fines a los que esta se debe. Una conducta contraria a ellas se interpreta en derecho como negligencia profesional. El término arte significa disciplina discible. El jurista Celso define el derecho como «arte de lo bueno y de lo justo», entendiendo por arte un sistema abierto de ideas, soluciones y reglas elaboradas casuísticamente siguiendo un método inductivo. Este modo de concebir el arte se contrapone al ciceroniano (de corte aristotélico) que lo define con respecto al derecho, por el contrario, como sistema cerrado de principios y soluciones jurídicas que procede conforme a un método deductivo.

En las fuentes literarias encontramos expresiones similares a *lex artis* (v., por ejemplo, Plinio, *nat.* 14.146, sobre el arte -dudoso- de cómo resistir mejor a los efectos del vino ingerido o por ingerir: *«et haec ars suis legibus constat»*, y este arte –o ciencia– se rige por sus propias leyes). Con referencia, sobre todo, al arte de la elocuencia responden *grosso modo* a un análogo significado *artis disciplina, principium artis, praeceptum artis, institutio artis, praeceptio artis, ...*

Nuestra expresión tiene que ver, en derecho, con aquellas actividades profesionales regidas por el contrato de arrendamiento de obras o de servicios (*locatio conductio óperis, locatio conductio operárum*). No es extraño, por tanto, encontrar casos de negligencia profesional en el título del Digesto de Justiniano referido al contrato de *locatio conductio* (D. 19.2) o en todo caso en relación a dicho contrato (presentando como alternativa la indemnización de daños y perjucios por responsabilidad extracontractual). De hecho, en ese título se encuentra quizás el texto más importante de nuestra tradición a este respecto: Ulp. 32 *ed.* D. 19.2.9.5, texto en el que se aprecia el esfuerzo doctrinal que realiza el jurista adrianeo Celso por equiparar la impericia a la culpa. Resulta muy expresiva la referencia final del texto a la condición de "artífice" con la que el sujeto toma en arriendo la realización de una determinada actividad.

> «Escribió Celso en el libro octavo de sus digestos, que también la impericia se ha de contar como culpa (*imperitiam cúlpae adnumerándam*); y que si alguno tomó en arrendamiento el apacentar terneros, o remendar o pulir alguna cosa, debe él responder de la culpa, y lo que hizo mal por impericia es culpa, porque, dice, tomó en arrendamiento como artífice (*quod imperitia peccauit, culpam esse: quippe ut ártifex, inquit, conduxit*)».

A partir de estos casos, los juristas deducen la correspondiente regla jurídica: «la impericia se considera como culpa» (*Imperitia cúlpae adnumeratur*). (Gai. 7 *ed. prou.* D. 50.17.132).

En el mismo título, encontramos el siguiente caso a propósito de un contratista que ha asumido la realización de una concreta obra a saber, la construcción de un canal:

> Lab. 1 *pith.* D. 19.2.62: «Si antes que lo aprobases, destruyó una tempestad el canal cuya construcción habías tomado en arrendamiento y que habías hecho, es tuya la pérdida (*tuum periculum est*). Y dice Paulo: antes bien, si esto sucedió por vicio del suelo, la pérdida será del arrendador, y si por vicio de la obra, será tuyo el quebranto (*si óperis uitio áccidit, tuum erit detrimentum*)».

También este otro caso, de un orfebre:

> Ulp. 32 *ed.* D. 19.2.13.5: «Si se hubiera dado una piedra preciosa para engastarla o esculpirla, y se hubiera roto, si verdaderamente esto hubiera sucedido por vicio de la materia, no habrá la acción de locación, y la habrá, si por impericia del artífice (*si imperitia faciéntis, erit*). A esta opinión se ha de añadir, a no ser que el artífice (*artifex*) hubiera admitido también a su cargo el riesgo; porque entonces, aunque esto haya sucedido por vicio de la materia, habrá la acción de locación».

El siguiente texto se refiere a la actividad de aquellos que, a partir del vidrio, realizaban verdaderas obras de arte, –cálices diatretos, una especie de finísimas copas torneadas y cinceladas– similares en complejidad y virtuosismo a las que hoy, por ejemplo, realizan los artesanos de Venecia utilizando el famoso cristal de Murano. El material que empleaban los artesanos romanos era tan fino que no era extraño que contuvieran defectos (pequeñas grietas o fisuras) que podían en cualquier momento dar al traste con la labor de los maestros vidrieros, por mucha que fuera su pericia. El derecho no podía dejar de tener en cuenta esta circunstancia:

> D. 9.2.27.29: «Si diste a tornear una copa, y ciertamente la rompió por impericia, será responsable del daño con injuria; pero si no la rompió por impericia, sino que tenía defectos de grietas, puede excusársele; y por esto suelen convenir muchas veces los artífices (*artifices*), cuando se dan semejantes materiales, en no hacer el trabajo a su riesgo; ese pacto hace desaparecer la acción de arrendamiento y la de la ley Aquilia».

De casos como este, los juristas extraen una regla, trascendental para el ejercicio de la profesión (y extensible a otras): que cuando el daño o la pérdida de la cosa, objeto o bien afectado se produce por un defecto de la misma cosa no cabe hablar de responsabilidad por parte del artífice de la obra o prestador del servicio; si, en cambio, se produce como consecuencia de un defecto que tiene que ver con su labor profesional, entonces la responsabilidad es suya, o también si voluntariamente el artesano o el que presta el servicio asume ese riesgo.

En relación con la profesión médica, con la que hoy nuestra expresión se conecta a propósito de la llamada negligencia médica, que tanta litigiosidad origina, de un lado, por errores médicos, pero también de otro por las demandas abusivas de particulares, la historia del derecho con respecto a este interesante tema parte también del derecho romano.

En el siguiente texto, básico en la historia dogmática del sistema de derecho civil, observamos que el jurista republicano Alfeno Varo realiza un ejercicio de criba jurídica de diversas circunstancias de hecho relativas a casos de tratamiento médico de heridas, para identificar la eventual responsabilidad del médico en lo indebido de una curación de heridas de un paciente, pero dejando a salvo al médico en el caso planteado –el de un esclavo herido– en caso de reconocerse dejadez o indolencia en la actitud del dueño que causa el agravamiento del estado del paciente antes de su posible intervención médica. De este caso–tipo, *mutatis mutandis*, se extraen fácilmente consecuencias para el derecho actual.

> Alfeno 2 dig. D. 9.2.52 pr.: «Si un hombre hubiese muerto a consecuencia de unas heridas, y esto no hubiese sucedido por ignorancia del médico o negligencia del dueño (*neque id medici inscientia aut domini neglegentia accidisset*), con razón se demanda por muerte injusta de aquel».

Véase este otro texto:

> Ulp. 18 ed. D. 9.2.7.8: «Dice Próculo que si un médico hubiese operado con impericia a un hombre (*si medicus seruum imperite secuerit*), compete la acción de locación o la de la ley Aquilia». (V. ***eventus damni***).

De nuevo, el tenor es general y abstracto. Los innumerables casos de negligencia médica producidos llevaron a la Jurisprudencia romana a la conclusión de su responsabilidad o bien por la acción relativa al contrato de arrendamiento (de servicios o de obra, según los casos) o, en todo caso, por daños extracontractuales (responsabilidad aquiliana).

La casuística romana ofrece diversas variantes. He aquí una de ellas:

> Gai.ed. D. 9.2.8 pr.: «Lo mismo vale si hubiese usado mal un medicamento (*si medicamento pérperam usus fuerit*). Sin embargo, el que hubiese operado bien y hubiese abandonado la curación (*qui bene secuerit et dereliquit curationem*), no estará exento, sino que se considerará reo de culpa».

El caso de la comadrona sirvió de prototipo de otros casos médicos. En el que a continuación se expone, la posible objeción al nexo causal existente entre la conducta de la comadrona, que deja un medicamento pernicioso para la salud para que se lo tome una mujer embarazada, es contestada por el jurista Labeón reafirmando la relación de causa–efecto entre la acción de la comadrona y el resultado de muerte de la mujer (lo que el denominaba *causa mortis*, causa de muerte, que no debe confundirse con *mortis causa*, por causa de muerte):

> Ulp. 18 *ed.* D. 9.2.9 pr.-1: «A su vez, si una comadrona hubiese dado una medicina y a consecuencia de ello hubiese muerto la mujer, Labeón distingue de modo que si la administró por sus manos se considera que mató, pero si la dio a la mujer para que esta se la tomara, debe darse una acción por el hecho. Y esta opinión es cierta ya que, más que matar, proporcionó una causa de muerte (*magis enim causam mortis praéstitit quam óccidit*). 1. Si a la fuerza o por persuasión uno administrase un medicamento a otro por vía oral o mediante jeringa o si lo mató con veneno pernicioso (*Si quis per uim uel suasum medicamentum alicui infundit uel ore uel clystere uel si eum unxit malo ueneno*), queda obligado por la ley Aquilia, de la misma manera que queda obligada la comadrona que administró una medicina».

¿Qué decir con respecto a la comadrona del caso tan frecuentemente planteado en la Antigüedad del recién nacido tomado por ella pero que, por su impericia, se le resbala de las manos y muere sin que haya seguridad acerca de si llegó a vivir o no?

> C. 6.29.3.1: «Se ocupó la inteligencia de los antiguos sobre lo que se había de determinar en cuanto al testamento del padre. Y como los Sabinianos estimaban que, si nació vivo, aunque no hubiese emitido la voz, se rompía [se invalidaba] el testamento, aparece que esto mismo hacía, aunque hubiese sido mudo. También nosotros aplaudimos su opinión y mandamos que, si perfectamente nació vivo, aunque haya muerto inmediatamente después que cayó a tierra o en las manos de la comadrona (*licet ílico postquam in terram cécidit uel in mánibus obstétricis decéssit*), se rompa sin embargo el testamento, requiriéndose solamente esto, si vino al mundo todo vivo, no inclinándose a monstruo o prodigio alguno». (V. ***in utero***, ***nequaquam***, **vexata *quaestio***, ***vitae habilis***).

De este caso dependen otras muchas cuestiones jurídicas que desde el derecho romano aún vemos plantearse hoy. Así, a partir de las discusiones jurisprudenciales romanas a propósito el nacimiento de una persona física y de la solución justinianea, la exigencia actual del requisito de la viabilidad de algunos ordenamientos jurídicos, el requisito, hasta hace poco formulado por el Código Civil español, de que el recién nacido viviera veinticuatro horas enteramente desprendido del seno materno, etc.

Se trata de textos muy conocidos en el ámbito del sistema de derecho civil o romano germánico por generaciones enteras de juristas, que se han educado con ellos en Europa durante siglos hasta nuestros días. Pensemos en que el derecho inglés solo pudo regular supuestos de negligencia profesional mediante el famoso *writ* de *trespass on the case in assumpsit* a partir del s. XIV, y con carácter regular desde el s. XVI (v. ***assumpsit***). Conviene, pues, no olvidar la experiencia jurídica romana.

Lex mercatoria

(Lex mercatória)
Lit. *ley mercatoria, ley del comercio.*

Significado y contexto: Se trata de una expresión que, procedente de la Edad Media, ha cobrado relieve en las últimas décadas con respecto a un fenómeno, nuevo y viejo a la vez, relacionado con el comercio internacional: el surgimiento de un derecho autónomo (*ius mercatorum* o derecho de los mercaderes o comerciantes), no directamente dependiente de las legislaciones nacionales de los diferentes Estados, sino de la práctica del comercio internacional observada entre los propios comerciantes (es decir, en el seno de su comunidad o *sociétas mercatorum*, sociedad de mercaderes o comerciantes), manifestado en sus propios usos y con mecanismos propios de resolución de conflictos. Es un derecho de alcance limitado, originado empíricamente y sin afán de exhaustividad, es decir, incompleto. No responde a la idea de sistema cerrado y deductivo del sistema de derecho civil. De ahí la crítica de su insuficiencia. Se trata, no obstante, de un nuevo derecho que, con sus críticas, osa colmar las deficiencias del tradicional mecanismo del derecho internacional privado, basado en normas de conflicto, es decir, en criterios de solución de conflictos de leyes de diferentes países, interesadas en el caso, para hallar la ley finalmente aplicable.

Decimos que es viejo al propio tiempo por la extraordinaria coincidencia entre este fenómeno y el que se dice proveniente de la Edad Media. Se suele citar también al derecho romano, en concreto, su *ius gentium*, pero se acaba rechazando este posible precedente por la presencia del pretor peregrino y por tanto de la jurisdicción del pueblo romano que encorseta, según se dice, los usos mercantiles en el marco del edicto pretorio. Sin embargo, como venimos defendiendo en diversas voces de este libro, tanto la figura del comerciante (*mercátor*) como la de los usos mercantiles, así como los mecanismos de resolución vinculados no necesariamente a la jurisdicción pretoria (arbitraje), deberían servir para ensayar una nueva reflexión acerca de esta compleja y densa experiencia jurídica del derecho romano.

En una conocida obra del siglo XVII, *Consuetudo uel lex Mercatoria or the Ancient Law-Merchant*, London, 1687 (la primera edición es de 1622), de Gerard Malynes, se encuentra la siguiente definición de la *lex mercatoria* (p. 2):

> «Esta ley de comerciantes o *lex Mercatoria*, en lo fundamental, no es otra cosa que (como Cicerón define el derecho verdadero y justo) *recta ratio, natura congruens, diffusa in omnes; constans sempiterna* [es decir, lit. recta razón, congruente con la naturaleza, difundida en todos; en vigor eternamente]. Derecho verdadero es la Razón recta, concuerda con la Naturaleza en todos los aspectos; difundida y diseminada por todas las naciones, que pervive eternamente sin abrogación: como quiera que algunos atribuyen esta definición al *ius gentium*, o derecho de las naciones, que consiste en las costumbres, usos y observancias de todas las naciones, siendo de condiciones parecidas para todos los pueblos y observados por ellos como un dere-

cho, sin embargo, si se examina con rigor el asunto, lo encontraremos perteneciente de modo más natural y apropiado a la ley mercatoria (*Law-Merchant*).

Todo el mundo sabe que en cuanto a usos y observancias hay una gran diversidad entre todas las naciones: pero respecto de las costumbres practicadas en el discurrir del tráfico y del comercio, existe esa simpatía, concordancia y acuerdo que puede decirse que es de análoga condición para todos los pueblos, difundida y diseminada por la recta razón y el instinto de la naturaleza persistiendo de manera perpetua. Estas costumbres son propiamente esas observancias que los comerciantes usan entre ellos, y si se separan del derecho de las naciones, lo que queda del citado derecho quedaría reducido a unas pocas cosas».

Consideremos esta cuestión, aun a vuela pluma, a la luz del derecho romano. Las corporaciones de comerciantes (v. ***in corpore***), anteriores a las de la Edad Media, son de enorme peso y trascendencia en la vida económica romana (v. el célebre texto de Polibio en ***factum principis***). No cabe desconocerlas. En cuanto al origen de los usos mercantiles en Roma, baste con recordar aquí, entre otros muchos ejemplos, el de la famosa *lex Rhodia de iactu* (ley Rodia de la echazón), que regulaba las aportaciones de los dueños de las mercancías transportadas, es decir, de comerciantes, cuando una parte de estas había tenido que ser arrojada al mar para aligerar la nave por peligro de naufragio. Por el nombre de la ley, es fácil deducir que se trataba de usos antiquísimos que procedían del pueblo de aquella isla, que adquirió gran fama en la Antigüedad por el intenso comercio realizado a través de su magnífica flota. Su aceptación por Roma y por todos los pueblos derivaba de su propia razonabilidad, la que los comerciantes habían aprendido a través de sus propios usos.

Veamos los siguientes textos con los que se da inicio al título segundo del libro 14 del Digesto de Justiniano (*De lege Rhodia de iactu*, De la ley Rodia sobre la echazón o alijo):

Paul. 2 *sent. h. t.* 1: «Se dispone en la ley Rodia que, si para aliviar una nave se hizo alijo de mercancías, se resarza, por contribución de todos, el daño que en beneficio de todos (*pro ómnibus*) se causó».

Paul. 34 edicto *h. t.* 2: «Si peligrando una nave se hizo alijo, los dueños de las mercancías perdidas, si habían arrendado el transporte de las mercancías (*si merces uehendas locauerant*), deben ejercitar contra el patrón de la nave (*cum magistro nauis*) la acción de locación; y después puede este ejercitar contra los demás, cuyas mercancías se salvaron, la acción de conducción, para que se reparta a proporción el perjuicio (*ut detrimentum pro portione communicetur*). Servio respondió ciertamente que debía ejercitar contra el patrón de la nave la acción de locación para que retenga las mercancías de los demás pasajeros hasta que paguen la parte de daño. Es más, aunque el patrón retenga las mercancías, ha de tener desde luego contra los pasajeros la acción de locación; porque, ¿qué, si hubiera pasajeros que no tuvieran carga alguna? Verdaderamente es más cómodo retenerlas, si las hubiera. Pero si no, y hubiere tomado en arrendamiento toda la nave, ejercitará la acción de conducción, así como los pasajeros que tomaron en arrendamiento sitios en la nave (*sicut uectores,qui loca in naue conduxerunt*); porque es muy justo, que el perjuicio se haga común de los que, por haberse perdido las mercancías de los otros, consiguieron tener a salvo sus propias mercancías (*aequissimum enim est, commune detrimentum fieri eorum, qui propter amissas res aliorum consecuti sunt, ut merces suas saluas haberent*)».

La justicia que se invoca en el inciso final de este segundo texto nos parece un ilustrativo ejemplo de lo que Malynes pretendía decir en el texto antes expuesto. No hay mejor manera de demostrarlo que a través del derecho actualmente vigente. La actual Ley 14/2014, de 24 de julio, de Navegación Marítima en su artículo 347 define la llamada avería gruesa de la siguiente forma: «Existe acto de avería gruesa cuando, intencionada y razonablemente, se causa un daño o gasto extraordinario para la salvación común de los bienes comprometidos en un viaje marítimo con ocasión de estar todos ellos amenazados por peligro». Después de que el artículo 348 afirme la exclusiva admisibilidad en la más activa de avería gruesa de «los daños o gastos que sean consecuencia directa o previsible del acto de avería», el artículo 349, con su significativa rúbrica "Contribución a la avería gruesa", declara lo siguiente: «Los daños o gastos ocasionados en acto de avería gruesa serán soportados por los titulares de los intereses en riesgo el momento de la avería, en proporción y con el límite del valor salvado de cada uno de ellos». *Intelligentibus pauca* (pocas explicaciones bastan para los que entienden).

Frente a la común objeción que pretende que el razonamiento ensayado por nosotros supone algo así como dar un salto mortal en la historia, no hay mejor defensa que el dato objetivo de la tradición jurídica, que obviamente no hemos podido referir aquí a este propósito, pero que es la que explica la asombrosa coincidencia de régimen jurídico. En efecto, gracias a ella, se matiza la supuesta innovación legislativa y se justifica que no se deba a la casualidad.

Que el derecho romano a través de su edicto apoye estos usos mercantiles no es algo muy diferente a lo que ocurre hoy con las legislaciones de los Estados con respecto a los usos mercantiles cuando estos desean ser aplicados de manera efectiva. Aún hoy, el derecho de los comerciantes se apoya en el derecho de los Estados, aunque el llamado *soft law*, derecho blando o flexible, tienda a abrirse paso, bien a través de los propios formularios de los comerciantes o bien a través de instrumentos no vinculantes elaborados por instituciones como *Unidroit*. Reclamamos aquí, por tanto, una prudente pero urgente revisión de lo que, de manera tradicional e imprecisa, se lee en obras y artículos doctrinales al respecto.

Litis contestatio

(Lítis contestátio)
Lit. *atestiguamiento del litigio.*

(V. *Procedimiento civil*).

Loco

(Idem)
Lit. *en el lugar (de).*

Significado y contexto: Este término latino se utiliza muy a menudo por la Jurisprudencia romana, unido a un nombre común de persona o de cosa, para aludir a una subrogación o colocación de una persona o de una cosa en el lugar de otra. Su régimen pasa a ser el de la situación a la que se equipara jurídicamente. Este uso jurídico se ha adoptado modernamente.

Los ejemplos son muy numerosos. Veamos algunos:

- Gayo (1.59) dice que no pueden contraer matrimonio entre sí los que, a través de la adopción, hayan comenzado a ocupar la posición de ascendientes o descendientes (*parentum liberorumue loco*). En 2.136 dice que los hijos adoptivos, mientras permanezcan en la adopción, son considerados como naturales (*naturalium loco*).

- La mujer que ingresaba en la familia del marido (familia agnaticia, no basada en vínculos de sangre) lo hacía *filiae loco*, lit. en la posición de hija suya (1.114; 1.115b...).
- En 1.119 dice que el cobre que el comprador en una *mancipatio* daba al que vendía tenía la consideración similar al precio (*quasi pretii loco*).
- Con respecto a los fideicomisos, afirma Gayo que el fideicomisario se coloca en el lugar de heredero (*heredis loco*) o en el de legatario (*legatarii loco*). En 4.16 afirma que la vara (*festuca*) exigida en la *legis actio sacramento in rem* se utilizaba en lugar de la lanza (*quasi hástae loco*) que simbolizaba la propiedad legítima (*iustum dominium*).
- El hijo de familia (*filius familias*) con respecto a las cosas públicas es considerado en lugar de *pater familias* (*loco patris familias*), como por ejemplo, para ejercer como magistrado o cuando es designado tutor (Pomponio 16 *Q. Muc.* D. 1.6.9).
- Muy interesante el empleo de la expresión a propósito del representante procesal formalmente designado (*cógnitor*), porque afirma de él que sustituye al representado (*in locum dómini*) y hace sus veces (*domini loco habetur*). (v. ***dominus negotii***).
- En relación con la tutela, Paulo 7 *Plaut.* D. 26.7.27 afirma que el tutor, que administra la tutela, debe ser considerado en lugar de dueño (*dómini loco*) en cuanto a su providencia pupilar.
- Paulo 19 *ed.* D. 50.17.128.1 declara que los que suceden en una posición jurídica universal (*ius uniuersum*) son considerados como herederos (lit. en lugar de heredero, *heredis loco*). V. también en este sentido Paulo 11 *ed.* 50.17.117.
- En un interesante texto a propósito de las herencias yacentes, afirma Pomponio (18 *Sab.* D. 11.1.15 pr.) que la herencia antes de ser aceptada es considerada como dueño (*dómini loco habetur herêditas*).
- Gayo sostiene en 5 *ed. prov.* D. 12.2.27 que el juramento también hace las veces de pago (*loco solutiónis*).

Loco citato

(Lóco citáto)
Lit. *en el lugar citado.*

Significado y contexto: Expresión admitida en nuestra lengua, frecuente en las citas de obras (sobre todo en notas a pie de página). Se encuentra a menudo en abreviatura *loc. cit.* Sirve para indicar la localización de un texto citado (número de página, párrafo o parágrafo etc.) de una obra que no se designa con todo detalle por haberlo hecho con anterioridad.

En las obras de los juristas romanos es usual utilizar este término (*locus, -i*, lugar) en ablativo (*loco*) para referirse a determinados pasajes, fragmentos o frases de ellas, o a una materia concreta o punto discursivo. Así, por ejemplo, Gayo en sus Instituciones 2.204, a propósito de la usucapión y consciente de que no es la primera vez que habla de ella en su obra, dice que el plazo para usucapir cosas muebles es de un año y para las cosas inmuebles de dos, «como también dijimos en otro lugar» (*sicut alio quoque loco diximus*): en efecto, hallamos eso mismo en 2.42, 2.44, 2.54. De aquí pasa a la doctrina jurídica del *ius commune* y se hace muy frecuente.

Longa manu

(Lónga mánu)
Lit. *mediante mano larga; mediatamente.*

Significado y contexto: Se refiere a un manera espiritualizada de realizar la entrega de la posesión de una cosa para hacer a otro propietario de ella. Se integra, pues, en la traditio (v. ***traditio***) como modo de adquirir, uno de cuyos requisitos es el de hacer poseedor al adquirente del objeto en cuestión. El supuesto al que la expresión alude gráficamente parte de la idea de que el adquirente no llega a tener contacto con la cosa, pero eso no impide que alcance su condición de poseedor en virtud de otras circunstancias que reúne el caso.

La expresión se encuentra en un texto de Javoleno 10 *epist.* D. 46.3.79 en el que el hecho de que un acreedor ordene a su deudor poner el dinero u otra cosa debida a la vista de él se hace equivaler a liberarle de su obligación y a hacer al acreedor propietario de lo depositado. El razonamiento del jurista es muy elocuente: al no estar la posesión de la cosa retenida corporalmente por nadie, se debe estimar que el acreedor la ha adquirido y que le ha sido entregada como por mano larga (*quodámmodo manu longa trádita*).

> «Si yo te mandara que pusieras a mi vista el dinero que me debes u otra cosa, resulta que inmediatamente quedas libre, y que comienza a ser mía; porque, como entonces no estaría retenida corporalmente por nadie la posesión de esta cosa, ha de ser considerada adquirida para mí y entregada en cierto modo mediatamente (*quodámmodo manu longa trádita*) ».

Paulo 54 *ed.* D. 41.2.1.21 alude a varios casos en los que la entrega no es necesario que se haga *córpore et tactu* (corporalmente y palpándola con la mano): el vendedor que entrega la cosa a un procurador con ella presente; el hecho de ordenar un acreedor a un deudor suyo que le entregue el dinero a otro; la entrega de cosas pesadas –p. e. columnas– por el mero hecho de convenirlo así estando ellas presentes; la entrega de vinos a través de las llaves de la bodega (ejemplo de *traditio clauium*, impropiamente denominada "simbólica" por los juristas medievales).

> «Si yo le hubiere mandado al vendedor que entregue la cosa a un procurador, estando ella presente, dice Prisco que se considera que me fue entregada; y que lo mismo es, si yo hubiera mandado a un deudor que le entregue el dinero a otro; porque no es necesario tomar la posesión corporalmente y con la mano (*córpore et tactu*) sino que también se toma con la vista y la intención (*ócculis et afféctu*); y son prueba de ello las cosas que por la magnitud de su peso (*propter magnitúdinem pónderis*) no pueden ser movidas, como las columnas; porque se consideran entregadas, si en presencia de la cosa se hubiere convenido (*si in re praesenti consénserint*); y se consideran entregados los vinos cuando al comprador le hubieren sido entregadas las llaves de la bodega (*cláues céllae uináriae*)».

Celso 23 *dig.* D. 41.2.18.2 expone dos ejemplos de *traditio longa manu* (el segundo es el más famoso): el primero es de uno que manda al vendedor que deposite en la casa de aquel el objeto comprado. Posee la cosa aunque aún no la haya tocado nadie (*quamquam id nemo dum attígerit*). El segundo es de uno que ha comprado un fundo vecino y el vendedor se lo señala desde una torre situada en la finca del comprador y le dice que le entrega la posesión vacía (*uacua possessio*) del fundo. No hace falta que el comprador pise la finca vecina para poseerla, porque ya lo hace.

> «Si yo le hubiere mandado al vendedor que deposite en mi casa lo que lo hubiere comprado, es cierto que poseo, aunque nadie haya tocado todavía la cosa; o si ha-

> biendo yo comprado un fundo vecino el vendedor me lo señalara desde mi torre, y dijese que él me entregaba la vacua posesión, cornienzo a poseerlo, no de otra suerte que si yo hubiese puesto el pie dentro de sus linderos».

Estos textos, y otros referidos a diversos modos de hacer adquirir la posesión sin entrega material, son recogidos por la tradición romanística de la Europa continental. Aquellos países (p. e. Italia o Francia) cuyo moderno derecho no exige el traspaso de la posesión (*modus*, modo o entrega) para que se produzca el efecto de adquisición de la propiedad, o sea, donde el contrato de compraventa (*títulus*, título o justa causa de la *traditio* romana) tiene efectos reales, hacen valer su peculiar concepción de la *traditio* sobre esta experiencia romana. En ellos se une además la fuerza o *vis* dispositiva que posee el contrato (ley entre partes) en los códigos del siglo XIX, institución básica para configurar e interpretar el derecho procedente también del derecho romano.

(V. **brevi manu**).

Longi temporis

(Lóngi témporis)
Lit. *de largo tiempo.*

Significado y contexto: La expresión se aplica en derecho romano a una figura jurídica denominada '*praescriptio longi témporis*' o '*praescriptio lóngae possessiónis*' (p. de larga posesión). Surge en época imperial y viene a adoptar con el tiempo una función análoga a la de la antigua usucapión del *ius ciuile*, prevista esta para ciudadanos romanos (o para personas con *ius commercii*) y para cosas apropiables civilmente, a diferencia de aquella. En principio no era más que una especie de excepción procesal (este es el sentido de *praescriptio*, en griego "paragrafé") que el poseedor de un fundo provincial oponía a quien se lo reclamaba, y que lograba paralizar la demanda si habían transcurrido diez años entre presentes (es decir, vivendo el demandante y demandado en la misma ciudad, luego en la misma provincia) o veinte años entre ausentes (viceversa respecto del caso anterior). Más adelante, el poseedor provincial se ve protegido no solo por un remedio defensivo sino por otro similar a una acción reivindicatoria. La *praescriptio* exigía el llamado *iustum initium possessiónis* (justo inicio de la posesión), luego concretado en la *bona fides* y en la *iusta causa*.

La aproximación a la usucapión se hizo evidente en el derecho justinianeo. La prescripción se configura como modo de adquirir la propiedad (y por tanto con un efecto adquisitivo, no solo extintivo del derecho ajeno). Se equipara el régimen de las dos figuras: usucapión (aplicada a bienes muebles) y prescripción (aplicada a inmuebles) –C. 7.39.8 (a. 528) y 7.31.1 (a. 531)–.

En el derecho imperial tardío aparece la *praescriptio longíssimi témporis*, de cuarenta años sin más requisitos con Constantino, luego de treinta con Teodosio II pero extendida a todas las acciones reales y personales. Justiniano exige la buena fe en todo caso.

Lucida intervalla

(Lúcida interválla)
Lit. *intervalos lúcidos.*

Significado y contexto: Se inscribe en el derecho de sucesiones. La enajenación mental es, desde antiguo, una circunstancia restrictiva de la capacidad de obrar de un sujeto. Determinadas enfermedades mentales, no obstante, permiten a este recobrar en ciertos momentos el juicio. El derecho romano lo llevó a reconocer y, de él, pasa al derecho actual. La expresión que aquí encontramos es propiamente esta: *dilúcida interuálla*. Se halla en una relevante constitución de Justiniano del año 530 d. C. contenida en su Código (6.22.9):

> «Aunque se dudaba por los antiguos, nos ha parecido bien tanto a los príncipes antecesores como a nosotros, sin embargo, que en sus momentos de remisión (*in suis induciis*, –lit. en sus treguas–) pudiera el furioso otorgar última voluntad (*ultimum elogium cóndere*). Pero ahora se ha de decidir esto que de igual modo movió a duda el ánimo de los antiguos, a saber, si comenzado el testamento le acometió la enajenación. Así pues, mandamos que tal testamento de un hombre que en el mismo acto (*in ipso actu*) del testamento fue presa de su enfermedad sea nulo. Pero si en intervalos lúcidos (*in dilúcidis interuallis*) hubiera querido otorgar algún testamento o última voluntad, y con sano juicio (*sana mente*) lo hubiese comenzado a hacer y lo hubiere concluido, sin que lo interrumpiera ninguna tal enfermedad (*nullo tali morbo interueniente*), mandamos que subsista el testamento o cualquiera última voluntad, si hubiere concurrido también todo lo demás a que se presta legítima observancia en actos de tal naturaleza».

Así se prevé igualmente en el artículo 776 del Código Civil español:

> «El ascendiente podrá nombrar sustituto al descendiente mayor de catorce años, que, conforme a derecho, haya sido declarado incapaz por enajenación mental.
>
> La sustitución de que habla el párrafo anterior quedará sin efecto por el testamento del incapacitado hecho durante un intervalo lúcido o después de haber recobrado la razón».

Lucrum cessans

(Lúcrum céssans)
Lit. *lucro cesante.*

Significado y contexto: Con esta expresión medieval, tomada a partir del análisis de textos del derecho romano, se alude a un criterio judicial de determinación de la cuantía de un daño producido. Se integra, junto con el *damnum emergens* (v. ***damnum emergens***), en el llamado '*id quod interest*', que a su vez se refiere a "lo que hay de diferencia" o a "lo que le importa" al que sufre un daño la situación provocada por este frente a la contraria de indemnidad. (V. ***id quod interest***). El lucro cesante es el beneficio dejado de obtener por el daño ocasionado.

La Jurisprudencia romana era muy cauta en aconsejar su concesión, como hoy lo sigue siendo en admitirlo la jurisprudencia de nuestros tribunales. Así, es proverbial la imaginación fantasiosa de cazadores y pescadores con respecto a sus presas, efectivas o posibles, objeto de caza y pesca. Quizás por eso, en un caso que relata Ulpiano (18 *ed.* D. 9.2.29.3) de unas redes de pescadores enmarañadas en un barco pesquero que navegó sobre ellas y que fueron dañadas por él, Labeón y Próculo estimaron que si lo acontecido fue por culpa de los marineros habría lugar a la acción de daños. Sin embargo, según ellos, la valoración de los daños no alcanzaría a los peces que por ese motivo no se capturaron «porque fue incierto si se pescarían o no» (*cum incertum fúerit an caperentur*). El texto continúa con una elocuente ampliación de la *ratio* o razón del caso a los cazadores de animales terrestres cuádrupedos y a los de aves (*uenatores*, *áucupes*, respectivamente). Se trata, por lo demás, de un fragmento importante a propósito de la historia de los conceptos de legítima defensa y de estado de necesidad, como circunstancias eximentes de responsabilidad, en nuestro sistema jurídico.

> «También escribe Labeón que si, cuando por la fuerza de los vientos, hubiese sido impelida la nave contra las cuerdas de las anclas de otra, los marineros hubiesen

cortado las cuerdas, si de ningún otro modo, sino habiéndose cortado las cuerdas, pudo ella desenredarse (*si nullo alio modo nisi praecisis fúnibus explicáre se pótuit*), no se ha de dar acción alguna. Y lo mismo opinaron Labeón y Próculo también respecto a las redes de los pescadores en las que se había enredado una nave de pescadores. Pero que si esto hubiese sucedido por culpa de los marineros, se ha de ejercitar la acción de la ley Aquilia. Pero que cuando se intenta la acción de daño con injuria por causa de las redes, no se hace la estimación de los peces (*non piscium, qui ideo capti non sunt, fieri aestimatiónem*), que por tal motivo no se pescaron, porque fue incierto si se pescarían (*cum incertum fúerit an caperentur*). Y lo mismo se ha de aprobar respecto a los cazadores de cuadrúpedos, y a los de aves».

El término '*lucrum*', en el contexto aquí indicado, aparece en un texto de Africano 8 *quaest.* D. 19.2.33 referido a varios casos: arrendamiento de un fundo que es confiscado (v. ***factum principis***), lo que impide el disfrute del arrendatario; arrendamiento para edificar una casa, pero el solar se hunde sin culpa de nadie; venta de un fundo que es confiscado antes de que le sea entregada al comprador la posesión vacía. En todos ellos, el arrendador y el vendedor debe devolver el precio o la merced si le fue entregada (y remitirla si no lo fue), pero no deberá abonar el *id quod interest* del arrendatario y comprador respectivamente. Diferente es el supuesto, sin embargo, de un arrendador que impide a su colono (arrendatario rústico) disfrutar del fundo. Da lo mismo que la obstrucción la realice el propio arrendador u otro cuya conducta obstaculizadora podría este paralizar. Aquí el arrendador resultará condenado a lo que le importe al colono el disfrute del fundo, y en la estimación se entenderá incluido el lucro (*in quo etiam lucrum eius continébitur*).

«Si hubiera sido confiscado (*publicatus sit*) el fundo que me hubieres dado en arrendamiento, estás obligado por la acción de conducción a que me sea lícito disfrutarlo, aunque de ti no dependa que no me cumplas esto. De la misma manera que, dice, si hubieses dado en arrendamiento la edificación de una casa, y se hubiese hundido el solar, estarás, sin embargo, obligado; porque también si me hubieres vendido un fundo, y antes que se me entregase libre hubiere sido confiscado, te obligarías por la acción de compra. Lo cual será verdad solamente para que restituyas el precio, no también para que me cumplas esto, si me importara más (*si quid pluris mea interest*), que aquel se me entregara libre. Así pues, opino que se ha de observar lo mismo también respecto a la conducción, para que me restituyas el alquiler que yo hubiere pagado, por supuesto, de aquel tiempo en que yo no hubiere disfrutado; y no serás obligado a responder de más por la acción de conducción. Porque también si a tu colono se le prohibe disfrutar el fundo por ti, o por uno a quien tú puedas impedirle que lo haga, le responderás de tanto cuanto a él le hubiere importado disfrutarlo (*quanti eius interfúerit frui*), en lo que se comprenderá también su lucro (*in quo etiam lucrum eius continebitur*); pero si se le impidiere por uno a quien tú no pudieras prohibírselo por su mayor fuerza o poder, no estarás obligado a nada más que a condonarle la pensión, o a devolvérsela,

34. (Gai. 10 *ed. prou.*): lo mismo que si esto hubiere sucedido por acometida de ladrones (*latronum incursu*)».

También encontramos el término *lucrum* en un texto fundamental de nuestra tradición jurídica, a propósito de la caución de ratificación de un negocio por parte del representado o *dominus*. Por ella, el *procurator* (representante procesal) da garantía a la otra parte de que su representado ratifica la gestión hecha por él. Pues bien, cuando el supuesto que la estipulación o caución contempla se produce, dice Paulo 76 ed. D. 46.8.13

pr. que se deberá pagar a la parte perjudicada no solo cuanto le falta (*quantum abest*) sino cuanto pudo lucrarse (*quantum lucrari potui*).

Paul. 76 *ed.* D. 46.8.13: «Si tuvo efecto la estipulación de que el principal ratificará el negocio, compete por tanto cuanto me importó, esto es, por tanto cuanto me falta, y cuanto pude lucrar (*in tantum competit, in quantum mea interfuit, id est, quantum mihi abeat, quantumque lucrari potui*)». (V. ***id quod interest***).

M

Mala fides

(*Mála fídes*)
Lit. *mala fe.*

Significado y contexto: Es lo contrario, lógicamente, de la *bona fides* (v. **bona fides**). En materia de contratos, se opone a la debida lealtad recíproca entre las partes (*fides bona*) y se equipara al dolo. Muy ilustrativo Paulo 32 *ed.* D. 17.2.3.3:

> «La sociedad, si se hubiera constituido con dolo malo (*dolo malo*) o para defraudar (*fraudandi causa*), de derecho es nula (*ipso iure nullius momenti est*), porque la buena fe es contraria al fraude y al dolo (*quia fides bona contraria est fraudi et dolo*)».

En el siguiente fragmento, Ulp. 50 *Sab.* D. 26.8.5.4, aparece en un interesante supuesto de compraventa en el que el comprador no quiere dar su verdadero nombre sin más (*simplíciter*), por preservar su intimidad y decoro, sin que esto signifique que la compra se haga *per interpósitam personam* (por persona interpuesta). Esto último se daría en caso de intención maliciosa:

> «Pero si él mismo compró ciertamente a la vista de todos (*palam*), pero dio otro nombre, no de mala fe (*non mala fide*), sino simplemente (*simplíciter*), como suelen otros más honrados (*honestiores*) que no consienten que sus nombres se inscriban en los documentos, es válida la compra; pero si astutamente (*cállide*), será lo mismo que si hubiese comprado por persona interpuesta (*per interpositam personam*)».

Aparece nuestra expresión en el siguiente caso, resuelto por la cancillería de Alejandro Severo (a. 222), que trata de una mujer que, después de haber vencido a su adversario en un pleito acerca de la propiedad de unos esclavos, fue engañada por aquel para que pactara no volver a plantear pleito alguno acerca de este asunto. El oponente pretendía entonces dirigirse contra la mujer en virtud de este pacto obtenido con malas artes. El hijo de la mujer es quien se dirige a la cancillería imperial para solicitar justicia:

> C. 2.3.8 (9): «Cuando, después de haber sido vencido el adversario de tu madre, hubiese engañado a tu madre para que le diese caución de que ella no le habría de mover pleito alguno sobre los esclavos, este pacto hecho con mala fe es nulo (*id pactum mala fide factum írritum est*), y si en virtud de dicha convención hubiese comenzado a litigar contra tu madre, el juez la absolverá».

A través de la buena fe en materia de contratos penetra en ellos la idea de *culpa* (surgida antes en el derecho romano en materia de responsabilidad extra contractual o aquiliana), distinguida netamente del dolo, como en el siguiente fragmento.

Próculo 6 epístolas D. 18.1.68 pr.: «Si cuando vendieses un fundo hubieses dicho en un pacto que lo que hubieses cobrado del arrendatario a título de arrendamiento habrá de corresponder al comprador, opino que en la cobranza debes responder no solo de la buena fe, sino también de la diligencia (*non solum bonam fidem, sed etiam diligentiam praestare debere*), esto es, no solamente de que estés exento de dolo malo, sino también de culpa (*non solum ut a te dolus malus absit, sed etiam ut culpa*)».

El texto refleja claramente la oposición entre buena fe y dolo malo (mala fe), por un lado, y la diligencia y la culpa, por otro.

En materia de derechos reales, *mala fides* es la convicción de lesionar derechos ajenos, o lo que es lo mismo, conocimiento de la ilicitud de la situación jurídica en que el sujeto se encuentra. Con respecto a la usucapión, la buena fe solo se exige en el momento inicial de la toma de posesión de la cosa. Es lo que expresa la conocida regla romana *mala fides superuéniens non nócet* (la mala fe que sobreviene no daña).

El concepto de mala fe se extrae *sensu contrario* de este célebre fragmento:

Modestino 5 *pandec.* D. 50.16.109: «Se considera que es comprador "de buena fe" el que ignoró que la cosa era ajena, o creyó que el que la vendió tenía derecho para venderla, por ejemplo, que era procurador o tutor».

Si se coteja este texto con la redacción del artículo 1950 del Código Civil español, se advierte de inmediato el error de este último:

Artículo 1950: «La buena fe del poseedor consiste en la creencia de que la persona de quien recibió la cosa era dueño de ella, y podía transmitir su dominio».

Lo importante para hacer a otro propietario de la cosa mediante *traditio*, o para que el comprador, como poseedor, dé inicio a la usucapión, no es que el vendedor sea propietario, sino que tenga el poder de disposición (*ius uendendi*) de la cosa, que es lo que aparece en el inciso final del fragmento del jurista romano y del Código Civil español. Habría bastado en este con cambiar la "y" por la "o" del texto romano para expresar bien la idea. La "o" se entiende en nuestro idioma tanto en sentido inclusivo como alternativo. De ahí que deba evitarse la errónea utilización del artificio "y/o".

Manu militari

(Mánu militári)
Lit. *por la fuerza militar, por la fuerza.*

Significado y contexto: Se admite en nuestra lengua. El sustantivo '*manus, -us*', f., significa "mano", pero también "poder", "tropa" o "escuadrón". La condena judicial en el procedimiento formulario romano (el clásico) consistía siempre en una suma de dinero. Esto cambió con el nuevo procedimiento introducido por los emperadores, el de cognición extraordinaria, que era como una imagen en negativo de los rasgos identificativos del anterior: si el formulario preveía dos fases (ante el magistrado y ante el juez), el nuevo solo una; si en aquel el juez era lego en derecho, en este era funcionario de carrera, si en aquel la justicia era gratuita, en este no ... Pues bien, frente al carácter pecuniario de la sentencia del procedimiento formulario, el de cognición partía del principio opuesto de ejecución específica de la sentencia.

En un conocido texto de Ulpiano (51 *ed.* –según Lenel, *Sab.*– D. 6.1.68), muy alterado por los compiladores bizantinos, aparece la expresión *manu militari*. En él se describe la situación en que uno que es condenado judicialmente a devolver una cosa no lo hace (es decir, desobedece al juez). Entonces, si tiene la cosa en su poder, el juez, conforme a su ministerio *(officium iúdicis)*, puede ordenar que se transfiera la cosa por la fuerza (*m. m.*), y la condena recae solo sobre los frutos y las demás utilidades que deban estimarse. Si dejó dolosamente de poseer, la condena ascenderá a cuanto la otra parte jure respecto del litigio, sin tasación alguna, hasta lo infinito. Si no ha sucedido nada de esto, el juez condena a lo que valga la cosa. Veámoslo:

> «El que habiéndoselo mandado que restituyera no obedece al juez, sosteniendo que no puede restituir, si verdaderamente tuviera la cosa, por ministerio del juez (*officio iudicis*) se transfiere de él la posesión a mano armada (*manu militari*), y se hace la condena tan solo por razón de los frutos y de toda otra causa de utilidades. Pero si no puede restituir, si es que con dolo hizo que no pudiera, ha de ser condenado en cuanto el adversario hubiere jurado para el pleito, sin tasación alguna, hasta lo infinito (*in infinitum*). Pero si no puede restituir, y no hizo con dolo de modo que no pudiera, debe ser condenado en no más de cuanto vale la cosa, esto es, de cuanto importó al adversario. Esta resolución es general, y tiene aplicación para todo, ya sean interdictos, ya acciones reales o personales, en virtud de lo que se restituye alguna cosa por sentencia arbitral del juez».

La ejecución específica de las sentencias nos es familiar en el derecho moderno de la Europa continental, pero no debemos olvidar que en otros ámbitos –particularmente en el derecho inglés como sucedía en el procedimiento romano clásico– no es bien recibida aún hoy. No es casualidad que en el *Common Law* se hable, en general, del cumplimiento específico de las obligaciones empleando la expresión romana '*ipsam rem condemnare*', algo transformada ('***in ipsam rem***' –v. ***ad ipsam rem***–), que, en el contexto de la sentencia judicial en el procedimiento formulario (v. *Procedimiento civil*), se contraponía en el derecho romano a la condena (*condemnatio*) pecuniaria.

Mea culpa

(Méa cúlpa)
Lit. *por mi culpa, culpa mía.*

Significado y contexto: La expresión, admitida en nuestra lengua, procede de la Iglesia católica y forma parte de una fórmula del acto penitencial (*actus poenitentialis*) de la Misa: la que se inicia con las palabras '*Confíteor Deo omnipotenti*' (Yo confieso ante Dios Todopoderoso), que se reza al comienzo de ella. Concretamente hacia la mitad de esta plegaria hallamos la expresión, que se repite de manera insistente y se recita acompañada de un solo golpe de pecho, no de tres como se suele hacer erróneamente: *mea culpa, mea culpa, mea máxima culpa* (por mi culpa, por mi culpa, por mi grandísima culpa). Se trata de un acto de reconocimiento de los pecados con el que el creyente que participa de la Eucaristía se prepara para la celebración de los Sagrados Misterios.

Entonar el *mea culpa* es un giro muy usual, y se extiende a cualquier hecho (no solo pecaminoso) del que alguien se confiesa culpable. Para el concepto de *culpa* y las diversas modalidades en derecho romano v. ***culpa***.

Con la expresión «quéjese de sí mismo» ('*de se queri debet*'), los juristas romanos hacen recaer sobre un sujeto determinado las consecuencias perjudiciales de una conducta imprudente. Es como si le dijeran: «no debiste hacerlo, pero, como lo has hecho, atente a las consecuencias y repréndete a ti mismo por tu conducta». Así, por ejemplo, con respecto a los gastos necesarios y útiles realizados en una cosa ajena, Paulo 20 *ed.* D. 5.3.38 plantea la fundamental distinción entre poseedor de buena fe y de mala fe: el primero podrá hacer imputación de ellos pero el segundo no (*de se queri debet*). Este criterio tan estricto con el poseedor de mala fe fue modificado por Justiniano que tiende a evitar un enriquecimiento injusto para el reivindicante a costa del poseedor aun de mala fe.

Similares son los casos siguientes: Ulp. 18 *ed.* D. 9.2.11.1, un famoso fragmento de nuestra tradición jurídica, expone un caso de muerte de un hombre por degollación de una navaja de barbero. Este último afeitaba en una plaza donde se jugaba a la pelota y alguien la lanzó con tanta fuerza y con tan mala suerte que fue a dar a la mano del barbero, desplazó la navaja sobre la garganta del pobre desgraciado y provocó su muerte. El caso es interesante porque examina la posible responsabilidad de cada uno de los intervinientes en él (sin llegar a plantear la hipótesis de concurrencia de culpas). Con referencia al hombre muerto dice lo siguiente: «si alguno se hubiere confiado a un barbero que tuviera la silla en un sitio peligroso, debe él quejarse de sí mismo». Aunque, ciertamente, ya no podría entonar el *mea culpa*.

> «Asimismo escribe Mela, que si jugando algunos a la pelota (*cum pila quidam lúderent*), uno, habiéndole dado con más fuerza, la hubiere lanzado contra las manos de un barbero (*in tonsoris manus*), y de esta manera hubiera sido cortado, habiéndose hundido la navaja, el cuello del esclavo, que el barbero tenía, cualquiera de ellos que tuviera la culpa (*in quocumque eorum culpa sit*) queda sujeto a la ley Aquilia. Próculo dice que la culpa es del barbero. Y, la verdad si afeitaba allí donde por costumbre se jugaba, donde el tránsito era frecuente, hay motivo para que se le impute; aunque tampoco se diga sin fundamento que, si alguno se hubiere confiado a un barbero que tuviera la silla en un sitio peligroso, debe él quejarse de sí mismo (*ipsum de se queri debére*)».

En esa misma situación están el comprador de vino que no lo cató cuando debía haberlo hecho Gai. 2 *cott. rer.* D. 18.6.16 pr., el socio que ha elegido mal a su socio (y por eso no puede valorarse una diligencia superior a la que este aplica a sus propias cosas Gai. 2 *cott. rer.* D. 17.2.72) o el depositante que ha elegido mal al depositario –salvo en el caso especial del depósito miserable– (y por eso no puede pretender que su responsabilidad sea superior a la de dolo Gai. 2 *aureor.* D. 44.7.1.5).

Memorándum

(Idem)
Lit. *lo que debe recordarse; memoria, memorando.*

Significado y contexto: Expresión procedente del latín medieval admitida en nuestra lengua. Se utiliza en el derecho internacional público y en el ámbito de las relaciones diplomáticas entre países. Alude al informe o nota que un Estado remite a otro extranjero para exponerle una situación determinada que, por su gravedad o urgencia, exige la toma de una cierta decisión.

Así lo define el DRAE: «Comunicación diplomática, menos solemne que la memoria y la nota, por lo común no firmada, en que se recapitulan hechos y razones para que se tengan presentes en un asunto grave». Como segunda acepción reconoce la siguiente: «Informe en que se expone algo que debe tenerse en cuenta para una acción o en determinado asunto».

También admite el significado de «librito o cuaderno en que se apuntan las cosas de que uno tiene que acordarse» así como, en Chile, las acepciones de «resguardo bancario» y «nota que se envía por mano a una persona de la misma oficina o institución».

Mens legis

(Mens légis)
Lit. *mente de la ley, espíritu de la ley.*

(V. ***verba /voluntas***).

Mens legislatoris

(Mens legislatóris)
Lit. *mente del legislador.*

(V. **verba / voluntas**).

Metus

(Métus)
Lit. *miedo, intimidación.*

(V. **vis metusve**).

Modus

(Módus)
Lit. *modo, límite, manera.*

Significado y contexto: *Modus, -i* significa modo, medida, ritmo, dimensión, límite, manera o método. En el ámbito del negocio jurídico es un elemento accidental consistente en imponer un comportamiento determinado al destinatario de una liberalidad: por ejemplo, realizar un mausoleo en memoria de la persona de quien se ha recibido la suma de dinero en concepto de legado. A diferencia de la condición, el modo no suspende el negocio jurídico.

Como límite, lo vemos aplicado, por ejemplo, en materia de donaciones. Una célebre ley llamada *Cincia* de finales del siglo III a. C., para evitar el tráfico de influencias, prohibió las donaciones, salvo las realizadas entre parientes hasta un determinado grado, por encima de una cantidad límite fijada legalmente.

Como manera o método de llevar a cabo un acto o un comportamiento determinado son usuales hoy expresiones tales como *modus faciendi* (modo de hacer), *modus operandi* (modo de obrar o proceder), *modus probandi* (modo o método de probar algo), *modus uiuendi* (modo de vivir), ... Cinco eran según Gayo, los *modi agendi* o modos procesales del antiguo procedimiento de las "acciones de la ley" (Gai. 4.12). Este mismo nombre indica que, o bien se ajustaban en su formulación las palabras prescritas por la ley o bien se fundaban en la ley.

También son "modos" ciertos tipos de argumentos lógicos muy utilizados en derecho. Así, por ejemplo, el llamado *modus ponendo ponens* (modo que pone o afirma poniendo o afirmando) *–si p, q; p luego q–* (ej. Si uno es llamado a juicio debe ir; has sido llamado a juicio, luego debes ir); *modus tollendo tollens* (modo que quita o niega quitando o negando) *–si p, q; no q luego no p–*: si X fue el asesino, debía tener un motivo para el crimen; no tenía motivo, por tanto no fue el asesino; (García Restrepo 2011, 122).

En su obra de retórica *De inuentione* (1.27.41), Cicerón analiza el llamado *locus a modo*, referido a la manera de realizarse una acción:

> «En el modo se examina cómo se ha hecho una cosa y con qué intención (*Modus autem est, in quo, quemádmodum et quó ánimo factum sit, quaéritur*). Se divide en premeditación (*prudentia*) e imprudencia (*inprudentia* –sic–). Las razones para admitir la premeditación se fundan en lo que haya realizado en secreto (*clam*) o abiertamente (*palam*), por la fuerza (*ui*) o mediante la persuasión (*persuasione*). Por su parte, la imprudencia se refiere a la excusa (*in purgationem confertur*) –que incluye la ignorancia (*inscientia*), el azar (*casus*) y la necesidad (*necéssitas*)– y al estado pasional (*in affectionem animi*), por ejemplo la tristeza, la ira, el amor y todo lo que pertenece a esta misma clase» (Cicerón, La invención retórica 1997).

Acerca del modo de tratar las diferentes partes de un discurso, el Arpinate se excusa por no poder detenerse en ese punto en su obra, *Orator* (35.122), ya que, según su opinión, no cabe hacerlo de un solo modo:

> «Cómo ha de tratarse cada una de estas partes es difícil decir aquí, pues no siempre se trata de un solo modo» (*Has partis quem ad modum tractet singulas difficile dictu est hoc loco; nec enim semper tractantur uno modo*).

Como *modus occidendi* o modo de matar (especie de *modus faciendi*) aparece en este otro texto de su célebre discurso en favor de Sexto Roscio Amerino (35.100):

> «...que no hay ningún modo de matar a un ser humano que no lo haya utilizado para matar a no pocos, a muchos a hierro, a otros muchos con el veneno» (*nullum modum esse hominis occidendi quo ille non aliquot occiderit, multos ferro, multos ueneno*).

La expresión latina más cercana a *modus uiuendi* la encontramos en el *De oratore* de Cicerón 3.31.122:

> «Pues nos pertenecen –si es que se ha de recurrir a nosotros los oradores como quienes tomamos la iniciativa en los debates políticos, en las situaciones críticas, en las deliberaciones públicas–, sí, lo voy a repetir, nos pertenecen todas estas posesiones de la prudencia y del saber, sobre las que se lanzaron, como si de un bien mostrenco y sin dueño se tratase, unos individuos sobrados de tiempo libre, mientras nosotros estamos ocupados. Y que, además, o hacen bromas mientras se ríen de los oradores, como aquel Sócrates en el Gorgias, o dan unas pocas normas sobre el arte del orador en unos pocos manuales y les dan el título de "retórico" como si no fuese propio de los rétores lo que los mismos filósofos exponen sobre la justicia, el deber, sobre la constitución y el gobierno de las ciudades y sobre todo modo de vida y de la naturaleza en fin (*de omni uiuendi denique etiam de naturae ratione dicuntur*)». Salvo el inciso final nuestro, la traducción pertenece a: (Cicerón, Sobre el orador 2002).

También en sus *Disputationes Tusculánae* (5.23.66), en las que compara el elogiable modo de vida de Arquímedes, cuya tumba descubrió el propio orador en Siracusa, con el lastimoso del tirano Dionisio:

> «(...) Pero volvamos al lugar en el que ha comenzado la digresión: de todos los hombres que tienen algún trato con las Musas, es decir, con la civilización y con el saber, ¿quién hay que no prefiera ser este matemático en lugar de aquel tirano? Si examinamos su modo de vivir y actuar (*si uítae modum actionemque quaérimus*), vemos que la mente de uno se nutría con las reflexiones e investigaciones científicas, junto con el deleite que la destreza procura, lo que constituye el único y más dulce alimento del alma, la del otro vivía instalada en el asesinato y las injusticias, en compañía de un miedo que dura día y noche. Vamos, compáralo con Demócrito, Pitágoras y Anaxágoras: ¿qué reinos, qué riquezas preferirás a sus estudios y a sus deleites? Es evidente que es en la parte mejor del hombre en la que hay que situar necesariamente el bien supremo que tú estás buscando. (...)» (Cicerón 2005).

Se trata, pues, de una expresión no jurídica pero muy frecuente incluso en el habla coloquial. Como vemos, se refiere a la forma de vida que lleva cada uno, a su profesión también y, de ahí, a su manera de ganarse la vida. También podría extenderse a su nivel de vida (de hecho *modus* significa también límite, medida o nivel).

Veamos cómo la Jurisprudencia romana tiene en cuenta el nivel de vida de una persona en el caso siguiente que relata Papiniano 4 *resp.* D. 23.3.69.4, un célebre texto, citado a partir de la Edad Media como '*Gener a socero*' por sus primeras palabras:

> «Un yerno había estipulado de su suegro que se le diera la dote en un determinado día al arbitrio del suegro y sin quedar expresada ni la cosa ni la cantidad. La

doctrina concuerda en que valga la estipulación incluso sin el arbitrio y no parece similar este caso a aquel en el que es nulo un legado o una estipulación de un fundo que no aparece determinado, ya que hay una gran diferencia entre la medida de la constitución de una dote (*modus constituéndae dotis*) y un objeto desconocido: en efecto, la cantidad de la dote puede establecerse en función de la capacidad patrimonial del padre y de la condición social del marido (*pro modo facultatum patris et dignitate mariti*)».

El fragmento es muy relevante a propósito del requisito de la determinabilidad de la prestación (cuyo objeto es aquí la dote debida por el suegro). Que la valoración de la dote se deje al arbitrio del suegro parece a primera vista arbitrario y, por tanto, contrario a derecho. Pero no es así, porque el *modus* de la dote no se considera inadecuado si el suegro lo valora de acuerdo con la medida de sus posibilidades económicas y del nivel social del marido, lo que parece muy razonable.

También tiene relevancia en materia de alimentos entre parientes, que empezaron a poder ser exigidos en época imperial a través del procedimiento de *cognitio extra ordinem*. Esto responde la cancillería imperial a una mujer, Ticiana, respecto de los alimentos necesarios para su hijo. El supuesto es de increíble actualidad:

> C. 5.25.3 (Divi Fratres a. 162): «Si al juez competente le hubieres probado que el que dices que diste a luz de Claudio es hijo de este, mandará que se le presten alimentos con arreglo a los bienes [es decir, al nivel económico o capacidad patrimonial] (*pro modo facultatum*). Él mismo estimará en poder de quién deba ser educado».

O este otro, de un presunto hijo con respecto a su presunto padre, reacio este a prestarle alimentos a pesar del cariño manifestado por el que dice ser su hijo:

> C. 5.25.4 (Sev. Et Antonin. A. 197): «Si con el debido comportamiento te hubieres granjeado el cariño de tu padre, no te denegará su paternal piedad. Pero si no lo hiciere espontáneamente, el juez competente a quien hubieres recurrido mandará que se te presten alimentos con arreglo al nivel económico o capacidad patrimonial (*pro modo facultatum*). Pero si él negare que sea tu padre, el mismo juez examinará ante todo esta cuestión».

En fin, dice Ulpiano (34 *ed.* D. 27.2.1) que «se suele recurrir con muchísima frecuencia al Pretor, para que determine dónde hayan de ser alimentados o hayan de morar los hijos, no solo tratándose de póstumos, sino absolutamente de pupilos». Y que (*h. t.* 1) «suele determinar dónde haya de ser preferentemente alimentado, atendiendo a la persona, a la condición, y al tiempo; y a veces el Pretor se separa de la voluntad del padre (...)».

Finalmente, –como venimos insistiendo desde hace largo tiempo en nuestras publicaciones– las bases de Derecho Financiero y Tributario hay que buscarlas mucho más allá de la eclosión en el siglo XIX del derecho público. Un principio básico de justicia tributaria como es el de proporcionalidad lo encontramos en las fuentes reflejado, entre otras, en el Código de Justiniano. Así, C. 10.42.1:

> «Las cargas civiles deben ser soportadas por orden en proporción a las fortunas» (*Ciuilia munera per ordinem pro modo fortunarum sustinenda sunt*). (V. ***munus***).

Modus faciendi

(Módus faciéndi)
Lit. *modo o método de hacer.*

(V. ***modus***).

Modus operandi

(Módus operándi)
Lit. *modo o método de operar.*

(V. **modus**).

Modus probandi

(Módus probándi)
Lit. *modo o método de probar.*

(V. **modus**).

Modus vivendi

(Módus vivéndi)
Lit. *modo o manera de vivir.*

(V. **modus**).

Mora

(Móra)
Lit. *mora, retraso.*

Significado y contexto: Se distingue entre la mora del deudor y la mora del acreedor. Veámoslas:

- Mora del deudor (*mora soluendi*, retraso en el pago, o *mora debitoris*, mora del deudor):

Se trata de un retraso culpable del deudor en su cumplimiento respecto de una obligación susceptible aún de ser cumplida, válida y exigible. Para constituir en mora al deudor, el acreedor debe realizar una intimación al pago (*interpellatio*) salvo:

- Cuando se trata de obligaciones de delito.

> Ulp. 27 *ed.* D. 13.1.8.1: «Si por causa de hurto se reclamara por la condicción alguna cosa, pregúntase con relación a qué tiempo se hace su estimación. Pero se establece que se ha de atender a aquel tiempo en que la cosa fue de más valor, sobre todo cuando el ladrón no queda exento entregando deteriorada la cosa; porque se considera que siempre incurre en mora (*semper enim moram fur fácere uidetur*)».

· Cuando se haya fijado un término al cumplimiento cuyo transcurso constituye automáticamente en mora al deudor (*díes interpéllat pro hómine*).

> Marcian. 4 *reg.* D. 22.1.32: «Se entiende que se causa la mora no por la cosa, sino por la persona (*non ex re, sed ex persona*), esto es, si el demandado no hubiere pagado en lugar oportuno (*si interpellatus opportuno loco non soluerit*); lo que se examinará ante el juez. Porque –como escribió también Pomponio en el libro duodécimo de las Epístolas– es difícil la definición de este particular. También el Divino Pío respondió por rescripto a Tullio Balbo que no puede decidirse ni por constitución alguna, ni por cuestión de los autores de derecho, si se entiende causada la mora, como quiera que sea cuestión más bien de hecho, que de derecho (*cum sit magis facti quam iuris*)».

Por un lado, la mora produce la llamada "perpetuación de la obligación" (*perpetuátio obligatiónis*), que consiste en una especie de ficción jurídica (*fictio iuris*) que, en el fondo, determina un cierto criterio de atribución de responsabilidad agravada al deudor al hacer recaer sobre él las consecuencias de un eventual perecimiento fortuito de la cosa a partir de su constitución en mora. O lo que es lo mismo, el deudor moroso se hace cargo de la pérdida por caso fortuito de la cosa debida. Este principio había sido consagrado ya por la jurisprudencia republicana, como se observa al comienzo del texto por la alusión a los antiguos (*uéteres*). Es sorprendente que algunos códigos modernos sigan recogiendo este expediente técnico de la secular Jurisprudencia romana:

> Paul. 7 *Plaut.* D. 45.1.91.3: «Corresponde ver respecto a lo que los antiguos (*uéteres*) establecieron, que siempre que interviene culpa del deudor se perpetúa la obligación (*quoties culpa interuenit debitoris, perpetuari obligationem*), cómo haya de ser entendido. Y si verdaderamente hubiera dependido del deudor promitente no poder pagar, la constitución se entiende fácilmente; pero si solamente hubiera sido moroso, se duda si, no habiendo sido después moroso, se extinguirá la mora anterior. Y escribe Celso, el joven, que el que incurrió en mora en entregar el esclavo Estico, que había prometido, puede enmendar (*emendare*) esta morosidad ofreciéndolo después (*postea offerendo*); porque esta es una cuestión de bondad y de equidad (*quaestio de bono et aequo*); en este género de cuestiones se yerra –dice– perniciosamente muchas veces al socaire de la autoridad de la ciencia del derecho (*sub auctoritae iuris sciéntiae*). Y verdaderamente es admisible esta opinión, que ciertamente sigue también Juliano; porque cuando se cuestiona sobre el daño, y es igual la causa de uno y de otro, ¿por qué no será preferente el que tiene con respecto al que persigue?».

> Ulp. 78 *ed.* D. 45.1.82.1: «Si después de la mora (*post moram*) del que lo promete hubiere fallecido un esclavo, está aquel, sin embargo, obligado lo mismo que si viviese el esclavo (*tenetur nihilominus proinde, ac si homo uiueret*); y se considera que incurrió en mora el que prefirió litigar a restituirlo».

Por otro, deberá pagar intereses en caso de deudas de dinero (esto respecto de las acciones de buena fe): los hasta hoy conocidos intereses de demora o *usúrae moratóriae*), que luego Justiniano generalizó a todo supuesto de deuda. O, en caso de cosa fructífera, los frutos que produzca la cosa desde el día de la mora.

> Pap. 11 *resp.* D. 22.1.9.1: «Se incurre en la estipulación de los intereses, aunque el deudor no sea demandado, y no se considera inútil la estipulación del interés legal celebrada bajo esta condición, "si no se hubieren pagado los menores en su día"; porque no se promete una pena, sino un interés más crecido en justa proporción del capital. Pero si después de la muerte del acreedor no hubo nadie ha quien se pagase el dinero, es evidente que no es imputable la mora de este tiempo; por lo tanto, si se pidieran mayores intereses que los primeros, se opondrá no sin utilidad la excepción de dolo».

Justiniano admitió que deudor pudiese liberarse si demostraba que la cosa habría perecido igualmente en poder del acreedor aunque la prestación se hubiese realizado en el tiempo estipulado.

A la mora se pone fin cuando el deudor ofrece el pago al acreedor y no hay motivo justificado por este para rechazarlo: *emendatio* o *purgatio mórae* o purga de la mora.

- Mora del acreedor:

Es la *mora accipiendi* (mora del accipiente, es decir, del que recibe un pago) o *creditoris* (mora de la acreedor) consistente en el rechazo injustificado por parte del acreedor al pago o cumplimiento del deudor.

La primera consecuencia positiva para el deudor es la limitación de su responsabilidad al dolo, si la cosa acaba pereciendo.

Además, para las deudas de dinero se admitió que el deudor pudiese consignar las monedas en un lugar público para evitar hacerse responsable de su eventual pérdida (recordemos que de otro modo regiría el principio de "el género nunca perece") y del posible pago de intereses. Justiniano admite la extinción de la obligación (pago por consignación).

¿Cómo es posible que un acreedor rechaze injustificadamente un pago?, se puede preguntar razonablemente un estudiante de derecho. Una posible situación se plantea en el marco de las obligaciones bilaterales. Un caso que dio materia para una viva discusión jurisprudencial fue el que podría describirse de diferentes maneras; veamos una de ellas en relación con la mora del acreedor: uno compró unas camas y acordó que se las dejaran en la puerta de su casa a una determinada hora. Cuando llegó el vendedor, no quiso abrir la puerta porque no tenía dinero con qué pagar. El vendedor dejó las camas junto a la puerta. Pero su casa estaba situada en una calle angosta y había mucho tráfico, así que el edil ordenó que se destruyeran las camas y dejó las maderas allí mismo, enfrente de su casa.

Los textos referentes a este caso son muy importantes en nuestra tradición jurídica. La relevancia de la discusión gira en torno a varios extremos del caso (responsabilidad del comprador, del vendedor e incluso del edil, principio de *res perit emptori*). Admiten diversas interpretaciones que han dado lugar a intensos debates romanísticos en relación con otros fragmentos jurídicos. La conducta del comprador, si el caso fue como lo hemos descrito –de la lectura de los fragmentos, muy escuetos por otro lado, se verá que caben otras posibilidades–, es típica de *mora creditoris*. Helos aquí:

> Paul. 3 *epit. Alf.* D. 18.6.13 (12): «El edil mandó destruir unas camas que habían sido compradas (*lecti empti*) y colocadas en la vía pública (*in uia publica*). Si hubiesen sido entregadas al comprador o dependió de este el no haberse realizado la entrega, parece bien que el riesgo lo soporte el comprador (*emptóris perículum esse*)».
>
> Iul. 3 *ad Urs. Feroc.* D. 18.6.14 (13): «Y tendrá el comprador contra el edil, supuesto que este no hubiese actuado con derecho (*si id non iure fecisset*), la acción de la ley Aquilia [es decir, por responsabilidad extracontratual del edil], o bien habrá de demandar por la acción de compra contra el vendedor para que este le ceda las acciones que hubiese tenido contra el edil».

Mores maiorum

(Móres maiórum)
Lit. *costumbres de los antepasados.*

(V. ***mos***).

More solito

(Móre sólito)
Lit. *del modo acostumbrado.*

(V. ***mos***).

More uxorio

Lit. *al modo matrimonial.*

(V. ***mos***).

Mors litis

(Mors lítis)
Lit. *muerte del litigio, caducidad del litigio.*

Significado y contexto: En el ámbito del procedimiento formulario romano, en su segunda fase, ante el juez (*apud iúdicem*), este debía dictar sentencia en el plazo indicado por el magistrado en la primera fase (*in iure*). Si no se señalaba plazo, entonces el litigio "moría", es decir, expiraba al término de la jurisdicción de aquel, que duraba un año, cuando las partes no comparecían ante el juez o este no daba su sentencia antes de ese término. La ley Julia de los juicios privados (*lex Iulia iudiciórum priuatórum*) de Augusto estableció un plazo de dieciocho meses para los que denominó "juicios legítimos", es decir, fundados en la ley, que definía como aquellos dirimidos por un juez entre ciudadanos romanos en la propia Roma o en sus alrededores; es decir, el escenario de los antiguos y genuinos juicios puramente romanos.

Los demás juicios, a los que nos hemos referido en primer lugar, se caracterizaban como "contenidos en el imperio del magistrado" (*imperio continentia*).

> Gai. 4.103-105: «103. Todos los juicios rigen por derecho legítimo (*aut legitimo iure consistunt*) o son contenidos en el poder de los magistrados (*aut imperio continentur*). 104. Son juicios legítimos (*iudicia legitima*) los que se siguen en la ciudad de Roma o dentro de la primera milla de la ciudad de Roma entre ciudadanos romanos ante un solo juez; estos, en virtud de la ley Julia judiciaria, a no ser que hayan sido juzgados en un año y seis meses, expiran (*expirant*). Esto es lo que corrientemente se dice así, a saber, que por la ley Julia el litigio muere al año y seis meses (*e lege Iulia litem anno et sex mensibus mori*). 105. En el poder se contienen, sin embargo, los juicios recuperatorios y los seguidos ante un solo juez, cuando este o alguno de los litigantes fuese extranjero. En esta misma situación se encuentran cualesquiera juicios que se siguen fuera de la primera milla de la ciudad de Roma tanto entre ciudadanos romanos como entre extranjeros. Y, por ello se dice que los juicios son contenidos en el poder, ya que valen en tanto aquel que los ordenó lo siga teniendo».

Es fácilmente imaginable que a la vista de esta situación los pleitos quisieran iniciarse al comienzo del mandato del magistrado y no al final. Una imagen mordaz, un tanto soez, ofrece Juvenal en sus Sátiras (16.42), donde compara los privilegios de que gozan los militares con respecto a los demás ciudadanos a propósito de esta cuestión:

> «Signifiquemos ahora otras recompensas, otros emolumentos del juramento a la bandera. Si un vecino sinvergüenza me ha quitado una vaguada o un terreno en el campo de mi abuelo y ha arrancado de la linde que nos separa el mojón sagrado (el que cada año han bañado mis gachas y mi tarta extensa), o un deudor insiste en no devolverme el dinero que le he prestado, afirmando que es falsa mi firma y un camelo las tablillas, tendré que aguardar la época del año en que comienzan los litigios para la gente común (*expectandus erit qui lites inchoet annus totius populi*). Pero incluso entonces habremos de soportar mil tedios, mil retrasos. Tantas veces colocan los bancos, solo eso, y en tanto el locuaz Cedicio se va despojando de la capa y Fusco siente un deseo vehemente de hacer pis, hacemos mutis, preparados como estábamos, porque peleamos en la arena viscosa del Foro. En cambio a aquellos a los que protegen las armas y ciñe un cinturón se les brinda el momento de pleitear (*tempus agendi*) que les viene bien a ellos mismos, y no desgastan su hacienda con el largo roce del freno de los pleitos (*longo sufflamine litis*)». Traducc. (Juvenal 1996).

A esta práctica multitudinaria se refiere también, citando al propio Juvenal, Servio Honorato, el escoliasta de la Eneida en Serv. *Aen*. 2.102.

Resulta razonable pensar que el asunto que hubiese sido deducido en juicio mediante el filtro de la *litis contestatio* se conservase de manera que pudiera ser llevado de nuevo, sin riesgo de incurrir en la prohibición del principio de "non bis in ídem", con el apoyo del nuevo magistrado ante otro juez. Como también lo es, que el juez que no dictara sentencia a tiempo pudiera ser demandado.

(Cfr. artículos 236 y siguientes de la Ley de Enjuiciamiento Civil: "cesación de las actividades judiciales y caducidad de la instancia").

Mortis causa — *(Mórtis cáusa)*
Lit. *por causa de muerte.*

(V. ***inter vivos***). Se admite en nuestra lengua.

Mos — *(Idem)*
Lit. *costumbre.*

Significado y contexto: *Mos, moris* (m.) es un término latino muy utilizado en derecho, tanto en singular como en plural. Préstese atención a que la voz latina es de género masculino, por lo que la cita desde nuestra lengua no debe en ningún caso modificarlo. Es "el" *mos* y "los" *mores* y no "la" *mos* ni "las" *mores*. Se trata de un error frecuente, por influjo del género de "costumbre", que obra insidiosamente en la representación mental del término latino.

Los ***mores maiorum*** del derecho romano, vertidos comúnmente al castellano como las "costumbres de los antepasados" (lit. costumbres de los mayores) constituyen el núcleo del *ius ciuile* romano; mucho más, son el espíritu del pueblo romano, donde se identifica su idiosincrasia, y sus raíces son inmemoriales. El tradicionalismo romano (es decir, la afición por conservar las tradiciones, que no debe confundirse con conservadurismo), la oralidad del derecho, el recelo frente al derecho legislado o escrito, el casuismo jurídico como método para crear el derecho, el carácter fundante de la *fides* (lealtad de la palabra dada), la confianza en un procedimiento o cauce procesal pacífico para resolver los conflictos entre particulares ... son resultado de ellos, producto de una concepción de la vida y de las relaciones humanas que constituyen además las entrañas mismas del pensamiento occidental.

La labor de la Jurisprudencia romana consiste inicialmente en interpretar los *mores*, junto con las leyes en las que ponen su atención los juristas (p. e. la ley de las XII Tablas) para aplicarlos correctamente, y en desarrollarlos con arreglo al método casuístico. Pero su tarea es ejercida con tal fuerza creativa que en la práctica la Jurisprudencia reemplaza a los *mores* como fuente del derecho. He aquí quizás la razón por la que en los catálogos de fuentes del derecho que hallamos en las obras de los juristas no aparezcan ya aquellos. Esta visión del derecho, por cierto, es la que en el s. XIX adopta como modelo uno de sus más influyentes juristas, Savigny. Su *Volksgeist* (espíritu del pueblo), su aversión por las codificaciones y el papel rector que asigna a los juristas la testimonian elocuentemente.

En la historia del derecho privado europeo son muy conocidos los dos modos, maneras o estilos de concebir el derecho: ***mos Italicus*** y ***mos Gallicus***, el italiano y el francés. El primero caracterizado por una interpretación actualizadora del derecho romano compilado en el *Corpus Iuris Ciuilis* (Cuerpo de Derecho Civil) de Justiniano. El segundo, contrapuesto al anterior, por un estudio filológico de las fuentes en el marco de una visión humanística de la cultura, en la que la Antigüedad clásica es contemplada como patrón o modelo y es objeto de estudio histórico. Para su explicación remitimos al lector a la introducción de la presente obra.

Entre otros usos comunes hoy en día aparece, utilizado en ablativo, en diversas expresiones: *more sólito* (del modo acostumbrado), *more uxorio* (se dice de las relaciones afectivas de hecho entre personas que viven "haciendo vida de casados como si lo estuvieran", "al modo matrimonial"), *more Hispanico, Lusitano, Italico, Germanico, Gallico, Britannico, Batáuico, ...* ("al estilo español", "portugués", "italiano", "alemán", "francés", "británico", "holandés", ...).

Motu proprio

(Mótu próprio)
Lit. *por su propio movimiento, espontáneamente.*

Significado y contexto: Muy infrecuente en las fuentes latinas clásicas, pero admitida como común en nuestra lengua. La encontramos una vez en una obra de Germánico (sobrino e hijo adoptivo de Tiberio), *Aratea* v. 438, referida al movimiento de ciertas estrellas. En realidad, donde tiene su sede esta expresión es en el ámbito de la Iglesia católica y de su derecho, del que luego es utilizado en otros contextos. Se refiere a los actos que los pontífices realizan de manera espontánea con respecto a la actividad *ad intra* de aquella. Se atribuye su creación al papa Inocencio VIII (s. XV). De aquí se extiende al decreto o disposición legislativa emitida así (*m. p.*) por parte de un Jefe de Estado. Esta es la acepción que recoge el DRAE: «Bula pontificia o cédula real expedida de este modo».

(V. ***officio iudicis, sponte***).

Munus

(Múnus)
Lit. *carga, cargo, oficio, servicio, regalo.*

Significado y contexto: *Munus, -eris* (n.) es un sustantivo que admite significaciones varias en derecho. Como favor o regalo aparece en la rúbrica de la célebre ley Cincia (piedra miliar de la historia de la dogmática jurídica relativa al concepto de donación) de finales del siglo III a. C.: '*De donis et munéribus*' (De las donaciones). Además de este, adopta otros sentidos.

Así lo explica el jurista Paulo en un conocido texto:

> Paul. 9 *ed.* D. 50.16.18: «*Munus* posee tres acepciones: una, como donativo (*donum*), y de aquí se dice que se dan o se envían donativos; otra, como carga (*onus*), que cuando se dispensa da exención de la milicia o de un cargo (*uacationem milítiae munerisque praestat*), por lo que se llama inmunidad (*immúnitas*); una tercera, como oficio (*offícium*), por lo que se dice oficios militares (*múnera militaria*), y a algunos militares se les llama munífícos (*muníflci*). Y así se dice munícipes (*munícipes*), porque asumen las cargas civiles (*quod múnera ciuilia capiant*)».

En efecto, muy a menudo se encuentra la expresión en el sentido de "carga" que, en cuanto función, significa también "cargo". Como tal, no es rehusable sin más por su destinatario, como más abajo se verá. Por un lado, se distingue entre *múnus* y *hónor*: el segundo lleva aparejada una dignidad (*dígnitas*), aunque, como cargo que es, lleva siempre consigo una carga (*ubi honos ibi onus*, donde hay cargo hay carga). El cargo puede ser público o privado. Respecto del primero, muy importante para la economía romana, los munícipes de una determinada comunidad cívica realizaban numerosas contribuciones para el sostenimiento no solo de la economía de su propia ciudad sino de Roma entera.

> Callis. 1 *iurisd.* D. 50.4.8.14 pr.-1: «Honor municipal (*hónor municipális*) es administración de la república con grado de dignidad (*cum dignitatis gradu*), ya sea que corresponda con gastos, ya sin gastos. 1. El cargo es o público o privado (*Munus aut publicum, aut priuatum est*); dícese cargo público el que para administrar la república (*in administranda re publica*) soportamos con gastos sin título de dignidad (*cum sumptu sine titulo dignitatis subimus*)». (V. **honoris causa**).

> Pomp. 1 *lib. sing. enchir.* D. 50.16.239: «Es "cargo público" (*munus publicum*) el oficio de un hombre privado, del cual resulta utilidad extraordinaria por imperio del magistrado a todos y a cada uno de los ciudadanos y a los bienes de estos».

El propio término municipio es relacionado por la Jurisprudencia con el de *munus*:

> Ulp. 2 *ed.* D. 50.1.1.1: «Y a la verdad se llaman propiamente munícipes los partícipes del cargo (*Et proprie quidem munícipes appellantur múneris partícipes*), admitidos en la ciudad para que con nosotros desempeñen los cargos (*ut múnera nobiscum fácerent*); pero ahora llamaremos abusivamente munícipes a los ciudadanos de su propia ciudad, por ejemplo, a los Campanos, y a los Puteolanos».

En cuanto a la distinción entre cargas personales y patrimoniales:

> Hermog. 1 *epit.* D. 50.4.1.1: «Algunos de los cargos civiles corresponden a los patrimonios, y otros a las personas».

Un poco más adelante, en el número tres, declara lo siguiente el propio jurista:

> «En general se ha de observar esto, que es ciertamente cargo personal (*munus personale*) el que se cumplió solemnemente con el cuerpo, con el trabajo, con solicitud del ánimo y con vigilancia (*quod corpóribus labóre cum sollicitúdine ánimi ac uigilántia sollémniter éxtitit*); pero que son del patrimonio aquellos en los que principalmente se requiere gasto (*in quo sumptus maxime postulatur*)».

Entre los personales, merecen ser destacados los relativos a los jueces, tutores y curadores:

> Arc. Char. *lib. sing. de mun. ciuil.* D. 50.4.18.14: «También es considerado entre los cargos personales la obligación de juzgar». Es el *munus iudiciale* (cargo judicial).

> Hermog. 1 *epit.* D. 50.4.1.4: «Es igualmente cargo personal la tutela, la curatela del adulto o del furioso, asimismo del pródigo, del mudo, y también del que está en el claustro materno, e igualmente el cargo de prestar comida, bebida, habitación, y otras cosas semejantes; pero también se provee en cuanto a los bienes, para que por ministerio de uno se interrumpan las usucapiones, y no se libren los deudores. Asimismo, pedida la posesión de los bienes en virtud del edicto Carboniano, si no se diera fianza, el curador nombrado para custodiar los bienes desempeña cargo personal. A estos son semejantes los curadores dados para los bienes que fueron del que fue apresado por los enemigos y se espera que vuelva. También los curadores constituidos para custodiar los bienes dejados por aquel a quien todavía no le sucedió alguien por derecho civil u honorario».

Respecto de los patrimoniales:

> Ulp. 4 *de off. proc.* D. 50.4.6.4-5: «Los cargos o las contribuciones (*intributiones*) que se imponen a los patrimonios son tales que no excusa de ellos ni la edad, ni el número de hijos, ni otra prerrogativa que suele eximir de cargos personales. 5. Pero estos cargos, que se imponen a los patrimonios, son de dos clases; porque unos se les imponen a los poseedores, ya si son, ya si no son munícipes, y otros no, sino a los munícipes o a los habitantes. Las contribuciones que se les imponen a los campos o a los edificios, se les imponen a sus poseedores; pero los cargos que son considerados de los patrimonios, no a otros, sino a los munícipes o a los habitantes».

Debido a que la distinción entre cargos personales y patrimoniales no era precisa, fue necesaria la admisión de la tercera categoría llamada mixta:

> Arc. Char. *lib. sing. de mun. ciuil.* D. 50.4.18 pr.: «Hay tres especies de cargos civiles; porque algunos cargos son personales, otros se dicen patrimoniales, y otros mixtos».

Como ejemplo de estos últimos, cita este jurista el de la recaudación de impuestos por determinados sujetos (*decaprótiae, icosaprótiae*):

> h. t. 26: «Son cargos mixtos los de la principalía de los diez (*decaprotiae*) o de los veinte (*icosaprotiae*), como bien y con muy poderosa razón determinó Herennio Modestino haciendo observaciones y discutiendo; porque los de la "principalía de los diez" y "de los veinte", al exigir tributos, desempeñan ministerio corporal, y por todos los fallecidos resarcen los quebrantos del Fisco, de suerte que con razón debe contarse este cargo entre los mixtos».

Mutatis mutandis

(*Mutátis mutándis*)
Lit. *cambiando lo que haya de cambiarse.*

Significado y contexto: Se admite en nuestra lengua. Es expresión abreviada de la siguiente: *mutatis mutandis, seruatis seruandis*, es decir, cambiando lo que se haya de cambiar, conservando lo que se haya de conservar.

Es usual el empleo de esta expresión en las comparaciones de cosas o personas para descargarla en lo posible del vicio de imperfección u odiosidad en el que se puede incurrir con ellas. En efecto, un símil mal realizado hace un flaco servicio al que lo inventa, ya que pone en cuestión su ingenio y le coloca además en situación comprometida frente a otros, si deja en mal lugar al objeto o persona comparados y dignos de estima.

La Jurisprudencia romana es experta en arriesgadas comparaciones de situaciones a veces tan lejanas, que nos hace recordar esas muestras de humor que consisten en pretender hallar un nexo de unión entre cosas o personas en todo diferentes: por ejemplo, nos preguntamos con ella ¿en qué se parece un feto a un cautivo de guerra? ¿por qué la Jurisprudencia los pone en común? V. por ejemplo Ulpiano 13 *Sab*. D. 38.17.2.7:

> «Pero si el hijo está en poder de los enemigos o se espera que nazca, el derecho de la madre queda pendiente hasta que vuelva o nazca» (*si uero apud hostes est filius uel nasci speratur, pendet ius matris, donec redíerit uel nascatur*).

Como tuvimos ocasión en otro lugar de responder, la *ratio* común de ambos sujetos se halla en la circunstancia de su ausencia respecto de las cosas humanas, es decir, en que ninguno de los dos *mutatis mutandis* está *in rebus humanis*. El hallazgo de esta conexión es interesante porque, a nuestro juicio, significa que el derecho no los excluye de la realidad (*in rerum natura*). Una cosa es lo que el derecho determine y otra la realidad de los hechos. El concebido tiene *spes nascendi* (esperanza de nacer, que no *spes uítae* porque ya vive) y el prisionero *spes reuertendi* (esperanza de regresar con los suyos, precisamente porque no ha muerto realmente). Uno espera salir del claustro materno y el otro de su cautividad.

(V. ***rebus sic stantibus*** y ***ceteris paribus***; también ***in utero***, ***nequaquam***, ***spes hominis***, ***vexata quaestio***, ***vitae habilis***).

Mutuus dissensus

(*Mútuus dissénsus*)
Lit. *mutuo disentimiento.*

Significado y contexto: Es un modo de extinción de las obligaciones simétricamente opuesto al consentimiento que las produjo, conforme al principio jurídico según el cual «del modo que se contrae algo, debe así mismo disolverse» (*Prout quid contractum est, ita est solui debet*; Pomp. 4 *ad Q. Muc.* D. 46.3.80). Este mismo texto *in fine*: «Igualmente, cuando se contrató compra o venta o locación, como quiera que se pueden contratar por el nudo consentimiento (*consensu nudo*), se pueden disolver también por el disentimiento contrario (*dissensu contrario*)».

Los compiladores bizantinos, extrayéndolo de un fragmento de Ulpiano, lo llevaron al emblemático título 17º del libro 50 del Digesto:

> Ulp. 48 *Sab. h. t.*: «Nada es tan natural como que cada cosa se disuelva de la manera como se ligó; y por lo tanto la obligación verbal se disuelve con palabras, y la obligación de nudo consentimiento se disuelve por el consentimiento contrario».

En Paul. 32 *ed.* D. 17.2.65.3 se precisa este modo de extinción («se disuelve la sociedad por disenso, esto es, con tal de que todos disientan») en el caso a propósito de la renuncia interesada e intempestiva de uno de los socios con respecto del contrato de sociedad, que Paulo (32 *ed.*) expone y que ha pasado a las legislaciones modernas:

> «Hemos dicho, que la sociedad se disuelve por disenso; esto es así, si todos disienten; pero ¿qué, si uno solo renunciara? Escribió Casio que aquel que hubiere renunciado la sociedad libra ciertamente de sí a sus socios, pero que él no se libra de ellos. Lo que ciertamente se ha de observar, si la renuncia hubiera sido hecha con dolo malo, por ejemplo, si habiendo constituido nosotros sociedad de todos los bienes [sociedad universal], después, habiéndole correspondido a uno una herencia, renunció por esto; y por lo tanto, si verdaderamente la herencia hubiere causado daño, corresponderá este a aquel que renunció, pero será obligado con la acción de sociedad a hacer común la utilidad. Pero si hubiere adquirido alguna cosa después de la renuncia, no deberá hacerse común, porque tampoco se cometió dolo en ello».

A este caso y a este texto –empleando incluso los mismos giros lingüísticos que el jurista imperial Casio (cuya opinión aprueba Paulo)– es de los que dependen históricamente los siguientes artículos del Código Civil español:

> Artículo 1705: «La disolución de la sociedad por la voluntad o renuncia de uno de los socios únicamente tiene lugar cuando no se ha señalado término para su duración, o no resulta este de la naturaleza del negocio.
>
> Para que la renuncia surta efecto, debe ser hecha de buena fe en tiempo oportuno; además debe ponerse en conocimiento de los otros socios».

> Artículo 1706: «Es de mala fe la renuncia cuando el que la hace se propone apropiarse para sí solo el provecho que debía ser común. En este caso el renunciante no se libra para con sus socios, y estos tienen facultad para excluirle de la sociedad.
>
> Se reputa hecha en tiempo inoportuno la renuncia, cuando, no hallándose las cosas íntegras, la sociedad está interesada en que se dilate su disolución. En este caso continuará la sociedad hasta la terminación de los negocios pendientes».

N

Nasciturus

(Nascitúrus)
Lit. *el que va a nacer.*

(V. ***in utero, nequaquam, spes hominis, vexata quaestio, vitae habilis***).

Naturalia negotii

(Naturália negótii)
Lit. *elementos naturales del negocio.*

(V. ***accidentalia***).

Ne bis in idem

(Ne bis in ídem)
Lit. *no dos veces sobre lo mismo.*

(V. ***exceptio rei iudicatae***, sub v. ***exceptio***). Se admite en nuestra lengua como "non bis in idem".

Nec vi, nec clam, nec precario

(Nec vi, nec clam, nec precário)
Lit. *ni con violencia, ni clandestinamente, ni en precario.*

(V. ***possessio, vim fieri veto***).

Nemine contradicente

(Némine contradicénte)
Lit. *sin que nadie se oponga, sin oposición.*

Significado y contexto: *Contra dícere* significa hablar como consejero del adversario, abogar por su causa; de ahí que '*qui contra dicit*' (el que habla en contra) sea el adversario. Entre los autores de retórica latina significa también presentar cargos contra alguien, hablar en contra de la opinión del interlocutor; objetar algo, replicar.

Aunque tiene cierta relación con la expresión ***nemine discrepante***, hay que recordar que disentir no es lo mismo que contradecir. En el derecho público romano, la iniciativa que pretendía llevar a cabo un magistrado podría quedar paralizada por el veto de su colega en desacuerdo con él. Eso, salvo el pobre Bíbulo, colega de Julio César que fue literalmente anulado por este último y expuesto así al escarnio público. Tan solo se atrevía a manifestar su opinión en contra través de edictos, según relata Suetonio (*Iul.* 20): «lo llevó a un estado de desánimo tal que, hasta que dejó el cargo, encerrado en su casa, no manifestó su posición más que través de edictos» (*in eam coegit desperationem, ut, quoad potestate abiret, domo ábditus nihil aliud quam per edicta obnuntiaret*), en consecuencia, no se atrevió a ejercitar en ningún momento el derecho de veto o *intercéssio* para paralizar empresa alguna de su poderoso colega.

Trasladando la expresión al ámbito del derecho privado, se puede aplicar a la situación de los condóminos, es decir, copropietarios de una cosa. El ejercicio del derecho de veto de uno de ellos (de innegable conexión con el régimen de la actividad magistratual) paraliza también la acción intentada por cualquier otro copropietario. Cfr. *ius prohibendi* (entiéndase que *prohibére* no significa tanto prohibir como impedir).

La expresión de las fuentes latinas que más se aproxima a la aquí analizada es *nullo contradicente*, que significa lo mismo. Apuleyo la utiliza (*Met.* 10.1). Vemos allí al protagonista, el asno, desatado del pesebre por un soldado desvergonzado que había recibido por esta razón una brutal paliza, y llevado por él «sin que nadie se opusiera» (*nullo contradicente*).

A propósito de los procuradores (representantes procesales), el siguiente fragmento de Ulpiano tiene evidente relación. Al fallecer el representado o *dóminus* antes de deducirse el asunto en juicio (es decir, antes de la *litis contestatio*) no se había podido producir el efecto procesal de conservación del litigio. Sin embargo, al otorgarse la estipulación o caución de pagar la condena, para el caso de que esta eventualmente se produjese, se compelió al procurador a aceptar el juicio (*ad iudicium accipiendum*), para que así pudiera proseguir el procedimiento, con tal de que este fuera plenamente consciente de la actuación de su representado y no se opusiese:

> Ulpiano 8 *ed.* D. 3.3.15: «Si hubiese fallecido el principal (*dominus*) antes de contestada la demanda (*ante litem contestatam*), habiendo otorgado por su procurador la estipulación de ser pagado lo juzgado, el procurador debe ser compelido a aceptar el juicio, pero solo si el principal hizo esto sabiéndolo el procurador y no contradiciéndolo (*sciente procuratore et non contradicente*). Porque si se obró de otro modo, es bastante injusto que se obligue al procurador, que ciertamente lo ignorase, pero se incurre en la cláusula de la estipulación por la indefensión de la cosa».

Nemine discrepante

(Némine discrepánte)
Lit. *sin que nadie discrepe, por unanimidad.*

Significado y contexto: A propósito de hechos oscuros o cuestiones dudosas, quienes tienen competencia para opinar a menudo discrepan entre sí acerca de su interpretación más correcta. El verbo latino *díscrepo -ui* (o *-aui*) (1) significa disonar y, de ahí, disentir, discrepar, variar, ser diferente o, en sentido impersonal, haber discrepancia. La propia ciencia del derecho romano se basa en una discusión científica entre los autores; su esencia es la de *ius controuersum* (v. ***vexata quaestio***).

Un probable origen de esta expresión se encuentre en un pasaje de Tito Livio, de su monumental *Ab urbe cóndita* (38.56), en el que el autor refleja las numerosas dudas que entre los historiadores suscitó el final, ciertamente triste, de Publio Cornelio Escipión, apodado el Africano. En un momento de su relato emplea Livio el verbo aquí citado en un conocido giro: *inter scriptores rerum díscrepat* (hay discrepancia entre los historiadores). También aparece en 22.61 y 29.25: *inter auctores discrepáre*, de análogo significado.

En las votaciones de órganos colegiados, por ejemplo en un tribunal, puede suceder que no todos sus miembros estén de acuerdo en la toma de una decisión (v. ***non liquet***). Sus opiniones, de acuerdo con la etimología del verbo discrepar, resuenan como "voces disonantes" o "discordantes" con respecto a las demás.

Neminem laedere

(Néminem láedere)
Lit. *no dañar a nadie.*

(V. ***alterum non laedere, suum cuique***).

Nequaquam

(Nequáquam)
Lit. *de ninguna manera, en absoluto.*

Significado y contexto: De utilización frecuente en derecho. Veamos un ejemplo extraído de los textos jurídicos romanos:

> D. 1.5.7 (Paul. *lib. sing. de portion., quas liberis damnat. conceduntur*): «El que está en el útero es atendido lo mismo que si ya estuviese entre las cosas humanas, siempre que se trata de las conveniencias del propio feto, aunque, antes de nacer, de ninguna manera (*nequaquam*) favorezca a un tercero».

En efecto, esta lección de Paulo ha pasado a los códigos modernos. Así una de las claves del artículo 29 del Código Civil español, que a menudo pasa desapercibida al incauto lector, es el pronombre "le" allí citado, que entronca con el entero inciso final del texto del jurisconsulto romano:

> «El nacimiento determina la personalidad; pero el concebido se tiene por nacido para todos los efectos que le sean favorables, siempre que nazca con las condiciones que expresa el artículo siguiente».

V. también:

> Paul. *lib. sing. ad sc. Tertull.* D. 50.16.231: «Lo que decimos, que el que se espera que nazca (*is qui nasci speratur*) es tenido por sobreviviente (*pro supérstite esse*) es verdad siempre y cuando se trata de derecho del mismo (*cum de ipsius iure quaeritur*); pero no aprovecha a otros, sino habiendo nacido (*aliis autem non prodest, nisi natus*)».

Las ventajas o efectos favorables que el derecho debe tener en cuenta son, en todo caso, las relativas a la persona del concebido. En el conocido caso en el derecho español de un marido fallecido en un accidente de trabajo encontrándose su mujer encinta (*Arias c. Caza del rey y Sociedad de Seguros "La Previsión"*, 5 de junio de 1926, Col. Leg. núm. 60, p. 362) –V. comentario de Luis Díez Picazo (Díez-Picazo y Ponce de León 1981)–, se discutió si esta debía recibir una indemnización sin hijos o con hijos (evidentemente mayor en este segundo caso), pues *stricto sensu*, al momento de fallecer su marido, ella aún no había dado a luz a la niña que después nació. Con buen criterio, el Tribunal Supremo juzgó aplicable el artículo 29, a pesar de que, *prima facie*, pudiera parecer beneficiada la madre (que es ese tercero al que alude Paulo en el texto) antes que la hija.

Nervus probandi

(Nérvus probándi)
Lit. *nervio (músculo) del probar, fuerza probatoria.*

Significado y contexto: La expresión, no romana, alude a la capacidad demostrativa de testimonios de diversa naturaleza para ser calificados técnicamente como prueba.

El sustantivo *neruus -i*, nervio –o mejor, músculo– adopta a menudo en la lengua latina un significado metafórico: fuerza, vigor. En las fuentes latinas es célebre la afirmación de Cicerón (*Manil.* 7.17), que hoy en día el correspondiente ministro de Hacienda de cualquier país suscribiría *toto corde*, de que los impuestos son la fuerza de un Estado (*uectigalia neruos esse reipublicae*, lit. los vectigales son el nervio o músculo de la cosa pública) –v. ***scientia fraudis***–. O para un general que planea una campaña bélica, ¿qué se dirá de su financiación?: '*nerui belli pecunia*' (lit. El dinero es el nervio o músculo de la guerra, Cic. *Phil.* 5.2.5). Cicerón, de nuevo, en su *De oratore* 3.21.80 dice que un orador sin nervio forense no puede ser suficientemente vehemente y grave, ni lo bastante culto y sabio sin la variedad de la doctrina (*Nam neque sine forensibus neruis satis uéhemens et grauis nec sine uarietate doctrínae satis polítus et sápiens esse orator potest*).

1. El término "pruebas" recibe en latín diversas versiones: *probationes, confirmationes, testimonia, instrumenta*. Dice Cicerón en sus *Topica* (19.73) que «es prueba (*testimonium*) todo lo que se toma de una cosa externa para dar fe». Es tema favorito de los retóricos –no se olvide que la tarea principal de los oradores consistía en demostrar hechos en favor de su causa–. La clasificación que ellos realizan de las pruebas es mucho más amplia, e imaginativa, que la de los juristas. Esto escribe Quintiliano al comienzo de su quinto libro de oratoria:

> Quint. *inst.* 5.1-2: «Aristóteles hizo una división de pruebas, comúnmente admitida prácticamente por todos. Es, a saber, unas tomadas de fuera de la causa (*átechnoi*); otras tomadas de ella misma y sacadas como del fondo de la causa (*éntechnoi*). Por donde a las primeras les dan el nombre de *inartificiales* y de *artificiales* a las segundas. A las primeras pertenecen las sentencias precedentes [v. ***stare decisis***], los rumores, los testimonios bajo tortura, los documentos (prueba documental), el juramento y las declaraciones de testigos (*praeiudicia, rumores, tormenta, tábulae, ius iurandum, testes*), sobre las que se fundan la mayor parte de las causas forenses. Pero así como semejantes pruebas carecen de arte, así debe el orador, la mayor parte de las veces, sostenerlas o desmentirlas con todas las fuerzas de su elocuencia ...».

Cfr. además Cic. *inv.* 2.46, 2.50; *Reth. Her.* 2.2.3; 2.6.9. Veamos, por ejemplo, el primer y el segundo fragmento (ambos *in fine*) del *De inventione* de Cicerón, que explica el específico interés de un orador, es decir, de un abogado, en Roma en un procedimiento criminal. Ni que decir tiene que, aparte de inseguros jurídicamente, los obtenidos por tortura son hoy radicalmente incompatibles con un Estado de Derecho:

> 2.46 *in fine*: «Con frecuencia las conjeturas son apoyadas por medio de los interrogatorios bajo tortura, los testigos y los rumores, elementos que tanto la acusación como la defensa deberán inclinar a favor de su causa aplicando los mismos preceptos. En efecto, hay que crear motivos de sospecha utilizando el interrogatorio bajo tortura, los testigos y los rumores de la misma manera que hacemos con el motivo, las personas y los hechos».

> 2.50 *in fine*: «Son dignos de crédito unas veces, otras no, las sospechas, los rumores, los testigos, los testimonios bajo tortura, la conducta anterior del acusado. Una persona que ha cometido ya antes un delito semejante puede ser o no ser responsable del crimen en cuestión. Y especialmente deberemos examinar los motivos en ciertas ocasiones, pero en otras no. Estos lugares comunes y los que de manera parecida pueden derivarse de la argumentación propia de la causa son aplicables tanto a favor como en contra». (Cicerón, La invención retórica 1997).

La segunda clase de pruebas son las presunciones, que no interesan aquí por tratarse más bien de medios indirectos de prueba. Que no poseen la misma fuerza se deduce de la siguiente opinión de Ulpiano 5 *opin*. D. 4.2.23:

> «No es verosímil que el que pretendía que tenía una dignidad ilustre, haya pagado lo que no debía, forzado injustamente en la ciudad, porque habría podido invocar el derecho público y acudir a cualquiera dotado de potestad, quien ciertamente habría impedido que sufriese la violencia; pero contra semejante presunción debe oponer evidentísimas pruebas (*sed huiusmodi praesumptioni debet apertissimas probationes opónere*)».

La opinión de un jurista al respecto la encontramos bajo el título «De la fe de los documentos y de su pérdida» por boca del jurista Paulo:

> Paulo 11 sentencias D. 22.4.1: «Con el nombre de instrumentos se ha de admitir todo aquello con lo que puede ser probada una causa; y, por lo tanto, así los testimonios como las personas son considerados en calidad de instrumentos (*instrumentorum loco habentur*)».

Para los juristas pueden ser constitutivos de prueba con los requisitos y circunstancias que deban añadirse en cada caso: la confesión de las partes (*confessio*), el juramento (*iusiurandum*), la declaración de testigos (*testes*), los documentos (*instrumenta, tábulae, scripta*), la inspección ocular del juez o *aspectus* (esta por ejemplo en materia de *átrox iniuria* D 2.12.2).

Un ejemplo singular, que podrá atraer la atención de los modernos tributaristas, lo extraemos del derecho fiscal romano. El Fisco romano, en sus demandas a los particulares por deudas contraídas frente a él en sus relaciones contractuales con ellos, debía probarlas en juicio, no mediante una especie de documento abreviado (*index*) y una copia (*exemplum*), sino a través del documento original (*authenticum*) recogido en los archivos del Fisco (*acta fisci*). Así lo testimonia *Pauli Sententiae* 5.11.11:

> «Todo aquel que sea demandado por el Fisco ha de serlo, no mediante índice y copia de un determinado documento (*non ex indice et exemplo alicuius scriptúrae*), sino a través del original (*ex authentico*) para demostrar que el contrato es fidedigno (*si contractus fides possit ostendi*); por lo demás, no es adecuado que un documento calumnioso obtenga en juicio la fuerza de una justa reclamación».

El supuesto refleja muy bien la preocupación de los juristas romanos por la justicia en las relaciones fiscales del Estado romano con los particulares, y la inquietud por la desigual posición jurídica de sendas partes y su necesaria igualación procesal. (v. ***ad exemplum***).

Actualmente, con relación a los modernos procedimientos civiles, el artículo 299 de la Ley de Enjuiciamiento Civil realiza la siguiente enumeración de medios de prueba:

> Artículo 299:
>
> «1. Los medios de prueba de que se podrá hacer uso en juicio son:
>
> 1.º Interrogatorio de las partes.
>
> 2.º Documentos públicos.
>
> 3.º Documentos privados.
>
> 4.º Dictamen de peritos.
>
> 5.º Reconocimiento judicial.
>
> 6.º Interrogatorio de testigos».

> 2. También se admitirán, conforme a lo dispuesto en esta Ley, los medios de reproducción de la palabra, el sonido y la imagen, así como los instrumentos que permiten archivar y conocer o reproducir palabras, datos, cifras y operaciones matemáticas llevadas a cabo con fines contables o de otra clase, relevantes para el proceso.
>
> 3. Cuando por cualquier otro medio no expresamente previsto en los apartados anteriores de este artículo pudiera obtenerse certeza sobre hechos relevantes, el tribunal, a instancia de parte, lo admitirá como prueba, adoptando las medidas que en cada caso resulten necesarias».

Con respecto a las presunciones, que como vemos no aparecen aquí –no es casualidad, es una antigua distinción–, declara más adelante, fuera de esta sede, el art. 385.1.2 (presunciones legales):

> «Tales presunciones solo serán admisibles cuando la certeza del hecho indicio del que parte la presunción haya quedado establecida mediante admisión o prueba».

Con respecto al proceso penal, los medios de prueba que la Ley de Enjuiciamiento Criminal española regula a lo largo de su articulado son: piezas de convicción, declaración e interrogatorio del acusado, examen de testigos, diligencia de careo, informes periciales, inspección ocular y reconstrucción de hechos, prueba documental, otros obtenidos por diversos ingenios técnicos.

2. En un ámbito diferente al jurídico, la expresión se utiliza cuando se analiza la fuerza o peso de un argumento, teoría o hipótesis formulada, en definitiva, su *neruus probandi*.

Nihil obstat

(Níhil óbstat)
Lit. *nada impide.*

Significado y contexto: La expresión completa es '*nihil obstat quóminus imprimátur*' ("nada impide que se imprima" o "no hay objeción a la imprenta"). El DRAE lo explica del siguiente modo: «Aprobación de la censura eclesiástica católica del contenido doctrinal y moral de un escrito, previa al imprimátur». También, según este autorizado diccionario, posee el significado de "beneplácito".

(V. **imprimátur** y ***non licet***. Un ejemplo en fuentes jurídicas romanas puede verse a propósito de ***lapsus linguae***).

Nomen iuris

(Nómen iúris)
Lit. *denominación jurídica, calificación jurídica.*

Significado y contexto: Una de las funciones fundamentales del derecho y de la actividad interpretativa de los juristas es la de calificar jurídicamente los hechos de un caso. De eso depende su correcto planteamiento. La expresión se encuentra a menudo en las obras doctrinales de derecho penal, pero puede verse extendida a las demás ramas del derecho.

La encontramos en un texto de Ulpiano (49 *Sab.* D. 50.16.178.1) donde el jurista dice que "herencia" es "denominación de derecho" (*nomen iuris*), que admite en sí aumento y disminución; aunque –añade– es a través de los frutos como principalmente se aumenta la herencia.

«"Herencia" es una denominación de derecho (*iuris nomen*), que admite en sí aumento y disminución; pero la herencia se aumentará muy especialmente con los frutos».

Esta observación nos recuerda la distinción de cosas en corpóreas e incorpóreas (*res corporales, res incorporales*). Según Gayo 2.13-14, las primeras son las que se pueden tocar o de algún modo percibir con los sentidos; viceversa las incorpóreas, que son –dice él– las que consisten en un derecho (*consistunt in iure*). Entre ellas, cita el jurista el ejemplo de la herencia. Probablemente Gayo propondría este supuesto como ejercicio a sus alumnos, porque no resulta difícil creer, no sin cierta candidez, que una herencia existe como tal, y, por tanto, es cosa corpórea. Podemos hacer la prueba hoy: ¿qué aspecto tiene una herencia? –se puede replicar a una respuesta precipitada de los discentes. No es extraño, pues, que Gayo se detuviera en este ejemplo y añadiera que poco importaba que en una herencia hubiera cosas corpóreas, porque el *ius successionis* o derecho de sucesión es incorpóreo. (V. ***in corpore***).

Gai. 2.14: «...No tiene que ver que en la herencia se contengan cosas corpóreas o que los frutos que se perciben de un fundo sean corpóreos, o que lo que se nos debe por alguna obligación, sea generalmente corpóreo como un fundo, una cantidad de dinero, pues el propio derecho de sucesión (*ius successionis*) y el de usufructo, o el propio derecho de obligación (*ius obligationis*) son incorpóreos...».

Gayo exhorta a no confundir las cosas que tienen una efectiva existencia con las que consisten en un nombre o término jurídico. Andando el tiempo, la expresión *ius in re* se relaciona con las cosas incorpóreas (*quae tangi non possunt*, lit. que no pueden tocarse, es decir, percibirse por los sentidos) para abarcar, no solo los ejemplos de Gayo (repetidos en las Instituciones de Justiniano –2.2 pr. y 2–) sino otros muchos referentes, por ejemplo a beneficios eclesiásticos, cargos (*officia*), cátedras de universidad, diezmos etc –v. (Coing 1996, 227-228)–.

Pero, ¿hasta qué punto estos nombres no existen también?, podemos preguntarnos. Lo que planteamos ahora es, sin embargo, asunto de enorme calado filosófico –nos referimos a la célebre controversia entre los partidarios realistas y los nominalistas medievales a propósito de la existencia de los universales–, que tiene a su vez numerosas y muy graves implicaciones jurídicas que llegan hasta nuestros días. (V. ***flatus vocis***).

El propio Gayo utiliza el término *nomen* con un sentido análogo al de "supuesto contemplado legalmente" o "categoría jurídica" en la expresión '*pro eo nomine*' (por ese concepto), por ejemplo, en Gai. 3.192, texto analizado en ***in púribus***.

Nolens volens

(Nólens vólens)
Lit. *no queriendo o queriendo; quieras o no quieras.*

(V. ***sive velit sive nolit***).

Nominatim

(Nominátim)
Lit. *nominalmente, por su nombre, expresamente, especialmente.*

Significado y contexto: Expresión admitida por nuestra lengua. Se utiliza jurídicamente, merced al derecho romano, para indicar que el nombre de la persona interesada aparece o debe aparecer expresamente. No basta, para seguridad del afectado, con una indicación vaga o genérica. El DRAE ofrece la siguiente explicación: «Denota estar designadas por sus nombres las personas favorecidas en disposiciones de última voluntad».

Así, por ejemplo, en una desheredación testamentaria:

> Ulp. 1 *Sab.* D. 28.5.1: «El que testa debe comenzar ordinariamente el testamento con la institución de heredero, o aun también por la desheredación que hace nominalmente (*nominatim*); porque respondió por rescripto el Divino Trajano que podía desheredar nominalmente (*nominatim*) a su hijo también antes de la institución de heredero».

Aunque se entiende que se hace así, si bien no se indique expresamente el nombre, cuando de un modo cierto pueda inferirse de quién se trata, como sucede en materia de legados:

> Paul. 7 *ad leg. Iul. et Pap.* D. 32.90: «Se ha de admitir que se legó nominativamente (*nominatim*) lo que se entiende a cargo de quien haya sido legado, aunque no se haya pronunciado el nombre».

Como sinónimo de "expreso", contrapuesto a "tácito" lo vemos en:

> Paulo 3 *ed.* D. 2.14.4.4 pr.: «Igualmente, como también valen las convenciones tácitas (*quia conuentiones etiam tácite ualent*), se establece que en los arrendamientos de habitaciones urbanas las cosas llevadas e introducidas en ellas sirvan de prenda al arrendador, aunque nada se hubiere convenido expresamente (*nominatim*)».

Nomine alieno

Lit. *en nombre ajeno.*

(V. ***alieno nomine***).

Non licet

(Non lícet)
Lit. *no está permitido, no es lícito.*

Significado y contexto: El verbo *licet -uit -citum est* (2), intransitivo y generalmente impersonal, significa "está permitido". Se aplica en derecho para referirse a lo que es lícito (*lícitum*), es decir, conforme al derecho. Lo contrario de lícito es ilícito (*illícitum*). Ulpiano en sus instituciones describe precisamente, como primordial tarea del jurista, la de separar lo lícito de lo ilícito (*licitum ab illicito discernentes*).

Merece la pena releer el siguiente fragmento de las Filípicas de Cicerón (13.6.14) donde el Arpinate discurre acerca del significado de "estar permitido" a propósito de la correcta utilización del ejército por parte de un general. Bien puede hacerse extensivo a la conducta de cualquier gobernante que utiliza los medios de que dispone para obrar conforme o contra las leyes:

> «También Marco Lépido debe poner atención en no parecer que actúa con más arrogancia que la que muestran sus costumbres. Pues si nos aterroriza con el ejército, no recuerda que este ejército es del Senado y del pueblo romano y de toda la república, no suyo. "Pero puede usarlo como suyo". Entonces, ¿qué? ¿Acaso los hombres honrados tienen que hacer todas las cosas que pueden hacer, incluso aunque sean vergonzosas, aunque sean nocivas, aunque en modo alguno les esté permitido hacerlas? (*omniane bonis uiris, quae fácere possunt, facienda sunt, etiamne, si turpia, si perniciosa erunt, si facere omníno non licébit?*). Por otra parte, ¿qué hay más vergonzoso u horrible o menos decoroso que conducir un ejército contra el Senado, contra los ciudadanos, contra la patria?¿Qué hay, en verdad, más reprobable que hacer lo que no

está permitido? (*quid uero magis uituperandum quam id facere, quod non líceat?*). Y a nadie se le permite conducir un ejército contra la patria, al menos si llamamos "estar permitido" a lo que está autorizado por las leyes y por la costumbre y las instituciones de nuestros mayores. Así pues, ni es lícito que cada uno haga lo que puede hacer ni incluso está permitido por el hecho de que nada lo impida (*siquidem licére id dicimus, quod légibus, quod more maiorum institutisque conceditur. Neque enim, quod quisque potest, id ei licet, nec, si non obstatur, propterea etiam permíttitur*). En consecuencia, la patria te dio, Lépido, como a tus antepasados, un ejército para su defensa. Con este tú apartarás al enemigo, ampliarás los límites de su imperio militar; obedecerás al Senado y al pueblo romano, si por casualidad te enviara a alguna otra misión». (Cicerón, Filípicas (Discursos, VI) 2006).

Cicerón habla de lo que le "está permitido" a uno hacer, es decir, lo que es conforme al derecho, para distinguirlo de lo que "puede hacer", más amplio, que puede ser contrario al derecho, es decir, ilícito, y debe evitarse. Al final del texto, incluso llega a decir que aunque nada impida un determinado comportamiento o acto no por eso debe inferirse que está permitido (*nec, si non obstatur, propterea etiam permittitur*). Esto último recuerda, pero en sentido contrario al empleado, la expresión ***nihil obstat***. En su *Pro Balbo* (3.8) afirma respecto de lo que conviene y de lo que está permitido: «Pues hay cosas que no conviene que se hagan aunque estén permitidas; pero lo que no es lícito ciertamente no conviene que se haga (*Est enim aliquid quod non oporteat, etiam si licet; quicquid uero non licet, certe non oportet*)».

Lo lícito y lo moralmente correcto a menudo coinciden, pero en ocasiones no. Esto es lo que afirma Paulo en una célebre afirmación:

> Paul .62 *ed.* D. 50.17.144 pr.: «No todo lo que esta permitido es moralmente correcto (*Non omne quod licet honestum est*)».

El derecho no está supeditado a la moral, lo que no significa que opere al margen de ella por completo o que le sea indiferente. Es esta una de las grandes aportaciones del derecho romano a la ciencia del derecho actual.

Así, por ejemplo, el principio que rige en materia de usucapión según el cual la «mala fe que sobreviene no daña» (*mala fides superuéniens non nocet*) es discutible desde la perspectiva de la rectitud de conducta, pero es la que el derecho emplea por razones de conveniencia práctica. El derecho canónico, sin embargo, no aceptó esta regla.

Casi produce escándalo el siguiente texto de Paulo que, sin embargo, se puede llegar a entender, y permite, además, establecer una conexión con la tradicional renuencia del *Common Law* a admitir el principio de buena fe, que plantea la pregunta, muy viva hoy, de hasta dónde debe llegar el comportamiento leal entre los contratantes en una compraventa o en cualquier otro contrato. La respuesta, en parte, viene dada si se repara en que la cuestión no aparece referida de modo genérico, sino con relación al precio en las compraventas y a la pensión en los arrendamientos y, en segundo lugar, porque señala como límite la existencia del dolo (v. ***bona fides***):

> Paul. 34 *ed.* D. 19.2.22.3: «Así como en el comprar y vender está naturalmente permitido (*naturaliter concessum est*) comprar por menos lo que valga más, y vender por más lo que valga menos, y de este modo engañarse mutuamente (*et ita ínuicem se circumscríbere*), así también es de derecho en las locaciones y conducciones:»
>
> Hermog. 2 *iur. epit.* D. 19.2.23: «y por esto, no puede rescindirse la locación so pretexto de haberse hecho la locación por menos pensión, si no pudiera probarse dolo alguno del adversario».

Derecho y moral son como círculos secantes. No obstante, el grado de intensidad con que la moral puede introducirse en el derecho es diferente según la materia. Así razona este asunto Modestino, autor de una famosísima definición del matrimonio (v. ***in fieri***), a propósito del matrimonio (aunque el ejemplo que ofrece parece deberse más a una cuestión de decoro social, que propiamente a la moral):

> Mod. *lib. sing. de ritu nup.* D. 23.2.42: «En las uniones se ha de considerar siempre no solo lo que sea lícito, sino también lo que sea moralmente correcto (*Semper in coniunctionibus non solum quid líceat, considerandum est, sed et quid honestum sit*). 1. Si la hija, la nieta, o la biznieta de un senador se hubiere casado con un libertino, o con quien ejecutó juegos públicos, o con aquel cuyo padre o cuya madre hubiere hecho esto, no habrá nupcias».

Non liquet

(Non líquet)
Lit. *no está claro.*

Significado y contexto: Designadas con las siglas N. L., eran las palabras con las que los jueces se eximían en su votación de dar su veredicto de absolución o de condena por no considerar suficientemente clara y demostrada la cuestión, y reclamaban así mayor información.

Un pasaje fundamental lo hallamos en la *oratio Pro Cluentio* de Cicerón, discurso en defensa de Aulo Cluencio, acusado por su madre de haber envenenado a su padre político Opiánico. Cluencio se ganó el recelo del pueblo por las graves sospechas que pesaban sobre él en torno a un asunto de compra de jueces en un proceso contra Opiánico. Sin embargo, tanto su madre como Opiánico eran incluso peores que él. Los crímenes de este último eran tan numerosos y manifiestos que Cicerón consideraba incluso ociosa la defensa de su patrocinado Cluencio:

> *Cluent.* 28.76: «Entonces les entró a los jueces un escrúpulo (*scrúpulus*) y hasta cierta duda sobre lo que había pasado. A continuación los hombres prudentes (*homines sapientes*), los que venían de la antigua escuela de jueces (*ex uétere illa disciplina iudiciorum*), que no podían absolver a un hombre tan culpable, pero que tampoco querían condenar de primera instancia y sin que se hubiera aclarado aquel hecho a quien llevaba sobre sí la sospecha de haber sido víctima de una corrupción por dinero, declararon "que no estaba claro" (*'non liquére' dixerunt*). Por otra parte algunos hombres graves –que decidieron que lo que había que considerar era con qué conciencia obraba cada uno– aun cuando los otros votaron conforme a justicia después de haber recibido dinero, ellos, a pesar de todo, creían que debían mantenerse en sus opiniones anteriores; así que votaron por la condena (*itaque damnarunt*). Solo hubo cinco que absolvieron a vuestro inocente Opiánico, ya sea por ignorancia, por compasión, por efecto de alguna sospecha o llevados de intereses particulares». (Cicerón, En defensa de Aulo Cluencio (en Discursos V) 1995).

Contraria a la conducta de los hombres prudentes que describía Cicerón en el anterior texto es la que en su discurso *Pro Caecina* relata:

> *Caecin.* 10.29: «Se presentó a hacer de juez en una causa criminal sin formar parte del tribunal de aquella causa, y en dicho proceso, sin conocer el asunto y habiendo posibilidad de más amplia información (*cum causam non audisset et potestas esset ampliandi*), dijo que para él la cosa estaba bien clara (*dixisse sibi liquére*); después de haberse prestado a juzgar una causa que no conocía, prefirió condenar antes que absolver (*maluisse condemnare quam absoluere*)». (Cicerón, En defensa de A. Cecina (en Discursos III) 1991).

Quintiliano (*ins.* 5.6.12) aconseja que si un orador debe plantearse varias cosas en una misma causa, en lo que, antes que nada, debe concentrarse es en «aquello que al juez deba quedarle claro» (*quid maxime liquere iudici uelit*, consejo válido hoy para cualquier abogado o, en general, interviniente en una causa procesal). Otro testimonio interesante es el de Aulo Gelio quien, en ciertas conversaciones con el filósofo Favorino acerca de la función del juez, declara a un cierto punto en sus *Noches Áticas* (14.2.25): «no me pareció, sin embargo, que debiera absolverlo y por ello juré que el asunto no me era claro y quedé exonerado de aquella sentencia» (*ut absóluerem tamen indúcere in animum non quiui et propterea iuraui, mihi non liquere, atque ita iudicatu illo solutus sum*).

A propósito del arbitraje, Ulpiano afirma respecto del árbitro:

> D. 4.8.13.3-4: «El árbitro no está obligado en virtud del compromiso a pronunciar sentencia en aquellos días en que el juez no estaría obligado, a no ser que hubiera de transcurrir el día del compromiso, y no pudiera prorrogarse. 4. Por tanto, si acaso fuese apremiado por el Pretor para la sentencia, será muy justo que, si jurase que aún no estaba bastante instruido de la causa, se le dé espacio para sentenciar (*si iuret sibi de causa nondum liquere, spatium ei ad pronuntiandum dari*)».

En el título del Digesto de Justiniano relativa a la cosa juzgada, encontramos este interesante fragmento acerca de las votaciones de los jueces:

> Paul. 17 *ed.* D. 42.1.36: «Escribe Pomponio en el libro trigésimo séptimo de sus Comentarios al *edictum*, que, si de varios jueces a uno no le pareciera, al conocer en causa sobre la libertad, probado el asunto, pero los otros estuvieran de acuerdo, si aquel jurare que para él no estaba probado (*si is iurauerit, sibi non liquere*), aun callando él, proferían sentencia los demás que estuviesen de acuerdo, porque, aunque disintiese, prevalecería la sentencia de los más (*plurium sententia obtineret*)».

Hoy en día es un deber inexcusable de los jueces, so pena de prevaricación, dictar sentencia de acuerdo con el derecho dado que debe conocer (conforme al principio de *iura nouit curia*, el tribunal conoce el derecho), sin que se admita la posibilidad de excusa por falta de claridad del asunto: se trata del *munus iudiciale* (V. ***munus***). Así, el artículo 1.7 del Código Civil español declara:

> «Los Jueces y Tribunales tienen el deber inexcusable de resolver en todo caso los asuntos de que conozcan, ateniéndose al sistema de fuentes establecido».

Non placet

(Non plácet)
Lit. *no agrada, no parece bien, no se autoriza.*

Significado y contexto: Un derecho como el romano basado en opiniones de juristas rehuye la consideración del derecho como un conjunto de órdenes (imperativismo jurídico). Los juristas, en sus respuestas, a menudo utilizan el verbo *placére* en sentido afirmativo o negativo para indicar la disconformidad con otra opinión. Así, por ejemplo, se refiere Paulo (5 *quaest.* D. 19.5.5.1) incidentalmente a la permuta con relación a la compraventa: «...pero si doy una cosa para recibir otra, como no parece bien (*non placet*) que la permuta de cosas sea compra, no hay duda de que nace obligación civil; ...». O, también del mismo autor (5 *ad leg. Iul et Pap.* D. 32.88), con respecto al legado de una cierta cantidad de lana: «Habiendo legado lana, no parece bien (*non placet*) que se deba el vestido que de ella se haya hecho».

La Iglesia católica, en sus asambleas, utiliza la expresión para referirse al voto negativo que cualquiera de sus miembros puede emitir respecto de una previa propuesta.

(V. **placet**).

Non plus ultra

(Non plus última)
Lit. *no más allá.*

Significado y contexto: Se trata del lema de las célebres columnas de Hércules que simbolizaban las elevaciones rocosas de Abyla (Ceuta) y Calpe (Gibraltar), e indicaban que hasta allí llegaba el mundo conocido y no era posible, o prudente, avanzar más lejos. En sentido figurado, se utiliza para expresar la máxima perfección alcanzada por una cosa.

La admite el DRAE que anota: «para ponderar algo, exagerándolo y levantándolo a lo más que puede llegar».

(V. ***ad summum, ultra legem***).

Norma agendi

(Nórma agéndi)
Lit. *norma de acción.*

Significado y contexto: No es expresión romana. Se llama así modernamente al derecho objetivo.

(V. ***facultas agendi***).

Nota bene

(Nóta béne)
Lit. *nota bien, observa con atención.*

Significado y contexto: La admite nuestra lengua. Escrita con las iniciales N. B. en una obra, exhorta al lector a reparar de modo especial en alguna cosa. El verbo *noto* (1) aparece utilizado en esta expresión en imperativo.

Nos recuerda un conocido texto del jurista Javoleno (6 *epist.* D. 45.1.106) acerca de aquel que había estipulado la entrega por parte del deudor de una finca entre varias que recibían el mismo nombre sin indicar una en especial (*sine nota demonstratiónis*). Se trataba de una estipulación incierta que el deudor promitente debía concretar en el momento de la prestación:

> «El que de varios fundos, a los que se les había puesto el mismo nombre, estipula un solo fundo sin nota alguna de designación (*sine ulla nota demonstratiónis*), estipula una cosa incierta, esto es, estipula el fundo que el promitente quisiere darle; pero la voluntad del que promete está en suspenso hasta tanto se cumpla lo que se prometió».

(V. ***post factum***).

Nuda proprietas

(Núda propríetas)
Lit. *nuda propiedad.*

Significado y contexto: La propiedad es el más antiguo derecho real y la premisa lógica sobre la que se apoyan los demás derechos reales que se denominan derechos reales sobre cosa ajena.

Se trata de un derecho calificado de absoluto, aunque no exento de limitaciones en su ejercicio (v. ***immissio in alienum, usque ad sidera***). Desde el punto de vista de las facultades que contiene, el derecho de propiedad otorga a su titular las siguientes:

- Facultad de usar la cosa (o, como dicen los códigos civiles aún, facultad de gozar de la cosa), esto es, aprovechar las utilidades que ofrece la cosa sin detrimento de esta (*uti*).
- Facultad de disfrutar de la cosa, es decir, de adquirir sus frutos (*frui*).
- Facultad de disponer de la cosa, o sea, de alterar, consumir o gravar, total o parcialmente, física o jurídicamente, la cosa (*habére*).
- Facultad de poseer la cosa, esto es, de tenerla materialmente para sí con exclusividad de terceros (*possidére*).

El derecho de propiedad es el más amplio de los derechos reales. Es una "señoría", un poder, que el propietario ejerce de modo directo sobre la cosa, bien en acto, bien en potencia. En acto, cuando no hay otro derecho real sobre la cosa que presione sobre ella; en potencia, cuando, por ejemplo, existe un usufructo sobre la cosa que despoja al propietario temporalmente de las facultades de uso y disfrute sobre la cosa. En este último caso, la propiedad se describe como "nuda propiedad" (*nuda proprietas*), es decir, propiedad desnuda. (V. ***in actu***).

El término más antiguo para describir la propiedad romana es el de *mancípium* que, junto con el de *familia* designa un conjunto de poderes que tenía el *paterfamilias* con respecto a personas y a cosas.

Según la opinión más comúnmente aceptada, la propiedad se concebía originariamente como colectiva, esto es, correspondiente a un grupo o clan familiar. Así, por ejemplo, sucedía con las tierras, que eran explotadas colectivamente. No obstante, la propiedad privada, concebida singularmente, se admitió también desde un principio.

Los términos de *proprietas* y de *dominium* son también romanos, aunque posteriores. El primero, preponderante hoy, se utilizó sobre todo en la situación de concurrencia con un derecho real sobre cosa ajena. El segundo, que también se ha incorporado a la terminología moderna, destaca la cualidad de "señor" o dueño que se atribuye al titular.

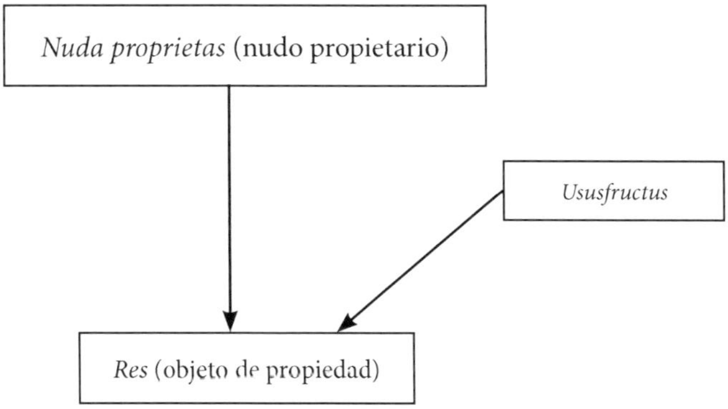

La expresión aparece en diversos textos del Digesto de Justiniano: 6.1.33; 7.1.72; 7.4.2; 13.7.18.1; 23.3.4; 23.3.78.3; 33.2.8.

De entre ellos escogemos los dos últimos: el primero por su complejidad dogmática y el segundo por la peculiaridad del supuesto y su interés actual. Para entender el primero, debe recordarse que el usufructo se extingue por muerte del usufructuario y hace que, de modo automático, se "consolide" la posición del propietario que deja de ser nudo propietario; esto es, recupera *ipso facto* las facultades de uso y disfrute.

Veamos el primero de ellos:

> Tryph. 11 *disput.* D. 23.3.78.3: «La mujer dio al marido a título de dote el usufructo, y durante el matrimonio le vendió el fundo; se preguntó, verificado el divorcio, ¿qué deberá recuperar por la acción de dote? Dije que importaba saber en cuánto se hubiese vendido el fundo; porque si se hubiese hecho la estimación de la nuda propiedad (*núdae proprietátis aestimátio*), la mujer debe recuperar por la acción de dote el precio del usufructo. ¿Qué se dirá, pues, si el marido hubiese muerto antes de contestada la demanda (*ante litem contestatam*)? Que nada habrán de restituir sus herederos, porque aunque otro cualquiera hubiese sido comprador de la propiedad, el heredero del marido no restituiría nada a la mujer, por supuesto, habiendo revertido el usufructo a la propiedad. Pero que si se hubiese vendido todo el fundo, por cuanto debe ser vendido sin haberse separado el usufructo, se entiende que la mujer recibió la dote durante el matrimonio (*manente matrimonio*)».

La primera parte del texto es clara: el marido recibió primero el usufructo y luego la nuda propiedad. Por tanto, su propiedad se ha consolidado, es decir, ha dejado de ser nuda propiedad, y el usufructo se ha extinguido. Por eso el jurista alude a un criterio económico, no jurídico propiamente: el valor respectivo de la nuda propiedad y del usufructo. Si se ha hecho estimación de la nuda propiedad (que es lo que recibió el marido cuando la mujer le vendió el fundo), la mujer recupera el precio del usufructo mediante la acción de dote.

Pero el caso se complica porque el marido ha fallecido *ante litem contestatam*, o lo que es lo mismo, el asunto litigioso no ha llegado a ser deducido en juicio y, por lo tanto, no ha podido ser fijado en la *lis* el marido como demandado. De ahí que no pueda demandarse a su heredero. Por eso también, si la mujer hubiese transmitido la nuda propiedad a un tercero, tampoco podría demandarse al heredero del marido, a pesar de que en este caso el usufructo lo habría conservado el marido hasta su muerte, momento en el que habría revertido el usufructo al tercero.

Sin embargo, si la mujer hubiese vendido todo el fundo, es decir, no solo la nuda propiedad, ella habría recibido en ese momento el precio de todo (para entendernos, de la nuda propiedad y del usufructo). Por eso el jurista concluye aquí que en ese instante, persistiendo aún el matrimonio, la mujer recibió ya la devolución de su dote.

El segundo caso plantea el problema del límite temporal del usufructo, que siempre debe existir para no dejar la propiedad vacía de contenido a perpetuidad, en el caso de un legado destinado a los munícipes de una ciudad. Se trata de un texto jurídico relevante tanto para el usufructo como para la futura construcción dogmática de la persona jurídica.

> Gai. 3 *de leg. ad ed. praet.* D. 33.2.8: «Si se hubiere legado el usufruto a los habitantes de un municipio, se pregunta hasta cuándo hayan de ser amparados en este usufruto; porque si alguien los mantiene perpetuamente (*perpetuo*), ninguna será la utilidad de la nuda propiedad (*nulla utílitas núdae proprietatis*) estando separado siempre el usufruto (*semper abscedente usufructu*); por lo cual se establece que se han de observar cien años (*centum annos obseruandos esse*), que sería el más largo término de la vida (*finis uítae longíssimus*)».

Vinculado histórica y dogmáticamente con este texto, el artículo 515 del Código Civil español, que rebaja a treinta años el máximo período de vida del usufructo, declara:

> «No podrá constituirse el usufructo a favor de un pueblo o corporación o sociedad por más de treinta años. Si se hubiese constituido, y antes de este tiempo el pueblo quedara yermo, o la corporación o la sociedad se disolviera, se extinguirá por este hecho el usufructo».

Nudum pactum

(Núdum páctum)
Lit. *pacto desnudo.*

(V. ***pactum*, in púribus**).

Nullius

(Nullíus)
Lit. *de ninguno, de nadie.*

Significado y contexto: En materia de propiedad, se dice de las cosas que no son de nadie y por lo tanto pueden ser apropiadas por cualquiera mediante ocupación (*occupatio*): *res nullíus* (cosa de nadie). Así los productos de la caza o de la pesca, los del mar arrojados a las playas, las cosas abandonadas por sus dueños (*res derelíctae*), etc.

Dice Gayo 2.9 (=D. 1.8.1) que las cosas de derecho divino (*diuini iuris*) no están en el patrimonio de nadie: *quod autem diuini iuris et, id nullius in bonis est* (lo que es de derecho divino no está en los bienes de nadie).

En 2.10-11, él mismo:

> «Las cosas que son de derecho humano (*humani iuris*) o son públicas (*públicae*) o son privadas (*priuátae*). 11. Las que son públicas, no parecen estar en el patrimonio de nadie (*nullíus uidentur in bonis esse*): se considera que son de la propia comunidad. Las privadas son de los particulares».

En un interesante texto de Paulo también utiliza el término analizado aquí:

> Paul. 21 *ed.* D. 18.1.51: «Las riberas (*Lítora*) que están junto al fundo vendido no se computan para la cabida (*in modum non computantur*), porque no son de nadie (*quia nullíus sunt*), sino que por derecho de gentes están para el uso de todos (*iure gentium omnibus uacant*); y tampoco las vías públicas, o los lugares religiosos o sagrados; y así, para que le aprovechen al vendedor, suele darse caución de que los caminos (*uíae*), así como las riberas (*lítora*), y los lugares públicos (*loca pública*) se comprenden en la cabida».

Aún más famoso que este último es el texto del jurista Marciano, de gran impacto en la posteridad (pensemos, por ejemplo, en el principio de libertad de los mares del derecho internacional público):

> Marcian. 3 *inst.* D. 1.8.2: «Algunas cosas son comunes a todos por derecho natural (*naturali iuri communia omnium*), otras son de una comunidad (*uniuersitatis*), otras no son de nadie (*quaedam nullius*), y la mayor parte son de particulares (*singulorum*), las cuales se adquieren para cada cual por varias causas. 1. Y ciertamente son comunes a todos por derecho natural estas cosas: el aire (*aer*), el agua corriente (*aqua prófluens*), y el mar (*mare*), y por él, las costas del mar (*lítora maris*)».

En lo referente a las costas, en un país como España de tanto litoral, resulta más que oportuna la cita de los siguientes fragmentos, entre otros, de los juristas romanos:

* Cel. 39 *dig.* D. 43.8.3 pr.-1: «Estimo que son del pueblo romano los litorales sobre los que tiene imperio el pueblo romano. 1. El uso del mar es común a todos los hombres, como el del aire, y los pilares echados en él son del que los hubiere echado; pero esto no se ha de permitir, si de este modo se hubiera de dificultar el uso del litoral o del mar».

* Iav. 11 ex Cas. D. 50.16.112: «El "litoral" es público hasta donde llegan las olas máximas; y el mismo derecho hay respecto a los lagos, a no ser que todo él fuera privado».

* Cels. 25 *dig.* D. 50.16.96: «Es "litoral" el espacio hasta donde llegan las mayores olas del mar; y esto dicen que estableció primeramente Marco Tulio, cuando fue árbitro».

Con independencia de si las riberas de los mares deben ser cosas comunes o cosas públicas no puede menos que sorprender la actualidad el pensamiento jurídico romano al respecto:

Artículo 132 de la Constitución española:

> «1. La ley regulará el régimen jurídico de los bienes de dominio público y de los comunales, inspirándose en los principios de inalienabilidad,imprescriptibilidad e inembargabilidad, así como su desafectación.
>
> 2. Son bienes de dominio público estatal los que determine la ley y, en todo caso, la zona marítimo-terrestre, las playas, el mar territorial y los recursos naturales de la zona económica y la plataforma continental».

Resulta llamativo –confróntese con los textos romanos antes aludidos– cómo define nuestra vigente Ley de Costas del año 2013 (y el Reglamento del 2014) la zona marítimo terrestre incluida en la ribera del mar y de las rías (artículo 3.1 a):

> «La zona marítimo-terrestre o espacio comprendido entre la línea de bajamar escorada o máxima viva equinoccial, y el límite hasta donde alcancen las olas en los mayores temporales conocidos, de acuerdo con los criterios técnicos que se establezcan reglamentariamente, o cuando lo supere, el de la línea de pleamar máxima viva equinoccial. Esta zona se extiende también por las márgenes de los ríos hasta el sitio donde se haga sensible el efecto de las mareas».

Numerus clausus

(Númerus cláusus)
Lit. *número cerrado; número limitado.*

Significado y contexto: Se admite en nuestra lengua. La expresión tiene que ver en su origen en el s. XIX con la admisión limitada de estudiantes judíos en universidades de ciertos países de Centroeuropa. Se les fijaba un cupo o número limitado que no debía sobrepasarse. Se trataba de una medida discriminatoria con respecto al pueblo hebreo. Andando el tiempo, *mutatis mutandis*, se ha seguido aplicando esta expresión a las universidades que admiten solo un número determinado de alumnos por criterios de calidad docente, en relación con la demanda de estudios de un determinado título.

También se aplica a aquellos listados de cosas fijados de manera tan estricta que no admiten la incorporación de ninguna más. Los legisladores suelen obrar con cautela cuando no establecen enumeraciones cerradas de supuestos. En el derecho romano, la tipicidad de las acciones del *ius ciuile* se vio desbordada por la realidad. Fue el *ius honorarium* el que suplió las lagunas que aquel presentaba (más tarde, el *ius nouum* imperial). Siglos después, la experiencia inglesa adopta rasgos comunes con el derecho romano: el rígido *Common law* experimentó una revitalización con el *Equity law*.

El esquema gayano de fuentes de obligaciones (contrato y delito) se vio pronto superado, como el propio Gayo intuye ya en sus Instituciones. Los contratos típicos se amplían con otros difícilmente encajables en ningún molde conocido (contratos atípicos)...

No obstante, es preciso tener en cuenta que en determinados ámbitos jurídicos, como en el del derecho penal, no cabe ampliación sino por ley: *nullum crimen sine lege* (lit. ningún crimen sin ley; v. *Procedimiento penal*).

O

Ob causam

(Ob cáusam)
Lit. *por una causa.*

Significado y contexto: La expresión pertenece al complicado ámbito jurídico del enriquecimiento injusto y de las *condictiones* romanas, presentes hoy en día, es decir, las acciones típicas para reclamar aquello en que otro se enriqueció injustificadamente (V. *Procedimiento civil).* Ambos conceptos deben ser estudiados partiendo del derecho romano si se desean comprender cabalmente.

Se suele decir que el enriquecimiento injusto (o injustificado o sin causa –*sine causa*–) exige tres requisitos: 1. Enriquecimiento del demandado por habérsele evitado un *damnum emergens* o un *lucrum cessans* (o, lo que es lo mismo, por haber él obtenido un *damnum cessans* o un *lucrum emergens*). 2. Empobrecimiento del actor. 3. Falta de *causa iuris* –expresión esta que no debe ser confundida con la de *iuris causa*– o fundamento jurídico para retener el lucro o ventaja recibida. Para entender los textos romanos, cuya terminología hemos adoptado hoy, debe recordarse que por la dación (*datio*) de algo se hace propietario al que lo recibe; y que "repetir" (*repétere*) significa reclamar la devolución de lo que se dio. (V. ***versio in rem***).

Los juristas romanos intuyeron esta idea y la hicieron fundar en un principio de equidad (o de justicia natural) que ha pasado a no pocos códigos civiles modernos que siguen identificando como fundamento o la equidad o la ley (en este caso, como supuesto de cierre del sistema de fuentes de las obligaciones):

> Pomp. 21 *Sab.* D. 12.6.14: «Pues es justo según la naturaleza que nadie se enriquezca a costa de otro» (*Nam hoc natura aéquum est néminem cum altérius detrimento fíeri locupletiórem*).
>
> Pap. 8 *quaest.* D. 12.6.66: «Esta condicción, introducida por justicia, suele servir para recuperar lo que una persona retiene de otra sin causa» (*Haec condictio ex bono et aequo introducta, quod alterius apud álterum sine causa deprehénditur, reuocare consueuit*). (v. ***ex bono et aequo***).
>
> Ulp. 18 *Sab.* D. 12.5.6: «Constantemente aprobó Sabino la opinión de los antiguos según la cual se puede reclamar por condicción lo que alguien retiene con causa injusta (*id, quod ex iniusta causa apud áliquem sit, posse condici*): opinión en la que está también Celso».

Veamos la expresión en una sucesión, muy interesante, de fragmentos jurisprudenciales que comentamos con anotaciones entre corchetes:

> Paul 10 *Sab.* D. 12.5.1: «Todo lo que se da, se da o por alguna cosa (*ob rem*), o por una causa (*ob causam*); y por cosa o torpe [*ob rem turpem* es decir, inmoral o ilícita] u honesta (es decir, moralmente recta, *ob rem honestam*); y torpe, de suerte que la torpeza sea o del que da o del que recibe, o tan solo del que recibe, o también del que da, o de uno y otro. 1. Así pues, lo dado por cosa honesta puede repetirse de este modo, si no se verificó la cosa por la cual se dio. 2. Pero si la causa torpe hubiere sido del que recibe, aunque se haya verificado la cosa, puede repetirse». [Esto es fundamental: si la inmoralidad o ilicitud afecta solo al accipiente (*accípiens*), se puede reclamar aquello en que se enriqueció; si la inmoralidad es de los dos, no, en cambio, en virtud del principio romano *mélior condício possidéntis*, la mejor condición es del que posee].

> Ulp. 26 *ed.* h. t. 2: «Por ejemplo, te di para que no cometas un sacrilegio, o un hurto, o no mates a un hombre; en cuyo caso, escribe Juliano que si yo te hubiere dado para que no mates a un hombre, puede intentarse la condicción. [Obsérvese aquí que la prestación es en sí lícita, pero la causa no]. 1. Igualmente, si yo te hubiere dado para que me devuelvas una cosa depositada en tu poder [recuérdese que el contrato de depósito es gratuito por fundarse en una relación de confianza], o para que me devolvieses un instrumento [es decir, un documento que se ha dejado, por ejemplo, para su cotejo]. 2. Pero si di para que en una causa justa fallase el juez a mi favor, se ha dicho ciertamente que ha lugar a la condicción; pero este también comete un crimen, porque se entiende que corrompe al juez; y no ha mucho que dispuso nuestro Emperador que él perdiese el pleito». [El asunto suscitó discusión porque la inmoralidad era tanto del litigante como del juez, aunque la causa fuese justa; de ahí la resolución imperial].

Típica dación *ob causam*, además de la realizada por causa torpe o ilícita que acabamos de ver, es la relativa al supuesto que ha pasado a los códigos civiles modernos: pago o cobro de lo indebido por error. Veámosla en el siguiente texto:

> Ulp. 26 *ed.* D. 12.6.1: «Ahora se ha de tratar de lo pagado, no siendo debido. 1. Y a la verdad, si por ignorancia pagó alguien lo no debido, puede por esta acción reclamarlo por condicción; pero si pagó sabiendo que él no debía, deja de haber la repetición». [Este último añadido ha pasado a numerosos códigos civiles y es absolutamente lógico: si uno paga consciente de que no debe es como si donara].

La expresión aparece descrita, junto con *ob rem*, en otro texto relevante:

> Pomp. 27 *ad Q. Muc.* D. 12.6.52: «Damos o por una causa (*ob causam*), o por una cosa (*ob rem*); por una causa pasada, como cuando doy porque obtuve de ti alguna cosa, o porque por ti se hizo alguna cosa, de suerte que, aunque sea errónea la causa, no haya la repetición de aquel dinero [dación por la que, por ejemplo, se remunera o gratifica a alguien por un favor prestado]; pero se da por una cosa (*ob rem*), para que subsiga alguna otra, no subsiguiendo la cual, compete la repetición».

Veamos el siguiente ejemplo de dación *ob rem*:

> Ulp. 26 *ed.* D. 12.4.1 pr.: «Si con fin no deshonesto (*ob rem non inhonestam*) se dio una cantidad para que se emancipara al hijo, manumitiera al esclavo o abandonara un litigio [esto es, una transacción entre las partes para evitar el juicio], una vez que se ha realizado la causa cesa la repetición de lo dado».

Respecto del juego de causas (causa próxima y causa remota) es fundamental este texto relativo a la situación de inmoralidad de ambas partes:

> Paul. 3 *quaest.* D. 12.5.8: «Si tú hubieras prometido por estipulación a Ticio a consecuencia de una causa inmoral, aunque, si reclama, puedas rechazarle con excepción de dolo malo o con la excepción por el hecho, sin embargo, si hubieras pagado, no puedes repetir, pues, una vez eliminada la causa próxima que es la estipulación, la cual resulta nula en virtud de la excepción, queda la causa primera que es la inmoralidad (*quoniam sublata proxima causa stipulationis, quae propter exceptionem inanis esset, prístina causa, id est turpitudo, superesset*). [Es admirable aquí la exposición del juego de causas respecto de un negocio abstracto como es la estipulación, que ha pasado al argot común de la doctrina civilística moderna en materia de negocios abstractos]. En efecto: si la causa es inmoral para el que da y para el que recibe, tiene preferencia el poseedor y cesa consecuentemente la repetición, aunque se haya pagado a causa de la estipulación» [en virtud del antes citado principio *melior condicio possidentis*]. (V. ***causa***).

Un caso sorprendente es el que refiere Ulpiano a propósito del dinero recibido por las meretrices en pago de sus servicios carnales:

> Ulp. 26 *ed.* D. 12.5.4.3: «Pero lo que se da a una meretriz no puede repetirse, según escriben Labeón y Marcelo; pero aquí por distinta razón: no porque la inmoralidad ataña a las dos partes, sino que es solo del que da; en efecto, la meretriz obra inmoralmente al serlo, no al cobrar como tal meretriz que es».

El Fisco romano cobraba un impuesto a las meretrices; de ahí quizás el escrúpulo de Ulpiano de tildar negativamente el hecho de la aceptación del dinero que afectaría, a la postre, a la propia esfera de moralidad del príncipe. En efecto, en tiempos de crisis los gobernantes, en su búsqueda de fuentes de financiación y cobertura de déficits, pueden no reparar en la bondad de la fuente. Nos recuerda esto también aquella célebre expresión, a saber, *non olet* (no huele), que hace referencia al impuesto que el emperador Vespasiano cobraba a los tintoreros por utilizar la orina, que no deja de ser un ácido, en la limpieza de las prendas de sus clientes. Esa, dicen, fue la respuesta, referida al ingreso obtenido, que el propio príncipe dio a quien le reprochaba haber introducido una contribución impositiva de semejante estofa (Suet. *Vesp.* 23).

Hablábamos al principio del poderoso influjo de estas ideas en el derecho actual. El principio de enriquecimiento justificado es hoy, sin embargo, un factor de choque entre las tradiciones del *Common Law* y del derecho civil, aquel reacio a su aceptación por temor al surgimiento de inopinadas causas de endeudamiento que se pretendan de cualquiera que no ha tenido arte ni parte en un asunto, pero que ha experimentado en él un determinado lucro o ventaja merced al sacrificio de otro. Dentro del sistema de derecho civil, es el derecho alemán (y los demás derechos nacionales que le siguen) el que con mayor precisión ha desarrollado el concepto. Habiendo rechazado la teoría de la causa del negocio jurídico, se encuentra, sin embargo, una referencia a ella aunque única, a propósito del enriquecimiento injusto en el § 812. Se trata, no obstante, de la *causa iuris* antes citada:

> «Quien por prestación de otro o de cualquier otra manera a costa de este obtiene algo sin una causa jurídica está obligado a la restitución frente a él. Esta obligación existe igualmente si la causa jurídica desaparece más tarde o si el resultado perseguido con la prestación, según el contenido del negocio jurídico, no se realiza. Como prestación se considera también el reconocimiento contractual de la existencia o de la inexistencia de una relación obligatoria».

Para entender los supuestos a los que alude el código (desaparición posterior de la causa jurídica o frustración del resultado perseguido) hay que partir de los casos modelo con los que está enraizada esta disposición del Código Civil alemán (BGB):

> Ulp. 32 *ed.* D. 12.7.2: «Si un tintorero hubiera tomado en arriendo el lavado de unos vestidos; luego, demandado por locación, hubiera indemnizado al propietario su precio por haberlos perdido; después, el propietario hubiera encontrado los vestidos: ¿qué acción deberá conseguir el precio que dio? Dice Casio que no solo puede demandar por la acción de conducción, sino por la condicción contra el propietario. Yo creo que, desde luego, tiene la acción de conducción, pero se plantea la cuestión de si también podrá demandar por la condicción, pues no pagó lo indebido; a no ser que pensemos que puede hacerlo como si se hubiera dado sin causa, pues parece que se dio sin causa desde el momento en que se encontraron los vestidos (*nisi forte quasi sine causa datum sic putamus condici posse: etenim uestimentis inuentis quasi sine causa datum uidetur*)».

Se trata de una típica *datio ob causam*. El tintorero indemnizó al cliente por unos vestidos que en realidad tenía ya este último. El contrato había concluido con la realización de sus prestaciones; de ahí la duda acerca de la acción que debía ejercitarse en este caso. El cliente tenía los vestidos y el dinero de la indemnización. Es evidente que había un enriquecimiento injusto por su parte. Para reclamar la suma pagada por el tintorero, aparte de la discutida acción del arrendamiento, se afirma que dispone de la condicción, ya que la causa por la que retenía el cliente esa cantidad (la pérdida de los vestidos por el tintorero) desapareció luego por su posterior hallazgo.

Veamos ahora el segundo supuesto:

> Ulp. 32 *ed.* D. 19.1.11.6: «Una persona que compró unas cantidades de vino dio como arras una cierta suma de dinero; después se había convenido que se anulase la compra. Juliano dice que puede demandar por la acción de compra para que se restituyan las arras, y dice también que tiene la acción útil de compra para disolver esta. Y yo pregunto: si se dio un anillo como arras y luego siguiese la compra con el pago del precio y entrega de la cosa, y no fuese devuelto el anillo, con qué acción habrá de demandarse; si se demandará con la condicción, como si hubiese dado por una causa y esta hubiese caducado (*quasi ob causam datus sit et causa finita sit*), o bien con la acción de compra. Y Juliano diría que podía demandarse por la compra, pero también podría hacerlo ciertamente con la condicción, porque el anillo se hallaba ya sin causa en poder del vendedor».

De nuevo aquí, el problema gira en torno a la acción que debe ejercitarse. La dación de arras fue seguida de un convenio por el que se anulaba la compraventa. Si el vendedor se quedara con ellas, experimentaría un enriquecimiento injustificado, dado que no fue por una conducta reprochable al comprador por la que la compra finalmente no tuvo lugar. El negocio no llegó a llevarse a cabo por conveniencia de las dos partes. También se plantea una segunda cuestión en el supuesto en que se han dado las arras, se ha realizado la compraventa, pero el vendedor se niega a devolverlas. En este caso, el negocio de compraventa ha concluido con su realización, por lo que la causa (la compraventa) ha desaparecido posteriormente de manera que podría pensarse que ya no cabe el ejercicio de la acción derivada de un negocio extinguido.

A la vista de estos ejemplos, no podemos menos que exhortar a las instituciones académicas de las que depende la enseñanza del derecho a recuperar el casuismo romano sin el cual una inmensa mayoría de disposiciones de nuestros códigos no resultan inteligibles. Nuestro derecho fue casuístico durante muchos siglos, mucho antes que el sistema del *Common Law*. Pretender pasarlos por alto no solo es anticientífico sino que, en el plano didáctico, termina por obligar a los alumnos de derecho a un ciego y estéril ejercicio memorístico, o a servirse de banales ejemplos modernos en espúrea sustitución de los genuinos.

Obiter dictum

(Óbiter díctum)
Lit. *dicho de pasada, incidentalmente.*

Significado y contexto: Se admite en nuestra lengua. Expresión que en plural es *obiter dicta*. En el derecho inglés se utiliza mucho. Se refiere a aquellos argumentos de una sentencia que no constituyen su *ratio decidendi*, su criterio decisorio o razón fundamental, sino que son incidentales, secundarios o de apoyo a la idea central. Distinguir unos de otros a veces no es fácil.

En la literatura latina se hizo famoso aquel personaje rico satirizado por Juvenal (*Sat.* 3.241), que, llamado por el deber de su trabajo, avasallaba a la gente a su paso con su enorme litera liburna, y se apoyaba incluso sin conmiseración sobre sus cabezas cuando, subido a ella, iba *obiter* (de camino) leyendo, escribiendo o durmiendo dentro. Lo que hacía "de camino" no le importaba –era "marginal" o "de paso" para él– con tal de alcanzar su destino.

En una monografía de Pomponio, la titulada '*encheiridion*' (manual), aparece expuesta la única historia de la Jurisprudencia romana conocida (es decir, de la vida y obra de juristas) hasta la época en que vivió él (s. II d. C.). Y en ella se halla lo que la doctrina romanística podría calificar como uno de los más famosos '*obiter*' de la literatura jurisprudencial romana. Célebre además porque el jurista refiere "de pasada" (*ut obiter sciamus* –Pomp. *l. sing. enchir.* D. 1.2.2.49– para que sepamos incidentalmente) algo muy importante en verdad: que con Augusto se inició la práctica por parte de los príncipes de otorgar el derecho de dar públicamente respuesta o dictamen a los consultantes que lo solicitaran como derivado de la autoridad del príncipe (*ius públice respondéndi ex auctoritáte príncipis*). Se trata de un hecho sin precedentes (como el mismo Pomponio apunta) que supone una grave fractura de la distinción romana entre autoridad y potestad. En efecto, la intención de los príncipes era en principio la aparentemente bondadosa de poner orden en el caos producido por la existencia de una ingente multitud de juristas, de desigual calidad, que dictaminaba acerca de todo. Así, respecto de un mismo caso se podían hallar múltiples respuestas encontradas, por lo que la desorientación del juez era grande. Es muy posible incluso que se llevara a cabo con criterio y tino mediante la elección de los mejores (estaba en juego el prestigio del propio príncipe), y que el problema de seguridad jurídica se paliase con esa medida. Con todo, el medio utilizado era de enorme peligro para el libre ejercicio de la razón (base del derecho romano), pues la elección de los juristas más preparados se hacía a juicio del emperador. Esto suponía una intolerable intromisión del poder en el derecho. En realidad, si bien se mira, las interferencias políticas en el derecho constituyen una perenne tentación de los gobernantes ante la que fácilmente han solido y suelen sucumbir.

Ob maiorem cautelam

(Ob maiórem cautélam)
Lit. *por mayor cautela.*

(v. ***ad cautelam***).

Occasio legis

(Occásio légis)
Lit. *ocasión de la ley.*

Significado y contexto: El término latino *occasio* significa oportunidad, circunstancia propicia para la realización de algo con independencia de la bondad del fin perseguido; también, motivo, o incluso subterfugio. En efecto, la expresión *per occasionem* significa "aprovechando la oportunidad", a menudo en sentido negativo en las fuentes jurídicas.

Así, por ejemplo, a propósito de la introducción de la excepción de dolo por parte del Pretor, esto dice el comentario del jurista con respecto, en primer lugar, a la causa de la creación del remedio magistratual y, en segundo lugar, al engañoso amparo buscado en el derecho civil (*ius ciuile*) que no otorgaba relevancia invalidante a los vicios del consentimiento:

> Paul. *ed.* 71 D. 44.4.1: «Para que más claramente se pueda entender esta excepción, veamos antes por qué causa fue propuesta (*quare propósita sit*), y después cómo se obre con dolo; con lo cual entenderemos cuándo obstará la excepción (*quando obstet exceptio*), y después contra qué personas tenga lugar; y últimamente examinaremos dentro de qué término compete la excepción. 1. Pero el Pretor propuso esta excepción para que a nadie le aproveche contra la natural equidad (*contra naturalem aequitatem*) su propio dolo con ocasión del derecho civil (*per occasionem iuris ciuilis*)».

En otro célebre texto encontramos el término a propósito de la analogía jurídica (v. ***lex***):

> Ulpiano 1 *ed. curul.* D. 1.3.13: «Pues, como dice Pedio, siempre que por la ley se ha introducido una u otra disposición es buena ocasión (*bona occasio*) para que, o por la interpretación o ciertamente por la jurisdicción (*uel interpretatione uel certe iurisdictione*), se suplan (*suppleri*) las demás que tienden a la misma utilidad (*cétera quae tendunt ad eundem utilitatem*)».

Cuando se utiliza en referencia a una nueva ley, o en general de una nueva norma jurídica, se refiere a menudo al motivo que dio pie a su promulgación. Es conocido el caso, quizás una leyenda, del joven *filius familias* Macedo que, habiéndose endeudado gravemente y siendo apremiado con urgencia por sus acreedores, mató a su padre para cobrar la herencia. Este hecho horripiló a la sociedad romana de tal manera que motivó una reacción legislativa inmediata, a saber, el célebre senadoconsulto Macedoniano por el que se prohibió los hijos de familia tomar dinero a préstamo sin la autorización de sus *patres familias*. Recordemos a este respecto, *mutatis mutandis*, el artículo 323 párrafo primero del Código Civil español que exige para el emancipado la autorización de sus padres, o en defecto de estos, de su curador para llevar a cabo actos de disposición onerosos (característicamente, tomar dinero prestado): «...pero hasta que llegue a la mayor edad no podrá el emancipado tomar dinero a préstamo, gravar o enajenar bienes inmuebles y establecimientos mercantiles o industriales u objetos de extraordinario valor sin consentimiento de sus padres y, a falta de ambos, sin el de su curador».

Justiniano en sus Novelas es proclive a utilizar la expresión en el sentido que comentamos, es decir, como motivo originador de una nueva ley o disposición normativa. Al gran peso e influjo de esta fuente normativa, inserta en el *Corpus Iuris Ciuilis*, en la tradición jurídica europea a través de los siglos se debe la pervivencia de la expresión latina en el ámbito jurídico. Veamos algunos ejemplos: «Como las correrías del tiempo de los bárbaros den siempre ocasión de promulgar leyes (*occasio legibus promulgandis*) innovando las antiguas, es necesario subvenir con un común remedio a las generales dificultades de los hombres», comienza diciendo la constitución, de oscura factura, dada por él en favor de los deudores en Italia y Sicilia (constitución V de "Otras constituciones de los emperadores Justiniano, Justino y Tiberio"). O en su Novela 90 (*De testibus*, De los testigos) al inicio, en que expone el curioso caso que dio lugar a la reforma legislativa en materia de declaración de testigos:

> «Porque hemos sabido que aun ahora se ha hecho ante el muy esclarecido juez de la provincia de Bitinia alguna cosa semejante en un testamento, habiéndole demostrado la pésima falsedad de los testigos, claramente convictos y últimamente

> confesos, porque, habiendo fallecido una testadora cuando se hacía el testamento, algunos de los testigos, teniendo la mano de la que ya estaba muerta, la llevaron de este modo por el papel haciendo una línea recta y otra de través, e hicieron que pareciese que la difunta trazó el venerable signo de la cruz».

Más adelante continúa:

> «Pero de ningún modo tengan validez por razón alguna estos testimonios baldíos y prestados por haber oído al paso, ni finjan algunos tales testimonios, que, al llegar uno con cualquier otro propósito, oyó a algunos que decían que habían recibido dinero de alguien o que se lo debían a alguien. Porque estos testimonios son para nosotros claramente sospechosos y no dignos de atención alguna cuando al juzgar hemos hallado alguna cosa semejante, porque diciéndose que se pagaron muchas cantidades de dinero, solamente dos tabularios dijeron que ellos oyeron esto, no estando presente ningún testigo, y que la deuda estaba consignada por escrito, sabiendo escribir el confesante y pudiendo hacer manifiesto esto por medio de escritura propia. Y odiando esto desde entonces, hemos aprovechado la ocasión de dar la presente ley (*Quod ex isto odio habentes, occasionem praesentis accépimus legis*). Y a su vez, uno fue llevado a calumniar a otro que se le parecía, y hallándose presentes para esto testigos, declaró ante un tabulario que él era deudor; falleció el que por retribución hizo esto, y se le exigió al otro la deuda, que por uno cualquiera fue confesada como si ciertamente lo hubiese sido por él, no permitiendo Dios en modo alguno que tal cosa quedara oculta».

Entre otros ulteriores ejemplos citemos en fin este último: en la Novela 93, sobre las apelaciones, también de Justiniano, se plantea este interesante supuesto de uno que, después de ser condenado por un tribunal inferior, apeló al superior, pero después los dos contendientes se dirigieron a árbitros para que resolvieran la cuestión. Sin embargo, no se acabó de decidir tampoco de ese modo, y se intentó por parte del apelante retomar la apelación. Había transcurrido el plazo de dos años para que esta se llevase a término con la sentencia judicial. La pregunta era si, a pesar de que hubiese transcurrido el tiempo, podría emitirse la sentencia finalmente. Justiniano la resuelve de modo afirmativo:

> «Las reclamaciones de nuestros súbditos nos dan ocasiones para escribir leyes para el bienestar de los súbditos (*Subiectorum nostrorum interpellationes legum nobis praebent occasiones pro salute subditorum conscribendarum*). Porque se nos dirigió, a la verdad, cierto patrono, porque queriendo la ley que el apelante que calla dos años, o que ciertamente formaliza la apelación, pero no la lleva a término, decaiga de los debates de las apelaciones, y no pueda proceder en lo sucesivo por haber sido confirmada la sentencia, sino que la sentencia se haga firme para ambas partes, Hesiquio y sus adversarios siguieron, a la verdad, un litigio ante un juez pedáneo (*apud pedaneum iudicem*), pero condenado el mismo Hesiquio apeló; y sucedió que la causa pasó a tu conocimiento, y que mientras el litigio se ventilaba en el tribunal de tu excelsitud, se apartaron de los debates sostenidos ante ti, eligieron por escrito árbitros comunes, comparecieron ante estos e hicieron algunas cosas; pero después se desentendieron ciertamente de los árbitros elegidos, y no prosiguieron ante ellos el litigio promovido, pero transcurrido el bienio decían los adversarios de aquel que no se podía ventilar por el condenado el litigio en tu tribunal, sino que debía ser confirmado una vez transcurrido el bienio, y aquel, que no prosiguió el juicio ante tu gloria, por esto, porque decía que el litigio se hallaba ante los árbitros elegidos».

He aquí ahora la enfática solución que propone Justiniano:

> «Mandamos, pues, que el mencionado negocio, del que se nos han hecho saber estas cosas, en nada sea perjudicado por el transcurso del tiempo, y que no sea fir-

me la sentencia del juez una vez interpuesta la apelación, sino que se ventile esta ante tu gloria, y reciba legal terminación, aunque haya transcurrido o transcurra un tiempo diez mil veces mayor que el de un bienio».

(V. un ejemplo notable en ***venditio bonorum***).

Officio iudicis

(Offício iúdicis)
Lit. *por oficio o ministerio del juez.*

(V. ***ex officio***).

Onera hereditatis

(Ónera hereditátis)
Lit. *cargas de la herencia.*

(V. ***sine onere***).

Onus probandi

(Ónus probándi)
Lit. *carga de la prueba.*

Significado y contexto: Expresión propia del derecho procesal. Supone la atribución a la parte afectada por ella del deber o necesidad de demostrar ciertos hechos o circunstancias del asunto litigioso so pena de no prosperar lo que pide o defiende en juicio.

La encontramos en el caso siguiente expuesto por Celso (21 *dig*. D. 31.22): Lucio Ticio había dejado en su testamento un cargo suyo (*militiam suam*) o el equivalente en el dinero de su venta con todas sus ventajas (*cum suis cómmodis*). Pero, al sobrevivir Lucio Ticio mucho tiempo después de hacer el testamento, resultó que acabó vendiéndolo él y le dio el precio al destinatario previsto en su testamento. Este último, llamado Publio Mevio, pretendía exigir de los herederos de Lucio Ticio que se le diera de nuevo el cargo o el precio. Celso estimó que aquel no tenía razón salvo que esa fuera la voluntad del testador. Y que, si en vida del testador, este solo dio parte del precio, subsistía la acción por el resto. Concluye el jurista esta última observación, referida a un pago parcial del precio, con el siguiente inciso que nos interesa aquí: «a no ser que el heredero probara que el testador había cambiado su voluntad, pues la carga de la prueba (*onus probandi*) de que el difunto cambió su voluntad corresponde al que niega el fideicomiso».

> «Lucio Ticio le dejó en su testamento a Publio Mevio su propio cargo en la milicia, o el dinero que por la venta del mismo se hubiere podido obtener, con sus beneficios; pero habiendo sobrevivido Lucio Ticio a su testamento, vendió su cargo en la milicia, y cobró el precio, y se lo dio a aquel a quien había querido en su testamento que se le diera aquel cargo o su precio; después de la muerte de Lucio Ticio les exigía otra vez Publio Mevio a los herederos de Lucio Ticio o el cargo en la milicia, o su precio; y dice Celso: yo creo, que no se debe pagar el precio del cargo en la milicia, si el legatario no probare, que el testador quiso, aun después de hecho el pago, que él recibiese otra vez el precio del cargo en la milicia. Pero si en vida no le dio el testador al legatario todo el precio del cargo en la milicia, sino una parte, queda la exacción de la restante, a no ser que el heredero hubiere probado que también desistió de esto el testador; porque la carga de probar que cambió la voluntad del difunto, le incumbe al que deniega el fideicomiso».

La expresión se integra en un principio clásico aplicado de modo general: que la carga de la prueba incumbe al que la alega. Lo hallamos en Paulo 69 *ed*. D. 22.3.2: «Incumbe la prueba al que afirma no al que niega» («*Ei incumbit probatio qui dicit, non qui negat*»).

Marciano, que se refiere al *o. p.* como '*necéssitas probandii*' (necesidad de probar), lo explica a través del caso que plantea (6 inst. D. 22.3.21). Se trata de un litigio entre un legatario y un heredero con respecto a un legado de cosa ajena o dada en garantía. Aquí es fundamental averiguar si el testador era consciente de esas circunstancias: o que la cosa era ajena o que había sido dada en garantía. Como el que demanda afirmando la validez del legado es el legatario, a él es al que incumbe la carga de la prueba, es decir, la necesidad de demostrar que el testador conocía la condición de la cosa legada y no al heredero de demostrar lo contrario: la necesidad de la prueba corresponde siempre al que ejercita la acción (*semper necessitas probandi incumbit illi qui agit*).

> «Juzgo que es más verdadero que el mismo que intenta la acción, esto es, el legatario, debe probar que el difunto supo que legaba una cosa ajena, u obligada [dada en garantía], no que el heredero deba probar que ignoró que fuese ajena o estuviese obligada, porque siempre la necesidad de probar incumbe al que ejercita una acción».

La carga de la prueba como *onus probationis* la encontramos en varias constituciones imperiales: C 4.19.15 (Diocleciano y Maximiano a. 293); 4.19.20 (Los mismos AA. 294); 4.30.10 (Los mismos, quizás del a. 213).

El principio pasa al derecho canónico que lo recoge en el canon 1526.1 del Código Derecho Canónico (*Codex iuris canonici*): *onus probandi incumbit ei qui asserit* (la carga de la prueba incumbe al que alega).

A veces, sin embargo, el derecho estima que se ha de "invertir la carga de la prueba" contra el principio general expuesto. Un ejemplo notable del derecho romano es el de la estipulación sin causa de devolver una suma de dinero. La *stipulatio* daba lugar a la "acción de estipulación" (*actio ex stipulatu*) que asumía diversas formas según el objeto del contrato pero siempre era de derecho estricto. El Pretor introdujo la "excepción de dolo" (*exceptio doli*) de modo que el juez pudiese tener en cuenta si realmente había habido en la estipulación realizada un leal comportamiento de las partes o si por el contrario alguna de ellas, normalmente el estipulante, había realizado un comportamiento doloso. Así, por ejemplo, el estipulante o acreedor reclama la devolución de una cantidad, adeudada por estipulación del deudor promitente a su favor y que supuestamente el estipulante le había entregado en préstamo al deudor. En realidad, sin embargo, el estipulante no había entregado ninguna suma de dinero en préstamo y el promitente había realizado la estipulación ingenuamente, comprometiéndose a entregar una suma antes incluso de recibirla él. La estipulación es válida: en ella no se refleja ninguna causa (es abstracta), sino tan solo la obligación de pagar algo a cargo del promitente (como cuando hoy rellenamos y firmamos una letra de cambio a favor de alguien. Debemos antes cerciorarnos de por qué lo hacemos, ya que en ella no aparece la causa y sin embargo nos obliga).

Pero el juez no podía entrar a valorar el dolo, por ejemplo, del estipulante salvo que el promitente lo alegara pidiendo la inclusión de la excepción de dolo en la fase *in iure*. Esto le obligaba a demostrar el dolo del estipulante (es decir, a demostrar que el estipulante no le entregó el dinero a él) ante el juez (en virtud del principio de la carga de la prueba «el que alega algo debe demostrarlo»). Esto también se modificó a favor del promitente, gracias al derecho imperial –Caracalla C. 4.7.1 (sin año); 4.30.3 (a. 215); 4.30.4 (sin año)–, a través de los remedios llamados de "excepción de dinero no pagado" (*exceptio non numerátae pecúniae*) y "querella de dinero no pagado" (*querella non numerátae pecúniae*). El primero suponía una clara inversión de la carga de la prueba porque evitaba que el deudor probase el dolo del estipulante. Al contrario, con él se exigía que fuera el estipulante el que demostrara que no obró con dolo, es decir, que probara que entregó efectivamente el dinero al promitente. El segundo era un remedio procesal que no requería la previa demanda del estipulante. Ambos tendían a hacer aflorar la causa subyacente tras la estipulación y a mitigar el carácter abstracto de esta.

Ope exceptionis

(Ópe exceptiónis)
Lit. *por fuerza de excepción.*

Ope legis

(Ópe légis)
Lit. *Por fuerza de la ley.*

(V. **ipso iure**).

Opere citato

(Ópere citáto)
Lit. *en la obra citada.*

Significado y contexto: Responde a una técnica de cita de obras a las que se remite al lector para comprobar la fidelidad de la atribución de un texto o idea. Se suele citar con la abreviatura: *op. cit.* A ella se añade el número de página y aquellas otras indicaciones que el escritor juzgue convenientes para la mejor localización del fragmento extraído.

Para referirse a obras de otros, los juristas romanos suelen emplear la preposición *apud* seguida del nombre del jurista aludido, en acusativo, y a veces de la obra con indicación del libro en ablativo. Por ejemplo, para responder Ulpiano (7 Sab. D. 28.5.13.5) al caso en que uno ha instituido a dos herederos en el total de la herencia y a otros en doce onzas (la totalidad también) se remite a la autoridad de Labeón (*apud Labeonem libro quarto posteriorum*, lit. en Labeón en el libro cuarto de "Obras póstumas") para preguntar si la distribución se ha de hacer por igual. Según Labeón, el reparto se hará por mitades, y a esta opinión se adhiere Ulpiano. Pero un poco más abajo, en el § 6 y con respecto a otro caso, se vuelve a referir a la obra labeoniana, que ya no cita con detalle sino con las palabras *eodem libro* (en el mismo libro), con análogo sentido y finalidad que la expresión *op. cit.* que utilizamos nosotros.

> «§5. Pero si hubiere instituido dos herederos de todo el as, y a otros de otras doce onzas, se pregunta Labeón en el libro cuarto de sus Obras póstumas, si se hace por igual la distribución. Y opina Labeón, que así aquellos han de ser herederos de medio as, como también estos, que fueron instituidos herederos de doce onzas, han de ser herederos del otro medio as; a cuya opinión creo que se ha de asentir».
>
> «§ 6. Pero si a dos los hubiere instituido herederos del as, y a un tercero, de la mitad y de la sexta parte, dice Labeón en el mismo libro (*eodem libro*), que el as se ha de dividir en veinte onzas, debiendo tomar ocho el instituido por la mitad y por un sexto, y doce aquellos dos». [Basta, por cierto, con acudir hoy a una notaría para comprobar el uso actual y cotidiano de las fracciones en materia de partición de herencias].

La diferencia está en que esta abreviatura la empleamos justo después de haber citado la obra completa (es decir, en la siguiente cita de la misma obra), pero las siguientes veces, o se vuelve a utilizar esta expresión o se usan otras tales como '*eodem loco*' o la aún más breve de '*ibidem*' (*ibid.* abreviada) que significa "allí mismo", muy usual en las obras jurídicas del *ius commune* europeo.

En cuanto al "libro" de las obras de los juristas clásicos, se trata de cada uno de los rollos de papiro en que se dividían estas según la técnica editorial vigente hasta la aplicación de la nueva de *codex*. Era por tanto algo similar a una sección o capítulo de la obra entera, solo que sin páginas (por eso no aparecen citadas por los autores refiriéndose a otros), ya que el rollo era una única hoja extensa que había que desplegar para poder leer.

(V. **loco**).

Opinio iuris

(Opínio iúris)
Lit. *opinión de derecho, doctrina jurídica.*

Significado y contexto: *Opinio* significa opinión, dictamen. No debe ser confundido con sentencia judicial (aunque curiosamente *sententia* significa parecer u opinión); esta última, a diferencia de la simple opinión o de un mero consejo, lleva consigo el efecto de cosa juzgada (*res iudicata*) y posee fuerza ejecutiva (como *iudicatum* que es). Por eso es un error, por desgracia muy común, decir de jueces y magistrados, a propósito de sus resoluciones, que "dictaminan". No dictaminan, sino dictan sentencia.

El origen de esta expresión se encuentra en el derecho romano por tratarse de un derecho jurisprudencial, es decir, basado en la opinión autorizada de juristas, no en leyes. El derecho romano no se concibe como un *quid* normativo que se impone, sino que consiste en la discusión de casos para su más correcta solución. Es, pues, derecho controvertido *(ius controuersum*; v. ***vexata quaestio***). Así, Gayo en sus Instituciones (1.7) describe esta fuente del derecho como «los pareceres y opiniones de aquellos a quienes se ha permitido crear derecho» (*senténtiae et opiniónes eorum, quibus permissum est iura cóndere*; v. *Breve compendio historia*).

De la "opinión más común entre los antiguos" (*crebrior apud uéteres opinio*) se habla en Ulp. *l. sing. de off. quaest.* D. 1.13.1 pr. Esta expresión –*crebrior opinio*– es muy próxima a la famosa en el *ius commune* medieval de '*opinio communis*' u opinión doctrinal común, que se contrapone a una opinión aislada o no mayoritariamente seguida: "según una cierta opinión" (*secundum quorundam opinionem*) dice Gayo (4.8) o "según esta opinión" (*secundum hanc opinionem* G. 2.222).

También encontramos en las fuentes juicios como este: «es verdadera la opinión de aquellos que piensan...» (*uera est eorum opinio, qui...putant* Pomp. 1 *senatusc.* D. 16.1.32.1). O a veces el propio jurista es el que expresa su opinión: "según mi opinión..." (*mea fert opinio* Ulp. 33 *Sab.* D. 24.1.32.14; Ulp. 35 *ed.* D. 27.9.7.3) O que se llegó a una solución "después de diversas opiniones de los prudentes" (*post uarias prudentium opiniones* Gord. C. 6.20.4 a. 239).

Opinio también es el informe elevado por el juez a la cancillería imperial justificativo de una decisión. *Opinio plena* era un informe judicial razonado: así en Ulp. 9 *de off. proc.* D. 48.22.6.1 a propósito de la sanción penal consistente en la deportación a una isla (*deportatio in insulam*).

Como doctrina científica hoy no se la considera fuente del derecho. El valor de las opiniones será el que le confiera su razonabilidad (más allá del puro argumento de autoridad), de ahí el interés de su estudio. Por tanto, los tribunales no tienen obligación de seguirla aun cuando sea unánime.

Opinio necessitatis

(Opínio necessitátis)
Lit. *convicción de la necesidad.*

Significado y contexto: Esta expresión se aplica a propósito de la costumbre como fuente del derecho. Significa que, para que los usos practicados en una comunidad constituyan derecho, se precisa por parte de esta la convicción de su juricidad, es decir, que la reiteración de un determinado comportamiento se deba a que la colectividad se sienta vinculada a realizarlo.

Puede encontrarse un apoyo en este requisito hoy en día muy discutido en un famoso texto de Juliano 84 dig. D. 1.3.32, al parecer con fuertes sospechas de alteración: se afirma en él que no sin razón la costumbre inveterada (*inueterata consuetudo*) se observa como ley (*pro lege custóditur*), para añadir más adelante: «como las mismas leyes por ninguna otra causa nos obligan más que por haber sido aceptadas por la voluntad del pueblo, con razón obligará a todos también lo que aprobó el pueblo sin escrito alguno (*sine ullo scripto populus probabit*); pues ¿qué importa que el pueblo declare su voluntad mediante el sufragio (*suffragio pópulus uoluntatem suam declaret*) o con la misma realidad y los hechos (*rebus ipsis et factis*)? Por lo que también se ha admitido con mucha razón que las leyes se abroguen no solo mediante el sufragio del legislador sino también con el consentimiento tácito de todos por desuso (*tacito consensu omnium per desuetudinem*)». (V. ***lex, consuetudo***).

P

Pactum

(Páctum)
Lit. *pacto*.

Significado y contexto: Relaciona Ulpiano el término pacto con el de paz. En efecto, se contempla por primera vez en la ley de las XII Tablas (8.2) donde, en caso de lesión grave (*membrum ruptum*), se admite la posibilidad de una composición pecuniaria entre las partes: *ni cum eo pacit talio esto*, es decir, en caso de que no se llegue a un pacto entre ofensor y ofendido (o sus respectivos *patres*), regirá la ley del talión. La venganza privada aún no estaba del todo erradicada pero ya comenzaba a ponérsele coto a través de fórmulas pacíficas de arreglo de diferencias. A finales de la época republicana es emitido un célebre edicto pretorio, *de pactis*, no solo de relevancia excepcional en su época sino de formidable trascendencia posterior:

> Ulp. 4 *ed.* D. 2.14.7.7: «Dice el Pretor: "Mantendré los pactos convenidos que no se hubieren hecho ni con dolo malo, ni contra las leyes, plebiscitos, senadoconsultos, edictos de los príncipes, y por los que no se cometa fraude contra cualquiera de ellos" (*pacta conuenta, quae neque dolo malo, neque aduersus leges, plebiscita, senatusconsulta, edicta principum, neque quo fraus cui eorum fiat, facta erunt, seruabo*)».

Con este edicto, andando el tiempo, conecta en efecto el principio de autonomía privada, reconocido en los países de economía liberal, y también otro gran principio, vigente hoy en día: *pacta sunt seruanda*, con el que tiene evidente relación. En la literatura latina encontramos aludido este principio en Cicerón *offic.* 3.24.92-93, que expone varios curiosos casos en que, según él, puede discutirse su aplicación. Comienza enunciándolo en forma de pregunta: «¿Hay que observar siempre los pactos y las promesas que se han hecho sin violencia y sin dolo malo, como dicen los Pretores?» (*Pacta et promissa semperne seruanda sint, quae nec ui nec dolo malo, ut praetores solent, facta sint?*).

Uno de los casos que plantea hace referencia a una persona que receta una medicina contra la hidropesía a condición de que si obtuviera la curación no la usaría de nuevo jamás. Pero –se pregunta Cicerón– si cae otra vez enfermo del mismo mal ¿no deberá hacer lo posible por conseguir la medicina? Un segundo caso es el de un testador que le deja a un sabio cien millones de sestercios (es decir, una fortuna) a condición de que baile en pleno día en el foro (o sea, una insensatez), y el destinatario promete esto último para obtener aquella suma. ¿Ha de cumplir la promesa –se pregunta el Arpinate–? Más vale que no hubiera prometido nada, pero si lo hizo, o bien se mantiene en no bailar y conserva su dignidad aunque no reciba nada, o bien lo hace en pro de la república que se halla en grave situación económica, y entonces el cumplimiento de su condición no se considera indecoroso.

El tono dubitativo del rétor a propósito del rigor de la aplicación del principio cuando se produce un futuro cambio de circunstancias tiene que ver con el surgimiento de una regla que verá la luz siglos después a partir de los textos romanos, y que corrige o matiza la rotundidad del principio. Nos referimos a la cláusula ***rebus sic stantibus*** (v. voz). El principio de *pacta sunt seruanda* pasa, por cierto, al derecho canónico a través de las Decretales de Gregorio IX 1.35.1.

Los pactos que modifican el contenido de las obligaciones adquieren con este edicto carta de naturaleza. Característicamente, los *pacta de non petendo* (lit. pactos de no pedir), modo de extinción de las obligaciones *ope exceptiónis*, consistente en un acuerdo por el cual el acreedor no exige del deudor el pago de la deuda en adelante, o bien, por ejemplo, durante un tiempo determinado.

Un texto básico de nuestra tradición jurídica es Ulp. 4. *disput.* D. 50.12.3 pr., donde se define el pacto como "consentimiento y la convención de dos", contraponiéndolo a la promesa unilateral o policitación, que es en cambio la promesa del solo oferente (*Pactum est duorum consensus atque conuentio, pollicitatio uero offerentis solius promissum*). V. el § 2 del siguiente texto (D. 2.14.1) que concuerda con esta; ambas definiciones del pacto son moneda común a partir de la Edad Media hasta nuestros días.

En otro célebre texto de Ulpiano, piedra miliar asimismo de la doctrina actual del derecho de obligaciones y contratos, se relacionan tres términos fundamentales: pacto, contrato y convención. Los tres, unidos por la base común del consensualismo apuntada ya por el jurisconsulto Pedio. Gayo en sus Instituciones aceptó plenamente esta teoría que quizás juristas clásicos como Labeón o Celso no acogieran (v. ***ultro citroque***), pero que finalmente triunfó y ha llegado hasta nuestros días:

> Ulp. 4 *ed.* D. 2.14.1: «Es natural la equidad de este edicto. Porque ¿qué cosa hay tan conforme a la fe humana como cumplir los hombres lo que entre sí pactaron? 1. Pero deriva la denominación de pacto de pacción; de donde también se ha designado el nombre de paz. 2. Y es pacto el consentimiento de dos o más sobre una misma cosa convenida. 3. El término convención es genérico, perteneciendo a todo aquello sobre lo que, para celebrar o transigir un negocio, consienten los que entre sí lo tratan; porque así como se dice que convienen los que de diversos puntos se reúnen y van a un mismo lugar, así también los que por diversos movimientos del ánimo consienten en una misma cosa, esto es, se encaminan a un mismo parecer. Pero de tal modo es genérica la palabra convención, que, como sutilmente dice Pedio, no hay ningún contrato, ninguna obligación, que en sí no contenga convención, ya se haga de obra, ya de palabra; porque aun la estipulación, que se hace de palabra, es nula, si no tuviera el consentimiento. 4. Pero la mayor parte de las convenciones reciben otro nombre, como el de compra, arrendamiento, prenda, o estipulación».

En efecto, según la teoría de Pedio contrato es todo acuerdo de voluntades destinado a crear obligaciones y, por lo tanto, dotado de una acción para exigirlas. En este sentido, se distingue del pacto que en el derecho romano solo generaba, por lo general, una excepción. En el más antiguo derecho romano, los términos *contráhere* y *contractus* no indicaban una de las fuentes de las que nace la obligación sino la propia obligación, el vínculo obligatorio mismo (y, concretamente, el que deriva de un acto lícito). Progresivamente se fue formando poco a poco la concepción según la que, en todo negocio bilateral, la fuerza productiva de la obligación está en la convención, en el acuerdo que interviene entre las partes. Acuerdo suficiente para hacer surgir la obligación en los llamados contratos consensuales del *ius gentium*; en otros en cambio –los surgidos del *ius ciuile*– se precisa además la utilización de formas solemnes o el cumplimiento de determinados actos como la entrega de la cosa. Pero en todos los contratos (inclusive, por ejemplo, la *stipulatio* que se perfecciona a través de las palabras y que es el prototipo de los negocios solemnes), se termina por no admitir su validez si no existe el consenso de las partes.

El derecho romano no consideraba el simple acuerdo entre dos partes (*pactio, pactum conuentum*, en sentido estricto) como idóneo para producir una obligación. Para que se le atribuyese la naturaleza de *contractus* se requería –conforme Gayo explica en sus *Instituciones*– o que el consentimiento se acompañase de la entrega de la cosa – *re* –, o la utilización de determinadas formas solemnes orales – *uerbis* – o escritas – *litteris* –, o bien que se refiriese a una de aquellas convenciones tipificadas y más frecuentes –compraventa, arrendamiento, ...– denominadas contratos consensuales.

Fuera de estos casos, el acuerdo no era relevante como fuente de obligación: *nudum pactum obligationem non parit* (el nudo pacto no engendra obligación). Solo el Pretor, por razones de equidad, prometió en el edicto antes citado que tutelaría (aunque en vía de excepción) los pactos concluidos sin dolo y no contrarios o en fraude de leyes, constituciones en imperiales, senadoconsultos, ...

Contráhere y *contractus* asumen entonces, al fin de la época clásica, el nuevo significado de "convenir" y de "convención", refiriéndose solo a aquellas obligaciones que surgen por convención entre las partes (y no a aquellas que surgen de un acto lícito pero no convencional como puede ser el pago de lo indebido por error que genera la obligación de devolver lo recibido indebidamente).

Este nuevo significado de *contractus* o contrato equivalente a "acuerdo como fuente de obligación" es el que acogió la compilación justinianea y la doctrina moderna.

Clave en la historia del derecho de las obligaciones en Europa ha sido también el siguiente texto, no fácil de interpretar. Describamos brevemente lo que nos disponemos a leer a continuación. Al comienzo de este largo fragmento, vemos aparecer en él de nuevo los términos de convención y de contrato. A continuación, en una disputa jurídica excepcional, se discute la existencia de contratos innominados y su eventual tutela jurídica. Allí aparece –en uno de los dos lugares del Digesto de Justiniano– el término sinalagma (*synállagma*), utilizado de un modo peculiar y diferente al de Labeón en otro famosísimo texto (v. ***ultro citroque***).

> Ulp. 4 *ed.* D. 2.14.7: «Algunas de las convenciones de derecho de gentes engendran acciones y otras excepciones. 1. Las que engendran acciones no permanecen en su nombre, sino que pasan a un propio nombre de contrato: como, por ejemplo, compraventa, arrendamiento, sociedad, comodato, depósito y otros contratos similares. 2. Pero aunque no pase la convención a otro contrato, si subyace no obstante una causa, respondió elegantemente Aristón a Celso que había obligación; como por ejemplo "te di una cosa para que tú me dieras otra" o "te di para que hicieras algo" y que esto es el sinalagma, y que nace de aquí una obligación (acción) civil. Por esto creo que Juliano ha sido criticado con razón por Mauriciano en cuanto al siguiente supuesto: te di a Estico para que manumitieras a Pánfilo. Lo manumitiste y Estico fue objeto de evicción. Juliano escribe que el Pretor habrá de dar una acción por el hecho, aquel sin embargo una acción civil de una cosa incierta, esto es, que basta que sea por las palabras prescritas, pues hay contrato –lo que Aristón llama sinalagma– de donde nace la acción. 3. Si se ha prometido que no se cometiera un delito, no surge obligación alguna de esta convención (*Si ob maleficium ne fiat promissum sit, nulla est obligatio ex hac conuentione*). 4. Pero cuando no subyace causa alguna, consta, por razón de la convención, que no puede crearse ninguna obligación (*Sed cum nulla subest causa, propter conuentionem hic constat non posse constitui obliga-*

> *tionem*; [inciso básico en la historia dogmática de "causa" en el sistema jurídico de Europa continental): por consiguiente, el nudo pacto no engendra una obligación sino una excepción (*nuda pactio obligationem non parit, sed parit exceptionem*). 5. Al contrario en ocasiones configura la propia acción, como en las acciones de buena fe (*pacta conuenta inesse bonae fidei iudiciis*): pues solemos decir que los pactos convenidos se incluyen en las acciones de buena fe. Sin embargo, esto ha de aceptarse siempre que los pactos se hayan insertado al instante (*in continenti*), incluyendo también los que se hayan introducido por parte del demandante. En cambio, si lo fueron después de un tiempo (*ex interuallo*), ni se entenderán introducidos, ni valdrán en caso de ejercitarse la acción, para que no nazca de un pacto una acción. Por ejemplo, cuando se convino después del divorcio que no se devolviera la dote en el tiempo establecido de dilación, sino inmediatamente. Esto no valdrá, para que no nazca de un pacto una acción. Lo mismo escribió Marcelo. También si respecto de la acción de tutela se convino que se prestasen mayores intereses que los establecidos, no tendrá lugar para que no nazca de un pacto una acción, pues se introducen aquellos pactos que dan ley a un contrato, esto es que han sido hechos al comienzo del contrato, como sé que esto mismo dictaminó Papiniano; y si después de la compra, pasado un tiempo, se conviene algo fuera de la naturaleza del contrato, no se puede ejercitar la acción de compra por esta causa en virtud de la misma regla, según la cual no nace una acción de un pacto, lo que habrá de decirse también respecto de todas las acciones de buena fe. Pero el pacto tendrá lugar de parte del demandado, ya que suelen engendrar excepciones también aquellos pactos que se interponen después».

Nos hallamos aquí ante un texto fundamental en materia de formación del concepto de contrato y del de pacto. Aflora la cuestión de la "causa" (§§ 2-4; v. ***causa***), y la llamada "causa ilícita" (§ 3). La doctrina medieval (Baldus sobre todo) se fijó en ellos para la construcción de la doctrina de este discutido concepto jurídico que tanto ha influido en los códigos modernos. En el § 5 se inicia el tratamiento de las acciones de buena fe, respecto de las cuales los pactos añadidos (*pacta adiecta*) –por ejemplo, en materia de compraventa los de compra *ad gustum, ad experimentum*, de ley comisoria, ...– se interpretan como protegidos por la propia acción tuteladora del contrato de compraventa. Pueden ser *in continenti*, es decir, simultáneamente añadidos a la celebración del contrato, o *ex interuallo*, posteriores a su conclusión. Los primeros adquirieron efectos obligacionales bajo el manto protector del contrato el que se introducían.

Hemos dicho que los pactos engendraban una excepción, no una obligación, y, por consiguiente, no se hallaban protegidos por acción, salvo los casos que acabamos de citar referidos a los contratos de buena fe. Sin embargo, quizás se deba a una restricción del derecho clásico que no coincide con la capacidad creativa (no solo extintiva) de los pactos en el antiguo derecho (desde las XII Tablas). Por otro lado, el Pretor llevó a cabo una labor de ampliación de la protección de los pactos mediante acción a supuestos específicos (*constitutum debiti*, es decir, el pacto por el que el deudor prometía de manera informal cumplir una deuda anterior dentro de un plazo fijado; los *recepta* del arbitraje, banquero, naviero, hospedero y gestor de establos; el *pactum iusiurandi*). También el derecho imperial tuteló mediante acción ciertos supuestos especiales de pactos.

Los juristas medievales fijaron su atención en esta figura emergente en el derecho romano de los pactos vestidos para colocarla como clave de la doctrina relativa a la formación del contrato. Se distinguieron así las siguientes clases: pactos reales (*re*), verbales (*uerbis*), consensuales (*consensu*), *cohaerentia* (es decir, añadidos o *adiecta*), *rei interuentu* (innominados). A ellos añadieron una séptima clase: *rei principio* (de una cosa) referido a la "policitación" o promesa unilateral.

A pesar de que los tres términos, convención, contrato y pacto, acabaron haciéndose prácticamente sinónimos, deben recordarse las diferencias de origen, porque dan explicación a sus matices diferenciadores que se aprecian aún hoy: convención pertenece al género, y pacto y contrato son sus dos especies. La figura del pacto posee una entidad de menor alcance que el contrato, instrumento este por el que las partes autorregulan sus intereses con una mayor complejidad.

El pacto, aparte de su potencialidad creativa en el derecho antiguo, luego recortada por el derecho clásico, sirvió desde tiempo inmemorial para excluir la venganza, es decir, para desviar la agresión del ofensor (*'buy off the spear or bear it'*, libérate de la lanza comprándola o súfrela, es un arcaico principio común, constatable también entre las tribus anglo-germánicas). También –como hemos visto– sirvió, a partir del edicto pretorio, para modificar las obligaciones contenidas en un contrato y darles un contenido diferente. Por eso, hoy se utiliza el término pacto como sinónimo de cláusula contractual; inserta, por tanto, en un complejo negocio jurídico. Se emplea, además, con frecuencia el término condición como sinónimo de pacto (se habla así de "condiciones del contrato"). Sin embargo, el uso del término es equívoco. Una de las cláusulas más frecuentes es la relativa a una condición, que es técnicamente un determinado elemento accidental del negocio jurídico ideado por el derecho romano y utilizado hasta la saciedad actualmente (v. ***pendente condicione***). Se toma, pues, la parte por el todo para aludir con el término condición a cualquier tipo de cláusula negocial. En el Código Civil español está presente este uso en el conocido artículo 1255 que, en cierto modo, resume en pocas palabras la historia dogmática que a grandes rasgos hemos relatado aquí:

> «Los contratantes pueden establecer los pactos, cláusulas y condiciones que tengan por conveniente, siempre que no sean contrarios a las leyes, a la moral ni al orden público».

Par condicio creditorum

(Par condício creditórum)
Lit. *igual condición de los acreedores.*

Significado y contexto: Esta expresión alude al principio general que rige el concurso de acreedores por el que todos ellos reciben igual tratamiento jurídico. Surge en el derecho romano, de ahí que prefiramos escribir *condicio* con "c" antes que con "t" (*conditio*) a la manera medieval. Su extraordinaria fama durante la etapa del *ius commune* hizo que acabara plasmándose de este otro modo.

Lo vemos enunciado por Ulpiano 66 *ed.* D. 42.8.6.7 –texto muy conocido entre los mercantilistas del *ius commune*– a propósito de aquellos actos del deudor que pueden ocasionar una disminución de su patrimonio *fraudatiónis causa* (por causa de fraude de los acreedores). En el texto, Ulpiano cita a Juliano que distingue dos supuestos: uno, el del acreedor que cobra su deuda antes de que se ponga a los acreedores en posesión de los bienes del deudor; y dos, el del que cobra después. En el primer caso no se entiende que su comportamiento sea contrario al edicto (es decir, contrario a derecho). El acreedor tan solo obró con más diligencia que los demás en interés propio. Pero, en el segundo, se adelanta a cobrar en perjuicio de los demás acreedores. En efecto, desde que son puestos en posesión de los bienes, se produce la igual condición de todos los acreedores (*cum iam par condício ómnium creditórum facta esset*, pues ya se había hecho la igual condición de todos los acreedores). Por eso, ese acreedor deberá ser llamado e igualado a los demás en su porción. Veámoslo:

> «Se ha de saber que Juliano escribe, y este derecho observamos, que el que recibe el dinero que se le debe, antes que sean poseídos los bienes del deudor, no ha de temer este edicto, aunque lo reciba sabiendo y constándole que aquel no es solvente; porque fue vigilante para sí (*sibi enim uigilauit*); pero el que recibió su deuda después de poseídos los bienes, ha de ser llamado a una porción, y ha de igualarse a los demás acreedores (*exaequandúmque céteris creditóribus*); porque no debió después de poseídos los bienes despojar a los demás, puesto que ya se había hecho igual la condición de todos los acreedores (*cum iam par condicio omnium creditorum facta esset*)».

En el derecho romano el principio tiene que ver con la llamada acción *tributoria* –v. por todos A. Petrucci (Petrucci 2007, 79 ss.)– de la que se van a hacer eco los tratadistas del *ius commune*: así, por ejemplo, el jurista italiano Benevenuto Stracca en su «Tratado de los quebrados o fallidos» (*Tractatus de conturbatoribus sive decoctoribus*, Venecia, 1553), –de cuya traducción nos hemos encargado recientemente– en concreto, en la parte final de su obra. Esta contribución del autor italiano se considera como la primera tentativa científica de analizar de modo autónomo el entero derecho concursal.

La acción *tributoria* pertenece a un grupo de acciones llamadas *adiectíciae qualitatis* (lit. de cualidad adyecticia o adicional) y se aplicaban a los supuestos muy frecuentes de participación de hijos de familia y esclavos en actividades económicas. En el caso de la *tributoria*, el dependiente dispone de un patrimonio cuya titularidad sigue siendo del jefe de familia (dueño o *dominus negotii*) pero que se le concede para su administración a aquel (peculio, *peculium*) y que este utiliza en todo o en parte para el ejercicio de una determinada actividad mercantil. Sin embargo, acaba endeudándose. La solución que prevé el Pretor para este supuesto es que el patrimonio de ese negocio mercantil (*merx peculiaris*) se reparta entre los acreedores de modo proporcional. Lo característico de este caso es que el jefe de familia o dueño, si tenía conocimiento de los negocios de su dependiente, es llamado a reparto (*in tributum uocatur*) como un acreedor más (*uelut extraneus creditor*). A él, no obstante, se le permite llevar a cabo la distribución efectiva entre todos los acreedores, pero cualquiera de ellos puede demandarle con la citada acción si resulta perjudicado por el dolo de aquel (v. D. 14.4 '*De tributoria actione*).

> Ulp. 29 *ed.* D. 14.4.1: «... para que el señor (*dominus*), ... sea, no obstante, llamado a contribución (*in tributum uocetur*) por este edicto, como acreedor extraño (*uelut extraneus creditor*), si hubiere sabido que el esclavo negocia con mercancía del peculio (*si scierit seruum peculiari merce negotiari*)».

Passim

(Pássim)
Lit. *aquí y allá, por todas partes, indistintamente, en todos los casos.*

Significado y contexto: Locución admitida en nuestro idioma.

1. Con el sentido de "indistintamente" se encuentra en la Jurisprudencia romana. Veamos algunos casos:

- Gayo 3 *ed. prov.* D. 3.4.1 pr. afirma que no se concede *passim* (indistintamente, es decir, a cualquiera) poder constituir una sociedad, un colegio u otra corporación similar, porque esto se halla limitado (*coercetur*) por las leyes, senadoconsultos y constituciones imperiales. Por su parte, Ulpiano 47 *ed.* D. 37.9.7.1 afirma con respecto al concebido que a veces ha de ponerse al que va a nacer en posesión de los bienes no *passim* sino previo examen de causa. Así pues, en el argot jurídico, nuestro término se contrapone a *cáusa cógnita* (previo examen de causa) o *cum cognitione cáusae* (con conocimiento de causa). Cfr. con respecto al menor Ulp. 11 *ed.* D. 4.4.11.3: «Pero ha de saberse, que no ha de auxiliarse en todos los casos a los menores (*non passim minoribus subueniri*), sino con conocimiento de causa, si alegaren que habían sido perjudicados». En efecto, a veces engañan o se aprovechan de la otra parte haciéndose pasar por mayores, o incluso cometen crímenes amparándose en su condición de menores.

- Ulpiano 1 *leg. Iul. et Pap.* D. 23.2.43.1, a propósito de los diferentes *órdines* o clases de personas afectadas por las leyes matrimoniales (Julia y Papia Popea) de Augusto, dedica un detenido comentario a las mujeres que ejercen la prostitución. Después de afirmar que prostituta pública (la que hace ganancia públicamente) no solo es la que vive en el lupanar o prostíbulo sino también la que, como suele ocurrir, –dice él– ejerce (no respeta su pudor, textualmente) en el local de un hostelero o en cualquier otra parte, añade que pública (*palam*) es la que se entrega a sus amantes *passim*, esto es sin elección, (*sine dilectu*) o sea, sin distinción: no la que se entrega a adúlteros o a quienes hacen estupro sino la que vive como prostituta.
  El término *palam*, matizado luego por *passim*, es, pues, el que orienta el entero razonamiento del jurista en torno a lo que la ley considera prostituta o meretriz con respecto a la institución matrimonial. Como se ve, nada de lo humano le es ajeno al jurista. Veamos el texto:

  > Ulp. 1 *ad l. Iul. et Pap.* D. 23.2.43 pr.-3: «Diremos que públicamente (*palam*) hace ganancia no solamente la que se prostituye en un lupanar (*in lupanario*), sino también la que, como suele suceder, no respeta su pudor (*pudori suo non parcit*) en un establecimiento de hospedería (*in taberna cauponia*) o en alguna otra parte. 1. "Públicamente" (*Palam*) lo entendemos de este modo, indistintamente (*passim*), esto es, sin elección (*sine dilectu*); no si alguna se entrega a adúlteros o a estupradores, sino la que hace las veces de prostituta (*quae uicem prostitutae sustinet*). 2. Asimismo, porque una por dinero recibido se entendió con uno y con otro, no se considera que hace públicamente ganancia con su cuerpo. 3. Pero con muchísima razón dice Octaveno que también la que sin ganancia se prostituyó públicamente debe ser enumerada entre estos casos».

- Con respecto a los tutores, Ulpiano 35 *ed.* D. 27.9.5.9 afirma que no se les debe permitir *passim* la venta de fundos del pupilo con el pretexto de pagar deudas, pues no conviene que se les dé esa vía para vender bienes valiosos. En estos casos, resulta precisa la intervención del órgano jurisdiccional para su valoración previa. Basta con echar un vistazo a los códigos civiles modernos para comprobar la huella que ha dejado en ellos esta y otras decisiones del derecho romano:

  > «No se les debió permitir sin más (*passim*) a los tutores la venta so pretexto de deudas, porque no se les concedió manera para la enajenación (*non esse uiam iis dis tractionis tributam*); y por esto el Senado dejó esta cosa al arbitrio del Pretor, por cuyo ministerio (*cuius officio*) conviene que ante todo (*in primis*) se examine si de otro modo (*aliunde*) se pueda hallar dinero para extinguir las deudas. Debe, pues, investigar, si el pupilo tiene dinero o en metálico, o en créditos, que pueden ser exigidos, o en frutos sazonados, o también con la esperanza de rentas y de obvenciones. Asimismo investigará, si además de los predios haya otros bienes que puedan enajenarse, y con cuyo precio puedan satisfacerse las deudas. Si pues hallare que no se pueden pagar de otra manera, sino con la venta de los predios, permitirá entonces que se enajenen, si apremiara el acreedor, o la cuantía de los intereses aconsejara que se extinguiese la deuda».

2. Se emplea por el que escribe cuando cita algo (un nombre, una idea, etc.) que aparece mencionado o tratado en lugares diversos de una determinada obra, o como dice el DRAE: «En las anotaciones de impresos y manuscritos castellanos, aquí y allí, en una y otra parte, en lugares diversos».

Pendente condicione

(Pendénte condicióne)

Lit. *estando pendiente la condición, mientras la condición está en suspenso.*

Significado y contexto: La expresión es muy frecuente en la literatura jurisprudencial romana. Aparece a menudo en los textos junto con otra también usual: *sub condicione* (bajo condición). Así, se dice que una compraventa o una estipulación está *sub condicione* y los juristas analizan al respecto qué efectos producen tales negocios *pendente condicione*. La materia respectiva y las cuestiones que de ella se desprenden son tratadas con gran finura jurídica por parte de la Jurisprudencia romana.

Se refiere a los negocios sometidos a condición mientras no se ha cumplido aún, siendo posible todavía. Si ya no se puede cumplir por haberse frustrado su realización de manera definitiva, ese momento es diferente al analizado aquí y se llama de condición deficiente o *deficiente condicione* (faltando la condición).

Es verdad que *pendente condicione* no surge obligación alguna de los negocios *sub condicione*. Afirma Pomponio 15 *Sab.* D. 12.6.16 que «lo debido *sub condicione*, si se paga por error *p. c.* puede repetirse (reclamarse la devolución de lo pagado), pero al cumplirse la condición, ya no puede repetirse». Es decir, si el que ha pagado puede reclamar la devolución es que no debía. Por eso también (Paul. 33 ed. D. 18.6.8 pr. y 54 *ed.* D. 41.4.2.2), en la compraventa *p. c.* el comprador no puede usucapir como tal comprador (*pro emptore*). Si se hace novación de una obligación condicional (para transformarla en una obligación pura), no se obtiene ese fin salvo cuando se produzca la condición de la primera obligación (Ulp. 7 *disput.* D. 46.2.14.1).

Esto no parece concordar con la virtud suspensiva que conceden a la condición los manuales de derecho moderno: es decir, que, según los autores modernos, la condición suspende la eficacia del negocio jurídico. En otras palabras, cuando la condición se cumple, no parece, por ejemplo, que cree *ex nihilo* una obligación que antes no existía, sino que da eficacia a una obligación existente. ¿Cómo se resuelve esta cuestión? La clave para responder a esta pregunta se halla en el derecho romano y en la interpretación que de sus textos se ha hecho posteriormente.

Ulp. 21 ed. D. 44.7.42 *pr.* sostiene que el estipulante *sub condicione* se considera acreedor (*creditor*) incluso *p. c.*, y lo contrapone al legatario *sub condicione* que no lo es. Considerar acreedor al acreedor condicional es atribuir un efecto al negocio *sub condicione*. Por Gayo (2.200) sabemos que las dos escuelas de juristas, Sabinianos y Proculeyanos, discutieron sobre este punto. Los primeros, con respecto al legado vindicatorio o de efectos reales, pensaban que *p. c.* el objeto legado era del heredero. Los segundos, en cambio, que no era de nadie (*nullius*). Conforme a esta última opinión se observa que algún efecto se le concedía al negocio condicional aun estando pendiente la condición. Sin embargo este parecer no triunfó. Aun así, el mayor peso que los Proculeyanos daban al negocio *p. c.* se advierte en otros aspectos que sí han tenido repercusión posterior.

Veámoslo. Se lee en Paul. 1 *man.* (=Frag. Vat. 55) que la estipulación tiene vigor desde el momento presente, aunque su reclamación quede en suspenso. Por otra parte, si un hijo de familia que había estipulado algo *sub condicione* hubiera sido emancipado y luego se cumpliera la condición, compete la acción al padre (Paul. 62 *ed.* D. 45.1.78). El razonamiento es interesante: «pues en las estipulaciones se atiende al momento de contraerse la obligación» (es decir, el momento relevante lo constituye la celebración del negocio y no el cumplimiento de la condición la que produce ese efecto). Esto se relaciona con el principio de ***rebus sic stantibus***.

Otro efecto de importancia es el relativo a la conservación del negocio cuando la persona afectada negativamente por la condición realice algún comportamiento tendente a la frustración de esta. Si lo logra, el derecho finge que la condición se ha cumplido. Por ejemplo, Ulp. 20 *Sab.* D. 36.2.5.5 expone un caso de condición de un legado cuyo cumplimiento no depende del legatario sino del heredero, pero en el que, para perjudicar al legatario, no la lleva a efecto el heredero. '*Pro impleta habetur*', se entiende cumplida. (V. ***fictio***).

De aquí que en derecho justinianeo (que influye de manera clara en el derecho actual) se hable del surgimiento de una *spes o* expectativa (v. p. e. I. 3.15.4) de la que se originan más consecuencias aún. Por ejemplo, en un texto probablemente interpolado (Pap. 12 *resp.* D. 42.6.4 pr.) los acreedores condicionales pueden solicitar la separación de los bienes (para cobrar mejor sus créditos). En Paul. 57 *ed.* D. 42.4.6 pr. se admite al concurso de acreedores a aquel con crédito condicional (en contradicción, por cierto, con lo que se lee en Paul. 2 *quaest.* D. 42.4.14.2).

> D. 42.6.4 pr.: «A los acreedores a quienes se les debe desde cierto día (*ex die*) o bajo condición (*sub condicione*), y que por esto no pueden pedir todavía el dinero, se les dará igualmente la separación (*separatio*), porque también se mira por ellos con la acción común».
>
> D. 42.4.6 pr.: «El acreedor suele ser puesto en posesión, aunque se le haya prometido dinero bajo condición (*sub condicione*)». (A propósito de la moderna Ley Concursal española, v. ***spes iuris***).

Merced a casos como los expuestos aquí y como el que vamos a tratar a continuación, los juristas durante siglos se han adiestrado jurídicamente en Europa. Nos preguntamos, a la vista de esta riqueza de pensamiento jurídico expuesto en forma de problemas por los juristas romanos y cuyo ejercicio mental de resolución sigue siendo valioso (tanto por el ejercicio como por el conocimiento del derecho), qué es, sino una degradación de la cultura occidental y por tanto de la cultura jurídica, lo que puede haber ocasionado su marginación o menor estima (incluso en las Facultades de Derecho). ¿No nos damos siquiera cuenta de que sin ellos no entendemos nuestro derecho o lo entendemos a medias? El negocio condicional en estado de pendencia de la condición es solo una minúscula prueba de lo que decimos.

Veamos ahora un típico caso de negocio *sub condicione pendente condicione* que la Jurisprudencia romana plantea, y con el que lograremos ejercitar nuestra mente en el razonamiento jurídico: Javoleno 1 *epist.* D. 12.1.36.

Con la autorización de su acreedor (llamémoslo Ticio), uno había prometido a otro (Atio) bajo condición (*sub condicione*) lo que debía a Ticio sin condición. Parece como si, pendiente la condición (*p. c.*), la obligación respecto de Ticio estuviese afectada por la condición inversa (o negativa) de la convenida con Atio. La consecuencia lógica que resulta es que solo podría pagarse la deuda al acreedor Ticio en tanto no se cumpliera la condición y no se le debiera pagar entonces a Atio. El jurista distingue: en efecto, no hay duda de que la cantidad que se estipuló sin condición sigue prestada cuando no se cumple la condición respecto de Atio. Sería como si no hubiese habido ninguna otra estipulación. Primer problema resuelto. Pero, segundo problema, ¿y si Ticio se adelanta en su reclamación? Si el acreedor Ticio se anticipase exigiendo el cumplimiento de su crédito, parece que pediría antes de tiempo, ya que hay que esperar a saber si el deudor debe pagar a Atio en caso de que se cumpla la condición. Helo aquí:

> «Por mi mandato prometiste a Atio bajo condición el dinero que sin condición me debías; como pendiente la condición se halle en el mismo estado tu obligación contra mí, como si me lo prometiste bajo condición contraria, si pendiente la condición yo lo pidiera, ¿intentaré inútilmente la acción? Respondió: no dudo que continúe prestado mi dinero que yo mismo estipulé sin condición, aunque no se hubiere cumplido la condición respecto a la persona de Atio, que por voluntad mía estipuló el mismo dinero bajo condición; porque es lo mismo que si no hubiese intervenido ninguna estipulación; pero pendiente la causa de la condición no puedo pedir lo mismo, porque, como sea incierto si pueda deberse en virtud de aquella estipulación, se considera que pido antes de tiempo».

Los juristas romanos nos enseñan a pensar en derecho utilizando el viejo lema de "divide y vencerás". A su autoridad en tiempos posteriores por la intrínseca razonabilidad de sus respuestas debe atribuirse la denominación de los textos como *ratio scripta*. Razona bien en derecho quien se propone las cuestiones clave que plantea un determinado caso y las resuelve ordenadamente.

Pendente lite

(Pendénte líte)
Lit. *estando pendiente el litigio.*

Significado y contexto: Pertenece a un principio que se enuncia así: '*lite pendente nihil innouetur*', estando pendiente el litigio que nada se innove. Conecta en su origen con el derecho romano. En concreto, el Digesto de Justiniano contiene un título (D. 49.7) referido a las apelaciones cuya rúbrica reza así: '*Nihil innouari appellatione interpósita*' (Que nada se innove una vez interpuesta la apelación). Se entiende por innovar alterar o introducir algo nuevo. En el único texto que contiene el título perteneciente a Ulpiano 4 *appell.* se lee en efecto al inicio del fragmento:

> D. 49.7.1: «Una vez interpuesta la apelación, tanto si es admitida como si no lo es, nada debe innovarse mientras tanto (*medio témpore nihil nouari oportet*); si ha sido admitida, porque lo ha sido, y si no lo fue, para evitar todo perjuicio en tanto se delibera acerca de su admisión. 1. Cuando haya sido admitida, nada deberá innovarse hasta que recaiga la sentencia de apelación (*níhil erit innouándum, quamdiu de appellatióne fúerit pronuntiátum*). 2. Así, cuando uno fue condenado a relegación y apelara, no se le expulsará ni de Italia ni de la provincia de la que fue desterrado».

El derecho canónico –*Liber Sextus* de Bonifacio VIII 2.8; Decretales de Gregorio IX 2.16; Código de Derecho Canónico, canon 1512.5– acepta este principio, le da consistencia jurídica y de aquí pasa a formar parte del derecho procesal europeo.

Per accidens

(Per áccidens)
Lit. *por accidente; accidentalmente.*

Significado y contexto: Se admite en nuestra lengua. Posee varias acepciones: 1. Expresión filosófica opuesta a *per se* (v. ***per se***). 2. *Ex accidenti* es también un tipo de falacia consistente en entender como alusivo a lo general o esencial lo que solo tiene relación de manera accidental. 3. '*Per áccidens*' o '*ex accidénti*' significa también "por azar", "accidentalmente". Encontramos, además, esta segunda expresión en los textos de la Jurisprudencia romana (v. índice final de voces).

Así, Juliano (61 *dig.* D. 35.2.51), a propósito del cálculo de la cuarta Falcidia que debe corresponder al heredero, dice que «da igual que el legado fuera ineficaz *ab initio* (desde el principio) o que hubiera llegado a la situación de que se deniegue su acción por accidente después (*ex accidénti póstea*)».

Los juristas romanos sabían que circunstancias accidentales podían cambiar o no la solución de un caso o su calificación jurídica. Ejemplo del primer supuesto es Javoleno 14 *epist.* D. 35.1.56, en el que se plantea el caso de un legado de un fundo bajo condición de pagar una suma de dinero (diez mil sestercios). El jurista distingue dos supuestos: si es uno el legatario o si son dos. En el primero, el legatario no puede pretender que se le entregue una parte del fundo si no paga la entera suma. En el segundo, la condición se entiende dividida entre los dos y cada uno, por tanto, puede cumplir la condición y adquirir el legado por su parte. Pero, volviendo al primer supuesto, si el legatario falleciese sin cumplir la condición y le sucediesen varias personas en su lugar, no se podría deducir *ex accidenti* que la situación ha cambiado y que es similar al caso segundo, de manera que cada una de esas personas pudiera pagar solo una parte, pues todos ellos deben contarse como uno solo.

> «Aquel a quien se le legó un fundo si hubiere dado diez, no puede conseguir parte del fundo si no hubiese entregado todo el dinero. Diferente es el caso cuando una misma cosa fue legada a dos bajo condición (*sub condicióne*); porque en este caso se puede considerar dividida también desde luego por el testamento entre cada una de las personas la condición que en el mismo fue puesta para muchos; y por lo tanto cada cual puede cumplir por su parte la condición y adquirir el legado. Porque aunque se haya señalado la suma de toda la condición, se puede considerar que fue dividida con la enumeración de las personas; pero respecto a lo que fue legado a uno solo bajo condición (*sub condicione*), no se debe dividir la condición por un accidente (*ex accidenti*), y todos los que son sustituidos en el lugar de aquel han de ser considerados como una sola persona (*pro singulari persona*)».

Otro ejemplo es un curioso caso de negocio atípico que expone Gayo 3.146. Los juristas romanos sabían que la frontera entre una compraventa y un arrendamiento podía ser muy tenue. En el texto se plantea un acuerdo de entrega de gladiadores para un espectáculo público sometido a la siguiente cláusula: que respecto de aquellos que sobrevivan incólumes se pagará por cada uno de ellos veinte denarios en concepto del esfuerzo realizado por ellos (*pro sudore*), y respecto de aquellos otros muertos en la lucha (*occisi*) o que resulten lisiados (*debilitati*) se pagarán mil denarios. La pregunta que se hace Gayo es si el contrato es de compraventa o de arrendamiento. Según él, el negocio sería de compraventa con respecto a los muertos o lisiados y de arrendamiento con respecto a los que salieron sanos y salvos del combate. Es decir, la denominación jurídica dependería de hechos accidentales (*ex accidentibus*). Hoy, por cierto, como no ha pasado inadvertido a la doctrina romanística, la calificación jurídica de este supuesto, que no es otra cosa que un contrato innominado, resulta sorprendentemente similar a la de un moderno *leasing*.

> «Del mismo modo, si te he entregado unos gladiadores con el pacto de que, respecto de cada uno de los que salgan incólumes se me den veinte denarios por el esfuerzo (*pro sudore*) y, respecto de cada uno de los que han resultado muertos (*occisi*) o lisiados (*debilitati*), mil denarios, se discute si se ha celebrado compraventa o arrendamiento. Y opina la mayoría que respecto de los que han salido incólumes parece que se ha contraído un arrendamiento, y respecto de los que han resultado muertos o lisiados, compraventa; y esto depende de lo que suceda (lit. resulta de los accidentes, *ex accidéntibus*), como si se hubiese hecho la venta o el arrendamiento

de cada uno bajo condición, pues no se duda ya de que se pueda vender o arrendar bajo condición».

Per cápita

(Idem)
Lit. *por cabezas; por cabeza.*

Significado y contexto: Expresión admitida en nuestra lengua (también "percápita"). Se utiliza en derecho financiero y en economía para aludir, por ejemplo, a la renta que se estima que percibe cada persona, individualmente. En el derecho de sucesiones romano los familiares del difunto pueden heredar de diferente manera: los descendientes del causante, *per stirpes* (por ramas de descendientes obtenidas a partir del causante; v. ***ius representationis***); los agnados, por cabezas (per cápita) excluyendo el grado más próximo al más remoto. En este último caso, a diferencia del anterior, no se admite que se considere un grupo de varias personas a efectos sucesorios, sino que cada cabeza se considera que obtiene una parte. Así, mientras que por derecho de representación los nietos de un padre premuerto reciben lo que este habría recibido, en el mismo caso, pero por cabezas y si no hubiera parientes más cercanos, cada nieto obtendría una porción de la herencia individualmente.

La expresión hunde sus raíces también en los tributos romanos a partir de la reforma de Diocleciano y del régimen instaurado que recibe el nombre de "capitación", que deja huella en la Edad Media y a través de ella se perpetúa el nombre.

(V. ***caput***).

Per fas et nefas

(Per fas et néfas)
Lit. *por lo lícito o lo ilícito, con razón o sin ella.*

Significado y contexto: Frente al vivir honradamente (*honeste uíuere*) en que debe basarse la conducta cívica, orientado a la consecución de sus legítimos anhelos a través de medios lícitos, el obispo Zenón de Verona (s. IV d. C.) –*Tractatus*, 1.5.1.6 ss.– describe la avaricia como una peste inextinguible que a nadie deja en paz. Poseídos por ella, todos se lanzan en pos de ganancias sin fin con furor insaciable, sin que pueda ponérsele freno con las bridas de la justicia. Así, con razón o sin ella (*per fas atque nefas*; 1.5.2.6), lo ansía todo y en nada halla contento.

Periculum

(Perículum)
Lit. *peligro; riesgo.*

Significado y contexto: El término *periculum* significa "prueba" o "ensayo", pero también "peligro" o "riesgo". *Periculum suscipere* es asumir un riesgo. *Meo periculo* es por mi cuenta y riesgo; *in periculo esse* es estar en peligro. Se trata de un peligro que, como se ve, atañe a la supervivencia o integridad física del que lo experimenta.

Jurídicamente hablando, es el riesgo que asume en un contrato una de las partes por la destrucción o perecimiento de una cosa. En caso de producirse, el sujeto que lo ha asumido se hace cargo de las consecuencias negativas que de ese hecho se desprenden con independencia de la diligencia empleada por él. En este ámbito, la Jurisprudencia romana elaboró, utilizando este término, reglas de atribución de riesgo para los diferentes contratos. Así por ejemplo '*periculum est emptoris*' –o *emptori*– (el riesgo es del comprador). Por este principio, el comprador deberá abonar el precio de la cosa aunque no llegue a tener su posesión porque ha asumido el riesgo de que perezca por fuerza mayor antes de su entrega. El vendedor responde por custodia y se hace cargo de la pérdida de la cosa si ha sido hurtada, es decir, asume ese riesgo concreto él y no el comprador, pero en los demás casos responde este último: Paulo. D. 18.6.8 pr.; D. 18.6.13; Ulpiano D. 47.2.14 pr.; Gayo D. 18.6.16; I. 3.23.3. (V. ***factum principis*** e índice final de voces).

En el arrendamiento (*locatio conductio*) rige sin embargo el principio opuesto: '*periculum est locatoris*' (o *locatori*, el riesgo es del arrendador): Alfeno D. 19.2.30.4; Labeón D. 19.2.62. Cuando es el arrendatario o *condúctor* el que ese hace responsable, entonces el principio es el de '*periculum est conductoris*' (Florentino D. 19.2.36).

También, por ejemplo, se habla de un *periculum tutélae* que asume el tutor con respecto a la administración de la tutela.

Per incuriam

(Per incúriam)
Lit. *por negligencia o descuido.*

Significado y contexto: La expresión se aplica a los actos que se realizan de manera descuidada o sin atención. Se encuentra, de manera característica, en Tácito *ann.* 16.4, donde el escritor imperial relata su estupor ante la actitud de la plebe de la ciudad –no así de la gente que provenía de fuera, ajena a hipocresías– que presenciaba las ridículas actuaciones de Nerón en certámenes públicos amañados y que, sin embargo, parecían gustarles: en efecto, «y hasta se divertían –dice él– sin preocuparles (*per incuriam*) el deshonor público» (*ac fortasse laetabantur per incuriam públici flagitii*).

También la encontramos en las fuentes jurídicas en una constitución del año 330 d. C. del emperador Constantino (C. 8.4.5) referida a los supuestos de invasión de lugares ajenos. Si se realizaba con violencia el hecho era punible; no si el resultado del error o incuria del dueño (*per errorem aut incuriam dómini*). Con un sentido análogo vemos empleado el término *incuria*, en ablativo, en una constitución de los emperadores Valentiniano, Teodosio y Arcadio del año 390, C. 5.35.2.2, referente a la posibilidad de las mujeres de desempeñar la tutela sobre sus hijos por haber perdido a sus maridos con tal de que no volvieran a contraer nuevas nupcias. Si, después de admitida conforme a derecho la tutela, decidía la mujer contraer nuevas nupcias, declaraba la constitución, en virtud del interés superior de los hijos, que los bienes del que hubiere solicitado las nupcias de la que administra la tutela quedaran sujetos a obligación y afectos a las cuentas de los menores «para que nada se pierda por incuria ni por fraude» (*ne quid incuria, ne quid fraude depéreat*). Aquí se aprecia la distinción entre negligencia y dolo, como también en Ulp. 50 ed. D. 29.5.5.3, donde se habla de muerte ocasionada por negligencia o insidias del médico (*Ubi quis incuria necatus es, uel medici insidiis*).

La preocupación de los príncipes en época imperial por la buena salud económica de las ciudades del Imperio y, en general, por una adecuada administración pública, llevó a los juristas, particularmente a Ulpiano, a escribir obras en torno al oficio de los altos funcionarios que podrían calificarse como de "buen gobierno". Esto escribe este jurisconsulto acerca del *curator rei públicae* (o curador de la cosa pública <de la ciudad> o curador de la ciudad). Nótese que *res publica* en los textos jurídicos significa a menudo ciudad, como aquí (v. **res publica**). El tema, de sempiterna actualidad, se refiere a los riesgos económicos que los municipios y demás comunidades cívicas corrían cuando prestaban o invertían su dinero de forma desconsiderada. El curador de la ciudad era quien supervisaba, como delegado del príncipe, las actividades financieras de las ciudades. Por eso no parece que encaje en el texto la mención del gobernador de la provincia (*praeses prouínciae*), que es una probable sustitución posterior de la cita original del *curator*:

Ulp. *lib. sing. de offic. curat. reip.* D. 22.1.33: «Si están bien colocados los caudales públicos, los deudores no deben ser molestados por el capital, y principalmente si produjeren intereses; si no los produjeren, debe el gobernador de la provincia mirar por la seguridad de la república (*prospícere rei públicae securitati*), con tal que no se muestre cobrador duro, ni injurioso, sino moderado y benigno con eficacia, y humano con diligencia (*dummodo non acerbum se exactorem, nec contumeliosum praebeat, sed moderatum, et cum efficacia benignum, et cum instantia humanum*); porque hay mucha diferencia entre la insolencia con desdén y la diligencia sin ambición (*nam inter insolentiam incuriosam et diligentiam non ambitiosam multum interest*). 1. Además debe cuidar de que no se presten los caudales públicos sin prendas o hipotecas suficientes».

Per iocum

(Per iócum)
Lit. *por juego.*

(V. ***iocandi causa***).

Perpetuatio iurisdictionis

(Perpetuátio iurisdictiónis)
Lit. *perpetuación de la jurisdicción.*

Significado y contexto: Es un efecto procesal producido por la demanda y propio de la litispendencia o de pendencia de la *lis*, que atañe al asunto que se encuentra procesalmente *sub iúdice* y a la espera de su resolución. Consiste en que tal y como haya sido fijada, al inicio del proceso, la competencia jurisdiccional, así se mantendrá a lo largo de él sin que pueda modificarse.

Los precedentes romanos son inequívocos habida cuenta de su densa experiencia procesal, modelo de todos los futuros desarrollos en este campo. Los juristas medievales discutieron ampliamente en torno a los textos que dan origen a este principio procesal. Uno de esos textos, fundamental al respecto, es el siguiente:

Marcel. 1 dig. D. 5.1.20: «Donde una vez fue aceptado un juicio, allí también debe terminar» (*Ubi acceptum est semel iudicium, ibi et finem accípere debet*).

Recuerda, en efecto, el conocido dístico referido al juez: *semel cómpetens, semper cómpetens* (una vez competente, siempre competente). La referencia en el texto a la aceptación del juicio remite de manera inequívoca a la *litis contestatio* (v. *Procedimiento civil*), como en seguida vio la glosa medieval, aunque ya ella planteó si debía retrotraerse al inicio del proceso (gl. '*Ubi acceptum*': *et iam per citationem*, y ya mediante la citación). Esta cuestión ha estado abierta secularmente. La actual Ley de Enjuiciamiento Civil española la zanja afirmando que la litispendencia, con todos sus efectos procesales, se produce desde la interposición de la demanda si después es admitida (artículo 410 LEC). En el propio procedimiento de cognición imperial romano, que acabó por superar el formulario clásico, desaparecida ya la eficacia práctica de la *litis contestatio*, se terminó también por atribuir algunos de los efectos procesales típicos de aquella al momento inicial del procedimiento.

Dos textos básicos, en elocuente relación con el anterior, son los siguientes:

Ulp. 7 *ed.* D. 5.1.7: «Si alguno, después que fue llamado a juicio, hubiere comenzado a ser militar, o de otro fuero (*altérius fori*), no tendrá en aquella causa el derecho de ser remitido a su fuero (*ius reuocandi forum*), como quiera que ya había sido prevenido para el juicio».

> Afric. 7 *quaest.* D. 2.1.18: «Si se hubiere convenido que juzgase la causa otro Pretor distinto de aquel de quien fuese la jurisdicción, y antes de que se compareciera ante él, se hubiere mudado la voluntad de las partes, no hay duda alguna de que nadie será compelido a estar a semejante convenio». (v. ***forum prorrogatum*** y ***stare conventis***).

También resulta de interés este texto del jurisconsulto Pomponio en el que vemos que, de la misma manera que no se distingue entre el tiempo y el lugar en el que la mercancía (el vino) se vende, tampoco se hace distinción entre el tiempo y el lugar, respectivamente, en que se deduce la demanda para la condena y en que se ejercita la acción. Esta indiferencia se produce porque el jurista que expone la cuestión es consciente de que rige el principio que nos ocupa:

> Pomp. 9 *ad Sab.* D. 19.1.3.3: «Si en el vendedor de vino hubiere habido morosidad para entregarlo, debe ser condenado al mayor precio que tuvo el vino en uno u otro tiempo, a saber, o en el que se vende, o en aquel en que se deduce la demanda para la condena (*uel quo lis in condemnationem dedúcitur*); y asimismo, al mayor precio que tuvo, o en el lugar en que se vende, o en el que se ejercite la acción (*uel ubi agatur*)».

El glosador Azón intuyó la pertinencia al respecto de dos Novelas de Justiniano: la 90 y la 123. Es oportuno recordar en este punto que el influjo de las Novelas, en general, en la tradición jurídica occidental ha sido enorme. En la primera de las citadas aquí, en relación con los testigos, se alude expresamente al principio (§ *Quoniam*): «...y debiéndose, por supuesto, dar la sentencia definitiva allí donde fue contestada la demanda, ...». En la segunda, a propósito de los obispos, se encuentra el siguiente fragmento (§ *Si quis episcopus*):

> «Si en Constantinopla se hallara algún obispo o clérigo, de cualquiera provincia, y alguien quisiere entablar una acción contra él, si verdaderamente la contestación a la demanda fue dada sobre el mismo negocio en una provincia, sea terminado allí el litigio, pero si aun no fue incoado, responda, a los que lo demanden, ante el gloriosísimo prefecto de los pretorios de Oriente o ante los jueces que hubieren sido designados por nosotros».

Perpetuatio legitimationis

(Perpetuátio legitimatiónis)
Lit. *perpetuación de la legitimación.*

Significado y contexto: Se trata de un efecto procesal de la litispendencia producido por la demanda de tipo conservativo con respecto a la capacidad y a la legitimación procesal (v. ***legitimatio ad processum*** y ***legitimatio ad causam***). El juez resuelve atendiendo a los hechos relativos a estas cuestiones tal y como se presentaban al momento de la demanda. Su relación con el efecto conservador de la *litis contestatio* romana es muy evidente. (V. ***perpetuatio iurisdictionis***).

Perpetuatio obligationis

(Perpetuátio obligatiónis)
Lit. *perpetuación de la obligación.*

Significado y contexto: El efecto que enuncia esta expresión se produce con respecto a aquellos casos en que la imposibilidad sobrevenida de una obligación no comporta la liberación del deudor. Se aplica de manera específica a los supuestos de *mora soluendi* (mora del deudor) en los que el perecimiento del objeto, incluso por caso fortuito, se le imputa al deudor moroso (v. ***mora***). El derecho opera con la ficción (v. ***fictio***) de haber obligación aun a pesar de no existir ya el objeto debido: esto es lo que significa que la obligación se perpetúa. En Ulp. 78 *ed.* D. 45.1.82.1 se lee que el deudor «se obliga como si el esclavo –objeto de la prestación– viviese» (*tenétur nihilóminus proinde ac si homo uíueret*). En realidad ocurre que una vez incumplida la obligación se da paso a la responsabilidad del deudor. Es sorprendente que, a través de esta expresión repetida hoy, los legisladores sigan recogiendo en los códigos modernos, un tanto acríticamente quizás, aquel curioso modo jurídico de razonar el supuesto.

La regla, atribuida a los antiguos juristas, la vemos formulada en Paul. 17 *Plaut.* D. 45.1.91.3 y 4. En § 3: «Siempre que intervenga culpa de parte del deudor, la obligación se perpetúa» (*Quotiens culpa interuenit debitoris perpetuari obligationem*). También de Paulo son a este respecto: D. 13.5.21 pr.; D. 46.1.58.1. En las *Pauli Sententiae:* 5.7.4.

(V. también: Juliano D. 13.5.23; Ulpiano D. 12.2.9.3; D. 45.1.8.1).

Per se

(Idem)
Lit. *por sí, por sí mismo.*

Significado y contexto: Se trata de una expresión filosófica, admitida en nuestra lengua, que se utiliza a menudo, no obstante su densidad intelectual. Aristóteles, en su *Metafísica* 1022 a 25-35, la acuñó (*kath'autó* es la expresión griega a la que equivale la latina *per se*):

> «En consecuencia, también la expresión "por sí (mismo)" se dirá necesariamente en muchos sentidos.
>
> 1 En un sentido se dice, efectivamente, que *la esencia pertenece por sí a cada cosa*, por ejemplo, Calias es por sí mismo Calias, es decir, la esencia de Calias;
>
> 2 en otro sentido se dice *de cuantas determinaciones están contenidas en la esencia de algo*: por ejemplo, Calias es por sí mismo animal, puesto que "animal" está contenido en su definición; en efecto, Calias es cierto tipo de animal;
>
> 3 además, *el sujeto de algo, si es que algo será inmediatamente en aquello mismo o en alguna parte de aquello mismo*: en este sentido la superficie es por sí misma blanca, y el hombre vive por sí mismo, ya que el alma es una parte del hombre y en ella se da la vida de modo inmediato;
>
> 4 además, *aquello que no tiene otra causa*: del hombre, desde luego, son muchas las causas –"animal", "bípedo"–, pero no es menos cierto que el hombre es, por sí mismo, hombre;
>
> 5 además, todas las propiedades que pertenecen a una cosa sola, y en tanto que es ella sola, por darse separada, <le pertenecen a tal cosa> por sí misma».

La expresión opuesta a esta es *per áccidens*, que equivale a la griega *katà symbebekós*. Esta idea, corregida en varios extremos por la escolástica medieval, ha tenido luego un desarrollo filosófico enorme.

Respecto del derecho romano, veamos por todos este instructivo texto acerca de si los municipios podían adquirir la posesión de cosas, de gran trascendencia en relación con la construcción dogmática de la persona jurídica y sus dificultades de admisión en el derecho romano:

> Paulo 54 edicto D.41.1.22: «Los munícipes no pueden poseer nada por sí (*per se*), porque no pueden dar su consentimiento todos. Pero tampoco poseen el foro, la basílica, y otras cosas semejantes a estas, sino que usan promiscuamente de ellas.

Pero dice Nerva, el hijo, que pueden poseer y usucapir por medio de un esclavo las cosas que hubieren adquirido por el peculio; pero algunos opinan lo contrario, porque no poseen a los mismos esclavos»;

Ulpiano *ed.* 70 *h. t.* 2: «pero observamos este derecho, que los munícipes puedan poseer y usucapir, y que la cosa se adquiera para ellos por medio tanto de un esclavo, como de una persona libre».

En el primer texto, fundamental en materia de posesión, el jurisconsulto Paulo habla del *ánimus* o intención de poseer, que no es racionalmente concebible, como si todos y cada uno de los munícipes colaboraran, a través de sus intenciones respectivas, a crear una intención conjunta. Pero -añade- el esclavo de un municipio, al ser como un órgano de este, adquiere para aquel lo que él posea. Paulo objeta a esto lo que algunos juristas replicaban, a saber, que técnicamente, por la misma razón que antes, los munícipes tampoco podían poseer a los esclavos. Por eso, no poseen sino que usan, de modo promiscuo, las cosas de la comunidad cívica (el foro, la basílica, ...). Ulpiano, sin embargo, soluciona expeditivamente la cuestión que Paulo planteaba casi en términos filosóficos, extendiendo, además, la hipótesis de adquisición de la posesión a la realizada a través de un representante–independiente, no de un esclavo–órgano del municipio. El derecho romano avanzaba, lentamente, hacia la progresiva atribución de mayor capacidad patrimonial a las ciudades.

Persona non grata

(Persóna non gráta)
Lit. *persona no querida.*

Significado y contexto: Pertenece al argot de la diplomacia. Se admite en nuestra lengua. El nombramiento de un embajador puede ser bien recibido por el país destinatario o no, según sea contemplada la persona, su carácter y el aprecio que a ese país ha manifestado anteriormente, su historial en relación con el país si es que lo tiene, etc. También, por causa de actuaciones inadmisibles del embajador a juicio del país en que desempeña su función, puede ser rechazado por él.

Se extiende a otros supuestos. Por ejemplo, no es infrecuente que los consistorios municipales aprueben declaraciones a favor o en contra de personas concretas por interpretar que estas han obrado de una manera especialmente significativa, en un sentido o en otro, en relación con los municipios representados.

Per stirpes

(Per stírpes)
Lit. *por estirpes.*

(V. ***ius representationis***).

Petitum

(Petítum)
Lit. *lo pedido; objeto de la reclamación.*

Significado y contexto: Pertenece al derecho procesal. Es lo que pide el actor al juez. Adopta dos sentidos: el *petitum* inmediato, es decir, el remedio que se requiere del juez, y el mediato, que es el bien perseguido a través del ejercicio del remedio concedido. En Gayo (4.41) podemos ver un atisbo de este concepto cuando habla de la *intentio* de las fórmulas como aquella parte en la que el demandante encierra su propósito (*concludit desiderium*).

El término lo vemos empleado en otros textos. Así, Pomponio 16 *Sab.* D. 44.2.20 plantea el caso de uno al que se le había legado toda la plata, pero creyendo que se trataba tan solo de unas mesas, se hizo estimación judicial solo de estas. Trebacio, a quien cita Pomponio, afirmaba que si reclamaba luego por el resto de la plata no debía oponérsele la excepción de cosa juzgada, «porque no se ha pedido (*quod non sit petitum*) lo que ni el actor pensaba reclamar ni el juez había tenido en mente al dar su sentencia». Repárese en que aquí *petitum* no es nombre sino verbo en pasiva, pero "lo que se ha pedido" se acerca al término sustantivado "lo pedido". Esto mismo observamos respecto de tres constituciones imperiales: C. 2.3.1 (Severo a. 200); C. 6.58.11 (Anastasio a. 502); 8.33.3.2 (Justiniano a. 530, '*quod a creditore petitum est*', lit. lo que ha sido pedido por el acreedor).

> D. 44.2.20: «Si se hubiera ejercitado la acción de testamento [es decir, la del legatario] contra el heredero por aquel que, habiéndosele legado toda la plata, creyó que se le legaron solamente las mesas, y únicamente de estas hubiese hecho la estimación en juicio (*earumque dumtaxat aestimationem in iudicio fecisset*), dice Trebacio, que después pedirá (*petiturum*) el mismo también respecto a la plata legada; y que no le obstará la excepción (*nex obstaturam ei exceptionem*), porque no se pidió lo que ni el actor habría creído poder pedir, ni el juez entendió haber comprendido en el juicio (*quod non sit petítum, quod nec áctor pétere putasset ne iúdex in iudício sensísset*)».
>
> (V. ***ultra petita***).

Plácet

(Idem)
Lit. *place, se da aprobación; beneplácito.*

Significado y contexto: Expresión admitida en nuestra lengua. Era la fórmula utilizada en el Senado romano para expresar su beneplácito respecto de una propuesta a él presentada. Se trata también de un término, utilizado en sus diferentes formas verbales (*placet, placuit, placuisse*...) por la Jurisprudencia romana, para expresar la razonabilidad, y también la vigencia, de una determinada opinión doctrinal, que se hace solución jurídica o *ius* de un caso.

En el ámbito de la relación entre el derecho eclesiástico y estatal, se ha llamado plácet o *exequatur* a la aprobación estatal de las sentencias emanadas de tribunales eclesiásticos (v. ***exequatur***). El DRAE apunta como segunda acepción esta: «Aprobación que da un Gobierno para ejercer en su territorio la representación diplomática de otro país a la persona que ha sido designada para hacerlo».

La expresión contraria, muy usada, es lógicamente '*non placet*' (v. ***non placet***).

Pluris petitio

(Plúris petítio)
Lit. *petición de más; petición excesiva.*

Significado y contexto: Es errónea la versión **plus petitio* porque '*plus*' debe ir en genitivo (*pluris*). Pero en cambio es correcta esta otra: '*plus pétere*', que significa "pedir más" (más exactamente habría que traducir "pedir de más" o "pedir más <de lo debido>").

Pertenece al derecho procesal. En el procedimiento formulario romano, el demandante que debía expresar una cosa cierta (*certum*), es decir, determinada, en la *intentio* de la fórmula se arriesgaba a perder el juicio si incurría en este vicio. Según Gayo (4.53-57) se producía de cuatro maneras: *re*, por el objeto (debiendo pedir 10 se piden 20; o debiendo pedir una porción se pide todo); *témpore*, antes de tiempo; *loco*, si se ha prometido pagar en un determinado lugar y se reclama en otro; *causa*, cuando se reclama una prestación concreta sin dar elección al deudor que tiene esa posibilidad en las obligaciones alternativas, o cuando se pide una cosa específica sin que el deudor pueda determinarla a partir de la cantidad de género debida.

También puede haber una petición de menos (‘*minus pétere*’), que consume la acción si se ejercita ante el mismo magistrado durante el ejercicio de su cargo.

Plus aequo

(Plus aéquo)
Lit. *más de lo justo o debido.*

Significado y contexto: La encontramos, por ejemplo, a propósito de las servidumbres urbanas en este texto de Ulpiano, que se sirve de un argumento *a fortiori*:

> Ulp. 29 *Sab.* D. 8.2.17 pr.-1: «Si alguien plantara un árbol de modo que perjudique a la luz, se habrá de decir igualmente que obra contra la servidumbre impuesta, porque también el árbol hace que pueda verse menos cielo. Pero si lo que se pone en nada impidiera realmente la luz, sino que quitara el sol, si ciertamente se puso en un lugar en que era grato que no hubiese sol, puede decirse que nada hace uno contra la servidumbre; pero si en una estufa o solana, se habrá de decir que se obra contra la servidumbre impuesta, porque hace sombra en un lugar para el que el sol fue necesario. 1. Por el contrario, si derribase el edificio, o cortara las ramas del árbol, con cuyo hecho comenzó a estar lleno de sol el lugar en otro tiempo sombrío, no obra contra la servidumbre; porque debió esta, la de no perjudicar a las luces, y ahora no perjudica a las luces, sino que da más luz que la debida (*sed plus aequo lumen facit*)».

En Ulpiano (36 *ed.* D. 27.2.2.1) hallamos también otro significativo ejemplo en torno a la educación y a los alimentos debidos al pupilo:

> «Al ministerio del juez (*officio iúdicis*) que conoce de la tutela corresponde admitir las cuentas del tutor que no son injustas, por ejemplo, si dijera que gastó en los alimentos o en la educación del pupilo. 1. Pero respecto a la cuantía (*modus*, v. ***modus***), si verdaderamente la determinó el Pretor, debe observarse la que estableció el Pretor; pero si no se recurrió al Pretor, debe estimarse a arbitrio del juez (*arbitrio iúdicis*) con arreglo a las facultades del pupilo (*pro modo facultatum pupilli*); porque tampoco se le ha de permitir al tutor que ponga en cuenta tanto como dio, si dio más de lo justo (*si plus aequo dedit*)».

Una cosa es hacer cuentas con la justicia o con el derecho –como hemos visto– y otra muy diferente con los afectos. Por eso Cicerón (*Lael.* 16.58) no estaba de acuerdo con aquellos que delimitaban la amistad según la igualdad de favores y voluntades afectas (*páribus officiis ac uoluntátibus*) entre los amigos. «Eso sería –dice él– reducir la amistad a un cálculo demasiado estrecho y mezquino para que haya una equivalencia contable de entradas y salidas (*ut par sit ratio acceptorum et datorum* –v. **ratio**–)»:

> «Creo que la amistad verdadera es más rica (*diuitior*), más abundante (*affluentior*), pues no examina al detalle (*restricte*) si da más de lo que recibe; y es que no debe temerse que algo se pierda, o se desborde y caiga al suelo, o que algo se apile más de lo justo (*plus aequo*) en <la cesta de> la amistad».

Plus minusve

(Plus minúsve)
Lit. *en más o en menos.*

Significado y contexto: Se admite en nuestra lengua. Cuenta Suetonio de Augusto (*Aug.* 58) que, a pesar de ser un buen orador que diligentemente cuidaba a diario, ya desde su juventud, el arte de hablar bien en público y de no carecer de habilidad para la improvisación, había determinado escribir previamente todos sus discursos. A tal extremo llegó que incluso las conversaciones, aun con las de su mujer Livia, si eran importantes, las escribía. Y cuando hablaba de ellas con otros, utilizaba sus notas para no excederse en nada (*plus minusue*, ni en más ni en menos) de lo verdaderamente dicho. Un uso similar emplea Cicerón en *Pro Flacco* (5.12) a propósito de las declaraciones de testigos en juicio: *ne quid plus minusue quam sit necesse dicat!*, ¡para que no diga una palabra de más o de menos de lo necesario!).

Hegión, el atribulado personaje de la comedia de Plauto *Captiui*, intenta recuperar a sus hijos en cautiverio. Para ello compra cautivos para redimir a otros hasta encontrar a aquellos. Uno de sus hijos era de muy corta edad cuando lo perdió. Lo acaba comprando, pero este había cambiado su nombre y vestimenta con su amo que también había caído en cautividad y logra que lo dejen libre. Él, en cambio, es castigado. Oigamos ahora el lamento, mezcla de aflicción y de alegría, del padre al descubrir la verdad (vv. 995ss.):

> «Si es que es verdad eso, soy el mismo tiempo desgraciado y un hombre feliz: soy un desgraciado por haberme portado con él como no debía, si es que es mi hijo. ¡Ay, que he hecho por una parte más, por otra menos de lo que debía! (*eheu, quom ego plus minusue feci quam <me> aequom fuit*). Me angustia el maltrato que le di. ¡Si pudiera deshacer lo hecho! Pero ahí viene, en un atuendo no conforme con sus merecimientos».

En su comedia "Formión" (v. 554), Terencio hace decir a Anfitrión, que hablaba a Geta, criado de Demifón: «¡Mira Geta, te lo ruego, que no haga un disparate del que luego nos tengamos que arrepentir!» (*quaere obsecro, nequid plus minusue faxit quod nos post pigeat*, Geta).

Respecto del famoso *plus minusue* que menciona Aulo Gelio (20.1.50) a propósito del célebre precepto de la ley de las XII Tablas por el que presuntamente los acreedores troceaban el cuerpo de su deudor y se lo repartían sin que se tomara en cuenta que los trozos, en más o en menos, no fueran del todo proporcionados (*'Tertiis' inquit 'nundinis partis secanto. Si plus minusue secuerunt, se fraude esto'*), v. **venditio bonorum**.

Possessio

(Posséssio)
Lit. *posesión.*

Significado y contexto: Exponemos aquí este término por la gran variedad y complejidad de expresiones jurídicas latinas que alberga la institución de la posesión y que se condensan en torno a esta significativa figura romana y moderna. Se suele definir como una situación de hecho por la que un sujeto tiene una cosa con ánimo de exclusividad. Esto requiere en principio que recaiga sobre cosas corpóreas.

No debe ser confundida con la propiedad (que es situación de derecho) con la que normalmente coincidirá en la persona de un solo sujeto: el dueño que además suele ser poseedor. Esto lo enuncian así los juristas romanos: «Se debe separar la propiedad de la posesión» (*'Separata esse debet proprietas a possessione'*–Ulp. 69 *ed.* D. 43.17.1.2–). «La propiedad no tiene nada en común con la posesión» (‘*Nihil commune habet proprietas a possessione*’ –Ulp. 70 *ed.* D. 41.2.12.1–).

Para su adquisición, los juristas romanos exigen que haya *ánimus* y *corpus*. Así Paulo 54 *ed.* D. 41.2.3 pr.-1:

> «Pueden poseerse las cosas que son corpóreas. 1. Adquirimos la posesión materialmente y por la intención, y no solo por la intención o solo materialmente. Lo que hemos dicho acerca de que debemos adquirir la posesión material e intencionalmente no siempre debe entenderse en el sentido de que el que quiere poseer un fundo deba recorrer todas sus partes, sino que basta entrar en cualquier parte del mismo, con tal de que esté pensando en querer poseer el fundo entero hasta sus límites».

Esto parece fácil de entender pero se complica en su tratamiento. En efecto, hemos dicho que se trata en origen de una "situación de hecho". Según Paulo 54 *ed.* D. 41.2.1 pr. «"Posesión", según dice Labeón, procede de ‘*sedes*’ (sitio, asiento, posición), como si dijese "posición", que naturalmente es tenida por aquel que allí se encuentra: los griegos la denominan "katochén"». Pero el ordenamiento jurídico también otorga efectos a situaciones no fácticas: p. e. el arrendador–propietario de un terreno se considera además que es poseedor, siendo así que es el arrendatario el que lo tiene, es decir, está en contacto con la cosa.

Muy discutida ha sido en la tradición romanística la cuestión de la naturaleza, que, a su vez, tiene que ver con la del fundamento de la tutela de la posesión: ¿por qué la posesión debe protegerse? y ¿por qué hay situaciones de posesión que se protegen –*possesiones ad interdicta* (posesiones interdictales)– y situaciones que carecen de protección –*possessiones naturales* (posesiones naturales)–? Por citar dos opiniones de insignes juristas participantes de este debate, ambos del s. XIX, Savigny, por un lado, se basaba en que el derecho debía impedir el uso de la violencia, y Ihering, por otro, en que la posesión era una apariencia de propiedad.

La posesión continuada puede conducir a obtener la propiedad. Se trata de la "posesión civil" (*possessio ciuílis*), la que conduce a la propiedad de la cosa.

La posesión, si se desea que se convierta en propiedad, amén de otras circunstancias ha de fundarse en una justa causa (*ex iusta causa*), p. e., en una compraventa (o sea, se tiene una cosa porque se ha comprado: la compraventa es la causa en la que se funda la posesión para la adquisición de la propiedad). Por eso la posesión civil es posesión fundada en una justa causa, porque solo así el poseedor puede creerse legítimamente que es propietario de la cosa, aunque en realidad no lo sea. La posesión *ex iusta causa* no debe confundirse con la posesión *iusta* (que es la que no es obtenida ni violenta, ni clandestinamente ni en precario –*nec ui nec clam nec precario*–; también denominada *non uitiosa*).

El poseedor de buena fe (*bónae fídei posséssor*) es el poseedor que no es consciente de lesionar un derecho de otro. Lo contrario, el poseedor de mala fe.

En la última etapa del derecho romano se llegó a admitir la posesión de un derecho (*possessio iuris*), no solo de cosas corpóreas, por tanto. Con anterioridad habían existido precedentes clásicos llamados de *quasi possessio*, es decir, de situaciones similares a la posesión, referidas por ejemplo al usufructo de una finca (Ulp. 12 *ed.* D. 4.6.23.2) o de ciertas servidumbres (Ulp. 17 *ed.* D. 8.4.2). El usufructo aunque no consiste en poseer sino en usar es fácil que se contemple atécnicamente como posesión. Pero los juristas clásicos no llegan a asimilar el usufructo con la posesión; de ahí el *quasi* que anteponen a la *possessio*: se parece pero no es. (V. ***nomen iuris***).

(Respecto del *ius possessionis* e *ius possidendi* v. ***ius***).

Postdata

(Post dáta)
Lit. *después de dada.*

Significado y contexto: La expresión se admite en nuestra lengua juntando las dos palabras latinas: postdata o posdata. Es lo que se escribe en una carta después de terminada y firmada. Se cita con las siglas "p. d." También con las de "p. s." (***post scriptum***), después de lo escrito, que significa lo mismo que la expresión anterior e igualmente la acepta nuestro idioma.

Post factum

(Post fáctum)
Lit. *después de hecho.*

Significado y contexto: Todo acto, jurídico o no, acarrea sus consecuencias y condiciona la situación posterior del que lo ha realizado. A partir de su realización, puede que a su autor no le sea lícito llevar a cabo otros, y si a pesar de eso los hace, es posible que su conclusión afecte a la propia validez del acto previamente celebrado. Lo mismo se puede decir de una conducta, comportamiento o sucesión de actos previos.

Al comienzo de su comedia *Rudens* ("La Soga"), vv. 10-30, Plauto hace hablar así a la estrella Arturo:

> «El jefe supremo de los dioses y de los hombres, Júpiter, nos reparte entre los diferentes pueblos, para que observemos la conducta de los hombres, sus costumbres, su piedad y su buena fe, a fin de otorgar a cada uno el premio que se merece (*ut quequem adiuuet opulentia*, de traducción no del todo segura). A aquellos que entablan pleitos falsos con la ayuda de testimonios falsos y que perjuran ante el Pretor para negar las deudas contraídas, les anotamos los nombres y se los llevamos a Júpiter. A diario está informado él de quién se busca aquí un escarmiento. Y en cuanto a esos granujas que pretenden ganar los pleitos valiéndose del perjurio y que obtienen del juez cosas que no son suyas, a ellos les revisa la sentencia y les impone una multa que supere el beneficio obtenido del proceso. (...) Esos malvados se imaginan que a Júpiter lo pueden aplacar con ofrendas y víctimas. Pierden el tiempo y el dinero. Y es que ninguna ofrenda procedente de un perjuro le resulta agradable a él. Más fácil le resultara al hombre piadoso, cuando haga una ofrenda, obtener el favor de los dioses que al malvado. Por tanto, os aconsejo yo a vosotros que practicáis la piedad y buena fe ... (laguna de un verso). Perseverad en vuestra conducta para que luego os alegréis de ello (*retinete porro, post factum ut laetémini*)». (Plauto 2005).

En *Truculentus* (*Cascarrabias*), vv. 342 ss., presenta el comediógrafo a Diniarco, un joven enamorado, lamentándose por haber disipado su fortuna con la que esperaba atraer la atención de la muchacha destinataria de sus pasiones:

> «¡Qué dulce es conservar la fortuna! ¡Ay, desgraciado de mí! Ahora que perdí los bienes adquiridos por mis padres, tras haberlos perdido, es cuando cambio de parecer (*post factum flector, qui antepartum pérdidi*). Pero si tengo la suerte de recibir una herencia grande y sustanciosa, ahora que ya conozco las dulzuras y amarguras que proporciona el dinero, os juro que la conservaría con tanto celo y viviría tan austeramente que ...».

Palabras estas que nos recuerdan el lamento del atribulado poeta francés del siglo XVI François Vilon, una especie de admonición dirigida a los jóvenes que se empeñan en no estudiar por pura pereza o indolencia atraídos por engañosos alicientes:

> «Si en practicar buenas costumbres//y estudiar me hubiese empeñado//en mis jóvenes años locos//tendría hoy cama y lecho blando.//Pero yo le huía al Colegio//como hace el que es de entraña vago.//Mientras escribo estas palabras/se me está el corazón quebrando». (Vilon 1984).

Salta a la vista que este pensamiento difiere no poco de la celebérrima exhortación horaciana del '*carpe diem*' (*carm.* 1.11: *carpe diem, quam minimum credula postero* –aprovecha el día, [o el momento], no confíes en el mañana–), que parece invitarnos a no dejar pasar una ocasión para experimentar placer y disfrutar de los estímulos de la vida.

En las fuentes jurídicas, vemos curiosamente asociada la expresión al otorgamiento del testamento: *post factum testamentum* (después de hecho el testamento). Gayo en sus instituciones (2.138) expone la siguiente cuestión:

> «Si alguien, después de haber hecho testamento (*post factum testamentum*), adoptara un hijo, ya ante el pueblo si es sujeto *sui iuris*, ya ante el Pretor, si está sometido a la potestad paterna, su testamento en todo caso se invalida como si hubiese nacido un heredero de propio derecho».

Y ahora un interesante texto de Ulpiano:

> Ulp. 2 *Sab.* D. 28.1.21.1: «Si después de hecho un testamento (*post factum testamentum*) quiso cambiar alguna cosa, todo se ha de hacer de nuevo. Se pregunta, si lo que alguno dice o escribe aclararlo después de las solemnidades; por ejemplo, había legado a Estico, teniendo muchos, y no declaró a cuál se refería; hizo un legado a Ticio, teniendo muchos amigos llamados Ticio; se había equivocado en el nombre (*erráuerat in nómine*), o en el nombre propio (*uel praenómine*), o en el sobrenombre (*uel cognómine*), no habiéndose equivocado respecto a la persona (*cum in córpore non erraset*; v. ***error***); ¿acaso podrá declarar después a quién se haya referido? (*poterítne póstea de quo sénserit?*). Y opino que puede; porque ahora no da nada, sino que aclara lo que dio (*nihil enim nunc dat, sed datum signíficat*). Pero si después hubiere añadido una nota al legado (*sed si notam póstea adiécerit legato*; v. ***nota bene***), o de viva voz, o por escrito, o la cantidad, o el nombre del legatario que no había escrito, o la calidad de las monedas, ¿lo habrá hecho también válidamente? Y yo creo que también puede añadirse después la calidad de las monedas; porque aunque no hubiese sido expresada, ciertamente parecería bien que se hiciese conjetura de lo que dejó, o por las escrituras inmediatas, o por la costumbre del padre de familia, o de la región».

Una cierta relación se observa en el conocido sofisma *post hoc, propter hoc* (después de esto, luego por esto) que consiste en tomar el antecedente como causa. (V. ***ex post facto, ante factum***).

Post mortem

(Post mórtem)
Lit. *después de la muerte.*

Significado y contexto: Expresión admitida en nuestra lengua. Alude jurídicamente a aquel hecho o efecto que se produce después de la muerte de alguien. Ulpiano (*Tituli ex corp. Ulpiani* 20.1) define el testamento como «el atestiguamiento conforme a derecho de nuestra mente solemnemente realizado para que valga después de nuestra muerte » (*Testamentum est mentis nóstrae iusta contestátio, in id sollémniter factum, ut post mortem nostram uáleat*), y su discípulo Modestino 2 *pandect.* D. 28.1.1 lo hacía en términos similares: «Es testamento el parecer conforme a derecho de nuestra voluntad acerca de lo que alguien desea que se haga después de su muerte" (*Testamentum est uoluntatis nóstrae iusta sententia de eo, quod quis post mortem suam fieri uelit*).

Es curioso, aunque no raro, que *post-mortem* signifique "autopsia" en lengua inglesa. Digna, en efecto, de novela policiaca –no es extraño que este género ambientado en Roma haya triunfado hoy– era la *persecutio post mortem* (persecución posterior a la muerte) que realizaba el Fisco romano de los bienes que intentaba probar como adquiridos con ocasión de un crimen para reclamarlos después. Los sujetos relacionados con el sujeto acusado en proceso, que no llegaba a ser condenado por haber fallecido antes, eran investigados a conciencia.

Rica materia para una trama de la magistral novelista Ágata Christie ofrece, ciertamente, el caso verídico que relata el jurista Modestino, que, como a menudo acontece con las narraciones de ese ramo, comienza con la lectura del testamento del interfecto. Aunque las principales sospechas se centran en la mujer Mevia, no creemos que deba perderse de vista al suegro, ni mucho menos a la hermana del causante, habida cuenta de la enjundiosa porción hereditaria (nueve doceavas partes, un dodrante) que pierde de repente por el nacimiento de un póstumo preterido y la consecuente invalidación del testamento. Ese neonato era hijo de la acusada Mevia, y, por causas que no se explican, muere al poco de nacer. Tampoco se esclarece la inopinada muerte posterior de Mevia:

> Modest. 17 *resp.* D. 49.14.9: «Lucio Ticio hizo herederos de nueve doceavas partes a su hermana, y de las restantes partes a su mujer Mevia y a su suegro; habiendo nacido un póstumo, quedó roto su testamento; ese póstumo falleció también poco después, y de esta suerte toda la herencia fue pasada a la madre del póstumo. La hermana del testador acusó a Mevia de haber envenenado a Lucio Ticio. No habiendo vencido apeló. Entre tanto, falleció la reo, pero, no obstante, se dieron las dimisorias; pregunto, si crees que fallecida la reo se ha de dar por terminado el conocimiento de la apelación por haber sido adquirida la herencia. Modestino respondió, que, extinguido el delito por la muerte de la reo, podía competerle al Fisco la persecución de lo que se puede probar que fue adquirido por el delito».

Respecto de ser reo *post mortem* (v. Callist. 1 *de iure fisci* D. 49.14.1 pr.) a propósito del proceso delatorio fiscal.

(V. ***in articulo mortis***; ***mortis causa***).

Post scriptum

(Post scríptum)
Lit. *después de lo escrito.*

(Sinónimo de "postdata" –o "posdata"–. Se escribe con las siglas P. S.)

Praeter legem

(Praéter légem)
Lit. *al margen de la ley; extralegal; en defecto de ley.*

(V. ***contra legem***).

Prima facie

(Príma fácie)
Lit. *a primera vista.*

Significado y contexto: Expresión admitida en nuestra lengua. En apariencia una cosa es de un modo, pero en realidad es de otro. Como cuando Séneca *ep.* 87 dice que aunque en apariencia (*prima facie*) naufragar antes de subir a un barco sea una paradoja, típica de los estoicos, falsa o extraña, en verdad no lo sea.

En derecho, como en la vida, no es conveniente dejarse seducir por las formas engañosas. Veamos algunos ejemplos extraídos de la Jurisprudencia romana:

- Gayo 4.126-128 alude a que en ocasiones una excepción procesal que parece *p. f.* justa perjudica de manera injusta al demandante: como cuando se ha pactado que no se pediría una suma de dinero pero luego se pactó lo contrario. Si el acreedor demanda, el demandado opondrá una excepción basada en el primer pacto, que le perjudica. Por eso debe ser protegido frente a ella. Esto mismo puede ocurrir con la réplica del demandante, que puede perjudicar injustamente al demandado.
- Papiniano 11 *quaest.* D. 12.7.5.1 expone el caso de una madrastra que dio en concepto de dote una cantidad a un hijastro, o una nuera a un suegro. La reclamación de la dote (mediante la condicción) parece *p. f.* que no cabe porque se ha incurrido en un incesto conforme al derecho de gentes (*iure gentium incestum commíttitur*). Sin embargo, la solución es la contraria porque no hubo causa de dar la dote.
- En otro texto, Papiniano 9 *resp.* D. 34.1.10 pr. plantea un caso de prelegado para dar alimentos a los libertos, admitido no solo respecto del heredero destinatario sino de los herederos de ese heredero. Aunque parece *p. f.* que se defrauda la intención del causante, Papiniano no la ve inválida por la finalidad caritativa de la disposición: «¿y qué si desheredó a sus herederos de propio derecho y prefirió dejar sus bienes a una familia (*domus*, hogar) tranquila (*quieta*), decente (*uerecunda*) y pudiente (*idonea*), velando por los libertos (*libertis consulens*)?».
- Gayo 9 *ed. prov.* D. 16.1.13 pr. se refiere al senadoconsulto Veleyano que, con una finalidad proteccionista, prohibía a las mujeres salir fiadoras de otros. Sin embargo, afirma el jurista que a veces, aunque la mujer asuma una obligación ajena, no se le aplica esa regulación. Esto sucede cuando *p. f.* la mujer asume una obligación ajena pero en realidad es propia de ella. Entre los ejemplos que propone Gayo el más claro quizás sea este: cuando sale fiadora de su fiador.
- Ulpiano 21 *Sab.* D. 30.1.39.2 plantea el caso de Ticio que me ha comprado una cosa y me la ha legado antes de entregarla yo, y después yo se la he entregado y he cobrado el precio. Parece *p. f.* tratarse de un legado de cosa que ya me pertenecía y por lo tanto inválido. Sin embargo, no es así porque, una vez que yo he cumplido mi obligación como vendedor de entregar la cosa, luego puedo reclamarla como legatario. Y si aún no me ha sido pagado el precio, según Juliano puedo reclamarlo con la acción de venta o pedir la cosa como legatario. Pero si no he entregado todavía la cosa habiéndoseme pagado su precio, con la acción de legado podré lograr que se me libere de entregar la cosa.
- Paulo 3 *fideicom.* D. 40.5.31.4 se refiere a un supuesto de venta de un esclavo con una cláusula de obligación de manumitir a cargo del comprador. Dice el jurisconsulto que si el dueño está dispuesto a venderlo por un cierto precio que no parece *p. f.* injusto, pero sí a aquel al que se ruega que lo manumita, debe intervenir el Pretor para que se dé la libertad una vez pagado el precio justo al dueño que consiente en venderlo.

(V. otros ejemplos en índice final de voces).

Pretium affectionis

(Prétium affectiónis)
Lit. *precio de afecto.*

(V. ***pretium doloris***).

Pretium doloris

(Prétium dolóris)
Lit. *precio del dolor.*

Significado y contexto: No es expresión romana. Se trata de un tipo de compensación que se conecta con el llamado "daño moral" por el hecho de no poder atenderse un criterio económico para su cómputo. Se exige al que ha cometido un acto ilícito, por el dolor o sufrimiento que lleva consigo la agresión producida en su víctima.

La Jurisprudencia romana no lo considera. Así, por ejemplo, a propósito de las cosas que se arrojan o vierten a la calle y que pueden producir daños y lesiones a los traseúntes, veamos Gayo 6 *ed. prov.* D. 9.3.7, un texto muy relevante en la historia de nuestra expresión:

> Gayo 6 *ed. prou.* D. 9.3.7: «Cuando el cuerpo de un hombre libre (*liberi hominis corpus*) ha sido herido por algo que haya sido arrojado o vertido, el juez computa la retribución que se ha pagado a los médicos y los demás gastos que hayan sido realizados en la curación (*iudex cómputat mercedes médicis praéstitas ceteraque impendia, quae in curatione facta sunt*) y además la actividad de la que se le ha privado o se le privará por lo que la lesión le haya inutilizado (*praetérea operarum, quibus cáruit, ant carituras est ob id, quod inutilis factus est*). Por el contrario, no se hace estimación alguna de las cicatrices o de la deformidad ocasionada (*Cicatricum autem, aut deformitatis nulla fit aestimatio*), ya que el cuerpo del hombre libre no admite que se haga estimación alguna (*quia liberum corpus nullam recipit aestimationem*)».

Respecto de las lesiones afirma, por un lado, que el juez computa los honorarios satisfecchos al médico y los demás gastos hechos en la curación. Además, se hace estimación de los servicios de que careció o ha de carecer (*operarum quibus cáruit aut carituras est*) por haber quedado inútil (*inutilis*).

Pero, por otro, afirma también que no se estiman judicialmente las cicatrices, porque el cuerpo de un hombre libre es inestimable (*quia líberum corpus nullam récipit aestimatiónem*). El supuesto planteado en esta segunda parte del texto no tiene que ver con la merma en la capacidad de trabajo de una persona sino con su imagen. Es decir, se trata de una cuestión estética, que puede influir sicológicamente en la víctima, por la desfiguración que afea su rostro por ejemplo, pero que no le produce ningún género de invalidez. Esta idea es la que nos interesa con respecto a la expresión analizada.

En efecto, el principio romano citado *in fine*, que expresa en sí algo muy razonable y civilizado si se refiere sin más al hombre, conduce paradójicamente a una aplicación restrictiva de la reparación en caso de lesiones: el daño moral no se admite, porque hay que partir de la valoración del cuerpo humano (de un hombre libre, dicen los juristas romanos), y eso no es posible. Esta percepción coincide, por cierto, con la dificultad de las legislaciones modernas de valorar lo mismo en caso de lesiones o de muerte. Su aceptación, no obstante la oposición del derecho romano, ha venido, según se afirma, o del derecho consuetudinario germánico o, más exactamente, de la doctrina de la "restitución" procedente de la Escuela española de Derecho Natural (s. XVI) y consolidada por la autoridad del holandés Grocio.

El daño moral tiene, en realidad, que ver con la pérdida, en términos afectivos, de un ser querido. De nuevo, en este punto el derecho romano se expresa de manera estricta. Bien es verdad que los textos que hallamos se refieren al valor afectivo de cosas, aunque dé la casualidad que esas "cosas" sean seres humanos. Naturalmente nos referimos a los esclavos. El término que utiliza la Jurisprudencia para referirse al "valor afectivo" de algo es *affectio* (del que deriva aquel). De aquí también la expresión moderna de ***pretium affectionis*** (lit. precio del afecto).

Veamos este otro texto fundamental de nuestro sistema jurídico:

> Paulo 2 *Plaut*. D. 9.2.33 pr.: «Si mataste a mi esclavo, opino que no se ha de apreciar la afección (*non affectiones aestimandas esse*), como si alguno hubiere matado a tu hijo natural que tú quisieras estimarlo en mucho, sino en cuanto valiera para todos (*quem tu magno emptum uelles, sed quanti omnibus ualeret*). También dice Sexto Pedio que las cosas se aprecian no según la afección, ni la utilidad de cada cual, sino con arreglo a la común (*pretia rerum non ex affectione, nec utilitate singulorum, sed communiter fungi*). Así pues, que el que posee a su hijo natural no es con él más rico porque habría de comprarlo en muy grande precio si otro lo poseyera; y que aquel que posea un hijo ajeno, no tiene el importe en que podría venderlo a su padre; porque por la ley Aquilia conseguimos el daño, y decimos que se perdió lo que o pudimos percibir, o nos vemos obligados a gastar (*quod aut consequi potuimus, aut erogare cogimur*)».

En el caso que plantea Paulo aquí del hombre asesinado, podemos imaginar el afecto que un dueño agradecido y humano podía sentir por una persona dotada de buen carácter y virtudes, que le hubiese prestado óptimos servicios y mostrado inquebrantable lealtad hacia su persona durante su vida (véase otro caso en la Introducción de este libro a propósito de la patrimonialidad de la prestación). Sin embargo, los juristas romanos no admiten concesiones en este punto: el derecho de daños debe regirse por criterios objetivos, y, por tanto, no se ha de estimar el valor afectivo de las cosas (*non affectiones aestimandas esse*). Esto es lo que dice Paulo quien añade, como recurriendo a una imagen más dramática, el caso del hijo natural muerto que uno hubiese querido comprar y hubiese estado dispuesto a pagar por él un precio elevado. Este supuesto es, sin duda, de mayor intensidad emotiva, y puede hacer dudar por eso mismo acerca de la solución correcta, porque la venta era susceptible de hacerse, en efecto, por un mayor precio del normal: aquí era el padre el que estaba dispuesto a pagar más por ese hijo, que, por desgracia para ambos, fue asesinado antes de poder ser redimido. Ese hijo, sin embargo, vale "lo que vale para todos" (*quanti ómnibus ualéret*) dice Paulo un tanto fríamente, y aduce la opinión de Sexto Pedio que sostiene que los precios de las cosas (*pretia rerum*) son evaluados, no por su valor afectivo o por la utilidad de los particulares (*non ex affectione nec utilitate singulorum*) sino de forma general (*commúniter*). Obsérvese de paso que Pedio precisaba el valor subjetivo de una cosa en dos sentidos: por su valor afectivo y por la utilidad o ventaja que alguien en concreto obtenía de esa cosa (es decir, por su interés específico en ella). Ninguno de estos dos criterios debía servir para estimar el daño producido.

Paulo, que había dejado momentáneamente el caso del hijo natural, lo retoma y concluye con un aserto general: «Así pues –dice él– el que posee a su hijo propio no es más rico por el hecho de que habría de comprarlo o redimirlo a gran precio si otro lo poseyera, ni aquel que posea un hijo ajeno tiene el importe en que podría venderlo a su padre. Porque en la ley Aquilia conseguimos el daño, y decimos que se perdió lo que pudimos conseguir (*quod consequi potuimus*) o lo que fuimos obligados a gastar (*quod erogare cogimur*)».

Ha sido la evolución posterior del derecho señalada anteriormente la que ha ido cambiando, aunque muy lentamente, esta solución mantenida inalterada durante siglos. En las discusiones actuales sobre el precio objetivo (estimado *communiter*) o afectivo que tiene un objeto para alguien (*affectionis*), no recordamos ya ni tan siquiera algunos de los célebres textos que dieron origen a estas ideas.

Pro

(Idem)

Lit. *por, a favor de, delante de, desde arriba y delante de, en lugar de, en calidad de, en contraprestación de, en proporción de, conforme a.*

Significado y contexto: Se trata de una preposición latina que rige ablativo, es decir, que se une a un sustantivo declinado según ese caso. Es muy utilizada en diferentes expresiones con una gran diversidad de significados.

Veamos algunas:

Pro actione (pronunc. *pro actióne*), en favor de la acción. Se trata de un principio por el que se compele a los órganos jurisdiccionales, por ejemplo en España, a llevar a cabo la interpretación, en su caso, más favorable para garantizar el derecho a la tutela judicial efectiva del artículo 24.1 de la Constitución española. Los excesivos formalismos en el procedimiento pueden hacer perder de vista el derecho que se discute de fondo. Esto resulta inadmisible a la luz del citado principio.

La evolución del derecho procesal romano constituye una muestra de la permanente inquietud romana por evitar que nimios defectos procesales pudieran dar al traste con los derechos de los justiciables. La anécdota que relata Gayo (4.11), en sentido crítico, a propósito del antiguo procedimiento de las acciones de la ley, es muy ilustrativa (v. ***verba /voluntas***):

> «Las acciones que usaron los antiguos se llamaban acciones de la ley o bien porque habían emanado de leyes (esto era porque entonces no existían los edictos del Pretor por los que muchas acciones se han introducido), o bien porque se habían acomodado a las mismas palabras de las leyes y así se observaban tan inmutables como las propias leyes. De ahí que cuando alguien hubiese litigado acerca de unas vides cortadas haciendo mención en la acción del término "vides", se respondió que había perdido el asunto ya que habría debido decir "árboles" por esta razón, a saber, porque la ley de las XII Tablas, de la que competía la acción acerca de las vides cortadas, hablaba de modo general acerca de los árboles cortados».

Pero, con el tiempo, otro tanto le sucedió al procedimiento formulario que había sustituido al arcaico de las acciones de la ley, excesivamente rigorista y –como hemos visto– apegado en extremo a las palabras que los litigantes debían pronunciar. En la célebre constitución de Constancio y Constante del año 342 d. C. se acabó derogando el procedimiento en los siguientes términos:

> C. 2.57 (58).1: «Queden suprimidas por completo en todos los actos (*cunctorum actibus*) las fórmulas del derecho que ponían acechanzas (*insidiantes fórmulae*) en la caza de sílabas (*syllabarum aucupatione*)».

Aucupatio significa caza de pájaros. Así pues, en la mentalidad clásica, las partes procesales son contempladas como pajarillos enmarañados fatalmente en una insidiosa red de trámites procesales (v. también ***apices iuris***). (V. en índice final de voces *peccata minuta*).

Particularmente relevante a este respecto es el siguiente fragmento del jurista Juliano referido al ámbito procesal:

> Iul. 50 *dig.* D. 34.5.12: «Siempre que en las acciones o en las excepciones es ambigua una oración, es lo más conveniente que el caso se entienda de modo que más bien sea válida, que no que perezca la cosa de que se trata» (*Quotiens in actionibus aut in exceptionibus ambigua oratio est, commodissimum est id accipi, quo res de qua ágitur magis uáleat quam péreat*).

Otro texto romano que puede traerse a colación aquí es el siguiente de Paulo. Analiza en él, primero, un supuesto de error en la identificación del objeto con respecto a una estipulación, para extender luego el razonamiento a las acciones o juicios, aunque en estos últimos el criterio es diverso y la solución también, según Paulo, que corrige el parecer de Aristón. Veámoslo:

> Paul. 72 *ed.* D. 45.1.83: «Si habiendo yo estipulado a Estico entendiera haberme referido a uno y tú a otro, no se habrá hecho nada; lo que estima Aristón también en cuanto a los juicios. Pero en ellos es mejor decir que se considera pedido aquel a quien se refirió el actor, porque la estipulación es válida por el consentimiento de ambos, y el juicio se pronuncia aun contra la voluntad de uno; y por esto se le ha de dar crédito más bien al actor, pues, de otra suerte, siempre negará el reo [demandado] haber consentido».

Pro consule (pronunc. *pro cónsule*), procónsul. Esta y otras denominaciones similares aplicadas a otros magistrados (cuestores, pretores, ...) se aplicaban a aquellos que ejercían su cargo prorrogado por un año más. Significa "en calidad de cónsul" ...

Pro contione (pronunc. *pro contióne*), ante la asamblea. En Roma, los oradores solían dirigir discursos al pueblo reunido en el foro, concretamente en el lugar donde fueron colocados los *rostra* (o espolones de las naves enemigas) junto al Senado o Curia. Aún hoy se puede reconocer visualmente. Allí se oyeron sus más encendidas arengas.

Pro domo (pronunc. *pro dómo*), en defensa de su casa, es decir, a favor de uno mismo, de lo que es, de lo que tiene o de lo que hace. Cuando un orador o escritor utiliza esta expresión se refiere a que los argumentos que expone le benefician a él mismo o a su causa. Lo hace a menudo para reconocer qué parte de su argumentación puede verse afectada por un interés propio y adelantarse así a la acusación de tendenciosidad de parte de adversarios.

La expresión procede del nombre de un célebre discurso de Cicerón pronunciado en favor de su propia casa. Fue a la vuelta de su exilio, al que había sido condenado por instigación de Clodio, en el año 58 a. C. Este, acérrimo enemigo suyo, hizo ver que Cicerón, tiempo atrás, cuando la famosa conjuración de Catilina, había logrado irregularmente una condena para los cómplices de este último. De regreso a Roma, se encontró el Arpinate con la desagradable sorpresa de que su preciosa casa, situada en el Palatino, con incomparables vistas al Foro y al resto de la ciudad, había sido objeto de consagración religiosa y, por lo tanto, excluida del tráfico jurídico. Tuvo, pues, que batallar en juicio para anular este procedimiento y recuperar su casa, que debió no obstante reconstruir, eso sí con subvención económica del Senado.

Pro soluto (pronunc. pro solúto), ***pro emptore*** (pro emptóre), ***pro herede vel possessore*** (pro heréde vel possessóre), ***pro legato*** (pro legáto), ***pro donato*** (pro donáto), ***pro dote*** (pro dóte), ***pro derelicto*** (pro derelícto), ***pro suo*** (pro súo): como pagado, como comprador, como heredero o como poseedor, como legado, como donado, como dote, como cosa abandonada, como suyo. Estas expresiones, que se encuentran en D. 41.7 a propósito de la usucapión, constituyen las *iústae cáusae* o causas típicas para justificar la adquisición de una cosa mediante ese modo de adquirir.

Pro forma (pronunc. pro fórma), por la forma. Admitida en nuestra lengua (también "proforma"). Se utiliza en las transacciones mercantiles para probar que se ha realizado el suministro de una determinada mercancía. Se denomina "factura pro forma" a este documento pero no equivale a la verdadera factura. Así la define el DRAE: «Dicho de una factura, una liquidación o un recibo: que se tramita para justificar una operación antes de que esta se haga en firme».

También se aplica a los negocios jurídicos, cuando son regulados por los particulares con independencia en el fondo del derecho fijado legalmente, mediante la utilización de las formas comunes establecidas por él pero sin ninguna trascendencia en su contenido real.

La expresión romana que más se aproxima a la situación descrita es '*dicis causa*' o '*dicis gratia*' (donde *dicis* es un genitivo de la voz *dix*, poco común, derivada de *dico, -ere*). Se refiere, en efecto, a actos o gestos en el seno de un propio acto que se continuaron haciendo por pura formalidad a partir de un cierto momento. Veamos algunos ejemplos de su utilización:

Así ocurre con el testamento *per aes et libram* (por el bronce y la balanza), que exigía la presencia de cinco testigos más el portador de la balanza (*líbripens*) y el comprador de la herencia (*famíliae émptor*). Este último ocupaba el lugar de heredero y debía cumplir con los legados. Pero, cuando se empieza a instituir a un heredero propiamente dicho, encargado de repartir los legados, dice Gayo (2.103) que, "a imitación del derecho antiguo" (*propter uéteris iuris imitationem*), se utiliza a otro como comprador de la familia *dicis gratia*. La mancipación –añade 2.104– de la familia es *dicis gratia*.

Gayo 1.190 no entiende, con razón, qué causa justifica que siga existiendo en sus días la tutela de las mujeres. Desde luego, a su juicio –de nuevo con razón–, no es verdad eso de que sean más susceptibles de ser engañadas en el tráfico jurídico por una supuesta ligereza de ánimo y, por tanto, tengan que someterse a la autoridad de tutores. Constata el jurista, por el contrario, que «las mujeres de plena edad llevan a cabo los negocios por sí mismas y que el tutor interpone su autoridad por pura forma (*dicis gratia*); a menudo incluso, este se ve obligado por el Pretor a interponerla en contra de su voluntad».

A propósito del comodato de monedas, afirma Gayo 1 *verb. obligat.* D. 13.6.4 que con frecuencia se dan sumas de dinero en comodato como pago por pura forma (*d. g.*) o pago figurado. Es curioso porque el sentido es parecido al de las modernas facturas pro forma. Este texto es, por cierto, el siguiente en el Digesto de Justiniano del célebre de Ulpiano 28 *ed.* ley 3, § 6 que se refiere al comodato de dinero *ad pompam uel ostentationem* (v. ***ad pompam vel ostentationem***).

> «Y muchas veces también se da en comodato el dinero para esto, para que por formalidad (*dicis gratia*) medie por vía de entrega (*numerationis loco*)».

La expresión tiene un sentido similar a la nuestra de "guardar las formas". En una ocasión la vemos empleada peyorativamente. El senadoconsulto Silaniano, de comienzos de nuestra era, penaba con la muerte a los esclavos que no hubieran defendido convenientemente a sus dueños durante un ataque o agresión sufrida por ellos, de la que resultaran finalmente asesinados. Para dilucidar lo sucedido se les sometía a un cruel interrogatorio acompañado de tormentos. Respecto de los que actuaron en defensa de su dueño, podemos hacernos una idea de la desigual intensidad empleada por unos y otros en intentar protegerlo en el transcurso de alguno de aquellos trágicos sucesos. Ulpiano 50 *ed.* D. 29.5.1.34 separa a aquellos que prestaron su auxilio sin dolo malo, que son excusados, de aquel otro que, o bien lo fingió (*finxit se quis auxilium ferre*, fingió prestar auxilio) o se limitó a hacer que defendía a su dueño (*dicis gratia*). Concluye el jurista diciendo que ninguna treta o cuento (*commentum*) debe beneficiarle.

Otros ejemplos: Gai. 1.141, 2.252 (*dicis causa*).

Pro indiviso (también ***proindiviso;*** pronunc, *pro indivíso*), **pro diviso** (*pro divíso*), ***pro parte*** (*pro párte*), ***pars*** (*idem*): respectiv. por indivisión (es decir, en régimen –o razón– de cosa no dividida), en razón de cosa dividida (o división), en razón de una parte, parte.

Tiene que ver con la copropiedad romana y con la divisibilidad o indivisibilidad de las cosas. La primera expresión, admitida en nuestra lengua, se encuentra a menudo escrita de forma unida en nuestro idioma ("proindiviso"); es decir, aunque debería separarse, es tan usual que se ha consolidado en una sola palabra. Es algo similar a lo que ha acontecido con ***ab intestato***.

La copropiedad *pro indiviso* surge de la concurrencia de varios derechos de la propiedad sobre una misma cosa. La solución clásica del derecho romano a los problemas que plantea esta situación consiste en admitir que surgen partes o cuotas ideales que se atribuyen a cada uno de los titulares o copropietarios. Así lo vemos en un texto de Ulpiano (28 *ed.* D. 13.6.5.15), muy interesante porque describe perfectamente la copropiedad clásica romana, y en él se pueden hallar además tres de las cuatro expresiones que nos proponemos analizar aquí. A propósito del caso de un vehículo comodado (o arrendado) a dos personas juntamente, se preguntaba Celso (citado por Ulpiano) si cada una se obligaba íntegramente (*in sólidum*. V. ***in solidum***) o en razón de una parte (*pro parte*). El jurista afirmaba que no podía darse la propiedad o la posesión por entero en cada una de ellas (*duorum quidem in solidum dominium uel possessionem esse non posse*). En consecuencia, ninguno podía ser dueño de parte material alguna de la cosa (*nec quemquam partis córporis dóminum esse*) sino que tenía la propiedad del entero objeto en régimen de indivisión y en razón de parte o cuota (*sed totíus córporis pro indiviso pro parte dominium habére*).

Frente a ella, aparece una especie de copropiedad impropia que se identifica con la expresión '*pro diuiso*'. La encontramos, por ejemplo, en un sugestivo texto de Ulpiano 28 *ed.* D. 8.4.6.1, donde aparece el supuesto de un fundo dividido en zonas determinadas (*regiones*) en el que se hace entrega de parte (*pars*) –delimitada según aquellas– en régimen de división (*pro diviso*). Una diferencia práctica entre el régimen de *pro indiviso* y *pro diviso* es que en el primer caso no se podría constituir servidumbre sobre la cosa, porque este derecho real es indivisible (*per partes séruitus imponi non potest*, no puede imponerse una servidumbre por partes), mientras que en el segundo sí, ya que aquí no se está propiamente ante una parte del fundo sino ante un fundo diferente (*non est pars fundi sed fundus*, no es una parte del fundo sino un fundo).

En un fragmento, probablemente muy alterado (Javoleno 26 *Q. Muc.* D. 41.2.26), leemos que puede poseerse y adquirirse por larga posesión un lugar determinado de un fundo y una determinada parte *pro indiviso*, pero no una parte indeterminada (*pars incerta*) como cuando alguien entrega «lo que le correspondiera en propiedad del fundo».

El interdicto posesorio '*uti possidetis*' (como poseéis) se concede cuando la reclamación es o de la posesión del fundo entero (*totus fundus*), o en razón de una parte determinada (*pro certa parte*) o *pro indiviso* (Ulpiano 69 *ed.* D. 43.17.1.7).

La excepción de cosa juzgada se otorga cuando alguien reclama un fundo y luego pretende hacer lo mismo con respecto a una parte *uel pro diuiso uel pro indiuiso*, es decir, ya en uno u otro régimen (Ulpiano 75 *ed.* D. 44.2.7 pr.): '*pars in toto est*' (la parte está comprendida en el todo).

Un caso interesante es el del árbol que crece en la linde entre dos fincas (*arbor in confinio nata*) o la piedra que se extiende por ambos fundos entre los que se halla (*lapis per utrumque fundum extensus*). Paulo lo trata en 6 Sab. D. 10.3.19 pr. (pero lo vemos también en Paul 1 *man*. D. 17.2.83 y en Marc. 3 *inst*. D. 41.1.8.1). Mientras están adheridos al fundo son de uno y otro propietario según la zona o extensión de las lindes de cada uno, y no cabe respecto de ellos el ejercicio de la acción divisoria (*actio communi diuidundo*). Pero si la piedra es extraída o el árbol arrancado o cortado, entonces la propiedad se hará común *pro indiviso* y se podrá ejercitar el citado remedio, pues lo que estaba en partes delimitadas (*finítis pártibus*) ahora se confunde. El caso es comparable al de la fusión de metal procedente de masas de dos propietarios.

Respecto del caso de la isla nacida en un río (*ínsula in flúmine nata*) frente a dos predios cuya ribera da a una de las orillas de la isla, afirma Paulo 16 *Sab*. D. 41.1.29 que no se hace común *pro indiviso* sino que se divide por regiones en función de la extensión de ribera de cada uno correspondiente con la de la isla y de la perpendicular trazada desde la linde de los dos fundos. La *regio* o zona resultante es de propiedad privada de cada uno de ellos.

La casuística analizada ayuda a entender la discusión terminológica que plantea Paulo 21 *ed*. D. 50.16.25. Según él, Quinto Mucio Escévola afirmaba que la palabra "parte" se refería a la cosa *pro indiuiso*, «pues lo que es nuestro *pro diuiso* no es parte sino todo». Paulo, sin embargo, cita la opinión contraria de Servio, no carente a su juicio de sutileza jurídica, quien estimaba que la voz "parte" significaba ambas cosas.

Pro lege (*pro lége*), como ley, asimilable a ley. Cicerón *Verr*. II, 3.82 confronta irónicamente al dictador Sila, que no le inspiraba más que recelo, con el tiránico gobernador de Sicilia, Verres, para destacar las aberraciones jurídicas del último. Si a aquel, que tenía concedido un poder casi pleno, no le permitió el Senado que detrajera cantidades de la recaudación total para beneficio de los compradores de patrimonios de ciudadanos proscritos por él, mucho menos a este. «Aquel, con respecto al cual el pueblo romano había aprobado una ley –dice Cicerón– por la que se establecía que su voluntad valiese como ley (*ut uoluntas ei posset esse pro lege*), no obstante fue reprobado solo en este tipo de decisiones por el respeto escrupuloso de las antiguas leyes. Y tú, que estabas agarrado, enredado por todas las leyes, ¿quisiste que tu capricho te valiese como ley? (*libídinem tibi tuam pro lege esse uoluisti?*)". Un uso parecido se halla en T. Livio 3.9.6 ('*libidinem ac licentiam pro lege habére*', considerar el capricho y la libre discreción como ley). (v. ***ad libitum***).

Plinio el joven *epist*.10.108 consulta a Trajano acerca de la concesión del derecho de protopraxia (crédito privilegiado o preferencia de cobro con respecto a otros acreedores) a las ciudades de Bitinia y del Ponto, porque sabía de su otorgamiento por parte de muchos procónsules y que el citado derecho preferente valía como ley (*eam* – scilic. *protopraxian*– *pro lege ualuisse*).

La Jurisprudencia romana utiliza el giro con análogo sentido: así Pomponio *enchir*. D. 1.2.2.12, que define la constitución del príncipe (*principalis constitutio*) como lo que establece el propio príncipe para que se observe como ley (*ut quod ipse princeps constituit pro lege seruetur*); lo que recuerda la famosa y más descarnada, aunque no tomada aún en sentido general, de Ulpiano: *quod príncipi plácuit habet legis uigorem* (la voluntad del príncipe tiene fuerza de ley, Ulp. 1 *inst*. D. 1.4.1, = I. 1.2.6). Leemos así mismo en las Instituciones de Gayo la expresión '*legis uicem optinére*' (obtener vez o valor de ley), también a propósito de las constituciones imperiales. Estos modos de expresarse de la Jurisprudencia muestran, por un lado, el interés por hacer aparecer esta fuente normativa nueva entre las tradicionales, y concretamente junto a la ley con valor asimilado al de ella. Pero las citadas expresiones, así como la forzada justificación legalista –que el príncipe ha recibido el poder o *imperium* por ley, la *lex de imperio*, de manos del pueblo–, son, por otro, testimonio del difícil encaje de la voluntad legisladora de los emperadores en el esquema antiguo. En él, el respeto a la ley, la actividad innovadora de los magistrados, guiados por los juristas, así como, sobre todo, la labor prudente, pero a la vez creativa, de los juristas sobre los *mores maiorum* hacían impensable en un principio semejante injerencia del poder político. Por eso, al derecho anterior se le denominará *ius uetus* (derecho viejo) y al nuevo, introducido por los emperadores aunque con predominante participación aún de la Jurisprudencia, *ius nouum* (derecho nuevo).

Encontramos la expresión también al comienzo del célebre texto de Juliano 84 *dig*. D. 1.3.32: "No inmerecidamente la costumbre inveterada se observa como ley (*inueterata consuetudo pro lege non immérito custóditur*). En este contexto, pero en torno a la acción de contención del agua pluvial (*actio áquae plúuiae arcéndae*), dice Paulo 49 *ed*. D. 39.3.2 pr. que son tres las cosas por las que un lugar inferior sirve a otro superior: la ley (se refiere a una servidumbre), la naturaleza del lugar y la antigüedad (*uetustas*), que siempre se tiene por ley (servidumbre) para disminuir la litigiosidad (*quae semper pro lege habetur, minuendarum scilicet litium causa*). Y expone a continuación el caso de una antigua fosa para desecar unos terrenos, respecto de la cual no se sabía cuándo se había hecho, que el vecino de abajo (*inférior*) no limpiaba, y de esta forma el agua estancada perjudicaba al fundo superior. Labeón, citado por Paulo, aconsejaba en este caso la concesión de la acción citada para que ese vecino, o limpiase él la fosa (*aut ipse purgaret*) o permitiese devolverla a su prístino estado (*aut te pateretur in prístinum statum eam redígere*).

En este sentido de equiparación de una fuente determinada a la ley es el que se ha adoptado modernamente para enjuiciar el valor de disposiciones tales como reglamentos o circulares, por ejemplo.

La expresión era en las fuentes utilizada también con el sentido de defensa de una ley. Así, '*pro lege Manilia*' es "en defensa de la ley Manilia": se trata de un célebre discurso u *oratio* de Cicerón llamada *De imperio Cnei Pompei siue pro lege Manilia*, con el que pretendía la atribución de poderes a Pompeyo para que asumiera la dirección de la campaña bélica contra Mitrídates.

Pro mea ... (pronunc. pro méa), ***pro tua parte*** (pro túa párte): respectiv. por mi parte, por tu parte (Cic. *epist*. 15.15.3).

Pro operario: a favor del trabajador. Principio fundamental del Derecho del Trabajo y de la Seguridad Social. El trabajo constituye a partir de la Revolución Industrial un fenómeno social de enorme trascendencia que justifica en el derecho el desgajamiento de una nueva rama o disciplina jurídica que surge para atender de modo específico y diferenciado a los problemas que plantean las relaciones laborales entre los empleados de una empresa y sus empleadores, y, muy en concreto, para garantizar la protección de aquellos, más débiles y faltos de tutela. Con todas las diferencias, surgidas como reacción frente al derecho común, la categoría jurídica que constituye su objeto central sigue siendo, no obstante, una figura que hunde sus raíces en el derecho romano (naturalmente *mutatis mutandis*): el contrato.

En Roma el trabajo manual era considerado como impropio de personas de condición elevada, aunque es verdad que gracias a él no pocos prosperaron económica y socialmente a través del comercio y de la artesanía en sus múltiples formas. De ahí que no se le dedicara especial atención; sobre todo, además, porque el mayor volumen lo prestaban personas de condición servil, es decir, esclavos, esto es, sin derechos. Recuérdese, sin embargo, que el moderno concepto de abuso de derecho tiene que ver con el maltrato a los esclavos y la sanción expropiatoria de los poderes públicos romanos a sus dueños (V. ***immissio in alienum, usque ad coelum usque ad sidera***).

La preocupación por garantizar el empleo a los operarios llevó curiosamente al emperador Vespasiano a prohibir que se dieran a conocer las últimas invenciones técnicas para así desalentarlas. V. (Alföldy 2012, 135-136).

> Suet. *Vesp.*8.18:«Fue [Vespasiano] el primero que instituyó una paga anual de cien mil sestercios, que debían salir del Fisco, para los rétores latinos y griegos; premió con magníficos regalos y con grandes recompensas a los poetas eminentes, así como a los artistas, al restaurador de la Venus de Cos y del Coloso; cuando un ingeniero le prometió incluso transportar grandes columnas al Capitolio a costa de muy pocos gastos, le ofreció una suma nada despreciable por su proyecto, pero rechazó sus servicios diciéndole que le permitiera dar de comer a la pobre gente humilde». (Suetonio 1992).

Y más adelante añade (8.19):

> «Ofrecía asimismo banquetes continuamente, de ordinario opíparos y en toda regla, con el fin de ayudar a los tenderos». (Suetonio 1992).

Pro parte, v. *supra*. También se aplica al heredero dc cuota o porción de herencia (*heres pro parte*, en el mismo sentido de *ex parte*). Asimismo, por efecto de la división automática de los créditos y las deudas del causante entre los herederos, estos reclaman o responden también en función de su parte o cuota hereditaria.

Pro rata (pronunc. *idem*): "prorrata", "pro rata" y '*pro rata parte*' son expresiones admitidas en nuestra lengua, las dos últimas latinas y la primera derivada del latín. *Pro rata parte* o *pro rata portione* significa "a parte o porción fija". *Ratus, -a, -um* es adjetivo y significa fijo, constante o determinado. La Jurisprudencia romana la utiliza a menudo en casos donde corresponde repartir algo, por ejemplo, un patrimonio hereditario entre diversas personas. La distribución se debe realizar en función de la cuota o parte determinada atribuida a cada uno. Otros giros utilizados son: *pro rata portionis* (a prorrata de la porción, Juliano 32 *dig.* D. 30.1.80 pr. referido a la cuarta Falcidia), *pro rata patrimonii* (a prorrata del patrimonio, Pap. 19 *quaest.* D. 36.1.56 pr.), *pro rata partium* (a prorrata de las partes, Ulp. 4 *Sab.* D. 28.6.10 pr.), *pro rata pónderis* (a prorrata del peso, en caso de confusión de cantidades de plata de diferentes propietarios Ulp. 16 *ed.* D. 6.1.3.2); es decir, haciendo seguir a las palabras '*pro rata*' de un nombre en genitivo con omisión de porción o parte, lo que quizás haya contribuido a dar independencia, ya en la lengua latina, a esos dos primeros términos, que en ocasiones aparecen solos (Ulp. 43 *Sab.* D. 46.3.5.3).

En nuestro idioma, que se refleja en el modelo de aquel, llegan a constituir –como hemos apuntado antes– un solo vocablo: "prorrata" (también utilizado en la expresión "a prorrata", y de ahí "prorratear" y "prorrateo"). Por eso se traduce como "en proporción" o "proporcionalmente", aunque carezca del sustantivo que fija el criterio, pero que se entiende tácitamente aludido, y que normalmente suele ser "parte" o "porción".

Pro rata témporis es usual en el argot jurídico moderno. Significa "en proporción del tiempo" o más exactamente "en proporción de la parte de tiempo" (parte o porción se sobreentienden, como hemos visto). Se aplica a aquellos casos en los que se deben repartir los frutos y los gastos producidos en la administración de una cosa fructífera (por ejemplo, una finca destinada al cultivo), durante un periodo de tiempo (por ejemplo, un año), entre personas que se suceden en el derecho que permite el uso y disfrute de esa cosa.

La encontramos en Trifonino 6 *disput.* D. 23.3.78.2, que refiere un caso de restitución de dote a la mujer tras el divorcio de los cónyuges. Para abordarlo con provecho, lector benévolo, sería preciso, al menos, recordar previamente las bases de la institución del usufructo y sus modos de extinción, así como el régimen patrimonial del matrimonio romano por lo que respecta a la dote, en cuanto institución enderezada a garantizar la separación patrimonial entre los cónyuges en el derecho romano. Decimos esto último a propósito de la dote para que no se rechace sin más la lectura e interpretación del texto con la excusa de ver aparecer en él una figura anacrónica. Se trata, por el contrario, de un ejercicio de razonamiento jurídico, de notable dificultad, de entre los que proponemos a lo largo de esta obra al socaire de una concreta expresión, mediante el empleo de textos genuinos de nuestro sistema jurídico con los que se han educado generaciones enteras de juristas durante siglos. Veámoslo.

La mujer había dado a su marido en concepto de dote el usufructo de una finca, que se extingue, sin embargo, por no uso del marido. El jurista considera también la no extinción del usufructo. Se plantean dos variantes: que la mujer sea propietaria de la finca o que lo sea un tercero. Al extinguirse el usufructo, se consolida la propiedad, ya que este derecho recupera las facultades de uso y disfrute del bien. En el primer supuesto ese efecto produce un enriquecimiento patrimonial de la mujer, sin que se le pueda imputar al marido su conducta omisiva, que trae como consecuencia que la mujer se queda sin dote. No sucede así en el segundo: la mujer se considera que sigue teniendo dote, aunque se haya extinguido el usufructo, porque la constitución del usufructo con respecto al tercero propietario ha tenido un precio (*a fortiori* si el marido no lo ha extinguido).

Resulta llamativa, por el desgraciado e imperecedero realismo de la psique humana, la argumentación *in fine* a favor del derecho de la mujer para reclamar la dote. Jurídicamente posee el soporte objetivo que le otorga la existencia de un interés reconocible, pero aparece teñido por el odio o resquemor de la fractura matrimonial y de las circunstancias de fondo, desconocidas para nosotros, que el jurista no deja de tener en cuenta: «o la mujer sigue obligada por la acción de compra frente al tercero a prestar el usufructo, o espera conseguir su precio, o le es civilmente lícito (*licére ei ciuile est*) hacer un obsequio a cualquiera (*cuiuis magis gratiam praestáre*) antes que dejar en manos de su enemigo (así llama el jurista a su ex marido: *inimícus*) el derecho que se le transfirió».

Pero vayamos a la parte que nos interesa: el jurista plantea la cuestión del reparto de los frutos correspondientes al año en que se produjo el divorcio. Su respuesta es, sin ambages, afirmativa: «producido el divorcio...veamos primeramente, tanto en este caso como en el anterior, si se dividen los frutos a prorrata del tiempo de ese año; lo que ha de admitirse» (*Diuortio autem facto...primo uideamus et in hac, et in superiore specie, an pro rata temporis eius anni diuidantur fructus; quod probandum est*).

Helo aquí:

> «Pero si la mujer hubiere constituido por causa de dote usufructo sobre un fundo suyo en favor de su marido, entonces habrá propiamente usufructo respecto a la persona del marido, para quien se extinguirá aquel también por el no uso; y si esto aconteciere, veamos ¿estará acaso también ahora dotada la mujer? Y si verdaderamente está en poder de la mujer el dominio del fundo, al cual revertió el usufructo, no tiene ya en la dote nada que con la acción de dote consiga de aquel, a quien no puede imputarse que por el no uso haya perdido el usufructo, por lo que ella obtiene lucro; y por esto quedará indotada. Pero si la mujer hubiere enajenado la propiedad, la cual se hizo más plena sin utilidad alguna de la mujer, permanece todavía dotada, porque debe estar obligado por la acción de dote el marido, que, cuando le fue lícito usar del usufructo, lo perdió por el no uso; porque si hubiese perseverado

> en tener el usufructo hasta el divorcio, su restitución cedería en beneficio de la mujer, pues aunque no pasase a ella inmediatamente, revertería sin embargo a la propiedad o por precio, o por beneficio, sin perjuicio de la mujer. Pero si el marido no hubiere perdido el usufructo, por la muerte de la mujer no se extingue en el marido el usufructo. Pero verificado el divorcio, veamos primeramente, así en este como en el caso anterior, si se dividirán los frutos a prorrata del tiempo (*pro rata temporis*) de aquel año; lo que se ha de admitir. Pero la restitución del mismo se hará de modo que se ceda el usufructo a la mujer que tiene el fundo, y así se consolide con la propiedad. Pero aunque no sea dueña del fundo, le compete sin embargo la acción de dote, para que el marido dimita de sí el usufructo; porque o la mujer está obligada todavía por la acción de compra a prestar el usufructo, o espera conseguir su precio, o civilmente le es lícito hacerle un obsequio a cualquiera, más bien que dejar en poder de su enemigo el derecho a él transferido».

Pro se quisque (pronunc. pro sé quísque), cada uno por su parte (expresión que se encuentra en Cicerón *offic.* 3.58).

Pro suffragio (pronunc. pro suffragio), en virtud del voto (Cic. *Verr.* 2.127).

Pro tribunali (pronunc. pro tribunáli), desde lo alto del estrado y ante las partes (v. su contraria **de plano**). Se refiere al magistrado con jurisdicción.

Pro viribus (pronunc. pro víribus), en la medida de sus fuerzas. Con respecto a la herencia, se refiere al límite de su activo.

Probatio diabolica

(Probátio diabólica)
Lit. *prueba diabólica.*

Significado y contexto: Es expresión medieval. Tiene que ver con la prueba de dominio (es decir, del derecho de propiedad) que debe realizar el que reclama una cosa a través de la acción reivindicatoria (*uindicatio rei*). En principio, el alcance de la demostración debe llegar a todos los que aparecen como anteriores propietarios de esa cosa. Esto puede ser demasiado oneroso. Pero, como dice Gayo 2.44, la institución de la usucapión se ha admitido «para que los dominios sobre las cosas no queden demasiado tiempo en incertidumbre, ya que le basta al dueño para probar que la cosa es suya el paso de un año [para las cosas muebles] y de dos [para las inmuebles], que es el tiempo que se le atribuye al poseedor para la usucapión». En 21 *ed. prov.* D. 41.3.1 este mismo jurista se refiere a la usucapión como surgida por un bien público (*bonum publicum*).

Neracio 5 *memb.* D. 41.10.5 expresa esta finalidad de la usucapión así: «para poner un cierto fin a los litigios» (*ut áliquis litium finis esset*). Esto mismo es lo que afirma Cicerón *Caecin.* 26.47: «Puede que mi padre me haya dejado una finca, pero no es mi padre sino las leyes las que me han dejado la usucapión de la finca, o lo que es lo mismo, el fin de mi inquietud y del riesgo de sufrir litigios» (*«Fundus a patre relinqui potest, at usucapio fundi, hoc est finis sollicitudinis ac périculi litium, non a patre relínquitur, sed a légibus»*).

La expresión tiene que ver con la condición más favorable de que goza el poseedor. De ahí la expresión medieval "*beati possessores* (o *possidentes*)'. En el derecho romano, se conecta con la regla '*melior condicio possidentis*' (Ulp. 73 *ed.* D. 20.1.10): la condición del poseedor es mejor.

Parece también que tiene que ver con ciertas representaciones teatrales medievales llamadas "juicios del alma" en las que el Demonio reivindicante perdía la causa inevitablemente por falta de prueba frente al Ángel defensor del alma. También en las representaciones pictóricas medievales, es usual ver aparecer al demonio aferrado o literalmente colgado de uno de los platos de la balanza de la justicia, en la que se pesan las acciones buenas y las malas, para hacer recaer sobre el infeliz difunto una sentencia condenatoria. De ahí, la necesaria intervención celeste para ayudar a las almas y evitarles su segura perdición (V. también ***deus ex machina***).

Propter nuptias

(Própter nuptias)
Lit. *por causa del matrimonio.*

Significado y contexto: Se refiere a la donación nupcial. En las Instituciones de Justiniano (2.7.3) se alude a ella: «no la conocían los juristas antiguos –declara– pues la introdujeron los más recientes príncipes». «Se llamaba antenupcial (*ante nuptias*) porque se hacía antes del matrimonio y no se hacía jamás después». Las donaciones entre cónyuges, además, estaban prohibidas. El hecho del matrimonio constituía una especie de condición tácita (v. ***condicio iuris***) ínsita en la donación: la donación se entendía ratificada o afirmada con su verificación. El emperador Justino, tío de Justiniano, por primera vez permitió acrecentar las dotes con la posibilidad de donar *post nuptias* (después del matrimonio) –según testimonia C. 5.3.19– pero fue Justiniano (C. 5.3.20) el que denominó, según él, más correctamente este género de donaciones como '*propter nuptias*' para adecuar el nombre a la nueva figura y equipararlo en su régimen a la dote. En efecto, en la época anterior, la mujer o alguien de su parte daba al marido la dote para contribuir al sostenimiento de las cargas matrimoniales. Ese patrimonio (bien o derecho o conjunto de bienes o derechos) era devuelto por el marido una vez producida la disolución del matrimonio. En el derecho de los últimos emperadores, antes de la desplome de la parte occidental del Imperio, se practicaba de modo común la costumbre de que el marido hiciese una donación a la mujer con idéntica finalidad de la dote. Justiniano equipara completamente una a la otra, que favorece el establecimiento de un régimen de confusión patrimonial.

Propter rem

(Própter rem)
Lit. *por razón de la cosa.*

Significado y contexto: Se aplica a un tipo de obligaciones que constituyen una categoría intermedia entre los derechos personales (u obligaciones) y los derechos reales. El ejemplo característico del derecho romano lo ofrece la acción de contención de agua pluvial (*actio áquae plúviae arcéndae*) para evitar entre fundos rústicos vecinos que en uno de ellos se llevaran a cabo obras que alteraran el curso normal de las aguas de lluvia de modo que su caudal fuera mayor y provocara daños en el otro. La acción es personal. Sin embargo, Celso (Ulp. 53 *ed.* D. 39.3.6.7) afirma que si el que ha hecho la obra es aquel contra quien se ejercita la acción, se obliga a quitarla (*tóllere*) haciéndose cargo de los costes; pero si no lo es, basta con que permita (*pati*, tolerar) que su vecino la quite. La alternativa es –como dice Paulo 16 *Sab.* D. 39.3.12– entre restituir la cosa a su estado anterior o prístino (esto es lo que significa '*restitúere*' cuya traducción como "restituir" no debe hacer pensar en una simple devolución de cosas) y tolerar que el vecino afectado lo haga (*patientiam praestáre*, lit. prestar paciencia).

A pesar de su carácter personal, la acción puede ser ejercitada contra terceros, aunque no frente a todos (*erga omnes*) sino solo frente a aquellos que se colocan en una determinada situación jurídica con respecto al fundo, es decir, sus sucesivos propietarios. Y esto mismo se advierte con respecto a los que la pueden ejercitar legítimamente. Así lo afirma Ulpiano (53 *ed.* ley 6.4): «si alguien, antes de ejercitar la acción de contención de agua pluvial, transfiere la propiedad del fundo a otro, deja de tener la acción de contención de agua pluvial, que pasará a aquel de quien comience a ser el terreno». Este efecto de pasar la acción y la obligación "por razón de la cosa" de un propietario a otro motivó su denominación por parte de la doctrina de obligaciones "ambulatorias" (obligaciones que deambulan o se pasean): fue el romanista Ferrini el que ideó este nombre a partir de Ulp. 18 *Sab.* D. 7.1.25.2 (*ambulauit stipulatio*, la estipulación deambuló).

Los supuestos son múltiples: –la obligación (más bien la carga) de reparar el muro de apoyo de construcción ajena, que afecta a quien sea propietario del fundo sobre el que recaiga esa servidumbre (*séruitus óneris feréndi*, s. de apoyo de carga; Ulp. 17 *ed.* D. 8.5.6.2); –la acción penal de intimidación (*quod metus causa*, de lo realizado por causa de intimidación), redactada como real (*in rem scripta*) para poder dirigirla contra quienes se hubiesen lucrado de una coacción, aunque no fueran ellos quienes la hubiesen realizado (Ulp. 11 *ed.* D. 4.2.9.8; v. ***vis metusve***); –la obligación (o carga) de pagar el tributo –*tributum*– v. *lex agraria* 1.36; *sententia Minuciorum* l. 24; Cicerón, *Verr.*, 3.56.57; –la obligación de pagar el canon o *uectigal* de los terrenos concedidos en arriendo a largo plazo, que opera como precedente de la obligación (o carga) de pagar la renta de los derechos reales de enfiteusis y superficie (cfr. Papirio Justo 2 *const.* D. 39.4.7 pr.: '*ipsa praedia non personas conueniri*', se demanda a los propios predios no a las personas)...

Purgatio morae

(Purgátio mórae)
Lit. *purga de la mora.*

(V. ***mora***).

Q

Quaestio facti / quaestio iuris

(Quaéstio fácti / quaéstio iúris)
Lit. *cuestión de hecho / cuestión de derecho.*

Significado y contexto: Uno de los hallazgos más interesantes del derecho romano es esta distinción, que, no obstante, no es percibida como separación radical por la Jurisprudencia romana. El romanista Schulz (en su obra "Principios del derecho romano") aludía a la virtud o cualidad resultante como "aislamiento" (en alemán, *Isolierung*) de lo jurídico. En efecto, gracias a la sensibilidad de los juristas romanos para con lo jurídico se ha podido delimitar –que no es lo mismo que separar– el derecho con respecto a: –la gramática, retórica y dialéctica (como hicieron los juristas medievales siguiendo a los romanos); –a la religión: recuérdese que la voz "laico" surge en la Edad media –y no en la etapa de la Ilustración ni durante la Revolución francesa– merced a la afinidad en este punto del cristianismo ("dad al César lo que es del César y a Dios lo que es de Dios") con el derecho romano (con su binomio *ius* o lícito humano – *fas* o lícito divino, propio de los *mores maiorum* y por lo tanto ancestral); –la moral (*non omne quod licet honestum est*, no todo lo que el lícito es moralmente correcto; Paulo 62 *ed.* D. 50.17.144 pr.); -la economía; -la sociología, ...

En torno a ella se deslinda el oficio de jurista, atinente al derecho (al *quid iuris*, v. ***quid iuris***), con respecto al del abogado (*orator, aduocatus*). V. ***de iure / de facto***. Un conocido aforismo medieval obtenido a partir de un texto romano (Alfeno 2 *dig.* D. 9.2.52.2: *ius in causa pósitum esse*, la solución jurídica depende <de las circunstancias> del caso) reza así: '*ex facto óritur ius*'. Parece negar la distinción, pero en realidad lo que afirma es lo que en su origen romano expresaba: que el caso puede admitir diferentes soluciones según sus circunstancias. Era tarea del abogado romano indagar estos hechos en interés de la causa de su cliente. Propio del jurista era indicar las soluciones para cada variante del caso. El dicho medieval, sin embargo, es verdad que apunta a otra cosa. Algo que a menudo se sigue hoy afirmando del derecho: que va detrás de la realidad; es decir, que la realidad se mueve con mayor rapidez que el derecho por mucho que el legislador se esfuerze por adecuarse a ella.

Veamos algunos ejemplos de delimitación de una y otra cuestión por parte de la Jurisprudencia romana en torno a casos de derechos reales de garantía, legados maritales, donaciones bajo condición y estipulaciones de cosas genéricas:

- Derechos reales de garantía:

Encontramos, en efecto, la expresión '*quaestio facti*' utilizada a propósito de un singular caso de pluralidad de acreedores hipotecarios (Marciano *ad form. hypoth.*

D. 20.4.12.4): un deudor había pactado una hipoteca con un acreedor suyo, pero luego, con el consentimiento de este, hizo lo mismo con otro. Qué función cumpla ese consentimiento dado por el primer acreedor es una cuestión de hecho, dice el jurista: en efecto, puede suceder que ese acreedor quisiera apartarse de la hipoteca totalmente o que admitiera pasar al segundo lugar en el orden hipotecario con respecto al otro acreedor.

Paulo (14 *Plaut.* D. 20.4.13) plantea el caso de uno que vendió un edificio de varios pisos (*ínsula*) y declaró que el alquiler del primer año sería para él y los siguientes para el adquirente, y que el derecho de las prendas dadas por el inquilino para garantizar el pago de la pensión respectiva servirían para los dos. Si las prendas no bastaban para el pago de uno y otro alquiler, no se sabía cómo obrar. No se había especificado que se aplicaran en común a prorrata de los créditos de sendos acreedores, pero tampoco quedaba claro que el acreedor del primer año fuese preferente al otro con respecto a las garantías reales. Esto, no obstante, era lo que parecía que las partes habían llevado a cabo en el negocio concluido. Se trata, en todo caso, –dice Paulo– de una '*facti quaestio*'.

El deudor podía vender, con el consentimiento del acreedor, la cosa objeto de un derecho real de garantía. Si en vez de hacerlo él lo hizo su heredero, dice Marciano (*ad form. hypoth.* D. 20.6.8.16) que puede haber una *f. q.* acerca de la voluntad del acreedor con respecto a esta variante, pero –concluye el jurista– se debe decir que la venta ha sido correctamente realizada y que tales sutilezas no son admitidas por los jueces. Esto último, por cierto, suena a realismo jurídico.

- Legado marital tras el divorcio:

Si un marido ha legado a su mujer lo dispuesto para ella, pero se divorció antes de morir, parece que el legado ha sido revocado. Esto era lo que pensaba Próculo, pero Celso (19 *dig.* D. 34.2.3) afirma que es una *f. q.*, ya que es posible que el legado sea válido porque no quisiera revocarlo el marido a pesar de haber repudiado a su mujer. Esta es propiamente la cuestión fáctica que deberá demostrarse.

- Donación ¿bajo condición?:

Una persona dona una cantidad de dinero a otra para que compre un objeto determinado (el caso se planteaba con un esclavo). Si ese objeto perece antes de su adquisición surge la cuestión de si el donante puede reclamar la devolución de la suma donada. '*Facti magis quam iuris quaestio est*' (es más una cuestión de hecho que de derecho), dice Juliano (60 *dig.* D. 39.5.2.7): o bien se entendió que la compra era una condición de la donación o no. En el primer caso el dinero sería reclamable, en el segundo no. Pero esto depende de los hechos del caso, de qué es lo que hicieron las partes en el negocio.

- Estipulación de cosa genérica:

Requisito necesario para toda prestación es que su objeto sea determinado o al menos determinable. Desde luego no lo es la consistente en "dar trigo" sin más. La estipulación que la contuviera no sería válida. Sin embargo, si se puede demostrar que el estipulante había pensado en una determinada cantidad y calidad de ese género, se atenderá a esto. Marcelo 3 *dig.* D. 45.1.94 opina que es cuestión de hecho no de derecho (*facti quaestio est, non iuris*).

Quasi

(Quási)

Lit. *como, a modo de, a semejanza de, parecido a.*

Significado y contexto: 1. Este adverbio latino es muy utilizado en derecho para aludir a situaciones que, no siendo iguales a otras, se equiparan a estas. La traducción aquí de '*quasi*' por "casi" no la consideramos correcta porque impide ver en aquellas lo que en realidad representan en los casos propuestos: figuras extrañas, incluso mostruosas desde el punto de vista jurídico, que, por diversas razones, se entiende que "son una especie de", "se parecen a", "son como" aquellas a las que se asimilan. Veamos algunos ejemplos:

- Cuasiusufructo: se trata de una figura anómala en cuanto que tiene por objeto cosas consumibles. El usufructo no lo admite en principio porque no cabe hacer uso de esa clase de cosas, sino solo "abuso", es decir, consumo. Un senadoconsulto de época de Augusto, sin embargo, admitió legalmente esta posibilidad. En la práctica esta figura resultaba ser similar a un préstamo, ya que al disponer del dinero, quien lo hacía se veía obligado a devolver al término del plazo fijado una cantidad igual.

  Para explicarlo hay que partir de la siguiente situación que a menudo se producía: el usufructo de una herencia o de una parte de ella concedido, por ejemplo, a la viuda. Una herencia aparecía normalmente integrada en su mayor parte por dinero. Si en principio el usufructo no podía recaer sobre este, lo haría sobre muy escasos bienes, los restantes, de manera que la finalidad de subsistencia que pretendía cumplir el usufructo en la práctica se frustraba. De la necesidad de resolver este problema surge la utilidad de la figura del cuasiusufructo, presente hoy.
- Cuasicontrato; cuasidelito: el conocido esquema de fuentes de las Instituciones de Gayo consiste en una *summa diuisio* o división principal de las obligaciones (Gai 3.88): «Toda obligación nace o de contrato o delito». La voz "contrato", que inicialmente significaba acto lícito, asume en época clásica el sentido de convención o acuerdo de voluntades. El concepto de contrato es, no obstante, uno de los más discutidos por la romanística moderna, porque, junto a esta noción, aparece en las fuentes otra más técnica, que depende de la existencia de una obligación recíproca de las partes (*ultro citroque obligatio*, obligación de una y otra parte), acuñada por el jurista Labeón (Ulp. 11 *ed.* D. 50.16.19). Según esta concepción no serían contrato todos los supuestos de obligaciones unilaterales (préstamos). (V. ***ultro citroque***).

  Pronto, la Jurisprudencia clásica (y el propio Gayo en sus Instituciones –3.91– con respecto al pago de lo indebido o *solutio indébiti*) contempla supuestos de obligaciones que no entran en el esquema tradicional. Tales hipótesis no derivan ni de un contrato entendido como convención, ni de delito, sino que tienen su propio fundamento. En Gayo 2 *aureor.* D. 44.7.1 pr. se expone ya una tripartición de las fuentes: «Las obligaciones o nacen de un contrato o de un delito o, por una especie de derecho propio, de diversas figuras de causas (*ex uariis causarum figuris*)». La Jurisprudencia clásica aproxima estas figuras autónomas a otras de obligaciones nacidas de contrato por razón de analogía. El "pago de lo indebido" –como apuntaba Gayo– "se parece a" un préstamo o mutuo. De aquí que los compiladores justinianeos crearan un concepto abstracto y único de obligación nacido "como de contrato" (*quasi ex contractu*). Lo curioso es que los comentaristas bizantinos operaron una traslación de la preposición '*ex*' de la que resultó una figura de obligación extraña: la nacida '*ex quasi contractu*', de un cuasi contrato). El afán de sistematización hizo que se agruparan los supuestos de obligaciones en cuatro categorías simétricas: contratos, delitos, cuasicontratos, cuasidelitos.

  No deben confundirse los cuasicontratos con los contratos innominados: estos son genuinos contratos, aunque no subsumibles en ninguna figura típica de contrato.

- Cuasiposesión: vid. ***possessio***. Figura que, quizás a partir de ciertos precedentes clásicos, se desarrolla en época postclásica para permitir en época justinianea que la posesión recaiga no solo sobre cosas corpóreas sino también sobre las incorpóreas o derechos (*possessio iuris*, posesión de derecho), como declaran hoy los códigos civiles.

2. El adverbio '*quasi*' es utilizado para introducir ficciones jurídicas (v. ***fictio***).

Quid

(Idem)
Lit. *qué, qué cosa.*

Significado y contexto: Término admitido en nuestra lengua para expresar, como afirma el DRAE, la «esencia, punto más importante o porqué de una cosa.».

Es el neutro del pronombre interrogativo *quis*: ¿Qué? Veamos algunos ejemplos: Cicerón en su tratado *De republica* (1.32.49), después de afirmar que la ley es el vínculo de la sociedad civil (*ciuilis ciuitatis uínculum*), y el derecho (*ius*) la igualdad de la ley (*legis aequale*), de manera que, aunque ni las fortunas ni las inteligencias puedan ser iguales, deban serlo en todo caso los derechos de los ciudadanos de una misma república, añade la siguiente pregunta en tono conclusivo: ¿qué es pues una comunidad política sino una sociedad de derecho? (*Quid est enim cíuitas nisi iuris socíetas?*). Esto útimo guarda relación con el conocido aforismo *ubi ius ibi societas* (donde hay derecho hay sociedad), que no es válido a la inversa (donde hay sociedad hay derecho): la sociedad de ladrones de la que habla san Agustín *–civ.* 4.4– no crea verdadero derecho.

En otras ocasiones lo vemos acompañado de un nombre en genitivo: hablando Cicerón (*Verr.* 2.54.134) de un liberto llamado Timárquides que realizaba toda clase de indecencias al servicio de Verres, el gobernador de Sicilia, comienza así su relato: «os expondré brevemente qué clase de hombre es» (*exponam bréuiter quid hominis sit*).

Es usual también hallar *quid?* solo o acompañado de la conjunción ergo (*quid ergo?*, ¿qué pues?). Se trata de una pregunta que se utiliza en retórica para obligar al oyente o lector a reflexionar sobre lo dicho hasta ese momento y continuar a partir de ella con el desarrollo de la argumentación prevista. Cicerón (*Phil.* 2.99) declara lo siguiente contra Marco Antonio a propósito del mal trato dado por él a su propio tío Gayo Antonio Híbrida: «Cuando algo afecta a tus intereses, los auspicios [tomados antes de la celebración de los comicios] son nulos; cuando afecta a los de los tuyos, entonces te vuelves escrupuloso. ¿Qué? (*Quid?*) ¿Acaso no lo desamparaste también...?».

Quid? es también un adverbio interrogativo. Significa entonces "¿por qué?". No es extraño que este modo frecuente de formulación de preguntas en la literatura latina, es decir, encabezándolas del citado pronombre, haya hecho que la literatura culta fije modernamente su atención sobre este término para darle el sentido de "núcleo u objeto de una cuestión" (*quid*): ¿dónde está el *quid* del caso?, nos preguntamos ante un problema jurídico. Por extensión se refiere al objeto en que consiste una cosa.

En derecho es usual el giro '*quid iuris*?' Significa: "¿Qué solución jurídica <es aplicable al problema>?" Nosotros tendemos a generalizarla planteándonos "qué derecho" es el aplicable, pero deberíamos quizás volver al sentido anterior, más próximo a pensar en problemas que en un *quid* u objeto normativo del que servirnos para resolverlos: es decir, se trataría de razonar primero y luego buscar el derecho, y no al revés. La expresión procede del derecho romano y la vemos utilizada por la Jurisprudencia romana prácticamente en todos los ámbitos. Veamos cómo planteaban y resolvían problemas jurídicos los juristas romanos en algunos casos donde la expresión aparece:

- En materia de sucesiones encontramos la expresión frecuentemente: *q. i.?* se plantea Juliano (Africano 4 *quaest.* D. 28.5.48.2), si un testador ha distribuido su herencia sin asignar a los herederos las doce onzas en que se divide, sino a alguno una parte determinada ("dos onzas") y a otros indeterminadas ("porciones") así: "Que Lucio Ticio reciba dos onzas, Gayo Atio una porción, Mevio otra y Seyo dos porciones". La solución que propone es de sentido común y conforme a la voluntad del testador: que a Lucio Ticio se le den sus dos onzas, a Seyo cinco y a Gayo y a Atio las otras cinco. Los romanos preferían utilizar el número doce (de ahí la onza) y no diez en los repartos hereditarios por ser aquel número divisible por más números (1, 2, 3, 4, 6, 12) y por ello, más idóneo para distribuir una herencia.
- De nuevo Juliano (Africano 5 *quaest.* D. 35.2.88 pr.) plantea un problema tan complejo que lo denomina, utilizando un término griego, "aporía" (problema insoluble; *quaestio 'tôn aporôn'*, cuestión de las perplejas). Se trataba de un testador con un patrimonio de cuatrocientos mil sestercios que había hecho legados por trescientos mil. Por tanto, hasta aquí respetaba la ley Falcidia que exigía que una cuarta parte correspondiese al heredero e imponía para ello que se redujesen en su caso los legados si la cantidad de estos invadiera la citada porción. Pues bien, el testador había legado después a alguien una finca por valor de cien áureos (diez mil sestercios) con la condición de que no se aplicase la ley Falcidia. Sucintamente diremos que el jurista se ve aquí enredado en una maraña lógica: si se acepta la validez del legado, se sobrepasan las tres cuartas partes de la herencia por lo que se deberá aplicar la ley Falcidia (que era lo que no quería) y, como consecuencia, acabará no debiéndose el legado. Por otro lado, si el legado no vale porque se ha frustrado la condición (es decir, la condición de no aplicarse la ley surge viciada), entonces ya no hay que aplicar la ley y así el legado parece que sí es válido. Pero como la voluntad del testador con respecto a la condición impuesta iba dirigida a que los legados de los demás se pagaran íntegros, es decir, no resultasen perjudicados por el posterior ha de entenderse que la condición se ha frustrado.
- En materia de obligaciones y derechos reales, Alfeno (2 *dig.* D. 18.6.12) se plantea el caso de venta de una casa que se había incendiado. No había objeto que vender, por tanto. Pero *q. i.?* –dice él– si al fin y al cabo no hay incendio que se realice sin culpa de alguien. Es decir: ¿Acaso no habrá que preguntarse si no existe responsabilidad por el hecho de no existir objeto? No se liberará desde luego el *pater familias* cuyos dependientes hubiesen obrado con negligencia.
- *Q. i.?* si en un caso de prenda o hipoteca se pacta que el deudor no puede vender esa cosa objeto de prenda o hipoteca, porque parece ir *contra ius* (Marciano *ad form. hipot.* D. 20.5.7.2). Téngase en cuenta que el deudor es normalmente propietario de la cosa y sigue siéndolo aunque se hayan constituido esos derechos reales de garantía sobre ella. ¿Por qué no se le va a permitir vender a él la cosa dada en prenda o hipotecada? Como vemos en otros textos (Pomp. 35 *Sab.* D. 13.7.6 pr.), es más cómodo para el acreedor que el deudor venda la cosa para, en primer lugar, satisfacer su deuda con el precio obtenido. Esto lo tendrá que hacer el deudor, no obstante, antes de entregar la cosa al comprador. Por el riesgo quizás de que no se haga así, el pacto vale y la venta realizada es nula.
- Pero, *q. i.?* se plantea Marciano *ad form. Hypot.* D. 20.6.8.8 en otro caso similar al anterior: el deudor Ticio ha vendido la prenda con consentimiento de su acreedor a Mevio o a quien luego Mevio se la compró, y después Mevio se hizo here-

dero de Ticio. El acreedor le reclama la prenda, pero parece injusto que lo haga cuando esa cosa le llegó a Mevio por una vía diferente de la sucesión. Sin embargo, también es injusto si hubo fraude por parte de Ticio. Vemos aquí cómo de nuevo un jurista romano plantea todas las posibles soluciones jurídicas del caso, que luego dependerán de las circunstancias fácticas que aquel presente.

- *Q i?* entonces cuando un vendedor prometió al comprador darle fiadores y liberar de una hipoteca la cosa vendida (Próculo 2 *epist.* D. 45.1.113.1). El vendedor no cumple y es puesto en mora. Próculo considera que ha de estimarse en el juicio el interés del actor por esa liberación.
- *Q. i.?* se plantea Juliano (Gayo 8 *ed. prov.* D. 39.6.31.3) en un caso curioso de donación: ¿qué donación en efecto es esa que consiste en que el donante haga deudor mío, o de mi acreedor, a su deudor que resulta ser insolvente? No obstante, obtengo una ventaja, a saber, en la medida de la solvencia de ese deudor, o de mi liberación con respecto a mi acreedor en caso de que estipulara él frente a ese deudor.

  En ocasiones el *q. i.* va acompañado de un *id iuris*: "qué solución, esta solución" (Africano 2 *quaest.* D. 39.6.23, un caso de donación a un hijo de familia premuerto al donante, que se extiende –*id iuris*– a otros sujetos).
- Entre familia y sucesiones se halla el caso que resuelve Juliano (citado por Terencio Clemente 4 *leg. Iul. et Pap.* D. 35.1.62.2). Se trataba de un marido que había legado a su mujer algo por anualidades con la condición de que la mujer no se volviera a casar si había descendencia. *Q. i.?* Juliano responde con lógica y humanidad: la mujer puede casarse sin perder el legado, porque diferente, según él, habría sido que el marido le hubiera impuesto esa condición con respecto a los descendientes hasta una determinada edad (hasta que dejaran de ser impúberes), porque la finalidad aquí sería la de imponer el cuidado de los hijos (*cura liberorum*) más que la viudez (*uidúitas*). Cfr. en el mismo sentido Terencio Clemente 5 *leg. Iul. et Pap.* D. 40.9.31.
- Gayo 3.96 parece utilizar la expresión con un sentido que se aproxima al de derecho objetivo cuando dice que el juramento de un liberto con respecto a su anterior dueño (ahora patrono) es la única aplicación de esa forma de obligarse en el derecho romano, a diferencia de otros pueblos: «Si se indagaran los derechos de otras comunidades (*iura ciuitatium*) *q. i.* hay a este respecto en ellas –dice él–, se advertirían diferencias». Pero en realidad Gayo, como se ve, hace referencia no al derecho que se aplica sino a la solución que se adopta por cada uno de los derechos.

Con estos pocos ejemplos podemos hacernos una idea de la inmensa labor realizada caso a caso, problema a problema, por la Jurisprudencia romana. Cuando muchos siglos después el filósofo alemán Kant (*Metafísica de las costumbre s –Die Metaphysik der Sitten* (1797)–, *Primera Parte, Introducción a la doctrina del Derecho, ¿Qué es el derecho?*) excluyó a las Facultades de Derecho de la pregunta esencial acerca de "qué es el derecho" (*Quid ius?* –decía él–) se basó en la expresión que analizamos: los juristas de todos los tiempos no han hecho ni podrán hacer otra cosa que responder a las cuestiones relativas al derecho aplicable (pertenecientes por tanto al *quid iuris*), según él. Es curioso el efecto que produce ese genitivo partitivo de *ius*, frente a la contundencia de este mismo término, declinado en nominativo, en la expresión anterior, apropiada por Kant para los filósofos. El filósofo alemán toma aquella de los juristas romanos (o quizás de los ejemplos de su utilización posterior a partir de ellos); pero, si se mira con detenimiento, los juristas romanos realizaban una tarea que iba más allá de un simple arreglo de disputas sin repercusión filosófica. Tras la solución de sus casos, además, subyace una formación sólida. Es verdad que ser un buen jurista no basta para llevar a cabo una reflexión profunda sobre la naturaleza, las causas y los fines del derecho, y que la filosofía da soporte a teorías y concepciones jurídicas. Pero, por otro lado, también lo es que una filosofía aplicada al derecho sin conocimiento directo del fenómeno jurídico corre el riesgo de vagar por el limbo de las ideas sin tocar tierra.

Quid pro quo

(Quid pro quó)
Lit. *qué cosa por qué cosa; una cosa por otra.*

Significado y contexto: Expresión admitida por nuestra lengua, que admite dos acepciones según el DRAE: «1. expresión usada para dar a entender que algo se sustituye con otra cosa equivalente. 2. m. Error que consiste en tomar a alguien o algo por otra persona o cosa».

Parece indicar en principio algo que se sustituye, se reemplaza o se da a cambio de otra cosa. A veces se lee '*qui pro quo*', referido por tanto a una persona por otra. Uno de los sentidos posibles de la expresión es el relativo al error que provoca en quien lo sufre una falsa identificación de un objeto o de una persona determinada.

En el derecho medieval y con el surgimiento de la teoría de la causa aplicada a los actos negociales, la expresión se refiere a ella precisamente: se hace una cosa por algo según el fin objetivo de ese negocio. (V. **pactum**). Si el vendedor entrega una cosa es porque va a recibir un precio y viceversa con respecto al comprador. En realidad esto ya había sido advertido por los juristas romanos pero los canonistas, por un lado, y los glosadores y comentaristas, por otro, lo generalizan para construir un concepto general de contrato. Este segundo sentido ha cobrado relevancia más amplia y ha permitido su uso referido a la motivación o móvil psicológico, que es diferente de la causa objetiva antes apuntada, de un acto realizado. Siempre hay un interés subjetivo en la realización de algo. Nada se hace por nada. Por lo tanto, la pregunta de *quid pro quo* se dirige a indagar aquello que ha movido a un sujeto a hacer algo: ¿qué ha obtenido o esperaba obtener alguien por llevar a cabo algo? Se ve así aplicado comúnmente al ámbito criminal o al de la política.

(V. **ultro citroque**, **cui prodest**, **causa**).

Quorum

(Quórum)
Lit. *de quienes; presencia mínima de miembros de determinadas instituciones u órganos exigida para que puedan reunirse y tomar decisiones.*

Significado y contexto: Se admite en nuestra lengua. Es la primera palabra –genitivo plural masculino del pronombre latino '*qui, quae, quod*'– que aparece en un famoso Bill inglés del s. XVII, que designaba el número mínimo de miembros cuya presencia era necesaria para que el Parlamento pudiera convocarse y celebrar sesiones con carácter decisorio. La expresión completa era *quorum máxima pars* (cuya máxima parte).

R

Ratio

(Rátio)
Lit. *razón*.

Significado y contexto: Se admite en nuestra lengua con sentido matemático (el cociente de dos números, según el DRAE). Es término del que procede el nuestro "razón", y, como este, de género femenino. Por eso, el plural *rationes*, es decir, "razones" (pero no "ratios", que finalmente se admite, no obstante) debería serlo también; o sea, habría sido deseable oír y ver escrito, sobre todo en el argot económico, "las, estas ... *rationes*" (o, como mal menor, "las, estas ... *ratios*"). Sin embargo, paradójicamente, se usa el masculino en plural. Esta es la explicación que ofrece el Diccionario Panhispánico de Dudas: «...por influjo de la -o final se usa hoy frecuentemente en masculino, especialmente en el ámbito de la economía, donde también puede haber influido el género masculino del sustantivo índice».

Posee varias acepciones en derecho romano que hemos conservado hoy: -facultad intelectual; -criterio interpretativo y aplicativo del derecho; -cuenta.

1. La razón lo rige todo ("la razón es dueña y reina de todo", *domina omnium et regina ratio* Cic *Tusc.* 2.21.47). Es criterio prudencial de aplicación a la vida y al derecho: "la razón enseña y explica qué se debe hacer y qué se debe evitar" (*ratio docet et explanat quid faciendum fugiendumue*; Cic. *off.* 1.28.101).

La razón, según el pensamiento estoico, sigue la naturaleza (*sequitur autem ratio naturam*, Séneca *ep.* 1.16). Es célebre la cita que Gayo hace al comienzo de sus Instituciones (l. 1 y 1 *inst.* D. 1.1.9) de la ***ratio naturalis*** (razón natural) como constitutiva del *ius gentium* (derecho de gentes), es decir, aquel derecho aplicado por todos los pueblos y común a todos ellos. Según ella, se origina un *ius commune* que se distingue del *ius ciuile* (este propio y diferente de cada pueblo). En la Edad Media, la expresión *ius commune* se aplicará al derecho europeo (*ius commune europaeum*), integrado por el derecho romano y el derecho canónico (***utrumque ius*** o ambos derechos). El núcleo de este derecho lo compone el derecho privado cuya densidad conceptual y sutileza dogmática constituyen una de las notas distintivas de Europa. El *Corpus Iuris Ciuilis* se considera en esta época como ***ratio scripta***, es decir, el testimonio escrito de la razón natural humana. Esto se debe –como decimos– sobre todo a la razonabilidad ínsita en el derecho romano que le confiere la más alta autoridad entre los intérpretes.

> Gai. *inst.* D.1.1.9: «Todos los pueblos que se rigen por leyes y costumbres usan en parte del suyo propio, y en parte del derecho común todos los hombres (*communi*

> *omnium hominum iure*). Porque el derecho que cada pueblo constituyó él mismo para sí es propio de la misma ciudad [*ipsius proprium ciuitatis*; comunidad cívica o política; nótese la contraposición entre *ius commune* y *ius ipsius proprium ciuitatis*], y se llama derecho civil (*ius ciuile*), como derecho peculiar de aquella misma ciudad; pero el que la razón natural (*naturalis ratio*) establece entre todos los hombres (*inter omnes homines*) es observado igualmente por todos, y se llama derecho de gentes [*ius gentium*; n. la equiparación aquí entre *ius gentium* y *ius naturale*], como derecho del que se valen todos los pueblos (*quasi quo iure omnes gentes utuntur*)».

El propio *Common Law*, aunque referido al derecho inglés, distinto en contenido y caracteres al derecho de la Europa continental (aunque también conexo con él en muchas partes), debe el origen de su nombre al prestado por el modelo romanístico aunque su sentido sea otro muy diferente: derecho común, es decir, centralizado, como contrapuesto a los usos locales, aplicados por el respectivo señor del lugar. Para evitar equívocos, consideramos preferible utilizar la expresión inglesa para aludir al sistema anglosajón antes que traducirla a nuestra lengua.

También en la Edad Media, gracias a la doctrina de los comentaristas y sobre la base de textos como el comentado de Gayo, se formula el "principio de subsidiariedad" para hacer compatible el derecho local (*statuta* o estatutos de ciudades), aplicado en primer lugar, con el derecho común, de carácter subsidiario. Roma en su relación con los pueblos dominados por ella se había planteado un problema análogo de jerarquía de fuentes, aunque su posición de dominio era muy superior a la del Sacro Imperio Romano Germánico. Hoy el citado principio es básico en el derecho de la Unión Europea.

Frente al elemento coactivo del derecho, la Jurisprudencia romana enseña a construir el derecho a partir de la razón. Es su gran legado al mundo actual: el ***imperium rationis*** (imperio o mando de la razón) debe sustituir en la creación del derecho a la ***ratio imperii*** (razón de imperio o mando). El derecho no debe valer porque alguien con poder lo ordene (imperativismo jurídico) sino porque aporta racionalmente la mejor solución a un problema dado. El buen jurista esgrime un criterio razonable para decidir un caso –***ratio decidendi*** (razón o criterio decisorio)–. De su bondad depende la justicia de la solución. Por eso quien estudia derecho debe adiestrarse en el razonamiento jurídico para formarse rectamente.

2. Del derecho emana un criterio rector que permite interpretarlo y aplicarlo con corrección. Es la ***ratio iuris***. En ocasiones, sin embargo, se aparta de ella para regular mejor situaciones que necesitan de un tratamiento jurídico especial. La regla jurídica, que se rige por la *ratio iuris*, no se aplica a ellas (Juliano 27 *dig.* D. 1.3.15). Frente al *ius commune*, entendido aquí como el establecido por la *ratio iuris*, se configura el que, según la conocida definición de Paulo (*l. sing. de iure singulari* D. 1.3.16) se denomina "derecho singular" (*ius singulare*), con pleno vigor doctrinal hoy: "aquel derecho contra el tenor de la razón que ha sido introducido por la autoridad de quienes pueden crear derecho por causa de una determinada finalidad práctica" (*quod contra tenórem ratiónis propter áliquam utilitátem auctoritate constituéntium introductum est*). Al limitarse a una esfera limitada de supuestos que se regulan *contra ratiónem iuris* (contra la *ratio iuris* que es la razón común a la generalidad de los casos, aunque con su propia *ratio*), el derecho así establecido "no debe extenderse a otros casos" (*non est producendum ad consequentias* dice también Paulo 54 *ed.* D. 50.17.141 pr.).

De una ley concreta también puede obtenerse su criterio informador. Se habla entonces de ***ratio legis***; en ocasiones, de ***mens legis*** (lit. "mente de la ley", es decir, el espíritu de la ley, su finalidad). (V. también *stricta ratio* en ***stricto iure***).

La *ratio iuris* o la *legis* integran el derecho aplicable por vía interpretativa. Veamos el caso que expone Quinto Cervidio Escévola (19 *quaest.* D. 24.3.47). Se trataba de una situación lamentable: un marido había comerciado sexualmente con su mujer y tras la disolución matrimonial pretendía quedarse con una parte de la dote alegando malas costumbres de ella. La respuesta del jurista, conforme a la ley romana (*lex Iulia de adulteriis*), es evidente: nada va a poder retener el marido de la dote; por tanto, deberá devolverla íntegra: «¿Cómo puede reprobar el marido –dice el jurisconsulto– las costumbres que él mismo ha corrompido antes o que ha transigido después?». Véase cómo Escévola no deja espacio alguno a subterfugios del marido. Hasta aquí la ley. Pero el jurista se plantea la posibilidad de que el marido demande criminalmente a la mujer por adulterio, cosa desde luego inadmisible –según él– con arreglo a la *mens legis*. En efecto, el espíritu de la ley rechazaría una interpretación contraria a esta.

> «Cuando con la mujer se hubiere hecho adulterio por lenocinio del marido, no se retiene nada de la dote, pues ¿por qué reprobará el marido costumbres que él mismo, o corrompió antes, o aprobó después? Pero si alguno sostuviera que según el espíritu de la ley (*ex mente legis*)no puede ni acusarla el que hubiere hecho de rufián a su mujer, ha de ser oído».

3. *Ratio* también significa cuenta. En plural, *rationes* (cuentas), como las que tiene que presentar el tutor al término de su gestión.

Ratione

(Ratióne)
Lit. *por razón.*

Significado y contexto: Se emplea, seguida de diversos términos (*matériae, loci, ...*), para determinar la competencia jurisdiccional sobre un asunto, es decir, ante qué juez o tribunal debe someterse la resolución de un litigio determinado. ***Ratione materiae*** es "por razón de la materia"; ***ratione loci***, "del lugar"; ***ratione temporis***, "del tiempo", ***ratione persónae***, "de la persona", ...

(Vid. **fórum**).

Rebus sic stantibus

(Rébus sic stántibus)
Lit. *manteniéndose así las cosas.*

Significado y contexto: Es una cláusula muy conocida en la historia del derecho en Europa que introduce una significativa corrección a la exigencia, con respecto a las partes de un contrato, de cumplir lo convenido en él (principio de *pacta sunt seruanda*). Según ella, cuando de manera sobrevenida cambian de manera esencial las circunstancias del contrato inicialmente previstas, cada una de las partes puede desistir de su cumplimiento, es decir, no tiene por qué verse forzada a realizar su prestación.

En la literatura latina encontramos precedentes de la doctrina expresada por la cláusula en Cicerón y en Séneca. Merece la pena leer a estos autores directamente. Así del primero (*offic.*3.25.95):

> «¿Qué? lo que le sucedió a Agamenón que, como había prometido a Diana lo más bello que naciese en su reino durante aquel año, inmoló a Ifigenia, ya que en verdad nada más bello había nacido en aquel año. Mejor hubiera sido no haber hecho tal promesa que hubo de admitir tan horrible crimen. Por tanto no siempre las

promesas han de ser cumplidas como tampoco los depósitos han de ser devueltos. Si alguien te depositara una espada hallándose él en su sano juicio, pero te la reclamase en estado de enajenación, es reprochable devolvérsela, antes bien una obligación no devolvérsela. ¿Y qué si alguien que te ha depositado una suma de dinero, haga la guerra a la patria? ¿le devolverás lo depositado? No lo creo porque obrarás contra la república, que debe ser lo más querido. Así, muchas cosas que parecen moralmente correctas conforme a la naturaleza, con las circunstancias se hacen deshonestas. Cumplir las promesas, estar a lo acordado, devolver los depósitos, una vez cambiada la finalidad, se hacen deshonestas ...».

La referencia a la espada en manos de un enajenado encuentra eco en la Jurisprudencia romana a propósito del concepto de culpa, que se diseña en el derecho romano (y de aquí al derecho actual) en el ámbito de la responsabilidad extracontractual o aquiliana. Celso (citado por Ulpiano 18 *ed.* D. 9.2.7.6) habla de la prestación de "causa de muerte" (*causa mortis*, que no debe confundirse con la expresión *mortis causa*) por parte del que suministra una espada a un enajenado. Al obrar así, se le considera responsable de los eventuales daños producidos porque crea la situación que los propicia, aun cuando no se deban directamente a su mano. El acto de entrega de la espada no entra, estrictamente hablando, en el tipo legal de la *lex Aquilia*, que exige un contacto corporal entre el agresor y el objeto dañado o destruido (*damnum córpore córpori datum*, daño a un objeto con un objeto), pero el nexo causal existe. Luego es verdad que hay obligación de no entregar un arma a un enajenado ya que se puede apreciar responsabilidad en quien lo hace con respecto a los ilícitos cometidos por aquel.

Séneca (*benef.* 4.35): «Prometí hacer algún beneficio; se entiende que lo he de hacer siempre que no sobrevenga ningún accidente que me impida hacerlo: porque en caso de que la patria demande que le dé a ella lo que a otro tenía prometido, ¿qué puedo hacer? Y si sucede que se promulga una ley que prohíbe lo que yo prometí a mi amigo, ¿cómo lo podré cumplir? Ofrecí darte mi hija por esposa; supón después que eras extranjero, de entre los que está prohibido contraer matrimonio con ellos: la misma prohibición es la que me defiende. Cuando estando las cosas en el mismo estado que tenían al tiempo que hice la promesa (*si cum omnia eadem sint, quae erant promittente me, non praestitero promissum*), no la cumpliere, podrás decir que falto a mi palabra y que quedo infamado con culpa de inconstante: pero cuando alguna cosa cambia, ella misma me da libertad para tomar nueva deliberación y me exime de la promesa. Prometí que abogaría en una causa, pero consta después que de ella resulta daño a mi padre. Prometí asimismo acompañar a uno en un viaje; supón después que el camino estaba infestado de ladrones. Ofrecí acudir a cierto negocio, pero me lo impidió la enfermedad de un hijo o el parto de mi mujer. Finalmente, para obligarme a que yo te cumpla la promesa, es necesario que las cosas estén en el mismo estado que cuando la hice (*Omnia esse debent eadem, quae fuerunt cum promitterem, ut promittentis fidem teneas*). Pues ¿qué mayor cambio puede haber que el constarme que eres hombre malo e ingrato? Y así lo que te daba como persona digna, te lo negaré como a indigno y aún tendré razón de enojarme contigo por haberme engañado».

La imaginación de Séneca es prolífica. Se trata de casos en los que se presentan circunstancias imprevisibles y ajenas a la voluntad de las partes, aunque los ejemplos son de naturaleza diversa. La crítica que puede hacerse al argumento barajado para no cumplir es precisamente la excesiva amplitud que puede alcanzar y la dificultad de su delimitación. El primer caso –de una obligación que se altera por una decisión del poder público, causada a su vez por una urgencia de interés público– recuerda mucho a un tipo de supuesto calificable como ***factum príncipis*** (*fait du prince*, v. voz) en el ámbito del derecho administrativo.

La Jurisprudencia romana no enuncia el principio, sino la doctrina medieval, eso sí, en relación con determinados fragmentos del Digesto de Justiniano.

Así, por ejemplo, en la historia del principio ha sido relevante la lectura del siguiente fragmento de Paulo en el que aparece un hijo de familia estipulando bajo condición (en un momento en el que, por tanto, es *alieni iuris*) y después es emancipado (es decir, se hace *sui iuris* o independiente) y, entonces, la condición se cumple. El jurista se pregunta acerca del instante temporal al que atender porque de él depende quién ejercite la acción procesal:

> Paul. 62 *ed.* D. 45.1.78 pr.: «Si el hijo de familia que estipuló bajo condición hubiere sido emancipado, y después se hubiere cumplido la condición, le compete la acción al padre, porque en las estipulaciones se atiende al tiempo en que contratamos (*quia in stipulatiónibus id tempus spectatur, quo contráhimus*)».

La idea, omnipresente a propósito de la cláusula aunque criticada modernamente, de que detrás del principio subyace una especie de convenio tácito entre las partes tiene su origen, sin duda, en el siguiente texto del jurista Africano:

> Afr. 7 *quaest.* D. 46.3.78 pr.: «Cuando alguno hubiere estipulado que se le dé a él o a Ticio, dice que es más cierto que se ha de decir que se le hace pago válido a Ticio solamente si permaneciera en el mismo estado en que se hallaba cuando se interpuso la estipulación (*si in eodem statu maneat, quo fuit, cum stipulatio interponeretur*). Pero si se hubiere dado en adopción, o se hubiere exiliado, o se le hubiere puesto interdicción en el agua y el fuego [destierro], o se hubiera hecho esclavo, se ha de decir que no se le hace pago válido; porque se considera que tácitamente es inherente a la estipulación esta convención, si permaneciera en el mismo estado (*tacite enim inesse haec conuentio stipulationi uidetur, si in eadem causa maneat*)».

Texto fundamental es el siguiente de Neracio (6 *membranarum* D. 12.4.8) en el que se reflejan situaciones singulares. No es de fácil lectura:

> «Lo que Servio en el libro acerca de las dotes escribe, que si entre aquellas personas, de las cuales una de ellas aún no tiene la edad legítima para contraer matrimonio, se hubiesen hecho nupcias, lo que en ese momento se haya dado en concepto de dote puede repetirse, ha de entenderse de forma que si hubiese divorcio, antes de que ambas personas tuvieran la edad legítima para casarse, haya repetición del dinero pagado; pero *mientras permanezcan en apariencia de matrimonio* (*donec autem in eodem habitu matrimonii permanent*), no puede repetirse al igual que sucede a la esposa por lo que ha dado al esposo en concepto de dote, mientras haya entre ellos afinidad: pues lo que por esta causa se da aún no iniciado el matrimonio, ya que se da como para que ingrese en la dote, mientras pueda ingresar, no hay repetición del dinero».

Neracio parte de una opinión del jurista republicano Servio con respecto a una unión entre dos personas de las que una carece de la edad necesaria para casarse legítimamente. Servio responde que se puede reclamar la devolución de lo pagado (eso significa "repetir") en concepto de dote, pero Neracio aplica esta posibilidad solo al caso en que después de esta unión (que solo impropiamente puede denominarse matrimonio) haya habido divorcio (después de contraído matrimonio legítimo). Si no lo ha habido, *mientras permanezcan en apariencia de matrimonio*, no hay lugar según él a la repetición. En resumidas cuentas, mientras hay unión no hay repetición de la dote porque las circunstancias siguen siendo las mismas. Cuando esta unión desaparece, entonces se produce un hecho sobrevenido que justifica la repetición. Con la fluidez que caracteriza el estilo de los juristas, aparece una segunda situación (la de los esposos vinculados entre sí por afinidad) con la que se aprecia analogía. El argumento final del jurista es muy ilustrativo. Interpretando este texto, Bártolo en su comentario a este fragmento (*Super secunda Digesti veteris*, l. '*Quod Servius*') configura jurídicamente esta idea de equidad como una condición que adopta la forma de una cláusula, origen de la que se utilizará luego: '*rebus sic se habentibus*' (lit. teniéndose así las cosas).

En el ámbito teológico, Santo Tomás de Aquino acepta esta doctrina (*Summa Theologiae, Secunda Secundae*, q. 110, art. 3, *ad quintum*). San Agustín la había adoptado (*In psalm.* 5.7) a partir del texto ciceroniano antes citado y Graciano, el célebre autor del *Decretum*, piedra angular del Derecho canónico, la incorpora a través del canon *Ne quis* (*Secunda Pars, Causa* XXII, *Quaest*. II, c. 14).

El uso de la doctrina de *rebus sic stantibus* sufrió un declive posterior debido a su falta de certidumbre, como antes apuntábamos y a la inconsistencia del citado convenio tácito entre las partes. Ha experimentado, no obstante, formulaciones diversas en tiempos recientes para atender al núcleo del problema, es decir, a las circunstancias obstativas que sobrevienen a un contrato. La consistente en una "excesiva onerosidad" o "hardship", que se basa en la injusticia de hacer valer un convenio, cuando hechos sobrevenidos en el curso de la relación obligacional han ocasionado un desproporcionado desequilibrio entre las prestaciones de las partes, es contemplada hoy como regla vigente en el comercio internacional (v., por ejemplo, arts. 6.2.1-3 de Principios Unidroit 2010).

Reformatio in melius/ in peius

(Reformátio in mélius/in péius)
Lit. *rectificación para mejor/para peor.*

Significado y contexto: El verbo latino '*reformare*', que significa "restablecer" o "restaurar", es utilizado aquí con una acepción figurada: "mejorar", "corregir" o "rectificar". En las fuentes literarias se encuentra, por ejemplo, aplicado a la educación o a las malas costumbres (Sen. *epist*. 58.26, 25.1; Plin. *paneg*. 53.1). Apuleyo utiliza el término *reformatio* para aludir a la célebre metamorfosis que da nombre a su conocidísimo relato.

En derecho, la expresión, en origen, se inscribe en el ámbito del procedimiento romano y en este mismo contexto se utiliza hoy con un sentido algo diferente, pues de manera característica alude a aquellos asuntos cuya resolución judicial es objeto de apelación ante el órgano jurisdiccional superior competente, el cual a su vez puede mejorar o empeorar la situación, en relación con el interesado que recurre, creada o reconocida por la decisión previa del órgano inferior.

En el derecho romano la apelación (*appellatio*) se origina con el procedimiento de cognición extraordinaria (*cognitio extra ordinem*) imperial, surgido a partir de Augusto, que prevé por primera vez una ordenación jerárquica de órganos jurisdiccionales (V. *Procedimiento civil*). En primera instancia se encomienda la actividad jurisdiccional a diversos funcionarios, y en segunda instancia suele actuar el Príncipe (o el *praefectus pretorio* que le sustituye) a través de su Cancillería.

El origen de la expresión se encuentra en una obra de Ulpiano titulada precisamente '*De appellationibus*' ("Sobre las apelaciones"). Al comienzo de ella, en el libro primero (D. 49.1.1 pr.), el jurisconsulto realiza un breve comentario valorativo del expediente procesal que se dispone a tratar. Por un lado, reconoce la necesidad de su uso derivada de la utilidad que presta con respecto a la injusticia (*iníquitas*) o inexperiencia (*imperitia*) de los jueces cuyas desafortunadas decisiones es preciso corregir (*recorrígere*) a menudo. Pero, por otro, no deja de ironizar sobre el efecto que puede producir la apelación que puede llevar a peor resultado (*in peius reformare*) –este es el genuino sentido de la expresión– buenas sentencias iniciales "porque no siempre pronuncia mejor (*melius*) el último que dicta sentencia".

> «Nadie hay que ignore cuán frecuente, y cuán necesario, sea el uso de la apelación; porque ciertamente corrige la injusticia o la impericia de los jueces (*cum iniquitatem iudicantium, uel imperitiam recorrigat*), aunque a veces reforme a peor las sentencias bien emanadas (*nonnumquam bene latas sententias in peius reformet*) porque no siempre falla mejor (*melius*) el último que debe emanar sentencia».

En otro texto de la Compilación justinianea perteneciente al *Codex Iustinianus* (CI. 3.38.3, Diocl. et Maxim. a. 290), referido a divisiones de cosas realizadas injustamente, se halla la expresión '*in melius reformare*' con el sentido de corregir lo mal hecho: "ya que en las acciones de buena fe, también se corregirá para bien (lit. se reformará a mejor, *in melius reformabitur*) lo que conste haberse realizado desigualmente", dice el fragmento al final.

> «Hechas las divisiones sin forma de juicio por fraude, o dolo, o malamente, se les suele auxiliar también a los mayores, porque en los juicios de buena fe se reformará a mejor (*in melius reformabitur*) también lo que conste que se hizo desigualmente».

Hoy, como antes decíamos, se refiere a la mejora (*in melius*) o empeoramiento (*in peius*) de las condiciones creadas o reconocidas por una resolución previa. La *in peius* prácticamente debe excluirse, y muy en especial en relación con el ámbito penal.

Res

(Idem)
Lit. *cosa.*

Significado y contexto: Se trata de un término jurídico muy relevante en derecho que conviene tratarlo en conjunto para luego descender a las expresiones latinas concretas que lo utilizan. Aquí solo veremos las que consideramos más relevantes en el uso forense o en la doctrina científica actual. En el plano más general, la distinción entre "personas" (*persónae*) y "cosas" (*res*) que realiza Gayo en el marco de su conocida división de la materia jurídica en tres partes (personas, cosas y acciones) es de gran trascendencia jurídica en la historia del derecho en el mundo occidental. Al comienzo del libro segundo de sus Instituciones (Gai. 2.1), dedicado a las cosas, Gayo introduce al lector, con naturalidad didáctica y sin ambages, en una nueva materia: «En el libro anterior hablamos del derecho de las personas; veamos ahora las cosas que están en nuestro patrimonio (*in nostro patrimonio*) o que se estiman fuera de nuestro patrimonio (*extra nostrum patrimonium*)».

Esta iniciativa pedagógica constituye, en verdad, un hito jurídico básico en el reconocimiento de la necesidad de no confundir en derecho al ser humano con las cosas y de reservar para aquel un ámbito jurídico de tratamiento diferenciado y previo –en la clasificación gayana ocupa el primer lugar– con respecto a todo lo demás. Que la Jurisprudencia romana haya obtenido esta lúcida percepción –junto con la famosa de Ulpiano a propósito de la esclavitud como institución de derecho de gentes pero no de derecho natural– en el seno de una sociedad esclavista no deja de tener mérito. Ninguna de estas dos grandes ideas del derecho pasará desapercibida a los juristas de épocas venideras, a pesar de que a partir de Descartes se retrocediera en este punto al admitirse su célebre distinción entre el yo pensante (*res cógitans*, lit. cosa pensante) y el resto (*res extensa*, lit. cosa extendida, la materia) que ha terminado por equiparar el cuerpo humano con las demás cosas del mundo exterior y ha propiciado que incluso se pretenda experimentar con él sin escrúpulo alguno.

- *Res* designa las cosas que pueden ser objeto de derecho. Un conjunto de bienes es designado como "bienes" (*bona*) o –como hemos visto antes– como "patrimonio" (*patri-*

monium). También se utiliza en este sentido la voz *pecúniae* (plural de *pecunia*), que literalmente significa "dineros", para comprender todos aquellos bienes que integran un patrimonio (*quae in patrimonio sunt*). Empleada en este sentido, dice Paulo (2 *ed.* D. 50.16.5) que *pecúniae* significa menos que *res* porque este último término abarca también las cosas que se hallan fuera del cómputo de nuestro patrimonio (*quae extra computationem patrimonii nostri sunt*). Como el significado usual de *pecunia* es dinero, Ulpiano (49 *Sab.* D. 50.16.178 pr.) se siente obligado a explicar que en ese término no solo entra el dinero contante (*pecunia numerata*) sino todos los objetos o cosas (*omnia corpora*), y en otro célebre texto, Hermogeniano (2 *epit.*) extiende su significado aún más, pues afirma que no solo el dinero sino todos los bienes inmuebles (***res soli***) y muebles (***res mobiles***), las cosas corpóreas (*córpora*) y los derechos (*iura*). En este último sentido, otro famoso texto de Ulpiano (59 *ed.* D. 50.16.49) declara precisamente que entre los bienes (*in bonis*) no solo se computan las cosas de nuestro dominio (es decir, de las que somos propietarios) sino las comprendidas entre las acciones (*in actionibus*). Ulpiano distingue aquí dos nociones de "bienes", una natural y otra civil. La civil es la anteriormente expuesta. La natural comprende todo lo que nos procura satisfacción (lo que nos hace felices, dice él), es decir, lo que nos beneficia.

La voz *res* tiene que ver con esta ampliación semántica en el campo jurídico de *pecunia*. El jurista Próculo afirma que con el término de *nomen* (crédito) se indica una cosa o *res* (Paul. 1 *ed.* D. 50.16.4). Se refiere al derecho de un acreedor que se estima jurídicamente como cosa –no corpórea– por su valor patrimonial.

Por medio de estas voces, particularmente las de "cosa", "bienes" y "patrimonio", aunque también *pecunia* con su término derivado "pecuniario", se articula el moderno derecho llamado "patrimonial". La Jurisprudencia romana percibió con claridad que una parte del derecho poseía ese carácter conforme al criterio de la susceptibilidad o no de las cosas de ser apropiables (***res intra commercium / res extra commercium***, cosas comerciables y cosas no comerciables), operante como modelo a su vez para los demás derechos que recayesen sobre ellas: en este sentido afirma el texto ulpianeo antes citado que no solo están *in bonis* las cosas de nuestra propiedad sino las poseídas de buena fe y las superficiarias, además de las acciones. Ejemplo de acción que no posee carácter patrimonial es la de injurias, matriz del moderno delito de injurias, a caballo entre el derecho público y el derecho privado, pues no persigue el restablecimiento de un desequilibrio patrimonial motivado por un hecho injusto sino la venganza privada del particular ofendido (*iniuriarum actio in bonis nostris non computatur*, la acción de injurias no se computa entre nuestros bienes Ulp. 34 *Sab.* D. 47.10.28).

> Ulp. 59 *ed.* D. 50.16.49: «La palabra «bienes» (*'Bonorum' appellatio*) tiene una significación o natural, o civil; en la natural se llaman bienes porque bonifican, esto es, hacen feliz; bonificar es hacer provecho (*bona ex eo dicuntur, quod beant, hoc est, beatos faciunt: beare est prodesse*). Pero se ha de saber que se computan en nuestros bienes no solamente las cosas que están en nuestro dominio, sino también si de buena fe fueran poseídas por nosotros, o si tuvieran superficie. Igualmente se contará en los bienes también lo que importen las acciones, las peticiones, y las acciones persecutorias; porque se considera que todo esto está en los bienes». (V. ***beati possidentis***).

Se llama ***res nullius*** (se pronuncia "res nullíus" con doble "l", no con "elle") aquel bien que no pertenece a nadie y que es susceptible de ser adquirido por ocupación (modo de adquirir que consiste precisamente en la aprehensión de una cosa de nadie: animal de caza y pesca, cosa abandonada, un producto del mar encontrado en la playa, etc).

Paradigmática es la referencia a la cosa en materia de propiedad hasta el punto de llegar a identificarse el derecho con la misma cosa y fundirse la reclamación del derecho con ella: *rei uindicatio* (lit. reclamación de una cosa o reclamación de la propiedad de una cosa). De ahí el derecho de propiedad como "derecho sobre la cosa" (***ius in re***) sobre el que luego se construyen los derechos sobre cosa ajena (***iura in re aliena***).

- *Res* también se emplea como "hecho" contrapuesto a las palabras (*uerba*). Así, con respecto a las obligaciones derivadas de delito (*obligationes ex delicto*) se dice que nacen todas ellas *ex re* (de un hecho), es decir del propio delito (I. 4.1). Coincidiendo con este sentido se encuentra la expresión *res illicita et inhonesta* (hecho ilícito y deshonroso) en el Código de Justiniano (7.16.1). ***Res facti*** se emplea para aludir a una "situación de hecho". La doctrina romanística, siguiendo a las fuentes romanas, se refiere, por ejemplo, a la posesión o al matrimonio romano clásico utilizando esta expresión. Significa que en estas instituciones lo fundamental es la apariencia, es decir, lo que se ve, la imagen que transmiten hacia fuera: en el primer caso, la tenencia de una cosa junto con la intención de tenerla para sí es reflejo del derecho de propiedad o, en todo caso, de un derecho que implica una disponibilidad exclusiva; y, en el segundo, la vida en común honorable lo es de una relación matrimonial legítima. En principio, si se rompe esta situación de hecho se entiende perdida la posesión y disuelto el matrimonio. (v. ***in fieri***). La expresión tiene que ver con la de *quaestio facti* en contraposición a *quaestio iuris*.

- *Res* en el ámbito procesal significa "asunto litigioso". *Rem pérdere* es perder el litigio (Gai. 4.119).

- ***Res iudicata*** se ha vertido hoy literalmente como "cosa juzgada". Modestino (7 *pandectarum* D. 42.1.1) dice de ella que es "la que pone fin a las controversias a través de la declaración del juez, bien por condena bien por absolución". Esto implica que cuando un asunto se ha enjuiciado una vez no puede emitirse sentencia con el mismo objeto por segunda vez (dejando a un lado la cuestión de la apelación; v *reformatio in melius/in peius*): es lo que declara la escueta expresión, que hunde sus raíces en el procedimiento romano, "non bis in idem" (no dos veces sobre lo mismo). Los juristas romanos analizan con gran lucidez la cuestión de la identidad de asunto (material y formal) que plantea este principio hoy vigente.

Muy conocida, en relación con esto último, es la máxima *res iudicata pro ueritate habetur* ("la cosa juzgada se tiene por verdadera") cuyo sentido consiste en impedir que nadie, especialmente las partes o más bien aquella perjudicada por una resolución judicial, discutan lo declarado por ella –dejando a salvo de nuevo la posibilidad de recurso–, pues de otro modo se minarían las bases del ejercicio del poder jurisdiccional y se convertiría en vana e inconsistente la labor de los jueces. Su origen es romano y el contexto originario tiene que ver con cuestiones de *status* de las personas físicas: Ulpiano (*ad legem Iul. et Pap.* D. 1.5.25) la enuncia a propósito de la sentencia que declara a alguien ser libre de nacimiento (*ingenuus*) aunque su condición sea en verdad la de *libertinus*. Vale lo reconocido por la sentencia aunque no coincida con la realidad: en este caso, además, es más favorable para el sujeto que su condición verdadera.

> «Debemos admitir también como ingenuo a aquel respecto del que se profirió sentencia, aunque fuere libertino; porque la cosa juzgada se tiene por verdad (*quia res iudicata pro ueritate accipitur*)».

En el conocido último título del Digesto (*De diuersis regulis iuris antiqui*, De las diversas reglas de derecho antiguo), casi al final, los compiladores colocaron la regla escueta: *res iudicata pro ueritate accipitur* (lit. la cosa juzgada se admite como verdad; Ulp. 1 *ad leg, Iuliam et Papiam*, D. 50.1.207).

- Al derecho procesal pertenece también la conocida expresión ***res inter alios acta*** («asunto llevado a cabo entre otros») que alude a la ineficacia de la sentencia con respecto a terceros, para quienes el asunto litigioso se considera ajeno o extraño a ellos y, por tanto, no vinculante. A los únicos a los que obliga es, en principio, a las partes litigantes. Un entero título del Código de Justiniano (C. 7.56) lleva la rúbrica *Quibus res iudicata non nocet* (A quiénes no daña la cosa juzgada). En el segundo texto, una constitución del emperador Gordiano del año 239 d. C., encontramos enunciado el principio: «las cosas juzgadas entre otros no suelen producir beneficio a quienes no intervinieron en juicio ni tampoco ocasionarles un perjuicio (*praeiudicium*)»; este último término alude a una resolución judicial previa cuyo contenido prejuzga negativamente un derecho o condición favorable de un tercero. Con este sentido se entiende que se refiere a un "perjuicio".

> «Las cosas juzgadas entre otros (*res inter álios iudicátae*) no suelen producir beneficio, ni ocasionarles perjuicio, a quienes no intervinieron en el juicio. Y por lo tanto no le puede perjudicar a tu nieta lo que se falló contra su coheredero, si contra ella misma nada se determinó».

En el caso planteado, el consultante, un particular llamado *Athenius*, preguntaba si a su nieta le prejuzgaba, es decir, si le afectaba negativamente, una condena judicial que había recaído contra un coheredero de ella. La respuesta es negativa si nada se había decidido contra ella. La sentencia condenatoria dirigida a la otra persona es para ella *res inter alios iudicata* (cosa juzgada entre otros). Por eso se dice en términos generales, con las debidas excepciones de la actual "jurisprudencia", que una sentencia judicial no es fuente del derecho, porque carece de la generalidad que precisa toda norma jurídica. Aunque obsérvese que en la citada constitución no dice que no puede haber efecto contra un tercero sino que no "suele" haberlo.

- ***Res publica*** es sin duda una expresión de uso actual relevante. Posee diversas acepciones. Significa, por un lado, "cosa pública", cosa perteneciente al pueblo romano y, por tanto, no apropiable por nadie (*extra commercium*). Celso (citado por Pomponio 9 *Sab.* D. 18.1.6 pr.) reconoce la distinción entre cosas públicas *in pecunia populi* (de patrimonio del pueblo), que serían comerciables, y cosas públicas *in publico usu* (para un uso público), que no lo serían. Ni que decir tiene que el influjo de esta doctrina en el derecho administrativo moderno, a través del derecho intermedio, ha sido enorme.

Por otro lado, es usual ver aparecer en los textos de la compilación justinianea la expresión *res publica* como sinónima de "ciudad". Por eso, su traducción literal como "república" es equívoca. V. en ***per incuriam*** *in fine* un ejemplo.

Por su parte, también se caracterizan como cosas públicas los ríos públicos y las playas. Estas últimas aparecen en otros textos como ***res communes omnium*** –se pronuncia con doble "m"–, «cosas comunes de todos», junto con el aire, el agua que mana libremente o agua corriente, el mar y «a través de este las costas del mar» (*et per hoc litora maris*). Este elenco de supuestos pertenece al célebre texto de Marciano (3 *inst.* D. 1.8.2.1), auténtico pilar de la doctrina posterior de la "libertad de los mares" que, en cuanto a estos, y, en cuanto a las playas, ha dejado una indeleble huella en la doctrina jurídica posterior. Tan importante como este fragmento es otro de Celso (39 *dig.* D. 43.8.3 pr.) que parece calificar las costas como bienes públicos, es decir, de modo en parte diferente al de Marciano: «opino que las costas, sobre las que el pueblo romano tiene imperio, son del pueblo romano». Uno y otro texto tienen en común que, con matizaciones que no podemos realizar aquí, consideran las costas como cosas no susceptibles de propiedad privada. En la vigente Constitución española –por citar solo nuestra *Charta Magna*–

se sanciona en el artículo 132.2, aunque es conocida la lamentable experiencia de una buena parte del litoral español en relación con esta *quaestio*. (V. ***nullius***).

Por otro lado, la expresión se refiere al gobierno de un pueblo y a la vida política. De modo indignado se expresa, por ejemplo, Cicerón (Cic. *Cat.* 1.9): *Quam rem publicam habemus!* (¡Qué gobierno tenemos!). Como forma de gobierno, su sentido es genérico. Cicerón la utiliza para aludir a las tres formas de gobierno clásicas o constituciones (de origen platónico-aristotélico) en su tratado precisamente denominado '*De re publica*' (título este que a su vez traduce al latín el nombre griego de "politéia"): monarquía, aristocracia y democracia (Cic. *rep.* 1.44). A estos añade su conocida constitución mixta (una mezcla de las tres) como cuarta forma de gobierno (ibíd. 1.45).

Cuando hoy utilizamos esta voz debemos hacerlo con cuidado. Siguiendo el modelo romano, los revolucionarios franceses –o más bien sus teóricos inspiradores– se inspiraron en la etapa central de la historia romana, entre la Monarquía y el Imperio, denominada "República", que juzgaron como ejemplar desde el punto de vista del orden político. A partir de ellos y del surgimiento de Estados según la horma francesa, se abrió la posibilidad de un nuevo uso más estricto del término "república", entendido ahora como forma de gobierno opuesta al gobierno de uno solo (trátese de monarquía o de tiranía). Repárese bien en que la acepción genuina de *res publica* no es esta, pero utilícese con atención hoy para no incurrir en los crasos errores que, de cuando en cuando, cometen algunos –sin conocimiento de la historia, de la ciencia política desde sus orígenes ni, por supuesto, del latín–, que se imaginan que todos los países modernos son "repúblicas".

Res communes omnium

(V. ***res***).

Res extra commercium

(V. ***res***).

Res inter alios acta

(V. ***res***).

Res intra commercium

(V. ***res***).

Res iudicata

(V. ***res***).

Res mobiles

(V. ***res***).

Res nullius

(V. ***res***).

Res publica

(V. ***res***).

Res soli

(V. ***res***).

Restitutio in integrum

(Restitútio in íntegrum)
Lit. *restitución por entero, rescisión.*

Significado y contexto: Se admite en nuestra lengua como "restitución *in integrum*". Esta conocida expresión, utilizada a menudo hoy, pertenece al ámbito del procedimiento romano, y más exactamente a la jurisdicción del Pretor. Este magistrado contaba con lo que se conoce como "remedios complementarios" de su jurisdicción con los que, apoyado en su *imperium*, velaba por que la ***áequitas*** o justicia se aplicase en cada caso de modo efectivo. Se trata de una expresión muy importante en derecho, estudiada en la disciplina de Derecho Romano pero conectada con el resto de materias jurídicas. Por otra parte, el término "rescisión" (*rescissio*) se refiere a ella, como veremos.

Es de sobra conocida la trascendental significación que tiene el procedimiento para el derecho romano hasta el punto de que no puede cabalmente concebirse en él –al menos por lo que respecta al derecho clásico romano– un derecho subjetivo sin la presencia de un remedio procesal que lo ampare (*ubi remedium ibi ius*, donde esté el remedio procesal allí estará el derecho). Esta concepción del derecho es fruto del proverbial pragmatismo que se predica del espíritu del derecho y del pueblo romano. La tradición jurídica inglesa, por cierto, es deudora en este trascendental punto de la experiencia romana; de ahí la cita que en ella se acostumbra hacer del dístico antes enunciado.

Se trata de un remedio drástico ya que el magistrado ordena al juez que finja como no existente un negocio válidamente celebrado. Esta operación jurídica, como adelantábamos, se denomina "rescisión", término este que se afianza sobre todo a partir de la época postclásica del derecho romano a través de las expresiones *iudicium rescissorium* (juicio rescisorio) o *actio rescissoria* (acción rescisoria). Su base léxica –el verbo *scíndere*, cortar– ayuda a entender su naturaleza y alcance, así como el amplio margen de actuación del magistrado que le permite "cortar", como con tijeras imaginarias (en inglés, *scissors*), los efectos de un acto formalmente válido para el *ius ciuile* pero en el fondo injusto. La apreciación del caso la solía realizar el magistrado a través del trámite del previo examen de causa –*causa cognita*–, destinado a enjuiciar la presencia de determinadas circunstancias justificativas de este recurso jurídico y la gravedad del perjuicio o lesión que la realización del acto puede ocasionar, de llevarse a cabo, a una de las partes. El magistrado utiliza para ello el recurso de la ficción que consiste –como decimos– en que el juez no deberá estimar como realizados actos que sí se han celebrado ¡y que además son válidos para el derecho! Por eso, un sector doctrinal prefiere encuadrar la *r. i. i.* entre las acciones ficticias. Por otra parte, el efecto que producía consistía en restablecer las circunstancias al momento anterior a la celebración del acto de manera que serán inadmisibles las acciones y demás remedios procesales que pudieran ejercitarse en virtud de aquel. Para un adecuado uso de la expresión no ha de ignorarse que el verbo latino *restitúere* no significa aquí "restituir" en el sentido de "devolver algo" sino "reintegrar o restablecer algo", es decir, "volver el caso a su estado anterior o prístino".

La rescisión se aplica como remedio extraordinario, es decir, para circunstancias o casos determinados y justificados: negocios realizados por menores de 25 años (*ob aetatem*, por <menor> edad), error (*ob errorem*, por error), dolo (*ob dolum*, por dolo –muy discutido en la doctrina romanística, no obstante–), intimidación (*ob metum*, por intimidación), fraude de acreedores (*ob fraudem creditorum*, por fraude de acreedores, también muy discutido), ausencia (*ob absentiam*, por ausencia), *capitis deminutio* (*ob capitis deminutionem*, por capitis disminución). En segundo lugar, se aplica de modo subsidiario, es decir, en defecto de otro existente. Su concesión –como decíamos antes– se valora además en función de la lesión que recibe la parte afectada por la realización del negocio.

Si se examina el concepto técnico de rescisión hoy en día se advertirá que sigue intacto. Sin embargo, es muy frecuente su utilización indiscriminada, sobre todo en ámbitos no técnicos, con una acepción equivalente a la de mera "resolución" negocial. Pero rescindir no es resolver sin más, como hemos visto. Si se repara en las circunstancias que, por su reiteración en la vida social –pensemos en el error, intimidación o dolo–, se acabaron introduciendo en el derecho romano con carácter general a través del edicto pretorio, podemos advertir además en este recurso uno de los indiscutibles filones jurídicos de la moderna acción de impugnación. El efecto cuasianulatorio del acto que, al fin y al cabo, producía la eliminación de toda posibilidad de producción de efectos de este (esto es, ineficacia) inspiró, en efecto, la idea posterior de la impugnación. Por otro lado, la mayor parte de las circunstancias del edicto las contempla también el derecho moderno. Algunas, como las citadas ahora, han caído en el terreno de la acción de impugnación pero otras como la de ausencia o la de fraude de acreedores siguen insertas en el de la rescisión.

S

Salva rerum substantia

(Salua rerum substántia)
Lit. *dejando a salvo la sustancia de las cosas.*

Significado y contexto: La expresión pertenece a una conocida definición del usufructo del jurisconsulto Paulo (Paul. 3 *ad Vitellium* D. 7.1.1 = I. 2.4 pr.): *ius alienis rebus utendi fruendi salua rerum substantia*: «el derecho de usar y disfrutar de cosas ajenas manteniendo íntegra su sustancia». También la encontramos en la obra postclásica *Tituli ex corpore Ulpiani* (24.26) a propósito del legado de usufructo: «puede legarse según el derecho civil el usufructo de aquellas cosas de las que pueda haber facultad de usar y disfrutar de ellas manteniendo íntegra su sustancia». El *quid* de la definición está precisamente en saber qué significa "sustancia de las cosas". El usufructuario, a diferencia de un propietario, carece del derecho de disposición material y jurídica sobre la cosa, es decir, no puede modificar por su cuenta la cosa usufructuada para utilizarla según un régimen económico distinto del previsto por su dueño, ni mucho menos destruirla total o parcialmente. Tampoco puede enajenarla o gravarla sin más.

Un ejemplo paradigmático es el del usufructuario que pretende la tala de árboles que embellecen una finca de recreo para plantar otros que den frutos (Ulp. 18 *Sab.* D. 7.1.13.4). Incluso aunque la explotación de la finca sea más beneficiosa, no se admite porque altera la sustancia de la finca. Los juristas romanos nos han dejado, respecto de esta cuestión, numerosos ejemplos de su maestría en la aplicación del método casuístico. En vez de definir en abstracto el concepto de sustancia, ellos lo analizan caso por caso: un rebaño, bosques, minas, una nave, ... Sus soluciones no se han perdido hoy y los códigos actuales conservan incluso el casuismo originario.

Lo que sí puede decirse *a priori* es que el uso que exige el usufructo debe ser tal que no consuma la cosa (es decir, el *uti*, usar, no puede consistir en un *abuti*, abusar o consumir). Celso (18 *dig.* D. 7.1.2) afirma que el usufructo es un *ius in córpore*, un derecho sobre un objeto material, y, por consiguiente, «una vez desaparecido este último, se extingue aquel también». De aquí que las únicas cosas que, en principio, sean susceptibles de constituir objeto de usufructo sean las inconsumibles. Fue gracias a un senadoconsulto como se permitió por razones prácticas el usufructo de cosas consumibles (*quae in abusu continentur*, es decir, objeto de consumo, *Tit. Ulp.* 24.27) mediante caución (promesa con fianza) de devolverlas –naturalmente no las mismas sino otro tanto– una vez que se extinga el usufructo. A esta versión ampliada del usufructo se la denominó "cuasiusufructo" (o sea, algo similar a un usufructo). Así pasa a nuestros días.

Un problema nuevo plantearon las cosas que acabaron siendo catalogadas como "deteriorables": por ejemplo, vestidos. Su uso sin consumo es posible pero ocurre que ocasiona, además, con el tiempo un manifiesto deterioro del objeto con su correspondiente depreciación. Se trata de una categoría intermedia entre cosas consumibles e inconsumibles.

Salvis legibus

(Saluis légibus)
Lit. *salvas las leyes, quedando a salvo las leyes, conforme a las leyes.*

Significado y contexto: Cicerón la emplea en varias ocasiones. Con esta expresión se caracteriza un comportamiento como respetuoso o conforme a la ley. Se contrapone, pues, a las conductas contrarias a las leyes o a las que, aun respetando sus términos, las eluden fraudulentamente (V. ***in fraudem legis*** y su relación allí con la expresión *saluis uerbis legis*). Veamos el primer ejemplo, muy instructivo, extraído de su discurso contra Verres (2.2.55.137), el arbitrario gobernador de Sicilia, donde se aprecia en la conducta de los censores, a propósito de su contribución pecuniaria exigida para la estatua del Pretor, la contraposición entre dos tipos de actos: *contra leges* y *saluis legibus*. Helo aquí:

> «Pero he aquí lo más desvergonzado: a los ojos de todos (*palam*) –pues era sin duda conforme a las leyes (*licebat enim uidelicet legibus*)– se les impusieron a cada uno de los censores trescientos denarios para la estatua del Pretor. Se nombraron ciento treinta censores; aquella suma la dieron en secreto (*clam*) contra las leyes (*contra leges*) como precio por el cargo de censor; estos treinta y nueve mil denarios los aportaron a los ojos de todos (*palam*) y conforme a las leyes (*saluis legibus*) para la estatua».

La encontramos también en una epístola al procónsul Léntulo (*epist.* 1.2) donde expresa su convicción con respecto a la intervención popular de haber conseguido al menos «que no pueda convocarse al pueblo quedando a salvo los auspicios o las leyes o, en fin, sin violencia» (*ut ne quid agi cum populo, aut saluis auspiciis, aut saluis legibus, aut denique sine ui possit*). También en esta otra epístola (*epist.* 5.20) donde confiesa: «Al tiempo debes reparar en que todo el dinero destinado a mí conforme a las leyes lo he depositado en Éfeso en manos de los publicanos» (*Simul illud cogitare debes, me omnem pecuniam, quae ad me saluis legibus peruenisset, Ephesi apud publicanos deposuisse*).

Séneca el Viejo en sus *Controuérsiae* (*contr.* 10.1) la utiliza y Calpurnio Flaco (*decl.* 21.10) en análogo sentido.

Salvo errore calculi

(Saluo erróre cálculi)
Lit. *salvo error de cálculo.*

Significado y contexto: En el marco del negocio jurídico, una divergencia entre lo declarado y lo querido puede implicar la invalidez de un negocio jurídico. No es este el caso porque se trata de una declaración basada en una incorrecta realización de una operación aritmética, que cualquiera, volviéndola a hacer de nuevo, puede corregir. El origen de las disposiciones de los códigos actuales relacionadas con este supuesto y de la solución jurídica que ofrecen se halla en el derecho romano. El error de cálculo (*érror cálculi* o *érror computatiónis*) da lugar a su corrección sin que el negocio se invalide. De ahí la regla del derecho común '*error calculi non nocet*' (el error de cálculo no perjudica). En términos coloquiales podría decirse que en derecho una falta de esa naturaleza es *peccata minuta* (lit. pecados pequeños, pecadillos), es decir, disculpable e irrelevante.

A propósito de ***lapsus linguae*** hemos visto el caso que trata el jurista Macro D. 49.8.1.1 de un juez que suma mal las cantidades en que debe cifrar la condena y, por ejemplo, expresa en su sentencia que cincuenta más veinticinco son cien, y por cien realiza la condena. No hace falta apelar la sentencia en este caso –dice Macro–, como es fácilmente comprensible.

Modestino en 8 *reg.* D. 50.8.10 pr. afirma que la rectificación (*retractatio*) del error de cálculo se admite incluso pasados diez o veinte años.

En la historia del derecho europeo en relación con el concepto de error de cálculo es fundamental el título V '*De calculi errore*' (del error de cálculo) del libro segundo del Código de Justiniano, que, sin embargo, solo conserva una constitución imperial de los emperadores Diocleciano y Maximiano del año 293 d. C.:

> «Muchas veces se ha declarado que el error de cálculo, ya naciese de un solo contrato, ya de muchos, en nada perjudica a la verdad, por lo que es de derecho reconocido que pueden rectificarse (*retractari*) de nuevo incluso las cuentas (*rationes*) ya muchas veces hechas (*sáepe computatas*), siempre que no haya habido cosa juzgada o no se haya realizado transacción. Pero también si por error de cálculo prometiste como debida una cantidad que no fuese debida, te compete la condicción para la liberación (*condictio liberationis*)». (V. ***error***).

En esta célebre constitución se confirma la línea seguida anteriormente en frecuentes respuestas imperiales por este asunto. En la constitución se habla de negocios jurídicos entre particulares (uno o varios entre las mismas partes). Imaginemos, por ejemplo, que entre dos sujetos hay diversas deudas por diferentes causas. Así, uno debe diez a otro por una compra y otros quince por un préstamo, pero a la hora de calcular el montante total se fija la suma –errónea– de veinte, en vez de veinticinco.

La constitución establece dos límites a la posibilidad de corrección sin consecuencias para la validez negocial: que no haya habido sentencia con el consiguiente efecto de cosa juzgada o que las partes hubiesen ya realizado una transacción (es decir, acto por el que las partes se disponen a realizar mutuos sacrificios para evitar que siga adelante el juicio). La razón que hay detrás de esta decisión es que se trata de vías jurídicas que ponen fin a la controversia entre las partes. Sin embargo, plantean problemas de interpretación, como la Glosa medieval y los comentaristas advirtieron. En concreto, el supuesto de la sentencia parece chocar con la opinión de Macro antes citada. ¿Por qué no va a haber corrección si hay un flagrante error? Esto mismo se puede aplicar a la transacción. Quizás porque en el caso de Macro el error se expresaba en la propia sentencia. O porque allí se trataba de un error del juez y aquí de las partes. Pero en el caso de la transacción resulta que no se puede hablar de que haya habido propiamente acuerdo si se mantiene la cantidad errónea. Esta era la opinión, por ejemplo, del comentarista Iacobus Ravenate. La Glosa había llegado a la conclusión de que de la transacción había que eliminar el error por vía de excepción o de réplica. Los comentaristas Pedro Butrigario, Bártolo y Baldo, por su parte, estimaron que la transacción puede ser revocada solo si el error es expreso.

> (V. la discusión jurisprudencial, por ejemplo, en:
> *http://digi.ub.uni-heidelberg.de/diglit/justinian1627bd4/0240*
> *http://digi.ub.uni-heidelberg.de/diglit/justinian1627bd4/0241*
> perteneciente a: *Codicis Dn. Iustiniani Sacratissimi Imp. PP. Augusti, Repetitae Praelectionis Libri Duodecim* –Lyon, 1627–).

El supuesto último que trata la constitución es diferente (por eso lo separa): se trata de una promesa de una deuda en realidad inexistente que se ha llevado a cabo por error; este caso pertenece al ámbito del pago de lo indebido por error, o de otro modo, al más general del enriquecimiento injusto. De ahí la *condictio* dirigida aquí a liberar al sujeto perjudicado de la deuda contraída por error.

En otro contexto, la expresión *error calculi* viene referida en el derecho romano al erróneo cálculo de plazos para interponer apelaciones. Así en C. 7.63.5.1c de Justiniano (a. 529 d. C.) que habla de las largas distancias que debían recorrer los apelantes, venidos desde las más lejanas partes del Imperio, las vicisitudes que afrontaban, los accidentes que podían acaecerles. Entre las desgracias posibles, no era infrecuente la del error de cálculo del último día (*dies fatalis*) en que se podía realizar la apelación. Todo esto hacía aconsejable plantear los plazos de una manera más laxa en relación con ese '*dies fatalis*', día fatal de interposición de la apelación, admitiendo más días para poderla realizar. Es curiosa, por cierto, la similar expresión en lengua inglesa *dead line* que hoy, con vocación expansiva hacia otros idiomas, pugna por desbancar sus expresiones autóctonas. Valdría la pena recordar esta expresión latina de profunda raigambre jurídica.

> «Y como antes se habla establecido por las antiguas leyes un solo día fatal (*unus fatalis dies*) al final de cada término, y con frecuencia acontecía, (pues son muchas las ocasiones de muerte en las apelaciones), que por enfermedad, o por lo largo de la distancia, o por otras causas, que no es fácil decir ni enumerar, no se observaba el mismo término fatal, y fenecían los litigios, y por tales desgracias estaban inseguros los patrimonios de los individuos; por esta razón, librando de las acechanzas de la suerte, mandamos, que en lo sucesivo no se haya de estar a un solo día fatal (*non in unum diem fatale standum esse in posterum*), sino que, si el apelante hubiese comparecido en los cuatro días anteriores al día fatal, y en el mismo día fatal, o en los cinco días posteriores a aquel en que hubiere transcurrido el término fatal, y hubiere cuidado de entablar el litigio, y lo hubiere presentado ante el tribunal competente (*in cómpetens iudicium dedúxerit*), se considere que cumplió con la ley, y no se lamente por el quebranto de haber fenecido la causa, sino regocíjese con nuestro beneficio, pues nos es sabido que también por error en el cálculo (*ex errore cálculi*) de los días, que tuvieron los oficiales, peligraron muchas veces las causas; lo que es de esperar que por virtud del remedio de la presente ley no suceda en lo sucesivo. Debiéndose guardar u observar el mismo beneficio también respecto a todos los demás días fatales, que se dan o por los jueces pedáneos o por otros, y que en sus sanciones enumeraron las leyes, de suerte que en todas partes se establezcan diez días fatales en lugar de uno».

Salvo iure tertii

(Saluo iúre tértii)
Lit. *salvo el derecho de un tercero.*

Significado y contexto: Esta expresión se utiliza para afirmar que los efectos jurídicos de un determinado negocio jurídico, que afecta a las partes implicadas en él, no perjudican el derecho que sobre el objeto de ese negocio tenga un tercero ajeno a esa relación jurídica. Su derecho, así, queda a salvo.

La expresión '*saluo iure*' la encontramos en las fuentes romanas aunque no es muy frecuente. Cicerón la emplea para referirse a su deseo de respetar las "leyes de amistad y de los mutuos deberes morales" (*saluo iure nostrae ueteris amicítiae multorumque inter nos officiorum*, =observando las leyes de nuestra vieja amistad y de los muchos deberes recíprocos) con respecto al destinatario de su carta (*epist.* 13.77.11).

Una situación que ayuda a enmarcar jurídicamente el contexto de la expresión que comentamos es la del liberto a quien se le concedía por discreción imperial el llamado "derecho del anillo de oro" (*ius ánuli áurei*) o derecho a llevar ese signo distintivo por el que se le reconocía ante los demás como libre de nacimiento (o *ingénuus*). Aun con esta concesión, el patrono (su ex dueño) seguía, no obstante, conservando, desde el punto de vista del derecho privado, la relación de patronato con su liberto; así, por tanto, su legítimo derecho a heredar de su liberto conforme a lo jurídicamente establecido. Era, pues, heredero forzoso con respecto a la herencia de su liberto; uno de los supuestos que, por cierto, acabó originando el concepto moderno de la "legítima".

Es decir, el acto jurídico realizado por un príncipe en relación con un liberto de atribución a él de ese singular derecho no afectaba al derecho de sucesión del patrono (que era "tercero" o ajeno a él): esto es lo que indica la expresión '*saluo iure patroni*' (a salvo el derecho del patrono) utilizada comúnmente por la Jurisprudencia. Papiniano en un caso algo diferente en relación también con libertos utiliza la expresión '*saluo iure communi*' (a salvo el derecho común), para referirse también al derecho de los patronos con respecto a sus libertos.

Un caso peculiar a propósito del derecho real de prenda presenta Quinto Cervidio Escévola (6 *dig.* D. 20.6.15):

> «La herencia del primer acreedor, que había recibido en prenda unos predios, y de otro posterior, a quien se habían dado algunos de estos mismos fundos, había recaído en una misma persona. El deudor ofrecía cuanto había recibido en mutuo del acreedor posterior; respondió, que ha de ser obligado a recibirlo, quedando a salvo el derecho de prenda del primer contrato (*saluo iure pignoris prioris contractus*)».

Uno heredó de dos acreedores pignoraticios, primero y segundo, sus respectivas herencias. Recordemos que las posiciones de ambos acreedores se fijan según el tiempo de constitución del derecho real –*príor témpore pótior iúre*, el primero en el tiempo es de mejor derecho–. En principio, al haberse confundido las dos titularidades en el nuevo sujeto, que ha heredado de los dos, no importa que el deudor ofrezca antes el pago de la deuda del que era segundo acreedor; es más, el sujeto está obligado a aceptar el pago, pero quedando a salvo el primer derecho de prenda, que no se extingue. Si vivieran ambos acreedores debería el deudor haber pagado antes al preferente en rango, que no solo era tercero con respecto a la relación del deudor con el segundo acreedor, sino que además no tenía por qué admitir el pago anterior al segundo acreedor porque sí afectaba, o era probable que lo hiciera, al cobro del primer crédito.

Por su parte, "tercero" deriva del latino '*tertius*', utilizado en casos de herencias (los tres herederos se enuncian así: *Primus, Secundus, Tertius*) o de rango hipotecario (los tres acreedores por orden de preferencia). Por supuesto que no falta en muchos supuestos la presencia de tres personas en conflicto: los célebres Ticio, Cayo y Sempronio (o Seyo, o Mevio, ...). Encontramos el típico triángulo jurídico, por ejemplo, en los casos de evicción en que el comprador de una cosa es vencido en juicio por el tercero, verdadero propietario, a quien no afectan los efectos del contrato de compraventa. (V. ***laudatio***).

De modo más específico el término es también utilizado en el ámbito jurídico en el sentido de "ajeno" o "extraño": así en Ulp. 19 *ed.* D. 10.3.7.10, a propósito de la división de un usufructo entre condóminos, se cita como una posibilidad la de que el juez dé en arriendo el usufructo a una tercera persona (*tertia persona*) para que aquellos cobren sus rentas sin controversia.

En D. 46.2.8.2 expone Ulpiano (46 *Sab.*) la opinión de Marcelo que afirma que, si estipulo de *Tertius* los diez que me debe Ticio o los diez que me debe Seyo, ninguno de los dos resulta liberado de su deuda salvo que *Tertius* elija por quién desea pagar.

El concepto de tercero está también presente en el término *alter* o *alius* (otro). Por ejemplo, de modo paradigmático en las estipulaciones a favor de tercero. *Alteri stipulari*, "estipular a favor de otro", no es permitido en el derecho romano inicialmente hasta que a través de un proceso trabajoso de erosión de la regla van apareciendo casos de excepcional admisión. Este proceso de reconocimiento, por cierto, va a ser uno de los más lentos de la historia del derecho europeo a partir de los glosadores medievales, y aun hoy se ven las huellas de su difícil generalización en las disposiciones de los códigos civiles modernos (no digamos ya en el *Common Law*). Uno de los más conocidos casos del derecho romano es el de la compra de una finca antecedida de un pacto entre el vendedor y el arrendatario por el que aquel se compromete a que se respete el derecho del segundo. Con mayor razón no se admite sin más la estipulación "a cargo de tercero". (V. ***stipulatio poenae***).

También encontramos aplicación en las sentencias de los jueces: la *res iudicata* o cosa juzgada afecta solo a las partes intervinientes en el juicio. Para los demás, la sentencia tiene que ver con un asunto entre personas ajenas a él (*res inter álios ácta*, lit. asunto hecho entre otros). Por eso la sentencia de un juez no es, en principio, fuente de derecho: porque carece de la generalidad de toda norma jurídica. (V. ***res***).

Sanctio legum

(Sánctio légum)
Lit. *sanción de las leyes.*

Significado y contexto: El verbo latino *sancíre* (*sancio sanxi sanctum* 4) posee una variedad de sentidos, antitéticos incluso, pero que se explican a partir del originario, consistente en «hacer algo inviolable o intocable», de connotación no mundana, que sitúa al objeto destinatario de la acción en un lugar extraterrenal entre lo sagrado (o consagrado) y lo profano. Se entiende que para garantizar la perdurabilidad del hecho positivo de esta privilegiada posición es conveniente, no obstante, la previsión de una adecuada tutela frente a las eventuales agresiones futuras que pueda sufrir.

En derecho se deben tener muy en cuenta estos matices so pena de incurrir en graves errores de interpretación. En efecto, "sancionar" o "sanción" se puede entender jurídicamente tanto en el sentido de "respaldar" algo como en el de "castigar" lo que le sea adverso. Veamos su origen: entre las cosas santas los romanos incluían las leyes. Así lo afirma Ulpiano (68 *ed.* D. 1.8.9.3) quien de modo expresivo declara que «llamamos propiamente santas las cosas que no son ni sagradas ni profanas pero han sido confirmadas por sanción (*sanctione confirmata*): a la manera en que las leyes son santas porque se apoyan en una cierta sanción. Pues lo que se apoya en una cierta sanción es santo aunque no se haya consagrado: y a veces se añade en las sanciones que quien hizo algo en contra es castigado (*puniatur*) con pena capital». Como se aprecia fácilmente, los dos sentidos antes citados aparecen reflejados en el texto.

¿A qué se refiere Ulpiano? Veámoslo. Las leyes romanas solían contener una última parte denominada precisamente *sanctio* o sanción en la que el legislador introducía cláusulas de diversa naturaleza pero que tenían en común la finalidad de encuadrar la ley en el derecho vigente, es decir, de situarla en relación con el conjunto de leyes en vigor y con los *mores maiorum* (o costumbres, muy importantes sobre todo en la época antigua del derecho romano). Así, el legislador podía prever penas a quienes infringieran la ley en adelante (de ahí, sanción en sentido punitivo) o exonerar de pena a quienes por cumplir la presente ley contravinieran otra anterior (*caput tralaticium de impunitate* o capítulo tralaticio de impunidad); o bien, mediante otra cláusula determinaba la nulidad de interpretaciones contrarias al *ius* (de orden consuetudinario) que pretendieran basarse en la presente ley (de donde se observa una cierta preeminencia de los *mores* frente a las *leges*, aunque el tema es muy discutido aún hoy entre los romanistas) o contra disposiciones estimadas sacrosantas; en algún caso, incluso, el legislador conminaba mediante otra cláusula al legislador futuro a no derogar la ley (por supuesto se trataba de una exhortación más desiderativa que jurídicamente vinculante).

Esta concepción de la ley en relación con los *mores* y otras disposiciones es propia de la época republicana. Posteriormente se perdió el contexto en que tenía sentido. En la tradición jurídica occidental es célebre un texto de Papiniano, perteneciente a una obra suya de definiciones, en el que se contiene nuestra expresión que, sin embargo, parece rememorar el ámbito interpretativo antes expuesto: «La sanción de las leyes (*sanctio legum*) –dice el jurisconsulto– que en su última parte (*nouissime*) prevea una determinada pena a los que la contravengan, no parece aplicable a aquellos casos en que esa misma ley fijó especialmente una pena». Las traducciones de este fragmento no son uniformes porque hay quien interpreta *nouissime* (lit. ultimísimamente) en sentido temporal como referido a las leyes más recientes, pero no se ve el sentido que pueda tener entonces el texto. El fragmento es famoso por la argumentación final del jurista. El razonamiento de Papiniano merece siempre particular atención: que para aplicar el derecho aquí no debe olvidarse –parece decir– que, por un lado, «en todo el derecho restante la especie deroga el género» (de donde la famosa regla *spécies géneri dérogat*; o sea, el principio de aplicación preferente del derecho especial regulador de una materia dada frente al derecho general); por otro, que «no es admisible que un solo delito sea castigado por la misma ley con varias estimaciones», o sea, que no es aprobable que se impongan varias penas (pecuniarias, parece, por la referencia a la estimación) cumulativamente por un mismo ilícito previstas en la misma ley. (V. ***in genere***).

En las constituciones de los emperadores de época avanzada el término "sanción" se emplea como sinónimo de constitución vigente. La expresión decisoria de una solución dada por ellos –es característica en el lenguaje legal de Justiniano– viene precedida de "*sancimus*..." ("sancionamos que..."; es decir, "respecto de esta cuestión decidimos que..."). Entre las manifestaciones del poder legislativo que progresivamente van adquiriendo los emperadores están las llamadas "pragmáticas sanciones" (*pragmáticae sanctiónes*), emanaciones normativas imperiales de contenido más general que los rescriptos (que atendían a casos concretos) pero más particular que los edictos (que podían dirigirse a todo el pueblo romano incluso y que además se publicaban por esa razón para ser conocidos). Su finalidad era la de responder a especiales solicitudes de corporaciones o entidades.

En el lenguaje imperial se hizo frecuente también hablar de "promulgar" las constituciones. *Promulgare* significa "hacer público". Promulgar una ley o una constitución, naturalmente de un modo formal para que vincule a todos, es propio de la terminología legal del derecho imperial tardío. Así pues, por tanto, la sanción que contenía la decisión imperial se acompañaba de su publicación formal cuando se deseaba que se conociera de modo general.

Naturalmente sería anacrónico trasplantar sin más esta experiencia a nuestros días. Pero sería injusto silenciar que, salvadas las diferencias, el lenguaje actual hunde sus raíces en una experiencia jurídica romana, siendo valiosa para nosotros tanto la republicana como la imperial que aquí hemos esbozado. El art. 62 a) de la Constitución española de 1978 dice que corresponde al Rey "sancionar y promulgar las leyes". Y el art. 91 especifica: «El Rey sancionará en el plazo de quince días, las leyes aprobadas por las Cortes Generales, y las promulgará y ordenará su inmediata publicación».

En origen, la facultad de sancionar correspondiente al monarca albergaba un auténtico derecho de veto. Hoy en día no es así, pero la fórmula utilizada rezuma añeja solera por todos sus poros: "Felipe VI Rey de España A todos los que la presente vieren y entendieren. Sabed: que las Cortes Generales han aprobado y Yo vengo en sancionar la siguiente ley: ...". Algunos hoy identifican "promulgar" con "publicar" (el derecho romano es la causa remota de esta afirmación, como hemos visto). Sin embargo, en el art. 91 aparecen distinguidos uno y otro acto. Esto es porque en la historia del derecho español la voz "promulgar" se ha reservado para la función de autentificar la ley. El origen parece proceder de los problemas que hubo de afrontar la autenticidad del Fuero Nuevo de Sepúlveda. Para evitarlos se optó por poner un sello para dar seguridad en la utilización de sus ejemplares y al acto de autentificación –de naturaleza notarial– fue a lo que se denominó "promulgar"; cfr. (Martínez Cardós 2002, 67-68). Aquí no podemos entrar en esta cuestión pero esta falta de credibilidad de las fuentes es un problema también antiguo que conecta con las famosas "citas falsas" de textos jurídicos romanos. (V. ***communis opinio*** y *Breve compendio de historia*).

Scientia fraudis

(sciéntia fráudis)
Lit. *conocimiento del fraude.*

Significado y contexto: El término *fraus* tiene diversos significados: fraude o engaño, daño, dolo o intención maliciosa, pena. En otro lugar se ha analizado la expresión ***fraus legi*** o fraude a la ley. Resulta curioso hasta qué punto son similares desde nuestra perspectiva las situaciones a las que se aplica el fraude: fraude alimentario, fraude de acreedores, fraude fiscal, fraude tributario ... También lo es que haya rebasado las fronteras del *ius commune* para instalarse también en el *Common Law* a través de su versión inglesa (*fraud*), de gran relevancia, por ejemplo, para la teoría de la *consideration*, que guarda cierta similitud, aunque es muy diversa por otro lado, con la teoría de la causa del *ius commune*. (V. ***causa***).

Una cosa es tener conocimiento del fraude (*scientia fraudis*) y otra tener intención fraudulenta (*consilium fraudis*). En el ámbito del fraude de acreedores, para poder revocar el acto realizado en fraude de acreedores (*fraus creditorum*) se exige del tercero que ha adquirido por causa onerosa tener *scientia fraudis*. Del deudor que defrauda los intereses de los acreedores, en cambio, se indaga la existencia de *consilium fraudis*. Esta intención es tan necesaria que se plasma en una regla jurídica: «en derecho civil la existencia del fraude no solo se hace teniendo en cuanta el resultado perjudicial producido sino la intención con la que se hizo» (Pap. 32 *quaest.* D. 50.17.79). Las palabras del edicto del Pretor referente al remedio procesal que prevé para estos casos aluden "al que no haya ignorado el fraude". En Ulp. 83 *ed.* D. 42.8.10.2 interpreta el jurista que *sciente* (siendo conocedor) implica no solo tener conocimiento sino también participar del fraude: o sea, no basta con saber que el deudor tiene acreedores sino hace falta además colaborar con él en el fraude. A esto se equipara que los acreedores hayan advertido al tercero, posible comprador, que no compre para no hacerse partícipe del fraude y poder perder la cosa en un juicio contra él.

El jurista Juliano (3 *dig.* D. 3.5.29) relata que en una ciudad se había nombrado a un curador para la compra de trigo candeal con que abastecer las necesidades de la población. Pero el "subcurador", es decir, el subencargado había mezclado fraudulentamente la harina con otra sustancia para adulterarla. El curador se hace responsable ante la ciudad del precio del trigo candeal aunque puede luego demandar al subencargado. Juliano hace mención a casos análogos: el del tutor con respecto a su cotutor (pluralidad de tutelas) o el del magistrado con su colega en la magistratura. La solución para el caso propuesto debe ser análoga a la de estos otros supuestos. Eso sí: el encargado podrá demandar si no es *conscius fraudis* (es decir, si no es conocedor del fraude).

> «Por el hecho de que habiendo sido nombrado cierto individuo por decreto del municipio encargado para la compra de trigo candeal, y de que el subencargado que se le

nombre hubiese alterado el trigo candeal mezclándolo, y de que por esto se condenó al encargado en el precio del trigo candeal que para el público se había comprado, se preguntaba: ¿por qué acción podría el encargado reclamar contra el subencargado y conseguir que le fuese indemnizado el perjuicio que por su causa hubiese sufrido? Valerio Severo respondió que se ha de dar a un administrador contra su coadministrador la acción de gestión de negocios. El mismo respondió que se debe dar la misma acción a un magistrado contra otro magistrado, pero solo si no fuese cómplice del fraude (*si non sit conscius fraudis*). Según lo que, lo mismo ha de decirse respecto al subencargado».

Respecto de la enajenación de cosas del pupilo o del enajenado mental realizada fraudulentamente por el tutor o el curador respectivamente se da acción útil dada la peculiaridad que presentan los casos consistentes en que ni el pupilo ni el enajenado pueden tener *consilium fraudis*. (V. Ulp. 12 *ed.* D. 4.7.10.1 acerca de la enajenación realizada para alterar un juicio).

Modestino (8 *differ.* D. 21.1.62) afirma que a un donante se le debe exigir responder por dolo no sea que revoque la donación *consilio fraudis* (con intención maliciosa).

En D. 29.4.27.2 Papiniano (6 *resp.*) plantea el caso de aquel que no siendo instituido heredero se pone de acuerdo con los herederos que sí lo han sido por el testador para que él aparezca como heredero legítimo y así decaigan todos los legados. Había un acuerdo fraudulento entre los herederos testamentarios y el sujeto que heredó por sucesión legal o legítima en el que los perjudicados eran los legatarios.

> «Contra el que no fue instituido heredero en el testamento se dará por sentencia del Pretor la acción de los legados, si, habiendo participado con los herederos instituidos de propósito de fraude (*si fraudis consilio cum heredibus scriptis participato*), poseyese solo la herencia legítima».

Sabido es en las sociedades antiguas el alto valor patrimonial que representaban los esclavos. Por eso se miraban con recelo las manumisiones o liberaciones que eran a menudo fuente de fraudes, especialmente para los acreedores. Ni aunque el causante fuera pobre y el heredero rico estimaban los juristas que debían considerarse válidas. Tan solo podrían serlo para un sector (los sabinianos) cuando el testador incluía la siguiente mención: «que sea libre en cuanto se haya pagado la deuda» porque no veían aquí rastro de *consilium fraudis* sino viceversa. (Gai. 3 *manumiss.* D. 40.4.57).

En otro fragmento (Gai. 1 *rer. cott. sive aur.* D. 40.9.10) se alude a las fantasías de los empresarios con negocios transmarinos que, inconscientemente, tendían a creer que marchaban bien cuando era frecuentemente todo lo contrario, de manera que su libérrima voluntad de manumitir, supuestamente fundada sobre lo bien que iban los negocios, ponía in riesgo los intereses de los acreedores:

> «Se considera que manumite en fraude de acreedores (*in fraudem creditorum*), o el que ya al tiempo en que manumite no es solvente (*soluendo non est*), o el que por haber dado las libertades ha de dejar de ser solvente; porque muchas veces esperan los hombres de sus bienes más de lo que en ellos hay (*saepe enim de facultatibus suis amplius, quam in his est, sperant homines*); lo que frecuentemente les acontece a los que por medio de esclavos y de libertos ejercen el comercio en ultramar y en otras regiones distintas de aquellas en que ellos moran (*quod frequenter accidit his, qui transmarinas negotiationes, et aliis regionibus, quam in quibus ipsi morantur, per seruos atque libertos exercent*); porque con frecuencia, quebrantados con estas negociaciones (*adtritis istis negotiationibus*), lo ignoran largo tiempo, y manumitiéndolos sin propósito de fraude (*sine fraudis consilio*) les conceden la libertad a sus esclavos».

Cuando el fraude es al Fisco, es decir, cuando alguien toma algo consciente de hacerlo en fraude del Fisco (*sciens in fraudem fisci*) además de la cosa debe restituir otro tanto (Hermog. 6 *ep. iur.* D. 49.14.46.1). En materia de tributos (*in causa tributorum*) se buscaba estimular la denuncia del propio esclavo, conocedor del fraude (*fraudis conscius*) de su dueño, con la amenaza de pena capital. Con evocación ciceroniana (v. ***nervus probandi***) recuerda Ulpiano (8 *off. procon.* D. 48.18.1.20) que no hay quien ignore que los tributos constituyen el nervio (o más bien "músculo") de la república (*rei públicae nerui*), así que ese fin –continuamos nosotros– justificaba a su juicio el horrible medio con que se pretendía vencer el terror de los esclavos a posibles castigos de sus dueños por haberlos denunciado. El silencio era peor: se arriesgaban a sufrir el máximo castigo posible. Como se ve, en materia de fraudes tributarios no se hacían concesiones de ningún tipo.

> «En causa sobre tributos, en los cuales nadie duda que está el nervio de la república, también la razón del peligro que denuncia pena capital para el esclavo sabedor del fraude (*seruo fraudis conscio*), excita a la declaración del mismo».

Recuérdese, por otra parte, que *sciens non fraudatur*, que el que conoce no resulta engañado, o sea, que nadie que conozca unas circunstancia puede alegar que ha resultado engañado por ella. (V. ***caveat emptor***).

Fraus se distingue también de *poena*. «La interpretación del fraude en derecho civil se hace siempre no refiriéndolo al solo daño sino también con respecto a la intención o fraude» (*fraudis interpretatio semper in iure ciuili non ex euentu dumtaxat, sed ex consilio quoque desideratur*. Pap. 32 *quaest.* D. 50.17.79). Por eso, no puede haber pena sin intención dolosa (*poena sine fraude esse non potest*): Ulp. *tit ex corp. Ulp.* 131.

(V. ***fraus legi***).

Scilicet

(Scílicet)
Lit. *a saber, es decir.*

Significado y contexto: Término utilizado muy a menudo para aclarar el significado de una palabra o de una frase antecedente. Se escribe frecuentemente de modo abreviado: *s. c.* En las fuentes medievales se utiliza a menudo abreviada así: *scil.*

Secundum ius

(Secúndum iús)
Lit. *según el derecho, conforme al derecho.*

Significado y contexto: El significado de esta expresión recuerda de inmediato otra sinónima mucho más común: ***iure***. La encontramos sobre todo en la literatura latina, aunque merece la pena señalar que allí aparece referida claramente a cuestiones de derecho. Tito Livio utiliza en varias ocasiones (8.39.13; 30.31.5) la expresión *secundum ius fasque* (conforme al *ius* y al *fas*, es decir, conforme a todo el derecho, humano y divino) en el ámbito del *ius belli* o derecho de guerra respecto del que antiguamente los sacerdotes feciales tenían atribuidas competencias relativas a los ritos de declaración de la guerra o de paz. Actos de tal trascendencia, ante los hombres y ante los dioses, debían ser realizados conforme al entero derecho, es decir, en su doble vertiente humana y divina. Así lo exigía la necesaria calificación de la guerra como justa (*bellum iustum*). Debe tenerse en cuenta la amplitud del binomio *ius et fas* que abarca en este caso no solo, desde el punto de vista humano por un lado, a la comunidad nacional sino a las demás naciones o pueblos (el *ius* es, pues, también internacional) y, por otro, a la voluntad divina que, en materia de guerras, es primordial tenerla a favor (*fas*). (V. ***casus belli*****, ultimátum**).

También el escoliasta y gramático Servio Honorato en algunos de sus comentarios a diferentes pasajes de la Eneida utiliza la expresión *secundum ius* para expresar la conformidad de lo reflejado en el poema con el derecho aplicable (*Aen.* 3.297.4; 3.486.2; 4.104.2; 4.328.3; 7.53.2).

Los juristas romanos la emplean poco. La hallamos utilizada de estas dos formas:

1. *Secundum ius potestatis súae* (conforme al derecho de su potestad): pertenece a un texto de Ulpiano (1 *ed.* D. 2.3.1 pr.) en el que el jurista de Tiro habla de la licitud de defensa de la función jurisdiccional que se atribuye a todos los magistrados –a través de juicio penal– a excepción de los dunviros (que eran magistrados locales).

> «A todos los magistrados, pero no a los duunviros [regidores municipales], se concedió, conforme al derecho de su potestad, defender su jurisdicción en juicio penal».

Es el derecho que deriva de la esfera competencial del cargo el que permite la tutela penal del desempeño de la jurisdicción ante, por ejemplo, desobediencias de las partes que la pongan en tela de juicio. Nótese que en la voz *ius* se entremezclan el aspecto subjetivo, que parece sobresalir a primera vista, con el objetivo del citado término jurídico sin que sea fácil dar preponderancia a uno de los dos sobre el otro.

El célebre comentarista Bártolo (*Commentaria, in primam Digesti veteris partem, apud 'Omnibus'*), siguiendo a la Glosa, explica la expresión como indicativa de la proporción entre la magnitud de la potestad punitiva permitida y el grado o importancia de la magistratura en cuestión: "según el derecho de su potestad" indicaría entonces que solo los magistrados superiores pueden intervenir en asuntos de mayor entidad e imponer multas más pesadas en defensa de su función y que, por el contrario, a los inferiores se les atribuye competencia más restringida, es decir, respecto de asuntos menores y, en consecuencia, las multas o sanciones también serán pequeñas (*Magnus in magnis causis et magnis mulctis; paruus in paruis et paruis mulctis*, el grande en causas grandes y con grandes multas; el pequeño en causas pequeñas y con multas pequeñas).

2. *Secundum ius commune* (según el derecho común), que aparece en el marco de la distinción jurídica de derecho común (*ius commune*) y derecho singular (*ius singulare*). Papiniano (6 *resp.* D. 29.1.36.3) relata el caso de un soldado veterano que, al morir, decidió dar por inválido el testamento hecho por él con arreglo al derecho común durante el tiempo en que prestó servicio militar, y prefirió quedar intestado. El supuesto era interesante porque no se sabía qué hacer con las instituciones de heredero y con las sustituciones así como con los legados dispuestos inicialmente por él. Como es sabido, el testamento militar corresponde al llamado derecho singular y admite no pocas desviaciones con respecto al testamento redactado conforme al derecho común. El capricho del veterano fue doble: no se acogió inicialmente a las ventajas del testamento militar y al término de su vida decidió que no valiese. El caso es singular además porque no es usual encontrar a un romano queriendo morir intestado: ¡que mueras intestado! era incluso un insulto o más bien una especie de maldición o deseo de mala fortuna.

> «Quiso un veterano, al morir, que fuese írrito [nulo] el testamento hecho con arreglo al derecho común (*iure communi*) durante el tiempo de su servicio militar, y prefirió quedar intestado; se determinó que subsistieron en el mismo estado las instituciones de herederos y las substituciones, pero que los que pidiesen los legados fuesen repelidos conforme al derecho común (*secundum ius commune*) con la

excepción de dolo malo; la fuerza de cuya excepción es estimada según la persona del que pide, y en otro caso, en igualdad de circunstancias, es preferente la causa del poseedor (*potior est in re pari causa possessoris*) [otra versión de la conocida regla *melior condicio possidentis*, la mejor condición del poseedor]».

Aun con toda la especialidad del caso, no era sostenible que se pudiera invalidar un testamento de derecho común con la sola expresión de la voluntad, es decir, de manera absolutamente informal, como hizo este veterano de guerra. Si escogió para redactar el testamento la vía formal del *ius commune* debió también utilizar esta vía para invalidarlo. Al menos, esto debía ser así respecto de las instituciones de heredero y de las sustituciones que Papiniano las sigue considerando válidas. Otra cosa acontecía con respecto a los legados frente a los que el jurisconsulto admite el ejercicio de la excepción de dolo malo por parte de los herederos contra los legatarios, habida cuenta la licitud de invalidar estas disposiciones *mortis causa* por la mera voluntad del disponente (*nuda uoluntate*). Eso sí, si la cosa estaba en poder del legatario, porque el heredero ya la había entregado, este no podía repetirla o la tenía porque el heredero se consideró indigno para heredar: *potior est in re pari causa possessoris* (cuando la posición <de las partes en conflicto> es de igual legitimidad <ante la cosa litigiosa> se prefiere la causa de la parte que la posea, es decir, se da la razón al poseedor).

Secundum legem

(Secúndum légem)
Lit. *según la ley, conforme a la ley.*

Significado y contexto: 1. En principio, parece adoptar un significado similar al de la expresión anterior solo que referido a la ley: *ius et lex* (o *ius lexque*) es el otro gran binomio (junto con *ius et fas*) con el que se abarca todo el derecho. Tito Livio (1.26) refiere el juicio de *perduellio* (alta traición) contra el Horacio superviviente del combate contra los Curiacios, quien a su vuelta a Roma había asesinado a su propia hermana a la vista de todos, por mostrar esta demasiado dolor ante la pérdida de su esposo (uno de los Curiacios). El proceso contra él por este horrendo crimen se lleva a cabo *sec. leg.*, dice Livio. Habiendo Horacio apelado al pueblo (*prouocatio ad populum*), no resultó condenado a pena de muerte finalmente.

Cuando Quintiliano, en su *Institutio oratoria* (5.13.7), se refiere a la refutación a favor de la parte demandada que hace el abogado, menciona también la expresión: si el demandado ha confesado (es decir, ha dado la razón a la parte contraria, se ha allanado) –dice él– resulta ridículo que el abogado declare que los jueces se atengan a la ley, es decir, que pida expresamente que obren *sec. leg.*, porque su función es en este caso bien sencilla: condenar al demandado.

En los textos jurídicos, encontramos la expresión referida, por ejemplo, a un curioso caso (Mod. 1 *resp.* D. 42.1.27) de uno que fue condenado injustamente por un gobernador provincial en un asunto en el que el demandante le reclamaba no solo la devolución del préstamo con sus intereses sino, además, con los intereses de los intereses (en contra de lo establecido por leyes y constituciones imperiales; es decir, según el propio texto, *contra leges*). El demandado había apelado pero su recurso no fue *sec. leg.*; según Modestino, no hay más solución que considerar válida la primera sentencia aun cuando la suma de la condena expresada en ella fuese injusta. La sentencia primera, al ser nula la apelación, se estima válida y ejecutable.

> «El gobernador de una provincia condenó a intereses de los intereses contra las leyes y las sacras constituciones (*contra leges et sacras constitutiones*), y por esto Lucio Ticio apeló contra la sentencia injusta proferida por el gobernador; pregunto, si, no habiendo apelado en este caso Ticio conforme a la ley (*secundum legem*), se podría exigir el dinero con arreglo a la condena. Modestino respondió que si en la

> sentencia se contuviera una cantidad cierta, nada se exponía para que no se pudiera ejercitar la acción de cosa juzgada».

En otro fragmento (Mod. 1 resp. D. 50.2.10), el mismo jurista antes citado alude al oficio de "decurión" (miembro de los senados o curias de las ciudades), del que afirma que no por haberse hecho un simple anuncio público de su cargo puede ser considerado como tal mientras no se haya nombrado *sec. leg.*

> «Herennio Modestino respondió que de ningún modo se hizo decurión pon la sola inscripción en el registro el que no fue creado decurión con arreglo a la ley (*secundum legem*)».

En la mayor parte de los textos jurídicos la expresión alude a las cláusulas contractuales o pactos, que son ley entre las partes, con los que estas regulan de manera específica el contrato en cuestión: así la *lex* de la expresión es la del concreto arrendamiento llevado a cabo y que contiene los pactos entre los particulares (*lex locationis* o *conductionis*), arrendamiento vectigalicio (*lex uectigalis*), venta (*lex uenditionis*), ...

2. Quizás esta última acepción ("según la ley del arrendamiento, compraventa, etc.") abriera la posibilidad de un segundo sentido de la expresión, presente también hoy: el referido a usos y costumbres "conformes a la ley". Solo que aquí son los pactos entre contratantes los que no deben vulnerar lo ordenado por la ley (cuando esta no lo permite, es decir, cuando no es de naturaleza dispositiva). Como hemos visto antes, los pactos entre particulares no pueden ser ***contra legem*** (*contra leges* decía el texto citado), sino *secundum legem*. Podrían ser además ***praeter legem*** (en defecto de ley).

Volviendo a los intereses, dice Papiniano (2 *quaest.* D. 22.1.1 pr.), que su límite (o *modus*), cuando se trata de acciones de buena fe, se fije conforme al arbitrio del juez (*arbitrio iudicis*) según la costumbre de la región donde se celebró el contrato (*ex more regionis ubi contractum est*) con tal de que no se contravenga la ley (*ita tamen, ut legi non offendat*). Aún hoy nuestros códigos contienen referencias a los usos locales o comarcales con los que se integra la correcta interpretación de los contratos.

> «Cuando se litiga en juicio de buena fe, se establece al arbitrio del juez (*arbitrio iudicis*) la cuantía de los intereses (*usurarum modus*) según la costumbre de la región en que se contrató (*ex more regionis ubi contractum est*), pero de modo que no se falte a la ley (*ut legi non offendat*)».

Secundum quid

(Secúndum quíd)
Lit. *con relación a algo.*

Significado y contexto: Esta locución, que en su más exacta formulación latina se enuncia *secundum áliquid*, se emplea en filosofía para hacer alusión a que algo debe ser entendido en relación a otra cosa. Se contrapone a *simplíciter* (simplemente) y *absolute* (absolutamente), expresiones estas que se refieren a lo contrario: que algo se entienda con relación a sí mismo. Tiene que ver con la expresión *sub condicione* (en latín medieval *sub conditione*) ya que aquí también algo se comprende en relación a un hecho que lo condiciona. Cfr. (Ferrater Mora, Diccionario de Filosofía 2005 –reimp. de la ed. de 1994–), voz '*secundum quid*'.

Con ese nombre se conoce también un tipo de falacia consistente en la generalización excesiva (o al vapor) de circunstancias que pueden afectar exclusivamente a ciertos elementos de un grupo para aplicarlas a este último por entero, como cuando se invita a un viajero a opinar del entero pueblo de un determinado país que acaba de visitar a partir de las singulares y subjetivas experiencias vividas durante su estancia allí. Graves prejuicios contra el ser de pueblos, países o, incluso, razas (racismo), aparte de insufribles apriorismos, suelen construirse sobre este defectuoso modo de razonar.

Secundum tabulas

(Secúndum tábulas)
Lit. *conforme a las tablas, conforme al testamento.*

Significado y contexto:

La expresión es usada en el derecho civil de sucesiones y se refiere al derecho de suceder conforme a la voluntad del testador expresada en su testamento. Su origen se encuentra en el derecho honorario romano, es decir, en la particular concepción del patrimonio hereditario y del modo de heredar que el Pretor adopta a través de sus edictos. Es en este ámbito donde las tres funciones que Papiniano asigna a la labor pretoria (ayudar, suplir y corregir el *ius ciuile*) se aprecian con más intensidad. El magistrado no puede hablar de *hereditas*, porque lo referente a ella pertenece al *ius ciuile*, pero inventa un nuevo concepto, dinámico y práctico, *bonorum possessio* (posesión de bienes) y a su "heredero" lo llama *bonorum possessor* (poseedor de los bienes).

La *bonorum possessio* que concede el magistrado, inspirado siempre en razones de justicia, puede coincidir con la destinación de bienes y derechos expresada en el testamento. Entonces se dice de aquella que es *secundum tabulas*. El magistrado ayuda al cumplimiento de la voluntad testamentaria y con ella del *ius ciuile* (función de ayuda). Puede, en segundo lugar, suplir la falta de testamento entonces es *sine tabulis* (sin testamento). Es la llamada sucesión *ab intestato* (lit. de uno intestado, es decir, del que ha fallecido sin testamento). El Pretor también puede aquí ayudar a que se cumpla el *ius ciuile*, pero introdujo modificaciones importantes: por ejemplo, por primera vez tuvo en cuenta a los hijos y ulteriores descendientes emancipados. Con su labor comienza a destacarse el parentesco de sangre que poco a poco desplazará el agnaticio o político. De esta iniciativa surgió además el concepto de "colación de bienes". La corrección del *ius ciuile* es evidente. También, consideró por primera vez el derecho de sucesión entre cónyuges que el *ius ciuile* no tenía en cuenta. Finalmente se habla de una *bonorum possessio contra tabulas*, contra el testamento, cuando este se impugna por razones diversas: por ejemplo por preterición del testador de un heredero forzoso.

Se defendendo

(Se defendéndo)
Lit. *defendiéndose, en defensa propia.*

Significado y contexto: La expresión la encontramos en un breve texto de Paulo a propósito del impago de deudas y la consecuente ejecución patrimonial:

> D. 42.3.3 (56 ed.): «Quien se arrepiente de haber cedido sus bienes, puede, defendiéndose, conseguir que sus bienes no se vendan (*Quem paenitet bonis cessisse, potest defendendo se consequi, ne bona eius ueneant*)».

Ya el paso de la ejecución personal por deudas a la ejecución patrimonial, iniciado por la *lex Poetelia Papiria* (s. IV a. C.), constituyó un hito histórico en el derecho occidental. Pero el presente texto profundiza aún más en la humanización de lo que llamaríamos hoy "derecho concursal"; una tendencia jurídica, por cierto, que se observa en la secular historia del derecho concursal y que constituye una de los más apreciables rasgos de la moderna Ley Concursal española del año 2003.

En efecto, para evitar una venta infamante de su patrimonio (*uenditio bonorum*), el deudor podía, merced a una célebre *lex Iulia*, de Augusto (o quizás de César), ceder voluntariamente sus bienes a los acreedores (*cessio bonorum*) para que se pudiera proceder a su venta. Las fuentes no son claras sobre si esa cesión solo podía realizarla el deudor no culpable de su situación de insolvencia. Parece que no hacía falta que la conducta del deudor con respecto a la gestión de sus negocios fuese, desde el punto de vista civil y comercial, irreprochable.

El deudor que cedía sus bienes lograba además que se le aplicase el *beneficium competéntiae* (esta denominación es, con precedentes romanos, muy posterior) gracias al cual respondía de las deudas contraídas con anterioridad solo hasta el límite del valor actual de su patrimonio (*dumtaxat de eo quod fácere potest*). (V. ***beneficium***).

"Defenderse" en derecho tiene desde el derecho romano una inequívoca resonancia procesal: es "defenderse en juicio", es decir, a través de los recursos procesales y argumentos de fondo y forma al alcance del sujeto. La concepción que en la cultura occidental del derecho adopta este término evoca un sentido cívico inspirador del arreglo de conflictos de intereses al margen de la violencia o de la venganza privada. Además, el demandado, defendiéndose, interviene participativamente en el procedimiento. No solo comparece sino que contribuye a la fijación de los términos del litigio pero sin allanarse a la pretensión del demandante. Por otra parte, contesta a lo que se le pregunta de modo coherente y leal (no incurre pues en "indefensión"), pero al mismo tiempo contrarresta lo que pretende su oponente negando lo que este afirma u objetando hechos o circunstancias que lo paralizan (ej. dolo del demandante, prescripción de su acción, ...).

En el fragmento citado, el deudor se arrepiente de haberse precipitado en la cesión de su patrimonio en bloque, quizás por haber recibido ingresos con los que ahora puede hacer frente a sus deudas o por la razón que sea. Recuerda este caso al que citan en una constitución los emperadores Filipo Augusto y Filipo César (C. 7.71.2, a. 245) de uno que de manera irreflexiva había pronunciado las palabras "cesión de bienes" y que temía que se vendieran todos sus bienes, aun estando dispuesto a pagar su deuda (una deuda, por cierto, por la que había sido ya condenado y, para más inri, con respecto a una entidad pública). Los emperadores, en tono tranquilizador, responden a Abascanto (que así se llamaba el atribulado deudor que se dirigía a la Cancillería imperial) restando importancia al desliz (coloquialmente *peccata minuta*, pecadillos, faltas sin importancia).

> «Si estás dispuesto a pagar la cantidad que, aunque condenado, debías a la república [a su ciudad], en vano temes que las palabras cesión de bienes, inconsideradamente proferidas por ti, te puedan privar, no habiendo sido vendidos los bienes (*necdum distractis facultatibus*), de las cuentas de derecho (*iuris rationibus*)».

Así pues, *se defendendo* constituye un estímulo para proteger sus intereses de una manera cívica, no violenta, pero al propio tiempo, activa. No importan los despistes iniciales si sigue habiendo argumentos con los que defender una posición jurídica.

De aquí a la legítima defensa, entendida en un sentido amplio, hay un paso. En un sentido más estricto, sin embargo, es preciso aclarar que el concepto de legítima defensa, utilizado ampliamente en el derecho penal aunque no solo, tiene su origen en la reflexión de juristas como Bártolo o Baldo, artífices del derecho común europeo, a partir de ciertos fragmentos de la Compilación justinianea. Hay uno que debe ser citado por todos porque contiene todos los elementos que integran la definición de legítima defensa. Es un texto, a propósito del daño injustamente causado (*damnum iniuria datum*), del jurista republicano Alfeno (2 dig. D.9.2.52.1):

> «Un posadero había puesto en el camino, de noche, un farol sobre una piedra. Uno que pasaba por allí se lo llevó. Alcanzándole el posadero, le pedía el farol y retenía asido al fugitivo. Este, con un látigo que tenía en la mano en el que había un aguijón oculto empezó a azotar al posadero para que lo soltase. Habiéndose agravado con ello la pelea, el posadero sacó un ojo al que le había quitado el farol. Se consultaba si acaso parecía que no dio daño injusto, ya que [el posadero] había sido golpeado antes con un látigo. Respondí que, si no hubiese sacado el ojo intencionadamente, no parece que causó daño injusto porque era culpable aquel que primero golpeó con el látigo. Pero que si no hubiese sido golpeado primero por este, sino que cuando quería quitarle el farol hubiese empezado la pelea, el daño se había hecho por culpa del posadero».

¿Actuó en legítima defensa el posadero? La *ratio decidendi* del caso es la de quién golpeó primero, pero va unida a otros factores que no escapan a la atenta consideración de los comentaristas y que dan justificación al resultado dañino producido: debe haber una consecución temporal inmediata entre la agresión sufrida y el golpe que ha ocasionado el daño (*circa tempus*, requisito "en torno al tiempo"); el golpe de respuesta a la agresión no debe ser vengativo –o gratuitamente intencionado en el caso– (*circa causam*, requisito "en torno a la causa"); debe ser proporcionado a la entidad de la agresión y a los medios empleados en ella (*circa modum*, requisito "en torno al modo"; en el caso, el fugitivo portaba un látigo con un aguijón en la punta y el posadero se defendió con sus puños). (Zimmermann 1996, 1000 n. 19). Baldo (*Commentaria, In primam Digesti veteris, apud l. 53 ad §.Tabernarius*) afirma aquí: *ille qui immediate percutit percussorem suum uidetur facere ad defensam* (el que de manera inmediata golpea al que le golpea parece actuar en su defensa). Cfr. art. 20.4 del Código Penal español de 1995. (V. ***aberratio ictus***).

Sedes

(Sédes)
Lit. *sede, asiento.*

Significado y contexto: El derecho utiliza este término, a veces unido a otros, en ámbitos diversos. Labeón (Paul. 54 ed. D. 41.2.1 pr.) hacía derivar el fundamental concepto jurídico de *possessio* (posesión) de "sede" (*a sedibus*), es decir, de asentamiento «porque es naturalmente tenida por el que está en ella; a la que los griegos llaman κατοχήν (retención)».

1. "Sede" tiene que ver con el concepto de domicilio. Veamos algunos textos jurídicos básicos en torno a la configuración histórico-dogmática de este concepto fundamental del derecho de personas actual:

El jurista republicano Alfeno Varo (7 *dig.* D. 50.16.203), en un interesante asunto de pago de portazgos (impuestos exigibles al introducir mercancías por mar en un determinado territorio), indaga acerca del significado de la expresión "llevar a casa" –*domum dúcere*–, por la razón de naturaleza fiscal de que, según la ley censoria de Sicilia, por lo que uno se llevaba a casa y para su uso (se refería a sus esclavos) quedaba exento su dueño de pagar la citada contribución.

> «Así pues –dice Alfeno– se suele preguntar si se diría rectamente que era su casa (*domus*) el lugar donde cualquiera habitase (*habitaret*), ya en una provincia ya en Italia, o si solamente en la propia patria (*patria*) de cada uno. Pero sobre este particular se estableció que para cada uno de nosotros se debía estimar casa aquella en

la que cada cual tuviese su asiento (*sedes*) y sus documentos (*tábulae*) y hubiese hecho el establecimiento de sus cosas».

Pomponio *l. sing. enchir.* D. 50.16.239.2 afirma que es habitante (*íncola*) el que trasladó su domicilio (*domicilium*) a una región, pero que no solo son habitantes los que moran en una ciudad sino los que tienen un terreno en el término de una ciudad de manera que se establecen en él como en cierta residencia (*quasi in áliquam sedem*).

Veamos ahora un texto básico: Ulp. 34 *ed.* D. 25.3.1.1-2. El fragmento, a propósito del reconocimiento de hijos, expone un famoso senadoconsulto imperial que permitía a la mujer o al ascendiente bajo cuya potestad estaba, o a aquel a quien por ellos se le había encargado, si se creyera embarazada, hacerlo saber, dentro de los treinta días a partir del divorcio, al propio marido o al ascendiente bajo cuya potestad estuviese este, o manifestarlo a la casa (*domum denuntiare*) si no hubiera tenido posibilidad de hacérselo saber a ninguno de estos. En el parag. 2 aclara:

> «Por casa debemos entender su habitación (*hospitium*) si reside (*si maneat*, si permanece de modo estable) en la ciudad; pero si no estuviera en ella sino en una casa de campo o en un municipio, el lugar en donde durante el matrimonio hubiesen establecido su hogar (*ubi larem matrimonio collocarent*)».

La última frase se hizo muy conocida entre los juristas medievales que, con la ayuda de este texto, de los anteriores y de otros no aludidos aquí confeccionaron una cierta doctrina a propósito del domicilio (que ya estaba presente en los juristas romanos) y que será aprovechada por el derecho posterior hasta nuestros días. Para el correcto entendimiento del texto debe, no obstante, confrontarse con Ulp. 34 *ed.* D. 5.1.65, donde a propósito de la reclamación de la mujer a su marido de la dote tras la disolución del matrimonio se enuncia el principio de que la mujer debe reclamar, no en donde se realizó el documento dotal (como si de cualquier contrato se tratase) sino en el domicilio del marido, es decir, «aquel al que la propia mujer había de pasar por la condición del matrimonio». Esto se confirma en la gl. '*Collocarent*' (relativa al texto antes aludido), que reenvía a este último texto (... *quia uxor sequitur forum uiri per matrimonium*, ya que la mujer sigue el foro del varón por medio del matrimonio). Hoy en día, conforme al principio constitucional de igualdad, no cabe seguir esta regla, vigente, por otro lado, en España hasta 1975. Pero no nos quedemos con esta solución –actitud muy común entre quienes buscan la manera de devaluar el derecho romano– sino con el propio planteamiento de la cuestión dogmática y el eje en torno al cual gira: el domicilio.

Una rápida confrontación con el Código Civil español puede mostrarnos las huellas que aún hoy *mutatis mutandis* se reconocen de su pasado: los arts 68–70 que hablan de la obligación de los cónyuges de vivir juntos, la presunción salvo prueba en contrario de convivencia o –art. 70– de la fijación de común acuerdo [de acuerdo con el principio de igualdad] del domicilio conyugal o en caso de discrepancia por parte del Juez valorando el interés de la familia.

Recordemos que el art. 19 de la Constitución española declara la libertad de elección de la residencia (término este no sinónimo del de domicilio, como podemos explicar desde los fragmentos romanos citados) de los españoles. Llama, sobre todo, la atención, a la vista de las fuentes romanas, el fundamental art. 40 del CC que establece como domicilio de las personas naturales «el lugar de residencia habitual y, en su caso, el que determine la Ley de Enjuiciamiento Civil». La "sede jurídica" –como la doctrina actual conviene en definir el domicilio– se determina no solo por un hecho físico sino por una intención o *animus* expresivo de una elección personal. Ulp. 56 *ed.* D. 47.10.5.2 –en relación con una célebre ley (la *lex Cornelia*, de Sila) relativa a injurias graves, por golpes y azotes recibidos o por allanamiento con violencia de la casa– aclara que por casa «no ha de entenderse la propiedad de la casa sino el domicilio; por lo cual ya si uno habitare en casa propia, ya si en casa arrendada o gratuita, o si hubiere sido acogido como huésped, tendrá lugar esta ley».

Es sorprendente lo que los juristas medievales nos han legado a través de la previa interrelación y posterior comprensión de textos romanos, aglutinados en torno a cuestiones jurídicas concretas, que detectan con gran sensibilidad la agudeza y profundidad de pensamiento jurídico que contienen. ¿No habremos perdido nosotros esa capacidad de apreciación del tesoro del derecho romano?

El art. 41 del CC español parece recoger el pensamiento de Alfeno cuando, refiriéndose a las personas jurídicas, extrae el criterio de solución (o *ratio iuris*), en caso de silencio de la ley de creación o de reconocimiento, de los estatutos o de las reglas de fundación, del «lugar en que se halle establecida su representación legal, o donde ejerzan las principales funciones de su instituto». Confróntese. En el texto de Alfeno, además, se aprecian los dos elementos, subjetivo y objetivo, que pondrá de relevancia la Glosa. Por otra parte, es también de interés que Alfeno se refiere en el caso a publicanos (empresarios a los que se les adjudicaban voluminosos servicios públicos; por ejemplo, de recaudación de impuestos). Sus imponentes *societates*, en las que los ciudadanos participaban mediante la adquisición de "trocitos" (*particellae*) de empresa, constituyen el precedente más claro de las actuales sociedades mercantiles con personalidad jurídica reconocida. La moderna teoría de la persona jurídica no puede entenderse con toda su densidad histórica y dogmática sin la reflexión jurisprudencial romana a partir de ellas.

Aún más clara influencia se percibe en C. 10.40.7 (Diocl. et Max.) –texto muy importante de nuestra tradición jurídica– en el seno del ilustrativo título («Sobre los habitantes y dónde se estima que alguien tiene su domicilio y sobre quienes viven en otra ciudad por causa de estudios»). La constitución referida enuncia el siguiente criterio:

> «Y no se duda de que cada uno tiene su domicilio en el mismo lugar donde cada cual constituyó sus lares y el conjunto de sus cosas y de su fortuna (*ubi quis larem rerumque ac fortunarum suarum summam constituit*), y de donde no haya de alejarse otra vez, si nada le obliga, y de donde cuando partió se considera que está de viaje (*peregrinari uidetur*), y, cuando volvió, que dejó ya de viajar (*peregrinarii iam destitit*)».

El verbo *constitúere* (determinar, fijar, establecer) implica intención; requisito que se une al hecho objetivo de la ubicación de la actividad profesional y del patrimonio del sujeto.

Cuando, por ejemplo, el § 7 (1) del BGB alemán –¡casi al inicio del código germano!– afirma que «quien se establece en un lugar de modo permanente fija en ese lugar su domicilio (*Wohnsitz*)»; y en el (3) cuando declara que «se pone fin al domicilio cuando se deja el lugar de residencia con la intención de abandonarlo», ¿no advertimos que se hacen eco estas disposiciones de aquella lejana doctrina, pero a la vez muy actual? Repárese,además, en el término *Sitz* (utilizado en la palabra compuesta germana), que entronca lingüísticamente con la cuestión jurídica relativa al asentamiento que expresa el latino *sedes*, según la veíamos al principio propuesta por Labeón. Se trata solo de un matiz que, como todos los demás de carácter histórico–dogmático y lingüístico aquí citados, pueden escapar de la mirada ingenua de un comparativista atento únicamente a la fachada de las normas jurídicas.

Veamos ahora este último texto donde aparece el término que venimos estudiando: de nuevo en relación con el derecho tributario, a los decuriones, a los que en época avanzada se les hacía responsables de la correcta exacción de impuestos, se les impedía abandonar su residencia en las ciudades donde debían cumplir con su cometido para emigrar a otros lugares (Ulp. 2 *opin.* D. 50.2.1). Esta práctica, a la que intenta ponerse freno, debió de ser usual por la extrema dureza de la condición de decurión con la crisis económica, cada vez más grave, del Imperio romano, motivada por el anquilosamiento de la economía y las crecientes invasiones bárbaras.

2. También la expresión "sede judicial" deriva de las fuentes romanas: *sedes iudicialis* es expresión que se halla en las constituciones de los emperadores. Ha de tenerse en cuenta que *sedes* significa "silla". Que el juez atienda sentado y las partes de pie es signo inequívoco del respeto debido a su persona y del decoro con que su función se adorna. En una conocida constitución del emperador Justiniano del año 530 (C. 3.1.14), dirigida al prefecto del pretorio Juliano, se recuerda «que los antiguos jueces no daban sentencia definitiva de otra forma que habiendo prestado antes juramento de que habían de proceder en el juicio enteramente con sujeción a la verdad y a la observancia de las leyes». Y más adelante añade:

> «...que absolutamente ninguno de los jueces, observadores del derecho romano (*iuris romani disceptatores*), admita el inicio de los litigios de otro modo que colocando antes las sagradas escrituras ante la silla judicial (*ante sedem iudicialem*) y allí permanezcan no solo al principio del litigio sino también durante todas las diligencias del conocimiento hasta el mismo término y la lectura de la sentencia definitiva. (...) debiendo saber que no juzgan a los demás de otro modo que ellos mismos son juzgados, siendo terrible el juicio más bien para ellos que para las partes, puesto que si los litigantes son juzgados por hombres, ellos pronuncian sentencias que han de ser pesadas por Dios que las examina».

No resultó difícil, ya en el propio derecho romano, entender por sede judicial el lugar donde el juez se halla y ejerce su jurisdicción, e incluso la propia función jurisdiccional, como cuando se alude (C. 9.46.7, de Valentiniano y Valente a. 366) al «examen de tu sede» (*tuae sedis examen*), es decir, a la deliberación judicial respecto de un asunto.

3. En el Código de Justiniano (1.2.2) encontramos la expresión *sedes apostolórum et mártyrum* (sepulturas de los apóstoles y mártires) que nos hace recordar la costumbre cristiana de visitar y rendir culto los lugares donde reposan los restos de aquellas venerandas personas. Tiene relación con la conocida expresión ***ad limina Apostolorum***, a las sepulturas –lit. umbrales– de los apóstoles. La constitución citada de los emperadores Graciano, Valentiniano y Teodosio del año 381 prohibía que se estimara concedida la sepultura de los apóstoles o de los mártires para inhumar cadáveres, lo que se hacía a menudo por fe (¿en qué mejor compañía podía quedar un difunto cristiano?), pero sin arreglo a derecho. Junto a estos lugares se solían vender y comprar reliquias de mártires. Los emperadores Valentiniano, Teodosio y Arcadio en una constitución del año 386 (C. 1.2.3) lo prohibieron, pero con poco éxito. Resulta curioso pensar que el Código de Justiniano, junto con el resto de la compilación, haya sido considerado derecho vigente en Europa desde la Edad Media mediante la Recepción del Derecho Romano. Por lo que se ve, no ha ocurrido así con todos sus preceptos. Por concluir aquí con las referencias cristianas, es oportuno recordar que en una de las letanías a la Virgen se dice de ella que es *sedes sapiéntiae* (trono de sabiduría).

4. Antes de la época en que el juez se hizo funcionario (lo que ocurrió con la *cognitio extra ordinem* en época imperial), el Pretor, cuando daba audiencia, acostumbraba a sentarse en un estrado, es decir, algo elevado con respecto a las partes en conflicto. La

expresión utilizada es *pro tribunali sedére* (sentarse en el estrado). De ahí la distinción entre resolver de plano y *pro tribunali* (V. **de plano, *pro tribunali***).

Es antigua la costumbre de reservar asientos preferentes en los lugares públicos a las personas de mayor dignidad (senadores y caballeros en los teatros de todas las ciudades romanas, por ejemplo). Una constitución tardía (año 422), de los emperadores Honorio y Teodosio (C. 12.5.1), precisa respecto de cargos imperiales elevados (prepósitos de la sacra cámara) que en las reuniones y demás ceremonias «en los asientos (*in sédibus*) y en la reunión se guarde para ellos el mismo orden que revelare el orden de su promoción (*ordo prouectionis*), yendo ellos, por supuesto, con el traje acostumbrado, pues claramente se ha decretado que es preferente el que fuere más antiguo o que va después aquel a quien lo hubiere admitido más reciente examen».

5. Visto lo anterior podemos abordar el comentario de la conocida y útil expresión ***sedes matériae***, lit. sede de la materia. Se emplea para designar el lugar (en derecho, una ley u otra fuente del derecho, rama del derecho etc.) donde se ubica una cierta materia jurídica (ya sea una determinada norma o grupo de normas, ya un concreto tema o cuestión jurídica) que se trata. Tiene que ver con el criterio de interpretación del derecho denominado "sistemático". Es célebre la máxima del jurista Celso D. 1.2.23 a este propósito:

> «Es contrario a derecho (*inciuile*) juzgar o responder teniendo solo en cuenta una pequeña parte de una ley sin haberla examinado toda por entero».

Se halla por cierto al comienzo del Digesto de Justiniano. Esta colocación sistemática no es casual: los compiladores eran conscientes de la importancia de la correcta utilización de los criterios interpretativos y de que, por su carácter basilar, el jurista debía aprenderlos y tenerlos en consideración en primer término. Que los modernos códigos, por ejemplo el español, hayan hecho lo propio (véase el Título Preliminar del Código Civil, verdadero compendio de reglas de teoría del derecho, herederas en buena medida del derecho romano) es por tradición del derecho romano. Esta constatación a su vez implica que solo es posible un estudio en profundidad del propio Código Civil español (o de cualquier otro) si se parte del derecho romano que da sentido del articulado de ese título con la valiosa aportación, además, de la rica casuística que le dio origen. La afirmación de Celso, por ejemplo, conecta de manera inmediata con el criterio lógico del artículo 3.1 cuando dice que «las normas se interpretarán ... en relación con el contexto». No es extraño que sea así porque el citado artículo del Código Civil es el resultado de una larga experiencia jurídica y la plasmación concreta de una idea que responde a un hallazgo jurídico de los juristas romanos, que se ha transmitido como tal a lo largo de los siglos para su utilización por los juristas futuros. Es, en este sentido, una idea clásica.

Así pues, para interpretar correctamente una disposición legal (o, en general, cualquier texto jurídico con carácter vinculante: una cláusula de un contrato o de un testamento por ejemplo) es preciso ponerla en su contexto, relacionarla de una forma lógica –de ahí que a este criterio se le designe también como lógico– con el resto de disposiciones desde una visión de conjunto de todas ellas, ubicándola sistemáticamente.

Sedes matériae es pues un tipo de argumento jurídico junto a los demás utilizados en derecho (de analogía, reducción al absurdo, *a contrario*, ...). Cicerón en sus *Topica* (1.7) dice que los tópicos (*loca* o lugares), nombre que toma, como él mismo reconoce, de Aristóteles (que los analizó en su tratado homónimo), son a modo de *sedes* desde las que los argumentos surgen, de manera que es tópico o lugar la sede del argumento, y este último la razón que da certeza a lo que es dudoso (*sic enim appellatae ab Aristotele sunt eae quasi sedes, e quibus argumenta promuntur. Itaque licet definire locum esse argumenti sedem, argumentum autem rationem quae rei dubiae faciat fidem*). En otros pasajes y obras suyas repite esta idea que será tomada también por Quintiliano en su célebre obra de retórica, *Institutio oratoria*.

Que una determinada materia jurídica se contemple en una cierta parte de una ley, por ejemplo, y no en otra tiene relevancia para su correcta interpretación. Que Gayo comenzara sus *Institutiones* hablando de "personas" y separara su tratamiento de las "cosas" ha influido en gran manera en el derecho de occidente. Las personas, desde el punto de vista de sistemática jurídica, son lo primero en derecho. De ahí se desprende una consecuencia lógica: que esta parte del derecho que trata de ellas se considera la más importante. Esta es, al menos, la impresión o *páthos* que ha producido entre los juristas, andando el tiempo, por ejemplo, en los humanistas y en otros muchos posteriores, que elogiaron el acierto de este hallazgo intelectual. Y de ahí su adopción por numerosos códigos civiles actualmente vigentes, como es el caso del Código Civil español, cuya filiación procede del Código Civil francés de 1804 (aunque no sea, ni mucho menos, un mero trasunto de este).

En la moderna Constitución española de 1978 el Título I "De los derechos y deberes fundamentales" del título preliminar, colocados por cierto al comienzo, prevé a su vez diversos capítulos. La *sedes matériae* de los derechos y libertades del Capítulo Segundo, que antecede al Capítulo Tercero, y especialmente el art. 14 (igualdad ante la ley) y la Sección 1ª del Capítulo Segundo, es fundamental para interpretar correctamente la tutela jurídica de la que gozan, que es superior a la de los principios enunciados en el Capítulo Tercero (Principios rectores de la política social y económica).

El Digesto de Justiniano sigue una ordenación de materias diferente, la del *edictum perpetuum*. En la tradición de la doctrina jurídica europea son usuales dos tipos de ordenaciones sistemáticas de la materia jurídica (esto es lo que se denomina "sistemática externa" del derecho): la gayana (personas, cosas y acciones), que veíamos antes, y la edictal (del edicto magistratual, que sigue *grosso modo* la marcha del procedimiento desde la citación a juicio hasta la sentencia del juez). El Digesto de Justiniano que, como decimos, sigue esta última responde a un proyecto o plan legislativo que distingue siete partes (o *artículi*), según se proclama en la constitución confirmatoria *Tanta* y en la homóloga griega *Dédōken*. La cuarta parte, central o *umbílicus* (lit. umbilical), recoge en ocho libros «la materia jurídica más útil y excelente, traída de las más diversas partes». Comienza con la hipoteca, situada aquí para que no estuviera muy distante de la acción pignoraticia tratada en el apartado tercero (denominado *de rebus* o de las cosas). En efecto, la conexión material entre prenda e hipoteca aconsejaban esa aproximación de las respectivas *sedes materiae*. A continuación, el edicto de los ediles (sobre vigilancia de los mercados), la acción redhibitoria y la estipulación del duplo en materia de evicciones, todo ello unido y en íntima conexión con la compraventa: «pues parecía conveniente colocar cerca (*in confinio*) todo lo que prácticamente habla de lo mismo». Luego los intereses, préstamos marítimos, documentos probatorios, testigos, pruebas y presunciones. A continuación, esponsales, nupcias y dotes y, para terminar esta parte central del Digesto, tutelas y curatelas. Como se ve, se trata de materias, aun con la nueva sistematización, heterogéneas por provenir de la dispersa ordenación edictal. Destaca, no obstante, el hecho de que en esta parte central se encuentren entre ellas las relativas al derecho de familia.

La división moderna de libros, títulos y capítulos procede de la técnica legislativa romana. Los juristas escribían obras divididas en libros. El *edictum perpetuum* se dividía en títulos con sus correspondientes rúbricas. Las leyes romanas se dividían en capítulos. Lo que hicieron los códigos del Bajo Imperio es tomar todo eso y mezclarlo: en primer lugar, los libros y después, dentro de estos, se distinguieron títulos. En los códigos que recopilaban constituciones imperiales venían después estas ordenadas cronológicamente. En el Digesto de Justiniano, los fragmentos de los juristas (denominados por Justiniano *leges*). Todo ello pasa al derecho actual. Modernamente, se ha admitido la subdistinción de capítulos dentro de los títulos además de otras clasificaciones inferiores.

Una sorprendente aplicación práctica de todo esto es la célebre teoría del título (*titulus*) y del modo (*modus*) o, de otra manera, de la *iusta causa* y de la entrega en el marco del modo de adquirir la propiedad denominado *traditio* (al que el Código Civil alude en el art. 609: «...por consecuencia de ciertos contratos mediante la tradición»). El título era una sección del *edictum perpetuum*, como acabamos de ver, de forma que expresaba, a propósito un lugar de esta fuente jurídica en el que residía la causa de adquirir que justificaba el efecto adquisitivo: venta (*causa uendendi*), donación (*causa donandi*), préstamo (*causa credendi*), dar en dote (*causa dotis*), pagar una obligación de dar (*causa soluendi*)... (V. ***causa***). Se puede decir que el título era la *sedes materiae* de la causa de adquirir. También se aplica este término a la usucapión. El título es aquí *iusta causa usucapionis*: ***pro emptore*** (como comprador), ***pro donato*** (como donado), ***pro dote*** (como dote), ***pro legato*** (como legado), ***pro soluto*** (como pagada una obligación de dar), ***pro derelicto*** (como abandonada -una cosa-), ...

Separatio bonorum

(Separátio bonórum)
Lit. *separación de bienes.*

Significado y contexto: Se refiere, en derecho, a la separación de patrimonios. En las fuentes jurídicas encontramos, aparte de esta expresión, la de *separatio patrimoniorum* o separación de patrimonios. Ulpiano D. 27.1.3 afirma que «tener ya tres tutelas excusa de otra más» pero precisa: «no es el número de pupilos lo que hace que haya varias tutelas sino la separación de patrimonios»; por ejemplo, ser tutor de tres hermanos no implica –dice él– tres tutelas si el tutor administra al fin y al cabo un *patrimonium indiuisum* (patrimonio hereditario *pro indiviso*). Para entender aún mejor lo que quiere decir aquí el jurista severiano podemos acudir a un texto no menos significativo de Papiniano (D. 27.1.30.1): en él se describe la situación de uno que siendo oriundo de una provincia tiene su domicilio (*domicilium*) en Roma y cuyo curador, nombrado por el gobernador provincial o por el Pretor, administra su patrimonio, tanto el de la provincia como el de Roma. El texto es muy elocuente porque, conforme a él, no se consideran administradas dos curatelas «ya que no hay dos patrimonios de un mismo propietario». Esta afirmación categórica, no obstante, parece más basada en la lógica del propio régimen de la tutela y curatela que un rechazo absoluto a la figura de la separación de patrimonios, porque en otros ámbitos jurídicos –como a continuación veremos– se advierte que la solución es otra.

La expresión *s. b.* tiene que ver propiamente con una peculiar situación que se produce a menudo en el derecho de sucesiones con respecto a herencias cuando estas son aceptadas o pueden serlo por herederos insolventes. Por la aceptación, el patrimonio del heredero se confunde con la herencia del *de cuius* o causante, tanto del lado activo como del pasivo. Los juristas romanos, siempre atentos a la equidad, advierten de la injusticia que puede darse con respecto a los acreedores hereditarios (o acreedores del difunto) si el caudal relicto se mezcla con el patrimonio del heredero insolvente. En efecto, pudiendo cobrar sus créditos con los bienes dejados por el difunto corren aquellos el riesgo de no hacerlo por concurrir también al cobro los acreedores del heredero. Para evitar este efecto, los acreedores del difunto "siguen al difunto" (*defunctum sequi*) –dicen las fuentes– no al heredero. Ellos cobrarán de la herencia; también los legatarios con cargo a la herencia podrán hacerlo, según se admitirá algo más tarde. Son ellos –acreedores separatistas– los que la solicitaban (no, lógicamente, los acreedores del heredero) del pretor o gobernador provincial. Piénsese en que en el derecho actual puede darse también esta situación por lo que, aunque los códigos callen, la solución jurídica aplicable hoy puede ser la misma. En el Digesto de Justiniano hay todo un título dedicado a esta cuestión: D. 42.6 (*De separationibus*, "De las separaciones" –se entiende– de bienes).

Un caso singular se separación de bienes era el propiciado por aquellos que dejaban una herencia ruinosa y, previendo que los acreedores venderían en bloque el patrimonio (*uenditio bonorum*) con el consecuente efecto infamante instituían heredero a un esclavo –heredero necesario, es decir, automático, sin aceptación– al que manumitían por testamento. El pobre esclavo era liberado pero, aparte de no obtener nada de la herencia porque la vendían de inmediato los acreedores, era él quien recibía el reproche y estigma de la infamia. Esto, con razón, le parecía muy injusto al jurista Sabino, y en general a su escuela, porque no era por su culpa (*suo uitio*) sino por una necesidad jurídica (u obligación) por lo que se efectuaba la venta de los bienes. Pero –como dice Gayo escuetamente 2.154– «es otra la solución jurídica que aplicamos (*alio iure utimur*)», lo que parece, a su vez, sonar como el dicho de origen ulpianeo *dura lex, sed lex* (v. ***dura lex***). Es verdad, continúa este jurista (2.155), que la desventaja citada se compensa con una ventaja que se le concede al sujeto en cuestión, por cuanto las futuras adquisiciones que hiciera (es decir, las posteriores a la muerte de su patrono, antes o después de la venta de los bienes) serían consideradas suyas e intocables. Gayo, en tono argumentativo, esgrime, pues, el principio general '*pro hoc incommodo illud ei commodum praestatur*' (por esta desventaja se le presta una ventaja). Ulpiano (D. 42.6.1.18) dice a este propósito: «de manera que lo que adquiera después se separe (*ut ei quidquid postea adquisierit separetur*)». El efecto, que perdura en la memoria del derecho, se parece mucho a lo que va a ser con el tiempo el perseguido por el beneficio de inventario justinianeo, ya que la responsabilidad patrimonial se ciñe en ambos casos a los bienes actuales. Es *intra uires*. (V. ***sive velit sive nolit***).

Otro contexto jurídico de gran interés en el que se aprecia una situación de separación de patrimonios es el del peculio de hijos de familia y esclavos. Se trataba de un patrimonio cuya titularidad la tenía en todo momento el *pater familias*, pero cuya administración se dejaba a los dependientes a quienes se concedía. El interés jurídico de la figura del peculio es grande por las cuestiones jurídicas que plantean las obligaciones contraídas en actos realizados con cargo al peculio. La voz "peculiar" tiene que ver con la singularidad de este patrimonio que sigue, por voluntad de su titular, una suerte diversa o separada del resto de su patrimonio. (V. ***par condicio creditorum***).

Hoy en día hablamos, en fin, del llamado "régimen de separación patrimonial" en el ámbito del matrimonio. Los cónyuges acceden al matrimonio con sus bienes propios y los que luego adquiera cada uno se hacen de su exclusiva propiedad, eso sí, contribuyendo ambos al sostenimiento de cargas matrimoniales (traducción este último inciso de la cláusula romana: *ad ónera matrimonii ferenda*). El régimen económico-matrimonial del derecho romano clásico está basado en el principio de separación de patrimonios. La dote es llamada *res uxoria* (patrimonio de la mujer casada) porque, aunque la titularidad formal la obtenga el marido, este tiene muy limitado su poder de disposición ya que se trata de bienes de la mujer que deben contribuir a la finalidad antes citada. La mujer tiene el respaldo de ese patrimonio en caso de disolución del matrimonio para poder seguir viviendo con la holgura e independencia que le otorgue. Por otro lado, cuando el marido era *filius familias*, la dote no engrosaba la herencia del padre del marido sino que se mantenía separada. Por lo demás así se explica también que estuvieran prohibidas en el derecho romano clásico las donaciones entre cónyuges: «para evitar –como dice Ulpiano (32 *Sab*. D. 24.1.1) irónicamente– que los cónyuges, movidos por su mutuo amor conyugal, se expolien recíprocamente». O lo que es lo mismo, para evitar la confusión de patrimonios (que terminaría poniendo en riesgo la independencia de la mujer casada). La literatura latina sarcástica evidenciaba la situación de poder que obtenía la mujer con cuantiosa dote en relación a su marido. Y aún en el derecho histórico español queda recuerdo de ello en el dicho popular «la mujer con dote accede al matrimonio con la cabeza bien alta». Como es sabido, tras la entrada en vigor de la Constitución española de 1978 se declaró inconstitucional esta figura como vulneradora del principio de igualdad (art. 14 de la C.) y, por consiguiente, desapareció del Código civil que la regulaba con escrúpulo. Se trataba de una figura anacrónica que, paradójicamente, había prestado en su tiempo una función igualadora de la posición de los cónyuges.

Servatis servandis

(Seruátis seruándis)
Lit. *manteniendo lo que debe mantenerse.*

Significado y contexto: Es instrumento argumentativo usual y elemental. Se utiliza para señalar que una determinada ascveración, formulada a modo de resultado de una comparación entre varias cosas o supuestos, se hace valer en la medida de que las circunstancias o factores previos no cambien. Tiene relación con ***rebus sic stantibus***. Y sobre todo con ***mutatis mutandis*** (modificando lo que deba modificarse), su contraria, que en el fondo expresa lo mismo ya que se emplean unidas (*mutatis mutandis, seruatis seruandis*). Se utiliza aquella en comparaciones de dos cosas para señalar la similitud entre ambas dejando a salvo lo que tienen de diferente. Esta expresión ayuda a superar la objeción según la cual "toda comparación resulta odiosa" porque dado que no es fácil que dos cosas (y mucho menos, personas) sean, si no idénticas, muy parecidas, la comparación puede dejar en mal lugar la cosa (o persona) referida por culpa de las enojosas diferencias que presenta el objeto o persona con la que se opera la confrontación. Veamos un ejemplo clásico:

Según relata Suetonio en su obra *De uita duodecim caesarum* o Vida de los Doce Cesares (*Iul*. 1.22), Julio César fue objeto de mofa en la Curia por un senador que le reprochaba su comportamiento mujeril. La burla se traducía en acusación de debilidad de carácter. Él, sin embargo, sin negar la premisa del reproche (su afeminamiento), dijo emular a Semíramis, reina de Siria, y a las amazonas, dominadoras de una gran parte de Asia, para destacar su fuerte temperamento e inigualable valentía. Si la comparación la hubiera hecho otro habría podido ser odiosa para él (porque, a pesar del enérgico carácter de la reina de Siria o de las amazonas, se habría afirmado implícitamente también su actitud afeminada), pero, al haberla formulado él mismo, se convertía en una respuesta audaz y dejaba además sin posibilidad de réplica retórica a sus adversarios políticos.

En ocasiones, la expresión se configura de este modo: *seruatis ómnibus de iure seruandis*, que significa: «observado todo lo que ha de observarse conforme a derecho». Con sentido no ajeno al anteriormente citado, se refiere a que un determinado acto o hecho jurídico se entenderá válido, aun alterado en su forma, siempre y cuando cumpla ciertos requisitos (generalmente formales) exigidos legalmente. Se utiliza con frecuencia en el derecho canónico.

Según una idea difusa, el origen de esta expresión se encuentra en el derecho romano y, concretamente, en cierta opinión del célebre jurisconsulto Papiniano. La expresión como tal no se encuentra en las fuentes romanas. Esto dificulta nuestra búsqueda. En realidad se pueden encontrar en las fuentes ejemplos diversos de aplicación práctica del principio expresado por la locución, en los que una situación se conserva aunque se haya alterado su configuración jurídica si, no obstante, se mantienen ciertos requisitos mínimos de pervivencia. Papiniano ofrece varios ejemplos en los fragmentos de sus obras contenidos en el Digesto de Justiniano (o alguno excepcionalmente en otra fuente). Sin embargo, la fama que rodea a este jurista y su autoría con relación a esta expresión nos hace pensar en alguna opinión especialmente relevante. Conjeturamos que puede ser la vertida en 7 *resp.* D. 29.7.5 a propósito de los codicilos (documentos en los que se hacían disposiciones *mortis causa* fuera del testamento, más libremente, aunque a menudo eran confirmadas por él). Testamento y codicilo siguen vidas no del todo alejadas sino con influjos recíprocos, sin que uno y otro lleguen a confundirse, pues un codicilo no puede contener ni designación de heredero ni cláusula de desheredación.

> «Los codicilos hechos antes que las tablas del testamento no son válidos de otro modo sino si fuesen confirmados en el testamento que se hizo después, o en codicilos, o si la voluntad de los mismos resulta de otro cualquier indicio (*quocumque indicio*); pero no se observarán aquellas disposiciones sobre las que el difunto resolvió últimamente de otro modo (*sed non seruabuntur ea, de quibus aliter defunctus nouíssime iudicauit*)».

Un codicilo se considera como parte del testamento (*pars testamenti*) y su interpretación se vincula a la de él. En el testamento se puede confirmar el codicilo posteriormente realizado, pero ¿qué sucede a la inversa? He aquí donde aparece con luminosidad la autoridad de Papiniano: los codicilos hechos antes del testamento solo valdrán en la medida en que se confirmen por el que se realice en el futuro o por futuros codicilos o sea posible por cualquier indicio (*quocumque indicio*) apreciar que la voluntad expresada en ellos no ha cambiado. El fragmento concluye con esta reflexión: "pero no se mantendrán aquellas cosas –o disposiciones– sobre las que el difunto resolvió últimamente pensado de otro modo" (*sed non seruabuntur ea, de quibus aliter defunctus nouissime iudicauit*).

Tan relevante era su opinión que Justiniano la recoge en sus Instituciones (2.25.1) citando en ellas expresamente el nombre del insigne jurista. Hecho este relativamente poco usual. Recordemos el proverbial "ego" de Justiniano que hace denominar *Institutiones* (o *Digesta*) *Iustiniani* (Instituciones –o Digesto– de Justiniano) a lo que es en realidad una reelaboración, *mutatis mutandis*, de Instituciones, es decir, obras elementales, de juristas anteriores (Gayo fundamentalmente), hecha no por él sino por sus juristas; o una recopilación de doctrina de juristas clásicos, el Digesto. Aún más evidente resulta con el *Codex* que se denomina *Iustinianus* (no "de Justiniano" sino "Justiniano"). Algo que repetirá con su "Código", andando el tiempo, Napoleón (*Code Napoléon*), que no por casualidad se entretenía con la lectura asidua de las Instituciones de Justiniano, reservadas por él como libro de cabecera.

> «Pero no solo puede hacer cualquiera codicilos después de otorgado testamento, sino que aun falleciendo intestado puede dejar fideicomisos en codicilos. Pero cuando los codicilos habían sido hechos antes de otorgado el testamento, dice Papiniano que no tienen fuerza de otro modo que si después fuesen confirmados por especial voluntad. Pero los divinos Severo y Antonino resolvieron por rescripto que por virtud de los codicilos que preceden al testamento se puede pedir un fideicomiso, si apareciere que aquel que después hizo testamento no se había separado de la voluntad que había expresado en los codicilos».

En las Instituciones se refleja la opinión de Papiniano de este modo: que los codicilos valgan en cuanto se confirmen *speciali póstea uoluntate* (por una especial voluntad posterior). Cuyacio, el genial humanista francés del siglo XVI, intuyó que la referencia antes citada en el texto del Digesto a la conservación a lo largo de la vida del difunto de su voluntad, reconocible por cualquier indicio, tal y como se expresó en los codicilos, (*aut uoluntas eorum quocumque indicio retineatur* =o la voluntad de ellos –los codicilos– es mantenida por cualquier indicio) era una interpolación justinianea. En efecto, esta posibilidad tan laxa de admitir la vigencia de lo dispuesto en los codicilos es probable que no proceda de la mente de Papiniano sino de un rescripto posterior de Severo y Caracalla (del que, por cierto, las propias Instituciones justinianeas hacen mención). De ahí que según Cuyacio no se debía reconocer como genuino el citado inciso que en el texto de Papiniano supuestamente la admitía. Pero, no olvidemos que la historia de la exégesis del fragmento hasta Cuyacio no había advertido esta sutileza, y la interpretación del fragmento era, por tanto, monolítica. O sea, que el *ius commune* europeo, formado en la Edad Media, daba por buena la solución de Papiniano sin fisuras ni limitaciones. Además Justiniano la sancionaba en sus Instituciones. ¿Qué más se podía pedir? La *ratio imperii* y el *imperium rationis* concordaban.

(V. *http://digi.ub.uni-heidelberg.de/diglit/justinian1627bd2/0390*).

Sea como fuere, el texto, muy conocido en la tradición jurídica del sistema civil, tiene que ver con nuestra expresión, porque se dice en él que los codicilos valen en la medida en que son confirmados posteriormente, bien por testamento, bien por codicilos, bien por cualquier indicio identificable; viceversa, si se prueba que la voluntad del difunto ha cambiado. *Seruatis seruandis* se refiere, pues, a las disposiciones no afectadas por una voluntad posterior divergente del difunto. Estas se conservarán, las otras, afectadas por una nueva voluntad divergente, no se conservarán (*non seruabuntur*). El cambio de configuración jurídica al que nos referíamos antes se entiende aquí en cuanto que la voluntad expresada en codicilos lo es ahora a través de otro acto (testamento, otros codicilos o cualquier indicio), pero si este no diverge, aquellos conservan su validez.

Recordemos finalmente que los codicilos son admitidos hoy por el derecho foral de Cataluña y Navarra, no en cambio por el Código Civil español.

Servitus

(Séruitus)
Lit. *servidumbre.*

Significado y contexto: El término latino (*séruitus, -tútis*) significa servidumbre o esclavitud. Aparentemente remite al fenómeno de la esclavitud en la Antigüedad, frecuente causa de equívocos entre los recién iniciados en el estudio del derecho, pero jurídicamente tiene que ver con la existencia, desde Roma hasta nuestros días, de ciertos derechos reales. Concretamente se trata de las llamadas "servidumbres prediales" (*seruitutes praediorum*, lit. servidumbres de predios, es decir, de fundos o inmuebles), gravámenes de diversa especie impuestos sobre un inmueble (o fundo sirviente) a favor de otro vecino (o fundo dominante) consistentes en determinadas utilidades objetivas (es decir, concretas y no referidas al interés del dueño del fundo dominante sino a la ubicación y régimen de explotación de los inmuebles en función de sus características naturales). En un célebre texto, Celso (5 *dig.* D. 50.16.86) habla de la servidumbre predial como de un estado en que se encuentra un fundo que pasará a denominarse en la literatura posterior como *quálitas fundi*, es decir, cualidad del fundo. El carácter objetivo de la utilidad lo refleja la regla *séruitus praedio útilis esse debet* (la servidumbre debe ser útil al predio), que Paulo (21 *ed.* D. 8.1.8 pr.) ilustra con un claro ejemplo: el de una hipotética servidumbre que consista en poder recoger fruta de la finca del vecino, pasear y cenar en ella. En efecto, aun siendo lícito eso que se propone, no se justifica la constitución de un derecho real de servidumbre porque la utilidad tiene que ver aquí exclusivamente con el interés del dueño del que sería fundo dominante, no con la finca. Por otro lado, al tratarse de derechos, estos se atribuyen lógicamente a los dueños, no a los inmuebles, pero es indiferente quiénes lo sean en cada momento.

De las servidumbres prediales se distinguen las llamadas "servidumbres personales". En las fuentes se encuentra la expresión *seruitutes personarum* (servidumbres de las personas). Esto es lo que aparece en el primer texto del Digesto referido a las servidumbres (*De seruitutibus*, De las servidumbres, D. 8.1), de Marciano 3 *regularum*: «Las servidumbres son o de las personas, como el uso y el usufructo, o de las cosas, como las servidumbres de los predios rústicos y urbanos». Cfr. también Pomp. 33 *Sab.* D. 8.1.15 (*hominum / praediorum seruitutes*, servidumbres de hombres / de predios). En otros textos aparece explícitamente la locución *séruitus personalis* (Pomp. 6 *Sab.* D. 34.3.8.3) o *séruitus in personam* (Paul. 21 *quaest.* D. 33.1.12) como injertos extraños, lo que ha hecho pensar en alteraciones textuales del tenor original de los fragmentos. Sean o no genuinas las servidumbres personales tienen en común con las prediales su naturaleza gravosa. Son gravámenes y así las seguimos considerando hoy, aunque las personales se caracterizan por ser inherentes a una persona (*persónae cohaerent*, ex D. 34.3.8.3) y las reales, como veíamos, a un bien inmueble. Es verdad, no obstante, que en todo lo demás divergen profundamente las unas de las otras: las personales no consisten en una utilidad concreta sino en el entero uso y a veces también disfrute de una cosa; se extinguen con la muerte de la persona o grave alteración de su capacidad; ...

Cuando los redactores del Código Civil francés, imbuidos del espíritu de libertad de la Revolución Francesa, se encontraron con las "servidumbres personales", les produjo insoportable estupor y rechazo la sola denominación. Pesaban sobre ellos los mismos prejuicios que vemos aflorar en quienes juzgan el derecho romano con superficialidad. Y esa razón, más que la de la inadecuación técnica conceptual, fue quizás la causa que más parte tuvo en su eliminación de los textos legales.

Hay multitud de expresiones que son utilizadas aún hoy en torno a las *seruitutes*: *séruitus óneris feréndi* (de soporte de carga), *áltius non tolléndi* (de no edificar a mayor altura de una fijada), ...

Sic

(Idem)
Lit. *así.*

Significado y contexto: Este adverbio latino, admitido en nuestra lengua, se utilizaba muy frecuentemente, entre otras cosas, para responder afirmativamente a una pregunta (de él deriva nuestro "sí"), amén de otros adverbios como *ita*, ...

Se escribe hoy entre paréntesis junto a un término, extraído de un texto original, escrito de un modo extraño o incorrecto. Quien escribe atrae así la atención del lector hacia la defectuosa apariencia exterior de esa voz, y evita, de paso, el reproche dirigido contra él mismo por admitir una grafía incorrecta. Su primigenio autor, poco avezado a normas de ortografía, sobre todo si se trataba de un niño, muchas veces escribía una cierta voz tal y como le sonaba. Hallazgos de esa naturaleza son hoy para nosotros un valioso testimonio de la originaria pronunciación del latín: por ejemplo, *Kikero* (sic) es una versión defectuosa de la canónica *Cicero* (Cicerón). Por aquella sabemos que sonaba así, es decir, con sonido de "k" y no de "c".

Véanse ejemplos de su uso en este libro en índice final de voces: así, en ***in limine*** a propósito del '*locus apellacionis*' (sic) de la catedral de León; o también los textos de las Partidas de Alfonso X el Sabio: la grafía, forma e incluso la dicción del castellano antiguo difiere de la actual. Al lector puede sorprenderle la manera en que aparecen escritas palabras o términos que él reconoce, aunque de forma diferente: la inserción de nuestro adverbio latino le aclara que no se trata de un error de edición del texto.

Sine die

(Síne díe)
Lit. *sin fecha.*

(V. ***ad calendas graecas***).

Sine onere

(Síne ónere)
Lit. *sin carga.*

Significado y contexto: Esta expresión se encuadra en el marco del derecho de sucesiones romano, y de ahí pasa al derecho actual. Se refiere a la carga o gravamen que un heredero o coheredero o, sus sustitutos, o, en general, todo aquel que se disponga a recibir una atribución patrimonial *mortis causa* lucrativa (por tanto, también legatario, fideicomisario, donatario) puede asumir de manera automática. La asignación a él del patrimonio hereditario, de la porción correspondiente en su caso, o de los bienes, derechos o ventajas patrimoniales de que se trate será *sine ónere* si no lleva aparejada esa carga, y *cum ónere* en caso contrario.

¿En qué puede consistir la carga? Por ejemplo, en el caso del heredero o coheredero, en cumplir las atribuciones patrimoniales que el testador haya dispuesto que se efectúen por ellos, por ejemplo, en el pago de un legado a un tercero. Pero si se produce una no adquisición por parte del inicialmente designado por el testador ¿cuándo y en qué condiciones debe pasar el *onus* o carga a quien corresponda ahora? Por ejemplo, si alguien designado como coheredero no llega a adquirir su cuota, esta acrece –se hace de los restantes coherederos y por tanto hace aumentar su porción hereditaria– en función de la cuantía de su cuota. En cuanto a la carga, en principio debería pasar también a ellos. De hecho, este y otros muchos supuestos en este contexto han contribuido a la elaboración histórica del principio jurídico *ubi cómmodum, ibi incómmodum* (donde hay ventaja, allí debe haber desventaja). Es decir, quien experimenta una ventaja por hallarse en una determinada situación jurídica debe también hacer frente a sus inconvenientes.

De todos modos, la cuestión es más difícil de lo que la sencilla explicación anterior puede dejar ver y, sobre todo, a partir de una sorprendente legislación promulgada por Augusto (las famosas leyes Julia y Papia Popea), destinada a fomentar el matrimonio y a elevar la tasa de natalidad particularmente entre personas de las clases más altas que no se casaban o sus matrimonios eran efímeros y sin hijos. A través de ella se alteró, por ejemplo, de manera ilógica el derecho de acrecer antes expuesto. Estableció Augusto la obligación de contraer matrimonio de todo ciudadano (y ciudadana) romano comprendidos en unas edades determinadas (veinte y cincuenta las mujeres y veinticinco y sesenta los hombres). Y fijó una serie de alicientes así como restricciones para estimular el cumplimiento legal. Podemos imaginar que su efectividad, al igual que le sucederá a través de los tiempos a todo legislador erigido en "ingeniero social", fue más bien escasa (e incluso sufrió la mofa y befa de los más célebres satiristas). Pero a pesar de esto fue derecho vigente durante siglos y los juristas lo integraron en sus comentarios a las leyes matrimoniales sobre cuestiones hereditarias muy complejas.

Concretamente la ley Papia se ocupó de los *caduca*. Interesa observar aquí que, respecto de las restricciones, se maneja por primera vez en derecho el concepto de ***capáci-***

tas (capacidad; v. voz), y su contrario, *incapacitas* (incapacidad). Los *caélibes* (solteros) y las *uíduae* (no casadas) se vieron afectados por ciertas limitaciones para adquirir *mortis causa*. Los bienes que no podían adquirir se llamaron *caduca*, caducos, porque, al igual que las hojas de ciertos árboles no se mantienen en las ramas sino que acaban cayendo al suelo, a esta clase de sujetos, la ley les hacía "caer de las manos" aquello que en principio les correspondía *mortis causa*. No podemos entrar ahora en el impacto jurídico que en el razonable derecho sucesorio que existía con anterioridad (el llamado *ius antiquum*) provocó la nueva legislación. Aunque, el Fisco, una creación imperial romana, entró también en juego, contribuyó a simplificar este nuevo régimen jurídico reclamando los bienes que los sujetos no podían adquirir. Su interés nada tenía que ver con elevar la tasa de natalidad sino que era exclusivamente recaudatorio.

Fue Justiniano quien derogó de modo sistemático –antes había habido múltiples intervenciones correctoras puntuales de diversos emperadores– este absurdo aparato jurídico en una célebre constitución que se colocó en el Código de Justiniano, como ley única, bajo el título *De caducis tollendis* (De la supresión de los *caduca*): C. 6.51.1. A pesar de esta reforma, Justiniano no puede evitar amoldarse al esquema de situaciones que la ley Papia había establecido, e incluso mantener ciertas maneras de solucionar cuestiones jurídicas que habían calado a fondo en el derecho. Precisamente siguiendo ese orden es como resuelve la cuestión de si debe pasar la carga o no al sujeto que recibe un emolumento.

Así, respecto de las disposiciones nulas desde el principio, es decir, en el momento de confección del testamento (por ejemplo, por referirse a cosas inexistentes), llamadas *pro non scriptis*, tenidas "por no escritas" (expresión por cierto muy común en el lenguaje jurídico actual), la carga no pasa por lo general a quienes se encomendaba el cumplimiento de la atribución patrimonial (por ejemplo, al heredero que tenía que cumplir un legado que resulta ser inválido).

En segundo lugar, respecto de las llamadas '*in causa caduci*' (en causa –o situación– de caduco) se hallaban los bienes cuya disposición era nula en vida del testador; tras el otorgamiento del testamento, por tanto. Aquí la regla general es la contraria: la atribución pasa a quien corresponda pero con carga (*cum ónere*). La frase, de redacción general, utilizada por la constitución se hizo famosa en la Edad Media y se empleó –como decíamos antes– para la glosa del principio antes enunciado y hoy de amplia aplicación: *úbi cómmodum, íbi incómmodum*. Hoy hemos olvidado esta interesante contribución a la doctrina jurídica actual de la que nos servimos cotidianamente. Leamos la elocuente frase conclusiva respecto de este grupo: «Porque no se ha de tolerar que el que ciertamente acepta un lucro rechace, sin embargo, el gravamen a él anejo».

Similar solución a la anterior obtuvieron los propiamente denominados *caduca* (aplicado a la situación de los bienes cuya disposición se hacía nula después de la muerte del testador y antes de abrirse el testamento). La ley había fijado, alterando el derecho antiguo (*ius antiquum*), el momento de la apertura del testamento y no la muerte del testador como instante decisorio de la validez de las disposiciones testamentarias.

Un problema particular presentaban las disposiciones bajo condición, término o modo cuando lo que el testador había dispuesto como *onus* o carga se podía interpretar como algo solo afectante al sujeto a quien iba destinado inicialmente o era algo objetivo que podía ser llevado a cabo por cualquiera. La constitución emplea la distinción, que pasa a la doctrina moderna, de condiciones en potestativas, casuales y mixtas. Unido a esto estaba el problema de la naturaleza del comportamiento exigido por la carga: si era de dar o de hacer. Merece la pena leerla textualmente en dos de sus párrafos:

> « 7. Pero si se dejara alguna cosa bajo condición, o casual, o potestativa, o mixta, (*sub condicione, uel casuali, uel potestatiua, uel mixta*) cuyo evento dependa del acaso, o de la voluntad de la persona favorecida, o de ambas cosas; o desde día incierto, conviene esperar el evento de la condición bajo el que hubiere sido dejada, o el día, para que corresponda o cuando se cumpla la condición, o cuando hubiese llegado el día incierto. Pero si en el intermedio falleciera el que por el testamento obtuvo un lucro, o sobreviviendo él hubiera fallado la condición (*condicio defécerit*), disponemos de igual modo que lo que por tal motivo no tuvo aplicación quede en poder de aquellos a cuyo cargo fue dejado, a no ser que también en este caso o reciba la cosa dejada el substituto, o la adquiera para sí el designado conjunto (*coniunctus*), ya sea heredero, ya legatario, pues es de derecho cierto, que se puede substituir en las instituciones, en los legados, en los fideicomisos y en las donaciones por causa de muerte».

Y un poco más adelante:

> « 9. Pero a fin de que no se olvide lo que no sin pulcritud resolvió con toda sutileza en este punto Ulpiano, hombre de grandísimo ingenio, lo establecemos más claramente con nuestra sanción. Porque habiendo ya establecido nosotros que la cosa vaya con sus gravámenes (*cum suis oneribus*) al que con ella se lucre, mandamos que si verdaderamente se hubiese fijado una condición u otro gravamen de dar (*grauamen in dando*), lo soporten de todos modos en proporción del lucro los que se lucren. Pero si se impuso alguno de hacer (*in faciendo*), si ciertamente pudiera ser cumplido también por otra persona, sea de igual modo soportado también por el que se lucra; por ejemplo, si a la persona favorecida se le mandara hacer a sus expensas una casa o un monumento u otra cosa semejante, o para el heredero, o para el legatario, o acaso para otro para quien el testador hubiere querido, o comprar del heredero del testador una cosa, o dar en arrendamiento, o prestar fianza, y otro cualquier hecho de tal naturaleza que sea semejante; porque nada importa que esto sea ejecutado o por aquel de quien habló el testador, o por otro sucesor del mismo lucro. Pero si tal es el alcance de las palabras y tal la naturaleza del hecho, que lo que se dejó dispuesto no puede ser cumplido por otro, entonces, aunque el lucro haya ido a poder de alguien, no le sigue, sin embargo, también el gravamen, porque esto ni lo permite la misma naturaleza, ni lo quiso el testador. Porque, ¿qué se dirá si hubiese mandado que aquel se fuese a determinado lugar, o que se dedicara a realizar estudios liberales, o que con sus propias manos construyere una casa, o que pintase, o que contrajese matrimonio con una mujer? Se entiende que todas estas cosas las ciñó la voluntad del testador a la persona de aquel solo a quien también le dejaba su munificencia. Observándose, a la verdad, en todos estos casos esto, que en igual proporción obtengan el lucro y sufran el gravamen (*pro simili parte et lucrum sentiant et grauamen*), cuando ello pueda realizarse. Y teniendo ciertamente lugar esto de todos modos en aquellos legados que, según lo que antes se dijo, se hacían «en causa de caduco» o «caducos»; pero no en todos los que eran "como no escritos", sino en algunos, porque algunos de estos, aunque fueran tales, iban, sin embargo, con su gravamen (*cum suo onere*), y nosotros mandamos que especialmente fueran enumerados en la composición del nuevo derecho, a fin de que nadie recurra a las sutilezas del antiguo derecho, como si fueran necesarias para las cosas o para conocerlos».

Como se aprecia por este último párrafo, la tendencia a estimar la carga (*onus* o *grauamen*) como algo que pesa objetivamente sobre la cuota o atribución patrimonial tiene el límite del grado de subjetividad que le ha conferido el testador, que pensaba para su cumplimiento en una persona concreta y no en cualquiera.

He aquí pues, en resumen, un relevante aspecto o filón, del que extraemos una parte considerable de la historia de la regla *ubi cómmodum*, tal y como a partir de la Glosa medieval, que puso sus ojos en esta célebre constitución, se ha tratado, en el proceso de formación del derecho de la Europa continental. No es el único, por supuesto. En materia de responsabilidad contractual también lo hallamos ampliamente aplicado.

Pensemos hoy en el vigor que el principio adopta, por ejemplo, en la moderna responsabilidad extracontractual a propósito de las consecuencias de la asunción de una determinada "esfera de riesgo" por parte de un sujeto capaz de obtener, por un lado, un amplio lucro con su actividad, pero al que se le exige asumir a la par una mayor responsabilidad que al resto.

Sine qua non

(Síne quá non)
Lit. *"sin la cual no", necesaria.*

Significado y contexto: La expresión completa es *conditio sine qua non* (condición sin la cual no) donde el término *conditio*, propio del latín medieval (en latín clásico se diría *condicio*), muestra el uso que desde la Edad Media se ha dado a esta expresión. Es admitida en nuesta lengua: "condición *sine qua non*". Su significado es amplio y un tanto vago porque se refiere a un hecho del que depende la existencia de otro. Puede tener el significado de causa, premisa, presupuesto, ...

En derecho es usual este tipo de imprecisiones lingüísticas cuando se habla, por ejemplo, de las "condiciones contractuales" en el sentido de estipulaciones de un contrato. Sin embargo, como es sabido, condición en sentido estricto es un elemento (tradicionalmente denominado "accidental") consistente en un hecho introducido por la voluntad negocial en un acto jurídico del que se hace depender la eficacia de ese acto o negocio jurídico. Es verdad, no obstante, que una vez introducido es tan necesario para la vida de ese negocio como cualquier otro elemento esencial típico.

La expresión *sine qua non* la encontramos en Boecio, el célebre filósofo bizantino del siglo VI d. C., en una obra de comentario de los Tópicos de Cicerón, quien, a su vez, se remitía a la famosa obra del mismo nombre de Aristóteles. Cicerón 14.58-15.59 habla de dos tipos de causas: aquello –dice él– que produce efecto por su propia fuerza ("el fuego enciende") y aquello que, aun no siendo apto para producir un determinado efecto, sin él este último no puede darse (***sine quo*** *effici* ***non*** *potest*), como si se dijese –añade él– que "el bronce es la causa de la estatua". De este último género de causas, unas son quietas (lugar, tiempo, materia, herramientas...) y otras no tanto pues se sirven de una especie de antecedente (*quaedam praecursio*) y contribuyen a llevar a cabo el efecto aunque no de modo necesario: por ejemplo, «el encuentro <de dos personas> ha dado causa al amor <entre ellas>, y el amor al crimen <urdido por ambas>» (tipo de argumentación usual en el género detectivesco). Y añade el Arpinate: «Con este género de causas que dependen de la eternidad vinculan al hado los estoicos» (es decir, porque atribuyen todo a la fatalidad, pero Cicerón opina que hay espacio para el libre albedrío).

Es en este contexto en el que Boecio en su libro V de Comentarios a los Tópicos ciceronianos (*In Topica Ciceronis commentaria* 5 D –Migne 1147–) emplea nuestra expresión, pero corregida en femenino para hacerla concordar con *causa*: *(causa) sine* ***qua*** *non* (Migne 1891).

Particularmente interesante para el derecho es la alusión del rétor romano a ese género de causas que sin ser idóneas para producir por necesidad un cierto efecto "prestan ocasión" para que se dé. Sin ellas no se da, o sea su presencia es necesaria, pero aun con ellas tampoco tendría que producirse forzosamente el resultado, como en el ejemplo del encuentro y del amor. Las diferentes teorías jurídicas de la causalidad, presentes –aunque no solo– en el derecho penal, parten de la necesidad de discernir entre las circunstancias concurrentes en la producción de un hecho ilícito cuál de ellas ha sido la determinante. En concreto, la llamada "teoría de la equivalencia de condiciones", desarrollada en Alemania por Von Buri a fines del s. XIX, parte de la consideración como causa de toda condición de un determinado resultado; si se suprime mentalmente aquella, este no se produciría. Es llamativa, por un lado, esta sinonimia buscada entre causa y condición, ininteligible sin la historia anterior de ambos términos. Por otro lado, también la enorme laxitud de la teoría así enunciada que produjo la necesidad doctrinal de su corrección posterior por otros intentos de concreción más precisa de la causa (teorías de la adecuación, de la causalidad adecuada, de la causalidad relevante, ...).

En efecto, la operación de la supresión mental de un hecho sin el cual no se habría producido el resultado no basta para imputar rectamente este último al sujeto que realizó aquel. El hecho de la paternidad, por ejemplo, haría responsable a todos los padres de los delitos de sus hijos, porque si se suprimiera aquella circunstancia los ilícitos cometidos por los hijos no se habrían producido. Como es evidente, la respuesta que debe ofrecer el derecho no puede ser esta. La *condicio sine qua non* tiene su equivalente en la expresión inglesa del *but for test*. La utilización del esquema clásico *causa próxima / causa remota*, donde la única admisible para hacer responsable a alguien es la primera, ha sido otra manera de resolver estas espinosas cuestiones.

A propósito del daño causado injustamente (*damnum iniuria datum*), origen de la responsabilidad extracontractual (aún hoy denominada aquiliana), los juristas romanos se enfrentaron a problemas de lo que denominamos hoy "nexo causal". Sus opiniones son particularmente interesantes porque son la base inicial de la reflexión en materia de culpa (por primera vez acuñada jurídicamente), antijuricidad o causalidad; por supuesto sin construir ellos doctrinas abstractas e incluso, a menudo, mezclando todas ellas, pero en definitiva sin cuya reflexión no se entendería lo que vino después. Así, la exigencia inicial de un *damnum córpore córpori datum*, de un contacto físico entre el agente del daño y la cosa dañada, empezó a matizarse por una infinidad de supuestos en que esta circunstancia no se daba y a pesar de ello no había duda de la conexión entre la conducta del sujeto en cuestión y el resultado dañoso. Como en el conocido caso del que agita un paño rojo junto a un precipicio para atraer a unas reses que se arrojan así por un abismo (Gai. 13 *ed. prov.* D. 47.2.51; cfr. con la hipótesis del hurto en Ulp. 37 *ed.* D. 47.2.50.4).

Pero también aquellos otros en que los juristas romanos dicen que se ha dado "causa de muerte" (*causa mortis*, que no debe ser confundida con la expresión *mortis causa*): como en el famoso de la comadrona (Ulp. 18 *ed.* D. 9.2.9 pr.) que no da ella con sus manos un medicamento a una mujer (que, sin embargo, le provoca la muerte) sino que se lo deja para que se lo tome.

> «A su vez, si una comadrona hubiese dado una medicina y a consecuencia de ello hubiese muerto la mujer, Labeón distingue de modo que si la administró por sus manos se considera que mató, pero si la dio a la mujer para que esta se la tomara, debe darse una acción por el hecho. Y esta opinión es cierta, ya que más que matar, proporcionó una causa de muerte (*causa mortis*). Si a la fuerza o por persuasión uno administrase un medicamento a otro por vía oral o mediante jeringa o si lo mató con veneno pernicioso, queda obligado por la ley Aquilia, de la misma manera que queda obligada la comadrona que administró una medicina».

O las cuestiones que históricamente han planteado las omisiones: por ejemplo, matar a alguien de hambre (*fame necare*), es decir, no proporcionarle alimentos (Ulp. 18 *ed.* D. 9.2.9.2). Es emblemático el caso del criado que estando encargado del cuidado del fuego de un horno (*seruus fornicarius*) se duerme (Ulp. 18 *ed.* D. 9.2.27.9): el intento de superación jurisprudencial del *nihil fecit* (nada hizo, y por lo tanto no es responsable) constituye uno de los hitos fundamentales de la historia de la omisión en relación con la responsabilidad.

«Si el esclavo hornero de un colono se hubiese dormido junto al horno, y se hubiere quemado la casa de campo, escribe Neracio que, demandado en virtud del arrendamiento debe responder de ello, si fue negligente al elegir sus operarios (*si négligens in eligendis ministeriis*), pero si uno hubiere puesto fuego al horno, y otro lo hubiere cuidado con negligencia, ¿quedará acaso responsable el que lo hubiere encendido? Porque el que cuidó de él nada hizo (*nihil fecit*), y el que convenientemente puso el fuego no cometió falta; ¿qué se dirá, pues? Opino que compete la acción útil tanto contra el que se durmió junto al horno, como contra el que cuidó de él con negligencia. Y que nadie diga respecto del que se durmió, que padeció cosa humana y natural, puesto que debía o extinguir el fuego, o prepararlo de modo que no se extendiera».

O los casos de interrupción de nexo causal producidos por la intervención negligente de un cirujano en una herida no mortal, o el de uno que ha sido herido mortalmente pero antes de morir a causa de la herida es víctima mortal de un derrumbe o de un naufragio que le provoca *ipso facto* la muerte (Ulp. 18 *ed.* D. 9.2.15.1).

«Si un esclavo herido de muerte pereciere después prematuramente por ruina, o naufragio, u otra herida, no puede reclamarse por habérsela matado, sino como habiéndosele herido. Pero si manumitido o enajenado pereció por causa de la herida, dice Juliano que puede reclamarse como habiéndosele matado. Y esto con tanta diversidad, porque es verdad que él fue muerto por ti entonces, cuando le herías, según se evidenció al fin muerto él; pero en el caso anterior la ruina no permitió que se evidenciara si fue matado. Pero si hubieres dispuesto que el herido mortalmente fuese libre y heredero, y después hubiere muerto, su heredero no puede ejercitar la acción de la ley Aquilia,» [continúa en el fragmento siguiente 16 (Marciano 4 *reg.*) «porque la cosa llegó a este caso, desde el cual no puede empezar».]

O la conocida disputa entre dos grandes juristas clásicos, Celso y Juliano, a propósito del siguiente caso (que le debería parecer muy familiar a un penalista moderno, lo que no sería extraño porque la doctrina penal del *ius commune* utilizó los textos romanos y los divulgó para la posteridad). Poco importa para la cuestión que plantean que la víctima sea un esclavo: A produce una herida mortal a un hombre pero antes de que muera B le produce otra, también mortal, con la que de manera inmediata muere. Celso (D. 9.2.11.3) era de la opinión que A no ha matado sino que ha herido, amparado en el tipo de la ley que distingue entre matar a un hombre (*occídere*) y un resultado menos grave (que sería un herir, *uulneráre*), a diferencia de Juliano para quien se debe considerar que han matado también aquellos que han herido de tal manera que sea cierto el resultado de muerte (*hi, quorum ex uulnere certum esset aliquem uita excesssurum* D. 9.2.51 pr.).

h. t. 11.3: «Escribe Celso que si uno hubiere causado una herida mortal, y después otro hubiere rematado, el primero no queda ciertamente obligado, como si hubiere matado, sino como habiendo herido, porque el agredido pereció por la otra herida; y que el segundo queda obligado, porque mató; lo que también a Marcelo le parece bien, y es más plausible».

h. t. 51 pr.: «Un esclavo fue herido de tal modo que se creía cierto que había de morir de aquella herida, después en el tiempo intermedio fue instituido heredero, y herido posteriormente por otro, murió; pregunto, ¿por la ley Aquilia se podrá reclamar contra ambos por razón de la muerte? Respondió que ciertamente se dice de ordinario que mató el que de algún modo dio causa para la muerte (*causa mortis*), pero que por la ley Aquilia se consideró que quedaba obligado solamente el que, habiendo empleado la fuerza, y como por su mano, hubiese dado causa para la muerte, habiendo tomado, por supuesto, esta interpretación de la palabra, de *caédere* (matar) y de *caedes* (muerte). También se juzgó que quedan obligados por la ley Aquilia,

> no solo aquellos que hirieron de tal modo que inmediatamente privaron a uno de la vida, sino también aquellos por cuyas heridas hubiese la certeza de que alguien dejará de vivir (*hi, quorum ex uulnere certum esset aliquem uita excessurum*). Así pues, si alguno hubiere hecho a un esclavo una herida mortal, y en este intervalo otro le hubiere herido de tal modo que fuese muerto más pronto de lo que había de morir por la primera herida, se ha de determinar que uno y otro quedan obligados por la ley Aquilia».

En el ámbito del derecho matrimonial canónico encontramos un elocuente ejemplo de aplicación jurídica de la expresión. El canon 126 del Código de Derecho Canónico establece en su inicio: «Es nulo el acto realizado por ignorancia o por error cuando afecta a lo que constituye su sustancia o recae sobre una condición *sine qua non*; ...». La ignorancia o error, aunque suelen asimilarse, no son vicios exactamente idénticos. Se suele decir que detrás de todo error (representación mental falsa de un hecho) hay algo de ignorancia (desconocimiento de un hecho). Pero no toda ignorancia conduce necesariamente a un error. Su alusión conjunta se debe a que en origen así lo hace la Jurisprudencia romana. El vicio puede hallarse, pues, en la sustancia o, en términos aristotélicos, *ousía* del acto (es decir, el *error in substantia* romano) o sobre una condición *sine qua non*. En este último caso, el elemento viciado del acto no es un requisito esencial o sustancial sino un hecho al que el sujeto le otorga carácter fundamental. Es una cualidad de la persona u objeto del acto en cuestión que el sujeto se representa como indispensable de manera que si falta aquel sería inválido.

No es una condición cualquiera, por otro lado, porque esta última es ajena en su configuración al objeto negocial, aunque –como se decía antes– si la condición normal acaba por no darse (*condicio deficiens*), el negocio se hace en la práctica igualmente ineficaz. En el ejemplo clásico de "si llega la nave de Asia te pagaré mil", la llegada de la nave no tiene nada que ver con la naturaleza de la moneda. Pero en el ejemplo fundamental en nuestra tradición jurídica del vino de Ulpiano (v. ***error***) –del que dependen todas las posteriores formulaciones normativas hasta la actualidad–, si el vino no es vino sino vinagre hay un error en la sustancia. No lo habría si el vino se ha avinagrado por el camino, porque la sustancia deseada –vino– se correspondía con la del objeto que se entregó. Si el vino que el comprador quería era el de una determinada región, vino de Falerno por ejemplo, y eso era considerado requisito taxativo por una de las partes, estamos ante una condición *sine qua non* (un ejemplo parecido ofrece José María González del Valle (González del Valle 1985, 63).

> (Un estudio detallado en relación con la Jurisprudencia romana en R. Willvonseder, *Die Verwendung der Denkfigur der condicio „sine qua non" bei den römischen Juristen*, H. Böhlaus, Wien-Köln-Graz, 1984).

Sive velit sive nolit

(Síue uélit síue nólit)
Lit. *quiera o no quiera.*

Significado y contexto: La expresión tiene que ver con el derecho de sucesiones. Según Gayo había tres clases de herederos: los necesarios (*necessarii*), los de derecho propio y necesarios (*sui et necessarii*) y los extraños (*extranei*). Solo los últimos necesitaban de aceptación (o adición) para adquirir la herencia. Los herederos llamados necesarios adquirían la herencia automáticamente sin que fuera precisa su aceptación.

Dice Gayo (2.153): «Es heredero necesario el esclavo instituido heredero y a la vez manumitido, y se denomina así porque, quiera o no quiera (*siue uelit siue nolit*), en todo caso, tras la muerte del testador se hace inmediatamente libre y heredero». Según relata el propio jurisconsulto a continuación (154 y 155), esta, por lo visto, era una práctica frecuente en sujetos insolventes, que designaban herederos a sus esclavos con la concesión simultánea de su libertad para que la venta concursal de sus bienes se hiciese a nombre del heredero, y no del testador, de forma que la ignominia (o infamia) que llevaba aparejada recayese sobre aquel. Sabino no estaba de acuerdo con esta solución vejatoria pero lo cierto es que Gayo la sigue considerando aplicable. Ahora bien, se le concedía al liberto la facultad de separación de bienes (genuino precedente del beneficio de inventario justinianeo y moderno), de manera que las adquisiciones hechas por él después de la muerte de su patrono, tanto antes como después de la venta del patrimonio de este, no pudieran ser interceptadas por los acreedores del difunto, y eso aunque el valor de los bienes no bastase para el pago completo de sus deudas.

A los herederos de propio derecho y necesarios (hijos y descendientes y algunos otros sujetos) se les daba la facultad de abstenerse de la herencia, lo que significaba de otro modo no inmiscuirse en ella mediante actos jurídicos en relación con sus bienes y derechos. Si adoptaban esta actitud pasiva frente a la herencia, lograban verse libres de la responsabilidad por las deudas de la herencia. La venta del patrimonio hereditario se hacía a nombre del padre (Gai. 3.158).

Vemos pues que la expresión tiene que ver con un efecto jurídico que un sujeto determinado no puede eludir aunque lo desee. En general, puede tratarse de la necesaria aplicación de una norma jurídica que nos resulta incómoda o gravosa. Incluso en situaciones de este tipo, el derecho romano ideó modos de corregir eventuales resultados injustos mediante el establecimiento de vías legales de escape *ad hoc*.

(V. ***separatio bonorum***, ***spatium deliberandi***, ***dura lex***).

Societas leonina

(Socíetas leonína)
Lit. *sociedad leonina.*

Significado y contexto: El contexto de esta expresión es el contrato de sociedad. La expresión la encontramos en Ulpiano 30 *Sab.* D. 17.2.29.2. Dice así:

> «Refiere Aristón [jurista romano] que Casio [jurista romano] dictaminó que no podía constituirse una sociedad de modo que uno percibiese solo ganancia (*lucrum*) y el otro solo pérdida (*damnum*) y que a esta sociedad se le solía llamar leonina; y convenimos en que es nula una sociedad en la que uno percibiese ganancia y el otro ninguna ganancia sino pérdida. Es pues muy injusto ese género de sociedad en que uno espere pérdida sin esperar también ganancia».

Procede de la famosa fábula de Esopo del león y el asno salvaje (onagro). Asociados para cazar y reunido el botín, el león hace tres partes: se asigna él la primera por ser él primero, es decir, por ser rey; la segunda como socio a igualdad de condiciones; y, respecto de la tercera, le recomienda al asno que huya antes de que le ocurra alguna desgracia.

De la racionalidad de la opinión jurisprudencial romana dan fe los modernos códigos que recogen idéntico parecer.

Solo animo

(Solo ánimo)
Lit. *con la sola intención.*

Significado y contexto: Se enmarca en el contexto de la posesión. Los juristas romanos, y particularmente Paulo, han dejado una huella indeleble en esta materia. El triple fenómeno dinámico de adquisición, retención (o conservación) y pérdida de la posesión en derecho no se entiende sin su doctrina. La propia y antológica definición de *ius* procedente del teólogo y jurista español del s. XVI Luis de Molina que recogemos en ***ius*** parece conformarse a este trinomio (v. también ***ad conservandum***).

Dos son los elementos clásicos de la posesión: el *corpus*, que más que tenencia física, consiste en el control efectivo sobre la cosa poseída; y el *animus* o intención de poseer. ¿De poseer cómo? Ríos de tinta se han escrito al respecto, pero valgan por todas las polémicas, las de dos ilustres romanistas del siglo XIX, Savigny y Jhering. El primero, que ha dejado su impronta, por ejemplo en el Código Civil español, pensaba en una intención de tener la cosa como dueño (*animus dómini*, intención de dueño). El segundo criticó fundamentalmente la disociación teórica de los dos elementos, *corpus* y *ánimus*, como falta de sentido práctico e irreal, la ingenua consideración del *corpus* como mero contacto físico con la cosa, y destacó la singular relevancia jurídica del *animus*. (V. ***possessio***).

La posesión *solo ánimo* tiene que ver con esta disputa. Es cierto que para adquirir la posesión hacen falta los dos elementos, pero en el caso del tesoro se discutió en qué medida podía el propietario del inmueble hacerse también dueño del tesoro existente en él aun ignorando su ubicación. Lo vemos en un célebre texto: Paul. 54 *ed.* D. 41.2.3.3. Allí aparece en primer lugar la opinión de la escuela proculeyana representada por Neracio y Próculo que afirmaba la regla de que no se podía adquirir *solo animo* si esta intención no iba antecedida de la posesión natural (o posesión de mero hecho). Y Paulo añadía a continuación la consecuencia lógica siguiente: que en cuanto sé que hay un tesoro en mi finca lo poseo inmediatamente que tengo intención de hacerlo «porque lo que le falta a la posesión natural lo suple la intención». Los juristas republicanos Bruto y Manilio –también citados por Paulo a continuación– llegaron al extremo de defender que usucapiendo el inmueble también se adquiría la propiedad del tesoro. Pero esta opinión no prosperó. Paulo, adhiriéndose a Sabino, afirmó, no obstante, que solo empezaba a poseerse el tesoro cuando se cambiaba de lugar porque entonces se hallaba de hecho bajo custodia (*sub custodia*) de quien lo tenía. La historia del tesoro, que llega hasta los códigos civiles modernos, tiene que ver con este texto (y otros más, por supuesto) del derecho romano en que la posesión y la propiedad aparecen unidas en el razonamiento jurídico.

> «Neracio y Próculo dicen que no podemos adquirir la posesión con solo el ánimo (*solo animo*), si no precediera la posesión natural. Y por esto, si yo supiera que hay un tesoro depositado en mi fundo, lo poseo inmediatamente que tuviere la intención de poseerlo; porque el ánimo suple lo que falte a la posesión natural. Pero no es verdad lo que opinan Bruto y Manilio, que el que adquirió un fundo por larga posesión adquirió también el tesoro, aunque no sepa que lo hay en el fundo; porque el que no lo sabe no posee el tesoro, aunque posea el fundo; pero aunque lo sepa, no lo adquirirá por larga posesión, porque sabe que es de otro. Algunos opinan que es más verdadera la opinión de Sabino; y que el que lo sabe no lo posee de otro modo sino si hubiera sido cambiado de lugar, porque no estaría bajo nuestra custodia; con los cuales estoy de acuerdo».

La lógica estricta no se aplica sin más al derecho. En materia de posesión se aprecia con claridad que razones que tienen que ver con el fin del derecho (que tanto gustaba resaltar a Jhering) o de naturaleza prágmática pesan incluso más que aquella. A propósito de la conservación de la posesión los juristas fueron desgranando ejemplos de posesión en que la mera intención bastaba para seguir poseyendo: el caso del esclavo fugitivo, que no hace perder a su dueño la posesión sobre sí, solo se entiende *utilitatis causa* (por un motivo práctico). Más comprensible es el caso de las fincas de monte solo utilizables en determinadas épocas del año (*saltus hiberni et aestiui*, fincas de invierno y de verano), ...

¿Qué sucede cuando uno sale de su casa y otro, aprovechando nuestra ausencia se introduce clandestinamente en ella? Gayo (4.153), sin plantearse el caso del ingreso de un tercero, expone en su manual para principiantes la doctrina sostenida –dice él– por muchos: que, cuando salimos de donde estemos poseyendo, aunque no dejemos a nadie allí poseyendo en mi nombre, conservamos la posesión con tal de que no tengamos intención de dejar la posesión (*ánimus relinquéndae possessiónis*) sino de volver. Su contemporáneo Pomponio (23 *ad Q. Muc.* D. 41.2.25.1) expone, sin embargo, el caso que hemos formulado al principio. ¿Es de mejor derecho el que tiene la posesión corporal (*possessio corporalis*) por haber entrado en ella o nosotros que poseemos solo con la intención? Según él, retenemos la posesión hasta que se nos expulsa o perdamos la intención de regresar por temor a ser expulsados.

En la opinión de Pomponio resuenan las palabras de Cicerón en su célebre discurso *Pro Caecina* donde el Arpinate se preguntaba si no era lo mismo ser expulsado de la finca que impedírsele a uno entrar en ella. El fin del derecho debe imperar para equiparar ambos supuestos. Pocas veces veremos expuesto en obra alguna, con tan singular belleza, precisión, vigor y capacidad argumentativa, el criterio teleológico de interpretación del derecho. La elevada calidad literaria e indudable interés jurídico de este discurso unido a su universalidad lo hacen de muy recomendable lectura, al menos de algunos de sus fragmentos más significativos, por parte de los estudiantes de derecho. Esto es lo que proponía, por ejemplo, Vinogradoff en su valiosa *Introducción al Derecho*, a sus estudiantes ingleses (Vinogradoff 1967, 3ª ed. –ed. original inglesa 1913–). (V. ***ad absurdum***).

Pero sigamos: Labeón (citado por Ulpiano en Ulp. 70 *ed.* D. 41.2.6.1), en el caso de uno que salió de su finca para ir al mercado (*núndinae*) sin dejar a nadie en ella, se encontró con uno que ocupaba su posesión (*áliquis occupáuerit possessiónem*). Fijémonos en esta última frase latina que hemos transcrito y pongámos nuestra atención en el verbo "ocupar" –que se ha acabado haciendo famoso pero con "k"– y en el término "posesión". (Cfr. art. 438 CC español "ocupación material de la cosa"). El que ocupa clandestinamente no se hace propietario por ocupación (que es un modo de adquirir). Lo que ocupa es en todo caso la posesión. Pero su posesión es clandestina, es decir, viciosa. El que salió al mercado retiene la posesión y por tanto no le afecta la posesión clandestina del extraño. Y si a la vuelta del mercado no se le deja entrar entonces el ocupante empieza a poseer violentamente. Recordemos que la posesión viciosa era de tres clases: clandestina, violenta o en precario (obtenida por mero permiso). En efecto, la célebre cláusula de posesión viciosa del derecho romano se enunciaba así: *nec ui, nec clam, nec precario* (ni con violencia ni clandestinamente ni en precario). (V. ***nec vi, nec clam nec precario***).

Papiniano (23 *quaest.* D. 41.2.46), algo más de siglo y medio después, sin embargo, opina, citando nuestra expresión, que al igual que el vínculo de las obligaciones debe extinguirse del mismo modo en que fue creado (pero en sentido inverso a su producción), no ha de admitirse que alguien pueda poseer una finca de verano o de invierno por "ocupar su posesión" ignorándolo el que estaba reteniendo la posesión con la mera intención. Pero, para el jurista romano (Pap. 23 *quaest.* D. 41.2.44.2), si se trata de una cosa con respecto a la cual se ha dejado a alguien poseyendo en nuestro nombre y otro entrara en ella la perdemos incluso sin saberlo. Paulo (54 *ed.* D. 41.2.3.7), en tono conclusivo y lapidario como para zanjar la cuestión, declara: «Pero si posees solo con la intención (*animo solo*), aunque otra persona se halle en el fundo, sigues poseyéndolo tú».

No se vea en estos fragmentos de doctrina de juristas simples precedentes o antecedentes del derecho civil actual. Son el origen, la base de nuestro pensamiento jurídico moderno. Por ellos es por donde hay que comenzar a explicar la materia correspondiente. No son historia externa de nuestro derecho, pura erudición. Sin ellos no es posible entender con toda su profundidad y riqueza el propio derecho actualmente vigente. Así, a título de ejemplo, citemos por todos el artículo 444 del Código Civil español de tenor hermético e inaccesible sin explicación adicional a la mayor parte de los lectores y estudiantes de derecho:

> «Los actos meramente tolerados, y los ejecutados clandestinamente y sin conocimiento del poseedor de una cosa, o con violencia, no afectan a la posesión».

Valórese a la vista de lo expuesto aquí. Nos preguntamos cómo puede abordarse seriamente un estudio de derecho comparado desconociendo el derecho romano; porque, por ejemplo, difícilmente podrá hallarse una forma más autorizada de integrar la recta interpretación del § 856 del BGB (Código Civil alemán) a propósito de la terminación o fin de la posesión: «La posesión se acaba cuando el poseedor abandona (*aufgibt*) el poder de hecho sobre la cosa o de otro modo lo pierde». El verbo germano *aufgeben* significa, en efecto, abandonar, renunciar, salir de, ... La idea que gráficamente transmite es la del que deja algo renunciando a tenerlo para sí, por ejemplo, apartándose de la cosa poseída con la intención de no regresar a ella. El poseedor *discedit* –sale, abandona– pero *non reuersurus*, para no volver, imagen familiar a quien conoce en profundidad la tradición jurídica romana europea.

Compárese con el art. 460.1º del CC español que afirma que el poseedor puede perder la posesión de la cosa "por abandono". No es casual la elección de este término. Una somera confrontación con Gayo 4.153 y su alusión al antes citado *animus relinquendae possessionis* será oportuna para entender cabalmente el término germano *aufgeben* o el de "abandono" del Código español; y no el olvido y el desprecio, cada vez menos infrecuente, desde la ignorancia de las fuentes romanas. La casuística romana, mucho más variada que la aquí expuesta, ayuda, en fin, a entender mejor y con más legitimidad científica lo que las escuetas disposiciones modernas pueden decirnos, por meritorio que sea nuestro esfuerzo de comprensión racional abstracta o de ilustración con ejemplos modernos.

Soluti retentio

(Solúti reténtio)
Lit. *retención de lo pagado.*

Significado y contexto: Se trata del típico efecto de las llamadas obligaciones naturales, esto es, de aquellas obligaciones que no cuentan con una acción para exigir su cumplimiento pero que de hecho se consideran tales. El jurista romano Juliano, uno de los grandes inspiradores de la doctrina en torno a esta categoría singular de obligaciones, afirma en un conocido texto (53 *disput.* D. 46.1.16.4) que «...aunque impropiamente se diga que deben los deudores naturales, se puede entender por abuso del lenguaje que son deudores y que los que de ellos reciben el dinero recibieron lo que se les debía». Esta es la razón por la que «el dinero pagado no se puede repetir» (*soluta pecunia repeti non potest*). Se rechaza así el ejercicio de la *condictio indebiti* propia del pago indebido por error que ocasiona un enriquecimiento injusto en la parte que lo recibe.

Obsérvese que "natural" se contrapone aquí a "civil", como referente a una relación de hecho contrapuesta a una relación de derecho. No es el único caso: también ocurre, por ejemplo, con *possessio naturalis* y *possessio ciuilis* (de donde nuestras actuales posesión natural y posesión civil). La historia dogmática de las obligaciones naturales comienza con el supuesto de los esclavos, que carecían de capacidad para contraer deudas con respecto a su dueño y a terceros. Pero esto último se llegó a admitir con ciertos límites (el del valor del peculio que se les concedía para su libre administración). En una situación similar, aunque no exactamente igual, se hallaban los hijos *in potestate* con respecto a su *paterfamilias* o a sus hermanos sometidos también a la patria potestad de este último. El efecto de la *soluti retentio* se producía, por ejemplo, si se realizaba el pago por estos sujetos al tercero acreedor, ya que se entendía que el dueño o, en su caso, el *paterfamilias* no podía repetir lo pagado.

Curiosamente la Jurisprudencia romana fue dotando a esta figura de más consecuencias jurídicas. Se admitió así, entre otras cosas, la posibilidad de su novación en obligación civil, de compensación de deudas o su idoneidad para ser garantizada por obligación civil. No solo, sino que experimentó un insospechado auge mediante la admisión de supuestos diversos todos ellos caracterizados por el efecto de la *soluti retentio*: el del pago por parte del pupilo de una obligación contraída sin la autorización de su tutor; el del deudor injustamente absuelto judicialmente; el del pago de intereses de un préstamo creado por *nudum pactum* (ya que para hacer surgir intereses de un mutuo o préstamo no basta con un mero pacto sino que se exige una *stipulatio*); la devolución de un préstamo por parte del *filius*, a quien el conocido senadoconsulto Macedoniano prohibía tomar dinero a préstamo y negaba, en consecuencia, la acción para reclamarlo incluso cuando él fuera *sui iuris*), ...

El derecho justinianeo, inspirándose en algunos de los supuestos antes enunciados, operó un cambio en la concepción de las obligaciones naturales mediante la interpretación de *naturalis* como propio del derecho natural y, por tanto, relacionándolas con la esfera de la moral o con el fuero interno de los sujetos, "dans le for de la conscience", como decía Pothier, el pandectista francés del s. XVIII, en su célebre "Tratado de las Obligaciones", que tanto influjo tuvo luego en el Código Civil de 1804.

Se defiende su admisión por parte de nuestro derecho actual por la alusión genérica que parece realizar en su inciso final el artículo 1901:

> «Se presume que hubo error en el pago cuando se entregó cosa que nunca se debió o que ya estaba pagada; pero aquel a quien se pida la devolución puede probar que la entrega se hizo a título de liberalidad *o por otra causa justa*».

Solve et repete

(Sólue et repéte)
Lit. *paga y reclama (después).*

Significado y contexto: La expresión, aplicada en el ámbito del derecho financiero y tributario, alude al deber del contribuyente de abonar primero la cantidad que se le exige para reclamarla después si logra demostrar que no se debía al Fisco. En pura lógica de justicia debe ser al revés. No se debe requerir ningún pago antes de que se demuestre fehacientemente que su reclamación tiene fundamento válido. Se trata de un privilegio de la Administración pública que se sustenta en el interés público que se superpone al privado. Sin embargo su crítica es evidente: el particular se ve a menudo, por su propia situación económica, impedido o dificultado en la práctica a demandar judicialmente a la Administración, por lo que la tutela judicial efectiva de su derecho (art. 24.1 de la Constitución española) se pone en grave e injustificado riesgo. Puede entenderse, pues, que la cláusula haya perdido vigor hoy. (V. ***nervus probandi***).

1. En el derecho romano la doctrina romanística del siglo XX sostuvo durante décadas que una aplicación primera de este principio pudo ser la llamada *legis actio per pignoris capionem* o acción de la ley por apoderamiento de prenda, que en época muy antigua facultaba al recaudador de impuestos (publicano) a llevarse objetos del contribuyente, aun en ausencia de este, si este no pagaba lo que debía –por todos, (Pugliese 1963)–. Obraba el publicano –dice Gayo, 4.28– «contra aquellos que en virtud de una cierta ley (ley censoria)

debían impuestos» (*aduersos eos qui aliqua lege uectigalia deberent*). El jurista romano citado describe su realización como *extra ius* es decir, extrajudicial, sin presencia del magistrado, por lo que, unido esto a la llamativa circunstancia anteriormente citada de la eventual ausencia del contribuyente y a que el publicano podía actuar en días nefastos (es decir, no aptos para realizar actuaciones procesales), hacían muy discutible este *modus agendi* desde el punto de vista del orden procesal de las acciones de la ley (*legis actiones*). Como el publicano pronunciaba unos *certa uerba* (palabras solemnes) algunos entendían que sí lo era. Por otra parte, que el contribuyente pudiera oponerse a la acción del publicano no está claro. A qué estaba facultado el recaudador, a vender en pública subasta el objeto arrebatado o solo a retenerlo, o si la *res publica* se hacía con su propiedad, tampoco lo sabemos con certeza. Esta acción de la ley, a lo que parece de carácter ejecutivo, acabó por desaparecer con el nuevo procedimiento llamado formulario (*per formulas*). (V. ***solvens***).

El relativamente reciente hallazgo de la llamada *lex Portus Asiae* (un valioso testimonio epigráfico escrito en griego sobre los portazgos que se cobraban en esa provincia romana) ha modificado notablemente esa concepción. Según ella – (Maganzani 2002) entre otros trabajos– se preveían dos posibles actuaciones por parte del publicano que alteran por completo el mecanismo procesal hipotetizado inicialmente. En efecto, era, por el contrario, doble (por lo que la regla de *solue et repete* no se aplicaba sin más): por un lado, el publicano o recaudador disponía de una acción para reclamar la deuda (ἀγωγή) y, por otro, de la *pignoris capio* (ἐνεχύρου λῆψις). Como se ve, la ciencia romanística no es estática, sino que avanza continuamente mediante el descubrimiento de nuevos documentos y la revisión constante de la interpretación doctrinal de las fuentes previas (que son ya de por sí inabarcables).

2. En el ámbito del derecho privado se suele aplicar la cláusula a aquellos casos en los que se considera injustificado que se oponga por parte del deudor una excepción que retrase u obstaculice la prestación debida por él (dejando a salvo aquellas excepciones consideradas de entidad grave). Así, por ejemplo, lo determina el artículo 1462 del Código Civil italiano, que declara en su primer párrafo: «La cláusula con la que se establece que una de las partes no puede oponer excepciones a fin de evitar o retrasar la prestación debida no tiene efecto con respecto a las excepciones de nulidad, de anulabilidad y de rescisión del contrato».

Relacionado con el principio enunciado está el régimen de las obligaciones sinalagmáticas o recíprocas, según el cual para exigir la prestación de la otra parte primero se debe cumplir antes la propia: paga primero y reclama después, no lo que has pagado, sino la prestación del otro. Así Ulpiano 32 *ed.* D. 19.1.13.8 afirma que si el comprador quiere ejercitar la acción de compra para reclamar la prestación del vendedor debe antes hacer el ofrecimiento del precio entero de la cosa, y que no le vale con ofrecer solo una parte. El vendedor podrá rehusar hacer entrega de la cosa y retenerla como si dada en prenda, dice el jurista. Aquí es el juego de las obligaciones recíprocas (el *ultro citroque* o reciprocidad) lo que determina que para exigir haya que pagar primero. (V. ***ultro citroque***).

El Código Civil español art. 1100, a propósito de la mora de uno de los contratantes declara:

> «En las obligaciones recíprocas ninguno de los obligados incurre en mora si el otro no cumple o no se allana a cumplir debidamente lo que le incumbe. Desde que uno de los obligados cumple su obligación, empieza la mora para el otro».

La llamada *exceptio inadimpleti contractus* (excepción de contrato incumplido) tiene su engarce legal aquí. Este último remedio expresa en realidad una cierta doctrina fundada en textos romanos (como el antes citado), acuñada y difundida con ese nombre extraño por los juristas medievales. Tiene que ver con la buena fe en materia de contratos (v. ***bona fides***). Si se mira bien, la cláusula *solue et repete* expresa lo contrario de la *exceptio inadimpleti contractus*, como veíamos antes en el Código Civil italiano, a saber, que una reclamación de pago debe atenderse sin oponer excepción.

(V. **solvens**).

Solvens

(Sóluens)
Lit. *el que paga, pagando, pagador.*

Significado y contexto: La expresión se aplica en el derecho romano al deudor que paga, es decir, que cumple con su obligación. El pago o *solutio* es el modo más normal de extinguirse una obligación. Es característico el supuesto de pago de una suma de dinero frente a las demás prestaciones (las de dar restantes o las de hacer, que se encuadran en la denominada *satisfactio*).

El término *soluens* lo vemos en una constitución imperial de Diocleciano y Maximiano (C. 4.31.12 a. 294-305) dirigida a un deudor pignoraticio al que se le aconseja que una vez hecha la compensación de deudas con la otra parte, si aún le sigue debiendo algo, con pagarlo (pagándolo, *soluens*) y, si rechaza el acreedor injustificadamente el cobro, con ofrecerlo o depositarlo por consignación, podrá ejercitar la acción de prenda.

El término en sus diferentes formas declinadas (*soluens, soluentem, soluentis, soluente, ...*) es común en las fuentes jurídicas. Hoy en día se utiliza sobre todo en el ámbito del pago de lo indebido por error. No es casualidad. En los textos romanos lo encontramos a menudo en ese contexto y es ese uso jurídico originario el que ha determinado el actual.

Paulo (28 *ed.* D. 12.6.27) resuelve el supuesto del que paga (*qui soluit*) lo no debido creyéndolo deber en un determinado lugar admitiendo que pueda repetirlo (reclamar su devolución) en cualquier otro sitio: «la misma especie de repetición no ha de seguir la creencia del que paga (*existimatio soluentis*)». Es decir, el que pagó en un cierto lugar algo indebido lo podrá repetir en cualquier otro lugar.

En otro curioso caso de obligación natural, según relata Paulo de nuevo (3 *quaest.* D. 12.6.60), «negaba Juliano que pudiera repetir el verdadero deudor que pagaba (*soluens*) después de contestada la demanda pendiente aún el juicio, porque ni absuelto ni condenado podría repetir. Porque aunque haya sido absuelto, permanece, sin embargo, naturalmente deudor (...)».

En un caso de recaudación indebida de impuestos por error del que pagó (*per errorem soluentis*), contestan por rescripto los emperadores Severo y Antonino que el publicano deberá devolver lo pagado al contribuyente (Marcian. *l. sing. de delat.* D. 39.4.16.14). Este texto tiene mucha relación con el principio *solue et repete*. (V **solve et repete**).

En una conocida reelaboración postclásica de una obra de Gayo, las Reglas de Oro, –3 *aureor.* D. 44.7.5.3– se lee:

> «También el que recibe lo no debido por error del que lo paga (*per errorem soluentis*) se obliga ciertamente como por la dación de un mutuo, (...)».

El término también se utiliza para describir el régimen de solidaridad de obligaciones consistente en que si uno de los deudores paga la totalidad de la deuda el otro queda liberado: por ejemplo, D. 46.2.8.5 (Ulp. 46 *Sab.*): *altero soluente alter liberatur* (pagando uno el otro se libera).

Una curiosa expresión latina es *soluendo esse* que se dice del deudor (o de un patrimonio, p. ej., una herencia) y que significa "ser solvente", que puede pagar sus deudas. Es solvente –dice Javoleno– el que puede pagar íntegramente lo que debe (*qui solidum potest soluere* D. 50.16.114), y Ulpiano (6 *fideicom.* D. 50.17.95) afirma que nadie duda que parece solvente (*soluendo*) el que es defendido en juicio. Para interpretar estas palabras hay que tener en cuenta que de nada sirve iniciar un juicio contra el demandado si no es solvente. Si este da garantes que aseguren pagar la condena, entonces no cabe duda de que es solvente.

Insolvente, por tanto, no es el que no tiene bienes sino el que carece de líquido para pagar. No se olvide que, además, las condenas en derecho clásico siempre eran al pago de sumas de dinero (al igual que ocurrirá con el derecho inglés andando el tiempo), no a la entrega de la cosa en cuestión (*in ipsam rem*). (V. ***manu militari***, ***ad ipsam rem***). Por eso en épocas de crisis se hizo usual la *datio in solutum* (o dación en pago) que consistía en la dación de inmuebles hecha estimación de su valor económico. Al parecer ya hubo una ley sobre este particular a fines de la República. Justiniano, siglos más tarde, lo regula de nuevo: Nov. 4.3 del año 535 y Const. 116.6.2 (=Nov. 120) del año 544). Veamos una parte de la primera:

> «Porque si alguno hubiere dado en préstamo dinero, confiando en los bienes de deudor, pero este no fuera solvente (*ad restitutionem auri non idoneus* =lit. no idóneo a la restitución del oro), pero tuviera bienes inmuebles, y el acreedor apremiara reclamando de todos modos dinero, pero a aquel no le fuera fácil tenerlo ni contara con bienes muebles, damos licencia para recibir bienes inmuebles en lugar de dinero al acreedor que así lo quiera. Pero si no se presentara ningún comprador de los bienes inmuebles de aquel, haciendo correr continuamente la voz el acreedor acerca de que están obligados los bienes del deudor y atemorizando con esto a los que quieren acudir a la compra, en este caso procuren en esta felicísima ciudad los jueces de nuestra gloriosísima república conforme a la jurisdicción a cada cual concedida por la ley y por nosotros y en las provincias los presidentes de las gentes que, hecha escrupulosa estimación de los bienes del deudor, se les dé a los acreedores posesión de inmuebles con arreglo a la cuantía de la deuda con la misma caución con que pueda dar el deudor ...».

Después de establecer cautelas para proteger a unos y a otros concluye el capítulo tercero de esta Novela de Justiniano con la siguiente afirmación lapidaria que, a nuestro juicio, traspasa el umbral de aquellos tiempos:

> «Pues siempre se ha de mirar por los acreedores de suerte que no sean gravados los deudores (*Undique enim ita creditoribus prouidendum est, ut non debitores grauentur*)».
>
> (V. ***venditio bonorum***).

Spatium deliberandi

(Spátium deliberándi)
Lit. *plazo para deliberar.*

Significado y contexto: Esta expresión procede de la romana *tempus ad deliberandum*, tiempo para deliberar. Se entiende por "deliberar" pensar detenidamente acerca de un asunto para tomar una decisión al respecto. El término latino *deliberare* se encuentra a menudo en las fuentes jurídicos y se aplica a quienes han de adoptar una determinada resolución: ya sea órgano aplicador del derecho (el Pretor por ejemplo), ya sujeto del que se solicita una declaración acerca de la adquisición de un bien o patrimonio (heredero, legatario). Es característico el supuesto del heredero. En Roma había dos clases de herederos: domésticos, que eran necesarios, esto es, adquirían automáticamente –*siue uelint siue nolint* (lo quieran o no), cfr. Gayo 2.157 (v. ***siue uelit siue nolit*, *separatio bonorum***)– la herencia sin necesidad de acto expreso o tácito de aceptación y los extraños, que no estaban bajo la potestad del testador, y que precisaban de la adición o aceptación de la herencia para adquirirla. Se podía aceptar por hechos concluyentes (***facta concludentia***; v. voz) a través de un "comportarse como heredero" (*pro heréde gérere*) o bien mediante una declaración expresa. El testador podía exigir una declaración formal, imponiendo un plazo para hacerlo, mediante esta fórmula: «Ticio sé mi heredero y acepta solemnemente dentro de los cien días a partir de aquel en que tengas conocimiento y puedas hacerlo. Si no lo haces así quedas desheredado (*Titius heres esto cernitoque in centum diebus proxumis in quibus scies poterisque: quod ni ita creueris exheres esto*, Gayo 2.165)».

La *cretio* va perdiendo importancia con el tiempo. El Pretor, sin embargo, a instancia de los acreedores interesados en cobrar de los bienes hereditarios, solía conceder al llamado a heredar un plazo para aceptar la herencia (este es el *tempus ad deliberandum* Gayo 2.167). Si no lo hacía y pasaba el plazo, se abría el concurso a petición de aquellos para proceder a la venta de los bienes hereditarios. Es decir, su silencio se interpretaba como una negativa a aceptar. En las fuentes se describe como «tiempo para deliberar sobre la aceptación de la herencia» (*tempus ad deliberandum de hereditate*, tiempo para deliberar acerca de la herencia; Pomp. 17 *Sab.*D. 18.1.26), *deliberare de adeunda hereditate* (deliberar sobre la aceptación de la herencia; Ulp 25 *ed.* D. 11.7.4 pr.); *deliberare utrum admittat bonorum possessionem an non* (deliberar acerca de si admite la posesión de los bienes –herencia pretoria– o no; Ulp. 41 *ed.* D. 37.11.2.2).

El llamado a heredar debía sopesar en efecto pros y contras meditando serenamente su decisión, es decir, evitando precipitaciones que podían ocasionarle graves perjuicios. El Pretor, también instado por los acreedores, podía proceder a realizar una *interrogatio in iure, an heres sit* (pregunta en la primera fase procesal ante el magistrado acerca de si es o no heredero el preguntado). Gayo (3 *ed. prou.* D. 11.1.5) habla del riesgo que corre el interrogado si realiza mal una *confessio*, por lo que debe impetrar un tiempo para deliberar (*ad deliberandum tempus impetrare debet*) y Ulpiano en el texto siguiente (22 *ed.* l. 6), muy gráficamente, declara que «si interesa a los difuntos tener sucesores, interesa a los vivos no precipitarse en cuanto deliberan cabalmente». Por eso Diocleciano admite en este caso que el interrogado solicite un plazo para aceptar (C. 6.30.9): aquí era el gobernador de la provincia (*rector*) el que preguntaba si eran o no herederos los interrogados y ante la petición de tiempo para deliberar de estos aquel lo debía conceder estableciendo un plazo moderado para responder. En el derecho justinianeo, el silencio de aquel al que se le había concedido un plazo para aceptar se interpretaba como declaración afirmativa (C. 6.30.22.13-14): no era Justiniano proclive a admitir esta medida,

> «...pero como algunos o por vano temor o por astuta maquinación, estiman que es necesario suplicarnos para deliberar, supuesto que les es lícito vacilar el tiempo de un año e inspeccionar la herencia e imaginar contra ella otras maquinaciones y obtener muchas veces con repetidas súplicas de lacrimosas afirmaciones esta misma deliberación; para que no piense alguno que somos en absoluto menospreciadores de la Antigüedad, les concedemos ciertamente que pidan la deliberación, o a nosotros o a nuestros jueces; pero a la alteza imperial no más que por un año, y a nuestros jueces por nueve meses, de suerte que ni por liberalidad imperial se les conceda otro término, sino que aun cuando se les hubiere dado se considere nulo. Porque concedemos que sea pedida una sola vez y no muchas. 14. Pero si alguno hubiere hecho esto y hubiere formado inventario (pues es absolutamente nece-

> sario que el que delibera haga inventario con toda minuciosidad), no le sea lícito después del tiempo prefijado, si no hubiere rehusado la herencia sino que hubiese preferido adirla, utilizar el beneficio de nuestra ley [se refiere al beneficio de inventario] sino quede obligado por la totalidad a todos los acreedores conforme a las antiguas leyes».

El que no pedía el beneficio de inventario en el tiempo establecido se hacía responsable ***ultra vires*** (v. voz) ante los acreedores de la herencia.

El *spatium deliberandi* se relaciona en el derecho procesal moderno con el plazo concedido a las partes para suspender un proceso. En el Código Civil español, la Sección quinta del Capítulo V del título III del Libro III recibe esta elocuente rúbrica: "Del beneficio de inventario y del derecho de deliberar" (arts. 1010-1034). El art. 1010 2º declara que el heredero «también podrá pedir la formación de inventario antes de aceptar o repudiar la herencia, para deliberar sobre este punto». El art. 1019, por su parte, presenta este tenor:

> «El heredero que se hubiese reservado el derecho de deliberar, deberá manifestar al Juzgado, dentro de treinta días contados desde el siguiente al en que se hubiese concluido el inventario, si acepta o repudia la herencia.
>
> Pasados los treinta días sin hacer dicha manifestación, se entenderá que la acepta pura y simplemente».

En relación con *spat. del.* se encuentra también, en el ámbito del derecho procesal, el art. 19.4 de la LEC, que reza así:

> «Asimismo, las partes podrán solicitar la suspensión del proceso, que será acordada por el Secretario judicial mediante decreto siempre que no perjudique al interés general o a tercero y que el plazo de la suspensión no supere los sesenta días».

Species facti

(Spécies fácti)
Lit. *especie de hecho, supuesto de hecho, caso.*

Significado y contexto: La voz *spécies, -ei* significa aspecto, apariencia, forma. También se contrapone lógicamente a *genus*. El género comprende las especies. En materia de adquisición de la propiedad, un modo característico es la "especificación" que consiste en hacer de un objeto genérico algo específico (p. e. una escultura a partir de un bloque de mármol). A quién debe corresponder la propiedad, al dueño de la materia o al especificador, es discutible.

La acepción de esta locución es diversa. Se interrelaciona con otras latinas, que han dejado huella en el actual lenguaje jurídico, como *res* (*res facti*, situación de hecho; D. 3.5.33; 41.2.1.4), *causa* (causa procesal; en alguna ocasión *causa facti* –D. 4.6.19; 26.5.10–, la causa de hecho), *casus* (caso, este también en el sentido de hecho imprevisible o irresistible, es decir, caso fortuito), *artículus* (artículo; en plural, *artículi*, artículos, que hoy enumeramos en los códigos modernos, con los que el legislador prevé supuestos singulares a través de su correspondiente disposición jurídica). Encontramos la cita de todos ellos en el conocido título tercero del libro primero de los Digestos de Justiniano ("De las leyes y de los senadoconsultos y de la costumbre inmemorial"), un significativo título que junto con el primero, cuarto y quinto del mismo libro son de inexcusable estudio para entender plenamente, por ejemplo, el Título Preliminar de nuestro Código Civil vigente (y el inicio de tantos otros):

> «Ni las leyes ni los senadoconsultos –dice Juliano D. 1.3.10– pueden escribirse de modo que se abarquen todos los casos (*omnes casus*) que de vez en cuando ocurren sino que basta que se contengan los que se producen frecuentemente».

El mismo autor en otro texto de sus Digestos –*h. t.* 12– declara algo análogo, pero en vez de emplear la palabra *casus* dice "artículos" (*omnes articuli*). En fin, de nuevo Juliano es quien utiliza el término *causa* en el sentido indicado (l. 32):

> «En aquellos casos (*de quibus causis*) en que no aplicamos leyes escritas conviene se observe lo que por el uso y la costumbre se ha introducido; y si esto faltare en algún caso (*in re*), lo que le sea análogo y consecuente; y si tampoco esto aparezca, entonces debe observarse el derecho que se aplica en Roma».

La expresión completa significa "supuesto de hecho" o "caso" cuya solución jurídica se inquiere. Ya hemos visto que también se encuentran *res facti* o *causa facti* con análogo sentido. Se relaciona asimismo con la tarea del intérprete del derecho que distingue ante un cierto problema la cuestión de hecho (***quaestio facti***) de la cuestión de derecho (***quaestio iuris***), aunque a veces tal distinción no es del todo clara en la práctica.

Así por ejemplo Paulo en su obra de *Quaestiones* (libro 1) trata la interesante cuestión de una abuela que había dado alimentos a su nieto, movida por la piedad. Fallecidos ambos, los herederos del nieto demandaban a los herederos de la abuela con la acción de gestión de negocios ajenos. Se trata de una *species*, de un caso, cuya discusión –responde Paulo– es más de hecho (*disceptatio in factum*) que de derecho. En efecto, el caso giraba en torno a si la abuela había destinado a alimentos bienes de su propio patrimonio exclusivamente o también del nieto. En el caso propuesto (*in re facti*) eran los herederos de la abuela los que, más bien, podían reclamar el reembolso de los gastos efectuados en los alimentos del nieto. Veámoslo:

> D. 3.5.34: «Nesenio Apolinar saluda a Julio Paulo: una abuela administró los negocios de su nieto, y fallecidos uno y otro, los herederos de la abuela eran demandados por los herederos del nieto por la acción de gestión de negocios, y los herederos de la abuela hacían cuenta de los alimentos dados al nieto. Se respondía que la abuela los había dado de lo suyo propio por razón de cariño; porque ni había pedido que se señalasen alimentos, ni se habían estos señalado; se decía además que se hallaba establecido que si la madre hubiese dado alimentos, no pudiese reclamar los alimentos que de lo suyo hubiese dado, impulsada por su amor. Se replicaba, por el contrario, que acertadamente se decía esto cuando se probase que la madre había dado los alimentos de lo suyo; pero que en el caso propuesto era verosímil que la abuela, que administraba los negocios, hubiese alimentado al nieto con los bienes de él mismo. Se discutió si tal vez se entendería que los alimentos se habían pagado de uno y de otro patrimonio. Pregunto, ¿qué te parece más justo? Respondí: esta controversia consiste en el hecho (*disceptatio in factum*); porque ni aun lo que respecto de la madre se estableció juzgo que ha de observarse así en todos los casos. Porque ¿qué se dirá, si también manifestó que daba los alimentos al hijo con la intención de demandar por ellos o a este, o a sus tutores? Supón que su padre hubiese fallecido en viaje, y que la madre, mientras aquel volvía a la patria, hubiese mantenido así al hijo como a su familia; en cuyo caso (*in qua specie*) determinó el Divino Pío Antonino, que se había de dar aun contra el mismo pupilo la acción de gestión de negocios. Así pues, en el caso presente (*in re facti*) consideraré más expedito que haya de oírse a la abuela o a sus herederos, si quisieran computar los alimentos; sobre todo, si además apareciere que la abuela los puso en la cuenta de gastos. Lo que creo que de ningún modo debe admitirse es que se entiendan pagados de uno y de otro patrimonio».

Expresiones que utilizamos hoy como «tratar –o "proponer"– un caso», o «en el caso propuesto» derivan del lenguaje jurídico romano. Así lo atestiguan, por ejemplo, los giros *speciem tractare* (Ulp. 43 *Sab.* D. 41.1.23.3) o *speciem propónere* (Trif. 10 *disput.* D. 23.4.30; Ulp. 35 *ed.* D. 26.7.5.7).

Spes hominis

(Spes hóminis)
Lit. *esperanza de hombre, esperanza de un ser humano.*

Significado y contexto: Esta expresión alude al difícil debate acerca del momento en que un ser humano en el seno materno puede ser jurídicamente considerado como persona, es decir, si ya como feto puede serlo o se debe esperar a su nacimiento. Aquí, como en tantas otras materias, el conocimiento del derecho romano es fundamental para plantear adecuadamente los términos del problema. No es posible en esta sede, sin embargo, llevar a cabo un detallado análisis de las fuentes que han dado lugar a una tradición jurídica que se conserva con absoluta vitalidad en los códigos modernos. En principio se constata que los derechos actualmente vigentes coinciden en favorecer la protección de la vida del concebido, y muchos de ellos lo expresan con una regla romana que suena más o menos así: «que el concebido se tenga por nacido para los efectos que le sean favorables». Así por ejemplo cfr.: Gai. 1. 147: «Los póstumos se tienen por ya nacidos» (*Postumi pro iam natis habeántur*). O este fragmento clave de Paulo: D. 1.5.7 (*l. sing. de port.*): «Quien está en el útero, es protegido como si estuviera en este mundo -lit. entre los hombres» en cuanto se trata de las ventajas del propio feto» (*Qui in útero est, perinde ac si in rebus humanis esset, custóditur, quótiens de cómmodis ipsíus partus quaéritur*). "Efecto favorable" es, pues, traducción del término latino *cómmodum*, con el que se acuñó el concepto.

Aquí es donde nuestra expresión hace su entrada. Pero, si se examinan las fuentes originarias, se trata de una versión derivada de textos romanos que no se corresponde exactamente con una buena parte de ellos; y además es controvertida: ¿por qué? Veamos. Una esperanza o expectativa de ser humano parece dar a entender que no se está aún ante un hombre. En la voz ***spes iuris*** se analiza esta cuestión: una expectativa de derecho no es todavía un derecho. Siguiendo la analogía, la protección de esa esperanza se construye entonces sobre una condición suspensiva cuyo cumplimiento (*condicio exstans*) o incumplimiento (*condicio deficiens*) se apreciará en el instante del nacimiento, según que ese ser nazca vivo o muerto (aborto). Conforme a este razonamiento, el concebido no es titular de derechos ya que su situación está *pendente condicione* (con condición pendiente). Es algo así como un proyecto de persona, pero aún no lo es. Se le protege, eso sí, en la medida en que puede llegar a serlo.

La insatisfacción de este razonamiento jurídico, muy usual en la doctrina tradicional, es palmaria. En primer lugar, no han de confundirse las razones prácticas que mueven al derecho a considerar el nacimiento como momento relevante desde el punto de vista jurídico, ya sea para evitar perjuicios al propio feto o a terceros o ya guiado por un principio de economía de medios, con el estatuto ontológico del concebido. Los descubrimientos médicos dan la razón día tras día a quienes defienden la consideración del feto como persona; por tanto, con aptitud para ser titular de derechos, siendo el más importante para él, el derecho a la vida. Un primer paso legislativo importante -sin introducir la acalorada e interminable discusión sobre el concepto de persona- lo ha dado la actualmente vigente Ley de Enjuiciamiento Civil del año 2000 que en su artículo 6.1.2º reconoce la capacidad para "ser parte ante los tribunales civiles" al «concebido no nacido, para todos los efectos que le sean favorables».

Volviendo a las fuentes clásicas, con respecto a nuestra locución, Tertuliano, famoso escritor cristiano del siglo II d. C ha dejado en este punto una huella indeleble en el pensamiento con su lapidaria declaración –*apol.* 9.8– a propósito de la condición del concebido: '*Homo est qui est futurus*' (es hombre el que va a serlo), que se contrapone dialécticamente al sentido de nuestra expresión. Pero ¿dónde se encuentra la referencia a la esperanza en los textos jurídicos? Antes, sin embargo, debemos preguntarnos: la esperanza ¿de qué? Porque la expresión más veces repetida por los juristas romanos es *spes nascendi* o esperanza de nacer, y no "esperanza de hombre". A lo sumo se halla algo parecido a esta última en la célebre "esperanza de vida" (que algunos traducen al latín y lo repiten luego como *spes uítae*).

La vemos en un texto del jurista Marcelo referido a una antiquísima *lex regia* o precepto jurídico-religioso procedente de la época monárquica. Concretamente en D. 11.8.2 (28 *dig.*):

> «Prohibe una ley regia que una mujer encinta que haya muerto pueda ser enterrada antes de extraer de su seno al concebido. Quien obre en contra de esta ley se estima que destruye una esperanza de vida con la embarazada (*Negat lex regia mulierem, quae praegnas mortua sit, humari, antequam partus ei excidatur: qui contra fecerit, spem animantis cum grauida peremisse uidetur*)». *Ánimans* significa "ser dotado de vida" o "vida" sin más.

Una expresión similar a esta última es *ánimal*, criatura viva, hombre o animal. La encontramos en otro elocuente texto, Ulp. 9 *Sab.* D. 28.2.12.1, en el que se plantea si invalida el testamento el nacimiento por cesárea de una criatura (*animal*) "no íntegra" (es decir, con imperfecciones en su configuración física), pero *cum spiritu*, es decir, con vida. La respuesta es afirmativa. El texto tiene que ver con la posible consideración de *monstrum* (es decir, de monstruo o prodigio) del nacido que aquí no se aprecia (requisito, por cierto, recientemente suprimido por el legislador español).

Un célebre rescripto de Adriano, que los compiladores juzgaron conveniente, por su humanidad, exhibir al comienzo del Digesto, prohibió ejecutar una pena capital con respecto a una mujer embarazada o condenarla al destierro antes de que naciera el feto: reparemos en que los efectos favorables son aquí la vida, la libertad, la condición de ciudadano, el reconocimiento de la patria potestad. No, por tanto, la simple atribución patrimonial de herencias y legados, como a menudo se ha dicho interpretando hacia atrás restrictivamente los arts. 29 y 30 del CC español desde sus antecedentes históricos.

> Ulp. 27 *Sab.* D. 1.5.18: «El emperador Adriano decidió por rescripto dirigido a Publicio Marcelo que la mujer libre que, estando encinta, ha sido condenada a la pena última da a luz a un hijo libre y es costumbre esperar a su nacimiento. Y que, si se ha condenado a destierro a la que concibió de justas nupcias, engendra esta a un ciudadano romano y sometido a la potestad de su padre».

Ni que decir tiene que el supuesto de la mujer embarazada ante el derecho penal actual es objeto de similares disposiciones humanitarias, que son a la vez de exquisito corte jurídico (es decir, relacionadas con la equidad), por parte de Convenios y Pactos internacionales así como normas de derecho interno. En el derecho romano encontramos consolidado este trato a la mujer embarazada precisamente en sede penal (es decir, bajo el título *de poenis* –tit. 19– del libro 48 del Digesto) en un texto de contenido análogo al citado de la misma obra de Ulpiano (de su libro 14 *Sab.*). El jurista de Tiro lo tenía muy presente. ¡Qué lástima que Cesare Beccaria en su célebre *Tratado de los delitos y las penas* omitiera estas conquistas históricas del derecho romano y condenara *in toto* a él y al derecho común europeo!

Junto a estos textos, la mayor parte de ellos se refiere –como decíamos– a la "esperanza de nacer":

Paul *l. sing. ad senat. cons. Tert.* D. 50. 16. 231: «Lo que decimos acerca de que quien se espera que nazca se tenga por supérstite, es verdad cuando se trata de su propio derecho: pues a otros no beneficia sino cuando ha nacido (*Quod dicimus eum, qui nasci speratur, pro superstite esse, tunc uerum est, cum de ipsius iure quaeritur: aliis autem non prodest nisi natus*)».

Ulp. 41 ed. D. 37.9.1 pr.: «Así como el Pretor tuvo cuidado de aquellos hijos que ya están en este mundo –lit. entre los hombres–, así tampoco abandonó a quienes aún no han nacido por la esperanza de su nacimiento ... (*Sicuti liberorum eorum, qui iam in rebus humanis sunt, curam praetor habuit, ita etiam eos, qui nondum nati sint, propter spem nascendi non neglexit. ...*)».

Ulpiano en D. 38.17.2.7 (13 Sab.): «Si el hijo está en poder del enemigo o se espera que nazca, queda pendiente el derecho de la madre hasta que vuelva del cautiverio o llegue a nacer (*Si uero apud hostes est filius uel nasci speratur, pendet ius matris, donec redierit uel nascatur*)».

A nadie con fino sentido jurídico se le escapa que la esperanza de nacer es cosa bien distinta de esperanza de ser hombre. En efecto, no se pretende en ellos una especie de protección condicionada a un proyecto de ser humano. Por otro lado, la analogía del cautivo de guerra con el feto del último texto, muy sugestiva, no está exenta de controversia. A nuestro juicio, lo mismo que el cautivo de guerra existe aunque no pueda contarse aún entre sus conciudadanos, así el feto, aun no estando fuera del claustro materno, también es alguien (*quis*, no *quod*; "quién", no "qué") que ya existe. De hecho, el tercer texto habla de un *filius* que o está cautivo o se espera que nazca.

(V. ***in utero***, ***nequaquam***, ***vexata quaestio***, ***vitae habilis***).

Spes iuris

(Spes iúris)
Lit. *esperanza de derecho, expectativa de derecho.*

Significado y contexto: El término "esperanza" suena ambivalente. Despierta resonancias positivas, por un lado, al evocar un deseo orientado hacia algo bueno apoyado en una cierta confianza en que efectivamente se producirá. Pero también negativas, por otro, dado que su naturaleza se considera frágil (si bien no etérea). La esperanza no es una ilusión vana, aunque a veces lo parezca en expresiones coloquiales como "la esperanza es lo último que se pierde", conectada por cierto con la expresión latina *spes, ultima dea* (la esperanza, la última diosa), que trae origen de los Trabajos y los Días de Hesíodo (vv. 96 yss) y es ampliamente utilizada en la literatura latina (Tibulo, Ovidio, etc.). Se refiere esta última al célebre episodio mitológico de Pandora, obra de Hefesto, que abrió por curiosidad la tinaja que contenía toda clase de males y estos se difundieron por todas partes, aunque la esperanza, por fortuna, se mantuvo dentro. O la famosa de Tomasi di Lampedusa en el Gattopardo, "hasta la muerte hay esperanza" (que recuerda a Séneca *ep.* 70.6: *omnia ... homini, dum uiuit, speranda sunt*, mientra viva el hombre ha de esperarlo todo). O la irónica expresión *pia desideria*, deseos píos (título de una conocida obra del teólogo Ph. J. Spener de 1675), faltos de toda consistencia. –(Tosi 2007, 405 ss.)–.

En la doctrina cristiana, sin embargo, es una virtud teologal, junto a la fe y a la caridad: *spe salui* significa salvados por la esperanza (en la redención de la muerte y del pecado a través de la fe en Jesucristo).

El concepto jurídico de "expectativa de derecho" depende lingüísticamente en su origen, el derecho romano, de términos latinos como *exspectare*, *sperare*, *spes*, que se manejan en las fuentes jurídicas en torno a núcleos de problemas jurídicos que han pasado a nuestros días. Una expectativa de derecho no es aún un derecho pero puede serlo si se produce una determinada circunstancia o hecho. Por tanto, merece protección jurídica porque no se trata de un fútil deseo o ilusoria aspiración. El contexto jurídico de la expresión es el del negocio sometido a condición, entendiendo por esta última un hecho futuro e incierto (en el derecho romano objetivamente incierto) del cual –según se dice– se hace depender la eficacia jurídica de aquel.

1. A la confección dogmática del concepto de expectativa de derecho ha contribuido mucho históricamente Ulp. D. 50.16.54 (fragmento situado en el expresivo título "De la significación de las palabras"), que declara que «"acreedores condicionales" (*condicionales creditores*) se denominan también aquellos a quienes aún no compete la acción sino que les va a competer, o quienes tengan esperanza de que les competa (*qui spem habent, ut cómpetat*)».

Este fragmento se relaciona con el siguiente de Paulo que afirma que «es acreedor el que no puede ser rechazado por una excepción perpetua» y que «quien teme una excepción temporal es similar a un acreedor condicional». Los romanos hablan de acciones y excepciones (remedios procesales que hemos heredado nosotros) y no de derechos subjetivos, porque subsumen estos en aquellos (*ubi remedium ibi ius*, si hay remedio hay derecho), concepción esta, por cierto, muy presente en el derecho inglés.

Esto último de la excepción temporal merece una aclaración porque es verdad que en las obligaciones a plazo y bajo condición se produce una dependencia de efectos con respecto a un hecho futuro, pero en el primer caso la producción de ese hecho (una fecha del calendario, por ejemplo) es indefectible, salvo advenimiento anterior del fin de los tiempos, mientras que en el segundo su realización efectiva es incierta (no se sabe si se dará o no). Una consecuencia práctica de esta diferencia es que si el deudor paga en las obligaciones a plazo puede repetir lo pagado, es decir, reclamar su devolución, pero no sucede así con las obligaciones condicionales. La razón es que la obligación no ha nacido aún en estas y sí en cambio en aquellas. Los juristas romanos decían que respecto a las obligaciones condicionales "ni cede ni viene el día" (es decir, el crédito –diríamos hoy– ni devenga ni es exigible) y respecto de las obligaciones a plazo "cede pero no viene el día" (el crédito devenga, es válido, la obligación surge, el deudor "debe", pero aún no es exigible).

Pero, si decimos que la obligación no surge cuando se somete a condición, ¿no nos contradecimos cuando hablamos de "obligación condicional" o de "acreedor condicional"? En otro conocido texto de Ulpiano (21 *ed.* D. 44.7.42) se distingue entre el legado y la estipulación a este respecto: en el primer caso aquel a quien se le ha legado *sub condicione* no es *creditor* –dice el jurista– estando pendiente la condición (*pendente condicione*); sí en cambio lo es –a su juicio y al de la doctrina romana dominante de la que se hace eco (*placet*)– el estipulante. Añade a continuación (§1) lo reflejado anteriormente a propósito de los remedios procesales a saber, que acreedores son propiamente quienes tienen acción que no pueda ser paralizada por excepción alguna. En resumen, que el legatario condicional no se puede decir que sea acreedor mientras que el estipulante sí: ¿por qué?

> «Aquel a quien bajo condición se le hizo un legado no es acreedor estando pendiente la condición, sino cuando se hubiere cumplido la condición, aunque está determinado (*placet*) que el que estipuló bajo condición es acreedor aun estando pendiente la condición. 1. Debemos entender que son acreedores los que tienen alguna acción civil, pero de suerte que no sean repelidos con excepción, u honoraria, o respecto al hecho».

2. La cuestión planteada últimamente tiene que ver con otro texto que presta base fundamental para entender el concepto de expectativa de derecho. Se halla en las Instituciones de Justiniano (3.15.4 *in fine*):

> «De una estipulación condicional hay tan solo esperanza de que se deberá (*spes debitum iri*) y esa misma esperanza la transmitimos si antes de que se cumpla la condición nos acaece la muerte».

Esta posibilidad de transmisión no se admite con respecto a los legados, es decir, el legatario condicional no recibe ni transmite nada si muere antes que el testador o antes que se cumpla la condición (C. 6.51.1.7 a. 534 dejando a salvo los hechos a los descendientes §5). Este texto del Código de Justiniano se encuentra en una célebre constitución justinianea que suprime el complicado régimen de los *caduca*, es decir, relativo a los bienes que los destinatarios de disposiciones *mortis causa* no podían adquirir en virtud de diferentes circunstancias que les afectaban, que el legislador originario estimó de carácter peyorativo, y que la citada constitución juzga inadmisibles.

El art. 759 del CC español, recogiendo esta cuestión, declara:

> «El heredero o legatario que muera antes de que la condición se cumpla, aunque sobreviva al testador, no transmite derecho alguno a sus herederos».

Este artículo parece entrar en abierta contradicción con el 799 que afirma:

> «La condición suspensiva no impide al heredero o legatario adquirir sus respectivos derechos y transmitirlos a sus herederos, aun antes de que se verifique su cumplimiento».

La jurisprudencia actual ha resuelto la antinomia interpretando el término "condición" en el primer artículo como "término incierto". Como hemos visto antes, la diferencia entre término y condición radica en que con aquel la obligación surge ("el día cede") antes de la llegada del plazo y con esta, *pendente condicione*, no.

En otro interesante fragmento de Gayo (18 *ed. prou.* D. 35.2.73.1), probablemente alterado, se expresa a este respecto la duda doctrinal «acerca de si lo que se debe bajo condición debe contarse como activo en el patrimonio del estipulante y como pasivo en el del promitente». La respuesta alude a la expectativa: «cuenta como activo...en lo que se pueda vender la expectativa de la obligación [condicional] (*spes obligationis*)».

Y a propósito de la *missio in possessionem* o puesta en posesión de los bienes del deudor se admite también al «acreedor al que le ha sido prometida una cantidad de dinero –alusión a la estipulación– bajo condición». Esta finísima cuestión de derecho concursal romano nos hace traer a colación el art. 87.3 de la Ley Concursal española (v. también ***pendente condicione***):

> «Los créditos sometidos a condición suspensiva y los litigiosos serán reconocidos en el concurso como c r é d i t o s c o n t i n g e n t e s sin cuantía propia y con la calificación que corresponda, admitiéndose a sus titulares como acreedores legitimados en el juicio sin más limitaciones que la suspensión de los derechos de adhesión, de voto y de cobro. (...)».

La idea de aceptar los créditos condicionales al concurso y su configuración dogmática alusiva a su reconocimiento como créditos y a su carácter contingente –como se ve– no son nuevas.

3. La esperanza y el temor andan unidos. *Spemque metumque inter dubii*, inciertos entre la esperanza y el temor. Así iban Eneas y sus compañeros tras el naufragio a la búsqueda de los que faltaban (*Aen.* 1. 218); cfr. ex (Tosi 2007, 409).

En derecho la expectativa merece tutela –como decíamos antes– pues graves peligros la acechan: la esperanza puede ser de nacer (*spes nascendi*; de que viva fuera del seno materno *spes animantis* –Marcell. 28 *dig.* D. 11.8.2 pr. – v. ***spes hominis***), de sucesión (*successionis*, como en el caso del patrono con respecto a los bienes de su liberto que puede administrar mal el copatrono Ulp. 35 *ed.* D. D. 26.4.5.4); esperanza de recuperar una cosa en manos de los enemigos o de que vuelva una persona en su poder (*spes postliminii* Ulp. 19 *ed.* D. 10.2.22.5 y Paul. 23 *ed.* D. 10.2.23; de que vuelva el patrono en poder de los enemigos Paul. 42 *ed.* D. 38.2.4.2); esperanza de regresar que tiene el cautivo de guerra (*spes reuertendi* Tryph. 4 *disput.* D. 49.15.12 pr.); esperanza de futuro matrimonio frustrada por una violación (*spes matrimonii* Ulp. 2 *adult.* D. 48.5.14 (13).3); o no frustrada la *spes nuptiarum* por una comunicación informal de intención disolutoria (Ulp. 36 *Sab.* D. 23.1.6); esperanza de recibir un legado (*spes legati* Ulp. 11 *ed.*D. 4.4.3.7, del menor hijo de familia que fue engañado y consintió un pacto de su *pater familias* para no reclamar el legado; *spes cómmodi*, esperanza de obtener un beneficio, Paul. 8 *Plaut.* D. 42.4.11, de un padre y un hijo por un legado o fideicomiso dejados bajo condición, por lo que se les admite ser puestos en posesión del objeto para evitar que se frustre su expectativa); la esperanza de un *pater familias* de recuperar algún día lo que ha dado en dote pero luego objeto de evicción Paul. 16 *quaest.* D. 21.2.71 pr.; la esperanza de libertad (*spes libertatis* que tiene el *statuliber*, esclavo libre por disposición testamentaria bajo condición o término, y cuya frustración por parte del heredero provoca el efecto contrario: la liberación del esclavo). He aquí el origen de la célebre ficción –como se la caracteriza tradicionalmente– de cumplimiento de la obligación condicional por frustración intencionada del obligado Ulp. 4 *Sab.* D. 40.7.2 pr., Ulp. 28 *Sab.* D. 40.7.9 pr.-1, ...; o esperanza de libertad y de herencia (*spes libertatis et hereditatis* de los esclavos en caso de libertad fideicomisaria, es decir, concedida mediante fideicomiso, que exige una cierta actuación por el heredero fiduciario Ulp. 5 *disput.* D. 36.1.23 (22).1)...

4. La esperanza –aunque no suene bien decirlo así– también puede comprarse. Es la *emptio spei*, que debe distinguirse de la *emptio rei sperátae*. En este último supuesto estamos ante una venta de cosa futura condicionada a la efectiva existencia de la cosa. En cambio en la compra de esperanza no sucede así: comprar la "echada de red del pescador" Cels. 27 *dig.* D. 19.1.12; o –como dice Pomponio (9 *ad Sab.* D. 18.1.8.1)– comprar la "captura de peces, aves u objetos arrojados" es –dice él– una *emptio spei*, una compra de una especie de azar (*quasi álea*), por la razón de que hay compra aunque al final no haya objeto (porque no se haya pescado, cazado o cogido nada). También se aplica a una herencia (Ulp. 32 *ed.* D. 18.4.11): la esperanza de recibir una herencia (*spes hereditatis*) –como lo llama Ulpiano– puede ser también objeto de compraventa, dentro de los límites legales y morales que admite el derecho sucesorio, es decir, una vez fallecido el causante en el siguiente supuesto: «si me corresponde algo de la herencia, que te resulte comprada» es un caso similar al de las redes (*ut in rétibus*), argumenta *a símili* el jurisconsulto.

> D. 19.1.12: «Si yo hubiere comprado una redada (*iactus retis*), y el pescador no quiso echar la red, se ha de estimar lo incierto de esta cosa; y si no quiso darme los peces que sacó, debe estimarse lo que sacó».

> D. 18.1.8.1: «Pero a veces aun sin cosa se entiende que hay venta, como cuando se compra así como el azar (*quasi alea*); lo que sucede cuando se compra la cogida de peces, o de aves, o de las cosas que se tiran porque se realiza la compra, aunque nada se haya cogido, porque la compra es de una esperanza (*quia spei emptio est*); y si se hubiere reivindicado lo que en este caso se cogió como cosas arrojadas, no

> se contrae con este motivo obligación por causa de la compra, porque se entiende haberse tratado esto».

En este tipo de compraventa se acuerda un precio por recibir mucho, poco o nada. Se paga ese *quasi álea* al que se arriesga el comprador que acepta el trato azaroso concluido con el vendedor. Su derecho a que se considere comprado lo que se obtenga ha de ser, no obstante, protegido: por ejemplo, si el pescador se niega a echar la red o a entregar lo que ha pescado (supuesto que plantea Celso en el texto primero).

Sponte (sua)

(Spónte súa)
Lit. *espontáneamente, voluntariamente.*

Significado y contexto: Se trata de un término utilizado a menudo en las fuentes jurídicas romanas, bien solo (en ablativo con función adverbial), bien acompañado del pronombre posesivo *suus, -a, -um* concordando con él en el mismo caso, género y número. Significa entonces “por su voluntad” o “por voluntad suya”.

Los actos que se realizan voluntariamente obligan a quienes los han llevado a cabo a asumir los efectos jurídicos que se produzcan, que pueden ser negativos para ellos. La Jurisprudencia romana crea binomios léxicos tales como *sponte / ignorantia, culpa uel sponte, siue sponte siue coactus, siue sponte siue necessitate, non sponte sed officio, uel sua sponte uel iudice imminente*, ... para interpretar situaciones jurídicas diversas.

Así Papiniano (1 *def.*) habla de la virtud que tiene la ley de ser coerción de los delitos tanto los cometidos deliberadamente (*sponte*) como por ignorancia (hay que entender por ignorancia del derecho *ignorantia iuris*).

> D. 1.3.1: «La ley es precepto común, decreto de hombres prudentes, corrección de los delitos que por voluntad o ignorancia (*sponte uel ignorantia*) se cometen, y pacto común de la república».

La segunda expresión (*culpa uel sponte*), en Pomp. 11 *Sab.* D. 21.2.29.1, refleja la culpa o negligencia frente a la intención o propósito deliberado en referencia a la garantía por evicción mediante estipulación del doble del valor de la pérdida.

> «Si el que estipula el doble se hubiera hecho demandante en vez de poseedor, y hubiera sido vencido, habría podido retener aquella cosa si la poseyera, pero no la podrá pedir útilmente, <de modo que> o el promitente del duplo estará seguro por derecho, o podrá defenderse ciertamente con la excepción de dolo malo; pero esto así, si por culpa o voluntad (*culpa uel sponte*) del estipulante del doble se hubiere perdido la posesión».

La tercera la vemos relacionada con uno de los ámbitos en que la expresión más aparece: en el derecho de sucesiones, en materia de adición o aceptación de herencia. El recelo del derecho ante las presiones de los acreedores de la herencia al llamado a heredar se puede decir proverbial en el derecho romano. En efecto, es célebre el texto de Paulo (11 *ed.* D. 4.2.21.5) en que se plasma la impasible respuesta del *ius ciuile* ante un negocio como el antes citado viciado por violencia o intimidación: *coactus uolui*, “aunque coaccionado quise”, por consiguiente la aceptación es válida.

No pensaba lo mismo el magistrado que creó diversos remedios para paralizar sus efectos (expedientes que por cierto constituyen el embrión de la acción de impugnación moderna; no cabe el estudio científico de esta sin aquellos). Casi como una frase de estilo los juristas repiten a modo de condición «si ha aceptado (el heredero) voluntariamente la herencia» –*si* (*heres*) *sponte adierit hereditatem*–. Si se traduce por “espontáneamente” se observa mejor la ausencia del factor adverso: la coacción. (V. ***vis metusve***).

En cuanto a la *necéssitas*, que también se opone a nuestro término, se refiere a todo lo que vincula la voluntad y la compele en una dirección determinada. Por ejemplo, en materia de gestión de negocios ajenos el gestor actúa en beneficio de otro sin su consentimiento previo, pero también sin obligación alguna por su parte: *sponte et nulla necessitate*. Por eso, el senador que gestionó negocios de otro en una provincia se expone a la acción prevista, porque lo hizo *sua sponte* (Call. 1 *cognit.* D. 5.1.36.1).

A la gente del campo, poco o nada habituada a juicios, se le exime de la obligación de comparecer en juicio cuando la citación se hace en épocas de labor (mies, vendimia). Ahora bien, si acuden *sponte* el juicio sigue adelante con plena validez (Ulp. 4 *omnib. trib.* D. 2.12.1.1).

El famoso, y ejemplar, decreto de Marco Aurelio, por el que se sanciona con la pérdida del derecho de crédito al acreedor que ha utilizado la fuerza para hacerlo efectivo, parte de la constatación de que el deudor no entregó la cosa *sponte*.

> Callist. 5 *cognit.* D. 4.2.13: «Porque hay un decreto del Divino Marco concebido en estos términos: "Es lo mejor, que, si juzgas que tienes algunas peticiones que hacer, ejercites tus acciones". Como dijese Marciano: «no hice ninguna fuerza», el César dijo: "¿Crees tú que solamente hay fuerza, si los hombres fueran heridos? También hay fuerza siempre que alguno pide no por medio del juez lo que juzga que se le debe. Así pues, si se me hubiere probado que alguien posee o recibió temerariamente sin intervención de ningún juez, alguna cosa su deudor, o el dinero adeudada que voluntariamente (*sponte*) no se le pagó por el mismo, y que a sí mismo se administró justicia sobre este asunto, no tendrá derecho a su crédito (***ius crediti***)"».

El mandatario que asume el encargo de adquirir un fundo que se vende por partes entendiendo que no cumple el encargo si no adquiere todo el fundo, aunque sea riguroso respecto de él, le obliga porque lo hizo *sponte sua*.

> Iav. 7 *ex Cass.* D. 17.1.36.2: «Pero si yo te hubiese mandado comprar un fundo, que se vende por partes, pero de suerte que yo no quede obligado por el mandato de otro modo que si comprases todo el fundo, si no lo hubieres podido comprar todo, al comprar las partes habrás hecho tu propio negocio, ya hayas tenido, ya no, parte en aquel fundo; y sucederá, que aquel a quien se dio tal mandato comprará mientras tanto a su riesgo las porciones, y que si no lo hubiere comprado todo, las retendrá contra su gusto (*ingratus*). Es más cierto que pueda aceptarse mandato con tales inconvenientes, y que por el que voluntariamente (*sua sponte*) aceptó tal mandato debe prestarse oficiosidad lo mismo en la compra de las partes, que en la del todo».

El deudor que paga *sponte* aquello de lo que le ha absuelto injustamente un juez no puede repetir lo pagado –supuesto de obligación natural–:

> Paul. 32 *ed.* D. 12.6.28: «Si el juez absolvió de mala manera, y el absuelto pagare espontáneamente (*sua sponte*), no puede repetir».

El comprador, al resolverse la compraventa, reclama del vendedor todo lo que le dio, salvo aquello que entregó *sponte* (es decir, sin tener obligación de hacerlo).

Sin duda, uno de los supuestos más característicos de aplicación de la locución es en materia de donaciones: Papiniano (12 *resp.* D. 39.5.29 pr.) define la donación como lo que se realiza *nulla necessitate cogente* (sin ser compelido por obligación alguna).

También Marciano 1 *publ. iudic.* D. 50.16.214:

> «Es propiamente "cargo" (*munus*) el que necesariamente (*necessarie*) desempeñamos por la ley, por costumbre, o por mandato del que tiene potestad para mandar. Pero son propiamente "donativos" (*dona*) los que se dan sin ninguna necesidad de derecho, ni de oficio (*nulla necessitate iuris officii*), sino espontáneamente (*sponte*);

y si no se dan, no hay represión alguna; y si se dan, hay de ordinario alabanza. Pero, en suma, se llegó a esto, que no cualquiera prestación sea considerada también como donativo; pero a que lo que fuere donativo (*donum*) sea llamado rectamente prestación (*munus*)».

Stare conventis

(Stáre conuéntis)
Lit. *estar a lo convenido.*

Significado y contexto: El verbo latino *stare* acompañado de un sustantivo en dativo significa "estar a algo", es decir, "quedar vinculado por algo" u "obligarse por + sustantivo". También aparece el verbo en pasiva: *stari* + dat. ("estarse a"). Veamos algunos ejemplos: *stare transactioni* (estar a una transacción Ulp. 43 *Sab.*D. 12.6.23.6), *iuriiurando* (a un juramento, Ulp. 22 *ed.* D. 12.2.3.3; Ulp. 22 *ed.* D. 12.2.5 pr.-1), *diuisioni* (a una división de una cosa o partición de una herencia Ulp. 13 *ed.* D. 4.8.21.3; Ulp. 19 *ed.* D. 10.2.2.5; Scaev. 10 *dig.* D. 26.8.20), *parentis uoluntati* (a la voluntad del padre, Ulp. 35 *ed.* D. 26.7.3.1), *uoluntati defuncti* (a la voluntad del difunto, Ulp. 6 *fideicom.* D. 36.3.6). En materia de arbitrajes, "estar a la sentencia" (*sententiae stare*) –dice Ulpiano 13 *ed.* D. 4.8.23.2– no es otra cosa que hacer todo lo que en uno pueda estar para obedecer la sentencia (laudo decimos hoy –v. ***laudatio***–) del árbitro.

Y más adelante (*eod.* D. 4.8.27.2-3) añade que aunque sea injusta la sentencia ha de observarse, y aduce elocuentes palabras de un rescripto de Antonino Pío: «aun la sentencia menos aceptable ha de soportarse con ecuanimidad (*uel minus probabilem sententiam aequo animo ferre debet*)». De aquí una lección para el futuro: una sociedad que no respeta la labor de los que juzgan mina los propios cimientos del Estado de Derecho. Esto no empece que la formación e independencia de jueces y árbitros deba garantizarse al máximo, pues de otro modo la crítica sería legítima.

En caso de pluralidad de árbitros, se estará a la mayoría concordante, pero Juliano plantea el supuesto de tres árbitros de los que uno condenó a quince, otro a diez y el último a cinco. En este caso se debe admitir la condena por cinco porque –dice él– todos están de acuerdo en esta suma (*in hanc summam omnes consenserunt*). (V. ***stare decisis***).

> D. 4.8.23.2: «Dice él mismo, que poder estar a la sentencia (*sententiae stare*) no es otra cosa que ejecutar cuanto en uno mismo esté para que se obedezca la sentencia del árbitro».

> D. 4.8.27.2-3: «Pero debe estarse a la sentencia (*stari senténtiae*) que el árbitro hubiere pronunciado sobre la cuestión, ya sea justa, ya injusta; o impúteselo a sí mismo el que se comprometió (*qui compromisit*). Porque también se añade en un rescripto del Divino Pío: «aun la sentencia menos aceptable ha de soportarse con ecuanimidad». 3. Si fueren muchos los árbitros y hubieren pronunciado diversas sentencias, será lícito que no se esté a su sentencia (*sententia eorum non stari*), pero si la mayoría estuviese de acuerdo sobre una, se estará a ella (*ea stábitur*), y de lo contrario se incurrirá en pena. Por lo que se pregunta Juliano si de tres árbitros uno condenara a quince, otro a diez, y el tercero a cinco, ¿a qué sentencia se estará (*qua sententia stetur*)? Y escribe Juliano que deben pagarse los cinco, porque todos convinieron en esta suma».

La obligación de cumplir con lo convenido por las partes remite al principio *pacta sunt seruanda* (v. ***pactum***). También a la idea del contrato como "ley entre las partes": respecto de esto último un texto básico en la tradición jurídica de la Europa continental ha sido D. 50.17.23 (Ulp. 29 *ad Sabinum*), que, a propósito de los criterios de responsabilidad en materia de obligaciones y de la posibilidad de modificar ese régimen por las partes en virtud de convenio, introduce un célebre inciso de enorme influjo posterior: *legem enim contractus dedit* (pues dio la ley del contrato). El jurista medieval Azón, al comienzo de su conocida *Summa Codicis*, destaca un pasaje de Ulpiano (30 *ed.* D. 16.3.1.6) en un contexto similar, a propósito de la acción de depósito, que habla de la posibilidad de agravar mediante convenio de las partes –depositante y depositario– la responsabilidad de este último (en principio circunscrita al dolo) para comprender también la culpa. El texto concluye con un inciso, análogo al anterior, muy familiar a los juristas de derecho moderno: «pues los contratos reciben su ley de la convención (*contractus enim legem ex conuentione accipiunt*)».

> D. 50.17.23: «Algunos contratos tan solo exigen la responsabilidad por dolo malo y otros por dolo y culpa: por tan solo dolo, el depósito y el precario; por dolo y culpa, el mandato, el comodato, la venta, la prenda, el arriendo, asimismo la dación de dote, la tutela, la gestión de negocios, en los cuales se exige también la diligencia; la sociedad y la copropiedad exigen la responsabilidad por dolo y culpa. Pero esto es así siempre que no se haya convenido una responsabilidad mayor o menor en el contrato que sea (pues dio la ley del contrato –*legem enim contractus dedit*–), pues debe observarse lo que se ha convenido en un primer momento, excepto lo que cree Celso que no vale, de convenir que no se responda por dolo, pues esto es contrario a los juicios de buena fe, y así se observa en la práctica. De los accidentes y la muerte de animales, si suceden sin culpa, así como de las fugas de los esclavos que no suelen estar atados, de los robos, tumultos, incendios, inundaciones y asaltos de bandidos, no responde nadie».

> D. 16.3.1.6: «Si se convino que en el depósito se preste también la culpa, es válido el pacto; porque los contratos reciben su ley de la convención (*contractus enim legem ex conuentione accipiunt*)».

Un texto donde vemos aparecer la expresión –o muy similar– es African. 7 *quaest.* D. 2.1.18: las partes habían convenido que acudirían a un magistrado (pretor) diferente de aquel al que le correspondía la jurisdicción, pero más tarde, antes de comparecer, habían cambiado de opinión. La conclusión es obvia: «no hay duda de que nadie puede ser compelido a quedar vinculado por tal convención (*procul dubio nemo compelletur eiusmodi conuentioni stare*)». (V. **fórum**).

> «Si se hubiere convenido que juzgase la causa otro pretor distinto de aquel de quien fuese la jurisdicción, y antes de que se compareciera ante él, se hubiere mudado la voluntad do las partes, no hay duda alguna que nadie será compelido a estar a semejante convenio (*procul dubio nemo compelletur eiusmodi conuentioni stare*)».

En un caso (Ulp. 32 *ed.* D. 19.2.9.2) de arrendamiento de un fundo en que el se había convenido que se respondería incluso por fuerza mayor (un nuevo supuesto de agravamiento de responsabilidad, como vimos antes en relación al depósito), aprueba Juliano que se ha de estar a lo pactado (*pacto standum esse*). También de Juliano (17 *dig.* D. 23.4.21) es otro caso de una mujer que había prometido a su marido una cierta suma de dinero en concepto de dote, pero en vez de eso dio otra cosa a su riesgo. Este tipo de acuerdos (de permutación de un objeto por otro) son admisibles entre marido y mujer, sobre todo –razona el jurista– si benefician a la mujer (*cum mulieri prodest*) y habrá que estar a lo pactado (*stari pacto conuento*).

> D. 19.2.9.2: «Dice Juliano en el libro décimo quinto del Digesto que si alguno hubiere dado en arrendamiento un fundo con la condición de que, aunque hubiese sucedido alguna cosa por fuerza mayor, se le respondería de ella, se ha de estar a lo pactado (*pacto standum esse*)».

> D. 23.4.21: «Si la mujer hubiere prometido por causa de dote cierta suma, y en vez de esta hubiere dado en dote esclavos con la condición de que estuviesen a su riesgo, y que si algo hubiese nacido de ellos le pertenezca, deberá estarse al pacto convenido (*stari pacto conuento*). Porque consta que se podía convenir entre la mujer y el marido que se permutase la dote que consistiese en dinero contado, y que se convierta en objetos corporales cuando esto beneficie a la mujer (*cum mulíeri prodest*, [aplicación concreta del principio de *fáuor mulíeris*, favorecimiento jurídico de la mujer]).

El Código Civil español, entre otros muchos textos normativos nacionales e internacionales, se hace eco de toda esta experiencia, vertida en textos jurídicos posteriores y acrisolada a través del largo proceso de Recepción del Derecho Romano en Europa, particularmente en su artículo 1091 que reza así:

> «Las obligaciones que nacen de los contratos tienen fuerza de ley entre las partes contratantes, y deben cumplirse al tenor de los mismos».

Es de observar que el carácter de *lex priuata* del contrato implica *sensu contrario* que no vincula a terceros.

Stare decisis

(Stáre decísis)
Lit. *atenerse a las decisiones (anteriores).*

Significado y contexto: Se trata de un principio fundamental del *Common law* por el que los jueces deben seguir en sus decisiones las anteriormente emanadas para casos análogos. Su obrar queda vinculado a lo decidido con anterioridad. La doctrina del *stare decisis*, aunque puede rastrearse a partir del siglo XIII, se plasma como tal solo desde bien entrada la segunda mitad del siglo XIX tras las célebres *Judicature Acts* y la regular publicación de casos y sentencias mediante los *Law Reports*. Va unida a la doctrina del *precedent* o decisión judicial previa que sirve de modelo para las siguientes.

Se suele decir que se trata de uno de los rasgos identificativos del *Common law* y distintivos con respecto al *ius commune* europeo. No es exactamente así. Es verdad que el *ius commune*, influido por el derecho romano, ha prestado más atención a la autoridad de juristas –es jurisprudencial en ese sentido– que a la de los jueces. Estos –como es sabido– eran particulares sin conocimientos jurídicos en el derecho romano antiguo y clásico hasta que con Augusto se inició un nuevo procedimiento (*cognitio extra ordinem*) en el que el juez requerido era funcionario de carrera. En la Edad Media, los jueces siguieron siendo personas desconocedoras del derecho y hubo que esperar a la creación de nuevos tribunales, integrados por personas formadas en derecho romano y canónico, que pronto adquirieron gran autoridad (Sacra Rota romana, Tribunal Cameral alemán, etc.) para que la voz "jurisprudencia" se empezara a referir a la doctrina emanada de ellos. Este último sentido es el preponderante hoy, pero no debe olvidarse el primigenio, que es además universal: jurisprudencia (*iurisprudentia*) no significa otra cosa que ciencia del derecho o doctrina jurídica.

Por otro lado, el derecho romano no desconoce el valor del precedente judicial. De hecho, la expresión '*rebus iudicatis standum*' (lit. se ha de estar a lo juzgado) procede de un texto romano: Ulp. 44 *ed.* D. 38.2.12.3, con un sentido orientado más a la práctica forense que a la enunciación de las fuentes del derecho romano.

> «Si habiendo sido uno desheredado, se hubiera fallado, aunque injustamente, que no estaba desheredado, no es repelido; porque se ha de estar a la cosa juzgada (*rebus enim iudicatis standum est*)».

Respecto de las ambigüedades que surgen de las leyes, se afirma en un conocido texto de Calístrato (1 *quaest.* D. 1.3.38) que un rescripto de Septimio Severo declaró que obtenían fuerza de ley la costumbre o la autoridad de las cosas que se han juzgado perpetuamente de manera análoga.

> «Pues nuestro emperador Severo resolvió por rescripto, que en las ambigüedades que nacen de las leyes, debe tener fuerza de ley la costumbre, o la autoridad de las cosas juzgadas perpetuamente de análoga manera (*aut rerum perpetuo similiter iudicatarum auctoritatem*)».

No se olvide tampoco que determinados rescriptos y decretos imperiales que se daban sobre casos concretos alcanzaban fuerza de ley precisamente por su valor ejemplar (de ahí que fueran *exempla*, es decir, modelos para el futuro). El problema era separarlos de los puramente personales (que se ceñían exclusivamente a una situación particular) para evitar la interpretación fraudulenta del foro que los utilizaba como precedentes de modo indiscriminado. De ahí que los emperadores tendieran a arrogarse la interpretación (origen de la llamada interpretación auténtica –*interpres legum solus imperator*, el emperador es el único intérprete de las leyes, C. 1.14.12.5 Iust. a. 529–) y que aludieran a las leyes como fuente segura del derecho.

> «Si la Majestad imperial hubiere examinado en calidad de juez una causa, y pronunciado sentencia constituidas las partes en su presencia, sepan absolutamente todos los jueces que están bajo nuestra jurisdicción que es ley no solo para la causa, para la que fue emanada, sino además para todas las análogas (*hoc esse legem non solum illi causas, pro quo producta est, sed et omnibus similibus*). Porque, ¿qué cosa hay mayor, qué más santa, que la Majestad imperial? O ¿quién está lleno de tanta soberbia, que menosprecie el pensamiento del príncipe, cuando también los autores del antiguo derecho manifiestan clara y terminantemente que tienen fuerza de ley las constituciones que emanan de decreto imperial? 1. Así pues, como hayamos visto que también está dudoso en las antiguas leyes si, cuando el pensamiento imperial interpretó la ley, deberá acaso tener validez semejante interpretación regia, tanto hemos, a la verdad, ridiculizado esta vana sutileza de algunos, que hemos determinado que debía ser corregida. Y declaramos que toda interpretación de las leyes hecha por el emperador, ya sea sobre súplicas, ya sea en juicios, ya de cualquier otro modo, sea considerada válida e indubitada. Porque si al presente solo al emperador es permitido hacer las leyes, también el interpretar las leyes debe ser digno solamente de su autoridad imperial. ¿Por qué se recurre a nosotros a propuestas de los próceres, si en los pleitos surge una duda, y ellos no se consideran idóneos o suficientes para decidir el litigio, y por qué oyen nuestros oídos todas las ambigüedades que se presentan a los jueces, y que suelen nacer de las leyes, si de nosotros no dimana la genuina interpretación (*si non a nobis interpretatio mera procedit*)? ¿O quién parecerá que es idóneo para resolver los enigmas de las leyes, y para aclararlos a todos, sino aquel a quien únicamente está permitido ser legislador? Desechadas, pues, estas ridículas dudas, solo el emperador será justamente reconocido así único legislador, como intérprete de las leyes (*interpres legum solus imperator*); sin que por la presente ley se derogue nada respecto a los autores del antiguo derecho, porque también a ellos les concedió esto la majestad imperial. Dada a las siete millas de la ciudad de Constantinopla, en el nuevo consistorio del palacio de Justiniano. Dada a 6 de las Calendas de Noviembre, bajo el consulado de Decio, varón esclarecido [529]».

La objeción era clara. Ningún juez o árbitro debía seguir las sentencias anteriores no fuera que el posible error de estas afectara a su propia actividad: *non exemplis sed legibus iudicandum est* (se ha de juzgar no con precedentes sino con leyes. C. 7.45.13 Justiniano a. 529).

> «No estime ningún juez o árbitro que deba atenerse a las respuestas de consultas, que juzgase no fueron dadas con arreglo a la ley (*non rite*), y mucho menos a las sentencias de los eminentísimos prefectos o de otros próceres. Porque si alguna cuestión no es bien dirimida, no es conveniente que esto se extienda para error de otros jueces, pues se ha de juzgar no por ejemplos, sino con arreglo a las leyes (*non exemplis sed legibus iudicandum est*), ni aun si las sentencias hubieran sido emanadas en virtud de conocimiento de causa por la muy magnífica prefectura o por algún alto magistrado. Pero mandamos que todos nuestros jueces sigan la verdad y las huellas de las leyes y de la justicia».

Justiniano instaura una actitud positivista ante el derecho, pretendiendo hacer depender este de la voluntad del legislador tanto por vía creativa como interpretativa. Denomina "leyes" (*leges*) a los fragmentos de los juristas y hace derivar la autoridad de estos de la suya propia. Llega a decir que más digno de elogio que el que halla algo primero (refiriéndose a los juristas clásicos) es el que lo corrige después (o sea él). Pero el modelo de razonamiento basado en la analogía y en la adecuada distinción de supuestos (lo que los ingleses llamarán *distinguishing*) sobre casos pervivirán en la Edad Media. No es verdad que los glosadores y comentaristas sean meros legistas. Su respeto, a veces excesivo, de la ley romana parece denunciarlo, pero la reflexión sobre casos y su sutilísima comparación son suficientemente elocuentes de su mentalidad casuística que no es abandonada por mucho que los fragmentos de la compilación se citen como leyes. El cambio radical de mentalidad lo llevarán a cabo los iusnaturalistas racionalistas, que instaurarán el método deductivo de creación del derecho, y con posterioridad los pandectistas llevarán a sus últimas consecuencias el ejercicio de abstracción iniciado por los primeros. Ellos, aun con todos sus méritos, fueron causa del encorsetamiento de la actividad interpretativa y aplicativa del derecho en cánones rígidos de razonamiento (el famoso método de subsunción jurídica), error este en el que jamás incurrieron los juristas medievales. En consecuencia también han sido causantes de la mala imagen del derecho de la Europa continental y del propio sistema romano germánico acusado de poco práctico y estéril. Precisamente hoy hace falta más que nunca recuperar el espíritu de los juristas romanos y medievales, de una frescura de pensamiento inigualable, rescatándolo a través de infinidad de ejemplos jurídicos con los que se ha creado nuestro derecho, no se olvide.

Ni aun con toda esta rigidez se ha podido evitar, por fortuna, que en el sistema romano germánico las más autorizadas sentencias de los jueces acabaran obteniendo un valor cercano, si no equiparable, al de fuente del derecho. El principio *res inter alios acta* se ha visto en efecto alterado –sobre todo a partir de la época citada de creación de autorizados tribunales en Europa– por la doctrina de altos tribunales que ha suplido y a veces corregido allí donde la ley no era capaz de llegar. Negar o minusvalorar la importancia de este fenómeno sería tanto como negar la realidad.

Statu quo (ante)

(Státu quó ante)
Lit. *en la situación en que antes, situación preexistente.*

Significado y contexto: Es una expresión utilizada en el derecho internacional y se refiere paradigmáticamente a la "situación anterior a un conflicto bélico (*ante bellum*)" a la que se compele a volver a las partes afectadas. Está aceptada en nuestro idioma (además de "*in statu quo*" sobreentendido "ante": «para denotar que las cosas están o deben estar en la misma situación que antes tenían» (DRAE). Resulta un tanto peculiar en cuanto a su aspecto morfológico como es habitual en ciertas fórmulas jurídicas estereotipadas y reducidas a su mínima expresión, algo así como cuando se cita una disposición por sus dos palabras iniciales, como luego veremos.

En este caso se trata de una cláusula presente en los tratados internacionales, acordados tras una guerra: la cláusula '*statu quo ante*'. En realidad, cuando la vemos utilizada sin *ante*, se refiere a la situación actual (el estado de cosas existente en un preciso momento) y, viceversa, cuando termina con esa preposición, entonces se refiere a la situación anterior (el estado de cosas anterior a un momento dado). *Status*, situación, se escribe en ablativo (*statu*) lo mismo que *quis* (*quo*) y, aunque a menudo lo vemos escrito en nominativo '*status quo ante*' (lit. "situación en que antes") es preferible la anterior versión por la razón apuntada de su especial acuñación en el argot diplomático.

En el derecho romano recuerda la protección de apariencias jurídicas –la posesión, de modo característico– que promueven los interdictos. El nombre de interdicto tiene que ver en origen con la prohibición de ejercer violencia de los llamados interdictos prohibitorios (*uim fieri ueto*, prohíbo que se haga violencia, eran las palabras con las que la fórmula del interdicto prohibitorio concluía y con las que se expresaba la voluntad del magistrado de no tolerar violencia entre las partes): así, el interdicto *uti possidetis*, por el que el poseedor actual se ve protegido frente a quien perturba, sin llegar a arrebatarle, su posesión. Junto a ellos, los interdictos restitutorios servían para reintegrar en la posesión de una cosa a quien había sido despojado de ella violentamente (*unde ui*, de donde con violencia, *unde ui armata*, de donde con violencia armada, para bienes inmuebles ambos; *utrubi*, cuál de los dos, para bienes muebles). El magistrado no entraba a valorar el fondo del asunto, sino que se limitaba a ordenar volver a la situación anterior a la violencia.

Resulta curioso que la cláusula *statu quo* se contraponga en el derecho internacional precisamente a la *uti possidetis iure*, que recuerda de inmediato el antes citado expediente romano y que expresa lo contrario de aquella. «Como poseéis conforme a derecho» significa que la situación actual es la que se respeta.

Status

(Státus)
Lit. *estado, situación, posición.*

Significado y contexto: El término *status* posee una gran variedad de acepciones a partir de su núcleo semántico que da idea de situación (de pie o erguida) de algo. De ahí derivó precisamente la designación de una cierta cualidad corporal de una persona: su altura o "estat-ura". Hoy en día, en el habla cotidiana, lo encontramos en la expresión castellanizada de "estatus social" para referirse al lugar que ocupa un determinado sujeto en la sociedad, su posición o nivel social. En la República romana, pero incluso después, la sociedad romana admitía el juego de la capacidad y mérito personal, al menos relativamente, para posibilitar que, por ejemplo, una persona de no muy alta extracción social aunque con contactos, como el célebre orador Cicerón, ascendiese a los puestos más elevados de la política romana mediante la fuerza de su palabra y su poder de atracción de voto en unos comicios regidos por principios democráticos.

Aquí vamos a analizar sucintamente tres aplicaciones del término *status* de relevancia jurídica, vista ya en otra voz la muy relevante de *statu quo*:

1. La que conecta *status* con el concepto de "estado civil", cuyo nombre deriva evidentemente de aquel.

2. La voz "Estado" del derecho público.
3. La expresión ***status quaestionis*** (situación de una cuestión o controversia), que tiene mucho que ver con la naturaleza doctrinal y controvertida que ha tenido la ciencia del derecho en Europa desde sus orígenes en Roma, así como con la retórica en relación con la práctica judicial tanto en Grecia como en Roma.

1. En cuanto a la primera, la voz *status* va asociada a las tres situaciones que por excelencia podía ocupar una persona en la sociedad en relación con la libertad (*status libertatis*), la ciudadanía (*status ciuitatis*) o su posición en la familia (*status famíliae*): se podía ser libre o esclavo (con la categoría intermedia de liberto); ciudadano, latino o extranjero (con diferencias de matiz internas de las diferentes categorías); independiente (*sui iuris*, de su derecho) o sometido a alguien con potestad sobre él (*alieni iuris*). La expresión *capitis deminutio* (o disminución de una cabeza) se empleaba para aludir al fenómeno dinámico de alteración de la situación de una persona (*status permutatio*, lo llaman Gayo y Paulo), ya fuese en el nivel máximo de libertad (*maxima*), medio o de ciudadanía (*media*) y mínima o de familia (*minima*). (V. voz).

Pero el espectro semántico de *status* era más amplio cuando se asimilaba al del término *condicio* o condición social (otra herencia lingüística de Roma). Gayo lo utiliza a propósito de la regla según la cual el hijo «sigue la condición de la madre» si la unión entre sus padres carecía de conubio. En efecto, los juristas romanos no solo hablaron de los tres *status* característicos. Eso se debió a que advirtieron que en función de diferentes posiciones de un individuo en la sociedad, en virtud de otras múltiples circunstancias, podía verse afectada su condición jurídica: así, por ejemplo, se refirieron a la edad (*status aetatis*), ingenuidad (*status ingenuitatis*, de libre de nacimiento), estado del enajenado mental, o de una dignidad (*dígnitas*) o cargo. En el derecho tardío encontramos la expresión aplicada a la condición de religioso (*status clericalis*).

Esta tendencia, a partir de la relación advertida entre *condicio* y *status*, de ampliar el catálogo de *status*, que se aprecia en el derecho romano, va a servir de guía para el derecho posterior. No es extraño que alguna corriente doctrinal moderna pretendiese disolver este concepto en el de las circunstancias modificativas de la capacidad de obrar. Las Partidas del rey Alfonso X la reflejan, pese a que se haya afirmado lo contrario, así De Castro –(De Castro y Bravo 1955)–, cuando definen el estado civil como «condición o manera en que los omes viven o están» (P. 4.23.1). Recuerda mucho, por ejemplo, a los textos gayanos citados de la condición o a aquel texto romano, Ulp. 59 ed. D. 42.4.7.11, en que, a propósito de la venta de bienes de un enajenado mental en caso de fraude de acreedores, se habla de su estado y modo de ser (*status et habitus*) como equiparable a la condición del pupilo (*pupilli condicio*).

El esclarecimiento del correcto *status* de una persona daba lugar a causas procesales movidas por acciones "de estado" (*de statu litigare*): así por ejemplo el término castellano de "aserción" deriva de una de esas causas en que alguien defendía la condición de hombre libre de alguien (era el *adsértor* o *assértor libertátis*): pocas aserciones han podido tener mayor trascendencia que esta. No solo, sino que la Jurisprudencia romana adquiere conciencia de la radical diferencia, con consecuencias prácticas, entre las causas procesales relativas al patrimonio de una persona y las relativas a su *status*: *status controuersia* (controversia o cuestión de estado) frente a *bonorum status* (controversia o cuestión de bienes), como se puede ver en Paul. 41 *ed.* D. 37.10.6.3. Por eso, tampoco es precisa la crítica moderna que magnifica la conocida definición de acción del jurista Celso (el derecho a perseguir lo que se nos debe a través de un juicio) como si el derecho romano no hubiese conocido las acciones de estado. No solo es que las conociera sino que las acuñó él. De paso, mostró a la posteridad la trascendencia de la colocación inicial de la persona y de su *status* en el sistema del derecho como presupuesto de todo lo demás: es lo que hizo Gayo en sus Instituciones (recuérdese su célebre distribución de la materia jurídica en personas, cosas y acciones) y el Digesto de Justiniano, justo después de tratar las fuentes del derecho, D. 1.5 *De statu hominum*.

2. No es descartable que los estadistas de la época moderna (así Maquiavelo) se fijaran en el famoso texto de Ulpiano acerca de la distinción entre el derecho público y privado; concretamente en el primero: «lo que respecta a la cosa romana» (*quod ad statum rei Románae spectat*» parece significar tanto la posición de la cosa pública como la organización político-constitucional de los poderes públicos así como el aparato administrativo anejo. (v. ***ius publicum***).

3. En cuanto a ***status quaestionis*** o estado de la cuestión, se emplea de modo general con respecto a un problema cuya resolución definitiva no se ha alcanzado aún por la ciencia. Desde la perspectiva del estudioso que lo aborda, se refiere al estado de la discusión doctrinal o científica en ese preciso momento. En la retórica clásica, el término *status* –en griego *stásis*– aparece unido a los de *causa* y *quaestio*. En su célebre *Institutio oratoria* o manual de oratoria, Quintiliano (3.5-6) los analiza con minuciosidad revisando críticamente las teorías de autores griegos y romanos que los trataron antes que él. Comienza exponiendo (3.5.4 y ss.) que hay dos tipos de *quaestiones*: *in scripto,* esto es, que se apoyan en un texto escrito y *in non scripto,* lo contrario. Las primeras –dice– son de derecho y las segundas de hecho. Esto es lo que los griegos (Hermágoras y otros) llaman género "legal" (*nomikón*) y "racional" (*logikón*) respectivamente.

A su vez las cuestiones pueden ser "infinitas" (*infinitae*) –lo que los griegos denominan *thésis* (=enunciado general)– es decir, no atendiendo a circunstancias concretas sino en abstracto, y finitas (*finítae*), es decir, las causas. Aquellas pueden ser, según Cicerón, teóricas o prácticas. Las teóricas son, según él, de tres tipos: '*an sit*' (si la cosa existe o no), '*quid sit*' (qué cosa es) y '*quale sit*' (cómo es la cosa); y las prácticas, de dos: '*quo modo adipiscamur*' (cómo lograr algo) y '*quo modo utamur*' (cómo usarlo). Por su parte, las "finitas" –lo que los griegos denominan *hypothéseis* (=asuntos)– se denominan *cáusae* (causas) entre los romanos. Isócrates –continúa Quintiliano 3.5.18– define como causa una cuestión civil definida o controversia en relación a personas determinadas. Por eso Cicerón afirma (*Top.* 21.80) que se aprecia que hay causa porque hay en ella, reunidos, o todos o algunos de estos factores a saber, personas, lugares, circunstancias y asuntos concretos.

Así pues, es causa una cuestión dada, extraída de la vida, es decir, un caso real. Toda causa y toda cuestión presenta un determinado *status*, para cuyo concepto, según Quintiliano –3.6.2– algunos reservan el término de "constitución" (*constitutio*), otros "cuestión" (*quaestio*) y otros en fin, la expresión "lo que surge de una cuestión" (*quod ex quaestione appareat*).

Status significa para un sector doctrinal –Quint. 3.6.4– «el primer momento de conflicto en las causas», pero Quintiliano precisa mejor su significado afirmando que propiamente a lo que se refiere no es al choque entre la acusación y la defensa sino al problema resultante, es decir, *status* es la cuestión de fondo o central de un caso. Corrigiendo su opinión anterior según la cual había tres tipos de *status rationales* (de conjetura –*an sit*–, cualidad –*quale sit*– y de definición –*quid sit*– y un cuarto *legalis*), Quintiliano afirma en esta obra más madura que, a su juicio, hay en realidad dos "géneros de cuestiones" –no *status*–: uno racional –*genus rationale*– y otro legal –*genus legale*– (3.6.66-67).

Por otra parte, dentro del género legal hay, a su juicio, cuatro especies de cuestiones: -*scriptum et uoluntas* (=lo escrito y la voluntad) que surge cuando una de las partes pretende atenerse a la letra de una disposición y la otra a su intención o espíritu; -*ratiocinatio* (tradicionalmente llamado *status ratiocinatiuus*), que surge cuando se produce una laguna legal y es preciso razonar (de ahí el nombre) jurídicamente con argumentos (silogismos) a partir de la solución dada a casos similares (analogía); -*leges contrariae* (leyes contrarias), esto es, aquí la cuestión se produce por la aparición de antinomias o leyes contradictorias; -*ambiguitas*, o ambigüedad del texto legal que oscurece la *mens legis*.

Hasta aquí la retórica. Frente a su apego a la ley como texto normativo escrito (*scriptum*) la Jurisprudencia romana, núcleo del derecho romano, se caracteriza por lo contrario, o sea, por crear un derecho no escrito, no basado en legislación alguna sino en la *interpretatio*, es decir, en la discusión científica de casos. El derecho que emerge de esta original concepción jurídica se distingue por estar sujeto a permanente controversia científica (*ius controuersum*), por ser doctrinal (no legal) y casuístico. Es verdad, no obstante, que muchas cuestiones fueron resueltas por el acuerdo científico de los juristas (que nada tiene que ver con pactos políticos), de ahí la enorme seguridad jurídica proporcionada por el derecho romano, pero otras quedaban abiertas. No pocas de esas cuestiones fueron, por cierto, resueltas de un modo "autoritativo" por Justiniano en sus célebres *Quinquaginta decisiones* o Cincuenta decisiones.

Un ejemplo de cuestión abierta es la que hacía referencia a los nacidos que fallecían instantes después de nacer y se dudaba acerca de si habían nacido vivos o muertos. La escuela de los Proculeyanos exigía la emisión de voz o gemido del neonato como signo inequívoco de vida. Los sabinianos admitían por el contrario cualquier signo vital apreciado durante ese corto periodo de tiempo. Más segura era la opinión de los primeros. Más proclive a profundizar en la verdad del caso la de los segundos, aunque también podía dar pie a fútiles discusiones sobre hechos discutibles (el movimiento de una extremidad del recién nacido ¿es un signo vital o más bien el efecto de un espasmo en el caso concreto?). Justiniano, analizado el *status quaestionis*, se decantó por la solución sabiniana que es la que pasó a la posteridad. Los ordenamientos modernos que exigen tan solo el nacimiento con vida de un ser humano acogen también esta opinión.

(V. **in utero, nequaquam, spes vitae, spes hominis, vexata quaestio**).

Stipulatio poenae

(Stipulátio poénae)
Lit. *estipulación de la pena, cláusula penal.*

Significado y contexto: Mediante la estipulación (promesa verbal) el deudor se obliga a pagar una cierta suma de dinero para el caso en que el acreedor no vea realizado un cierto resultado o hecho esperado por él. La típica configuración es la siguiente: "si no haces esto, deudor, ¿prometes que me serán dados cien?; por ejemplo, si no se me da la finca, ¿me pagarás cien? Pero también podría ser: "si no das algo a un tercero ¿prometes...?"; o bien esta: "si un tercero no me da algo a mí, ¿prometes...?"

El primer caso presenta una premisa, redactada en forma de condición, consistente en un hacer o en un dar por parte del deudor (*stipulatio in faciendo, in dando*); el segundo es un hacer o dar a favor de un tercero; el tercero, un hacer o dar por parte de un tercero. Como es sabido el derecho romano prohíbe tanto la estipulación a favor de tercero (*stipulatio álteri* =estipulación para o en favor de otro) como la estipulación a cargo de tercero (*stipulatio in álterum* =estipulación a cargo de otro). Esto en principio, porque en él se advierte en realidad una gradual tendencia liberalizadora de estas restricciones, que deja pistas para su derogación en el futuro derecho común europeo, muy tortuosa por cierto (aún más en el *Common Law*). Una de esas pistas es precisamente la utilización de este ingenioso remedio para eludirlas: la estipulación o cláusula penal (como la conocemos hoy). No se trataba, por supuesto de nada parecido a fraude de ley, sino de dar respuesta a las nuevas necesidades del tráfico jurídico que veía con buenos ojos alcanzar el resultado práctico de favorecer a terceros o de realizar prestaciones por parte de otros a favor del acreedor.

Las aplicaciones de esta figura son múltiples y no es extraño que sea recogida en el derecho moderno (como decimos, con el nombre de cláusula penal) habida cuenta de su enorme utilidad: como medio de estimación del litigio, de reforzamiento de la prestación (por eso se suele estudiar en sede de garantía de las obligaciones), de otorgamiento indirecto de validez de estipulaciones a favor de tercero o a cargo de tercero.

En primer lugar, puede servir para realizar una estimación del interés del acreedor en que la prestación se realice. Esta operación que lleva a cabo el juez ante un conflicto de intereses se ve facilitada por la previa que han realizado las partes. Labeón (Ulp. 76 *ed.* D. 44.4.4.7) trata el supuesto en que el demandante o actor, vencedor en un litigio, pretenda reclamar la prestación y la estimación, lo que le parece injusto.

Otro problema es el de cuándo estimar que "se incurre en la pena". Primero hay que decir que la estipulación penal nada tiene que ver con un supuesto de derecho penal. La acción de la estipulación es reipersecutoria no penal, pero es verdad, al tiempo, que la no realización del hecho esperado por el acreedor desencadena una consecuencia jurídica que obra como una penalización de la conducta del deudor. Por eso, cuando el no cumplimiento del hecho depende del acreedor, se estima que no ha incurrido en la pena el deudor, como vemos, por ejemplo, en un supuesto de préstamo marítimo (*pecunia traiecticia*) que presenta Ulpiano (77 *ed.* D. 22.2.8).

Un caso curioso en materia de arbitraje es el de un árbitro que, habiendo convocado un día a las partes y fijado el pago de una cantidad penal por parte de quien no concurriese, había él fallecido antes de ese día. Una de las partes no compareció pero estaba claro aquí que no había incurrido en la pena (Pomp. 11 *ex uariis lect.* D. 4.8.40). En un texto muy importante de Papiniano (2 *quaest.* D. 45.1.115.2), Sabino estima que, conforme a la intención de los contratantes, se podía ejercitar la acción desde el momento en que la prestación pudo cumplirse, frente a la opinión del jurista Pegaso, según la cual no se puede incurrir en la estipulación antes de que la prestación no pueda ya cumplirse. Dice Papiniano que la opinión de Sabino debe admitirse si la estipulación no ha sido formulada así, a saber, comenzando por la condición "si no has dado una cierta cosa", y continuando por la pregunta "¿prometes que me darás tal suma de dinero?", sino de esta otra manera: primero, "¿prometes darme una cierta cosa?"; segundo, "si no la das ¿prometes darme tal suma de dinero?". Aquí, desde que pudo cumplirse –y no se hizo– puede empezar a deberse la pena. En el caso anterior, sin embargo, hay que esperar a que no se haya realizado lo esperado por el acreedor.

> «Asimismo, si alguno estipulara de este modo: "prometes dar ciento si no me dieres el esclavo Pánfilo?" respondió Pegaso que no se incurre en la estipulación (*committi stipulationem*) antes que hubiese dejado de poder ser dado Pánfilo. Pero Sabino opinaba que, conforme a la intención de los contratantes, se podía ejercitar inmediatamente la acción después que el esclavo pudo ser dado, y que no se podía ejercitar la acción de la estipulación mientras que no dependió del promitente [deudor] no dar el esclavo; y defendía esto con el ejemplo de las provisiones legadas. Porque Mucio [Quinto Mucio Escévola] escribió que el heredero, si hubiese podido dar las provisiones y no las hubiese dado, quedaba obligado inmediatamente al dinero le-

gado; y esto se admitió por causa de utilidad en favor de la voluntad del difunto, y por la naturaleza de la misma cosa. Así pues, se puede admitir la opinión de Sabino, si la estipulación no comenzó por la condición, por ejemplo: "si no hubieres dado el esclavo Pánfilo ¿prometes dar tanto?", sino si la estipulación hubiera sido concebida así: "¿prometes dar el esclavo Pánfilo?, si no lo dieres, prometes dar tanto?". Lo que sin duda será verdad cuando se prueba que se trató esto, que, si no se hubiere dado el esclavo, se deberán el esclavo y el dinero. Pero se habrá de defender lo mismo, aunque se haya convenido de modo que no entregándose el esclavo se deba solamente el dinero, porque se prueba que fue la voluntad que se entregase el esclavo, o se pidiese el dinero».

El texto es interesante además porque la configuración dogmática de la estipulación penal es diferente en uno y otro caso: en el primero –la forma normal de la estipulación penal– lo que espera el acreedor que se cumpla o realice no constituye propiamente la prestación del deudor sino la condición de esta última. Es el pago de la suma de dinero lo que en puridad constituye la prestación que da contenido a la obligación, que depende de una condición. Por eso la Jurisprudencia afirma (Paul. 74 *ed.* D. 44.7.44.5) que mientras que el pago de la suma está *in obligatione* (en la obligación), el cumplimiento de la expectativa del acreedor está *in solutione* (en el pago), es decir, corresponde a la *facultas solutionis* o facultad de pago que en su caso se haya otorgado al deudor convencionalmente, no a la obligación propiamente dicha. De ahí su accesoriedad, por un lado, y que la obligación pudiera constituirse sin infringir una de las citadas prohibiciones, por otro.

Sin embargo, en la segunda forma hay dos obligaciones. Si la primera no se cumple, el acreedor pedirá la realización de la segunda, que tiene como objeto la suma de dinero convenida para ese caso. Pero esta última no determina la validez de la primera.

El Código Civil español, por ejemplo, en sus artículos 1152-1155 es directamente heredero de esta tradición jurídica: así la sustitución de la pena a «la indemnización de daños y al abono de intereses en caso de falta de cumplimiento, si otra cosa no se hubiere pactado». Que el artículo 1153 declare que «el deudor no podrá eximirse de cumplir la obligación pagando la pena, sino en el caso de que expresamente le hubiese sido reservado este derecho» parece reflejar el segundo modelo antedicho de configuración de la estipulación penal, no el primero en el que el cumplimiento de la expectativa del acreedor estaba *in solutione*. En el modelo del CC. lo que está *in solutione* es el pago de la pena. Es llamativo también que «tampoco el acreedor podrá exigir conjuntamente el cumplimiento de la obligación y la satisfacción de la pena, sin que esta facultad le haya sido claramente otorgada», pues el eco de la cuestión planteada por parte de la Jurisprudencia romana resulta bien evidente.

La solución del art. 1155 («La nulidad de la cláusula penal no lleva consigo la de la obligación principal. La nulidad de la obligación principal lleva consigo la de la cláusula penal».) recuerda mucho la cuestión que plantea Paulo (3 *quaest.* D. 45.1.126.3): «Si he estipulado de ti que comparecieras un día y si no lo haces te obligas a dar algo que es imposible para ti, entonces, dejada a un lado la segunda estipulación, la primera permanece útil, por lo que es como si yo hubiese estipulado de ti, sin más, que comparecieras».

No es extraño que los códigos deban sus soluciones –y más aún su *forma mentis*– a la Jurisprudencia romana. Se trata de cuestiones de dogmática jurídica en absoluto cerradas. El CC. español ha escogido unas determinadas soluciones pero podría haber elegido otras o haber planteado otras situaciones, como muestra el derecho comparado, cuyo estudio no puede realizarse cabalmente sin abordar la perspectiva histórica. El elemento histórico –digámoslo con rotundidad– no es externo al derecho, ni meramente subsidiario.

Stricti iuris

(Strícti iúris)
Lit. *de derecho estricto.*

Significado y contexto: La expresión, relacionada con la de *stricto iure* (v. más adelante), la encontramos en las Instituciones de Justiniano (4.6.28 yss) referida a una determinada categoría de acciones procesales (actiones *stricti iuris*) contrapuesta a la de acciones de buena fe (*actiones bónae fidei*). El listado de estas últimas resulta ampliado con respecto al derecho clásico: de compraventa, de arrendamiento, de gestión de negocios ajenos, de mandato, de depósito, de sociedad, de tutela, de comodato, de prenda, de partición de herencia, de división de bienes comunes, *praescriptis uerbis* (por las palabras prescritas, es decir, de diferentes figuras de contratos innominados), la que se da por lo estimado (contrato estimatorio), la que compete por la permuta y la de petición de herencia (recién incluida por Justiniano entre ellas a través de una previa constitución). (V. ***ex fide bona***).

Lo característico de estas últimas es que el juez posee criterios objetivos varios para valorar las circunstancias del caso de oficio, es decir, sin necesidad de que las partes las aleguen. Por otro lado, las Instituciones (4.6.30) hablan, respecto de las acciones de buena fe (*in bónae fidei iudiciis*), de una libertad de estimación en la condena por parte del juez, de modo que se le permite que su valoración se realice *ex bono et aequo* (de acuerdo con lo bueno y lo justo) en cuanto a lo que se debe restituir al actor (*libera potestas permitti uidetur iudici ex bono et aequo aestimandi quantum actori restitui debeat*), para aludir de inmediato y de manera especial a la compensación de deudas. (V. ***ex bono et aequo***).

El juramento para el litigio (*iusiurandum in litem*), deferido por el juez a alguna de las partes para fijar –con los límites establecidos por él– el valor de la cosa objeto del litigio que de otra manera no puede determinarse, es propio de las acciones de buena fe. Esto es lo que enuncia Marciano (4 *reg.* D. 12.3.5.4). Sin embargo, cuando el deudor ha incurrido en mora respecto del objeto que debía entregar y este ha perecido, el expediente antedicho debe aplicarse también a una acción de derecho estricto –aquí denominada *actio stricti iudicii*, o quizás haya que leer *actio stricti iuris*– «porque sin la prueba del juramento no puede estimar el juez una cosa que no existe». Con respecto a este mismo tema respecto de la acción de comodato, dice Ulpiano (28 *ed.* D. 13.6.3.2) que en ella, como en los demás juicios de buena fe (*bónae fidei iudícia*), se jurará igualmente para el litigio y se atiende al tiempo de juzgarse la cosa, aunque en una acción de derecho estricto se considere el momento de la *litis contestatio*.

Stricto iure

(Strícto iúre)
Lit. *de derecho estricto.*

Significado y contexto: El adjetivo *strictus, -a, -um* posee en las fuentes jurídicas el doble sentido de, por un lado, "preciso" o "exacto" y, por otro, de "severo" o "drástico". Interpretar, y en consecuencia aplicar, el derecho de manera estricta ha pasado a entenderse comúnmente en el argot jurídico como un valerse del derecho positivo o vigente asumiéndolo con todo su rigor y sin apartarse lo más mínimo de lo preceptuado por él. Se halla referido, pues, a una concepción rígida de la justicia, frecuentemente apegada a la literalidad de las normas jurídicas. Parece reflejarla, en su defensa, la máxima *dura lex, sed lex*, (es dura la ley pero al fin y al cabo es ley), como dirá Ulpiano (v. ***dura lex***).

Pero, como todo aforismo puede encontrar su contrario, a este último se opone el no menos conocido de *summum ius summa iniuria*, (un derecho rigorista es rigor de injusticia, es decir, el derecho interpretado y aplicado con todo su rigor es una suma injusticia). Atribuido este último a Cicerón, él mismo aclara, no obstante, que en cuanto a su formulación era un dicho trillado, citado por todo el mundo, en su época. Es verdad: ya lo encontramos, por ejemplo, en Terencio el comediógrafo del s. II a. C.

Así, el jurista Gayo, después de explicar la sucesión intestada conforme a la ley de las XII Tablas añade –en 3.18– que resulta claro entender en qué medida ese derecho de aquella ley es un "derecho estricto" (*ius strictum*). Alude a continuación a la concepción agnaticia, presente en esa ley, –es decir, basada en vínculos políticos– más rígida que la cognaticia (basada en vínculos de sangre), que a su vez fue aflorando posteriormente gracias a la labor del Pretor y de cierta legislación imperial hasta desplazar por completo a la anterior con Justiniano. Esta última forma de parentesco es la aceptada en nuestros días.

Con sentido de drástico y urgente, aparece en una constitución de Alejandro Severo (C. 5.43.3 a. 229 d. C) la expresión *strictiora remedia* (medidas rigurosas) aplicada a unos cotutores que habían descuidado gravemente la gestión del patrimonio de unos pupilos y de los que se reclamaba la puesta en práctica de remedios muy urgentes para evitarles perjuicios so pena de ser acusados de "sospechosos" y de ser apartados de su gestión.

> «El gobernador de la provincia compelerá de todos modos a los tutores de tus hijos a aceptar el cargo de la administración, empleando medidas rigurosas (*strictiora remedia*). Pero si perseveraren en la misma contumacia (*contumacia*), no se te prohíbe que los acuses de sospechosos, para que en lugar de ellos se pidan otros».

En los escritos de los juristas romanos, dejando a un lado la expresión ***stricti iuris*** (v. la entrada correspondiente) y las anteriores que hemos anticipado, hallamos no solo la que nos compete aquí sino también el adverbio *destricte* (estrictamente), la construcción *strictius interpretari* y la muy interesante *stricta ratio* en relación con el tema de fondo antes apuntado.

1. Empecemos por esta última y por un texto de un jurista, Papiniano cuyo conocimiento del derecho iba parejo al de la vida. Respecto del derecho, además, de él bien puede decirse que supera con elegancia una actitud leguleya o servil ante el derecho positivo, sin incurrir, por otro lado, en perturbadores emotivismos. No es extraño que se labrara, con su vida y sus escritos, merecida fama de autor excelso, y que sus casos fueran objeto de atención especial en las universidades bizantinas y, luego, en las de Europa occidental a partir de la de Bolonia. El texto en cuestión es 8 *quaest.* D. 11.7.43, y presenta, en la parte que nos interesa, el caso de un socio, copropietario con otro de una finca, que pretende inhumar el cadáver de un difunto –un familiar seguramente– en la finca común. El otro socio ejerce su derecho de veto para impedirlo.

En *stricta ratio* este último puede hacerlo, pero Papiniano aduce varias razones para superar esta primera solución (que un jurista inexperto daría sin más). Que es de interés público que los cadáveres no queden sin sepultura, primera: esta razón –*propter publicam utilitatem* (por un interés o utilidad pública)– así enunciada y opuesta a la *stricta ratio* vino a ser, por cierto, muy conocida con la Recepción del derecho romano en Europa. Procede de este texto. Que hay una *summa ratio*, una razón eminente, que opera en favor de la religión *pro religione*, segunda. En el texto, el jurisconsulto es consciente de que se enfrenta a un problema que va más allá del derecho humano, pero sin que su razón jurídica se rompa para dar inmediata entrada, por así decir, a cuestiones fideísticas. No se trata de eso. Se trata más bien de un interés público presente en el hecho de la inhumación, por un lado. Y del cuidado religioso prestado a los muertos y a su memoria que tiene que ver con un sentimiento de piedad, por otro, en una finca que, en tercer lugar, le pertenece también al fin y al cabo al sujeto interesado. El resultado obtenido, todo sumado, pesa más que la individualista pretensión de la otra parte en conflicto. Veamos el texto:

> «Hay personas que, aunque no pueden hacer religioso un lugar, intentan, sin embargo, útilmente el interdicto de enterrar un muerto, por ejemplo, el dueño de la propiedad, si en el fundo, cuyo usufructo es de otro, enterrase, o quisiera enterrar un cadáver; porque si lo hubiere enterrado, no hará legítimo el sepulcro, pero si se le prohibiera, intentará útilmente el interdicto, el que se querella por el derecho de dominio. Y lo mismo es respecto al socio que, contra la voluntad de otro socio, quiere enterrar un cadáver en un fundo común; porque por causa de utilidad pública, para que los cadáveres no yazcan insepultos, prescindimos de la razón estricta (*strictam rationem insuper habemus*), la cual suele a veces omitirse en las cuestiones ambiguas de las religiones; porque es razón suprema la que obra en pro de la religión (*nam summam esse rationem, quae* ***pro religione*** *facit*)».

Otro ejemplo interesante de aplicación de *stricta ratio* es el del cauce abandonado por un río (Gai. *rer. cott.* D. 41.1.7.5):

> «Pero si habiendo dejado todo su cauce natural el río hubiere comenzado a correr por otra parte, el anterior cauce es ciertamente de los que poseen predios junto a la orilla; por supuesto, con arreglo a la latitud que cada predio tenga junto a la orilla; pero el nuevo cauce comienza a ser de aquel derecho de quien es también el mismo río, esto es, público por derecho de gentes. Pero si después de algún tiempo el río hubiera vuelto a su cauce anterior, el nuevo cauce comienza a ser otra vez de los que poseen predios junto a su orilla. Pero si el nuevo cauce hubiere ocupado todo el campo de alguno, aunque el río hubiere vuelto a su cauce anterior, sin embargo, aquel de quien había sido este campo no puede, por estricta razón (*stricta ratióne*), tener parte alguna en este cauce, porque también dejó de existir el campo que había habido, por haber perdido su propia forma; y como no tiene ningún predio vecino, no puede tener por razón de vecindad parte alguna en este cauce; pero es muy difícil que esto prevalezca».

No es inusual que los ríos modifiquen la dirección por la que sus aguas son conducidas y adopten otra diferente. A resultas de este singular comportamiento de la naturaleza, puede suceder que dos fincas, antes ribereñas, se encuentren con un terreno seco correspondiente al del antiguo lecho del río. La solución es –y sigue siendo hoy– que los dueños de aquellas fincas se hacen dueños del terreno del cauce abandonado «según la latitud que cada predio tenga junto a la orilla». La cuestión ahora es la siguiente: y si el río, pasado un tiempo, vuelve a su cauce anterior, ¿qué sucede con el *nouus álueus*, es decir, con el posterior cauce que hizo? Lo llamativo de este supuesto es que, en efecto, el nuevo lecho surcado por el río es una cosa diferente y nueva respecto del terreno anterior que ya, por decirlo así, no existe como tal. Así que si el río vuelve al cauce primero, el posterior o *nouus* –ahora abandonado por el caprichoso río– sería repartible entre los propietarios de los fundos ribereños. Pero imaginemos, dice Gayo, que el cauce posterior o *nouus* ocupaba por entero una finca perteneciente a alguien y que, al regresar el río a su cauce primitivo, dejara al descubierto de nuevo el terreno correspondiente a aquella. Entonces, *stricta ratione* el antiguo propietario no podría recuperar su anterior predio, porque este ha perdido su configuración o disposición genuina que lo hacía reconocible (su *forma*), y, como tampoco sobrepasaba su finca los límites del cauce nuevo, no puede por razón de vecindad (es decir, como propietario de fundo ribereño) adquirir ninguna parte del cauce.

Este razonamiento conduce a una solución sorprendente: el propietario de la finca se queda sin ella por la inundación de un río, sin que recupere su propiedad cuando este se seca por esa parte. Bien es verdad que se parte en el texto de una inundación en principio permanente, que luego resulta temporal. Por eso tiene sentido lo que se propone. Pero a los juristas bizantinos no les debía de dejar satisfechos esta solución porque al final del texto, con una evidente interpolación, modifican abruptamente la conclusión advirtiendo que «es muy difícil que esto prevalezca». Probablemente, pesaba en ellos el hecho de que la inundación había sido temporal, o incluso tendían a estimar toda inundación como un fenómeno temporal, de efectos no definitivos con respecto a la propiedad de la tierra ocupada por el río. Juzgue el lector cuál es la solución más correcta.

Vemos en I. 3.26.10 *in fine* el siguiente caso relativo a la extinción del contrato de mandato: se trataba de unos deudores que habían realizado el pago de su deuda al que creían el administrador del acreedor (un esclavo *dispensator*), pero he aquí que en el momento en que lo hicieron era ya un hombre libre por lo que *stricta iuris ratione* no quedaban liberados, es decir, habían hecho el pago a persona no autorizada para cobrar. Aquí también impera una razón más libre -pero no por ello arbitraria- para permitir la liberación de la deuda.

> «Se disuelve también el mandato, si hallándose aún integro sobreviniere la muerte de uno o de otro, esto es, del que hubiese mandado, o del que hubiere aceptado el mandato. Pero por causa de utilidad se ha admitido que si, muerto el que te había mandado, ignorando tú que hubiese fallecido, hubieres ejecutado el mandato, puedes ejercitar la acción de mandato; pues de otro modo, tu ignorancia legítima y comprensible te causaría perjuicio. Y semejante a esto es lo que se estableció de que si los deudores, manumitido el administrador de Ticio, hubieren pagado por ignorancia al liberto, quedan libres de la deuda, aunque por estricta razón de derecho (*stricta iuris ratione*) no pudiesen quedarlo, porque habrían pagado a otro que al que habrían debido pagar».

Hay algún otro caso más (Marcian. *l. sing. ad sc. Turpil.* D. 48.16.1.10), pero con estos dos ejemplos basta para ilustrar el empleo de la expresión *stricta ratio.* (V. **ratio**).

2. Analicemos ahora la expresión *stricto iure*: de nuevo Papiniano (6 *quaest.* D. 5.3.50), quien nos presenta el caso de un poseedor de buena fe que había llevado a cabo a su costa un monumento en memoria del testador, respondiendo al deseo de este expresado en su testamento en forma de una condición cuyo cumplimiento se requería para recibir la herencia. El poseedor había cumplido con ella, pero la herencia debían llevársela otros por tener mejor derecho que él.

> «Si el poseedor de buena fe hubiere hecho un monumento al difunto para cumplir una condición, puede decirse, -porque también en esto se ha de cumplir la voluntad del difunto, si ciertamente el gasto de hacer el monumento, o cuanto el testador hubiere dispuesto, no excediera de una cantidad razonable-, que aquel, a quien se quita la herencia, o habrá de retener en la cuenta por la excepción del dolo los gastos, o habrá de reclamarlos por la acción de gestión de negocios, como habiéndose hecho un negocio de la herencia. Porque aunque en estricto derecho (*stricto iure*) no sean obligados por ninguna acción los herederos a hacer un monumento, sin embargo, por la autoridad del Príncipe o del Pontífice son compelidos al cumplimiento de la última voluntad (*ad obsequium suprémae uoluntatis*)».

El jurista, con razón, habla de los gastos de la realización del monumento acometidos por el poseedor de buena fe, que le facultan, a su juicio, para ejercitar un derecho de retención (oponiéndose a los herederos mediante la excepción de dolo) o para repetir lo pagado mediante la acción de gestión de negocios ajenos. Y el jurisconsulto llega más lejos al afirmar que, aunque por derecho estricto (*stricto iure*) no haya acción con la que obligar a los herederos a hacer el monumento, deben ser compelidos a mostrar respeto para con la voluntad última del difunto (*ad obsequium suprémae uoluntatis*), ya sea por la autoridad de los príncipes ya por la de los pontífices.

Una vez más vemos presente en Papiniano una concepción profunda del derecho que supera las estrecheces del derecho positivo para alcanzar la justicia del caso que, por otro lado, cualquier puede entrever sin esfuerzo. No se trata de un sentimiento emotivista del derecho –digámoslo una vez más– sino de la aspiración por alcanzar la solución más justa valorando todas las circunstancias del caso. Por otro lado, la casuística del poseedor de buena fe de una herencia (que obra, por tanto, sin intención de lesionar derechos ajenos) en su relación con el o los herederos va a tener mucha relación con lo que hoy se denomina liquidación del estado posesorio a propósito de la acción reivindicatoria moderna. Este caso ha contribuido, entre otros muchos del derecho romano, a la creación de ese específico régimen jurídico que llega hasta nuestros días.

A Papiniano (6 *resp.* D. 29.2.86 pr.), una vez más, lo vemos resolviendo el caso de Panonio Avito que se encontraba en la provincia oriental de Cilicia ejerciendo como procurador, es decir, encargado de una función pública importante, cuando falleció sin llegar a saber que había sido instituido heredero:

> «Habiendo sido instituido heredero Panonio Avito, siendo procurador en Cilicia, falleció antes que supiera que había sido instituido heredero; como los herederos de Avito no había podido ratificar la posesión de los bienes, que había pedido el procurador de aquel, imploraban por razón de la persona del difunto la restitución por entero (*restitutionem in integrum implorabant*), la cual no les competió en estricto derecho (*stricto iure*), porque Avito había fallecido dentro del término de la adición. Pero refiere Meciano en el libro de sus Cuestiones, que el Divino Pío determinó por el contrario, respecto de uno que estaba en Roma por causa de una legación, y respecto de un hijo que estando ausente había perdido la posesión de los bienes de su madre, que le había sido deferida, que tiene lugar la restitución, sin atenderse a esta distinción; lo que se ha de observar también en este caso por razón de humanidad (*humanitatis gratia*)».

Su representante había pedido la *bonorum possessio* es decir, la posesión de los bienes hereditarios, pero los herederos de Avito no habían podido ratificarla y por eso pedían –con base en la persona del difunto– la *restitutio in integrum*. Pero, *stricto iure*, no podía concederse porque Avito había fallecido durante el plazo para realizar la aceptación de la herencia. Papiniano cita la opinión de otro jurista, Meciano, que alega constituciones imperiales de Antonino Pío, a propósito de casos similares, en favor de la concesión de la *restitutio*: así, respecto del de uno que estaba en una embajada en Roma y el del hijo que, estando ausente, había perdido la posesión de los bienes de su madre, que le había sido deferida. La ausencia por causa de un asunto público (*rei públicae causa*) es un supuesto de *restitutio in integrum* o rescisión de todos aquellos actos o situaciones que por razón de la ausencia hubieran podido acarrear un grave perjuicio al sujeto. Pero Panonio había fallecido sin que hubiera terminando el plazo para pedir la posesión de los bienes. La hipótesis normal es la de que el perjudicado pida ese remedio cuando por su ausencia no lo ha podido hacer en plazo. Si muere después de solicitar la *restitutio* los herederos la asumen sin problema. En nuestro caso las cosas no se habían dado así. El texto añade *in fine* la razón de humanidad (*humanitatis gratia*) –muy presente en Papiniano–. Un caso análogo plantea, por cierto, de manera sucinta Ulpiano en 8 *Sab.* D. 29.2.30 pr.

Trifonino (9 *disput.* D. 23.2.67.1) resuelve un curioso caso de uno que administraba el patrimonio de una nieta, hija de un hijo emancipado, y que deseaba darla en matrimonio a otro nieto (emancipado o no). Al haber paridad de afecto no había sospecha de fraude, dice el jurisconsulto. La frase –a modo de *flos legum* o "flor de leyes"– es conocida en la tradición romanística desde la Edad Media: *par affectionis causa suspicionem fraudis amouet* («igual causa de afecto elimina la sospecha de fraude»). Pues bien, aunque *stricto iure* la actuación del abuelo-tutor es prohibida por el derecho, en atención al sumo afecto (*summa affectio*) profesado por los dos jóvenes, Trifonino considera que es admisible en este caso lo que pretende.

> «Se puede dudar, si, en el caso de que el abuelo administró la tutela de una nieta nacida de mi hijo emancipado, podría colocarla en matrimonio con mi nieto habido de otro hijo, ora emancipado, ora que esté en su potestad, porque igual causa de afecto elimina la sospecha de fraude. Pero aunque el senadoconsulto rige por estricto derecho (*stricto iure*) contra todos los tutores, sin embargo, por consideración al sumo afecto del abuelo se han de permitir tales nupcias».

Javoleno (6 *ex Cassio* D. 40.7.28 pr.) plantea un singular caso de un *statuliber*, es decir, de un esclavo cuya manumisión ordenada por el dueño en su testamento se hacía bajo condición o término consistente en cumplir algo por parte del esclavo. Poco tiene que ver todo esto con el mundo actual –dirán algunos–, pero la casuística de esta figura del derecho romano es fundamental para entender las soluciones de nuestros códigos. Se trataba aquí, no de un esclavo cualquiera, sino de uno que llevaba las cuentas del patrimonio del difunto. Este le había impuesto la condición de rendir cuentas dentro de los treinta días a partir de su fallecimiento para ser libre. El problema era que el heredero no había aceptado la herencia en ese plazo y por eso el esclavo no había podido hacer el informe contable según la condición fijada. *Iure stricto* no resulta manumitido, pero hay que considerar aquí el principio del *fauor libertatis* (favorecedor de la libertad) por cuanto no dependió de él sino de otro que la condición se hiciera deficiente, es decir, que no se cumpliera. Como se ve, nada de emotivismo de nuevo, y mucho derecho, por el contrario, basado en razones que parecen escapar del derecho pero que en realidad lo informan. Razonabilidad, técnica y humanidad van de la mano.

> «Si la herencia del que había mandado que un esclavo fuese libre dentro de los treinta días de su muerte, si hubiese rendido las cuentas, fue adida [aceptada] después de los treinta días, ciertamente que por estricto derecho (*stricto iure*) no puede ser libre el manumitido de este modo, porque se falta a la condición; pero el favor debido a la libertad llevó a que se respondiera que se cumplió la condición, si no dependiese que no fuese cumplida de aquel para quien hubiese sido dada».

3. El término *destricte* ("en rigor") es poco conocido, pero el contexto en que se emplea por los juristas es similar. También en este adverbio se observa el doble sentido al que antes nos referíamos de "preciso" y de "severo" a propósito del adjetivo *strictus, -a, -um*. Seleccionemos un par de supuestos: en Ulp. 8 *ed.* D. 3.3.13 se habla de la relación entre un procurador (representante procesal) y su representado (*dominus*) en cuanto a la obligación de aceptar el juicio por parte de aquel. No conviene aquí que el Pretor valore la situación de modo estricto (*destricte*) sino atendiendo a si ha habido circunstancias justificativas, que atañan a ambos o propias del primero, que excluyan aquella obligación: enemistades graves (*inimicítiae capitales*) surgidas entre ellos, un cargo que comience a desempeñar el procurador o su ausencia por causa de asunto público, una enfermedad, un viaje necesario al extranjero, una herencia sobrevenida que le tenga ocupado o cualquier otra justa causa. Aunque en ocasiones se impone la solución contraria, como cuando el representado está ausente y el procurador diga que ha sido el paso del tiempo el que ha provocado el perecimiento de la cosa (v. D. 3.3.8.3- *h. t.* 13). Algo pareci-

do sucede con los árbitros, que por razones similares a las del procurador no pueden ser obligados *destricte* por parte del Pretor a emitir su sentencia o laudo: después de haber sido infamados por los litigantes, o habiendo entre él y ellos o alguno de ellos enemistades graves (*inimicitiae capitales*), o por edad, enfermedad, ... (Ulp. 13 *ed.* D. 4.8.15).

4. En cuanto a *strictius interpretari*, Paulo (15 *Sab.* D. 8.2.20.2) plantea la cuestión de qué sucede con una servidumbre de gota de agua de lluvia (*stillicidium*) cuando se ha demolido el edificio sobre el que ese derecho real se había constituido y levantado otro en su lugar "de la misma especie y calidad". "Interpretando algo más estrictamente" –declara el jurisconsulto– habría que decir que la servidumbre se ha extinguido al igual que le sucede al usufructo respecto de un edificio demolido (por mucho que el solar sea parte del edificio, dice Paulo). Pero en este concreto caso de un edificio de idénticas características se sigue la solución contraria, más flexible. Lo exige la *utílitas*, es decir, una razón práctica.

Stricto sensu

(Strícto sénsu)
Lit. *en sentido estricto.*

Significado y contexto: Se admite en nuestra lengua también en su versión de "*sensu stricto*". El ablativo de *sensus* (de la cuarta declinación) es *sensu*, y no **senso*. También es incorrecto **strictu*, porque *strictus* hace el ablativo con sufijo en -o y no en -u. Es preciso poner cuidado en no cometer este tipo de errores que son de bulto.

La expresión tiene que ver con la interpretación del derecho. Aunque relacionada, debe distinguirse de otras similares como *iure stricto* o *stricti iuris*. Se contrapone a *sensu lato* (en sentido amplio) y se refiere a la extensión que deben adoptar las palabras o términos de un texto del que se desprenden efectos o consecuencias jurídicas (un contrato, un testamento, una ley, ...) conforme a su más correcta interpretación.

A veces no basta con entender el significado de las palabras o de las frases en que estas se integran sino que es preciso saber qué voluntad está detrás y qué *ratio* lógica inspira el entero texto. Si se trata de una ley, por ejemplo, con qué criterio racional se ha conformado. En el derecho romano se percibe una tensión interpretativa constante a lo largo de su historia entre los *uerba* (las palabras del texto jurídico) y la *uoluntas* (la intención del disponente, es decir, de las partes contratantes, el testador, el legislador – o quizás mejor aquí la ley–, ...). Así se ha transmitido a nosotros y constituye parte insustituible de nuestro sistema jurídico. (V. ***verba/voluntas***).

Celso afirma en uno de sus más conocidos aforismos jurídicos que conocer la leyes no consiste en retener sus palabras (sensata admonición que bien puede dirigirse a los futuros estudiantes de derecho) sino su espíritu (*scire leges non est earum uerba tenére sed uim ac potestatem*. Ese es el "espíritu del derecho" reclamado una y otra vez de la tarea de los juristas por Jhering, el célebre romanista y filosófo del derecho del siglo XIX.

Un famoso pero discutible aforismo medieval reza así: '*in claris non fit interpretatio*', no cabe interpretación en lo que está claro. Cierto apoyo presta Cicerón cuando dice en su *De inventione* (2.44) que cuando está claro lo que se ha escrito, el juez debe obedecer a la ley sin interpretarla (*cum scriptum aperte sit...iúdicem legi parére, non interpretari legem oportere*). También un conocido texto de Paulo (1 *ad Nerat.* D. 32.25.1) parece orientado en la misma dirección: «Cuando no hay ambigüedad en las palabras, no debe admitirse cuestión acerca de la voluntad» (*cum in uerbis nulla ambíguitas est, non debet admitti uoluntatis quaestio*). Pero más bien se refiere esta regla a que el esfuerzo de recurrir a la indagación de la voluntad no es necesario, o es mínimo, en los casos en que esta coincide palmariamente con las palabras expresadas con toda claridad. Viceversa ocurre cuando estas son ambiguas o cuando, en general, el disponente se expresa de manera incorrecta, bien por descuido bien por ignorancia o por ambas cosas. En sentido contrario, hallamos un texto muy comentado en la Edad Media y en épocas posteriores, sin duda otro pilar de nuestro sistema jurídico aunque haya caído en olvido para nosotros, a propósito del edicto que velaba por que el alumbramiento de un feto se hiciera sin fraude (o sea, que no hubiera suposición de parto) y que se cuidara de los intereses de aquel (*de inspiciendo uentre custodiendoque parto* D. 25.4). Allí (Ulp. 24 *ed.* l. 1.11)encontramos la siguiente frase, de lapidaria consistencia: «Aunque sea clarísimo el edicto del Pretor, no debe descuidarse sin embargo su interpretación» (*Quamuis sit manifestissimum edictum praetoris, attamen non est neglegenda interpretatio eius*).

Así pues, parece más correcta la afirmación según la cual la interpretación "de acuerdo con las leyes" (*ex legibus*, es decir, conforme a la ley) ha de entenderse tanto por la intención de estas (*legum sententia*) como por sus palabras (*uerba*) (Ulp. 13 *ed.* D. 50.16.6.1).

El *Corpus Iuris Ciuilis*, y en especial el Digesto, es una fuente casi inagotable de casos interesantísimos, no solo porque sigan contribuyendo hoy de manera eficaz a la formación de la mente de los futuros juristas sino porque nuestros conceptos y modos de pensar jurídico –los de nuestro sistema jurídico y aun también el anglosajón en algún caso– se han ido configurando con ellos a través de los siglos.

Veamos una conocida discusión entre juristas –de naturaleza incluso lingüístico–filosófica, pero de entidad práctica al propio tiempo– acerca del alcance de la palabra *suppelex* (ajuar) en materia de legados. De este texto, nuclear en materia de interpretación jurídica, además se desprenden reglas jurídicas utilizadas comúnmente hasta hoy por los juristas:

> Celso 19 *dig.* D. 33.10.7.2: «Afirma Servio que debe atenderse al juicio del que ha hecho un legado tal y como él ha acostumbrado a denominar las cosas; pero considera que no deben considerarse comprendidas como legadas en concepto de ajuar o utensilios domésticos aquellas cosas de las que no se duda que pertenecen a otro género, como por ejemplo, los alimentos, la plata o los capotes de viaje y las tocas, que alguien ha solido entenderlas como de ajuar; porque los nombres de las cosas no deben entenderse según las opiniones de cada uno, sino según su uso común (*non enim ex opinionibus singulorum, sed ex communi usu nomina exaudiri debere*). Tuberón afirma que esto no lo ve así de claro, pues ¿para qué sirven los nombres –afirma– sino para manifestar la voluntad del declarante? Ciertamente no creo que nadie diga lo que no piensa cuando utiliza un término con el sentido en el que suele designar algo, pues utilizamos un vocablo como instrumento. Además, no ha de creerse que nadie diga lo que no tiene en su mente. Pero aunque me persuade en gran manera la razón y la autoridad de Tuberón [argumento de autoridad que aquí se rechaza], no estoy sin embargo en desacuerdo con Servio cuando dice que no parece que nadie haya hecho una declaración si se ha servido de un término inapropiado (*non uideri quemquam dixisse, cuius non suo nomen usus sit*). Y es que aunque es anterior y más poderosa la mente del declarante que la voz (*etsi prior atque potentior est quam uox mens dicentis*), nadie se considera que declara sin voz (a no ser aquellos que no pueden hablar y consideramos que hablan por su propio esfuerzo junto con una especie de sonido y voz no articulada».

Los términos de los que el derecho se sirve pueden ser utilizados en sentido amplio o estricto. Al aumentarse el campo semántico de los términos jurídicos por vía de la interpretación, la aplicación del derecho puede alcanzar a más supuestos de los inicialmente comprendidos por ellas. Por el contrario, a veces se requiere que una voz se sujete a lo que estrictamente significa para no extender el derecho más allá del supuesto contemplado.

Estas dos expresiones tienen que ver, pues, con la interpretación extensiva y restrictiva, respectivamente. La primera no debe confundirse con la analogía, aunque una y otra busquen adecuar el derecho a su finalidad (criterio teleológico de interpretación). En la interpretación extensiva, el intérprete no abandona el ámbito semántico de un término dado. Quizás lo fuerce para admitir una mayor amplitud de significado, pero no para abarcar situaciones que nada tengan que ver pero entre las que se aprecie identidad de razón (que sería analogía).

El título '*De uerborum significatione*' (De la significación de las palabras) del Digesto es prolífico en ejemplos.V. algunos en ***lato sensu***.

Sub colore iuris

(Sub colóre iúris)
Lit. *bajo el color del derecho, bajo una apariencia de derecho.*

Significado y contexto: El sustantivo latino *cólor* (también *colos*) *-oris* m., "color", adquiere en la Retórica romana un significado figurado especial. El *cólor* es, por un lado, el estilo (o cariz) imprimido en un discurso; algo parecido a lo que entre nosotros es el "tinte" –cómico, dramático o trágico– de las palabras pronunciadas por un orador actual. Pero hay una segunda acepción interesante. Es la de "motivo", más aparente que real, utilizado en defensa de alguien en una situación determinada. En este sentido, se podría traducir como "pretexto" o incluso "treta" o "subterfugio".

En derecho, no es sinónimo de "excusa" (*excusatio*) porque esta se apoya en una razón justificada, como en las excusas de la tutela (que han pasado al derecho actual con ese nombre) o las exenciones tributarias ("toda exención tributaria se basa en la equidad, = en una causa justificada" =*omnis excusatio sua aequitate nititur*), como declara con rotundidad Ulpiano (2 *opin.* D. 50.5.1 pr.).

Quintiliano, en su conocida obra *Institutio oratoria* (4.2.88), la llama *falsa expositio* (falsa exposición, es decir, motivo aparente) y Séneca el Rétor (*contr.* 7.1.20), que utiliza el término a menudo, dice que servirse de él es «no hablar abiertamente sino a través de sospechas y figuraciones» (*non palam dícere sed per suspiciones et figuras*). En una de sus sátiras, Juvenal (6.279-285) hace decir a una mujer, sorprendida en flagrante delito, en un diálogo ficticio precisamente con Quintiliano: "Dime un motivo de defensa" (*dic colorem*). Como el severo rétor le invita a que lo busque ella misma (*dic ipsa*), la mujer construye una argumentación que rechina con la convicción social de aquellos tiempos, según la cual el adulterio del marido era juzgado de forma mucho más benévola que el de la mujer. Helo aquí: que su marido y ella se habían puesto de acuerdo previamente en que los dos tendrían licencia de infidelidad, y ella –al igual que él– era al fin y al cabo un *homo* (un ser humano). En conclusión, merecía un tratamiento de igualdad con respecto a él. Este argumento (escandaloso para los romanos paganos, no para los romanos cristianos en lo que a trato igualitario respecta) tiene la audacia de advertir de la hipocresía del reproche social por adulterio dirigido más duramente contra la mujer que contra el hombre. Por desgracia, queda tras él oculta la triste realidad de un matrimonio que no es tal: o sea, la violación –aquí sistemática y pactada– del deber de fidelidad de los cónyuges; deber, por cierto, que les atañe hoy como ayer, también jurídicamente, con independencia de sus creencias u opiniones acerca de la vida o el mundo.

Quintiliano (*ibid.*) relaciona el término *color* con *uerecundia* (pudor). Dice que es en el pudor donde se encuentra el origen de la utilización de *color*. Probablemente sea porque el orador o abogado que utiliza razones aparentes (si no falsas) debe ruborizarse (de *rubor -oris*, rojo, el color del derecho, por otro lado) cuando se extralimita. O porque es el pudor el que debe marcar el límite deontológico en la utilización de este tipo de razones.

El choque entre el rétor y el jurista es inevitable. El abogado busca defender a su cliente; el jurista, la solución más justa al caso. Resulta curioso observar cómo en la escasa utilización por parte de los juristas de este término aparece como sinónimo de motivo injustificado o ardid. Es verdad que en Ulp. 11 *ed.* D. 4.4.18.1 *incolorate* significa "sin motivo", pero véase este otro del mismo jurista (4 *fideicom.*D. 36.1.4) en que habla de los motivos subjetivos de repudio de una herencia por parte del heredero instituido: '*opinio, uel metus uel color*' (=la opinión, ya se trate de temor o de un pretexto) tiene que ver con la impresión que le produce en el ánimo al heredero designado en testamento la eventual aceptación de la herencia. Puede tratarse de un temor de que sea gravosa o de un pretexto o truco para repudiarla sin importarle otras consecuencias perjudiciales para terceros (por ejemplo, en el fragmento, que un fideicomiso se invalide). (v. ***sine onere***).

Característico del sentir de la Jurisprudencia es, a este respecto, el siguiente texto en que interviene el jurista Juliano (Ulp. 29 *ed.* D. 14.6.7 pr.):

> «Asimismo, si un hijo de familia hubiere prestado fianza, dice Neracio en los libros primero y segundo de las respuestas que deja de ser aplicable el senadoconsulto [el sc. Macedoniano por el que se prohíbe a los hijos de familia tomar dinero a préstamo sin la autorización paterna y, en caso de hacerlo, no quedan obligados a devolver la suma prestada]. Lo mismo dice Celso en el libro cuarto. Pero Juliano añade que si se hubiera buscado un pretexto (*si color quaesitus sit*), para que el hijo de familia, que había de recibir el mutuo, saliese fiador, habiéndose dado otro como deudor, perjudica el fraude hecho contra el senadoconsulto (*fraudem senatus consulto factam nocére*), y se ha de dar excepción, tanto al hijo de familia como al deudor, porque se favorece también al fiador del hijo».

Tras el *cólor iuris* de la supuesta fianza que asume el hijo hay en realidad la asunción de una deuda por un préstamo.

O este texto de Marcelo (7 *dig.* D. 24.1.49) que plantea el supuesto de una madre que entrega una finca suya al padre del hijo de ambos para que a su muerte quede finalmente para su hijo. «Si se buscó pretexto (*color, titulus*), por así decir, para una donación, la *traditio* no valdrá». Más adelante continúa:

> «De otra suerte, si ella se valió solamente de la mediación de él, e hizo esto o para que le fuera lícito hacer la revocación, o para que la cosa con todos sus emolumentos pasase después por medio del padre al hijo, ¿por qué no sería válido esto, lo mismo que si tal negocio lo hubiese concertado con un extraño, esto es, como si un extraño le hubiese hecho *traditio* con este objeto?».

El jurista advierte de la posibilidad de que la apariencia negocial –que el padre no reciba la finca como donada sino con el fin de asegurar que el hijo la obtendrá finalmente–, oculte un fraude –que el padre obtenga por donación una utilidad concreta–; pero no rechaza *de plano* el negocio. V. más adelante las donaciones entre cónyuges y la simulación.

Hay, no obstante, un ejemplo singular: el del famoso *cólor insániae* o razón de locura esgrimido largamente por los oradores (=abogados) romanos para apoyar la impugnación de aquel testamento en que un padre hubiese privado de todos sus bienes o hubiese dejado desproporcionadamente pocos a sus hijos. Para invalidarlos se solía atacar la salud mental del testador "cargando las tintas" con toda clase de indicios en ese sentido que pudieran hallarse. La frecuencia de estos casos hizo surgir un nuevo remedio procesal: la *querella inofficiosi testamenti*. El caso no nos resulta extraño hoy en día.

Marciano 4 *inst.* D. 5.2.2 expone con gran precisión el recurso procesal sirviéndose de nuestro término:

> «Se ejercita la querella de testamento inoficioso conforme a este motivo (*hoc colore*) a saber, como si no estuvieron en su sano juicio al disponer el testamento. Y se dice esto no como si verdaderamente un furioso o un demente haya testado, sino porque en realidad hizo uno legalmente testamento pero no conforme a los deberes de piedad (*non ex officio pietatis*); porque, si verdaderamente estuviese furioso o demente, sería nulo el testamento».

Estamos ante el surgimiento en el derecho de Occidente del concepto de la "legítima" o porción debida a los herederos llamados forzosos, que no deben ser desheredados sin motivo justificado ni preteridos (olvidados) por el testamento paterno. El influjo retórico en el derecho es evidente, pues el trillado argumento del *cólor insániae* acaba penetrando en la técnica de los juristas, pero transformado en otra cosa, como puede deducirse de la lectura de este notable pasaje de Marciano: ¡en una ficción jurídica! (v. también Marcell. 3 *dig.* D. 5.2.5). Ya la glosa medieval intuyó esta operación jurídica con clarividencia confrontando este supuesto con la acción Publiciana (basada en la ficción de haber usucapido la cosa poseída).

Se trata de una mera apariencia jurídica (*cólor iuris*) que señala por dónde debe buscarse la solución. Pero los juristas no se engañan: esa apariencia no tiene por qué responder a la realidad. Aunque es en el fondo irrelevante, como puede apreciarse en el texto de Marciano, porque en realidad la causa que inspira la invalidez del testamento es otra: la falta de piedad (o inoficiosidad; de *officium*, o deber moral) del padre con respecto, fundamentalmente, a sus hijos. (V. ***color insaniae***).

La expresión tiene que ver con lo que hoy ha resultado ser, a partir de las fuentes romanas, la simulación del negocio jurídico. Las máximas del derecho común «tiene una apariencia, pero otra sustancia» (*colorem habet, substantiam uero alteram*) –simulación relativa– o «tiene una apariencia, pero ninguna sustancia» (*colorem habet, substantiam uero nullam*) –simulación absoluta– se han acuñado tomando como base nuestro término.

Un ejemplo característico de simulación relativa es el de la compra (o *traditio* con causa de comprar) por un precio notablemente más bajo del venal que obliga a interpretar jurídicamente el negocio realizado como de donación (más exactamente *traditio* con causa de donar). Esto planteaba el problema de determinar qué hacer en el caso controvertido de donación entre cónyuges, prohibida por el derecho romano. Ya hemos visto un supuesto antes. En principio la solución debía ser la nulidad del negocio realizado (tesis de Juliano, que parece seguir Ulpiano 7 *disput.* D. 18.1.38). Neracio y Pomponio pensaban en cambio que si el marido no había realizado el negocio con intención de donar sino de vender, el negocio valía y lo que no valía era la rebaja, en la medida del enriquecimiento de la mujer, cuyo importe debía ser devuelto al marido: así, si una cosa que valía inicialmente quince, el marido la hubiese vendido por cinco, pero ahora la cosa vale diez, el enriquecimiento de la mujer es tan solo de cinco que es lo que deberá devolver (Ulp. 32 *Sab.* D. 24.1.5.5).

El verbo *simulare* (simular) lo encontramos como matriz del término jurídico actual en Iav. 6 *ex post. Labeon.* D. 24.1.64, un curioso caso de un ex marido que había hecho una donación a su ex mujer para que volviese junto a él. La mujer lo hizo pero después se volvió a divorciar. Había habido, pues, dos matrimonios y dos divorcios entre las partes. Javoleno cita a Trebacio quien basándose en el caso real de Terencia y Mecenas «respondió que si el divorcio –el primero, se entiende– había sido verdadero la donación era válida; pero si simulado (*simulatum diuortium*), no». También cita a Próculo y Cecilio que opinaban, sin embargo, que solo debía estimarse verdadero el divorcio «si había habido después otro matrimonio o la mujer se había quedado sin casarse durante tanto tiempo que no hubiera duda sobre el segundo matrimonio».

> «Habiéndose verificado el divorcio, un marido había dado ciertas cosas a su mujer para que volviese a él; la mujer había vuelto, y después se había divorciado otra vez; dice Labeón que Trebacio respondió a Terencia y a Mecenas que si el divorcio hubiese sido verdadero (*si uerum diuortium fuisset*), es válida la donación, y al contrario, si simulado (*si simulatum, contra*). Pero es verdad lo que opinan Próculo y Cecilio que es verdadero el divorcio (*uerum esse diuortium*), y es válida la donación hecha por causa de divorcio si había habido después otro matrimonio o la mujer se había quedado sin casarse durante tanto tiempo que no hubiera duda sobre el segundo matrimonio; de otra suerte, tampoco habrá de ser de valor alguno la donación».

Entre los múltiples ejemplos de simulación absoluta de las fuentes romanas veamos el siguiente, Hermog. 2 *iur. epit.* D. 19.1.49 pr.: el caso del vendedor de una finca rústica, destinada al cultivo, que mediante engaño (*per collusionem*) finge la existencia de un colono (*imaginarius colonus*) para que el interesado acabe comprando. Para hacer más creíble la apariencia creada, el vendedor llega incluso a hacerse responsable del colono y de las pensiones de los siguientes cinco años. Pero la apariencia no oculta nada detrás. Se trata –como el propio jurista afirma– de un *fraus*, fraude, destinado a mover al consentimiento al eventual comprador que quizás no contaba con alguien para explotar la finca y por eso no tenía intención de comprarla sin asegurarse previamente de que hubiese quien pudiera cultivarla; o bien quizás el vendedor le engañase con la identidad del colono (era en realidad uno diferente al que inspiraba confianza al comprador).

> «El que por colusión (*per collusionem*) creó un colono imaginario para engañar al comprador se obliga por la acción de compra, y no se defiende si, para que más fácilmente se oculte el engaño concertado (*excogitata fraus*), recibiera confidencialmente a un colono y las pensiones de un quinquenio».

Sobre estos casos y otros muchos del derecho romano se ha construido –como decíamos– la figura jurídica de la simulación y también el concepto de fraude de ley. Así el Código Civil español, cuya inteligencia es más completa con la casuística romana de origen, es heredero de esta tradición en su artículo 1276 que declara:

> «La expresión de una causa falsa [compra entre cónyuges, entrega de finca para reservarla para el hijo común sin donación de ninguna clase para el padre receptor, ...] en los contratos dará lugar a la nulidad, si no se probase que estaban fundados en otra verdadera y lícita [la donación entre cónyuges es la verdadera causa pero es ilícita en el derecho romano, donación ilícita de la finca al padre o percepción por este de algún emolumento, ...]».

Ecos de la casuística romana se dejan oír aun hoy también en el art. 755 del CC.: «Será nula la disposición testamentaria a favor de un incapaz, aunque se la disfrace bajo la forma de [*sub colore* –el añadido es nuestro–] contrato oneroso o se haga a nombre de persona interpuesta». O el art. 628 CC a propósito de la donación: «Las donaciones hechas a personas inhábiles son nulas, aunque lo haya sido simuladamente, bajo apariencia de otro contrato por persona interpuesta».

O respecto del fraude, el art. 6.4:

> «Los actos realizados al amparo del texto de una norma [compraventa entre cónyuges válida en el derecho romano, la fianza del hijo de familia, ...] que persigan un re-

sultado prohibido por el ordenamiento jurídico, o contrario a él [donaciones entre cónyuges en el derecho romano, el préstamo del hijo de familia, ...], se considerarán ejecutados en fraude de ley [v. ***fraus legi***] y no impedirán la debida aplicación de la norma que se hubiere tratado de eludir».

Como ejemplo de la regulación de otros códigos a este respecto, el Código Civil alemán (BGB) se distingue por su capacidad de abstracción y, así, ha preferido incluir un parágrafo, el 117, que de modo genérico se refiere al negocio aparente o simulado (*Scheingeschäft*) distinguiendo en sus dos párrafos la simulación absoluta, que da lugar a la nulidad, en el primero, y la relativa, que exige la aplicación de la normativa referente al negocio oculto, en el segundo. Como venimos diciendo, no obstante, es la casuística romana la que está en origen detrás de esta disposición, ayuda a integrarlo en su contexto y a entenderlo más plenamente. El influjo de las fuentes romanas en la actual doctrina germana se observa también lingüísticamente en la inclusión por parte de esta del latinismo *simuliertes* (*Geschäft*), (negocio) simulado, en su argot jurídico.

Sub condicione

(Sub condicióne)
Lit. *bajo condición.*

(V. ***pendente condicione***).

Sub iudice

(Sub iúdice)
Lit. *bajo el juez, pendiente de resolución judicial.*

Significado y contexto: La expresión indica que el litigio o conflicto entre las partes ha sido deducido en juicio, está en manos del juez y pendiente, por tanto, de su resolución. Se admite en nuestra lengua también como "*sub judice*". La fuente romana matriz, aquella en la que pusieron sus ojos los medievales para convertir la expresión en antológica, curiosamente no es jurídica sino literaria, aunque inspirada en el derecho. Se trata de Horacio, *ars* v. 78. El insigne escritor romano, al hablar de la disputa entre los gramáticos acerca de qué poeta fue el primero en escribir elegías, asevera: «*adhuc sub iudice lis est*» (el litigio está aún pendiente de resolución judicial), es decir, la cuestión aún no se ha resuelto, sigue sin aclararse. Hay otras fuentes literarias que la utilizan pero esta es la fundamental. Por cierto, es oportuno destacar aquí que litigio o pleito es en latín *lis* y no litis, como a menudo se lee en innumerables escritos jurídicos, sentencias judiciales, obras jurídicas doctrinales de ayer y hoy, ... Se trata de un error, que, sin embargo, se ha terminado por admitir por el DRAE (*error facit ius!* el error hace el derecho), pero que, a nuestro juicio, debería evitarse: o se escoge decir "la *lis*" (aunque es verdad que esta voz en nuestro idioma significa, proveniente del francés, "lirio") o bien, traducida, "el litigio". A nuestro juicio, *tertium non datur* (no cabe un tercer miembro o elemento en una división).

La expresión la vemos utilizada en las fuentes jurídicas con carácter técnico sin ese matiz generalizador que escapa ya del mundo del derecho, como vimos antes: en Afric. 9 *quaest.* D. 44.1.18 (en un caso de propiedad de un fundo, uno afirma ser propietario y otro reclama una parte; este pretende ejercitar a la vez la acción divisoria y que el entero asunto sea enjuiciado por el mismo juez *sub eodem iúdice*). En Gayo 4.104 y 109 (los juicios legítimos se celebran ante juez único *sub uno iudice*) y en C. 4.1.12.5 (sobre prestar juramento *sub ipso iúdice*, bajo el mismo juez).

(V. ***pendente lite***).

Successio

(Succéssio)
Lit. *sucesión.*

Significado y contexto: Sucesión significa genuinamente la colocación de alguien en la situación jurídica de otra persona ocupando el lugar dejado por aquella. Por eso se habla de una *successio in locum*, por ejemplo, *defuncti*, o sea, colocación en la posición jurídica –conjunto de derechos y deberes que determinan la situación jurídica– del difunto. Gayo, conectando el término con el de herencia (*heréditas*), que recibe así un sentido dinámico, declara que «la herencia no es otra cosa que la sucesión en el *uniuersum ius* (es decir, en la posición jurídica universal) que tuvo el difunto» (Gai. 6 *ed. prov.* D. 50.16.24). En idénticos términos a los de Gayo se expresa Juliano en 6 *dig.* D. 50.17.62. De modo similar, Africano (3 *quaest.* D. 50.16.208), que afirma que «el término "bienes" (*bona*), como el de "herencia", denota una cierta universalidad y el derecho de sucesión (*ius successionis*) y no cosas singulares».

La idea de la sucesión como transmisión del patrimonio del causante del lado activo y pasivo es de la época postclásica, como también lo es la distinción entre sucesión a título universal y a título particular, tanto *inter uiuos* como *mortis causa*, que recogen los códigos civiles modernos. Así vemos esta última en textos alterados como Paul. 3 *ed.* D. 2.14.17, que habla de la sucesión hecha mediante donación (*per donationem successio facta*); o D. 43.19.3.2, que habla de suceder *in locum* «por herencia, por compra o por cualquier otro derecho» (*hereditate uel emptione alioue quo iure*), y otros.

Se denomina también *successio in locum* la de los descendientes ulteriores de aquel con derecho a heredar pero que murió antes de hacerlo el causante (por ejemplo, los nietos *in locum sui patris* –en lugar de su padre– cfr. Gai. 2.156; id. 3.7; id 3.8; Ulp. D. 38.16.1.4-6, I. 2.19.2; 3.1.6; 3.1.15; Nov. 18.4 pr.; id. 118.1-3; id. 127 pr.-1): es lo que se conoce como "derecho de representación" (*iús representatiónis*) de los descendientes más próximos del progenitor premuerto.

Una expresión utilizada hoy es también ***successio possessiónis*** o (***successio in possessiónem***). Aparece en el ámbito de la usucapión (adquisición de la posesión de una cosa por su posesión continuada durante un cierto tiempo fijado legalmente). Se refiere al requisito de la continuidad de la posesión para llegar a usucapir la cosa. Si la posesión se interrumpe, es decir, si el usucapiente pierde la posesión de la cosa, el plazo de la usucapión se contará de nuevo desde el principio cuando la recupere. Sin embargo, entre el causante y su sucesor *mortis causa* se interpretó cabalmente que no debía producirse ese efecto; por el contrario, debería sumarse el tiempo que aquel poseyó la cosa al de su causahabiente.

Esta es la opinión de los juristas romanos: Javoleno (4 *epist.* D. 41.3.20) dice que «la posesión del testador le favorece al heredero si la cosa no ha sido poseída en el tiempo intermedio por nadie». Neracio (5 *reg.* D. 41.3.40) afirma que «ha quedado establecido que iniciada la usucapión por el difunto puede completarse incluso antes de aceptada la herencia». Paulo (32 *Sab.* D. 41.3.31.5) declara que «el tiempo vacío que transcurrió antes de aceptada la herencia, o después, le favorece al heredero para la usucapión».

Lo admitirá Justiniano en C. 7.31.1.3 (del año 531): «que se continúe para él –el usucapiente– también la justa posesión de su anterior poseedor» (*ut continuetur ei possessio etiam anterioris iusti possessoris*). Vid. también I. 2.6.12.

También se admitió, pero mucho más tarde, la continuación de la posesión entre el causante y el causahabiente en actos *inter uiuos*. En estos casos se habla de *accessio possessiónis* (accesión de la posesión; v. voz). Se constata en I. 2.6.13, que menciona un rescripto de los emperadores Severo y Caracalla como introductor de esta figura jurídica. Respecto de una venta dice Quinto Cervidio Escévola (*lib. sing. quaest. pub. tractar.* D. 44.3.14.1) «me serviré de tu accesión» (*utar accessione tua*).

Successio possessionis

(Succéssio possessiónis)

(V. **successio**).

Sui géneris

(Súi géneris)
Lit. *de su género, especial.*

Significado y contexto: Es una expresión muy común. Se admite en nuestra lengua también como "suigéneris". Predica de algo o de alguien que es propio de un género o clase determinada. De ahí que se utilice para indicar su carácter singular o especial.

Una vez vemos citada la expresión en el Digesto de Justiniano, concretamente en un texto del jurista republicano Alfeno (3 *dig. a Paulo epit.* D. 33.10.6 pr.) en el que se trata la cuestión, discutida por parte de la Jurisprudencia, de qué cosas deben entenderse incluidas dentro de la expresión "ajuar" (*suppélex*). En materia de interpretación (v. ***stricto sensu***) uno de los textos más importantes de nuestra tradición jurídica es precisamente el siguiente de Celso (9 *dig.* D. 33.10.7), también en torno a esta misma cuestión que en materia de legados era fundamental aclarar jurídicamente. Alfeno opina que pertenecen al ajuar todas aquellas cosas que estuviesen destinadas al uso común del jefe de familia que no tuviesen separadamente un nombre de su propio género (*sui generis nomen*). *Sensu contrario*, todo lo que no sea de uso común del jefe de familia ni se identifique como de una determinada clase o género especial no formará parte del ajuar. Pero ¿qué significa esto?

Pomponio (6 *ad Sab.* D. 33.10.1) aclara que en el ajuar, entendido como instrumento doméstico del *paterfamilias*, no se deben incluir la plata, el oro labrado ni los vestidos. Esta clase de cosas pertenece, pues, a otros géneros diferentes del ajuar. Pero ya Tuberón (l. 7.1) había advertido del cambio de costumbres en la sociedad romana en el sentido de que los utensilios domésticos, antes realizados en barro, madera o vidrio, no era inusual ahora verlos hechos de marfil, concha, plata, oro o piedras preciosas. El valor –como se ve– podía ser extraordinario y de ahí la cuestión jurídica. Hay que fijarse –dice Tuberón– más en la clase de cosa que en el material de que está hecha (*speciem potius rerum quam materiam intueri oportet* =se debe atender más a la especie o tipo de cosa que a su materia): la cosa podía, pues, destinarse a un uso *sui generis*, propio de su género y no al común del ajuar. Esta frase, por cierto, la hará suya Bártolo, el genial comentarista del siglo XIV, como criterio decisorio de la cuestión.

Paulo también se refiere al cambio de costumbres (de mayor molicie frente a la *seuéritas* de épocas anteriores) pero excluye en todo caso que una copa grande o cualquier jarra de plata puedan adscribirse al ajuar. Para Paulo (l. 3.3) los utensilios para comer o beber, ya sean vulgares (*uulgaria*), es decir, de vidrio o de barro, o ya de gran valor (*quae in pretio magno sunt*), de oro o plata maciza incluso o con piedras preciosas engastadas, no hay duda de que son del ajuar. De nuevo, no es la materia sino el uso que se hace de las cosas lo que hace adscribirlas al ajuar o no.

Sui iuris

(Súi iúris)
Lit. *de su derecho, independiente.*

Significado y contexto: Se emplea hoy con relativa frecuencia para aludir a la condición de independencia jurídica (en sentido laxo, de toda índole) de un sujeto determinado. Gayo, al comienzo de sus célebres Instituciones, habla de las personas (conforme a su conocido orden de materias en personas-cosas-acciones). La *summa diuisio* (o división lógica capital) relativa al derecho de personas es, según Gayo, la de hombres libres y esclavos. Pero la segunda división de personas es la de personas *sui iuris* y *alieno iure subiéctae* (sometidas a derecho ajeno). Este derecho o potestad de otro al que un sujeto puede verse sometido es de tres clases: *patria potestas* (patria potestad), *manus* (sobre la mujer que accedía mediante *conuentio in manum* a la familia del marido y quedaba sometida al cabeza de familia, que no tenía por qué ser el marido) y *domínica potestas* (o potestad dominical sobre los esclavos, potestad esta de derecho de gentes, no de derecho natural).

Libre de estas potestades, un sujeto *sui iuris* era independiente y, por tanto, poseía capacidad jurídica. El Digesto de Justiniano dedica un título entero (1.6) a esta división: «De los que son *sui iuris* y *alieni iuris*». En el fragmento cuarto de Ulpiano (1 *inst.*) dice el jurista Severiano:

> D. 1.6.4: «Pues de los ciudadanos romanos unos son jefes de familia (*patres familias*, que no debe traducirse en ningún caso como "padres de familia"), otros hijos de familia (*filii familias*). Son jefes de familia los *sui iuris*, tanto púberes como impúberes. De igual modo, las madres de familia. Hijos e hijas de familia son los *alieni iuris*...».

En la obra postclásica *Tituli ex corpore Ulpiani* (también conocida como las "Reglas de Ulpiano") encontramos la siguiente contraposición de personas (4.1-2): los *principes suarum familiarum* (jefes –o principales– de sus familias) –y aclara el texto: «es decir, el *pater famíliae* y la *mater famíliae*»–, por un lado, y los hijos de padres casados en justas nupcias que están bajo su potestad (*in potestate*), por otro.

Summatim

(Summátim)
Lit. *sumariamente, de modo abreviado.*

Significado y contexto: Tiene que ver en el derecho romano con un modo de proceder en época postclásica que, movido por la urgencia, obviaba los trámites formales ordinarios para resolver de modo expeditivo una cuestión o asunto jurídico inaplazable. Deja huella lingüística en la expresión moderna "juicio sumario". Cuando hoy en día hablamos de "sumariedad" en el ámbito procesal nos referimos precisamente a la agilidad en la tramitación de un proceso. La locución completa que encontramos en las fuentes es '*summatim cognóscere*' con respecto al juez o al Pretor. Los casos son muy diversos pero una circunstancia común el ellos era la no exigibilidad de prueba en apoyo de alguna alegación por alguna razón justificada que debía sopesar el órgano judicial.

Encontramos la expresión en el caso tratado por Paulo (3 *ed.* D. 9.2.40) de uno que alegaba que le habían borrado un documento por el que se le debía una suma de dinero bajo condición, pero que contaba con testigos para probar la deuda que quizás ya no estuvieran en el momento de cumplirse la condición. Alude el texto –quizás interpolado en esta parte– que si en juicio sumario lograra convencer de ello al juez, lograría vencer a la otra parte, aunque la ejecución de la condena solo sería posible cuando se hubiera cumplido la condición.

> «Por la ley Aquilia, si yo dijera que me borraron la escritura por la que se me hubiere debido cierta cantidad bajo condición, y entretanto pudiera yo probar esto también con testigos, testigos estos que pueden no existir al tiempo en que se cumple la condición, y si expuesto sumariamente (*summatim*) el asunto, yo llevare al juez a sospechar, deberé ganar. Pero entonces compete la exacción de la condena cuando se hubiere cumplido la condición de la deuda; porque si no so cumpliere, la condena no tendrá eficacia alguna».

En cuanto a las estipulaciones que el Pretor exigía a las partes para la buena marcha del procedimiento, Ulpiano (77 *ed.* D. 46.5.1.9) menciona el caso en que se dijera que la petición de ese remedio pretorio se hiciera para calumniar a la otra parte. El Pretor debía conocer sumariamente (*summatim cognoscere*) este extremo para averiguar si debía conceder la caución solicitada o no. Vemos aquí otra situación que daba pie a este modo abreviado de proceder: que la cuestión objeto de conocimiento sumario no era la de fondo.

> «Pero si hubiera alguna controversia, por ejemplo, si se dijera que por calumnia se pretende que se interponga estipulación, el mismo Pretor debe conocer sumariamente (*summatim cognoscere*) de este asunto, y mandar o denegar que se dé caución».

En los embargos judiciales podía suceder que se planteara controversia acerca de las cosas embargadas. Ulpiano (3 *de off. cos.* D. 42.1.15.4) informa de una constitución imperial de Caracalla en la que se decide lo siguiente:

> «Los mismos jueces que ejecutan la cosa juzgada (*qui rem iudicatam exsequuntur*) deben conocer también acerca de la propiedad, y si estimaran que pertenecen al demandado condenado, ejecutarán la cosa juzgada. Pero hay que saber que deben hacerlo en juicio sumario (*summatim eos cognóscere debére*) y que su sentencia no puede prejuzgar el derecho del deudor cuando estimaran quizá que alguna cosa debiera librase del embargo por pertenecer al que movió la controversia y no al deudor a cuyo nombre se hizo el embargo...».

Aquí la singularidad del supuesto que justifica la abreviación del procedimiento es que se deja a salvo que la cuestión de la propiedad de las cosas sea tratada en detalle y con todas las formalidades en un procedimiento ulterior sin que la causa se vea prejuzgada por la decisión anterior tomada en juicio sumario.

Summo rigore

(Súmmo rigóre)
Lit. *con sumo rigor.*

Significado y contexto: El término *rígor, -oris* m. significa rigor, entendido como severidad o aspereza pero también como rectitud (en alusión, por ejemplo, a la dirección recta de un curso de agua, o, en el ámbito jurídico, a la conformidad con el derecho). Conviene recordar las dos acepciones porque en derecho se mezclan. La primera es la más espontánea y directa. Su común sonoridad negativa fuerza a pensar en ella casi de inmediato. No obstante, como decimos, la segunda es también usual en el ámbito jurídico.

La explicación de estos usos lingüísticos la hallamos en el derecho romano. Allí encontramos la expresión *iúris rígor* o rigor jurídico empleada en los dos sentidos antes citados. Así, en D. 40.5.24.10 en materia de fideicomiso de libertad, donde aparece también la interesante expresión *ius suptile* (derecho sutil) utilizada en sentido peyorativo (uso que, por cierto, se mantiene hasta hoy; v. ***de apicibus iuris***). El principio de favorecimiento de libertad de un ser humano en esclavitud (*fauor libertatis* o favor de libertad) hace superar el derecho sutil (o, de otro modo, las enojosas sutilezas jurídicas) que entorpece la obtención de tan valorado bien. La conclusión del texto es elocuente: '*quod contra iuris rigorem pro libertate sint constituta*' (porque muchas cosas se han establecido a favor de la libertad contra el rigor del derecho).

> «Si alguien le hubiere dado la libertad directa a un esclavo pignorado, aunque en estricto derecho (*iure suptili*) parece que se la dejó inútilmente, sin embargo, el esclavo puede pedir, como si se le hubiere dejado la libertad también por fideicomiso,

> que se le haga libre en virtud del fideicomiso; porque el favor de la libertad (*fauor libertatis*) aconseja que interpretemos que las palabras del testamento son pertinentes también para la petición de la libertad, como si por fideicomiso se hubiere mandado que el esclavo sea libre; porque no es cosa ignorada que en favor de la libertad (*pro libertate*) se establecieron muchas disposiciones contra el rigor del derecho (*contra iuris rigórem*)».

Esta misma idea negativa en Ulp. 33 *Sab.* D. 24.1.32 pr. *in fine*, donde en materia de donaciones entre cónyuges se alude a un célebre rescripto o constitución imperial dirigida a «aliviar algo el rigor del derecho» (*ut áliquid laxáret ex iúris rigóre*).

Sin embargo, Mod. *l. sing. de enuc. cas.* D. 49.1.19, en materia de apelaciones, se dice que no vale aquella sentencia manifiestamente (*expressim*) dada *contra iuris rigórem* (es decir, contra lo que el derecho exige; o sea, una sentencia no recta). Por tanto, –dice el jurista– aunque se haya pasado el plazo para apelar (ha prescrito, dice lit. el texto) y se rechaza la apelación, no por ello debe entenderse confirmada la sentencia. Por el contrario, la causa –concluye– puede ser puesta en marcha *ab initio* (desde el principio v. ***ab initio***). En un inciso intermedio del texto se aclara el sentido del *iúris rígor*, quizás alterado pero ilustrativo del significado: «una sentencia no es conforme a derecho si de manera "especial" (*specialiter*) –término este extraño al sentido del *expréssim* anterior– se ha emanado contra las leyes, un senadoconsulto o una constitución». Es decir, si vulnera el derecho.

> «Si expresamente (*expressim*) se hubiere dado sentencia contra el rigor del derecho (*contra iuris rigorem*), no debe ser válida; y por lo tanto, aun sin la apelación se puede promover de nuevo la causa. No se emana en derecho sentencia si hubiere sido pronunciada especialmente (*speciáliter*) contra leyes (*contra leges*), o contra senadoconsulto, o contra una constitución. Por lo cual, si alguno hubiere apelado de tal sentencia, y hubiera sido repelido por la prescripción, no se confirma de ningún modo en virtud de esta prescripción la sentencia; por lo cual se puede ventilar la causa desde su principio (*ab initio*)».

Contra iuris rigorem significa, por consiguiente, "contra la ley y el derecho" (según la conocida hendíadis –una idea en dos términos, ley y derecho– que nuestras leyes acostumbran a reflejar como fórmula de estilo). Así el art. 103 de la CE habla del "sometimiento pleno a la Ley y el Derecho" –con mayúsculas por si hubiera duda de su relevancia– de la Administración Pública. Por otro lado, el art. 117 de la CE dice que los Jueces y Magistrados son «responsables y sometidos únicamente al imperio de la Ley».

Por otra parte, el adjetivo *summus, -a, -um*, significa "el más alto", "extremo". Se utiliza en sentido negativo para intensificar la aspereza o *rigor* del derecho. El *summus rigor* es, por tanto, una severidad radical que puede redundar en una injusticia manifiesta. Esto es lo que proclama la célebre máxima '*summum ius, summa iniuria*' (un derecho rigorista es rigor de injusticia) citada por Cicerón en su conocida obra *De officiis* (1.10.33) como dicho común y tradicional. Obsérvese que *rígor* y *iús* pueden intercambiarse en sendas expresiones: la rectitud del derecho se identifica con el derecho mismo que, no obstante, radicalizado, se vuelve rígido e injusto. El término que se contrapone desde el derecho romano a esta idea del derecho es el de ***aéquitas*** o equidad, entendida en un doble sentido: como criterio de interpretación que supera la literalidad de las normas (acepción esta próxima al llamado criterio teleológico), y como atemperamiento de la aplicación del derecho para hacerla más benévola.

Recordemos, para concluir, la usual expresión médico-forense, admitida en nuestra lengua, de *rigor mortis* o rigidez cadavérica, como la define el DRAE.

(V. ***ad litteram*****,** ***crux iuris*****,** ***stricto iure*****,** ***verba / voluntas*****,** ***veritas nominis***).

Suo tempore

(Súo témpore)
Lit. *a su (debido) tiempo.*

Significado y contexto: Las cosas, por principio, es conveniente realizarlas a su tiempo. En el ámbito jurídico, los sujetos de derecho, trátese de partes de un contrato o de un proceso, deben llevar a cabo actos que se ajusten a un momento o tiempo determinado. Este es el contexto del derecho romano donde hallamos en origen la expresión. En los casos en los que se encuentra, la constatación de la extemporaneidad de un acto sirve para expresar un reproche jurídico al sujeto agente con consecuencias sancionatorias para él, o para redimir de los efectos jurídicos negativos a terceros afectados, o incluso a quien o a quienes parece que obraron al margen del tiempo establecido.

Súo témpore es "a su tiempo", "en el momento que corresponda", ni antes ni después, como veremos inmediatamente. No tiene necesariamente que ver, por tanto, con supuestos de retraso en el cumplimiento de obligaciones o de actos procesales, aunque a la postre también. La locución latina contraria que contienen las fuentes es '*inopportuno tempore*' (cfr. Afric. 8 *quaest.* D. 46.3.39), en momento inoportuno, inoportunamente. En este mismo sentido es usado también el adjetivo *intempestiuus -a -um* (intempestivo). La expresión contiene un matiz de "deber ser" sobreentendido que es preciso captar para comprenderla perfectamente. No se refiere sin más al momento en que algo se hace o no, sino al instante o fracción de tiempo adecuada en que debe hacerse.

La acuñación se debe a los juristas romanos, pero, como casi siempre, es la Glosa medieval la que, a través de inteligentes conexiones de casos que tienen relación material entre sí, ha formado la mente de los juristas del sistema de derecho civil durante siglos hasta hoy.

Así, en un arrendamiento rústico el colono (arrendatario rústico) debe realizar las labores del campo *s. temp.* para evitar que el cultivo intempestivo (*intempestiua cultura*) deteriore la finca (Gai. 10 *ed. prou.* D. 19.2.24.3). Cfr. art. 1555 2º del CC español:

> «El arrendatario está obligado: 2º A usar de la cosa arrendada como un diligente padre de familia, destinándola al uso pactado; y, en defecto de pacto, al que se infiera de la naturaleza de la cosa arrendada según la costumbre de la tierra».

Veamos ahora este otro caso:

> Ulp. 32 *ed.* D. 19.2.13.1: «Si el dueño de una nave hubiere tomado en arriendo carga para transportarla a Minturna, y, no pudiendo aquella nave navegar por el río Minturnense, hubiere trasladado las mercancías a otra nave, y esta nave hubiere naufragado en la embocadura del río, queda obligado el dueño de la primera nave; pero dice Labeón que si no tiene culpa (*si culpa caret*), no se obliga, pero que si lo hizo o contra la voluntad del dueño (*inuito dómino*), o en el tiempo en que no debió (*quó non débuit témpore*), o si trasladó la carga a nave menos segura (*minus idónea*), entonces se debe ejercitar la acción de locación (*ex locato*)».

Un armador (*nauicularius*) se había obligado a llevar un cargamento por río hasta la ciudad de Minturna (situada entre Roma y Nápoles a algunos kilómetros de la costa). Pero, como no podía subir por el río Minturnense (el Liris), había traspasado la mercancía a otra nave que tuvo la desgracia de naufragar en la propia boca del río. Como es de imaginar, se hundió con toda la carga que llevaba. (Los naufragios de naves en las costas fueron muy frecuentes en la Antigüedad; de ahí que hoy en día la arqueología submarina constituya una disciplina en auge). A la pregunta de quién responde, el jurista augusteo Labeón afirma que el primer transportista no, si carece de culpa (*si culpa caret*). Esta afirmación es relevante porque atestigua cómo el concepto de culpa penetró en materia de contratos. Fue a través de la interpretación jurisprudencial de la *diligentia* (diligencia debida). Hemos visto antes precisamente un ejemplo en el CC español de empleo de esta última voz. Lo contrario a *bona fides* es *dolus* (dolo); y de la *diligentia*, la *culpa*. Por eso, si el primer naviero obró en contra de la voluntad del dueño o en un momento indebido (*quo non debuit tempore*) o en nave no idónea (*minus idónea*), entonces sí puede demándarsele con la acción de arrendamiento (*ex locato*).

Un caso curioso es sin duda el del crimen de tráfico de armas perpetrado por los propios miembros del ejército romano, muy grave, con calificación penal asimilada incluso a la deserción. Pero cuando se trataba de un soldado bisoño (*tiro*) la culpa no era de él sino del que le había confiado las armas de forma intempestiva, es decir, no *s. temp.*, porque se estimaba que al sujeto receptor le faltaban aún madurez y experiencia suficientes para asumir la responsabilidad de la custodia de las armas (Paul. *l. sing. de poenis mil.* D. 49.16.14.1). (Muy interesante la glosa '*Tempore*' a propósito de este caso).

> «Es grave delito haber enajenado las armas (*arma alienasse graue crimen est*), y esta culpa se equipara a la de la deserción (*ea culpa desertioni exaequatur*); ciertamente, si las enajenó todas; pero también si parte de ellas, pero por lo que importa (*nisi quod interest*). Porque si enajenó el tibial (*tibiale*) o el humeral (*humerale*), debe ser castigado con azotes (*castigari uerberibus debet*), pero si la loriga, el escudo, el yelmo, la espada (*si uero loricam, scutum, galeam, gladium*), es semejante a un desertor (*desertori similis est*). Al bisoño (*tironi*) se le perdona con más facilidad (*facilius parcetur*) este delito (*in hoc crímine*), y las más de las veces se le imputa esta culpa (*ea culpa imputatur*) al guarda de las armas (*armorum custodi*), si fuera de tiempo (*non suo tempore*) le confió las armas al militar».

También de interés es el supuesto siguiente en relación con el fraude de acreedores (Iul. 49 *dig.* 42.8.17.2):

> «Si el marido, queriendo defraudar a sus acreedores (*cum creditores suos fraudare uellet*), le hubiese devuelto de seguido a su mujer, disuelto el matrimonio, la dote que debió devolverle en el tiempo establecido (*statuto témpore*), la mujer responderá por esta acción de tanto cuanto les interesaba a los acreedores (*quanti creditorum intérerat*) que la dote fuese devuelta a su tiempo; porque el Pretor entiende que se comete fraude también en cuanto al tiempo (*nam praetor fraudem etiam in témpore fieri intéllegit*; [esta frase se hará regla conocidísima del *ius commune* europeo])».

Un marido, disuelto el matrimonio, había devuelto de manera inmediata la dote a su mujer. Pero, en el derecho romano, los maridos tenían un plazo de hasta tres años de devolución de las cosas fungibles pertenecientes a la dote. Se trataba de un fraude *in témpore* (en cuanto al tiempo) consistente en que el deudor renuncia intempestivamente a la ventaja temporal del plazo de que dispone para cumplir con su obligación con el fin de hacer menguar su patrimonio y engañar así a los acreedores. Aquí lo extemporáneo consiste en no esperar a hacer las cosas a su tiempo sino precipitadamente antes.

El caso siguiente es exquisitamente jurídico y a la vez tiene que ver con el humanitario principio de *fauor libertatis* (de favorecimiento de la libertad). Lo relata Ulpiano (5 *fideicom.* D. 40.5.26.2):

> «Como quiera que un tal Cecilio hubiese querido, que, pagado el acreedor, fuese manumitida por fideicomiso una esclava que había obligado en prenda, y no pagando los herederos al acreedor hubiesen sido vendidos por el acreedor los hijos que después habían nacido, resolvió por rescripto nuestro emperador juntamente con su padre, conforme a lo que le había parecido bien al Divino Pío, que, a fin de que los hijos no fuesen defraudados en la ingenuidad que se les había atribuido, hubieran

de ser ingenuos, restituido el precio al comprador, lo mismo que si su madre hubiese sido manumitida a su tiempo (*suo témpore*)».

Un tal Cecilio había constituido un derecho real de prenda sobre una esclava suya. Debía de sentir sincero afecto por ella porque en su testamento había dispuesto que, a través de fideicomiso, una vez pagado el acreedor y extinguida la prenda, se le diese la libertad a la mujer. Los herederos, sin embargo, no liberaron a tiempo la garantía, así que el acreedor vendió a los hijos que esta tuvo para satisfacer su crédito. Pero no era justo que a estos inocentes se les hiciese pagar la falta de diligencia de los herederos. Tenían una legítima expectativa de nacer libres que se había frustrado por el comportamiento negligente de aquellos en quienes había confiado el testador. Así pues, se determinó que, una vez que el comprador recibiera el importe de lo pagado por él, se considerara a los infantes como libres de nacimiento (*ingenui*) aunque no hubieran nacido *s. temp.*, o sea, después de la manumisión de la madre, sino antes.

La expresión también la vemos empleada en el lenguaje jurisprudencial en: Lab. *posterior. a Iav. epit.* D. 19.2.60 (a propósito de un arrendamiento de cosa con derecho a subarriendo *s. temp.*); Ulp. 33 *Sab.* D. 30.1.57 (también a propósito de una cosa gravada con un derecho real de garantía y dada en fideicomiso con protección al fideicomisario aunque este no actuase judicialmente *s. temp.*); Iul 4 *ex Minicio* D. 43.20.5.1 (un caso de dos personas que usaban un canalón de agua a horas determinadas cada una y que al cambiar los tiempos de uso, porque les convenía, se discutía si podían perder sus respectivos derechos por no uso en las horas debidas –*s. temp.*–); Tryph. 4 *disput.* D. 49.15.12.2 (un caso de usucapión que se interrumpía por caer cautivo el usucapiente salvo que hubiera dejado a sujetos que poseyeran la cosa –una finca– u otras cosas en su nombre, por lo que la usucapión se completaría *s. temp.*); Ulp. 3 *opin.* D. 50.4.4.1 (relevar de la asunción de una función pública [carga u honor, *munus uel honor*, –recuérdese el juego de palabras *honos, onus*, el cargo es una carga–] a una determinada persona por razones económicas era temporal hasta que *s. temp.*, por algún incremento patrimonial recibido, se le estimase idóneo para asumirla).

Supra

(Idem)
Lit. *arriba.*

Significado y contexto: Indicación que se realiza en una obra para dirigir la atención del lector a una parte o lugar anterior de esta. Muy utilizada por la glosa medieval del *Corpus Iuris Ciuilis*, al igual que el término opuesto ***infra***, a menudo en abreviatura **s.** o **i.** (con una raya encima) respectivamente, para dirigir al lector a un texto situado más atrás o más adelante del correspondiente a la obra en que se halla el que era objeto de comentario. También hemos visto cómo los juristas romanos utilizaban estos términos en modo análogo.

Supra vires

(Súpra uíres)
Lit. *por encima de las fuerzas, sobrepasado el activo de un patrimonio.*

Significado y contexto: El término *uis*, f. (en plural *uires, uirium*; abl. *uiribus*) tiene el significado de fuerza o violencia y posee en derecho una variedad ambivalente de acepciones. Por un lado, junto con *metus* (miedo o, mejor, intimidación), expresa uno de los vicios típicos del consentimiento (v. ***vis metusve***). Por otro, y particularmente en plural, da idea de las fuerzas, facultades o capacidad de algo o de alguien. Este es el sentido que adquiere en esta expresión que se aplica en el derecho romano a patrimonios diversos y se refiere a su activo. En un texto del Código Teodosiano (Graciano, Valentiniano y Teodosio, 8.8.4) se encuentra la expresión *uires fisci* con relación a la cuenta o caudal del Fisco.

En los textos en que aparece se refiere a diversas cosas. Así, –Ulp. 32 *Sab.* D. 24.1.15 (*supra uires dotis*, por encima del activo de la dote) alude al caso en que un marido da a la mujer una pensión anual o mensual que resulta excesiva con respecto a los beneficios o rentas que produce el patrimonio dotal. Lo que sobra, si es claramente desproporcionado (*satis immodicum*), debe devolverse al marido porque de otro modo habría donación por su parte). –Paul. 7 *quaest.* D. 26.7.43.1 (*supra uires patrimonio*, por encima del activo del patrimonio: un curioso caso de uno, hecho curador –o tutor quizás– de su sobrina, que promete una dote por encima de su activo patrimonial [por no percatarse de una deuda que apareció luego] y del que se duda en qué medida debe responder él o la mujer de ese exceso). –Ulp. 3 *opin.* D. 50.5.2.8 trata el supuesto de los maestros de primeras letras (de la enseñanza más elemental) que no quedan exentos de las cargas municipales, pero que no deben ser expuestos a abusos por lo que se encomienda al gobernador a que cuide «que no se les imponga nada que exceda de sus fuerzas» (*ne cui eorum id quod supra uires sit indicatur*).

Más común que esta expresión es la de ***ultra uires*** (v. voz), muy utilizada por el *Common Law.*

Suum cuique

(Súum cúique)
Lit. *a cada uno lo suyo.*

Significado y contexto: Los estudiantes europeos, y de otras muchas partes del mundo con el tiempo, desde hace siglos hasta nuestros días (antes de la Edad Media incluso), se han iniciado en el estudio del derecho a través de una conocida definición de la justicia con la que se abren las célebres Instituciones de Justiniano, probablemente el manual de derecho más influyente de todos los tiempos, y que reza así: «la justicia es la constante y perpetua voluntad de dar a cada uno su derecho (*ius suum cuique*)» (I. 1.1 pr.). Por el Digesto de Justiniano, que también la reproduce, sabemos que esa definición pertenece al jurista Ulpiano de su libro primero *De las Reglas* (D. 1.1.10 pr.). También de él es, además, la formulación de los famosos *Tria praecepta iuris* (o "Tres preceptos de derecho") entre los cuales de nuevo aparece (I 1.1.3 y D. 1.10.1) el de "dar a cada uno lo suyo" (*suum cuique tribúere*)– con un matiz diferente con respecto al texto anterior: que en el primero se habla de un dar a cada uno "su derecho" (o más exactamente, conforme al carácter casuístico del derecho romano, "su solución jurídica al caso") y en el segundo de "lo suyo", que es lo que refleja la expresión que ahora comentamos.

La diferencia, hoy a menudo olvidada, es significativa, porque la actividad del derecho no consiste en dar o atribuir cualquier cosa sino la solución más justa a cada una de las partes en litigio. El origen de esta idea de la justicia, en su doble aspecto conmutativo y distributivo, es aristotélico. Se ha dicho que su introducción se deba a los compiladores justinianeos. No está claro, aunque "dar a cada uno lo suyo" sea una fórmula tan trillada (no así la otra expresión) que refleja bien poco la finura de la actividad del jurista romano, pero sin llegar al extremo de pensar en una *Leerformel*, o fórmula vacía, como creía Kelsen.

T

Tabula rasa

(tábula rása)
Lit. tabla alisada (o raspada), tabla rasa.

Significado y contexto: Se admite en nuestra lengua que la traduce también como "tabla rasa", y es común en la expresión "hacer tabla rasa". Esta expresión proviene del ámbito de la filosofía, pero ha obtenido un amplio uso incluso coloquial. *Tábula* en latín significa plancha o tablilla. Se trata de un medio usual en la Antigüedad de plasmar la escritura, en cobre, bronce, piedra o madera; también la pintura (*tabula picta* es tabla pintada, es decir, "cuadro"). Se utiliza a menudo en plural: *tábulae públicae* eran los documentos públicos. En doce *tábulae* fue incisa la famosa ley del s. V a.C. (la *lex duódecim tabulárum* o ley de las XII Tablas) que fija en la cultura jurídica occidental, entre otras cosas, la exigencia de publicación de las leyes para que sean válidas (principio basilar del derecho plasmado hoy en las constituciones modernas; v. art. 9.2 de la Const. española). En la esfera privada, las *tábulae* registran actos jurídicos; por antonomasia, los testamentos. Las tablillas de madera o eran blanqueadas para escribir sobre ellas (*tábulae dealbátae*) como sucedió con los edictos de los magistrados (sobre el famoso *album*, o gran cartel blanco, pretorio), o eran enceradas, como era el caso de los negocios jurídicos antes mencionados. El *stilus* era el instrumento utilizado para realizar las incisiones en que consistían las letras con las que se componía el mensaje. Con uno de sus extremos con forma de espátula se corregía el texto alisando de nuevo la superficie. También se podía tachar trazando rayas paralelas encima, raspando: esto es lo que se denomina "cancelar" (y guarda analogía en su apariencia con los vallados, o precisamente cancelas, con los que se cierra un solar o finca). De ahí el término universal de "cancelar" con el significado de anular o invalidar.

Es con estas últimas con las que se relaciona nuestra expresión que proviene de Aristóteles (*De anima* 3,4,430a,1) y que es continuada en una línea doctrinal que va desde él a través de su comentarista Alejandro de Afrodisia (en su comentario al *de anima*, 84,25), pasando por los estoicos, hasta los filósofos medievales, san Alberto Magno (*De anima*, 3, 2, 17) y, sobre todo, santo Tomás (*Quaestiones de anima*, a 8, *Summa Theologica* 1,89,1,3). Más adelante, Locke (*Ensayo sobre el intelecto humano*, 2.1.2) recurrirá de nuevo a ella para oponerse a toda teoría innatista. Frente a esta opinión se coloca la conocida de Leibniz, que admite la existencia de principios impresos en el espíritu por los que podrán ser reconocidas las sensaciones.

Los matices filosóficos son variados pero la idea básica es esta: que la mente o espíritu humano es como un documento limpio, libre de toda escritura, que se conforma a través de la información que progresivamente recibe. Esto, llevado al terreno de las sensaciones, conduce a la variante que estima que el espíritu es el resultado de su configuración gradual a través de las impresiones provenientes del exterior que se van plasmando en él. El aforismo '*nihil est in intellectu quod prius non fuerit in sensu*' (nada hay en el intelecto que no haya estado antes en el sentido) tiene evidente relación con esta idea.

"Hacer tabla rasa" significa destruir por completo algo, anularlo. Por ejemplo, es lo que acontece en el derecho internacional cuando un Estado pasa a regir un territorio antes perteneciente a otro Estado: que las obligaciones, contraídas a través de tratados, de este último no le afectan al nuevo, que hace tabla rasa con ellas.

Sin embargo, no siempre ocurre así en derecho: es universalmente célebre el caso que relata Marcelo (29 *dig.* D. 28.4.3) de la cancillería de Marco Aurelio a propósito de un testamento cuya institución de heredero apareció raspada (es decir, anulada) por el propio testador, pero que contenía intactas las disposiciones relativas a legados y ciertas manumisiones de esclavos. La posición del Fisco era clara: si se cancela la institución de heredero, se anula el testamento entero y, por tanto, al resultar los bienes vacantes, son reclamables por él (es ancestral la voracidad del Fisco). Podría decirse que, jurídicamente hablando, el testador había obrado como si hubiera hecho *tabula rasa* con su entero documento. No obstante, la decisión imperial fue la contraria, y se recuerda en la historia del derecho como un "caso célebre" de superación del derecho estricto: en parte, por un principio de humanidad (***favor libertatis***, favorecedor de la libertad de los esclavos cuyos nombres no habían sido borrados) y en parte también por conceder prioridad en el caso, según las circunstancias que no conocemos con todo detalle, a la voluntad del disponente, que parecía clara a favor de la validez de estas otras previsiones suyas. Esto era así aun cuando su conducta podría decirse que incurría en una *ignorantia iuris* o ignorancia de derecho que en puridad no debería excusarle. (V. texto en ***ad conservandum***).

Talio

(Tálio)
Lit. *talión.*

Significado y contexto: En el derecho romano se refiere a la conocida ley del "ojo por ojo y diente por diente" que inspira en general la actuación de los pueblos en la Antigüedad remota, como se puede observar por ejemplo en los relatos de episodios bélicos o de ofensas entre pueblos en el Antiguo Testamento. En Roma, fue la ley de las XII Tablas del siglo V a. C. la que comenzó a poner coto a la libre actuación de este primitivo precepto que, en el ámbito jurídico, se inscribe técnicamente en el marco de lo que se denomina "autotutela". Así, la primera vez que en el derecho romano aparece la palabra "pacción" de la que va a derivar el concepto jurídico de "pacto", tiene que ver con una composición de paz que las partes realizan con ocasión de una ofensa grave, y que puede terminar, no en un contraataque de la parte ofendida, sino en un arreglo económico que zanje definitivamente las cosas. (V. ***pactum***). No es extraño que a esta conocida ley se le conceda el honor de constituir, en la historia del derecho, un hito entre dos épocas, la arcaica y la preclásica.

Recordemos, no obstante, que la autotutela no está del todo excluida legalmente aún hoy, como sucede con la "legítima defensa" cuyo origen como concepto parte de conocidos casos del derecho romano, tenidos en cuenta por el derecho común (particularmente por los tratadistas italianos Bártolo y Baldo) que, a partir de ellos, acuñaron definitivamente el concepto y fijaron sus límites: véase, por ejemplo, Alf. 2 *dig.* D. 9.2.52.1, el caso de un posadero al que le había hurtado alguien un farol. Después de perseguir al ladrón y aprisionarlo, se inició una pelea entre ambos, a resultas de la cual el posadero acabó quitando un ojo de un puñetazo al ladrón. La cuestión surgida entre los juristas romanos no era otra que la planteada en el moderno derecho penal: si la agresión efectuada había sido legítima o no. (V. ***se defendendo***).

Tantundem

(Tantúndem)
Lit. *término.*

Significado y contexto: *Tantusdem, -adem, -umdem* significa "otro tanto igual", "de igual tamaño o precio". El neutro *tantumdem* (corrientemente *tantúndem*), cuyo genitivo es *tantidem*, lo vemos ocasionalmente utilizado en la literatura latina, pero donde ha dejado profunda huella es sobre todo en las fuentes jurídicas. Se contrapone en cierto modo a la expresión '*idem*' (aceptada esta en nuestro idioma) que alude a "exactamente lo mismo", la misma cosa, y no, otra de idénticas cualidades e igual especie (y de ahí a *totidem*, tantos iguales). Responde a ciertas preguntas acerca de qué y cómo; por antonomasia, qué y cómo ha de ser lo que el deudor está obligado a entregar en pago al acreedor. Por el laconismo de su formulación, que evita la excesiva verbosidad de la expresión completa «otro tanto del mismo género y calidad» (*tantundem eiusdem generis et qualitatis*), y la frecuencia de su uso doctrinal a lo largo de la historia del derecho europeo continúa siendo aconsejable su empleo moderno.

En un conocido texto del libro segundo de las Reglas de Oro de Gayo (D. 44.7.1.2), en relación con el préstamo simple o mutuo, se lee:

> «La dación en mutuo consiste en aquellas cosas que constan de un peso, número o medida (*quae póndere, número, mensuráue constant,* [giro este del latín jurídico muy conocido]), como el vino, el aceite, el trigo, el dinero contante, cosas que damos para hacerlas del accipiente y recibir luego otras del mismo género y calidad (*eiusdem generis et qualitatis*). También el comodatario –continúa el texto en el §. siguiente– nos queda obligado por la cosa, pero él está obligado a restituir aquella misma cosa que ha recibido».

En otro texto de Pomponio (27 Sab. D. 12.1.3) se plantea la cuestión de aquellos préstamos simples en que las partes no hayan estipulado nada a propósito de la calidad de lo que ha de devolverse por parte del mutuario. ¿Podrá el deudor devolver una cosa de peor calidad? La respuesta es negativa y la argumentación sutil, porque salva la naturaleza de derecho estricto de la acción del préstamo: en efecto, "en el contraer" (*in contrahendo*, expresión cara a Jhering, por cierto) ha de tenerse por previsto *(pro cauto)* aquello que las partes han realizado, es decir, las actuaciones y comportamientos de las partes en ese proceso negocial (el *id quod actum*), y de este criterio se deduce que se ha de restituir un *quid* «del mismo género y de la misma bondad» (*eiúsdem géneris et eádem bonitáte*).

> «Cuando hubiéremos dado alguna cosa en mutuo, aunque no hayamos prevenido que se nos devolviese otra igualmente buena, no le es lícito al deudor devolver otra peor, que sea del mismo género, por ejemplo, vino nuevo por otro añejo; porque al contratar (*in contrahendo*) se ha de tener por expresado lo que se trata (*quod agitur pro cauto habendum est*), y se entiende que se trata esto, que se pague con cosa del mismo género y de la misma calidad, que la que se dio (*ut eiusdem generis et eadem bonitate soluatur, qua datum sit*)».

El término lo utiliza Papiniano en un texto (9 *quaest.* D. 16.3.24) relativo a un caso de controvertida calificación jurídica: la entrega de unas monedas confiando su guarda hacía pensar en un depósito, pero no quedaba claro si había de devolverse exactamente las mismas monedas (*eadem córpora nummorum*, las mismas piezas) o si se había convenido en pagar el *tantundem*, en cuyo caso se sobrepasaban claramente los límites del depósito (*egréditur ea res depósiti notíssimos términos*, v. ***terminus***). Si era esto último, resultaba evidente para el jurisconsulto que no había que devolver "lo mismo" (*non idem*). La cuestión tenía que ver con la de la posible exigencia de intereses, que en caso de préstamo deben estipularse expresamente, pero tratándose de depósito, aun no siendo Papiniano favorable en principio a ellos antes de constituirse el deudor en mora, no los excluye.

> «"Lucio Ticio saluda a Sempronio. Te hago saber por esta carta escrita de mi mano, para que lo tengas entendido, que están en mi poder las cien monedas que en este día me has encomendado por entrega hecha por el esclavo Estico, administrador; las cuales te entregaré al momento, cuando quieras, y donde quieras". Se pregunta por causa del incremento de los intereses. Respondí que tiene lugar la acción de depósito; porque ¿qué otra cosa es encomendar, que depositar? Lo que es verdad de este modo, si se hizo esto para que se devolviesen las mismas monedas (*córpora nummorum eadem*); porque si se convino que se diese en pago otra tanta cantidad, el negocio excede de los conocidísimos términos del depósito (*egréditur ea res depósiti notíssimos términos*). En cuyo caso, si no hubiera la acción de depósito, porque se convino que se devolviera otra tanta cantidad, no las mismas monedas, no se ha de decir fácilmente que se tenga cuenta de los intereses. Y se halla ciertamente establecido que en los juicios de buena fe, por lo que atañe a los intereses, pueda tanto el oficio del árbitro, como la estipulación; pero es contra la buena fe y la naturaleza del depósito reclamar intereses, antes de incurrir en mora, de aquel que hizo beneficio en recibir el dinero; pero si desde un principio se convino sobre la prestación de intereses, se observará la ley del contrato (*lex contractus seruábitur*)».

Celebérrimo en la doctrina romanística es el caso conocido como de la "Nave de Saufeyo" que plantea el jurista republicano Alfeno Varo (D. 19.2.31) a propósito del negocio llevado a cabo entre unos comerciantes o mercaderes (*mercatores*) y el naviero (*nauta*) consistente en la carga del trigo de aquellos en común, es decir, sin separar, en la bodega del barco y ulterior transporte por mar u otra vía navegable (el texto no lo especifica).

> «Habiendo mezclado muchos su trigo en la nave de Saufeyo, Saufeyo había devuelto a uno de ellos su trigo de la masa común, y había perecido la nave; se preguntó, ¿acaso pueden los demás ejercitar contra el patrón (*cum nauta*) por su respectiva parte de trigo la acción de retiración de la carga? Respondió, que hay dos géneros de cosas dadas en arrendamiento, o para que se devuelva lo mismo (*ut aut idem redderetur*), como cuando se dan al lavandero vestidos para que los cuide, o para que se devuelva cosa del mismo género (*aut eiusdem generis redderetur*), como cuando se diese a un artífice plata copelada para que se hicieran vasos, u oro, para anillos; por la primera causa la cosa permanece del dueño (*rem dómini manere*), por la segunda se constituye en crédito (*in créditum iri*). Que el mismo derecho hay en el depósito; porque si alguno hubiese depositado dinero contado, de suerte que no lo entregase ni encerrado, ni sellado, sino que lo contase, aquel en cuyo poder hubiese sido depositado no debe ninguna otra cosa, sino pagar otra tanta cantidad; según lo que, parece que el trigo fue de Saufeyo y que fue bien entregado. Pero que si encerrado por separado con tablas, o en cestos, o en otra cualquier barrica, el trigo hubiese sido de cada cual, de manera que pudiera reconocerse cuál fuese de cada uno, no pudimos hacer la permuta, sino que entonces aquel de quien hubiese sido el trigo, que el patrón hubiese entregado, podía reivindicarlo; y que por esto desaprobaba él las acciones de retiración de la carga (*actiónes óneris auersi*), porque si las mercancías, que se entregasen al patrón, fuesen de tal género que inmediatamente se hiciesen de él, y el mercader se constituyese en acreedor (*et mercator in creditum iret*), no pare-

> ría que se retiró la carga, porque habría sido del patrón, y si debiera devolverse la misma cosa que se hubiese entregado, tiene el arrendador la acción de hurto, y es por consiguiente superflua la acción de retiración de la carga. Pero que si se hubiese dado la cosa de suerte que pudiera hacerse pago con otra semejante, debe el arrendatario solamente la culpa; porque respecto a lo que por causa de uno y de otro se contrata, se debe la culpa, y absolutamente no hay culpa en que hubiese devuelto a uno solo su parte de trigo, porque habría sido necesario que se la devolviese primeramente a alguno, aunque hiciera mejor la condición de este que la de los demás».

A uno le devolvió su parte extraída de la masa común, pero la nave naufragó luego y no pudo hacer lo propio con los demás. Para responder al caso, Alfeno se pregunta por las clases de arriendo: «hay una en que se devuelve lo mismo –*idem*– (como cuando se dan ropas a un tintorero para que las limpie), otra en que se devuelve algo del mismo género –*eiusdem generis*– (como cuando se da a un joyero plata purificada para que haga vasos, u oro para que haga anillos). Lo mismo vale en el depósito, pues si uno depositase una cantidad no entregándola cerrada ni marcada con señal sino que simplemente la contase, ninguna otra cosa debería el que lo recibió en depósito sino el pago de cantidad igual (*tantundem pecúniae*)».

Precisamente esta opinión –en consonancia con la de Papiniano anteriormente referida– se aduce en el derecho español como precedente para interpretar la solución ofrecida por el CC español al depósito de dinero con facultad de uso (de disposición más bien): el art. 939 del Código Civil austriaco, al que García Goyena hacía referencia como modelo es sus célebres *Concordancias*, declaraba: «Cuando el depositario tiene permiso de servirse de o usar de la cosa, el contrato cambia de naturaleza; y ya no es depósito sino préstamo o comodato». Similar es, en efecto, el art. 1767 del Código Civil español, que tampoco da entrada a la figura del depósito irregular: «Cuando el depositario tiene permiso para servirse o usar de la cosa depositada, el contrato pierde el concepto de depósito y se convierte en préstamo o comodato». Y el párr. 2º declara: «el permiso no se presume, debiendo probar su existencia». Cfr. arts. 306 y 307 del C. de Com. sobre el depósito mercantil, que –sobre todo el art. 307– parte de la misma distinción de supuestos que el texto de Alfeno.

El caso giraba en torno a si el naviero o patrón (*nauta*) había entregado conforme a derecho la porción de trigo correspondiente a uno de los mercaderes. Si se trataba de préstamo, el naviero hizo suya la mercancía y por tanto no obró mal. Al contrario habría sido si no hubiera habido mezcla (lo que se denominaba técnicamente *auersio*) sino que se hubiera identificado en cada caso el trigo de cada uno, y el naviero no hubiera entregado el relativo al mercader beneficiado. En tiempos de Alfeno (finales de la República) había una acción específica (la *actio oneris auersi*, o acción de carga mezclada, o de retiración de la carga) que servía para reclamar de los navieros las cantidades que hubiesen sido sustraídas por estos de las mercancías transportadas. Alfeno no la considera aplicable tanto si se estimaba que se trató de un préstamo como si se consideraba que era un arriendo que admitía el pago con cosa semejante (*in símili re*). Pero incluso si se trataba de devolver la misma cosa le resultaba preferible el ejercicio de la acción de hurto antes que el citado remedio, cuya importancia fue gradualmente disminuyendo hasta desaparecer en época de Augusto.

El moderno derecho marítimo, inscrito en el derecho mercantil, debe mucho más de lo imaginable a casos e instituciones del derecho romano. Basta con alegar un dato hasta ahora desconocido: que el nivel e intensidad del comercio marítimo y terrestre alcanzado por Roma en la etapa del Imperio, según los recientes hallazgos de la arqueología, solo fue alcanzado por Europa a partir del s. XIV. El supuesto anterior se calificaría hoy en día como de contrato mercantil de transporte por la presencia de comerciantes, de un lado, del profesional transportista, de otro, e incluso porque se refiere a una modalidad de transporte especialmente aplicable a géneros de mercaderes. Aunque hoy lo hayamos olvidado, el texto y el caso referido era harto conocido por la doctrina del *ius commune.*

Marciano (3 *reg.* D. 19.5.25) relata un interesante supuesto de contrato innominado basado en la dación de trabajos artesanales o industriales a cambio de otros.

> «Si alguno hubiese dado mutuamente obras fabriles de un esclavo, para recibir otras tantas, puede él ejercitar la acción *praescriptis uerbis* (por palabras preescritas); como si hubiese dado capotes, para recibir túnicas. Y no es esto contrario a que si por error se dieron obras no debidas, no pueden estas repetirse; porque dando una cosa para que se devuelva otra, podemos obligarnos por derecho de gentes. Pero lo que se da, no siendo debido, debe repetirse, o ello mismo, u otro tanto del mismo género (*aut ipsum repeti debet, aut tantundem ex eodem genere*), y de ninguno de estos modos pueden repetirse las obras».

Al no poder devolverse exactamente los mismos trabajos (*totidem*) el negocio no podía calificarse sin más como de préstamo simple. Era similar en cuanto a su naturaleza al de permuta (dar capotes para que se dén a cambio túnicas). El jurista no da relevancia al hecho de que en este caso, si se da cosa indebida por error, no pueda repetirse (reclamarse) exactamente lo mismo (*ipsum*) u otro tanto del mismo género (*tantundem ex eodem genere*).

Los juristas romanos utilizan la expresión en otros contextos (Gai. 2.188 a propósito de los fideicomisos y de las atribuciones *mortis causa* que se dicen en muchos casos *tantundem,* que valen lo mismo; o Cels. 6 *dig.* D. 42.1.13 pr. en el contexto de garantía de obligaciones) pero este es el más usual y el que ha llegado hasta nosotros. Es literal la traducción que de esta locución hace el art. 1740 párr. 1 del Código Civil español que recuerda mucho el texto de Gayo (en realidad, bebe a la postre de él) e incluso al de Alfeno, aun referido este a arrendamientos:

> «Por el contrato de préstamo, una de las partes entrega a la otra, o alguna cosa no fungible para que use de ella por cierto tiempo y se la devuelva, en cuyo caso se llama comodato, o dinero u otra cosa fungible, con condición de devolver otro tanto de la misma especie y calidad, en cuyo caso conserva simplemente el nombre de préstamo».

En la versión moderna hemos cambiado en la expresión la referencia al género por el de la especie. Cfr. art. 312 C.Com.

Tempus delicti

(Témpus delícti)
Lit. *tiempo del delito.*

Significado y contexto: La expresión completa es '*tempus delicti commissi*', tiempo del delito cometido. Como tal no se encuentra en el derecho romano sino en los autores del *ius commune*, pero se inspira en soluciones dadas por aquel. En efecto, el derecho penal romano, con todas sus imperfecciones, representa un hito fundamental en la historia del derecho penal europeo. Bien es verdad que sufre el duro reproche que la autoridad de Cesare Beccaria le dirige ya en las palabras iniciales de su conocida obra "De los delitos y de las penas", con las que reprueba acremente la tosquedad e injusticia del derecho contenido en la compilación justinianea y su ulterior desarrollo por los autores del *ius commune*. Como sucede a menudo con aquella crítica que pretende abrir una nueva vía doctrinal o concepción radicalmente diversa, es decir, romper con lo aceptado hasta entonces, termina por no ser del todo justa con la real aportación de la ciencia anterior.

Uno de los autores que Beccaria cita *ex professo* es Próspero Farinaccio que es en quien, por ejemplo, encontramos nuestra expresión: *Variarum quaestionum et communium opinionum criminalium, Liber Primus, De inquisitione, Quaest.* VIII, 105, f. 65 (*apud Io. Variscum et Paganinum de Paganinis*, Venetiis, 1589). Se trata de uno de los especialistas indiscutibles del derecho penal anterior a Beccaria. Farinaccio acude al derecho romano para formular el principio según el cual el tiempo para determinar la pena aplicable no es el de la sentencia sino el de comisión del delito (*in puniendis delictis non senténtiae sed delicti tempus atténditur*), y cita a continuación los textos romanos de apoyo que son: Iav. 9 *epist.* D. 47.10.21 («la estimación de las injurias no debe referirse al tiempo en que se juzga sino a aquel en que se han hecho» –*non ad id tempus quo iudicatur sed ad id, quo facta est*–); D. 48.19.1 pr. («Se determinó, que cuando se trata de delito no debe uno sufrir aquella pena que permite la condición del mismo al tiempo en que respecto a él se pronuncia la sentencia, sino la que sufriría si sobre él hubiese recaído la sentencia al tiempo en que hubiese delinquido» –*eo tempore...cum deliquisset*–). En idéntico sentido Ulp. 23 ed. D. 11.3.5.4 y C. 9.22.21.2 (de Constantino).

Farinaccio podría haber citado otros textos: por ejemplo, Ulp. 37 *ed.* D. 47.2.50 pr. referido al hurto en que para determinar la pena (de carácter pecuniario con respecto a un delito privado como era inicialmente el hurto) debía referirse la estimación (luego multiplicada por dos, tres o cuatro según el tipo; de ahí la idea moderna de "multa") al tiempo de comisión del hurto (*in id tempus, quo furtum factum est*).

El tiempo del delito tiene que ver con la moderna exigencia constitucional y legal de la *lex praeuia* (ley anterior) y con el principio de irretroactividad de las leyes penales de régimen más desfavorable para el reo. Así arts. 9.3 y 25.1 de la Constitución española. Por su parte el Código Penal español declara: «No será castigada ninguna acción ni omisión que no esté prevista como delito o falta por Ley anterior a su perpetración». El art. 2.2 del CP establece a su vez: «No obstante, tendrán efecto retroactivo aquellas leyes penales que favorezcan al reo, aunque al entrar en vigor hubiera recaído sentencia fime y el sujeto estuviese cumpliendo condena».

El principio de favorecimiento del reo en el que se inspira esta última disposición tiene que ver con percepciones jurídicas antiguas. Así, 1. Hermog. 1 *epit.* D. 48.19.42: «En la interpretación de las leyes las penas deben atenuarse antes que endurecerse»; 2. Elevado a regla jurídica en el emblemático título 17 del libro 50 del Digesto, Paul. 65 *ed.* L. 155: «En las causas penales se ha de interpretar con mayor benignidad (*in poenalibus causis benignius interpretandum est*)»; 3. Referente al mundo civil, en cuanto al efecto negativo de la desheredación: Paul. 1 *Vitell.* D. 28.2.19 *in fine* declara que «las desheredaciones no se deben facilitar» (*exheredationes non essent adiuuándae*); 4. Mod. D. 1.3.25: «Ninguna razón de derecho o benignidad de equidad tolera que lo que se ha establecido saludablemente por interés de los hombres, nosotros, con interpretación más dura, lo endurezcamos para desventaja suya». Debemos reparar en cuanto al primer texto que se halla en uno de los llamados *libri terribiles* o libros terribles del Digesto –el propio nombre suena intimidatorio–, es decir, aquellos que trataban de la materia penal (ll. 48 y 49). Respecto de este último texto, a su vez, debe advertirse que su ubicación al comienzo del Digesto se debe a la intención de los compiladores de otorgarle máxima relevancia jurídica por su valor técnico y humano. (V. ***favor innocentiae***).

El art. 7 del CP exige que «a los efectos de determinar la ley penal aplicable en el tiempo, los delitos se consideran cometidos en el momento en que el sujeto ejecuta la acción u omite el acto que estaba obligado a realizar.»

La casuística romana es muy rica al respecto. Así, respecto del llamado *furtum manifestum* o hurto flagrante, castigado con pena pecuniaria más severa que el no flagrante, la Jurisprudencia romana determina que para establecer si un ladrón es manifiesto o no ha de considerarse el momento inicial, es decir el de comisión del delito (*initio, id est faciendi furti tempore* Paul. 9 *Sab.* D. 47.2.6). En el fragmento siguiente a este (Ulp. 41 *Sab.* D. 47.2.7 pr.) se describe el siguiente caso: uno ha cometido un hurto siendo él de condición servil pero después resulta manumitido y es entonces cuando se le sorprende con la cosa hurtada. La respuesta de Pomponio es que ha de atenderse al *origo furti* (origen del hurto) por lo que no puede estimarse el hurto como manifiesto. El delito se había cometido en un tiempo anterior, aunque más tarde se encontrara la cosa en su poder. (V. ***in flagranti delicto***).

Más alusivos al nexo causal aunque con evidente relación con el *t. delicti* son los casos que, a propósito de la ley Aquilia, movieron incluso a controversia a los juristas romanos; por ejemplo este: uno hiere mortalmente a un hombre pero, antes de que muera, otro le inflige el golpe de gracia que le produce una muerte más rápida. Juliano (Iul. 86 *dig.* D. 9.2.51 pr. 9.2.51 pr.) opinaba que ambos hechos entraban en el tipo penal de *occídere* (matar) de la ley; pero Celso seguido de Marcelo y de Ulpiano (Ulp. 18 *ed.* D. 9.2.11.3) estimaban, sin embargo, que el primero debía encuadrarse en el *uulnerare* (herir) y el segundo en el matar (*occídere*). Esta interpretación era más beneficiosa para el primer agresor. (V. textos en ***sine qua non***). Similar es el caso en que uno hiere mortalmente a un hombre, pero después se acelera su muerte por ruina, naufragio u otro golpe recibido. Aquí se considera que no debe demandársele por muerte al agresor porque los hechos posteriores (por ejemplo, el desplomamiento de un edificio sobre la víctima) hacen dudar sobre la virtud mortífera de la herida ocasionada (Ulp. 18 *ed.* D. 9.2.15.1).

El tiempo del delito tiene que ver con el llamado ***iter críminis*** (lit. camino del delito), es decir, con el proceso de realización del delito desde su ideación hasta su consumación. En principio solo son punibles las acciones que consisten en la ejecución (si es fallida se habla entonces de tentativa) y consumación del hecho delictivo. También aquí el derecho romano aporta materia relevante a la ciencia jurídica penal. Así, el derecho penal moderno acoge como principio válido el siguiente: *cogitationis poenam nemo patitur* (lit. nadie sufre pena por el pensamiento, es decir, por la mera intención delictiva). Formulado exactamente de este modo procede también de los *libri terribiles* justinianeos Ulp. 3 *ed.* D. 48.19.18. Pero Beccaria guarda sorprendente silencio a este respecto. La célebre máxima tenía que ver en origen con un curioso edicto, llamado hoy doctrinalmente "de retorsión" por ser inspirador de la conocida institución del derecho internacional público, que hacía referencia al caso en que un magistrado a cargo de la jurisdicción hubiese decretado una solución inédita (de derecho nuevo o *noui iuris*) e injustamente perjudicial con respecto a alguien. El edicto le obligaba a tolerar que, si él mismo se hallara en esa situación en el futuro, se le aplicase también la solución dada por él a petición de la otra parte actuando como adversario. También se extendía al supuesto del que obrando como parte procesal hubiese obtenido algo en relación con la parte contraria y, posteriormente, teniendo a esta como adversario procesal, le reclamara la misma solución que se le dio a ella en su día.

> «Los términos del edicto: "Lo que ha establecido al frente de la jurisdicción" –dice Ulp. 3 ed. D. 2.2.1.2– los entendemos no como de mera palabra sino llevados a efecto (*cum effectu accípimus, non uerbo tenus*). Y así si, queriendo establecer algo, no se le ha prohibido ni ha tenido efecto el decreto, cesa el edicto. Pues el término "estableció" expresa una cosa perfecta y una injusticia consumada (*uerbum rem perfectam significat et consummatam iniuriam*), no iniciada (*non coeptam*)».

Referido a los actos de preparación o de instigación y colaboración en el hecho punible es interesante el siguiente texto romano:

> «Ni de palabra ni por escrito se comete hurto –declara D. 47.2.52.19–. Observamos el derecho según el cual no cabe hurto sin apoderamiento de la cosa (*contrectatio*), por lo que prestar ayuda o dar consejo solo daña cuando ha sido seguido de apoderamiento».

Un texto que tradicionalmente suele citarse como en contradicción con el principio antes enunciado es el de Calístrato 6 *cogn.* D. 48.8.14, en el que se leen las palabras, en tono lapidario, del emperador Adriano extraídas de un rescripto suyo: «En los delitos se ha de considerar la voluntad, no el resultado» (*In maleficiis uoluntas spectatur, non exitus*). La frase pronunciada a propósito de los homicidios y envenenamientos se entiende si se aplica, por ejemplo, respecto de estos últimos, a los que fabrican, venden o tienen en su poder veneno, que eran también objeto de pena por el mero hecho de llevar a cabo esos comportamientos.

En conexión con esta experiencia jurídica romana, podemos poner en relación el derecho actual. Así, el art. 15 del CP declara que son punibles el delito consumado y la tentativa de delito. El art. 17 del CP, sin embargo, establece que la conspiración (que «dos o más personas se concierten para la ejecución de un delito y resuelvan ejecutarlo») y la proposición (cuando «el que ha resuelto cometer un delito invita a otra u otras personas a participar en él ») reciban castigo. El art. 18 habla de la provocación, consistente en incitar a la perpetración de un delito, que también puede ser castigada en los términos de los casos anteriores.

Hasta aquí un mero esbozo de ideas que en modo alguno agotan un análisis del derecho penal romano con su confrontación con el derecho moderno. El romanista alemán Mommsen llevó a cabo una obra omnicomprensiva imponente (Mommsen 1905) –revisada por especialistas de todo el mundo con posterioridad hasta nuestros días–, en la que, junto con el reconocimiento de los innumerables logros del derecho romano en este campo, no dejó de dirigirle severas críticas por comparación con su eximio derecho privado.

Cesare Beccaria abrió una nueva época en la historia del derecho penal colocándolo sobre unas bases enteramente diferentes y con un enfoque más humano y equitativo. Es justo el encomio a su primordial contribución al derecho penal. Pero sería ingenuo pensar que la ciencia del derecho penal nació *ex novo* desde él y que lo anterior se reduce a un cúmulo de antigüedades bárbaras e injustas. Los textos jurídicos romanos han sido estudiados a lo largo de los siglos y con ellos se han formado los juristas europeos (y después de otros continentes) con una tradición ininterrumpida a través de los siglos. La fuente de inspiración es inequívocamente romana también en el ámbito del derecho penal. Si hablamos de revoluciones, el derecho penal romano operó un cambio radical de concepción, por ejemplo, con respecto al derecho griego: desvinculó el derecho penal de bases religiosas que enturbiaban el recto entendimiento de los delitos y crímenes así como de las penas a ellos atribuidos, y lo situó en el ámbito de la discusión científica o controversia doctrinal como actividad interpretativa humana (no divina) en pos de la solución más justa o *ius*. Solo por sentar ese hito fundamental merecería ser recordado. (V. *Procedimiento penal*).

Tempus lugendi

(témpus lugéndi)
Lit. tiempo de luto.

Significado y contexto: El verbo latino *lúgeo -es -*ére *-uxi luctum* significa llorar, dolerse. Su participio pasado *-luctum-* resulta particularmente familar en las lenguas romance. La expresión se refiere al periodo de duelo que la mujer debía guardar tras la muerte de su marido para poder contraer nupcias de nuevo. Se trataba, por un lado, de una costumbre antigua del pueblo romano que tenía que ver con el respeto debido por la viuda a la memoria de su marido muerto. Pero, por otro, con una razón práctica: evitar la llamada mezcla o confusión de sangre (*turbátio sánguinis*; v. v.) que podría producirse si la mujer contraía inmediatamente matrimonio, pues, en caso de quedar encinta, se plantearía la duda razonable de a quién atribuir el origen del embarazo, o al anterior marido o al actual. Por esta segunda razón -hay que suponer entonces-, el marido viudo no debía guardar luto por su mujer fallecida.

El período de diez meses fue introducido en el derecho romano por la legislación matrimonial augustea. De ella se hace eco el *edictum* del pretor, que introdujo una serie de prohibiciones de actuar procesalmente ante él defendiendo los intereses de otro (es decir, prohibiciones de lo que se denomina técnicamente '*postulare*', o sea, de defender en juicio; de ahí el uso jurídico moderno de "postular" por abogar), de representar a otro o de servirse de representantes procesales, con relación a personas cuya falta de dignidad las hacía no idóneas para comparecer ante el magistrado. Entre ellas cita el *edictum* al *pater familias* que da en matrimonio a la hija bajo su potestad no respetando el tiempo de duelo («dentro del tiempo en que es costumbre llorar al marido», *intra id tempus, quo elugere uirum moris est*). También «al que sabiendo esto la toma en matrimonio sin mandato de aquel bajo cuya potestad está; y el que hubiere permitido que aquel a quien tuviera en su potestad se case con esta de quien se ha hecho antes mención» Iul. 1 *ad ed.* D. 3.2.1). En el derecho justinianeo se les consideró "infames", e interpolado el *edictum* del pretor de ese modo, así aparece al comienzo del tít. segundo del libro tercero del Digesto de Justiniano: *Infamia notatur*... (Es tachado de infamia...). (V. ***vacatio***).

Ya antes, a finales del siglo IV d. C., la mujer que no respetaba ese período era considerada indigna y debía afrontar sanciones legales. Según una constitución del Código de Justiniano (CJ. 5.9.2. del año 380 d. de C.) perdía «todo lo que de los bienes del primer marido había conseguido o por derechos de esponsales o por última voluntad del cónyuge difunto».

En la etapa cristiana de Roma se aumentó el tiempo de luto a doce meses y se aplicó no sólo a la muerte del marido sino a la ruptura de la convivencia matrimonial producida por divorcio.

La prohibición de volver a contraer matrimonio antes del tiempo establecido para guardar el debido luto pasó al derecho histórico de los países herederos del derecho romano, pero se sustrajo del derecho canónico que la suprimió totalmente basándose en la doctrina de san Pablo, sobre todo en la Primera Carta a los Corintios 7.39, donde afirma: «La mujer está ligada a su marido mientras él vive; pero una vez muerto el marido, queda libre para casarse con quien quiera». La exoneración de la mujer de la regla impuesta se consagra en las Decretales (*De secundis nuptiis*, cap. 4). En el derecho español se recoge, por el contrario, la regulación romana en las leyes de Partidas cuya Ley tercera del Título sexto de la Partida séptima declara: «si se casare por palabras de presente... antes que se cumpliese el año en que muriera su marido, es enfamada por derecho». Alfonso X el Sabio daba las dos siguientes razones a las que antes aludíamos: «E moviéronse los sabios antiguos de vedar a la muger que non casasse en este tiempo después de la muerte de su marido, por dos razones. La primera es porque sean los omes ciertos que el fijo que nasce della es del primer marido. La segunda es porque non puedan sospechar contra ella porque casa tan ayna, que fue en culpa de la muerte de aquel con quien era ante casada». Oscilante en nuestro derecho la suprimió la Novísima Recopilación para luego recuperarla más tarde el Código Civil de 1889: el conocido periodo de los trescientos y un días del art. 45.2º que declaraba la prohibición de contraer matrimonio: «A la viuda durante los trescientos un días siguientes a la muerte de su marido, o antes de su alumbramiento si hubiese quedado encinta, y a la mujer cuyo matrimonio hubiera sido declarado nulo, en los mismos casos y términos, a contar desde su separación legal»). Finalmente ha quedado suprimida. En otros códigos extranjeros sin embargo se sigue admitiendo (por ejemplo, cfr. arts. 89 y 140 del Código Civil italiano).

Tempus solutionis

(Témpus solutiónis)
Lit. *tiempo del pago, momento del cumplimiento.*

Significado y contexto: La expresión se enmarca en el derecho de obligaciones. Los modernos tratados de derecho civil suelen comenzar el tratamiento de la cuestión del momento de cumplimiento de las obligaciones aludiendo a la distinción entre el devengo (momento de existencia de la obligación) y exigibilidad (momento en que es posible la reclamación del pago). Asimismo, suelen aludir aquí a una triple posibilidad de configuración de las obligaciones en relación con el momento del pago: obligaciones puras, a término y condicionales. Como declara el artículo 1113 del Código Civil español: «Será exigible desde luego toda obligación cuyo cumplimiento no dependa de un suceso futuro o incierto, o de un suceso pasado, que los interesados ignoren». Y el párrafo segundo añade: «También será exigible toda obligación que contenga condición resolutoria, sin perjuicio de los efectos de la resolución». Por su parte, el artículo 1125 de ese mismo código declara: «Las obligaciones para cuyo cumplimiento se haya señalado un día cierto, solo serán exigibles cuando el día llegue». El párrafo segundo aclara: «Entiéndese por día cierto aquel que necesariamente ha de venir, aunque se ignore cuándo». Y el párrafo tercero concluye: «Si la incertidumbre consiste en si ha de llegar o no el día, la obligación es condicional, y se regirá por las reglas de la sección precedente».

Ni que decir tiene que la terminología empleada por nuestro código, o por los demás que puedan cotejarse, es heredada del léxico utilizado por los juristas romanos.

Baste por todos el siguiente texto, repetidas veces citado en este libro:

> D. 50.16.213 pr. (Ulp. 1 *reg.*): «"Ceder el día" (***cédere diem***) significa que comienza a deberse el dinero; "venir el día" (***uenire diem***) significa que ha venido el día en que puede exigirse el dinero. Cuando alguien haya estipulado puramente, cede y viene el día; cuando haya sido a término, cede el día pero aún no viene; cuando bajo condición, pendiente aún la condición ni cede ni viene el día». (v. ***dies***).

En este fragmento, muy conocido de nuestra tradición jurídica, vemos utilizada la doble expresión "ceder el día" y "venir el día", esta última empleada casi textualmente Código Civil español en el citado artículo 1125 pár. 1º *in fine*. Es difícil dar respuesta a los diferentes tipos de problemas a los que aludíamos al inicio con tanta concisión y exactitud. Ceder el día posee en latín el sentido de "avanzar", mientras que "venir" o –como dice el Código Civil español– "llegar", alude al instante en que se detiene el tiempo y deja de correr.

Otro célebre texto muy relevante en este punto es el de Ulpiano 50 *ad Sab.* D. 45.1.41.1 que dice así:

> «Toda vez, en cambio, que no se añada un día en las obligaciones, el dinero se debe en el día actual [*praesenti die*, expresión equiparable al "desde luego" del Código Civil español], a no ser que el lugar indicado para pagar presuponga el tiempo para poder llegar hasta él. Pero el día indicado hace que no se deba el dinero en el día actual: de aquí resulta que la adición del día se considera en favor del deudor, no del estipulante».

Es muy relevante la distinción léxica romana entre otras razones prácticas por esta, a saber, que atañe a la propia definición que tradicionalmente se ofrece en los manuales de la condición: que en materia de obligaciones, la condición suspensiva (en derecho romano condición es, sin más, la suspensiva) no es que "suspenda los efectos del negocio jurídico" sino que ni tan siquiera puede decirse que exista la obligación (como muy bien aclara el artículo 1114 del Código Civil español siguiendo muy de cerca el derecho romano). De ahí, que si se paga anticipadamente se pueda repetir (de *repétere*, otra expresión latina, reclamar la devolución) lo pagado (ver. art. 1121, pár. 2º). Esto no sucede con las obligaciones a plazo o a término: si se pagan estas por anticipado no se puede repetir lo pagado (ver artículo 1126, pár. 1º). (Pero v. ***spes iuris***).

Terminus

(Términus)
Lit. *término.*

Significado y contexto: Esta voz latina significa "linde", "límite", también "mojón", es decir, la piedra o palo que se coloca para deslindar una finca de otra contigua. Uno de los confictos más antiguos que puedan haberse dado es precisamente el que afecta a la determinación (de-terminación) de las lindes de un terreno en relación con los vecinos. Hoy nos lo continúan recordando los códigos civiles con la previsión en ellos contenida de la llamada "acción de deslinde y amojonamiento", que aunque de naturaleza declarativa puede tener en la práctica efectos constitutivos con respecto a la propiedad de la tierra según la extensión que se establezca finalmente.

En Scaev. 2 *dig.* D. 4.8.44 se refleja una *controuersia* originada entre dos sujetos, *Castellianus* y *Seius* acerca de los límites de sus fincas (*de finibus*) «y fue elegido un árbitro (*árbiter*) para que de acuerdo con su arbitraje el asunto se liquidase (*et arbiter electus est, ut arbitratu eius res terminetur*)». El texto continúa diciendo que ese árbitro pronunció su sentencia o laudo (*sententiam dixit*) en presencia de las partes (*praesentibus partibus*) y –esto es lo que importa más ahora– fijó las lindes (*términos pósuit*).

> «Entre Casteliano y Seyo se suscitó controversia sobre límites (*controuersia de finibus*), y se nombró un árbitro (*et árbiter electus est*), para que con su arbitraje se terminara la contienda (*ut res terminetur*); pronunció la sentencia (*sententiam dixit*) estando presentes las partes (*praeséntibus pártibus*), y fijó mojones (*et términos pósuit*); se preguntó, si por parte de Casteliano no se hubiese obedecido al árbitro, ¿se incurrirá acaso en la pena del compromiso (*poena ex compromisso commissa est*)? Respondí, que, si no se hubiese obedecido al árbitro en aquello que hubiese arbitrado presentes ambas partes, se había incurrido en la pena».

Términus era, pues, el mojón que se usaba con esa finalidad en Roma. De la trascendencia de su función da testimonio la deidad que recibe ese nombre y que acogía el templo de Júpiter Capitolino. Su misión de velar por la recta fijación de límites entre las tierras y su consecuente exigencia de respeto por parte de todos afecta en lo más íntimo al contenido del derecho de propiedad de inmuebles. No es casual la enérgica reacción del derecho frente a todo acto de agresión de estos signos externos delimitadores de dominio. Es lo que se conoce como *términus motus* (término movido o corrido). En el Digesto de Justiniano, un título con esa denominación (D. 47.21) se dedica a regular, con rigor penal, este supuesto.

Su carácter divinizado tiene mucho que ver con el noble quehacer jurídico que consiste en delimitar, discernir entre lo bueno y lo malo, lo justo y lo injusto, lo verdadero y lo falso. Hoy esta tarea, aunque más difícil que nunca por la difuminación de los contornos de muchas cosas que se creían inamovibles, sigue siendo irrenunciable para el jurista. A esta labor de calificación jurídica se refiere Papiniano cuando, en un caso de posible depósito de dinero, se discutía si se debía devolver el *tantundem* (una suma igual de idéntica especie y calidad) o también intereses. El jurista responde metafóricamente que si se admite solo lo primero (es decir, sin añadir intereses) "se sale de los muy conocidos límites –términos– del depósito" (*depositi notissimos terminos egredi* D. 16.3.24), o lo que es lo mismo, el supuesto dejaba de ser depósito para pasar a ser calificado más bien como préstamo simple o mutuo (v. texto en ***tantundem***).

En el marco de las locuciones, destacan por su uso generalizado, es decir, no estrictamente jurídico, las siguientes: *terminus a quo*, *t. ad quem* y *t. intra quem*. Los dos primeros tienen que ver con las expresiones jurídicas ***dies a quo*** y ***dies ad quem*** (V. las voces correspondientes) o *ex die* / *ad diem*: estas últimas en Pap. 1 *def.* D. 28.5.34 que se refiere a la cuestión de si una herencia puede deferirse a partir de una fecha cierta (*ex die*) o hasta una fecha cierta (*ad diem*), que responde negativamente. Característico es también el fragmento de Paul. 74 *ed.* D. 44.7.44.1:

> «Respecto al día se deben examinar dos cosas, porque o la obligación comienza desde un día, o es referida a un día (*confertur in diem*); desde un día (*ex die*), como "¿prometes dar en las calendas de Marzo?" cuya naturaleza es que no se exija antes del día (*ante diem*); pero a día (*ad diem*), "¿prometes dar hasta las calendas?"...».

Estas dos expresiones son de notable utilidad porque se emplean a todo fenómeno, ya sea físico (el movimiento de los cuerpos), histórico (la antigüedad de un objeto), etc. que, a falta de estricta determinación, encuentra límites relativos a su realización: por ejemplo de un hecho histórico determinado, cuyo instante histórico preciso desconocemos, podemos al menos determinar el periodo situado entre la fecha o momento a partir del cual y la fecha o momento hasta el cual debió de acontecer.

Terminus intra quem se relaciona en el derecho romano con *tempus intra quem*: alude al plazo en que preceptivamente deben realizarse determinados actos jurídicos. Así, por ejemplo, la presentación de excusas de la tutela, la aceptación de una herencia, etc.

Por otro lado, en el ámbito de la lógica clásica la voz se inserta en la configuración de los silogismos (tipo de razonamiento consistente en comparar dos términos extremos, llamados mayor y menor, con un tercero, medio, para indagar la relación que les vincula. El término medio sirve de elemento de confrontación. Así supongamos el ejemplo siguiente: 1 Todo metal es un cuerpo. 2 El plomo es un metal. 3 Luego el plomo es un cuerpo. Vemos que los extremos son "cuerpo" (el término más general) y "plomo" (que es de menor alcance). El término de comparación es "metal". La premisa mayor es aquella en la que se encuentra el término mayor (la 1) y la menor la otra en la que se encuentra el menor (la 2). Así pues, la regla primera de los silogismos en cuanto a los términos es esta: *terminus esto triplex: medius, maiorque, minorque* (Solo tres han de ser los tipos de términos: medio, mayor y menor).

Tertium non datur

(tértium non dátur)
Lit. no se admite un tercero.

Significado y contexto: La expresión tiene su origen en el ámbito filosófico pero también se aplica mucho en el jurídico. Se remonta a la conocida obra de Aristóteles *Metafísica* (1057 a 33) y formula el principio filosófico de no contradicción. Como explica Renzo Tosi (Dizionario), desde el punto de vista ontológico, hace referencia a que una cosa puede ser o no ser, pero no cabe nada en medio. Por otro lado, desde punto de vista de la lógica, su aplicación es la siguiente: dos afirmaciones contradictorias no pueden ser verdaderas al mismo tiempo, así que, si se demuestra la verdad de una al propio tiempo se demuestra la falsedad de la otra. Para Tosi, la expresión procede de una afirmación de Publilio Siro (A 6: «Una mujer o ama u odia, no hay una tercera posibilidad»- *nihil est tertium*). Es decir, no hay un *tertium quid* (o sea, algo diferente de las dos posibilidades previamente dadas y que se echa en falta en una clasificación de cosas o en una división de materias).

Para entenderlo con un ejemplo jurídico podemos partir de la teoría romana de las fuentes de las obligaciones. Gayo 3.88 al exponer las fuentes de las obligaciones en sus *Instituciones* habla inicialmente de una *summa diuisio* (es decir, de una división lógica máxima o capital): "toda obligación nace o de contrato o de delito". Uno y otro son entendidos respectivamente como acto lícito y como acto ilícito. Sin embargo, en Gayo había calado ya la idea, difundida ampliamente entre no pocos juristas, según la cual en todo contrato hay siempre un acuerdo de voluntades por lo que, casi a continuación (en 3.90), se pregunta a qué fuente atribuir el llamado "pago de lo indebido por error", que se parece a un préstamo simple o mutuo pero que no contiene en sí acuerdo de voluntades alguno. Probablemente por esa razón y por otros supuestos similares (por ejemplo, el de la gestión de negocios ajenos con respecto al mandato), en una obra posterior de corte postclásico, la *Jurisprudencia de lo Cotidiano* o las *Reglas de Oro*, la bipartición de las fuentes pasó a trasformarse en una tripartición. En efecto, había un *tertium quid*, algo en medio que no se dejaba encuadrar lógicamente, y que se denominó del siguiente modo: "varias figuras de causas" (donde "causa" significa "fuente de obligación"). Como es sabido, la tripartición acabó siendo en las Instituciones de Justiniano una cuatripartición: obligaciones de contrato (*ex contractu*), de delito (*ex delicto*), como de contrato (*quasi ex contractu*), como de delito (*quasi ex delicto*).

La bipartición inicial era lógica: todo acto es o lícito o ilícito. Al aparecer sin embargo la teoría según la cual todo contrato no es simplemente un acto sino un acuerdo de voluntades (que fue la doctrina que finalmente triunfó en el derecho romano y que ha llegado hasta nuestros días), la formulación inicial perdió su carácter estrictamente lógico, y es por esta razón por la que se admitió un tercer elemento que no encajaba ya en la nueva definición del contrato como acuerdo de voluntades.

La historia de las fuentes de las obligaciones es ciertamente tortuosa a lo largo de los siglos hasta nuestros códigos civiles. Tanto, que en la tradición del sistema derecho civil, toda una rama, representada por el Código Civil alemán, ha desistido de la tarea de enumerarlas. Lo cual no deja de tener sus inconvenientes, porque por una vez los juristas germanos, al renunciar a una de sus cualidades más sobresalientes, esto es, la capacidad de abstracción, han dejado también de divisar la materia de obligaciones con algo más de perspectiva.

(V. ***ex contractu*, *pactum*, *quasi*, *ultro citroque***).

Testamenti factio

(Testaménti fáctio)

Lit. *confección de testamento; facultad de testar y de recibir por testamento, capacidad testamentaria.*

Significado y contexto: La expresión, utilizada en las fuentes jurídicas romanas, posee alcance técnico y llega hasta nuestros días. Se escribe de modo separado, aunque, al igual que ha sucedido con la expresión *ab intestato*, es frecuente hoy verla escrita juntando las dos palabras, quizás por la frecuente articulación de los dos términos como si fueran sílabas sucesivas de una misma palabra. Se admite vertida en nuestra lengua como "testamentifacción".

Desde la suma trascendencia que la sociedad romana concedía al testamento (una de sus más geniales creaciones jurídicas) como perpetuación de la familia, puede explicarse que en este ámbito concreto del derecho se halle una expresión directamente alusiva a la "capacidad" para realizar un acto jurídico, que de modo general no se encuentra. La conocida "diligencia de buen padre de familia" tiene que ver con la llevanza correcta de los libros contables pero también, especialmente, con la celosa previsión aseguradora del destino del patrimonio para después de la muerte. "Que mueras intestado" no es simplemente un insulto frecuente en las comedias de Plauto sino una especie de maldición que horrorizaba al ciudadano medio romano. Cuenta Plutarco (*Cat. Ma.* 9.6) de Catón el Viejo que una de las cosas que más le habían apesadumbrado como hombre atento a sus asuntos era haber dejado pasar un día de su vida en situación de intestado.

Por eso, el primer título del libro 28 de Digesto con el que se abre el tratamiento jurídico del testamento alude en primer lugar a la cuestión de quién puede hacer testamento (*qui testamenta fácere possunt*). El fragmento número cuatro es de las Instituciones de Gayo (2 *inst.* Digesto 28.1.4), y por él sabemos que la inquietud de este jurista romano por la capacidad testamentaria era primordial, o, de otro modo, que, en cuanto al razonamiento jurídico relativo al ámbito de los testamentos, la capacidad testamentaria ocupaba el primer puesto en el orden lógico:

> «Si nos preguntamos acerca de si vale un testamento, debemos observar en primer lugar si aquel que ha hecho testamento ha tenido capacidad testamentaria (*testamenti factio*) y, en segundo lugar, en caso de que la haya tenido, nos preguntaremos acerca de si ha testado de acuerdo con las reglas del derecho civil (*secundum regulas iuris ciuilis*)».

Los intérpretes posteriores al derecho romano hablan de una *testamenti factio* "activa" (cuando se refiere a la capacidad de disponer del testador), y "pasiva" (es decir, como capacidad de recibir bienes través de testamento). Estas denominaciones son ajenas a los textos romanos que se refieren indistintamente a una y a otra utilizando la misma expresión.

La capacidad para disponer la posee el *paterfamilias*, sujeto, por tanto, que reunía los tres *status*: libre, ciudadano y *sui iuris*. Esto sin embargo experimentó cambios a lo largo de la historia del derecho romano. Resulta curioso que para poder testar no solo hacen falta estos requisitos objetivos sino también el subjetivo de la conciencia de realizar testamento válidamente, de manera que si el sujeto duda acerca de esto, se interpreta que no ha realizado un testamento válido (Ulp. 12 *ed.* D. 28.1.15). En principio, era preciso, además, que la capacidad se conservase entre el momento de redacción de testamento del fallecimiento.

Thema

(Théma)
Lit. *tema.*

Significado y contexto: *Thema, -atis*, del griego *θέμα*, significa argumento, tema, tesis: el argumento de una obra, expuesto al comienzo de esta sucintamente, o la idea o tesis que pretende defenderse en un trabajo de investigación son algunos de sus usos más notables. Curiosamente, también significa horóscopo. Esta segunda acepción aparece en la conocida anécdota que cuenta Suetonio de Augusto (94) acerca de su consulta al adivino Teógenes: reticente aquel al principio en dar a conocer la fecha de su nacimiento, pero luego exultante por la reacción de entusiasmo casi idólatra del astrólogo una vez conocida, no duda después en publicar su horóscopo (*thema*) y en acuñar incluso monedas con su signo del zodiaco, Capricornio, libre ya de supersticiosos escrúpulos, o más bien amparado en su favor.

En el primer sentido, se utiliza en el ámbito jurídico la expresión *thema probandum* para referirse a aquello que, en el marco del procedimiento, debe ser objeto de prueba, y *thema decidendum*, aquello sobre lo que debe versar el juicio emitido por la sentencia. Esta primera acepción de nuestra voz, que es la que nos interesa, proviene de su utilización relativamente frecuente por los retóricos clásicos. En el ámbito de la retórica, en efecto, significa "declamación escolástica", es decir, ejercicio de oratoria sobre un tema concreto, a menudo imaginario, que se proponía a los aspirantes a hablar en público en defensa de causas. El terreno del derecho y el de la política eran, y son, idóneos para su práctica. Quintiliano y Séneca, el Rétor, critican la escasa eficacia formativa de este instrumento pedagógico mal utilizado por muchos maestros y discípulos. Quintiliano en su *Institutio oratoria* (12.8) habla de los abogados negligentes que, en vez de querer ir al fondo del asunto en las causas a ellos planteadas, intentando averiguar la verdad de los hechos y preparando por escrito su intervención, prefieren dejarse llevar por su memoria fantasiosa y confunden sus propias ideas acerca de los casos anteponiéndolas a la realidad de lo ocurrido.

Paradigmático es el comienzo de *El Satiricón* de Petronio (1.1), cuyas palabras resuenan hoy, desde el punto de vista educativo, con fuerza y vitalidad plenas:

> «(...) Ahora estos temas grandilocuentes y estas frases tan huecas como altisonantes solo logran un resultado: que los jóvenes, al llegar al foro, se crean transportados a un nuevo mundo. Y así, según mi opinión, la juventud, en las escuelas, se vuelve tonta de remate por no ver ni oír en las aulas nada de lo que es realmente la vida. Tan solo se les habla de piratas con cadenas apostados en la costa, de tiranos redactando edictos con órdenes para que los hijos decapiten a sus propios padres, de oráculos aconsejando con motivo de una epidemia que se inmolen tres vírgenes o unas cuantas más; las palabras y frases se recubren de mieles y todo –dichos o hechos– queda como bajo un rocío de adormidera y sésamo» (Petronio 1978).

Esto último nos hace recordar lo que ofrecen algunos manuales de razonamiento jurídico –no todos, por supuesto, son así–, sobre todo provenientes del mundo angloamericano (pero no solo de este entorno), en los que se proponen temas de lo más peregrino –lo que los anglosajones llaman "topics"– que no conducen a una verdadera formación jurídica sino, como mucho, al conocimiento de ciertas ideas superficiales en torno a la argumentación jurídica. Por el contrario, el estudio del derecho romano desde el punto de vista del razonamiento jurídico, tal y como hicieron los intérpretes medievales, contraponiendo, fragmento a fragmento, argumentos a favor y argumentos en contra, constituye no solo una vía valiosa sino una manera muy eficaz de hacer crecer intelectualmente a nuestros alumnos en el estudio el derecho. El objetivo de formar juristas es posible alcanzarlo, entre otras cosas, replanteando la enseñanza del derecho –como modestamente nosotros ya hacemos con nuestros alumnos desde hace años con éxito– de un modo dinámico (y culto) a través del razonamiento en torno a conceptos y cuestiones jurídicas reales aportados en buena medida por el derecho romano, y que constituyen el rico patrimonio del derecho común utilizado cotidianamente –*uelis nolis*– por el práctico del derecho moderno. Por consiguiente, los alumnos no solo deben aprender derecho, ni mucho menos leyes, sino a pensar jurídicamente, a razonar y argumentar no sobre la nada sino utilizando el derecho, es decir aprendiéndolo al propio tiempo. El derecho romano resulta insustituible en este punto.

La fórmula latina conclusiva de un trabajo de investigación o disertación, con la que el autor da por finalizada la ímproba tarea de probar una hipótesis para alcanzar un tesis, se plasma tradicionalmente de la siguiente manera: '*Quod demonstrandum erat*' (lit. lo que había de ser demostrado, lo que se debía probar). En una frase completa se diría así: "Esto es" o "Queda probado" *lo que se debía probar* (*q. d. e.*).

Titulus

(Títulus)
Lit. *título, justa causa.*

(V. ***traditio***).

Tradens

(Trádens)
Lit. *el que entrega.*

(V. ***traditio***).

Traditio

(Tradítio)
Lit. *tradición, entrega.*

Significado y contexto: El término puede ser engañoso –uno de esos falsos amigos de los idiomas– si se traduce literalmente, porque puede dar a entender equívocamente lo que desde luego no quiere decir: algo así como usos y costumbres de un determinado pueblo. Alude, por el contrario, al modo más normal de adquirir la propiedad o dominio en el derecho romano y en el nuestro actual, al que se refiere el Código Civil español cuando dice que la adquisición de la propiedad puede lograrse «por consecuencia de determinados contratos mediante la tradición» (artículo 609 CC). Consiste en la puesta a disposición del accipiente (*tradere* significa "entregar la posesión", frente a *dare* que es "dar la propiedad") con la intención de hacerle propietario.

Requisitos:

1. Poder de disposición del enajenante: se suele citar aquí la regla '*nemo dat quod non habet*' (nadie da lo que no tiene) pero no es del todo correcta, al menos jurídicamente hablando, porque lo decisivo para el derecho es que el ***trádens*** (el que entrega o disponente) tenga el poder de disposición. Así, por ejemplo, un representante lo tiene para realizar un acto de disposición en nombre de su representado o ***dóminus negótii***. Viceversa, un enajenado mental, a pesar de ser el propietario de una cosa, no puede enajenarla válidamente.

2. Acto de entrega (es lo que se denomina propiamente *traditio*): este requisito así enunciado es un tanto impreciso porque para obtener la posesión no es necesario que se haga traspaso material o físico de la cosa al adquirente sino que basta con que se traslade a este el control fáctico de ella. Esta idea da pie a formas espiritualizadas de entrega en derecho romano muy conocidas en la Edad Media, que llegan a nuestros días:

- *Traditio longa manu* (de mano larga): señalamiento del fundo vecino desde un lugar elevado del fundo contiguo en el que se encuentran enajenante, que es quien señala con el dedo, y adquirente. (V. ***longa manu***).
- *Traditio breui manu* (de mano corta): aquí el adquirente tenía ya con anterioridad la posesión natural de la cosa (p. e. era un inquilino o arrendatario). El acuerdo entre el propietario enajenante y el adquirente poseedor natural convierte sin más a este en poseedor y además propietario. (V. ***brevi manu***).
- *Traditio symbolica* (simbólica): la entrega de llaves del enajenante al adquirente supone el control sobre la mercancía contenida en el almacén.

- *Constitutum possessorium* (pacto posesorio): este supuesto es muy sutil y difícil de entender porque exige partir de la refinada e ingeniosa teoría de la posesión romana, actualmente plenamente en vigor: aquí el propietario enajenante se reserva un usufructo o arrendamiento a su favor durante un periodo muy breve de tiempo. Observemos que, desde el punto de vista jurídico, el simple hecho de constituirse en usufructuario o arrendatario respecto del adquirente le hace ser poseedor natural, lo que a su vez determina que se entienda jurídicamente como que posee a favor del adquirente, por lo que este recibe la posesión y a través de esta automáticamente la propiedad.
  Este acto facilita las enajenaciones de inmuebles que se encuentren a una considerable distancia, pues evita a las partes enajenante y adquirente la molestia del desplazamiento hasta el lugar concreto donde se hallen sitos.
- *Traditio per chartam* (a través de documento) o *chartae* (de documento) o *instrumentorum* (de documentos): entrega que se entiende realizada a través del traspaso del documento en el que aparece redactado el negocio. Este es el modo de entrega que con el tiempo se ha hecho más usual. No es otra cosa, en efecto, el otorgamiento de la escritura pública que hacen modernamente los notarios (que no consiste –como creen los legos– en una formalización del contrato de compraventa). Aunque muy discutido en el derecho romano se pueden hallar supuestos análogos, contenidos en la compilación Justiniano. Así, por ejemplo, C. 8.53.1 (Sev. et Anton. a. 210 d. C.):

  > «Donados y entregados los instrumentos [documentos] de la compra de esclavos, debes entender hechas la donación y la entrega también de los mismos esclavos; y puedes, por lo tanto, ejercitar contra el donante la acción real».

3. *Iusta causa*: se trata de un hecho que el ordenamiento jurídico considera idóneo para justificar la adquisición de la propiedad de la cosa. Así, donar (*donare*), comprar (*émere*), prestar (*crédere*), dar en dote (*dotem dare*), cumplir una obligación (*sóluere*).

Aún hoy, nos solemos referir en derecho a este modo como el correspondiente a la «teoría del título y del modo» (*titulus* y *modus*), siendo el primero la justa causa y el segundo la entrega. La curiosa asimilación del título a la justa causa se debe a que el edicto del Pretor se dividía en títulos cada uno expresivo de una materia, de manera que la parte demandante, a la hora de fundar su acción, debía apoyarse en algunas de las rúbricas que describían el contenido de cada título. La forma y el fondo están interconectadas en derecho desde tiempos muy antiguos. Desconocer que la forma de "título", que aparece en las modernas constituciones y códigos, responde, primero, a una forma de redacción del derecho en su origen, es decir, al derecho romano (edicto pretorio) y, en segundo lugar, que su sentido corresponde al de "circunstancia justificativa de una pretensión" (y no al papel o documento al que solemos denominar también "título"), significa ignorar una parte no despreciable de nuestra historia del derecho (la de todos) y renunciar, además, a un recto entendimiento del derecho.

Es curiosa la evolución de este modo de adquirir, a partir de estas formas espiritualizadas y de la expansión doctrinal del contrato como acuerdo de voluntades, hasta nuestros días: cómo algunos países, así, Italia o Francia, han destacado al contrato como elemento con eficacia real con independencia de la entrega; y cómo otros, así España o Alemania, no dejan de exigir la entrega para que se produzca el efecto adquisitivo. Forman los cuatro países gráficamente una especie de cruz en Europa. El español sigue de cerca el modelo romano y por eso, según él, el contrato de compraventa tiene meros efectos obligacionales y no puede ser considerado en modo alguno como un modo de adquirir; algo que se olvida a menudo, incluso a veces en la práctica jurídica por quienes desconocen las bases de nuestro derecho y creen que dominarlo consiste solo en aplicar leyes.

Transitus legalis

(tránsitus legális)
Lit. tránsito legal.

Significado y contexto: La expresión tiene que ver con el contrato de sociedad y más en concreto con la sociedad universal o de todos los bienes. Significa que todos los bienes presentes, es decir, los que actualmente posean los socios que han convenido dicha sociedad, *ipso iure* pasan a ser bienes comunes. Paulo en 32 *ed.* D. 17.2.1.1 afirma que «en la sociedad de todos los bienes todas las cosas que son de los socios se hacen comunes de inmediato (*continuo communicantur*)». El texto siguiente, fundamental para el origen de esta expresión, de Gayo (10 *ed. prov.*D. 17.2.2) lo explica: «porque, aunque especialmente no intervenga entrega, se estima, sin embargo, que interviene tácita (*tácita créditur interueníre*)». Esta voz, *tácita*, unida a *traditio* (entrega), es la que ha originado en el derecho común la expresión que estamos comentando: *traditio tácita --> transitus legalis.*

En las Leyes de Partidas (s. XIII), concretamente en la Partida quinta, Título décimo, Ley sexta se declara expresamente que «faziendo la compañia que todos los bienes que avian los compañeros estonce, e que ganassen dende adelante, se ayuntassen en uno, e fuessen comunales entre ellos, dezimos, que desde el dia en que tal pleito fuesse firmado, deven ser comunales entre ellos las ganancias: e los bienes, que han, o que les vinieren en cualquier manera que sean. (...)».

Gregorio López, el conocido comentarista de las Partidas, se remite en el comentario de esta ley a los textos romanos antes aludidos. Añade él el fragmento tercero del Digesto, también de Paulo (32 *ed.* D. 17.2.3 pr.), en el que el jurisconsulto romano excluye del efecto del tránsito legal los créditos que -como comenta Paulo- «permanecen en su estado (*manent in suo statu*), aunque las acciones deben cederse recíprocamente». Un punto muy debatido desde el derecho romano hasta nuestros días es si se hacen comunes también las ganancias que no se producen con los bienes comunes sino que proceden de otras causas: muy en especial, las ganancias que provienen de herencia, legado o donación. En el párr. 2 de la ley tercera de Paulo antes citada se restringía el alcance de la "herencia justa" que pudiera corresponder a uno de los socios, pactada con ese nombre por ellos, a la herencia legítima (o por ley) no a la testamentaria. En el fragmento 73 de Ulpiano (*1 resp.*) se habla de la sociedad "de fortunas enteras" (*uniuersarum fortunarum* –otra manera de decir "sociedad universal"–): el jurista romano admite allí que la herencia se adquiera para la sociedad cuando se ha perfeccionado un contrato de sociedad universal.

En el Código Civil español aparece reflejada en los artículos 1671-1677 la distinción entre sociedad universal y particular, la definición de sociedad universal y el régimen de esta última. El artículo 1674 declara: «En la sociedad universal de todos los bienes presentes, pasan a ser propiedad común de los socios los bienes que pertenecían a cada uno, así como todas las ganancias que adquieran con ellos». Sin embargo, el párrafo segundo matiza su excesiva rotundidad a propósito de la cuestión antes citada: «Puede también pactarse en ella la comunicación recíproca dee cualesquiera otras ganancias; pero no pueden comprenderse los bienes que los socios adquieran posteriormente por herencia, legado o donación, aunque sí sus frutos».

De esta sociedad de todos los bienes, el derecho romano distinguía la sociedad universal de todas las ganancias, que solo comprendía - como su nombre indica- estas y no los bienes. Hace alusión a ella el fragmento 7 (Ulp. 30 *ad Sab.*) del mismo título del Digesto. Llama la atención la prudencia romana al especificar que, si la sociedad se contrahía sin hacer los socios distingos en su constitución, se consideraba como surgida la primera y no la universal de todos los bienes, mucho más absorbente (que creaban los socios *specialiter*, es decir, a través de pacto especial; Paul. D. 17.2.3.1). A este respecto, el célebre jurista español del s. XIX García Goyena comentaba, a propósito de las Partidas, que llegaban a incluir en un cierto tipo de sociedades universales de ganancias incluso las procedentes de herencia u otros títulos, que era «cosa bien dura y repugnante a falta de pacto especial».

De toda esta experiencia, se explica, tanto el tenor restrictivo del Código español, como las distinciones, límites y prohibiciones de los demás, cada uno a su modo; todos ellos han extraído de ella su correspondiente lección.

Translatio iudicii

(Translátio iudícii)
Lit. *traslado del juicio.*

Significado y contexto: La expresión tiene su origen en el procedimiento formulario y se refiere al caso en que, por circunstancias sobrevenidas, se hayan producido alteraciones con respecto a los intervinientes en una causa judicial: muerte o incapacidad de algunas de las partes, cambio de representante procesal (*cógnitor* o incluso de un *procurátor*), ulterior desarrollo del proceso contra el *paterfamilias* una vez iniciado el procedimiento contra el *filiusfamilias* o fallecimiento del juez.

La solución dada en el derecho romano para estos casos, que llega al moderno derecho procesal, consiste en estimar como subsistente la causa originaria, por la razón de que aún puede identificarse como tal y no como otra nueva y distinta. El magistrado, a instancia del demandante y en presencia también del demandado, emitía un decreto con el que resolvía la situación en el sentido al que acabamos de aludir. Por cierto, la moderna expresión judicial «que se dé traslado a» no es más que una traducción del latín proveniente de este contexto jurídico (*translatiónem dari*).

Que el pensamiento jurídico romano no solo no ha muerto sino que posee hoy pleno vigor lo demuestra un texto, que citamos por todos, del jurista republicano Alfeno Varo (6 *dig.* D. 5.2.76). Leyéndolo nos hace recordar otro pasaje del famoso publicista alemán Jellinek en su obra "La Teoría General del Estado" que nos permite conjeturar acerca del posible influjo de la lectura de un texto del *Corpus Iuris Ciuilis* que el jurista alemán sin duda conocía bien. El texto romano tiene que ver a su vez con la teoría de la persona jurídica aplicada al concepto de *pópulus*, tema este intrincado como pocos, que hace además reflexionar al lector sobre la supuesta falta de realidad de ciertos nombres abstractos. Veámoslo:

> «Se proponía el caso de que los jueces que habían sido nombrados para un mismo asunto, algunos, habiendo oído la causa, se excusaron, y, en su lugar se nombraron otros, y se preguntaba, ¿acaso el cambio de cada uno de estos jueces había dejado que el asunto fuera el mismo o hecho que el juicio fuera distinto? Respondí que no solo si uno o dos sino aunque todos los jueces hubiesen sido cambiados, tanto el asunto como el juicio permanecían, no obstante, los mismos que antes hubiesen sido; y que no solo en este caso sucedía que cambiadas las partes se considerase que el asunto era el mismo, sino también en otros muchos casos. Porque también se considera la misma la legión en la que hubiesen muerto muchos y en cuyo lugar hubieran sido sustituidos otros; y se estima que constituyen actualmente el mismo pueblo los que hubiesen existido cien años atrás, aunque no viva ahora ninguno de

ellos. Y también una nave, aunque hubiese sido reparada tantas veces que en ella no quedase ninguna tabla que no hubiese sido renovada, se considera, no obstante, que es la misma nave. Pero si alguno juzgase que, cambiadas las partes, una cosa se hacía otra, sucedería que por esta razón nosotros mismos no seríamos los mismos que hubiésemos sido un año antes, por el hecho de que, como dirían los filósofos, de aquellas mínimas partículas de que somos formados se separan unas diariamente de nuestro cuerpo y se incorporan desde fuera otras en su lugar. Por lo cual, si continuase la misma especie de cualquier cosa se considera que la cosa es también la misma».

Se trata de un ilustrativo, muy interesante e incluso ameno ejemplo de razonamiento jurídico proporcionado por un jurista romano, basado en la experiencia, que utiliza argumentos de analogía y *ad absurdum*, para refutar la opinión de aquellos que podían no ver la sustancial identidad del juicio con los cambios producidos. (V. ***universitas***).

Para defender que el Estado, como unidad colectiva, se concibe como sujeto de derecho y que eso no es una sustancia ficticia propone Jellinek (Jellinek 1954), curiosamente, el mismo ejemplo del individuo humano (solo que contado en cierto modo a la inversa que Alfeno):

> «Al pensar ingenuo le parece evidente que el individuo humano es una unidad substancial, idéntica siempre a sí misma, pero en realidad el hombre, en el curso de su vida, desde la infancia hasta la senectud, solo puede comprenderse como formado por un proceso de cambio incesante, corporal y psíquico. El individuo humano ofrece a la consideración científica objetiva una serie ininterrumpida de hechos exteriores e interiores. Estos estados llegan a formar una unidad mediante la síntesis que nosotros hacemos, sin que se nos permita afirmar que esta unidad sintética exista realmente fuera de nosotros de una manera análoga a como la concebimos. (...)» (página 126).

Y concluye:

> «Tan lícito nos es científicamente concebir el Estado como sujeto de derecho, como atribuir al hombre este mismo carácter» (página 127).

Turbatio sanguinis

(Turbátio sánguinis)
Lit. *confusión de sangre.*

Significado y contexto: La expresión tiene que ver con la del tiempo que la viuda debía guardar hasta contraer nupcias de nuevo (v. ***tempus lugendi***). Se encuentra en un célebre fragmento de Ulpiano del libro sexto *ad ed.* D.3.2.11.1 donde el jurisconsulto plantea una hipótesis singular con respecto al marido. Veámosla: «Y aunque sea tal el marido, que por él no debe llevarse luto según la costumbre de los mayores, no puede la mujer ser dada en matrimonio [dentro del tiempo legal]; pues el pretor se refirió al tiempo en que se guardara luto por el marido; por el cual es costumbre que se guarde luto para evitar la mezcla de la sangre (*propter turbationem sanguinis* =por causa de la confusión de sangre)». Una expresión sinónima es *commixtio sanguinis* (lit. mezcla de sangre).

U

Ultima ratio

(Última rátio)
Lit. *última razón, último recurso.*

Significado y contexto: *Ultima ratio* significa el último recurso al que se acude para resolver una cuestión determinada. *Ultima* es sustituida a veces en nuestra expresión por *extrema;* también *maxima* o *summa* pueden ofrecer significados concomitantes. Por su parte, *ratio* significa razón o criterio, pero también remedio o recurso. La expresión es utilizada por los clásicos, así Cicerón en su *Pro Quinctio* (17.54) o Julio César en su *De bello ciuili* (3.44.2), pero se populariza a partir de la Edad Moderna.

R. Tosi (Tosi 2007) aduce como primer testimonio un discurso del cardenal Cisneros en 1516 en el que aparece la expresión *ultima ratio regis* (último recurso del rey). Sobre todo es conocida por el uso que hicieron de ellas tanto el rey de Francia Luis XIV como Federico de Prusia el Grande. En todos estos casos, la razón se refiere a la razón "de reyes" (*ratio regum*) o "de rey" (*ratio regis*). Alude, como en los ejemplos clásicos citados, a la guerra, o en general a la violencia, como recursos últimos para dar solución a un conflicto. En efecto, como se suele decir, antes de llegar a ese extremo deben agotarse todas las vías pacíficas para llegar a un acuerdo. Recuerda también Tosi el uso que hace de la expresión Calderón de la Barca en su conocida obra *En esta vida todo es verdad y todo mentira* 2.23, traducida al español como "última razón de reyes".

En el ámbito jurídico, un terreno al que tradicionalmente se aplica esta expresión es, en general, el derecho penal. En efecto, esta rama del derecho es contemplada como la vía extrema, de efectos más drásticos en los justiciables, por cuanto puede conducir a la privación de la libertad de un ser humano o, incluso, en algunos países todavía, a la extinción de su vida. De ahí que a la hora de elegir entre las dos vías jurídicas clásicas romanas, la civil o la criminal, –lo que ha dado lugar, por cierto, a esa expresión casi cotidiana de «por lo civil o por lo criminal» (*ágere ciuíliter uel crimináliter*)–, este último camino sea siempre estimado con particular cautela por los juristas. Del mismo contexto parecen participar expresiones también del ámbito penal como "pena capital" o "sumo suplicio", procedentes del derecho romano. Se refieren no solo a la pena más grave sino a la última a la que recurrir (si es que debe aplicarse alguna vez). Por eso, en la Antigüedad, y concretamente en el derecho romano, era a menudo sustituida por el destierro (*interdictio áquae et igni*).

Un supuesto jurídico técnico al que se aplica esta expresión es, en el derecho romano, el del juramento "decisorio" denominado también "necesario". Se trata de un instrumento procesal por el que el actor o demandante, supuesto acreedor de una suma de dinero prestada al demandado, no pudiendo demostrar de otro modo la existencia de la deuda, era autorizado por el magistrado a "deferir" un juramento al demandado consistente en la declaración de no deber nada por parte de este último. Ese juramento no podía "referirlo", es decir, devolverlo el demandado para que el demandante jurase lo contrario. El demandado, pues, debía jurar que no debía. Si lo hacía, salía absuelto. Si no, era condenado. Si no hacía nada el demandado, quedaba en situación de indefensión, negativa para él en cuanto al desarrollo del procedimiento y la resolución final por su actitud obstruccionista.

En las fuentes encontramos en D. 12.2.1 la elocuente expresión *máximum remedium* en el texto inicial explicativo del juramento, perteneciente a Gayo (5 *ad ed. prov.*). El fragmento dice que "la santidad del juramento" (*iurisiurandi religio*) se aplica como "máximo remedio de resolución de litigios" (*maximum remedium expediendárum lítium*) "por el que se deciden las controversias" (*qua deciduntur controuérsiae*). El tenor literal está muy alterado en el resto (incluida la expresión *m. r.* que parece interpolada) pero permite leer esto con claridad. Así pues, el juramento decisorio se contempla como un remedio último habida cuenta de la falta de pruebas, necesarias para demostrar la existencia de un préstamo de dinero pendiente de devolución.

> «Se introdujo en la práctica, como el mayor remedio para terminar los pleitos, la santidad del juramento, con la cual se deciden las controversias ya por pacto de los mismos litigantes, ya por autoridad del juez».

Junto al juramento necesario o decisorio existe el llamado "voluntario" al que las partes se someten voluntariamente, que permite, este sí, que el demandado (o el demandante si es el demandado el que le defiere el juramento) pueda devolver o "referir" el juramento al demandante para que este jure (que sí se le debe). No vincula aquí el hecho de rehusar el juramento, de ahí el nombre.

Conviene recordar que en el derecho español, el juramento decisorio se preveía en los artículos 1236 a 1238 del Código Civil y en el 580 de la Ley de Enjuiciamiento Civil antigua. Sin embargo, la nueva ley procesal de 2000 los derogó.

En otros países, sin embargo, sigue vigente.

Ultimátum

(Idem)
Lit. *ultimátum.*

Significado y contexto: No es voz propia de las fuentes romanas sino neologismo posterior, al parecer del s. XV, muy utilizado ulteriormente por los ingleses, que la incorporaron al argot diplomático, para ser en fin aceptada por todos. El plural, siguiendo la norma latina, debería ser *ultimata* (versión que, sin embargo, se considera incorrecta) o, menos aceptable, *ultimatos* (que se estima correcta, aunque no haya tenido éxito), pero no *ultimátums* (que, no obstante, es la que ha triunfado y ha sido aceptada por el Diccionario panhispánico de dudas). Respecto del ejemplo más conocido de "currículum", se considera como palabra invariable en plural, por formar parte de una locución (*curriculum vitae*), y por tanto, que no admite la simple adición de una "s", versión usual pero incorrecta. En plural, se acepta, cuando se usa el solo término de currículo, la versión de "currículos", pero jamás *currícula*. (v. ***curriculum vitae***).

En general, consiste en una exhortación resolutiva y enérgica a que otro realice una determinada conducta con la amenaza de adopción, por parte del emisor, de una medida drástica y desagradable, incluso violenta, con respecto a aquel, en caso contrario.

Ni el derecho romano ni las fuentes literarias latinas son en absoluto irrelevantes en su proceso de acuñación. En efecto, no pocas cuestiones relativas al llamado derecho de la guerra y de la paz son objeto de sutiles reflexiones por parte de juristas y, en general, escritores romanos. No es extraño que el eximio jurista holandés del s. XVII Grocio (*De iure belli ac pacis –Del derecho de la guerra y de la paz–*, III, 3), a propósito de la guerra solemne de derecho de gentes, comience citando varios textos de la Jurisprudencia romana muy elocuentes en materia de declaración de guerra: así, -Pomponio 2 *Muc.* D. 50.16.118: «Son "enemigos" aquellos que nos declaran la guerra o a quienes se la declaramos nosotros públicamente; los demás son ladrones o piratas». -Ulpiano 1 *inst.* D. 49.15.24: «Son enemigos aquellos a quienes el pueblo romano declaró públicamente la guerra o ellos al pueblo romano; los demás se llaman ladrones o piratas. Y por esto, quien es capturado por los ladrones no es esclavo de los ladrones ni le es necesario el postliminio [derecho de regreso del ciudadano a su comunidad tras su liberación que le permite recuperar automáticamente su *status* jurídico]. Pero el capturado por los enemigos como por los Germanos o por los Partos, es esclavo de los enemigos y recupera por el postliminio el primitivo estado». -Paulo 16 *Sab.* D. 49.15.19: «Los capturados por ladrones y piratas permanecen libres».

Estos fragmentos nos evocan la cuestión propuesta por Francisco de Vitoria, de quien tanto tomó Grocio, en su "Relección segunda sobre los indios o sobre el derecho de la guerra" (*Relectio de indis posterior seu de iure belli*) cuando se plantea la cuestión de «En quién reside la autoridad de declarar y hacer la guerra».

La exigencia de una solemnidad previa a la apertura de hostilidades aparece plasmada en una de las Convenciones de la Segunda Conferencia de la Haya de 1907 que prevé, o la declaración de guerra motivada o el ultimátum, es decir, una resolución perentoria, redactada a modo de condición, por la que se reclama la restitución de un estado de cosas en un plazo determinado (necesariamente breve) so pena de dar inicio a las operaciones bélicas. En el capítulo 7 del libro III, Grocio habla precisamente de una intimación (*denuntiatio*) pura (*pura*) y de otra condicionada (*conditionata*). Es llamativa en este segundo caso, que es el del ultimátum, su remisión a las fuentes romanas, en concreto a Tito Livio cuyo pasaje transcribimos literalmente, en el que se aprecia la minuciosidad y formalismo romano que se precisaba para un acto de tanta trascendencia para la comunidad cívica. La necesidad de una declaración previa, el órgano legitimado para realizarla y el poder del que en última instancia se hace depender su validez, la exigencia de un plazo para la restitución (entendida en sentido amplio), etc. no pasaron desapercibidas a estadistas y estudiosos de las ideas políticas de épocas venideras:

> Tito Livio 1.32: «Para que, ya que Numa había establecido los ritos religiosos para la paz, emanasen de él [el rey Anco Marcio] las ceremonias relativas a la guerra, de manera que las guerras fueran no solo realizadas (*gererentur*) sino declaradas (*indicerentur*) con un determinado ritual (*áliquo ritu*), confeccionó el derecho (*ius*), procedente del antiguo pueblo de los equícolos, que observan hoy los feciales para reclamar (*quo res repetuntur*). Cuando el embajador llega a la frontera desde la que se hará la reclamación, velada su cabeza por un paño –el velo era de lana– dice: «¡Oye, Júpiter! ¡Oíd, fronteras» –designa ahora el pueblo de que se trata– «¡que oiga la justicia divina (*fas*)! Soy el nuncio público del pueblo romano. Acudo como embajador conforme a la justicia y a la piedad divina, y sea dada fe a mis palabras». Expone a continuación sus reclamaciones. Luego pone a Júpiter por testigo: «Si exijo que se me entreguen esos hombres o aquellos bienes contra la justicia y la piedad divina, que no se me permita volver jamás a mi patria». Él cumple este ritual cuando cruza la frontera con quien se encuentre primero, según entra por cada puerta, conforme ingresa en el foro, cambiando unas pocas palabras de su cantinela y de la fórmula de su juramento. Si no se da lo que reclama a los treinta y tres días cumplidos (el plazo formal), se declara la guerra (*bellum indicit*) de este modo: «¡Oye, Júpiter, y tú Jano Quirino, y todos vosotros dioses celestiales, y vosotros, dioses de la tierra y del infierno, oídme!

> Os pongo por testigos (*ego uos testor*) de que este pueblo –dice su nombre– es injusto y no cumple el derecho. Pero con respecto a esto, consultaremos a los mayores en nuestra patria de qué modo podremos obtener nuestro derecho». Entonces, el embajador regresa a Roma para consultar. El rey en seguida consultaba a los senadores más o menos en estos términos: «Aquellas cosas que de los asuntos, litigios y causas ha reclamado (*condixit*) el *pater patratus* del pueblo romano de los Quirites al *pater patratus* de los latinos priscos y a los latinos priscos, que estos ni han dado, cumplido o hecho, cosas que debieron darse, hacerse o cumplirse, di –dice al que hablaba en primer lugar– ¿qué opinas?». Entonces este respondía: «Opino que deben ser obtenidas mediante un combate justo [irreprochable] y conforme a la piedad divina (*puro pioque duello*), por tanto, yo estoy de acuerdo y me declaro en favor de ello». Después se preguntaba a los demás por orden, y cuando la mayoría de los presentes eran de la misma opinión, la guerra quedaba acordada. El fecial, según costumbre, solía llevar a las fronteras de aquellos una lanza de hierro o quemada en su punta y untada de sangre; y, ante no menos de tres personas que hubiesen alcanzado la pubertad, declaraba: «Por cuanto los pueblos de los latinos priscos y los latinos priscos hicieron y obraron ilícitamente contra el pueblo romano de los Quirites, por cuanto el pueblo de Roma y los Quirites han ordenado que haya guerra con los latinos priscos, y el Senado del pueblo romano de los Quirites ha dictaminado, acordado y declarado que haya guerra con los latinos priscos, así, yo y el pueblo romano, declaramos y hacemos la guerra (*bellum indico facioque*) a los pueblos de los latinos priscos y a los latinos priscos». Dicho lo cual, arrojaba su lanza a sus confines. De este modo se reclamó (*repetitae res*) a los latinos y se declaró la guerra (*bellum indictum*), y las generaciones venideras adoptaron esa costumbre».

La declaración de guerra (*indictio* en las fuentes romanas) y el ultimátum como requerimiento formal previo, en primer lugar, no se aplica –como es lógico– en caso de legítima defensa, aspecto este muy tratado en las fuentes romanas y del que se hicieron eco a través de ellas tanto el derecho común como los padres del derecho internacional público; por todos, Vitoria y Grocio (que, naturalmente, escribieron sus obras en latín y realizaban frecuentes remisiones a las fuentes literarias clásicas, al derecho romano y al *ius commune*). Pero, en segundo lugar, la cuestión ha quedado superada por la normativa internacional más reciente dirigida en todo caso al logro de la paz. Así se desprende del art. 2 de la Carta de la Naciones Unidas que reclama de los Estados una conducta no violenta para el arreglo de sus controversias con otros Estados:

> «Para la realización de los Propósitos consignados en el artículo 1, la Organización y sus Miembros procederán de acuerdo con los siguientes Principios: (...) 3. Los Miembros de la Organización arreglarán sus controversias internacionales por medios pacíficos de tal manera que no se pongan en peligro ni la paz y la seguridad internacionales ni la justicia. 4. Los Miembros de la Organización, en sus relaciones internacionales, se abstendrán de recurrir a la amenaza o al uso de la fuerza contra la integridad territorial o la independencia política de cualquier Estado, o en cualquier otra forma incompatible con los Propósitos de las Naciones Unidas».

La idea había sido lanzada siglos atrás por el que se considera gran inspirador de Naciones Unidas, Francisco de Vitoria. Véase, por ejemplo, el pasaje de *op. cit. quaestio quarta, I Pars, primum dubium, secunda propositio,* en el que el insigne teólogo cita, a su vez, un conocido fragmento latino en apoyo de su idea pacificadora del orden internacional:

> «En efecto, como dice el comediógrafo [se refiere a Terencio *Eunuchus*, IV.7.789] el hombre sabio debe intentarlo todo con las palabras antes que con las armas (*omnia uerbis prius experiri quam armis sapientem decet*). Y conviene aconsejarse de hom-

bres rectos y prudentes y de aquellos que hablan con libertad y sin ira u odio, ni pasión. Esta tesis es evidente».

(Cfr. ***ultima ratio*** a este propósito).

Ultra dimidium

(Últra dimídium)
Lit. *más allá de la mitad.*

Significado y contexto: Se refiere a la lesión o perjuicio sufrido por la venta de un bien por un precio inferior "en más de la mitad" (*u. dim.*) de su valor. Se trata de la "lesión enorme" (*laésio enórmis*). Su origen se debe a una constitución de los emperadores Diocleciano y Maximiano del año 285 d. C. (C. 4.44.2) que ha tenido un influjo enorme en el derecho común europeo y, a través de él, en el moderno derecho. Dice así:

> «Si tú o tu padre hubiereis vendido por menor precio una cosa de precio mayor, es humano o que, restituyendo tú el precio a los compradores recobres el fundo vendido mediando la autoridad del juez, o que, si el comprador lo prefiriese, recibas lo que le falta al justo precio. Pero se considera que el precio es menor si no se hubiere pagado ni la mitad del verdadero precio».

Al hablar de "justo precio" (*iustum pretium*) la constitución introduce un nuevo requisito relativo al precio que, a su vez, ha generado polémica entre los juristas a lo largo de los siglos y que divide hoy, con respecto a sus soluciones, a los códigos modernos. En efecto, por un lado, la constitución establece como eje o criterio decisorio del caso la humanidad de la solución, esto es, la equidad. Al hacerlo, sin embargo, se enfrenta a toda una línea de pensamiento jurídico (y económico) enunciada por los juristas romanos en términos tan rotundos que resultan al oído casi escandalosos: así, es célebre en la historia del derecho europeo la afirmación del jurisconsulto Pomponio (Ulp. 11 *ed.* D. 4.4.16.4) según el cual «en cuanto al precio de la compraventa resulta naturalmente ilícito a los contratantes que se engañen mutuamente» (v. ***bona fides***); resulta curioso comprobar que hay aquí un punto de conexión con el actual *Common Law*, tan reacio a admitir el principio de buena fe para la fase de formación del contrato. La Glosa medieval anota este texto como contrario a la solución propuesta por los emperadores.

Así pues, la libertad de negociación y la seguridad del tráfico jurídico resultan erosionadas por este nuevo principio de la lesión "más allá de" o "en más de" la mitad del valor, como si este precio justo (o, como impropiamente se denomina después en el texto, "precio verdadero" –*pretium uerum*–) fuese algo determinable objetivamente de manera clara. Por eso, el Fuero Juzgo rechazaba para nuestro derecho patrio la aplicación de la lesión enorme con estas palabras: «Nadie rompa la firmeza de la venta diciendo que ha vendido una cosa suya por precio vil». (Ley seis, título cuarto, libro quinto). Sin embargo, las Partidas recogieron la genuina tradición romana: «Se puede desfazer la vendida que fue hecha por menos de la mitad del derecho precio que pudiera valer en la sazón que le hicieran» (Partida 5.5.56).

Se ha dicho que la constitución fue interpolada por los compiladores bizantinos bajo las órdenes de Justiniano. Puede ser porque hay indicios formales de cierta entidad. Sin embargo, por ejemplo, se advierte que la preocupación por la razonabilidad del precio, con independencia de la cuestión de su determinabilidad objetiva, estaba presente mucho antes. En una venta fiscal entre un particular (un menor de edad) y un funcionario del *fiscus* romano, objeto de un rescripto del año 200 d. C. (C. 2.36.1 *Impp. Seuerus et Antoninus*), se alude a la inapropiada conducta del administrador imperial que vulneró las normas del derecho público y se aprovechó de la inexperiencia de un joven contratante para llevar a cabo, de forma apresurada (es decir, sin respetar los trámites preceptivos) y de modo irreflexivo por parte del vendedor (*praecipiti animo*), la venta de una cosa "por un precio mucho menor" (*pretio longe minore*).

> «Si siendo Probo menor de edad, se apresuró, engañado por Rufino, nuestro administrador, a contratar irreflexivamente la venta de una cosa por un precio mucho menor, nuestro Fisco se atendrá a la autoridad del derecho público respecto al derecho de la restitución [*restitutio in integrum*]».

Probablemente no es preciso conectar con un tipo concreto de moralidad para poner en tela de juicio la clasicidad del texto primero de Diocleciano y Maximiano, aunque es verdad que los escritores cristianos de la época tardía mostraron una notable sensibilidad por este tipo de casos. Quizás haya aquí un ámbito más de convergencia entre pensamiento romano-pagano (clásico) y cristiano. La diferencia más relevante entre el segundo fragmento y el anterior, aparte de la presencia de un menor en aquel o que la venta sea entre el Fisco y un particular, consiste en que en el segundo el engaño es manifiesto, mientras que en el primero no aparece alusión alguna a él; lo que no evita pensar que también en él esté presente. Cuyacio, el famoso jurista francés del s. XVI, en su comentario a este texto, afirma en este caso que «hay engaño en la propia situación» (*in re ipsa fraudem esse*), o lo que es lo mismo, se aprecia objetivamente la existencia de dolo o engaño por la enormidad de la diferencia entre el precio de venta y su valor real. De ahí la acuñación doctrinal moderna de la expresión "lesión objetiva" para referirse a este caso. Los glosadores, por otro lado, hablan aquí de una *immensa deceptio* (engaño inmenso). De ahí la derivación hacia el término "enorme" aplicado al perjuicio o lesión sufrida. (V. en *http://digi.ub.uni-heidelberg.de/diglit/justinian1627bd4/0559*).

El hecho de que la venta se haya producido de forma precipitada (como aparece en el segundo texto), como compelida por una necesidad urgente o basada en la debilidad anímica e intelectual de una de las partes, proporciona una clave fundamental para la comprensión de esta figura, y ha orientado en la actualidad, además, hacia una dirección legislativa desarrollada por algunos códigos modernos; así, por ejemplo, por el Código Civil italiano de 1942, que la ha explorado y plasmado en su artículo 1448 que dice así: «Si hubiese desproporción entre la prestación de una de las partes y la de la otra y la desproporción dependiese del estado de necesidad de una de ellas, de la que se ha aprovechado la otra para obtener ventaja, la parte damnificada podrá demandar la rescisión del contrato». Y en su pár. segundo continúa: «La acción no será admisible si la lesión excediese de la mitad del valor que la prestación ejecutada o prometida por la parte damnificada tenía al momento del contrato». El tercer pár.: «La lesión debe perdurar hasta el momento en que se proponga la demanda». El cuarto: «No podrán ser rescindidos por causa de lesiones los contratos aleatorios». Y el quinto: «Quedan a salvo las disposiciones relativas a la rescisión de la división».

En el mismo sentido se expresa, aunque sin fijar una proporción determinada, el Código Civil alemán en su §138.2, que se refiere a la «necesidad, falta de sentido común o inexperiencia» de una de las partes. Por su parte, no sin la polémica antes mencionada, el Código Civil francés en el artículo 1674 admite la rescisión cuando el vendedor ha sido perjudicado en la venta del inmueble en más de siete doceavas partes del justo precio de la cosa.

La constitución imperial que ha dado origen a esta regulación moderna es sugestiva además porque suministra la posibilidad consistente en que el comprador ofrezca lo que falta para completar el precio justo y así evitar la rescisión del negocio, solución que adoptan expresamente una buena parte de los códigos actuales que aceptan la lesión enorme.

Interesante es además la alusión a la necesaria intervención de una "autoridad" judicial que abrió entre los comentaristas la cuestión del plazo de ejercicio de la acción, que giraba en torno a establecer para este caso los treinta años correspondientes a las acciones personales, o, solución preferible, el plazo de cuatro años (al igual que recogen los códigos y compilaciones actuales).

Otro aspecto relevante es la ampliación de este remedio a otros supuestos similares a los de la compraventa (permuta, arrendamiento y división) realizada por el gran glosador boloñés Acursio con base en este texto. El artículo 321 de la Compilación Civil catalana, que junto con los artículos siguientes, recoge la figura de la "rescisión por lesión", a diferencia del Código Civil español que no la admite, se expresa en similar sentido amplio: «Los contratos de compraventa, permuta y demás de carácter oneroso, relativos a bienes inmuebles, en que alguien haya sufrido lesión en más de la mitad del justo precio, serán rescindibles a su instancia, aunque en el contrato concurran todos los requisitos necesarios para su validez». Asimismo, la ley 499 del Fuero Nuevo de Navarra declara: «Quien haya sufrido lesión enorme, a causa de un contrato oneroso que hubiere aceptado por apremiante necesidad o inexperiencia, podrá pedir la rescisión del mismo.

Se entenderá por lesión enorme en perjuicio de más de la mitad del valor de la prestación, estimada al tiempo del contrato. Si el perjuicio excediese de los dos tercios de aquel valor, la lesión se considerará enormísima». Hay pues, según la legislación navarra, una segunda clase de lesión aún más grave: la citada como "enormísima".

Del estudio de esta expresión deducimos dos cosas de alcance general: una, el derecho romano proporciona los elementos de construcción jurídica fundamentales para la plasmación de la figura. El desarrollo posterior se inscribe en una línea de continuidad doctrinal que impide pensar –como a menudo se hace– en un hiato insalvable entre el pensamiento jurídico romano y el actual. Y dos, pretender hacer ejercicios de derecho comparado sin tener en cuenta el derecho romano y su evolución gradual (no radicalmente diversa o independiente de aquel) a través del derecho común es tarea jurídica ingenua, imperfecta y empobrecedora.

Ultra legem

(Últra légem)
Lit. *más allá de la ley.*

Significado y contexto: *Ultra* puede ser adverbio (al otro lado), como en la conocida expresión *non plus ultra*, lema de las famosas columnas de Hércules. O también puede ser preposición de acusativo (más allá de, al otro lado de) como es el caso presente. *Ultra* alude a algo que se extralimita. Por ejemplo, es frecuente la expresión latina *ultra modum* más allá de un modo o límite. Puede ser confundido con *contra legem*, y de hecho parece que se contempla así a primera vista en alguno de los testimonios que citaremos. Existe, sin embargo, una diferencia sutil. *Contra legem* se aplica, por ejemplo, de modo característico al problema de la validez de la costumbre cuyo fin sea derogar una precedente ley, pues aquí la contradicción con respecto de la ley es frontal. (v. ***contra legem***). En el caso de *ultra legem*, no obstante, se parte de una posición inicialmente legal que lo bordea tan audazmente que finalmente se sale de sus límites para entrar en el terreno de lo ilegal.

1. Un valioso testimonio literario lo encontramos en las sátiras de Horacio (sátira primera de su libro segundo), que comienza con una alusión que el propio poeta hace respecto de la opinión crítica de quienes o aprueban el carácter hiriente o pun-

zante que sus poemas satíricos puedan tener y que incluso puedan superar el límite de lo legalmente tolerable (*ultra legem opus téndere*). Lo curioso del poema es que entabla un diálogo ficticio con un jurista célebre, Trebacio (que debía ser de edad muy avanzada en época de Horacio); por cierto, amigo de Cicerón, y también de César y de Augusto. El jurista se presenta poniendo freno a la licenciosidad del poeta, quien, por su parte, desea escarnecer todos aquellos vicios o defectos que descubre en cuantos fija su escrutadora mirada crítica, aun a riesgo de ser llevado a juicio por estos acusado de injurias.

Veamos el ingenioso inicio de la sátira:

> Horacio: «Les parece a algunos que soy demasiado virulento en mis sátiras y que me paso de la raya (*ultra legem téndere opus*; [lit. me extralimito de la ley; esta ley a la que alude es tanto la del derecho contra las injurias y calumnias como la que rige la poesía]); otros, en cambio, opinan que todo lo que escribo carece de vigor y que versos como los míos se pueden componer mil al día. Dime Trebacio, qué debo hacer».
>
> Trebacio: «Descansa».
>
> Horacio: «¿Quieres decir que no haga ya más versos?».
>
> Trebacio: «Efectivamente».
>
> Horacio: «Que me lleve el diablo si no era esa la mejor solución; pero no puedo conciliar el sueño».
>
> Trebacio: «Los que necesitan un sueño profundo, que atraviesen a nado tres veces el Tíber, untados con aceite, y que se llenen el estómago de vino puro antes de acostarse. Pero si tanta manía tienes de hacer versos, anímate a celebrar las hazañas del César invicto y recibirás un gran galardón por tus esfuerzos».
>
> Horacio: «Yo bien quisiera, padre querido, pero flaquean mis fuerzas. No todos son capaces de pintar los ejércitos erizados de picas ni a los galos muriendo con la punta de la lanza rota, ni las heridas del parto cayendo del caballo».

Es interesante el final:

> Trebacio: «No puedo menos de estar de acuerdo. Con todo, quiero que estés sobre aviso para que te guardes, no sea que el desconocimiento de las santas leyes (*sanctarum inscitia legum*) te acarree algún disgusto; hay leyes y condenas (*ius iudiciumque*) por si alguno escribe malos versos (*mala cármina*) contra otro [Trebacio se refiere con "versos malos" a los injuriosos].
>
> Horacio: ¡Ah! Si escribe versos malos, pero ¿si los escribe buenos a juicio del mismo César, que los alaba? ¿Si uno que es intachable clama contra quien es digno de vituperio? [Horacio, como entendiendo otra cosa, interpreta interesadamente "versos malos" como los que son mediocres].
>
> Trebacio: «Entonces el proceso terminará en una carcajada y tú saldrás absuelto».
>
> (Horacio 1986)

El delito de injuria o injurias es un delito privado en el derecho romano. Precisamente esta naturaleza privada es la que ha pasado nuestros días, y por eso su persecución es a instancia de parte mediante querella (*querella* en latín significa "queja"). Faltar a la fama o buena estima social (*existimatio*), en definitiva, a la dignidad y honor de las personas, podía perpetrarse de diversas maneras. Una de ellas era a través de palabras o escritos, a menudo en forma de cancioncillas hirientes; de ahí, el nombre de *carmen famosum*, que en la Antigüedad más remota pudo consistir en conjuros de brujería –*mala carmina* (lit. malos sortilegios; cfr. ley de las XII Tablas 8.1.a.)–, pero en época posterior lo más probable es que fuera todo tipo de poemillas burlescos con *animus iniurandi* o intención de injuriar; o *animus infamandi*, intención difamatoria.

El límite entre lo divertido, aunque hiriente o mordaz, y lo difamatorio no es fácil de juzgar muchas veces. De ahí que muchos, como Horacio, ayer como hoy, se muevan en un terreno peligroso en el que un simple traspié puede motivar que una conducta aparentemente legal en un principio termine finalmente en lo ilegal. El Pretor realizó importantes esfuerzos por adecuar el derecho relativo a la imagen o estima social mediante diversos edictos: así, un edicto general (*edictum generale*) y después otros edictos entre los que se encontraba uno relativo precisamente a la difamación.

2. A propósito de la infamia, Ulp. 6 *ed.* D. 3.2.13.7 testimonia también el uso de nuestra expresión: *poena grauior ultra legem impósita* (=pena más grave impuesta por encima del límite legal permitido).

> «La pena impuesta, más grave de lo que previene la ley (*poena grauior ultra legem imposita*), conserva la estimación (*existimatio*), según se ha establecido y respondido; por ejemplo, si al que debió ser multado en parte de sus bienes lo hubiere relegado [enviado al exilio] el gobernador, se deberá decir, que se transigió con él por sentencia más dura sobre su estimación (*duriori sententia cum eo transactum de existimatione eius*), y que por lo tanto no es infame (*non esse infamem*). Pero si en causa de hurto no manifiesto el juez condenó en el cuádruplo, ciertamente que el reo fue gravado con aumento de pena –porque por hurto no manifiesto debió ser demandado por el duplo–, pero esto no le conservó su estimación, aunque, si le hubiese gravado con pena no pecuniaria, parece que transigió con él».

3. El tercer ejemplo que encontramos en las fuentes es el relativo a las concesiones para disfrute de lugares públicos que realizaban los poderes públicos a terceros particulares (arrendatarios –*conductores*– de concesiones administrativas). El Pretor dispuso un edicto mediante el cual a su vez creó un interdicto para proteger a los arrendatarios en la explotación de los recursos concedidos en régimen de arrendamiento (minas, bosques, prados, aguas ...). El texto, del jurista Ulpiano, habla, sin embargo, del disfrute, es decir, de la adquisición de los frutos por parte de esos terceros que debe realizarse en el marco fijado por los pliegos de condiciones o ley de locación (*lex locationis*).

> Ulp. 68 *ed.* D. 43.9.1.3: «Dice el Pretor: «para que no le sea lícito disfrutar según ley de arrendamiento»; con razón dice; «según la ley de arrendamiento», porque no debe ser oído el que desea disfrutar fuera de lo pactado (*ultra legem*) o contra lo pactado (*contra legem*)».

El caso es que el concesionario de la explotación de los recursos puede, en el mismo sentido de los casos vistos anteriormente, extralimitarse. Es curiosa la mención conjunta de las expresiones *ultra legem* y *contra legem*, que probablemente no sean sinónimas. Se trataría, respectivamente, de un comportamiento inicialmente legal pero abusivo, en el primer caso, y de un comportamiento directa o inmediatamente ilegal, en el segundo. No sería tampoco calificable de *in fraudem legis* porque la conducta no encubría nada ni se servía de ninguna "norma de cobertura".

Hoy en día, el ejemplo por el cual el Estado romano renuncia prácticamente a la gestión de sus recursos públicos, realizando concesiones a empresarios que las llevan a cabo con gran eficacia, parece seguido por las economías actuales. Es lo que se denomina "cooperación del sector público y privado". No sin críticas, es verdad, por cuanto el interés público (*utílitas publica*) –según no pocas voces discordantes– no puede quedar en manos de particulares sin control. Roma era consciente de este problema y de ahí que el texto hable de la labor que el magistrado debía realizar de supervisión de la conducta de estos concesionarios.

Ultra petita

(Últra petíta)
Lit. *más allá de lo pedido.*

Significado y contexto: *Ultra petitum* o *ultra petita* significa literalmente "más allá de lo pedido", "más allá de las cosas pedidas", respectivamente. *Ultra* es preposición de acusativo que significa "más allá de" o "al otro lado de". El contexto en el que se aplica esta expresión es el de la congruencia procesal que hoy afecta a la sentencia con respecto a lo pedido en juicio por el demandante. En otro lugar, se han comentado las expresiones del derecho romano ***pluris petitio*** y ***petitum***. En el procedimiento formulario el demandante podía incurrir en el vicio de plus petición o petición excesiva (la mal llamada '*plus petitio*', la expresión correcta es '*pluris petitio*') que podía suceder de diversas maneras: bien por pedir más de lo que se le debía –*re*–, o por pedir en otro lugar diferente –*loco*– o intempestivamente –*tempore*–. También por pedir con defecto en la causa –*causa*–, es decir, sin considerar debidamente, por ejemplo, la naturaleza de la obligación. Así, si la obligación era alternativa, por pedir directamente alguna de las prestaciones alternativas. O si era genérica, por reclamar un objeto específico. En ambos casos, el defecto consiste en que el deudor demandado carece de libertad para escoger lo que en derecho se le permite de acuerdo con la naturaleza de la obligación. Por eso, el demandante se excede en su *petitum* (v. *Procedimiento civil*).

En el mismo ámbito del procedimiento formulario, la sentencia debía sujetarse en su contenido al fijado en la fórmula, que, a su vez, estaba redactada de acuerdo con la *intentio* en la que aparecía lo que el demandante reclamaba: se trataba de un juicio lógico: «si resulta probado lo que pide el demandante, juez condena al demanda; si no, juez absuélvelo» (era lo que se denomina en lógica un *modus tollendo tollens*). Una *condemnatio* al margen de la *intentio* no cabía por pura congruencia. Esto es lo que Cicerón en sus célebres "Verrinas" (2.12.12.31) denuncia, irónicamente, de la anómala actuación de Verres, gobernador de Sicilia, refiriéndose a una absurda fórmula de este tenor «si resulta que el fundo Capenate de que se trata pertenece a Publio Servilio y no ha sido restituido a Quinto Cátulo...» Se trataría de una hipótesis procesal ilógica (el fundo habría que restituirlo a quien pertenece) que vulneraría la entera estructura del procedimiento. Por otro lado, en la fórmula se fijaba veces un límite para la condena.

Ese límite se llamaba *taxatio*, de ahí, tasación (el término moderno tiene aquí su origen). El juez, que debía valorar la *res* en la segunda fase procesal, se veía limitado en la estimación de la cuantía por la suma fijada en esa tasación. Un caso curioso es el de las injurias graves: el jurista Gayo comenta a este propósito que la tasación realizada en la fase inicial ante el magistrado raramente era modificada por el juez en la segunda fase. Hay otros casos de delimitación en función de circunstancias personales de las partes: el *dumtáxat de eo quod fácere potest* (hasta el límite de la capacidad patrimonial de alguien), que se daba en litigios entre cónyuges, entre socios, ... es el origen de lo que en época posterior se conocerá como ***beneficium competentiae***, beneficio de competencia).

En el procedimiento imperial o de cognición, la sentencia del juez no se veía limitada por la demanda, pero lo curioso era que, si el demandante se hubiera extralimitado en su petición, el juez podía condenar su frivolidad o temeridad en el ejercicio de la acción. Muy actual, y muy polémico. (V. ***in crescendo***).

La estructura del procedimiento es modelo para el desarrollo futuro del derecho procesal hasta nuestros días. Reglas como la de que la sentencia debe ser conforme a la petición (*sententia debet esse conformis libello*) o que el juez no puede devolver a las partes nada diferente de lo que obtuvo de ellas, o «lo que no está en actas no está en el mundo» (*quod non est in actis non est in mundo*), concebidos hoy por nuestro Tribunal Constitucional, como principios generales del derecho –así lo afirman Rifá, Richard González y Riaño (Rifá Soler 2011, II, 256)–, tienen su origen en el derecho de Roma. Muy sutil en el ámbito procesal romano, ya que, como sabemos, lo que hoy denominamos derecho procesal no se consideraba allí como ajeno al derecho material. De ahí, quizás, su alto grado de perfección, gracias al cuidado de juristas y magistrados dirigido a obtener el modelo más justo, práctico y acabado de derecho.

Resulta sorprendente también que en el procedimiento formulario, cuando se trataba de una acción real, la típica acción reivindicatoria, el juez no podía condenar a la restitución de la cosa, porque la condena, al igual que el mundo del moderno derecho anglosajón, era siempre a una suma pecuniaria (*omnis condemnatio pecuniaria est*, toda condena es pecuniaria). Por eso, para lograr mover al demandado a restituir la cosa litigiosa, el juez se adelantaba a su sentencia definitiva con una pronunciamiento (*pronuntiatio)* –de donde el término moderno de "pronunciamiento" judicial– notificando al demandado que si no restituía la cosa iba a ser condenado por él y, además, que iba invitar al demandante a estimar el objeto que deseaba se le restituyese. La estimación del demandante desde luego sería generosa. El resultado de la restitución se lograba aun a costa de la incongruencia de la sentencia, porque si el demandado devolvía el objeto, a pesar de que no tenía razón según el juez, sin embargo, en la sentencia definitiva resultaba absuelto. El juego de esta conocida cláusula *arbitraria* (por el arbitrio concedido) partía de un absoluto, incluso se diría que exagerado, respeto a la voluntad del demandado. (Recuérdese la regla romana «nadie puede ser obligado personalmente a hacer nada que no quiera», de tanto calado aún hoy en el *Common law*). La lógica del derecho, no obstante, no es abstracta ni formal sino práctica.

En el procedimiento de cognición imperial encontramos principios de mucha relevancia hasta nuestros días. Recordemos, antes de nada, que en este procedimiento posterior al formulario, la ejecución específica ya se admite. Así que la condena no tiene ya que estimarse siempre en dinero. En C. 7.45.3 se establece que no puede haber sentencia que condene a una prestación de dar o hacer en la que no haya condena o absolución:

> «No es considerada como justa la sentencia definitiva que no contiene condenación o absolución».

De otro modo, se produciría lo que hoy denominamos «incongruencia por omisión de pronunciamiento». De la experiencia romana surge la regla actual.

Pero hay mucho más: Ulpiano en 4 *de omnibus tribunalibus* D. 42.1 59 pr.-2 (fijémonos en que se trata de un texto de una obra titulada «De todos los tribunales) habla de las sentencias relativas a la condena a pagar una suma de dinero:

> «Respecto de la suma bastará que el juez haya expresado la cantidad, y mandado que se pague o que se entregue, aunque esto lo haya significado con otra cualquier palabra. Además se resolvió por rescripto que, aunque en la sentencia no se haya expresado suma, si, no obstante, hubiere expresado la suma el que la pide, y el juez

> dijo: «paga lo que se pidió (*solue quod petitum est*)», o «cuanto se pidió (*quantum petitum est*)», es válida la sentencia. 2. Los que hacen ciertamente condenación del capital, pero respecto a los intereses fallan de este modo: «páguense los intereses, si algunos competen (*usúrae si quae competunt*)», o «los que competen (*quae competunt*)», no fallan rectamente (*non recte pronuntiant*); deben conocer también de los intereses, y hacer condenación cierta.». (V. ***petitum***).

El problema central es, como se ve, el de la congruencia de la sentencia en relación con lo pedido por las partes. En el párrafo primero de ese fragmento se menciona el supuesto de que el demandante hubiera ya expresado una cantidad cierta. Al juez –afirma Ulpiano– le bastaría aquí con decir: «paga lo que se ha reclamado» (*solue quod petitum est*) o «cuanto se ha reclamado» (*solue quantum petitum est*). Y en el párrafo segundo se habla de los intereses a los que debe aludir la sentencia no de una manera vaga o imprecisa (por ejemplo, sería incorrecto que declarase «si se deben intereses») «pues –como afirma el jurisconsulto– deben conocer también de los intereses y dar una condena cierta sobre ellos».

En cuanto a los errores de cálculo en los que puedan incurrir los jueces, que interesan hoy también en relación con la incongruencia de las sentencias, nos remitimos a lo expuesto en esta voz (***error calculi***). Normalmente no da lugar a incongruencia y se corrigen de oficio.

Hoy en día se distingue entre la incongruencia de la sentencia por consistir en *extra petita* y *ultra petita*. La diferencia consiste en que su contenido verse en algo que no tenga que ver con lo pedido (al margen de lo pedido) o se exceda en su cuantía (más allá de lo pedido). En ocasiones, la diferencia entre un supuesto y otro es difícil de distinguir.

Ultra vires patrimonio

(Últra uíres patrimonio)
Lit. *más allá de las posibilidades del patrimonio.*

(V. ***supra vires patrimonio***).

Ultro citroque

(Últro citróque)
Lit. *de una y otra parte, recíprocamente.*

Significado y contexto: Se trata de un adverbio que significa "a uno y otro lado", "de una y otra parte", es decir, "recíprocamente". A este respecto, el gramático Festo, al comentar precisamente el origen del término *reciprocare*, relacionaba su sentido con un "reclamar de una y otra parte" (*póscere ultro citroque*).

En el derecho es célebre esta expresión sobre todo por un fragmento de Ulpiano situado en la compilación de Justiniano en el emblemático título XVI "De la significación de las palabras" (*De uerborum significatione*) con el número 19 (Ulpiano libro 11 *ad edictum*), que dice así:

> D. 50.16.19: «Labeón define en el libro primero del Pretor urbano, que unas cosas se hacen, otras se gestionan, y otras se contratan. Y ciertamente que la palabra "acto" es general, ya sea que alguna cosa se haga de palabra, ya sea que realmente, como en la estipulación, o en la entrega de cantidad; pero "contrato" significa obligación de una y de otra parte, lo que los griegos llaman "sinalagma", como la compraventa, locación-conducción y sociedad; gestionado significa cosa hecha sin palabras».

Conforme a este texto, es la reciprocidad de las obligaciones lo que establece la esencia de un contrato (y no el mero acuerdo de voluntades), y en consecuencia, ese es el elemento que diferencia al contrato de otras figuras productoras de obligaciones: los préstamos y las estipulaciones. Estamos ante una definición técnica –y muy restrictiva– del "contrato", lo que contrasta con lo que se lee comúnmente en obras jurídicas modernas acerca del derecho romano, que no poseía en absoluto una noción precisa de esta figura. Según esta teoría, un préstamo no puede considerarse como un contrato. La unilateralidad que lo caracteriza, a partir de la *datio* que hace surgir la obligación, lo impide. Basándose en este texto y en otros, el romanista español Álvaro d'Ors diseñó su teoría de las fuentes de las obligaciones conforme a lo que él consideró como estado genuino del derecho clásico –V. (García-Hervás 1989)–. ¿Era, sin embargo, una teoría difundida entre los juristas clásicos o, por el contrario, una opinión aislada de Labeón?, he aquí una de las cuestiones debatidas por la moderna doctrina romanística. Debe reconocérsele al insigne romanista que, con independencia de esto, la lectura de las fuentes jurídicas se esclarece partiendo del nexo que vincula buena fe (lealtad recíproca de los contratantes), bilateralidad y contrato. La idea de que todo contrato alberga un acuerdo de voluntades o convención (*conuentio*) fue acuñada –como informa Ulpiano 4 *ad edictum* D. 2.14.1.3– por Pedio, un jurista de fecha incierta (vivió probablemente entre los siglos I y II d. C.). A él le atribuye la famosa sentencia siguiente: «*nullum esse contractum, nullam obligationem, quae non habeat in se conuentionem, siue re siue uerbis fiat*» (no hay contrato ni obligación que no contenga una convención, ya se haga por la cosa ya por las palabras). Esta fue la doctrina que adoptó Gayo y que ha llegado triunfante a nuestros días. (V. ***pactum***).

Por otro lado, la tesis apuntada por Álvaro d'Ors de la distinción entre préstamos y contratos no ha dejado de tener influjo en el derecho positivo actual. Así se aprecia en el llamado Fuero Nuevo de Navarra, cuyas fuentes de las obligaciones están basadas en su teoría (Leyes 488 y ss.).

Un segundo aspecto interesante del texto es el de la palabra griega que utiliza: *synállagma*. Dos veces aparece este término, de origen griego, ya comentado por Aristóteles, por ejemplo, en su *Ética a Nicómaco*. No es casualidad que la doctrina civilista actual –a partir de la conocida obra de August Bechmann sobre la compraventa: *Der Kauf nach gemeinem Recht I. Geschichte des Kaufs im römischen Recht*, Erlangen, 1876– haya acuñado el concepto de *sinalagma* y hable de obligaciones sinalagmáticas para referirse a los contratos con bilateralidad de obligaciones. La inspiración ha venido de este texto. Se trata de un dato fáctico (que refleja el propio título de la obra), sin ánimo de contaminación de las ideas del autor antes citado con las del jurisconsulto augusteo.

Hay otro fragmento del Digesto que también utiliza la citada voz: Ulp. 4 *ed.* D. 2.14.7.2, a propósito de un caso en realidad diferente de *do ut facias* (doy para que hagas), es decir, una dación que tiene como causa un comportamiento que se espera de la otra parte. Aquí no hay reciprocidad de obligaciones en el sentido apuntado por Labeón, sino una atribución patrimonial efectiva que se queda sin causa para el que la recibe si no hace lo que se prevé de él. Se trata de un ***quid pro quo*** ("qué a cambio de qué") –propio de los contratos innominados– que refleja el propósito serio de quien ha realizado la dación, en un sentido muy similar, por cierto, al que en derecho inglés se denomina *executed consideration*. En este otro texto aparece citado el jurisconsulto romano Aristón calificando de sinalagma el supuesto en el que se aprecia la existencia de una relación contractual (*contractum esse*, hay contrato).

> Ulp. D. 2.14.7: «Algunas de las convenciones de derecho de gentes engendran acciones y otras excepciones. 1. Las que engendran acciones no permanecen en su nombre, sino que pasan a un propio nombre de contrato: como, por ejemplo, compraventa, arrendamiento, sociedad, comodato, depósito y otros contratos similares. 2. Pero aunque no pase la convención a otro contrato, si subyace no obstante una

> causa, respondió elegantemente Aristón a Celso que había obligación; como por ejemplo "te di una cosa para que tú me dieras otra" o "te di para que hicieras algo" y que esto es el sinalagma, y que nace de aquí una obligación (acción) civil. Por esto creo que Juliano ha sido criticado con razón por Mauriciano en cuanto al siguiente supuesto: te di a Estico para que manumitieras a Pánfilo. Lo manumitiste y Estico fue objeto de evicción. Juliano escribe que el Pretor habrá de dar una acción por el hecho, aquel sin embargo una acción civil de una cosa incierta, esto es, que basta que sea por las palabras prescritas, pues hay contrato –lo que Aristón llama sinalagma– de donde nace la acción». (V. ***pactum***).

En el Digesto de Justiniano, el adverbio *u. citroque* aparece unas cuantas veces más. En dos ocasiones se halla citado en un sentido similar al comentado hace un momento. En estos dos casos (Gai. 3 *ed. prov.* D. 3.5.2 y Ulp. 43 *ad Sab.* D. 17.1.19) se refiere a la bilateralidad apreciada, en el primero, en la gestión de negocios ajenos y, en el segundo, en la acción de mandato. El encaje dogmático de estas dos figuras es conocido: la primera responde a un cuasicontrato (como se le conocerá a partir del derecho bizantino hasta nuestros días), y la segunda a la figura del contrato de mandato. La diferencia entre ambas consiste en que en la primera no hay un acuerdo de voluntades mientras que en la segunda sí. No es casual que en estos textos se hable del carácter recíproco del contrato, a diferencia de otros en que se tratan supuestos más claros como la compraventa o el arrendamiento, porque la reciprocidad de obligaciones en aquellos no es inicial (esto es, no son de bilateralidad perfecta o sinalagmática sino imperfecta). Esto quiere decir que la situación de reciprocidad solo se producirá si, a lo largo de la vida de esa relación jurídica, se originan hechos que determinen la obligación de una y otra parte, y no solo de una de ellas. Así, por ejemplo, si el gestor ha realizado gastos con los que su actuación ha sido útil o beneficiosa al sujeto en cuyo interés he actuado (aunque finalmente no haya tenido éxito) tendrá derecho al reembolso de sus gastos. O, si ha sufrido algún daño con la gestión realizada. Pensemos en un vecino que ha intentado apagar un fuego que se ha declarado en la finca contigua y ha empleado sus propios recursos para esa tarea. Otro tanto puede decirse, con mayor razón, del mandato. Con el pensamiento de estos textos conecta el Código Civil español cuando especifica en su artículo 1887 *in fine* que de los cuasi contratos «resulta ... a veces una obligación recíproca entre los interesados».

En otro texto, que seleccionamos por su interés, (Iul. *ad Urs. Feroc.* D. 10.2.52.2), se habla de la reciprocidad en torno a un caso de partición de herencia dirimido por un árbitro. El texto afirma que el árbitro tomado por las dos personas a las que afectaba la partición deseaba adjudicar unas cosas a una de ellas y otras a la otra, pero «entendía que por estas cosas cada uno debía ser condenado a favor del otro». Por eso, se planteaba si podría, «hecha la compensación de la condena de una y otra parte *–u.citroque–*, condenar a aquel socio cuya suma excediera, y únicamente por la suma que excediese. La respuesta del jurisconsulto fue afirmativa.

> «El árbitro (*árbiter*) que entre yo y tú tomamos para la partición de la herencia, quería adjudicarme unas cosas a mí, y otras a ti; entendía que por estas cosas cada uno debía ser condenado a favor del otro, y se preguntó, ¿podría acaso, hecha la compensación de la condena de una y de otra parte (*ultro citroque*), condenar a aquel solo, cuya suma excediera, y únicamente por la suma que así excediese? Y pareció bien que el árbitro pueda hacer esto».

Otros textos: Ulp. 37 *ad ed.* D.9.4.38.2; Gayo (3.24), que en sus Instituciones utiliza una vez esta expresión para aludir al recíproco derecho de heredar entre dos sujetos.

La riqueza y variedad del pensamiento jurídico romano nos permite –como hemos visto a través de esta expresión– plantearnos hoy hipótesis prácticas de construcción jurídica inimaginables para quien no considera más que el derecho positivo y la doctrina moderna.

Unitas actus

(Únitas áctus)
Lit. *unidad de acto.*

Significado y contexto: Se trata de una regla aplicable a aquellos actos que consisten, a su vez, en una sucesión de trámites que el derecho exige que se realicen de manera sucesiva y sin solución de continuidad para evitar perniciosas interferencias y equívocos.

La moderna teoría de la oferta y aceptación a propósito de la celebración de un negocio jurídico entre dos partes hunde sus raíces en las cuestiones planteadas ya a propósito de la estipulación romana (*stipulatio*), el acto jurídico productor de obligaciones por excelencia. No es extraño que la reflexión doctrinal de los juristas romanos en torno a ella, que constituyó en su día un formidable núcleo de pensamiento jurídico, haya integrado la base sobre la que se ha edificado una buena parte de la moderna teoría de las obligaciones.

El acto era muy sencillo de realizar, de ahí la frecuencia de su uso: el estipulante (*stipulátor* o *stípulans)*, es decir, la parte acreedora dirigía, de palabra, una pregunta al deudor (*prómissor* o *prómittens*) expresiva de la asunción de una deuda por parte de este: así, por ejemplo, «¿prometes que se me darán diez mil?», a lo que debía responder «prometo». El acto, con todo, era formal: debía ser oral (lo que exigía la presencia simultánea de las partes), solemne (debían utilizarse términos precisos), la respuesta debía ser congruente con la pregunta (si se preguntaba A no tenía sentido responder B) y –he aquí la regla de la unidad de acto–, además, debía darse de manera sucesiva a la pregunta.

La Jurisprudencia romana se ocupó de aclarar y flexibilizar estos requisitos. Respecto del que nos ocupa, Ulpiano 48 *Sab.* D. 45.1.1.1 afirma que «el que estando presente formuló la pregunta, si, antes de que se le respondiera, se marchó, hace inútil (invalida) la estipulación. Pero si estando presente formuló la pregunta, luego se marchó, y, una vez vuelto, se le respondió, obliga al otro, porque el intervalo intermedio no vició la obligación». Aquí el jurisconsulto aclara que la respuesta no tiene por qué ser inmediatamente sucesiva a la pregunta siempre que a esta le siga la respuesta, pues –diríamos nosotros– aunque haya un intervalo temporal entre una y otra, que no podrá ser muy grande en todo caso, no se considera rota por él la *un. ac.*

(V. ***inter absentes***).

Universitas

(Uniuérsitas)
Lit. *universalidad, conjunto.*

Significado y contexto: Es una voz de sonoridad familiar en derecho. Ha pasado al derecho civil actual –concretamente al apartado de "las cosas y su clasificación"– que la ha traducido directamente como "universalidad", esto es, como conjunto o totalidad de cosas considerado jurídicamente como una unidad. Esto último, el tratamiento unitario por parte del derecho, es lo relevante del término, que, unido a otros, admite diversas concreciones.

Así, por ejemplo, se habla en derecho común de ***universitas facti*** (universalidad de hecho) para aludir a un conjunto de cosas separadas entre sí adscribibles a un sujeto como titular, y susceptibles de constituir el objeto unitario de un solo negocio jurídico. El texto característico es Ulp. 17 *Sab.* D. 7.1.70.3 en el que se habla del legado del usufructo de un rebaño (*grex*), o de ganado mayor (*armentum*), o de una yeguada (*equitium*), y se engloban estas expresiones en la genérica de *uniuérsitas*, en contraposición esta última a *síngula cápita* (cada una de las cabezas, esto es, los individuos o cabezas singulares).

> «Pero lo que se dice de que debe él substituir (*summíttere*) es verdad siempre que se legó el usufructo de un rebaño, o de una piara de ganado mayor, o de una yeguada, esto es, de la universalidad (*id est, uniuersitátis*); pero si de cada una de las cabezas (*singulórum cápitum*), no suplirá nada».

El texto afirma que la exigencia de sustituir las cabezas perdidas por otras nuevas para respetar la sustancia del usufructo –*summisio*– solo se produce cuando el negocio ha tenido como objeto una *uniuersitas* y no las cabezas singularmente consideradas. Cfr. art. 499 CC español, heredero de este texto. Su primer párrafo declara:

> «Si el usufructo se constituyere sobre un rebaño o piara de ganados, el usufructuario estará obligado a reemplazar con las crías las cabezas que mueran anual y ordinariamente, o falten por la rapacidad de animales dañinos».

Interprétese *sensu contrario* con ayuda del fragmento romano: el usufructo recae sobre una *uniuersitas*, luego no hay obligación de reemplazo si tuviera como objeto cabezas singulares.

Distinta de la *u. facti* es la conocida en el derecho común como ***universitas iuris*** (universalidad de derecho) alusiva a un patrimonio, esto es, a un conjunto de bienes y derechos contemplado como unidad por el derecho. Uno de los textos más conocidos que da pie a esta idea es Ulp. 15 *ed.* D. 5.3.20.10 por el inciso en que se alinean sucesivamente la «herencia, el peculio u otra universalidad» (*hereditas, peculium uel alia uniuersitas*).

> «Pero no solo usamos del senadoconsulto respecto de la herencia, sino también respecto del peculio castrense, o de otra universalidad».

Una herencia es, en efecto, el prototipo de *u. iuris*. La sucesión *mortis causa* constituye un modo de adquirir la herencia denominado '*per uniuersitatem*' (mediante universalidad). (V. ***nomen iuris***).

Cuando se habla de ***univérsitas rerum*** (conjunto de cosas) se trata de un conjunto de cosas unidas entre sí para formar una unidad diferente a ellas. Así, *uniuersitas aedifícii* (lit. conjunto de un edificio), *u. aédium* (lit. conjunto de una casa), *u. fundi* (lit. conjunto de una finca), *u. agrorum* (lit. conjunto de campos). De esta expresión hay que distinguir la similar de ***univérsitas bonórum*** (universalidad de bienes) referida a las fundaciones.

A su vez, esta última expresión se contrapone a ***univérsitas personárum*** (universalidad de personas), es decir, el conjunto de personas que pertenecen a una corporación. En el derecho romano se contrapone esta (un *municipium* o una *cíuitas*) a cada uno de los miembros integrantes (Ulp. 8 *ed.* D. 3.4.2; Ulp. 10 *ed. h. t.* 7.1; Gai. 2 *inst.* D. 1.8.1pr.; Marcian. 3 *inst. h. t.* 2 pr.; Marcian. 3 *inst. h. t.* 6.1). De ahí las dos expresiones, enfrentadas entre sí, de ***uti cives*** (como ciudadanos, en conjunto considerados) y ***uti sínguli*** (como individuos, singularmente considerados). La idea de *uniuersitas* aplicada a una corporación con sus representantes (por ejemplo, el *magister uniuersitatis* Ulp. 9 *ed.* D. 46.8.9) prepara el surgimiento de la teoría de la persona jurídica consagrada, a partir del material romano, por el derecho canónico medieval. Uno de los textos más llamativos a este propósito es el que afirma que aunque la universalidad quede reducida a un solo individuo (por ejemplo, por perecimiento de los demás) este puede demandar y ser demandado «porque el derecho de todos recae en uno y el nombre de la universalidad (*nomen uniuersitatis*) persiste» (v. también ***translatio iudicii***).

Ulp. 10 *ed.* D. 3.4.7.2: «Tratándose de Decuriones o de otras corporaciones (*uel aliis uniuersitátibus*), nada importa o que permanezcan todos los mismos, o que subsista parte, o que todos se hayan cambiado. Pero si la corporación se redujo a uno solo (*si uniuérsitas ad unum redit*), es lo más admitido que puede este demandar y ser demandado, puesto que el derecho de todos haya recaído en uno solo (*cum ius ómnium in unum reccíderit*), y subsista el nombre de la corporación (*et stet nomen uniuersitátis*)». (V. ***in corpore***).

Entre todos los textos que podemos destacar relativos a nuestro término, sin duda el más célebre en materia de universalidad de cosas es uno de Pomponio 30 *Sab.* D. 41.3.30 que se plantea la posibilidad de usucapir diversos tipos de cosas. Dice así:

«Se pregunta si la mezcla que se hizo de algunas cosas interrumpe la anterior usucapión de cada una. Pero hay tres géneros de cuerpos: uno que está contenido por un solo espíritu (*unum, quod continetur uno spíritu*), y que en griego se llama *hēnōménon* (unido), como un hombre (*homo*), un madero (*tignum*), una piedra (*lapis*), y otras cosas semejantes; otro, que consta de componentes (*ex contingéntibus*), esto es, de varias cosas unidas entre sí (*plúribus inter se cohaeréntibus*), que se llama *sunēmménon* (conexo), como un edificio (*aedificium*), una nave (*nauis*) o un armario (*armarium*); y el tercero, que consta de partes sueltas (*ex distántibus*), como muchos cuerpos no unidos, sino subordinados en un solo nombre (*uni nómini subiecta*), como un pueblo (*pópulus*), una legión (*legio*) o un rebaño (*grex*). El primer género no admite cuestión respecto a la usucapión, el segundo y el tercero la admiten».

De gran relevancia en la historia del derecho común hasta nuestros días, el fragmento es como un resumen de lo que hemos tratado hasta ahora a propósito de *uniuérsitas*. El jurisconsulto distingue entre cosas singulares, cosas compuestas de cosas unidas (*ex contingentibus*, de componentes; *inter se cohaerentibus*, que se unen entre sí) y cosas compuestas de cosas separadas o sueltas (*ex distantibus*).

Nuestra voz da también a la postre el término "universidad", institución educativa superior. Se suele hacer derivar de '*ad unum uértere*' (orientar a uno), tendencia a la unidad del conocimiento humano, que lleva consigo ademas la oportunidad de la reunión de todos los saberes, bajo un mismo techo, en una sola "casa de estudios" (*aedes studiorum*; *aedes* en plural significa casa, en singular templo). De ahí también el título de algunas universidades de "universidad de los estudios ...", como conjunto, esto es, de todos los saberes cuyo estudio se ofrece por la institución en la que aparecen agrupados y con los que se nutre de sabiduría a los alumnos (de ahí también su título ***alma mater***, madre nutricia, v. voz). Muy especialmente se dice "universidad" por reunir a profesores y a alumnos formando una corporación o –como afirma el rey Alfonso X el Sabio– un "ayuntamiento" al servicio de la verdad.

Universal se dice también de lo que se aplica al mundo entero, como la conocida bendición del papa '*Urbi et orbi*' (lit. a la ciudad y al orbe) es decir, dirigida a la ciudad de Roma y al mundo, que tan a menudo se cita erróneamente haciendo acabar las respectivas voces en –e, en vez de en –i (como corresponde al dativo de ambas). La pretensión de universalidad que explica el propio término griego "católico" (*katholikós*), que está detrás de aquel, conecta con la de la antigua civilización romana. No otra cosa significaba la célebre concesión, por el emperador Caracalla, de la ciudadanía a todos los habitantes del imperio, con algunas excepciones, en el año 212 d. C.: «Concedo, por consiguiente, a todos los peregrinos que habitan en el orbe terrestre, salvo a los dediticios, la ciudadanía de los romanos, subsistiendo todas las diversas comunidades existentes (*Do igitur omnibus peregrinis, qui in orbe terrarum sunt* [aparece '*orbe*', y no '*orbi*', por declinarse aquí la voz en ablativo con terminación en –e, aunque podría haberlo hecho también en -i], *ciuitatem Romanorum, manente omni genere ciuitatum, exceptis dediticiis*)» (Papiro Giessen 40 I, traducción latina del griego).

Universitas bonorum

(Uniuérsitas bonórum)

(V. **universitas**).

Universitas facti

(Uniuérsitas fácti)

(V. **universitas**).

Universitas iuris

(Uniuérsitas iúris)

(V. **universitas**).

Universitas personarum

(Uniuérsitas personárum)

(V. **universitas**).

Universitas rerum

(Uniuérsitas rérum)

(V. **universitas**).

Usque ad coelum, usque ad inferos

(Úsque ad coélum, úsque ad ínferos)
Lit. *hasta el cielo, hasta lo más hondo del subsuelo ("mundos inferiores"; "infiernos").*

Significado y contexto: Junto a esta versión otras varían algo. Así, *usque ad coelos* (hasta los cielos), *usque ad ínferos.* O esta otra: *usque ad sídera* (hasta las estrellas, o astros) *usque ad ínferos.* Tiene que ver con el derecho de propiedad sobre un inmueble y expresa la versión absolutista de su contenido, pues dice abarcar no solo el terreno sino todo lo que de aire se halla encima así como el subsuelo; en el primer caso hasta las estrellas, en el segundo hasta el mundo inferior.

Se trata de una exageración medieval surgida a partir de concretos textos romanos que le han valido al derecho romano tradicionales –e injustas– críticas tanto desde posiciones marxistas, que han visto en ella la expresión del individualismo y del liberalismo más crudo referido a la propiedad de un inmueble, como desde las de defensa de la técnica y del progreso, que han identificado en esta concepción una de las causas del entorpecimiento del avance de nuevas ideas o descubrimientos tales como la electricidad o los novedosos medios de transporte; su puesta en marcha –pensemos en los tendidos eléctricos o los trenes subterráneos– resultaba, en efecto, francamente difícil con el mantenimiento a ultranza de la idea expresada por esta locución.

En este sentido, el artículo 348 del Código Civil español refleja una definición procedente más bien de los comentaristas que del propio derecho romano; concretamente de Bártolo («el derecho de gozar y disponer de una cosa, sin más limitaciones que las establecidas en las leyes»), aunque es verdad que se enraíza, por ejemplo, en la de la libertad que ofrece el jurisconsulto Florentino (9 *inst.*) D. 1.5.4: «La libertad es la natural facultad de hacer lo que a cada uno le plazca salvo que lo impida la fuerza o el derecho» (es decir, a menos que circunstancias de hecho o de derecho la limiten). Los romanos no definieron la propiedad, simplemente porque no era fácilmente aprehensible habida cuenta de la multiplicidad de situaciones que, en función de la cosa concreta, podía dar lugar la relación entre el sujeto y el objeto, así como de la gran variedad de facultades que podían originarse y que no quedaban ceñidas simplemente por el esquemático abanico de «usar, disfrutar, disponer y poseer» (*uti, frui, habére, possidére*).

En cuanto a los textos que han dado pie a una interpretación absolutista de la propiedad se puede citar, por ejemplo, uno muy conocido a propósito de la petición de herencia que contiene una referencia al derecho a abusar, es decir, a consumir o destruir la cosa, que pueden realizar –dice el texto– los poseedores de buena fe que se creen propietarios (Ulp. 15 *ed.* D. 5.3.25.11). O también parece abocar a una concepción absolutista e individualista de la propiedad la conocida afirmación de Gayo (2 *de testamentis ad edictum* D. 50.17.55) según la cual «nadie parece obrar dolosamente si ejercita su derecho» (*nullus uidetur dolo fácere, qui suo iure útitur*). Esta última máxima, sin embargo, tiene que ver con el siguiente supuesto singular: el de quien deja de aceptar una herencia de la que ha sido instituido heredero porque sabe que va a recibirla igualmente *ab intestato*, pero al hacerlo otros beneficiados por el testamento dejan de obtener lo que le corresponde. Este comportamiento no es lícito porque defrauda la voluntad del testador, salvo que –he aquí el *quid* de la máxima– el propio testador le conceda esta facultad (cfr. Ulp. 50 *ad ed.* D. 29.4.6.1) o se interprete que la puede tener concedida implícitamente (Ulp. 50 *ad ed.* D. 29.4.1.5). Análogamente –como veremos en otros casos *infra*– el propietario que lleva a cabo actos diversos con respecto a la cosa de la que es dueño que, sin tener intención de lesionar al vecino, producen al final un daño a otro, no tiene por qué sufrir demanda alguna por parte de este. De esto se desprende que los juristas romanos se ocuparon de supuestos casuísticos, y es así como debemos valorar sus decisiones sin pretender exasperarlas otorgándoles un alcance que no tuvieron.

El artículo 33 de la Constitución española refleja en su número 1, por un lado, el reconocimiento al derecho a la propiedad privada (y a la herencia), pero, como si de una balanza se tratara, en el 2 lo equilibra con su referencia a la función social de la propiedad, que delimita y transforma profundamente aquel. Hasta qué punto el derecho romano tuvo en cuenta una función social de la propiedad o, al menos, pudo tener conciencia de la limitación del contenido del derecho de propiedad es algo que hoy por desgracia a menudo se desconoce incluso en obras jurídicas especializadas, que reflejan una imagen simplista de la contraposición del individualismo que representaría la concepción romana de la propiedad con la concepción "social" de la propiedad moderna.

Pero debemos preguntarnos de dónde ha surgido la idea expresada por nuestra locución, que ha producido en los juristas posteriores tanto asombro. Se trata, como siempre en la tradición del sistema de derecho civil, de concretos textos romanos. Analicemos, por un lado, los relativos al cielo y, por otro, los del subsuelo. Empecemos por los primeros.

1. En primer lugar hay que distinguir, como hace el célebre romanista Ferrini (Ferrini 1904, 267 ss.), entre el cielo (*coelum*) y el aire (*aer*). El primero es el que nos ocupa. Se trata, no de una columna de aire sobre un inmueble –como suele decirse–, sino del espacio aéreo que se halla por encima de él. Es una acepción, por así decir, estática,

frente a la más dinámica del aire, que se caracteriza –según el autor citado– porque corre y se renueva. Recordemos al jurista Marciano en un famosísimo texto (3 *inst.* D. 1.8.2.1) en el que afirma que tanto el aire como el agua que corre, el mar y sus litorales son por derecho natural cosas comunes de todos. ¿Por qué, entonces, al espacio que se hallaba encima del inmueble, cielo, o vuelo, se consideró en la historia del derecho que todo él pertenecía al propietario del inmueble? Desde luego la solución no se justifica, al menos con la rotundidad con que se afirma, si se atiende a los casos y textos que el derecho romano plantea.

El primer, y quizás más importante, texto de nuestra tradición es D. 8.2.1 de Paulo (21 *ad edictum*):

> «Si media suelo público o vía pública esto no impide ni las servidumbres de paso o de conducción ni la de levantar más alto (*áltius tollendi*), pero impide la servidumbre de prohibir la de introducción de vigas y la de cobertizo, y también las servidumbres de recibir el agua de los canalones y la de los tejados, porque el cielo que hay sobre aquel suelo debe estar despejado».

Una interpretación sin prejuicios y apegada al caso hace ver que el hecho de que el cielo esté despejado tiene que ver con el uso que se da a la servidumbre, es decir, no tiene por qué llevar a una consideración abstracta del contenido de la propiedad en relación con el espacio aéreo. De este texto surge precisamente el dístico medieval «de quien sea el suelo, así será el cielo» (*cuius solum, eius coelum*).

Otros dos textos muy importantes, inscritos bajo el título del Digesto relativo al interdicto «De lo que se hizo con violencia o clandestinamente» (*Quod ui aut clam*), son: -Pomp. 29 *Sab.* D. 43.24.21.2 que dice así: «En una obra nueva se ha de hacer la medida tanto del suelo como del aire». En este fragmento observamos cómo el suelo y el aire no se entienden como entidades separadas sino que se consideran interrelacionadas de un modo dinámico y práctico. El otro texto es también muy sugestivo a este respecto, Venul. 2 *interd.* D. 43.24.22.4:

> «Si alguno hubiere hecho voladizo sobre un sepulcro o echare sobre el estilicidio, aunque no llegue a tocar al monumento, con razón se ejercitará contra él el interdicto por lo que se hizo violenta o clandestinamente, porque no es del sepulcro solamente el lugar en que se hace la inhumación, sino también todo el espacio de cielo que hay sobre él; y por tal motivo se puede ejercitar también la acción de sepulcro violado».

Una vez más constatamos con respecto a este caso que la afirmación de tenor aparentemente general «todo el espacio de cielo que hay sobre él» (*omne supra id coelum*) se refiere en realidad al caso concreto propuesto del sepulcro.

Como conclusión de este primer aspecto, el del cielo o vuelo, constatamos que la afirmación medieval incurre, en efecto, en una evidente exageración cuando, a partir de los textos romanos que presentaban casos concretos, ha tomado de ellos tal o cual inciso de tenor rotundo y ha llevado a cabo una generalización extrema. En realidad, con respecto a estos textos se extrae otra idea: que el espacio aéreo, en efecto, va unido al suelo del que uno es propietario pero no en abstracto ni de modo absoluto. El espacio aéreo se refiere en todo caso solo a aquel sector que hace posible el disfrute, aprovechamiento o, en general, el uso de las facultades que atañen al propietario. Este es el sentido que debe tener la afirmación según la cual «el cielo debe quedar despejado»; así (Ferrini 1904, 269).

Por otro lado, una concepción más "social" del término "cielo" se observa respecto de un interdicto sorprendente, el relativo a las cloacas. Ulpiano en 71 *ad ed.* D. 43 23.1.2

justifica el edicto del magistrado referente a la limpieza y recomposición de la cloaca con las siguientes palabras:

> «Pero cuidó el Pretor con estos interdictos de que se limpien y se recompongan las cloacas –ambas tienen que ver con la salubridad y seguridad de las ciudades (*salúbritas ciuitatum et tutela*)–, porque las inmundicias de las cloacas, si no se reparan estas, amenazan <haciendo> pestilente el aire (*coelum péstilens*) y <provocando> ruinas».

Obsérvese que aquí *coelum* parece adquirir el sentido de "aire".

2. Veamos ahora los textos relativos al subsuelo, de los que los intérpretes medievales han extraído la expresión que comentamos. El primero de ellos pertenece a Ulpiano (71 *ad ed.*) y se encuentra de nuevo en el título del Digesto relativo al interdicto «De lo que se hizo con violencia o clandestinamente». Se trata de D. 43.24.11 pr., que presenta el caso de uno que ha vertido una sustancia en el pozo de un vecino para contaminar el agua:

> «Dice Labeón que el que hubiere vertido alguna cosa en el pozo del vecino para corromper el agua, habiendo hecho esto, está sujeto al interdicto de lo que se hizo violenta o clandestinamente, porque el agua viva (*aqua uiua*) es considerada porción del campo (*portio agri*), como si hubiese hecho alguna obra en el agua».

Lo más relevante del texto es que el agua subterránea del pozo, agua viva, se considera como parte de la finca. Pero una vez más, como en el caso del cielo o vuelo, se ha de precisar que no se trata de una consideración abstracta sino apegada al caso y referida al uso concreto que el propietario del suelo da al subsuelo.

Otro célebre texto, que entronca –como decíamos– con la afirmación de Gayo expuesta al principio de que nadie comete dolo si ejercita su derecho, es D. 39.2.24.12 de Ulpiano (81 *ad ed.*) que plantea el caso de uno que ha abierto en su casa un pozo y que, al hacerlo, ha cortado los manantiales del pozo del vecino. El jurisconsulto, basándose en la autoridad del jurista Trebacio, afirma que no está obligado a responder frente al vecino «porque no se estima que se te causa daño por vicio de obra mía en una cosa en la que usé de mi derecho. Pero si yo cavare tan profundamente en lo mío [este inciso, «en lo mío» (*in meo*), es decir en todo el subsuelo al que llegue el propietario, es muy importante], que no pudiere sostenerse tu pared, se incurrirá en la estipulación de daño temido». Es decir, sí será responsable en este último caso.

> «Veamos también cuándo parecerá que se causa daño; porque la estipulación comprende el daño que se causa por vicio del edificio, del lugar, o de la obra; por ejemplo, abro en mi casa un pozo, y por haberse abierto este se cortaron los manantiales de tu pozo; ¿estaré yo obligado? Dice Trebacio que no estoy yo obligado por el daño que amenaza; porque no se estima que se te causa daño por vicio de obra mía en una cosa en la que uso de mi derecho. Pero si yo cavare tan profundamente en lo mío (*in meo*), que no pudiera sostenerse tu pared, se incurrirá en la estipulación de daño que amenaza».

Un supuesto parecido plantea, en fin, Ulpiano (53 *ad ed.*) D. 39.3.1.12 citando esta vez un caso del jurista Marcelo, muy parecido al anterior: uno que, «cavando en lo suyo» (de nuevo «en lo suyo» –*in suo*– es inciso fundamental), desvió la fuente del vecino no será responsable «si no lo hizo con ánimo de perjudicar al vecino (*animus nocendi*), sino para mejorar su propio campo».

> «Finalmente, escribe Marcelo que ninguna acción, ni aun la de dolo, se puede ejercitar contra el que cavando en lo suyo desvió la fuente del vecino; y verdaderamen-

te no debe tenerla este, si aquel no lo hizo con ánimo de perjudicar al vecino, sino para mejorar su propio campo».

En estos textos, y en alguno más que se podía citar (Paul. 6 *ad Sab.* D. 10.3.19 pr.), se aprecia algo fundamental y similar a lo que ya habíamos constatado con respecto al cielo o espacio aéreo. Que no se trata de afirmaciones abstractas sino referidas siempre al caso concreto al que atienden. El derecho romano, por otro lado, con respecto al subsuelo admitió incluso determinadas formas que podríamos denominar de expropiación, por ejemplo, con respecto a las minas. Quien explotase una mina llegó a tener un reconocimiento parecido al descubridor de un tesoro (un supuesto este que llega hasta nuestros días y que no es otra cosa que una expropiación a favor del descubridor de objetos hallados en los inmuebles de sus propietarios siempre que se cumplan una serie de condiciones que se exigen hoy desde el derecho romano). El minero se queda con el objeto de la explotación logrado con la sola obligación de pagar un porcentaje normalmente establecido por ley. Como se ve en este supuesto, el interés público de Roma acerca de la correcta y satisfactoria explotación de las minas hacía posible lo que una concepción meramente individualista no permitiría en modo alguno. (V. ***factum principis***).

3. Conclusión: el somero estudio de esta expresión nos ayuda a salir al paso de los frecuentes clichés o estereotipos que circulan como moneda común entre los intérpretes del derecho actual. Las imágenes de blanco y negro referidas a infinidad de ideas jurídicas nunca se corresponden con la riqueza y variedad que en realidad poseen. El derecho romano, obra fundamentalmente realizada por juristas, contiene un caudal riquísimo de situaciones y soluciones jurídicas que no se avienen a los esquematismos de los que desean reducir la historia del derecho a unas pocas ideas simples pero falaces.

No podemos seguir más allá en nuestro análisis, pero afirmar que el derecho romano sostiene, sin más, una concepción individualista de la propiedad es desconocer el interesante fenómeno jurídico de las limitaciones legales de la propiedad, ya perceptibles desde la célebre ley de las XII Tablas, tanto de interés privado como público. Decir que la teoría de la emulación no es romana sino medieval es una verdad a medias ya que pasa por alto que el propio término "emulación" (*aemulatio*) deriva de un famoso texto (Macer 2 *de off. praes.* D. 50.10.3 pr.) en el que emerge la acepción de emulación como "rivalidad ilícita" con respecto a un interesante supuesto de una obra nueva realizada en la propia finca del particular, por tanto, sin interferencia o *immissio* en derecho ajeno, pero –he aquí el *quid* de la cuestión– con el ánimo de rivalizar ilícitamente con otra ciudad (*ad aemulationem altérius ciuitatis*).

Hablar de "abuso del derecho" y desconocer el texto de Gayo 1.53 (que recoge también D. 1.6.1.2) en el que el jurista romano, a propósito de los malos tratos a esclavos, justifica las medidas imperiales contra las sevicias de los dueños, que podían llegar a obligar a estos a despojarse de la propiedad de aquellos (otro caso de expropiación forzosa), mediante el siguiente argumento, «no debemos usar mal de nuestro derecho» (*male enim nostro iure uti non debemus*), es de nuevo renunciar a reconocer el origen de este concepto jurídico de tanta trascendencia hoy. Justiniano en sus Instituciones (1.8.2) corrige, y no sin trascendencia, la antedicha sentencia gayana por otra de diferente entidad y sentido. Confróntense y júzguense: «Pues conviene a la república que nadie use mal de una cosa suya» (*expedit enim rei publicae, ne quis re sua male utatur*).

Gai. 1.53: «Pero hoy en día ni a los ciudadanos romanos ni a los demas hombres que se hallan bajo el imperio del pueblo romano se les permite tratar a los esclavos con excesiva dureza y sin motivo; pues en virtud de constitución del sacratísimo emperador Antonino, el que mata injustificadamente a su esclavo es tan reponsable como el que mata a un esclavo ajeno. Pero también se reprime en la constitución de este príncipe el mal trato por parte de los dueños; pues con ocasión de una consulta que le hicieron unos gobernadores de las provincias a propósito de los esclavos que se refugian en los templos de los dioses o en las estatuas de los príncipes, dispuso que si parecía insoportable la dureza de los dueños se les obligara a vender sus esclavos. Las dos cosas están bien, pues no debemos abusar de nuestro derecho, por esta razón también se prohíbe a los pródigos la administración de sus bienes».

Otro tanto ha de decirse de la doctrina del «uso normal del derecho» y de la «no interferencia –*immissio*– en el derecho ajeno». Hacerlo desconociendo el célebre texto Ulp. 17 ad ed. D. 8.5.8.5 (un caso de interferencias de humos de una fábrica de quesos sobre una finca del vecino, donde aparece la expresión citada de *immissio*, tan utilizada hoy por los especialistas del derecho medioambiental), es ridículo. En la tradición jurídica del derecho civil es célebre la frase central del fragmento: «le es lícito a uno hacer en lo suyo en tanto no interfiera en lo ajeno» (*in suo alii hactenus fácere licet, quátenus nihil in alienum immittat*).

«Respondió a Aristón a Cerelio Vital que él no creía que hubiese derecho a echar el humo de una fábrica de quesos a los edificios superiores (*non putare se ex taberna casiaria fumum in superiora aedificia iure immitti posse*), a no ser que existiese tal servidumbre. Y dice el mismo que tampoco es lícito echar agua, ni cualquier otra cosa, de un fundo superior a los inferiores, porque solamente le es lícito a uno hacer alguna cosa en su propiedad en tanto no se entrometa en lo ajeno (*in suo enim alii hactenus facere licet, quatenus nihil in alienum immittat*) y la del humo, como la del agua, es una intromisión (*esse immissiónem*): por consiguiente, que puede demandar el dueño del fundo superior al del inferior alegando que este no tiene derecho para hacer tal cosa. Finalmente, según refiere Aristón, escribe Alfeno que igualmente se puede demandar alegando que el otro no tiene derecho a extraer piedra en su propiedad de tal forma que los fragmentos caigan en mi fundo. Dice, pues, Aristón que al que tomó en arrendamiento de la ciudad de Minturno una fábrica de quesos se le puede prohibir por el dueño del predio superior que le eche el humo, pero que el arrendatario puede dirigirse contra los Minturnenses mediante la acción de conducción y dice que podrá demandarse al que mete el humo, alegando que no tiene derecho para meterlo: por el contrario, podrá demandarse también, en su caso, alegando que hay derecho a echar el humo. Lo que parece aprobar el mismo Aristón. También podrá tener lugar el interdicto "como poseéis" si se le prohibiera a alguno usar de lo suyo del modo que quiera». (V. ***immissio in alienum***).

Aun a riesgo de ser acusados de neopandectistas (acostumbrada acusación nihilista que ignora el soporte objetivo que presta la tradición del derecho), exhortamos a la confrontación de todo lo que acabamos de ver con el art. 7.2 del Código Civil español. Frase a frase e inciso a inciso, casi palabra a palabra, resultado de un largo proceso de sedimentación y abstracción de ideas, podemos descubrir la doctrina emanada de los casos de derecho romano –solo esbozados algunos aquí– que le dan cabal sentido a su tenor:

«La ley no ampara el abuso del derecho o el ejercicio antisocial del mismo. Todo acto u omisión que por la intención de su autor, por su objeto o por las circunstancias en que se realice sobrepase manifiestamente los límites normales del ejercicio del derecho, con daño para tercero, dará lugar a la correspondiente indemnización y a la adopción de las medidas judiciales o administrativas que impidan la persistencia del abuso».

Una vez más, solo por un acto de ignorancia o de soberbia intelectual se puede dejar de apreciar la riqueza intelectual del acervo jurídico romano. Semejante actitud, en aras de una pretendida –pero irrisoria– modernidad sin sustento, no hace sino empobrecer nuestra cultura jurídica y degradar la recta enseñanza del derecho a las futuras generaciones de juristas, apartando de su conocimiento los textos y casos que dieron origen a las categorías conceptuales que se manejan hoy, sin los cuales su comprensión no es completa. Eso, por no hablar de la formación de los futuros doctores.

Uti cives

(Úti cíves)
Lit. *como ciudadanos.*

(V. ***universitas***).

Utiliter coeptum

(Utíliter coéptum)
Lit. *emprendido útilmente.*

Significado y contexto: Se inscribe en el ámbito de la "gestión de negocios ajenos" (es decir, de la *negotiorum gestio* romana) y constituye uno de sus requisitos, a saber, que la gestión realizada sea al menos útil al comienzo de ser emprendida. Se trata de una figura típica del derecho romano que se halla presente en los países cuyos ordenamientos se basan en el llamado sistema de derecho civil. No, sin embargo, en aquellos pertenecientes al *Common Law* para los que pretender recibir una compensación por una gestión realizada sin autorización del ***dominus negotii*** (aquel a cuyos intereses o a cuyo patrimonio afecta la actividad del gestor) no se justifica, por lo que –como sus juristas afirman– el derecho no debe incentivar la acción de los buenos samaritanos que surjan, por muy piadoso o humanitario que sea el motivo que les inspire. Hay que reconocer que, aunque se hable aquí de una brecha entre los derechos pertenecientes al sistema de derecho civil (germanos incluidos), más abiertos o extrovertidos gracias al derecho romano, frente a los más celosos de la intimidad personal del *Common Law*, el hecho de garantizar a cualquiera el reembolso de los gastos y la indemnización de los daños por las gestiones espontáneamente asumidas por esa persona es cuestión delicada. De esto último eran conscientes los juristas romanos, como veremos.

Ulpiano (10 *ed.* D. 3.5.1) comenta, a propósito del edicto que se ocupaba de esta figura, que era muy conveniente por la necesidad de atender a los asuntos de quienes no podían hacerlo por causa de su ausencia. En segundo lugar, parece que su origen también entronca con la representación procesal (*procuratores* y *cognitores*), así como con la actuación de otros representantes de incapaces o, incluso, de sujetos necesitados de mero consejo (los menores). En no pocas ocasiones, además, el poder para representar procesalmente a alguien podía no estar absoluta y precisamente determinado en todos sus extremos. Un supuesto en que esto evidentemente ocurre es en el del administrador de todos los bienes (*procurator omnium bonorum*), ya que aquí la actuación del representante está más basada en la confianza que sobre él ha depositado el representado que en un poder perfectamente claro.

En el derecho justinianeo, la gestión de negocios ajenos se configura como un supuesto generador de una «obligación que se parece a una nacida de un contrato» (esto es lo que significa la expresión '*obligatio quasi ex contractu*'). Más tarde, en el propio derecho bizantino, este supuesto se categorizó como el de un "cuasicontrato" (por un simple cambio de preposición: '*ex quasi contractu*'). Así llega hasta nuestros días a muchos ordenamientos jurídicos del sistema de derecho civil, e incluso bajo la forma de los cuasicontratos su régimen está influyendo de manera decisiva en el sistema del *Common Law*, que cada vez más siente la necesidad de su incorporación.

La similitud con respecto a concretas figuras de contrato, apreciada por los juristas de época tardía del derecho romano, se refiere en este caso al contrato de mandato, con el que la única diferencia sustancial percibida era la de que en este último se aprecia la existencia de un previo acuerdo de voluntades mientras que en la gestión de negocios ajenos no.

Los requisitos doctrinales de la gestión de negocios ajenos son los siguientes: que la gestión sea objetivamente útil (*utíliter gestum*), que el gestor tenga intención de gestionar un asunto ajeno (*ánimus aliena negotia gerendi*), la inexistencia de un contrato de mandato, que la gestión sea al menos al comienzo útil para el gestionado (***util. coep.***) y, en fin, que no la prohiba el gestionado (sobre esto v. *infra*).

Que la gestión sea inicialmente útil lo reflejan los juristas con los dos siguientes ejemplos clásicos: el de aquel que repara una casa pero que no puede impedir que resulte pasto de las llamas por un incendio declarado luego; o el de aquel que cura a un esclavo que más tarde resulta muerto (Ulp. 10 *ed.* D. 3.5.9.1):

> «Pero el que reclama por la gestión de negocios, se servirá de esta acción, no solo si tuvo efecto el negocio de que fue gestor, sino que basta que haya gestionado útilmente (*si utíliter gessit*), aunque no haya tenido efecto el negocio (*etsi effectum non habuit negotium*); y por tanto, si reparó una casa, o curó a un esclavo enfermo, aunque se haya quemado la casa o el esclavo se haya muerto, podrá ejercitar la acción de gestión de negocios; y esto mismo lo aprueba también Labeón. Pero, como refiere Celso, dice Próculo en sus notas a aquel que no siempre debe darse. ¿Qué se dirá, pues, si reparó aquella casa, que su dueño hubiere abandonado por no tener para su costo, o que no consideró necesaria para sí? Dice que, según el parecer de Labeón, gravó al dueño, pues a cualquiera es lícito abandonar una cosa aun por razón de daño inminente. Pero Celso ridiculiza con sutileza este parecer; porque, dice, tiene la acción de gestión de negocios el que administró útilmente los negocios; pero no administra útilmente los negocios el que emprende una cosa no necesaria, o que ha de ser gravosa al cabeza de familia. Conforme a esto es también lo que escribe Juliano, que el que reparó la casa, o curó al esclavo enfermo, tiene la acción de gestión de negocios, si esto lo hiciera útilmente, aunque no se haya seguido resultado (*licet euentus non sit secutus*). Yo pregunto, ¿y qué sucede si creyó que obraba útilmente, pero no convenía al cabeza de familia? Digo que aquel no ha de tener la acción de gestión de negocios; porque para que no atendamos al resultado (*ut enim euentum non spectamus*), debe haberse comenzado útilmente (*debet utiliter ese coeptum*)».

La gestión no tiene por qué conducir a un resultado de éxito (*euentus*) para que surja la obligación a cargo del gestionado de indemnizar los daños y reembolsar los gastos del gestor. Basta con que al inicio sea objetivamente beneficiosa para el patrimonio o los intereses del gestionado. Por lo llamativo de este efecto podemos explicarnos por qué la expresión aquí comentada ha sido tan popular entre los juristas hasta hoy.

La segunda cuestión que se planteaban los jurisconsultos romanos versaba sobre el significado de esa utilidad para el gestionado. En el conocido texto citado antes, el jurista Próculo plantea el caso de uno que repara un edificio de varias plantas (*ínsula*) que su dueño, en cambio, habría abandonado por no tener con qué subvenir a sus gastos o porque no la considerara necesaria para él. Labeón, que parece proclive a admitir la acción de negocios ajenos, afirma que esta conducta es gravosa respecto del dueño pues le habría sido posible antes abandonar la cosa, como sucede en caso de daño temido (*damnum infectum*) –argumenta él–. Ulpiano, autor del texto, recoge sin embargo la opinión de Celso que ridiculiza de manera inteligente, según aquel, este último parecer. «Porque –dice [Celso]– tiene la acción de gestión de negocios el que administró útilmente los negocios; pero no administra útilmente los negocios el que emprende una cosa no necesaria o ha de ser gravosa al cabeza de familia». Celso, en efecto, sale al paso de interpretaciones demasiado liberales acerca de la utilidad (aspecto este que –como veíamos antes– quizás sea de los que más inquietud ha provocado en los juristas del *Common Law*).

Por cierto, el término "gestión" que tantas veces utilizamos, no solo en el ámbito jurídico, como el de un comportamiento o actividad realizada por alguien, a menudo en interés de otro, encuentra uno de sus más relevantes filones lingüísticos en esta sorprendente figura jurídica.

El Código Civil español lo reconoce, junto con los requisitos apuntados, en los artículos 1888 y siguientes entre los cuasi contratos: «El que se encarga voluntariamente de la gerencia o administración de los negocios de otro sin mandato de este ...».

Conviene destacar también que esta figura ha sido utilizada como uno de los pilares del concepto de enriquecimiento injusto ya que, como se aprecia fácilmente, el gestor realiza espontáneamente una actividad que consiste en un hacer cesar un perjuicio (*damnum cessans*, daño cesante; ¡atención!: se dice aquí así y no *d. emergens*) o en la producción de un beneficio (*lucrum emergens*, lucro emergente; ¡atención!: se dice aquí así y no *l. cessans*) al patrimonio del gestionado.

Cuestión discutible es la de si ese enriquecimiento debe ser reembolsado por este último cuando ha expresado su prohibición con respecto a que la gestión se realice. El derecho justinianeo resuelve la cuestión negando toda posibilidad de reembolso para el gestor en este caso, salvo que el gestionado se haya comportado de mala fe y haya prohibido el acto una vez hecho. Por otro lado, el famoso aforismo «la ratificación equivale al mandato» (*ratihabitio mandato comparatur*) hay que interpretarlo correctamente, pues no significa lo que literalmente parece querer decir, a saber, que con la ratificación la gestión de negocios ajenos se convierta en un mandato, sino, más bien, que la ratificación implica un reconocimiento por parte del gestionado de la utilidad de la gestión y elimina los efectos de una eventual prohibición anterior.

Utiliter gestum

(Utíliter géstum)
Lit. *gestionado útilmente.*

(V. ***utiliter coeptum***).

Ut infra

(Ut ínfra)
Lit. *como abajo.*

(V. ***infra / supra***).

Uti sed non abuti

(Úti sed non abúti)
Lit. *usar no no abusar.*

Significado y contexto: Usar y abusar son conceptos diferentes. El primero significa dar un aprovechamiento a una cosa según su destinación: por ejemplo, una mesa de escritorio sirve para escribir sobre ella, un caballo para montarlo o una casa para habitarla. El término abusar es jurídicamente equívoco. Significa tanto "extralimitarse en su uso" como "consumir". También, en el contexto lingüístico, significa utilizar un término de manera inapropiada excediéndose de los límites de su campo semántico habitual.

Una aplicación de este sentido encontramos en Ulp. 43 Sab. D. 15.1.41 pr. en relación con las obligaciones naturales: hablar de una "obligación" natural, es decir, una obligación que no es reclamable (mediante acción), es abusar de esta palabra, dice el jurisconsulto en un texto muy característico: «cuando abusamos de esta palabra, más señalamos el hecho, que referimos la obligación al derecho civil (*cum eo uerbo abutimur, factum magis demonstramus, quam ad ius ciuile referimus obligationem*)». Natural significa aquí "de hecho".

> «Ni el esclavo puede deber (*debere*) cosa alguna, ni se le puede deber al esclavo. Pero cuando abusamos de esta palabra, más bien demostramos el hecho, que referimos la obligación al derecho civil. Y así, lo que se debe al esclavo, con razón lo reclamará el señor a los extraños; por lo que debe el mismo esclavo se da acción contra el peculio, y si de ello se convirtió algo en provecho del señor (*si quid inde in rem domini uersum est*), contra el señor».

Abuti, abusar, –el verbo es deponente, por lo que aun escrito en pasiva tiene significación activa– suele poseer una sonoridad odiosa: conocidísimas son las palabras del discurso contra Catilina de Cicerón al principio de su primera Catilinaria (*Catil.* 1.1): «¿Hasta cuando abusarás Catilina de nuestra paciencia» (*Quousque tándem abutére Catilina patientia nostra?*).

No tiene por qué ser así en derecho. La expresión usar y no abusar tiene su contexto jurídico característico en el usufructo. Casi se deduce sin más que un célebre pasaje de Cicerón en sus Tópicos (3.17) a propósito del argumento *ex contrario*, en el que se expone el siguiente ejemplo:

> «La mujer a quien el marido legó el usufructo de todos sus bienes, dejadas llenas las bodegas de vino y aceite, no debe pensar que eso le pertenece, pues fue legado el uso, no el abuso (*usus enim, non abusus, legatus est*). Estas cosas son contrarias entre sí (*ea sunt inter se contraria*)». (v. ***sensu contrario***).

El texto quizás más característico respecto de esta expresión de entre los de los jurisconsultos romanos es el siguiente de Ulpiano 18 *ad Sabinum* D. 7.1.15. En su párrafo primero expone el siguiente caso:

> «Tampoco debe abusar del legado del usufructo de esclavos (*mancipiorum quoque ususfructus legato non debet abuti*) sino usar de estos conforme a su condición (*secundum condicionem eorum*). Porque si al copista de libros (*librarium*) lo enviase al campo, y le obligase a llevar cestos y cal, y al histrión (*histrio*) lo hiciese bañero (*balniator*), o de la música (*de symphonia*) lo destinase a mayordomo (*atriensis*), o de la palestra a limpiar las letrinas (*de palaestra stercorandis laetrinis*), se entenderá que abusa de la propiedad (*abuti uidébitur proprietate*)».

El párrafo cinco es también muy ilustrativo:

> Ulp. 18 *Sab.* D. 7.1.15.5: «Por tanto, si se legase el usufructo de un traje escénico, o de un telón de teatro, o de otro aparato (*etsi scaénicae uestis usus fructus legetur uel áulae uel altérius apparatus*), tampoco usará de ellos en otra parte más que en la escena (*alibi quam in scaena non utetur*). Pero se ha de ver si podría también arrendarlos. Y opino que podrá arrendarlos, y aunque el testador hubiere acostumbrado a prestarlo, no a arrendarlo, sin embargo, el mismo usufructuario podrá alquilar un traje así escénico como fúnebre (*tam scáenicam quam funebrem uestem*)».

Otro fragmento muy interesante del mismo jurisconsulto y obra es el de Ulp. 18 *Sab.*D. 7.1.27.1:

> «Si el dueño acostumbró destinar sus tiendas (*tabérnae*) para sus mercaderías o para alguna negociación (*ad merces suas uti uel ad negotiationem*), se permitirá

> ciertamente al usufructuario darlas en arriendo y para otras mercaderías; y solo se ha de observar esto, o que no abuse (*ne abutatur*) el usufructuario, o que no use del usufructo indecorosa o inconvenientemente (*contumeliose iniuroseue*)».

Se trata, como se ve, de un establecimiento mercantil respecto del cual se analiza cuál puede ser ese el destino que le dé el usufructuario y su comportamiento o conducta que desarrolle en él.

El moderno concepto de "abuso de derecho" tiene que ver con el derecho romano también. Su origen se encuentra en los malos tratos a esclavos que por parte de los propietarios que motivó reacciones jurídicas contra estos. "Usar mal del derecho", por mucho que lo realice el propietario, puede entonces dar lugar a sanciones por parte del derecho que incluso pueden llegar a la expropiación del bien. (V. ***usque ad coelum, usque ad ínferos*** *in fine*).

Una curiosa extralimitación la encontramos en D. 3.5.38 (37) pr. en donde el jurista Trifonino (2 *disput.*) refiere diversos supuestos, entre ellos el de los magistrados (es decir, los que desempeñan un cargo público) que toman del municipio dinero público para uso propio, a los que se les obliga a devolverlo con los intereses máximos a modo de pena, porque se entiende que han incurrido en abuso.

> «... porque están obligados a los intereses máximos, por vía de cierta pena por la licencia de que parece que abusan, aquellos respecto de los que se halla esto establecido, cuando debieran prestar sus servicios gratuitos, verdaderamente íntegros y ayunos de todo lucro».

(V. ***salva rerum substantia*** y ***verba/voluntas*** *in fine*).

Uti singuli

(Úti sínguli)
Lit. *como individuos.*

(V. **universitas**).

Uti supra

(Úti súpra)
Lit. *como arriba*

(V. ***infra / supra***).

Utrumque ius

(Utrúmque iús)
Lit. *ambos derechos.*

Significado y contexto: La expresión "ambos derechos" es decir, el derecho civil sobre la base del romano justinianeo y el derecho canónico, se refiere al periodo de formación del llamado "derecho común europeo" (*ius commune europaeum*) durante la Edad Media. Expresa la unión entre ellos que solo pudo ser lograda a través de un largo proceso de racionalización del derecho merced a la labor de juristas de uno y otro derecho (civilistas y canonistas), concebidos respectivamente como el cuerpo (derecho romano-civil) y el alma (derecho canónico), manteniendo las diferencias de partida de uno y otro. La equidad canónica, formulada a través de los textos romanos que caracterizaron la labor del rector en su célebre edicto, supuso a lo largo de los siglos un factor de crítica fundamental con respecto al derecho civil.

Veamos un par de ejemplos: así, en materia de posesión, la mala fe que sobreviene –según el derecho romano– no daña (*mala fides superuéniens non nocet*). Esto es inadmisible para el derecho canónico imbuido de una concepción más moralista. Otro ejemplo: el derecho civil de contratos, basado en el derecho romano, sigue muy de cerca las exigencias formales de cada tipo de negocio. Por el contrario, el derecho canónico persigue una mayor libertad de formas. La lealtad a la palabra dada es también un principio moral. No hace falta siquiera un juramento, siguiendo el precepto evangélico (Math. 5.34-37). El Ordenamiento de Alcalá de 1348, haciéndose eco, además, de las pretensiones liberalizadoras del comercio, declara que, de cualquier manera que quiera obligarse el hombre, quede obligado (tít. 16 ley única).

La aplicación entrelazada de dos derechos no era un fenómeno nuevo en Europa. En Roma, la distinción fundamental entre derecho civil y derecho honorario o pretorio no consistió en la suma de dos sistemas jurídicos paralelos. El derecho civil se concebía, en términos generales, de modo más rigorista. El derecho honorario, por el contrario, orientado hacia la equidad por justicia, superaba formalismos para acceder a la justicia del caso concreto a través de la labor del Pretor correctora de iniquidades. La expresión la encontramos, por ejemplo, en el libro cuarto de las Disputaciones de Ulpiano D. 28.1.23:

> «Si el testamento, cuyos sellos hubiere levantado el testador, hubiera sido sellado otra vez con los sellos de siete testigos, no será imperfecto, sino que será válido por ambos derechos (*utroque iure ualebit*), tanto por el civil, como por el pretorio».

En Mod. 12. *pand.* D. 38.10.4.2 encontramos la contraposición entre el derecho civil y derecho natural (este último seguido por el Pretor) a propósito del parentesco:

> «La esencia de la cognación se entiende entre los romanos de dos modos; porque unas cognaciones entran por derecho civil, y otras por derecho natural; y a veces la cognación se liga concurriendo uno y otro derecho (*utroque iure concurrente*), así el civil como el natural ...».

El texto habla del parentesco según el derecho civil y según el derecho natural (este último seguido tanto por el magistrado como después por el derecho imperial). Más adelante, se añade: «la cognación descansa en uno y otro derecho, cuando se une habiéndose contraído justas nupcias (*Utroque iure consistit cognatio, cum iustis nuptiis contractis copulatur*»).

En las universidades medievales se estudiaba uno y otro derecho a través de las respectivas compilaciones: *Corpus Iuris Ciuilis* y *Corpus Iuris Canonici*. El licenciado (término este que tiene que ver con el permiso para enseñar que recibía quien hubiera superado los estudios –*uenia docendi*–) lo era por ambos derechos. Una pervivencia lingüística de este modo de concebir los estudios de derecho se encuentra aún hoy en el término germano *Jura* (literalmente, los derechos) con el que en Alemania se denomina la carrera de Derecho.

Por otro lado, es curiosa la similitud de este fenómeno con las dos concepciones o sistemas de derecho históricos del derecho inglés: el derecho común inglés (*Common Law*) y el derecho de equidad (*Equity*).

V

Vacat

(Vácat)
Lit. *está vacío, vacante.*

(V. ***vacatio legis***).

Vacatio legis

(Vacátio légis)
Lit. *vacación o exoneración de ley.*

Significado y contexto: El verbo latino *uacare* significa “estar vacío o vacante”; también tiene sentido de estar ocioso, aunque esto no signifique siempre no hacer nada sino la posibilidad de dedicarse a lo que uno quiere. De ahí que el término *uacatio* corrientemente se asocie a un momento diferente del propio de los negocios cotidianos con los que cada uno procura su sustento. *Vacatio* significa exención o exoneración de cargas diversas (por ejemplo, del servicio militar *uacatio milítiae*), o también licencia.

En derecho, la expresión *uacatio legis* se suele definir como el periodo de tiempo que media entre la publicación de una ley y su puesta en vigor. Así el artículo 2.1 del Código Civil español establece la siguiente regla de derecho común:

> «Las leyes entrarán en vigor a los veinte días de su completa publicación en el Boletín Oficial del Estado, si en ellas no se dispone otra cosa».

Este artículo está en conexión con el 9.3 de la Constitución española que designa el principio de publicidad de las normas entre los principios básicos del Estado de Derecho que la Constitución garantiza.

En efecto, toda norma para que obligue a sus destinatarios debe ser conocida por estos. El Estado, por tanto, debe prever medios idóneos para su publicación. Las normas secretas no tienen siquiera el carácter de norma jurídica: en una palabra, no existen (y lógicamente no pueden tener validez). En el derecho romano, ejemplo paradigmático de publicación de leyes es el célebre de la ley de las XII Tablas, que fue el resultado de un fundamental compromiso político entre las dos clases sociales, patricios y plebeyos, para establecer reglas básicas de la convivencia social y criterios objetivos con los que dirimir sus eventuales conflictos futuros. Otro ejemplo notable en la cultura de Occidente es el de las leyes municipales, cuyas planchas de bronce han pervivido, no pocas, hasta nuestros días. Particularmente rica en este singular patrimonio es, por cierto, España con importantes hallazgos relativamente recientes como el de la célebre de la *lex Irnitana* que ha arrojado nueva luz para el mejor conocimiento del derecho romano.

Pero no basta con publicar una ley. Hace falta, además, dar tiempo para que se conozca. Aquí es donde aparece nuestra expresión. Es verdad que *uacatio* tiene que ver con *vacuum* que significa espacio vacío, como aquel que intercede entre la publicación y supuesta en vigor. De ahí que, por ejemplo, el término '*uacat*' significa para los editores de obras aquel espacio vacío que falta y que no puede cubrirse en una determinada obra. Y '*horror uacui*' (horror del vacío) es ese terror que ciertos artistas, corrientes artísticas o estilos (por excelencia, el barroco) sufren ante la materia objeto de trabajo que les lleva a no dejar zona o parte alguna de su obra virgen, esto es, sin elaborar de algún modo. En consecuencia, *lex uacat* significa que la ley "falta", es decir, deja de aplicarse y producir sus efectos, no es operativa.

Curiosamente, encontramos la expresión en varios ejemplos en torno a las célebres leyes *Iulia* y *Papia Poppea*, leyes matrimoniales de Augusto, citadas conjuntamente por los juristas romanos como una sola (*lex Iulia et Papia*). En un texto de la conocida obra "Vida de los Doce Césares" de Suetonio –en la "Vida de Augusto" (34)– hallamos el siguiente texto:

> «...habiendo confeccionado esta ley de modo más severo que las demás, no pudo llevarla [a votación a los comicios] por el tumulto de personas que la rechazaban, si no eliminaba alguna parte o la suavizaba y tras dar una *uacatio* de tres años».

Suetonio hablaba aquí de ciertas leyes, como se ve impopulares, con las que Augusto intentó recuperar las buenas costumbres en la sociedad romana, perdidas hace tiempo, castigando el adulterio, prohibiendo el excesivo lujo y, sobre todo, intentando crear las condiciones para que hubiera de nuevo matrimonios duraderos y prolíficos. Estableció algo verdaderamente singular: la obligación de contraer matrimonio incumbente tanto a varones como a mujeres entre una edad determinada. Y tener hijos. Preveía penas en caso contrario, y recompensas si los fines de política legislativa se cumplían por los destinatarios. La ley no tuvo, desde luego, el efecto previsto por el príncipe, y fue objeto de los envenenados dardos de autores satíricos que, con su sarcasmo, pusieron en evidencia sus pretenciosos postulados.

El fragmento nos proporciona una inesperada clave para la comprensión de nuestra locución: la ley imponía penas y establecía obligaciones de manera que su cumplimiento inmediato a partir de su conocimiento era prácticamente imposible. De ahí, la *uacatio legis* pero ¿de quién? En otros dos textos se habla de ella en un sentido diferente, con el que debe integrase el de Suetonio. Así, en las "Reglas de Ulpiano" (14) se alude a la ley Julia que concede a las mujeres una *uacatio* de un año desde la muerte de su marido para volver a contraer matrimonio, y de seis meses desde el divorcio; la ley Papia, por su parte, establece una *uacatio* de dos años desde la muerte del varón y de seis meses desde el repudio. En un segundo texto, del Código Teodosiano (13.5.7), del siglo IV d. C., aparece una *uacatio* de la ley Julia y Papia y se la describe, de nuevo, como una exoneración concedida a los navicularios (transportistas navales asociados en corporaciones) con respecto a las exigencias de esta ley. (V. ***tempus lugendi***).

Así pues, vemos que la expresión tiene que ver con un periodo de tiempo en el que se produce una exención legal de obediencia y cumplimiento por parte de sus destinatarios a fin de que puedan llegar a conocerla y, más importante, ponerla en práctica.

El texto más importante de nuestra tradición jurídica a este respecto es la Novela 66 del emperador Justiniano relativa a los requisitos exigibles para la realización de testamentos. El principio de su capítulo primero proporciona claves fundamentales para la recta inteligencia de nuestra locución. Es verdad, no obstante, que no se refiere a las normas jurídicas en general sino a aquellas concretas que afectaban a los testamentos, pero –como decimos– la referencia constante a ella en el desenvolvimiento histórico del sistema del derecho civil ha sido fundamental. Su primera frase es muy relevante porque en ella se establece la exigencia de publicidad de las normas jurídicas, para, más adelante, pasar a mencionar la fijación de un plazo de dos meses, es decir, de *uacatio*, y proporciona ilustrativas razones para la conveniencia de su establecimiento. Transcribimos literalmente el primer párrafo del capítulo primero por su interés:

> «Por lo tanto, sancionamos que nuestras constituciones referentes a los testamentos deben entrar en vigor desde la fecha de su publicación. También sancionamos que serán aplicables en las provincias desde el momento en que hayan sido promulgadas por las metrópolis, o inmediatamente después, para que (como se ha establecido previamente) las personas que hagan actos de última voluntad no queden en situación de parecer que han actuado en ignorancia de las leyes. Y para que esto pueda ser más claro, ordenamos en adelante que, donde una ley de este tipo se publique sobre este tema, tenga validez y sea aplicada en la república en el plazo de dos meses después de haber sido publicada, incluso en esta muy afortunada ciudad, o en las provincias, pues este plazo es suficiente para hacerla conocer a todas las personas después de que haya sido publicada, para que los notarios pueden familiarizarse con sus contenidos y nuestros súbditos la reconozcan y cumplan. Así, nadie tendrá ninguna buena razón para no obedecer nuestra ley. No queremos que las últimas voluntades de los difuntos sean violadas y, en verdad, aplicamos todo nuestro esfuerzo para hacer que se observen. ¿Por qué deberíamos culpar a los que ignoran lo que dispone nuestra constitución, cuando los testadores han muerto solo poco tiempo después de que la ley se hiciese y cuando su existencia nueva no les era conocida, y por esta razón no escribieron de su puño y letra los nombres de sus herederos o dejaron solo tres en vez de cuatro doceavas partes de sus patrimonios a su hijo, porque o la ley no ha sido aún dada, o, habiendo sido dada, fue ignorada justamente, por no haber sido aún publicada?».

Como decimos, este fragmento resulta muy elocuente en cuanto al sentido que posee el plazo o período de tiempo en que los súbditos están exonerados de conocer y cumplir las prescripciones de la ley. Facilitar el conocimiento de una ley y su familiarización tanto entre los legos en derecho como entre los expertos (los notarios aquí citados, por ejemplo) es el objetivo de esa razonable previsión de un plazo de tiempo de *uacatio* a partir de su publicación.

Otras propuestas de explicación, surgidas históricamente en la doctrina, tales como la ficción de que los destinatarios conocen la norma después de un plazo de tiempo, o la creación de un supuesto deber jurídico de conocerla durante ese plazo de tiempo (a las que podría dar pie vagamente alguna declaración de este párrafo transcrito) constituyen intentos forzados de interpretación de este requisito de las leyes. Requisito, por cierto, que varía en el tiempo tanto en el derecho romano (en la Novela 116.1 se habla de treinta días de dilación –*dilatio*– «que se han de contar desde la publicación»; en la Novela 58 se habla de un plazo de tres meses desde la publicación de la ley...) como en la actualidad. Modernamente, los plazos son tan diversos que –como expone Martínez-Cardós Ruiz, (Martínez Cardós 2002, 113)– «muy pocas leyes de las que tienen carácter administrativo entran en vigor a los veinte días de su publicación en el Boletín Oficial del Estado. La mayoría de las disposiciones de derecho público no lo hacen, hasta tal punto que bien puede afirmarse que el artículo segundo, número uno es casi derecho especial».

Recordemos una de mucha importancia tanto para la práctica del derecho como para los estudios universitarios de Derecho: el plazo de cinco años que la ley para el ejercicio de la profesión de abogacía estableció a partir del año 2006 para su puesta en vigor en octubre del año 2011.

Para concluir, observamos que este requisito tiene que ver con el conocimiento y familiaridad que una ley debe adquirir en la sociedad antes de su puesta en vigor por una razón evidente: en todos los ejemplos de derecho romano que hemos traído a colación, la ley matrimonial y la Novela 66 de Justiniano, se trataba de disposiciones que imponían obligaciones o incluso penas. En la clásica descripción de Modestino acerca de la virtud de las leyes (*imperare, uetare, permíttere, punire*, =mandar, prohibir, permitir, castigar) –1 *reg*. D. 1.3.7– hay una clase de disposiciones que no precisa de tiempo alguno para que sea conocida y observada, a saber, la de aquellas disposiciones con las que le ley se limita a permitir ciertas conductas a los destinatarios. De ahí que la expresión *uacatio legis* tenga que ver también con la ignorancia del derecho, que, como el derecho romano establece, perjudica a quien la sufre, a diferencia de lo que ocurre con la ignorancia de hecho que, cuando es relevante y justificable, no debe perjudicar al que la experimenta. El plazo de tiempo establecido por ley debe servir –parafraseando Pap. 10 *quaes*. D. 46.1.48 pr. – para que uno «haya podido conocer la ley o no haya debido ignorarla». (V. ***error***).

Vacua possessio

(Vácua posséssio)
Lit. *vacua o libre posesión.*

Significado y contexto: *Vacua possessio* significa literalmente posesión vacía, pero en derecho debe traducirse como "posesión libre". La obligación del vendedor consiste en entregar la libre y pacífica posesión de la cosa vendida. El primer adjetivo se refiere a nuestra expresión. El segundo hace referencia a la responsabilidad en la que incurre el vendedor cuando se ve inquietado por un tercero que afirma ser el verdadero propietario. Es lo que los códigos modernos denominan saneamiento por evicción (de la *euictio* o evicción romana).

La *traditio* es el modo de adquirir más normal la propiedad una cosa. En el derecho romano –también en el español actual– rige el sistema de título y modo, esto es, de la transmisión de la propiedad a partir de una causa y de la entrega de la posesión. La compraventa no es un modo de adquirir sino tan solo una justa causa o título. Por eso, el vendedor no está obligado a transmitir la propiedad de una cosa sino a la entrega de la libre posesión. Esto es así aunque el fin natural de la compraventa sea que el comprador obtenga la propiedad. En el derecho romano la obligación de la entrega de la posesión de la cosa del vendedor no es de dar (la cosa, es decir, su propiedad) sino de hacer (Ulp. 22 *ed*. D. 45.1.75.7). Como obligación de hacer aspira al logro de un resultado concreto que es la efectiva puesta en posesión de la cosa en manos del comprador. (V. ***traditio***).

Por esta razón. dice Paulo 5 *Sab*. D. 19.1.2.1:

> «No se entiende que se entregó al comprador la libre posesión (*uacua possessio*) si otro está en posesión de aquella cosa por causa de conservar los legados o fideicomisos, o si los acreedores poseyeran los bienes. Lo mismo se ha decir si el que está en el vientre estuviera en posesión, porque también a esto se refiere la denominación de libre».

Este texto muestra claramente que no ha sido entregada la posesión libre, porque la cosa la poseen otros por diversas causas lícitas referidas a la conservación de la cosa para evitar fraudes respecto de ella.

Venuleyo *interd*. 1 D. 41.2.52.2 afirma:

> «Una manera de poner en posesión de alguna cosa es impedir que se le haga violencia al que entra en ella, porque al instante manda que el adversario ceda y deje libre la posesión (*uacuam relínquere possessionem*); lo cual es mucho más que restituirla».

Un caso frecuente es el planteado en D. 43.16.18 (Pap. 26 *quaes.*):

> «Habiendo vendido un fundo el que lo había dado en arrendamiento, dispuso que el comprador entrase en la libre posesión. El colono le impidió entrar. Después el comprador echó a la fuerza al colono».

Hay que decir, en primer lugar, que la conducta del colono impidiendo la entrada del comprador es jurídicamente reprochable. Pero también lo es la del comprador que después lo expulsa. Uno y otro están sujetos a los interdictos correspondientes *unde ui*. Muy sutil es la argumentación del jurisconsulto respecto del caso en que la expulsión del comprador al colono hubiese sido hecha por la voluntad del vendedor: «Dije que no ha de ser auxiliado el que hubiere aceptado un mandato ilícito». Recuérdese que este caso alude a la famosa máxima "venta quita renta" (*emptio tollit locatum*). Como se ve, esta máxima es imprecisa porque la venta no produce sin más la extinción del arrendamiento. Tampoco provoca sin más que el comprador entre automáticamente en la posesión. Es más, si lo hace con violencia incurre en responsabilidad.

No es necesario que la entrega de la posesión sea material para que sea efectiva. El derecho romano reconoce otras formas espiritualizadas de entrega de la posesión. (V. ***traditio***). Celso *dig.* 23 D. 41.2.18.2 expone de forma muy elocuente los siguientes casos:

> «Si yo le hubiere mandado al vendedor que deposite en casa lo que le hubiere comprado es cierto que poseo, aunque nadie haya tocado todavía la cosa. O si, habiendo yo comprado un fundo vecino, el vendedor me lo señalara desde mi torre y dijese que él me entregaba la libre posesión, comienzo a poseerlo, no de otra suerte que si yo hubiese puesto el pie dentro de sus linderos». (V. ***longa manus***).

Este tipo de textos son los que han hecho posible, por cierto, que determinados derechos nacionales, andando los siglos, restaran importancia a la entrega para dársela al requisito de la justa causa. Así, los derechos de Francia o Italia, por ejemplo, frente a los de Alemania o España que mantienen firme el requisito de la entrega.

Un medio idóneo para hacer surgir la obligación del vendedor de entregar la libre posesión era el negocio formal de la estipulación. Al tratarse, no obstante, de un negocio tutelado por acción de derecho estricto, solo se entiende incluido el efecto buscado de la entrega de la posesión y no, por ejemplo, el de los frutos que debía entregar también el vendedor al comprador una vez efectuada la venta hasta la entrega. Pomponio *Sab.* 9 D. 19.1.3.1, que se ocupa de este particular, soluciona la cuestión aconsejando la utilización de la acción de compra para exigir la prestación de los frutos. Aunque Papiniano (*quae.* 27 D. 22.1.4 pr.) observa aquí que es posible la aplicación de la estipulación de cosa incierta:

> «Si hubieras estipulado que se te dé una cosa y se te entregue su libre posesión, la razón aconseja, en virtud de las últimas palabras, que obtengas, a través de la acción de estipulación de cosa incierta, los frutos percibidos después».

Otro curioso problema es el que se planteaba cuando la venta de un inmueble se producía por un dependiente del dueño, un esclavo, y este hubiese incurrido en un error al señalar los límites de ese inmueble o bien hubiese obrado dolosamente. Aquí la solución es –como dice Pomponio *Sab.* 9 D. 18.1.18.1– tener por declarado lo que el dueño hubiese querido. El texto añade que el jurista Alfeno estimaba lo mismo respecto de la libre posesión.

Con relación a una cosa incorpórea (un derecho) se ocupa Iav. 5 *ex post. Lab.* D. 8.1.20 que no admite la libre entrega de un derecho (*uacua traditio iuris*).

Si ahora acudimos, por ejemplo, al Código Civil español y reparamos en la propia secuencia de artículos referentes a las obligaciones del vendedor con respecto a la entrega de la cosa, comprobaremos cómo ese orden se corresponde con los problemas identificados por los juristas romanos y hasta qué punto sus escritos han prefigurado la disposición mental (*forma mentis*) de los juristas del derecho moderno. No hay saltos mortales en esta percepción –crítica fácil y usual–: es la tradición jurídica a partir del derecho romano la que da explicación de este modo jurídico de discurrir acerca de casi cualquier cuestión.

Velis nolis

(Vélis nólis)
Lit. *quieras o no.*

(V. ***siue uelit sive nolit***). Se admite en nuestra lengua.

Venia aetatis

(Vénia aetátis)
Lit. *dispensa de edad.*

Significado y contexto: El concepto jurídico de la mayoría de edad tiene su origen en el derecho romano. Una célebre ley Laetoria de comienzos de siglo II a. C., a la vista de los frecuentes engaños que sufrían los adolescentes en el comercio y en la actividad jurídica, hubo de protegerlos jurídicamente frente a terceros sin escrúpulos que se aprovechaban de ellos, y fijó la edad de los veinticinco años como el límite temporal legal hasta el que tales sujetos resultaban merecedores de una protección especial por parte del derecho. En la historia de la mayoría de edad, es preciso puntualizar que los mayores de doce años (las mujeres) y de catorce años (los varones) eran plenamente capaces con tal de que fueran *sui iuris* (independientes jurídicamente). El efecto contrario no se hizo esperar en el tráfico jurídico: nadie deseaba contratar con un menor porque no tenía la seguridad de que el acto realizado con él no fuese finalmente impugnado (a través de restitución *in integrum*). Por eso, apareció la figura del curador de los menores (*curator minorum*), que simplemente asistía (no autorizaba) al menor. Su presencia, sin embargo tranquilizaba al tercero, que podía confiar en el acto que se estaba realizando. Especialmente importante, eso sí, era la presencia del curador en el proceso (*in litem*). A lo largo del derecho imperial encontramos una curiosa asimilación de la figura del curador a la del tutor, de manera que el menor de edad cada vez se va pareciendo más a un incapaz, que es como el menor finalmente pasa al derecho moderno.

Esto era así respecto del derecho privado, porque con referencia, por ejemplo, a la asunción de cargos públicos regía por ley el principio según el cual podían descontarse tantos años como hijos se tuviese (*ut sínguli anni per síngulos liberos remittantur* cfr. Ulp. 19 *ad leg. Iuli. et Pap.* D. 4.4.2).

La edad de los veinticinco años se rebajó en algunos casos, por razones justificadas, y previa solicitud al príncipe por parte del menor. En época clásica, se recurría de modo muy aislado a esta dispensa de edad (cfr. Ulp. 11 *ed.* D. 4.4.3 pr.), pero, a través de una célebre constitución del emperador Constantino (C. 2.44 (45).2 del año 321 d. C. dirigida a Verino, Prefecto de la Ciudad) que transcribimos a continuación, se le dio plena carta de naturaleza:

> «Todos los adolescentes (*adulescentes*) que siendo de buenas costumbres desean administrar sus bienes paternos o el patrimonio de sus abuelos, y para ello comenzasen a necesitar el auxilio imperial puedan impetrar la dispensa de edad (*aetatis ueniam impetrare áudeant*) únicamente cuando hubieren cumplido veinte años, pero a condición de que después de impetrar a la dispensa de edad no solamente prueben ellos por sí mismos, al alegar el beneficio del príncipe, el número de años prescritos, sino que además justifiquen con testigos idóneos, llamados al efecto, la regularidad de sus costumbres, la probidad de su ánimo y la certeza de su honesta vida. 1. Mandamos

que también las mujeres a quienes las recomiendan la honestidad de sus costumbres y la madurez de su juicio puedan impetrar la dispensa de dar después que hubieren salido de los dieciocho años. Pero en atención a su pudor y al recato de las mujeres no las obligamos a que se presenten en públicas reuniones sino que les concedemos que, obtenida la dispensa de edad, prueben, valiéndose de procurador, con testigos o documentos, solamente los años, para que también ellas tengan en todos los negocios el mismo derecho que mandamos tuvieran los varones, pero de suerte que no enajenen predios sin un decreto. 2. Los muy esclarecidos senadores que residan en esta leal ciudad justifiquen sus costumbres y su honradez ante tu sublimidad, los demás ante el pretor, y todos en las provincias ante los gobernadores de las mismas. 3. Pero los que hubieren implicado la dispensa de dar de modo contrario esta disposición, sepan que no tiene valor ninguno».

Una fuerte restricción a la amplitud de actuación concedida a estos menores, que –como declaran los códigos modernos– podían regir su persona y sus bienes como si fueran mayores (cfr. art. 323 del Código Civil español), experimentó la figura a través de una constitución de Justiniano del año 529 (C. 2.45.3) que estableció lo siguiente:

> «Mandamos, que los que por gracia del Emperador hayan obtenido u obtuvieren dispensa de edad (*uenia aetatis*), no puedan en manera alguna no ya enajenar, sino tampoco hipotecar sus bienes inmuebles sino mediante decreto; este decreto les es también necesario en dichas enajenaciones o hipotecas a aquellos que aún no hubiesen obtenido la dispensa de edad a fin de que sea igual en este punto la condición de todos los menores, ya haya sido pedida, ya no, la dispensa de edad (*aetatis uenia*)».

El título XI del Código Civil español lleva la rúbrica «De la mayor edad y de la emancipación». Entre las causas de la salida de la patria potestad antes de los dieciocho años llama la atención particularmente las reflejadas en los siguientes artículos, junto con los aspectos o puntos jurídicos de interés público en ellos tratados. Así, el artículo 319:

> «Se reputará para todos los efectos como emancipado al hijo mayor de dieciséis años que con el consentimiento de los padres viviere independientemente de estos. Los padres podrán revocar este consentimiento».

Por otra parte el artículo 320 habla de la concesión judicial de la emancipación: «El Juez podrá conceder la emancipación de los hijos mayores de dieciséis años si estos la pidieren y previa audiencia de los padres».

Idéntica preocupación del moderno legislador, con respecto a la que veíamos presente en el derecho romano, encontramos en el artículo 323 cuando delimita la esfera de actuación del menor emancipado:

> «La emancipación habilita al menor para regir su persona y bienes como si fuera mayor; pero hasta que llegue a la mayor edad no podrá el emancipado tomar dinero a préstamo, gravar o enajenar bienes inmuebles y establecimientos mercantiles o industriales u objetos de extraordinario valor sin consentimiento de sus padres y, a falta de ambos, sin el de su curador.
>
> El menor emancipado podrá por sí solo comparecer en juicio.
>
> Lo dispuesto en este artículo es aplicable también al menor que hubiere obtenido judicialmente el beneficio de la mayor edad».

Los arts 53 a 55 de la Ley 15/2015, de 2 de julio, de la Jurisdicción Voluntaria regulan ahora esta materia V. por todos (Fernández de Buján, Hacia una teoria general de la jurisdicción voluntaria (I) 2007) y (Fernández de Buján, Hacia una teoría general de la jurisdicción voluntaria (II): La jurisdicción voluntaria en las Cortes Generales 2008).

Venditio bonorum

(*Vendítio bonórum*)
Lit. *venta de bienes.*

Significado y contexto: La expresión romana de "venta de bienes" o "venta de un patrimonio" tiene que ver con el moderno principio de responsabilidad patrimonial, no personal, de cualquier deudor por las obligaciones contraídas por él. Así lo declara el artículo 1911 del Código Civil español: «Del cumplimiento de las obligaciones, responde el deudor con todos sus bienes, presentes y futuros». Esto significa que, salvo que se haya incurrido en un delito, por ejemplo, de estafa o se hayan falseado documentos contables para ocultar maliciosamente una situación de insolvencia, el derecho no castiga con la cárcel a quien no puede pagar a sus acreedores.

La situación de extrema necesidad de estos, de un lado, y la de abuso por parte de aquellos, de otro, ha sido siempre objeto de clamor social a lo largo de la historia. En el año 326 a. C. muchos ciudadanos romanos se veían sometidos a a condiciones muy duras impuestas por unos pocos, económicamente poderosos, que extorsionaban a aquellos hasta límites insostenibles. Tito Livio (8.28) relata un hecho que provocó tal indignación social, según relata él, que condujo, por la presión social ejercida por el pueblo sobre el Senado, a una urgente y drástica reforma legislativa. Un joven de buena apariencia –C. Publilio– se había entregado personalmente en garantía –a través de un negocio formal denominado *nexum*, de oscura naturaleza para nosotros–, por las deudas de su padre, al acreedor de este, L. Papirio, prestamista o usurero de muy baja catadura moral, que pretendía abusar sexualmente de él. Como no consiguió el usurero su propósito, ordenó azotar al muchacho. Al aparecer este públicamente con la espalda ensangrentada, el pueblo, indignado, se echó literalmente a la calle y acudió en masa al Foro para manifestar su rechazo y repugnancia, no solo ante este hecho, sino ante la intolerable situación de injusta dependencia de una gran parte de la sociedad con respecto a unos pocos. El Senado romano no pudo menos que urgir a los cónsules a que presentaran un proyecto de ley, que tras aprobarse se denominó ley *Poetelia Papiria*, por la que en adelante «nadie, a no ser que fuese culpable, podría ser encadenado o sujeto a grilletes hasta el momento de la pena; los bienes del deudor y no la persona responderían por el dinero prestado» (V. ***ocassio legis***).

¿Es este el momento en el que se produce el paso histórico de la responsabilidad personal a la patrimonial por deudas? Sabemos por un lado que el derecho griego también hubo de dar respuesta análoga a una situación social similar. Además, probablemente la llamada ejecución patrimonial por deudas se hallaba muy extendida ya en época arcaica, circunstancia esta que no parece advertir el jurista Gayo 4. 35 cuando afirma que fue el Pretor Publio Rutilio (de fines del siglo II a. C.) el que introdujo en Roma la *bonorum uenditio*. Por eso, sorprende aún más la estremecedora noticia de Gelio de una disposición de la ley de las XII Tablas por la que a los acreedores que no habían podido cobrar sus respectivos créditos de un deudor, una vez agotadas las garantías de integridad personal de este último previstas por esta ley para dar tiempo a que alguien pudiera pagar por él, se les permitía descuartizar al infeliz deudor y quedarse con sus trozos: «después de tres mercados, háganse pedazos con él. Si cortaron de más o de menos, no se considerará fraude». Una razón sacral, la imposibilidad de dar sepultura al cadáver por parte de la familia, podría servir para ofrecer una explicación de esta insólita medida. El escritor imperial Aulo Gelio (20.1.42 ss.), que es nuestra principal fuente de información, horrorizado, no da crédito a que esto pudiera haber sido jamás objeto de regulación. En un intento de explicación, sugiere que la previsión de un castigo tan horrendo solo pudo tener como finalidad que no se recurriera a él nunca. Y añade que en su época no hay deudor insolvente, ni aun de la peor calaña que puede imaginarse, que sienta temor por la aplicación de tal castigo; es más, que no ha leído ni ha oído de un solo caso en la historia de Roma en que se haya aplicado esa disposición, porque de otro modo –según él– no se habría podido no tener en cuenta. Por su parte, Quintiliano en su *Institutio oratoria* (6.3.84) se refiere a ella como «reprobable por naturaleza aunque aprobada por el derecho», por lo que –según él– el sentir social (*mos publicus*), vivo y operante en la comunidad cívica, la rechazó.

Sea como fuere, el recuerdo de esta extraordinaria anomalía jurídica ha continuado muy presente en la mente de juristas y no juristas de todos los tiempos. Recordemos por todos, entre estos últimos, a Shakespeare en "El mercader de Venecia" (acto 4º escena 1ª) cuando el cruel prestamista aparece en escena reclamando las libras de carne que le corresponden de su deudor. Es probable, sin embargo, que –como decimos– no llegara nunca a aplicarse, y desde luego no se aplicó jamás en Roma una vez superada la etapa arcaica. Por otro lado, ya en esta se observa la aplicación, cada vez más extendida, de la ejecución patrimonial. Es cierto que Livio quizás exagera en cuanto al contenido de la ley, que podría parecer en su primera parte una especie de antecedente, incluso, del futuro *habeas corpus*. Quizás, en efecto, la ley tuvo un fin más limitado, a saber, el de la supresión del *nexum*, negocio que probablemente conducía a la autopignoración del deudor para pagar las deudas contraídas prestando un servicio al acreedor.

Es a la *b. v.* y a la institución de la cesión de bienes (*cessio bonorum*), y no a aquella disposición inmane, a la que los modernos especialistas del derecho mercantil (en especial, concursal) deberían prestar atención, porque en la compleja y refinada respuesta dada por la Jurisprudencia romana y la legislación imperial a toda suerte de problemas jurídicos que vemos planteados hoy, de nuevo, en este ámbito se halla el originario núcleo de la moderna ciencia del derecho concursal: la definición de la insolvencia como falta de liquidez y el problema histórico de las daciones en pago de bienes inmuebles para resolverla; el concurso de acreedores, la igual condición de todos ellos dejando a un lado los créditos preferentes; la definición de créditos privilegiados; la preservación del patrimonio del concursado; la venta a través de licitación o subasta para conseguir que el mayor número de créditos resulten pagados (lo que hoy se denomina a veces, recurriendo a la tradición angloamericana, como deseado efecto del *increase the cake*); la distinción entre el deudor que oculta maliciosamente su insolvencia y el deudor que la hace pública y cede sus bienes a sus acreedores, etc. etc. (V. ***par condicio creditorum*, *solvens***).

Verba / voluntas

(Vérba / uolúntas)
Lit. *palabras – voluntad.*

Significado y contexto: Este binomio de términos, a menudo enfrentados en la actividad práctica del derecho, hace referencia a uno de los temas más apasionantes desde el punto de vista de la dogmática jurídica no solo romana sino actual: la interpretación en derecho. La tarea de dar sentido, esclarecer el significado de normas jurídicas y negocios jurídicos resume prácticamente la actividad de un jurista, justamente apodado "intérprete del derecho" (*interpres iuris*). Con referencia a las fuentes del derecho, destacan los textos romanos que, en materia de interpretación, hacen referencia a leyes, senadoconsultos y edictos; y con respecto a los negocios jurídicos deben recordarse particularmente los que se refieren a los, a continuación citados, del derecho romano, sobre los que los pandectistas construyeron la categoría del negocio jurídico: estipulaciones, contratos, institución de heredero y legados.

Intérprete es aquel que actúa como mediador entre el que emite una declaración de voluntad y el que la recibe y permite que se verifique entre ellos el fenómeno de la comunicación. Tan interesante tema, sin embargo, solo puede ser esbozado aquí. De su relevancia da testimonio Quintiliano que, en su *Institutio oratoria* (12.2.19 *in fine*), formula la siguiente pregunta:

> «¿Acaso no gira toda cuestión de derecho o acerca de la propiedad de los términos o en torno a la discusión relativa a lo justo o sobre una conjetura en cuanto a la intención, ...? (*non quaestio iuris omnis aut uerborum proprietate aut aequi disputatione aut uoluntatis coniectura continetur, ...?*)».

Sinónimos de *uerba* en las fuentes romanas, cuyo conocimiento es imprescindible para entender el problema actual de la interpretación en derecho, son *sermo* (tenor literal) o *uox* (voz, esto es, término, vocablo o, más en general, expresión de la voluntad). Términos análogos a *uoluntas*, en cuanto a la interpretación, utilizados por las fuentes son *affectus*, *consensus*, *sententia* (parecer), *animus* (ánimo, intención); (Ferrini 1904, 143 ss.).

Los códigos civiles modernos, leyes modelo de unificación de contratos, proyectos de unificación jurídica, ... se remiten casi por entero –sin confesarlo expresamente–, en cuanto a las reglas interpretativas que en ellos se contienen, tanto en sus títulos preliminares (los códigos civiles) como en materia de interpretación de los contratos y otros actos jurídicos, a textos del Digesto y del Código de Justiniano, sobre todo del primero y, en concreto, del título tercero del libro primero ("Sobre las leyes, senadoconsultos y la larga costumbre"), y 16 del libro 50 ("Del significado de las palabras") y el 17 de ese mismo libro ("De las reglas de derecho"). Haríamos bien en recordarlos más a menudo.

Empecemos por uno conocidísimo y repetido en esta obra en varias ocasiones: D. 1.3.17 (*Celsus l. 26 digestorum*): *scire leges non hoc est uerba earum tenere, sed uim ac potestatem* (conocer las leyes no consiste en retener sus palabras sino su fuerza y vigor). Se suele decir que esta máxima refleja el criterio interpretativo teleológico o o finalista, aunque también parece incluir una referencia al carácter imperativo de las normas jurídicas. También creemos ver en ella una advertencia a los jóvenes estudiantes de derecho para evitar un aprendizaje meramente memorístico del derecho. A esta regla se refería F. C. de Savigny (Savigny, *Sistema del Derecho Romano Actual*, 1878, 159-160) como criterio decisorio básico, al hablar del defecto de técnica legislativa consistente en el empleo de una expresión impropia:

> «Es impropia una expresión cuando da un sentido claro y determinado, pero diferente del pensamiento real de la ley. En vista de esta contradicción se pregunta cuál debe prevalecer: ahora bien, siendo la palabra el medio y el pensamiento el objeto, debe aquella subordinarse a este, con el cual debe establecerse relación de conformidad y, en su virtud, rectificarse la expresión. Esta regla, inatacable en teoría, puede, en su aplicación, ocasionar grandes controversias, pues toda la dificultad se reduce a probar el hecho en cuestión».

Más adelante añade:

> «La expresión dice unas veces menos, otras más que el pensamiento; y estas son las dos únicas diferencias que resultan de sus relaciones lógicas. Trátase entonces de rectificar la expresión, en el primer caso por una interpretación *extensiva*; en el segundo caso por la interpretación *restrictiva*, y ambas tienen por objeto poner en armonía la forma con el pensamiento».

(V. también ***stricti iuris***). *Verba* posee el significado de literalidad, contrapuesto al espíritu que anima el derecho. A pesar de que se utiliza hoy la expresión latina *uoluntas legislatoris* (voluntad del legislador) para referirse a la intención o a la finalidad perseguida por el legislador, salvo que este se considere de modo abstracto, parece preferible la opción terminológica de los juristas romanos de *uoluntas legis* (voluntad de la ley), *mens legis* (mente de la ley), *sententia legis* (parecer de la ley) o *sententia senatus consulti*

D. 5.3.25; D. 48.9.3; D. 37.14.2; D. 23.2.64) –v. (Ferrini 1904, 33 ss.)–. Así, por ejemplo, reza la regla contenida en Ulp. 3 *ed.* D. 50.16.6.1:

> «La expresión "conforme a las leyes" ha de entenderse tanto según la intención de las leyes cuanto según su tenor literal (*uerbum 'ex legibus' sic accipiendum est tam ex legum sententia quam ex uerbis*)». (V. ***ex lege***).

Cuando el tenor literal de una ley o de un negocio jurídico resulta claro, el criterio interpretativo gramatical basta por lo común para desentrañar su sentido. Esto no significa que, en ocasiones, el derecho se decante por lo declarado antes que por la intención o voluntad interna. Simplemente ocurre que no hay disensión entre uno y otra. Tampoco significa que no haya necesidad de interpretación. La conocida regla medieval '*in claris non fit interpretatio*' (no se da interpretación con respecto a lo que está claro) no es del todo correcta, porque para llegar a una claridad de resultado hace falta siempre una labor previa de búsqueda de sentido, por poco costosa que esta sea. (V. ***stricto sensu***).

La citada máxima encuentra su acomodo en declaraciones como esta de Cicerón: Cic. *inv.* 2.44:

> «Cuando lo escrito sea manifiesto, ... el juez debe obedecer la ley, no interpretarla (*Cum scriptum aperte sit, ... iudicem legi parere, non interpretari legem oportere*)».

El fragmento jurídico que opera con efecto contrario a este lo encontramos en: Ulp. 24 *ed.* D. 25.4.1.11:

> «Aunque sea clarísimo el edicto del Pretor, no ha de descuidarse, sin embargo, su interpretación *(Quamvis sit manifestissimum edictum praetoris, attamen non est neglegenda interpretatio eius*)».

En materia de legados es muy conocida esta máxima, que también parece –solo parece– confortar la regla antes citada: D. 32.25.1 (*Paulus l. primo ad Neratium*):

> «Cuando no hay ambigüedad en las palabras, no debe admitirse la indagación de la voluntad (*Cum in uerbis nulla ambiguitas est, non debet admitti uoluntatis quaestio*)».

Este último texto hace más bien referencia a la distinción que denominaríamos hoy entre voluntad y declaración de la voluntad (visión esta de la formación de un negocio jurídico, no romana sino pandectística a partir de textos romanos).

Para superar la ambigüedad de las leyes Savigny (Savigny, Sistema del Derecho Romano Actual 1878, 158-159) recomienda recurrir, en primer lugar, al análisis de la "legislación en su conjunto"; y, en segundo lugar, proceder a la identificación del motivo de la ley y dar preferencia al motivo concreto frente al motivo general. Este último puede ser la *aéquitas*, entendida esta como contrapuesta a la razón de derecho estricto (*iuris stricti ratio*) C. 3.1.8 (a. 314):

> «Pareció bien que en todas las cosas fuera más atendible la razón de justicia y la equidad (*iustítiae aequitatis <ratio>*) que la razón de estricto derecho (*stricti iuris ratio*)» (v. ***stricti iuris***, ***stricto iure***).

En su lugar, el insigne jurista alemán del siglo XIX abogaba por recurrir a reglas interpretativas que exhortaban a indagar, por un lado, el resultado más racional: D. 1.3.19 (Celso *33 dig.*):

> «Con respecto a un término ambiguo de la ley ha de aceptarse con preferencia la significación que carezca de defecto, sobre todo cuando también se pueda deducir esto de la voluntad de la ley (*In ambigua uoce legis ea pótius accipienda est significatio, quae uitio caret, praesertim cum etiam uoluntas legis ex hoc colligi possit*)».

Por otro, «el que responda mejor a las necesidades de la práctica»: D. 50.17.67 (Juliano 87 *dig.*):

> «Cuando una misma declaración expresa dos significaciones, ha de preferirse aquella que sea más adecuada al negocio que se realice (*Quotiens idem sermo duas sententias exprimit, ea potissimum excipiatur, quae rei geréndae aptior est*)».

Finalmente, «lo que sea humano y menos violento»: así por ejemplo, D. 50.17.56 (Gayo 3 *de legatis ad edictum urbicum*):

> «En caso de duda siempre ha de preferirse lo más favorable (*Semper in dubiis benignióra praeferénda sunt*)».

Muy de utilidad en la doctrina romanística ha sido la cuestión acerca de si los jurisconsultos romanos hicieron prevalecer la voluntad interna frente a la declaración de voluntad o viceversa. Probablemente la cuestión esté viciada de partida por pretender de ellos lo que la lingüística moderna denuncia: que no hay separación entre ambos aspectos del fenómeno comunicacional. De hecho la hermética expresión romana '*id quod actum*' («lo que se ha llevado a cabo» por las partes en un negocio) no admite una valoración en un sentido o en otro de modo estricto. A ello se añade la tendencia moralizante del derecho postclásico (coincidente con el surgimiento del término "derecho" como referente a "lo recto") que apela a la esfera subjetiva del sujeto interviniente en un negocio jurídico –esto último es característico del derecho bizantino–, consistente en exigir, tras todo acto jurídico, la presencia de una intención o *ánimus*.

El celebérrimo texto de Papiniano, filón del no menos conocido argumento jurídico de '*uoluntas spectanda*' («ha de atenderse a la voluntad»), argumento jurídico de gran relieve, erigido como principio jurídico por los juristas humanistas del siglo XVI (particularmente de Alciato), en realidad no significa lo que parece, sino que más bien se inscribe en la interpretación que antes adelantábamos: D. 50.16.219 (Pap. 2 *resp.*):

> «En las convenciones entre contratantes se sigue la opinión de que hay que atender más a la voluntad que a las palabras. Cuando, por consiguiente, los munícipes arriendan un fundo con canon vectigalicio admitiendo que el derecho pase al heredero de aquel que tomó el fundo en arriendo, se admite también que el derecho de los herederos pueda pasar a legatario. (*In conuentiónibus contrahentium uoluntatem pótius quam uerba spectari placuit. Cum igitur ea lege fundum uectigalem munícipes locáuerint, ut ad heredem eius qui suscepit pertinéret, ius heredum ad legatarium quoque transferri potuit*)».

Véase también la regla contenida en Marcian. 12 *de fideicom.* D. 50. 17. 96:

> «En las declaraciones ambiguas ha de atenderse sobre todo al parecer del que las declaró (*In ambiguis orationibus maxime sententia spectanda est eius, qui eas protulisset*)».

En la ley de las XII Tablas lo expresado oralmente en los negocios de *mancipatio* y *nexum* adquiría eficacia jurídica:

> Lit. «Cuando se realice una mancipación o un *nexum*, como la lengua haya declarado, así sea derecho (*cum nexum faciet mancipiumque, uti lingua nuncupassit, ita ius esto*)».

Con respecto al negocio formal de la *mancipatio*, la expresión «como la lengua haya declarado» hace referencia a la eventual intervención oral que podía llevar a cabo el mancipante (enajenante) de un bien inmueble en suelo itálico que dispone de lo suyo (por ejemplo, podía, en el acto de enajenación, realizar de este modo una reserva del derecho de usufructo sobre el bien a su favor). Por otro lado, los llamados *uerba sollemnia* (palabras solemnes) o *uerba certa* (palabras ciertas, esto es, determinadas) se refieren a las formulaciones verbales requeridas de las partes para la realización de negocios formales, sin cuya observancia el acto jurídico no puede ni tan siquiera considerarse existente. Gayo 4.11 relata con ironía el caso de aquel al que le habían talado ilícitamente unos viñedos y que en el procedimiento de las acciones de la ley exigido por la "acción de árboles talados" (*actio de arbóribus succisis*), en vez de emplear oralmente el término "árboles" (*arbores*), utilizó indebidamente el término "vides" (*uites*) que dio al traste con el litigio. Aunque el jurisconsulto clásico parece sonreír ante la rigidez del antiguo procedimiento romano, sus palabras suenan casi como una admonición dirigida a los futuros prácticos del derecho para que se esfuercen en evitar errores o imprecisiones lingüísticas cuyas consecuencias puedan ser fatales para el desenlace de los casos a ellos encomendados. V., no obstante, ***pro actione***: errores nimios deben ser tenidos, en términos coloquiales, como *peccata minuta* (pecadillos, faltas leves), no idóneos para oscurecer el sentido de la justicia con formalismos exacerbados. (V. también ***error calculi***, ***apices iuris***).

Se suele citar una célebre causa procesal del año 95 a. C. entre el renombrado jurista Quinto Mucio Escévola y el retórico Licinio Craso como el inicio de una mayor atención del derecho romano con respecto a la voluntad antes que a la declaración. Probablemente el planteamiento de esta cuestión en estos términos sea simplista, pero no deja de tener relevancia. Veámosla:

> «El testador Marco Coponio, creyendo que su mujer estaba encinta, instituyó heredero al hijo que debía nacer, si nacía antes de transcurridos diez meses después de su muerte. Para el caso de que el heredero muriese antes de alcanzar la pubertad, el testador dispone su sustitución con Manlio Curio. Muere el testador y el hijo que se esperaba no nace. Manlio Curio pretende la herencia y a él se oponen los parientes agnados de Coponio que tenían derecho a la sucesión ab intestato» (Cic. *De oratore* 1.39.57; *Brutus* 39.52; *Topica* 10.44; *Pro Caecina* 18).

Técnicamente, la condición de que el hijo llegara a nacer pero muriera antes de alcanzar la pubertad no se cumplía. Este era el principal argumento del jurista Mucio Escévola. Frente a él, el retórico defendía que la voluntad del causante era en todo caso que el sustituto heredase antes que cualquiera, si no llegaba a hacerlo el que se esperaba que naciese. Era secundario que no hubiese nacido en el caso propuesto. Triunfó este último punto de vista. A pesar de que el testador había realizado una "sustitución pupilar" (que requiere de la presencia del heredero que, sin embargo, no alcanza la pubertad), en vez de lo que hubiera sido más correcto, a saber, una "sustitución vulgar" (es decir, en defecto de heredero que no llega a nacer), se interpretó que implícitamente la primera incluía la segunda. Esto es lo que vemos, consolidado en el derecho imperial, como testimonia Modestino D.28.6.4 pr. (*l. sing. de heuremat.*):

> «Aplicamos la solución de la constitución dada por los divinos Marco Aurelio y Vero: cuando un padre nombra un sustituto del hijo impúber para un supuesto, se considera que lo nombró para los dos supuestos: tanto si el hijo no llegó a ser heredero como si habiendo llegado a serlo murió impúber» (solución, no obstante, matizada por una constitución imperial de Severo y Caracalla del año 204 C. 6.26.2 que ve en el problema –como dice D. 28.6.4.2– una *quaéstio uoluntatis*)».

Recordemos un texto que hemos visto en otro lugar (v. ***stricto sensu***), de enorme trascendencia en la historia del concepto de la interpretación en el sistema de derecho civil, también citado por nosotros varias veces:

> Celso 19 *dig.* D. 33.10.7.2: «Afirma Servio que debe atenderse al juicio del que ha hecho un legado tal y como él ha acostumbrado a denominar las cosas; pero consi-

> dera que no deben considerarse comprendidas como legadas en concepto de ajuar o utensilios domésticos aquellas cosas de las que no se duda que pertenecen a otro género, como, por ejemplo, los alimentos, la plata o los mantos de viaje y las tocas, que alguien ha acostumbrado entenderlas como de ajuar; porque los nombres de las cosas no deben entenderse según las opiniones de cada uno, sino según su uso común (*non enim ex opinionibus singulorum, sed ex communi usu nómina exaudiri debére*). Tuberón afirma que esto no lo ve así de claro, pues ¿para qué sirven los nombres –afirma– sino para manifestar la voluntad del declarante? Ciertamente no creo que nadie diga lo que no piensa cuando utiliza un término con el sentido en el que suele designar algo, pues utilizamos un vocablo como instrumento (*nam uocis ministerio útimur*). Además, no ha de creerse que nadie diga lo que no tiene en su mente (*nemo existimandus est dixisse, quod non mente agitáuerit*). Pero aunque me persuade en gran manera la razón y la autoridad de Tuberón, no estoy sin embargo en desacuerdo con Servio cuando dice que no parece que nadie haya hecho una declaración si se ha servido de un término inapropiado (*non uideri quemquam dixisse, cuius non suo nomine usus sit*). Y es que aunque es anterior y más poderosa la mente del declarante que la voz (*etsi prior atque potentior est quam uox mens dicentis*), nadie se considera que declara sin voz (*nemo sine uoce dixisse existimatur*), a no ser aquellos que no pueden hablar y consideramos que hablan por su propio esfuerzo junto con una especie de sonido y voz no articulada».

Aparte de tratarse de un texto fundamental de nuestra tradición jurídica, de extraordinario debe calificarse este testimonio de una típica controversia doctrinal entre juristas romanos sobre un tema, además, básico no solo para ellos sino para nosotros hoy, como es el de la relación de la voluntad y su declaración en el marco del negocio jurídico. No es concebible hablar con rigor de los fundamentos del negocio jurídico actual sin hacer mención a textos como este que constituyen su punto de partida. Hemos incluido, además, la versión latina de algunas frases de particular relevancia jurídica ya que son utilizadas, separadamente del texto de procedencia, por la doctrina romanística y civilística en la actualidad como tópicos idóneos para la argumentación jurídica. Confróntense, por ejemplo, con el texto de Savigny más arriba citado a propósito de las interpretaciones extensiva y restrictiva.

Por otro lado, respecto de los negocios *mortis causa* la voluntad del testador (*uoluntas testatoris*) o voluntad del difunto (*uoluntas defuncti*) es tomada particularmente en cuenta por el derecho porque es a ella a la que debe remitirse para disponer de los bienes y derechos de aquel, de lo que es suyo en definitiva. Por eso en la propia definición del testamento, tanto de Ulpiano como de su discípulo Modestino, se encuentra realzada la mención central de la voluntad: Ulpiano (*Tituli ex corp. Ulpiani* 20.1) define el testamento como

> «El atestiguamiento conforme a derecho de nuestra mente, hecho solemnemente en él para que valga después de nuestra muerte (*Testamentum est mentris nóstrae iústae contestatio, in id sollémniter factum, ut post mortem nostram uáleat*)».

Y su discípulo Modestino D. 28.1.1 (2 *Pandect.*) lo define, a su vez, en términos análogos:

> «El sentir conforme a derecho de nuestra voluntad acerca de lo que alguien desea que se haga después de su muerte (*Testamentum est uoluntatis nóstrae iusta sententia de eo, quod quis post mortem suam fieri uelit*)».

De este ámbito arranca el principio jurídico que tiende a favorecer la validez del testamento y la voluntad inserta en él (*fáuor testamenti*). En materia de interpretación de actos de última voluntad, es ineludible la regla de Marcelo que los códigos civiles recogen casi literalmente: Marcellus D. 32.69 pr. (*libro singulari responsorum*):

> «No debemos apartarnos de la significación de las palabras más que cuando resulte manifiesto que fue otra la voluntad del testador (*Non aliter a significatione uerborum recedi oportet, quam cum manifestum est aliud sensisse testatorem*)».

En el párrafo siguiente, el jurisconsulto expone un caso a propósito de la interpretación que deba tener el término "jóvenes" (*iuuenes*) en una disposición testamentaria. Ciertamente, –como sabemos muy bien hoy– qué significa "ser joven" es algo relativamente indeterminado e incluso opinable (v. *curriculum mentis* en ***curriculum vitae***). Veamos el razonamiento presente en el texto:

> «Ticio dispuso así en sus codicilos: «quiero que se le den a Publio Nevio todos los jóvenes (*iúuenes*) [es decir, criados o esclavos], que tengo a mi servicio (*in ministerio*)»; pregunto, ¿desde qué edad (*a qua aetate*), y hasta cuál (*et in quam*), se deberá entender que son jóvenes (*iuuenes*)? Marcelo respondió, que corresponde al conocimiento del que hubiese de conocer de este asunto (*ad notionem eius qui de ea re cogniturus esset*) determinar quiénes haya querido indicar (*demonstrare*) el testador con estas palabras (*uerbis*); porque en las cuestiones de los testamentos no se ha de descender ciertamente a la definición de las palabras (*non enim in causa testamentorum ad definitionem utique descendendum est*), pues de ordinario hablan abusivamente (*cum plerumque abusiue loquantur*), y no siempre usan nombres y vocablos propios (*nec propriis nominibus ac uocabulis utantur*); pero que podría ser considerado joven (*iuuenis*) el que pasó de la edad de adolescente (*qui adulescentis excessit aetatem*), hasta que comience a ser contado entre los ancianos (*quoad incipiat inter seniores numerari*)».

Confróntese con el artículo 675 del Código Civil español en su párrafo primero:

> «Toda disposición testamentaria deberá entenderse en el sentido literal de sus palabras, a no ser que aparezca claramente que fue otra la voluntad del testador. En caso de duda se observará lo que aparezca más conforme a la intención del testador según el tenor del mismo testamento».

Verba sollemnia

(Vérba sollémnia)
Lit. *palabras solemnes.*

(V. **verba / voluntas**).

Verbatim

(Verbátim)
Lit. palabra por palabra.

(V. **verba / voluntas**).

Verbi gratia

(Vérbi grátia)
Lit. *por ejemplo.*

Significado y contexto: Expresión muy usual, incorporada a nuesta lengua en sus dos formas: verbigracia y *verbi gratia*. Posee las siguientes dos acepciones: «1. m. ejemplo (hecho o texto que se cita para autorizar un aserto). 2. adv. por ejemplo» (DRAE).

Utilizada a menudo por los juristas romanos. Antecede a la exposición de un ejemplo. Su abreviatura es "v. g.". En lengua inglesa, se usa mucho la expresión análoga de *exempli gratia*, y aún más en su versión abreviada "e. g."

Veritas nominis

(Véritas nóminis)
Lit. *verdad del crédito.*

Significado y contexto: El contexto jurídico de la expresión es el de la cesión o transmisión de créditos en derecho romano, y en ese mismo ámbito se encuentra hoy en la legislación y doctrina moderna. La intensificación del comercio en Roma impulsó decididamente su economía y obligó a establecer mecanismos jurídicos más ágiles con respecto al tráfico no solo de bienes sino de derechos. Un crédito, al igual que una cosa corpórea, posee un valor económico y puede ser cedido a otra persona por diversas causas: por donación, por compraventa (a cambio de un precio), por causa de dote, etcétera. En la cesión de créditos un acreedor (cedente) cede su deudor a otro (cesionario), que se convierte en el nuevo acreedor de este. El esquema parece sencillo, pero el derecho romano hubo de experimentar una larga evolución para superar, al fin, la naturaleza estrictamente personal, es decir, entre un cierto acreedor y un cierto deudor, que poseía la obligación romana.

Los juristas romanos idearon expedientes jurídicos a partir de otros preexistentes; característicamente dos: el mandato procesal (*mandatum ad agendum*) y la delegación del crédito a través de novación. Se trataba, no obstante, de recursos jurídicos adaptados al fin propuesto un tanto forzadamente, por lo que no carecían de inconvenientes. O bien hacía falta el consentimiento del deudor; o bien, en el mandato, el cedente podía revocarlo en cualquier momento antes de la *litis contestatio* (v. *Procedimiento civil*), y además el mandato se extinguía por muerte del cedente o del cesionario; o bien, el deudor podía liberarse pagando el cedente en vez de al cesionario, ... El derecho imperial fue corrigiendo y limando estas asperezas hasta lograr una figura que se convirtió en la que hoy denominamos "cesión de créditos".

En la historia de este concepto, que parte así del derecho romano, la compraventa de herencia, supuesto en el que se logró la eliminación de algunas de las anteriores desventajas, constituyó uno de sus hitos jurídicos fundamentales, concretamente a través de la relevante reforma llevada a cabo por el emperador Antonino Pío (Ulp. 4 *ed.* D. 2.14.16 pr.). Es usual que los códigos civiles modernos aludan a este supuesto al tratar la transmisión de créditos. No es casual (cfr. art. 1531 del CC español).

La expresión hunde, pues, sus raíces en la experiencia romana que deja huellas terminológicas inequívocas: -*nomen uerum* (crédito verdadero, es decir, existente), con respecto a la *uéritas*; -*bonum nomen* (buen crédito), *nomen idoneum* (crédito idóneo), *optimum nomen* (óptimo crédito), con respecto a la *bónitas.*

El jurista Celso (citado por Ulpiano en el fragmento D. 18.4.4 de sus 32 *ed.*) afirma que cuando se ha vendido un crédito «no se ha de garantizar que el deudor sea solvente sino que hay deudor»; es decir, el cedente responde de la existencia del crédito (*ueritas nominis*), pero no de su calidad (*bonitas nominis*). El texto finaliza con el siguiente inciso (probable interpolación justinianea que, como veremos, ha tenido influjo en el derecho moderno): «a no ser que se haya convenido otra cosa».

En Paul. 7 *quaest.* D. 26.7.43 pr. se lee, por ejemplo, que el tutor queda eximido de su responsabilidad cuando después de la muerte del pupilo el crédito deja de ser idóneo. Para entenderlo, hay que recordar que los tutores deben administrar el patrimonio de los pupilos diligentemente y ejercitar las acciones para la reclamación de créditos de manera oportuna. Esperar a que el crédito deje de ser "bueno" podría ser interpretado como un acto de negligencia, por no obrar en interés del pupilo adecuadamente, pero no es así si este ya ha fallecido.

Paulo –32 *ed.* D. 17.1.26.2– declara que el garante experimenta una disminución patrimonial por el hecho de que su deudor haya sido delegado al acreedor, aunque el deudor no sea solvente. La justificación que ofrece es interesante. «porque el acreedor que admite al deudor delegado hace bueno el crédito». Inciso recordado insistentemente por los autores del derecho intermedio.

Esta observación de Paulo evoca un célebre texto del escritor gaditano Columela, de su obra *De re rustica* (1.7.2) en el que aconseja al dueño de un fundo rústico que no abuse, por mucho que le ampare el derecho, de sus reclamaciones con respecto al colono o arrendatario rústico, porque –dice él– «un derecho rigorista es el más riguroso tormento» (*summum ius, summa crux*, afirmación que conecta con la versión ciceroniana –*offic.* 1.33–, más conocida, del *summum ius, summa iniuria*; o la de Terencio *Heaut.* 796: *ius summum saepe summast malitia*). Eso sí –continúa–, sin que deje de reclamar lo debido porque, al decir de un conocido usurero, Alfius, «incluso los mejores créditos se hacen malos si no se reclaman (‘*uel óptima nómina non apellando fieri mala*’)».

Recordemos finalmente la alusión a "créditos inciertos" (*incerta nomina*) contenida en el célebre senadoconsulto Macedoniano, por el que se prohibía tomar dinero a préstamo a los hijos de familia (D. 14.6.1 pr. v. ***occasio legis***):

> «Las palabras del senadoconsulto Macedoniano son estas: «Como entre las demás causas de delito, que le sugería su naturaleza, hubiese ofrecido Macedo también la de deudas, y diese muchas veces a las malas costumbres materia para pecar, prestando, para no decir nada más, dinero sobre créditos inciertos (*incertis nominibus*), se acordó que no se diese acción y petición al que hubiese dado dinero en mutuo a un hijo de familia, aun después de la muerte de su padre, bajo cuya potestad hubiese estado, para que quienes con el pésimo ejemplo diesen dinero a interés, supieran que no puede hacerse válido el crédito de ningún hijo de familia, habiéndose esperado la muerte del padre»».

Debemos puntualizar, no obstante, varios extremos a propósito de la solución jurídica romana apuntada, según la cual el cedente responde de la existencia del crédito pero no de su bondad o idoneidad de cobro: que, con buena lógica, se da solo a propósito de los actos de cesión a título oneroso (no a título gratuito); que la existencia del crédito de la que se responde se extiende también a la no invalidación del acto través de excepciones procesales; y, en tercer lugar, que, como excepción al principio, el gestor de negocios ajenos responde también de la bondad del crédito.

Los códigos civiles se han hecho eco de esta reflexión jurídica atenta a la vida económica y social aunque originada en un mundo aparentemente lejano al nuestro. Así, el artículo 1529 del Código Civil español declara:

> «El vendedor de buena fe responderá de la existencia y legitimidad del crédito al tiempo de la venta, a no ser que se haya vendido como dudoso; pero no de la solvencia del deudor, a menos de haberse estipulado expresamente [confróntese el primer texto citado con la opinión de Celso], o de que la insolvencia fuese anterior y pública».

Respecto de este extraño último inciso, como ha señalado la doctrina actual, resulta de muy problemática aplicación hoy. En cuanto a la cesión a título gratuito, la doctrina entiende de aplicación el artículo 638 para llegar al mismo resultado que el derecho romano: que el cedente-donante no responda de los objetos donados salvo que la donación sea modal (al llevar consigo una carga).

Versio in rem

(Vérsio in rem)
Lit. *inversión en una cosa, conversión en utilidad o provecho.*

Significado y contexto: Esta expresión procede del derecho romano y constituye uno de los pilares básicos sobre los que se sustenta la moderna teoría del enriquecimiento injusto o enriquecimiento sin causa (*sine causa*). Se origina a partir de un supuesto singular proporcionado por la organización familiar romana. En ella, el *paterfamilias* se sirve orgánicamente, como si de una larga mano se tratase, de la actuación negocial que ciertos sujetos sometidos a su potestad, a saber, hijos de familias (bajo su patria potestad) y esclavos (bajo su potestad dominical). Su patrimonio recibe automáticamente los efectos positivos de los negocios realizados por estos últimos. Sin embargo, con respecto a los negativos, el viejo derecho civil niega esa consecuencia, con lógica protectora del patrimonio del jefe de familia. Pero el Pretor, siguiendo la equidad, entrevió supuestos en los que razonablemente podría ser demandado el jefe de familia.

Uno de ellos, que hizo nacer la llamada acción *de in rem uerso* (o "de lo convertido en utilidad"), fue el que dio origen a lo que con el tiempo pasó a integrarse en la doctrina antes citada del enriquecimiento injusto. En efecto, si un dependiente del jefe de familia tomaba dinero a préstamo, este último no podía ser demandado por el prestamista para la devolución de la cantidad adeudada. Pero, si ese dependiente hubiese consumido dinero mediante una inversión (*in rem uertere*) en una cosa (por ejemplo, hubiese adquirido un bien), eso constituía al instante un incremento del patrimonio del jefe de familia. Era lógico, pues, que el tercero pudiese demandarle por ese enriquecimiento. Era sin causa porque el jefe de familia quedaba protegido por el derecho civil contra la acción que le exigía la devolución del dinero. Resultaba injusto, entonces, que se quedara con la cosa adquirida con el dinero del tercero cuya causa se encontraba en el negocio realizado por su dependiente con él.

Un texto muy importante en la tradición del derecho común europeo es C. 4.26.7.3 (una constitución los emperadores Diocleciano y Maximiano), que tiene la peculiaridad de que la persona que contrata con el tercero no es ya un dependiente del ***dominus negotii*** sino un hombre libre, o sea, un representante (y no ya un órgano familiar que actúa en interés de la cabeza).

> «De otro modo si realizaste un contrato con una persona libre que gestionaba el asunto de quien hacías mención en tus alegaciones, y a aquel lo elegiste como deudor, debes comprender que no hay acción alguna contra el principal, a no ser que la suma de dinero hubiese revertido en su patrimonio o que él ratificó este contrato (*nisi uel in rem eius pecunia processit, uel hunc contractum ratum habuit*).

El texto niega, en principio, toda posibilidad de ejercicio de la acción contra el *dominus*, pero en su inciso final admite dos excepciones de las cuales una hace referencia a nuestro caso: «a no ser que la suma de dinero hubiese revertido en su patrimonio». Probablemente, se trate de una interpolación justinianea, pero el caso es que el derecho romano termina por aceptar (incluso respecto de la actuación de un hombre libre en interés de otro) la posibilidad de ejercitar la demanda contra el dueño del negocio o representado en la medida de su enriquecimiento, y señala así el camino que debe seguir el derecho en su ulterior evolución a través del derecho común europeo. Los comentaristas hablan aquí de una extensión de la acción por vía útil: acción útil. (V. *Procedimiento civil*).

Debemos preguntarnos, no obstante, en primer lugar, por la construcción jurídica sobre la que cabe erigir la demanda del tercero. Y, en segundo lugar, por la medida de lo reclamable –v. (Zimmermann 1996, 878 ss.)–. Para procurar una clara explicación tengamos presente un sencillo esquema: Ticio y Cayo realizan un negocio. Ticio, en realidad, actúa por cuenta de Sempronio. Así, los efectos favorables de negocio terminan por pasar a este último.

1. Con respecto a la primera pregunta, los textos romanos permitían varias posibilidades. En D. 15.3.1 pr. (Ulp. 29 ed.) se afirma *in fine* algo que casi se deducía de nuestras propias palabras al inicio: «parece como si se hubiese contratado más bien con ellos mismos (con los que tienen potestad)»; es decir, es como si Cayo hubiese realizado el negocio directamente con Sempronio, sin actuar como intermediario Ticio.

Una segunda construcción dogmática es la que aproxima nuestra figura a la de la gestión de negocios ajenos que expresa con toda claridad el propio jurisconsulto romano en el fragmento 3.2 del Digesto bajo ese mismo título:

> «Y por vía de regla decimos que hay la acción de lo que se convirtió en provecho de otro (*de in rem uerso ese actionem*) en todos los casos en que el procurador tendría la acción de mandato o el que fue gestor de negocios la de gestión de negocios, y siempre que el esclavo consumió algo para que el señor tuviere o mejorada o no deteriorada una cosa (*ut aut meliorem rem dominus habúerit aut non deteriorem*)». [Esto último entra en relación con los conceptos de *lucrum emergens* y *damnum cessans*, así enunciados, respectivamente].

En este fragmento aparece muy clara la analogía con el supuesto de Ticio como mandatario o gestor de negocios ajenos de Sempronio. Este último podría reclamar, por consiguiente, en los casos en que Ticio pudiera ejercitar la acción correspondiente: de mandato, si hubiera habido encargo previo, o de gestión de negocios ajenos, viceversa; ambas como acciones contrarias, es decir, de los sujetos que han actuado por cuenta de otro contra este último.

Una tercera posibilidad la ofrece un texto del Digesto en materia de *condictiones* que llamó poderosamente la atención de los comentaristas medievales: Cels. 5 dig. D. 12.1.32:

> «Si nos rogaras a Ticio y a mí que te prestáramos una cantidad, y yo autorizase a mi deudor para que te la prometiera y tú estipularas creyendo que era el deudor de Ticio ¿quedará acaso obligado a mi favor? Lo dudo, si es que no has contraído negocio conmigo. Pero es más probable que estime que te obligas, no porque yo te preste una cantidad (lo que solo puede ocurrir entre los que están de acuerdo), sino porque es bueno y justo que me restituyas aquella cantidad mía que se hizo tuya».

Se alude en él al caso siguiente: tú has pedido a otro y a mí una cierta suma de dinero en préstamo. Yo mandé a un deudor mío para que te lo prometiera pero tú creíste que él era deudor del otro. La cuestión es evidente: ¿te obligas a mi favor o no? Al no haberse formado correctamente el consentimiento parece que no, pero, aun siendo esto verdad, se decide al revés, «porque es bueno y justo que me restituyas aquella cantidad mía que se hizo tuya» (*sed quia pecunia mea, quae ad te peruenit, eam mihi a te reddi bonum et aequum est*). La alusión a la equidad es característica de la doctrina del enriquecimiento injusto y hunde sus raíces en afirmaciones como estas de los juristas romanos.

Añadamos a la citada otras dos muy célebres:

> Pomp. 21 *Sab*. D.12.6.14: «Pues es justo según la naturaleza que nadie se enriquezca a costa de otro (*Nam hoc natura aequum est néminem cum altérius detrimento fieri locupletiorem*)».

> Pap. 8 *quaest*. D. 12.6.66: «Esta condicción, introducida por justicia, suele servir para recuperar lo que una persona retiene de otra sin causa (*Haec condictio ex bono et aequo introducta, quod alterius apud alterum sine causa deprehenditur, reuocare consueuit*)».

De hecho, a través de una curiosa asimilación de la equidad en la ley como fuente de las obligaciones, aparece en los comentarios de juristas insignes el ejemplo del enriquecimiento injusto como supuesto típico de creación de obligaciones ***ex lege***. Y a través de ellos pasa a los códigos civiles modernos. Recordemos asimismo su asimilación, como regla del derecho, por el derecho histórico español a través de Las Partidas (7.14.17): «E aun dexeron que ninguno non deue enrriquescer tortizeramente con daño de otro (sic)».

2. En cuanto a la segunda pregunta, la de la medida del enriquecimiento, se responde históricamente con el texto antes citado de Ulpiano (D. 15.3.3.2) que traducía como utilidad aquello que hubiera servido para mejorar o para que no se deteriorara el patrimonio del beneficiado.

En el Código Civil español encontramos una significativa aplicación del principio «de lo convertido en provecho o utilidad de otro» a propósito del pago hecho a una persona incapaz. El artículo 1163 afirma lo siguiente en su párrafo primero:

> «El pago hecho a una persona incapacitada para administrar sus bienes será válido en cuanto se hubiere convertido en su utilidad».

Esta disposición no se entiende si no se estudia históricamente partiendo del ejemplo que le dio origen, es decir, el del pago hecho al pupilo sin la autorización de su tutor. En Ulp. D. 26.8.5 pr. se enuncia este caso partiendo de la hipótesis inicial que debió de ser muy frecuente, a saber, la del préstamo de dinero del tutor a su pupilo:

> «... Pero cuando sea uno el tutor el que haya dado dinero en préstamo al pupilo o haya estipulado de él, no quedará obligado el pupilo respecto del tutor. Sin embargo se obligará naturalmente por cuanto se haya enriquecido: pues Antonino Pío, de consagrada memoria, dispuso por rescripto que se había de dar acción contra el pupilo por cuanto se enriqueció no solo al tutor sino a cualquiera».

Siglos después del emperador Antonino Pío, Justiniano manifestó idéntica preocupación y reguló con minuciosidad el supuesto tal y como parece en sus "Instituciones" (2.8.2):

> «Como consecuencia de todo esto, es preciso que el tutor autorice al deudor para efectuar el pago al pupilo. De otra suerte, el deudor no se libera. Pero también, atendiendo a razones obvias, en una constitución que dirigimos a los abogados de Cesarea y que fue promulgada por sugerencia de Triboniano –varón eminentísimo, cuestor de nuestro Sacro Palacio–, fijamos las normas que rigen en esta materia, disponiendo que el deudor de un pupilo solamente efectúa un pago válido al tutor o al curador si primero ha habido sentencia judicial, que se obtiene sin gastos, autorizando el pago. Si así se hace, a saber, autorización judicial primero y pago después por parte del deudor, el pago no puede ser impugnado en modo alguno. Pero si no se hizo así y el pupilo pide de nuevo la misma cantidad que cobró, solo podrá ser rechazado por la excepción de dolo, en caso de que tenga el dinero en su poder o con él se haya enriquecido, pues si lo derrochó o se lo han robado, no ha lugar a la excepción y el deudor será condenado por haber pagado con ligereza a un pupilo no autorizado por su tutor y sin sujetarse a nuestras normas. Y a la inversa, los pupilos y las pupilas no pueden pagar sin estar autorizados por su tutor, ya que como no pueden llevar a cabo enajenación alguna sin esta autorización, si la autorización falta lo que entreguen no se hace propiedad de quen lo recibe».

Otras aplicaciones en el Código Civil en los artículos 1158, 1689 etc.

Las bases de la aceptación por parte del derecho llamado global (absurda traducción del inglés "global") o mundial están de este modo puestas. El recelo que el derecho inglés alberga con respecto una aceptación indiscriminada del principio de enriquecimiento sin causa podría salvarse si se profundizará en alguna de las elaboraciones dogmáticas que hemos expuesto, tanto referentes a su fundamentación como a su estimación. De hecho el parág. 812 del Código Civil alemán (BGB) delimita los contornos de esta figura:

> «1. Quien a través de la prestación de otro o en todo caso a su costa obtiene algo sin causa jurídica queda obligado frente a él a la restitución. Esta obligación existe igualmente si la causa jurídica desaparece más tarde o si el resultado perseguido con la prestación, según el contenido del negocio jurídico, no se produce. 2. Como prestación vale también el reconocimiento mediante contrato de la existencia o de la inexistencia de una relación obligatoria». (V. ***causa***).

Compárense también otros códigos que reconocen de modo general el principio de enriquecimiento sin causa tales como el Código de Obligaciones suizo (art. 62) o el italiano de 1942 (artículo 2041).

Versus

(Vérsus)
Lit. *hacia, en dirección a.*

Significado y contexto: Se trata de un adverbio, o también de una preposición con acusativo, que posee un sentido de dirección, es decir, que expresa hacia dónde se encamina algo o alguien. Se admite en nuestra lengua.

Cuando se trata de un sustantivo que no sea nombre de ciudad va acompañada de otra preposición (normalmente *in* o *ad*; por ejemplo, *in forum uersus*, hacia el foro). En el derecho angloamericano es utilizada como parte de la designación de un caso o conflicto entre las dos partes involucradas. El *Oxford Dictionary* aduce como ejemplo antiguo el extraído de una obra de J. Shillingford de 1447-8 titulada "Letters and Papers", (Camden, 53) en el que aparecen enfrentados de este modo los nombres de dos personas, John Husset y John Notte (*J. H. versus J. N.*). Sus abreviaturas son ver., vs., v.

En nuestra tradición jurídica, sin embargo, la cita de casos con los nombres de las personas en conflicto se ha realizado con la preposición *contra*, abreviada en *c.* Esta es bastante más lógica que la anterior porque expresa de un modo gráfico la contradicción de intereses entre las dos partes en conflicto, mientras que *uersus* plasma –como decíamos– la representación direccional de una convergencia entre dos polos opuestos, el uno hacia el otro, hasta un punto en el que ambos se enfrentan. La moda, producto de los medios de comunicación, de importar el citado término para su uso en cualesquiera ámbitos de la vida social, incluidos la cultura o el deporte, es ajena a nuestras raíces culturales.

Vexata quaestio

(Vexáta quaéstio)
Lit. *cuestión controvertida.*

Significado y contexto: Tiene que ver con dos de los más importantes rasgos esenciales del derecho romano, pero también del derecho común europeo: su carácter doctrinal, esto es, hecho por juristas; y controvertido (*ius controuersum*). Esto último se refiere a que se trata de un derecho en el que no solo son frecuentes las controversias entre los juristas, sino que está basado en la discusión o debate libre entre los expertos en derecho. Esa discusión, en torno a casos en el derecho romano, se ha exteriorizado a través de la publicación de obras en las que los autores polemizaban entre sí. *Quaestio* es precisamente un problema jurídico teórico-práctico cuya solución ha de alcanzarse por vía de la razón. (V. ***status***, ***quaestio facti***, ***quaestio iuris***).

Este es el legado fundamental de Roma, un decisivo factor que debería paliar en el momento actual la profunda diferencia que se antoja a muchos entre nuestra tradición y la tradición angloamericana con respecto al predominio de la ley y a la mentalidad legalista, de un lado, y al casuismo, del otro. El derecho romano y el derecho común europeo se basan en patrones de pensamiento bien diferentes a los propios de un método deductivo. Bien es verdad que Justiniano denomina leyes (*leges*) a los fragmentos de los juristas (que Justiniano es positivista está fuera de duda). También es verdad que los juristas medievales continúan con esa denominación de leyes. Pero repárese en que, a pesar de que desde la Edad Media, con el proceso de formación del derecho común europeo, los juristas se educan con textos o leyes, estos remitían directamente a casos, a problemas concretos. Por tanto, la mentalidad continuaba apegada al caso de partida. Solo con el iusnaturalismo racionalista (a partir del s. XVII), a través de la sustitución operada del método inductivo por el método deductivo del razonar jurídico, las cosas empezaron realmente a cambiar.

Algunas de las cuestiones, afortunadamente no todas, no se acababan de cerrar jamás o solo muy tarde en el derecho romano. A partir de Augusto se formaron escuelas, la de los Sabinianos o Casianos y la de los Proculeyanos. Cuenta Pomponio (*l sing. enchirid.* D. 1.2.47), que Labeón, líder de esta última, destacaba por su carácter creativo o innovador, mientras que Capitón, jefe de la otra, lo hacía por su celo por la tradición.

Antes de estas escuelas, son muy conocidos los debates entre la línea de pensamiento que lideraba Quinto Mucio Escévola y la del jurista Servio. El jurisconsulto Gayo (1.188) informa, por ejemplo, de que los antiguos dudaban acerca de en cuántos géneros se distinguen las clases de tutela (*longa erit disputatio nam de ea res ualde ueteres dubitauerunt*: habrá una larga disputa, pues de eso dudaron mucho los antiguos). En efecto, para Quinto Mucio se trataba de cinco géneros, para Servio de tres, para Labeón de dos.

Gayo (3.149) también da noticia de lo que denomina una *magna quaestio* (expresión similar a la utilizada y analizada aquí que es utilizada en época posterior) respecto de la cuestión acerca de si en el contrato de sociedad un socio podía hacerse partícipe de las ganancias y en cambio exonerarle de su contribución a las pérdidas. Quinto Mucio era partidario de la solución negativa (*contra naturam societatis*, contra la naturaleza de la sociedad); sin embargo, triunfó la opinión de Servio (que, llega hasta nuestros días) según la cual si se trata de un socio cuyo trabajo es de valor extraordinario para la sociedad puede aceptarse esta condición sin reparo alguno jurídico. (V. ***contra naturam***).

Otra vieja cuestión y muy importante en la historia del usufructo –*uetus quaestio*, la llama Ulpiano (17 *Sab.* D. 7.1.68)– fue la sorprendente para nosotros acerca de si el parto una esclava se puede denominarse fruto, y, por lo tanto, debería pertenecer al usufructuario o bien al dueño.

> «Fue antigua la cuestión de si el parto pertenecería al usufructuario; pero prevaleció el parecer de Bruto de que el usufructuario no es tal respecto de él; porque como un hombre no puede contarse entre los frutos de otro hombre, por esta razón tampoco el usufructuario tendrá sobre él el usufructo. ¿Pero, qué, si también se hubiera dejado el usufructo de un parto, tendrá sobre él el usufructo? Y como puede legarse un parto, podrá legarse también su usufructo».

Fue la opinión de un jurista republicano importante, Bruto, la que prevaleció en el sentido de que el usufructuario no se debía hacer con la propiedad de la criatura nacida. La argumentación –interpolada o no– que a continuación ofrece el texto es muy ilustrativa: que no cabe hablar de fruto con respecto a un ser humano. Cuestión diferente es, por lógica, la relativa a las crías de animales, eso sí, manteniendo íntegra su sustancia a través de la reposición de cabezas conservando el número constante.

Muy conocidas son también las discusiones de las dos escuelas imperiales antes citadas que solo se cerraron con la aparición de la gran personalidad de Juliano (él mismo

Sabiniano). ¿Cómo no recordar cuestiones como si el abandono de la cosa hace esta cosa de nadie –*nullius*– o no? Se resolvió esta cuestión según el mejor criterio de los sabinianos, y así llega a nuestros días, según el cual el abandono convierte en cosa de nadie la cosa y, por lo tanto, es ocupable por cualquiera al instante.

Otra cuestión memorable es la de si la compraventa, con respecto a la permuta, posee o no análoga naturaleza: triunfó el criterio proculeyano según cual el precio en dinero marca la diferencia entre uno y otro contrato. O las discusiones acerca de modos de adquirir tales como la especificación: si el dueño de la materia se hace dueño de la obra o si el autor de la obra se hace dueño de esta. Cuestión que resolvemos hoy más bien en torno al valor de la obra y de la materia. Los ejemplos son innumerables. Afortunadamente gracias a la razonabilidad de los juristas se llegó a la identificación de grandes zonas de consenso doctrinal donde la *communis opinio* u opinión doctrinal común (locución esta que va a recibir uso frecuente desde la Edad Media hasta nuestros días) alcanza acuerdos por vía de la razón (no de pactos o meros consensos entre juristas, lo que hubiera sido científicamente inadecuado) para dotar al derecho romano de enorme seguridad jurídica.

Justiniano, desde la publicación del Digesto, promulgó unas célebres "Cincuenta decisiones" (*Quinquaginta decisiones*) con las que pretendió zanjar, no obstante, cuestiones abiertas hasta entonces. Cuando una cuestión permanece abierta, esto es, sin cerrarse jamás, se habla de una aporía (problema insoluble). A través de una constitución contenida en el Código de Justiniano recordamos cómo este emperador puso fin a la vieja disputa entre Sabinianos y Proculeyanos a propósito de si, para estimar que un ser humano es considerado como nacido, le hacía falta emitir algún sonido (criterio muy seguro de los proculeyanos pero injusto en muchos casos) o bien bastaba con manifestar cualquier signo vital (criterio manejado por los Sabinianos) que respalda Justiniano y que se halla presente en las legislaciones modernas.

> C. 6.29.3 (Justiniano a. 530 d. C.): «Nosotros decidimos lo que se discutió entre los antiguos. Pues cuando había sido preterido el que era llevado en el vientre, el cual, si hubiese sido dado a luz, sería heredero de propio derecho del padre, si otro no le precediera, y naciendo invalidaba el testamento, en el caso de que el póstumo hubiera venido a este mundo, pero sin haber emitido la voz hubiera sido arrebatado a la vida, se dudaba si este póstumo podía romper [invalidar] el testamento. Se ocupó la inteligencia de los antiguos sobre lo que se había de determinar en cuanto al testamento del padre. Y como los Sabinianos estimaban que, si nació vivo, aunque no hubiese emitido la voz, se rompía el testamento, aparece que esto mismo hacía, aunque hubiese sido mudo. También nosotros aplaudimos su opinión y mandamos que, si perfectamente nació vivo, aunque haya muerto inmediatamente después que cayó a tierra, o en las manos de la comadrona, se rompa sin embargo el testamento, requiriéndose solamente esto, si vino al mundo todo vivo, no inclinándose a monstruo o prodigio alguno».

Hoy en día, la discusión acerca de si la donación es un contrato (el planteamiento en estos términos ya es inaceptable) o no es una típica cuestión controvertida. En ella tiene mucho que decir el derecho romano donde la donación era una simple justa causa para adquirir en el derecho clásico, pero en su evolución posterior, a propósito de objetos especialmente valiosos, se configuró como un negocio jurídico. Si hoy hubiéramos tenido en cuenta, desde el principio, esto es, sin desecharla previamente, la promesa unilateral, presente en el derecho romano a través de la *pollicitatio*, y, en general, el derecho clásico romano más que el justinianeo, quizás la discusión moderna en torno a la donación habría sido otra.

Vide

(Víde)
Lit. *ve, vea.*

Significado y contexto: Admitida en nuestra lengua. Se utiliza mucho entre los juristas romanos y los autores del derecho común para indicar al lector la conveniencia de confrontar una determinada afirmación con la obra u obras que a continuación de ese término se señalan. Su abreviatura es *v*. En cuanto a *v. infra o supra*, v. ***infra***, ***supra***.

Videlicet

(Vidélicet)
Lit. *naturalmente; sin duda (irónico); es decir.*

Significado y contexto: Expresión muy usual que antecede a una palabra, inciso o frase que explica lo dicho anteriormente. V. ejemplos de uso en índice final de voces.

Vim fieri veto

(Vim fíeri véto)
Lit. *prohíbo que se haga violencia.*

Significado y contexto: Se refiere a la teoría romana de la posesión, esa sorprendente figura jurídica que, sencilla en apariencia, puede llegar a tornarse muy oscura y complicada en su tratamiento pormenorizado. La expresión pertenece al argot procesal utilizado por el Pretor para la redacción de ciertos interdictos (el remedio clásico de protección de la posesión, injustamente desterrado de nuestro vocabulario legal, no así del doctrinal), los llamados prohibitorios, que son por cierto los más antiguos, aquellos a través de los cuales se perseguía el cese de la violencia entre dos personas a propósito de la tenencia de la cosa por parte de una de ellas. Curiosamente en latín *uetare* significa lo que para nosotros es "prohibir"; y '*prohibére*' era para ellos lo que para nosotros es "impedir". Confróntese por ejemplo, respecto de este último término, el conocido *ius prohibendi* (que nosotros denominamos derecho de veto) que puede ejercitar el copropietario con respecto a cualquier acto que pretendan llevar a cabo el o los demás copropietarios de una cosa en común. En la práctica, se trata de "impedir" que estos lo efectúen. Y respecto de *uetare*, recuérdese que para el jurista Modestino (1 reg.), en un célebre texto situado al comienzo del Digesto (D. 1.3.7), una de las cuatro virtudes que posee la ley es la de prohibir (*uetare*), junto con las de ordenar (*imperare*), permitir (*permíttere*) y castigar (*punire*). *Vetare* se corresponde con "vedar" en nuestro idioma.

Savigny halló en la formulación de estas palabras el fundamento de la protección de la posesión en la tutela de la paz social exigida por el derecho. Por su parte, Jhering insistió en algo que los juristas medievales habían ya advertido: en que la posesión es frecuentemente la cara visible de la propiedad; o, de otro modo, que protegiendo al poseedor normalmente se protege al propietario de la cosa.

El supuesto reflejado por el interdicto prohibitorio, cuyas últimas palabras eran las de nuestra expresión, coincide sustancialmente con el supuesto que refleja el artículo 446 del Código Civil español:

> «Todo poseedor tiene derecho a ser respetado en su posesión; y, si fue inquietado en ella, deberá ser amparado o restituido en dicha posesión por los medios que las leyes de procedimiento establecen».

Más ecos de esta concepción, fundamental para nosotros, encontramos por ejemplo en el artículo 441 del Código Civil español:

> «En ningún caso puede adquirirse violentamente la posesión mientras exista un poseedor que se oponga a ello. El que se crea con acción o derecho para privar a otro de la tenencia de una cosa, siempre que el tenedor resista la entrega, deberá solicitar el auxilio de la Autoridad competente».

También en el artículo 444, que refleja literalmente la llamada cláusula de posesión viciosa del derecho romano:

> «Los actos meramente tolerados, y los ejecutados clandestinamente y sin conocimiento del poseedor de una cosa, o con violencia, no afectan a la posesión».

Es decir, la cláusula de *nec ui, nec clam, nec precario.*

La expresión alcanza renombre universal y se erige en nuestra cultura jurídica, por encima de la posesión, como una de las más manifiestas y firmes declaraciones del derecho en favor de la solución pacífica de controversias y en contra de la utilización de la violencia como medio para resolverlas. (V. ***possessio***).

Vinculum aequitatis

(Vínculum aequitátis)
Lit. *vínculo de equidad.*

Significado y contexto: La historia de las obligaciones naturales es realmente sorprendente habida cuenta de la especial situación de hecho, acotada en la realidad el tiempo que la vio nacer, de obligaciones surgidas entre sujetos de una misma familia (por ejemplo, entre un jefe de familia y un hijo de familia o un esclavo, entre los que no cabía demanda judicial y, por tanto, ejercicio de acción alguna con respecto a la obligación de que se tratase). Las así denominadas "obligaciones naturales" fueron sin embargo adquiriendo cuerpo dogmático a partir del efecto jurídico mínimo que se les reconoció, a saber, el de la retención de lo pagado (***soluti retentio***). El adjetivo "natural" (es decir, de mero hecho) matiza el uso abusivo del término obligación que, al faltarle la correspondiente tutela de la concreta acción, no debería tener aplicación aquí propiamente hablando.

Sin embargo, la ampliación progresiva de supuestos en que se producía el mismo efecto de la retención de lo pagado sin que la acción pudiera ejercitarse, la atribución de efectos jurídicos análogos a los de la obligación civil y la fortuna que su desarrollo ha tenido a lo largo de los siglos hasta el momento actual ha hecho que perviviera en las legislaciones modernas, precisamente por lo que contienen de reflexión jurídica en torno a la justicia material de cada caso, que supera su aspecto meramente formal o procesal.

Papiniano, siempre atento a cuestiones de este tipo, es quien acuña la expresión y da, de este modo, fuste a la figura jurídica. De ahí la celebridad de la locución. Así en Pap. 28 *quaest.* D. 46.3.95.4:

> «La obligación natural se extingue de derecho, así como por la entrega de la cantidad, por justo pacto o juramento, porque el vínculo de equidad en que solamente se apoyaba se disuelve con la equidad de la convención (*quod uinculum aequitatis, quo solo sustinebatur, conuentionis aequitate dissoluitur*); y por esto se dice que el fiador que dio el pupilo queda libre por tales causas».

Vinculum iuris

(Vínculum iúris)
Lit. *vínculo jurídico.*

Significado y contexto: Se refiere a la célebre definición de la obligación contenida en las Instituciones de Justiniano. Al asumir el emperador la realización de la entera obra (que por eso recibirá su nombre, al igual que siglos más tarde hará Napoleón con el Código Civil francés), no aparece el nombre del jurisconsulto del que la definición fue tomada, a diferencia de lo que ocurre afortunadamente con el Digesto o Pandectas, donde los nombres de los juristas y de las obras de las que se extrajeron cada uno de los fragmentos se conservaron. Quizás, por diversos indicios, se tratase de Papiniano (cfr. sus citas como *uinculum obligationis* o *uinculum obligationum*: Pap. 2 *resp.* D. 3.3.67, Pap. 23 *quaes.* D. 41.2.46; *uinculum locationis*: Pap. 11 *resp.* D. 46.1.52.2; v. también ***vinculum aequitatis***) o quizás de Paulo, según algunos. Reza así (I. 3. 13 pr.):

> «La obligación es un vínculo jurídico por el cual somos necesariamente compelidos a cumplir alguna cosa –lit. a disolver, liquidar o pagar algo– según los derechos de nuestra ciudad *(Obligatio est iúris uínculum, quó necessitáte adstríngimur, alicúius soluéndae rei secúndum nóstrae ciuitátis iúra.)*».

Lo característico de nuestra expresión es que identifica el núcleo del concepto, altamente refinado. No se trata de una vinculación material de la persona del deudor con respecto al acreedor, sino de una sujeción jurídica, esto es, no física, del deudor-demandado a la acción del acreedor-demandante con respecto a la prestación consistente en un dar, hacer (que incluye un no hacer) o prestar (*dare, fácere, praestáre*) a cargo de aquel. Antaño los aspirantes a ocupar altos puestos en diversos Cuerpos Superiores del Estado, aprendían, en latín, esta definición para recitarla en público. Ahora ya no sucede, o mucho menos, por desgracia.

Que es el núcleo de la definición lo demuestra el elocuente testimonio del jurista Modestino (5 reg. D. 44.7.54) que, a propósito de los contratos imaginarios o simulados, afirma que, «incluso con respecto a las compraventas, no obtienen vínculo jurídico -*iuris uinc.*- porque se finge un supuesto de hecho sin que medie la verdad». «No obtener vínculo jurídico» equivale a no constituir una relación obligatoria.

El derecho de obligaciones romano sigue constituyendo la base del derecho de obligaciones y contratos actual, no solo de los países de la tradición de derecho civil, y es además clave fundamental en la construcción del derecho mundial referido a este ámbito de los negocios y del comercio internacional. Lo prueba el interés, demostrado por su estudio y toma en consideración en las últimas décadas, de países inicialmente muy lejanos de la economía capitalista como, por ejemplo, China. Ya en el año 1948, en la víspera de la fundación de la República Popular de China, Roscoe Pound, famoso jurista, Decano de la Facultad de Derecho de Harvard y filósofo del derecho de renombre internacional, recomendaba vivamente, en su calidad de consejero del Gobierno Nacional de China, el estudio del derecho romano para la recta formación de los juristas de aquel país. V. (Manthe 2007, 8).

Vis maior

(Vis máior)
Lit. *fuerza mayor.*

Significado y contexto: La expresión tiene que ver con el derecho de obligaciones. Se trata de una causa de exoneración de la obligación del deudor por un hecho no dependiente de su voluntad, inevitable e irresistible. En las fuentes jurídicas romanas, que es de donde procede esta expresión, aparece a menudo asimilada a la de "caso" (*casus*), "caso mayor" (*casus maior*), "caso fortuito" (*casus fortuitus*), "fuerza grande" (*uis magna*), "daño fatal" (*damnum fatale*), etc. Se le llama veces "fuerza de Dios" (*θεοῦ βία*), "fuerza divina" (*uis diuina*), "fuerza natural" (*uis naturalis*). Columela en su tratado "De Agricultura" -*De re rustica*- (1.7.1) decía que «cuando se cultiva diligentemente el campo generalmente da beneficio nunca pérdida, salvo cuando ha intervenido una fuerza mayor del cielo o de los bandidos (*caeli maior uis aut praedonis*)».

1. Tanto en el caso fortuito como en la fuerza mayor se deben dar los dos elementos característicos: la imprevisibilidad y la irresistibilidad, aunque es verdad que en el caso de la fuerza mayor parece predominar este último rasgo como se deduce ya de las propias fuentes originarias.

El artículo 1105 del Código Civil español se aprovechó de toda esta experiencia:

> «Fuera de los casos expresamente mencionados en la ley, y de los en que así lo declare la obligación, nadie responderá de aquellos sucesos que no hubieran podido preverse, o que, previstos, fueran inevitables».

En efecto, aunque el deudor, en virtud de estas extraordinarias circunstancias, sea exonerado del cumplimiento de su obligación de modo general, la ley puede disponer otra cosa o también pueden hacerlo las partes del contrato. Con relación a esto, uno de los textos romanos más importantes en nuestra tradición jurídica, que tiene que ver además con la expresión ***stare conventis*** (o ***stare pactis***) y con la de ***lex contractus***, es:

> Ulp. 29 *Sab.* D. 50. 17.23: «Algunos contratos tan solo exigen la responsabilidad por dolo malo y otros por dolo y culpa: por tan solo dolo, el depósito y el precario; por dolo y culpa, el mandato, el comodato, la venta, la prenda, el arriendo; asimismo la dación de dote, la tutela, la gestión de negocios, en los cuales se exige también la diligencia; la sociedad y la copropiedad exigen la responsabilidad por dolo y culpa. Pero esto es así siempre que no se haya convenido una responsabilidad mayor o menor en el contrato que sea, pues debe observarse lo que se ha convenido en un primer momento, excepto lo que cree Celso que no vale, de convenir que no se responda por dolo, pues esto es contrario a los juicios de buena fe, y así se observa en la práctica. De los accidentes y la muerte de animales, si suceden sin culpa, así como de las fugas de los esclavos que no suelen estar bajo custodia, de los robos, tumultos, incendios, inundaciones y asaltos de bandidos, no responde nadie».

Otro de los textos matrices por antonomasia del régimen jurídico de la fuerza mayor, con el que se entronca directamente, por cierto, el artículo 1575 del Código Civil español en materia de arrendamiento de fincas rústicas, es:

> Ulp. 32 *ed.* D. 19.2.15.1: «Al arrendatario se le da la acción de conducción. 1. Pero compete ordinariamente por estas causas, por ejemplo, si no le fuera lícito disfrutar de la cosa que tomó en arrendamiento, acaso porque no se le entrega la posesión, o de todo el campo, o de una parte, o no se repara la casa de campo, o el establo, o donde deban estar sus rebaños, o si se convino en el contrato de la conducción alguna cosa, y esta no se cumple, se ejercitará la acción de conducción. 2. Si hubiere sobrevenido fuerza de temporal calamitoso (*uis tempestatis calamitósae*), veamos si el arrendador deberá ser responsable de algo al arrendatario. Servio dice, que el dueño debe ser responsable al colono de toda fuerza que no pueda resistirse (*omnem uim cui resisti non potest...praestare debere*), como por ejemplo, de ríos, de grajos, de estorninos, y si alguna otra cosa semejante hubiere acontecido, o si se hiciera incursión de enemigos; pero que si algunos vicios nacieran de la misma cosa, estos son en daño del colono, por ejemplo, si el vino se hubiere avinagrado, o si por insectos, o hierbas se hubieran estropeado las mieses. Pero también si hubiera descargado una tormenta, y hubiere arrebatado todo el fruto, el daño no es del colono, para que sobre el daño de la simiente perdida no sea obligado a pagar el arrendamiento del campo; pero también si el tizón hubiere corrompido el fruto de los olivos, o esto hubiere sucedido por calor del sol, no acostumbrado, el daño habrá de ser del dueño. Pero si no hubiere acontecido nada contra la costumbre, el daño es del colono; y lo mismo se ha de decir, si al pasar un ejército quitó alguna cosa por hacer daño. Pero también si por terremoto se hubiere arruinado el campo, de modo que nunca vuelva a su estado, es

en perjuicio del dueño; porque debe dársele el campo al arrendatario para que pueda disfrutarlo».

A continuación, puede citarse este otro fragmento que también resulta interesante por contener además, en griego, la versión del concepto de fuerza mayor como fuerza divina, cualidad esta utilizada como uno de los criterios delimitadores de nuestra expresión con respecto a la de violencia o intimidación (*uis metusue*) que, a su vez, se caracteriza porque en ella se despliega exclusivamente una actividad humana. Este rasgo, de su procedencia divina, tiene que ver también con el pensamiento fruto de la filosofía estoica, que ve detrás de los acontecimientos una mano invisible que rige los destinos de los hombres con sucesos fatales de los que estos no pueden escapar. A ellos les queda, como actitud ante la vida, la resignación tan solo:

> Gai. 10 *ed. prou.* D. 19.2.25.6: «La fuerza mayor (*uis maior*), que los griegos llaman fuerza de Dios (*θεοῦ βία*), no debe ser perjudicial al arrendatario, si hubieren sido lesionados los frutos más de lo que es tolerable; de otra suerte, el daño moderado debe soportarlo con ánimo sereno el colono, al cual no se le quita la inmoderada ganancia. Pero es claro que hablamos del colono que tomó en arrendamiento por dinero contado; de otro modo, el colono aparcero comparte con el dueño, como por derecho de sociedad, así la pérdida, como la ganancia».

El principio general aplicable a los arrendamientos del *periculum est locatoris* –o *locatori*– (el riesgo es del arrendador) tiene aplicación aquí aunque con los matices apropiados con respecto a los frutos.

Préstese atención a este otro texto en el que Labeón justifica enfáticamente la opinión del jurista republicano Servio acerca de un caso relativo a daños en la casa del vecino por caída de tejas desde el techo propio:

> Ulp. 81 *ed.* D. 39.2.24.4: «También opina Servio que si unas tejas arrojadas por el viento de la casa del que prometió le hubieren causado daño al vecino, aquel está obligado, si esto hubiere acontecido por vicio del edificio, no si por la violencia del viento, o por alguna otra razón, que tiene fuerza divina (*uis diuina*). Labeón añade también la razón de que si no se admitiera esto, sería injusto; porque ¿qué edificio hay tan firme que pueda resistir la fuerza de un río, o del mar, o de una tempestad, o de una ruina, incendio o terremoto?».

2. Debe tenerse en cuenta, no obstante, que si el deudor obró previamente con culpa, y esta negligencia puede considerarse como factor causal del perecimiento por un hecho fortuito o fuerza mayor sobrevenido después, el deudor no resulta liberado:

> «para apreciar concurrencia de caso fortuito ha de tratarse de un evento imprevisible dentro de la normal y razonable previsión que se exija adoptar en cada supuesto concreto, y no procede ante un comportamiento negligente con dotación suficiente de causalidad, ...». (Del fundamento tercero de la Sentencia de la Sala primera del TS de 20 de julio de 2000 [RJ. 2000, 6754]).

Cfr., a modo de ejemplo, el siguiente texto de una obra de factura postclásica:

> Gai. 2 *aur.* D. 44.7.1.4: «Ciertamente que también el que recibió una cosa en mutuo, si por alguna accidente hubiere perdido lo que recibió, permanece, no obstante, obligado. Pero el que recibió una cosa para usarla está exento, si por fuerza mayor, a la cual no pueda resistir la debilidad humana (*si maiore casu, cui humana infirmitas resístere non potest*), por ejemplo, por incendio, ruina, o naufragio, hubiere perdido la cosa que recibió; pero por lo demás es compelido a guardar la más exacta diligencia para custodiar la cosa; y no le basta poner la misma diligencia que pone en sus cosas,

si otro pudiere custodiarla con más diligencia. Pero aun en los casos de fuerza mayor queda obligado, si mediara culpa suya (*sed et in maioribus casibus, si culpa eius interuéniat, tenétur*); por ejemplo, si habiendo de invitar a una cena a unos amigos, hubiere querido llevar consigo al ir de viaje la plata que para usarla en aquella cena hubiere recibido, y la hubiere perdido, o por naufragio, o por acometida de ladrones, o de enemigos».

3. El régimen de la responsabilidad en el derecho romano clásico conjuga la responsabilidad objetiva con la subjetiva. Un concepto clave para entender su aplicación es el de *perículum* (riesgo): *perículum praestáre* significa responder de un riesgo concreto. Este riesgo puede consistir en el hurto o daño de la cosa (uno y otro ajenos a la voluntad del deudor). En determinadas relaciones jurídicas, el deudor debe "custodiar" la cosa debida. Se habla en estos casos de una responsabilidad por custodia, que abarca no solo un comportamiento negligente o atribuible a su culpa sino también determinados hechos independientes de su voluntad como son el hurto o daño de la cosa. La Jurisprudencia dejó, sin embargo, fuera de su responsabilidad otros hechos que se entendieron que no debían entrar en la esfera de *periculum* prestable por él. De ahí la frecuencia que en los textos se contrapone la responsabilidad por custodia a otros hechos que en época postclásica van englobándose en la categoría general de la fuerza mayor: así, la responsabilidad del colono o arrendatario rústico (y el problema de los frutos que ha dejado de adquirir), la responsabilidad del que realiza una obra con respecto al que la encargó, la responsabilidad del vendedor que debe entregar la cosa hasta ese momento, la responsabilidad del que alquila unos graneros u hórreos de su propiedad a otro que introduce mercancías, la responsabilidad del naviero, del hostelero o del dueño de establos, la responsabilidad del comodatario, etc. Por otro lado, no es extraño que encontremos textos relativos a la fuerza mayor concernientes a obras postclásicas (muy característica es la de Gayo «De las cosas cotidianas o los dichos de oro» –*cottidianarum rerum siue aureorum*–).

Examinemos algunos textos importantes del derecho romano, o sea, de nuestra tradición jurídica:

- A propósito de la venta de vinos y del arrendamiento de obra:

> Gai. 2 *cott. rer.* D.18.6.2: «Esto es verdad de este modo, si el vendedor es uno para quien sin nueva vendimia no sean necesarias estas vasijas; pero si es un comerciante que suele comprar y vender vinos, se ha de atender al día en que por conveniencia del vendedor puedan llevárselos. 1. Pero veamos de qué custodia debe responder el vendedor antes del día de medirlos, si de la plena, para que también responda de la diligencia, o solamente del dolo. Y opino que el vendedor debe poner una diligencia tal que quede excusado el daño fatal (*fatale damnum*), o el caso de fuerza grande (*uis magna*)».

Recuérdese que en materia de compraventa el riesgo es del comprador hasta el momento de la entrega (*perículum est emptoris* –o *emptori*–), pero el vendedor debe responder por custodia hasta entonces.

> Labeo *poster. 5 a Iav. epitomat.* D. 19.2.59: «Marcio había tomado de Flaco en arrendamiento el hacer una casa, y después, hecha parte de la obra, se había arruinado el edificio por un terremoto; dijo Masurio Sabino que si esto hubiere acontecido por fuerza natural (*uis naturalis*), por ejemplo, por terremoto, el riesgo era de Flaco».

El testimonio de este fragmento es importante porque en él vemos cómo el jurista Sabino (del siglo I d. C.) aboga por modificar el régimen relativo al contrato de arrendamiento de obra para edificar una casa haciendo asumir el riesgo del perecimiento de la cosa por una fuerza mayor al comitente.

Como es sabido, en el derecho postclásico se inicia una tendencia a poner de relevancia la responsabilidad subjetiva (o por culpa; culpa esta entendida en sentido genérico, que abarca el dolo y la culpa en sus diferentes gradaciones) que llevará a su última expresión el derecho justinianeo y de ahí a los códigos civiles modernos. Resulta paradójico contemplar cómo en el moderno derecho se considera como fruto de los tiempos actuales la llamada responsabilidad objetiva, que ha emergido con fuerza en las últimas décadas (en relación con el concepto de "riesgo") y que –se dice– tiende a matizar el régimen de responsabilidad subjetiva predominante en los códigos civiles, considerándolos a veces como una herencia anacrónica del derecho romano. Afortunadamente, este es –como se ha podido entrever– mucho más rico de lo que se cree, y de muy difícil comprensión por sus muy variados matices apreciables en el derecho clásico. Recuérdese además que los regímenes varían drásticamente según que se trate de negocios de derecho estricto o de buena fe, de manera que el análisis de los casos que presentan los textos resulta enormemente instructivo y sugestivo.

Vis metusve

(Vis metúsve)
Lit. *fuerza o miedo, violencia o intimidación.*

Significado y contexto: La expresión se refiere a uno de los vicios del consentimiento que afecta a los contratos, o más en general a los negocios jurídicos, por el que estos pueden ser invalidados. Procede del derecho romano y su enunciado adopta una forma disyuntiva ("violencia o intimidación"). La cuestión inicial que se plantea es la de si los términos citados aluden a conceptos sinónimos o no. Modernamente continuamos viéndolos presentes, aunque de forma separada, en los códigos civiles modernos. Así, en el español. Para intentar resolver esta duda, así como los problemas interpretativos que se han originado a propósito de su inclusión en los códigos civiles modernos, resulta preciso del todo acudir al derecho romano. Concretamente, el título segundo («De lo que se hubiere hecho por causa de miedo» =*Quod metus causa gestum erit*) del libro cuarto del Digesto de Justiniano contiene, en los fragmentos seleccionados, material suficiente para poder intentar desbrozar este intrincado terreno. He aquí por qué juzgamos conveniente transcribirlos literalmente a continuación:

> D. 4.2.1 (Ulpiano *ed.* 11): «Dice el Pretor: "no tendré por válido lo que se hubiere hecho por causa de miedo". Antiguamente se decía así: "lo que por fuerza o por causa del miedo"; porque se mencionaba la fuerza por razón de la necesidad o falta de libertad impuesta, contraria a la voluntad; y del miedo, por el azoramiento de la mente por causa de un peligro inminente o futuro (*instantis uel futuri perículi causa mentis trepidatióne*). Pero después se suprimió la mención de la fuerza, precisamente porque lo que se hace por fuerza atroz (*uis átrox*), parece que se hace también por miedo».
>
> *h. t.* 2 (Paulo *Sent.* 1): «Pero fuerza es el ímpetu de cosa mayor, que no se puede repeler (*Vis autem est maioris rei impetus, qui repelli non potest*)».
>
> *h. t.* 3 (Ulpiano, *ed.* 11): «Contiene, pues, esta cláusula tanto la fuerza como el miedo; y si compelido alguien por la fuerza (*ui compulsus*) hizo alguna cosa es reintegrado por este delito. 1. Pero entendemos por fuerza la atroz (*Sed uim accípimus atrocem*) y la que se haga contra las buenas costumbres (*aduersus bonos mores*), no la que debidamente empleó el magistrado, a saber, con lícito derecho y por derecho de la dignidad que representa. Por lo demás, si un magistrado del pueblo romano o un gobernador de la provincia hizo alguna cosa por injusticia, escribe Pomponio que tiene aplicación

este edicto; por ejemplo, añade, si por el terror de la muerte o de azotes hubiere sacado dinero a alguien».

h. t. 4. (Paulo *ed.* 11): «Yo opino que también se debe admitir el temor a la esclavitud y a otras cosas semejantes».

h. t. 5 (Ulpiano *ed.* 11): «Dice Labeón que por miedo se ha de entender no un temor cualquiera sino de un mal mayor (*non quémlibet timorem, sed maioris malitatis*)».

h t. 6 (Gayo *ed. prou.* 4): «Pero diremos que pertenece a este edicto no el miedo de un hombre apocado (*Metum autem non uani hominis...ad hoc edictum pertinere*), sino el que se experimente con razón y en hombre muy animoso (*sed qui mérito et in hómine constantissimo cadat*)».

h. t. 7 (Ulpiano *ed.* 11): «Dice Pedio en su libro séptimo que tampoco se contiene en este edicto el temor a la infamia, y que no se restituye por este edicto el temor de alguna vejación. Por tanto, si algún medroso (*meticulosus*) hubiere temido sin fundamento una cosa imaginaria no es restituido por este edicto porque ni por fuerza ni por causa de miedo se hizo algo (*neque ui neque metus causa factum est*). 1. Por esto, si sorprendido alguien en hurto o adulterio u otro delito, o dio alguna cosa o se obligó, escribe acertadamente Pomponio en su libro vigesimoctavo que puede ser comprendida en este edicto, porque temió o la muerte o la prisión, aunque no sea lícito matar a todo adúltero o ladrón, si no se defendiera con armas; pero pudieron ser muertos aun sin derecho, y habría sido por lo tanto justo su miedo. Pero aunque, para que no sea delatado por aquel que lo hubiera sorprendido, hubiera enajenado alguna cosa, se entiende que es también socorrido por este edicto, porque, si hubiese sido delatado, habría podido sufrir lo que hemos dicho».

h. t. 8 (Paulo 11 *ed.*): «Incurren ciertamente también en la ley Julia (de la violencia) los que recibieron algo por un estupro descubierto. Sin embargo, el Pretor debe intervenir para que restituya lo que recibieron, pues se obró inmoralmente; y el Pretor no mira si es adúltero el que pagó. Tan solo que se cobró mediante el temor de la pena. 1. Si cobrase dinero el que piensa privarme de los documentos que prueban mi estado (es decir, si soy libre) si no le pagase, no hay duda de que me compele con intimidación grave (*non dubitatur, quin maximo metu compellat*), sobre todo si he sido reclamado como esclavo y no puedo ser declarado libre si pierdo aquellos documentos. 2. Si un hombre o una mujer hubiesen dado algo para no sufrir estupro, se aplica este edicto porque para los hombres buenos este temor debe ser mayor que el de la muerte. 3. Esto que hemos dicho que está previsto en este edicto, lo mismo da que uno lo haya temido en su persona o en las de sus hijos, ya que por el amor a los hijos los padres pueden atemorizarse aún más».

h. t. 9 (Ulpiano *ed.* 11): «Pero por miedo debemos entender el presente, no la sospecha de que se haya de infundir (*Metum autem praesentem accípere debemus, non suspicionem inferendi eius*). Y así lo escribe Pomponio en el libro vigesimoctavo; porque –dice– que el miedo se ha de entender infundido, esto es, si por alguien se infundió temor. Finalmente trata de si tendrá aplicación este edicto si yo hubiera abandonado un fundó mío por haber oído que alguien venía con armas; y refiere que Labeón opinaba que no tiene aplicación el edicto, y que deja de ser aplicable el interdicto *unde ui*, porque no parezco arrojado por la fuerza, ya que no esperé a ser arrojado sino que huí. Y que de distinto modo es si me marché después que entraron los hombres armados; porque hay lugar a la aplicación de este edicto. El mismo dice, que también tiene lugar el interdicto *Quod ui aut clam*, y este edicto, si acaso habiendo reunido gente edificases por la fuerza en suelo mío, a saber, porque por miedo tolero que hagas esto. Pero también si por fuerza te hubiera entregado la posesión, dice Pomponio que tiene lugar este edicto».

> *h. t.* 21 (Paulo 11 *ed.*) § 5: «Si coaccionado por miedo (*Si metu coactus*) acepté una herencia opino que me hago heredero, porque aun cuando yo no habría querido si hubiese tenido libertad, quise aunque coaccionado (*coactus uolui*); pero debo ser restituido por el Pretor, para que se me dé la facultad de abstenerme».

Son tantas las dificultades interpretativas que ofrecen estos fragmentos que impiden que nosotros podamos abordarlas por completo aquí. Sin embargo, basta con la lectura detenida de estos textos para, en una rápida confrontación con el tenor de nuestros códigos, poder darse cuenta del enorme legado de la Jurisprudencia romana. No solo, sino que –como veremos– el estado en que quedaron en la compilación justinianea ha sido causa de grandes confusiones en su interpretación con consecuencias jurídicas prácticas en la actualidad.

Fue a comienzos del siglo I a. C. cuando un pretor, Octavio, introdujo la fórmula que lleva su nombre (Octaviana), con la que salió al paso de las extorsiones, que en el último siglo de la República se produjeron muy frecuentemente, en un clima de continuas guerras civiles y de gran inseguridad social causada por continuas revueltas, agitaciones y desórdenes de todo tipo. Esa fue la primera piedra en la historia del derecho occidental para la edificación del concepto de violencia e intimidación como vicios del consentimiento en el negocio jurídico. El derecho inglés solo muy tarde, a través del sistema de equidad, incorporará –siempre con recelo y limitadamente– algunas de las ideas ya presentes siglos atrás en el derecho romano y, a través de él, en el derecho común europeo.

En el propio seno del derecho romano, el *ius ciuile* no tomaba en consideración las circunstancias de intimidación o violencia con respecto a la validez del negocio jurídico. De ahí que Paulo todavía, con una frase muy ilustrativa del pensamiento jurídico tradicional, recuerde esa concepción: «aunque coaccionado, quise» (*coactus uolui*). Sin embargo, fue el Pretor el que por primera vez se hizo eco del efecto que una amenaza podía producir en el ánimo de un sujeto a la hora de realizar un negocio jurídico. Probablemente, la versión disyuntiva del enunciado del edicto '*quod metus causa*' no tenía otra finalidad que tratar de abarcar todo supuesto de coacción grave. En la definitiva redacción del *edictum perpetuum* desapareció finalmente la mención de la fuerza o *uis* porque se consideró superflua. Por otro lado, la presencia de la expresión "fuerza atroz" (es decir, fuerza desproporcionadamente grande, que vence toda resistencia que se le oponga, irresistible) quizás sea un injerto posterior que enturbia la inteligencia de los textos clásicos.

Por eso, es comprensible la enorme dificultad de interpretación que debió afrontar la glosa medieval al seguir literalmente el tenor de estos fragmentos, pues creyó ver dos tipos de violencia: la física (*uis in corpore illata*, lit. violencia inferida al cuerpo) y la psíquica (*uis impulsiua, in animo illata, compulsiua*). Este último término –*compulsiua*– prácticamente se deduce de uno de los textos arriba citados (l. 3). En el derecho histórico español, la ley de Partidas sigue esta interpretación. Así, la ley 15 título 2 Partida 4ª:

> «La fuerza se debe entender de esta manera, cuando algunos aducen contra su voluntad o le prenden o ligan. El miedo se entiende cuando es fecho en tal manera que todo ome magüer fuese de gran corazón se temiese de él, como si viese armas u otras cosas, con quel quissiesen ferir, o matar, o le quissiesen dar algunas penas, o si fuese manceba virgen o la amenazasen que yacerían con ella».

A esto debe añadirse lo que dispone la ley 7, título 33, Partida 7ª:

> «*Metus*, en latín, tanto quiere decir en romance, como miedo de muerte o de tormento del cuerpo, o de perdimiento de miembros, o de perder la libertad, o las cartas por las que las podría amparar, o de recibir deshonra porque fincaría infamado;

> e de tal miedo como este, o de otro semejante fablan las leyes de este nuestro libro que dicen que pleito o postura que ome face por miedo non debe valer».

La pregunta sigue abierta en los códigos modernos, como en el español, en que se distingue la fuerza de la intimidación o temor. Al considerar la primera como fuerza atroz, que aniquila toda resistencia (*uis absoluta o uis ablatiua*), con razón se pregunta la doctrina si realmente no hay que hablar aquí de inexistencia del negocio jurídico: es el conocido caso de aquel a quien le fuerzan la mano para que firme en un documento. No puede hablarse, ciertamente, de que albergue voluntad alguna aquel cuya mano es físicamente dirigida por otro. Para entender lo tenue que puede llegar a ser la diferencia entre esta violencia física absoluta y la violencia psíquica o *compulsiua* puede confrontarse el caso anterior con el siguiente: el de aquel que firma el documento después de haber sufrido tortura. La diferencia con el primer supuesto estriba en que la firma la realiza aquí él mismo. Sin embargo, argumentar que en este segundo caso hay un vestigio de voluntad por llevar a cabo la firma personalmente es más que discutible.

En la mayor parte de los casos de coacción se da en el sujeto afectado un proceso mental de elección entre el mal mayor, objeto de la amenaza, y el mal menor que consiste en la realización del negocio jurídico. Cuando la doctrina civilista moderna discute acerca del sentido de la mención de la fuerza y de la conveniencia de la distinción jurídica entre fuerza e intimidación a propósito de la nulidad o anulabilidad del negocio jurídico debería partir del proceso de formación histórica de estos conceptos de los que se puede desprender suficiente luz con que dar mayor claridad a los términos de la disputa doctrinal. Así, se entendería mejor el porqué del tenor actual del párrafo primero del artículo 1267 que reza:

> «Hay violencia cuando para arrancar el consentimiento se emplea una fuerza irresistible».

Véase, por ejemplo, en confrontación con los textos anteriores, de qué modo han sido mutuadas las ideas romanas al respecto. El derecho romano, por el contrario, consideró al fin redundante aludir a las dos expresiones de violencia e intimidación (*uis, metus*), porque, como hemos visto, las estimaba siempre desde el punto de vista del sujeto paciente de la coacción. Le importaba, sobre todo, el efecto que una amenaza producía en el ánimo de alguien consistente en una merma considerable –no un despojamiento total– en la libertad necesaria para decidir lo más conveniente para él.

Con respecto a lo que en derecho se denomina temor o intimidación, el Código Civil español, en el artículo antes citado en su párrafo segundo declara:

> «Hay intimidación (es decir, *metus*) cuando se inspira a uno de los contratantes el temor racional y fundado de sufrir un mal inminente y grave en su persona o bienes, o en la persona o bienes de su cónyuge, descendientes o ascendientes».

Si prestamos atención, palabra por palabra, a la redacción de este artículo todo él es producto del derecho romano y de su ulterior desarrollo a través del derecho común europeo:

- El temor "racional y fundado" alude, por un lado, en cuanto a lo primero, a la exigencia del hombre constantísimo o muy animoso del derecho romano (requisito este, que andando los siglos, fue aligerado hasta admitir lo que el Código Civil español establece en su párrafo tercero: «Para calificar la intimidación debe atenderse a la edad que la condición de la persona»). La exigencia romana tan elevada correspondía a su alto sentido de la *uirtus* o virtud, que tenía que ver con la fuerza de ánimo necesaria para afrontar peligros vitales, en cuyo arraigamiento en las conciencias se ejercitaban desde niños los ciudadanos romanos para vencer con valentía y firmeza cuantas amenazas y embates hubieren de sufrir en la vida. Como decimos, históricamente el rigor de este requisito fue debilitándose y adecuándose a cada caso. Por otro lado, el adjetivo "fundado" alude al problema de si el sujeto se halla ante una amenaza real o no pasa esta de ser una mera sospecha de amenaza que, como hemos visto en los textos citados, fue tratada por Pomponio, quien se remitía a su vez a la doctrina del jurisconsulto augusteo Labeón. En cuanto al "mal inminente", lo vemos en la definición de Ulpiano de intimidación a propósito del peligro de sufrir un mal presente o futuro.

- Que el mal tenga que ser "grave" tiene que ver con el requisito del mal mayor del derecho romano y en los fragmentos que hemos seleccionado encontramos numerosos ejemplos casos que pueden ayudar a entender cabalmente este requisito (supuestos, por cierto, que vemos repetidos en la enumeración que realizan las Partidas). Así, por ejemplo, el temor a la infamia (grave menoscabo de la estimación social), cuya entidad no se considera bastante para ser digna de protección. El propio Código Civil en su párrafo cuarto considera no merecedor de la tutela propuesta al temor reverencial (*metus reuerentialis*) o temor a desagradar a las personas a quienes se debe sumisión y respeto. Para entender este último caso, basta con recordar un célebre texto en materia matrimonial, que se inserta en la tradición de pensamiento que distingue entre el temor reverencial y el verdadero temor o intimidación: se trata de Cels. 15 *dig.* D. 23.2.22, que expone el caso de un hijo que ha contraído matrimonio, obligado por su padre (*patre cogente*), con una mujer que, de haberlo decidido él, no hubiera elegido como esposa. El jurisconsulto responde que, aunque es verdad que cuando no media consentimiento no puede haber matrimonio entre los contrayentes, en este caso parece que el hijo ha hecho su opción (*maluisse hoc uidetur* = parece haberlo preferido). El comentarista italiano Baldo degli Ubaldi (siglo XIV d. C.) anotaba esta interesante adición a propósito de la glosa de Acursio al texto romano: «Debes referir esta glosa al caso en que el hijo ha dado su consentimiento por razón de reverencia hacia su padre (*propter reuerentiam patris*); no creas, por el contrario, que ha habido verdadero temor, porque entonces el matrimonio sería nulo ...». (v. *patris uoluntati stari* en índice final).
- «...en su persona o bienes, o en la persona o bienes de su cónyuge, descendientes o ascendientes»: si el derecho romano puede ser acusado de cicatero, en fin, en la previsión de tutela a personas diferentes del afectado negocialmente, también es criticable el Código Civil español por lo mismo.
- Por lo demás, cuando el artículo 1268 afirma la fuerza invalidante de la violencia o intimidación «aunque se hayan empleado por un tercero que no intervenga en el contrato», se remite en su historia dogmática a la finalidad de reintegración patrimonial que perseguía la antigua acción *quod metus causa* y que ha pasado inalterada a través de los siglos: su redacción *in rem scripta* (lit. "redactada a la cosa", es decir, orientada en su formulación a recuperar la cosa obtenida mediante coacción). Lo importante no era castigar al extorsionador sino lograr la cosa de manos de quien la tuviese.

Vitae habilis

(Vítae hábilis)
Lit. *apto para la vida, viable.*

Significado y contexto: Ser "apto para la vida" significa reunir las condiciones físicas necesarias para que un ser vivo sea idóneo para continuar viviendo. En el derecho romano el término "hábil" lo hallamos en relación con la facultad de engendrar (*fetúrae, ad progenerandum*, hábil para generar) o la aptitud para el servicio militar (*milítiae*, hábil para la milicia) o para llevar armas (*armis gestandis*). Alude al requisito de la "viabilidad", en el contexto de la discusión acerca de la capacidad jurídica de un ser humano, consistente, por un lado, en el hecho de que este haya alcanzado un estado de maduración suficiente para vivir, conforme a un proceso de formación en el claustro materno que tiene a su vez que ver con un determinado tiempo (viabilidad propia); y, por otro, con la ausencia de malformaciones o vicios teratológicos que impidan la continuación de la vida de ese ser (viabilidad impropia).

En las fuentes romanas, las expresiones que la doctrina romanística ha discutido acerca de su posible alusión al requisito de la viabilidad son: "parto perfecto", "parto maduro" (*Pauli Sententiae* 4.9.1), "vital" (Plinio *Naturalis historiae* 7.5), "de tiempo pleno" (*P. S.* 4.9.1), "nacido perfectamente" (C. 6.29.3; v. ***vexata quaestio***). La cuestión acerca de la admisibilidad por parte del derecho romano de este requisito ha sido muy discutida porque los textos suelen referir las expresiones antes aludidas a aspectos diferentes del relativo a la capacidad jurídica del ser en formación. Parecen, en efecto, en ocasiones más atentos al problema de la legitimidad del hijo en relación con la presunción de paternidad del marido, casado en justas nupcias con la madre, o al de la obtención por parte de esta del llamado "derecho de los hijos" (*ius liberorum*), un estatus privilegiado de la mujer, (por el que, por ejemplo, esta quedaba liberada de la tutela), otorgado por las leyes matrimoniales de Augusto, Julia y Papia, en razón del hecho de haber dado a luz a tres hijos (si la mujer era ingenua, es decir, libre de nacimiento) o cuatro (si era liberta). Perseguía, como se ve, la finalidad de elevar el índice de natalidad de una sociedad como la romana en la que el número de ciudadanos de genuina estirpe había descendido pavorosamente (por la costumbre social de entre las clases más elevadas de no contraer matrimonio ni tener hijos) en relación con el de los inmigrantes libertos, que pasaban a ser también ciudadanos romanos.

Aulo Gelio (3. 16) refiere un caso planteado en Roma de un niño que, en el octavo mes de su concepción, nació vivo pero que al instante murió, en el que se discutía la atribución a la madre del antes citado "derecho de los hijos". Dice Gelio que «lo intempestivo del octavo mes hacía considerar a algunos al ser como aborto y a otros como parto». Por desgracia, no sabemos qué solución acabó dándosele a este caso. Pero, si se confronta este supuesto con una célebre constitución imperial de los emperadores Diocleciano y Maximiano –C. 6.29.2– podemos llegar a entender los términos del debate de la tradición jurídica europea en este punto. La disposición imperial alude, en primer lugar, al hecho de que «por el aborto de mujer casada no se disuelve el testamento del marido» y, en segundo lugar, lo contrapone a la solución contraria del «póstumo preterido –es decir, omitido u olvidado– por el testador» que, aunque nacido, haya muerto al instante. Con respecto a este último caso, que parece similar al relatado por Gelio, comparado con este, sin embargo, presenta importantes diferencias: el término póstumo se utiliza con independencia de que haya nacido o no aún, y aparece contrapuesto a "aborto" que parece, entonces, referirse, no a un nacido muerto, sino a un ser inmaduro aún para vivir. El caso de Gelio es el de un ser considerado no formado completamente aún por haber nacido al octavo mes, pero que nace vivo y fallece luego. En ambos casos, *prima facie*, parece que se discute acerca de la viabilidad del feto pero, en realidad, –como venimos diciendo– la cuestión que preocupa es otra en ambos textos: en el primero, el derecho de los hijos de la madre; en el segundo, si el testamento ha de quedar invalidado por el nacimiento de un hijo preterido en él.

En el caso del póstumo que muere un instante después de nacer, se observa una antinomia en el derecho romano, es decir, una contradicción de soluciones entre fragmentos diferentes. Ulpiano 9 *Sab.* D. 28.2.12.1 ofrece la solución inversa pues afirma que una criatura dada a luz no madura, pero viva (*non íntegrum ánimal éditum, cum spíritu tamen*) que haya sido preterida "rompe" (esto es, invalida) el testamento.

Respecto del tiempo necesario, los juristas romanos atiende a criterios médicos: así Paulo en un famoso texto:

> Paul 19 *resp.* D. 1.5.12 pr.: «Por la autoridad del doctísimo varón Hipócrates se admite ya que el que nace al séptimo mes es maduro; por consiguiente, hay que creer que el nacido de justas nupcias en el séptimo mes es hijo legitimo (*Septimo mense nasci perfectum partum iam receptum est propter auctoritatem doctissimi uiri Hippocratis: et ideo credendum est eum, qui ex iustis nuptiis septimo mense natus est, iustum filium esse*)».

Y Ulpiano:

> Ulp. 14 *Sab.* D. 38.16.3.11-12: «Después de diez meses del fallecimiento <del causante> el nacido no se admite a la herencia legítima. Respecto del que ha nacido en el día 182º, Hipócrates escribió y el divino <Antonino> Pío respondió por rescripto a los pontífices que se considera nacido en el tiempo legal y no se entiende concebido en esclavitud, cuando su madre haya sido manumitida antes del día 182º (*Post decem menses mortis natus non admittetur ad legitimam hereditatem. De eo autem, qui centensimo octogensimo secundo die natus est, Hippocrates scripsit et diuus Pius pontificibus rescripsit iusto tempore uideri natum, nec uideri in seruitutem conceptum, cum mater ipsius ante centensimum octogensimum secundum diem esset manumissa*)».

El requisito de los 10 meses lo atribuye Gelio a los decenviros, autores de la célebre ley de las XII Tablas. En los dos textos referidos se aprecia, sin embargo, que la discusión gira en torno a cuestiones diferentes de la capacidad del ser: en el primero se habla de la legitimidad del hijo; en el segundo de su condición de heredero respecto de la herencia legítima (o por ley).

Para complicar aún más las cosas, el filósofo Censorino refiere la opinión del jurista Paulo que cita, a su vez, un extraño parecer de Pitágoras, según el cual un niño debía nacer o bien a los 210 días, o bien a los 274 desde la concepción. Resulta extraño que el jurisconsulto romano aceptara sin más esta estricta precisión del filósofo griego, sobre todo porque en otro texto suyo –*Pauli Senténtiae* 4.9.5– declara, también a propósito del "derecho de los hijos" de la madre en torno al beneficio concedido por el senadoconsulto Tertuliano, que «el nacido en el séptimo mes beneficia a la madre», y fundamenta este criterio también en Pitágoras para estimar como *partus maturior* el que se produce «o en el séptimo mes pleno o en el décimo mes». La exigencia del "séptimo mes pleno" (es decir, finalizado) tampoco encaja con la aceptación generalizada del nacimiento "en el séptimo mes", pero desde luego no concuerda con la drástica referencia pitagórica de los dos días fijados por él. Por otro lado, en *Pauli Sententiae* 4.9.1 vuelve a aparecer el requisito de la madurez fetal, aunque siempre referido a una cuestión extraña a la capacidad jurídica del ser en formación: «las madres tanto ingenuas como libertinas, con el fin de que se considere que han obtenido el derecho de los hijos, basta con que den a luz tres o cuatro veces respectivamente, con tal de que den a luz a seres "vivos y de tiempo cumplido –es decir, maduros–».

En el derecho histórico español la ley 13 de Toro admitió este requisito que finalmente no ha tenido aplicación en nuestro derecho. En la reciente reforma del derecho civil español a propósito del nacimiento se ha suprimido incluso la exigencia de un cierto período de tiempo de vida independiente tras el nacimiento, concretamente de 24 horas, que ya había establecido la citada ley 13. Aunque debe recordarse que un plazo temporal de vida

–de 10 días– ya era exigido por el *Liber Iudiciorum* (a. 657 d. C). Este último requisito no tiene que ver en verdad con la viabilidad sino, como la propia ley cita se debe poner en relación con la otra, muy diferente, de las «muchas dudas que suelen ocurrir acerca de los hijos que mueren recién nacidos sobre si son naturalmente nacidos son abortivos». Este último supuesto se remonta a C. 6.29.3 (v. ***vexata quaestio***) donde Justiniano zanja la vieja discusión entre sabinianos y proculeyanos, en torno a este caso, acerca de si se debería exigir el grito o llanto del recién nacido para estimarlo nacido (criterio de la escuela proculeyana) o bien bastaba cualquier signo vital (criterio de la escuela sabiniana). Justiniano da la razón a estos últimos y es el criterio que siguen los códigos civiles actuales. Curiosamente, al haber suprimido el Código Civil español el requisito de las veinticuatro horas se ha aproximado aún más al derecho romano en el que nunca se exigió tiempo alguno.

Una cuestión diferente es la de la exclusión como ser nacido de los partos monstruosos. De nuevo, en la reciente reforma se ha eliminado el requisito de la "figura humana", presente este sí, en el derecho romano. Hay que puntualizar de nuevo que al consistir este en un derecho controvertido no es difícil encontrar casos como el presente de soluciones antitéticas (es decir, de antinomias). En efecto, en Ulp. 4 *ad l. Iul. et Pap.* D. 50.16.135 (el texto en el que aparece la expresión "figura humana" para contraponerla al "monstruo"), se dice en este último caso que el parto de un ser de estas características beneficia, no obstante, a la mujer (es decir, con respecto al efecto jurídico favorable antes citado), esto es, es tenido en cuenta por el derecho. No obstante, la solución contraria la encontramos en C. 6.29.3: rompe el testamento aquel que nació «no inclinándose a monstruo o prodigio alguno». En ocasiones se ha hablado impropiamente de la viabilidad en relación con este requisito conectándola con la antes citada viabilidad impropia (relativa a la ausencia de malformaciones). La supresión de este requisito de nuestro derecho elimina también esta posibilidad interpretativa.

De entre los códigos civiles modernos el más característico de la admisión de la viabilidad es el Código Civil francés (artículos 725.2º y 906.3). Su concordancia con las exigencias antes analizadas en el derecho romano de las *Sentencias de Paulo* es asombrosa, pero no casual.

Otra cuestión que afecta de modo primordial al ser en su proceso de formación con respecto a la viabilidad es la relativa a las consecuencias penales derivadas de una intervención humana exterior que conduzca a la muerte. Si se interpreta el requisito de la viabilidad, es decir, de la maduración central como decisivo para la consideración suya como persona con capacidad jurídica, es decir, con titularidad de derechos y deberes, es evidente que se está decidiendo sobre una cuestión humana de alcance muy profundo: la muerte de un ser humano no maduro tendría las mismas consecuencias que si se produjera una simple alteración vital en una víscera.

(V. ***in utero***, ***nequaquam***, ***spes hominis***, ***vexata quaestio***).

Viva voce

(Víva vóce)
Lit. *de viva voz.*

Significado y contexto: Se admite en nuestra lengua. Se refiere a todos aquellos actos que requieren del que interviene en ellos que exprese oralmente, esto es, de viva voz, su declaración. El derecho romano, desde muy antiguo, se rigió, prácticamente en casi todos sus actos jurídicos, por el principio de oralidad (frente a los derechos helenísticos, en que predominaba el contrario principio de la escritura). Es célebre en las XII Tablas la expresión *uti lingua nuncupassit* (v. ***verba / voluntas***) que se refiere a una declaración verbal en el ámbito del negocio formal de la *mancipatio*. Asimismo, el procedimiento en sus diferentes fases (*legis actiones* y *per formulas*) se caracteriza por la oralidad. Tan solo en la última (procedimiento imperial de *cognitio extra ordinem*) se torna predominantemente escrito (v. *Procedimiento civil*). Recordemos que las leyes procesales modernas han recuperado la oralidad como instrumento agilizador de los procesos.

También con esta expresión puede advertirse un nexo en los llamados por Gayo "contratos verbales" (*uerbis*) que exigían como requisito de validez, por ejemplo, en el negocio típico de la estipulación (*stipulatio*) –negocio jurídico romano de gran trascendencia para el desarrollo dogmático del derecho de obligaciones moderno–, que el estipulante le dirigiera una pregunta al promitente y este, sin dilación (v. ***unitas actus***), le respondiera también de palabra y de forma congruente a la pregunta. También el testamento, surgido como una genial creación de los juristas romanos a partir de la *mancipatio*, requería, al menos inicialmente, de la expresión verbal. Con el tiempo, se distinguió entre un testamento abierto, en el que el testador manifestaba públicamente su voluntad ante testigos, y cerrado, en el que se limitaba a manifestar a los testigos que su voluntad se hallaba contenida por escrito en un documento cuyo contenido no revelaba. El artículo 679 del Código Civil español declara:

> «Es abierto el testamento siempre que el testador manifiesta su última voluntad en presencia de las personas de deben autorizar el acto, quedando enteradas de lo que en él se dispone».

Y el artículo 680:

> «El testamento es cerrado cuando el testador, sin revelar su última voluntad, declara que esta se halla contenida en el pliego que presenta las personas que han de autorizar el acto».

De viva voz es también la promesa o juramento realizada por una persona al momento de la asunción de un cargo público y toma posesión de él.

Voluntas defuncti

(Volúntas defúncti)
Lit. *voluntad del difunto.*

(V. ***verba / voluntas***).

Voluntas legis

(Volúntas légis)
Lit. *voluntad de la ley.*

(V. ***verba / voluntas***).

Voluntas legislatoris

(Volúntas legislatóris)
Lit. *voluntad del legislador.*

(V. ***verba / voluntas***).

Voluntas testatoris

(Volúntas testatóris)
Lit. *voluntad del testador.*

(V. ***verba / voluntas***).

Vox populi

(Vóx pópuli)
Lit. *voz del pueblo.*

Significado y contexto: Se admite en nuestra lengua. La expresión completa es *uox populi, uox Dei* (voz del pueblo, de Dios) muy popular en la Edad Media. Procede de Isaías 66.6 (*uox populi, uox Domini*): «Una voz del pueblo emerge de la ciudad, una voz del templo: es la voz del Señor, que paga su merecido a sus enemigos» (*Vox pópuli de ciuitáte, uox de templo, uox Dómini redéntis retributiónem inimícis suis*). Este origen quizás explica el sentido positivo que a menudo adquiere como aquella verdad que no se le esconde al pueblo (o a una determinada colectividad de personas), por más que algunos interesados se afanen por que pase inadvertida. O también se aplica a las convicciones o al sentir del pueblo acerca de una cuestión concreta. Cuando esta es muy grave, los gobernantes pueden acudir a un procedimiento llamado "referéndum", antes de tomar ellos una decisión unilateral, para conocer la opinión del pueblo. Todas las Cartas Magnas (constituciones) modernas lo contemplan.

En sentido contrario, no obstante, se lee por primera vez la expresión *uox populi, uox Dei* en la obra del sabio Alcuino de York (siglo VIII d. C.) *Capitulare Admonitionis ad Carolum*, IX, (1, 376 Baluzio): «No debemos prestar oídos a aquellos que dicen "Voz del pueblo, voz de Dios", porque el carácter tumultuario del vulgo es próximo a la locura (*Nec audiendi sunt qui solent dicere, 'Vox populi, uox Dei, cum tumultuósitas uulgi semper insániae próxima est*)». Los testimonios clásicos latinos y griegos son numerosos con respecto al parecer u opinión del pueblo. Seleccionaremos a continuación algunos de entre los latinos.

La voz del pueblo puede degenerar en la peligrosa "Fama" cuya atendibilidad es discutible. Nadie como Virgilio en su obra maestra, la Eneida (4. 171 y siguientes), ha descrito la fealdad y deformidad del espantoso animal mitológico que encarna su figura:

> «Veloz de pies, de raudas alas, horrendo monstruo, enorme, // cela bajo las plumas de su pecho igual número de ojos // siempre alerta tantas sus lenguas son, tantas como sus bocas vocingleras // y sus orejas erizadas. De noche se desliza con estridente vuelo // entre el cielo y la tierra por las sombras y no rinde sus párpados // ni un punto al dulce sueño. Vela durante el día sentada en el tejado de las casas // o en lo alto de las torres infundiendo incesante terror por las grandes ciudades.// Tan tenaz difusora de mentira y maldad como de lo que es cierto. // Iba entonces gozosa [haciéndose eco del incidente amoroso en una cueva entre Dido y Eneas durante una jornada de caza] propalando los más varios rumores por los pueblos; // divulgaba a la par nuevas ciertas y falsas: // (...) 195 Tales infundios hace correr de boca en boca de los hombres //aquí allí la repulsiva diosa. (...)». (Virgilio, Eneida 1992).

Fama uolat (la fama vuela) es otra cita muy conocida del genial vate romano (3.121).

Los rumores pueden albergar un fondo de verdad («cuando el río suena, agua lleva» dice un conocido aforismo español, o, como dice matizadamente Tácito *Agric.*, 9: «No siempre la fama se equivoca, a veces elige lo correcto» =*Haud semper errat fama; aliquando et elegit*). Con respecto a otro célebre asunto amoroso, el de Claudio el Bello (*Claudius Pulcher*) con Pompeya, la mujer de Julio César, se cuenta que este adoptó la decisión de repudiarla pero sin atender a los inequívocos testimonios acerca de su infidelidad. Esto es lo que relata Suetonio (*De uita duodecim Caesarum* 1.74) que respondió César a la insidiosa pregunta acerca del motivo de su repudio: «Porque considero que los míos deben estar exentos no solo de culpa sino también de sospecha» (cfr. Plutarco, *César*, 10. 3 y 4, que refiere la misma anécdota en términos parecidos). Las palabras que nos transmite

Suetonio no coinciden de modo preciso, como se ve, con las que se citan corrientemente (*grosso modo*, «la mujer de –no "del"– César no solo debe serlo sino además parecerlo»).

Pero, por otro lado, cuenta también este mismo autor que cuando el ejército de Julio César hubo de enfrentarse a otro de formidable fama (Suetonio expone esta anécdota en relación con el ejército de Iuba), al principio César no se cuidó, sino todo lo contrario, de quitar valor a las habladurías que circulaban entre sus hombres; pero que, próximo ya el enemigo, les dirigió una arenga en la que, en primer lugar, describió con detalle los verdaderos efectivos con los que, según él, contaba su adversario para terminar su alocución con estas palabras: «Por tanto, dejen algunos de hacerse más preguntas o de dar sus opiniones, y tengan confianza en mí que tengo buena información; en caso contrario, ordenaré que les suban a una nave desvencijada de vieja y que el viento les lleve donde quiera» (1.66).

El derecho no debe basarse en rumores, y mucho menos debe hacerlo, de entre sus disciplinas, la que expresa su *ultima ratio*: el derecho penal. En el título "De las penas" (47) del libro noveno del Código de Justiniano encontramos con el número 12 esta elocuente constitución de los emperadores Diocleciano y Maximiano:

> C. 9.47.12: «No ha de prestarse oídos a las vanas murmuraciones del pueblo (*uánae uoces pópuli non sunt audiéndae*). En efecto, no se debe dar crédito a sus murmuraciones cuando pretenden o que sea absuelto de un crimen el culpable o que sea condenado un inocente».

Su mensaje nos parece vigente no solo desde el punto de vista jurídico sino también desde el sociológico incluso. Así, hoy no pocos entienden el derecho como un instrumento que debe velar por lo "lo que se hace" o "lo que se dice en la calle" y creen que es función del derecho someterse a estos impulsos emotivos que presuntamente emanan del pueblo. Absolver a alguien que en la calle se piensa culpable puede no ser popular, pero, es garantía fundamental de la persona –una conquista histórica de la humanidad– poder no ser condenado a menos que haya pruebas suficientes y fundadas de la culpabilidad. Con esta constitución entronca el conocido dicho «es preferible absolver a un culpable que condenar a un inocente» que solo puede ser entendido correctamente desde las antedichas premisas de garantía personal que deben regir en todo Estado de Derecho (V. *Procedimiento penal* y ***favor innocentiae***).

Cosa diferente es, no obstante, que el derecho no sepa dar respuesta adecuada a los problemas que acucian a la sociedad, y aliente de este modo en ella un sentimiento de desconfianza y recelo ante la justicia. Por otra parte, en el título antes citado (*De poenis*, De las penas) *infra*, la constitución núm. 12 del año 399 d. C. establece de modo lapidario un principio nuclear del derecho penal: «Hay pena donde hay culpa» (*Ibi esse poenam, ubi et noxa est*), o lo que es lo mismo, no hay responsabilidad penal sin culpa. Esta regla, muy conocida a lo largo de la tradición del derecho occidental, es formulada –como se ve– mucho antes de que los estudiosos de derecho penal de siglos posteriores la adoptaran como aparentemente nueva y la colocaran como fundamento básico de la entera disciplina. A su vez, esta declaración imperial se basa en una tradición presente varios siglos atrás en la propia cultura romana, que opera como modelo para el derecho futuro. (V. *Procedimiento penal*).

En materia de vicios del consentimiento, el temor, como causa de invalidación de un negocio jurídico, ha de ser "fundado". En el origen de este requisito actual se encuentra la doctrina de los juristas romanos que obligaba a discernir en casos de intimidación entre una simple sospecha y la constatación de un hecho. El ejemplo que propone el jurista Labeón (Ulp. *ed.* 11 D. 4.2.9 pr.; v. ***vis metusve***) es instructivo: no es suficiente para apreciar la relevancia jurídica del temor haber oído en la ciudad que hombres armados iban a venir contra uno para expulsarlo de su finca. Es necesario que la amenaza (esto es, no necesariamente el mal con que se amenaza) se produzca de modo efectivo.

Pero volvamos al principio. Es conveniente reconocer la distinción en latín entre pueblo y vulgo, '*populus*' y '*uulgus*'. Al primero es al que hacíamos referencia al inicio. Una definición clásica del pueblo, de sutil precisión política y jurídica, la encontramos en Cicerón. En efecto, en su célebre tratado *De re publica* (1.25.39) define el *pópulus* así:

> «No toda aglomeración de hombres efectuada de cualquier manera, sino la reunión de una multitud asociada por el derecho y por la comunidad de intereses (*non omnis hóminum coétus quoquo modo congregatus, sed coetus multitudinis iuris consensu et utilitatis communione sociatus*)».

Es en esta concepción del pueblo en la que el moderno Estado de Derecho se asienta y conforme a la que, tras unas elecciones democráticas, se dice metafóricamente del resultado obtenido que el pueblo «ha dejado oír su voz».

Al *populus* alude la famosa máxima ciceroniana '*salus populi suprema lex esto*' (*leg.* 3.8) que, pronunciada en momentos de extrema inestabilidad de la *res publica* romana, parece justificar en nombre de ella incluso los llamados "crímenes de Estado" (en relación con la "razón de Estado") para salvar a este de todo aquel que pretenda ponerlo en grave riesgo. Cierto es que la constitución romana ideó un mecanismo jurídico *ad hoc* (el *senatus consultum ultimum*), pero una cierta vaguedad en su regulación lo enderezaba a menudo hacia fines sectarios a socapa de un pretendido interés general (Pina Polo 2005, 131 ss.).

Al pueblo se opone en las fuentes romanas el *uulgus*, vulgo o populacho, por el que los clásicos sienten un profundo desprecio. La masa ("aglomeración de hombres efectuada de cualquier manera" *hóminum coetus quoquo modo congregatus*) –no identificable sin más con el vulgo de los clásicos, pero tampoco con la ciudadanía consciente de sus derechos y deberes cívicos– es más vulnerable. Esta circunstancia era aprovechada, desde tiempos inmemoriales, por grupos violentos para crear caos y confusión, por ejemplo, en las ciudades. El jurista Calístrato (6 *cogn.* D. 48.19.28.3), en su obra *de cognitionibus*, informa de la usual presencia en motines populares de bandas cuyos integrantes se denominaban "jóvenes" y cuyas acciones violentas eran reprimidas por la fuerza. Añade, además, que se les prohibía el acceso a espectáculos públicos, es de imaginar que para que no llevasen la violencia a enormes recintos cerrados –teatros, anfiteatros, circos– y con gran número de gente reunida, y que, en casos extremos, se les llegaba a tratar con el mayor rigor punitivo:

> «Suelen algunos, que vulgarmente se llaman jóvenes (*iuuenes*), entrometerse en algunas ciudades en las turbulentas aclamaciones populares (*turbulentis se acclamationibus popularium accommodare*) los cuales, si no hubieren hecho otra cosa más, ni antes hubieran sido amonestados por el gobernador (*nec ante sint a praeside admoniti*), son dejados en libertad después de vapuleados (*fústibus caesi dimittuntur*), o también se les prohíbe la asistencia a los espectáculos (*aut etiam spectaculis iis interdicitur*); pero si corregidos así, fueran sorprendidos en los mismos hechos (*quod si ita correcti in iisdem deprehenduntur*), habrán de ser castigados con el destierro (*exilio puniendi sint*); y a veces deben ser condenados a pena capital (*nonnumquam capite plectendi*), esto es, cuando en muchas ocasiones se hubieren comportado como sediciosos y turbulentos (*cum saepius seditiose et turbulente se gesserint*), y cogidos otras veces y tratados con más clemencia hubieren perseverado en la temeridad de su propósito (*et aliquoties apprehensi tractati clementius in eadem temeritate propositi perseueráuerint*).

De Mauri (De Mauri 1976 –MCMLXXVI–) s. v., propone a propósito del *uulgus* la siguiente selección de textos sobre este particular (a cual más descorazonador): Cicerón *Pro Rosc. Com.* 10. 20: «Así es el vulgo: estima pocas cosas de la verdad y muchas de lo opinable (*Sic est uulgus: ex ueritate pauca, ex opinione multa aestimat*)». Tácito en sus *Annales* 15.64.4: «El vulgo está siempre dispuesto a lo peor (*Vulgus ad deteriora promptum*)». O también del en sus *Histor.* 2.1.6: «El vulgo está ávido por inventar (*Vulgus fingendi auidus*)». Séneca (*dial.*, *De uita beata*, 2.2): «el vulgo es el peor intérprete de la verdad (*Vulgus ueritatis pessimus interpres*)».

(V. ***ad referéndum***).

Obras citadas

Albanese, U. *Il latino giuridico. Massime, Locuzioni e Formule giuridiche latine. Traduzione, commento, fonti e riferimenti sistematici alla legislazione italiana.* Napoli: Edizioni Scientifiche Italiane, 2005.

Alföldy, G. *Nueva historia social de Roma.* Versión española de la 4ª edición alemana. Traducido por Juan Manuel Abascal. Sevilla: Universidad de Sevilla, 2012.

Aristóteles. *Metafísica.* Traducido por Tomás Calvo Martínez. Vol. 211. Madrid: Gredos. Biblioteca Clásica Gredos, 1994.

Auctor. *Rhetorica ad Herennium.* Traducido por Juan Francisco Alcina. Barcelona: Bosch, 1991.

Barthes, R. *Investigaciones retóricas I. La antigua retórica.* Barcelona: Ediciones Buenos Aires S. A, 1982 -sobre la edición francesa de 1966-.

Biblia de Jerusalén. Barcelona: Folio, 2006.

Bouvier, J. *Law Dictionary and concise encyclopedia, 3 vols.,.* Kansas City, Mo.: Vernon Law Book Co.; St. Paul, Minn.: West Publishing Co., 1914, 3rd revision, Francis Rawle 8ª ed.

Bracton, H. *De legibus et consuetudinibus Angliae. Libri quinque,* Londini: Typis Milonis Flescher et Roberti Young, 1640.

Buckland, W. W-McNair, A. D. *Derecho romano y "Common Law". Una comparación en esbozo.* Traducido por Ignacio Cremades Ugarte. Madrid: Universidad Complutense - Facultad de Derecho -Fundación Seminario de Derecho Romano "Ursicino Álvarez", 1994.

Carpzov, B. *Practicae novae Imperialis Saxonicae rerum criminalium.* Francofurti: Typis B. C. Wustli, 1684.

Cicerón, M. T. Traducido por Alberto Medina González. Vol. 332. Madrid: Gredos: Biblioteca Clásica Gredos, 2005.

— *Cartas. Vol. III. Familiares I.* Traducido por José A. Beltrán. Madrid: Gredos. Biblioteca Clásica Gredos. 366, 2008.

— *Catilinarias.* Editado por Pere J. Quetglas. Traducido por Juan Bautista Calvo. Barcelona: Planeta, 1994.

— *En defensa de A. Cecina (en Discursos III).* Traducido por Jesús Aspa Cereza. Vol. 152. Madrid: Gredos: Biblioteca Clásica Gredos, 1991.

— *En defensa de Aulo Cluencio (en Discursos V).* Traducido por Jesús Aspa Cereza. Vol. 211. Madrid: Gredos: Biblioteca Clásica Gredos, 1995.

— *Filípicas (Discursos, VI).* Traducido por María José Muñoz Jiménez. Vol. 345. Madrid: Gredos: Biblioteca Clásica Gredos, 2006.

— *La invención retórica.* Traducido por Introd. trad. y notas de Salvador Núñez. Vol. 245. Madrid: Gredos: Biblioteca Clásica Gredos, 1997.

— *Sobre el orador.* Traducido por J. J. Iso. Vol. 300. Madrid: Gredos: Biblioteca Clásica Gredos, 2002.

— *Sobre la vejez.* Editado por P. M.T. Traducido por Rosario Delicado Méndez. Madrid: Editorial Tal - Vez. –Clásicos–, 2005.

— *Sobre los deberes.* Traducido por José Guillén Caballero. Madrid: Tecnos, 1989.

— *Verrinas. Segunda sesión (Discursos III-V) II.* Traducido por José María Requejo Priet. Vol. 140. Madrid: Gredos. Biblioteca clásica Gredos, 1990.

Coing, H. (traducción y apostillas del profesor doctor Antonio Pérez Martín). *Derecho privado europeo, 2 tomos [tomo I: Derecho común más antiguo (1500-1800); tomo II: El siglo XIX].* Madrid: Colección Clásicos Contemporáneos, del Notariado, 1996.

De Castro y Bravo, F. *Derecho Civil de España, Parte General II-I Derecho de la persona Parte primera, La persona y su estado civil.* Madrid: Instituto de Estudios Políticos, 1955.

De Mauri, L. *Regulae Iuris, Raccolta di 2000 Regole del Diritto eseguita sui migliori testi, con l'indicazione delle fonti schiarimenti capitoli riassuntivi e la versione italiana riprodotta dai più celebri commentatori.* undécima edición. Mediolani (Milán): U. Hoepli, 1976 –MCMLXXVI–.

Deimling, Bárbara. *La portada medieval y su importancia para la historia del derecho, en El románico. Arquitectura, escultura, pintura.* Königswinter: Könemann, 2004.

Díez-Picazo y Ponce de León, L. *Dictámenes Jurídicos.* Primera edición. Madrid: Civitas, 1981.

Domat, J. *Les Loix civiles dans leur ordre naturel, le droit public, et legum delectus.* Tome I. Paris, 1745.

Domingo Oslé, R.-Ortega, J.-Rodríguez-Antolín, B.-Zambrana, N. *Principios de Derecho Global - 1000 reglas y aforismos jurídicos comentados.* Cizur Menor (Navarra): Thomson-Aranzadi, 2014.

D'Ors, A. *Derecho Privado Romano.* décima edición. Pamplona: Ediciones Universidad de Navarra, 2008.

— *La ley romana, acto de magistrado.* Madrid: Nuevos Papeles del oficio universitario (=Emerita 37), 1980.

Du Cange. *Glossarium mediæ et infimæ latinitatis.* Niort: L. Favre, 1883-1887.

Farinaccio, P. *Repertorium judiciale, cum fragmentis.* 1649.

— *Variarum quaestionum et communium opinionum criminalium.* Venetiis: apud Io. Variscum et Paganinum de Paganinis, 1589.

Fassò, G. *Historia de la filosofía del derecho. I Antigüedad y Edad Media.* segunda edición respecto de la de 1966 italiana (Il Mulino, Bolonia). Madrid: Ediciones Pirámide, 1980.

Fernández de Buján, A. *Hacia una teoria general de la jurisdicción voluntaria (I).* Madrid: Iustel, 2007.

— *Hacia una teoría general de la jurisdicción voluntaria (II): La jurisdicción voluntaria en las Cortes Generales.* Madrid: Iustel, 2008.

— *Jurisdicción y arbitraje en derecho romano.* Madrid: Iustel, 2006.

— *La jurisdicción voluntaria (en el derecho procesal español).* Pamplona: Thomson-Civitas, 2001.

— *La jurisdicción voluntaria en derecho romano.* Madrid: Reus, 1986.

Ferrara, F. *Trattato di diritto civile italiano.* Editado por Pietro Perlingieri. Vol. 29. Roma: Athenaeum. –Edizioni scientifiche italiane. Collana: "Univ. degli Studi di Camerino Ristampe"–, 1921 –reimp. 1987–.

Ferrater Mora, J. *Diccionario de Filosofía.* Editado por Priscilla Cohn Ferrater Mora y revisión actualizada de Josep-María Terricabras. 5 vols. Barcelona: RBA Coleccionables, 2005 –reimp. de la ed. de 1994–.

Ferrini, C. *Manuale di Pandette.* Milano, 1904.

García Goyena, F. *Concordancias, Motivos y Comentarios al Código Civil Español, III.* Madrid, 1852.

García Restrepo, L. E. *Elementos de lógica para el derecho.* Bogotá: Temis, 2011.

García-Hervás, D. «Teoría del "creditum"». *Cuadernos Informativos de Derecho Histórico Público, Procesal y de la Navegación* (Promociones Publicaciones Universitarias), nº 9-10 (1989): 1883-2038.

Giudice, F. del. *Il latino in Tribunale. Dizionario dei Brocardi e termini latini in uso nella prassi forense.* tercera edición. Napoli: Edizioni Giuridiche Simone, 2004.

Gómez Royo, E.-Espinosa Isach, J. M.- Montañana Casaní A.-Lázaro Guillamón, M. del C.-Piquer Marí, J. M. *Fraseología jurídica latina. Términos, expresiones y brocardos utilizados en las sentencias de los Tribunales.* Valencia: Tirant lo Blanch, 2010.

Gómez, A. *Variae Resolutiones Iuris Civilis et Communis et Regii.* 3 vols. Matriti: Typis Petri Marin, 1780.

González del Valle, J. M. *Derecho Canónico matrimonial según el Código de 1983.* Pamplona: EUNSA, 1985.

Grotius, H. *De iure belli ac pacis.* Amsterdami: apud lohannes Blaev, 1646.

Hendrickson, R. *The facts on File Encyclopedia of Word and Phrase origins.* cuarta edición. New York: Checkmark Books, 2008.

Herrero Llorente, R. *Diccionario de expresiones y frases latinas.* cuarta edición. Madrid: Gredos, 2010.

Hispanus, P. *Summulae logicales.* Lugduni: Gulielmus Regis, c. 1486 (roble.unizar.es).

Horacio. *Odas y épodos. Sátiras. Epístolas. Arte Poétiica.* Quinta edición. Traducido por Francisco Montes de Oca. México: Porrúa, 1986.

Jellinek, G. *Teoría General del Estado, traducción de la segunda edición alemana por Fernando de los Ríos, Buenos Aires.* Traducido por Fernando de los Ríos (trad. de la segunda ed. alemana). Buenos Aires: Albatros, 1954.

Jhering, R. v. *Culpa in contrahendo oder Schadenersatz bei nichtigen oder nicht zur Perfection gelangten Vertragen.* Jahrbuch für Dogmatik IV, 1860.

Juvenal, D. J. *Sátiras.* Traducido por Bartolomé Segura Ramos. Madrid: Consejo Superior de Investigaciones Científicas, 1996.

Kaser, M.-Hackl, K. *Das römische Zivilprozessrecht. Handbuch der Altertumswissenschaft.* München: Beck, 1996.

Keane, J. *Life and deathe of democracy.* London-New York-Sidney-Toronto: Simon&Schuster, 2009.

Koops, E. «Moschis' case. On the execution of fiscal debts and the beneficium excussionis». *Tijdschrift voor Rechtsgeschiedenis,* nº 80 (2012).

Kunkel, W. *Historia del Derecho Romano.* Traducido por Juan Miquel. Barcelona: Ariel, 1985.

Larenz, K. *Metodología de la ciencia jurídica, (Trad. Rodríguez Molinero).* Barcelona: Ariel, 1994.

Lauterbach, W. A. *Collegium theoreticum-practicum.* Tubinga: Georgius Cotta, 1711.

Maganzani, L. *La pignoris capio dei publicani dopo il declino delle legis actiones (en Cunabula Iuris. Studi Broggini).* Milano, 2002.

Maitland, F. W. *Las "formas de acción" en el Common Law. Lecciones de un curso (trad., trabajos preliminares y notas de Ignacio Cremades Ugarte)*. Barcelona: Marcial Pons, 2005.

Manthe, U. *Geschichte des Römischen Rechts*. tercera edición. München: C. H. Beck, 2007.

Martínez Cardós, J. L. *Técnica normativa*. Madrid: Escuela de Práctica Jurídica-Universidad Complutense, 2002.

Menochio, G. *De praesumptionibus, coniecturiis, signis et indiciis*. Venetiis, apud haeredes Francisci Ziletti, 1587.

Mezger, E. *Derecho Penal. Libro de estudio. Parte general*. Buenos Aires: Editorial Bibliográfica Argentina, 1958.

Migne, J. P., ed. *Patrologia Latina*. Vol. LXIV. Paris, 1891.

Mirete Navarro, J. L.-Garrido Rubia, A.-Nicolás Guardiola, J.J. *Lógica, Derecho y Política, bases para una metodología de las ciencias sociales*. Cizur Menor (Navarra: Aranzadi Thomson Reuters, 2009.

Mommsen, T. *Derecho Penal Romano*. Traducido por Pedro Dorado. Vol. I. Madrid La España Moderna, 1905.

Morwood, J. *A dictionary of latin words and phrases*. Oxford – New York: Oxford University Press, 1998.

Petronio. *El Satiricón*. Traducido por Lisardo Rubio. Vol. 10. Madrid: Gredos: Biblioteca Clásica Gredos, 1978.

Petrucci, A. *Per una storia della protezione dei contraenti con gli imprenditor*. Vol. I. Torino: G. Giappichelli Editore, 2007.

Pina Polo, F. *Marco Tulio Cicerón*. Barcelona: Ariel, 2005.

Platón. *La República*. Traducido por J. M. Pavón y M. Fernández Galiano. Universidad Nacional de México. Colección "Nuestros Clásicos", 1993.

Plauto. *Comedias*. tercera. Traducido por José Román Bravo. Vol. II. Madrid: Cátedra Letras Universales, 2005.

Pothier. *Traitè des Obligations selon les regles tant du for de la conscience que du for extérieure. Tome premier*. Paris: Letellier, 1805.

— *Tratado de las Obligaciones. Parte Primera*. Barcelona: J. Roger, 1839.

Prieto-Castro y Ferrándiz, L. *Derecho Procesal Civil*. Madrid: Tecnos, 1989, 5ª ed.

Pugliese, G. *Gai. 4,32 e la pignoris capio (en Mélanges Meylan I). (= Scritti giuridici scelti, I, Napoli 1985, 319 ss.)*. Lausanne, 1963.

Rifá Soler, J. M.-Richard González, M.-Riaño Brun, I. *Derecho Procesal Civil (10 Colección pro libertate)*. Segunda edición. Vol. I. 2 vols. Pamplona: Gobierno de Navarra-Instituto Navarro de Administración Pública, 2011.

Savigny, F. C. de. *Sistema de Derecho Romano Actual*. Traducido por Jacinto Mesía y Manuel Poley. Vol. VI. Madrid: F. Góngora y Compañía, 1879.

— *Sistema del Derecho Romano Actual*. Traducido por Jacinto Mesía y Manuel Poley. Vol. I. Madrid: F. Góngora y Compañía, 1878.

Schulz, F. *Principios del Derecho Romano (trad. M. Abellán)*. Madrid: Servicio de Publicaciones de Facultad de Derecho Universidad Complutense-Civitas, 1990.

Suetonio. *Vidas de los doce Césares II*. Traducido por Rosa Mª. Agudo Cubas. Vol. 168. Madrid: Gredos. Biblioteca clásica Gredos, 1992.

Tosi, R. *Dizionario delle sentenze latine e greche*. Milano: BUR, 16ª. ed., 2007.

Vilon, F. *Testamentos, El testamento.* Traducido por Rubén Abel Reches. Vol. XXVI. Biblioteca Básica Universal, Centro Editor de América Latina, 1984.

Vinogradoff, P. *Introducción al derecho (=Common sense in law).* México (ed. original inglesa: London): Fondo de Cultura Económica (ed.original inglesa: Oxford University Press), 1967, 3ª ed. -ed. original inglesa 1913-.

Virgilio. *Eneida.* Traducido por Javier de Echave-Sustaeta. Vol. 166. Madrid: Gredos: Biblioteca Clásica Gredos, 1992.

— *Eneida.* Traducido por Rafael Fontán Barreiro. Madrid: Alianza Editorial: Clásicos, 1990.

Wieacker, F. *Römische Rechtsgeschichte: Quellenkunde, Rechtsbildung, Jurisprudenz und Rechtsliteratur.* Ausgabe 1. Vols. Band 10, Teil 3. München: Beck, 1988.

Zimmermann, R. *The law of obligations: roman foundations of the civilian tradition.* Oxford: Oxford Clarendon Press, 1996.

Zweigert, K.-H. Kötz, H.-Weir,T. (tr.). *Introduction to Comparative Law.* tercera edición. New York: Clarendon Press. Oxford, 1998.

Índices

(N. B.: conforme a la finalidad de esta obra, no distinguiremos entre fuentes literarias y fuentes jurídicas latinas)

Índice de fuentes

FUENTES ANTIGUAS

A

B

C

D

E

F

G

H

I

L

M

N

P

Q

R

S

T

V

X

Z

FUENTES MEDIEVALES Y MODERNAS

FUENTES ACTUALES

Índice Onomástico

Índice de voces, expresiones y máximas citadas

Made in the USA
Monee, IL
05 November 2026

67806921R10424